HISTOIRE ROMAINE

ONT PARTICIPÉ À CET OUVRAGE

Dominique BRIQUEL, ancien élève de l'École normale supérieure, professeur de langue et littérature latines à l'université de Paris-IV-Sorbonne et directeur d'études à l'École pratique des hautes études (IVe section)

Giovanni BRIZZI, *professore ordinario* à l'université de Bologne ; professeur associé à l'université de Paris-IV-Sorbonne en 1993-1994

Recteur François HINARD, professeur de civilisation de l'Antiquité à l'université de Paris-IV-Sorbonne

Jean-Michel RODDAZ, ancien membre de l'École française de Rome ; professeur d'histoire romaine à l'université Michel-de-Montaigne (Bordeaux-III)

Sous la direction de

François HINARD

HISTOIRE ROMAINE

Tome I

Des origines à Auguste

Fayard

Avant-propos

« Imagination, controlled by evidence and argument, is the first necessity if our understanding of the past is ever to be improved. »

(T. P. WISEMAN, *Historiography and Imagination: Eight Essays on Roman Culture*, Exeter, 1994, p. XIII.)

« Se pourrait-il qu'on soit assez borné, assez indifférent pour refuser de s'intéresser à la question de savoir comment et grâce à quel gouvernement l'État romain a pu, chose sans précédent, étendre sa domination à presque toute la terre habitée et cela en moins de cinquante-trois ans ? On peut sans doute éprouver une curiosité pour d'autres spectacles et d'autres genres d'étude, mais trouvera-t-on rien qui soit plus profitable que la connaissance de cette période [1] ? » Il n'est pas certain que plus de deux millénaires après lui on puisse, comme Polybe, traiter sans ménagements ceux qui, par paresse ou par indifférence, négligent l'histoire de Rome ; il est pourtant assuré que les causes qu'il assigne à sa grandeur – l'excellence de ses institutions – ne peuvent pas laisser indifférent le lecteur moderne, non plus d'ailleurs que le spectacle de la dégénérescence, jusqu'à la mort, d'un régime « républicain » dont tous savaient bien, alors, que comme tout corps vivant il finirait par vieillir et se dénaturer.

Mais on n'entreprend pas une *Histoire romaine* par le seul désir de renouer avec la philosophie politique des Anciens, notamment d'Aristote qui avait mis en système les différentes Constitutions pour en prévoir les évolutions ; encore que ce soit une tâche noble que de proposer un matériau que l'on espère

1. Polybe, *Préface*, 1, 5-6, traduction de Denis Roussel.

renouvelé aux philosophes du politique qui, eux-mêmes, ont eu à refonder leur démarche pour sortir de l'ornière « systématique » où une rationalité poussée à l'extrême a entraîné de façon tragique une partie de l'humanité. On entreprend aussi un tel travail précisément parce que « l'ivresse idéologique qui s'est emparée du monde contemporain » au cours de deux derniers siècles semble s'être un peu estompée et que, par conséquent, certains des débats, parfois violents, qui avaient agité la communauté des historiens de l'Antiquité se sont apaisés. Mais on le fait, encore, et ce n'est pas la moindre des motivations pour des historiens, parce que, très naturellement, selon un rythme des études historiques dont il est difficile de calculer d'avance la « période », mais qui se constate objectivement, viennent, après des ères d'intense activité « érudite », des temps où l'on éprouve le besoin de faire des synthèses, c'est-à-dire de donner à lire une trame d'ensemble des événements dont la connaissance s'est considérablement affinée, éclairée par les problématiques nouvelles. Enfin, on y consacre beaucoup de son temps parce que l'on croit que l'on peut donner au lecteur un plaisir équivalent à celui que l'on a pris à découvrir bien autre chose que ce que l'on nous avait enseigné.

La forme qui a été donnée à cette *Histoire romaine* s'explique donc d'elle-même par nos intentions : s'agissant d'une « histoire nationale », nous n'avons pas prétendu mettre en œuvre une « histoire globale » ; en revanche, parce que la période couverte est immense et qu'il nous semblait donc indispensable d'établir ou de rappeler des faits, à chaque fois que des sources assez nombreuses et fiables nous rendaient la chose possible, nous avons adopté la forme du récit, émaillé de citations (pour la plupart, et sauf indication du nom du traducteur, empruntées aux traductions de l'excellente « Collection des Universités de France » publiée aux Belles-Lettres), mais toujours avec le désir de mettre en évidence les faits sur lesquels ont été étayées les évolutions récentes (personne d'entre nous n'oserait dire « les progrès ») que l'on a pu constater dans les domaines de l'histoire sociale, religieuse, économique, culturelle, institutionnelle... Cette forme, très contraignante, nous a paru la condition indispensable pour retenir l'attention du lecteur cultivé, même si elle nous a sans doute en partie privés du moyen de rendre compte de l'ensemble des champs de la recherche. En revanche, pour tout ce qui concerne les siècles obscurs, pour lesquels le récit était impossible, il a bien fallu se résoudre à présenter les questions de façon synthétique et à couvrir tous les domaines qui en permettent l'approche.

Ce faisant, nous n'avons eu garde de confondre ce qui relevait de la mémoire et qui, qu'on le veuille ou non, continue d'informer notre être collectif, à nous Occidentaux (comme en témoigne la virulence de certains des débats que nous avons connus), et ce qui ressortissait à l'histoire. En un mot, nous avons essayé de rendre à l'histoire ce qui, naguère, était constitutif de notre identité, nous nous sommes efforcés de réaliser ce que recommandait déjà Fustel de Coulanges :

« Pour connaître la vérité sur ces peuples anciens [les Grecs et les Romains], il est sage de les étudier sans songer à nous, comme s'ils nous étaient tout à fait étrangers, avec le même désintéressement et l'esprit aussi libre que nous étudierions l'Inde ancienne ou l'Arabie. » Le lecteur dira si nous sommes parvenus à nous garder du péché capital de l'historien, celui de l'anachronisme ; il dira surtout si, au-delà du fonds commun de culture classique qu'il devrait retrouver, il a découvert un monde un peu différent de celui qu'on lui avait présenté[2] ; en un mot, s'il a constaté un regard ethnographique porté sur ces périodes et, donc, découvert une *Nouvelle Histoire romaine*.

François HINARD

2. « Les Romains de l'histoire passent pour des gens aux cheveux et aux idées courtes ; un peuple de ruraux, pour ne pas dire de rustres ; un peuple de soldats, pour ne pas dire de soudards. Si on va jusqu'à leur concéder un certain génie politique, on leur reprochera, par ailleurs, l'impérialisme centralisateur qui en a été le fruit » (R. Brague, *Europe, la voie romaine*, Paris, 1992, p. 28).

CHAPITRE PREMIER

Le sillon du fondateur

par Dominique Briquel

Le récit traditionnel

Pour les Anciens, le problème des origines de Rome se posait en termes simples. Rome avait commencé à exister lorsqu'elle avait été fondée, en tant que cité, par un héros fondateur, Romulus, qui lui avait donné son nom. Là où rien n'existait, la volonté du héros, forte de l'assentiment des dieux manifesté par le signe des douze vautours qu'ils lui avaient envoyés, avait fait surgir une cité. Celle-ci reproduisait sur un nouveau site le type d'organisation urbaine qu'il avait connue dans la ville dont il était originaire, Albe la Longue. Pour faire exister Rome, il n'avait eu qu'à suivre un rituel précis de fondation – caractérisé en particulier par le creusement du sillon primordial délimitant le futur tracé de l'enceinte –, et organiser la cité avec ses institutions politiques comme le Sénat et ses cultes essentiels comme celui de Vesta (que l'on faisait souvent remonter à lui), toutes institutions dont Albe possédait les homologues. C'est autour de cette idée simple que s'ordonne le récit traditionnel de la fondation de la Ville, tel que nous le rapportent des auteurs comme Tite-Live (*Histoires*, 1, 4-13), Denys d'Halicarnasse (*Antiquités romaines*, 1, 74 – 2, 50), ou Plutarque (*Vie de Romulus*, 3-22).

L'histoire de Rome s'ancre directement dans celle d'Albe la Longue, la vieille métropole latine, située au cœur des monts Albains, là où se déroulaient les Féries latines : ces cérémonies, célébrées en l'honneur de Jupiter Latiaris, c'est-à-dire Jupiter « latin », regroupaient l'ensemble des trente peuples dont était traditionnellement composé le *nomen Latinum*, soit proprement le « nom latin ». C'est d'Albe qu'était issu le fondateur de Rome, Romulus, avec son frère jumeau Rémus. Leur mère, Rhea Silvia, était une vestale, donc l'une des prêtresses chargées de l'entretien du feu sacré de la cité, ce feu du foyer public dont le maintien semblait en garantir la pérennité : elle était de ce fait vouée à la chasteté, sous peine d'être mise à mort. C'est d'ailleurs ce qui avait poussé son oncle paternel,

L'allaitement des jumeaux par la louve (miroir prénestin trouvé à Bolsena)

le méchant Amulius, à lui confier cette charge : celui-ci, qui avait supplanté son frère Numitor, père de Rhea Silvia, sur le trône d'Albe, escomptait ainsi priver la branche aînée de toute descendance et asseoir définitivement son pouvoir. Mais c'était compter sans les dieux. L'un d'eux, Mars – dieu de la guerre, selon la version classique, mais dans une forme plus ancienne de la légende (conservée par un auteur obscur, Promathion, cité par Plutarque), un dieu masculin du foyer, ce qui est davantage en accord avec les fonctions de Rhea Silvia –, avait engendré de la vestale non pas un fils, mais deux : les jumeaux Romulus et Rémus. La gémellité suffit à montrer le caractère divin de cette naissance : pour une mentalité archaïque, s'il est possible et normal que l'homme procrée un rejeton unique, la venue au monde de jumeaux est le signe de l'intervention d'un dieu. Romulus et Rémus, comme Castor et Pollux, Amphion et Zéthos, ou Héraclès et Iphiclès, pour prendre des exemples grecs d'un schéma mental qui appartient à la mythologie universelle, ne peuvent être des mortels comme les autres.

La suite de leur histoire le prouve. Sitôt nés ils sont voués à la mort par leur grand-oncle Amulius et jetés au Tibre. Mais leur élection divine se manifeste aussitôt : ils survivent d'une manière inattendue dans l'élément aqueux qui devait causer leur perte. D'une manière identique à ce que l'on racontait de Moïse jeté dans le Nil et sauvé par la fille de Pharaon, c'est-à-dire selon le même schéma légendaire courant de la salvation miraculeuse des eaux, ils échappent à la noyade et la nacelle qui les porte aborde sans encombre la rive, au flanc du Palatin, lieu alors désert et sauvage. Rien ne semblerait leur permettre d'y survivre : un second miracle se produit avec l'apparition de la louve qui, loin de les dévorer comme on aurait pu s'y attendre, leur tend maternellement ses mamelles gorgées de lait et assure ainsi leur subsistance. Là encore on rencontre un motif bien connu dans les légendes : celui de l'allaitement miraculeux par un animal sauvage d'un enfant sans défense. C'est d'un destin analogue que bénéficie par exemple le jeune Télèphe, fils d'Héraclès, exposé sur le mont Parthénion : dans son cas, l'animal secourable est une biche. Mais on rencontre bien d'autres animaux dans le même rôle : une vache dans le cas d'Éole et Boeôtos, une chèvre dans celui des héros crétois Phylacidès et Phylandros, une chienne et une jument dans celui de la fable éléenne de Pélias et Nélée – pour nous en tenir à des exemples de la mythologie grecque.

Bientôt les deux frères sont recueillis par un pasteur, Faustulus, qui passait par là. Il les élève, avec sa femme, Acca Larentia, en marge des cités, au contact direct de la nature et du monde sauvage, où son état le fait vivre. Romulus et Rémus y mènent eux-mêmes la rude existence de pasteur qui est la sienne, à l'écart des facilités de la vie urbaine et en proie aux attaques des bêtes fauves, voire des brigands qui veulent leur ravir leur bétail. On voit que la vie du futur fondateur de Rome s'enracine dans ce qui peut sembler être le plus antithétique à la vie policée et réglée des cités. Et là encore on se trouve en présence d'un motif légendaire attendu. La geste d'un héros débute, très normalement, par une phase d'exclusion, de rejet, puis, après une salvation paradoxale, se poursuit par une phase de formation dans un milieu qui apparaît comme préculturel, la nature intacte. Ce n'est que l'application au cas particulier des légendes héroïques d'une donnée capitale dans toutes les civilisations dites « primitives » – et dont la cryptie lacédémonienne fournit un bon exemple en pleine Grèce classique : le jeune, avant de devenir adulte, doit passer par une phase d'initiation qui se déroule dans un cadre sauvage, en dehors de la société normale des hommes.

Cette formation le rend paradoxalement capable d'assumer un rôle dans la société, qui, pour Romulus et Rémus comme pour les jeunes Lacédémoniens, est celle de la vie dans les cités. Ils le prouvent bientôt en posant ce que l'on peut définir comme leur exploit initial, qui sanctionne leur entrée dans le monde urbain : mis au courant de leur origine par Faustulus, et bientôt par leur grand-père Numitor, ils pénètrent dans Albe et rétablissent celui-ci sur le trône dont Amulius l'avait chassé.

Cependant leur existence n'est pas destinée à se confiner aux limites de la vieille cité ; ils décident de fonder leur propre ville. Mais dès lors le destin des deux frères, jusque-là unis, va diverger. Chacun veut en effet choisir le site de la future cité et en être le chef. Ils décident donc de s'en remettre à l'avis des dieux qui seul pourra les départager, en recourant au mode habituel de consultation de la volonté divine en milieu italique : la prise d'auspices, c'est-à-dire l'observation du vol des oiseaux. Rémus s'installe sur l'Aventin, aux marges de la future Rome, tandis que Romulus, significativement, choisit le Palatin, c'est-à-dire la colline au pied de laquelle leur nacelle avait échoué et où la louve les avait allaités. On retrouve ainsi un motif très fréquent des récits de fondation : le site de la future cité est indiqué au héros par un animal – l'animal-guide – qui marque l'emplacement voulu par les dieux.

On connaît la suite, même si la tradition s'est bien souvent efforcée d'édulcorer le récit et de masquer ce qui pouvait apparaître comme un scandale : que la fondation de la cité maîtresse du monde ait été marquée par l'un des crimes les plus horribles qui soient, le fratricide. Les auspices sont en effet ambigus : si Rémus peut se prévaloir de la priorité – il a vu six vautours avant que son frère n'en vît aucun –, Romulus le peut de la qualité du signe qui lui a été envoyé – il en a vu douze. La querelle éclate, les deux frères en viennent bientôt aux mains, Rémus ne pouvant supporter de voir son frère procéder au rituel de fondation qui fera exister matériellement sa cité et tracer le sillon primordial qui en déterminera l'enceinte. Il franchit par dérision cette limite qui a déjà le caractère sacré d'un *pomerium* : Romulus le tue aussitôt. Mais Rome n'en existe pas moins : la tradition, après des hésitations, s'est accordée pour fixer cet événement à 753 av. J.-C. – date adoptée par le grand érudit de la fin de la République, Varron.

Il reste à Romulus, seul survivant, à peupler la cité qu'il vient ainsi de fonder rituellement. Cela se fait d'abord – pour la composante masculine de la ville – par l'institution de l'*Asylum*. Le héros établit sur le Capitole un asile, un lieu de refuge à caractère sacré, où peuvent venir se réfugier tous les vagabonds, esclaves aussi bien qu'hommes libres, en quête d'un lieu où s'établir. Mais cela ne suffit pas : s'il en était resté là, Rome, cité uniquement masculine, aurait vu son avenir borné à une seule génération, et il fallait donc la pourvoir de femmes. Cette fois Romulus a recours à la ruse et attire les jeunes filles du voisinage en les invitant à assister à des jeux célébrés en l'honneur du dieu Consus : c'est l'épisode de l'enlèvement des Sabines (dont sont l'objet non seulement des jeunes filles appartenant à cette nation mais aussi d'autres originaires de petites cités voisines, comme Caenina). Ce qui conduit à la guerre entre les Romains et les peuples victimes du procédé. Après de nombreux épisodes comme la victoire de Romulus sur Acron, roi de Caenina, et une dangereuse attaque des Sabins en direction du Capitole, livré par la trahison de la jeune Tarpeia, elle se conclut par un accord entre Romains et Sabins, une alliance entre leurs rois Romulus et Titus Tatius et une véritable fusion de leurs peuples. À partir de ce moment on peut considérer Rome comme définitivement fondée : elle est désormais constituée dans ses cadres politiques et sociaux, avec un Sénat de trois cents membres et un corps de citoyens réparti en trois tribus de dix curies chacune.

Aspects légendaires du récit

On comprend que devant un tel récit les Romains soient souvent restés gênés. La fondation de Rome reposait sur une série d'actes du *conditor*, du héros fondateur Romulus, dont le moins que l'on puisse dire est qu'ils n'étaient pas très honorables : la querelle douteuse avec Rémus, le recueil sur l'*Asylum* de gens en rupture de ban, l'enlèvement des Sabines au mépris de la solennité de la fête. Quant au fratricide c'était bien pire, et l'on s'explique que, lors des guerres civiles de la fin de la République qui déchiraient leur cité, bien des Romains se soient demandé s'ils n'expiaient pas la faute qui avait marqué leurs origines.

Ils ont d'ailleurs bien souvent édulcoré le récit. Ainsi, le poète Ovide racontait que Rémus n'avait pas été tué par son frère, mais par l'un de ses compagnons, dénommé Celer, et à la suite d'un malheureux concours de circonstances :

> Bientôt une muraille neuve s'élève. Celer presse les travaux, Celer, que Romulus lui-même a préposé à ce soin. « Veille, lui a-t-il dit, à ce que personne ne franchisse les murs ou le sillon creusé par la charrue ; mort à celui qui l'oserait ! » Rémus, ignorant cet ordre, se prend à mépriser les murs encore peu élevés : « Ce sera pour le peuple une sûre défense », dit-il, et à l'instant il saute par-dessus. Celer lève sa bêche et frappe l'imprudent, qui tombe sanglant sur la terre. À cette nouvelle le roi dévore ses larmes près de lui échapper et renferme sa douleur dans son sein. Il veut donner l'exemple de la force d'âme : « Que l'ennemi, dit-il, passe ainsi nos murailles. » (*Fastes*, 4, 836-848, traduction E. Pessoneaux.)

Lorsqu'ils conservaient la version traditionnelle, en se bornant à transmettre le récit, comme le fait Tite-Live, ils insistaient bien sur le fait qu'ils n'engageaient pas leur responsabilité dans cette narration, et qu'après tout c'était le privilège du peuple-roi que de pouvoir imposer sa tradition sur son propre passé, y compris dans ses aspects les plus incroyables, ou même choquants :

> Quant aux événements qui ont précédé immédiatement la fondation de Rome ou qui ont devancé la pensée même de sa fondation, à ces traditions embellies par des légendes poétiques plutôt que fondées sur des documents authentiques, je n'ai l'intention ni de les garantir ni de les réfuter. On accorde aux anciens la permission de mêler le merveilleux aux actions humaines pour rendre l'origine des villes plus vénérable ; et d'ailleurs, si jamais on doit reconnaître à une nation le droit de sanctifier son origine et de la rattacher à une intervention des dieux, la gloire militaire de Rome est assez grande pour que, quand elle attribue sa naissance et celle de son fondateur au dieu Mars de préférence à tout autre, le genre humain accepte cette prétention sans difficulté, tout comme il accepte son autorité. (Tite-Live, Préface du livre I.)

La sensibilité patriotique des modernes n'est évidemment plus engagée dans l'affaire. Aussi sont-ils davantage susceptibles d'analyser froidement un tel récit et d'y reconnaître une forme somme toute classique de récit de fondation de cité par un héros fondateur. Nous avons déjà fait allusion à la présence d'un certain nombre de motifs légendaires courants dans le récit des enfances de Romulus et Rémus. Il en va de même pour la fondation elle-même, et jusque dans ses aspects apparemment négatifs. Il est erroné, comme on l'a fait parfois, de soupçonner dans ces éléments qui nous semblent dépréciatifs l'œuvre d'ennemis de Rome qui auraient ainsi voulu la dénigrer : il n'est pas anormal qu'une légende de fondation de cité implique de tels éléments. Ainsi de l'élimination de Rémus : c'est une constante des légendes de jumeaux que ceux-ci connaissent un destin différencié ; mais dans ce cas précis Rémus symbolise un état dépassé, un stade antérieur à celui de la vie dans une cité et celle-ci se doit de le rejeter. Par rapport à Romulus, il reste au niveau de l'univers des pasteurs, de la vie sauvage, de la préculture : son refus de reconnaître que le sillon tracé par son frère vient d'opérer une rupture dans l'espace où ils ont vécu l'un et l'autre montre qu'il est incapable de s'intégrer à nouveau cadre de vie, celui de la vie civilisée. Romulus ne peut faire autrement que l'éliminer.

Surtout, on peut clairement déterminer dans le récit l'incidence de représentations que les Romains doivent à des conceptions héritées de leur plus lointain passé et que l'on retrouve chez d'autres peuples indo-européens. Elles lui donnent en effet son ossature, et permettent de retrouver, derrière la tradition romaine sur les origines de la cité, la mise en œuvre de schémas narratifs présents dans des mondes très différents, et qui sont du ressort de ce qu'on a appelé l'« idéologie indo-européenne ».

On sait depuis les recherches de Georges Dumézil que les Indo-européens avaient l'habitude d'appliquer à leur vision du monde, de la société humaine ou de celle des dieux un principe classificatoire fondé sur la distinction de trois fonctions hiérarchisées. Au sommet se situe la sphère de la souveraineté, avec ses aspects religieux autant que politiques ; après elle la deuxième fonction concerne les choses de la guerre ; la troisième enfin, au niveau inférieur, regroupe un vaste domaine, alliant les notions de fécondité, d'abondance et de richesse à celles de nombre ou de beauté. Ce schéma correspond à celui des places occupées par les hommes au sein de leurs sociétés : selon un principe qui aboutira en Inde à la distinction de castes – mais que l'on ne saurait appliquer en ce sens au cas de Rome –, on y rencontre des rois/prêtres, des guerriers, des producteurs. Il soustend à Rome – mais avec des nuances que nous devrons noter – l'organisation la plus ancienne du panthéon, dont les grands dieux étaient ceux de l'antique triade, associant le dieu souverain Jupiter au guerrier Mars et à Quirinus, qui est, comme son nom l'indique, le dieu de la masse des Quirites, c'est-à-dire des citoyens regroupés dans leurs cadres politiques que sont les curies.

Or c'est bien selon ces lignes que peut s'analyser le récit traditionnel de la fondation de Rome – que l'on mettra de ce point de vue en parallèle, par exemple, avec la tradition grecque sur les origines de Thèbes. Romulus, bénéficiaire des auspices divins, commence par fonder religieusement la cité, selon les rites appropriés, et notamment le creusement du sillon : nous sommes dans le domaine de la première fonction. Suit l'épisode du combat fratricide : on peut le comparer avec ce que représente pour Thèbes un autre combat mortel, celui que se livrent entre eux les Spartes, des héros guerriers, et qui fonde la ville sur le plan de la deuxième fonction. Enfin reste ce qui est du ressort de la troisième fonction : le peuplement de la cité, la procréation de ses enfants. C'est l'objet du double épisode de l'*Asylum* – y faisant affluer les individus mâles – et de l'enlèvement des Sabines – la pourvoyant de femmes.

On peut aussi rappeler dans ce sens les analyses déjà anciennes de Dumézil, consacrées plus spécialement à la guerre entre Romains et Sabins comme marquant l'achèvement de la fondation. On connaît en Inde et chez les anciens Scandinaves un récit mythologique qui relate comment les dieux représentant la troisième fonction ont été admis au sein du panthéon jusque-là réservé aux dieux titulaires des deux fonctions supérieures. Georges Dumézil a montré que le schéma de ce récit se retrouvait à Rome, où il avait été appliqué à la fusion au sein de la cité des Romains de Romulus, protégés par les dieux qui ont accordé les auspices favorables et pourvus d'évidentes qualités guerrières – donc marqués sur le plan des deux premières fonctions –, et des Sabins de Titus Tatius, présentés comme riches et surtout pourvus des femmes faisant défaut aux compagnons du *conditor* – donc marqués sur le plan de la troisième fonction. Une utilisation à ce stade de la tradition des schémas de l'idéologie indo-européenne, qui interviennent ailleurs dans un cadre proprement mythologique, est judicieuse à l'égard de la mentalité romaine. Les Romains se sont représenté l'origine de leur cité comme étant une sorte de commencement absolu, l'émergence d'un monde, du seul monde qui était vraiment important à leurs yeux – celui de l'*Vrbs*, de la Ville par excellence qu'est Rome. Ils l'ont donc racontée comme on racontait ailleurs la formation du panthéon ou du cosmos.

Légende et histoire

Le récit traditionnel de la fondation de la ville de Rome se laisse donc bien analyser aujourd'hui comme un récit légendaire. Ce qui donne sa cohérence, son sens à l'ensemble est donc du ressort de motifs appartenant à des légendes universellement répandues, comme le thème des jumeaux, ou celui du héros exposé et sauvé, ou de représentations plus particulières, comme cette idéologie des trois fonctions, plutôt que le souvenir de faits réels. En tant que tel, comme l'avouait déjà Tite-Live, il n'est guère susceptible d'être analysé en termes proprement historiques.

Or c'est là un des problèmes fondamentaux qui se posent à l'historien des premiers siècles de Rome : nous sommes en présence d'un récit cohérent, fondamentalement unitaire, transmis par l'historiographie antique, mais dont il est évident qu'il ne répond en rien à nos critères d'objectivité et de vérité historique. Quelle attitude doit-on alors adopter ? Doit-on entièrement rejeter ce récit dans le domaine de la fable, et le juger sans intérêt du point de vue de l'histoire, en se contentant de cette constatation négative, comme le faisait déjà Louis de Beaufort, dans sa célèbre *Dissertation sur les cinq premiers siècles de l'histoire romaine*, publiée à Utrecht en 1738 ? Ou estimera-t-on qu'il est susceptible, malgré tout, de nous transmettre, sous le travestissement de la légende, des bribes de données authentiques, qui, confrontées à d'autres types d'informations – celles que donnent l'archéologie, l'histoire des institutions ou des données religieuses, voire la linguistique –, peuvent lui faire accorder une certaine valeur documentaire, y compris pour les périodes reculées auxquelles il affirme se référer ? On est là au cœur d'un débat sur lequel – on ne s'en étonnera pas – les historiens sont très divisés. Sans doute ni la confiance aveugle dans la tradition ni à l'inverse l'hypercriticisme qui fleurissait au début du xxe siècle – et auquel reste attaché le nom du savant italien Ettore Pais – ne semblent plus de mise. Mais l'estimation de la part respective des éléments historiques et de ce qui tient à une mise en forme légendaire ou à des préoccupations de date ultérieure est évidemment des plus délicates – et peut varier considérablement selon les conceptions, voire le tempérament des différents historiens. C'est dire combien une solution définitive du problème est utopique, et même combien un simple examen de la question reste obligatoirement tributaire des vues personnelles de chacun – et donc sujet à caution. Il n'en reste pas moins que c'est là une des questions essentielles de l'histoire de la Rome primitive, qu'une étude de cette période ne saurait esquiver.

Que le récit traditionnel présente nombre d'impossibilités, les historiens antiques ne le contestaient pas. Ils s'étaient déjà exercés à rechercher des explications qui se voulaient rationnelles de certains éléments de la narration. Ainsi estimaient-ils impossible qu'un dieu comme Mars ait procréé Romulus et Rémus : certains en avaient conclu que le père des jumeaux était un jeune Albain amoureux de Rhea Silvia, voire le méchant Amulius qui s'était déguisé et avait abusé de la crédulité de la vestale. La légende de la louve, de son côté, serait née de la réputation fâcheuse de la mère nourricière des enfants, Acca Larentia : celle-ci aurait été dans sa jeunesse une prostituée et aurait de ce fait reçu le nom de *lupa*, terme qui en latin désigne non seulement la louve, mais aussi ce genre de femmes.

Il semble assurément aujourd'hui bien vain de s'attacher à des données aussi clairement légendaires, pour lesquelles il est inutile de chercher une explication rationnelle. Mais, plus que pour de tels détails, finalement secondaires, c'est sur un certain nombre de ses points essentiels qu'on peut dire que le récit ne saurait répondre à une réalité historique, au moins pour l'époque envisagée.

Romulus

Tout d'abord, il paraît indubitable que Romulus est un personnage inventé. Selon l'explication qui semble s'imposer pour son nom, ce n'est qu'un éponyme, donc une figure de héros fondateur qu'on a créée *a posteriori* pour rendre compte de l'existence de Rome et dont le nom était tiré de celui de la ville elle-même. En dépit de ce qu'écrivait Varron (*Traité de la langue latine*, 5, 33), le nom de Romulus est dérivé de celui de Rome, et non l'inverse : Romulus est une formation normale en latin à partir du nom *Roma* et le mot peut être considéré comme une sorte de doublet de l'ethnique *Romanus* : *Romulus* est avec *Romanus* dans le même rapport que *Siculus* avec *Sicanus*, termes servant à désigner deux populations indigènes de la Sicile. Ainsi Romulus serait-il sans plus un terme signifiant « le Romain ». Autrement dit, le personnage n'a pas plus de consistance réelle que tous ces éponymes par lesquels les Anciens si souvent prétendaient rendre compte des peuples et des cités qu'ils connaissaient, par exemple Italus, éponyme de l'Italie, Sabinus, éponyme des Sabins, ou Tyrrhénos, éponyme des Tyrrhènes, c'est-à-dire des Étrusques.

Rites de fondation

D'autre part, rien ne permet de garantir que le processus de fondation rituelle qui est attribué à Romulus et amène sa cité à l'existence ne soit pas anachronique, pour l'époque à laquelle les faits seraient à situer. Les historiens antiques décrivent le héros prenant les auspices, puis procédant à une fondation rituelle selon les indications que lui auraient données des spécialistes venus tout exprès d'Étrurie, c'est-à-dire d'une région envers laquelle les Romains se sont toujours reconnu une dette en matière de rites religieux et à laquelle ils faisaient spécialement remonter ceux qu'ils suivaient lors des fondations de cités. Le rapport entre l'acte du *conditor* Romulus et le rituel appliqué dans le cas d'autres cités est explicitement posé chez Denys d'Halicarnasse :

> Quand il estima que tout ce que la raison considère comme agréable aux dieux avait été accompli, il appela tout le monde à l'endroit désigné et dessina un quadrilatère sur la colline en traçant, avec un bœuf mâle et une vache attelés à la même charrue, un

sillon continu destiné à recevoir le rempart. Depuis lors les Romains ont conservé cette coutume de tracer un sillon autour de leurs terres quand ils fondent des cités. (*Antiquités romaines*, 1, 88.)

Mais nous n'avons de trace assurée que les Romains aient pratiqué un tel rite de fondation, se conformant aux prescriptions contenues dans les « livres rituels » étrusques, que sensiblement plus tard, lorsqu'ils ont créé des colonies, conçues comme des émanations de la mère-patrie, et établies *ex nihilo*, par un acte volontaire, sur des terres enlevées à des adversaires vaincus. C'est le cas de Cosa, colonie détruite en 273, pour laquelle les fouilles permettent de faire l'hypothèse d'un rituel de fondation analogue à celui que les textes attribuent à Romulus. Au reste, même pour l'Étrurie, qui a été l'éducatrice de Rome en la matière, l'idée d'une fondation rituelle n'est pour nous saisissable que dans la seconde moitié du VIe siècle, avec l'établissement de cités nouvelles dans cette zone padane qui s'ouvre alors à l'expansion étrusque. Marzabotto, fondée dans le troisième quart de ce siècle, outre un plan régulier qui prouve son caractère de création volontaire, offre sur son acropole un exemple de *mundus* : il s'agit d'une fosse rituelle de fondation, où étaient déposées des offrandes (la tradition nous parle aussi pour Rome d'un *mundus* – tout en hésitant sur sa localisation, proposant tantôt le Palatin, tantôt le Forum, en une incertitude riche de signification et sur laquelle nous aurons à revenir). À proximité on a maintenant reconnu un *auguraculum*, c'est-à-dire un emplacement de prise d'auspices : là encore se profile le rituel de fondation, avec la prise d'auspices initiale, qui permet d'assurer la future cité de la protection divine – que nous avons bien sûr rencontrée pour Rome avec la légende des douze vautours du *conditor*. Mais avec Marzabotto, nous sommes au VIe siècle, non deux siècles auparavant. On peut donc se demander si, dans le processus de fondation attribué à Romulus, il n'y aurait pas une autre réalité à rechercher que celle d'une pratique qui n'aurait été suivie que postérieurement, à l'époque où la tradition s'est formée, et que l'on aurait rétrospectivement projetée sur la geste du *conditor*. Les faits – nous le verrons – semblent avoir été ici complexes, et si une fondation rituelle ne doit pas être totalement exclue, y compris pour une date haute, les faits archéologiques qui permettent d'avancer cette hypothèse montrent au moins un décalage sensible avec la présentation des données qu'offre la tradition. Celle-ci, en tant que telle, se borne à refléter ce qui a été la pratique rituelle d'une époque plus tardive.

Date de la fondation de Rome

Autre point sur lequel il est indispensable de prendre des distances à l'égard du récit traditionnel : la date attribuée à la fondation de l'*Vrbs* ne paraît reposer sur rien d'autre que des calculs artificiels. Il faut en effet déjà relever que la date varronienne de 753, que l'on peut considérer comme canonique, ou celles s'en approchant (par exemple celles données par Fabius Pictor, le premier des historiens romains, contemporain de la deuxième guerre punique – 748/7 – ou le Grec Polybe, qui vivait au IIe siècle – 751/0), ne se sont imposées que relativement tard.

Si la date que donnait un presque contemporain de Fabius Pictor, Cincius Alimentus (729/8), a des chances de reposer sans plus sur une base de calcul différente de celle de Fabius pour un même principe de comput que le sien (calcul de la durée des règnes des sept rois sur la base d'une génération de 30 et non de 35 ans), il importe de souligner que bien des auteurs situaient l'événement à une date entièrement différente. En règle générale, les auteurs antérieurs à Fabius envisageaient une date antérieure à la sienne. Timée de Tauroménion, cet historien sicilien du début du IIIe siècle qui fut le premier à saluer l'émergence de Rome, forte de sa victoire sur le roi Pyrrhus et de la domination qu'elle s'était ainsi acquise sur toute l'Italie péninsulaire, parlait de 814, qui est la date de la fondation de Carthage : il pressentait sans doute le prochain affrontement entre les deux grandes cités barbares d'Occident et leur attribuait de ce fait le même âge. Surtout une tradition ancienne, à laquelle se référeront encore les auteurs épiques latins, Naevius et Ennius, moins tenus par les schémas généalogiques élaborés par les historiens et leur souci de chronologie rigoureuse des faits, posait un rapport direct entre le thème des origines troyennes, avec la venue d'Énée en Italie, et la fondation de Rome : pour ces poètes, Romulus et Rémus étaient les petits-fils d'Énée et non de lointains descendants. Ils ignoraient donc totalement la période lavinate et la longue dynastie albaine – déjà attestée chez Timée – par lesquelles les historiens remplissaient l'intervalle séparant la date de la destruction de Troie (1193 pour Timée, 1184 pour Ératosthène) de celle attribuée à la fondation romuléenne. Mais ils renouaient ainsi avec des spéculations anciennes, répandues en milieu grec depuis le temps d'Hellanicos de Lesbos ou de Damaste de Sigée, au Ve siècle, qui faisaient de Rome une émanation directe de Troie.

C'est dire que l'idée d'une fondation au milieu du VIIIe siècle ne s'imposait pas comme une évidence. En fait cette datation semble résulter d'un compte à rebours, fondé sur l'existence préalable d'une tradition fixant à sept le nombre des rois de Rome. En effet, le début de la République fournissait un point de départ assuré (ou du moins à peu près : nous verrons qu'on pouvait hésiter entre 509, date de la tradition romaine, et 504, qui était donnée par des sources grecques se rapportant aux mêmes événements). C'était à cette date que commençaient les fastes consulaires, avec la liste des magistrats annuels qui, à Rome, servaient à désigner les années. Le point de départ de 509 était confirmé par un autre type de comput, autorisé par la dédicace du temple de Jupiter Capitolin l'année même de la fondation de la République : chaque année, selon Tite-Live (7,3), au jour anniversaire de cette dédicace, en septembre, était planté un clou dans la chapelle de Minerve que contenait ce temple. Le comptage des clous garantissait la date du début du nouveau régime.

Chronologie de la période royale

À partir de ce point de départ de 509 (ou 504), il est probable que la durée assignée à la période royale – 244-245 ans à partir de 509 pour une fondation en 753 ou à partir de 504 pour une fondation en 748 – s'explique par un comput généalogique : le chiffre correspond à sept générations de 35 ans. Autrement dit, la date de 753 (ou de 748) aurait été obtenue par le calcul de la durée probable de la période royale, étant donné d'une part la fixation de la durée d'une génération à 35 ans, d'autre part l'existence d'une tradition fixant à sept le nombre des rois qu'aurait connus la cité. Ainsi tout reposerait sur cette idée que sept rois s'étaient succédé sur le trône avant l'avènement de la République. Or là encore on a des chances de se trouver en présence d'une tradition artificielle. Il est douteux que Rome ait compté en tout et pour tout sept rois, et que chacun de ces rois ait régné en moyenne – par-delà les différences de durée que la tradition attribue au règne de chacun d'eux – 35 ans. Il n'est pas besoin de souligner la valeur symbolique du chiffre sept, et surtout, dans la tradition elle-même, certains points laissent comprendre que cette fixation à un nombre de sept rois, chacun correspondant en gros à une génération, n'est rien d'autre qu'une reconstruction *a posteriori*. La fixation à sept risque de résulter d'un choix qui, opéré à une certaine époque, aurait figé des données originellement plus fluctuantes. Dion Cassius (43, 45) rapporte que s'élevaient sur le Capitole d'antiques statues considérées comme celles des rois de Rome : or elles étaient huit et non pas sept. Ce qui n'a pas manqué d'exciter la curiosité des antiquaires : le huitième personnage était-il Titus Tatius, le collègue sabin de Romulus, ou Brutus, le fondateur de la République ? En fait, les candidats ne manquent pas. Certaines bribes de tradition suggèrent qu'un personnage sur lequel nous reviendrons, Aulus Vibenna, a parfois été considéré comme un roi. On faisait de l'éponyme de l'Aventin, Aventinus, un roi d'Albe : mais on a pu aussi bien imaginer qu'il avait régné sur Rome. On a proposé également de voir dans Hostus Hostilius, le grand-père du troisième roi de Rome, Tullus Hostilius, mis en rapport avec ce monument vénérable qu'était le *lapis niger* sur le Forum, un autre prétendant à la royauté, voire au rôle de fondateur de la cité. Au fond, la polémique sur l'identité de ce problématique huitième roi importe peu : il est en revanche significatif qu'on ait là une trace d'une série non de sept, mais de huit rois, ce qui pourrait attester l'existence d'une tradition différente de la version habituelle (et serait susceptible de donner un certain poids à l'affirmation, parfois avancée par les Anciens, que la durée de la période royale avait été de 240 ans – chiffre qui pourrait alors correspondre à huit générations de 30 ans). Mais quoi qu'il en soit de cette mystérieuse série de huit ou de sept rois, la tradition a canonisé une liste de sept souverains, alors que Rome a toutes chances d'avoir connu d'autres maîtres que ceux dont l'annalistique a gardé le nom. Dans le cas des Tarquins, nous verrons que les aberrations chronologiques sont telles qu'il est impensable que les rois de ce nom aient été au nombre de deux seulement, respectivement le père Tarquin l'Ancien et le fils Tarquin le Superbe, dont nous parlent nos textes.

L'impossibilité que la tradition reflète une histoire réelle est encore plus évidente si l'on regarde la durée des règnes attribués à chaque roi et à la période royale en général. Outre le jeu complexe de correspondances numériques que l'on reconnaît entre les durées précises assignées aux règnes de certains rois de Rome et de certains rois d'Albe et le fait que la liste des rois romains doit vraisemblablement être comprise comme prolongeant la liste des rois albains, dans une perspective chronologique globale qui va de la guerre de Troie à la naissance de Rome, il convient d'insister sur le fait qu'une telle chronologie est une aberration, compte tenu de ce que l'on peut penser de la longévité moyenne des individus pour une époque aussi haute. Récemment, T. J. Cornell, partant de la juste constatation d'une impossibilité d'attribuer à des souverains de ce temps une durée de règne aussi longue que celle que leur attribuent les historiens anciens, et cela d'une manière uniforme par-delà les chiffres quelque peu différents que la tradition offre pour chacun d'entre eux, a envisagé de faire commencer le règne des Tarquins vers 570, le règne des premiers rois vers 625 – ce qui est plus en accord avec la durée acceptable pour un règne à cette époque.

Mais c'est en réalité le principe même de la succession de sept règnes qui est à remettre en cause : ce chiffre n'a aucune valeur historique, et par conséquent on ne saurait partir de la liste des rois que nous offre la tradition pour fonder sur elle quelque estimation chronologique que ce soit. Faudrait-il alors inverser les choses et penser que, si les Romains se sont arrêtés à sept rois et non à un autre chiffre, c'est parce qu'ils auraient eu le sentiment que leur histoire commençait vers le milieu du VIIIe siècle, que leur cité avait effectivement été fondée vers l'époque que lui attribue la datation varronienne – et donc que le choix d'une liste de sept souverains répondrait à ce souci chronologique ? Nous le verrons, il semble bien qu'il se soit passé quelque chose, et quelque chose d'important, sur le Palatin aux alentours de la date traditionnelle de la naissance de la cité. Mais nous doutons que cela puisse avoir un rapport direct avec la présentation des faits dans la tradition. Les études sur la mémoire des sociétés sans archives écrites montrent combien la chronologie des faits peut être fluctuante, quand bien même un vague souvenir en subsiste. D'autre part, dans le long processus qu'a été l'émergence de Rome en tant que cité, il nous semble difficile d'admettre que la tradition ait retenu la date de ce qui se serait passé sur le Palatin vers le milieu du VIIIe siècle comme unique point de départ de l'existence de la cité, et non d'autres étapes qu'on aurait tout aussi bien pu poser comme début du comput *ab Vrbe condita*. Il nous semble donc impossible de poser ce qui serait un souvenir d'ordre historique derrière la date assignée par Varron à l'acte fondateur de Romulus. Le choix de cette date répond à une logique de la tradition qui a sa justification en elle-même, et n'a rien à voir avec une éventuelle mémoire historique. Il convient de tenir distincts ce que nous révèlent aujourd'hui l'archéologie et les données chronologiques que l'on peut tirer de la tradition. Tout au plus peut-on créditer les Romains d'avoir gardé l'idée – vague – que leur cité avait existé en tant que telle, avec ses rois, avant la période, plus saisissable historiquement, des rois Tarquins.

Rome et Albe la Longue

La question du fondement de la tradition, et partant du crédit à lui accorder, se pose même dans le cas où des données objectives sont envisageables derrière les indications qu'elle fournit. Nous prendrons comme exemple le rapport qu'elle pose entre Albe et Rome : dans le récit traditionnel Rome est fondée à partir d'Albe la Longue, elle peut apparaître comme une colonie de la métropole albaine.

Ce point répond à une certaine réalité historique. Certes, Rome ne peut plus être considérée aujourd'hui comme une colonie d'Albe au sens propre, une sorte d'avant-poste que la vieille cité latine aurait installé dans la plaine qui s'étendait au pied des monts Albains, au contact du Tibre et de ces Étrusques qui en occupaient l'autre rive, et sur les voies de communication qui se croisaient en cet endroit. Il n'en reste pas moins qu'une relation entre Rome et Albe (nous pouvons garder ici ce nom, bien que, comme nous le verrons plus tard, Albe ne doive pas être considérée comme ayant été une cité au sens propre) et même une certaine forme de dépendance à époque ancienne restent probables.

Déjà, les données archéologiques le montrent. Sans doute faut-il maintenant récuser l'hypothèse d'une antériorité d'Albe par rapport à Rome, telle que la suppose la tradition. Les trouvailles faites dans la zone des monts Albains ne témoignent pas d'une antériorité chronologique relativement à celles faites dans la plaine, et notamment sur le site de Rome. Sans tenir compte des données concernant la période apenninique et subapenninique – et donc la fin de l'âge du bronze, où l'on ne peut pas encore parler d'un faciès particulier pour le Latium –, il est notable que, à partir du moment où l'on constate l'existence d'une culture matérielle spécifique pour la zone latine, à l'époque de transition entre l'âge du bronze et l'âge du fer, avec l'émergence de la culture dite latiale, celle-ci se manifeste en même temps à Rome ou plus généralement dans la plaine et dans le massif montagneux.

Néanmoins, pour les stades les plus anciens de cette culture latiale – ses phases I et II A, correspondant respectivement, en gros, au Xᵉ siècle et aux deux premiers tiers du IXᵉ siècle dans la chronologie la plus généralement acceptée aujourd'hui –, l'élément moteur doit en être cherché dans le massif volcanique situé au cœur du Latium sur lequel la tradition situe la ville d'Albe. Une manifestation aussi caractéristique de cette culture que l'urne funéraire en forme de cabane (dont les attestations dans le sud de l'Étrurie ne représentent qu'une extension secondaire et limitée) se rencontre pour 60 % de ses exemples dans le secteur des monts Albains. On y trouve des tombes qui sont parmi les plus riches, comme l'une de celles de Villa Cavaletti, comprenant des objets d'ambre, d'or et de verre, ou deux de Castelgandolfo et Velletri, qui contiennent plus de dix vases, ce qui est exceptionnel pour une date aussi haute. D'autre part, la répartition spatiale des tombes, groupées en petites nécropoles d'une vingtaine ou d'une trentaine de dépositions, correspondant donc à un habitat par petits noyaux dispersés, atteste pour cette époque une concentration humaine dans ce secteur qui paraît supérieure à ce que l'on constate en dehors. On peut donc vraisemblablement parler d'une primauté de la zone albaine – conforme à celle que suppose la tradition.

Mais les choses se présentent différemment dès la période suivante, à partir de la période latiale II B, soit de 830 environ. On constate un changement du centre de gravité de cette culture, dont les attestations les plus remarquables se situent désormais dans la plaine, en dehors du massif Albain. C'est alors que se développent des centres dont certains deviendront par la suite des cités de la pleine période historique : ainsi Antemnes, Crustumerium (d'où auraient été originaires certaines des jeunes filles enlevées par Romulus et ses compagnons), Fidènes, Castel di Decima, Ficana, dans la basse vallée du Tibre, Préneste et Tivoli plus à l'intérieur. Des centres déjà connus à date plus ancienne, comme Ardée, Lavinium, Gabies et bien sûr Rome, prennent un nouvel essor. Le développement de Gabies en particulier est bien perceptible aujourd'hui, grâce aux remarquables fouilles qui ont été menées sur le site de l'Osteria dell'Osa. Au contraire, en ce qui concerne la zone des monts Albains, on constate une raréfaction des trouvailles archéologiques par rapport à la période précédente. Il est manifeste que ce n'est plus dans ce secteur qu'il faut chercher le pôle dominant du Latium : la diminution des données laisse penser qu'a eu lieu une sorte de diaspora vers la plaine, avec pour conséquence un dépeuplement relatif du massif central. Mais cela encore est conforme à ce que les textes suggèrent : car la tradition évoque une entreprise de colonisation à partir d'Albe, présentant l'ensemble des cités latines – les trente cités qui traditionnellement formaient le *nomen Latinum* –, et notamment Rome, comme fondées à partir d'Albe.

Cependant il convient de mesurer exactement la portée de cette rencontre entre données archéologiques et récit traditionnel. Il ne s'ensuit pas nécessairement qu'il faille en conclure que de tout temps les Romains aient conservé le souvenir d'une priorité d'Albe par rapport à leur propre cité, voire d'un événement précis, comme l'établissement chez eux, au cours du VIIIe siècle, de groupes issus des monts Albains.

Nous avons déjà signalé les difficultés que suscite, dans cette tradition, la présentation du poids dominant d'Albe dans le Latium sous les traits d'une colonisation, analogue à celle qui avait donné naissance à la fondation des cités grecques coloniales, sous la houlette d'un œciste décidant d'emmener un groupe de ses concitoyens hors de leur cité natale. La priorité d'Albe n'est pas d'ordre chronologique, Rome n'est pas l'émanation de cette ville qui serait sa métropole comme l'étaient les cités helléniques par rapport à leurs colonies. La tradition exprime de cette manière, qui est tributaire des schémas historiographiques des Anciens, le lien de dépendance qui existait entre Rome – et les autres cités du Latium – et Albe la Longue, et qui tient à ce que le vieux centre des monts Albains a joué à une époque très ancienne le rôle de pôle du monde latin et que ce rôle s'est perpétué à travers des formes religieuses encore vivantes à époque historique.

La recherche actuelle a redonné toute son importance à un texte de Pline l'Ancien (*Histoire naturelle*, 3, 69) qui donne, de la liste des trente peuples qui auraient constitué l'ensemble du *nomen Latinum*, un état remarquable par son archaïsme. Dans cette liste, dont on a pu estimer qu'elle remontait à une inscription qui aurait orné le sanctuaire d'Albe et qu'un antiquaire aurait recueillie, on ne rencontre en effet aucune des grandes cités de l'époque historique qu'on s'attendrait à y trouver. Ainsi Rome n'y figure pas : mais en revanche on constate la présence, comme petits peuples distincts, de plusieurs groupes humains dont il paraît légitime de penser qu'ils étaient établis sur le site de la cité. Les *Querquetulani* qui figurent dans ce texte ont des chances d'avoir été les habitants du Caelius, sous son ancien nom de *Querquetulanus Mons* (mont aux Chênes), les *Vimi(ni)tellarii*, ceux du Viminal, et les *Velienses*, ceux de la Velia, une avancée du Palatin en direction du Forum. On se trouve donc, selon toute probabilité, en présence d'un document qui renvoie à une très haute antiquité, à une époque où Rome n'existait pas encore en tant que cité, lorsque par exemple on ne trouvait encore sur la Velia qu'un village indépendant.

Or ce texte exprime un lien bien particulier par rapport à Albe. La liste présente spécifiquement les peuples admis à participer aux *feriae Latinae*, Féries latines, ces fêtes de Jupiter Latiaris, sur le site de l'antique cité, qui exprimaient leur appartenance commune au *nomen Latinum*. Celle-ci se manifestait par un rituel très concret : on sacrifiait un bœuf blanc à ce dieu qualifié de latin, et sa chair faisait l'objet d'une répartition définie par des règles précises entre les délégués représentant les composantes de la fédération. À ce titre les trente peuples, dans la liste de Pline, ne sont pas désignés comme latins, *Latini*, mais comme *Albenses*, donc non proprement comme albains (qui serait *Albani* : les Albains ne sont présents dans la liste qu'en tant que simple composante de l'ensemble), mais comme une sorte d'émanation d'Albe, selon le sens que paraît parfois avoir eu cette forme de suffixation.

On voit que le lien qui unissait à Albe les peuples dont l'ensemble composait le *nomen Latinum*, et particulièrement Rome, n'était pas l'effet d'une colonisation, d'une formation à partir d'Albe. Comme très généralement dans l'Antiquité, les diverses composantes d'un peuple – en l'occurrence le peuple latin – exprimaient leur appartenance à un même ensemble par des manifestations d'ordre religieux : leur participation à un même culte dans le cadre de fêtes à caractère fédéral, pendant lesquelles on peut penser que, comme en Grèce lors des fêtes à caractère panhellénique, s'instaurait une sorte de « trêve de Dieu ». Ce culte était rendu à une divinité conçue comme nationale, ce qu'exprimait clairement son épithète de *Latiaris*, terme équivalent de l'ethnique habituel des Latins, *Latinus*. Certes, ce lien religieux a pu fournir l'occasion et le cadre de liens d'ordre plus général, politique ou militaire, la base d'une action commune de tout le *nomen Latinum* sous la conduite d'un magistrat fédéral : on saisit plus tard l'existence d'un tel magistrat fédéral, *dictator Latinus* (dictateur latin), qui menait au combat l'armée formée par les contingents des diverses cités. Mais il importe de souligner la base cultuelle et religieuse, au départ, de ce sentiment d'appartenance à un même ensemble. Les Latins, sur ce plan, étaient semblables aux Étrusques dont les douze peuples se réunissaient pour des célébrations communes au *fanum Voltumnae*, près de Volsinies, ou aux Grecs, pour lesquels l'une des manifestations principales de l'hellénisme était la participation aux fêtes des grands sanctuaires panhelléniques, où, on le sait, les barbares étaient rigoureusement tenus à l'écart de toute compétition.

Dans la tradition présentant Rome comme fondée à partir d'Albe, on verra donc moins l'expression d'un souvenir direct de ce qui a pu se passer dans la période de formation de la ville que celle d'un certain rapport, remontant aux plus lointaines origines et antérieur même à la formation de Rome en tant que cité, mais continuant à se manifester par la persistance de ce qui l'avait fondé : le banquet commun des délégués des trente peuples latins dans le vieux sanctuaire fédéral.

De ce caractère indirect et non immédiatement transposable en données historiques des éléments offerts par la tradition, la place qu'y tient une autre cité latine, Lavinium, fournit un indice, concernant toujours cette situation ancienne où Rome (sinon même ce qui existait alors sur son site et qui n'était pas encore une cité véritable) n'était qu'une composante parmi d'autres du Latium. Lavinium

Albe n'était pas en effet la seule métropole de Rome selon la tradition. Celle-ci a regroupé en une histoire articulée l'expression d'un rapport avec Lavinium autant qu'avec Albe. Si Romulus vient d'Albe, Albe elle-même n'était qu'une fondation secondaire par rapport à Lavinium, à proximité de la côte. Dans le récit traditionnel, Lavinium était la cité qu'avait fondée Énée à son arrivée sur le sol italien. Le thème des origines troyennes rattachait Rome, par-delà Albe, à Lavinium. C'était à proximité de cette ville, sur les bords du Numicius, que s'élevait le monument édifié en l'honneur du héros troyen que l'on considérait comme devenu, aux cieux où il était monté, une sorte d'ancêtre divin du peuple latin, le « père indigète », *Pater Indiges.* C'était au reste à Lavinium, et non à Albe dont la fondation n'aurait eu lieu qu'à la génération suivant celle d'Énée, avec son fils Ascagne, qu'était rapportée la formation du peuple latin, marquée par l'apparition du nom ethnique. Le nom de Latins serait en effet apparu lors de la fusion, sous l'égide d'Énée, de ses compagnons troyens et du peuple local des Aborigènes : pour exprimer l'émergence d'un peuple nouveau, il lui aurait donné un nom nouveau, tiré de celui du roi indigène Latinus, qui l'avait accueilli sur ses terres.

Les liens qui unissaient Rome à Lavinium n'étaient pas moins forts que ceux qui existaient avec Albe. Chaque année les consuls romains allaient offrir des sacrifices à Lavinium, dans le sanctuaire du Pater Indiges, en compagnie des prêtres les plus importants de la cité, pontifes et flamines. Qui plus est, les Romains disaient avec Varron (*Traité de la langue latine*, 5, 144) que leurs propres pénates étaient à Lavinium : c'était là qu'Énée avait déposé les dieux ancestraux qu'il avait apportés de Troie et qui y étaient l'objet d'un culte officiel de la part de l'État romain en tant que *Sacra populi Romani nominis Latini*, « objets sacrés du peuple romain [et] des peuples latins », selon une formule qui apparaît sur une inscription de Pompéi.

Derrière tout cela il n'y a pas seulement, comme on l'a parfois suggéré, le désir du clergé de Lavinium de poser sa cité comme l'ancêtre de Rome en profitant du succès de la légende d'Énée – bien attesté au IVe siècle, époque à laquelle Rome affirme définitivement sa domination sur le Latium et pour laquelle on constate effectivement, sur le plan archéologique, une réorganisation des cultes de Lavinium. Quelle que soit l'ancienneté – discutée – de la mise en relation des origines de Lavinium et de la légende d'Énée, il est clair que cette légende hellénique n'a fait que se greffer sur un vieux culte local, celui du Pater Indiges, en qui on peut reconnaître, selon une conception répandue en Italie comme dans bien d'autres régions, une sorte d'ancêtre mythique de la communauté.

Mais ce culte ne concerne pas seulement Rome et Lavinium : comme dans le cas du Jupiter « latin » d'Albe, il s'agit d'un culte fédéral. La légende d'Énée pose le héros du monument du Numicius comme ancêtre de tous les Latins, et non des seuls Lavinates. Plus concrètement, on a découvert sur le site de Lavinium un ensemble de treize autels, remontant au milieu du VIe siècle av. J.-C., qui paraît traduire l'existence en ce lieu d'un culte de type fédéral. Le fait est d'ailleurs reconnu par la tradition romaine : elle l'évoque à propos de Titus Tatius, le collègue sabin de Romulus. Celui-ci en effet se serait rendu complice d'un forfait commis par ses compatriotes sabins à l'encontre des Lavinates, en ne les punissant pas après les razzias qu'ils avaient effectuées contre leur territoire, et, pis encore, après l'agression qu'ils avaient commise contre les ambassadeurs lavinates venus demander réparation. Il devait expier cette atteinte au droit des peuples, au *ius gentium* : les Lavinates l'avaient assassiné, profitant de ce qu'il venait dans leur cité accomplir les cérémonies religieuses liées à ce culte.

Comme dans le cas d'Albe, cette importance religieuse de la cité par rapport à d'autres cités latines, et en particulier Rome, doit correspondre à une époque de prépondérance de Lavinium par rapport au moins à une partie du Latium. Il ne s'agit plus cette fois des débuts de la civilisation latiale : Lavinium, tout comme Rome et les centres de la plaine en général, ne commence à se développer vraiment qu'à partir de la phase II B de cette culture, c'est-à-dire au cours du VIIIe siècle. D'ailleurs le monument qui a été considéré comme l'*hérôon* d'Énée, retrouvé par les fouilles de P. Castagnoli et P. Sommella, est en réalité une tombe qui remonte à la première moitié du VIIe siècle, et pour lequel les traces d'un culte

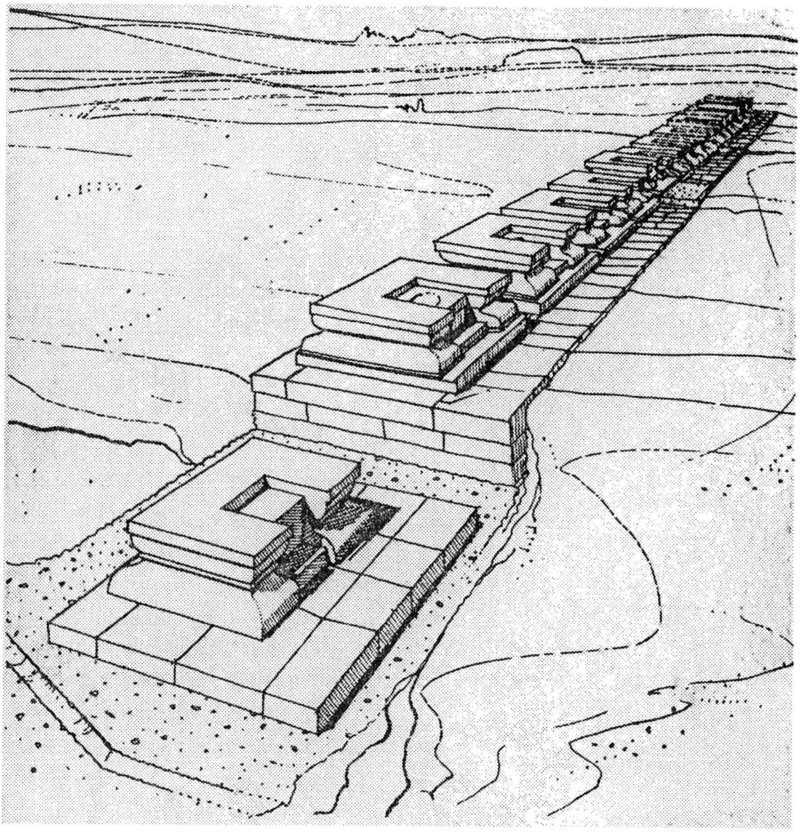

Les treize autels de Lavinium

ne se manifestent qu'au milieu du siècle suivant, lorsque le sanctuaire des treize autels est aménagé. Si une certaine prépondérance de Lavinium à l'égard de Rome – et d'autres cités – est à envisager, elle ne peut l'être qu'après celle exercée par Albe : on aurait l'ordre inverse de celui suggéré par la tradition littéraire. Celle-ci a sans doute tenu compte de données réelles – prépondérance à une certaine époque d'Albe sur l'ensemble du *nomen Latinum*, importance, au moins pour une partie de la région, de Lavinium comme centre dominant. Il n'en reste pas moins qu'elle a recomposé ces données pour constituer une histoire continue – celle de la succession, à partir de l'arrivée d'Énée sur le sol latin, des trois métropoles de Lavinium, Albe et Rome – qui a des chances d'être une pure reconstruction.

Les Sabins

Il s'agit encore, pour la question des liens qui ont pu exister à époque ancienne entre Rome et Albe et Lavinium, de faits pour lesquels nous pouvons confronter les données de la tradition à des éléments d'information externe – ceux que

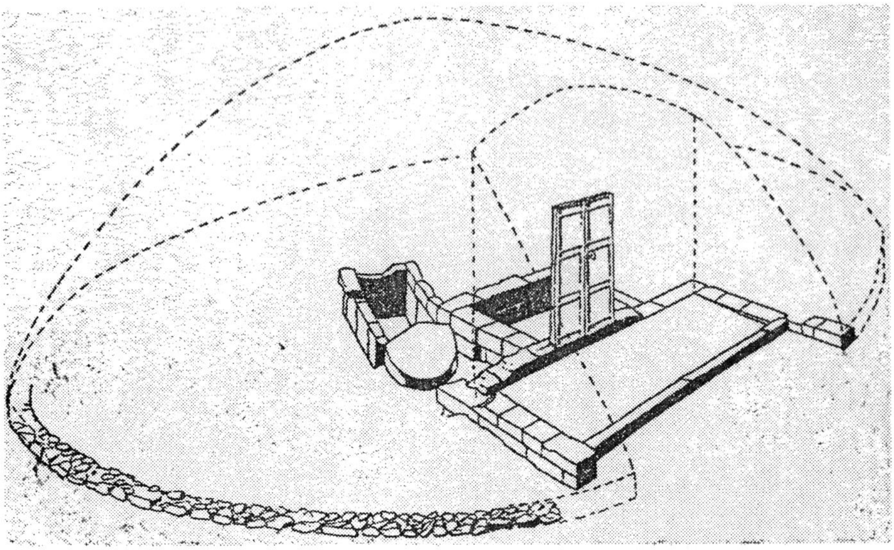

L'Hérôon de Lavinium (d'après P. Somella)

fournissent l'archéologie ou des traits de cultes ou d'institutions. Mais nous n'avons pas toujours cette possibilité de confrontation, y compris pour des points importants de la tradition. Nous le constatons avec cette question, à ce point centrale dans le récit de la formation de la cité qu'elle en constitue l'achèvement, de l'apport des Sabins aux origines de Rome. La tradition présente la cité comme formée par la fusion des Romains de Romulus et des Sabins de Titus Tatius – exactement comme les Latins naissent de la fusion des Troyens d'Énée et des Aborigènes de Latinus.

On a voulu chercher dans diverses directions des preuves d'une participation de Sabins à la naissance de Rome. À une certaine époque, on a estimé en tenir la preuve archéologique. F. von Duhn identifiait ces Sabins avec les utilisateurs de la nécropole de l'Esquilin, inhumant leurs morts et déposant des armes dans leurs tombes : il voyait là le signe de leur appartenance à un autre peuple que les utilisateurs de la nécropole du Forum, qui recouraient à la crémation et dont le mobilier funéraire ne comportait pas d'armes. Mais le progrès des études archéologiques – en particulier le travail de H. Müller-Karpe – a montré que la distinction était chronologique et ne recouvrait aucune différence ethnique : la nécropole du Forum correspond simplement à un stade plus ancien de la même culture.

On a parfois fait intervenir des arguments linguistiques. Ainsi le nom de Tarpeia, liée à la légende selon laquelle elle livre à Titus Tatius la citadelle du Capitole et dont on sait qu'il correspond à une ancienne dénomination de cette colline

(*Tarpeius Mons*), a été considéré comme sabin : il serait une forme sabine du nom de *Tarquinius Mons*, avec un traitement de type italique (par *p*) de la labio-vélaire *qu*. Mais, outre qu'il est superflu de dire que le rapprochement reste hypothétique, il est impossible de dater de tels faits linguistiques, donc d'affirmer qu'ils renvoient à la période des origines : d'ailleurs, le rapprochement posé ici avec un nom qui est celui des Tarquins n'incite guère à invoquer des faits qui seraient à situer au VIIIe siècle.

Des données institutionnelles ou religieuses concernant le Capitole et le Quirinal ont été mises en avant dans le débat : ces collines ont en effet un certain lien avec les Sabins dans le récit traditionnel, puisque ceux-ci se seraient emparés du Capitole et que le Quirinal doit son nom au dieu Quirinus que toute une série de textes présente comme une divinité sabine. Assurément ces collines ont des aspects qui les mettent à part des autres, et notamment du Palatin, le plus directement lié à la geste de Romulus. À la confrérie religieuse des Saliens du Palatin, liés à Mars, s'oppose celle des Saliens « de la colline », c'est-à-dire du *Collis* par excellence qu'est le Quirinal, liés à Quirinus. Plus significativement, l'antique liste des collines formant le *Septimontium* – document que nous aurons à étudier –, où le Palatin joue un rôle prépondérant, exclut tant le Capitole que le Quirinal. On est de ce fait autorisé à penser qu'à un certain stade du développement de ce qui a abouti à la ville de Rome telle que nous la connaissons, l'ensemble Quirinal/Capitole a été à l'écart d'un autre ensemble de collines, centré sur le Palatin.

Mais faut-il invoquer à ce propos un caractère ethniquement différent, et faire intervenir un peuplement allogène, sabin, pour ces deux collines ? Rien n'oblige à le penser : nous le verrons, la distinction entre ces deux parties de la cité tient à l'histoire interne de celle-ci et de sa longue formation, sans qu'il soit nécessaire d'y voir le jeu de facteurs ethniques.

Assurément, le fait que des éléments sabins aient pu apparaître sur le site de Rome à une époque très ancienne – vers le VIIIe siècle, pour suivre la date traditionnelle de la fondation – n'a rien d'impossible. Pour une époque ultérieure, les textes nous font connaître l'immigration du Sabin Atta Clausus à la tête de ses parents et clients, en 504, ou le coup de main d'Appius Herdonius, un autre Sabin suivi d'un groupe de compatriotes, sur le Capitole, en 460. Ces affirmations de la tradition paraissent parfaitement plausibles, et en accord avec la mobilité des individus et des groupes à époque ancienne. Mais une telle mobilité a pu aussi bien exister au VIIIe siècle qu'à la fin du VIe ou au début du Ve siècle. Par ailleurs, le rôle de la basse vallée du Tibre comme voie de communication entre la mer et la zone des montagnes de Sabine est une donnée pour ainsi dire intemporelle, que l'on peut faire remonter jusqu'à l'époque des pasteurs apenniniques de l'âge du bronze. Que des Sabins aient suivi le cours de la future *uia Salaria* qui les menait à Rome bien avant l'époque d'Atta Clausus et Appius Herdonius est en soi admissible. Le Forum Boarium, c'est-à-dire le « marchés aux bœufs », a dû, très tôt, être un lieu de rencontre et d'échanges entre les habitants du site et des groupes italiques venus de la montagne, poussant leurs bêtes. Mais cela ne prouve nullement qu'il en ait été effectivement ainsi dans le cadre suggéré par la tradition, et donc qu'un tel groupe de Sabins ait vraiment joué un rôle important dans la formation même de Rome.

À ces motifs de perplexité s'ajoutent des considérations tirées de la forme même de la tradition. La dénomination usuelle d'« enlèvement des Sabines » ne doit pas faire perdre de vue le fait que les Sabins de Titus Tatius ne sont pas les seules victimes de la ruse imaginée par Romulus pour procurer à sa cité naissante les femmes dont elle manquait cruellement. En sus des Sabines, la tradition évoque des femmes issues de plusieurs petites cités latines des environs de Rome – Antemnes, Caenina, Crustumerium. Et la guerre romano-sabine se greffe sur celle menée par Romulus contre ces premiers adversaires. Elle est marquée par l'élimination du roi de Caenina, Acron, qui fournit à Romulus l'occasion tout à la fois de remporter le premier triomphe de l'histoire de Rome et de déposer les premières dépouilles opimes – c'est-à-dire celles qu'un chef romain avait enlevées à un chef ennemi qu'il avait vaincu personnellement, événement dont les Romains ne connaissaient que trois occurrences au cours de leur histoire. À la suite de ces premières victoires, comme ce sera le cas avec les Sabins, les vaincus sont incorporés à la nouvelle cité. On peut donc estimer qu'il y a là une sorte de préambule de la guerre contre les Sabins, qui aboutit déjà à un résultat analogue pour la cité naissante. Néanmoins, on ne peut réduire cette première guerre à une sorte de répétition générale de celle contre les Sabins. Un épisode comme la victoire sur Acron joue un rôle étiologique qui n'est pas négligeable : il rend compte de l'origine d'institutions aussi primordiales que les dépouilles opimes et surtout le triomphe. D'autre part, nous le verrons, il s'inscrit dans une articulation essentielle de la légende de Romulus, marquant le premier temps de la série des trois triomphes qu'il remporte, et qui scandent sa carrière.

Si bien que l'on est plutôt conduit, devant l'impression de doublet que donnent ces deux guerres, à l'hypothèse inverse : que ce soit la guerre contre les Sabins qui ait été introduite secondairement et se soit greffée sur un schéma qui au départ n'aurait posé comme adversaires de Romulus que les petites cités latines du voisinage. Il faut reconnaître que ces guerres contre Antemnes, Caenina, Crustumerium sont beaucoup plus attendues dans le contexte des tout débuts de l'histoire de Rome qu'une guerre contre les Sabins. Avec ceux-ci se produit un saut géographique autant que quantitatif (puisque cette fois Romulus semble s'opposer à tout un peuple, et non simplement à telle cité). L'intervention de Titus Tatius a pu être adjointe après coup à une trame plus simple, où les seuls adversaires du fondateur auraient été les habitants des cités latines voisines, et les seuls étrangers intégrés à Rome ces Antemnates, Caeniniens, Crustumériens.

Les monuments enfouis sous le lapis niger *(d'après F. Coarelli)*

Avec Titus Tatius et ses Sabins apparaît cependant un élément pour lequel les premières guerres n'offraient pas d'équivalent : au terme du conflit, le chef des ennemis, le roi sabin, est associé au pouvoir de Romulus. Or l'idée de la collégialité des deux rois, Romulus et Titus Tatius, a été souvent considérée comme le signe de l'intrusion d'un élément récent de la tradition : on a rapporté cette association des deux rois au modèle du consulat romain, c'est-à-dire à ce trait si original de la Constitution romaine qui met à la tête de l'État non pas un, mais deux magistrats suprêmes égaux. Cette suggestion – sans conteste séduisante – implique bien évidemment que ce trait, dans la légende du *conditor*, ne soit pas antérieur à la période républicaine. Mais il se trouve que c'est aussi à cette période, vers le ve siècle, qu'on peut le mieux envisager de situer l'insertion d'une référence aux Sabins.

On ne peut plus suivre en effet l'idée de Th. Mommsen, qui attribuait cette coloration sabine de la légende des origines au début du IIIe siècle, lors de la mainmise définitive de Rome sur la Sabine. Une composante si importante du récit traditionnel sur les origines n'a pas pu attendre si tard pour s'y intégrer – alors que, nous le verrons, on commence déjà à percevoir l'existence de la légende vers le VIe siècle. Et l'événement n'a pas eu un retentissement tel qu'il ait pu ainsi imposer sa marque sur la représentation que la cité du vainqueur se faisait de sa propre naissance. En fait, si le facteur sabin a joué un rôle important à une époque de l'histoire de Rome, c'est, comme l'a souligné J. Poucet dans l'étude approfondie qu'il a consacrée au problème, vers la fin du VIe siècle ou dans la première moitié du Ve siècle. Rome est alors soumise à la pression de groupes venus du nord de l'Anio. C'est alors aussi qu'ils se manifestent le plus directement et le plus activement dans l'histoire interne de la cité, avec l'immigration du groupe mené par Atta Clausus ou avec l'occupation du Capitole par Appius Herdonius (exploit que les Gaulois de Brennus eux-mêmes ne sauront répéter – mais qui rappelle bien sûr l'épisode de Tarpeia livrant cette citadelle à Titus Tatius). Si l'élément sabin a pu entrer dans un récit des origines qui ne lui aurait primitivement fait aucune place, c'est bien en cette époque de pression sabine continuelle et d'intégration d'apports sabins importants dans la cité que cela a dû se passer.

Premières formes de la tradition

On voit par là que la tradition sur les origines de la cité aurait une ancienneté notable. Si des traits que l'on peut considérer comme adventices – une sorte d'étiologie du consulat, la référence aux Sabins – s'y sont intégrés au cours du Ve siècle, cela implique que la tradition, au moins dans ses grandes lignes, était préexistante.

Or c'est ce que suggèrent d'autres considérations, comme celles que F. Coarelli a tirées de l'étude d'un monument aussi vénérable que le *lapis niger* du Forum. L'édifice archaïque – autel accompagné d'un cippe avec une inscription peu compréhensible, mais où est mentionné le *rex*, le roi – qui a été retrouvé dans cette zone du Comitium, sous le pavement noir de la fin de la République qui a donné son nom à l'ensemble, a été identifié par ce savant au Volcanal : il s'agit d'un autel de Vulcain dont parlent certains textes et qui est daté, au moins pour sa forme la plus ancienne, à laquelle correspond l'inscription, du milieu du VIe siècle. Or des liens étroits existent entre ce monument et la légende de Romulus. C'est là que Romulus avait disparu, du moins dans la version de sa fin qui le présente comme assassiné par les sénateurs. Cette localisation de l'événement au Volcanal traduit l'existence d'un lien plus fondamental du héros avec le feu, et avec son dieu, Vulcain : nous l'avons rappelé, dans la forme la plus ancienne de la légende, les deux jumeaux étaient fils non de Mars, dieu de la guerre, mais d'un dieu du feu – selon un schéma attesté pour d'autres héros latins, comme Caeculus, le fondateur mythique de Préneste, et que nous retrouverons pour le roi Servius Tullius. Et c'est en souvenir de cette origine que le roi, successeur de Romulus, sacrifiait certains jours au Volcanal.

Mais nous sommes là au VIe siècle, et précisément à l'époque de Servius Tullius, roi dont la geste présente de nombreuses analogies avec la légende de Romulus. Il n'est pas trop hardi de penser qu'en même temps que les monuments et les cultes qui leur étaient liés, s'est développé ce qui leur fournissait leur base idéologique : la référence à la tradition concernant le fondateur de Rome. Dès cette époque la geste du héros, au moins sous une forme embryonnaire, devait donc exister, permettant à Rome – et à son souverain – d'affirmer leur identité.

Assurément la part, dans la tradition, d'élaboration non proprement historique (au sens du moins où elle exprimerait le souvenir d'événements réellement survenus à l'époque envisagée par le récit) est essentielle, même si l'on admet qu'elle a pu commencer à se former dès cette période ancienne. Nous avons amplement souligné la part des schémas légendaires. Il n'en reste pas moins que le début de cette élaboration, la première mise en forme d'une tradition remontent, dans cette perspective, à une époque encore très haute : il est donc plausible que, dans cet ensemble qui en tant que tel ne répond pas à des préoccupations proprement historiques, des éléments de souvenirs authentiques aient pu s'insérer. Après tout le VIe siècle, période pour laquelle nous commençons à saisir les premiers balbutiements de cette tradition, n'est pas si éloigné des événements que la légende prétend relater !

Fin du règne de Romulus

Néanmoins, il serait dangereux d'imaginer que le canevas d'ensemble, c'est-à-dire le cadre global d'une succession de sept règnes – Romulus, Numa Pompilius, Tullus Hostilius, Ancus Marcius, Tarquin l'Ancien, Servius Tullius, Tarquin le Superbe –, ou le schéma général de ce qui est rapporté des actions de chaque roi en particulier puissent être tenus pour fondés sur une réalité historique. Nous avons déjà dit que tout induit à penser que la narration s'est élaborée à partir de l'idée d'une succession de générations royales, dont le nombre même est artificiel. Il en va de même pour le détail des règnes. Une fois de plus, les schémas de pensée indo-européens paraissent avoir joué un rôle prépondérant, et avoir imposé la caractérisation générale de chaque souverain, au moins dans le cas des premiers rois, ceux précédant ce qu'on peut appeler la période étrusque. Aucun des quatre rois de la période pré-étrusque – Romulus, Numa, Tullus, Ancus – ne peut être considéré comme une figure historique, du moins dans les termes où le récit des historiens antiques nous les présente. Nous ne pensons pas qu'on puisse récuser dans leur cas le principe d'explication posé par Dumézil, qui voit dans les faits et gestes qui leur sont attribués la projection dans le plus ancien passé de Rome de représentations fondées sur l'idéologie indo-européenne des trois fonctions, Romulus et Numa représentant les deux aspects antithétiques et complémentaires à la fois de la première fonction, Tullus la deuxième et Ancus la troisième. Cette construction serait donc aussi artificielle que celles, fondées sur les mêmes conceptions et homologues dans leur principe, qu'on a proposé de reconnaître dans diverses traditions iraniennes et scandinaves, dans l'histoire des premiers temps de l'Arménie telle que la rapportent les chroniques locales ou, en Grèce, dans la succession des trois premiers rois d'Orchomène. Précisons brièvement les données.

La geste de Romulus – en dehors de ce qui concerne la fondation de Rome à proprement parler – est clairement bâtie selon un schéma ternaire. En effet, comme cela transparaît le plus nettement à travers la *Vie de Romulus* de Plutarque, la carrière du héros s'organise autour de trois guerres, conclues par trois victoires. Le premier – on l'a déjà évoqué – concerne la guerre contre Acron, roi des Caeniniens, le deuxième celle contre Cameria, et le troisième celle contre les Étrusques de Véies. Or ces trois guerres, avec les triomphes qui les concluent, se répartissent selon le schéma des trois fonctions. La première oppose Romulus personnellement à un roi et concerne donc la première fonction; la deuxième, pour laquelle les textes ne relatent pas de particularité notable, ne comporte de ce fait que des aspects militaires: elle est du ressort de la seule deuxième fonction; pour la dernière, la narration met en relief les aspects économiques, comme la richesse du butin: nous sommes dans le domaine de la troisième fonction.

Mais à cette articulation fondée sur les triomphes se superpose une autre, faisant apparaître cette fois un aspect négatif: chacun de ces triomphes orientés fonctionnellement est suivi d'une faute de même niveau. La victoire sur Acron précède ce qui peut apparaître comme une faute de Romulus dans le domaine de la souveraineté: Romulus laisse passer sans réagir le meurtre de son collègue Titus Tatius, assassiné par les Lavinates; il s'ensuit une épidémie, reconnue comme un châtiment envoyé par les dieux. Le triomphe sur Cameria est suivi d'une guerre déclenchée par Romulus contre Fidènes, sans qu'aucun motif soit avancé: il s'agit donc d'une guerre d'agression, contraire aux règles du *iustum bellum*, de la guerre juste, qui veulent que Rome ne fasse la guerre que pour répondre à une attaque dont elle est l'objet, et donc soit assurée de son bon droit et par là de l'appui des dieux. Cette attaque injustifiée provoque la colère des dieux: les Véiens viennent au secours des Fidénates et infligent à Romulus ce qui semble l'unique défaite que le héros ait subie dans une bataille rangée. Enfin au troisième triomphe, celui sur Véies, fait suite une querelle entre Romulus et le Sénat. Provoquée par la question du partage des biens des vaincus, décidé unilatéralement par le roi, elle est présentée comme la cause directe de l'assassinat du roi par les sénateurs – dans la version de la fin de son existence terrestre où il disparaît, tué par les sénateurs incapables de supporter plus longtemps sa tyrannie.

On retrouve donc une fois de plus une articulation fondée sur les trois fonctions de l'idéologie indo-européenne, faisant intervenir non plus les guerres et les triomphes du roi, mais des fautes qu'il commet. Si nous insistons sur ce point, c'est qu'il permet de ranger la geste du fondateur de Rome dans une catégorie de récits bien connus dans le monde indo-européen : ceux où sont exposées successivement les trois fautes, orientées fonctionnellement, d'un héros, qui peut être un guerrier, comme le dieu indien Indra, le Scartatherus scandinave, voire en Grèce Héraclès, ou un roi, comme le « premier roi » iranien, Yima. Ce dernier parallèle est particulièrement significatif : ce personnage – dont le nom signifie « jumeau » – se dépouille de ses qualités sur le plan des trois fonctions, alors que le roi, dans l'idéologie indo-européenne, se doit de faire en son être la synthèse des qualités des trois niveaux, et finit par périr assassiné misérablement. L'analogie est nette avec le destin final du fondateur de Rome, qui est la figure du « premier roi » romain.

Numa, fondateur religieux

Cette perspective n'est pas exclusive de celle sur laquelle a insisté Georges Dumézil, qui voit dans Romulus une figure de première fonction, mais exprimant l'un des aspects antithétiques que les Indo-Européens reconnaissaient dans la notion de souveraineté, et qu'incarnait le dieu indien Varuna : Romulus représente exclusivement, au sein de la première fonction, son aspect violent et autoritaire. Cette idée s'accorde bien avec le caractère guerrier de son règne, comme avec la propension à la tyrannie qui bientôt le caractérise. En tout cas, ce caractère « varunien » rend clairement compte des différences qui existent entre ce qui est dit de ce premier roi et de celui qui lui succède, Numa Pompilius. Numa répond au contraire à l'aspect « mitrien » de la souveraineté (c'est-à-dire correspondant à la figure du dieu Mitra, qui fait couple avec Varuna au sein du panthéon indien). Le deuxième roi de Rome exprime donc le second aspect de la souveraineté, ses aspects réguliers, pacifiques, ses liens avec le culte et la religion. Numa apparaît comme l'exacte antithèse de Romulus. Il arrive à un âge avancé sur le trône, et règne sur les Romains sans le moindre heurt avec eux, avant de mourir paisiblement et en laissant une descendance, comme tout bon *pater familias*. Rompant avec la politique guerrière de son prédécesseur, il se refuse à mener la moindre guerre. En fait, son règne est marqué presque exclusivement par l'institution des principaux cultes et sacerdoces de Rome : on peut dire qu'en comparaison avec Romulus il fait figure de fondateur de la cité en ce qui concerne ses cadres religieux.

Tullus Hostilius le guerrier

À ces deux rois, répondant aux deux aspects complémentaires de la première fonction, succède un souverain qui apparaît comme une figure exclusivement de deuxième fonction, un pur guerrier : Tullus Hostilius. Avec lui les guerres reprennent, et son règne n'est même occupé que par cela : guerre – une nouvelle fois – contre les Étrusques de Fidènes et Véies, guerre contre les Sabins et surtout, auparavant, ce qui a été la grande affaire du règne, guerre contre l'antique métropole albaine, qui se traduit par la destruction de la cité et le transfert de ses habitants à Rome. C'est dans le cadre de cette lutte que se situe l'épisode fameux de la lutte des trois Curiaces et des trois Horaces : les deux cités avaient en effet décidé de s'en remettre à une sorte de « jugement de Dieu », en confiant leur sort à des champions choisis dans les deux camps, les Curiaces pour Albe et les Horaces pour Rome. En revanche, ce roi guerrier est totalement étranger aux choses de la religion qui avaient tant occupé son prédécesseur Numa. Le prouve *a contrario* le sort qui lui échoit lorsque, sur le tard, il tombe dans un accès de superstition qui était visiblement contraire à sa nature : il ne fait que commettre des erreurs dans le rituel et attirer sur lui la foudre de Jupiter irrité.

Tullus Hostilius est donc un roi de deuxième fonction, et il est significatif que cette lutte contre Albe qui apparaît comme l'épisode central de son règne soit en fait la transposition historicisée d'une mythologie que nous font saisir la légende irlandaise du héros Cùchulainn et, surtout, la tradition indienne sur le dieu guerrier Indra. On peut en effet mettre en parallèle le déroulement de la guerre elle-même, où il est fait appel aux Horaces et aux Curiaces, avec le mythe d'Indra vainquant un monstre triple, le Tricéphale, avec l'aide ou même par l'entremise d'un personnage appelé Trita, ce qui signifie « le troisième ». Dans le récit indien le monstre triple est donc vaincu par un être défini, au moins par son nom, comme étant le dernier d'une série de trois : l'analogie est patente avec le récit romain où, face aux trois ennemis que sont les trois Curiaces, les deux premiers Horaces succombent et la victoire n'est assurée que par le seul survivant des trois frères romains, le troisième qui, à lui seul, triomphe de ses trois adversaires.

La suite et la fin du récit sur les rapports entre Albe et Rome permettent de retrouver sous la narration le schéma d'un autre mythe guerrier de la tradition indienne sur Indra : la lutte entre Indra et un autre adversaire, Namuci. Namuci conclut avec Indra un traité, qu'il s'empresse de violer. Il est puni de ce manquement à la parole donnée par le dieu, mais, par une ruse qui permet au dieu de respecter la lettre de l'accord qu'il avait conclu avec lui, est mis à mort par un supplice inusuel. On peut rapprocher ce mythe indien de ce que raconte la tradition romaine sur les relations entre Tullus Hostilius et le roi d'Albe Mettius Fufetius. Après la défaite de ses champions Curiaces, ce dernier conclut un traité d'alliance avec Rome. Mais il ne le respecte pas, et adopte une attitude ambiguë au cours de la guerre qui éclate bientôt contre Fidènes et Véies : il se garde bien d'intervenir activement aux côtés de Tullus et attend que la victoire se décide pour rejoindre franchement la camp du vainqueur. Tullus, qui veut de son côté respecter la forme de l'accord, ne réagit pas ouvertement à ce manquement à l'alliance : c'est par ruse, sous couvert de discussion, qu'il attire Mettius dans son camp. Il le punit néanmoins, et par un supplice dont les textes soulignent le caractère unique à Rome : l'écartèlement.

On voit donc que pour composer un récit, qui par ailleurs relate un événement dont nous verrons qu'il ne peut pas être pris au pied de la lettre, la destruction de la ville d'Albe, les Romains ont vraisemblablement fait appel à d'anciennes légendes qui appartenaient au domaine des mythes guerriers, à la deuxième fonction de l'idéologie indo-européenne. Mais ce n'est pas seulement dans le détail des événements que se note l'emprise des schémas hérités : si l'on prend globalement le récit de la carrière du roi Tullus Hostilius et les trois guerres – contre les Albains, les Étrusques, les Sabins – qui le scandent, on retrouve une articulation selon trois conflits, aboutissant à trois triomphes successifs, qui reprend un schéma que nous avons déjà vu à l'œuvre dans la geste de Romulus. Le récit de Denys d'Halicarnasse montre clairement que la guerre contre Albe est affaire de souveraineté – puisque ce qui est en jeu est l'hégémonie sur le Latium –, celle contre les Étrusques une affaire purement militaire, sans autre considération que de deuxième fonction, celle contre les Sabins, déclenchée après une affaire concernant des marchands au Lucus Feroniae et conclue par des sanctions pécuniaires, une affaire économique. La geste du roi guerrier est fondée sur une succession de guerres et triomphes ordonnés selon les trois fonctions.

La tradition sur Ancus Marcius

Pour le dernier des rois pré-étrusques, Ancus Marcius, les faits sont plus complexes. Autant Numa ou Tullus se laissent aisément définir dans le champ respectivement de la première et de la deuxième fonction, autant Ancus ne répond pas apparemment à ce qu'on attendrait d'un personnage de troisième fonction. On ne peut certainement pas dire que son règne soit rempli uniquement de faits économiques, liés à des notions comme celles de richesse matérielle ou de fécondité, comme celui de Numa l'est d'activités religieuses ou celui de Tullus de guerres. Mais il serait erroné de se fonder sur cette complexité pour y voir, comme on l'a fait, la preuve de la fausseté de la méthode d'approche de la tradition sur les origines de Rome consistant à en rendre compte, dans ses lignes directrices, par l'application de schémas hérités des représentations indo-européennes. Il suffit de lire les pages que Tite-Live consacre à ce roi pour constater que cette manière de classer les choses n'est pas absente.

La geste de ce roi se déroule en effet selon un schéma ordonné qui est clairement celui, toujours, des trois fonctions. Succédant au roi guerrier Tullus Hostilius, Ancus Marcius commence par prendre pour modèle de sa conduite Numa, en réaction expresse contre ce qu'avait été le règne précédent :

> Dès le début de son règne, joignant au souvenir de son glorieux aïeul [Numa] cette idée que le règne précédent, remarquable pour tout le reste, n'avait eu qu'un seul point faible, son indifférence en matière de religion, il considère comme son premier devoir de rétablir les cérémonies publiques conformément aux règles instituées par Numa. (Tite-Live, 1, 32, 2.)

Nous sommes donc dans le domaine de la religion, de la première fonction. Mais cette situation ne dure pas : bientôt les menaces des ennemis contraignent Ancus à faire la guerre et à aligner sa conduite sur celle des rois guerriers qu'ont été Tullus et Romulus : il mène des guerres contre ses voisins latins – ceux de Tellènes, Ficana, Politorium –, les Sabins et les Étrusques de Véies (à qui il aurait enlevé la zone de l'embouchure du Tibre). À ce stade, il se définit sur le plan de la deuxième fonction et son référent explicite est Tullus Hostilius :

Les circonstances demandaient un Tullus plutôt qu'un Numa. (Tite-Live, 1, 32, 4.)

Mais son règne se poursuit par une troisième phase. Fort du butin fait sur les ennemis, Ancus peut se lancer dans une politique de grands travaux (on lui attribue par exemple la construction du pont sur le Tibre) et de peuplement de la cité (en y transférant des groupes de vaincus). Il assure en outre la prospérité économique de Rome par la fondation du port d'Ostie et l'exploitation des salines du Tibre. Cette fois, nous sommes dans le domaine de la troisième fonction.

Ancus n'est donc pas une simple figure de troisième fonction. Le récit de son règne montre qu'il a une personnalité plus riche, cumulant harmonieusement les aspects des trois fonctions. Il représente une sorte d'être complet, achevé, dans chacun des trois domaines fonctionnels. Mais cette complexité, pour inattendue qu'elle soit pour le représentant du troisième temps d'un schéma trifonctionnel, est en accord avec ce qu'est devenue à Rome cette notion de troisième fonction, à travers celui qui en est le représentant canonique au sein de la vieille triade précapitoline Jupiter/Mars/Quirinus : le dieu Quirinus. Ce dieu est en effet le dieu des citoyens de Rome : son nom est apparenté à celui de *Quirites*, qui sert à les désigner, à celui des curies, qui sont leurs cadres de réunion politiques (et primitivement, par là même, en même temps militaires). Il est un dieu de troisième fonction, mais en privilégiant au sein de ce domaine la notion de masse humaine, de groupe d'hommes : celle-ci, à Rome et dans une perspective bien romaine, est conçue comme organisée à travers des cadres politico-militaires, composée de citoyens. Comme eux, il a une activité politique et militaire et ne se borne pas à être un pourvoyeur de richesses. Le représentant canonique de la troisième fonction qu'est Quirinus, à l'image des citoyens qu'il représente, finit par transcender le cadre de la fonction qu'il symbolisait et par assumer une valeur qui le rend susceptible de se situer aussi sur les autres niveaux fonctionnels. On le voit, on sort du cadre de la troisième fonction au sens propre, mais sans que l'articulation trifonctionnelle soit absente de cette représentation, bien au contraire. En fait Rome a appliqué à la définition de ses citoyens, et donc du dieu qui les représentait, Quirinus, le schéma qui servait, ailleurs dans le monde indo-européen, à définir un « homme complet », aux qualités et aux rôles également répartis sur les trois niveaux fonctionnels, et qui se voyait généralement appliqué à la définition du roi.

Denier de Caius Memmius représentant le dieu Quirinus

Dans ces conditions Ancus Marcius n'est peut-être pas un pur représentant de la troisième fonction. Mais – et c'est l'essentiel dans une perspective romaine – il se modèle exactement sur l'évolution qui a affecté à Rome le dieu titulaire de cette fonction dans la triade primitive et est conforme à la représentation que la cité se faisait des individus qui la composaient, les Quirites de Quirinus. Cela n'empêche pas au reste qu'il conserve des attaches nettes avec, spécifiquement, le domaine de la troisième fonction. Dumézil avait souligné dans ce sens, outre les aspects économiques de son règne, le fait qu'un des épisodes importants est constitué par l'arrivée pacifique à Rome du riche Étrusque Lucumon, le futur roi Tarquin l'Ancien, accompagné de sa femme et de tous ses biens, et qui justement saura par sa générosité gagner la faveur des Romains. Mais nous retrouverons ultérieurement cette question, qui débouche sur la période étrusque.

Idéologie et histoire

Ainsi, le contenu de la geste des premiers rois de Rome correspond avant tout à une projection dans l'histoire de données qui appartiennent à l'idéologie. Le récit se conforme à un schéma narratif qui, dans d'autres secteurs, a donné lieu aux traditions concernant les rois d'Orchomène ou les premiers souverains arméniens. Mais du caractère composé de l'ensemble il ne s'ensuit pas que tous les détails n'aient aucune consistance historique. L'arrière-plan idéologique n'explique pas tout : par exemple il ne permet en aucune manière de rendre compte des noms qui sont attribués à ces rois. Même dans le cas, qui pourrait sembler le plus artificiel, de Tullus Hostilius, on ne pensera pas que la geste de ce roi guerrier ait poussé à inventer un nom où l'on peut effectivement reconnaître le mot *hostis*, signifiant ennemi, et dont les connotations militaires sont donc nettes. Le fait que le gentilice se rencontre sur une inscription étrusque de Vulci du premier tiers du VIIe siècle et une donnée comme le nom de la *curia Hostilia*, antique nom du bâtiment où se réunissait le Sénat, qui n'a rien à voir avec la réputation guerrière de ce roi, suggèrent au contraire qu'on soit parti d'un nom réel de souverain, et que les échos guerriers qu'éveillait le nom Hostilius aient poussé à affecter à ce roi, sur lequel on ne devait plus savoir grand-chose, une geste de roi combattant.

Certes, le nombre de ces souverains est arbitraire, et dicté par les impératifs du schéma des trois fonctions. Mais, dans la liste, seul le nom de Romulus semble vraiment artificiel. Outre Tullus, que nous venons de citer, Numa Pompilius, Ancus Marcius ou encore Titus Tatius, le collègue sabin de Romulus, doivent être des personnages ayant réellement existé dans l'histoire de la Rome la plus ancienne. On ne croit plus aujourd'hui que le succès ultérieur de représentants de familles portant ces noms permette de rendre compte de l'existence de rois portant les mêmes gentilices, qu'elles auraient inventés pour se doter de prestigieux ancêtres. On l'avait supposé pour Ancus Marcius, mis en relation avec l'émergence des Marcii Rutili dans la seconde moitié du IVe siècle et notamment le fait qu'un Marcius, au IIIe siècle, devenu *rex sacrorum,* avait transmis le surnom de *rex* à ses descendants, devenus des Marcii Reges. On admet plus justement maintenant que, si rapport il y a eu, il s'est fait en sens inverse et que ces Marcii ont été fiers de pouvoir se rattacher fictivement à l'un des antiques souverains. Plus généralement, on a affaire dans tous les cas à des familles d'importance secondaire, attestées à une date plutôt tardive et, de surcroît, point dont nous aurons à souligner la portée dans un autre chapitre, plébéiennes. La légende de ces rois, l'attribution de ces noms ne peuvent avoir été le fait des Pompilii, Hostilii ou Marcii que nous connaissons plus tard. Il convient d'admettre, tout simplement, que des personnages portant ces noms ont effectivement existé à l'époque royale, ont joué un rôle important dans l'histoire de Rome à cette période, et, sans doute, y ont exercé la royauté, comme l'affirme la tradition. À l'époque encore haute où celle-ci a commencé à se former, on pouvait avoir gardé le souvenir de noms authentiques de rois.

Il n'est pas exclu même que certaines données événementielles relatées dans le récit répondent à une réalité pour l'horizon chronologique envisagé. Nous avons évoqué la victoire attribuée à Romulus sur Acron, roi de Caenina, et l'annexion de cette cité par Rome dès ses premiers temps. Certes, Romulus paraît être un personnage mythique. Mais l'événement peut fort bien être historique, et s'être produit à une époque très ancienne. La référence à l'institution vénérable et prestigieuse des dépouilles opimes – en dépit du caractère artificiel de la tradition d'ensemble sur la question, voulant qu'il n'y ait eu que trois exemples de telles dépositions dans toute l'histoire de Rome – a des chances d'avoir préservé la mémoire d'une victoire réelle des Romains des premiers temps. Et l'absorption de Caenina dans la cité paraît garantie par l'existence d'une confrérie – au reste mal connue – de *sacerdotes Caeninenses*, prêtres de Caenina, qui auraient continué à s'occuper des cultes de la cité disparue, transplantés à Rome.

Nous avons pris cet exemple. D'autres seraient envisageables, et nous en rencontrerons au chapitre suivant à propos des travaux et conquêtes prêtés à Ancus Marcius. Mais il est évident que le partage entre faits réels et constructions artificielles est malaisé à effectuer, sinon impossible dans la plupart des cas, faute de possibilité de contrôle externe à la tradition. Et il convient de se garder, autant que de l'hypercritique, d'une confiance exagérée en celle-ci. On rappellera ainsi l'illusion, rapidement dissipée, qu'avaient fait naître, il y a quelques années, les fouilles de Castel di Decima, site identifié par une proposition plausible avec la ville antique de Politorium. On avait cru y trouver la confirmation du récit annalistique attribuant la prise et la destruction de cette cité à Ancus Marcius : on n'y avait d'abord trouvé que du matériel ne descendant pas au-delà du troisième quart du VIIe siècle. Mais il a fallu renoncer à établir une correspondance aussi directe entre texte des historiens et données archéologiques : les fouilles ultérieures ont livré du matériel plus récent.

D'autre part la tradition a pu exprimer en des termes inadéquats, mais selon les catégories qui étaient celles des historiens anciens, et notamment par des faits de guerre et de conquête, des phénomènes d'un autre ordre. Nous avons déjà constaté une difficulté de ce genre à propos de la prétendue colonisation de

Rome, ou d'autres cités latines, à partir d'Albe. On retrouve un phénomène analogue avec la tradition faisant état de la destruction de l'ancienne métropole par la Rome de Tullus Hostilius. Cette disparition affirmée d'Albe correspond à une donnée archéologique : le déclin de la zone des monts Albains dès la phase II B de la culture latiale, l'affirmation en revanche des centres de la plaine, comme Rome. Mais on ne saurait parler de guerre, de destruction : Albe n'a jamais été une cité au sens véritable. Elle en est restée à un stade de développement antérieur à la formation d'une vraie ville. L'idée générale que Rome, ou plus généralement que les centres de la plaine latine aient supplanté le vieux centre de la fédération des trente peuples est donc juste : mais la tradition l'a exprimée en des termes qui ne rendent pas compte de la nature réelle des faits.

Aussi peut-on davantage faire confiance à cette tradition quand elle présente non des données événementielles, mais des faits de portée plus générale, institutionnels ou religieux, dont le souvenir, voire un certain héritage a plus de chances d'avoir perduré à travers les vicissitudes de la cité. Il n'y a aucune raison de douter que Rome, comme l'affirment nos textes, ait connu une articulation primitive en trois tribus et trente curies, avant que Servius Tullius n'introduisît un nouveau mode de répartition des citoyens : comme très souvent à Rome l'ancien système n'a pas disparu entièrement, mais a continué à subsister, dans le cadre désormais sans grande importance des comices curiates. Il n'y a aucune raison de douter que Rome ait d'abord été régie par des rois : là encore, même aux temps où la république professait une haine des rois et de la monarchie, l'institution laissait des traces dans la cité : il y subsistait un « roi des sacrifices », *rex sacrorum*, qui avait hérité au moins en partie des fonctions religieuses qui avaient été celles du roi. Il n'y a pas de raison même de remettre en cause la tradition lorsqu'elle dit que ces rois n'étaient pas choisis en fonction d'une succession héréditaire, de père en fils, mais selon un processus complexe où l'avis des Romains – Sénat et même simples citoyens dans leur assemblée – se combinait avec une sorte d'investiture magico-religieuse conférée par l'augure. Que les textes le soulignent avec insistance, mettant ainsi en valeur le côté « populaire » de cette monarchie romaine par opposition au despotisme des monarchies hellénistiques ou barbares ne signifie certes pas que cette présentation soit du ressort de la pure imagination.

Il n'en reste pas moins qu'une histoire des débuts de Rome qui, à partir de la tradition, chercherait à aller au-delà de ces quelques points sûrs ou de certains éléments généraux et s'attacherait à reconstituer le détail des événements, les règnes des divers rois, les étapes du progrès de Rome, reste bien évidemment du domaine de l'impossible. Ces bribes de souvenirs authentiques apparaissent insérées dans un cadre général fondé sur des données qui ne sauraient être historiques, mais se conforme à des schémas de pensée, à des formes de narration qui répondent à d'autres préoccupations. Ce caractère artificiel du cadre général du récit se comprend. S'agissant de la période royale, les Romains ne disposaient plus, pour ordonner le récit de leur passé, du cadre que fournissait, pour la période ultérieure, la succession des années, chacune avec ses magistrats, qui est à la base de la tradition annalistique. Il fallait présenter des règnes, articuler des périodes plus longues. Pour construire la narration, y mettre en ordre les éléments historiques dont ils avaient le souvenir – comme des noms de souverains dont ils avaient conservé la mémoire –, ils ont dû bâtir un récit, pour lequel des schémas de pensée et des habitudes narratives anciennes, comme celles que dégage la comparaison avec ce qu'on retrouve chez d'autres peuples indo-européens, ont été mis à contribution. Mais ce n'est plus de l'histoire, du moins au sens où nous l'entendons aujourd'hui.

Aussi essaierons-nous de dresser un tableau de ce qu'on peut dire de la Rome des origines et de la période pré-étrusque en nous fondant principalement sur d'autres données que le récit que nous en font les historiens anciens : faits archéologiques, qui ont l'avantage de reposer sur une chronologie déterminée, données linguistiques ou toponymiques, éléments religieux ou institutionnels aussi, dans la mesure où ils ont des chances de remonter à cette période. La tradition ne peut en une telle matière avoir valeur que d'appoint.

Récit traditionnel de la fondation de Rome

Naissance et exposition de Romulus et Rémus

Mais le destin exigeait sans doute la fondation de la grande ville et l'avènement de la plus grande puissance du monde après celle des dieux. Victime d'une violence, la Vestale mit au monde des jumeaux et, soit bonne foi, soit désir d'ennoblir sa faute en la rejetant sur un dieu, elle attribua à Mars cette paternité suspecte. Mais ni les dieux ni les hommes ne mettent les enfants à l'abri de la cruauté du roi : il donne l'ordre d'enchaîner la prêtresse, de la mettre en prison et de jeter ses enfants dans le courant du fleuve. Par un hasard providentiel, le Tibre, débordé, s'étalait en nappes d'eaux dormantes ; le lit régulier du fleuve était partout inaccessible ; mais ces eaux stagnantes paraissaient cependant suffisantes aux porteurs pour noyer des nouveau-nés. Ils s'imaginent donc exécuter l'ordre du roi en déposant les enfants dans la première étendue d'eau venue, à l'endroit où se trouve aujourd'hui le figuier Ruminal, anciennement figuier Romullaire, dit-on. Ce lieu n'était alors qu'une vaste solitude. Une tradition constante affirme que le berceau où les enfants étaient exposés commença à flotter ; puis que les eaux baissant le laissèrent à sec ; qu'une louve, poussée par la soif hors des montagnes environnantes et attirée par le cri des enfants, tourna ses pas vers eux et, se baissant, leur présenta ses mamelles avec tant de douceur qu'elle les léchait à coups de langue lorsque le berger du roi les découvrit. Il s'appelait Faustulus, dit-on. Il les emporta dans son étable et les fit nourrir par sa femme, Larentia. D'autres prétendent que Larentia était une prostituée, une « louve », comme disent les bergers : c'est ce qui aurait donné lieu à cette légende merveilleuse. (Tite-Live, 1, 4.)

Fondation de Rome

Après avoir ainsi rendu à Numitor le royaume d'Albe, Romulus et Rémus conçurent le désir de fonder une ville à l'endroit où ils avaient été abandonnés et élevés. [...] Comme entre ces deux jumeaux le choix n'était pas possible, même au bénéfice de l'âge, c'était aux dieux protecteurs de ce lieu de désigner par les augures celui qui donnerait son nom à la ville nouvelle, la fonderait et en aurait le gouvernement. À cet effet, Romulus choisit le Palatin et Rémus l'Aventin comme emplacements pour prendre les augures. Ce fut d'abord Rémus qui obtint, dit-on, un augure : six vautours. Il venait de le signaler quand le double s'en présenta à Romulus. Chacun d'eux fut proclamé roi par son groupe. Les uns faisaient valoir la priorité, les autres le nombre des oiseaux pour tirer à eux la royauté. On discute ; on en vient aux mains ; les colères s'exaspèrent et dégénèrent en lutte meurtrière. C'est alors que, dans la bagarre, Rémus tomba frappé à mort. Selon une tradition plus répandue, Rémus, pour se moquer de son frère, aurait franchi d'un saut les murailles nouvelles, et Romulus, irrité, l'aurait tué en ajoutant cette apostrophe : « Ainsi périsse à l'avenir quiconque franchira ces murailles. » Romulus resta donc seul maître du pouvoir et, après sa fondation, la ville prit le nom de son fondateur. (Tite-Live, 1, 6-7.)

Version de Promathion de la légende de Romulus

D'autres rapportent sur son origine un récit entièrement fabuleux. D'après eux, Tarchétius, roi des Albains, le plus scélérat et le plus cruel des hommes, eut dans sa demeure une apparition surnaturelle : un phallus qui se dressa hors du foyer et resta là plusieurs jours. Il existait alors en Tyrrhénie un oracle de Téthys, d'où vinrent à Tarchétius l'ordre d'accoupler une jeune fille à ce phallus et l'annonce qu'il naîtrait d'elle un fils très illustre, qui se signalerait par son courage et sa force. Tarchétius fit part de l'oracle à une de ses filles et lui ordonna de s'accoupler au phallus ; mais elle jugea la chose indigne d'elle et envoya une servante à sa place. Tarchétius, l'ayant su, en fut tellement irrité qu'il les fit saisir toutes les deux pour les mettre à mort. Mais Vesta lui apparut pendant son sommeil et lui interdit de les tuer. Alors il leur donna une toile à tisser dans leur prison, leur promettant de les marier lorsqu'elles l'auraient achevée. Mais, quand elles avaient tissé tout le jour, d'autres femmes venaient, par ordre de Tarchétius, défaire le tissu pendant la nuit. Cependant, la servante ayant eu du phallus deux jumeaux, Tarchétius les remit à un certain Tératius avec ordre de les tuer. Cet homme les porta au bord du fleuve et les y déposa ; alors une louve vint régulièrement les allaiter et des oiseaux de toute sorte apportèrent la becquée aux nouveau-nés, jusqu'au jour où un bouvier les vit et, frappé d'étonnement, osa s'approcher des petits enfants et les emporta. C'est ainsi qu'ils furent sauvés. Quand ils eurent grandi, ils attaquèrent Tarchétius et le vainquirent. Voilà ce que rapporte un certain Promathion, auteur d'une Histoire de l'Italie. (Plutarque, *Vie de Romulus*, 2.)

CHAPITRE II

La lente genèse d'une cité

par Dominique BRIQUEL

Le site de Rome a attiré les hommes depuis une époque très ancienne, bien antérieure à 753, date la plus généralement attribuée à la fondation par Romulus. Avant cette date, le site de la ville n'était pas cette étendue sauvage, fréquentée par les seuls pasteurs et où vivaient des animaux comme la louve de la légende, dont le récit traditionnel nous offre l'image. Au reste la tradition elle-même admet l'existence, bien avant Romulus, d'habitats plus anciens, notamment avec la légende d'Évandre, ce Grec venu d'Arcadie qui se serait établi sur le Palatin, où il aurait été l'hôte d'Hercule lors de son passage en ces lieux, sur le chemin de retour de l'expédition qui l'avait mené auprès de Géryon, dans le lointain Occident. Rome avant Rome

Nous avons des témoignages tangibles de cette présence humaine dès l'âge du bronze. On connaissait depuis les fouilles entreprises près de l'église Sant'Omobono, entre le Capitole, le Germal (qui est la croupe occidentale du Palatin) et la zone du Forum Boarium, l'existence de fragments de céramique de type apenninique, qui doivent remonter au XIVe siècle. Cependant ils n'ont pas été retrouvés *in situ*, mais dans des couches de remblai destinées à rehausser le secteur où s'élevaient les temples de Fortuna et Mater Matuta, apportées là lors d'une réfection opérée en 213. Il est certes vraisemblable que la terre n'a pas été apportée de loin : elle a dû être prise sur une colline voisine, Capitole ou Palatin, et c'est là qu'il convenait donc de situer l'habitat auquel ce matériel correspondait.

Mais on n'en a eu une confirmation directe que récemment (au moins en ce qui concerne le Capitole). On a en effet trouvé depuis, dans la dépression entre les deux sommets de la colline, celui du Capitole proprement dit et celui de l'*Arx*, ou « citadelle », dans la zone où la tradition situait l'*Asylum* romuléen et où l'on aperçoit encore aujourd'hui les restes du *Tabularium* (ou dépôt d'archives d'Auguste), sur son flanc oriental dominant le Forum, de la céramique remontant à l'âge du bronze final. Ces fragments, correspondant à un secteur d'habitat et non à une nécropole, démontrent qu'il y avait un village sur cette colline. Il s'est étendu, mais sans doute au cours d'un développement ultérieur, vers l'est, dans la plaine du Forum : des fragments analogues, encore de l'âge du bronze final, ont été découverts dans les couches les plus profondes des fouilles effectuées près de l'arc d'Auguste, au pied de la colline et à moins de deux cents mètres des premières trouvailles.

On n'en conclura pas que c'était le seul habitat existant alors sur le site de Rome et que par exemple le Palatin, sur lequel insistent tant nos textes, était inhabité à cette époque : les conditions de fouille sur un site aussi riche en témoignages de toutes périodes, aussi bouleversé par les péripéties de l'histoire que celui de Rome font que, là encore plus qu'ailleurs, il convient de se défier de toute argumentation *a silentio*. Tenons-nous en à l'évidence positive donnée par ces trouvailles : Rome a connu une occupation humaine, au moins sur le Capitole, dès l'âge du bronze, c'est-à-dire à l'époque apenninique et subapenninique. Elle a accueilli sur son site des habitants pratiquant ce type de culture à dominante pastorale qui se répand alors sur toute l'Italie centrale, et qui correspond assez bien à la vie que la tradition attribuait aux indigènes qu'Hercule rencontrait dans les parages de l'*Vrbs*, lorsqu'il y menait les troupeaux de Géryon, excitant ainsi l'envie du brigand Cacus, ou au berger Faustulus et aux jumeaux qu'il avait recueillis près du Palatin.

Une occupation du site dès cette époque reculée n'a rien de surprenant si l'on compare la situation de Rome à ce qu'offrent les autres établissements connus alors dans la région – par exemple Luni sul Mignone, San Giovenale ou Narce en Étrurie méridionale, Ardée ou Lavinium dans le Latium. Rome est la ville des sept collines et il faut se représenter à cette période ces hauteurs comme étant infiniment plus marquées dans le paysage qu'elles ne le sont de nos jours, après que des siècles d'occupation et de travaux en ont adouci – sinon fait complètement disparaître – les formes. Le Palatin était alors cette hauteur abrupte sur le flanc de laquelle s'ouvrait la grotte du Lupercal où la louve aurait allaité Romulus et Rémus, le Capitole était encore ce roc que tenteraient en vain d'escalader les Gaulois de Brennus, avec cette roche Tarpéienne d'où on pouvait précipiter les condamnés à mort. Assurément, un site aussi accidenté offre des possibilités naturelles de défense remarquables : il correspond à une situation topographique qui a attiré les hommes à cette époque et que l'on retrouve sur les autres sites qui ont été cités.

Dans le cas de Rome, un habitat sur les hauteurs était d'autant plus indiqué qu'aux impératifs de défense se conjuguaient les nécessités liées à l'hydrographie. Les zones basses entre les collines ne se prêtaient guère à une occupation permanente, du moins avant que fussent entrepris des travaux de drainage et de canalisation comme ceux que la tradition prête à la monarchie étrusque (mais dont nous verrons qu'ils ont dû commencer un peu plus tôt). Ces parties basses étaient souvent parcourues par des cours d'eau, comme le Vélabre qui traversait la zone du Forum. Surtout, elles étaient périodiquement envahies par les crues du Tibre qui devaient les transformer en marécages – lesquels ne devaient ressembler que de loin au tableau poétique qu'en donneront un jour les poètes latins, évoquant les promenades en barque sur le Forum inondé. Il subsistait en pleine époque historique un témoignage concret de cette hydrographie envahissante avec la dépression du Lacus Curtius, ce petit étang qui apparaissait encore au milieu du Forum et dont on disait qu'il devait son nom à un certain Curtius. Ce Curtius était, selon les uns, un chef sabin qui y était tombé lors du combat entre les Sabins de Titus Tatius et les Romains de Romulus, selon d'autres un jeune Romain qui s'y était jeté, faisant le sacrifice de sa vie, pour éviter qu'un gouffre qui s'était soudainement ouvert en cet endroit n'engloutît la cité entière.

Un nœud de communication

Mais ce ne sont pas seulement ces avantages immédiats du site qui expliquent le choix de Rome comme lieu d'établissement pour des communautés permanentes, ni surtout sa fortune persistante à travers les siècles. À ces caractères somme toute relativement courants, il ajoutait des éléments qui, au cours de l'histoire, devaient se révéler d'une tout autre importance que ces données de la topographie locale – et faire que, à partir d'un emplacement qui au départ pouvait se comparer à celui de Narce ou de Lavinium, on aboutisse à un centre urbain de dimension majeure.

Outre ceux qui sont offerts par la topographie immédiate du lieu, Rome présente en effet des avantages plus exceptionnels. Elle est située sur un nœud de communication naturel. Déjà Rome est sur le Tibre : elle est donc à proximité d'une voie naturelle de liaison entre la côte et l'intérieur, en direction notamment des zones montagneuses de la chaîne centrale de l'Italie – ce qui la distingue d'emblée des établissements étrusques ou latins que nous avons évoqués, qui ne disposaient pas d'une situation aussi privilégiée.

Ce trajet sera suivi, à époque historique, par la *uia Salaria*, qui longeait le fleuve sur la rive gauche. Cette voie devait son nom, les antiquaires romains comme Pline l'Ancien (*Histoire naturelle*, 31, 89) ou Festus (436-437 L) le savaient parfaitement, au trafic du sel venant des salines de l'embouchure du Tibre, qui passait par là pour être apporté aux montagnards de Sabine. Or on ne saurait sous-estimer l'importance d'une telle fonction dans l'Italie de l'Antiquité. On a bien mis en relief récemment que ce produit était une denrée rare dans la péninsule : les seules zones productrices en étaient la Pouille, sur l'Adriatique, et justement la région d'Ostie. La vallée du Tibre représentait de ce fait une artère de communication vitale.

Ce n'est pas là une fonction récente. Un phénomène de ce genre est du ressort de la longue durée et des nécessités qui se font sentir de tout temps. Le sel est indispensable – à cette époque – pour la conservation des aliments. Pour la nourriture du bétail, donc aussi pour l'élevage : or l'économie pastorale occupait une place essentielle dans la civilisation apenninique – ce qui induit à penser que déjà les pasteurs apenniniques allaient chercher, par cette voie naturelle, le sel dont ils avaient besoin. De même, lorsque Pline l'Ancien (*Histoire naturelle*, 3, 53) évoque le flottage de bois sur le Tibre pour l'approvisionnement de Rome à partir des zones montagneuses de l'intérieur, nous sommes encore en présence d'une sorte de constante économique. Le site de Rome, grâce à la présence du Tibre, présentait des avantages qui ont dû être sensibles dès une époque très reculée.

D'ailleurs le nom de *uia Salaria* est un indice de l'antiquité de cette fonction d'étape sur le trajet d'approvisionnement en sel : il nous reporte à une période antérieure à celle où les voies prenaient le nom des magistrats qui les avaient construites – comme la *uia Appia*, édifiée en 312. Il permet même d'y voir une réalité préexistante à l'époque, plus ancienne, où les voies recevaient leur nom des localités vers lesquelles elles se dirigeaient à partir de Rome, comme les voies *Ardeatina* ou *Nomentana*, qui joignaient l'*Vrbs* aux cités latines d'Ardée ou Nomentum. Cette voie du sel, qui ne porte pas le nom d'une ville, renvoie à un âge encore préurbain.

Mais Rome n'a pas seulement une fonction de point de passage pour ce trafic longeant le fleuve. Là encore, la structure et la dénomination du réseau routier sont significatives. En effet, la *uia Salaria* ne reçoit ce nom qu'à partir de Rome. Plus au sud, entre Rome et la mer, il n'y a pas de voie de cette appellation. Mais cette voie du sel se prolonge par la *uia Campana* (et non par la *uia Ostiensis*, voie d'Ostie, qui est une création plus récente, postérieure au développement du port, qui n'est pas ancien) : c'est la voie qui permet, à partir de Rome, de rejoindre la zone des salines du bord de la mer, le *campus salinarum* qui lui a donné son nom. Le changement de dénomination sur cet itinéraire du sel suffit à indiquer que Rome joue un rôle central dans ce trafic, que c'est en fonction d'elle qu'il est organisé.

Cela répond encore à une donnée topographique précise ; car si la *uia Salaria* longe le Tibre sur sa rive gauche, les salines sont situées sur sa rive droite et la *uia Campana* qui y mène longe le fleuve sur sa droite également. C'est au niveau de Rome que le passage d'une rive à l'autre se fait, c'est là que le produit passe de l'autre côté du fleuve. Plus précisément, le franchissement se fait à la hauteur du Forum Boarium, ce secteur traditionnel des fonctions commerciales de la ville qui jouxte le Tibre, vers lequel converge nettement l'ensemble du réseau routier – avec la *uia Campana*, qui y arrive par l'ouest, ou la *uia Latina*, en direction des monts Albains et donc du centre du Latium, qui y arrive par l'est.

Rome, ville du premier pont

Nous retrouvons là une autre caractéristique structurelle essentielle du site de Rome. Rome est « la ville du premier pont », et, déjà avant qu'un pont existât, elle devait être la ville du premier gué. C'est à la hauteur de Rome, et plus exactement au niveau du Forum Boarium, que sont réunies des conditions favorables qui rendent possible, pour la première fois depuis la côte, un passage aisé du fleuve. La présence des collines sur les deux rives, Capitole et Aventin à l'est, Janicule à l'ouest, au pied desquelles s'étendaient des zones marécageuses, en canalise en quelque sorte le cours. Celle, un peu en amont, de l'île Tibérine, puis immédiatement en aval de celle-ci, du coude du fleuve, avec le double élargissement de la dépression du Forum et de celle du Circus Maximus, provoquent un ralentissement des eaux. On a là des conditions favorables pour l'établissement d'un lieu de passage qui ne se rencontrent pas en aval, et qui ne se répéteront en amont qu'au niveau du gué de Fidènes, à une douzaine de kilomètres de la ville.

Le site de Rome permet donc de passer facilement d'une rive du Tibre à l'autre. Il est évident que ses habitants ont dû profiter très tôt de cette situation, et bien avant que fût édifié à cet endroit le premier pont de la ville, le pont Sublicius. Celui-ci est lui-même très ancien et il n'y a pas à douter qu'il remonte encore à la période pré-étrusque. La tradition, qui en attribuait l'édification à Ancus Marcius, la situait donc avant l'œuvre de ces grands constructeurs que furent les Tarquins. Son ancienneté était marquée par plusieurs traits qui lui conféraient une valeur sacrée. Un tabou voulait que pour sa construction le fer fût interdit : cela renvoie évidemment à l'époque reculée où de tels ouvrages étaient édifiés exclusivement en bois. Et l'on procédait chaque année à partir de ce pont à une étrange cérémonie, dont les Romains eux-mêmes ne comprenaient plus le sens : on précipitait dans les eaux du Tibre des mannequins d'osier de forme humaine, qu'on appelait les Argées. Une telle valeur religieuse est bien sûr la marque d'une haute antiquité.

Nous avons vu, avec la question du trajet du sel, l'importance de cette fonction de passage du fleuve pour un trafic qui, dans sa direction d'ensemble, est orienté du sud au nord, donc transversalement par rapport à la péninsule italienne, et qui se dirige de la côte vers la dorsale apenninique. Mais cette fonction est tout aussi importante pour le trafic qui se faisait parallèlement à la côte de la mer Tyrrhénienne, donc d'est en ouest (ou si l'on veut du sud-est au nord-ouest, de la Campanie et du Latium vers la Toscane). Le site de Rome, avec cette possibilité offerte pour la première fois depuis la mer de franchir le Tibre, offre une voie de communication naturelle pour tout trafic longeant la côte. Aux facilités de passage du fleuve lui-même s'ajoute le fait qu'une voie strictement côtière n'était pas praticable : la présence de marais et de forêts denses, comme cette forêt des Laurentes qu'évoque l'*Énéide*, faisait que les communications n'étaient possibles qu'à une certaine distance de la mer.

La situation de Rome faisait donc aussi que les relations à longue distance, comme celles entre l'Étrurie et la Campanie, devaient passer par là, tout autant que par le gué de Fidènes. Dans la mesure où il ne paraît pas raisonnable d'exclure que les communications entre le monde étrusque de Toscane et la Campanie, où existaient des Villanoviens apparentés à eux et où s'étaient établis à partir du VIIIe siècle des colons grecs, se soient faites par voie de terre aussi bien que par voie maritime, on conçoit toute l'importance d'une telle situation. En outre, même si l'on n'envisage pas des relations à aussi grande distance, on constate que Rome offre un lieu de contact naturel entre le monde latin et le monde étrusque. Comme on l'a souligné récemment, Rome est pour le Latium une ville frontière. Elle est située dans la plaine, nettement à l'ouest du vieux centre de la latinité que constitue le massif des monts Albains. Et elle est directement en contact avec les Étrusques. En effet, avant que la ville ne s'étende sur la rive droite et que les Romains ne s'établissent dans le Trastevere et sur le Janicule – extension que la tradition attribue à Ancus Marcius –, le Tibre constituait la limite entre ces deux réalités ethniques distinctes, dont les contours commencent à être perceptibles dès le début de l'âge du fer, lorsque la culture latiale apparaît avec un développement qui la différencie de plus en plus du protovillanovien puis du villanovien d'Étrurie. Les Romains de l'âge classique se souvenaient de ce que la rive droite du Tibre était la rive étrusque, *ripa Tusca*, et que ce fleuve, formant frontière avec l'Étrurie, avait été appelé fleuve étrusque, *Tuscus amnis*. L'existence du gué, puis du pont, faisait que cette présence d'une frontière était en même temps source de contacts et d'échanges, attirant naturellement sur le site de Rome des éléments venus de l'autre côté du fleuve. Que Rome ait connu à un moment donné de son histoire une dynastie étrusque était en quelque sorte inscrit dans sa topographie.

Rome, port de mer

Les Étrusques, et donc les apports venus d'au-delà du Tibre, ne sont pas les seuls en jeu. Et ne sont pas non plus seuls en jeu les Italiques qu'on rejoignait en remontant le cours du fleuve, comme ces Sabins qui posent un problème si difficile à l'historien des origines de Rome. Le Tibre permet aussi des relations vers l'aval, vers la mer. Rome est une ville portuaire.

Nous retrouvons ici encore le Forum Boarium, ce secteur de la ville dont l'importance pour la fonction de centre d'échanges de la cité remonte aux époques les plus anciennes. C'est là, à proximité du pont qui permettait les échanges terrestres, que se situait le port de la ville, le *portus Tiberinus*. C'est là que s'élevait le temple du dieu Portunus, selon l'identification proposée par F. Coarelli pour le sanctuaire qui existe encore aujourd'hui et qui a reçu le nom, erroné, de « temple de la Fortune Virile ». Ce Portunus est le dieu du port, et pas seulement du passage en général et donc du seul pont, comme l'impliquerait une interprétation restrictive du terme *portus* auquel il doit son nom. En tout cas la concentration en cet endroit des fonctions commerciales de la cité, la présence de ses marchés spécialisés – aux bœufs, puisque tel est le sens propre du nom de Forum Boarium, aux légumes, avec le Forum Holitorium – montrent qu'un centre d'échanges de vaste ampleur, accessible aussi bien pour les navigateurs venus par le fleuve, s'est mis en place très tôt à cet emplacement. Le trajet que Virgile fait suivre à Énée abordant la côte latine près d'Ostie, et remontant à la rame le Tibre pour se rendre auprès du roi arcadien Évandre établi sur le Palatin

(*Énéide*, 8, 86-101), a dû être suivi par bien des navires de marchands. La prétendue impossibilité qu'auraient eue les navires de transport, lourds et lents, à remonter le fleuve ne tient pas à une époque où les navires, fussent-ils de commerce (si tant est qu'on puisse distinguer les deux catégories pour une époque ancienne), usaient de la rame autant que de la voile. Et si Rome a eu une fonction de port de guerre, avec l'arsenal, les *naualia* qui étaient aménagés précisément en cet endroit, il est évident que la fréquentation de ses eaux n'était pas réservée aux seuls vaisseaux militaires. Au reste, la fonction de port de commerce de Rome devait être d'autant plus importante, pour la période ancienne que nous envisageons ici, que la côte du Latium n'offrait alors guère de possibilités alternatives à un port fluvial comme le sien. Au sud du Tibre, il faut attendre Anzio pour trouver un bon mouillage naturel. Quant au site d'Ostie, même si l'on a maintenant des indices d'une fréquentation pour une époque ancienne, donc remontant bien avant l'édification de la colonie romaine du IVe siècle, il est indéniable que son port n'a pas connu de véritable développement avant la colonisation par Rome. Et on sait assez, par l'histoire ultérieure du site, quelles difficultés a occasionnées sa situation de port d'estuaire, soumis aux variations du lit du fleuve et à un processus constant d'ensablement.

Grecs, Mycéniens et Phéniciens

Par son port, fût-il fluvial, Rome s'ouvrait donc sur la mer et était accessible à des navigateurs venus d'autres horizons géographiques que l'Italie. Certes, on n'a pas d'indices sûrs de ce que le site ait été fréquenté par des étrangers venus d'au-delà des mers dès les premières phases de son peuplement. On avait cru pouvoir affirmer la présence de tessons de céramique mycénienne dans les remblais du secteur de Sant'Omobono ; mais il semble que cette affirmation doive être rejetée, et qu'on ne puisse pas se fonder sur de tels indices archéologiques pour en conclure que le site de Rome, comme d'autres sites d'Italie centrale, a pu être l'objet d'une fréquentation d'individus venus de Grèce dès les XIIIe-XIIe siècles.

De même d'autres arguments que l'on avance souvent à ce propos sont d'un maniement difficile : ceux qu'on croit pouvoir tirer de la riche tradition littéraire qui fait état de la présence ou au moins du passage sur le site de Rome d'Hellènes, et cela pour une période sensiblement antérieure à la fondation romuléenne. Nous avons déjà évoqué la légende de l'Arcadien Évandre venant se fixer sur le Palatin, celle d'Hercule qui passe en ses lieux, y vainc le brigand Cacus qui voulait lui voler ses bœufs et, comme à son habitude, y sème des rejetons. Nous pourrions aussi citer certaines traditions faisant venir directement à Rome et non à Lavinium Énée et ses compagnons troyens, ou affirmant la présence sur le site de la ville d'un groupe de Pélasges, ce peuple qui aurait habité la Grèce avant les Grecs eux-mêmes et dont les Anciens pensaient retrouver des rameaux dispersés dans bien des zones du bassin méditerranéen. Il est difficile de déterminer dans toutes ces légendes ce qui peut être le souvenir d'une réalité historique précise – la fréquentation effective du site de Rome par des individus venus de Grèce – et ce qui est une affabulation complaisante, dictée par le souci de rattacher Rome à l'hellénisme, aussi loin qu'on remonte dans le temps, et de lui enlever cette tare d'être, pour des Grecs, une cité barbare. En outre, il paraît extrêmement risqué de prendre au pied de la lettre la chronologie légendaire et d'affirmer que, du moment que la tradition fait intervenir des faits en liaison avec la guerre de Troie, voire antérieurs, elle a valeur d'argument pour le premier millénaire : il peut très bien s'être produit une projection dans un passé prestigieux de faits postérieurs.

Une autre question sur laquelle il convient de rester prudent – et de reconnaître qu'il n'y a pas de réponse possible en l'état actuel de notre documentation – est celle de la fréquentation éventuelle du site de Rome par des éléments phéniciens. On a parfois voulu appuyer cette idée d'une venue de commerçants orientaux, à l'époque où les Tyriens fondaient Carthage en Occident et où bientôt les Puniques allaient prendre le relais de leur métropole, sur une mise en rapport du culte d'Hercule à Rome, tel qu'il s'y pratiquait, justement sur le Forum Boarium, à l'autel de l'Ara Maxima, avec celui de Melqart. Cela reste une hypothèse et, plus généralement, il faut admettre qu'il n'existe jusqu'à présent aucune preuve concrète de la présence sur le sol romain de marchands ou d'artisans orientaux à date ancienne. Une telle présence n'est pas en elle-même impossible. Le comptoir grec de Pithécusses, dans l'île d'Ischia, dont la fondation vers 775 a marqué le début de la colonisation hellénique en Italie, a livré des inscriptions phéniciennes, et non seulement grecques. Pour rendre compte de certains objets d'art orientalisant trouvés en Toscane, comme la situle avec inscription *Plikasnas*, de Chiusi, du milieu du VIIe siècle, mêlant inextricablement motifs locaux et motifs orientaux, on a supposé l'établissement sur le sol étrusque d'artisans venus d'Orient. Un jour, on trouvera peut-être des documents de ce genre à Rome : ils sont jusqu'à présent absents et mieux vaut donc ne rien affirmer quant à la venue sur le site d'éléments orientaux.

Quoi qu'il en soit pour le premier millénaire, à partir du VIIIe siècle, donc au moment où débute en Italie la colonisation grecque d'époque historique, on trouve du matériel hellénique dans les nécropoles de Rome. Au siècle suivant, on a un témoignage épigraphique de la présence d'un Grec établi dans la ville. Les possibilités offertes par la situation de Rome et son port sur le Tibre ont donc largement joué, au moins pour le premier millénaire, et cela dès le moment où les contacts internationaux se sont développés.

Première occupation du site

Ainsi, le site de Rome offrait d'emblée des virtualités qui devaient expliquer la vitalité de la cité qui s'y est implantée. À l'aube de son existence, lors de la fin de l'âge du bronze ou du début de l'âge du fer, on n'en était bien évidemment pas encore là et il faut se borner à essayer de suivre sur le terrain, là où les données sont disponibles, le lent avancement du processus qui a mené à la formation de

Une urne-cabane (VIIIe siècle)

la ville. Ces données sont fournies en grande partie par les nécropoles, qui, à Rome comme souvent ailleurs, offrent des témoignages plus directement saisissables. Elles sont composées, d'une manière exclusive pour la période la plus ancienne, la phase I de la civilisation latiale, correspondant, selon la chronologie la plus généralement admise, à 1000/900 av. J.-C. environ, de tombes incinérantes. À Rome, comme ailleurs dans le Latium, l'incinération, au lieu de se faire dans des vases biconiques comme dans la culture villanovienne de la Toscane voisine, eut souvent recours à cette manifestation caractéristique de la culture latiale qu'est l'urne en forme de cabane qui contenait les cendres du mort – et nous livre en même temps l'image des demeures des vivants. Mais, au cours de la phase II de la civilisation latiale, après 900 av. J.-C., apparut l'inhumation qui, peu à peu, supplanta l'ancienne coutume d'incinérer les morts. S'ajoutent aussi quelques données concernant l'habitat : on découvre par endroits des traces de cabanes. Celles-ci avaient des murs de torchis appuyés sur une armature de bois et une couverture de branchages et de chaume. Ces matériaux périssables n'ont pas subsisté ; mais l'emplacement des cabanes est encore révélé par les trous des poteaux qui en soutenaient l'élévation et qui subsistent, creusés dans le sol, ou encore par la rigole d'évacuation des eaux qui, parfois, les entourait, sinon même par une excavation circulaire ou ovale dans le sol : elles étaient quelquefois à demi creusées dans le roc. Plus chanceux que nous, les Romains de l'époque historique pouvaient encore voir sur le Palatin l'une de ces cabanes dont nous ne voyons plus aujourd'hui que la trace sur le sol : on y entretenait pieusement, et s'empressait de

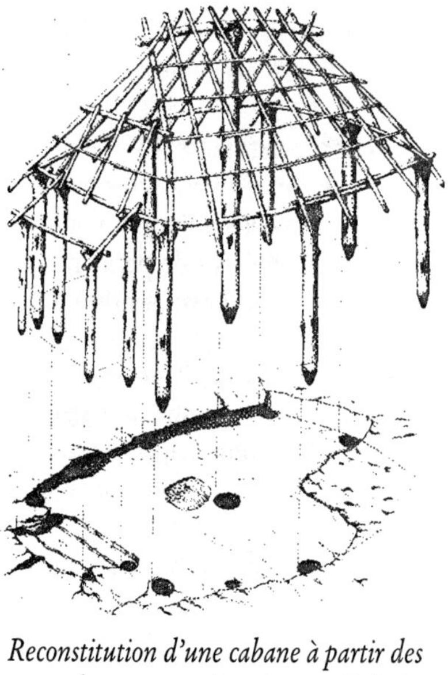

Reconstitution d'une cabane à partir des trous de poteaux mis au jour au Palatin

restaurer à l'identique dès que le besoin se faisait sentir, une cabane de ce type, semblable à celles que nous montrent les modèles des urnes funéraires, qui aurait été la *casa Romuli*, la cabane même du fondateur.

Pour la période la plus ancienne, à la fin de l'âge du bronze, les témoignages ne sont vraiment clairs, nous l'avons vu, que pour le Capitole. Mais l'existence d'établissements ailleurs, et notamment sur le Palatin, n'est en rien exclue. Immédiatement après, pour le début de l'âge du fer, on peut s'appuyer sur la présence de tombes sur le Forum ; ce secteur commence à être utilisé comme zone de nécropole dès la première phase de la culture latiale. Mais ces tombes recouvrent, au moins en partie (du côté de l'arc d'Auguste), une zone d'habitat de la période précédente – dont nous avons vu qu'elle était en liaison avec l'établissement sur le Capitole. Il s'est donc produit un facteur nouveau, avec le passage d'une utilisation comme secteur d'habitation à un usage funéraire de cette partie de la plaine du Forum : cela doit avoir été justement l'établissement d'un habitat sur le Palatin, dont il est probable que dépendait la nécropole qui apparaît alors sur le Forum. Cependant, on a un témoignage plus direct de la présence d'un tel habitat sur le Palatin avec l'existence d'une tombe de la même période, cette fois sur la colline elle-même, à proximité de la maison de Livie et donc dans la dépression séparant les deux sommets de la colline, le Germal et le Palatin proprement dit. Cette tombe, qui est celle d'un adulte et qui donc doit normalement être située en dehors des zones d'habitation, ne saurait correspondre qu'à un village établi sur le Palatin. Mais sa localisation, au milieu de l'ensemble que la colline constitue, avec ses deux sommets, montre qu'on ne peut pas parler, pour cette époque, d'un village établi sur le Palatin et l'occupant en totalité. La présence de cette tombe implique qu'on soit en dehors de toute zone habitée, à l'écart du ou des village(s) qui s'élevai(en)t alors en ces lieux et n'en occupai(en)t qu'une part restreinte. Il faut donc compter avec un habitat dispersé, fait de petits noyaux épars. La répartition des tombes en plusieurs endroits du Forum, près de l'arc d'Auguste comme plus au nord vers la *uia Sacra*, au pied du temple d'Antonin et de Faustine, témoigne aussi de cette dispersion. Ainsi, un village particulier a pu s'élever, sur la croupe de la Velia, qui s'avance à partir du côté du Palatin en direction du Forum. À défaut de témoignages archéologiques – inexistants pour cette période –, on peut rappeler la mention dans la liste des trente peuples de Pline d'une communauté autonome de *Velienses*.

Ainsi, on constate pour cette époque l'existence d'habitats dispersés – Capitole, Palatin, sans doute Velia –, constituant autant de noyaux indépendants, établis sur les différentes hauteurs qu'offrait le site et que séparaient de vastes espaces libres, comme le Forum ou même le creux existant entre les deux sommets du Palatin. En outre, on se trouve en présence d'une situation encore fluide. Il n'y a pas de délimitation fixe de zones d'habitat et de zones extérieures, qu'on peut utiliser à des fins funéraires. La superposition de cabanes et de tombes près de l'Arc d'Auguste le montre, il n'y a pas encore, clairement délimités dans l'espace de la zone habitée, de secteur attribué aux vivants et de secteur réservé aux morts. Autrement dit, il n'y pas encore la notion d'un espace d'habitation, fixe et permanent, comme celui qu'étaient censés déterminer sur le sol les rites de fondation que la tradition prête à Romulus.

Ces habitats du début de l'âge du fer ne paraissent donc pas avoir été, même sous forme ébauchée, des cités, mais de simples agrégats de cabanes, utilisant les possibilités naturelles du terrain là où c'était possible. Le tableau de cette ville de Rome aux premiers stades de sa formation n'est pas différent de celui qu'offrent à la même époque les autres futures cités de la région. En particulier, les sites qui seront bientôt occupés par les grandes cités étrusques, et notamment celui, sur lequel nous sommes particulièrement bien renseignés grâce aux travaux des archéologues anglais, de Véies, offrent une image analogue : on y rencontre de petites zones habitées, réparties sur plusieurs points du territoire qui sera celui de la ville une fois constituée (et souvent à sa périphérie), chaque point pourvu de sa nécropole regroupant un nombre modeste de tombes.

L'existence de différenciations au sein de la société est alors difficilement déterminable. Le mobilier funéraire déposé dans les tombes est uniforme dans sa relative pauvreté (quelques bronzes, fibules ou rasoirs, quelques petits vases accompagnent l'urne funéraire), et l'on ne peut guère noter de différences dans les dimensions des habitations – ce qui ne veut pas dire que nous soyons en présence d'une société égalitaire, d'un stade de civilisation primitif caractérisé par une propriété communautaire de la terre, comme on l'a parfois envisagé. La société a dû, dès cette époque, connaître des disparités, ne serait-ce que par l'exercice de fonctions de commandement par certains individus. C'est ce que paraît suggérer la découverte, dans les fouilles récentes du Germal, d'une cabane que ses grandes dimensions mettent nettement à part de toutes les autres. Remontant à 900 av. J.-C. et restée en usage jusqu'au milieu du VIIIe siècle, elle doit traduire non pas des différences de richesse au sein du corps social, mais l'exercice d'un pouvoir politique – et vraisemblablement, à ce stade, en même temps religieux – par un individu au sein de la communauté – qui se réduit probablement, au moins pour le début de la période, aux dimensions d'un des villages qui occupent alors le site. Cette existence d'une maison de taille supérieure dénote l'existence déjà d'un pouvoir organisé, reconnu par le groupe. La nécropole de l'Osteria dell'Osa offre un phénomène comparable avec la présence d'une urne-cabane de taille particulièrement grande, dans l'une des tombes les plus riches en matériel, et entourée, selon la coutume caractéristique de ce site – mais que l'on ne retrouve pas à Rome – d'une série de tombes plus pauvres, à inhumation.

Extension de l'habitat

La physionomie de cette Rome naissante ne change guère entre la phase I et la période suivante de la culture latiale, ce qu'on a appelé sa phase II A, entre 900

Tombe du Forum (phase II B)

et 830 av. J.-C. environ. On assiste essentiellement à un développement, avec la trace d'occupation d'autres collines. Car désormais les trouvailles se multiplient, et la localisation de certaines tombes remontant à cette époque induit à les mettre en relation avec d'autres secteurs de la future cité. On rencontre des tombes à l'emplacement du Forum d'Auguste : elles devaient correspondre à un nouvel habitat, situé non plus sur le Palatin ou le Capitole, mais sur le Quirinal. L'existence en apparaîtra plus clairement par la suite, pour les phases II B et III de la culture latiale, c'est-à-dire, approximativement, les périodes 830/770 et 770/720. On a en effet découvert de l'autre côté de cette colline, du côté du ministère de l'Agriculture et de celui des Finances, quelques tombes remontant à cette époque.

Mais entre-temps s'est produit un fait capital du point de vue de l'archéologie, et assurément de grande résonance sur le plan historique, qu'on peut situer au commencement de la phase II B, c'est-à-dire vers la fin du IXe siècle : la zone du Forum et de ses abords n'est plus utilisée pour les sépultures – du moins celles d'adultes. On y trouve sans doute encore des tombes d'enfants (ainsi une sur la Velia ou encore celle, particulièrement riche, trouvée sous le palais des Flaviens sur le Palatin, et fort tardive puisqu'elle date de la seconde moitié du VIIe siècle). Mais les enfants, par contraste avec les adultes, étaient traditionnellement ensevelis sous la maison elle-même, indiquant ainsi en quelque sorte une prise de

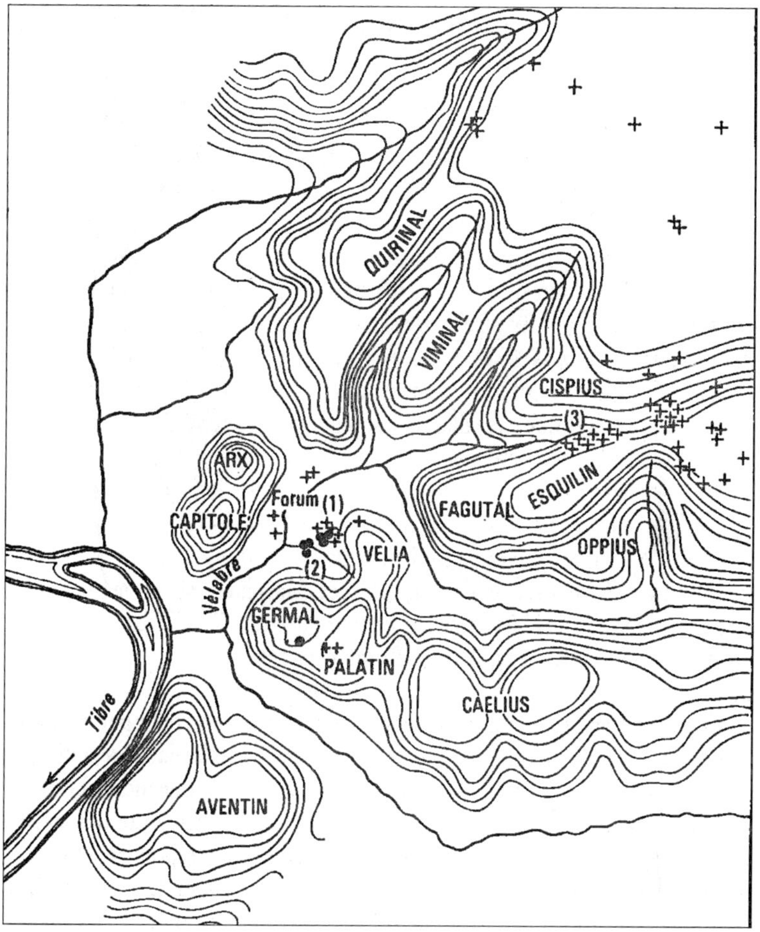

Les nécropoles archaïques du site de Rome (d'après Mülkler-Karpe)

possession de son sol par le groupe familial. Seuls les adultes avaient obligatoirement leurs tombes en dehors de la zone d'habitation, et ainsi leur territoire propre, distinct de celui des vivants. La présence de tombes d'enfants n'indique donc nullement qu'on se trouve dans une zone de nécropole. Bien au contraire, c'est le signe qu'il s'agit d'un secteur d'habitation: leur présence sur la Velia ou sur le Palatin témoigne du fait que ces collines sont alors considérées comme faisant partie d'un ensemble habité, constituant une agglomération.

Désormais les dépositions se font dans un tout autre secteur, l'Esquilin, dont le nom, composé du préfixe *ex*, en dehors, et d'un terme apparenté au verbe *colere*, habiter, indique probablement qu'on est en dehors de la zone d'habitation. C'est alors – dès la fin du IXe siècle – que commence l'utilisation, à des fins funéraires, d'une vaste zone qui conservera cette fonction jusqu'en pleine période historique, s'étendant de plus en plus loin vers le nord-est et peu à peu rognée par les progrès de l'urbanisation – au point que la muraille servienne coupe en deux l'antique nécropole. Cette utilisation persistante depuis des temps encore préhistoriques jusqu'en plein âge républicain montre qu'avec la fixation de la fonction funéraire de cette zone la cité en devenir a gagné l'un de ses traits structurels essentiels, qui ne sera plus remis en question : elle ne se limite plus à de petits noyaux comme ceux qui avaient existé depuis longtemps sur des hauteurs comme le Palatin ou la Velia, mais elle englobe en un ensemble unitaire la vaste zone de collines sise par-delà l'ensemble Palatin/Velia, comprenant l'Esquilin tout entier, avec ses avancées du Cispius, du Fagutal, de l'Oppius.

Cela ne signifie pas obligatoirement que toutes ces zones aient dès lors été construites, ni même que des villages se soient élevés sur chacune de ces hauteurs. Il a dû subsister de vastes étendues non construites. Au reste, la dénomination de Fagutal, évoquant l'existence en ces lieux d'un bois de hêtres *(fagus)*, tout comme celle de *Querquetulanus Mons*, qui était l'ancien nom du Caelius, évoquant celle d'un bois de chênes *(quercus)*, gardent le souvenir d'une époque où ces zones étaient couvertes de forêts et donc inhabitées. Mais il est classique que les villes anciennes aient conservé à l'intérieur de leur enceinte des secteurs vides de tout habitat : ce qui importait pour cette Rome naissante était que les morts fussent rejetés à la périphérie. Cela montre que les vivants concevaient le reste comme faisant partie d'un ensemble qui était leur domaine propre, même si subsistaient bien des secteurs inhabités. Le même phénomène paraît alors se produire en ce qui concerne l'établissement du Quirinal (auquel est peut-être lié celui du Capitole). On assiste également dans ce secteur au déplacement et au rejet des tombes vers la périphérie. La nécropole du Forum d'Auguste fut alors abandonnée et les tombes plus récentes sont situées du côté des ministères de l'Agriculture et des Finances.

L'agglomération au début du VIIIe siècle

Par cette extension désormais assurée au secteur de l'Esquilin, la zone d'habitat, au moins virtuel, atteignit dès le début du VIIIe siècle des dimensions remarquables : plus de 150 hectares. Elle occupa donc dès cette époque une surface supérieure à celle dont disposeront, au temps de leur plus grande extension, des métropoles étrusques comme Tarquinia (121 hectares) ou Caeré (148). Rome, avant même la date canonique de sa fondation, avait ainsi déjà acquis l'un des traits les plus remarquables qui seront les siens par la suite, ses dimensions, qui en faisaient l'une des plus grandes cités d'Italie, donnée dont on ne saurait minimiser l'importance. Cette extension géographique alla certainement de pair avec un accroissement démographique sensible. C'est au cours de cette phase II B, entre 830 et 770 av. J.-C. environ, qui marque cette transformation des conditions de développement du site que se produisit un phénomène que nous avons étudié dans le précédent chapitre : le relatif dépeuplement de la zone des monts

Albains en concomitance avec l'essor des sites de la plaine comme Rome. Nous avons vu que ce phénomène a dû se traduire par l'installation sur les sites de plaine d'individus en provenance de la région du massif albain : Rome en a certainement largement profité et les modifications de l'habitat que l'on constate alors ne sont vraisemblablement pas indépendantes de cette arrivée d'éléments nouveaux. L'habitat du secteur du Palatin (et peut-être aussi celui du secteur du Quirinal) dut alors se révéler insuffisant et des noyaux de population durent s'installer sur des zones dépourvues jusque-là de tout peuplement permanent.

L'abandon du Forum comme zone de nécropole ne doit pas amener à penser que, dès cette époque, cette partie du site joua le rôle qui fut le sien par la suite, celui d'un centre politique et, au moins par certains côtés, religieux pour l'agglomération. Une telle fonction ne devient perceptible que plus tard : il devait d'ailleurs être difficile de faire jouer un tel rôle à cette partie de la cité tant que les problèmes liés à sa situation hydrographique n'étaient pas résolus. Et, au VIIIe siècle, ils sont assurément encore loin de l'être ! Mais le fait montre que, sur le site, commençait à s'affirmer l'existence d'une unité par-delà la forme d'habitat qui continue à y prévaloir, celle d'une pluralité de noyaux dispersés. Si le secteur représenté par le Quirinal et le Capitole semble être encore resté à l'écart, au moins au début de la période, on peut considérer l'ensemble formé par le Palatin et ses divers sommets et le complexe de collines situé par-delà le Forum, l'Esquilin et les croupes adjacentes, comme témoignant d'une certaine unité. Dans cet ensemble, le secteur du Palatin paraît avoir occupé une place prépondérante.

Le Septimontium

On a proposé à juste titre de voir une illustration de cet état d'intégration en marche, mais non encore achevée, dans une précieuse relique d'un stade préurbain que nous a conservée la religion romaine : la fête du Septimontium, qui se déroulait le 11 décembre et que nous font connaître des notices érudites de Varron (*Traité de la langue latine*, 5, 41, 6, 24) et Festus (458 L, 476 L). Ce jour-là, en effet, avaient lieu des cérémonies qui concernaient non pas Rome dans son ensemble, mais seulement les habitants de certaines collines, ou *montes*. Comme le précise Festus :

> On appelait Septimontium un jour de fête, parce qu'on faisait un sacrifice en sept endroits : le Palatium, la Velia, le Fagutal, Subure, le Germal, le Caelius, l'Oppius et le Cispius.

Ces *montes* étaient au nombre de sept. Cela permet de rendre compte, mieux que l'explication alternative par *saepti montes* (ce qui voudrait dire « collines entourées de palissades »), qui n'est satisfaisante ni pour le sens ni pour la phonétique, de l'appellation de Septimontium : le mot doit venir de *septem montes*, les sept collines. Il est vrai que la liste qui en est fournie comporte huit noms, et non sept. On a proposé diverses solutions pour aboutir au chiffre de sept – en éliminant Subure, qui n'est pas une colline, ou le Caelius, dont la mention vient interrompre l'ordre d'une liste qui semble correspondre au parcours circulaire d'une lustration à partir du Palatin. Mais plutôt que de chercher à faire disparaître l'un des noms en invoquant une erreur de transmission, il est préférable de penser à une histoire complexe, dont la liste que nous avons n'est que l'aboutissement final, qui aura suivi le cheminement du lent processus d'agrégation des habitats situés sur le site de Rome. À son stade ultime, ce groupe des « sept collines » aura été composé non plus de sept, mais bien de huit éléments.

Cependant, cette liste de sept collines ne correspond pas aux sept collines de la Rome classique. Elle distingue la Velia et le Germal du Palatin proprement dit, ne nomme pas l'Esquilin mais en détaille les parties que sont le Cispius, le Fagutal, l'Oppius, et leur adjoint Subure. Et l'on y chercherait en vain le Capitole, le Quirinal, le Viminal, l'Aventin. Il s'agit donc d'un ensemble sensiblement plus petit que la Rome classique, et déjà que la Rome servienne. Il renvoie à un état antérieur à l'existence de la ville constituée telle que nous la connaissons.

En outre, cette fête est célébrée *pro montibus*, « pour les collines », c'est-à-dire chacun des *montes* pris individuellement plutôt que pour le tout qu'ils constituent : on se trouve devant le reliquat d'un stade où l'on a affaire à une pluralité de villages établis sur chacune des hauteurs, une sorte de fédération de groupes indépendants, et non à un tout unitaire. On peut songer à des liens du genre de ceux qui unissaient, pour l'ensemble du *nomen Latinum*, les divers peuples latins : eux aussi, nous l'avons vu, exprimaient leur appartenance à un même ensemble par la participation à des fêtes communes. Le Septimontium a dû représenter pour Rome, à un certain stade de son développement, ce que les Féries latines ont représenté pour les trente peuples latins.

Mais cela ne veut pas dire que de tels liens soient sans importance, même d'un point de vue politique ou militaire. Nous l'avons dit à propos de la fédération latine, ces liens pouvaient se traduire par une action commune, sous la conduite d'un chef unique reconnu par tous les membres de la fédération. D'autre part tous les *montes* ne sont pas mis sur le même plan ; et dans ce sens le modèle fourni par les cités du sud de l'Étrurie, comme Véies, pour lesquelles on imagine un synœcisme, une fusion des différents villages qui seraient entrés sur un pied d'égalité dans l'ensemble nouveau ainsi constitué, peut se révéler illusoire. Dans cette liste, il est clair que le Palatin et dans une moindre mesure la Velia jouent un rôle prépondérant. Ces deux noms apparaissent en tête de la liste et c'est à propos de ces deux seules collines que nos textes mentionnent un sacrifice. C'est donc probablement autour de ce noyau originel que s'est organisée cette forme ancienne, encore préurbaine, de la future cité. Et l'on peut bien sûr rappeler l'importance dans la tradition tant de la Velia – siège des *Velienses* de la liste des trente peuples latins de Pline – que, surtout, du Palatin, qui est unanimement considéré comme le berceau de Rome.

Ainsi peut-on considérer cette liste comme le fossile d'une situation où, sans que Rome existât déjà en tant que cité constituée, avaient déjà dû se former sur son sol des sous-ensembles capables d'une action commune et où certains secteurs exerçaient déjà un rôle de direction. C'est bien ce que l'examen des faits archéologiques semble autoriser à penser pour la période latiale II B, au moins en ce qui concerne la partie du site regroupant, par-delà le Forum, la zone du Palatin et celle de l'Esquilin, c'est-à-dire justement les secteurs relevant du Septimontium. En revanche ce Septimontium, qui semble donc traduire une situation qui est celle, approximativement, de la fin du IXe et du début du VIIIe siècle, laisse de côté le Capitole et le Quirinal, sur lesquels pourtant existent des habitats à cette époque. Autrement dit, ce système centré sur le Palatin – qui est la colline de Romulus – ne comprend pas les collines qui, dans la tradition, sont les plus liées aux Sabins et qui sont donc (indépendamment de la question de savoir si cette référence sabine est à admettre en tant que telle) tenues dans une certaine mesure à part de cette cité primitive. De ce fait, on a parfois proposé d'interpréter la tradition sur la fondation romuléenne dans ce sens que la légende du *conditor*, par-delà ses aspects d'affabulation, aurait conservé le souvenir de ce qui aurait été une étape ultérieure dans la formation de la cité : la fusion de l'ensemble Palatin/Esquilin avec les collines situées plus au nord, le Capitole et le Quirinal.

L'hypothèse reste indémontrable et nous avons vu que le caractère artificiel de la date de la fondation de la cité ne permet pas de penser que les Romains aient traduit par là le souvenir de cette nouvelle étape de la genèse de leur cité qui serait advenue vers le milieu du VIIIe siècle. Mais le tableau qu'on peut tirer tant de l'examen de la liste du Septimontium que des données archéologiques de la phase II B ne doit pas faire penser à une situation figée. Le stade ultérieur par rapport au Septimontium dans le processus de formation de Rome qu'aurait été l'agrégation au système du Septimontium du Capitole et du Quirinal a pu se situer aussi dans cette période. Simplement, ne pouvant pas être traduit sur le terrain par un phénomène aussi tangible que le transfert des dépositions du Forum à l'Esquilin (ou du Forum d'Auguste à l'autre extrémité du Quirinal), il est hors de portée de nos moyens de contrôle. Il faut en effet se défier du déterminisme géographique simpliste qui poserait que la fusion des deux ensembles, celui du sud, autour du Palatin, et celui du nord, avec le Capitole et le Quirinal, n'a pu se faire que lorsque la plaine du Forum, située entre les deux, a été rendue praticable par les travaux de drainage et a donné lieu à la construction d'édifices publics. Même si, dans la tradition, l'accord entre Romulus et le roi sabin Titus Tatius se passe sur le Forum, posé dès lors comme centre de la cité, on n'en conclura pas que la réunion des deux ensembles qu'on peut reconnaître dans la future Rome est nécessairement passée par l'aménagement du Forum. Cet aménagement appartient au VIIe siècle et paraît de ce fait bien tardif pour un événement comme la réunion des collines du nord et celles du sud : mais il n'était nullement nécessaire pour qu'un tel processus eût lieu. Les fonctions qui seront assumées plus tard par le Forum ont très bien pu l'être auparavant dans d'autres lieux.

Les mutations du VIIIe siècle

En tout état de cause, ce VIIIe siècle est une période d'évolution et de transformation profonde des sociétés. Nous sommes dans une époque de bouleversements de vaste portée, affectant l'ensemble de l'Italie, et qui n'ont pas pu manquer d'avoir des répercussions sur le Latium et sur le site de Rome. Déjà, en ce qui concerne le Latium, le phénomène de transfert de la zone des monts Albains à la plaine, que nous avons évoqué, se poursuit : il s'agit d'un processus de longue durée, et non d'un événement momentané. Ne nous laissons pas induire en erreur par la tradition sur la transplantation à Rome des habitants d'Albe détruite par Tullus Hostilius : nous avons reconnu le peu de consistance historique de toute cette tradition. Sur un plan plus général, nous sommes à l'époque où se produit l'ouverture de l'Italie sur le monde extérieur, ouverture marquée par l'établissement sur le sol de la péninsule des premières colonies helléniques – Pithécusses, vers 775, puis Cumes, en face de l'île, mais sur le continent, vers 750. Cette colonisation fait suite à ces premiers contacts diffus, sensibles dès les environs de 800, auxquels on a donné le nom de « précolonisation ». C'est alors que se met en place ce facteur capital d'évolution des vieilles sociétés indigènes, de leur transformation culturelle, qu'est leur entrée en relations suivies avec le monde méditerranéen, et spécialement le monde grec.

Nous saisissons les transformations de la société de cette époque par leurs répercussions sur le mobilier funéraire des tombes qu'a livrées le site de Rome. D'une manière d'abord lente, au cours de la phase II B de la culture latiale, mais selon un processus qui deviendra plus perceptible au cours de la phase III, surtout dans les années 730/20, les différences s'affirment plus nettement dans le contenu des tombes. Le mobilier se diversifie et certaines tombes sont d'une richesse qui les distingue nettement des autres : on peut citer le cas de la tombe 94 de l'Esquilin, de la seconde moitié du VIIIe siècle, qui est un exemple précoce de tombe à char, où le défunt est pourvu d'un casque et d'un bouclier de bronze. On constate en effet, par rapport aux tombes des périodes antérieures, une différence qui avait à ce point frappé dans le passé certains archéologues qu'ils avaient voulu – à tort – en rendre compte par l'arrivée d'un peuple nouveau, les Sabins du récit traditionnel : les défunts de sexe masculin aiment désormais s'affirmer comme guerriers et se font accompagner par des armes dans leur dernière demeure. Ce signe, outre sa valeur évidente de *status-symbol,* est un indice probable du caractère troublé de cette période – ce qui n'est pas pour surprendre au milieu des bouleversements qui affectent alors l'ensemble de la péninsule italienne et aboutissent à la mise en place d'un nouvel équilibre.

L'ouverture sur l'extérieur accentue nettement la différenciation au sein de la société. Elle se traduit, dès le début du VIIIe siècle, par la présence d'objets importés, ou encore d'imitations qui expriment la volonté de se conformer aux nouveaux modèles culturels. On les rencontre naturellement dans les tombes les plus riches. L'un des premiers exemples en est une sorte de cruche faite au tour,

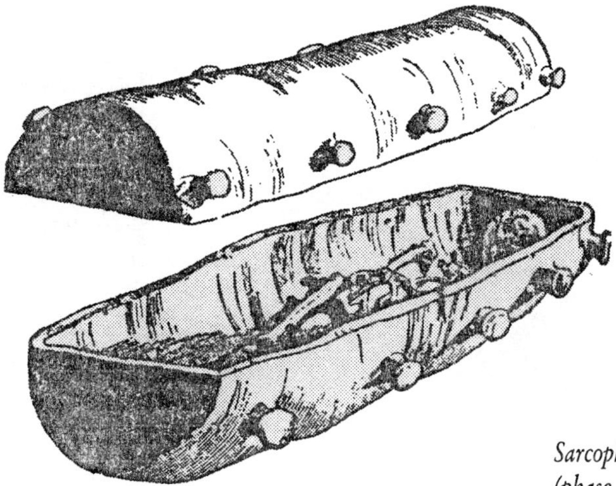

Sarcophage (phase III)

provenant de la tombe 21 de l'Esquilin, qui date du deuxième quart du VIIIe siècle : l'objet porte un décor peint de bandes à la mode grecque, mais reprend une forme locale. Il s'agit d'un développement indigène, mais où l'on reconnaît l'influence des Grecs, et précisément des Grecs établis à Pithécusses qui produisaient des vases à décor analogue.

Il est vrai aussi que ces produits d'imitation que l'on commence alors à rencontrer sur le sol de Rome n'ont certainement pas tous été produits sur place. Ainsi un *askos* à décor géométrique trouvé dans la tombe 14 de l'Esquilin, de la seconde moitié du VIIIe siècle, appartient-il à une catégorie de vases connus à Véies qui doit en avoir été le centre de fabrication. Mais cela dénote, même dans ce cas, l'élargissement des horizons du monde romain d'alors – des contacts accrus avec le monde toscan tout autant qu'avec le monde colonial grec. Il ne faudrait au reste pas opposer apport toscan et apport hellénique : même pour ce qui est de la Toscane, c'est à une civilisation renouvelée par le contact avec l'hellénisme que les Romains d'alors ont accès. L'exemple de ce vase de Véies, d'origine étrusque mais de facture grecque, le traduit bien.

D'ailleurs, les contacts directs avec le monde grec existent dans cette Rome du VIIIe siècle. Les fouilles du secteur de Sant'Omobono, en particulier, ont livré une quantité non négligeable de fragments de céramique géométrique grecque de cette époque – en provenance d'Eubée, des Cyclades, de Corinthe. Nous sommes à proximité du Forum Boarium et du *portus Tiberinus* : on y verra la trace de la fréquentation de ces lieux où s'exerçaient les fonctions commerciales de Rome par des marchands venus du monde grec. À cette présence de commerçants s'ajoutait vraisemblablement celle d'artisans qui, à Rome comme à Véies, ont dû se fixer sur place et y développer leurs activités en les adaptant aux conditions locales. C'est sans doute à eux que l'on doit le progrès technique dont

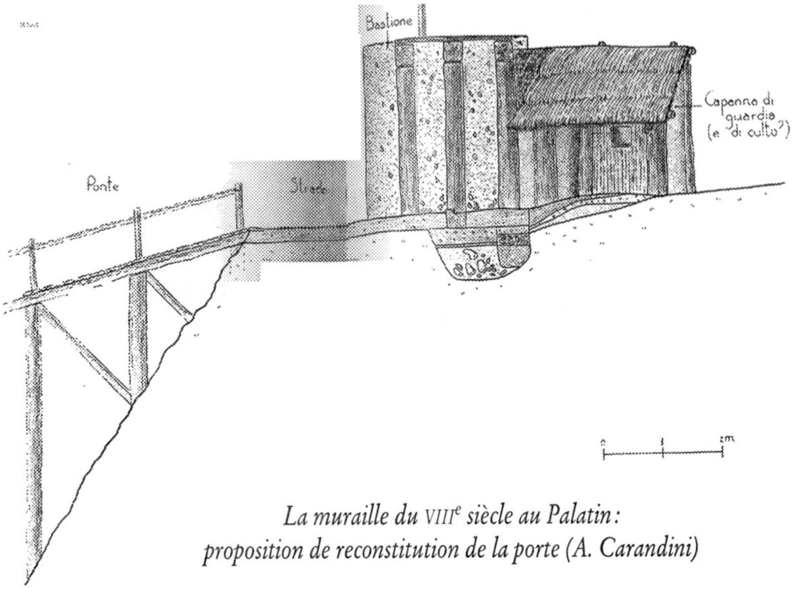

La muraille du VIII*e siècle au Palatin :*
proposition de reconstitution de la porte (A. Carandini)

font alors preuve les céramistes romains : une attestation éclatante en est fournie par la performance technique que représente la réalisation, vers 730, de sarcophages d'*impasto* en forme de tronc d'arbre, de 1,70 m de long pour un diamètre de 50 cm, dont deux exemplaires ont été découverts dans des tombes du Quirinal. Une telle prouesse, allant bien au-delà de ce que Rome avait su produire jusque-là, a très probablement été rendue possible par la maîtrise acquise auprès d'artisans immigrés.

La muraille « romuléenne »

Les habitants de cette Rome en voie de constitution habitaient encore dans des cabanes ; c'est d'ailleurs à cette période que remontent les fonds de cabanes que l'on voit sur le Palatin, à proximité du temple de Cybèle. Mais elle n'en témoigne pas moins déjà d'une capacité à réaliser certains travaux collectifs, ce qui montre qu'elle a dépassé le stade de liens encore lâches entre des villages sentis comme distincts, stade auquel nous avons rapporté le Septimontium.

La tradition, insistant sur le rite de fondation suivi par Romulus, pose comme premier acte de la formation de la cité l'érection de sa muraille, au moins sous la forme embryonnaire (mais religieusement déjà suffisante) du creusement du *sulcus primigenius*, sillon primordial. Or on constate effectivement que l'agglomération des décennies centrales du VIIIe siècle est à même de se pourvoir d'un mur – selon un processus que l'on remarque vers la même époque pour d'autres cités du Latium, comme Castel di Decima ou Ficana. Les fouilles d'A. Carandini sur le flanc nord du Palatin ont permis d'y retrouver les traces d'une muraille remontant au milieu du VIIIe siècle. Sans doute l'existence d'un mur défensif n'est-elle pas une nouveauté absolue pour le site de Rome : Varron connaissait encore le

« mur de terre », *murus terreus*, qui s'élevait dans la zone des Carines et isolait la Velia de l'Esquilin, barrant la dépression entre les deux collines. Mais le mur des Carines doit appartenir encore à une phase antérieure à l'unification que nous envisageons, puisqu'elle met à part de l'Esquilin la Velia, donc ce peuple des *Velienses* que Pline signalait comme formant une entité autonome. En revanche la muraille du Palatin, dont on commence à repérer des traces dans d'autres secteurs autour de la colline, a une tout autre portée : elle englobe une partie beaucoup plus vaste de la cité et semble correspondre à la limite de la cité Palatine que les sources attribuent à Romulus. Sans doute aussi s'agit-il à ce stade d'un simple parapet, formé de terre et de pierres accumulées, et précédé d'un fossé. Mais on ne s'en trouve pas moins en présence d'une technique déjà élaborée : cette muraille comportait un système de porte, débouchant sur le Forum. Il est même possible que l'édification de la muraille, et de cette porte en particulier, ait été accompagnée d'un processus rituel. L'existence, sous le seuil de la porte, d'un dépôt d'objets, analogue à ceux que l'on trouve dans des tombes, a suggéré l'idée de la présence d'une véritable tombe qui correspondrait à un sacrifice de fondation – et pourrait même être mise en rapport, dans le récit traditionnel, avec la mise à mort de Rémus, tué par son frère, sacralisant ainsi par son sang la limite que le fondateur venait de tracer. On aurait donc, selon ces vues, affaire à un sacrifice humain : il se pourrait qu'on ait procédé à un tel rite, que les temps ultérieurs jugeront « très peu romain » (Tite-Live, 22, 57). On ne sera certes pas enclin à refuser à un tel ouvrage, réalisé à une époque aussi haute, une connotation religieuse : la tradition parle pour la cité Palatine de Romulus d'un *pomerium*, cette limite à signification religieuse qui déterminait le territoire de la cité et que nul n'avait le droit de franchir armé. Significativement, la partie repérable de cette muraille paraît correspondre au tracé donné par Tacite (*Annales*, XII, 24) pour le plus ancien *pomerium* :

> Quel *pomerium* fut tracé par Romulus, je ne crois pas hors de propos de le faire connaître. Donc c'est du marché aux bœufs, où nous voyons un taureau d'airain [parce que ces animaux sont attelés à la charrue], que commença le sillon délimitant la ville et qui embrassait le grand autel d'Hercule. Ensuite des pierres avaient été dressées de distance en distance, en suivant le pied du mont Palatin, jusqu'à l'autel de Consus, puis jusqu'aux anciennes curies, ensuite jusqu'au petit temple des Lares, de là jusqu'au Forum romain.

On conçoit l'importance de cette découverte. Même si ces fouilles n'ont pas encore fait l'objet d'une publication détaillée, elles révèlent déjà clairement que la Rome naissante, aux alentours de la date canonique de la fondation, était déjà capable de doter le Palatin d'une enceinte, ce qui ne peut pas être indépendant de la place qu'occupe cette colline dans la tradition, qui en fait le cœur de la cité romuléenne. Il convient cependant de souligner certains points – tout en reconnaissant le caractère nécessairement encore provisoire, actuellement, de toute discussion. Ainsi, il ne s'agit certainement pas encore d'un mur d'enceinte de la ville, comme le sera plus tard le mur servien – en attendant la muraille aurélienne ; on a simplement affaire à un système de défense du Palatin. Cela montre assurément que l'on a dépassé le stade du Septimontium puisque, au sein de cet ensemble ancien, deux des *montes* primitifs, Palatin et Germal, se trouvent isolés des autres ; en outre, si le Palatin jouissait déjà d'une place de premier plan dans l'organisation du Septimontium, ce n'était pas le cas du Germal, associé, lui, dans le nouveau système de défense, tandis que la Velia qui, elle aussi, occupait une place particulière dans le Septimontium, se trouve rejetée hors de l'enceinte.

Mais, même si l'on peut envisager qu'un souvenir de l'existence d'une telle enceinte ait joué un rôle dans la tradition sur la Rome du Palatin qu'aurait fondée rituellement Romulus, il faut souligner que ce mur du VIIIe siècle ne circonscrit pas la cité. Rome connaît déjà une extension beaucoup plus grande. Elle en isole une portion limitée, et par exemple coupe la Velia du Palatin, alors que l'association Velia/Palatin est une donnée certainement ancienne. Sa fonction n'est donc pas de définir un espace urbain par rapport à un espace environnant : en ce sens, la référence au tracé du sillon par Romulus ne peut être acceptée telle quelle. Il ne s'agit pas d'un *pomerium*, pas de la limite d'une cité.

Ce mur sert simplement à isoler, au sein d'une agglomération déjà nettement plus étendue, l'un de ses secteurs, le Palatin. On peut estimer, étant donné la présence du mur, que cette colline jouait un rôle de lieu de protection et de refuge pour les habitants de l'ensemble de l'agglomération, et non pour ses seuls résidents. Autrement dit, il devait faire office de citadelle. Mais il serait douteux que la colline ait eu une fonction seulement militaire : dans les cités antiques, la citadelle est en même temps un lieu à fonction religieuse, il suffit de songer à l'acropole d'Athènes ! Cette importance religieuse de la citadelle existait aussi dans les civilisations de l'Italie ancienne : ainsi le rituel ombrien des Tables Eugubines, connu par le témoignage exceptionnel de sept tables de bronze retrouvées dans la ville de Gubbio, accordait-il une importance particulière, à côté de la cité de Gubbio, à la citadelle, mise sous la protection d'une divinité spécifique, le dieu de la Bonne Foi, Fisus Sancius. À Rome, on constate des faits analogues, concernant ce qui est la citadelle de Rome à époque classique, le Capitole. Mais si les données du VIIIe siècle que nous analysons montrent que le Palatin a joué, antérieurement au Capitole, un rôle comparable pour la cité naissante, on sera enclin à attribuer, alors, une fonction de centre religieux à cette colline. Et la muraille aurait eu pour sens de délimiter cet espace particulier, de le faire bénéficier de ce qui est sans doute déjà la valeur de protection divine que garantit, dans le rituel de fondation de la cité tel que nous le connaissons, l'inauguration assurée par la prise d'auspices et le creusement du sillon primordial. Conformément à cet aspect consacré de la colline, c'est vraisemblablement de là que sont pris les auspices qui intéressent la communauté – et nous verrons qu'une certaine tradition existe sur un *auguraculum* qui aurait existé sur le Palatin, dans la ligne de la consultation initiale à laquelle Romulus s'était livré quand il avait fondé la cité.

Ainsi ces trouvailles peuvent-elles être mises en rapport avec certains aspects de la tradition sur la fondation de Rome. Mais il serait dangereux de poser une relation directe entre les deux ordres de données. Indépendamment du fait que le récit a sa logique propre, que nous avons examinée dans le chapitre précédent, et qu'il serait faux de le réduire à une reprise, déformée, des événements, il ne faut pas ignorer que les faits archéologiques offrent des points de divergence par rapport à ce qu'affirme la tradition. Nous avons déjà souligné que le mur ou, si l'on veut, le *pomerium* qui entoure le Palatin ne peut être la limite de l'espace habité – comme le présente la légende de Romulus, qui nous offre une image conforme, sur ce point, à la pratique du rituel de fondation tel que nous le connaissons, c'est-à-dire pour une période sensiblement postérieure au VIIIe siècle. Il en va de même, à plus forte raison, si l'on admet l'existence de sacrifices humains lors de l'édification de la muraille : le rapport qu'il pourrait y avoir entre ces éventuels sacrifices humains et la tradition sur Rémus tué par son frère ne peut être que très lointain et n'explique absolument pas la place que cet épisode a dans le récit. Dans le récit traditionnel, il est plus important de souligner qu'il constitue l'application du motif courant des frères ennemis et sert à souligner la rupture que la délimitation du *pomerium* est venue établir dans l'espace.

Rome est-elle déjà une cité ?

Quoi qu'il en soit de la signification d'une telle construction – pour laquelle il est plus prudent d'attendre la publication définitive des résultats –, on voit que cette Rome de la seconde partie du VIIIe siècle avait largement dépassé le stade de villages dispersés sur les collines et sans grands liens les uns avec les autres. Une telle réalisation suppose l'émergence d'un pouvoir central, auquel il ne paraît pas trop hasardeux de donner la forme de la royauté. Est-on cependant en droit de dire que la cité existe déjà vraiment en tant que telle dès cette époque ?

Nous avouerons que la réponse nous semble surtout dépendre d'un choix d'ordre terminologique. Assurément, Rome existait à cette époque – et sans doute depuis que s'était réalisée la fusion du Septimontium et des autres collines – en tant que système d'ensemble dépassant la juxtaposition de petites entités autonomes ou, au plus, reliées par des liens assez lâches. Assurément une société déjà évoluée résidait sur son sol : les différences sociales sont nettement perceptibles à travers les mobiliers funéraires. Assurément, un artisanat important s'y était déjà développé : on est au-delà d'une simple économie de subsistance.

Mais il convient surtout d'être sensible, dans le terme de cité, à ce qui pour les Anciens en était la signification principale, son rapport avec *ciuis*, ou, pour prendre le terme grec de *polis*, sa fonction politique, c'est-à-dire l'existence de citoyens, donc d'une organisation politique impliquant les habitants. Dans le cas de la Rome de cette période, il faut reconnaître que nous n'avons aucun élément archéologique sûr qui permette de décider de l'existence des organes constitutifs de la *polis* grecque ou de la cité romaine, comme nous en aurons ultérieurement – avec des signes indubitables comme l'existence d'un espace de réunion pour le peuple, sur le Comitium, d'un local pour l'assemblée des anciens, avec la première curie, d'un palais royal, la Regia, et l'apparition des premières traces d'un culte public. Pour le VIIIe siècle rien de tout cela n'est décelable et ce n'est qu'au cours de la phase suivante, lors de la phase IV de la culture latiale (qu'on peut situer dans la période 730/580), que l'émergence de ces « signes » de la cité est sensible. C'est alors seulement que commença à se définir un espace civique, politique et religieux, que furent posées les premières bases de la Rome publique, selon un schéma de répartition sur le terrain qui perdura tout au long des temps ultérieurs. Alors, vraiment, on peut être sûr que Rome est née. Cela ne signifie cependant pas qu'une forme de cité n'ait pas déjà commencé à exister auparavant, appuyée sur d'autres centres de pouvoir que ceux qui existèrent ensuite. Là encore nous retrouvons la question de la muraille du Palatin. Son édification paraît traduire une prééminence de la colline, fondée sur des notions à caractère religieux, comme l'inauguration, qui remontent certainement à cette période. L'analogie avec ce qui existe pour l'ensemble de la fédération latine, où une communauté de trente unités était également rassemblée autour du centre religieux situé sur une hauteur, le Monte Cavo, induit à penser que la cité s'était dès lors dotée de la structure, indiscutablement parallèle, des trente curies. Mais il ne peut évidemment s'agir que de présomptions, et l'on peut par exemple regretter que le Capitole, qui sera plus tard la véritable citadelle de Rome, soit si mal connu pour cette période. Cependant, il n'est pas trop risqué de penser que Rome existait déjà à ce stade, avec son nom – que ce nom ait été alors appliqué à l'ensemble de l'agglomération ou à la seule partie palatine. Le nom de l'une des portes du Palatin, la *Porta Romanula,* doit en conserver la trace.

L'aristocratie à l'époque orientalisante

À vrai dire le début de la phase IV, la période IV A, entre 730 et 640 environ, témoigne surtout de l'affirmation de la couche supérieure de la population, de cette aristocratie dont l'émergence se notait déjà dans la différenciation progressive des mobiliers funéraires de la phase précédente. Ce phénomène est conforme à l'évolution qui se décèle alors dans l'ensemble du Latium. Il est très net dans les nécropoles, comme celle, fouillée il y a quelques années, de Castel di Decima, qui alignent pour cette période un grand nombre de tombes (de l'ordre de la centaine), dont la richesse ostentatoire tranche comparées aux manifestations plus modestes dont se contentait l'âge précédent. On y note l'insistance sur de clairs symboles du statut social du défunt : des armes et surtout des chars qui n'ont pas sans doute de fonction militaire réelle mais jouent principalement un rôle d'exhibition du rang du personnage ; l'abondance des objets – certaines tombes comptent plus de cent vases –, et notamment des produits d'importation.

C'est à cette période, que l'on a appelée l'« orientalisant princier », que remonte la série des célèbres tombes de Préneste – tombes Galeassi, Castellani,

Mobilier d'une tombe orientalisante : Ficana

Bernardini, Barberini – qui ne le cèdent en rien, pour ce qui est du luxe, aux plus riches de celles qui ont été découvertes en Étrurie, comme la tombe Regolini-Galassi de Caeré. Aux objets précieux de style orientalisant fabriqués en Toscane, comme des bijoux d'or à décor de granulation, s'ajoutent de fastueux objets d'importation : statuettes de lions de travail nord-syrien ou calices avec décor de caryatides en ivoire, grands chaudrons de bronze ornés de protomes de griffons, plats d'argent au décor de style égyptien (mais de fabrication chypro-phénicienne), morceaux d'ambre taillés, objets de pâte de verre (comme une très belle coupe bleue de la tombe Bernardini). Ce matériel proclame, jusque par-delà la mort, la richesse des titulaires de ces tombes. Il souligne en même temps l'extension de leurs relations. Ces princes latins sont parfaitement intégrés dans les circuits d'échanges internationaux qui se sont développés sur le sol de l'Italie, ouvrant la péninsule au reste du monde méditerranéen, aussi bien oriental que grec. On notera même le choix significatif des vases, qui sont généralement des vases à boire, calices et cruches : ils entrent dans la sphère du banquet, du *symposion*. Les valeurs auxquelles se réfèrent ces aristocrates indigènes se modèlent sur les schémas diffusés par la colonisation grecque.

Le sol de Rome n'a sans doute pas livré d'objets comparables. Encore doit-on signaler la trouvaille, malheureusement isolée, sur l'emplacement du camp prétorien, de protomes de chaudron en forme de griffons tout à fait semblables à ceux trouvés dans ces tombes princières. Mais les tombes à char ne manquent pas : elles sont au nombre de dix-sept dans la nécropole de l'Esquilin. On constate, comme sur les autres sites, l'apparition de tombes à chambre, construites ou creusées dans le roc, ce qui n'existait pas auparavant : c'est le cas des tombes 95 et 125 de l'Esquilin. On y dénote aussi la présence de mobiliers funéraires d'une richesse sans commune mesure avec celle de la période antérieure. Ainsi la tombe 127, des environs de 630, témoigne-t-elle d'une ostentation de vases de forme recherchée –, vases globulaires d'*impasto* à quatre coupelles latérales autour de l'embouchure, une pyxide à trois pieds terminés en sabot et avec décor gravé de hérons sur le couvercle – et de céramique importée –, vases corinthiens ou vases en *bucchero*, qui est une céramique de prix produite par l'Étrurie voisine.

Une constatation que l'on peut faire ailleurs pour cette période s'applique au cas de Rome : on note l'affirmation de groupes familiaux au sein de cette aristocratie. Ceux-ci se manifestent clairement en Étrurie méridionale, où l'on voit apparaître, notamment à Caeré, de grands tumulus creusés de plusieurs chambres funéraires, correspondant à des dépositions distinctes, mais concernant des individus certainement apparentés. Il en va de même pour le Latium : on peut citer le cas de l'unique tombe à chambre de la nécropole de Gabies, à l'Osteria dell'Osa (tombe 62), qui comporte un nombre de dépositions (onze) excédant visiblement celui d'une famille restreinte. Cette affirmation est aussi liée à un fait onomastique que l'on relève dès les premières inscriptions : l'apparition du gentilice. Or le gentilice représente l'adjonction au nom individuel, qui était l'ancien système de dénomination, d'un signe concret de l'appartenance de l'individu, par-delà sa propre personne, au groupe familial. En outre, ce nom familial (à la différence de l'ancien patronyme qui avait pu exister facultativement et désignait un individu comme « fils de untel », donc changeait à chaque génération) reste constant à travers les générations successives : le nom de famille exprime le même sens de la permanence du groupe dans le temps que la déposition dans les mêmes tombes d'individus appartenant à plusieurs générations.

« Mobilité sociale archaïque »

Cette aristocratie fait sentir son poids sur l'ensemble de la société : le système de la clientèle commence alors à se développer. Devenu client, un individu n'appartenant pas à l'un de ces groupes familiaux aristocratiques se reconnaît un lien personnel avec celui-ci, qui lui accorde sa protection en échange de services – pouvant aller de corvées à une participation à la guerre aux côtés des membres de la famille. L'étude spatiale de la nécropole de l'Osteria dell'Osa est de ce point de vue révélatrice. Les tombes plus modestes, sans mobilier ou avec un mobilier réduit à un seul vase, sont groupées en cercle autour des tombes plus riches. Ces dernières tranchent par leur caractère construit et offrent une abondance de vases sans commune mesure avec ce que l'on a dans les tombes pauvres. On est en droit de penser que les titulaires des tombes pauvres sont des individus qu'aucun lien de parenté ne relie aux propriétaires des tombes riches : la disposition des dépositions n'en exprime pas moins l'émergence d'une relation par rapport à eux, qui doit être un lien de dépendance, correspondant à ce que nous connaissons, par les textes, sur la clientèle.

L'existence de groupes familiaux aristocratiques ne doit cependant pas faire conclure au caractère fermé de la société de cette époque. Il est remarquable que la riche tombe 125 de l'Esquilin, exemple unique de tombe à chambre creusée dans le roc, et qui remonte à 625 environ, appartienne à un étranger. Un fragment d'*olpè* corinthienne porte inscrit un nom hellénique, *ktektou*, ce qui doit être le génitif, de forme grecque, d'un nom propre. Il s'agit d'un graffito, donc d'une inscription faite – comme l'indique l'usage du génitif – par le propriétaire du vase et non par celui qui l'a fabriqué : ce nom désigne le titulaire de la tombe à laquelle appartient l'objet. On a donc là trace de l'existence à Rome à cette époque d'un Grec établi sur place. Cet Hellène est venu s'installer sur le site et, à en juger par le niveau de la tombe, y a réussi : on peut comparer le cas de cet immigré avec ce que suggère, pour la même époque mais cette fois au sujet d'un immigré venu d'Étrurie, la tradition sur Tarquin l'Ancien, sur laquelle nous aurons l'occasion de revenir.

L'émergence du politique

Cependant la phase IV B, à partir de 640 environ, marqua un changement en ce qui concerne cette affirmation ostentatoire des richesses par l'aristocratie qui avait caractérisé la fin du VIIIe et la première partie du VIIe siècle. Le phénomène n'est pas sensible seulement à Rome : à Castel di Decima, ou à la Laurentina, il se manifeste par la raréfaction des dépositions elles-mêmes lors du passage d'une phase à l'autre. Il en va de même à Rome, où les tombes riches de cette période se limitent à peu d'exemplaires – en fait les tombes à chambre que nous avons évoquées et certaines tombes d'enfants du Palatin. Le mobilier qui accompagne les dépositions ne comporte plus qu'un nombre de vases réduit par rapport à ce qu'on avait dans la phase antérieure, et ces vases sont de moins grande qualité. On ne rencontre plus ces objets exceptionnels qui avaient caractérisé l'« orientalisant princier », avec le faste des tombes de Préneste.

Il serait illusoire de s'imaginer que la société évolua dans un sens plus égalitaire, que les distinctions sociales s'atténuèrent. Simplement, à la différence de ce qui se passait alors dans l'Étrurie voisine – du moins en dehors de Véies – où les aristocrates continuèrent à exhiber le même faste qu'auparavant, il faut penser que ceux du Latium exprimèrent moins que par le passé leur rôle prépondérant par l'ostentation de biens de prestige à l'occasion de leurs funérailles. Il semble qu'un changement se produisit dans les règles du comportement social. Sans doute est-il prématuré de parler, pour cette période déjà, de « lois somptuaires », limitant autoritairement le luxe des funérailles, comme on en connaîtra par la suite. On peut douter qu'il ait existé déjà une structure publique capable d'imposer de telles règles. Il n'en reste pas moins que tout ce qui exhibait la place dans la société de ces puissants était passé dans un autre domaine que le faste funéraire, et que cela paraît correspondre à une certaine émergence de formes étatiques.

Il est remarquable en effet que se produisirent alors des innovations qui font apparaître concrètement ce que l'on peut considérer comme les cadres de la vie politique de la cité. Il ne semble pas illégitime de penser que le caractère de compétition personnelle au sein de l'aristocratie qui s'exprimait jusque-là dans la sphère privée, par l'exhibition des biens lors des funérailles, se transféra sur un autre plan, avec l'émergence de structures liées à la vie politique.

Cette période voit en effet une série de développements majeurs, destinés à déterminer pour les siècles ultérieurs le cadre dans lequel se déroulera la vie de la cité. En premier lieu, c'est vers le milieu du VIIe siècle qu'est réalisé le premier pavement du Forum, avec l'aménagement d'un sol en terre battue mêlée d'éclats de pierre et de cailloux – événement dont le grand archéologue suédois E. Gjerstad avait bien vu l'importance, même s'il en rabaissait la datation de trois quarts de siècle. Certains savants sont, il est vrai, enclins à voir dans l'événement moins l'expression d'un grand dessein que le résultat de causes circonstancielles – une inondation du Tibre aurait détruit les habitations qui jusque-là s'élevaient dans ce secteur. Il n'en reste pas moins que, même si la transformation a eu des causes dues au hasard, ses conséquences, dont on ne saurait sous-estimer la portée, ont conditionné l'évolution subséquente de la cité.

En tout cas, dès ce premier stade, l'aménagement est fait avec le plus grand soin et ce premier pavement est même d'une qualité et d'une solidité supérieures à celles des deux réfections qui suivront, vers 625 puis au début du VIe siècle. Il est probable qu'a été entrepris dès ce moment un travail d'assèchement de l'espace ainsi libéré : les traces de canalisations anciennes qu'on y voit sont difficiles à dater, mais il est clair que la nécessité de pourvoir à cet aspect des choses a dû se faire sentir dès la première organisation de la zone comme domaine public et que des travaux en ce sens ont dû être alors effectués.

Le Forum : aspects religieux et symboliques

L'aménagement du secteur du Forum, qui en fait un espace ouvert et bientôt avec des fonctions publiques clairement déterminables, fait de ce lieu le centre incontestable de la cité, qui supplante le Palatin dans le rôle qui a pu être le sien à une époque antérieure. Certaines données paraissent explicables par un transfert des fonctions d'un lieu à une autre.

Ainsi, la prise d'auspices, acte si important dans la vie de la cité, qui en accompagnait des épisodes aussi essentiels que l'inauguration du roi, se fait désormais à partir de l'*auguraculum* de l'Arx, qui du haut du Capitole domine la zone politique du Comitium. Tite-Live nous en a laissé un récit circonstancié pour le début du règne de Numa Pompilius, en 1, 18 :

On fit venir [Numa] et, à l'exemple de Romulus qui avait pris les augures pour fonder Rome et y régner, il voulut que pour lui aussi on consultât les dieux. Alors, sous la conduite de l'augure (et depuis lors cette fonction honorifique est constamment restée l'une de ses attributions officielles), Numa se rendit à la citadelle et s'assit sur une pierre face au midi. L'augure prit place à sa gauche, la tête voilée et tenant de la main droite un bâton recourbé et sans nœud appelé *lituus*. De là, embrassant du regard la ville et la campagne, il invoqua les dieux, marqua dans le ciel les régions par une ligne tracée de l'est à l'ouest et spécifia que les régions de droite étaient celles du midi, les régions de gauche celles du nord ; en face, aussi loin que ses yeux portaient leurs regards, il se fixa mentalement un point de repère. Puis, faisant passer le *lituus* dans sa main gauche et plaçant la droite sur la tête de Numa, il fit cette prière : « Grand Jupiter, si la religion permet que Numa Pompilius, ici présent et dont je touche la tête, soit roi de Rome, donne-nous-en des signes manifestes dans les limites que j'ai tracées. » Puis il énonça les auspices qu'il voulait obtenir. Dès qu'ils furent obtenus, Numa fut déclaré roi et descendit de la colline augurale.

Cet *auguraculum* du Capitole remplace vraisemblablement celui du Palatin d'où Romulus était censé avoir pris les auspices de fondation de la ville et qu'on identifiait à l'époque classique avec un emplacement précis de cette colline, l'*auguratorium*.

On fera une remarque parallèle en ce qui concerne le figuier Ruminal, cet arbre dont les branches, selon la légende, avaient abrité l'allaitement miraculeux des jumeaux par la louve. Il s'élevait bien sûr devant le Lupercal, au flanc du Palatin ; mais on l'a identifié avec un figuier qui s'élevait sur le Forum, à proximité du Comitium. Et pour expliquer le transfert on faisait appel à la figure merveilleuse de l'augure Attus Navius, qui aurait miraculeusement fait passer l'arbre du Palatin au Forum. L'anecdote n'est pas aussi gratuite qu'il pourrait sembler. Car cet arbre, suivant une conception magico-religieuse largement attestée qui lie la vie d'un individu ou d'un groupe à celle d'une plante, représente une « âme extérieure » de la cité. La vitalité de ce figuier qui avait protégé le fondateur de Rome était un gage de la vie même de la ville qu'il avait fondée. Qu'un tel fétiche soit passé du Palatin au Comitium, comme l'implique la légende, représente un déplacement du centre de gravité de la ville.

On évoquera aussi le cas, encore plus significatif, du *mundus*. C'était le fossé qui, conformément au rituel de fondation, aurait été creusé par Romulus au moment où il fondait sa cité et aurait recueilli les offrandes qu'il avait alors faites. Mais cette fosse, largement creusée dans le sol comme les exemplaires qui ont été retrouvés à Cosa ou à Marzabotto le montrent, n'était pas une simple relique du passé. Certains jours de l'année, on l'ouvrait solennellement : c'étaient les jours du *mundus patet* (« le *mundus* est ouvert ») au cours desquels, par cette ouverture, les âmes des défunts quittaient le monde souterrain et se répandaient dans la cité. Cette excavation permettait donc de mettre la ville en relation avec le monde d'en bas. Mais ce n'est pas tout : le nom de *mundus*, « monde », selon un terme qui désignait aussi la voûte céleste, met également ce monument en relation avec le ciel, le monde d'en haut. Au reste, sa partie souterraine avait une forme que les Anciens comparaient à la voûte céleste. On a là un type de symbolisme bien connu en histoire des religions : le *mundus* constitue un « axe du monde », représentant un lieu de communication du monde terrestre avec le monde d'en haut aussi bien qu'avec celui d'en bas. Mais un tel axe ne joue pas seulement un rôle dans le sens vertical, pour mettre en relation les hommes avec les dieux célestes et les puissances souterraines. Il constitue en même temps un centre du monde (ou si l'on veut un « nombril du monde », pour reprendre un nom que les Romains eux-mêmes donnaient à ce *mundus*, *umbilicus urbis*, « nombril de la ville »). Autrement dit, il définit un espace horizontal – qui pour ce *mundus*, lié à la fondation de la ville, pose la cité comme centre du monde et en constitue lui-même le point central.

C'est dire l'importance d'un tel monument pour la conception religieuse de Rome. Or, une fois de plus, nous constatons une dualité, mettant en jeu le Palatin et le Forum. Des auteurs comme Ovide (*Fastes*, 4, 831-83) situaient le *mundus* de Romulus sur le Palatin, d'autres, comme Plutarque (*Vie de Romulus*, 11), sur le Comitium. En fait il y avait deux monuments distincts, qui avaient chacun leurs partisans. Mais plutôt que les mettre en concurrence pour ce qui est de leur attribution à Romulus comme le faisaient les Anciens, nous y reconnaîtrons deux localisations successives, correspondant à deux stades successifs du développement de la cité. Ici encore le Forum, et singulièrement le Comitium, a succédé au Palatin dans la fonction de centre de Rome.

Les lieux de la vie politique

L'espace ainsi dégagé au centre de la cité a une fonction politique qui apparaît clairement dès cette période. Si le pavement de 650 ne s'étendait pas encore jusque-là, celui de 625 engloba la zone du Comitium. Il n'y a pas de raison de ne pas admettre que ce lieu acquit dès lors la fonction qui resta la sienne à travers toute l'histoire ultérieure de la cité, celle de lieu de réunion pour les assemblées du peuple. Celle-ci en effet ne fut pas remise en cause par les transformations qui affectèrent par la suite la vie politique, comme l'ouverture d'un nouvel espace pouvant accueillir les réunions populaires au Champ de Mars, où se tinrent les comices centuriates. C'est toujours sur le Comitium que se tinrent, outre les *comitia calata*, les *comitia curiata*, sur lesquels nous aurons à revenir.

À côté de ce lieu destiné aux assemblées du peuple – que les historiens nous disent avoir effectivement fonctionné dès l'époque royale – commença à se dessiner un espace, plus restreint, destiné aux réunions d'un conseil, le Sénat, dont la tradition fait remonter la création au fondateur lui-même. Dès cette époque, on entrevoit en effet l'existence d'un lieu de réunion plus spécialisé à côté du Comitium, une curie – là encore dans la ligne de la tradition qui évoque la *curia Hostilia*, œuvre de Tullus Hostilius. Cet édifice primitif n'a, il est vrai, pas laissé de traces directes ; mais on a retrouvé à proximité de la curie des temps ultérieurs, enterrées là après un incendie, des tuiles ayant appartenu à un édifice d'une certaine importance, que l'on peut dater de la fin du VIIe siècle. Il s'agit fort vraisemblablement déjà d'une curie, et l'on peut donc penser que dès cette époque les lieux offrirent la disposition qui resta la leur par la suite, avec le siège des réunions du Sénat faisant face à l'emplacement des assemblées du peuple.

Nous sommes à la période royale et l'espace politique ne se laisse alors pas seulement définir par ces lieux promis à une belle fortune, aux temps républicains. On assiste également à l'aménagement, un peu plus à l'est, du secteur de la Regia. Dans la seconde moitié du VIIe siècle, une première phase vit la disparition des cabanes qui jusque-là avaient occupé les lieux. Sur cet emplacement, désormais dégagé, s'éleva d'abord un simple cippe. Puis on construisit un édifice couvert de grandes tuiles pourvues d'un décor (d'ailleurs d'une grande simplicité : une bande peinte en rouge) et marquées de lettres pour en faciliter la pose, selon une pratique qui se retrouve dans l'architecture contemporaine des « palais » de Toscane. On peut en effet parler, comme dans le cas des édifices étrusques de Murlo ou San Giovenale, d'un véritable palais. Ce bâtiment qui se dressa dès lors sur le Forum est un vaste édifice, comportant un espace couvert divisé en trois parties, bordé d'un portique et formant le fond d'une cour de forme grossièrement rectangulaire. Il est possible que les deux composantes latérales, fermées et plus grandes, de la partie couverte aient déjà été les sanctuaires de Mars et d'Ops que comprenait la Regia telle que nous la connaissons pour les temps ultérieurs : G. Dumézil a montré que cette articulation répondait à la vieille conception du roi comme faisant la synthèse des trois fonctions que les Romains avaient héritées de leurs origines indo-européennes. Mais à ce stade c'est un roi véritable, et non un Grand Pontife n'ayant conservé du *rex* primitif que des fonctions religieuses, qui préside aux cultes de la Regia. On voit que lui aussi eut sa place définie dans la nouvelle organisation spatiale de la cité qui se manifesta dans la partie finale du VIIe siècle, vers les débuts de la phase IV B. Le roi avait tout naturellement son espace, au même titre que l'assemblée du peuple et le lieu de réunion du Sénat, dans ce nouveau centre, dont la fonction politique était nettement définie, que représenta dès lors le Forum.

La mise en place des premiers cultes

Les éléments qui se mirent alors en place sur le sol de l'*Vrbs* ne sont pas seulement politiques, ne concernent pas seulement la gestion des choses terrestres, des *res humanae*. Pour les Romains, comme pour toute société ancienne, la gestion des choses divines, des *res diuinae*, autrement dit le bon fonctionnement des relations entre la cité et ses dieux, est tout aussi importante, et conditionne l'autre. Il serait illusoire de séparer les deux aspects : nous l'avons vu avec la Regia, il n'y a pas de distinction tranchée entre espace politique et espace religieux et le roi exerçait un rôle dans l'un et l'autre domaine. Mais, à côté de la fonction religieuse que peuvent avoir des bâtiments qui ont aussi d'autres rôles, on voit concomitamment apparaître des lieux à fonction proprement religieuse, amorce de certains des cultes qui resteront parmi les cultes essentiels de la cité tant qu'elle demeurera fidèle à sa religion ancestrale.

C'est le cas pour le temple de Vesta. Sa proximité par rapport à la Regia répond à l'importance du feu, et singulièrement du feu du foyer du souverain – qui à ce stade était assurément le foyer de la cité tout entière –, dans le mythe de fondation de la ville : rappelons-le, dans la version primitive de la légende, Romulus naissait du feu du foyer du roi d'Albe. L'édifice n'a jusqu'ici livré de témoignages que pour une époque postérieure à celle qui nous occupe ici : à partir de 560 environ. Mais la présence antérieure d'un emplacement de culte, que la réfection du VIe siècle qu'attestent ces trouvailles aura fait disparaître, semble garantie par l'existence d'un puits avec des objets dont certains remontent au début du VIIe siècle, qui ont dû servir à des fins religieuses autant que domestiques. On peut donc penser que, dès la phase IV B, un lieu destiné à l'entretien du feu du foyer public de la cité s'élevait à côté du palais du roi – suivant l'association bien connue pour la cité des temps ultérieurs entre la Regia et le temple de Vesta.

On peut arriver à une conclusion analogue en ce qui concerne le Capitole. La fonction de centre religieux de Rome de cette colline, associant, comme l'acropole d'Athènes, le rôle militaire d'une citadelle et la fonction religieuse de siège des cultes principaux de la cité, n'a pas attendu l'érection du temple de Jupiter Capitolin par la monarchie étrusque pour se manifester. Les auteurs anciens racontaient que l'édification du sanctuaire de Jupiter Optimus Maximus avait obligé à vider la colline des anciens cultes qui y étaient pratiqués, en une exauguration à laquelle seuls Terminus et Iuventus avaient résisté. Il faut surtout évoquer le culte de Jupiter Férétrien, qui avait déjà son temple sur cette hauteur : il s'agit en effet d'un culte qui avait une grande importance. C'était là qu'avait lieu le dépôt des dépouilles opimes, conformément à la tradition qui voulait que Romulus, le premier, y eût apporté les armes enlevées au roi Acron. On peut dire que, pour la Rome pré-étrusque qui ne connaissait pas encore la cérémonie du triomphe – celle-ci sera introduite par les rois étrusques –, ce temple jouait un rôle analogue à celui qu'eut plus tard le temple du Capitole, vers lequel se dirigeait le cortège du triomphateur.

Or le sol de la colline a livré un dépôt votif de la période latiale IV, qui a été scellé par une couche archéologique correspondant à la construction du temple capitolin. L'identité du dieu destinataire de ces offrandes est indéterminable. Il est néanmoins remarquable que pour cette époque déjà nous ayons la preuve de l'existence d'un culte sur cette colline, la plus marquée religieusement de celles de Rome, et dont l'Évandre de Virgile, dans l'*Énéide*, disait, alors que ce n'était encore qu'une hauteur inhabitée, couverte de forêts, qu'« un dieu l'habitait, sans qu'on sache lequel » (8, 350-351).

Ainsi, dans cette seconde moitié du VIIe siècle le paysage de Rome, où progressivement les maisons construites en pierres et couvertes de tuiles se mirent à remplacer les cabanes, commença à se dessiner avec des lignes directrices qui ne furent plus remises en cause par l'évolution ultérieure. Elle avait son quartier commercial, avec la zone du Forum Boarium et du *portus Tiberinus*, en face du pont Sublicius que la tradition faisait remonter à Ancus Marcius. Elle possédait aussi déjà certains de ses lieux de culte essentiels. Elle avait surtout acquis au cours de ces décennies ce qui fut désormais le centre de sa vie publique, le Forum, avec les principaux édifices et emplacements qui lui permettaient de jouer ce rôle. Désormais Rome était certainement une cité. La formation de la cité, ce concept de *Stadtwerdung* selon la terminologie allemande que les historiens d'aujourd'hui ont tendance à préférer à celui, trop ponctuel, de fondation (« *Stadtgründung* »), était parvenue à son terme.

Les organes de l'État

Rome était donc bien une cité organisée et certainement pourvue des institutions qui, pour l'Antiquité grecque et romaine, définissaient la *polis* ou la *ciuitas.* Au pouvoir exécutif exercé à ce stade par un roi faisaient pendant des institutions qui montrent que cette cité était composée non de simples sujets d'un monarque, mais d'un corps d'habitants auxquels on peut déjà donner le nom qui sera celui des citoyens des temps ultérieurs, *ciues*. Dès cette époque, le pouvoir du roi, établi dans la Regia, devait compter avec l'existence d'un conseil, sorte de *boulè*, pour reprendre le terme grec qui définit ce type de conseil restreint – en l'occurrence le Sénat, qui se réunissait dans la curie –, et même celle d'une assemblée populaire qui, pour avoir un rôle assurément réduit, n'en existait pas moins et proclamait que les Romains étaient déjà des *ciues Romani*, des citoyens romains – et dont les réunions avaient lieu habituellement sur le Comitium, et pour les *comitia calata*, sur le Capitole.

Le roi exerçait un pouvoir qui était certainement ressenti comme d'essence surnaturelle. Il bénéficiait au moment de son accession au trône d'une inauguration, évoquée par le récit de Tite-Live concernant Numa que nous avons cité. Cette opération était menée par un prêtre spécialisé, l'augure, qui consultait la volonté des dieux au moyen de la prise d'auspices, en observant le vol des oiseaux depuis l'*auguraculum* établi désormais sur le Capitole. Mais il ne s'agissait pas seulement de savoir si les dieux donnaient leur assentiment ou non. Par cette procédure religieuse, le roi acquérait un surcroît de puissance, un accroissement de ses capacités – conformément au sens du terme « inauguration », apparenté au verbe *augeo*, augmenter : désormais il était plus qu'un simple humain, il avait une force de nature divine. On conçoit aisément qu'un tel pouvoir devait peser singulièrement lourd, fût-il obligé de tenir compte de l'existence d'un Sénat et d'une assemblée du peuple.

On notera cependant un trait important de cette monarchie romaine primitive : elle ne s'incarnait pas dans la lignée d'une dynastie. Nos sources, insistant sur son caractère électif et l'opposant au despotisme de type oriental, fondé sur des monarchies héréditaires, ne nous induisent certainement pas en erreur sur ce point. Le pouvoir ne se transmettait pas de père en fils. Il est de même douteux qu'il se transmît du roi à son gendre, bien qu'on ait parfois voulu tirer de la tradition des indications dans ce sens : il est probable que, si un tel processus a existé, il a correspondu plus à une sorte de recommandation d'un futur successeur par le roi régnant qu'à un système de succession établi qui ne serait guère en accord avec tout ce que nous savons de la famille romaine.

En fait, la souveraineté qui était confiée à un roi tant qu'il vivait faisait retour au Sénat lorsqu'il mourait. Tel est le sens de la vieille formule *Auspicia ad patres redeunt,* les auspices reviennent aux sénateurs. Le droit d'auspices, qui est l'apanage du pouvoir suprême et de son lien avec la sphère du divin, n'était pas uniquement entre les mains du roi : le Sénat en était le dépositaire. Il bénéficiait, au moins en ces circonstances de transition entre deux règnes, de la souveraineté, et c'est en son sein qu'on choisissait un suppléant temporaire du roi, au nom évocateur d'interroi, *interrex.* Ce pouvoir était certes limité dans le temps : mais on voit qu'à Rome le souverain n'était pas un être que son pouvoir mettait en marge du reste de l'humanité. Les *patres* qui composaient le Sénat pouvaient au moins en certains cas le remplacer.

Dans cette Rome royale le pouvoir du Sénat n'était donc pas négligeable. L'autorité des sénateurs, *auctoritas patrum*, existait dès la période monarchique. Dans ce mot, on retrouve encore la racine d'*augeo*, augmenter, que nous avons rencontrée dans le mot inauguration, dont nous avons vu l'importance pour la définition du pouvoir du roi. Cela implique que le pouvoir du Sénat, lui aussi, était compris comme relevant de la même sphère magico-religieuse que celui du roi, étant d'une nature analogue.

Cela étant, nous sommes bien en peine pour dire quoi que soit de précis de cette assemblée des *patres* des temps royaux dont nous devons admettre l'existence au côté du souverain. Quel rôle jouait-elle exactement dans les affaires juridiques, dans les questions de guerre dont s'occupait le roi ? Nous ne disposons guère pour tout cela que des affirmations, sujettes à caution, de la tradition, et on hésitera à conclure d'un épisode aussi légendaire que la querelle entre Romulus et le Sénat à la suite du partage du butin après la victoire sur Véies que les *patres* avaient un droit de regard sur les bénéfices de la guerre. De même, quel était le mode de recrutement de ce Sénat primitif ? Il est vraisemblable, comme l'affirment les textes, que les sénateurs étaient choisis par le roi. Mais sur quelles bases ? Le seul indice est fourni par leur nom de *patres* : il s'agissait d'une assemblée de pères, de *patres familiarum*, de pères de famille. Ils étaient assurément les chefs des plus grandes familles, celles de cette aristocratie dont l'archéologie nous permet de suivre l'émergence progressive. Aussi peut-on raisonnablement penser que, même choisis par le roi, destinés à constituer ce qui forme son *consilium*, son conseil, ces *patres* n'en avaient pas moins tendu à se perpétuer héréditairement dans leurs fonctions, donnant peu à peu naissance à ces patriciens, *patricii*, dont le nom signifie au départ fils de *patres*. Cela ne veut certes pas dire que le patriciat existait dès cette phase ancienne de l'histoire de Rome, ni surtout qu'il s'opposait à une plèbe : nous verrons que ces notions ne sont véritablement valables que pour une époque beaucoup plus tardive, avec les débuts de la République. Il n'en reste pas moins que s'amorçait déjà la formation d'une aristocratie tendant, comme tout corps de ce genre, à se replier sur elle-même – et que durent apparaître les germes d'une tension entre elle et le roi qui se révéla plus nettement sous la monarchie étrusque.

Par rapport aux pouvoirs du roi et du Sénat, ceux de l'assemblée du peuple étaient évidemment beaucoup plus limités. Elle ne se réunissait que sous la présidence du roi, et sur sa convocation. Celle-ci se faisait par l'appel du *calator*, ce héraut du roi dont le nom apparaîtra bientôt, à côté de celui du *rex*, sur le cippe du *lapis niger*, et se rencontre déjà au VIIe siècle, utilisé pour former le prénom d'un Fabius, sur une inscription étrusque de Caeré. La vieille appellation de *comitia calata* garde un souvenir de cet état de fait : elle s'appliquait aux réunions qui se tenaient aux calendes, sur le Capitole, et qui permettaient au roi de fixer les activités pour le mois, en annonçant en particulier quels étaient les jours fastes et les jours néfastes, ceux auxquels l'activité profane était permise ou interdite.

Dans ces assemblées, le peuple devait surtout se comporter en auditeur, recevoir les indications données par le roi. Il n'en avait pas moins lui aussi un certain rôle à jouer dans des circonstances particulières : ainsi, comme le laissent entendre nos textes, lors des successions royales. Sans doute ne convient-il pas de penser à des élections véritables : le peuple devait juste être convié à manifester son approbation. C'était là la forme primitive du suffrage : le terme est apparenté à *fragor*, clameur, fracas, et suggère bien les manifestations bruyantes d'une acclamation populaire. Il se peut même qu'il ait désigné primitivement le bruit fait par l'entrechoquement des armes, en signe d'approbation ou de désapprobation, d'une assemblée de guerriers comme celles que nous connaissons pour le monde germanique. Mais que le peuple ait été ainsi invité à donner son accord à l'accession d'un nouveau roi dont le choix avait dû être décidé par les sénateurs est déjà un signe : on a là une sorte de forme primitive d'investiture populaire, une amorce de ce qui sera la *lex curiata de imperio* qui conférait, lors de leur entrée en charge, leur pouvoir aux magistrats qui avaient succédé au roi.

La forme normale des assemblées est, en effet, non celle des *comitia calata*, mais celle des *comitia curiata*, comices curiates. C'est cette assemblée qui, sous la République, continuera à se réunir sur le Comitium pour conférer leur investiture aux magistrats. À cette époque, en pratique, elle n'aura plus qu'un rôle formel et se réduira au rassemblement de trente licteurs représentant les trente curies. Son importance sera insignifiante au regard de celle des comices centuriates, assemblée nouvelle fondée sur le principe introduit par Servius Tullius de répartition en centuries. Mais, telle quelle, elle répondait à la plus ancienne forme d'organisation de la cité, qui comportait trente curies – reproduisant ainsi au niveau de la cité le principe de répartition en trente unités que nous avons vu fonctionner pour l'ensemble des peuples du *nomen Latinum*.

Trois tribus et trente curies

Ces curies étaient elles-mêmes réparties en trois tribus portant les noms traditionnels de *Ramnenses, Titienses, Luceres* – pour lesquelles le rattachement proposé par les Anciens aux noms de Romulus, Titus Tatius, et Lucumon (qui aurait été un Étrusque venu secourir Romulus dans sa guerre contre les Sabins) n'est qu'une pseudo-étymologie. C'est dire que le principe de cette répartition en tribus, qui semble pourtant avoir existé chez d'autres populations italiques comme les Ombriens, nous échappe. On n'est même pas sûr que le terme de tribu se rattache vraiment au nom du nombre trois ! Il ne convient certainement pas de suivre la voie tracée par les Anciens et de donner un sens ethnique à cette répartition : les *Titienses* n'étaient pas d'anciens Sabins, ni les *Luceres* d'anciens Étrusques. Une interprétation de type fonctionnel, comme l'a proposée, à un certain moment de sa carrière du moins, G. Dumézil, n'est pas non plus soutenable : Rome n'a jamais distingué trois classes de magistrats-prêtres, de guerriers, de producteurs. Nous avons vu que, dans le cadre de l'idéologie indo-européenne des fonctions, son originalité tenait au contraire à ce que les citoyens participaient des trois à la fois.

Tout ce que l'on peut dire est que cette organisation semble avoir répondu à un classement des individus par familles, selon la naissance (*ex generibus*), ce qui est en accord avec le fait que sont toujours restées du ressort de l'assemblée des comices curiates des questions qui concernaient le droit familial. Ce sont eux qui s'occupaient des cultes gentilices qui réunissaient les membres d'une même *gens* : l'intervention de cette assemblée était requise lorsqu'on abandonnait la charge de ces cultes (par exemple en cas d'adoption, impliquant le passage d'un individu d'une famille à une autre) ou la transférait à d'autres (par exemple par héritage, en cas de disparition des héritiers directs). On constate par là que cette Rome du VIIe siècle avait déjà une organisation interne complexe. Et, selon ce qui fut une caractéristique constante de cette cité dont les citoyens, *ciues*, étaient en même temps des soldats, *milites*, le cadre qui était celui de la vie politique fournissait en même temps celui de l'armée. Il n'y a pas à mettre en doute la véracité de nos sources qui nous présentent l'armée romaine, pour cette époque, comme organisée suivant le schéma des trois tribus, celles-ci donnant en particulier lieu à l'existence de trois centuries de cavaliers portant leur nom. L'assemblée des citoyens était celle des adultes susceptibles de porter les armes – ce qui excluait par exemple les esclaves – et cette adéquation de l'organisation civile à l'organisation militaire exista ainsi bien avant qu'elle ne se traduisît, d'une manière plus évidente encore, dans le système rénové de l'organisation centuriate.

Chronologie de la culture latiale

Phases	*Datation*	*Correspondance en Étrurie*
phase I	1000/900	protovillanovien
phase II A	900/830	villanovien
phase II B	830/770	villanovien
phase III	770/725	villanovien
phase IV A	725/630	orientalisant ancien et moyen
phase IV B	630/580	orientalisant tardif

CHAPITRE III

Des rois venus du nord

par Dominique BRIQUEL

Rome, ville étrusque ?

L'importance des facteurs externes se fait sentir dès la période des origines de la cité. Elle devient manifeste dans la phase subséquente, qui voit installés sur le trône de Rome des souverains venus de l'extérieur. Au temps des rois indigènes, que les auteurs présentent comme alternativement latins et sabins, succède dans le récit traditionnel celui des rois étrusques. L'apport tyrrhénien, les Romains de l'âge classique le savaient encore parfaitement, avait joué un rôle décisif dans la genèse de leur ville. Les Modernes ont même souvent estimé que la véritable naissance de Rome en tant que cité était due à cet élément toscan : Rome, comme cité, serait une création étrusque. Son nom même, selon certains, serait étrusque.

L'opinion des historiens actuels est plus nuancée et ils ont réagi, à juste titre, contre une vision qui exagère la part de l'élément étrusque à Rome. Le processus d'urbanisation et de formation d'une cité de type antique – avec ses caractéristiques politico-sociales – qu'offre Rome ne représente qu'un cas particulier de ce qui se passe à la même époque non seulement dans le monde étrusque, mais également ailleurs dans le Latium. Il est vrai que, pour Rome, la documentation, à la fois archéologique et littéraire, est sans commune mesure avec celle qui existe pour d'autres cités. Cependant, ce que l'on perçoit de l'histoire d'autres villes du Latium, comme Ardée, Satricum ou Castel di Decima est comparable à ce qui se passe sur le site de l'*Vrbs*. Le même processus se rencontre dans les cités toscanes. À Véies, cité de la confédération étrusque la plus proche de Rome, ou à Tarquinia, on assiste au même passage du stade des villages dispersés à celui d'une agglomération unitaire, dans laquelle des lieux à signification civique – espaces et monuments publics et religieux – émergent peu à peu. Mais on ne saurait parler d'une priorité de l'Étrurie dans ce domaine : c'est un phénomène qui investit l'ensemble de l'Italie centrale, le monde latin autant que le monde tyrrhénien. Il n'y a pas de différence de nature dans le développement des deux régions. Aussi Rome n'a-t-elle certainement pas eu à attendre la venue sur son site de chefs toscans pour que ceux-ci donnent une impulsion à un processus d'urbanisation qui n'aurait pas encore existé jusque-là, ou en serait tout au plus resté à un stade embryonnaire.

Les étrangers à Rome

On n'admet plus de nos jours l'idée, simpliste, d'une sorte de colonisation de Rome par les Étrusques, c'est-à-dire de la domination d'un élément ethniquement allogène qui se serait fait sentir dans le cadre de la monarchie étrusque. Tout d'abord, des éléments de population étrusque se sont fixés à Rome bien avant la date de cette « dynastie étrusque ». La mobilité des individus est un phénomène perceptible dans l'Italie de l'aube de l'histoire, aisément constatable pour l'Étrurie, grâce à une documentation épigraphique beaucoup plus abondante que celle qu'offre le Latium. Elle révèle, à côté de purs noms étrusques, ceux de Grecs établis sur place : ainsi, pour le VIIe siècle, on connaît à Caeré un Larth Telicles, au prénom étrusque mais au nom grec, à Vulci, un Rutile Hipucrates qui adjoint à son nom grec d'Hippocrate un prénom latin, Rutilus. On rencontre aussi des Italiques, notamment des Latins. Nous connaissons à Véies un Tite Latine, c'est-à-dire Titus Latinus, Titus le Latin. Nous avons déjà évoqué, à Caeré, le cas de Kalatur Phapena, qui est un Calator Fabius. Même Mézence, ce personnage de l'*Énéide* qui est un roi de Caeré, ennemi du héros troyen, et dont une inscription du début du VIIe siècle, retrouvée au musée du Louvre, porte le nom, semble avoir une dénomination d'origine italique. Quant à Rome, les rares données épigraphiques disponibles pour le VIIe siècle mettent en présence d'un Hellène, avec le *ktektou* évoqué dans le chapitre précédent. On trouve aussi une inscription étrusque : un graffito de Sant'Omobono portant le nom *Uqnus*. Ces quelques éléments épigraphiques confirment ce que l'on peut induire d'autres faits, comme l'essor de certaines techniques, impensables sans l'arrivée d'artisans immigrés.

Il n'a donc certainement pas fallu attendre l'arrivée à Rome de Lucumon, le futur Tarquin l'Ancien, pour que des Étrusques se fixent en ces lieux. Et ces Étrusques n'ont été que des immigrants parmi d'autres : des Grecs aussi sont venus, laissant des traces incontestables de leur présence. La tradition sur Lucumon-Tarquin, qui aurait été le fils d'un Corinthien venu s'établir à Tarquinia, Démarate, incite à penser que certains individus d'origine hellénique auraient d'abord transité par l'Étrurie avant de venir se fixer à Rome. On en a d'ailleurs un exemple épigraphique probable, avec un fragment de vase en bucchero du début du VIe siècle, trouvé sur le Palatin, qui porte, écrit en étrusque, un *...raice* qu'il faut vraisemblablement compléter en *Craice* – ce qui est le nom des Grecs dans cette langue : cet Hellène sera venu en Toscane, y recevant un nom qui n'est autre que son ethnique en étrusque et sera ensuite passé à Rome. Mais rien n'oblige à penser que cela ait été le chemin parcouru par tous les Grecs venus dans l'*Vrbs*. Rome était certainement déjà susceptible d'attirer directement des éléments helléniques.

Il n'y a pas eu de conquête étrusque de Rome

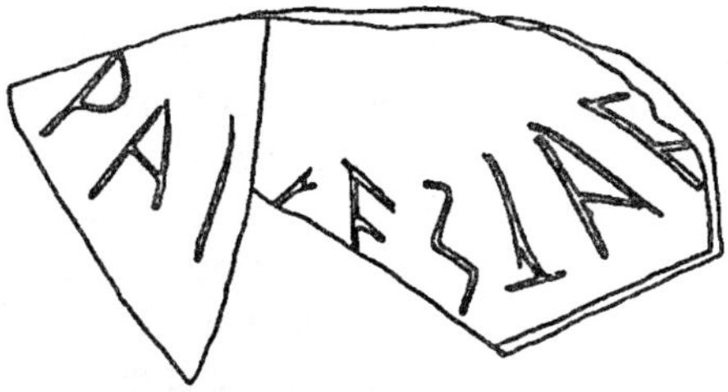

Inscription étrusque trouvée sur le Palatin

Quant aux modalités de cette présence étrusque dont nous percevons un reflet dans l'histoire de ses rois étrusques, rien ne serait plus faux que de se la représenter sous les traits d'une conquête, d'une absorption de Rome dans l'ensemble toscan. En pleine période « étrusque », les inscriptions étrusques sont rares sur le sol de l'*Vrbs* : cinq seulement sont vraiment sûres, et encore le caractère votif des trouvailles de Sant'Omobono ne permet-il pas, pour deux de ces cas, d'exclure totalement l'hypothèse du dépôt d'un ex-voto par un étranger de passage. À la même époque, le roi, qui était un Étrusque au moins d'origine, utilisait le latin pour ses inscriptions officielles – cas du cippe du *lapis niger,* qui renvoie, selon les dates fournies par la tradition, à l'époque de Servius Tullius – ou pour marquer les objets qui lui appartiennent – cas du graffito *rex* porté sur un vase trouvé dans la Regia, pour une phase qui correspond peut-être au règne de Tarquin le Superbe (à moins qu'il ne faille dater l'objet des premières années de la République, ce qui impliquerait qu'il s'agisse alors du *rex sacrorum*). Ces Étrusques établis à Rome se sont donc fondus dans le milieu latin – comme, symétriquement, le Titus Latinus de Véies ou le Calator Fabius de Caeré dans le milieu étrusque ambiant. On assiste à des actes individuels concernant certains Étrusques, et non à une opération de mainmise de ses voisins septentrionaux sur la cité.

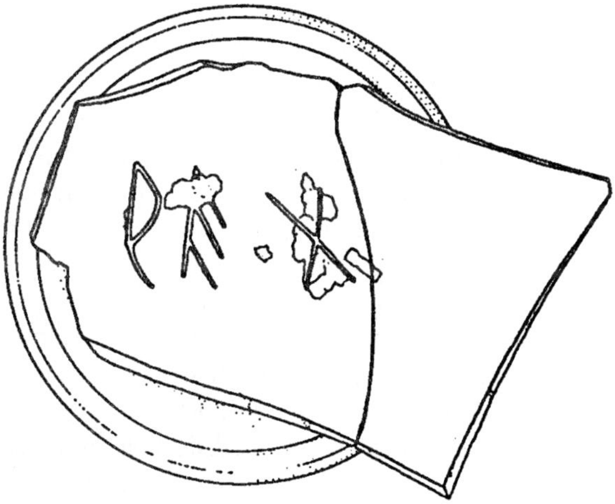

Graffito trouvé dans la Regia (VIe siècle)

Un grand savant hongrois, A. Alföldi, avait voulu retrouver derrière les personnages dont nous parlent les textes le désir des diverses cités étrusques auxquelles ils se rattachent d'exercer un contrôle sur le point stratégique et commercial que représentait Rome, et notamment de garantir ainsi leurs communications avec la Campanie étrusquisée. Effectivement, les Tarquins étaient en rapport avec Tarquinia, Servius Tullius avait des liens avec Vulci et l'on peut aussi faire intervenir Porsenna, roi de Chiusi. On peut de ce fait concevoir une succession de ces cités dans le contrôle de Rome : l'ordre d'apparition de ces noms dans la tradition paraît répondre au fait que Vulci ne prend de l'importance qu'au cours du VIe siècle, après Tarquinia, et que Chiusi, plus à l'intérieur, n'émerge qu'encore plus tard. Mais rien n'indique que ces anciens Étrusques de Tarquinia ou de Vulci qui ont joué un rôle dominant à Rome aient gardé des liens de type militaire ou politique avec leur ville d'origine. Leur établissement dans la cité des bords du Tibre ne répondait pas à une entreprise délibérée de la part de ces villes étrusques ; Rome était une ville latine avant l'époque de la monarchie étrusque – ce qui ne l'empêchait pas de compter en son sein des éléments tyrrhéniens (ou grecs). La situation ne changea pas lorsque des rois originaires de Toscane la dirigèrent : même si les apports étrusques se renforcèrent, par exemple par l'accueil d'artisans tyrrhéniens, elle resta fondamentalement une ville latine.

Avance de l'Étrurie

Le rapport avec les Étrusques n'est donc pas le facteur décisif qui a fait de Rome une cité et il n'a pas transformé Rome, à un certain moment de son histoire, en une ville étrusque. Que certains Grecs aient pu considérer Rome comme une cité tyrrhénienne et aient répandu cette idée dans leurs écrits au point qu'un historien grec contemporain d'Auguste, Denys d'Halicarnasse, exposant l'histoire des débuts de Rome à ses compatriotes, ait encore éprouvé le besoin de partir en guerre contre cette idée, qui a dû se répandre vers la période que nous envisageons, ne change rien à l'affaire : c'est là une imprécision d'étrangers voyant les choses italiennes de loin et ne distinguant que mal les Latins des Étrusques, alors puissance dominante. Il est indéniable, certes, que les Étrusques ont beaucoup apporté à Rome, notamment dans la période où elle a eu des souverains d'origine toscane ; mais, là encore, il convient de bien situer le type de rapport – et d'apport – qui pouvait exister.

On ne peut en effet pas parler d'une différence de nature entre les civilisations qui se sont développées au nord et au sud du Tibre vers le moment où Rome est devenue une cité. Le phénomène de naissance des cités se manifeste dans les deux secteurs à la fois, et sans distorsion chronologique notable. En revanche, on peut parler d'une différence sensible de degré de développement. À cette époque, l'Étrurie a incontestablement une position dominante en Italie centrale. Cette situation s'éclaire si l'on remonte aux débuts de la colonisation grecque. On comprend mieux maintenant que ce qui a attiré les Grecs dans les mers occidentales a été un besoin de matières premières, de métaux en particulier. Or la Toscane était l'une des régions qui pouvaient le mieux les satisfaire : elle avait les richesses minières des monts de la Tolfa, entre Caeré et Tarquinia, et surtout, plus au nord, celles du « district minier » comprenant l'île d'Elbe ; sur la côte, Populonia, cette « Pittsburgh de l'Antiquité », comme on l'a surnommée, dont les auteurs grecs décriront au IVe siècle l'activité débordante et dont la nécropole archaïque avait alors déjà disparu pour des siècles sous les amas de scories avant que les archéologues modernes ne l'en dégagent. C'est ce qui explique que cet Eldorado des métaux, et surtout du fer, soit fréquenté par les Hellènes dès le stade de la « précolonisation », au tout début du VIIIe siècle. C'est ce qui explique aussi que la plus ancienne des colonies grecques d'Occident, Pithécusses, fondée dans l'île d'Ischia vers 775, soit située si loin vers le nord et soit demeurée la plus septentrionale des colonies grecques d'Italie : les Grecs ont tout de suite cherché à entrer en contact avec les Étrusques qui étaient susceptibles de leur offrir ce qu'ils venaient quérir en Occident, et ils sont allés pour ce faire le plus loin possible vers le nord. Ils se sont donc établis en Campanie – où ils rencontraient d'ailleurs les premiers Étrusques, puisqu'une civilisation de type villanovien, identique à celle qu'on rencontre pour l'Étrurie propre, s'y était développée. Mais le fait que cet établissement ne se soit pas fait en Toscane même, alors que l'on y rencontre des vases remontant à l'époque de la « précolonisation », est significatif : à la différence de ce qui s'est produit sur les côtes de l'Italie méridionale et de la Sicile, les Grecs se sont trouvés, pour la Toscane, en face d'une force de cohésion de l'élément indigène, d'une capacité de résistance qui les a empêchés d'y établir des colonies comme ils l'ont fait là où cela a été possible. Ils ont dû se contenter de s'établir en Campanie, au contact des Étrusques, mais en dehors de leur domaine.

Partenaires obligés des Grecs et capables de maintenir leur personnalité propre, les Étrusques jouaient donc dans cette Italie de l'aube des temps historiques un rôle sans commune mesure avec celui des autres populations indigènes. Ils ont été capables d'atteindre, au contact de ces apports extérieurs, un niveau de développement sans égal en Italie. Il n'y a donc pas à s'étonner si, à côté des grandes métropoles étrusques, la Rome contemporaine fait pâle figure.

Ainsi la nécropole de l'Esquilin paraît-elle bien pauvre si l'on songe à l'entassement contemporain des tumulus de Caeré. L'un des chefs-d'œuvre de la céramique proto-corinthienne, l'*olpè* Chigi, des environs de 675, a été trouvée dans une tombe de Formello, sur le territoire de Véies : une telle trouvaille est difficilement pensable pour sa voisine Rome à cette époque. Nous avons parlé de la présence d'étrangers : on change d'échelle quand on passe de Rome aux cités étrusques. La Rome du VIIe siècle n'offre pas l'équivalent de cet Aristonothos, artiste grec immigré à Caeré qui y a développé une production céramique, dont le décor se réfère à l'épopée homérique et qu'il signe de son nom. On peut évoquer aussi la tradition sur Tarquin l'Ancien. Son père, le Corinthien Démarate, chassé par la révolution des Bacchiades, serait parti se fixer à Tarquinia, cité où il avait de nombreuses relations commerciales. Les grandes cités étrusques, comme Tarquinia, étaient susceptibles d'attirer un riche émigrant grec – surtout venant de Corinthe, qui apparaît alors comme la place dominante du commerce hellénique. Mais ce n'est pas à Rome que Démarate se serait établi.

Rome garde un côté provincial, arriéré. Le *bucchero*, invention des céramistes étrusques qui apparaît à Caeré au tout début du VIIe siècle et donne bientôt lieu

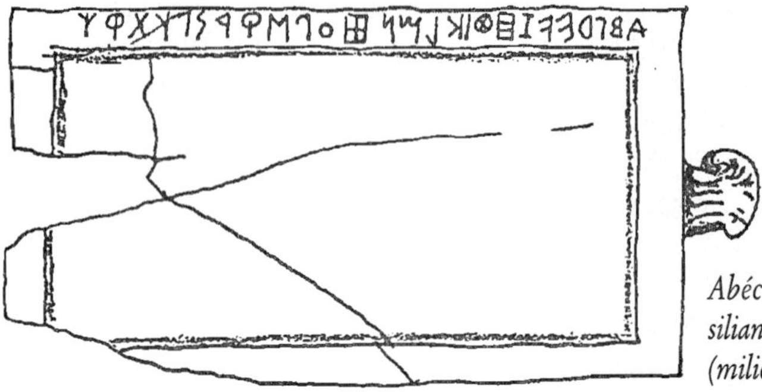

Abécédaire de Marsiliana d'Albegna (milieu du VII*ᵉ siècle)*

dans toute l'Étrurie méridionale à une floraison de formes et de décors, ne pénètre à Rome que relativement tard, vers 630. Et le décor des tuiles de la première Regia, composé d'une simple bande rouge, est très en retrait par rapport à ce qu'offrent les « palais » d'Étrurie, comme Murlo ou Acquarossa. Signe évident de ce retard culturel de Rome, et même du Latium dans son ensemble, en comparaison au centre d'innovations qu'est alors le monde tyrrhénien : l'écriture, apportée en Italie par la colonisation grecque, n'est adoptée par les Latins que par le truchement des Étrusques. Le fait que l'ancien *gamma* qui en grec était un signe d'occlusive sonore et valait *g* soit devenu notre *C*, un signe d'occlusive sourde, valant *k*, est la preuve de ce que l'alphabet latin n'a pas été emprunté directement aux Grecs de Cumes, mais aux Étrusques. L'assourdissement du *gamma*, passé de *g* à *k*, est conforme au phonétisme de l'étrusque qui ne possède que le second de ces deux phonèmes et a donc modifié la valeur initiale de la lettre. Les impulsions artistiques, culturelles, intellectuelles, voire déjà, en un sens, littéraires (songeons à la fortune dès cette époque de certains motifs homériques dans l'art étrusque) en provenance du monde grec pénètrent souvent à Rome par le canal de l'Étrurie.

Dans ces conditions, si l'installation au pouvoir à Rome de souverains venus d'Étrurie ne peut en aucune manière représenter un point de départ absolu, le commencement d'une cité qui n'aurait pas encore vraiment existé, elle n'en constitue pas moins un facteur évident d'accélération de son développement. Sous ses maîtres d'ascendance toscane, la ville va renforcer ses liens avec le monde étrusque, et en même temps avec l'hellénisme, dont les Étrusques étaient tellement imprégnés. Coutumes, idées, arts et techniques venus du nord du Tibre – véhiculant le cas échéant des apports grecs – vont la pénétrer d'autant plus aisément, et l'aider à devenir ce qu'on a appelé à juste titre « la grande Rome des Tarquins ».

Les données chronologiques

Un autre point, capital pour l'historien, distingue cette période de celle qui précède : l'histoire se laisse de plus en plus nettement déceler derrière la légende. Bien des faits rapportés par la tradition sont sans doute encore de l'ordre

Ex-voto avec une inscription portant le nom d'Aulus Vibenna (Véies vers 560)

de la légende, de la pseudo-histoire; mais des points de repère sûrs apparaissent désormais.

Des figures concrètes émergent, des personnages ayant réellement existé. L'historicité, sinon de Tarquin l'Ancien et de Tarquin le Superbe tels que nous les décrivent les historiens, du moins de leur dynastie, paraît irrécusable. Des témoignages indépendants de la tradition historiographique romaine viennent en confirmer certains points. Pour la fin de la période et l'éviction du dernier Tarquin, ce que raconte l'historiographie romaine paraît corroboré par une tradition indépendante : nous avons la trace d'une chronique cumaine qui aurait rapporté au moins certains événements, comme l'intervention du roi de Chiusi, Porsenna, et le départ pour Cumes de Tarquin le Superbe, chassé de Rome. Servius Tullius apparaît avec plus de précision encore : une source étrusque – un document figuré du IVe siècle, une des peintures de la tombe François de Vulci – semble non seulement en garantir l'existence, mais également donner à son histoire et aux circonstances de son accession au trône un éclairage plus satisfaisant que le récit traditionnel, encombré de motifs légendaires. Plus probant encore, le nom d'un personnage qui lui est lié, Aulus Vibenna, se lit sur un document contemporain, un ex-voto de *bucchero* des environs de 560, déposé en offrande dans un sanctuaire de Véies.

Ce ne sont pas seulement les acteurs de l'histoire, mais aussi sa chronologie qui devient plus sûre avec la période de la monarchie étrusque. On constate, pour la fin de la période, autour de la date traditionnelle de 509, une destruction violente de plusieurs édifices publics, sur le Forum et dans le secteur de Sant'Omobono –, qui sera suivie, pour la Regia et la zone du Comitium, de leur reconstruction sur des bases différentes et, pour le secteur de Sant'Omobono, d'une période d'abandon prolongée. En outre, on peut s'appuyer sur un ensemble de données, tirées de la tradition elle-même, qui paraissent d'une fiabilité suffisante : nous étudierons en détail ces éléments, tant en ce qui concerne Rome – comme le début de la liste des fastes consulaires, ou la tradition sur la dédicace du Capitole – qu'en ce qui concerne d'autres secteurs de l'Italie – notamment Cumes, dont nous avons évoqué la tradition particulière. Tout cela fait que la fin de la monarchie des Tarquins, et de la période royale dans son ensemble, est un événement parfaitement assuré dans sa réalité sinon dans la présentation qu'en donne l'historiographie romaine. Nous ne sommes plus obligés de compter avec des générations arbitraires, nous n'avons plus affaire à des figures vides de tout contenu saisissable.

Faut-il aller plus loin, et estimer que l'ensemble du cadre chronologique de cette période deviendrait fiable, autrement dit qu'il conviendrait d'accepter l'idée que Rome ait alors eu à sa tête trois souverains, deux Tarquins encadrant un autre roi, Servius Tullius, et que les dates attribuées par la tradition à leurs règnes seraient à peu près historiques ? Certains historiens l'ont admis, à partir de la considération de données archéologiques. Mais il convient de rester prudent à cet égard.

Ainsi, on a parfois voulu poser un rapport direct entre l'aménagement du Forum et la venue au pouvoir du premier Tarquin, fixée par la tradition à la date de 616. Ce roi arrivé d'Étrurie aurait introduit des innovations techniques, conformes à la supériorité alors acquise par les Toscans dans ce domaine, et aurait, pour la première fois, rendu cette zone capable d'assumer la fonction politique qui devait être la sienne par la suite. Mais il serait illusoire de lier trop étroitement l'événement – de portée relativement limitée – qu'a été l'accession au pouvoir de Tarquin et les transformations édilitaires qui affectent le Forum et le secteur de la Regia à la fin du VIIe siècle. Un Tarquin a pu être l'auteur de ces travaux, au moins dans leur phase finale. Mais il n'a pas fallu attendre qu'arrive au pouvoir un roi né en Toscane pour que le processus soit enclenché : il s'inscrit dans la droite ligne de développements qui sont sensibles dès avant cette date de 616 et débutent avec le commencement de la phase IV B de la culture latiale. On peut tout aussi bien, si l'on veut, attribuer le début des travaux à Ancus Marcius, le dernier souverain pré-étrusque de la tradition.

On a voulu également voir un reflet des dates qui, dans la tradition, marquent le début et la fin du règne de Servius Tullius – 578 et 534 –, dans des données archéologiques : des traces de destructions pour des monuments à caractère public de plusieurs secteurs de la cité. En effet, vers 580/70, puis lors du troisième quart du VIe siècle, les constructions de la zone du Comitium et le bâtiment de la Regia subissent des destructions, suivies de réaménagements. Parallèlement, le secteur de Sant'Omobono, là où les textes affirment que Servius Tullius avait édifié le sanctuaire de Fortuna et de Mater Matuta, paraît révéler l'édification d'un ensemble monumental vers 580/70, puis sa destruction avant sa reconstruction immédiate après le milieu du VIe siècle. Convient-il de mettre ces événements, affectant, simultanément dans plusieurs secteurs de la ville, des édifices à signification politique, en relation avec ce que nous disent les historiens anciens, c'est-à-dire le passage du règne de Tarquin l'Ancien au règne de Servius Tullius, puis celui du règne de Servius Tullius au règne de Tarquin le Superbe ?

En réalité, l'interprétation de faits archéologiques n'est pas aussi simple. Déjà, l'archéologie ne permet pas de savoir si, par exemple, des traces d'incendie résultent d'un acte volontaire, ou d'un simple accident. D'autre part, la chronologie que donne l'archéologie n'est pas suffisamment affinée pour garantir que des phénomènes qui nous semblent concomitants, et que l'on serait donc porté à interpréter en termes de destruction volontaire, de mouvements politiques violents, ne se sont pas échelonnés sur un laps de temps plus étendu, ce qui exclurait une telle explication. Mais surtout, même si l'on accepte de voir dans ces constructions, destructions et réfections de bâtiments publics l'illustration des phases de la monarchie que nous rapporte la tradition littéraire, force est de reconnaître que le détail des faits tels que les narrent les historiens anciens ne correspond pas exactement à l'image qu'on serait porté à tirer de l'examen des faits archéologiques. Ainsi les destructions subites qui marquent la fin du premier quart du VIe siècle peuvent-elles éventuellement être mises en relation avec le passage de Tarquin l'Ancien à Servius Tullius que la tradition littéraire situe dans cette période. Mais leur ampleur va bien au-delà de la révolution de palais qu'elle évoque. Assurément, dans nos textes, Tarquin l'Ancien meurt assassiné, à l'instigation des fils d'Ancus Marcius. Cependant, la venue au pouvoir de Servius Tullius se fait rapidement et sans beaucoup de difficulté : n'était-il pas, au reste, le successeur désigné du premier Tarquin ? On est loin, à lire les historiens antiques, de penser à une crise de l'ordre de celle qu'obligeraient à admettre les traces archéologiques de la destruction de la Regia par un incendie, si on les interprète comme le signe du passage d'un règne à l'autre.

Le récit traditionnel

En fait, comme pour les périodes plus hautes, la version des faits donnée par l'annalistique comporte encore une grande part d'élaboration artificielle. Pour aucun des trois règnes que racontent les historiens, ceux de Tarquin l'Ancien, de Servius Tullius, de Tarquin le Superbe, le récit traditionnel ne peut être considéré comme fidèle à la réalité des faits.

La tradition présente la venue de Tarquin l'Ancien à Rome comme résultant d'une décision personnelle de cet habitant de Tarquinia, dont le nom primitif aurait été celui, étrusque, de Lucumon. Son origine étrangère lui interdisait de satisfaire ses ambitions à Tarquinia (et surtout celles de sa femme, la fière Tanaquil, qui appartenait à une grande famille locale). Sa cité natale lui refusait la position élevée dont il rêvait. Aussi, poussé par Tanaquil, aurait-il décidé de partir pour Rome, qui paraissait plus accueillante aux talents que n'appuyait pas la naissance. Un prodige le confirma dans ses espoirs :

> Voilà que, quand on arriva au Janicule, Lucumon assis sur son chariot à côté de sa femme, un aigle descend légèrement en vol plané et lui enlève son chapeau ; puis, tout en voltigeant au-dessus du chariot avec de grands cris, et comme s'il remplissait une mission divine, il le lui replace exactement sur la tête ; après quoi il reprit son essor. Tanaquil accueillit, dit-on, ce présage avec joie, car elle avait la science, répandue en Étrurie, des prodiges célestes. Elle engage son mari en l'embrassant à concevoir de grandes et hautes espérances. (Tite-Live, 1, 34.)

La promesse divine devait bientôt se réaliser. Il ne tarda pas à gagner la confiance d'Ancus Marcius, qui lui confia la tutelle de ses enfants et l'associa à toutes ses entreprises, civiles autant que militaires. En même temps, il sut se rendre indispensable à tous par les largesses que lui permettaient les richesses qu'il avait apportées avec lui de Tarquinia. C'est pourquoi, à la mort d'Ancus, dont les fils n'étaient pas encore en âge de régner, il fut tout naturellement choisi comme roi.

Tel est le récit traditionnel. C'est manifestement un beau roman : il met en valeur le caractère ouvert de Rome, capable d'offrir généreusement sa citoyenneté à des étrangers, ce que fait encore mieux ressortir l'étroitesse qui est prêtée, par contraste, aux Étrusques de Tarquinia – dont la réalité est douteuse, au moins pour l'époque à laquelle on prétend que les faits se déroulent. Le récit a des aspects étiologiques : Tarquin aurait été le premier à faire acte de candidature, à briguer les suffrages du peuple. On voit quelle importance aura ce modèle pour la Rome des temps républicains. Quant au personnage de Tanaquil, cette maîtresse femme qui joue un rôle essentiel dans le récit et que nous retrouverons pour l'avènement de Servius Tullius, il paraît correspondre à une sorte de création littéraire, ou prélittéraire – sur laquelle nous aurons à revenir à propos de Tullia et de Lucrèce, à la fin de la période –, traduisant l'impression que les Romains ressentaient devant le rôle et l'indépendance des femmes étrusques. Une personnalité aussi affirmée ne correspondait nullement à ce qu'ils attendaient de leurs épouses. Mais, même pour les Étrusques, le rôle prêté à Tanaquil n'est guère vraisemblable. Point sur lequel nous reviendrons, on peut analyser sa fonction dans le récit en s'aidant d'une mythologie connue pour la Grèce et pour l'Orient : arrivant avec son mari, le futur roi, sur un char, elle rappelle des figures de divinités féminines donneuses de souveraineté, les « dames au char », selon un modèle qui se retrouvera plus nettement encore avec Tullia et Tarquin le Superbe. Il s'agit très probablement de l'historicisation d'une figure de déesse, à laquelle on aura fait porter le nom, banal pour une femme étrusque, de Tanaquil. Une tradition donnant à la femme du premier Tarquin un autre nom, Caecilia, est sans doute historiquement plus fiable. Par ailleurs, le caractère pacifique attribué à la montée sur le trône de Tarquin ainsi que la place qu'y tiennent les richesses rentrent dans les composantes de l'aspect de troisième fonction du règne d'Ancus Marcius. En même temps, cette question de la richesse des

Tarquins est un motif récurrent dans la tradition sur la dynastie, qui se retrouvera pour Tarquin l'Ancien et sur lequel nous reviendrons. On le constate, les motifs de perplexité devant un tel récit sont nombreux, et divers.

Dans ces conditions, il est prudent de reconnaître que les circonstances précises de l'établissement à Rome et de la montée sur le trône du premier Tarquin restent obscures. Étant donné que la tradition lui attribue un rôle de chef militaire sous les ordres d'Ancus, il a pu être une sorte de chef de bande militaire, d'origine étrusque, qui serait venu à Rome se mettre au service du souverain local. Pour Servius Tullius, on a des raisons de penser à des circonstances de cet ordre ; mais pour Tarquin on est contraint de l'inférer à partir de données externes – avec tous les risques que cela présente. À tout le moins un point peut paraître sûr : l'origine tarquinienne du personnage.

Tarquin et Tarquinia

La venue de Tarquin à Rome à partir d'une cité de l'Étrurie maritime correspond à une phase d'ouverture de la cité vers ce secteur : c'est ce que suggère la tradition qui attribue à Ancus, outre une fondation douteuse d'Ostie, la mainmise sur la région des salines. Les remarques que nous avons faites sur le tracé de la route du sel montrent l'ancienneté des données auxquelles se réfère cette tradition. Il n'est peut-être pas trop hardi d'attribuer à Ancus – si l'on donne ce nom, traditionnel, au prédécesseur de Tarquin – l'organisation de ce trafic, qui supposait effectivement des réalisations comme l'établissement d'un avant-poste sur le Janicule ou l'édification du pont sur le Tibre que lui attribuent nos textes. Mais l'avancée de Rome vers la côte ne pouvait se faire sans vaincre l'opposition de Véies : les textes, qui parlent d'une guerre contre la cité étrusque, l'affirment expressément et le fait est probable. Le règne d'Ancus (toujours si l'on retient ce nom) a donc dû être marqué par des hostilités contre Véies. Dans de telles circonstances l'arrivée à Rome d'un Lucumon-Tarquin, venu d'une autre cité étrusque et conçu comme chef de guerre à l'image de ce que seront bientôt les frères Vibenna, est parfaitement admissible – même si, en affirmant cela, nous sommes dans le domaine des probabilités et s'il est impossible d'afficher la moindre certitude.

En tout cas il serait faux de voir dans cette arrivée de Lucumon-Tarquin, même compris comme chef militaire, le signe d'une intervention de Tarquinia dans les affaires de Rome. Ce Tarquinien n'est pas venu dans l'*Vrbs* mandaté par sa cité. Il n'y avait certainement pas de fonction officielle – et sur ce point le récit traditionnel ne trahit certainement pas la réalité des faits. Même son nom de Lucumon ne doit pas être compris comme signifiant « roi », ainsi que l'affirment plusieurs auteurs latins : l'existence fréquente de formes apparentées du nom dans l'onomastique étrusque induit à préférer l'hypothèse d'un anthroponyme auquel les antiquaires romains auraient attribué artificiellement cette signification, justement à partir de la tradition sur Lucumon-Tarquin.

Le nom de Tarquin, qui est une donnée sûre de la tradition, suggère au contraire que l'entreprise de cet ancien habitant de Tarquinia a été un acte individuel, ne mettant pas en jeu les ressources et les instances officielles de sa cité. Car ce n'est pas là vraiment un nom personnel, mais un ethnique signifiant « le Tarquinien ». À Rome cet Étrusque a reçu un nom qui n'est pas plus caractéristique que celui du Titus Latinus, connu épigraphiquement à Véies. Cela implique soit qu'il n'avait pas de gentilice personnel – cas où il faudrait le considérer comme un marginal déjà par rapport à sa cité d'origine, ce qui serait en accord avec ce qu'en dit la tradition, qui en fait le fils d'un exilé de Corinthe –, soit qu'il n'avait pas jugé bon de conserver son gentilice tyrrhénien. À une époque où le gentilice était un élément établi de l'onomastique étrusque, où les grandes familles inscrivaient fièrement le leur sur les objets qu'elles échangeaient à titre de cadeaux, cette absence de véritable nom de famille de Tarquin montrerait qu'il n'appartenait pas aux couches dirigeantes de sa cité d'origine et n'avait pas conservé de relations suivies avec elle. Dans le même horizon chronologique un Spurinna, qui déposa un objet en ex-voto dans le sanctuaire de Sant'Omobono, et qu'il faut peut-être considérer comme un représentant établi à Rome de la puissante famille de Tarquinia à qui appartient la tombe des Taureaux, affirmait nettement son gentilice étrusque à Rome.

L'activité de Tarquin l'Ancien

Les incertitudes sont donc grandes en ce qui concerne les phases initiales de la carrière de Tarquin. Elles le sont aussi pour son œuvre en tant que roi. Il faut notamment tenir compte d'un élément qui rend l'ensemble de la tradition sur les Tarquins éminemment suspecte : on se trouve en face d'une série de doublets concernant l'activité prêtée au père et au fils.

Ainsi leur attribue-t-on les mêmes réalisations édilitaires : édification du réseau d'égouts de Rome, avec cette *Cloaca Maxima* dans laquelle les historiens n'hésitaient pas à reconnaître l'un des travaux d'urbanisme les plus remarquables de la cité, et aménagement du cirque où avaient lieu les courses de chevaux, le *Circus Maximus*. Bien sûr, ils ne sauraient avoir fait l'un et l'autre exactement la même chose – aussi établissait-on une distinction, attribuant une partie de l'œuvre au père et une autre au fils. Le Superbe aurait continué et achevé les travaux de drainage et de canalisation que l'Ancien n'avait menés à bien que pour un secteur de la ville. Pour le cirque, il aurait pourvu de portiques l'ouvrage dont son père avait juste établi les fondements.

Un dédoublement de ce type apparaît en ce qui concerne la grande œuvre architecturale de la monarchie étrusque, le temple de Jupiter Capitolin, destiné à munir la cité de son grand temple poliade, et en même temps à supplanter le vieux temple albain du Jupiter Latiar : l'épithète de *Maximus,* « très grand », mais aussi « le plus grand », de ce Jupiter romain semble en effet viser l'antique centre religieux du *nomen Latinum* et affirmer que, maintenant, c'est le dieu de Rome qui a la primauté sur tous les autres dans le Latium. Selon la tradition, le père avait fait le vœu d'édifier le temple. Il l'avait fait au cours d'une guerre contre les Sabins et avait prévu d'y consacrer le produit du butin fait sur les Latins après la prise de la ville d'Apioles. Mais la réalisation effective avait dû attendre le règne du fils, Tarquin le Superbe, après le règne intermédiaire de Servius Tullius. Le fils avait cette fois eu recours aux ressources procurées par la prise d'une ville volsque, Suessa Pometia. On constate une sorte de répartition des tâches entre les deux Tarquins, par-delà le règne de Servius. Le doublet est encore plus flagrant si l'on admet, avec certains savants, qu'Apioles et Suessa Pometia, qui auraient fourni à chacun des deux souverains les ressources nécessaires, étaient une seule et même ville. Certains épisodes sont d'ailleurs flottants entre les deux rois : on ne savait pas très bien s'il fallait attribuer au règne de Tarquin l'Ancien (comme le fait Denys d'Halicarnasse) ou à celui du Superbe (comme le fait Tite-Live) l'exauguration des anciens cultes du Capitole et la résistance victorieuse de Juventas et Terminus.

Ces incertitudes montrent qu'on avait gardé le souvenir de ce que des travaux comme ceux-ci avaient été effectués à la période des rois étrusques, et sans doute par un Tarquin, mais qu'on n'en savait guère plus et que la fixation par l'annalistique des faits à tel moment est arbitraire. Mais il y a moins satisfaisant encore : déjà les Anciens s'étaient avisés de l'absurdité de la chronologie traditionnelle. Elle faisait vivre Tanaquil, l'épouse de Tarquin l'Ancien, 115 ans, et son fils, le Superbe, plus de 110 : il aurait en effet déjà eu 27 ans lors de l'avènement de Servius Tullius, ne lui aurait succédé qu'à l'âge de 71 ans et se serait vu chasser du trône à 96 ans, avant de vivre encore plus d'une décennie en exil. Si l'on voulait préserver l'historicité des deux Tarquins de la tradition, il fallait au moins qu'on fît du Superbe le petit-fils et non le fils de Tarquin l'Ancien, comme le proposait Denys d'Halicarnasse, suivant l'historien latin Lucius Piso Frugi. Mais ce n'est qu'un pis-aller, pour sauver une tradition qui en tant que telle ne peut être considérée comme reflétant la réalité des événements. Il vaut mieux penser que, lorsque s'est faite l'élaboration du récit qu'ont recueilli les historiens, les Romains se souvenaient simplement de ce qu'une dynastie de Tarquins avait régné sur eux, mais que ni la personnalité exacte de ces rois ni même leur nombre n'étaient certains. Il n'y a pas de raison de croire qu'il n'y eut que deux souverains de ce nom : nous allons rencontrer, à propos des conditions de la venue au pouvoir de Servius Tullius, un Gnaeus Tarquin inconnu de la tradition historiographique qui a pu être l'un de ces rois Tarquins dont l'annalistique aura perdu le souvenir.

Les guerres de Tarquin l'Ancien

Dans ces conditions on ne se fiera guère au détail du récit concernant le règne de Tarquin l'Ancien. Ainsi, la victoire sur l'ensemble de l'Étrurie que lui attribue la tradition (mais que tait Tite-Live, sans doute sensible à l'origine étrusque du personnage, qui l'a amené à faire disparaître de son récit ce conflit) est invraisemblable pour la Rome de cette époque et ne peut donc pas être considérée comme historique : il y aura eu au moins un grossissement considérable des guerres qui ont pu avoir lieu. En réalité on a affaire, une nouvelle fois, à une construction artificielle : on retrouve, pour Tarquin l'Ancien, un schéma de narration pour lequel la tradition romaine semble avoir eu une certaine prédilection pour raconter le règne de ses rois : comme le règne de Romulus et celui de Tullus Hostilius, celui de Tarquin l'Ancien est scandé par une séquence de trois guerres victorieuses, marquées par autant de triomphes et ordonnées selon les trois fonctions de l'idéologie indo-européenne. Derrière le récit, quelque peu confus, de Denys d'Halicarnasse et celui, encore davantage bouleversé, de Tite-Live, on retrouve en effet cette articulation simple. Le roi commence par faire la guerre aux Latins, en une guerre pour laquelle on insiste seulement sur les gains économiques pour Rome. Il affronte ensuite les Sabins, en un conflit marqué par plusieurs traits importants sur le plan militaire (création de nouvelles centuries de cavaliers, institution de l'usage de brûler en l'honneur du dieu Vulcain les armes prises à l'ennemi). Il mène enfin une dernière guerre contre les Étrusques, qui aboutit à une reconnaissance – totalement imaginaire – de la suzeraineté de Rome et à la remise à Tarquin des insignes des rois toscans par l'ambassade chargée de conclure la paix. On retrouve les trois fonctions, dans un ordre allant de la troisième (économie) à la première (souveraineté) en passant par la deuxième (guerre). L'œuvre intérieure, avec la politique de grands travaux, rentre dans ce schéma et, présentée comme rendue possible grâce aux gains produits par ces guerres, s'articule selon le même cadre. Elle concerne alternativement, après chaque guerre victorieuse, des travaux religieux (temple capitolin ou cirque, qui sert à des jeux qui sont au départ une cérémonie religieuse), des travaux guerriers (muraille de Rome), des travaux économiques (égouts de Rome). Il est bien évident que, si souvenirs d'histoire réelle il y a, ils nous sont parvenus repensés, présentés selon un cadre artificiel qui n'a rien à voir avec l'enregistrement, chronologiquement fidèle, des faits qui ont pu se produire.

Le règne de Servius Tullius

On doit faire une critique du même ordre en ce qui concerne le règne de Servius Tullius. Là non plus le récit n'est pas recevable tel quel ; mais ce n'est pas exactement pour les mêmes raisons et, cette fois, nous disposons de points de confrontation extérieurs qui permettent de nous faire une certaine idée de la manière dont les choses ont pu réellement se passer.

Dans le récit traditionnel du règne de Servius, un aspect rappelle le cas des rois pré-étrusques : la narration fait intervenir de clairs motifs de légende. La naissance de ce roi, telle que nous l'ont rapportée les historiens, est une pure fable. Le futur roi serait né d'une captive du roi Tarquin l'Ancien, Ocresia, qu'il aurait ramenée après la prise de la ville latine d'Ocriculum et qu'il aurait préposée à l'entretien du feu du foyer dans son palais. Or il se serait produit un événement que le prude Tite-Live préfère taire, mais que d'autres auteurs ont moins de scrupules à rapporter (surtout quand il s'agit d'auteurs chrétiens qui profitent de la circonstance pour taxer d'immoralité les histoires racontées par les païens !) : un phallus était surgi des flammes du foyer et avait eu des relations sexuelles avec

Ocresia. Nous retrouvons ici le personnage de Tanaquil, femme de Tarquin l'Ancien : forte de sa science des prodiges, elle avait vu là la promesse d'un grand destin pour le fils qui allait naître de cette union, Servius Tullius. Son père ne pouvait en effet être qu'un dieu, et précisément le dieu du feu, identifié à Vulcain. Le grand destin promis se réalisa : l'enfant grandit au palais, entouré des faveurs du roi et de la protection active de Tanaquil, puis, devenu grand, sut rendre à Tarquin d'éminents services en temps de paix comme en temps de guerre, devint son gendre et fut à même de lui succéder, avec l'appui de Tanaquil, lorsque les fils d'Ancus Marcius l'assassinèrent.

Ce récit est légendaire mais se conforme à un modèle précis, que nous avons déjà rencontré : on y retrouve le même type de récit que celui qui servait à rendre compte de la naissance des jumeaux Romulus et Rémus dans la version la plus archaïque de leur légende, celle que nous a conservée le passage de Promathion cité par Plutarque. Dans ce récit, à la différence de la version classique, plus tardive, les deux frères naissaient également de l'union d'une jeune servante et d'un phallus apparu dans le feu du foyer royal. On a là un vieux type de légende latine : un autre exemple en est fourni par la naissance du héros fondateur de Préneste, Caeculus, qui lui aussi aurait été engendré par les flammes – ou plutôt par le dieu masculin qui les habitait.

Dans le cas de Servius Tullius, il semble qu'on ait voulu sciemment aligner le récit de sa naissance sur ce qui était raconté du fondateur Romulus. On constate en effet de nombreuses analogies entre ce qui est dit des deux rois, qui sont loin de se limiter au seul épisode de la naissance merveilleuse. Servius ne fonde certes pas la ville, mais il élargit le *pomerium* qu'avait tracé le fondateur et entoure la cité d'un nouveau mur. Il procède à une réorganisation de ses structures, substituant quatre nouvelles tribus aux trois anciennes de Romulus. Comme lui, il remporte trois triomphes – sur lesquels malheureusement nos textes ne nous donnent que fort peu de détails. Comme Romulus, il ouvre un lieu d'asile : la tradition rapproche explicitement celui qu'il institue auprès du temple de Diane sur l'Aventin, qu'il avait créé, de l'*Asylum* de Romulus sur le Capitole. Bref, selon une expression qui ne lui est pas appliquée (elle le sera à Camille), mais qui lui aurait parfaitement convenu, Servius est un second Romulus.

Il ne faut pas croire que cet alignement de la geste de Servius sur celle de Romulus soit un développement récent. Cette mise en parallèle résulte d'un processus qui a été mis en œuvre du vivant même de ce souverain, qui a dû vouloir se poser en successeur du héros fondateur de la ville. Rappelons en effet que le VIe siècle, et précisément la période correspondant au règne de Servius dans la tradition, est le moment où l'on commence à déceler l'existence d'une tradition sur le *conditor*, avec l'aménagement que l'on constate alors de la zone du *lapis niger*. Il s'agit là d'une entreprise voulue par le souverain, qui a cherché à fonder son pouvoir sur le modèle du fondateur et premier roi de la cité.

Mais si l'on a ainsi fait appel à la légende, c'est sans doute parce que les faits s'étaient déroulés différemment; on a toute raison de ne pas ajouter foi au récit traditionnel. Indépendamment même de la fable concernant la naissance de Servius, les circonstances de son accession au pouvoir sont totalement irrecevables. On ne peut guère admettre que la femme du roi alors en place eût fait passer les intérêts de Servius Tullius, quelque faveur qu'elle eût pour lui, avant ceux de son propre fils, le futur Tarquin le Superbe, qui aurait alors eu déjà vingt-sept ans. Et le rôle prêté aux fils d'Ancus est encore moins vraisemblable. Ceux-ci auraient rongé leur frein tout au long du règne de Tarquin le Superbe, espérant lui succéder. Ils s'avisent alors, tout d'un coup, de ce que Servius avait toutes chances d'accéder au trône à leur place à la mort du vieux roi. Ils fomentent donc un complot. Mais, au lieu d'éliminer leur concurrent, ce qui eût été logique, ils font assassiner Tarquin, permettant ainsi à Servius d'accéder au pouvoir. L'absurdité de ce comportement saute aux yeux.

La réalité historique

En fait, la fin – pour un temps – du règne de la dynastie des Tarquins et l'accession au pouvoir de Servius Tullius n'ont pas dû se passer d'une manière aussi harmonieuse et pacifique que les textes le disent. On a des raisons de penser que Servius Tullius, ou au moins un groupe auquel il était lié, a renversé la dynastie des Tarquins – avant que celle-ci, ultérieurement, ne parvienne à ressaisir le pouvoir.

Nous disposons en effet, exceptionnellement, d'un point de vue externe sur les événements qui s'étaient alors déroulés à Rome. L'empereur Claude avait gardé, de son premier mariage avec une représentante de la vieille aristocratie étrusque, un vif intérêt pour l'étruscologie. Il connaissait des histoires étrusques où les faits étaient présentés tout autrement. Servius Tullius – dont la naissance d'une femme esclave, comme le racontent les auteurs classiques, a toutes chances de reposer sur une simple extrapolation à partir de son nom Servius, tiré de *servus*, « esclave », qui cependant ne voulait pas dire, au départ, que le personnage ait été de statut servile, mais seulement que son père l'avait eu d'une servante – aurait été en réalité un Étrusque, du nom de Mastarna ou, plus exactement, sous la forme étrusque originelle Macstarna. Il aurait été le compagnon (*sodalis*) d'une sorte de *condottiere* toscan, un chef de bande originaire de Vulci, appelé Caeles Vibenna. Voici ce qu'en disait l'empereur érudit:

> Si nous suivons les auteurs étrusques, [Servius Tullius] fut un compagnon très fidèle de Caelius Vibenna et prit part à toutes ses aventures. Après que, à la suite de vicissitudes diverses, il eut été chassé avec tous les restes de l'armée de Caelius, eut abandonné l'Étrurie et eut occupé la colline qui fut appelée Caelius du nom de son chef, ayant changé de nom, car son nom étrusque était Mastarna, il exerça le pouvoir à la plus grande satisfaction de tous. (Table de Lyon.)

Malheureusement, Claude pas davantage que l'auteur chrétien Arnobe, qui nous donne aussi quelques indications à ce sujet, ne s'étend sur les aventures de Caeles Vibenna et de son frère Aulus. Les Romains n'avaient pas entièrement perdu le souvenir de ces frères Vibenna. Leurs érudits expliquaient le nom du mont Caelius (colline qui paraît être restée en dehors de la ville avant que Servius ne l'englobât dans son nouveau *pomerium*) par le prénom de Caeles Vibenna. C'est là que ses soldats se seraient installés à leur arrivée dans l'*Vrbs*. En outre, on prétendait retrouver le prénom d'Aulus dans le nom du Capitole. Une étymologie complaisante du nom de la colline (en latin *Capitolium*) mettait en rapport ce nom avec le mot latin *caput*, signifiant tête : cette dénomination aurait été due au fait que les terrassiers du roi Tarquin, creusant les fondations du temple de Jupiter, y avaient découvert une tête humaine – ce qui permettait de dire que la colline, et par là la ville tout entière, étaient promises à devenir la tête de l'univers. Mais certains auteurs complétaient l'explication en disant que *Capitolium* ne venait pas seulement de *caput*, mais de *caput Auli*, ou *caput Oli*, tête d'Aulus : cette tête aurait été celle d'Aulus Vibenna.

Ces étymologies n'ont aucune valeur ; mais ce qui compte, c'est qu'avec ces frères Vibenna nous soyons en présence de personnages dont l'historicité est certaine. Nous avons déjà évoqué l'ex-voto laissé à Véies par Aulus Vibenna. Et leur personnalité est en accord avec ce qu'on sait de la société étrusque du temps. Les frères Vibenna ont été justement comparés par J. Heurgon aux *condottieri* de la Renaissance italienne : comme eux ils furent des chefs de bande, qui savaient regrouper autour d'eux des compagnons qui leur étaient liés par fidélité personnelle – *fides*, pour employer le terme latin. Ces compagnons étaient désignés par le mot *sodalis*, que Claude emploie pour Servius Tullius, et qu'une inscription latine de la fin du VIe siècle, découverte il y a quelques années à Satricum, utilise à propos de compagnons de Publius Valerius Publicola, un des fondateurs de la République romaine. Ce sont des liens analogues qui unissaient dans le cadre des *gentes* les clients à leur patron. Comme les *gentes*, ces groupes de *sodales* pouvaient compter un nombre élevé de personnes : plusieurs milliers de clients auraient suivi les Fabii dans leur expédition contre Véies en 477, ou le Sabin Atta Clausus lors de sa venue à Rome en 504. Mais ils avaient un rôle plus explicitement militaire. Et ils n'avaient pas, ou du moins pas nécessairement, l'appui de solides traditions familiales. Peut-être Tarquin l'Ancien était-il déjà venu à Rome à la tête d'un tel groupe de soldats. Toujours est-il que la chose paraît assurée dans le cas des frères Vibenna et de Macstarna-Servius Tullius : nous avons affaire à l'une de ces bandes militaires, dans laquelle il est probable que le futur roi n'avait qu'un rôle subordonné au départ.

Ces *condottieri* étrusques, comme leurs lointains successeurs italiens, pouvaient se mettre au service de n'importe quelle cité. Il est donc parfaitement possible qu'ils soient venus à Rome, comme l'affirme Claude en accord avec les bribes de tradition romaine, en tant que mercenaires engagés par le roi Tarquin l'Ancien. On a même envisagé de voir une confirmation du fait dans le nom de

Macstarna. Le terme en effet a une suffixation étrusque de type courant, en *-na*. Mais la base est latine : c'est le mot *magister*. Or le terme pouvait avoir un sens militaire : il l'a conservé dans l'expression *magister equitum*, maître de cavalerie, désignant le collègue inférieur du dictateur. Il a dû aussi l'avoir dans le titre initial du dictateur, qui était *magister populi*, maître du *populus*. Dans cette expression, en effet, le mot *populus* a la signification de « peuple sous les armes », « armée », conforme à une acception militaire ancienne qui transparaît encore dans le sens du verbe *populari*, dévaster. Ainsi ce nom de Macstarna, et le titre, latin, de *magister* qu'il suppose peut avoir correspondu à une charge de chef militaire romain – probablement exercée au service du roi Tarquin de Rome. Encore faut-il noter que l'on ne sait plus très bien à quel personnage il convient d'attribuer le titre de *magister* ! On considérait dans le passé qu'il désignait Servius lui-même, et qu'il aurait donc lui-même exercé cette charge auprès de Tarquin. Mais le grand étruscologue italien M. Pallottino a fait remarquer que le suffixe étrusque *-na* a plutôt un sens de dépendance (« appartenant à ») ; or Servius est un subordonné de Caeles Vibenna (il est son *sodalis* pour Claude). Il n'avait peut-être même pas le statut d'un véritable citoyen, mais pouvait être l'un de ces inférieurs tenus dans une situation de dépendance que semble avoir connus la société étrusque : Arnobe emploie même à son propos le terme de *servulus*, petit esclave. Dans ces conditions, Macstarna signifierait « dépendant du *magister* », « appartenant au *magister* » : celui qui aurait eu le titre aurait été Caeles Vibenna, non Servius lui-même. Mais, quel qu'ait été, des deux, le *magister*, la signification de son rôle est claire : venant de Toscane, où l'organisation de l'armée de type hoplitique empruntée à la Grèce avait été introduite avant de l'être dans le Latium, il avait dû être amené à jouer un rôle de chef de l'armée romaine, sous les ordres du roi, et à l'adapter aux nouvelles formes de combat.

Ni le texte de Claude ni les autres allusions des auteurs latins ne laissent entendre qu'il y ait eu des heurts entre ces mercenaires étrusques et le roi Tarquin. Mais on peut douter qu'il en ait été vraiment ainsi : il a bien fallu que Servius occupe le trône à la place d'un Tarquin ! Il y a eu vraisemblablement des troubles, et cette bande étrusque, même si elle a d'abord été au service d'un Tarquin, a fini par s'emparer du pouvoir. Les Vibenna ont peut-être renversé le roi qui régnait alors : il se peut qu'un souvenir d'un tel événement subsiste, transposé, dans le rôle bizarre prêté par la tradition à deux frères, les fils d'Ancus, qui éliminent Tarquin, ouvrant ainsi le chemin du pouvoir à Servius Tullius. Or les Vibenna étaient deux frères. À défaut de Caeles qui est peut-être décédé loin de Rome et dans d'autres circonstances, inconnues pour nous (ce que laisse entendre la formulation elliptique de Claude), Aulus a pu lui-même exercer le pouvoir dans la cité : une source de l'Antiquité tardive, la chronique de Vienne (*Chronicon Vindobonense*), le citant à propos de l'étymologie du Capitole, lui attribue le titre de *rex*. Il aurait été ensuite supplanté par Macstarna-Servius

Macstarna et les frères Vibenna sur une peinture de la tombe François

Tullius : c'est ce que suggère Arnobe, disant, en une phrase malheureusement peu explicite, que cet Aulus aurait été « privé de la vie et de la lumière du jour par un petit esclave de son frère », qui ne peut être que Servius.

La tombe François de Vulci

Mais surtout il est un autre document, ancien et étrusque, qui vient éclairer d'un jour nouveau cette hostilité entre les frères Vibenna, et avec eux Macstarna-Servius Tullius, et la dynastie des Tarquins. Il s'agit d'une tombe de Vulci du IVe siècle, décorée de peintures, la tombe François, où sont figurés des personnages dont le nom est inscrit. Or l'une de ces fresques représente Macstarna, le Mastarna-Servius Tullius de l'empereur Claude, libérant de ses liens un personnage qui était retenu jusque-là prisonnier : c'est Caeles Vibenna, dont Claude nous dit que Servius était son *sodalis fidelissimus*, son compagnon très fidèle. Aulus Vibenna figure un peu plus loin, luttant contre un adversaire au milieu d'une série de couples de combattants affrontés. On distingue d'une part des guerriers vulciens, dont la provenance, dans cette tombe de Vulci, n'a pas besoin d'être précisée par un ethnique, d'autre part des ennemis dont la cité d'origine est donnée, et qui succombent sous les coups de leurs adversaires. Parmi ces ennemis de Vulci, des frères Vibenna et de Macstarna-Servius Tullius, apparaît un *Cneve Tarchunies Rumach*, c'est-à-dire un Gnaeus Tarquin de Rome. On voit donc sur ce document ce groupe de militaires étrusques s'opposer à un Tarquin : il n'est pas exclu que ce Gnaeus Tarquin, portant un prénom qui n'est pas celui de Tarquin l'Ancien (il se prénommait Lucius, comme aussi le Superbe), ait été un roi de Rome oublié par la tradition. On aurait là la trace directe d'un renversement d'un roi Tarquin de Rome par ces soldats toscans.

La peinture de la tombe François présente les choses dans une perspective qui n'est pas celle des sources latines ni même de Claude. Dans ce document provenant de Vulci, l'action des personnages est figurée dans une optique vulcienne. La composition d'ensemble de la scène suggère que ce soit dans le cadre d'une guerre entre Vulci et une coalition de cités, Sovana et surtout Volsinies, en amont de Rome sur le Tibre, que les frères Vibenna et Macstarna-Servius Tullius se soient heurtés aux Tarquins. Il y aurait eu un affrontement entre Vulci et les cités qui contrôlaient ses communications avec la voie du Tibre : il convient de penser à une entreprise intéressant directement Vulci, soucieuse d'établir son hégémonie dans ce secteur. Nous sommes loin de l'idée de mercenaires partis loin de leur cité d'origine et passés au service de Rome que suggèrent les autres textes.

Certains éléments confirment la solidité des liens entre les frères Vibenna – et sans doute avec eux Macstarna-Servius Tullius – et Vulci. Dès avant la tombe François (qui date de 330 environ), un autre document vulcien, du ve siècle, atteste que leur souvenir y était resté vivant : un vase porte la mention du nom d'Aulus Vibenna, ce qui montre qu'il était alors déjà considéré comme un héros. D'autre part, les circonstances historiques qui régnaient à l'époque où furent peintes les fresques de la tombe François suggèrent que c'est bien parce que les frères Vibenna et Macstarna-Servius Tullius sont intervenus dans une guerre opposant Vulci à Rome qu'on a choisi de les représenter. La décoration de cette tombe semble en effet avoir été conçue en fonction de la personnalité d'un haut magistrat vulcien de cette époque, Vel Saties, qui y figure représenté en costume de triomphateur. Or sa gloire militaire a très probablement été acquise contre Rome, au cours des guerres qui vers le milieu du siècle ont opposé Rome à Tarquinia et d'autres cités étrusques. Dans ce conflit, Rome a subi des défaites : Vel Saties a dû, à la tête de troupes envoyées par Vulci, remporter l'une de ces victoires étrusques. C'est en effet cette perspective qui donne son sens à toute la décoration de la tombe. Y figure la scène du sacrifice des prisonniers troyens par Achille : Rome étant la nouvelle Troie, cela représente une sorte d'antécédent des guerres entre les Étrusques – qui alors cherchaient à se rattacher aux héros grecs de l'épopée – et les Romains. Et la scène où interviennent les frères Vibenna et Macstarna est, encore plus clairement, une annonce des exploits de Vel Saties contre Rome. La tombe traduit un état d'esprit antiromain, bien explicable alors : les Vulciens du IVe siècle ont été heureux de se référer à des événements du VIe siècle qu'ils interprétaient comme ayant conduit à la prise de Rome par leurs ancêtres.

On voit que les données sont loin d'être claires : nous percevons les faits à travers des fragments de traditions contradictoires, et rien ne permet vraiment de choisir entre l'idée d'une éviction du roi Tarquin dans le cadre d'une guerre entre Vulci et Rome, à la suite de laquelle les Vibenna (ou peut-être le seul Aulus, si l'on admet avec Claude que Caeles avait déjà disparu) se seraient établis à Rome, et celle d'une arrivée de ces Vulciens à Rome comme mercenaires, ensuite suivie du renversement du roi qui aurait fait appel à eux. La version romaine (et celle de Claude, tributaire d'une source étrusque tardive, donc qui a pu être influencée dans un sens proromain) a peut-être gauchi les faits pour masquer la honte d'une défaite devant Vulci. Mais la version vulcienne du IVe siècle a aussi bien pu vouloir récupérer au profit de la cité ce qui aurait été une simple entreprise individuelle de soldats, qui après l'avoir servie se seraient établis à Rome pour leur propre compte. Il est peut-être illusoire de vouloir choisir entre les deux versions : les nombreuses aventures des frères Vibenna et de Macstarna, dont Claude et Arnobe laissent entrevoir l'existence mais sur lesquelles nous ne savons rien de précis, ont pu les amener d'abord à participer à une guerre contre Rome au service de Vulci, puis à s'établir à Rome dans d'autres circonstances, et pourquoi pas à titre de mercenaires, du moins au départ.

Ne nous empressons pas de reconstituer des faits dont tant, manifestement, nous échappent. Ce que l'on peut dire avec certitude est que ces éléments de tradition épars et contradictoires témoignent, par-delà les obscurités persistantes, de l'existence d'une situation troublée dans la Rome des années 580/570, marquée par l'intervention de chefs de bande étrusques originaires de Vulci, les frères Vibenna. Elle s'est conclue par la montée sur le trône d'un de leurs compagnons, Servius Tullius. Dans ces conditions, la tradition qui donne à ce roi la couleur d'un novateur hardi, bouleversant les cadres anciens de la cité, le fait qu'il semble s'être lui-même posé comme un nouveau Romulus prennent tout leur sens. Le règne de la dynastie des Tarquins a été interrompu par la force, et un nouveau personnage a pris le pouvoir, ce Servius qui a des aspects de chef révolutionnaire. Il faut peut-être interpréter dans ce sens le terme de *magister* présent dans son nom de Macstarna : ce nouveau titre, qui est celui du *magister populi*, du dictateur, aurait été choisi pour désigner le chef de la cité (que ce soit Servius ou Caeles Vibenna) parce que Rome connaissait une situation révolutionnaire, avec une rupture des cadres de la royauté traditionnelle, et un pouvoir de type nouveau, s'appuyant sur le peuple.

Le règne de Tarquin le Superbe

Dans le récit traditionnel, on retrouve une situation de désordre avec le règne de Tarquin le Superbe, tant pour son début que pour sa fin. Le nouveau roi établit son pouvoir dans le sang, avec l'assassinat de Servius Tullius, marqué par le forfait horrible de sa fille Tullia, épouse du Superbe, qui fait passer son char sur le corps de son père – ce qui fournit une explication pour le nom de « rue du Crime » portée par une artère de Rome :

> On soupçonna Tullia (et ses autres crimes n'y contredisent pas) d'avoir été l'instigatrice de ce coup. Ce qui est certain du moins, c'est qu'elle alla en voiture au Forum, sans rougir devant cette foule d'hommes, qu'elle fit venir son mari hors de la curie et lui donna la première le titre de roi. Invitée par lui à sortir d'une foule si tumultueuse, elle rentrait chez elle ; elle était arrivée en haut du faubourg Ciprius, où était naguère le temple de Diane, et elle tournait à droite pour prendre la côte Urbia et gagner la colline des Esquilies, quand le cocher s'arrêta, effrayé, en tirant sur les rênes et montra à sa maîtresse le cadavre de Servius Tullius étendu là. C'est ici que la tradition place un crime horrible et contre nature dont le lieu perpétue le souvenir : on appelle rue

du Crime celle où Tullia, hors d'elle-même,... fit passer, dit-on, sa voiture sur le corps de son père. Portant les traces sanglantes du parricide sur sa voiture rougie, souillée elle-même par les éclaboussures, elle revint au foyer conjugal. (Tite-Live, 1, 48.)

Le règne du tyran s'achève par la révolte qui fera de Rome une république, c'est-à-dire non seulement une *res publica*, un État, ce qu'elle est déjà depuis longtemps, mais une *res publica libera*, un État libre, une république. Là encore le sang innocent coule: celui de la chaste Lucrèce qui, violée par le fils du Superbe, refuse de survivre à son déshonneur, provoquant ainsi le sursaut nécessaire au renversement du tyran. Car c'est de tyrannie qu'il s'agit alors: tout le règne du second Tarquin est présenté comme une période d'oppression, dont sont victimes tant les sénateurs que le peuple, et que ne peuvent faire oublier les nombreux succès des armes romaines, qui assurent alors la domination de la cité sur le Latium.

Les environs de l'année 540 puis de l'année 510 paraissent effectivement avoir donné lieu à de graves bouleversements dans la cité, si l'on interprète dans ce sens les traces de destruction affectant vers ces années la zone du Forum, avec la Regia et le Comitium, et celle de Sant'Omobono. Il paraît certain que la dynastie des Tarquins reprend alors le pouvoir, avant son éviction définitive. Les données concernant le début de la République semblent assez sûres pour que l'on accepte le schéma de l'annalistique, qui pose la remontée sur le trône de cette famille après une éclipse temporaire. Mais, une fois de plus, on ne peut guère aller au-delà de ce cadre général. On ne peut pas garantir qu'un seul Tarquin ait été au pouvoir entre le renversement de Servius Tullius et la fin de la monarchie. Sur des points plus particuliers, les aspects de révolution de palais et de tragédie familiale que la prise du pouvoir par le Superbe assume dans le récit traditionnel risquent bien évidemment d'être une reconstruction des faits. S'il est vrai, comme nous venons de le voir, que la naissance de Servius Tullius dans le palais de son prédécesseur Tarquin l'Ancien et, partant, l'existence de liens anciens entre Servius et les Tarquins n'ont aucune crédibilité historique, et si Servius est bien plus probablement devenu le maître de Rome dans le cadre d'une « grande compagnie » étrusque qui a pris le pouvoir dans la cité, il y a tout aussi peu de chances qu'ait existé entre Servius et son successeur Tarquin le Superbe la relation familiale, de beau-père à gendre, que pose la tradition. Nous verrons plus loin ce qu'il faut penser de ces liens entre Servius et les divers Tarquins, et singulièrement de la place qui en découle pour les figures féminines qui interviennent dans le récit. De même, nous aurons l'occasion de constater le peu de crédibilité du récit concernant tout ce qui entoure la fin de la période.

Comme toujours il s'agit d'une histoire reconstruite. Ainsi, le rôle prêté à Tullia pour l'arrivée au pouvoir de Tarquin et celui de Lucrèce lors de son éviction apparaissent comme l'effet d'une construction voulue. Le récit oppose en diptyque, au début et à la fin du règne, la terrible et ambitieuse épouse du Superbe et la chaste Lucrèce, épouse discrète et modèle exemplaire, jusqu'à la mort, de *pudor*, cette vertu essentielle de la femme romaine. Car c'est bien un tableau de la femme romaine – ou au moins de l'idéal dont rêvaient leurs maris ! – que dresse le récit, et cela en opposition directe avec la femme étrusque. Lorsque leurs maris reviennent du siège d'Ardée pour voir ce que font leurs épouses en leur absence, Lucrèce file la laine alors que les femmes des fils de Tarquin festoient. La liberté – relative mais bien supérieure à celle laissée à la femme romaine, ou grecque – de la femme étrusque paraissait scandaleuse aux Romains, après avoir déjà choqué les Grecs. Une opposition analogue est au reste sensible dans le récit pour les relations entre pères et fils. Par rapport aux fils, étrusques, de Tarquin qui jouissent d'une liberté qui va, avec le viol de Lucrèce, jusqu'à la pire licence, l'attitude romaine, où le *pater familias* exerce un pouvoir de vie et de mort au sein de la famille, réprimant sévèrement les fautes, trouvera bientôt une expression terrible avec Brutus mettant à mort ses propres fils.

Ce n'est là qu'un exemple parmi d'autres ; dans son ensemble le récit tient plus de la création que de la narration fidèle des événements. Nous avons déjà évoqué les points qui ne font que répéter ce qui était dit à propos du premier Tarquin. Mais ce n'est pas une simple répétition à l'identique : on passe du positif au négatif. Ainsi, à propos des grands travaux du Superbe, on insiste sur la charge qu'ils représentent pour la plèbe, avec les corvées imposées par le roi. Un tel aspect n'était pas mentionné pour les travaux effectués par le premier Tarquin – alors qu'il est peu probable que, si corvées il y eut, cela résulte d'une innovation du dernier roi. Point sur lequel nous reviendrons, l'épisode de Tullia écrasant son père avec son char lors de la prise de pouvoir du Superbe évoque, mais en l'inversant, la scène du Janicule où une autre « dame au char », Tanaquil, secondait la montée sur le trône du premier Tarquin : dans son cas, c'était dans un épisode paisible, où se marquait l'assentiment des dieux.

Le tableau du règne du Superbe semble donc systématiquement noirci et il est significatif que, par-delà l'apparent désordre de la narration, on retrouve un principe d'exposition qui n'est autre que le vieux schéma indo-européen des trois fautes réparties selon les trois niveaux fonctionnels, que nous avons déjà rencontré à propos de la geste de Romulus. Le récit expose en effet d'abord comment le roi impose sa suzeraineté sur le Latium, ce qui est du ressort de la première fonction. Mais il le fait en se débarrassant par une fourberie de Turnus Herdonius d'Aricie, qui s'y opposait : il cache chez lui des armes pour faire croire qu'il se préparait à l'assassiner. Ensuite Tarquin le Superbe s'empare de Gabies, ce qui est une conquête, un acte de deuxième fonction. Mais il le fait par une ruse, moyen lâche et indigne : il y envoie son fils qui se présente comme persécuté par son père, gagne la confiance des habitants et livre la ville. La fin du règne est marquée par une nouvelle faute, le viol de Lucrèce par son fils Sextus, lors de la guerre contre Ardée, ce qui est bien sûr une faute de troisième fonction. On est au terme du processus, selon la thématique des trois fautes : ce dernier forfait aboutit au renversement du tyran.

Les vieux schémas indo-européens ont donc joué, mais ils ne forment ici que le cadre d'une sorte de portrait type du tyran : la narration accumule sur le Superbe tous les traits qui, traditionnellement, pouvaient le définir comme tel. Le second Tarquin parvient au pouvoir par le crime, poussé par une ambition maladive, et son accession au pouvoir ne suit pas les formes légales, impliquant accord du peuple et du Sénat. Il s'entoure de gardes du corps, se débarrasse de tous ses rivaux potentiels, faisant le vide autour de lui. Il n'hésite pas à inventer des supplices nouveaux, à l'instar de Phalaris d'Agrigente : on lui rapportait ainsi l'introduction de la crucifixion à Rome. Il règne seul, ne tenant compte ni de l'avis des sénateurs ni de l'assemblée populaire ; et s'il ne se livre pas lui-même à des débordements dans sa vie privée, ce qui provoque sa chute est le comportement scandaleux de son fils envers Lucrèce. On a l'application à la figure du dernier roi, devenu le symbole d'un régime monarchique honni par les Romains des temps républicains, des lieux communs sur la tyrannie véhiculés par la littérature grecque.

Le caractère proprement littéraire de l'élaboration transparaît parfois nettement. Lorsque le récit montre le Superbe refusant à son beau-père la sépulture, c'est le modèle, illustré par la tragédie, de Créon de Thèbes interdisant d'ensevelir Polynice qui joue. Dans la forme la plus ancienne du récit, d'ailleurs, il se bornait à lui refuser les honneurs publics. Et l'épisode de Gabies, où Sextus se fait passer pour un ennemi de son père pour pénétrer dans la ville, puis où son père lui indique comment y asseoir son pouvoir par un simple geste, en décapitant des pavots, combine des éléments que l'on trouve, dispersés, chez Hérodote, où ils s'appliquent à un monarque oriental – Darius – et à un tyran grec – Thrasybule de Milet. Mais on se tromperait en voyant dans tout ce qui est dit de ce roi le fruit d'une élaboration tardive, ne remontant qu'à la mise en forme de la tradition par les annalistes au cours des deux derniers siècles avant notre ère. La base du récit, avec la présentation dépréciative du tyran qu'elle donne, s'est formée très tôt. Le fait que le schéma indo-européen des trois fonctions, bien oublié au temps de la mise sous une forme écrite de la tradition, joue dans la geste de ce roi est d'ailleurs une preuve de l'ancienneté de la constitution de cette tradition, au moins dans ses lignes essentielles. Elle s'est formée dès les débuts de la République, quand le nouveau régime a voulu présenter une image négative de la monarchie qu'il venait de renverser.

Perspective d'ensemble

Ce travail de présentation des faits et gestes du régime précédent, et par conséquent l'aspect de construction artificielle et orientée du récit traditionnel ne se décèlent pas seulement dans ce qui est dit du dernier roi. On relève, pour la période des rois étrusques dans son ensemble, des traits qui montrent que ce récit est à prendre comme un tout, et que c'est en fonction de cette perspective d'ensemble qu'il convient de poser la question du fondement historique de la tradition.

Déjà des épisodes se répondent d'un règne à l'autre, ce qui prouve que le récit s'est constitué en accumulant sur les trois figures de rois qu'il avait retenues des schémas narratifs qui transcendent la geste de chacun d'eux. On reconnaît ainsi des séries d'épisodes triples, qui, une fois de plus, ont été imaginées selon l'antique système des trois fonctions. On a juxtaposé trois histoires parallèles, chacune faisant intervenir l'un des trois niveaux fonctionnels. Par exemple, l'un de ces schémas montre les Romains bénéficiant de présages favorables dont ils doivent disputer le bénéfice à leurs voisins : celui du sacrifice d'une vache à la déesse Diane, dont ils arrivent à profiter au lieu de son propriétaire sabin ; celui de l'accroissement miraculeux d'un quadrige de terre cuite destiné à orner le faîte du Capitole, mais que ses fabricants étrusques veulent garder pour eux en le retenant à Véies ; celui de la découverte de la tête humaine lors du creusement des fondations du temple capitolin, mais dont les haruspices tyrrhéniens, consultés sur le sens du prodige, veulent attribuer l'avantage à leur patrie. Ces présages, liés à une série vache/cheval/homme, s'ordonnent selon une claire séquence fonctionnelle – mais ils sont distribués sur les règnes des deux Tarquins (d'une manière variable d'ailleurs) et de Servius.

Il en va de même pour une autre série, formée par des épisodes où le roi commence à s'opposer à la volonté divine, avant de devoir lui céder, pour le plus grand bénéfice de Rome. Dans cette séquence, l'épisode de première fonction concerne le désir d'un roi Tarquin – l'Ancien ou le Superbe selon les versions – de faire disparaître les anciens cultes du Capitole pour faire place nette au nouveau temple, mais auquel résistent victorieusement le dieu Terme et la déesse Jeunesse, qui garantiront ainsi à la ville stabilité et vitalité. Celui de deuxième fonction concerne la volonté de Tarquin l'Ancien de créer de nouvelles centuries de cavaliers, auquel s'oppose l'augure Attus Naevius, ce qui aboutit à donner à la discipline augurale la place qui lui revient dans les procédures romaines. Celui de troisième fonction concerne le refus initial d'un Tarquin – l'Ancien ou le Superbe selon les cas – d'acheter à une vieille femme les livres Sibyllins, qui seront un recueil de prophéties essentiel pour la religion romaine officielle dans les temps ultérieurs. Dans cette série la vision de la monarchie sous-jacente – il s'agit des Tarquins – est plutôt négative. La perspective est encore plus critique quand il s'agit d'appliquer aux règnes des rois Tarquins un schéma qui a dû être inspiré de la légende grecque de Pélops et des Atrides, où un épisode positif de première fonction, marqué par l'attribution d'un sceptre – dans le récit romain celui que les Étrusques vaincus remettent à Tarquin l'Ancien – est suivi d'un épisode négatif de deuxième fonction, où le vieux roi meurt sous les roues d'un char – ce qui advient à Servius, écrasé par Tullia –, et avant un dernier épisode, de troisième fonction, où l'intervention d'un bélier annonce la fin de la dynastie – ce qui fait intervenir un songe négatif échu à Tarquin le Superbe. Les trois temps de ce schéma scandent les étapes de la dynastie des Tarquins, de sa victoire éclatante sur les Étrusques lors du règne du premier d'entre eux à sa chute.

Il s'agit bien évidemment d'un récit élaboré au temps de la République, qui à la fois recueillait l'héritage de ces rois et voulait s'en démarquer. Un point qui revient avec insistance fournit un élément de datation pour l'élaboration de la tradition sur les Tarquins : la question des biens de cette famille. Ils auraient au départ appartenu à Démarate, qui les aurait apportés de Corinthe à Tarquinia où il était venu en exil ; puis son fils Tarquin l'Ancien les aurait transportés à Rome ; enfin, ils auraient été saisis par les Romains après la chute de la monarchie – à moins que, selon une version que présentent certaines traditions en dehors du récit annalistique, ils aient fait l'objet d'un don en règle au peuple romain par une Vestale, membre de la famille des Tarquins. En fait, on a là trace d'un débat qui a divisé les Romains au début de la République : des ambassades, arrivées des villes où le roi déchu avait trouvé refuge, étaient venues réclamer la restitution de ses biens. La jeune République avait refusé et c'est alors qu'on avait dû imaginer cette histoire où les biens avaient été remis en toute propriété au *populus Romanus*. De leur côté, les Tarquins avaient dû insister sur le caractère de biens héréditaires de leur fortune, sur le fait qu'ils ne faisaient que réclamer ce qui était de tout temps la propriété de leur famille.

Place des figures féminines

Un autre aspect, que nous avons déjà évoqué, caractérise aussi toute cette période : la place qu'y occupent des personnages féminins : Tanaquil, l'épouse de Tarquin l'Ancien, qui joue ensuite un rôle central dans la montée sur le trône de Servius Tullius, puis Tullia, fille de Servius qui a épousé Tarquin le Superbe. Au-delà de l'inversion de valeur entre la figure positive de Tanaquil et celle, honnie, de Tullia, on notera la constance du rôle de ces femmes au début de chaque règne. Tanaquil joue un rôle essentiel dans l'accès au pouvoir de son mari – elle le pousse à quitter Tarquinia pour Rome et, dans la scène de l'arrivée sur le Janicule, lui annonce son grand destin – puis de son gendre Servius – elle comprend l'avenir qui sera le sien en constatant le caractère merveilleux de sa naissance puis, lorsque son mari tombe sous les coups des assassins mandatés par les fils d'Ancus Marcius, elle l'exhorte à saisir l'occasion qui lui est offerte de prendre le pouvoir et facilite son entreprise en annonçant mensongèrement, par la fenêtre, que son mari est encore vivant. Tullia joue un rôle encore plus décisif : elle prend une part active au complot ourdi contre son propre père, écrase, comme la tradition le relate avec indignation, ce dernier sous son char, se permet d'être la première à saluer son criminel époux du titre de roi. Cette place dans le processus de prise de pouvoir correspond à une dégradation des conditions de la montée sur le trône : déjà l'avènement de Tarquin l'Ancien marque une évolution dans un sens négatif, puisque, ainsi que la tradition le souligne avec insistance, Tarquin est le premier à avoir courtisé les Romains pour se faire élire. Avec lui, on est passé dans le domaine de la brigue, des basses manœuvres électorales... Quant à Servius, il a beau être un personnage plutôt bien vu dans la tradition, il est devenu roi hors des procédures légales : il monte sur le trône sans qu'il y ait eu nomination d'interrois dans la période de passation des pouvoirs comme il était de règle, et – selon certains auteurs au moins – sans accord du Sénat ni du peuple. Tarquin l'Ancien enfin est un tyran, qui impose sa domination par la violence et le meurtre de son prédécesseur, son propre beau-père. La féminisation va de pair avec un pervertissement de l'institution royale.

On peut se demander pourquoi les figures féminines jouent un tel rôle, pourquoi on a affaire à celles que l'on a appelées des « maîtresses femmes ». Il ne suffit pas d'évoquer à leur propos la liberté de la femme étrusque et la différence, sur ce plan, des mœurs du pays de Tanaquil et de la stricte norme romaine. Tanaquil et Tullia occupent une place qui va bien au-delà de ce qui a jamais existé en Étrurie : aucune femme étrusque n'a été experte en science religieuse comme l'épouse de Tarquin, ni, à plus forte raison, n'a proclamé son mari roi comme Tullia. En Étrurie pas plus qu'ailleurs, les femmes n'ont eu de rôle politique et l'on ne connaît même aucune femme haruspice. En fait, il faut envisager bien autre chose que des femmes derrière ces personnages : elles prolongent dans le récit des figures de divinités féminines protectrices du souverain, qui assurent sa venue au pouvoir et le garantissent. Ce sont des transpositions, sur un plan simplement humain, de la déesse Fortune dont certaines traditions faisaient l'amante du roi Servius Tullius, qu'elle aurait rejoint en passant par la fenêtre :

> Même jour, même fondateur, même lieu [pour le temple de la Fortune et celui de Mater Matuta], tout cela, Fortune est à toi ; mais qui est caché dans ton temple sous ces toges superposées ? C'est Servius, le fait est certain ; mais pourquoi est-il caché ? Ici commence l'incertitude, et le doute m'a saisi moi-même. Serait-ce que la déesse fait un timide aveu de ses furtives amours et rougit d'avoir, habitante des cieux, partagé la couche d'un homme ? Car elle brûla d'une vive ardeur pour ce roi, le seul homme qui ne l'ait pas trouvée aveugle. Elle avait coutume d'entrer la nuit dans son palais par une petite fenêtre ; d'où est venu le nom de la porte Fenestella. Maintenant elle rougit, elle cache d'un voile les traits qu'elle a chéris et plus d'une toge recouvre cette tête royale. (Ovide, *Fastes*, 6, 569-580, traduction E. Pessoneaux.)

Divinités féminines et idéologie tyrannique

Cette référence à des divinités féminines, qui auraient agi en tant que protectrices, voire d'amantes du souverain, ne représente pas une construction théologique gratuite, mais répond à une réalité historique que les fouilles nous font maintenant saisir. Au VIe siècle s'est développée en Italie une idéologie tyrannique présentant le détenteur du pouvoir comme ayant une relation particulière avec une déesse qui lui accordait sa faveur. C'est dans ce sens qu'il faut comprendre les cultes de l'aire sacrée de Sant'Omobono. Les restes effectivement retrouvés pour cette période sont maigres et ne permettent pas vraiment de garantir qu'il y ait eu à cet emplacement les deux temples jumeaux de la Fortune

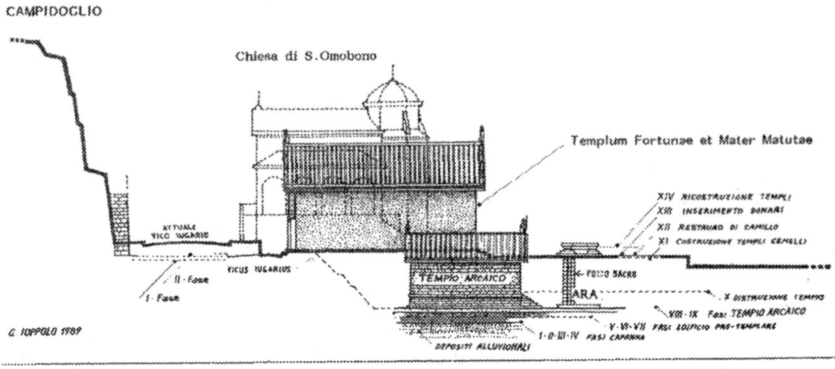

L'aire sacrée de Sant'Omobono

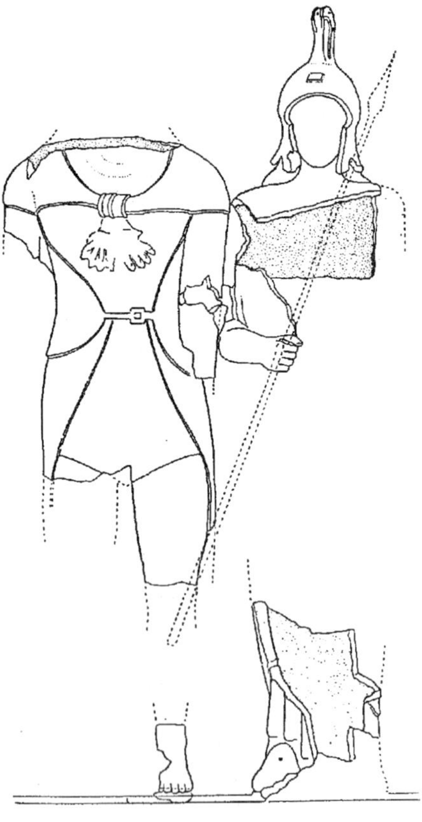

et de Mater Matuta qu'on y connaît pour l'état postérieur à l'aménagement du IVe siècle, après deux siècles d'interruption. À tout le moins la tradition laisse-t-elle penser que ces deux temples existaient déjà, avaient été l'œuvre de Servius Tullius, avant que les Tarquins, revenus au pouvoir, n'utilisent à leur tour cette zone. On a en tout cas affaire à un lieu de culte important pour les maîtres de Rome à cette époque. On en voit la trace dans la légende de Servius Tullius. Non seulement il a des liens avec Fortuna, une des deux déesses honorées en ce lieu, mais un détail du culte de Mater Matuta correspond exactement à ce qui est dit de lui : lors de la fête de cette déesse, les matrones romaines berçaient non leurs propres enfants, mais ceux de leurs sœurs, et donc d'une autre. C'est ce qui se passe pour Servius : fils d'Ocresia, il bénéficie de la protection affirmée de Tanaquil, qui le préfère à ses propres enfants, et l'établit roi à leur place, provoquant ainsi la rancœur durable du Superbe. Il faut voir là l'expression d'une analogie consciemment mise en œuvre par Servius : élevant ce sanctuaire à une déesse simplement maternelle et à la Fortune, il aura voulu honorer celle qui avait permis le fait brut de sa naissance, mais aussi celle, différente, qui avait assuré son destin.

Un rapport personnel s'exprime par là entre les rois et des divinités féminines. Le roi – ou plutôt le tyran, car il s'agit d'une idéologie tyrannique – fait l'objet d'une protection toute spéciale d'une déesse, qui le protège et le guide dans les exploits qu'il accomplit et le haussent au-dessus du commun des mortels. Il dépasse de ce fait la simple humanité et mérite de gagner l'immortalité. Il est ce que les Grecs appelaient un héros, mortel devenu dieu, et le modèle, consciemment revendiqué, est le héros grec par excellence, Héraklès. À Athènes, le tyran Pisistrate s'était présenté comme un nouvel Héraklès rentrant dans sa cité sur son char accompagné par la déesse Athéna – en l'occurrence une servante déguisée. La référence à Héraklès, et à sa déesse protectrice Athéna, est explicite aussi en Italie : le souverain à qui est due la seconde phase de la décoration du temple de Sant'Omobono – Tarquin le Superbe, si l'on suit les dates des règnes fournies par la tradition – choisit d'orner le sanctuaire avec le groupe d'Athéna introduisant le héros dans l'Olympe. Mais ce n'est qu'une manifestation parmi d'autres du poids du modèle héracléen : on a trouvé des groupes semblables à Véies (où il en existe deux exemplaires) et Satricum, probables dédicaces de tyrans locaux. De même, les exploits d'Héraklès s'étalent avec complaisance dans le décor de plaques de terre cuite des palais qu'édifient les aristocrates de cette époque : à Acquarossa, en Étrurie, on reconnaît le héros affrontant le taureau de Crète et le lion de Némée.

Les références ne sont pas seulement grecques. Il faut aussi regarder du côté de l'Orient : nous sommes à une époque où Rome et plus généralement l'Italie centrale ont des contacts également avec le monde chypriote, phénicien – dans ce cas directs ou par l'intermédiaire de Carthage. Une cité étrusque proche de Rome, Caeré, avait à sa tête, vers 500 av. J.-C., un tyran, Thefarie Velianas. Celui-ci avait fait construire un temple majestueux à Pyrgi, l'un des ports de cette cité qui avait des relations intenses avec le monde punique et phénicien. Or cet édifice – le temple B des archéologues, distinct du temple A qui sera édifié au siècle suivant, dans le cadre d'une cité républicaine – est dédié à une déesse qui porte le nom de la Junon étrusque, Uni, mais recouvre en réalité une Astarté phénicienne. Le tyran a laissé des dédicaces de son œuvre, sur des lamelles d'or, rédigées non seulement en étrusque, mais aussi en punique.

Le modèle oriental transparaît également à Rome. Nous avons déjà fait allusion au fait que Tanaquil et Tullia pouvaient être définies comme des « dames au char », selon un type de représentation connu en Orient, pour des déesses liées à la fois à l'amour et à la guerre. Plus nettement encore, la légende des amours de Servius et de la Fortune correspond à une donnée bien connue de ces religions orientales : des rites de hiérogamie, union du roi et de la déesse dont il s'affirme le protégé. C'est un thème qui revient avec insistance dans les plaques de terre cuite qui décorent les édifices, temples et palais construits par les tyrans de cette période. À Sant'Omobono, mais aussi à Préneste, à Cisterna dans le Latium, les frises présentent des cortèges convergents où l'on voit le chef humain, sur son char, aller à la rencontre d'une déesse, montée sur un autre char dont les chevaux ailés soulignent le caractère surnaturel. Dans d'autres cas, on voit le chef humain, figuré en guerrier, monter sur le char de la déesse. Il s'agit là d'un thème de hiérogamie entre le tyran et sa déesse protectrice. Celle-ci, même si elle est définie comme une Fortune latine, est de matrice orientale. Un détail, apparemment anodin, du récit le montre : nous avons relevé le fait que, pour aider Servius à parvenir à la royauté, Tanaquil s'adressait à la foule romaine par la fenêtre. Le motif de la fenêtre revient dans la légende des amours de ce roi et de la déesse : celle-ci passe par la fenêtre pour rejoindre son amant, ce qui sert d'étiologie à une porte, la Porta Fenestella (ce qui signifie « petite fenêtre »). On a reconnu là une divinité orientale : la « dame à la fenêtre », dont l'image, sous forme d'un buste de femme apparaissant dans l'encadrement d'une fenêtre, est répandue tant en Orient que dans l'Occident punique.

Ainsi le rapport avec la tyrannie du pouvoir royal de cette époque n'est-il pas seulement une reconstruction des historiens ultérieurs. C'est bien le modèle du tyran grec et, par-delà, de ses prototypes orientaux qui s'impose alors à Rome, tout comme en Étrurie. L'idée d'une protection personnelle accordée par la divinité au détenteur du pouvoir, émergeant ainsi du lot de la simple humanité, qui est une donnée de la tyrannie grecque, se répand alors. Le maître du pouvoir à

La dame à sa fenêtre (ex-voto phénicien, VIIIe siècle)

Rome – qu'il soit un roi ou, comme le pensent certains, qu'il ait porté un autre titre, en laissant subsister à ses côtés un roi aux fonctions réduites à leur seul aspect religieux – ne se contente plus d'être un simple mortel ; il ne lui suffit plus de bénéficier, par l'inauguration, de qualités surnaturelles. Il n'hésite plus à se présenter comme destiné à égaler les dieux par les hauts faits qu'il accomplit sur terre. Bien sûr, une telle idéologie était incompatible avec les conceptions des temps républicains, où l'on ne pouvait plus admettre qu'un individu se mette ainsi au-dessus de ses semblables. Il est significatif qu'au moment de la chute des Tarquins et du renversement de la royauté, on assiste à la destruction violente puis à l'abandon prolongé du sanctuaire de Sant'Omobono, où cette conception du pouvoir s'exprimait clairement. L'idéologie tyrannique ne transparaît plus que par certains détails du récit, qu'il faut interpréter en fonction de ce que révèlent les monuments de cette période. Et la perception négative du pouvoir qui s'est alors instauré se traduit par le schéma de pervertissement progressif de l'institution monarchique qui sous-tend l'ensemble de la narration.

Autres innovations

Certaines innovations de cette période seront néanmoins plus durables. C'est ainsi que le renforcement du pouvoir se marqua par l'emprunt aux Étrusques d'un certain nombre d'insignes, symboles et rites, que la tradition attribue à Tarquin l'Ancien, du moins quand elle ne le reporte pas abusivement sur Romulus.

Le sceptre surmonté d'une aigle et la couronne d'or apparurent alors à Rome. On introduisit aussi les licteurs avec leurs faisceaux, les sièges curules en ivoire, la toge bordée d'une bande de pourpre qui, après le départ des rois, devinrent les

Stèle d'Avele Feluske (Vetulonia, vers 600)

insignes des magistrats. De même, on emprunta aux Étrusques les tenues d'apparat qui accompagnèrent le triomphe des généraux de la République, *toga picta* et *tunica palmata* (toge ornée de dessins et tunique ornée de palmes). Les Anciens connaissaient bien l'origine toscane de tous ces *insignia imperii*, insignes du pouvoir, qui a été confirmée par l'archéologie. Le poète Silius Italicus, sous Néron, disait que ces insignes avaient été inventés dans la cité étrusque de Vetulonia : le sol de cette ville a livré, sur une stèle funéraire des environs de 600, l'image du chef Avile Feluske brandissant une bipenne et un exemplaire réel, en fer, y a été retrouvé dans une tombe de cette époque, dénommée depuis « tombe du Licteur ». À Murlo, sur des plaques décoratives de terre cuite du début du VIe siècle, on voit des personnages assis sur des sièges curules, à la forme en X caractéristique, et un modèle véritable en a été livré par une tombe de Bologne du Ve siècle. Le Vel Saties de la tombe François, enveloppé dans une toge pourpre ornée de figures de victoires ailées, fournit un exemple étrusque de *toga picta*. Et la toge à bande pourpre est le vêtement que porte une statue étrusque célèbre : celle dite de l'*Arringatore,* du Harangueur – qui, trouvée près du lac Trasimène, représente un magistrat local, non un magistrat romain.

Avec tout cela on assiste à une mise en relief du pouvoir. Il devint alors plus manifeste, sans doute plus contraignant – ce qu'exprimaient clairement les faisceaux des licteurs, avec leurs verges, signifiant le pouvoir de punir, et leur hache, signifiant celui de mettre à mort. Sur un plan plus institutionnel, il est remarquable que la tradition fasse alors état de l'apparition de la notion d'hérédité, avec les Tarquins ou même la tentative manquée des fils d'Ancus. Ce n'était pas le cas auparavant, alors même qu'un roi comme Numa était crédité de fils. Cela impliquait inévitablement une diminution du rôle des autres organes politiques, Sénat et – dans la mesure où celle-ci intervenait – assemblée du peuple, dans la transmission et le contrôle du pouvoir.

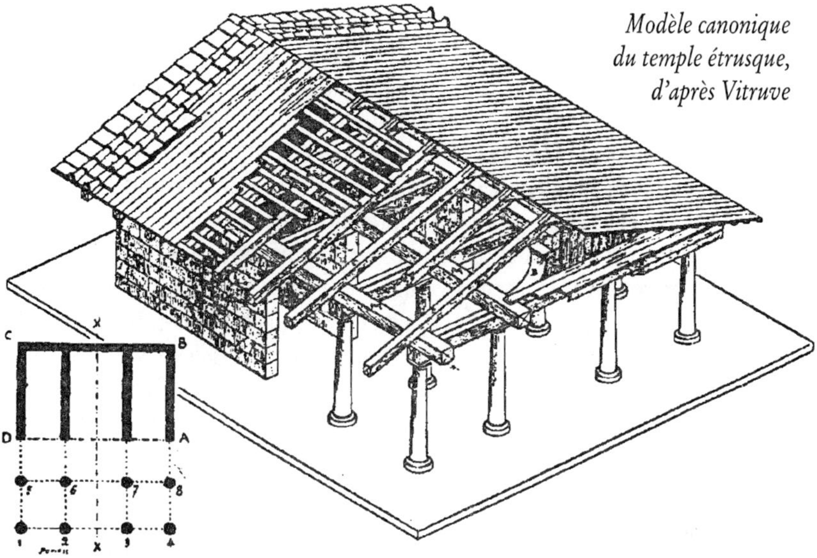

Modèle canonique du temple étrusque, d'après Vitruve

D'autre part l'aspect sacré du pouvoir se renforça – indépendamment même des aspects tyranniques déjà évoqués – avec des innovations elles aussi venues du monde tyrrhénien. Certains des insignes que nous avons cités concernent la cérémonie du triomphe. Cette institution vient d'Étrurie : même si le mot *triumphus* semble issu du grec *thriambos*, terme désignant les hymnes chantés lors des fêtes de Dionysos, il a dû pénétrer en latin par l'étrusque, qui seul explique son aspect phonétique. Le triomphe n'a donc été introduit à Rome que sous la monarchie étrusque, en même temps que les *insignia imperii*, et l'attribution du premier triomphe à Romulus est un trait, classique, de report sur le fondateur d'un développement ultérieur. Mais, sous la monarchie, il s'agissait probablement d'une cérémonie royale, visant à renforcer, à renouveler périodiquement le pouvoir du souverain par l'assimilation à Jupiter qu'il suppose : le triomphateur se rendait en effet au temple du Capitole le visage peint en rouge comme les statues divines et dans une tenue qui est celle de Jupiter Optimus Maximus lui-même. On voit par là la place que tint dans cette sacralisation du pouvoir le temple du Capitole dont la longue édification, à partir de 580 environ, a représenté une des plus grandes œuvres de la monarchie étrusque – même si l'honneur de la dédicace, en 509, devait en revenir à la République.

Transformations matérielles de la cité

La Rome du VIe siècle fut donc une cité en constante évolution, du fait de l'absorption d'éléments venus de l'extérieur, du monde grec ou gréco-oriental autant que du monde toscan. Ces transformations ne se limitèrent évidemment pas aux seules formes d'expression du pouvoir.

Les maîtres que connut alors Rome la marquèrent matériellement. Il n'y a pas de raison d'attribuer les grands travaux qui se firent alors aux seuls Tarquins, comme tend à le faire la tradition qui insiste sur leur rôle édilitaire – par exemple à propos des égouts et du cirque – et se fait discrète pour Servius Tullius. Assurément les Tarquins eurent la responsabilité première de ce grand projet que fut la construction du temple de Jupiter Capitolin. Cette réalisation dont il faut souligner les dimensions colossales pour l'époque – 57 m sur 66 –, qui répond au type canonique du temple toscan, à triple *cella*, de forme générale plus large que longue et s'élevant sur un haut podium, tel que le décrit Vitruve, ne représenta pas l'emprunt par Rome d'un type architectural qui aurait déjà été courant en Étrurie : il en constitua le premier véritable exemple, en une sorte d'innovation géniale. Mais Servius Tullius ne fut pas en reste : l'aménagement de l'aire sacrée de Sant'Omobono lui revint en propre, et fut, comme nous l'avons vu, une sorte de manifeste idéologique de son pouvoir. Quant au Capitole, Tacite le précise bien, les travaux continuèrent sous son règne (*Histoires*, 3, 72).

Une telle activité est impensable sans l'afflux d'artisans. Tite-Live (1, 56) évoque les ouvriers venus d'Étrurie pour travailler au temple du Capitole et un artiste véien, Vulca, fut chargé de réaliser la statue en terre cuite de Jupiter. Nous pouvons nous faire une idée assez précise de son art d'après les remarquables trouvailles du temple du Portonaccio à Véies, avec son célèbre Apollon. Mais il n'y a pas eu que des artistes toscans. La tradition parle aussi des artistes grecs qui auraient été amenés par Démarate en Toscane et qui auraient suivi son fils Tarquin à Rome ; Pline l'Ancien les évoque en ces termes :

> Quant à Démarate, banni de cette même cité [Corinthe], qui devint en Étrurie le père de Tarquin roi du peuple romain, il était accompagné par les modeleurs Eucheir, Diopos et Eugrammos. (*Histoire naturelle*, 35, 152.)

On a une preuve archéologique de la présence aussi d'artistes grecs dans la Rome de ce temps avec la décoration du temple de Sant'Omobono dans sa réfection de 540 : le groupe d'Héraclès et d'Athéna renvoie à des modèles non pas tyrrhéniens, mais helléniques, et rappelle plus précisément les productions de la Grèce de l'Est.

Tessère d'hospitalité (Sant'Omobono, VIe siècle)

L'essor économique et démographique

Aux artisans se joignaient des marchands. Le développement du quartier du Forum Boarium est évident, comme l'atteste l'essor justement du sanctuaire de Sant'Omobono qui le jouxte. De ce point de vue, l'un des ex-votos qui y ont été trouvés offre un intérêt particulier : il s'agit d'un petit lion d'ivoire portant une inscription étrusque. C'est une « tessère d'hospitalité », au moyen de laquelle deux individus résidant dans deux cités différentes se garantissaient mutuellement bon accueil dans leurs cités respectives. De tels objets avaient souvent une fonction commerciale : c'est ce dont témoigne la trouvaille d'un exemplaire analogue, toujours avec inscription étrusque, à Carthage, cité avec laquelle les Étrusques étaient en relations suivies. La présence d'une telle tessère à Rome est le signe de l'accroissement des échanges. Indice encore plus significatif du développement de l'économie et de la richesse au cours du VIe siècle (même si la monnaie n'a pas alors la fonction commerciale qu'elle aura par la suite) : la monnaie apparaît, ou du moins on constate l'apparition d'une forme de monnayage primitif avec des lingots de bronze portant une marque, ce que les Anciens appelaient *aes signatum,* bronze marqué. La découverte d'une monnaie de ce genre à Bitalemi en Sicile, dans un contexte archéologique clairement daté, a redonné tout son sens à l'affirmation de l'historien grec Timée, qui, vers 300, avait affirmé que celui qui avait introduit cette monnaie à Rome était Servius Tullius.

Rome fut donc, au cours du VIe siècle, une ville qui s'aménagea, s'embellit, s'enrichit, se peupla. À en croire les chiffres donnés par les historiens anciens, la population des citoyens romains serait passée de 80 000 sous Servius Tullius, lorsque celui-ci procéda au premier recensement, à 130 000 à la fin de la période. L'accroissement tint sans doute en partie à l'agrandissement du territoire romain, l'*ager Romanus*, qui fut alors important. Il n'en est pas moins certain que, dans cette période, les activités de la ville se diversifièrent, les fonctions artisanales et commerciales y prenant une place plus grande. Sa population devint plus variée, intégrant des apports externes divers et nombreux. Elle changea d'aspect, et les fouilles sur le flanc nord du Palatin ont montré que cette zone, au cours du VIe siècle, se couvrit de grandes maisons en dur : on est loin des cabanes primitives. Elle prit alors, avec le *pomerium* et l'enceinte de Servius Tullius – cette muraille dont l'*agger* primitif, le parapet, remontant au VIe siècle, se laisse voir par endroits derrière la réfection du IVe siècle –, des dimensions qui ne changèrent plus vraiment avant l'Empire. La superficie qui fut dès lors la sienne fit de Rome déjà une très grande ville, une des plus grandes d'Italie. Elle couvrait 427 hectares (dont au moins 248 pour le territoire des quatre tribus urbaines). Elle ne pouvait être comparée qu'aux grandes métropoles grecques d'Italie du Sud ou de Sicile – Tarente, Sybaris, Crotone, Agrigente ou Syracuse. En Italie centrale, elle était un géant à côté des autres cités latines – Ardées ou Satricum n'avaient qu'une quarantaine d'hectares – voire de beaucoup de cités étrusques ou grecques – Volsinies, Naples ou Cumes avaient une superficie de l'ordre de

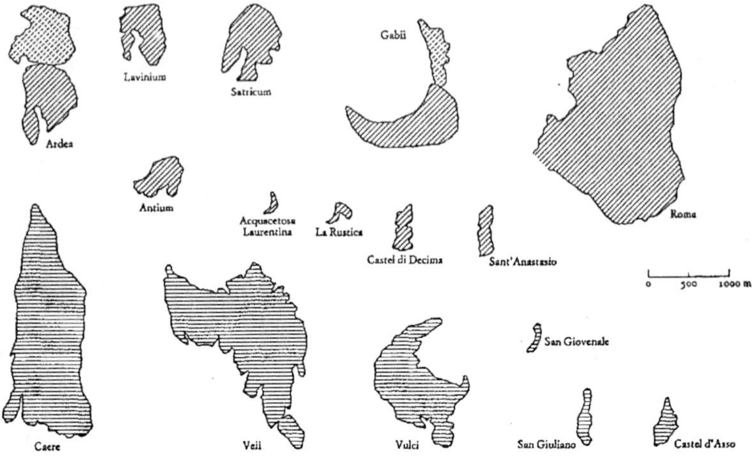

Dimension comparée des centres du Latium et de l'Étrurie à l'époque archaïque

75 hectares. Même les grandes métropoles tyrrhéniennes étaient moins étendues : Tarquinia comptait 121 hectares, Caeré 148, Véies 194.

La politique de Tarquin l'Ancien

Cela n'alla pas sans conséquences en ce qui concerne les structures sociales et politiques. Le vieux système des trois tribus, fondé sur la naissance, semble avoir été perçu comme anachronique par les nouveaux souverains, et sans aucun doute par les couches nouvelles de la population sur lesquelles ils s'appuyaient. Que ce soit pour les Tarquins ou pour Servius Tullius, on constate des tensions avec les secteurs plus traditionnels de la population, et notamment les vieilles familles aristocratiques qui tendaient à contrôler le Sénat et les sacerdoces. Le conflit est évident pour le Superbe que la tradition présente comme un tyran s'opposant constamment au Sénat. Mais il était latent sous ses prédécesseurs.

Une anecdote célèbre avait trait à la querelle qui aurait opposé le roi Tarquin l'Ancien à l'augure Attus Navius. Mécontent de voir que l'augure faisait obstacle à son projet de créer de nouvelles centuries de cavaliers en disant que les dieux ne l'agréaient pas, le roi voulut tourner en dérision la science augurale sur laquelle Attus affirmait se fonder. Il tendit donc un piège à l'augure et lui demanda si, d'après lui, les dieux estimaient possible la réalisation de ce à quoi il était en train de penser. L'augure répondit que oui. Le roi triompha : il était en train de se demander s'il pouvait couper avec le rasoir qu'il tenait dans la main une pierre, ce qui était bien sûr impossible. « Essaie », dit alors simplement Attus à Tarquin : le rasoir s'enfonça sans difficulté dans la pierre.

L'histoire peut nous faire sourire. Elle sert évidemment à montrer la valeur de la science augurale, que proclamait à tout jamais la statue d'Attus Navius dressée sur le Forum à l'endroit où étaient enterrés la pierre et le rasoir témoins du miracle. Mais ce qui est plus important sur le plan historique est l'occasion du conflit entre le roi et l'augure. Ce dernier s'opposait à une modification touchant les structures de la société. Tarquin voulait renforcer la cavalerie romaine, ce qui impliquait de toucher au vieux système des trois tribus avec les trois centuries de cavaliers qui lui étaient liées. Par-delà son aspect militaire, la réforme avait une portée sociale évidente. La cavalerie représentait l'aristocratie – même si l'on ne peut accepter la proposition qui identifie purement et simplement patriciat et cavalerie. La proposition du roi allait dans le même sens que l'accroissement, qui lui est aussi rapporté, du nombre des sénateurs : certains expliquaient les *minores gentes* du Sénat, familles de sénateurs de second rang, comme correspondant aux cent nouveaux membres de l'assemblée qu'il aurait adjoints aux anciens. Ces mesures visaient toutes à restreindre l'influence de l'aristocratie ancienne.

La réforme de Servius Tullius

La réforme qu'aurait voulu entreprendre Tarquin, brisée par l'opposition de la religion traditionnelle, se réduisit donc à peu de choses : il se borna à dédoubler les vieilles centuries de *Titienses, Ramnenses, Luceres* : on eut désormais une centurie de *priores* et une de *posteriores*. Mais Servius Tullius réalisa une réforme véritable, bouleversant les structures de la cité.

Cette fois le cadre des trois tribus fut mis en cause. On ne le supprima pas. À Rome, on gardait les institutions anciennes : on le voit avec le roi, qui se perpétua sous la République, pourtant si hostile à la royauté, à travers la charge, purement religieuse, de *rex sacrorum.* Mais on savait s'en débarrasser en pratique en ne leur laissant qu'un rôle restreint. C'est ce qui arriva au vieux cadre des tribus, et aux comices curiates qui en étaient l'émanation : les affaires qui leur étaient confiées se limitaient aux affaires de famille et au vote d'une *lex curiata de imperio* devenue purement formelle. En revanche, on mit sur pied de nouvelles tribus. Elles furent cette fois au nombre de quatre (pour les tribus urbaines, sans doute seules à être apparues dans un premier temps). L'augmentation de la population de la cité explique sans doute pour une part cet accroissement du nombre. Mais, ce qui est beaucoup plus important, leur base de recrutement changea : on n'appartint plus à une tribu par sa naissance, mais par son domicile. Les Romains furent inscrits dans la *Suburana*, la *Palatina*, l'*Esquilina* ou la *Collina* en fonction seulement de l'endroit de la ville où ils habitaient. Les vieilles solidarités de familles, de clans ne jouaient plus.

Il ne s'agissait pas pour autant d'un processus égalitaire, même si par la suite la plèbe se plut à reconnaître dans Servius Tullius l'un de ses défenseurs. On assista au remplacement d'une conception génétique et familiale de la cité par une autre, où la notion de richesse passait au premier plan. Dans cette Rome qui prospérait, où se multipliaient les activités nouvelles, sources d'enrichissement et de luxe, la fortune tendait à jouer désormais le rôle de discriminant. C'est ce que montre bien la réforme essentielle attribuée à Servius (mais dont l'articulation avec celle concernant les tribus reste obscure) : elle instaurait une organisation censitaire de la société, avec le nouveau système centuriate.

Désormais les citoyens sont regroupés en centuries et l'assemblée qui les réunit est celle des comices centuriates. Mais ces centuries ne sont pas identiques : il y a déjà les centuries de cavaliers – au nombre de dix-huit, puisqu'aux centuries primitives, dédoublées, de *Titienses, Ramnenses, Luceres,* s'en adjoignent douze autres. Mais, quoique liées à la première classe, elles sont laissées en dehors du système. Le reste du corps civique, soit la grande majorité des citoyens, est réparti en classes déterminées par la fortune. Tite-Live (1, 43) et Denys d'Halicarnasse (4, 16-18) nous donnent une description minutieuse de cette répartition, depuis la première classe, regroupant les plus riches, jusqu'à la cinquième, tout en bas de l'échelle – si du moins on ne tient pas compte des ouvriers et des prolétaires, c'est-à-dire de ceux qui n'ont pour toute fortune que leur progéniture *(proles)* et qui sont regroupés en une centurie unique. Ces historiens indiquent le chiffre exact de la fortune exigée de chaque classe, ainsi que l'armement différencié qui était le leur lorsque ces centuries étaient appelées à combattre (et qui s'allégeait de plus en plus au fur et à mesure qu'on s'éloignait de la première classe, qui seule avait droit à l'équipement complet de l'hoplite) : l'armement était en effet directement lié à la fortune en cette époque où l'État ne fournissait pas l'équipement militaire et où chaque citoyen devait y pourvoir par ses propres ressources.

> La mesure [adoptée par Servius] fut la suivante. Il choisit parmi l'ensemble des citoyens une partie, comprenant ceux dont l'évaluation de la fortune était la plus élevée et se montait à au moins cent mines. Avec eux il forma quatre-vingts centuries, à qui il ordonna de s'équiper de boucliers ronds, javelots, casques de bronze, cuirasses, jambières et épées. Divisant ces centuries en deux groupes, il forma quarante centuries d'hommes plus jeunes, qu'il chargea de faire campagne en temps de guerre et quarante d'hommes plus âgés, dont la tâche était, lorsque les plus jeunes partaient en campagne, de rester dans la ville et de tout surveiller à l'intérieur des remparts. C'était la première classe. Dans les guerres, elle occupait une position sur le front de toute l'armée. Ensuite, parmi le reste, il prit une autre partie, formée de ceux dont la fortune était inférieure à dix mille drachmes, mais supérieure à soixante-quinze mines. Avec ceux-ci il forma vingt centuries et leur ordonna de porter le même équipement que ceux de la première classe, si ce n'est qu'il leur enleva les cuirasses et au lieu des boucliers ronds leur donna des longs. Ici aussi il distingua ceux qui avaient plus de quarante-cinq ans et ceux qui étaient en âge de faire campagne, formant dix centuries d'hommes plus jeunes, dont la tâche était de servir leur pays en faisant campagne, et dix de plus âgés, à qui il confia la défense des murs. C'était la deuxième classe : dans les batailles elle était rangée derrière ceux qui combattaient dans les premiers rangs. Il forma la troisième classe avec ceux qui restaient, en prenant ceux qui avaient une fortune inférieure à 7 500 drachmes, mais supérieure à cinquante mines. Il réduisit

leur équipement en ne leur enlevant pas seulement les cuirasses, comme pour la deuxième classe, mais aussi les jambières. Il en forma également vingt centuries, en les divisant, comme les précédents, selon leur âge et en assignant dix centuries aux plus jeunes et dix aux plus âgés. Dans les batailles la place et la position de ces centuries était en troisième ligne. En prenant de nouveau dans le reste ceux dont la fortune se montait à moins de cinq mille drachmes, mais était supérieure à vingt-cinq mines, il forma une quatrième classe. Il la divisa également en vingt centuries, dix d'entre elles qu'il forma avec ceux qui étaient dans la force de l'âge et dix le reste avec ceux qui avaient dépassé cet âge, de la même manière que pour les autres classes. Il leur ordonna d'avoir comme armes des boucliers longs, des épées et des javelots, et de prendre place dans les batailles en dernière ligne. Il répartit la cinquième classe, composée de ceux dont la fortune se situait entre vingt-cinq et douze mines, en trente centuries. Ils étaient aussi répartis selon leur âge, quinze des centuries étant formées des hommes les plus âgés et quinze des plus jeunes. Ils étaient armés avec des javelots et des frondes, et étaient placés en dehors de la ligne de bataille. (Denys d'Halicarnasse, *Antiquités romaines*, 4, 16-17.)

Beaucoup des précisions données dans ce texte sont anachroniques : il n'empêche que le principe d'un classement selon la fortune dès cette époque ne peut être révoqué en doute. Nous avons vu au reste que la tradition qui attribue à Servius l'introduction d'une première forme de monnaie paraissait sûre. Les Romains pouvaient dès le VIe siècle être classés suivant un décompte de leur fortune, au moyen d'une monnaie de compte ; le lien de la monnaie romaine avec les bases terriennes de la richesse reste d'ailleurs encore sensible dans le nom *pecunia*, dérivé de *pecus*, bétail, qui sert à la désigner.

Néanmoins, à ce stade, il s'agissait d'une forme de répartition plus simple que les cinq classes décrites par les historiens ; seules deux catégories de citoyens avaient dû être distinguées. Une couche supérieure, la seule à mériter le nom de *classis*, regroupait tous ceux dont la fortune était suffisante pour leur permettre de s'équiper avec la panoplie complète de l'hoplite. Le mot *classis* a toujours gardé le sens militaire de « mobilisation », « armée rassemblée », même si celui-ci s'est limité dans le latin classique au cas de la flotte : primitivement il ne pouvait y avoir qu'une *classis*, une classe unique. Les autres citoyens étaient des *infra classem*, étaient « en dessous de la *classis* », selon une expression que connaissaient encore les antiquaires romains (notamment Aulu-Gelle, 6, 13). Faute de cet armement indispensable pour tenir une place au sein de la phalange que formait l'armée de la cité sur le champ de bataille, il leur était attribué au plus un rôle d'auxiliaires, de vélites, selon le terme désignant l'infanterie légère qui menait des escarmouches en dehors du front de la légion.

L'aspect militaire de cette réforme est manifeste, convenant bien à un personnage comme Servius qui a dû appartenir à la troupe des frères Vibenna et avoir d'abord été un soldat. Selon une caractéristique que nous avons déjà notée pour l'ancien système des trois tribus, le cadre de la cité est le même, qu'il s'agisse de l'assemblée politique ou de l'armée. L'adéquation est même plus nette que dans l'ancien système. L'assemblée centuriate se réunit au Champ de Mars, lieu de rassemblement de l'armée lors des mobilisations, situé pour cela en dehors de la limite sacrée du *pomerium*. On entrevoit même un rapport précis entre la structure de l'assemblée et celle de la légion. Le terme de légion signifie à l'origine «rassemblement» et s'appliquait donc primitivement à l'ensemble des forces que Rome pouvait réunir, non à une unité tactique élémentaire : à époque ancienne Rome n'était vraisemblablement capable de mettre sur pied qu'une seule légion. Or on a proposé de reconnaître l'articulation qui a été de tout temps celle de la légion dans les chiffres donnés par les historiens pour les composantes de l'assemblée centuriate. Si l'on compte uniquement les centuries de *iuniores*, les plus jeunes, seuls directement mobilisables, à la différence des *seniores*, qui, plus âgés, ne forment qu'une réserve, on constate l'existence de quarante centuries pour la première classe : dix pour la deuxième, dix pour la troisième, c'est-à-dire pour ces trois classes qui sont les seules à disposer d'un armement de type hoplitique, soixante centuries. C'est le nombre de centuries que comporte la légion telle que nous la connaissons à époque ultérieure. Il est vrai qu'un autre type d'analyse a été défendu : il conviendrait de prendre en compte les seules centuries de la première classe. Dans ce cas, la légion serait réduite : on arrive à quarante centuries et non plus soixante. Mais ce chiffre s'articulerait mieux sur celui des quatre tribus, et la tribu garderait alors la liaison directe avec l'armée qui était la sienne dans le système des trois tribus primitives : chacune des nouvelles quatre tribus donnerait lieu à la mobilisation de dix centuries. Le passage à soixante centuries aurait été l'objet d'une modification ultérieure.

La révolution hoplitique

Quoi qu'il en soit, l'armée qui se profile derrière ce nouveau système est une armée renouvelée. Elle n'était plus fondée sur la solidarité due à la naissance ou au regroupement dans un clan, comme l'était celle du passé, du système des trois tribus génétiques. Sans doute la forme ancienne d'armée ne disparut-elle pas totalement. Le début de la République connut l'épisode fameux de l'expédition des 306 Fabii contre Véies, en 477, où l'on vit encore une famille et ses clients mener une guerre privée ; mais il s'agissait alors d'une guerre menée en marge des structures officielles de la cité. L'État en tant que tel, à partir de la réforme servienne, disposa d'une armée fondée sur d'autres bases, et sur laquelle il lui était plus facile d'affirmer son autorité. Rome eut dès lors une phalange de type grec, où les citoyens – du moins ceux qui étaient assez riches pour supporter les frais de l'équipement nécessaire – se retrouvaient au coude à coude, formant le mur continu de la légion rangée en ligne de bataille face aux ennemis de la cité.

Cela représenta un progrès militaire certain, et l'on peut donner raison aux sources qui disent que Rome avait copié ses voisins étrusques. Une organisation du type de la phalange est attestée dans le monde tyrrhénien dès le VIIe siècle par

Œnochoe de la Tragliatella (vers 630)

des documents figurés comme le décor de l'oenochoè de La Tragliatella, qui présente une théorie de combattants à pied, munis du bouclier rond et équipés à l'identique. Nul doute que lors des luttes que Rome eut alors à soutenir contre des cités toscanes – comme celles dont la tombe François nous a conservé le souvenir – elle sut apprécier le nouveau type d'organisation tactique. Servius Tullius, compagnon de guerre des frères Vibenna et membre de l'une de ces troupes étrusques, était évidemment fort bien placé pour introduire une telle transformation des habitudes militaires romaines. C'est d'ailleurs, nous l'avons déjà noté, en liaison avec cette transformation de l'art de la guerre qu'il faut vraisemblablement comprendre le terme de *magister* qui apparaît dans son nom étrusque de Macstarna.

Mais la réforme dépassa de beaucoup les aspects techniques. Après tout, la réforme hoplitique, tactiquement parlant, pouvait être réalisée dans un cadre non civique, encore gentilice. Les guerriers de l'œnochoè de La Tragliatella portent tous le même épisème (un sanglier) sur leur bouclier : ce n'est pas le cas des hoplites grecs qui apparaissent vers 760 dans la phalange de l'*olpè* Chigi. Les guerriers étrusques de l'oenochoè de La Tragliatella font donc plus penser à une troupe privée, levée par quelque chef, qu'à l'armée d'une cité. On peut citer dans le même sens la trouvaille, faite près de Vetulonia, d'une série de casques identiques portant tous inscrit le même gentilice *Haspnas* : ils ont dû appartenir à l'une de ces armées privées, organisées selon le modèle de la phalange. Mais cela est vrai aussi pour Rome : sur le champ de bataille, une *gens* comme celle des Fabii devait se ranger en phalange. Si la réforme que nous étudions est donc effectivement à attribuer à un spécialiste des choses militaires comme l'était Servius et s'il a certainement été sensible à l'avantage tactique que cela représentait pour Rome, il faut souligner qu'il l'a conçue comme allant bien au-delà du cadre étroit de la *res militaris*. Désormais c'est le type de cohésion que pouvaient avoir les citoyens dans la vie civile autant que dans la vie militaire, c'est-à-dire l'idée même de la cité, qui étaient modifiés.

Par rapport aux forces centrifuges que représentent, au moins potentiellement, les groupes familiaux avec leurs solidarités particulières, c'est en effet la cité elle-même qui s'affirmait, apparaissant comme le centre indiscutable du pouvoir. Parallèlement, les vieilles aristocraties étaient remises en cause par l'élargissement de la base sociale sur laquelle elles reposaient. La cité était sans doute à ce stade loin de s'identifier à l'ensemble de ses habitants, voire de ses citoyens. Les *infra classem* n'avaient vraisemblablement pas beaucoup à gagner au changement. Même si, déjà à ce moment, ils avaient leur place dans les centuries qui votaient au Champ de Mars, leur importance politique était nulle. On sait d'ailleurs que les Romains surent toujours, par des artifices de procédure, faire que le vote des plus pauvres ne pesât guère. On votait par unité de vote – donc par centurie et non par tête. Or les centuries étaient nettement plus nombreuses pour la première classe. En effet ces centuries, pour lesquelles le chiffre de cent membres a rapidement dû devenir purement théorique, comportaient un nombre de citoyens croissant au fur et à mesure qu'on descendait dans l'échelle des classes. Les plus pauvres, quoique plus nombreux, disposaient de moins d'unités de vote, et donc leur voix comptait beaucoup moins. D'autre part on votait classe après classe, en commençant par la première. Le nombre des centuries des classes supérieures leur donnait un poids tel que le résultat était acquis avant même que l'on arrivât au tour de vote des classes inférieures. On ne se donnait alors même pas la peine de les faire voter : les opérations s'arrêtaient dès que la majorité absolue était atteinte. En pratique, la plupart du temps les plus pauvres ne votaient même pas.

Le système favorisait bien évidemment les citoyens les plus riches, ou, si l'on veut, au moins une sorte de « couche moyenne », à base sociale élargie par rapport à l'ancienne aristocratie. Il peut nous sembler scandaleux selon nos vues de Modernes, mais ne nous empressons pas de le juger avec nos critères : il répondait à la conception de l'égalité proportionnelle, chère aux penseurs de l'Antiquité, estimant que les citoyens devaient avoir dans la cité la place qui leur revenait en fonction des services qu'ils lui rendaient. Les plus riches étaient les seuls à prendre place sur le champ de bataille, à défendre la cité en s'exposant aux risques du combat. Il paraissait normal qu'ils eussent une importance politique plus grande.

D'autre part, on ne peut nier que cette réforme représentait un accroissement sensible de la base de la vie politique de la cité et l'affirmation d'une certaine isonomie qui font que la naissance ne conférait plus de privilège (ou du moins plus un privilège aussi directement perceptible que par le passé). De cette affirmation – au moins relative – d'une égalité entre les membres du corps civique, on a une bonne illustration à la même époque pour une cité toscane, Volsinies, l'actuelle Orvieto. On y assiste, dans le troisième quart du VIe siècle, à une réorganisation complète des nécropoles : au lieu des grands tumulus de l'âge précédent, qui étaient disposés sans ordre, là où les grandes familles voulaient honorer leurs défunts, on trouve désormais un rigoureux alignement de petites tombes, édifices carrés de dimensions modestes, tous identiques, tous également inscrits au nom de leur propriétaire. À Rome, ce type de documentation funéraire n'est guère indicatif : nous avons constaté une restriction du luxe funéraire et de l'importance des tombes dès la seconde moitié du VIIe siècle, époque pour laquelle on ne peut guère penser à un processus autoritaire, imposé par l'État. Néanmoins le phénomène se poursuit au VIe siècle : on peut estimer qu'il était alors déjà codifié – comme il le fut au siècle suivant dans la loi des XII Tables.

La place de Rome en Italie centrale

Fort de cette cohésion nouvelle qu'il était susceptible de donner aux entreprises de la cité, l'État romain du VIe siècle fut assurément puissant. Et la « grande Rome des Tarquins », selon l'expression fameuse de l'historien italien Pasquali, n'est pas un mirage dû à une reconstruction complaisante des sources anciennes : Rome à cette période était une cité militairement forte, capable de mener des guerres qui dépassaient de beaucoup les querelles avec les cités voisines, et d'imposer son hégémonie dans un certain secteur de l'Italie centrale.

La tradition voulant que Tarquin l'Ancien ait vaincu les forces coalisées de l'Étrurie entière et que les Étrusques lui aient alors remis, en gage de soumission, les *insignia imperii*, fait partie des falsifications de l'histoire. En revanche, on sera moins sceptique en ce qui concerne la prépondérance de Rome sur le Latium, conformément à une ligne de la politique romaine que la tradition affirme constamment au cours de cette période. Bien des réalisations de l'époque ne se comprennent que dans le sens d'une suprématie affirmée par Rome à l'égard de la confédération latine. L'érection sur le Capitole du temple de Jupiter Optimus Maximus, rapportée par nos textes à une décision de Tarquin l'Ancien, posait la cité comme nouveau centre religieux du Latium, à la place de l'antique métropole albaine où les trente peuples se réunissaient pour honorer Jupiter. Nous avons déjà dit que l'épithète de Maximus impliquait une supériorité par rapport à Albe. Mais l'érection du temple de Diane sur l'Aventin, attribuée à Servius Tullius, eut la même signification. Cette fois c'est par rapport à un autre centre religieux de la ligue latine que cette initiative est à comprendre. Elle visait Aricie, c'est-à-dire la ville dont est originaire Turnus Herdonius, ce Latin qui s'opposait aux visées hégémoniques de Tarquin le Superbe. Aricie comptait en effet sur son territoire un temple de Diane, celui du bois de Nemi, qui avait lui aussi un caractère fédéral. Nous verrons que le début de la République sera marqué par un sursaut d'hostilité des Latins contre Rome. Celui-ci ne se comprend que parce que Rome avait imposé sa loi au *nomen Latinum* au cours de la période précédente, particulièrement dans sa partie finale, pour laquelle la tradition évoque une véritable soumission du Latium à Tarquin le Superbe.

Nous avons peut-être un indice extérieur de cette hégémonie sur le Latium. Polybe (3, 1, 22) a conservé le texte d'un premier traité qui aurait été conclu entre Rome et Carthage en 509 av. J.-C. :

> Les Romains ainsi que leurs alliés, d'une part, les Carthaginois ainsi que leurs alliés, d'autre part, entretiendront des relations de bonne amitié aux conditions suivantes :

Les Romains et leurs alliés s'abstiendront de naviguer au-delà du Beau Promontoire, à moins que la tempête ou une force ennemie ne les y contraignent; si un navire se trouve entraîné malgré lui au-delà de ce cap, il sera interdit à l'équipage de rien vendre et de rien acheter, sinon ce qui sera nécessaire pour mettre ledit navire en état de reprendre la mer ou pour offrir un sacrifice. Le navire devra repartir dans les cinq jours.

Pour ceux qui viendront faire du commerce, aucune transaction ne pourra être conclue sans la présence d'un héraut ou d'un greffier. Quant au règlement des achats effectués en présence de ces fonctionnaires, l'État se portera garant envers le vendeur – cela pour les ventes effectuées en Sardaigne et en Afrique.

Tout Romain qui se rendra en Sicile, dans la zone soumise à l'autorité de Carthage, jouira des mêmes droits que les autres.

Les Carthaginois s'abstiendront de toute agression contre Ardée, Antium, Laurentum, Circei, Terracine et toutes les cités qui sont soumises à Rome. Quant à celles qui sont indépendantes, ils éviteront de les attaquer, ou, s'il leur arrive de s'emparer de l'une d'elles, ils devront la remettre intacte aux Romains.

Les Carthaginois ne construiront aucun fort dans le Latium et, s'il advient qu'ils pénètrent en armes en territoire latin, ils s'en retireront avant d'y avoir passé une nuit. (Traduction D. Roussel.)

L'historicité de ce document a été au centre d'une vive controverse et certains historiens considèrent toujours qu'il s'agit d'une projection dans le passé d'une réalité des temps ultérieurs. D'autres en admettent l'historicité, qui nous paraît plausible. Toujours est-il que, si l'on accepte l'authenticité de ce document, ce traité daterait d'après notre période, puisqu'il aurait été conclu par la République naissante. Mais il aurait alors des chances de traduire, si l'on adopte l'indication chronologique donnée par Polybe, la réaction des Carthaginois devant la situation nouvelle créée par les bouleversements survenus à Rome et leur désir de bien spécifier leurs relations avec la cité, en décrivant l'état de fait qui existait au moment où celui-ci risquait d'être remis en cause. La situation qu'il traduit est en effet celle que l'on peut envisager pour la fin de la période royale. Au contraire, les premières années de la République marqueront une régression, avec la révolte des cités latines et l'amputation du territoire du *nomen Latinum* du fait de l'avancée des Volsques. Or ce traité affirme la suzeraineté de Rome sur le Latium. Plusieurs cités, Lavinium, Ardée, Antium, Circei, Terracine, sont considérées dans le texte comme ses sujettes. En outre, les Latins d'autres cités, présentés comme non sujets de Rome, sont soumis à une sorte de droit de regard de l'*Vrbs*, qui dans cet acte de relations internationales traite de ce qui les concerne. Ce document donne donc une image de Rome puissance dominante dans le Latium : il correspond à ce qui ressort de la tradition sur le Superbe. Ce dernier aurait étendu son pouvoir sur Gabies, prise par la ruse de son fils, donné sa fille en mariage à un puissant allié latin, Octauius Mamilius de Tusculum, imposé ses vues aux représentants de la ligue latine réunie au *lucus Ferentinae*, en se débarrassant traîtreusement de l'Aricien Turnus Herdonius, et aurait encore été en train de mener le siège d'Ardée lorsqu'il fut renversé.

Émergence de Rome à l'horizon international

Rome n'était pas seulement une puissance latine. En Italie, en plus de ses liens avec les cités étrusques, elle était en relation avec une cité grecque comme Cumes. La tradition raconte que c'est sous le règne du Superbe que Rome aurait acquis les livres Sibyllins, recueil de prédictions attribuées à la Sibylle de Cumes. Bientôt les textes évoqueront l'exil de Tarquin à Cumes, réfugié auprès du tyran Aristodème. Les liens entre le roi et Cumes reposent sur des relations établies auparavant, et dont on peut trouver certaines traces archéologiques.

Mais la cité ne bornait plus son horizon à l'Italie. Plus que les textes qui évoquent l'ambassade à Delphes de Brutus et des fils de Tarquin, dont le récit est encombré d'éléments légendaires, on en verra comme indice une fois de plus le traité de 509 avec Carthage. Il était d'ailleurs dans la logique des liens qu'avait alors Rome avec le monde étrusque. Nous sommes à la grande époque des relations entre Puniques et Étrusques, avec le coup d'arrêt qu'ils portèrent ensemble, vers 535, à l'expansion phocéenne en mer Tyrrhénienne par leur victoire commune sur les Phocéens établis à Alalia (l'actuelle Aléria), en Corse. La bataille de la mer de Sardaigne, dans laquelle, du côté étrusque, Caeré joua un rôle prépondérant, les y contraint au départ. Dans ce traité non seulement Carthage reconnaissait Rome comme la puissance dominante dans le Latium, à laquelle ses marins et ses marchands ont affaire dès qu'ils abordaient sur les côtes latines, en quelque point que ce fût; mais elle fixait également, d'un commun accord avec Rome, les limites auxquelles le commerce romain devait se soumettre. Celui-ci était admis, sous contrôle, en Afrique, en Sardaigne et dans la partie punique de la Sicile. Carthage se réservait en revanche le trafic le plus occidental (telle paraît être en effet l'interprétation la plus probable pour la localisation du Beau Promontoire au-delà duquel le texte interdit aux Romains de naviguer), celui en direction de ses comptoirs de l'ouest de l'Afrique du Nord et de l'Espagne: les richesses de Tartessos restaient pour elle chasse gardée. Ces clauses impliquaient que Rome, par elle-même ou par ses alliés, fût déjà devenue une puissance maritime, eût un rayonnement susceptible de se faire sentir par-delà les mers.

On a même proposé de placer à cette époque la tentative d'envoi d'une colonie en Corse dont parlait, à la fin du IVe siècle, le Grec Théophraste dans son *Histoire des plantes* (5, 8, 2). Il n'en précise malheureusement pas la date, disant simplement qu'elle avait eu lieu « autrefois ». Au VIe siècle, nous sommes à l'époque de la tentative manquée des Phocéens à Alalia. Les fouilles effectuées sur le site ont permis de retrouver la trace d'un établissement étrusque qui a succédé à la colonie phocéenne – les Étrusques se donnant alors comme zone d'établissement de colonies la Corse, comme les Carthaginois le faisaient avec la

Sardaigne. Rome avait des relations avec Caeré, cité étrusque la plus directement impliquée dans ces événements. Elle était devenue sa voisine depuis qu'elle contrôlait l'embouchure du Tibre. Les liens paraissent avoir été bons dès cette époque comme ils le furent plus tard – après peut-être une première période de heurts, à en croire la tradition sur Tarquin l'Ancien et sur Servius, qui mentionne des guerres entre Rome et Caeré (mais dans le cadre d'une coalition conduite par Véies, la grande ennemie étrusque de l'*Vrbs*). Il n'est donc pas impensable que Rome ait joué un rôle dans cette entreprise de mainmise tyrrhénienne sur la Corse. Mais on ne peut exclure une date plus tardive pour cette mystérieuse colonie et la repousser à l'époque classique de l'entente entre Rome et Caeré, c'est-à-dire au IVe siècle.

CHAPITRE IV

Les difficiles débuts de la liberté

par Dominique Briquel

Du viol de Lucrèce à la révolution

Dans le récit traditionnel, la révolution qui chassa Tarquin le Superbe et instaura la République offrit à ses débuts des allures de fait divers. Tout commença par des propos de jeunes officiers qui s'ennuyaient lors du siège d'Ardée par l'armée romaine : les opérations traînaient en longueur et ils tuaient le temps en parlant de femmes. En l'occurrence ils parlèrent de leurs femmes, et pour savoir laquelle parmi elles était la meilleure épouse. Rien ne valant une vérification, les maris revinrent à bride abattue à Rome pour voir ce que leurs femmes faisaient en leur absence. La palme revint sans conteste à la Romaine Lucrèce, épouse de Tarquin Collatin : ils la trouvèrent filant la laine alors que les épouses étrusques des fils du roi Tarquin, et notamment celle de Sextus Tarquin, étaient en train de banqueter. C'en était trop pour Sextus, qui s'éprit de la vertueuse Lucrèce. Peu de jours après il s'éclipsa du camp, la rejoignit – et la viola. Celle-ci ne voulut pas survivre à un tel manquement, fût-il involontaire, à la foi jurée à son mari : elle se tua, non sans avoir révélé l'horrible forfait du fils du roi à Collatin, accouru à son appel avec ses compagnons Brutus et Publius Valerius, le futur Publicola.

Comme souvent dans l'histoire de Rome – ou dans sa légende –, et comme cela se répéta bientôt avec les décemvirs, une atteinte à la vie privée, et à cette vertu essentielle de la femme romaine qu'était son *pudor* – terme qui signifie davantage sens de l'honneur que simplement pudeur –, donna le signal d'un sursaut d'ordre politique, d'une révolte contre la tyrannie. Brandissant le couteau sanglant qu'il avait retiré de la plaie de Lucrèce, Brutus – qui, abandonnant la façade de stupidité qu'il avait jusque-là revêtue pour ne pas éveiller des soupçons de la part des Tarquins, prit dès lors la direction des opérations, laissant dans l'ombre le mari de Lucrèce, Collatin – appela non seulement à la vengeance contre Sextus Tarquin, mais aussi au renversement de la monarchie, à la fin de ce régime qui n'était plus, avec le Superbe, que despotisme et tyrannie. Tite-Live évoque un véritable serment de haine à la royauté, que Brutus fait prêter aux conjurés devant le corps de Lucrèce :

> Par ce sang si pur avant le crime du prince, je jure devant vous, ô dieux, de chasser Lucius Tarquin le Superbe, lui, sa criminelle épouse et toute leur descendance, par le fer, par le feu, par tous les moyens qui seront en mon pouvoir et de ne plus tolérer de rois à Rome, ni eux ni aucun autre. (1, 59.)

Rome se souleva, l'armée qui assiégeait Ardée se joignit au mouvement. Il ne resta plus à Tarquin le Superbe et à ses fils qu'à prendre le chemin de l'exil. Ainsi se termina pour Rome la période des rois : cela se passait en 509 av. J.-C.

Un changement difficile

À la période des rois succéda la République ; mais les premières années du nouveau régime furent agitées et l'établissement définitif de cette *res publica libera*, tel que le présentent nos sources, fut loin de se faire dans le calme. Déjà, le passage d'un régime à l'autre fut marqué par des tensions sur le plan intérieur. Certes, à en croire les historiens et les fastes consulaires donnant la liste des magistrats qui s'étaient succédé à la tête de l'État, les rouages essentiels du régime républicain s'étaient mis en place dès cette année 509. Les rois étaient partis, les consuls leur avaient succédé. La première année de la République avait vu pour la première fois fonctionner le système du collège de deux magistrats suprêmes, égaux en droits et en fonctions, qui avaient repris les anciens insignes du pouvoir royal, comme les faisceaux portés par les licteurs. Cela s'était fait par un accord unanime du peuple et du Sénat : on a déjà là le thème de la *concordia ordinum* qui sera l'idéal proclamé par tous les orateurs et hommes politiques romains des temps à venir.

Dans les faits, à tenir simplement compte de ce que rapporte le récit annalistique, on constate que le changement de régime ne suscita pas que des réactions favorables. Des nostalgiques de la monarchie existaient. Nos textes parlent du complot de jeunes aristocrates, liés à Sextus Tarquin et mécontents du nouveau régime qui ne leur laissait plus la possibilité de s'ériger impunément au-dessus des lois que leur avait offerte le temps de la tyrannie et d'assouvir ainsi leurs bas instincts. Il fut facile aux ambassadeurs envoyés à Rome par les Tarquins pour tenter de récupérer les biens qu'ils y avaient laissés de les persuader de fomenter un complot. C'est ce complot qui fournit à Brutus l'occasion de donner une preuve terrible de son sens de l'État en faisant exécuter ses fils, qui s'y étaient associés. Mais il est probable qu'en dépit du souvenir des corvées, la monarchie gardait des partisans aussi dans la plèbe – et en effet cette révolution correspondit plus à une réaction de défense des intérêts d'une oligarchie, à laquelle s'opposait la politique des rois de la période étrusque, qu'à un mouvement populaire. C'est à l'occasion du complot des jeunes nobles que nos sources parlent de cette mesure populaire par excellence que fut la distribution des biens des Tarquins au peuple. Sans doute dès ce stade s'amorçaient les tensions qui débouchèrent sur le conflit entre patriciat et plèbe.

La nouvelle équipe dirigeante ne fut pas à l'abri des remous. Le premier couple consulaire avait été formé par Brutus et le mari de Lucrèce, Collatin. Celui-ci fut éliminé presque immédiatement : le motif allégué dans nos textes est qu'il appartenait à la famille des Tarquins (il était fils d'un frère de Tarquin l'Ancien, Egerius). Collatin fut remplacé par Publius Valerius, qui lui-même suscita des oppositions : on le soupçonnait de vouloir restaurer à son profit la monarchie. Les auteurs anciens affirment qu'il sut se laver de ce soupçon : abandonnant la demeure où il habitait en haut du Palatin, il vint s'établir au pied de la colline et fit un autre geste significatif en abaissant ses faisceaux devant le peuple. Il gagna par là son surnom de Publicola, que nos sources comprennent comme signifiant « dévoué au peuple », alors que le sens a pu être « qui habite sur un terrain public » : le verbe latin *colere*, sur lequel est formée la partie finale du nom, peut aussi bien signifier « honorer » que « habiter ». La tradition veut en effet que le terrain sur lequel sa maison fut édifiée lui ait été donné par l'État. Mais Publicola donne effectivement l'impression d'un pouvoir bien au-dessus de ce qui sera la norme pour les temps ultérieurs : il occupa quatre fois la charge de consul dans les premières années de la République. Cet aspect de pouvoir hors de la norme républicaine est renforcé par l'absence ou l'insignifiance de ses collègues au consulat. Brutus disparut dès les premiers mois du nouveau régime, au cours de la bataille de la forêt Arsia. Un Spurius Lucretius lui succéda, qui mourut aussitôt, puis, toujours en 509, on choisit comme consul un Marcus Horatius Puluillus. On ne retient de ce dernier que le conflit qui l'opposa à Publicola pour la dédicace du temple de Jupiter Capitolin – enfin achevé, mais pas encore inauguré officiellement : il l'assura de justesse, profitant de l'absence de Publicola parti à la guerre, et en dépit de l'annonce mensongère que des amis de Publicola avaient faite au moment même de la dédicace, pour l'empêcher d'accomplir la cérémonie, selon laquelle son fils venait de mourir. Lors de ses consulats ultérieurs, Publicola eut pour collègues des Lucretii parfaitement insignifiants. Il aurait, d'après nos sources, défini comme crime l'*adfectatio regni*, l'aspiration au pouvoir royal : il n'en exerça pas moins une autorité qui n'allait pas sans susciter des réactions tant elle apparaissait absolue.

Les guerres de la jeune République

À cette histoire interne agitée fit pendant une histoire externe qui le fut encore plus. Les textes montrent Rome engagée au cours des premières années du régime républicain dans une série de conflits. Les principaux – si l'on excepte quelques heurts avec les Sabins, les Aurunques ou les Volsques, répondant à la pression de ces peuples montagnards sur les habitants des plaines latines qui fut une constante de l'histoire du ve siècle – furent directement liés au changement de régime et provoqués par les menées des Tarquins, qui ne se résignaient pas à la nouvelle situation. D'où une suite de guerres dont la jeune République finit par sortir victorieuse.

Le monarque déchu trouva d'abord un appui auprès des cités étrusques les plus proches : Véies, qui vit là une nouvelle occasion de faire la guerre à sa voisine romaine, et Tarquinia, sensible à l'origine tarquinienne de sa famille. Cela aboutit à la bataille de la forêt Arsia, où tombèrent à la fois Brutus et un fils du roi Tarquin qui s'y tuèrent mutuellement. La bataille fut loin d'être un succès sans nuance pour les Romains, tant leurs pertes furent importantes, mais ils sortirent vainqueurs : alors qu'ils restaient moralement abattus au cours de la nuit qui suivit la bataille, une voix mystérieuse sortant du bois leur révéla que les Étrusques avaient perdu un homme de plus qu'eux et que donc la victoire leur revenait. Les Tarquins en furent réduits à aller plus loin chercher du secours : ils le trouvèrent toujours en Étrurie, mais beaucoup plus au nord, auprès du roi de Chiusi, Porsenna.

D'où une deuxième guerre romano-étrusque, placée par nos sources l'année suivante, en 508, et opposant cette fois Rome à de nouveaux adversaires tyrrhéniens. Elle se révéla beaucoup plus dangereuse pour la cité : Rome fut bloquée, subit un siège et commença à ressentir les effets de la famine, qui finirent par l'obliger à entrer en pourparlers avec Porsenna. Mais cette guerre fut surtout dans le récit traditionnel l'occasion pour Rome de montrer que ses citoyens étaient capables des exploits les plus héroïques. C'est alors que se situent les hauts faits de trois héros : Horatius Coclès qui, lointain prédécesseur du chevalier Bayard au pont du Garigliano, défendit seul le pont du Tibre contre l'armée ennemie ; Mucius Scaeuola, qui, arrêté dans le camp adverse où il avait pénétré pour tuer le roi, effraya le souverain en brûlant volontairement sa main pour garantir la révélation qu'il lui faisait d'un complot – imaginaire – qui aurait été fomenté contre lui par trois cents jeunes Romains ; Clélie enfin, une des jeunes femmes romaines livrées en otages lorsque la cité, un peu plus tard, traita avec Porsenna, qui s'enfuit en traversant le Tibre grâce à un cheval dont elle s'était emparée. Ces figures exemplaires sont réunies dans le tableau que l'historien Florus, sous le règne d'Hadrien, dressa de cette guerre :

> Porsenna, roi des Étrusques, était là avec des troupes considérables et voulait ramener les Tarquins par la force. Le roi avait beau exercer sa pression par les armes et par la famine et, en occupant le Janicule, tenir la ville à la gorge, le peuple le contint, le repoussa et, en fin de compte, le frappa d'une telle admiration qu'en dépit de sa supériorité il conclut spontanément un traité d'amitié avec des gens presque vaincus. C'est alors qu'eurent lieu les trois prodiges et miracles attachés au nom de Rome : Horatius, Mucius, Clélie, qui, s'ils ne figuraient pas dans les annales, apparaîtraient aujourd'hui comme des légendes. Comme Horatius Coclès ne pouvait, à lui seul, repousser les ennemis qui le pressaient de tous côtés, il fait couper le pont et traverse le Tibre à la nage sans abandonner ses armes. Mucius Scaeuola, grâce à un stratagème, attaque le roi dans son propre camp mais, quand, après avoir frappé initialement un des membres de son entourage revêtu de la pourpre, il est arrêté, il met la main dans un foyer ardent et redouble par la ruse la terreur qu'il inspire. « Vois, pour que tu saches, dit-il, à quelle sorte d'homme tu as échappé : nous sommes trois cents à avoir juré la

même chose ! » et, ô prodige !, lui demeurait impavide, tandis que l'autre tremblait, comme si c'était la main du roi qui brûlait. Tels furent les hommes. Mais pour que l'autre sexe ne restât pas sans gloire, voici une preuve aussi du courage des jeunes filles : une des otages données au roi, Clélie, ayant échappé à la surveillance, traversait à cheval le fleuve qui la séparait de sa patrie. Alors le roi, terrifié par de si nombreuses et de si grandes prouesses, ordonna de lever le camp et de libérer les prisonniers. (1, 4.)

Devant tant de courage en effet l'attitude de Porsenna se modifia ; il accepta de traiter avec Rome. De simple armistice marqué par la remise par les Romains d'otages (dont Clélie), ce traité devint bientôt une paix véritable – où les otages furent libérés –, et se mua même en une alliance entre les anciens adversaires. Rome apprécia la générosité du roi étrusque, qui lui fournit le ravitaillement dont elle avait besoin. Porsenna de son côté fut sensible à l'accueil que les Romains réservèrent bientôt à ses troupes. Celles-ci, rendues disponibles par la levée du siège de Rome, étaient parties sous la conduite d'Arruns, fils de Porsenna, combattre les Latins. Mais elles furent défaites par ceux-ci à Aricie, grâce à l'aide que leur apporta Aristodème de Cumes. Leurs débris refluèrent sur Rome, où les Romains les accueillirent et les soignèrent.

Désormais les Tarquins n'avaient plus rien à espérer de Porsenna devenu l'ami des Romains. Aussi cherchèrent-ils une aide auprès des Latins, qui venaient justement de battre les troupes du roi de Chiusi. Ils pouvaient compter sur l'appui, efficace, d'Octauius Mamilius, le chef tusculan gendre du Superbe. Ils gagnèrent à leur cause l'ensemble du *nomen Latinum*. La rencontre décisive se produisit, à une date variable selon nos sources, 499 ou 496, sur les bords du lac Régille, près de Tusculum. Elle se termina par la défaite des troupes des peuples latins devant l'armée romaine et la mort d'Octauius Mamilius. Les dieux se montrèrent donc favorables à Rome. Ils le firent clairement savoir : on avait vu le jour même deux jeunes cavaliers venir s'abreuver à la source Juturne, sur le Forum, et annoncer le succès des armes romaines. Il s'agissait des Dioscures en personne, Castor et Pollux, dont le chef romain, le dictateur Aulus Postumius, avait invoqué l'aide au cours de la bataille et à qui il allait bientôt édifier en action de grâces un temple sur le Forum, dédié en 484.

Devant la supériorité romaine, ainsi confirmée par les dieux, les Latins n'avaient plus qu'à s'incliner. La vieille alliance entre Rome et les autres cités latines fut renouée, dans un climat de réconciliation parfaite où l'on vit les Romains libérer sans rançon les prisonniers latins et les Latins combler de dons Jupiter Capitolin – ce Jupiter dont nous avons vu qu'il concurrençait leur vieux Jupiter albain. Les deux parties signèrent un traité, le *foedus Cassianum*, du nom du consul Spurius Cassius qui l'avait conclu en 493. Cicéron avait encore pu lire le texte, gravé sur une colonne de bronze, sur le Forum tel qu'il l'avait connu enfant, avant les aménagements de Sylla (*Discours pour Balbus*, 53).

La défaite des Latins marqua la fin des espoirs de restauration des Tarquins. Pas plus les Latins que précédemment les Étrusques, ceux de Véies et Tarquinia puis ceux de Chiusi, ne leur avaient permis de rétablir leur pouvoir à Rome. Après la bataille du lac Régille, ils durent une fois de plus s'éloigner, et la Cumes d'Aristodème les recueillit. Le Superbe ne survécut que peu à la défaite : il mourut en exil dans la cité grecque en 495. Désormais toute tentative de restauration monarchique de la part de la famille déchue était exclue. Aristodème, devenu l'héritier des Tarquins, tenta à son tour de récupérer leurs biens en bloquant en 492 une tentative des Romains de s'approvisionner en blé campanien au cours d'une famine. Cette manifestation d'humeur contre la République ne pouvait plus changer le cours des choses.

Un événement considérable

Tel est le cadre événementiel donné par les historiens antiques. On ne peut s'attendre à ce qu'il conserve fidèlement la mémoire des faits tels qu'ils se sont déroulés. Une réélaboration des données est ici d'autant plus attendue qu'on a affaire à un moment essentiel de l'histoire de Rome, à l'acte fondateur de ce qui était son régime politique au moment où l'historiographie romaine s'est formée : cette république, ce régime de *libertas*, de liberté, dont les Romains des siècles ultérieurs se targuaient d'être les représentants dans un monde dominé par les monarchies, qu'elles soient barbares ou hellénistiques. La fondation de la République est de ce fait une sorte de seconde fondation de Rome. Il ne s'agissait pas, pour les Romains des temps républicains, d'un souvenir réduit à une commémoration sans incidence sur le présent. L'action des pères fondateurs conservait pour eux une valeur d'exemple, de modèle à suivre. Il n'est pas étonnant qu'à la fin de la période républicaine se soit encore levé, contre celui qu'il estimait être un nouveau roi, un nouveau Brutus. Il n'est pas étonnant non plus que le récit de cette période, porteuse d'une telle charge idéologique, apparaisse encombré d'éléments légendaires.

Nous avons déjà fait allusion à cet aspect au sujet de ce qui provoqua le sursaut des Romains, la violence faite à Lucrèce. L'aspect d'histoire édifiante de l'épisode est évident. Il n'y a pas à chercher de fondement réel sous cette aventure tragique, dont nous avons évoqué les côtés qui relèvent du motif des débordements prêtés au tyran – ou à ses proches – ou du jeu d'opposition entre mœurs étrusques et romaines.

Le borgne et le manchot

D'autres épisodes sont tout aussi suspects. C'est le cas notamment de ce qui entoure le siège de Rome par Porsenna. Il est déjà psychologiquement bien peu probable que le roi, parti soutenir les prétentions des Tarquins, les abandonne cavalièrement au moment où pourtant la résistance de Rome s'effondre, qu'il se mue, sous le simple effet de l'admiration suscitée en lui par les exploits de ses adversaires, d'ennemi implacable en partenaire chevaleresque et bientôt en allié reconnaissant. Mais, surtout, le récit de ces exploits relève du domaine de la fable. La mise en parallèle des épisodes d'Horatius Coclès et de Mucius Scaeuola avec des données de la mythologie germanique est certainement l'un des acquis les plus sûrs de la méthode comparative introduite par Georges Dumézil.

Coclès porte un nom qui signifie « le borgne », celui de Scaeuola « le gaucher ». Or les exploits des deux héros sont complémentaires, qui induisent pour la première fois Porsenna à changer d'attitude. L'épisode de Clélie, avec le retournement final du roi étrusque en faveur des Romains, n'intervient qu'après. On peut donc parler d'une association du borgne et du gaucher, ou plus exactement du manchot. Or une telle association est bien connue dans le monde indo-européen, et constitue l'un des traits saillants des représentations des anciens Germains en ce qui concerne les deux divinités qui patronnent la fonction souveraine, Odinn et Tyr : Odinn a perdu un œil, Tyr a perdu un bras.

Le parallélisme n'est pas de pure surface. Le dieu Odinn est un dieu terrible dont l'unique œil menace les ennemis et les paralyse de frayeur. Les *truces oculi*, regards menaçants, dont parle Tite-Live à propos de Coclès affrontant les ennemis gardent peut-être encore une trace du pouvoir magique qui avait dû être celui de son prototype divin, tel qu'il se manifeste dans le cas du dieu germanique. Mais c'est surtout pour Scaeuola que l'apparentement des représentations est sensible. Le héros romain perd son bras droit parce qu'il le brûle volontairement, en gage de bonne foi, de *fides*, pour faire croire à la véracité d'une affirmation trompeuse. Le dieu germanique Tyr a perdu le sien dans des conditions comparables : il l'a mis dans la gueule d'un monstre, le loup Fenrir, qui menaçait d'engloutir le monde, pour appuyer un serment mensonger. Mais ce geste a été positif : il a permis de sauver le monde.

Avec les exploits des héros romains, nous sommes donc en pleine mythologie. Mais cette remarque a une portée plus générale. Il convient, comme Georges Dumézil l'a proposé rapidement, mais sans vraiment approfondir cette intuition, d'étendre ce genre d'analyse à bien d'autres éléments du récit traditionnel. Il correspond à la transposition dans l'histoire romaine d'un récit mythologique de vaste portée, que nous font connaître le monde scandinave, avec ce qu'il est convenu d'appeler le *Crépuscule des dieux* (mais l'expression signifie en réalité « le destin des dieux ») et l'Inde avec l'épopée du *Mahabharata* : le récit de la bataille eschatologique opposant les démons et les dieux, avec en conclusion l'émergence, une fois la crise surmontée, d'un univers parfait.

Il n'est pas inconcevable en effet que les Romains des âges républicains aient appliqué à la naissance du régime, pour eux idéal, sous lequel ils vivaient ce qui avait dans d'autres secteurs du monde indo-européen une dimension religieuse et surnaturelle. Le récit traditionnel des origines de la cité nous a déjà fourni un bon exemple de la tendance de ces esprits réalistes à reporter sur leur propre passé ce qui ailleurs s'épanouissait en grandes envolées mythologiques. En l'occurrence, la comparaison permet de reconnaître dans les tentatives des Tarquins, chassés de Rome par la révolution et tentant de reconquérir la cité, le pendant de

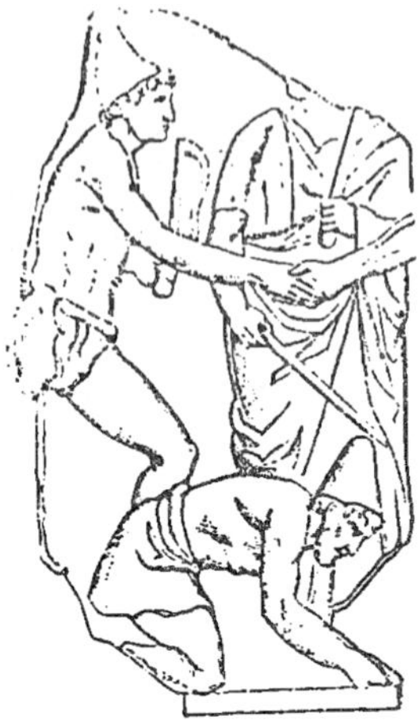

Scène d'affranchissement « par la baguette »

ce que racontaient les anciens Germains de leurs monstres et démons, qui, sortant des Enfers, se seraient lancés à l'assaut de la forteresse où ils résidaient. Le parallèle éclaire bien des aspects du récit. Comme les dieux germaniques ou le camp des « bons » de l'épopée indienne, les Pandava, les Romains ne triomphent que difficilement. Ils subissent des pertes presque égales à celles de leurs adversaires lors de la bataille de la forêt Arsia, où leur chef, le consul Brutus, tombe en même temps que son adversaire Tarquin – de la même manière que les dieux et les démons germaniques s'entretuent au cours de la bataille eschatologique. À la fin du combat, lors de la nuit suivante, il faut une manifestation divine – la voix qui se fait entendre dans la forêt – pour leur garantir la victoire, tout comme cela se passe dans l'épopée indienne lors de la bataille nocturne qui achève la guerre, où la plupart des « bons » périssent et où le dieu Krisna assure la victoire, *in extremis,* de leur camp. D'autre part, Rome n'est préservée que par l'intervention de ceux que Georges Dumézil a qualifié de « sauveurs paradoxaux ». L'esclave qui révèle le complot des jeunes nobles d'abord : il est paradoxal en effet que ce soit un esclave, donc un individu exclu de la vie politique, qui assure le salut de l'État, la *res publica*. L'épisode n'a aucune historicité : c'est ce que montre le nom de Vindicius attribué à cet esclave, qui est formé sur un terme qui désignait l'une des procédures d'affranchissement, celui dit *per vindictam*, c'est-à-dire « par la baguette ». Le maître touchait son esclave avec une baguette, en signe d'affirmation d'un droit de propriété, à laquelle il renonçait ensuite. Le rapport est explicitement posé par Tite-Live :

> On donna en récompense au dénonciateur une somme prise dans le trésor, la liberté et le titre de citoyen. Ce fut, dit-on, le premier cas d'affranchissement par la baguette (*uindicta*). On prétend même que la baguette doit son nom à cet esclave qui s'appelait Vindicius. Depuis lors il est de règle que ce mode d'affranchissement entraîne le droit de cité. (2, 5, 10.)

En réalité il faut reconnaître en lui la transposition d'un des acteurs du récit mythologique sous-jacent qui, dans l'épopée indienne, se manifeste constamment comme le protecteur du groupe des « bons » tout en n'appartenant pas à leur famille. Il en va de même pour Porsenna, autre « sauveur paradoxal » : son étrange mue d'adversaire acharné de Rome en pourvoyeur attentionné de son approvisionnement répond à une autre figure essentielle du récit que reflète l'épopée indienne. Autre point qui évoque un rapprochement entre la tradition romaine et le schéma mythique de la bataille eschatologique : la place charnière qu'y tient une figure féminine comme Clélie. On a reconnu en cette jeune fille, qui a droit à l'honneur inouï d'une statue équestre, la transposition d'une divinité, une *Venus equestris* : mais Clélie, unique femme intervenant après les divers héros masculins et parachevant leur action, est aussi l'homologue de la femme unique des Pandava indiens, Draupadi, dont l'intervention est aussi décisive pour fléchir, dans l'épopée indienne, le correspondant de Porsenna.

On pourrait évoquer bien d'autres détails du récit annalistique qui se laissent interpréter de cette manière. Ainsi le faux avis donné à Horatius, le consul qui procède à la dédicace du Capitole, que son fils est mort – détail particulier s'il en est – se retrouve à propos d'un des héros positifs du *Mahabharata*, Yudisthira. Les correspondances sont encore plus nettes pour Brutus, personnage essentiel du passage de la royauté à la république. Comme l'un des acteurs de cette crise eschatologique, le « dieu-cadre », il se définit par un double refus de la royauté et de la paternité : c'est lui qui fait prononcer par les Romains le serment contre le *regnum* et il fait mettre à mort ses fils. Comme un autre, le dieu silencieux qui se réserve pour le combat final contre les démons et n'agit pas auparavant, il feint la bêtise tout au long du règne du Superbe – point où par ailleurs transparaît une étiologie de son surnom de Brutus – et ne se révèle pour ce qu'il est que lorsque la crise éclate, avant de disparaître en même temps que son adversaire en s'entretuant avec lui.

Valerius Publicola et Aristodème de Cumes

Mais l'exemple de Brutus montre aussi les limites de l'affabulation. Le parallélisme avec le mythe eschatologique perceptible ailleurs regarde la mise en forme du récit, non sa base dans l'histoire : le renversement des Tarquins est un fait bien réel et un Iunius Brutus a certainement joué un rôle dans ces circonstances. On peut faire la même remarque en ce qui concerne les principaux personnages que le récit met en scène, comme, du côté romain, les autres participants au complot et les premiers magistrats de la République, du côté de leurs adversaires, les membres de la famille des Tarquins et Porsenna. Les figures du récit qui paraissent imaginaires sont celles de comparses, comme Vindicius, et sans doute Coclès et Scaeuola.

En revanche les noms des principaux responsables ne sont pas sortis de l'imagination d'un historien des temps ultérieurs, ni non plus d'une forme d'élaboration prélittéraire transposant sur le passé de Rome des schémas mythiques. Une trouvaille remarquable est venue le prouver ces dernières années à propos de

Dédicace d'un Publius Valerius trouvée à Satricum

Valerius Publicola. Une inscription latine archaïque utilisée comme matériau de réemploi dans le temple de Mater Matuta à Satricum, qui, d'après le type des lettres et l'état de la langue, remonte aux environs de 500, porte une dédicace au dieu Mars faite par les compagnons – *sodales*, selon le terme que l'empereur Claude employait pour désigner Macstarna-Servius Tullius par rapport à son chef, Caeles Vibenna – d'un certain Publius Valerius : il s'agit selon toute probabilité de Publius Valerius Publicola.

Reste bien évidemment à faire la part de la réalité et des diverses stratifications légendaires. Quels sont, dans le récit traditionnel tel que nous l'avons présenté, les éléments que l'on peut tenir pour historiques et ceux qui ne peuvent pas l'être ? Comment s'est déroulée cette éviction des Tarquins dont, on l'a vu, on a peut-être un reflet archéologique dans les destructions qui touchent à la fin du VIe siècle le secteur de Sant'Omobono ou les réaménagements qui affectent alors le Comitium et la Regia ?

Il se trouve que nous disposons cette fois d'un point de vue extérieur sur les événements. On a vu que le tyran de Cumes Aristodème y avait joué un certain rôle. Débarquant au secours des Latins d'Aricie attaqués par l'armée de Porsenna, il remporta sur celle-ci une victoire par laquelle il renouvela celle qu'il avait remportée sur les Étrusques venus attaquer Cumes en 524, la contraignant à évacuer le Latium et à se replier en désordre sur Rome. Plus tard il accueillit à Cumes, cité dont entre-temps il était devenu le tyran, les Tarquins que la défaite de leurs alliés latins au lac Régille avait obligés à se réfugier en Campanie. Or ces données ne nous sont pas transmises seulement par une tradition romaine. Assurément, c'est la tradition romaine qui relate l'accueil amical fait à Rome aux restes de l'armée d'Arruns après Aricie, expliquant par là l'origine du nom de *uicus Tuscus*, quartier étrusque, porté par un quartier de la ville. Mais, par exemple, le récit de la bataille d'Aricie, tel qu'il est rapporté avec force détails par Denys d'Halicarnasse (7, 5-6), ne doit pas remonter à une source romaine : les Romains n'étaient intéressés qu'indirectement par cet événement, et on verra beaucoup plus la trace du reflet qu'elle a pu avoir dans la tradition romaine parmi les quelques allusions vagues que l'on trouve chez Tite-Live (2, 14). Denys d'Halicarnasse, au contraire, donne une grande ampleur à son récit, et surtout y souligne le rôle d'Aristodème, en liant explicitement la bataille d'Aricie à la première victoire du tyran grec sur les Étrusques, devant Cumes en 524. Tout ce passage dénote l'utilisation d'une source grecque, et plus précisément d'une chronique locale de Cumes.

Porsenna et Chiusi dans le Latium

L'intervention d'Aristodème de Cumes montre que les événements qui se déroulaient alors dans le Latium mettaient en jeu des forces extérieures à cette région. Mais on peut dire la même chose pour Porsenna. Il était roi de Chiusi, et Chiusi n'était pas l'une des cités étrusques dont on escompte pour ainsi dire naturellement la manifestation dans des affaires concernant Rome et le Latium.

Autant l'appui apporté dans un premier temps aux Tarquins par Véies et Tarquinia ne fait pas sortir du cadre habituel des rapports entre Rome et les cités étrusques, autant celui que leur assure ensuite Porsenna est inattendu. Chiusi est une ville du Nord, située par rapport à Rome bien au-delà de ses voisines que sont Véies, Caeré, Tarquinia, plus loin même que Vulci d'où étaient originaires les frères Vibenna et Macstarna. Que Chiusi intervienne à Rome et dans le Latium représente un facteur nouveau.

Cette intervention d'une cité aussi lointaine ne saurait pour autant être révoquée en doute. À la garantie externe de la source cumaine s'ajoutent des données, d'origine étrusque, qui montrent que Porsenna était une figure prestigieuse de l'histoire de ce peuple. Pline l'Ancien, d'après une source étrusque citée par Varron, expliquait qu'on montrait son tombeau dans les environs de Chiusi : c'était un édifice gigantesque dont il nous fait une description fantastique (*Histoire naturelle*, 38, 91-93). Et, selon un processus que l'on constate également pour les frères Vibenna, ce roi était devenu en Toscane une figure mythique. On racontait qu'il avait su, par des formules appropriées qu'il avait tirées des traités de science religieuse étrusque, attirer la foudre sur le monstre Olta qui ravageait la campagne aux alentours de Volsinies :

> D'après une vieille tradition étrusque, la foudre fut ainsi obtenue lorsqu'un monstre appelé Olta menaçait la ville de Volsinies après avoir ravagé la campagne : elle avait répondu aux invocations de son roi Porsenna. (Pline l'Ancien, 2, 140.)

Par-delà l'affabulation légendaire, cette anecdote présente un intérêt historique certain. Elle met Porsenna en relation non avec Chiusi, mais avec Volsinies, c'est-à-dire la cité sur le territoire de laquelle se trouvait le *fanum Voltumnae,* où se tenaient les réunions de la ligue étrusque. Cela traduit une volonté d'hégémonie du souverain de Chiusi sur l'ensemble du *nomen Etruscum.* D'autre part le contrôle de Volsinies, sur la vallée du Tibre, paraît une prémisse nécessaire de ce que relatent les sources latines et grecques : l'entreprise du roi de Chiusi en direction de Rome et du Latium. On a du côté étrusque une confirmation indirecte de ces traditions.

Par ailleurs, une apparition de Chiusi sur le devant de la scène, en comparaison au Latium et même à une cité grecque comme Cumes, s'accorde avec ce que l'archéologie révèle du développement de cette cité au cours du VIe siècle. Des formes artistiques originales y apparaissent, comme la sculpture funéraire sur la « pierre fétide » locale, matériau qui doit son nom à l'odeur qu'il dégage quand on l'extrait. Surtout elle semble avoir eu un rôle de premier plan dans le phénomène qui, dans le troisième quart du VIe siècle, aboutit à un renouvellement complet des vieux établissements villanoviens de la région padane, et à leur transformation en cités étrusques florissantes. On a pu ainsi considérer Marzabotto, qui fut alors fondée aux marges de la plaine du Pô, comme une colonie de Chiusi. Cette ville était certainement l'une des cités toscanes militairement les plus

Sarcophage du Sperandio (dessin de J.-R. Jannot)

puissantes. Un sarcophage du ve siècle trouvé dans la nécropole du Sperandio à Pérouse, mais provenant de Chiusi, conserve l'image d'une expédition menée par ses soldats : on y voit une troupe victorieuse rapportant le butin, objets, bétail et humains réduits en esclavage, qu'elle a enlevés au cours de la campagne.

L'action en direction du sud que révèle la tradition sur Porsenna correspond donc à ce que l'on peut penser de l'ambition de la cité du Nord à cette époque. Elle aura repris à son compte la politique de contrôle de la vallée du Tibre et de Rome qui avait été celle de Volsinies à l'époque des frères Vibenna. Cette poussée vers le sud visait sans doute aussi la Campanie, renouvelant ainsi la tentative de 524 que nos sources attribuent déjà à des Étrusques du Nord, auparavant fixés en plaine padane, mais que la pression des Gaulois aurait chassés de cette région (Denys d'Halicarnasse, 7, 3). L'action de Porsenna, il est vrai, ne nous est vraiment perceptible que par rapport à Rome et au Latium. Mais il est clair que Cumes a ressenti cette intervention comme une mise en cause de l'équilibre existant dans la région et des liens unissant les cités qui y étaient établies. L'existence de relations commerciales importantes et de liens culturels étroits entre Grecs de Campanie, Latins et Étrusques des cités méridionales est bien attestée pour cette période : par exemple, dans la seconde moitié du vi[e] siècle, un même type d'antéfixes servant à décorer les édifices religieux se retrouve non seulement à Cumes et Capoue, mais aussi à Circei, Satricum, Ardée, Rome et jusqu'à Caeré. L'apparition d'une force venue de l'extérieur, avec Chiusi, risquait de bouleverser cette communauté d'intérêts et de culture unissant Toscane méridionale, Latium et Campanie.

Prise de Rome par Porsenna

Le problème est bien évidemment de savoir comment ces événements qui affectent alors l'Italie centrale dans son ensemble s'articulent par rapport à un fait local, mais essentiel pour Rome : le passage de la royauté à la république, avec l'éviction des Tarquins.

Les historiens modernes sont loin d'être unanimes dans leur appréciation des faits. Certains, fidèles à la présentation de l'historiographie romaine, voient dans l'instauration du nouveau régime un simple fait de politique intérieure. Les excès de la monarchie, ou plus précisément l'opposition que son action suscitait au sein de l'aristocratie traditionnelle, conjuguée au mécontentement du peuple soumis aux corvées, suscitèrent une réaction des Romains. Ils chassèrent donc le roi, qui fut réduit à se réfugier à l'étranger et à tenter une restauration de l'extérieur. Porsenna serait effectivement intervenu dans un second temps, comme le disent nos textes ; cette intervention aurait été indépendante du renversement de la monarchie en lui-même. Il faudrait s'en tenir à la chronologie traditionnelle, qui situe la chute des Tarquins en 509, et l'arrivée de Porsenna l'année suivante seulement.

En revanche, d'autres historiens supposent un rapport beaucoup plus direct entre les événements : Porsenna serait responsable du changement de régime à Rome, et ce serait l'attaque menée contre la cité par le roi qui aurait mis fin au règne du dernier Tarquin. Cela oblige certes à changer la chronologie traditionnelle, mais il faut reconnaître que les deux premières années de la république apparaissent encombrées d'un nombre considérable d'événements : pour 509, il y aurait eu la révolution et la guerre contre Véies et Tarquinia, sans compter les troubles internes, pour 508, l'arrivée de Porsenna, le siège de la ville, avec toutes ses péripéties et son heureuse conclusion, et l'expédition d'Aricie. Cette accumulation de faits, dont beaucoup sont douteux, rend la séquence chronologique suspecte.

On peut de toutes façons partir d'un point qui semble assuré : Porsenna a bien pris Rome. Déjà dans l'Antiquité un esprit indépendant comme Tacite n'hésitait pas à l'affirmer, lui qui évoquait, dans ses *Histoires* (3, 72, 1), le temps où « la ville capitula devant Porsenna ». Les exploits attribués à Horatius Coclès et à Mucius Scaeuola ne sont que légende : cette légende est un faux patriotique, destiné à sauvegarder l'amour-propre des Romains, qui aurait difficilement admis que leur cité, au moment précisément où elle mettait en place son nouveau régime que le Grec Polybe allait un jour considérer comme une merveille d'équilibre des pouvoirs, combinant heureusement les avantages de toutes les formes de gouvernement possibles, ait été prise par un roi étranger.

Trop d'indices, dans la tradition elle-même, montrent que la ville n'a pas résisté aussi victorieusement qu'elle le disait à l'attaque du roi de Chiusi. Le retournement psychologique de ce dernier, d'assiégeant en protecteur, vient simplement de ce qu'il était parvenu à ses fins : Rome s'était soumise et avait accepté de se ranger à ses côtés. La remise d'otages traduit une capitulation et n'est assurément pas, comme le soutiennent nos sources, une simple clause d'armistice. Au reste les antiquaires avaient conservé le souvenir d'une mesure imposée par Porsenna à Rome qui montre combien le roi tenait la cité en son pouvoir. Pline précise en effet dans son *Histoire naturelle* :

> Dans son traité que Porsenna accorda au peuple romain après l'expulsion des rois, nous trouvons une clause formelle interdisant l'usage du fer sauf pour l'agriculture. (34, 139.)

Cette interdiction faite aux Romains de se servir du fer pour tout usage autre qu'agricole consistait à lui imposer un désarmement complet. Rome est traitée comme une cité vaincue, soumise à un *foedus iniquum*, traité « inique » (ou plus exactement « inégal »), comme ceux que Rome elle-même devait imposer à tant de cités ennemies qui avaient capitulé devant elle. On rappellera, chez Denys, l'envoi à Porsenna des insignes royaux, présenté par cet auteur comme une marque de déférence envers le nouvel allié qu'il est devenu (5, 35, 1) : c'est en réalité le signe de la situation de vassalité qui était alors celle de la ville. Elle a conféré à ce roi étranger les mêmes *insignia imperii* que ceux dont disposaient les Tarquins, et dont elle munit ses nouveaux chefs républicains.

Les appuis des Tarquins

Les insignes du pouvoir des rois passèrent donc des Tarquins à Porsenna. Cela signifie que, en un certain sens, le roi de Chiusi succéda aux Tarquins. Ce n'est assurément pas vrai dans la mesure où Porsenna n'a pas résidé à Rome, n'a pas voulu régner directement sur la ville : celle-ci a dû effectivement, dès le renversement des Tarquins, mettre en place un régime nouveau, de type républicain. Mais cela pose clairement Porsenna en concurrent, non en allié des Tarquins. Or ce point paraît assuré.

Les démarches des Tarquins, telles que les présente l'annalistique, n'ont aucune vraisemblance. On les voit rechercher des appuis dans toutes les directions : auprès de Véies et de Tarquinia, puis de Porsenna, puis encore des Latins, avant que la Cumes d'Aristodème ne leur offre un dernier refuge. Toutes ces tentatives se succèdent dans un laps de temps très bref, et toutes se marquent par le déclenchement, à leur instigation, d'une guerre contre Rome, invariablement suivie par l'échec de ceux en qui la famille du roi déchu avait mis ses espoirs.

Les alliances successives des Tarquins ne sont cependant pas à envisager de la même manière. La première guerre menée par les Étrusques de Véies et Tarquinia n'est pas crédible. On a déjà signalé la difficulté chronologique à faire tenir ce conflit, conclu par la bataille de la forêt Arsia, dans les limites qui sont celles de la tradition – c'est-à-dire avant l'intervention de Porsenna, qui, elle, est historiquement indubitable. On a vu d'autre part l'arrière-plan mythique qui se profilait derrière la fin attribuée à Brutus. La conclusion de la bataille, avec la voix qui se fait entendre mystérieusement dans la nuit, répond aux croyances des Romains sur les avertissements que les dieux leur adressaient – et dont le culte d'Aius Locutius, une voix qui aurait annoncé la menace des Gaulois en 390, fournit un bon exemple. On est en pleine légende. En outre, une intervention de Véies et de Tarquinia pour soutenir le roi de Rome déchu est invraisemblable. La perspective de nos sources, qui privilégie le côté ethnique des événements et pose une solidarité étrusque face à Rome révoltée contre ses monarques toscans, est fausse. Le renversement des rois n'a pas eu de couleur nationale. Et, venant précisément de Véies et de Tarquinia, un appui aux Tarquins semble exclu. Véies a été de tout temps la grande ennemie étrusque de Rome et la tradition elle-même parle de guerres entre Rome et Véies sous le règne du Superbe (comme sous ceux de Tarquin l'Ancien et de Servius Tullius). Quant à Tarquinia, l'appel à la solidarité de la ville natale de son père par Tarquin le Superbe que présentent les auteurs est un beau morceau de rhétorique : mais il n'a jamais existé de lien politique entre les Tarquins et la cité d'où la famille était originaire.

Il en va de même, à plus forte raison, en ce qui concerne l'alliance avec Porsenna. La prétendue solidarité de race n'ayant aucune réalité, le roi de Chiusi n'avait aucune raison de vouloir restaurer les Tarquins. En fait, on l'a vu, son action en direction de la basse vallée du Tibre était dans la logique de la politique de ce roi qui devait normalement le mener, après avoir établi son contrôle sur Volsinies, à vouloir faire de même par rapport à Rome et au Latium.

Les Tarquins et les Latins

Le cas de l'alliance entre les Tarquins et les Latins, et de l'appui que les exilés trouveront finalement auprès d'Aristodème de Cumes, est différent. La tradition attribuant une politique active aux Tarquins, et notamment au dernier d'entre eux, en direction des cités latines, a toutes chances de correspondre à une réalité historique. Les clauses du traité de 509 entre Rome et Carthage – si l'on en admet l'historicité – attestent la position dominante que « la grande Rome des Tarquins » avait acquise dans le Latium. Il n'y a pas de raison de récuser l'existence de liens entre les Tarquins et des villes comme Gabies, que les textes présentent comme le fief de Sextus Tarquin après qu'il s'y fut introduit par ruse, ou Tusculum, dirigée par Octauius Mamilius, donné comme le gendre de Tarquin le Superbe. Il est logique que ce soit dans ces villes que les Tarquins aient trouvé refuge. La politique familiale, nouant des alliances matrimoniales et s'appuyant sur divers représentants de la famille, était parfaitement à même de procurer au roi évincé de Rome des bases de repli et des points d'appui pour une tentative de reconquête. Le rôle attribué à Tusculum, avec Octauius Mamilius, qui pousse l'ensemble de la ligue latine à la guerre contre Rome, apparaît lui aussi comme une donnée sûre, comme on va le voir.

Ainsi, autant la tradition sur une alliance des Tarquins exilés avec les Étrusques de Véies et de Tarquinia ou avec Porsenna ne peut avoir de fondement historique, autant celle faisant état de l'appui que leur aurait apporté les Latins paraît digne de confiance. C'est là, selon toute probabilité, qu'ils ont trouvé refuge après leur éviction. Cela ne prouve assurément pas que la cause de leur départ ait été l'action de Porsenna contre Rome, et non une révolution préalable ; mais la suite de leur exil fournit des indices qui vont dans le sens d'une corrélation entre l'action du roi de Chiusi et la fin du règne des Tarquins.

Les Tarquins et les Cumes

Car les Tarquins ne sont pas restés dans le Latium. Après la bataille du lac Régille et la défaite de leurs alliés latins, ne pouvant plus compter sur l'appui de la ligue, ils partirent pour Cumes. Cette information n'est pas sujette à caution : on a vu que les faits concernant Cumes paraissaient garantis par l'existence d'une tradition locale, parallèle à la tradition romaine mais indépendante d'elle. Cependant un tel comportement de la part du roi déchu n'est pensable que si les Tarquins bénéficiaient de liens déjà établis avec Cumes à l'époque où la famille était au pouvoir à Rome. La tradition n'ignore pas un tel état de fait : la légende de la réception à Rome des livres Sibyllins sous le règne d'un roi Tarquin illustre l'existence de telles relations ; et les données archéologiques permettent de saisir plus concrètement les liens qui unissaient Rome et Cumes à l'époque où la tradition situe le règne du Superbe.

En fait, cette constatation sur le bien-fondé de la tradition relative à l'exil cumain des Tarquins permet de mieux préciser le cadre général de la révolution romaine. On voit les Tarquins exilés rechercher l'aide successivement des Latins puis de Cumes, dans le cadre d'une communauté d'intérêts entre les peuples de la région, qui s'était établie du temps où cette famille exerçait le pouvoir à Rome. Le même faisceau de relations entre Latins et Cumains, qui s'est manifesté à propos des Tarquins, avait déjà joué à propos de Porsenna. La bataille d'Aricie qui mit définitivement fin aux projets d'expansion du roi de Chiusi vers le sud vit ces deux mêmes peuples réunis contre l'armée conduite par son fils.

On l'a vu, la politique de Porsenna ne visait pas seulement Rome, comme nos sources classiques, évidemment romano-centriques, le laissent croire. Pour elles en effet l'action contre Aricie ne fut qu'un appendice au siège de Rome, dont les motivations furent bien légères : après la levée du siège, ne sachant comment occuper ses troupes, le roi leur donna l'ordre de poursuivre en direction du Latium et de mettre le siège devant Aricie. En réalité, le choix d'Aricie comme objectif révèle le dessein du monarque : dans la période de mise hors-jeu de Rome qui résulta de la prise la ville par Porsenna, Aricie devint le centre de décision de la ligue latine. L'avancée de Chiusi dans cette direction visait l'ensemble des peuples latins, et derrière eux les liens qu'ils avaient noués avec Cumes. Après le premier succès que représenta la prise de Rome, Porsenna poursuivit son effort vers ce qui en était la suite naturelle : l'établissement de son autorité sur la fédération latine.

On voit par là que le roi de Chiusi a voulu substituer son hégémonie à celle que les Tarquins avaient cherché à établir à partir de Rome sur le Latium, par leurs liens avec plusieurs cités latines et en liaison avec Cumes. La première étape était bien évidemment l'éviction des Tarquins de Rome. La logique des faits suggère donc que tous les événements qui sont alors rapportés par les historiens et qui intéressent Rome, le Latium, Cumes, Chiusi résultent d'un même facteur : l'action de Porsenna, qui a réussi à Rome, mais a échoué devant le reste du Latium.

La ligue latine après les Tarquins

L'action du roi de Chiusi, couronnée de succès à Rome mais tenue en échec devant Aricie, allait aboutir à dissocier Rome du Latium et à donner, dans le Latium désormais coupé de la cité qui avait tendu à le dominer dans la période précédente, un rôle de premier plan à d'autres centres. Un texte, qui renvoie selon toute probabilité à cette époque, éclaire bien la situation qui fut alors celle de la ligue latine. Il s'agit d'une inscription archaïque que Caton le Censeur, féru d'antiquités nationales, avait copiée dans le temple de Diane qui s'élevait dans le bois sacré de Nemi, à proximité de la ville d'Aricie : la déesse chasseresse préférait les lieux sauvages et forestiers aux espaces urbains. Il s'agit d'une dédicace faite par le Tusculan Egerius Baebius :

> Le lucus de Diane fut consacré dans le bois d'Aricie par Egerius Baebius de Tusculum, dictateur des Latins. Ces peuples réunis : de Tusculum, d'Aricie, de Lanuvium, de Laurentum, de Cora, de Tibur, de Pometia, les Rutules d'Ardée. (*Origines*, fragment II, 28 Chassignet.)

Le Tusculan Egerius Baebius n'intervient pas ici en tant que magistrat de sa cité, mais comme *dictator Latinus*, dictateur latin, c'est-à-dire comme responsable de la fédération latine : ce qui était en jeu était la ligue, et non une cité particulière. Que ce magistrat fédéral se soit occupé d'une question de culte n'est pas pour surprendre. Un trait caractéristique de ces antiques organisations fédérales était leur fonction religieuse, et le fait qu'elles se réunissaient à l'occasion de fêtes dans des sanctuaires communs. L'inscription transcrite par Caton montre donc que le temple de la Diane de Nemi a joué un rôle de centre de la fédération latine, au même titre que le vénérable sanctuaire de Jupiter albain, ou bien le *lucus Ferentinae*, sur la pente méridionale du cratère du lac d'Albe, où, selon la tradition, se tenaient les réunions des Latins au temps de Tarquin le Superbe.

Cette inscription ne commémore pas la création du sanctuaire, ni même le début de son utilisation pour les réunions de la ligue latine. L'érection à Rome, sur l'Aventin, d'un temple de Diane par Servius Tullius répondait à une volonté d'accaparer un culte qui avait déjà une fonction politique vis-à-vis des Latins – tout comme les Tarquins l'avaient fait pour le Capitole, pour concurrencer le Jupiter Latiar d'Albe. En dépit de ce qu'affirment nos sources, l'antériorité du culte d'Aricie par rapport à celui de Rome est incontestable. Son antiquité est garantie par le caractère extrêmement primitif de ses rites : le culte y était assuré par un « roi », qui occupait cette charge avant qu'un compétiteur ne vînt lui ravir cette fonction en l'attaquant et en le tuant. On comprend que ce mode de transmission, dont l'archaïsme surprenait les auteurs anciens, mais dont les modernes, après Frazer, se sont plu à retrouver bien des parallèles dans des sociétés primitives, n'ait pas été suivi par les prudents Romains pour le temple de l'Aventin... La fonction « latine » du sanctuaire de Nemi explique au reste que la tradition témoigne d'une certaine rivalité entre Aricie et Rome au cours de la période royale : l'Aricien Turnus Herdonius se serait opposé à la volonté hégémonique de Tarquin le Superbe et aurait payé cette attitude de sa vie.

Il n'en reste pas moins que la dédicace d'Egerius Baebius, si elle ne correspond pas à la création du culte de Diane à Nemi ou à sa promotion au rang de sanctuaire fédéral, doit refléter un moment important de la vie de ce sanctuaire. Or ce texte renvoie à une période où la ligue latine exista en dehors de Rome : l'absence de mention de l'*Vrbs* ne paraît pas fortuite, même si la liste, telle qu'elle nous a été transmise, ne semble pas complète. Et il ne s'agit pas de l'une de ces périodes de rupture entre Rome et les Latins qui se produiront plus tard : dans ce texte font encore partie du Latium des cités comme Cora et Pometia, prises par les Volsques lors de la poussée de ceux-ci, aux environs de 500. Nous sommes dans la courte période qui sépare la prise de Rome par Porsenna de la bataille du lac Régille, où l'avancée du roi de Chiusi aboutit à dissocier l'*Vrbs* du Latium.

La dédicace d'Egerius Baebius traduit déjà un réaménagement matériel du sanctuaire : c'est dans cette période, à en juger d'après les représentations monétaires qui en ont conservé l'image, qu'il faut situer l'érection de la statue cultuelle de la déesse. Cette statue était en fait un groupe de statues : conformément au type iconographique grec de la triple Hécate, il s'agissait de trois figures de la déesse, réunies mais pourvues chacune d'attributs différents – comme la torche d'Hécate ou l'arc d'Artémis chasseresse. L'analyse stylistique permet de reconnaître une création de la fin du VIe siècle. Et, par ailleurs, on y a noté l'influence de Cumes, donnée qui s'explique bien dans le cadre de l'entente entre les Latins et Aristodème.

Statue cultuelle du temple de Diane à Nemi sur une monnaie de 43

Mais, sur un plan historique, que la ligue latine ait ainsi procédé, dans ces circonstances, à une consécration solennelle dans le sanctuaire de Nemi est un acte significatif. Il faut y voir une affirmation de la ligue en tant que telle, une réponse à ce qu'avait représenté la construction du temple de l'Aventin par Servius Tullius ; cette affirmation fut certainement dirigée contre Rome. Dans la liste des peuples qui participèrent à cette cérémonie sont citées, outre Aricie, siège du sanctuaire, et Tusculum, d'où est issu le dictateur latin, Lavinium, Lanuvium, Ardée, Tibur, Cora, Pometia. L'omission de Rome n'est pas due au hasard de la transmission du passage, que nous ne connaissons plus que par la citation, abrégée, qu'en a faite le grammairien Priscien. Étant donné le rôle prépondérant que l'*Vrbs* a joué au sein du Latium au cours du VIe siècle, le fait que la ligue latine procède ainsi à une consécration fédérale sous l'égide d'un dictateur de Tusculum ne peut qu'avoir un sens antiromain.

En fait, ce document traduit clairement l'affirmation de deux autres cités à la tête du *nomen Latinum* ainsi privé de la pesante tutelle romaine : Aricie et Tusculum. La première, Aricie, était la ville dont le territoire abritait le sanctuaire de Nemi, dont la valeur fédérale était ainsi de nouveau soulignée. La cité se posait par là comme centre religieux de la ligue, comme Albe l'avait été dans des temps anciens, et comme Rome s'était efforcée de le devenir au cours du VIe siècle, par l'édification tant du temple du Capitole que de celui de l'Aventin. La seconde, Tusculum, était la cité d'où était originaire le magistrat fédéral qui procéda à la dédicace. Sans doute ne faut-il pas conclure que le dictateur commun des Latins ait été, à cette époque, toujours un Tusculan : la direction de la ligue semble avoir fait l'objet d'une procédure tournante et une même cité ne pouvait pas la détenir continuellement. Néanmoins le choix d'un Tusculan, à l'occasion d'un acte aussi important, ne peut être anodin : il traduit la place essentielle de Tusculum au sein de la ligue.

La place relative de ces deux cités dans le document est parfaitement en accord avec ce qui découle de la tradition littéraire. Si Porsenna, après le siège de Rome, avait dirigé son armée contre Aricie, c'est parce qu'elle était le centre de la ligue latine, au moins depuis la mise hors-jeu de Rome par sa soumission au roi de Chiusi. Quant à Tusculum, ville d'Octauius Mamilius, le gendre du Superbe, la tradition insiste sur le fait que les Tusculans poussèrent l'ensemble des peuples latins à la guerre contre Rome et c'est sur leur territoire que se déroula la bataille finale du lac Régille, où Octauius Mamilius, du côté latin, joua un rôle de premier plan. Les textes ne nous le disent pas, mais il est fort probable qu'il exerça alors la charge de *dictator Latinus* au même titre que cet Egerius Baebius dont l'érudition de Caton a préservé le nom.

On assista donc en cette fin du VIe siècle – et sur ce point l'inscription copiée par Caton à Nemi confirme parfaitement ce qui est dit dans le récit traditionnel – à une tentative des cités latines pour secouer l'hégémonie romaine, en profitant de la situation créée par l'intervention du roi de Chiusi dans la région. Peut-être les Latins cherchèrent-ils à rétablir les Tarquins sur le trône de Rome, comme l'affirme la tradition. Mais ce n'était assurément pas pour revenir à la situation antérieure, où ces mêmes Tarquins leur avaient imposé la suzeraineté de Rome. Les cités qui s'affirmèrent à la tête de ce mouvement d'indépendance furent Aricie et Tusculum – sur ce point encore le document cité par Caton et les textes littéraires concordent –, alors qu'une ville comme Préneste semble au contraire avoir pris le parti de Rome (les textes parlent de la défection des Latins avant la bataille du lac Régille). Elles cherchaient sans aucun doute à renverser la situation qui s'était établie au cours du VIe siècle, avec la « grande Rome des Tarquins ».

Porsenna et le changement politique à Rome

Ainsi, d'un point de vue international, le changement politique qui affecta Rome en cette période ne fut qu'une péripétie au sein d'un vaste conflit. Cela ne veut évidemment pas dire que, d'un point de vue romain, cette péripétie n'ait pas été capitale. Elle détermina un changement de la vie de la cité pour les siècles qui suivirent – et l'on comprend que les historiens anciens aient été obnubilés par cette dimension proprement romaine des événements, au point de lui subordonner tout le reste.

Avec Porsenna, Rome aurait pu ne connaître qu'un changement de maître : il aurait pu n'être qu'un roi succédant à un autre roi. Sans doute l'aurait-il fait par la force : mais c'est bien comme cela que Servius Tullius avait dû asseoir son pouvoir, avant qu'un Tarquin le renversât à son tour. Quant à son origine étrusque, au fait qu'il soit venu de l'extérieur de l'*Vrbs*, ce n'était pas une nouveauté. Le premier Tarquin était bien venu de Tarquinia, et Servius Tullius, à en croire Claude, de Vulci.

Mais la chance pour Rome – si l'on peut dire – a été que Porsenna n'était pas un Tarquin l'Ancien ou un Macstarna. Il n'était pas venu à Rome pour s'y établir, sans garder de liens avec une patrie originelle qui ne lui laissait aucune place, comme Tarquin. Il n'était pas non plus, selon la formule que Denys d'Halicarnasse (3, 55, 6) applique à Servius Tullius, « un étranger dépourvu de patrie », comme ce Macstarna membre d'une bande armée étrusque conduite par les circonstances à s'établir loin de Vulci, la patrie des frères Vibenna qui en avaient été les chefs. Porsenna était roi de Chiusi et cette ville était le centre de son pouvoir. Il ne fut jamais question pour lui de transférer ailleurs ce pouvoir et le Latium ne fut d'ailleurs sans doute pour lui qu'une zone d'action temporaire. Il ne s'y attarda que le temps d'une tentative de pénétration vers le sud qui se conclut par un échec : il repartit bientôt vers Chiusi, disparaissant par le fait même de notre documentation.

Dans ces conditions il a peut-être eu, comme le révèle Plutarque, sa statue sur le Forum, devant la Curie (*Vie de Publicola*, 19). Mais cette statue avait une signification différente de celles des huit rois qui s'élevaient sur le Capitole. Lui ne fut pas un roi de Rome ; le Sénat avait pu lui remettre, comme le raconte Denys (5, 35, 1), les mêmes insignes royaux par lesquels les Tarquins manifestaient leur pouvoir, mais il ne devait pas comme eux en user à Rome, et les *insignia imperii* qui, sur place, correspondaient à l'exercice d'un pouvoir effectif furent ceux de Brutus, Publicola ou de leurs émules. En fait Porsenna, après sa victoire, a laissé les Romains libres de s'organiser comme ils l'entendaient. Il a d'ailleurs bénéficié de l'appui de dignitaires du régime précédent : Brutus avait été un tribun militaire. Sans doute même certains membres de la famille royale avaient-ils pris son parti. Collatin, le mari de Lucrèce, était un Tarquin : cela peut entretenir des dissensions au sein de la famille régnante. En tout cas, il est clair que le roi de Chiusi s'est appuyé sur des dirigeants locaux et n'a jamais cherché à exercer un pouvoir direct sur la cité qu'il avait prise.

Rome semble même ne l'avoir intéressé que médiocrement. On ne nous dit pas qu'il se fût jamais établi dans cette ville, située à la périphérie de son empire. Au contraire, il s'en serait retourné à Chiusi dès la levée du siège, laissant à son fils Arruns le soin de mener l'expédition contre Aricie. Il ne pouvait vraisemblablement pas négliger les affaires d'Étrurie et prolonger indéfiniment son absence hors de Chiusi : nous ne connaîtrons jamais exactement les causes de ce relatif désintérêt pour sa conquête méridionale. Toujours est-il qu'après le départ du roi et la fin, imposée par la défaite d'Aricie, des velléités de suprématie de Chiusi sur le Latium, Rome paraît avoir joui d'une liberté de jeu totale par rapport à son ancien vainqueur. Les clauses de désarmement impliquées par le passage de Pline l'Ancien sur l'usage du fer n'avaient évidemment plus aucune incidence à l'époque de la bataille du lac Régille, ou lorsque, comme l'a révélé l'inscription du *lapis Satricanus*, les *sodales* de Publicola firent une dédicace au dieu Mars dans cette ville du sud du Latium : cet acte ne peut correspondre qu'à une entreprise guerrière dans ce secteur, laquelle d'ailleurs a des chances de se rapporter à des menées de la part des Volsques plutôt qu'aux péripéties de la lutte entre Rome et les autres cités latines. Peut-être les stipulations contraignantes évoquées par Pline furent-elles abrogées rapidement, à la suite du bon accueil fait par les Romains aux vaincus d'Aricie. Pour Chiusi, définitivement arrêtée dans ses projets de conquête méridionaux, il valait sans doute mieux disposer d'une alliée forte dans le secteur.

Certains indices montrent en effet qu'une alliance, ou au moins une certaine entente entre Chiusi et Rome a continué à exister bien après le départ de Porsenna et la retraite de son armée. Peut-être a-t-on encore un lointain écho de cette situation de la fin du VIe siècle dans l'appel qui sera fait par Chiusi à Rome plus d'un siècle plus tard, au moment de l'invasion gauloise. Tite-Live, il est vrai, affirme (5, 35) qu'il n'y avait pas d'alliance à ce moment entre les deux cités et parmi nos sources seul Appien parle d'un traité, mais qu'il qualifie de récent (*Gall.*, 2). Pourtant un indice plus tangible en est fourni par les *frumentationes* du Ve siècle, ces secours en blé venus de différents secteurs d'Italie auxquels Rome a eu recours à plusieurs reprises dans cette période pour remédier à des disettes qui l'accablaient. Ces secours permettent de tracer une carte des relations internationales de Rome à cette époque, de ses amis et de ses ennemis. Ainsi les Volsques, nous est-il dit pour 492, refusèrent-ils énergiquement d'aider Rome, alors que les ressources de la région pontine qu'ils avaient conquise leur permettaient de le faire : ils étaient en cette période, année après année, les adversaires des Romains. Il en va de même pour la Cumes d'Aristodème : le tyran resta jusqu'au bout lié aux Tarquins et traita la Rome républicaine en ennemie. Inversement, l'*Vrbs* bénéficia d'une aide du Grec de Sicile Gélon, qui venait de parvenir au pouvoir à Géla en attendant de le faire à Syracuse – et qui commença ainsi une politique d'intervention dans les affaires italiennes qui fut poursuivie par son frère et successeur Hiéron. Surtout Rome reçut, ce qui importe davantage ici, du blé d'Étrurie. Sans doute la provenance n'en est-elle pas toujours spécifiée : c'est le cas pour 440 et 433. Mais pour 492 et 411, il est indiqué que cette aide arriva par le Tibre, et venait d'Étrusques établis sur ses bords, ce qui correspond à une cité de Toscane intérieure. On a vu là, à juste titre, un signe de l'appui persistant de la grande métropole étrusque du Nord. Ce genre de renseignements alimentaires n'est en tout cas pas à tenir pour négligeable, et l'on peut très certainement leur faire confiance. Caton révèle – d'ailleurs pour s'élever violemment contre ce genre de « petite histoire » – que les annales tenues par les pontifes notaient soigneusement ce qui concernait l'approvisionnement de la cité :

> Il ne me plaît pas de rapporter ce qui figure sur le tableau du Grand Pontife, combien de fois le cours des denrées a monté, combien de fois un nuage ou quelque autre phénomène a fait écran à la lumière de la lune ou du soleil. (*Origines*, fragment 4, 1 Chassignet.)

La base sociale du nouveau régime

Sans vouloir exercer lui-même de pouvoir royal à Rome, Porsenna n'était sans doute pas disposé à y laisser un *rex* en titre. Et même si l'on se refuse à expliquer la chute de la royauté par un processus interne, le sentiment exprimé par nos sources d'un rejet par le peuple romain de la forme monarchique est certainement fondé.

Les couches supérieures de la population, avec les familles qui dominaient le Sénat, ont certainement vu dans l'action du roi de Chiusi l'occasion de mettre fin à un pouvoir personnel qui heurtait de plus en plus leurs intérêts. La politique des rois les mettait en opposition avec l'aristocratie traditionnelle, mais cette dernière n'a pas été isolée dans ce rejet du régime précédent : un consensus a dû se faire sur ce point, et il serait simplificateur de réduire le passage à la république à un simple moyen imaginé par l'aristocratie pour recouvrer le pouvoir qu'une tyrannie à base plus populaire lui avait fait perdre. Les allusions faites aux corvées imposées à la plèbe gardent le souvenir d'une réalité durement ressentie. Même si les plébéiens, ou du moins certains d'entre eux, devaient bientôt estimer qu'ils n'avaient rien gagné au changement de gouvernement, si des nostalgies envers les rois déchus se sont rapidement fait sentir dans son sein – et pas seulement chez certains éléments de l'aristocratie, personnellement liés aux Tarquins –, le peuple a au moins suivi le mouvement.

L'accord a dû être général sur le changement de régime. On en a un signe avec la référence à la figure de roi populaire qu'était Servius Tullius, dont on affirmait qu'il avait déjà prévu la forme nouvelle de gouvernement comme parachèvement de son œuvre : selon Tite-Live (1, 48, 9), « même son autorité, pourtant si douce et si modérée, était celle d'un seul homme ; aussi avait-il l'intention de s'en démettre, d'après certains auteurs, quand le crime d'un proche parent le surprit dans son projet de donner la liberté à la patrie ». On a pu, dès l'établissement du nouveau gouvernement, affirmer le désir de renouer avec cette période considérée comme faste en comparaison à la tyrannie qui avait suivi. Les réformes de Servius montrent qu'il s'appuyait sur une base sociale beaucoup plus large que la vieille aristocratie : se référer à lui était donc une marque d'ouverture. Une autre précision donnée par nos textes va encore plus nettement dans le sens d'une participation de couches nouvelles, en dehors de l'aristocratie des *patres*, au mouvement. Le Sénat avait été alors élargi par le recrutement de nouveaux membres :

> Pour accroître même par le nombre la force du Sénat, [Brutus] compléta son effectif diminué par les exécutions de Tarquin en y nommant des chevaliers d'élite jusqu'à concurrence de trois cents membres. (Tite-Live, 2, 1.)

La mention des chevaliers est certes anachronique : elle montre cependant que le nouveau régime a pris appui sur d'autres éléments que l'ancienne aristocratie, et sans doute sur des représentants des couches nouvelles que la prospérité du VIe siècle avait développées dans la cité. Cela représente un élargissement indéniable : bien qu'il eût contribué à l'essor économique de la cité qui les favorisait, un pouvoir de type tyrannique comme celui qui s'était développé à la fin de la période royale ne devait guère leur avoir laissé de possibilités d'expression sur le plan politique.

Qu'un accord général se soit fait sur le refus de la royauté paraît donc certain : même si le point de départ a été une intervention étrangère et non un mouvement intérieur à Rome, les événements de 509 ont bien marqué avec la fin du *regnum* un changement capital dans la vie politique de la cité, une véritable révolution, au moins acceptée par la quasi-totalité des Romains. L'impression d'unanimité est confirmée par la présence de nombreux noms plébéiens dans les fastes consulaires pour le début de la République : cela montre bien que ce qui devint bientôt une ligne de fracture au sein de la cité – la première sécession survint déjà en 494 – n'avait pas encore pris les dimensions d'un problème essentiel. On ne peut pas dire que le changement de régime se soit fait au profit exclusif d'un groupe.

La nouvelle république

Mais quelle forme de régime aurait succédé à la monarchie définitivement reléguée en 509 au rang des souvenirs du passé ? À en croire Tite-Live, ou les autres historiens anciens, le système du double consulat, fondé sur le double principe de la collégialité binaire et de l'annualité, qui devait apparaître comme l'une des caractéristiques les plus originales de la Constitution romaine, se mit immédiatement en place :

> Si on fait remonter à cette époque la naissance de la liberté, c'est surtout parce qu'on limita à un an le pouvoir des consuls, et non parce qu'on retrancha quoi que ce fût au pouvoir des rois, tel qu'il avait été exercé par les rois, avait subi des restrictions, mais parce que ce même pouvoir était exercé désormais par les consuls dont l'autorité se trouvait limitée à un an. Toutes les attributions des rois ainsi que leurs insignes furent conservés. On évita simplement de donner les faisceaux aux deux consuls à la fois, pour ne pas les faire paraître deux fois plus redoutables. (Tite-Live, 2, 1, traduction G. Baillet, revue.)

Dès 509 Rome aurait donc institué le consulat, et les fastes consulaires, témoins de cette certitude des époques ultérieures, alignent déjà pour la première année de la République le couple collégial de Brutus et de Collatin, d'ailleurs aussitôt sujet à des modifications répétées. Mais les Modernes ont souvent douté que les Romains aient ainsi pu dès la première année du régime républicain mettre au point un système aussi élaboré, et aussi original.

La fixation d'une limite d'un an à l'exercice du pouvoir de ceux à qui est donnée la charge de l'*imperium* enlevée aux rois ne pose pas de problème : le principe de l'annualité était largement répandu, en Italie aussi bien qu'en Grèce, et a dû s'imposer de lui-même pour rompre avec le poids du pouvoir personnel dont on voulait se débarrasser. Mais il n'en va pas de même en ce qui concerne la définition des titres et des fonctions des nouveaux chefs que se donne alors la cité.

Les sources anciennes elles-mêmes laissent entrevoir que le consulat a dû avoir une histoire plus complexe. Ainsi, il paraît assuré que le nom de consul est apparu secondairement. Tite-Live savait encore qu'on avait, dans les premiers temps de la République, utilisé le terme de préteur ; s'opposant à une opinion selon laquelle ils auraient porté le titre de « juges », il précise (3, 55) : « À cette époque [en 449], les consuls n'étaient pas appelés juges, mais préteurs. » La dénomination serait restée en usage jusqu'à la période des décemvirs. Cette affirmation est en accord avec le sens du mot : le préteur, *praetor*, est proprement « celui qui va devant », *prae-itor*. L'appellation se concilie mal avec l'hypothèse d'une subordination originelle du préteur au consul, rendue nécessaire si, dès le départ, le consul avait été le magistrat suprême.

Le « préteur suprême »

Nous avons une attestation plus tangible de l'usage du terme dans l'énoncé d'une loi archaïque, relatée par Tite-Live, concernant la plantation d'un clou dans le temple de Jupiter Capitolin qui avait lieu chaque année aux ides de septembre. Cette coutume prolongeait un rituel qui avait débuté lors de l'inauguration du temple, à laquelle l'un des « consuls » de l'année 509, Marcus Horatius, avait procédé. Cette charge était assurée, lorsque l'historien latin nous en parle (pour 363), par un dictateur spécialisé, le *dictator fingendi causa* – c'est-à-dire « dictateur pour planter [le clou] » –, choisi tout exprès ; mais il avait succédé dans ce rôle au consul. Ce n'est pas cependant le terme de consul qui est employé par la loi, mais celui de « préteur suprême », *praetor maximus* :

> Il existe une ancienne loi, écrite en lettres et mots archaïques, qui veut que le « préteur suprême » plante le clou aux ides de septembre. Elle fut autrefois affichée sur le flanc droit du temple de Jupiter très Bon très Grand, à côté du sanctuaire de Minerve. En ces temps l'écriture était rare et ce clou servait, dit-on, à marquer le nombre des années. (Tite-Live, 7, 3.)

D'après ce document vénérable, le magistrat suprême aurait alors porté le titre non de consul, mais bien de *praetor*, et affecté d'une épithète, celle de *maximus*. Le titre de *praetor maximus* apparaît d'ailleurs également dans un passage de Festus (abrégé de Paul, 161 L), qui le définit comme étant le préteur ayant le pouvoir suprême (*qui maximi imperii sit*).

L'adjonction de l'adjectif pose des problèmes qui vont au-delà d'une simple question de terminologie, le choix entre le nom de consul et celui de préteur : c'est le principe de la collégialité égale et binaire qui a paru remis en cause. Le terme *maximus* est en effet employé en principe, pour un individu exerçant une fonction prééminente au sein d'un collège : c'est le cas par exemple du pontife suprême, *pontifex maximus*. Cela cadre mal avec l'idée d'une égalité absolue entre les détenteurs de l'*imperium*, pouvoir que les textes nous présentent dès le début de la République, se conformant en cela à l'image classique du consulat. En outre, quand il s'agit de deux personnes – comme cela se produit dans le cas du couple consulaire –, le latin emploie normalement le comparatif, et l'on s'attendrait donc à trouver *maior* au lieu de *maximus*. Ainsi l'analyse de la formule a-t-elle paru conduire à une image très différente de celle que donne la tradition littéraire : Rome aurait eu à sa tête, au début des temps républicains, non un couple de magistrats égaux comme les consuls des temps ultérieurs, mais un collège de magistrats comportant plus de deux préteurs, au sein duquel l'un, qualifié de *maximus*, aurait eu la prééminence.

Si l'on admet cette analyse du titre de *praetor maximus*, l'État romain aurait donc été dirigé au stade initial de la République par une pluralité de *praetores*. Cela oblige à ne pas accorder confiance à la liste des fastes consulaires, qui suppose dès le départ des couples de magistrats suprêmes. Mais il n'est nullement impossible que, sans être composée de noms fictifs comme on l'a longtemps pensé, cette liste témoigne d'une normalisation des données. À tout le moins reconnaîtra-t-on que la situation qui est supposée pour la toute première année du nouveau régime frise l'absurdité : on voit se succéder quatre formes différentes de couple consulaire, et six personnes au total accéder au consulat. Cette abondance de noms peut refléter simplement l'existence d'un collège qui ne se limitait pas à deux personnes.

On doit remarquer cependant qu'une telle situation ne se présente que pour la première année de la République. Dès l'année suivante, on constate l'existence, dans les fastes, de couples normaux. Il est fort possible donc que, très tôt, Rome en soit arrivée à la solution de la magistrature suprême binaire, même si elle n'a pas tout de suite fait intervenir des consuls, mais des préteurs. Rome n'a sans doute pas été dirigée la première année du nouveau régime par deux magistrats suprêmes. Mais les conséquences qu'on saurait en tirer sont très limitées : après tout, il est vraisemblable qu'il a fallu se mettre d'accord sur la forme à donner au gouvernement de la cité. En attendant, un collège de plusieurs *praetores*, en rupture avec le pouvoir d'un seul dont la cité sortait, a pu apparaître comme la meilleure solution.

Il ne faut pas en effet tirer nécessairement de l'expression de *praetor maximus* l'idée d'un système différent de celui que supposent l'annalistique ou les fastes consulaires. La prééminence qu'exprime l'adjectif *maximus* n'est pas incompréhensible dans le cadre d'un système analogue à celui du consulat. L'idée d'une prééminence ne doit pas amener à conclure obligatoirement à l'hypothèse d'une collégialité inégale, un préteur – le *praetor maximus* – ayant, de manière permanente et statutaire, le pas sur l'ensemble de ses collègues, les autres *praetores*. On peut penser à une prééminence tournante, exercée successivement par tous les membres du collège des *praetores*. Un point sur lequel insiste la tradition renforce ce point de vue : la coutume, dont l'institution est présentée comme l'un des premiers actes de Brutus sitôt chassés les rois, de ne pas attribuer les douze licteurs, que le nouveau régime avait hérités des rois, en permanence aux deux consuls, mais à chacun d'eux en alternance. La pratique de la collégialité à ce stade primitif semble en effet ne pas avoir consisté, comme aux époques ultérieures, à donner à chacun des deux magistrats suprêmes un pouvoir de blocage par rapport aux décisions de son collègue. Il existera ainsi, plus tard, un veto préalable, ou *prohibitio*, et un veto *a posteriori*, l'*intercessio*. Mais, à l'origine, ces droits ne paraissent pas avoir existé : l'*imperium* était exercé en plénitude par l'un des deux membres du collège, sans que l'autre pût s'y opposer en quoi que ce fût. Mais ce pouvoir était limité dans le temps, et une fois le délai écoulé il passait à l'autre membre du collège. Le roulement se faisait jour par jour lorsque les magistrats suprêmes étaient à Rome, et mois par mois lorsqu'ils étaient en campagne. Dans ces conditions, on pouvait qualifier de *maximus*, mais à titre temporaire, celui des préteurs qui détenait les douze faisceaux exprimant la possession de l'*imperium*.

Mais doit-on admettre l'existence d'un collège de préteurs, comprenant davantage de deux membres ? Là encore, le scepticisme à l'encontre de la présentation des fastes consulaires et de la tradition annalistique ne paraît pas fondé. Un *praetor maximus* a très bien pu exister dans le cadre d'un collège de magistrats suprêmes binaires. L'incompatibilité avec l'existence d'un système portant sur deux personnes, qu'exprimerait l'emploi du superlatif *maximus* au lieu du comparatif *maior*, n'existe qu'au niveau du latin classique : on a des exemples d'expressions archaïques où le superlatif est employé dans le cas de groupements binaires.

Les fastes consulaires

On a souvent pensé, il est vrai, que la première forme de magistrature suprême que la Rome républicaine avait connue avait été la magistrature binaire, mais inégale, que représentait la dictature. En effet, dans les situations d'urgence, Rome pouvait remplacer les consuls par un dictateur unique. Or celui-ci était accompagné d'un maître de cavalerie, *magister equitum*. Ce dernier n'était pas l'égal du dictateur, comme l'était un consul par rapport à l'autre, mais son subordonné. L'institution correspondait en effet à la nécessité ressentie par la cité dans des périodes de crise de retrouver l'efficacité d'un commandement unique : on renonçait donc provisoirement au principe de la collégialité. On conçoit bien évidemment que les dictateurs apparaissent surtout en période de danger militaire pressant (bien que ce ne soit pas exclusif : des urgences civiles ont pu inciter à y avoir recours, par exemple pour tenir des élections en cas de vacance des magistratures, ou pour procéder à certains actes religieux). Ce n'est d'ailleurs là, dans sa fonction militaire au moins et sous l'appellation ancienne de *magister populi*, que le prolongement d'une charge qui avait déjà existé à l'époque royale : on l'a vu à propos de Macstarna-Servius Tullius.

Rome, voulant rompre avec la monarchie, aurait assurément pu créer une dictature pour la remplacer. On rencontre assez souvent des dictateurs à la tête des cités latines, où la dictature a pris la suite de la monarchie ; et le magistrat qui dirige la ligue latine est un *dictator Latinus*. Mais il paraît indéniable que la fonction de dictateur a eu, dans son principe, un caractère d'exception et n'a jamais pu jouer le rôle d'organe dirigeant normal de l'État. Le dictateur est accompagné de vingt-quatre licteurs, non de douze comme le consul, et déjà avant lui le roi : cette escorte, exceptionnelle, ne se comprend que si l'on a voulu réunir sur le dictateur, donc sur une seule personne, les pouvoirs habituellement répartis entre les deux membres d'un collège, chacun pourvu des douze faisceaux normaux. Un tel trait, par son aspect exceptionnel, a toutes raisons d'être une donnée originelle de la dictature à Rome, révélatrice de sa nature. Il semble gratuit dans ces conditions de supposer une évolution de la fonction, et d'imaginer qu'à la forme de dictature, magistrature d'exception, que nous connaissons, en ait préexisté une autre, où il se serait agi d'une charge normale. Il est tout aussi difficile que le couple inégal formé par le dictateur et son maître de cavalerie, qui est clairement son subordonné (et ne dispose d'aucun licteur), ait donné naissance au couple égal des consuls (ou des préteurs primitifs). Bien au contraire, on tirera du fait que, dans nos sources, la dictature apparaît pour la première fois en 501, devant la crise provoquée par la menace des Sabins, la conclusion que la double préture, forme primitive du consulat, existait déjà à cette date comme forme normale du gouvernement de la cité.

Ainsi, que le terme de consuls n'ait pas été employé dans les premiers temps de la République n'implique pas que l'État ait attendu pour se doter d'une institution qui avait les caractères essentiels du consulat classique, c'est-à-dire la présence de deux magistrats suprêmes ayant un pouvoir égal et élus pour un an. Cette apparition a pu se faire dès la première année du fonctionnement normal du nouveau régime, après l'inévitable phase de mise en place – qui a dû ne pas aller au-delà de l'année 509.

En tout cas, on ne croit plus guère de nos jours à l'hypothèse d'une apparition tardive du système de la magistrature suprême binaire. Il est vrai que les partisans d'une datation basse s'appuyaient sur un argument qui ne semble plus recevable : l'idée que la liste de magistrats que nous offrent les fastes consulaires serait inutilisable comme document historique avant une date récente. Par-delà les divergences, secondaires, qui tiennent au fait que nous ne disposons pas d'une seule liste de consuls, mais de plusieurs, fournies soit par un document épigraphique, les « Fastes capitolins », découverts près de l'Arc d'Auguste, soit par les différents historiens, et que celles-ci offrent certains points de divergence, limités, on s'accorde maintenant quasi unanimement à leur reconnaître une valeur de document authentique et crédible. En particulier, l'objection majeure qu'avait paru constituer à sa fiabilité la présence pour le tout début de la République de noms plébéiens et non patriciens (jusqu'en 486, douze consuls portent des noms qui sont ceux de familles plébéiennes) semble irrecevable : loin d'apparaître comme la preuve d'un faux, cette distorsion par rapport à l'évolution sociale de Rome telle que la présente l'historiographie antique est la preuve d'une information authentique, non tributaire des schémas élaborés par l'annalistique. À ce titre, ce document peut être considéré comme un témoignage fondamental de ce qu'a été la situation des débuts de la République, lorsque la distinction entre patriciens et plébéiens n'était pas encore la barrière infranchissable pour l'accès à la carrière des honneurs qu'elle devint plus tard.

Les tensions au début de la République

Cependant, même si l'opposition entre patriciens et plébéiens n'avait pas encore pris dans les premières années de la République l'acuité qu'elle eut plus tard, les prémisses de la rupture qui se produisit en 494 existaient assurément déjà. D'autres clivages devaient être plus sensibles encore. Et il semble bien que l'institution si originale de la magistrature suprême binaire, pour laquelle il ne semble pas qu'on puisse invoquer de précédents, en Italie ou ailleurs, traduise justement l'existence de divisions : cette collégialité égale paraît correspondre à la volonté de créer un équilibre entre des forces antagonistes. Or le début du nouveau régime ne fut pas exempt de tensions : l'éviction de Collatin, les réactions négatives suscitées par Publicola montrent que le groupe des premiers chefs républicains connaissait déjà des oppositions de personnes, de clans, comme le régime en connaîtra toujours. On entrevoit, par-delà la personne de Collatin, apparenté aux anciens rois, la tension qui devait exister entre des individus qui avaient été directement liés à l'ancien régime et des personnalités plus nouvelles. La tradition sur la distinction entre deux catégories de sénateurs, les anciens *patres* et les nouveaux nommés de 509, auxquels une partie de nos sources attribue le nom de *conscripti*, témoigne elle aussi d'une certaine différenciation entre les forces qui avaient appuyé le changement de régime. Assurément, la belle unanimité dont font état les historiens dans la révolte contre le Superbe – et que ne remet pas en cause l'action des comploteurs – est une reconstruction complaisante d'une histoire qui a dû ne pas être exempte de luttes entre les nouveaux détenteurs du pouvoir. La solution du couple de magistrats suprêmes égaux dans leurs prérogatives et leur pouvoir a dû sembler être un bon moyen pour les surmonter.

Place persistante des éléments étrusques et helléniques

S'il est en tout cas une cause de tension qui ne semble pas avoir joué en ces premières années de la République, c'est la question ethnique, et la distinction entre les Romains de souche et ceux d'origine étrusque. Les textes insistent, à propos des Tarquins, sur le fait qu'ils étaient des rois étrangers, et avancent parmi les motifs principaux de l'intervention des cités étrusques voisines puis de Porsenna contre la jeune République une solidarité de race envers un compatriote déchu. Mais cette vision est parfaitement anachronique : si Rome a chassé un roi étrusque, Tarquin le Superbe, ce fut par l'action d'un autre roi étrusque, Porsenna, et elle accepta de se lier à lui au moins pour un temps. La question ethnique ne joua en rien. Il en allait de même du côté des Latins : ils ne voyaient pas davantage dans les Tarquins des étrangers, puisqu'ils les accueillirent et les appuyèrent. Les regroupements que l'avancée de Porsenna amena à se former dans la région n'ont rien à voir avec les distinctions ethniques. On vit d'un côté Rome, cité latine, s'accorder avec le roi étrusque de Chiusi, de l'autre les anciens rois étrusques de Rome faire cause commune avec les Latins des autres cités.

Pour Rome, l'expulsion des Tarquins ne signifia nullement le départ de l'élément tyrrhénien, ni même la réduction de la place qui était la sienne dans la cité. La présence de noms étrusques dans les fastes pour les premières années de la République montre que des personnes d'origine étrusque ont continué à faire partie des nouvelles équipes dirigeantes. Les deux consuls de 506, Spurius Larcius et Titus Herminius, portent des noms tyrrhéniens. On retrouve encore des Larcii consuls en 498 et 490. On a aussi l'exemple significatif de l'un des consuls de 487, un Caius Aquilius, affecté du surnom de Tuscus, « l'Étrusque » : son nom latin Aquilius recouvre celui, étrusque, d'Acvilnas et ce Romain appartenait à une grande famille toscane, connue par plusieurs dédicaces que l'un de ses membres, un Avile Acvilnas, Aulus Aquilius en latin, a laissées à Véies et Ischia di Castro. La participation de Collatin à la direction du nouvel État républicain montre qu'initialement même les Tarquins n'avaient pas été *a priori* exclus.

Rome n'a certainement pas été transformée dans sa composition ethnique par les événements de 509. Elle était une cité mixte en ce sens que des étrangers y étaient établis, mais dans un cadre qui restait celui d'une cité latine. La modification survenue dans le domaine politique n'a en rien affecté cet état de choses. Les éléments allogènes ont continué à y vivre, on l'a vu pour les Étrusques. On constate de même la persistance de la présence de Grecs : celle-ci n'a pas été touchée par la détérioration des rapports avec Cumes. Les difficultés des relations avec Aristodème ne signifient nullement une rupture avec les Grecs dans leur ensemble : les rapports avec les cités de Sicile, marqués par l'envoi de blé lors des famines, sont bons. Des Grecs continuent, comme auparavant, à résider sur le sol de l'*Vrbs*. La découverte sur l'Esquilin d'un remarquable torse de guerrier blessé, pièce de grande qualité et d'évidente facture hellénique, sans doute un ex-voto déposé dans un temple, datant précisément de cette période (l'objet remonte aux environs de 500), atteste que des artistes grecs y travaillaient toujours. Sur ce point l'archéologie confirme ce qu'affirme la tradition littéraire : Pline l'Ancien (*Histoire naturelle*, 35, 154) attribuait à des artistes grecs, Damophilos et Gorgasos, la décoration du temple de Cérès, Liber et Libera sur l'Aventin, édifié en 493. Il faut probablement mettre en rapport ces noms, de forme dorienne, avec le monde grec d'Italie : on a là une nouvelle illustration des liens de Rome qui se nouèrent alors avec les Grecs du sud de l'Italie et de la Sicile, attestés par ailleurs pour les livraisons de blé.

L'activité édilitaire du début de la République

On voit par là que l'activité édilitaire a continué à Rome en ce début de la République. On le constate en ce qui concerne la muraille de la ville : on a la preuve d'une réfection du mur servien affectant une partie de son tracé sur le Quirinal, qu'un fragment de céramique attique permet d'attribuer sûrement à cette époque. Mais, vu les troubles qui marquèrent cette période – attaque de Porsenna, en attendant les menaces d'autres ennemis, voire des plébéiens en révolte –, le fait n'est pas vraiment révélateur d'une politique de construction ! On accordera une plus grande signification à l'édification de nombreux temples, qui atteste une volonté consciente de la part des nouveaux dirigeants : la jeune République ne s'est pas contentée de la dédicace du Capitole construit par les Tarquins. On assiste à la construction du temple de Saturne, entre 501 et 497, de Mercure, en 495, de la triade aventine, en 493, des Castors (qui avait été promis lors de la bataille du lac Régille), en 484, et encore celui de Semo Sancus, en 466. Certes le sanctuaire de Sant'Omobono ne fut pas rebâti après sa destruction violente au début de la période et connut une phase d'abandon qui se prolongea jusqu'au IVe siècle. Mais il avait été tellement lié à l'affirmation du pouvoir monarchique, sous Servius Tullius puis sous Tarquin le Superbe, que le nouvel État a voulu se tourner vers d'autres cultes. En tout cas les lieux nécessaires à la vie publique que sont le Comitium et la Regia ne disparurent pas après la fin de la période royale. En revanche ils subirent des restructurations, ce qui est particulièrement sensible pour la Regia. Elle reçut alors la disposition triangulaire qui resta la sienne par la suite : la maison d'habitation à trois espaces internes sur le côté sud, et un portique en oblique sur le côté nord, délimitant une vaste cour munie d'un puits. On verra dans ces aménagements la trace du passage de l'édifice du rôle de bâtiment lié au souverain à une fonction purement religieuse : désormais en dehors des aléas de la vie politique, cette demeure ne connaîtra plus les bouleversements qui l'avaient affectée par le passé. La structure alors établie resta inchangée par la suite.

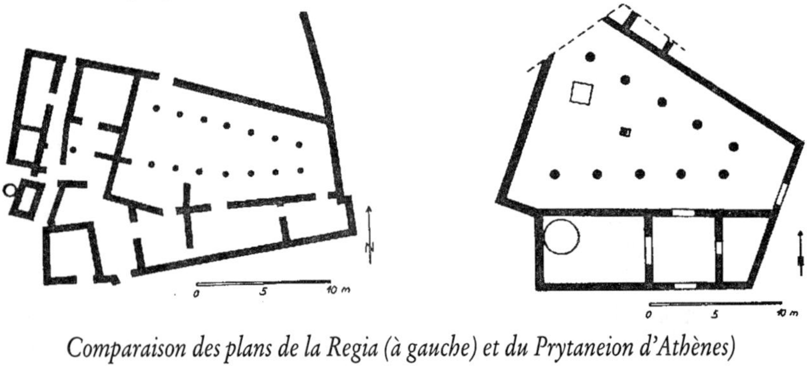

Comparaison des plans de la Regia (à gauche) et du Prytaneion d'Athènes)

Ce sont là des réalisations qu'il faut mettre à l'actif de la République naissante, et qui se prolongèrent encore au cours des premières décennies du ve siècle. En comparaison à la période monarchique, il ne s'agit guère de rupture en ce qui concerne la volonté d'affirmation de la cité et de ses chefs à travers des constructions de prestige ; non plus en ce qui concerne la présence d'un milieu artistique pénétré d'éléments étrangers, étrusques et grecs, qui rend possible une telle politique ostentatoire. Il faut donc rejeter l'interprétation avancée dans le passé par certains savants, qui justement s'appuyaient sur la persistance des constructions de temples dans la Rome du début du ve siècle pour rabaisser d'un quart de siècle la chute de la monarchie étrusque, qu'ils supposaient provoquée par la défaite des Étrusques de Campanie devant Hiéron de Syracuse dans les eaux de Cumes en 474. Déjà, la question de la présence tyrrhénienne en Campanie n'a pas eu pour Rome et le Latium l'importance qu'on lui attribuait à une certaine époque : le contrôle de cette zone intermédiaire entre la Toscane et la Campanie n'était pas indispensable pour des communications qui pouvaient se faire par voie maritime et, même pour celles se faisant par voie terrestre, un établissement des Étrusques à demeure dans le Latium n'était nullement indispensable. Mais il est erroné de lier mécaniquement la persistance de l'activité artistique ou architecturale et le régime politique de la monarchie, ou encore le fait que le pouvoir fût entre les mains d'Étrusques. Sur ce point comme par exemple pour les insignes royaux qu'elle s'est bornée à faire passer des rois à ses magistrats, la république s'est placée dans la continuité du régime précédent.

Assurément des changements se produisirent au cours du ve siècle, et l'on constate effectivement une nette chute de l'activité édilitaire à Rome aux alentours de la fin du premier quart de ce siècle. Mais ce n'est qu'un aspect d'un phénomène que l'on observe sur un plus long terme, un appauvrissement général de la cité au cours de cette période. Celui-ci fut dû à de tout autres facteurs que le changement du régime politique et nous rencontrons alors ce que André Piganiol a appelé « la nuit du ve siècle ».

CHAPITRE V

La nuit du Ve *siècle*

par Dominique Briquel

Abordant cette période dans son ouvrage sur la conquête romaine – dont la première version remonte à 1927 et dont une septième édition, revue et augmentée, est parue en 1995 –, André Piganiol parlait du Ve siècle comme d'une « période d'obscure vie paysanne, troublée par des guerres sans gloire et par des haines civiles ». Il définissait ce siècle comme « un retour à la barbarie » et donnait au chapitre VI, où il traitait de cette période, le titre, qui a été repris ici, de « nuit du Ve siècle ». Il faut avouer que lorsque, en suivant le récit annalistique, le lecteur passe des épisodes hauts en couleur, qui marquent l'affirmation de la *libera res publica* face à ses multiples ennemis, à la fastidieuse narration des chamailleries entre patriciens et plébéiens ou des expéditions répétitives contre les Volsques ou les Èques, son attention faiblit, son intérêt se relâche... Le Ve siècle, inscrit dans nos consciences comme étant, pour l'histoire grecque, celui de l'épanouissement d'Athènes, n'est pas aussi attirant pour l'histoire romaine, loin s'en faut ! Mais, après tout, il convient d'en prendre acte et de tenter d'analyser les raisons de cette impression de petitesse. Rome, au cours du Ve siècle, n'est plus la « grande Rome des Tarquins » qu'elle a été au siècle précédent. Elle est en crise.

La crise démographique

Cette crise transparaît déjà sur un plan démographique. C'est un point que l'on peut assez bien saisir grâce aux chiffres que les historiens anciens donnent pour les recensements qui avaient lieu tous les cinq ans. Depuis que le roi Servius Tullius l'avait institué, on procédait en effet régulièrement, à un intervalle de cinq ans, aux opérations du cens. Tous les citoyens étaient tenus de se présenter pour se faire inscrire sur les registres, et en même temps de déclarer leur fortune – ce qui permettait de les ranger dans les classes de la Constitution servienne et donc de déterminer leur place aux comices. Denys d'Halicarnasse rappelle le caractère obligatoire de cette déclaration, faite d'abord devant le roi, puis devant les consuls, avant que, en 443, n'apparaissent des magistrats spécialisés, les deux censeurs :

> [Servius Tullius] ordonna aux Romains de faire enregistrer leur nom et de donner une estimation de leur propriété, accompagnée d'un serment garantissant la vérité et la bonne foi de cette déclaration. Ils devaient donner le nom de leur père, leur âge et le nom de leur femme et de leurs enfants, et chacun devait déclarer dans quelle tribu de la cité ou dans quel canton de la campagne il résidait. Pour ceux qui manquaient à ce devoir, il établit que leurs biens seraient confisqués et qu'eux-mêmes seraient vendus comme esclaves. Cette loi fut appliquée pendant très longtemps. (4, 15, traduction de C. Nicolet.)

L'établissement des registres du cens était accompagné d'une cérémonie à caractère expiatoire, appelée lustration, ce qui a valu le nom de « lustre » à la période entre deux recensements. Comme toujours à Rome, une opération à nos yeux purement civile était entourée d'un cérémonial religieux. Elle n'en était pas moins effectuée avec une précision technique qui fait que les chiffres que donnent les historiens anciens ne sont plus traités par les historiens actuels avec la suspicion qui était naguère de mise : ils sont vraisemblablement fondés sur des données d'archives. Il est vrai que la discussion reste ouverte sur le principe du calcul : les uns pensent que les chiffres que nous avons concernent l'ensemble des citoyens, les autres qu'ils se réduisent aux effectifs mobilisables – ce qui signifie que les plus âgés, et à cette époque les plus pauvres, étaient exclus. Mais cette querelle de spécialistes, ni non plus le fait qu'il ne s'agissait pas d'un recensement de la population au sens moderne, puisque les non-citoyens, esclaves ou étrangers domiciliés, n'étaient pas concernés, n'empêchent pas de pouvoir tirer de ces données chiffrées des constatations sur les tendances démographiques générales. Or, pour le Ve siècle, il est clair qu'ils traduisent une chute de la population.

Les chiffres que donnent les historiens anciens pour les recensements effectués à cette époque accusent en effet une nette diminution par rapport à ce qu'ils avaient été pour la fin de la période royale et l'on assiste à une baisse constante dans la première moitié du Ve siècle. On serait passé de 130 000 pour 508 à 120 000 pour 503, 110 000 pour 493, 103 000 ou 104 000 pour 474 et 465. Ce n'est qu'avec le recensement de 459 que l'on constate une reprise : on remonte alors à 117 000. Mais il faudra attendre le IVe siècle pour trouver un total qui

Les opérations du cens sur un bas-relief (conservé au Louvre)

dépasse le chiffre atteint en 508, plus d'un siècle auparavant : le recensement de 392 donne un chiffre de 152 000. Rome a donc connu un déclin démographique sensible après la fin de la période royale, et celui-ci s'est manifesté dès les premières années de la République. Que le point de départ de la baisse coïncide avec le début de la *libera res publica* apparaît comme une garantie de la crédibilité de ces renseignements : l'historiographie romaine, unanime dans sa dénonciation du *regnum* et dans l'exaltation du sursaut qui a conduit à l'établissement de la République, n'aurait pas fait correspondre celui-ci avec le commencement du déclin démographique : elle n'a donc pas inventé les chiffres qu'elle donne. La Rome de la *libera res publica* commençante ne fut assurément plus la cité prospère et florissante, en forte croissance, qu'elle était au cours du VIe siècle. Rappelons que Rome serait alors passée de 80 000, lors du premier recensement, celui de Servius Tullius, aux 130 000 de 508, à la fin du règne du dernier Tarquin.

De tels chiffres, et les tendances opposées qu'ils indiquent pour le VIe et le Ve siècle, ne s'expliquent pas seulement par des facteurs internes. La ville de Rome a sans doute vu sa population diminuer au Ve siècle, alors qu'elle avait augmenté au cours du VIe siècle ; mais ces chiffres concernent l'ensemble de son territoire, l'*ager Romanus* tout entier. Ils traduisent donc au moins autant l'impact de phénomènes extérieurs, les fluctuations, dues aux guerres, de la zone dominée par Rome. Or, si celle-ci a connu une augmentation sensible au VIe siècle, elle a subi des amputations au début de la période républicaine. Au Ve siècle Rome n'était plus la cité puissante, étendant sa loi sur le Latium, que décrivent les historiens pour le règne de Tarquin le Superbe, et que suppose plus sûrement – si du moins l'on accepte l'authenticité du document – le texte du traité Rome-Carthage de 509. Rome apparaît alors comme une cité sur la défensive, subissant continuellement les attaques de ses ennemis. Le Ve siècle, dans le récit qu'en font les historiens de l'Antiquité, fut une longue suite de guerres. Ce n'est certes pas insolite pour une ville à qui il sera si peu donné, au cours de son histoire, de procéder à la fermeture rituelle des portes du temple de Janus, en signe de paix. Mais au Ve siècle, ce qui n'était pas le cas au VIe siècle et ne le sera plus au IVe siècle, les guerres furent menées dans le voisinage, souvent le plus immédiat, de l'*Vrbs*, et surtout résultèrent d'initiatives, perpétuellement reprises, d'ennemis menaçants qui contraignaient Rome à une lutte, purement défensive, pour repousser leurs assauts. On voit reparaître continuellement le nom des mêmes ennemis, qui, régulièrement battus, n'en reprenaient pas moins leurs attaques dès l'année suivante : principalement les Volsques et les Èques, pour lesquels on peut dire qu'il y a peu d'années, du moins jusqu'au milieu du siècle, où ils laissèrent les Romains en paix.

Le désastre de Crémère

Parmi les guerres que Rome mena au cours de cette période, certaines, il est vrai, opposèrent la Ville à des ennemis on pourrait dire classiques. La vieille rivalité opposant Rome à sa voisine étrusque, Véies, dont on affirmait qu'elle remontait à l'époque même de Romulus, se manifesta toujours, au moins de manière épisodique.

Une première période d'hostilités se situa, dans le récit annalistique, entre 485 et 474. Et en 477, Rome subit, devant sa vieille ennemie tyrrhénienne, un des désastres les plus fameux de son histoire, comparable à celui subi sur l'Allia en 390 devant les Gaulois (au point qu'une partie des sources plaçait les deux événements le même jour) : la défaite du Crémère, du nom d'un petit affluent du Tibre qui passait près de la cité étrusque. Les trois cent six membres de la *gens Fabia*, attirés dans une embuscade par les Véiens, devaient y périr, ne laissant pour perpétuer leur race qu'un unique rejeton. Le récit de Tite-Live se pare de couleurs épiques, l'analogie avec l'histoire de Léonidas et ses trois cents Spartiates aux Thermopyles est soulignée ; un rapport est posé, à travers les siècles, entre l'épisode qui se conclut par la survie providentielle d'un Fabius, sauveur de sa race, et le salut qu'apportera un jour, à la cité entière, un autre Fabius, l'adversaire d'Hannibal, le *Cunctator* (le « Temporisateur »).

> Les Fabii reprirent les hostilités contre le peuple de Véies, avec des moyens réduits. Mais on ne se contentait plus de piller les campagnes et de surprendre les pillards : de temps à autre s'engageait en rase campagne une bataille rangée, et une seule famille romaine remportait souvent la victoire sur la ville alors la plus florissante d'Étrurie. D'abord aigris et humiliés les Véiens, s'inspirant des événements, eurent ensuite l'idée de prendre au piège leurs ennemis trop confiants ; ils constataient même avec plaisir que leurs succès redoublaient l'audace des Fabii. Ce furent alors tantôt des troupeaux qu'on amenait devant eux, quand ils allaient au butin, et qui avaient l'air de se trouver là par hasard ; ou bien des exodes de paysans désertant les campagnes et des détachements armés, envoyés pour s'opposer au ravage, et qu'une terreur, plus souvent feinte que réelle, mettait en fuite. Dès lors les Fabii conçurent un tel mépris de l'ennemi qu'ils ne le crurent pas capable de soutenir leurs attaques victorieuses en aucun temps ni en aucun lieu. Poussés par cette illusion, ils se jetèrent sur des bestiaux qu'ils aperçurent loin du Crémère et fort en avant dans la plaine, malgré la présence de quelques ennemis en armes. Sans s'en douter, ils dépassèrent dans leur course précipitée une embuscade dressée au bord même de la route et se dispersèrent pour attraper les bêtes éparses çà et là, comme toujours quand elles ont peur. Soudain on sort de l'embuscade ; devant eux, de toutes parts, il y avait des ennemis. D'abord le cri de guerre s'élevant partout autour d'eux les effraya ; puis des traits tombent de tous côtés ; bientôt les Étrusques, par une marche concentrique, les enfermèrent dans une ligne ininterrompue ; plus l'ennemi s'avançait, plus ils devaient, eux aussi, rétrécir leur cercle sur un petit espace et cette manœuvre faisait ressortir leur petit nombre et la masse des ennemis, de plus en plus profonde à mesure qu'elle se resserrait. Renonçant alors au combat qu'ils soutenaient de toutes parts sans faiblir, ils se portent tous sur un seul point et de là, grâce à leur force et leur vaillance, ils s'ouvrent un passage en formant le coin. Ce passage les conduisit à une colline en pente douce. Là ils

commencèrent à faire halte : leur position élevée leur permit de respirer et de reprendre leurs esprits après une telle frayeur ; bientôt même ils repoussèrent les assaillants et l'avantage restait à cette poignée d'hommes à la faveur de la position, quand des Véiens, les tournant par les hauteurs, prirent pied au sommet de la colline ; l'ennemi les dominait à son tour. Les Fabii furent tués jusqu'au dernier et le camp fut emporté. Trois cent six périrent, c'est un fait établi ; un seul restait qui n'avait pas tout à fait l'âge d'homme : il devait faire souche et devenir, dans bien des crises politiques et militaires, le plus ferme appui de Rome. (Tite-Live, 2, 50.)

Cette page livienne se ressent d'une mise en forme littéraire, pour la plus grande gloire de la famille des Fabii, qui n'est pas pour surprendre si l'on se rappelle que le premier auteur à avoir mis par écrit l'histoire romaine, au début du IIe siècle avant J.-C., est Fabius Pictor, qui était justement un membre de cette famille, et que l'ensemble de la tradition ultérieure dépend de lui. Mais le grandissement de l'épisode aux dimensions d'un morceau d'épopée, pour la plus grande gloire du *nomen Fabium*, ne trahit pas la signification qu'a eue l'événement. On a affaire non à une guerre de l'État romain, mais à une guerre menée à titre privé par ce puissant clan aristocratique, qui pouvait compter, outre sur les forces des Fabii eux-mêmes, sur le soutien de ses clients – que les historiens évaluent à quatre ou cinq mille. L'entreprise visait à permettre non tant une extension de l'*ager Romanus* qu'à assurer à ce groupe la possession de terres : la rivière sur les bords de laquelle la bataille eut lieu jouxtait le territoire de la tribu Fabia.

Cette coloration privée ne concerne pas seulement l'épisode du Crémère. C'est bien la politique propre des Fabii, alors au sommet de leur puissance à Rome, qui entraîna la cité dans les hostilités contre Véies. La guerre débuta avec le consulat d'un Quintus Fabius, en 485, et se prolongea sous les consulats d'autres membres de la *gens* (un des deux postes de consuls fut occupé, sans interruption, par un Fabius jusqu'en 479). La famille ne prit les opérations à son propre compte que lorsqu'il n'y eut plus de Fabii à la tête de l'État, en 478 et 477. Et, après le désastre du Crémère et la disparition de la famille du devant de la scène, on alla rapidement vers la conclusion des hostilités. Véies se vit accorder en 474 une trêve pour quarante ans.

Les dépouilles opimes

Cette trêve fut sans doute respectée. Selon Tite-Live, la guerre entre Rome et Véies reprit dès 437, à cause du problème de Fidènes ; mais Diodore de Sicile situe les mêmes événements en 426 et, pour cette même date de 426, Tite-Live fait état d'une autre guerre à propos de Fidènes, si bien qu'il convient de n'accorder qu'une confiance relative à ces dates : la chronologie du Ve siècle a subi des bouleversements dans la tradition qui rendent impossible toute certitude dans ce domaine. Quoi qu'il en soit, la guerre naquit d'une cause de conflit récurrent entre les deux cités : le contrôle de Fidènes, au débouché d'un gué qui offrait une des rares possibilités de passage d'une rive du Tibre à l'autre. Ce site avait toujours constitué une source de dispute entre les deux cités et, à en croire la tradition, les Romains y avaient déjà plusieurs fois – du temps de Romulus et de Tullus Hostilius, et encore en 498 – installé une colonie, puis la cité était toujours retombée aux mains des ennemis, ce que la tradition expliquait comme le résultat de trahisons répétées de ses habitants. En fait Véies devait chercher à s'assurer le contrôle de Fidènes, qui représentait un point d'appui pour la cité étrusque sur la rive gauche du Tibre, susceptible de contrebalancer l'avancée romaine sur la rive droite, dans la région des Salines. Le conflit devait être encore plus vif depuis que Rome avait créé, en 495, la tribu Crustumina, sur le territoire de la cité latine de Crustumerium, immédiatement au nord de Fidènes. Véies avait sans doute repris le contrôle de la ville par le traité de 474, qui conclut l'expédition désastreuse des Fabii à la Crémère. Mais Rome devait difficilement supporter l'existence de cette enclave transtibérine de Véies, véritable tête de pont sur la rive romaine.

Cette fois encore, la guerre fut émaillée d'épisodes fameux. Elle débuta par le massacre des ambassadeurs romains à Fidènes : ce forfait aurait été commis avec l'assentiment du roi de Véies, Lar Tolumnius. Rome garda la mémoire de cette atteinte au *ius gentium*, aux règles du droit international : elle éleva des statues des ambassadeurs sur le Forum, près de la tribune aux harangues. Dans l'immédiat, un tel crime lui donna toutes raisons de penser qu'elle menait une guerre juste, *iustum bellum*, et que les dieux étaient donc de son côté. Sa victoire parut lui en apporter la preuve, et encore plus le châtiment exemplaire du roi véien, tué par l'un des chefs romains, Cornelius Cossus. Cet exploit permit à Cossus de remporter, pour la deuxième fois dans l'histoire de Rome, l'honneur de déposer des dépouilles opimes dans le temple de Jupiter Férétrien, sur le Capitole :

> Il y avait alors dans notre cavalerie un tribun militaire, Aulus Cornelius Cossus, très bel homme, aussi brave que fort, ayant le sentiment de sa noblesse, déjà très haute quand il la reçut, plus haute et plus grande encore quand il la transmit à ses descendants. Voyant Tolumnius, partout où il se portait, jeter par ses attaques le trouble dans les escadrons romains et reconnaissant à son costume royal celui qui volait ainsi sur tout le front : « Voilà l'homme, dit-il, qui rompt les traités et viole le droit des gens ! Hé bien moi, je vais immoler cette victime, si du moins les dieux veulent qu'il reste quelque chose de sacré sur terre, aux mânes de nos envoyés. » Piquant des deux, il se porte, la lance en arrêt, contre cet unique ennemi, le désarçonne, et, s'appuyant sur sa lance, saute vivement à terre, lui aussi. Le roi se relevait ; d'un coup de bouclier, il le renverse sur le dos et, le frappant à coups redoublés, le cloue au sol de son javelot. Puis il promène victorieusement les dépouilles arrachées au cadavre sanglant et sa tête coupée placée au bout d'une pique, mettant en fuite les ennemis épouvantés de la mort de leur roi. C'est ainsi que fut dispersée, à son tour, la cavalerie qui rendait seule le combat inégal. [...] Le dictateur, par décret du Sénat ratifié par le peuple, rentra en triomphe à Rome. Dans ce triomphe, celui qui de beaucoup fut le plus en vue, c'était Cossus, portant les dépouilles opimes du roi qu'il avait tué. C'est sur lui que les

soldats firent leurs chansons naïves, où ils le comparaient à Romulus. Il suspendit en grande pompe les dépouilles à titre d'offrande dans le temple de Jupiter Férétrien, à côté de celles de Romulus, les premières dépouilles dites « opimes » et jusqu'alors les seules. (Tite-Live, 4, 19-20.)

Une telle déposition supposait, dans la conception qu'on s'en faisait couramment, que le chef romain eût tué de sa propre main le chef ennemi : seul Romulus, disait-on, avait eu cet honneur auparavant lorsqu'il avait vaincu le roi des Caeniniens, Acron, et Marcellus, vainqueur de l'Insubre, Virodomar, en 222, fut le seul à la réitérer après lui. La tradition sur les dépouilles opimes est artificielle : le nombre des trois occurrences répond en réalité à l'existence de trois catégories différentes de dépouilles opimes, selon le grade du Romain qui tuait le chef ennemi et, au départ, l'honneur pouvait tout aussi bien revenir à un soldat du rang. Néanmoins l'historicité de la victoire de Cossus n'est pas à mettre en doute, et la guerre aboutit à la prise définitive de Fidènes en 426. Dans ce conflit, certains traits annoncèrent ce qui se déroula plus tard, lors de la lutte finale entre Rome et Véies : on vit déjà les Falisques, inquiets de ce que l'armée romaine opérait à leurs frontières, apporter leur appui à Véies et inversement les autres cités de la ligue étrusque se désintéresser du sort de leurs congénères méridionaux et hésiter à s'engager sur ce front périphérique. Il n'en reste pas moins que la portée de la lutte restait alors restreinte : il ne s'agissait pas encore d'une lutte à mort entre les deux cités. Rome se contenta en 426 de la régularisation de la frontière que représentait le contrôle de Fidènes et Véies se vit accorder une trêve de vingt ans, qui fut respectée.

Ainsi, à l'égard de Véies, on assista au Ve siècle à des opérations du genre de celles qu'on avait connues dans le passé. Rome parvint, par des querelles de voisinage, à agrandir son territoire, mais sans qu'il y eût volonté de destruction de l'adversaire, ni la moindre hostilité ethnique. Il s'agissait d'opérations d'ampleur limitée, tant dans le résultat que dans les moyens : une *gens*, directement intéressée à l'affaire, put mener seule un tel conflit en 478/77. Mais ce ne fut pas là le théâtre d'hostilités essentiel au Ve siècle : la longueur des intervalles de paix et des trêves qui furent accordées, et respectées, le montrent.

Rome et le Latium

Au cours de cette période, la paix régna entre Rome et les cités latines. Le fait est nouveau : le Latium avait été dans le passé la région où s'affirmait le plus la volonté d'hégémonie de Rome et, si l'on accorde foi sur ce point au texte du traité Rome-Carthage de 509 transmis par Polybe, la cité était parvenue, à la fin de la période royale, à étendre son emprise sur une bonne partie de la province. Certes, les péripéties liées à la chute de la monarchie avaient permis aux cités latines, après leur victoire sur le fils de Porsenna, de retrouver une indépendance par rapport à Rome que celle-ci tendait à leur faire perdre ; mais la crise devait se conclure après la bataille du lac Régille par une reconnaissance de la personnalité propre de Rome face à l'ensemble des Latins, de sa place particulière au sein de la ligue : conformément au traité qui suivit la victoire de Rome, le *foedus Cassianum,* ainsi appelé d'après le nom du consul Spurius Cassius qui le négocia au cours de son second consulat, en 493, l'*Vrbs* réintégrait la fédération, mais en tant que partie autonome, traitant avec l'ensemble des autres cités. Nous pouvons nous faire une idée assez précise du texte de ce traité d'après ce qu'en dit Denys d'Halicarnasse (6, 95) : il stipulait que « la paix entre Rome et toutes les cités latines durerait tant que le ciel et la terre resteraient à leur place », et prévoyait une intervention automatique d'une des deux parties en faveur de l'autre en cas d'attaque par un tiers, de même qu'une répartition sur pied d'égalité du butin fait à la guerre. Autrement dit, Rome, à elle seule, pesait désormais autant que toutes les autres cités réunies et celles-ci étaient contraintes à lui reconnaître une place sans commune mesure avec la leur propre au sein de la ligue. Néanmoins, la politique de conquête de Rome sembla marquer le pas au cours du ve siècle, et par voie de conséquence les conflits qui en avaient résulté au VIe siècle ne se reproduisirent plus au ve siècle.

L'*ager Romanus* se stabilisa, avec sa couronne de tribus rurales, au début de la République. La vingt-et-unième, la Crustumina, fut formée en 495 sur le territoire de l'ancienne cité indépendante de Crustumerium. Mais nous sommes encore avant le *foedus Cassianum*, dans une période d'hostilités entre Rome et les autres villes du Latium qui aboutit à l'organisation de nouvelles tribus, sur des terres conquises. Ensuite, au cours du ve siècle, il n'y eut pas de création de nouvelle tribu. Ce n'est pas pourtant que toute volonté d'expansion eût disparu dans ce secteur. On le vit bien avec l'affaire de l'attribution d'un territoire qui avait appartenu à Corioles, et que se disputaient les deux cités latines d'Aricie et d'Ardées. Elles recoururent en 445 à l'arbitrage de Rome : celle-ci s'appropria le territoire litigieux, poussée en ce sens, disent nos sources, par la soif de terres de la plèbe, et en dépit des réticences du Sénat. Aussitôt un conflit avec Ardées se déclencha, compliqué par des troubles internes dans la cité et l'appel lancé par le parti populaire aux Volsques. Finalement, en 442, le territoire et la cité furent constitués en colonie – mais la population de cette colonie fut composée en grande partie d'anciens habitants de la ville. Même dans ce cas, la volonté d'annexion manifestée par Rome, ou du moins par une partie des Romains, profita simplement des circonstances et se heurta au souci des responsables de la cité de préserver les alliés latins. L'heure n'était plus à la guerre au sein du *nomen Latinum.*

L'expansion des populations italiques

Cette modération de Rome s'explique en fait par l'apparition, vers le début du siècle, d'un facteur qui vint bouleverser toutes les données au sein du monde latin, et même de l'Italie en général : l'intervention de nouveaux venus, peuplades italiques arrivant de l'Apennin central, dont la pression se fit sentir sur les zones côtières. Ce fut là un élément essentiel au cours de toute cette période.

Cette pression ne se limita pas au Latium. Pour des raisons qui ne nous sont guère saisissables, on constate vers cette époque une effervescence du monde italique dans son ensemble. Il parut alors connaître une vitalité démographique intense, qui se traduisit par des phénomènes d'essaimage vers toutes les zones d'accueil possibles. Déjà, au cours du VIe siècle, un mouvement avait porté des groupes ombriens en direction du versant adriatique et de la région padane, en concurrence dans ce secteur avec l'expansion étrusque. On en suit la progression par les tombes à l'aspect guerrier caractéristique qu'ils ont laissées. C'est alors qu'apparaissent les Picènes, que la tradition disait être venus de Sabine. Mais on connaît mieux, ne serait-ce que parce que, touchant les zones de colonisation grecque, il a laissé des traces dans l'historiographie antique, le processus, complexe et étagé sur plus d'un siècle, qui amena une transformation radicale de la partie méridionale de l'Italie. Les Samnites étaient issus des Sabins, dont le nom se retrouve dans le leur. S'infiltrant à partir des montagnes du Samnium en direction de la côte, ils établirent dans le troisième quart du Ve siècle leur contrôle sur la Campanie : des éléments italiques plus anciennement installés s'y trouvaient déjà, mais elle était jusque-là dominée par les Étrusques, dont la cité principale dans le secteur, Capoue, portait alors le nom tyrrhénien de Volturnum, et par les Grecs de cités coloniales, Cumes et sa sous-colonie de Naples, la « cité nouvelle ». Ils y diffusèrent leur langue, l'osque, attestée par de nombreuses inscriptions. Après la formation du « peuple campanien », située par la tradition en 438, ils s'emparèrent de la Capoue étrusque en 423, de la Cumes grecque en 420 : ce furent des événements assez importants pour que Tite-Live dérogeât à ce propos à son habitude de ne parler que de faits romains. Pour 423, il signale : « Un fait extérieur, mais digne d'être rapporté, eut lieu à cette date. La ville de Volturnum, possession étrusque, aujourd'hui Capoue, fut prise par les Samnites » (4, 37), et pour 420 : « La même année, les Campaniens prennent Cumes, occupée jusque-là par les Grecs » (4,44).

Ce n'était que le début d'un processus qui porta ensuite plus au sud les Lucaniens. Dans l'ancienne colonie grecque de Poseidonia, dont le nom devint alors Paestum, les tombes italiques succédèrent au cours du Ve siècle à celles des colons helléniques. Leur décor peint montre souvent le titulaire de la tombe revenant victorieux du combat, chargé des dépouilles de l'ennemi qu'il a vaincu. Ou encore il offre l'image des combats de gladiateurs qui avaient dû accompagner les funérailles : on le voit, ces Lucaniens aimaient s'afficher comme des guerriers. Encore plus loin, les Brettiens, qui sont un rameau des Lucaniens, apparurent à la fin du Ve siècle, quand ils affrontèrent les Grecs de Thourioi, avant de prendre le contrôle de toute la Calabre, qui devint alors le Bruttium.

Le « printemps sacré »

Ces populations montagnardes étaient restées jusque-là en marge du développement de la péninsule – même si elles disposaient de l'écriture, puisque l'on sait maintenant qu'il faut leur attribuer les documents dits sud-picéniens, découverts pourtant non seulement dans le Picénum, sur la côte adriatique, mais aussi en pleine Sabine, à Cures, et qui correspondaient à des populations qui se définissaient elles-mêmes comme *touta Safina*, c'est-à-dire *ciuitas Sabina*, communauté sabine. Elles avaient conservé une orientation militaire nettement affirmée. La déposition ostentatoire d'armes continuait à se pratiquer dans la nécropole samnite d'Alfadena ou celles, sabines, de Poggio Sommavilla ou Colle del Forno, à une époque où elle était depuis longtemps passée de mode dans le Latium ou en Étrurie. Mais cette coloration guerrière transparaît surtout dans les traditions répétées attribuant à un « printemps sacré » (en latin *uer sacrum*) la constitution des nouveaux peuples italiques. On racontait en effet qu'à la suite d'une consécration rituelle au dieu de la guerre, Mars ou plutôt Mamers, sous la forme italique du nom de ce dieu, des groupes de jeunes gens seraient partis ainsi, pour s'établir loin de leur pays d'origine, en s'emparant de terres par la force des armes. Cette procédure aboutissait à en faire des êtres consacrés, voués à ce dieu, selon le sens du mot *sacer* – qui signifie « sacré », mais peut aussi s'appliquer à des individus mis hors-la-loi. De ce fait ces êtres « sacrés » n'appartenaient plus à leur communauté d'origine et celle-ci procédait à leur expulsion. La coutume avait un caractère primitif et sauvage qui avait beaucoup frappé les Grecs, forcés d'affronter ces bandes de jeunes guerriers en quête de terres. Le géographe Strabon, qui vivait à l'époque d'Auguste, l'a décrite en ces termes à propos des Samnites :

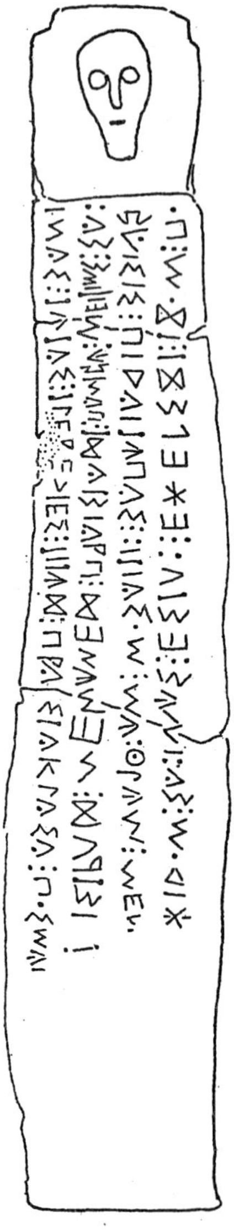

Exemple d'inscription sud-pinénienne : cippe de Penna Sant'Andrea

> Il existe, relativement aux Samnites, une tradition selon laquelle les Sabins, depuis longtemps en guerre contre les Ombriens, avaient, comme certains peuples grecs en pareille circonstance, fait vœu de consacrer aux dieux tout ce qui serait produit dans l'année. Ayant vaincu leurs ennemis, ils offrirent en sacrifice une partie de leurs récoltes et consacrèrent le reste aux dieux. Mais cet acte ayant été suivi d'une disette, quelqu'un leur dit qu'il fallait aussi consacrer leurs nouveau-nés. Ils s'exécutèrent donc et vouèrent à Arès les enfants qui seraient nés dans l'année. Devenus des hommes, ceux-ci décidèrent d'émigrer et mirent à leur tête de leur troupe un taureau. Quand ils furent arrivés dans le pays des Opiques [anciens habitants du Samnium], qui vivaient alors par bourgades, voyant

que le taureau se couchait, ils chassèrent les habitants et s'installèrent à leur place. Quant au taureau, conformément à l'ordre des devins, ils le sacrifièrent à Arès qui le leur avait donné pour guide. (Strabon, *Géographie*, 5, 4, 12 (250).)

On notera le rôle du taureau, guide envoyé par le dieu de la guerre – ici désigné sous son nom grec d'Arès – pour indiquer aux jeunes guerriers qui lui sont consacrés le lieu qu'il leur donne pour s'établir. C'est un motif que l'on retrouve dans les traditions concernant la plupart de ces peuples, et qui sert à rendre compte de leur nom : les Picènes auraient ainsi suivi un oiseau pic depuis leur Sabine natale, et les Hirpins, rameau méridional des Samnites, un loup. Le rapport est si étroit que les peuples reçoivent leur nom de l'animal qui les avait ainsi conduits : le nom des Picènes est tiré de celui du pic, et celui des Hirpins de celui du loup dans les langues italiques, qui est *hirpus*. Quant aux Samnites, dont le nom est issu de celui des Sabins, on retrouve la référence à l'animal qui avait guidé la migration dans le nom de leur capitale religieuse, Bovianum, tiré de *bos*, désignant ici le taureau : ce site était celui où se serait arrêté le taureau de la légende de fondation. Qu'il s'agisse de loup, de pic ou de taureau, ce sont des animaux liés au dieu de la guerre : ainsi est soulignée la nature martiale de ces peuples, leur caractère guerrier. Ce sont sans doute là des légendes, et l'on peut douter que l'expansion italique ait toujours pris la forme, ritualisée et solennelle, du « printemps sacré ». Il n'en reste pas moins que ces divers peuples, issus par prolongements successifs des Sabins, se sont ainsi forgé une identité propre, soulignant leur aspect militaire, et aboutissant à une reconstruction grandiose de l'histoire de l'Italie, où on les voyait s'étendre par étapes successives à partir du « nombril de l'Italie », qu'ils situaient à Cutiliae, au cœur de la Sabine, sur une bonne part de la péninsule.

Les contrecoups sur le Latium

Le mouvement n'épargna pas le Latium. Il se traduisit par le renversement complet de la situation qui avait été celle du VIe siècle, époque où la « grande Rome des Tarquins », à en croire la tradition ou les stipulations du traité Rome-Carthage, exerçait une hégémonie incontestée jusque sur Antium, Terracine, Circei. Or, au Ve siècle, toute cette partie méridionale de la côte du Latium était aux mains des Volsques. Le nom de ce peuple n'apparaît pas dans nos sources avant l'époque de Tarquin le Superbe (époque où on les voit se manifester à Suessa Pometia). Mais ensuite ils furent les maîtres d'une bonne partie du sud de ce qui avait été le territoire du *nomen Latinum*. Ils étaient établis à Cora et Pometia en 495, alors que ces villes avaient abrité auparavant des colonies de Tarquin le Superbe (Tite-Live, 2, 22), à Antium en 493 (2, 23). Vers le même moment, ils prirent le contrôle de Terracine, qu'ils rebaptisèrent Anxur. La présence des *sodales* de Valerius Publicola, attestés dans l'inscription de Satricum, dans la région méridionale du Latium, a sans doute à voir avec l'expansion volsque ! Nous lisons la progression volsque sur le terrain encore plus loin vers le sud : ils arrivèrent par la haute vallée du Liris, la région de Privernum, et s'installèrent dans la zone pontine. Dès lors ils séparèrent le Latium de la Campanie et de ses abords : leur arrivée marqua la rupture de la *koinè* culturelle qui s'était formée dans la seconde moitié du VIᵉ siècle et qui réunissait Campanie, Latium, Étrurie méridionale. On a vu la signification des constructions de temples à décor d'antéfixes reprenant les mêmes modèles dans toute cette zone : à Frosinone, on ne rencontre plus rien de tel après la fin du VIᵉ siècle, ni après le début du Vᵉ siècle à Satricum, Velletri, Circei, ni après la période 470/460 dans la région pontine.

Les Volsques furent les responsables les plus directs de la diminution du territoire dont disposaient les Latins, et par là sans aucun doute pour une part ceux des famines qui frappèrent alors Rome, privée des sources d'approvisionnement du Sud de la province. Ils ne furent pourtant pas les seuls à se manifester. Des populations italiques plus anciennement connues sur le pourtour du Latium, sans doute poussées par les nouveaux venus, participèrent à ce mouvement de pression sur les Latins. C'est le cas des Herniques, au nord-est du Trerus et de la ville de Signia. Cette ville, présentée comme une colonie de Tarquin le Superbe, fut renforcée en 491 : elle constituait un avant-poste face aux peuplades italiques. La présence des Herniques paraît remonter au début de l'âge du fer et on leur attribuait certaines relations avec la Rome de Tullus Hostilius : Cispius, qui aurait donné son nom au mont Cispius à Rome, aurait été un Hernique, d'Anagni, qui serait alors venu se fixer dans la cité. Mais les Herniques ne manifestèrent leur hostilité à l'encontre des Latins qu'au début du Vᵉ siècle. La période de conflit fut il est vrai de courte durée : les Herniques devinrent les alliés de Rome et des Latins en 486. Leur situation les plaçait entre les Èques et les Volsques, et ils avaient dû eux-mêmes souffrir de la présence de ces encombrants voisins.

Les Èques, établis au nord des Herniques, étaient effectivement avec les Volsques les plus remuants des voisins italiques du Latium. Là encore il s'agissait d'un peuple connu depuis longtemps : ils étaient installés au contact des Latins de Tibur et de Préneste. Mais on les vit manifester alors une agressivité dont ils n'avaient pas fait montre auparavant : année après année, au moins dans la première moitié du siècle, ils renouvelaient leurs opérations offensives contre le Latium, généralement en liaison avec les Volsques. Même les Sabins, à qui la tradition attribuait le rôle qu'on sait dans la formation de Rome, participèrent à ce mouvement. Pour être moins nombreuses que celles des Volsques et des Èques, leurs descentes dans le Latium n'en furent pas moins fréquentes – avant 448, date après laquelle ils ne firent plus parler d'eux. Plus proches de Rome que les Volsques ou les Èques, ils pouvaient menacer directement l'*Vrbs*. En 460, un Sabin, Appius Herdonius, s'empara du Capitole à la faveur d'un raid nocturne qu'il mena avec un groupe de plusieurs milliers de clients et d'esclaves. Nous avons signalé l'importance que l'épisode put avoir pour la formation de la tradition sur les origines de Rome ; il est manifeste en tout cas que l'instabilité alors générale du monde italique toucha également ces voisins de toujours des Latins.

Là encore causes démographiques et facteurs politiques se mêlaient et, pour une fois, nous en avons une indication dans nos sources avec la tradition sur l'arrivée à Rome en 504 du Sabin Atta Clausus. Celle-ci se fit pacifiquement et, bien accueilli dans la cité et même reçu dans les rangs des patriciens, il prit le nom romanisé d'Appius Claudius, donnant naissance à la puissante famille des Claudes. Mais il avait quitté sa région natale avec toute sa famille et les cinq mille personnes de sa clientèle pour fuir les troubles qui déchiraient la Sabine : il obtint pour tous le droit de cité et la concession du territoire de la tribu Claudia, au nord de l'Arno.

Un type de guerre sans solution militaire durable

Le climat d'ensemble avait donc considérablement changé par rapport à l'époque antérieure. Désormais le Latium était entouré par des voisins hostiles, qui avaient sensiblement amputé son territoire au début de la période et qui ne cessèrent pas de le harceler par des raids de pillages répétés. Avec ces guerres contre les peuplades italiques, il ne s'agissait plus de conquête territoriale, d'installation à demeure comme cela avait été le cas, sous des modalités différentes, pour la poussée volsque en direction du littoral ou l'installation à Rome de la *gens Claudia*. On assista à des expéditions limitées dans le temps, destinées uniquement à rapporter le plus possible de butin, et où l'adversaire ne cherchait pas à affronter Rome et les Latins en bataille rangée ni à s'emparer des villes. D'ailleurs les guerriers italiques étaient équipés légèrement, sans la panoplie complète de l'hoplite dont étaient munis les soldats des armées civiques latines ou étrusques, mais avec des protections réduites comme le « protège-cœur » *(kardiophylax)* qu'ils portaient attaché sur la poitrine, qui les laissaient libres de mouvements. C'était donc une armée prévue pour des coups de main rapides, des raids de pillage, non pour affronter la troupe adverse en rase campagne, dans le choc de deux phalanges, selon le modèle de bataille « à la grecque » qui prévalait depuis le VIIe siècle. Et dans cette guerre incessante, ces razzias toujours reprises, Rome et les Latins faisaient perpétuellement figure d'attaqués, étaient contraints à une stratégie défensive.

Assurément ils remportèrent victoire après victoire, bloquant et repoussant les incursions ennemies en des succès complaisamment relatés par la tradition annalistique. Les véritables défaites furent rares et il n'y a pas de raison de douter que Romains et Latins aient eu les capacités militaires de faire face à la situation. Même certains échecs, comme ceux qui furent attribués aux seconds décemvirs, en 450, semblent davantage tenir au parti pris d'hostilité à leur égard de nos sources qu'à de réels désastres. Il n'en reste pas moins que, du fait de la nature de ces guerres, ces succès ne permettaient pas d'aboutir à une solution militaire durable ni d'empêcher la reprise des hostilités. Tite-Live peut faire dire au consul de 446 Titus Quinctius Capitolinus, s'adressant à ses soldats romains : « ces ennemis que vous avez tant de fois battus et mis en fuite, chassés de leur camp, privés de leur terre, fait passer sous le joug » (3, 67), représentaient néanmoins encore, à cette époque et pour plusieurs décennies, un danger pour le Latium. La disparition de la menace volsque et èque supposait en effet qu'ils fussent privés de leurs bases de départ, autrement dit que les Latins fussent en mesure de s'attaquer au cœur de leur territoire. On n'en était pas encore là au milieu du Ve siècle ; ce fut seulement à la fin de la période que la situation commença à changer, avec les attaques menées contre la ville èque de Ferentinum, prise en 413, ou, en 406, contre la volsque Anxur. Encore ne s'agissait-il dans ce dernier cas que d'un raid sans lendemain, ne se traduisant pas par une occupation durable du territoire. Il fallut attendre le IVe siècle pour la conquête définitive, avec l'envoi d'une colonie en 328.

On ne s'étonnera pas dans ces conditions du caractère répétitif, on peut dire lassant, du récit de ces guerres chez les historiens anciens, qui commence toujours par l'annonce que les Volsques ou les Èques viennent de lancer un nouveau raid contre la campagne latine. Par exemple, pour 463, on lit chez Tite-Live (3, 6) : « Brusquement [les Romains] apprennent par des émissaires des Herniques que les forces réunies des Èques et des Volsques campent sur leur territoire et que des troupes nombreuses ravagent le pays. » Les Volsques et les Èques agissaient en effet souvent de concert et leurs armées avaient pris l'habitude de faire leur jonction dans le secteur du col de l'Algide, dans le prolongement vers l'est du massif des monts Albains : il constituait une excellente base de départ contre le Latium, aussi bien dans sa partie nord que dans sa partie sud. Cette donnée géographique fait que le nom de l'Algide est lié dans la tradition, outre à l'insuccès qu'y auraient connu les décemvirs, à une série de victoires romaines, comme celles remportées par Cincinnatus en 458 Aulus Postumius en 431. Le problème, militairement parlant, était d'arrêter, si possible, l'ennemi avant qu'il ne descendît dans la plaine et n'y exerçât ses ravages. Parfois on y parvenait – ce sont là les victoires de l'Algide narrées dans nos textes. Mais leur répétition au même endroit montre que les succès éclatants que décrit l'annalistique n'avaient aucun caractère décisif.

Rome et le Latium face aux incursions italiques

Il est inutile de suivre en détail cette guerre continuellement reprise, que des trêves ne venaient pas interrompre, comme cela pouvait être le cas dans un conflit avec une cité organisée comme Véies, et qui ne déboucha que très tard sur des conquêtes territoriales. Tite-Live avait bien conscience de cette impression de perpétuel recommencement lorsqu'il écrivait pour 460 : « On avait aussi à craindre du côté des Volsques et des Èques : la guerre, maintenant presque normale, périodique et annuelle, était menaçante » (3, 15). Ce qu'il est plus important de noter est que cette guerre, présentée comme une guerre romaine dans nos sources, fut en réalité une guerre latine. Si l'on excepte certains épisodes de nature particulière, comme l'attaque lancée contre l'*Vrbs* par le traître Coriolan en 491, c'étaient plus d'autres cités du Latium que Rome qui étaient visées. La menace était davantage dirigée contre Préneste, sise au contact immédiat des

Èques, ou Tusculum, qui, dans nos textes, vint souvent en cette période demander secours à Rome contre l'agression dont elle était l'objet. Et, face à cette menace, ce n'était pas Rome en tant que telle qui organisait la défense, mais la fédération latine.

Il ne faut pas en effet être victime de l'orientation systématiquement romanocentrique de l'annalistique. Celle-ci réduit le rôle des troupes latines (et herniques, une fois que les Herniques furent devenus, en 486, les alliés des Latins) à n'être que de simples auxiliaires de l'armée romaine, comme le seront les contingents d'*auxilia* formés par les alliés pour les légions romaines de l'époque ultérieure. La tradition montre Rome invitant les alliés à lui fournir des troupes pour appuyer sa propre mobilisation : cette situation correspondait à ce qui se passait au temps de Fabius Pictor et des autres auteurs à qui est due la constitution de la tradition annalistique, mais, lorsque les textes évoquent une procédure de ce genre pour 480, 478, 475, 468, 467, 464, 460, 450 ou 451, c'est un anachronisme flagrant. Il en va de même lorsque les historiens présentent Rome menant seule les opérations, comme ils le font pour 495, 494, 482, 481, 479, 474, 466, 464, 462, 458, 457, 455, 450, 449, 424, 418, 413, 409 : il n'en a certainement pas été ainsi au Ve siècle. On assiste encore à une majoration indue du rôle de Rome dans la conduite de cette guerre contre les populations italiques lorsque la tradition présente comme un malheur inouï le fait que les Romains ne pouvaient pas accomplir le devoir d'assistance envers les Latins qui leur revenait naturellement en tant que chefs du *nomen Latinum* – ce qui survint en 464 à cause d'une épidémie – ou comme un véritable scandale le fait qu'eux-mêmes devaient recourir à l'aide des autres villes latines – ce qui arriva lors du coup de main d'Appius Herdonius, où le Tusculan Lucius Mamilius vint secourir Rome à la tête des troupes de sa cité. Une situation plus normale d'un point de vue romain est celle que Tite-Live rapporte pour 494, où Rome put se permettre de refuser l'aide des Latins qui lui proposaient d'affronter eux-mêmes l'ennemi èque, volsque et sabin en disant qu'elle n'avait nul besoin d'eux pour mener à bien une telle guerre (2,30).

Lorsque, exceptionnellement, l'historiographie évoque une armée latine autonome, commandée par des généraux latins, comme c'est le cas pour 475, elle présente cette situation comme contraire à la règle :

> Les Latins, avec leurs seules forces et celles des Herniques, sans recevoir de Rome ni chef ni renforts, enlevèrent le camp des Èques et des Volsques et firent un butin considérable après avoir repris leurs biens. Rome envoya malgré tout contre les Volsques le consul Gaius Nautius : elle ne trouvait sans doute pas bon d'habituer ses alliés à se passer de ses généraux et de ses troupes et à faire campagne avec leurs propres forces et leur propre commandement. (Tite-Live, 2, 53.)

Mais cette prétendue anormalité n'en est pas une, et l'état réel des choses est celui que révèle une précieuse notice de l'antiquaire du Ier siècle av. J.-C., Cincius, dans son *Traité sur le pouvoir des consuls*, conservée par le grammairien

Festus. Ce texte garde le souvenir d'une procédure de commandement tournante (en donnant au chef de l'armée fédérale le titre de préteur, dont nous avons vu l'importance à date ancienne pour Rome) :

> Depuis la destruction d'Albe jusqu'au consulat de Publius Decius Mus [en 340, époque où la ligue latine fut réorganisée, sous la direction exclusive de Rome], les peuples latins eurent l'habitude de discuter leurs intérêts près de la source Férentine qui est au-dessous du mont Albain et de gouverner leurs affaires d'après une délibération commune. En conséquence, l'année où il fallait envoyer à l'armée des généraux romains sur l'ordre du « nom latin », plusieurs des nôtres observaient les auspices à partir du Capitole depuis le lever du soleil. Aussitôt que les oiseaux avaient signalé le soldat envoyé par l'assemblée des Latins, on saluait préteur celui que les oiseaux avaient signalé et auquel on donnait cette mission avec le titre de préteur. (Festus, 276 L.)

Comme le révèle ce texte, cette armée présentée comme romaine dans nos sources, qui allait combattre les Volsques ou les Èques, était une armée latine, constituée des contingents des diverses cités. Rome ayant réintégré la ligue latine depuis le *foedus Cassianum*, son chef pouvait être romain : mais Rome n'exerçait le commandement qu'à son tour, lorsqu'on lui confiait le soin de fournir le commandant de l'armée fédérale, c'est-à-dire le *dictator Latinus* qui menait au combat les forces de la ligue. Sans doute son poids démographique, la place particulière qui était la sienne depuis la victoire du lac Régille faisaient-ils que son rôle était largement supérieur à celui des autres membres de la fédération et, vraisemblablement, que le commandement lui revenait bien plus souvent qu'à d'autres. Il serait néanmoins dangereux d'occulter cette dimension fédérale, même si les historiens qui relatent les événements de cette période n'en avaient plus conscience.

Les circonstances firent donc que, face à l'ennemi commun, au danger èque et volsque notamment, la vieille fédération latine resserra sa cohésion. Cela ne se fit pas par l'imposition à tous d'un commandement unique, celui de Rome, comme tendraient à le faire croire nos sources, mais par une reviviscence des structures fédérales. Devant le danger les rivalités qui s'étaient fait jour au lendemain du renversement des Tarquins n'étaient plus de mise : en 460, Tusculum est venue aider Rome contre Appius Herdonius et, l'année suivante, Rome lui rendit le même service en secourant la ville en butte à une nouvelle attaque des Èques. Autre signe de cette unité de vues retrouvée, et imposée pour ainsi dire de l'extérieur : les colonies fondées dans cette période, à Antium en 467, à Ardée en 442, à Labicum, au nord de Tusculum, en 418, furent des colonies latines. Elles accueillirent – outre des anciens habitants maintenus sur les lieux – des Latins aussi bien que des Romains. La question du besoin de la terre de la plèbe romaine, sur laquelle nos sources insistent pour Ardée, n'a été qu'un facteur parmi d'autres dans une politique d'implantations qui visait avant tout à assurer la défense du Latium contre ses remuants voisins. Comme cela avait déjà été le cas avec les fondations de la période immédiatement antérieure – Signia en 495, Velitrae en 494, Norba en 492 –, il s'agissait surtout de garantir la frontière orientale du Latium, dans un secteur où d'autres cités latines étaient beaucoup plus directement menacées que ne l'était Rome.

Crise externe et crise interne

Ce rappel préalable de la situation extérieure de Rome au cours du ve siècle, une fois le régime républicain définitivement établi, est indispensable si l'on veut comprendre l'acuité de la crise qui secoua en même temps la cité de l'intérieur. Cette époque est celle de l'affrontement entre le patriciat et la plèbe, et c'est surtout cette lutte interne entre les deux composantes de la cité que soulignent les historiens antiques. Ils n'ont assurément pas tort de relever la gravité de cette division au sein même de la cité, qui a bien été le facteur dominant de l'histoire de la République dans cette période et est devenue un point de référence obligé pour les luttes politiques qu'elle connaîtra plus tard ; mais ses développements, sa gravité même ont été largement conditionnés par la présence obsédante de l'état de guerre endémique dans lequel Rome s'est trouvée.

Cela ne tient pas seulement à ce que, parfois, des interférences se produisirent entre attaques d'ennemis de l'extérieur et problèmes internes. On constate une interférence de ce genre pour l'épisode de Coriolan : Cneius Marcius Coriolanus, dont la tradition expliquait le surnom *Coriolanus* par le fait qu'il aurait enlevé aux Volsques la ville de Corioles, s'était manifesté comme l'un des adversaires les plus acharnés de la plèbe en s'opposant systématiquement aux demandes que les représentants que celle-ci venait de se donner – les tribuns – présentaient au Sénat. Poursuivi en justice par les tribuns, il préféra passer dans le camp des Volsques et prendre la tête de leurs troupes contre son ancienne patrie. Mais, alors qu'il s'avançait victorieux jusqu'aux environs de Rome, et après qu'il eut repoussé les demandes que venaient lui faire des ambassades officielles, composées des sénateurs puis de prêtres, ce fut, assurent nos textes, la troupe des femmes romaines, guidée par sa mère et sa femme, qui parvint, à force de prières, à le dissuader de mener le siège de l'*Vrbs* et à le persuader de se retirer. Il y a là une histoire démarquée de la légende grecque de Méléagre, mais la couleur évidemment légendaire du récit ne doit pas masquer la réalité, qui y transparaît, d'une collusion entre cet ancien champion des patriciens et ceux-ci : Tite-Live le précise, il fait « ravager la campagne [par l'armée volsque], mais en adjoignant aux pillards des surveillants chargés d'empêcher tout dégât dans les propriétés des patriciens ». De même, le coup de main du Sabin Appius Herdonius contre le Capitole, en 460, intervint dans une atmosphère de rumeurs selon lesquelles le patriciat préparait un coup de force contre la plèbe. Appius Herdonius était accompagné de Romains exilés – et était peut-être poussé par eux –, ce qui montre qu'il avait pu apparaître comme un recours pour l'un des partis en présence : l'appel qu'il lança aux esclaves – qui n'est pas aussi anachronique qu'on pourrait le croire et ne peut se réduire à une projection dans le passé des guerres serviles de la fin de la République, puisque l'esclavage pour dettes fut certainement un facteur important de tension sociale dans cette période – montre que son action allait dans le sens des revendications de la plèbe.

Les sécessions de la plèbe

Néanmoins, les interventions directes de l'ennemi dans les luttes internes des Romains restèrent l'exception. On ne vit pas les partis faire systématiquement appel à des appuis étrangers et la cité ne se transforma pas en champ de bataille pour des armées extérieures, comme ce fut le cas pour Ardée en 442. L'état de guerre quasi continuel fit plutôt sentir son poids dans les armes qu'il fournit aux factions en présence. Ainsi, une des formes les plus célèbres que revêtit la lutte de la plèbe pour faire reconnaître ses droits fut le recours à la sécession : par deux fois, en 494 puis en 449, les plébéiens avaient abandonné la cité en masse, pour aller s'établir en dehors. La première sécession – dont la localisation est discutée dans nos textes : la tradition hésitait entre le mont Sacré et l'Aventin (Tite-Live, 2, 32, 3) – devait aboutir à l'institution des défenseurs attitrés de la plèbe, les tribuns. Une nouvelle sécession aurait suivi en 449 – cette fois unanimement localisée sur l'Aventin –, provoquant le départ d'Appius Claudius et des autres décemvirs. Or ce sont des mouvements à caractère militaire. En 494 les plébéiens en révolte étaient ceux qui venaient d'être rassemblés dans le cadre de l'armée centuriate. En 449 l'Aventin, sur lequel les plébéiens se réunirent, avait entretemps acquis une signification proprement politique, puisque le temple de la triade « plébéienne » Cérès, Liber et Libera s'y élevait, et que la plèbe y tenait ses assemblées particulières, les *concilia plebis*, « conciles de la plèbe ». Mais c'est encore l'armée qui, abandonnant ses positions devant les Sabins et les Èques, vint s'y établir. Le caractère militaire de la révolte apparaît d'ailleurs dans la loi sacrée par laquelle les plébéiens décidèrent la création des tribuns : il s'agissait d'un serment liant ceux qui l'avaient prêté sous peine d'exécration. Il était analogue au *sacramentum* que prêtaient les recrues romaines au moment de leur appel sous les armes, et encore plus à la procédure de sélection de guerriers d'élite que connaissait le monde italique, qui aboutissait à la formation d'un corps spécial, appelé « légion de lin », *legio linteata*, au moyen de la prestation d'un serment particulier.

On aurait tort de ne voir dans cet aspect militaire des révoltes de la plèbe que l'effet des circonstances, la simple conséquence de l'occasion fournie par le rassemblement des troupes, permettant à une révolte jusque-là latente d'éclater au grand jour. Le lien est plus profond : à Rome le soldat était un citoyen et le fait de combattre pour la défense de la patrie était, plus qu'un devoir, une expression normale et essentielle de son statut. Il n'y avait pas de dissociation – du moins à cette époque – du politique (au sens actuel du terme) et du militaire. Le cadre de l'armée l'exprimait : nous l'avons vu, dans la « Constitution servienne », par un prolongement qui semblait aller de soi aux yeux des Romains d'alors, les structures de l'armée étaient les mêmes que celles qui définissaient les citoyens en tant que corps politique : les comices étaient organisés comme l'était la légion. Au ve siècle, avec une mobilisation qui se répétait presque chaque année, les citoyens-soldats, dans leur immense majorité plébéiens, qui composaient l'armée devaient avoir une conscience particulièrement aiguë de leur importance pour la cité. Il était naturel qu'ils voulussent y occuper leur place, sur le plan politique autant que militaire. Pour peu qu'une distorsion parût exister entre les deux, il était inévitable que ces hommes sur qui reposait l'essentiel de la défense de l'*Vrbs* réagissent contre ce qui pouvait leur apparaître comme une violation du principe même de l'organisation centuriate.

Le patriciat et la prise des auspices

On peut faire une remarque symétrique en ce qui concerne le patriciat. La guerre toujours menaçante lui fournissait également des raisons de défendre sa place particulière dans la cité. L'appel à la discipline sous les ordres de chefs qui étaient, inévitablement, des patriciens a certainement été utilisé par les défenseurs des privilèges de leur ordre, et la convocation des citoyens sous les armes a dû être parfois un simple moyen de tenir en laisse les plébéiens que la prestation du serment militaire obligeait à une obéissance sans failles aux magistrats : c'est ce que laisse entendre Tite-Live pour 494, lorsqu'il estime que « sous prétexte que les Èques reprenaient les hostilités, on donna l'ordre aux légions d'entrer en campagne » (2, 32,1). Mais il serait dangereux de réduire le recours à la mobilisation aux dimensions d'un procédé commode pour tenir bride aux velléités subversives de la plèbe. Dans une situation de guerre toujours menaçante, les magistrats et les sénateurs pouvaient y voir un rappel salutaire de la prééminence de l'État. Par rapport aux plébéiens, ils étaient plus à même, par leurs fonctions, de faire abstraction des problèmes intérieurs et de prêter attention aux dangers externes. Ils devaient de ce fait estimer avoir une plus juste conscience des intérêts supérieurs de la *res publica* que les tribuns dont les revendications pouvaient leur apparaître comme relevant d'une agitation ridicule, sinon scandaleuse dans ces circonstances.

Il ne convient donc pas de sous-estimer le sentiment qu'ils devaient avoir de leur responsabilité propre vis-à-vis de la cité. Il faut notamment évoquer le droit d'auspices, qui semble avoir joué un grand rôle dans la constitution du patriciat en tant que groupe fermé ; les patriciens se réservaient un tel droit. Mais il prend une importance particulière si l'on se replace dans le contexte de l'époque, et l'on aurait bien tort de réduire cet exclusivisme à une manifestation de conservatisme borné. Par les auspices que les magistrats prenaient avant toute décision importante, et en particulier avant d'engager une bataille, c'était la communication entre Rome et ses dieux qui était en jeu. C'était la faveur que les dieux accordaient à la cité – et que devait prouver l'issue heureuse de l'événement – qui était impliquée. On comprend que dans une période où, chaque année, Rome voyait remis en cause le sort de ses armes à si peu de distance de ses murs, les patriciens, persuadés que ce droit leur revenait par une sorte de charisme inné, n'aient pas vu sans une inquiétude réelle pour l'avenir de la cité d'autres qu'eux-mêmes revendiquer, avec l'accès aux magistratures, le *ius auspicii* et risquer donc de prendre des auspices non valables, susceptibles d'attirer sur Rome la colère des dieux.

Difficultés économiques et crises frumentaires

D'autres facteurs encore, tenant plus à la situation générale de la cité à cette époque qu'à une incidence immédiate des guerres, contribuaient à l'exaspération des tensions. La situation économique était nettement moins florissante qu'elle ne l'avait été au siècle précédent. Au cours du ve siècle la cité connut des famines répétées, qui étaient moins l'effet direct des dévastations dues aux incursions ennemies que la conséquence de la situation générale où elle se trouvait alors. La tradition en fait état pour 492/91, 477, 452, 439, 412. De telles crises frumentaires avaient certes pu se produire par le passé, le silence des sources à ce propos ne pouvant être tenu pour probant, mais leur répétition dans cette période n'en traduit pas moins ce qui a dû alors être un sujet de préoccupation constant : l'insuffisance des ressources alimentaires que la cité avait à sa disposition. Les conditions nouvelles provoquées par l'installation des Volsques faisaient que les capacités agricoles du Latium étaient bien inférieures à ce qu'elles avaient été au siècle précédent : Rome n'avait plus à sa disposition le blé de la zone pontine. Cette région sur laquelle la cité avait cherché à exercer son contrôle au temps de la « grande Rome des Tarquins » lui échappait désormais. On le vit lors de la tentative d'achat faite en 492 auprès des Volsques : les nouveaux maîtres de la région lui en interdisaient les ressources. Les émissaires de l'*Vrbs*, venant d'une cité déjà régulièrement engagée dans des guerres contre les Volsques, pouvaient certes s'attendre à un tel refus, mais la démarche montre que le secteur apparaissait comme une zone d'approvisionnement normal pour Rome : tel devait avoir été le cas dans le passé. Ainsi l'équilibre alimentaire de la grande cité que constituait maintenant Rome était-il beaucoup plus précaire qu'auparavant. La ville devait être nettement moins capable de faire face à ses besoins, et en particulier de nourrir les couches inférieures de sa population.

On se gardera, dès lors, de voir une pure invention dans l'attitude que la tradition prête à l'un des ambitieux qui encoururent alors l'accusation d'aspirer à la royauté, Spurius Maelius, tué en 439 par Caius Servilius Ahala, maître de cavalerie du dictateur Lucius Quinctius Cincinnatus qui avait été nommé dans ces circonstances de crise. À l'occasion de la famine qui avait alors frappé Rome, il avait procédé à des achats de blé, montrant beaucoup plus d'efficacité dans cette démarche que Lucius Minucius officiellement investi par le Sénat d'une mission de ravitaillement. Puis il avait procédé à des distributions au peuple, s'attirant ainsi une énorme popularité. Ces largesses frumentaires annoncent sans doute les pratiques de la fin de la République, et le destin de Maelius a des résonances gracquiennes. Mais dans la Rome de cette époque, qui ne pouvait plus compter pour assurer sa subsistance que sur un territoire limité en comparaison à ce qu'il avait été, et aux ressources exposées au pillage des ennemis, il est parfaitement plausible que l'arme des distributions de blé ait déjà été utilisée par les ambitieux.

Le problème de la terre

La même remarque vaut pour la question des terres. Là non plus il ne faut pas conclure automatiquement à une projection dans le passé de faits ultérieurs lorsque les historiens évoquent, pour cette période, des propositions de distributions de terres au peuple. La tradition évoque ainsi la proposition faite en 486 par un précédent *adfectator regni*, « aspirant à la royauté » (ou du moins l'un de ceux dont le Sénat a su se débarrasser en les faisant passer pour tels !), le consul plébéien Spurius Cassius. Ce dernier devait payer son attitude jugée démagogique par sa mise à mort dès l'année qui suivit sa sortie de charge, que cette mort survînt au terme d'une procédure légale et officielle ou par la condamnation que lui aurait infligée son propre père, exerçant le droit de vie et de mort sur les membres de sa famille, le plus ancien droit reconnu au *pater familias*. Cette fois il se serait agi d'une véritable proposition de loi agraire, stipulant d'utiliser en faveur de la plèbe une partie du territoire public, l'*ager publicus*. Les précisions que donnent Tite-Live (2, 41) et Denys d'Halicarnasse (8, 69, 77) à propos de cette loi sont contradictoires : le premier parle de terres conquises sur les Herniques, alors que le second évoque des terres partagées à parts égales avec les Latins et les Herniques, alors devenus des alliés. La tradition garde la marque d'une confusion entre une loi agraire portée par le consul et l'alliance conclue en cette période avec les Herniques. Il n'en reste pas moins que le fondement historique de l'épisode ne paraît pas niable : déjà, à cette époque, les grandes familles devaient avoir tendance à contrôler la majeure partie des terres que Rome avait pu conquérir, et à les réserver à l'usage exclusif de leurs membres et clients. De même, on peut tenir pour authentique le comportement prêté à la plèbe et à ses représentants lors de l'affaire de l'arbitrage scandaleux rendu aux Ardéates en 444 puis lors de la création de la colonie en 442. Un réel besoin de terres devait se faire sentir dans la plèbe romaine, sensible à la précarité de sa condition, qui ne laissait souvent aux plus pauvres des citoyens d'autres perspectives que de s'endetter et, à terme, de subir un esclavage pour dettes auprès de ses créanciers.

Cette question des terres montre une fois de plus l'impact de la guerre dans tout ce qui touche la Rome d'alors. Les progrès territoriaux furent modestes au cours du Ve siècle : on peut citer les annexions faites sur les Herniques en 486 – si du moins on peut faire confiance à Tite-Live sur ce point –, la question d'Ardée déjà évoquée pour 444, la conquête de Fidènes en 426. Mais même ces extensions réduites purent être des sources de conflits entre les patriciens et la plèbe. L'acquisition de terres herniques aurait été marquée par la proposition de loi agraire de Spurius Cassius – qui ne pouvait que heurter le patriciat, et dont l'échec a fourni à celui-ci l'occasion d'inaugurer une longue période de domination sans partage. Et le second a donné lieu à une reprise partielle des concessions accordées au peuple par les chefs patriciens, plus sensibles à la nécessité de ménager les intérêts des alliés latins et de leurs chefs avec lesquels ils devaient être liés depuis longtemps par des alliances familiales, qu'à celle de satisfaire les appétits de la plèbe romaine. Les succès, comme Tite-Live le relève pour 462, aboutissaient inévitablement à des tensions : « Les succès militaires firent naître immédiatement des troubles intérieurs » (2, 8, 11). Se posait le problème du partage des terres conquises, ou simplement du butin. La plèbe a eu le sentiment de ne pas profiter autant que le patriciat des bénéfices de la guerre.

Les tribus rurales

L'accaparement des terres dont Rome s'assurait le contrôle transparaît dans la question compliquée des noms des tribus rustiques, entre lesquelles se répartissait le territoire extra-urbain de la cité. Nous savons par Tite-Live que vingt et une tribus – dont les quatre urbaines, directement liées à la réforme de Servius Tullius – existaient en 495 : « À Rome on arriva cette année-là à vingt et une tribus », selon le sens qu'il convient le plus probablement de donner à la formulation quelque peu ambiguë de l'historien latin (2, 21, 7). On venait en effet de créer la tribu Crustumina. Or si cette tribu, la plus récemment constituée, portait un nom toponymique, tiré de celui de la ville autour de laquelle elle avait été établie, Crustumerium, ce n'était pas le cas des seize autres tribus rurales : leur dénomination correspond à des noms de grandes familles romaines. Parfois il s'agit de familles patriciennes très connues, comme pour la tribu Aemilia, la Claudia, la Cornelia, la Fabia, la Papiria. D'autres fois il est vrai – comme pour les tribus Camilia, Galeria, Lemonia, Pupinia, Voltinia –, ce ne sont pas des noms qui apparaissent dans les fastes et ils ne correspondent donc pas à des personnages de premier plan des débuts de la République. Ce n'est cependant pas une raison pour penser que, même dans le cas de noms obscurs, on n'a pas affaire à des familles qui, probablement déjà à la fin de la période royale, avaient laissé leur marque à un secteur dans lequel elles avaient leurs propriétés et où travaillaient leurs clients. L'importance politique des familles au début de la République n'est pas nécessairement en relation directe avec leur emprise sur l'*ager Romanus* : on a un contre-exemple avec les Valerii, famille à laquelle appartenait un personnage aussi essentiel que Publicola, qui n'a laissé son nom à aucune tribu. Il convient donc de voir dans ces dénominations la trace, inscrite sur le terrain, de la prépondérance exercée par les familles de l'aristocratie. Et, même si les formes précises de la propriété du territoire dans ces tribus nous échappent (comme par exemple la part de terrain réputé public, *ager publicus*, qu'il comportait et les modalités selon lesquelles il était mis à la disposition des particuliers), il est clair que les grandes familles dont elles portaient le nom y avaient une place dominante.

La localisation de certaines de ces tribus correspond à des zones d'action privilégiées des familles qui leur ont donné leur nom. La tribu Fabia était située en direction de Véies, sur la rive droite du Tibre – en accord avec la politique active menée par les Fabii dans ce secteur, qui aboutit au désastre du Crémère. La tribu Claudia – créée après l'immigration de la famille en 509 – l'était au nord de l'Anio : cela répond à l'origine sabine de la gens Claudia, et aux intérêts qu'elle conservait dans ce secteur. Le découpage du territoire que révèle l'organisation des tribus s'est fait prioritairement en fonction des intérêts de ces groupes. On peut vraisemblablement en situer la fixation institutionnelle dans les premières années de la République, vers le moment de la stabilisation des rapports avec les Latins après la bataille du lac Régille. Parmi les raisons qui ont conduit à l'explosion de 494, avec la première sécession de la plèbe, l'impression de ceux qui étaient en dehors des grandes familles aristocratiques et de leurs réseaux de clients de ne pas participer au même titre qu'eux aux bénéfices procurés par les efforts supportés en commun dut être un facteur de premier plan : la plèbe avait sous les yeux le partage qui venait de se concrétiser. Il était inévitable qu'elle réagît contre un régime qui pourtant semblait avoir débuté sous le signe du consensus.

Patriciens et plébéiens

La situation interne de Rome fut donc largement tributaire, au cours de ce siècle, du nouvel environnement international. La cité fut alors confrontée à des guerres quasi constantes, ce qui ne manqua pas d'aggraver les contradictions qu'elle portait en son sein. Or celles-ci ressortent à l'évidence lorsqu'on lit ce que les historiens relatent de cette période : le facteur qui domine la vie politique et sociale de Rome est bien évidemment l'opposition entre la plèbe et le patriciat, dont l'historiographie antique fait un élément central dès le tout début du nouveau régime, un facteur de tension perpétuel jusqu'à la résolution du « conflit des ordres » au siècle suivant.

Il est néanmoins impossible de reprendre dans ses termes précis l'analyse des historiens de l'Antiquité. Les progrès de l'étude menée par les Modernes ont montré combien était inacceptable la présentation traditionnelle des deux forces en présence. Pour les Anciens en effet la question de la formation du patriciat et de la plèbe ne se posait pas : les deux notions étaient pour ainsi dire congénitales à la cité, y avaient toujours existé, puisqu'elles résultaient des structures qu'elle s'était données lors de sa formation. Le Sénat des *patres*, choisis par Romulus, avait donné naissance aux patriciens, *patricii*, ce qui les désignait proprement comme fils de *patres*, fils de sénateurs. Le reste du peuple avait dès lors formé la plèbe. Sur ces bases, le problème de l'évolution politique était lui aussi assez simple. D'un État qui, à l'origine, aurait été entièrement entre les mains des patriciens on serait passé, par un processus d'évolution linéaire, lent mais constant, à une situation d'égalité entre patriciens et plébéiens.

Les Modernes ont longtemps suivi cette idée d'une différence originelle, d'une distinction de nature entre les deux composantes de la cité qui s'affrontèrent au Ve siècle. On peut ainsi citer pour mémoire les théories qui prétendaient fonder l'existence des deux catégories de citoyens sur un critère ethnique. Par exemple, les plébéiens auraient été les descendants d'un substrat indigène, latin, soumis par des conquérants venus de l'extérieur en qui l'on reconnaissait tantôt des Sabins, tantôt des Étrusques. Ces thèses prétendaient se fonder sur des données tirées de la linguistique – les envahisseurs étaient souvent considérés comme des Indo-Européens, qui auraient soumis un substrat autochtone – et de l'archéologie – et l'on retrouve ici ce qui a longtemps été considéré comme un dogme : le caractère ethnique de la distinction, sur le sol de Rome, entre les tombes caractérisées par le rite de l'inhumation et celles caractérisées par celui de l'incinération. Il est remarquable que, partant des mêmes prémisses, des savants soient parvenus à des solutions opposées : ainsi pour certains les Sabins inhumants du Quirinal auraient-ils été à l'origine du patriciat, les Latins incinérants du Forum de la plèbe, alors que c'était l'inverse pour d'autres.

Ces contradictions montrent l'inconsistance de telles analyses. Il en va de même pour celles qui, à l'inverse, voyaient dans les patriciens, qui auraient été l'élément indigène, les seuls véritables Romains, alors que les plébéiens auraient été des étrangers venus se fixer sur le sol de l'*Vrbs*, tenus en sujétion par ses maîtres. Cette opinion avait été celle du grand Th. Mommsen, qui estimait que les patriciens auraient été originellement les seuls citoyens, les autres habitants de la cité étant leurs clients, des individus en état de semi-servitude exclus de tout droit civique. L'identification plèbe/clientèle est unanimement rejetée aujourd'hui : les clients sont étroitement rattachés à la famille aristocratique, la *gens*, dont ils reçoivent le patronage, et ne répondent donc pas à ce qui est posé en principe pour la plèbe – *plebeii gentem non habent*, les plébéiens n'ont pas de *gens*. Par ailleurs, les plébéiens ne peuvent être définis comme des éléments allogènes. Il devait certes y avoir, parmi la plèbe urbaine de Rome, un grand nombre d'étrangers, venus au cours de la période de prospérité qu'avait été le règne des rois étrusques, qui avait attiré de nombreux artisans. Ces étrangers étaient vraisemblablement restés en dehors des structures de la clientèle, à la différence, probablement, de groupes intégrés plus anciennement, comme les habitants des cités latines vaincues transplantés dans l'*Vrbs* qu'évoque la tradition pour les règnes des premiers rois. La plèbe a donc certainement compris des éléments d'origine étrangère ; mais elle ne se réduisait pas pour autant à eux, et le patriciat lui aussi a reçu des apports externes – on le voit avec Appius Claudius, ce Sabin immigré qui donna naissance à une des familles les plus acharnées à défendre les privilèges du patriciat. Ce critère n'est donc pas pertinent, et dans son ensemble la plèbe n'est pas moins romaine que le patriciat.

On rappellera de même l'insuffisance des thèses qui faisaient intervenir des explications économiques. On a par exemple voulu appliquer au cas de Rome le schéma connu en ethnographie d'une aristocratie d'éleveurs nomades dominant de petits agriculteurs sédentaires. En conséquence de quoi on en concluait que les patriciens avaient été des éleveurs, les plébéiens des paysans – à moins qu'on ne préférât le schéma inverse. Dans une tout autre direction, on a insisté, pour la plèbe, sur l'importance des marchands, qui voulaient réagir contre l'orientation exclusivement agricole qui était celle du patriciat. Mais on ne saurait réduire la plèbe à une catégorie socio-économique : ce qui la caractérise est bien plutôt son extrême diversité, le seul critère commun étant, finalement, d'ordre négatif : ceux qui ne sont pas patriciens peuvent par là même être définis comme plébéiens.

La formation progressive du patriciat

On peut dire aujourd'hui que toutes ces théories ne présentent plus guère qu'un intérêt d'ordre historiographique depuis qu'un accord semble s'être fait sur un point essentiel : l'une comme l'autre, la plèbe et le patriciat ne se sont formés que peu à peu, au cours même de l'histoire de la cité, par un processus qui a conduit certaines familles à s'affirmer comme patriciennes et à tendre à s'arroger la direction exclusive des affaires de l'État.

On l'a vu, les rois de Rome avaient porté des noms plébéiens : il existait en effet des familles de Pompilii, Hostilii, Marcii, Tullii qui appartenaient à la plèbe. C'est seulement l'esprit de système qui a pu induire certains savants modernes à penser que leur avaient préexisté des familles patriciennes de même nom, qui auraient disparu sans laisser de trace. Tite-Live n'hésitait pas à reconnaître que Numa et Servius avaient été des plébéiens ! De même, nous avons également insisté sur ce point, les fastes consulaires offrent des noms plébéiens pour les débuts de la République. Là encore c'est l'esprit de système et l'hypothèse simplificatrice d'une évolution linéaire qui pouvaient amener à rejeter cette donnée de fait. Tout cela prouve simplement qu'à l'origine et jusque dans les premières années du régime républicain, la distinction entre les deux catégories de citoyens n'avait pas le caractère d'un clivage tranché qu'elle aura par la suite. Force est de reconnaître que les historiens anciens, dans leur brillante reconstruction du passé de leur cité, nous ont habitués à une vision des faits inexacte.

La constitution du patriciat en tant que groupe fermé s'est faite progressivement. Le terme *patricii* qui les désigne pose bien leur rapport avec les sénateurs, les *patres*, et définit donc les patriciens comme appartenant à des familles sénatoriales. Mais il ne s'ensuit pas que les deux notions de patriciat et de sénateurs se confondent. Le sénat, à l'époque des Tarquins et encore au tout début de la République, était un corps ouvert, comme le montre la tradition sur l'adjonction de nouveaux membres, par-delà les questions compliquées de la définition exacte de ce que sont les *minores gentes* qui auraient été introduites par Tarquin l'Ancien, ou les *conscripti*, adjoints aux *senatores* au lendemain de l'expulsion du Superbe. Mais on peut également supposer que, selon une tendance naturelle à tout corps de ce genre, les membres du Sénat – qui appartenaient assurément aux plus puissantes familles – ont rapidement développé une tendance à se perpétuer héréditairement, à faire donc que les fils de *patres*, les *patricii*, devinssent eux aussi des sénateurs. Il ne faut d'ailleurs pas penser que cette prétention se fût nécessairement heurtée à l'hostilité de ceux qui n'appartenaient pas au cercle restreint des grandes familles : elle répond à une tendance qui sera une caractéristique de Rome tout au long de son histoire – la confiance *a priori* accordée aux représentants d'une lignée déjà connue pour perpétuer l'illustration de hauts faits de leur famille, qui explique au contraire les difficultés qu'auront toujours ceux qui n'appartenaient pas à ce milieu, les « hommes nouveaux », *homines noui*, de parvenir aux fonctions dirigeantes. Cette tendance dut se manifester très tôt : c'est vraisemblablement pour réagir contre une telle évolution que Tarquin l'Ancien voulut élargir le recrutement des centuries de cavaliers – liées, selon des modalités qui ne sont pas claires, à l'aristocratie qui se définira comme patricienne – et que la réforme servienne a voulu souligner le rôle dans les affaires publiques de citoyens entre lesquels seule la fortune, et non la naissance, établissait des distinctions. Mais la tendance à la fermeture et à l'hérédité n'avait certainement pas abouti à des clivages décisifs à la période royale. On ne peut certainement pas suivre la thèse qui identifie les patriciens avec l'ancienne garde des rois étrusques. Même s'il est probable que la monarchie avait déjà concédé certains privilèges, qui seront par la suite ceux des patriciens, à certaines familles, cela a dû se faire sans qu'en découlât la conception d'un exclusivisme absolu comme cela sera le cas par la suite.

Le début de la République et la fermeture du patriciat

Ce n'est qu'au cours du Ve siècle, donc dans le cadre désormais établi de la République, que l'évolution parvint à son terme. Le patriciat se constitua alors définitivement comme groupe estimant avoir, par nature, un rôle dirigeant dans l'État. C'est alors seulement que l'on doit situer l'émergence de l'idée – dont on a vu qu'elle pouvait répondre aux craintes suscitées par la situation de la cité à l'époque – que seules certaines familles pouvaient prendre valablement les auspices. Elles estimaient – et cette opinion devait être partagée par tous – qu'elles disposaient d'une capacité héréditaire, d'un charisme familial qui leur assurait, à elles seules, la possibilité de ce contact avec les dieux indispensable à la cité entière.

Cette évolution fut rendue possible par la disparition de la royauté, qui donna à ces familles l'opportunité de se saisir des rênes du pouvoir ; mais cela ne se fit pas dès 509. Nous l'avons déjà souligné, le régime qui s'édifia alors à Rome sur les ruines de la monarchie des Tarquins ne fut pas celui d'un État patricien. On le définira plus exactement comme un État « à direction plébéienne » mais restant « patricio-plébéien », étant d'ailleurs entendu que les termes de patriciens et de plébéiens n'étaient pas encore à prendre en 509 comme traduisant l'existence de deux classes constituées portant ces noms. Cependant il est non moins indéniable que les grandes familles d'une aristocratie, qui cherchait de longue date à garantir l'hérédité de ses privilèges et son rôle dirigeant dans l'État – et donc était depuis longtemps en voie de se constituer en tant que patriciat –, ont rapidement tendu à se réserver le monopole du pouvoir.

Le processus d'achèvement de la constitution du patriciat se fit sûrement en écartant un certain nombre de ceux qui avaient eu accès au pouvoir dans les conditions qui étaient celles des tout premiers temps de la République – et qu'il serait trop simple de ramener aux nouveaux venus introduits dans le Sénat en 509. Avec les conditions nouvelles créées par l'avènement du régime républicain, les luttes durent s'exacerber au sein même des équipes dirigeantes : on a pu le constater avec l'éviction de Collatin, ou les oppositions suscitées par Publicola. Mais cela tient plus profondément à la nature du jeu politique qui s'était alors instauré. Le pouvoir suprême n'était plus détenu par un seul individu, et pour sa vie durant ; il était ouvert à tous ceux qui pouvaient s'en estimer dignes, et soumis au principe de l'élection annuelle. On assista dès lors – et cela pour toute la durée de la République – à une compétition permanente entre les prétendants au pouvoir, forcément beaucoup plus nombreux que ses détenteurs effectifs. Dans une telle compétition, tous les jeux d'alliance, toutes les combinaisons étaient possibles, entre les familles de l'aristocratie elle-même ou avec l'appui d'éléments extérieurs à elles. En tout cas, l'un des effets de cette lutte pour le pouvoir dut être l'élimination de ceux qui n'appartenaient pas à un cercle relativement étroit de grandes familles. Au terme de cette évolution, on peut effectivement parler de patriciat, s'opposant alors à une plèbe clairement définie.

Ainsi l'expression fameuse de « fermeture du patriciat », due à l'historien italien Gaetano De Sanctis, représente-t-elle en réalité le véritable acte de naissance de celui-ci. C'est alors vraiment qu'est arrivée à son terme la tendance de l'aristocratie à se constituer en un groupe fermé, défini dans ses privilèges et accaparant la direction des affaires publiques. Cette formation du patriciat signifie également l'émergence de la plèbe en tant que telle, regroupant des éléments socialement très divers, depuis les pauvres hères obligés de s'endetter pour tenter de survivre, sur lesquels planait la menace de l'esclavage pour dettes, jusqu'aux riches marchands qu'avait attirés la prospérité de la cité des bords du Tibre. Elle n'exista comme classe que par contrecoup, ne répondant finalement qu'à une définition négative, comme regroupant tous ceux qui étaient exclus de l'aristocratie et de ses privilèges.

Les étapes de cette évolution se laissent appréhender à l'analyse des fastes consulaires. On y rencontre d'abord, entre 509 et 486, un nombre non négligeable de consuls à noms connus par la suite comme étant ceux de familles plébéiennes : on en compte douze, y compris le fondateur de la République, Iunius Brutus. Mais la situation change rapidement après le troisième consulat du plébéien Spurius Cassius et l'élimination de celui-ci à la suite de sa proposition de loi agraire. Une crise ouverte éclata alors au sein de la cité et celle-ci fut résolue, dans ce premier temps au moins, à l'avantage exclusif d'une aristocratie que l'on est dès lors autorisé de qualifier de patricienne et qui écarta systématiquement ceux qui n'appartenaient pas à son cercle. Des noms exclusivement patriciens apparaissent entre 485 et 470 – avec une présence écrasante des Fabii, qui se manifestèrent alors pour la première fois dans les fastes et occupèrent sept années de suite l'une des deux charges suprêmes, jusqu'au désastre du Crémère. En 469 on retrouve un plébéien – au nom incertain de Numicius ou Minucius, mais il ne représenta qu'une exception sans suite puisque la situation de mainmise absolue du patriciat sur le consulat se prolongea encore vingt-cinq ans, jusqu'en 462. Les choses changèrent ensuite : mais on arrive alors à la période d'agitation conduisant à l'expérience des décemvirs, qui représenta une étape nouvelle.

Les difficultés de la plèbe et l'institution du tribunat

L'accaparement du pouvoir au sein de l'État par le patriciat fut donc loin d'être un trait originel de la République. Et l'on ne peut pas dire non plus que la prise de conscience de la plèbe fut une conséquence de cet état de fait. Elle se manifesta avant que la constitution du patriciat fût complètement achevée et se traduisît par une mainmise totale sur les organes officiels de la *res publica*. Mais cela montre qu'on ne saurait réduire l'opposition de la plèbe au patriciat aux seules luttes politiques et à la question de l'accès au pouvoir suprême dont les fastes conservent la trace. Ces luttes ne pouvaient concerner qu'un nombre restreint de plébéiens, appartenant exclusivement à la frange la plus élevée de ceux-ci. La masse des plébéiens, et surtout les plus pauvres, devaient être préoccupés par des problèmes beaucoup plus immédiats : les difficultés qu'ils avaient à assurer leur subsistance, les dettes qu'ils étaient obligés de contracter et qui risquaient de les conduire à l'esclavage pour dettes. On a calculé que le rendement de l'agriculture de cette période, une fois assurées la consommation familiale et la provision nécessaire aux semences, ne permettait guère de dégager qu'un surplus d'un cinquième de la récolte. S'endetter représentait une quasi-nécessité pour des paysans qui étaient à la merci d'une razzia ennemie, voire d'une catastrophe climatique. Et l'endettement était d'autant plus grave que l'avance de céréales ou d'instruments de travail pouvait conduire le citoyen à engager ce qui formait son patrimoine familial, ce bronze sous forme de lingots qui étaient le signe de la fortune de la famille et dont la quantité déterminait la place de l'individu dans la hiérarchie sociale, telle que l'avait codifiée la constitution sérévienne. L'endettement risquait de ce fait d'aboutir à un déclassement social, le cas échéant à rejeter un citoyen de la *classis* dans les rangs des prolétaires, exclus des légions et donc des bénéfices que la guerre était susceptible de procurer.

La question de l'accès pour des non-patriciens aux magistratures n'était assurément pas primordiale dans le cas de ces membres de la plèbe : ce qui pouvait leur importer, sur un plan politique, était de disposer, face à cet État dont ils constataient qu'il était en passe de tomber entre les mains d'une étroite oligarchie, de leurs propres structures, de voix autorisées susceptibles de les représenter et de les défendre.

La plèbe obtint des défenseurs en 494 – donc dans une période où l'on rencontre encore des noms plébéiens relativement nombreux dans les fastes, ce qui montre bien le caractère non principalement politique des revendications. Ce fut la première sécession de la plèbe : elle fut le fait, on l'a vu, des citoyens mobilisés. Ceux-ci affirmaient ainsi leur place dans la cité en tant que citoyens autant que de soldats, par rapport à un État qui, fût-il dirigé par des magistrats appartenant à la plèbe, ne répondait pas aux aspirations de la masse des plébéiens. C'est à peu près vers ce moment que l'on peut situer la constitution des dernières tribus rurales et nous avons vu que cette organisation, décidée par l'État, paraissait répondre aux intérêts des grandes familles. Pour résoudre la crise, la *res publica* dut faire appel à l'un des consuls de 503, qui était significativement un non-patricien, Agrippa Menenius, pour persuader les mutins de réintégrer la cité. Il sut, à en croire les historiens, trouver les mots qu'il fallait et la fable des membres et de la tête, tout aussi indispensables les uns que les autres à la bonne marche de l'organisme, persuada les plébéiens en révolte de continuer à jouer leur rôle dans la cité au côté des patriciens.

Le subsellium *du tribun installé sur les Rostres, d'après une monnaie de 45*

L'État dans l'État

La sécession de 494 devait aboutir à une situation singulière, très originale. Si les plébéiens acceptaient de revenir dans la cité, c'était à leurs conditions. Ils s'étaient engagés par serment à les appliquer et, comme prix de leur réintégration, le Sénat les acceptait. Mais celles-ci faisaient que Rome n'était plus la même cité qu'auparavant, et serait même une cité différente de ce qui existait partout ailleurs. Désormais allaient coexister sur le même sol deux organisations distinctes. Face à l'État officiel, en voie de confiscation par les patriciens, la plèbe, au lieu de chercher à bloquer cette évolution, préférait édifier ses structures propres et les faire reconnaître par cet État. Elle instituait un contre-pouvoir, donnant par là à Rome un caractère qui allait profondément marquer sa vie politique et sociale pour les siècles à venir.

La plèbe acquit ainsi ses défenseurs attitrés, les tribuns de la plèbe – dont le nom de tribuns, en accord avec les origines du mouvement, a des résonances militaires puisqu'il désignait des officiers de l'armée. Ils étaient, à ce stade du moins, au nombre de deux. On voit par là qu'ils s'opposaient directement aux consuls qui étaient à la tête de l'État officiel. Ce n'était pas un simple principe théorique : ils avaient droit d'aide et d'intercession, pouvaient porter secours à un plébéien menacé par les licteurs des consuls, qui étaient les exécutants de leur pouvoir judiciaire. Il suffisait pour cela que le tribun de la plèbe opposât son veto, c'est-à-dire prononçât ce mot dont le sens est : « Je m'oppose ». Nul ne pouvait aller à l'encontre de ses décisions : sa personne était « sacrosainte », inviolable, quiconque portait la main sur lui était déclaré *sacer*, ce qui faisait qu'il était exclu de la communauté des hommes, et pouvait être mis à mort par ceux qui le rencontraient. Cela montre combien cette institution, qui devint un élément essentiel du jeu politique romain, plongeait ses racines dans une mentalité encore très archaïque – pas très différente au fond de celle qui justifiait la prétention des patriciens à se réserver le droit d'auspices.

Ainsi la plèbe s'était-elle forgée ses propres institutions, s'était-elle constituée comme un « État dans l'État ». Cette expression de Mommsen ne fait que reprendre ce qu'exprimait déjà Tite-Live, constatant, pour 480, qu'« il s'était fait deux États dans un seul ; chacun avait ses magistrats et ses lois propres » (2, 44, 9). D'autres mesures que la création des tribuns étaient rapidement venues renforcer cette autonomie de la plèbe face aux rouages officiels de la cité. L'édification en 493 sur l'Aventin du temple de Cérès, Liber et Libera posait cette triade agraire comme un pendant plébéien de la triade capitoline. La plèbe avait désormais sa base sur cette colline, dont la propriété lui avait été assurée par la *lex Icilia de Auentino publicando* (loi du tribun L. Icilius donnant au peuple l'Aventin) de 456. Les desservants du temple, les édiles (car tel est le sens originel du terme « édile »), y procédaient à des distributions de blé. La plèbe y avait ses archives et elle y tenait ses réunions propres, les conciles plébéiens, qui aboutissaient à des plébiscites (c'est-à-dire des « décisions de la plèbe »). C'est donc tout naturellement sur l'Aventin que se ferait la sécession de 449.

Relance de l'agitation

Le Sénat dans son ensemble, et donc les groupes patriciens qui y occupaient déjà une place prépondérante, avaient accepté d'entériner les décisions prises par la plèbe en 494. Le compromis était nécessaire si l'on ne voulait pas remettre en cause l'existence même de la cité ; mais il pouvait aussi apparaître au patriciat que ces mesures lui laissaient les mains libres pour la direction des affaires publiques. Et de fait, après les apaisements indispensables à la plèbe au lendemain de la révolte (en 493 les deux consuls furent plébéiens, et il y eut encore un consul plébéien en 492 et en 491), la « fermeture du patriciat » se poursuivit à la tête de l'État. On l'a vu : on peut considérer le processus comme achevé en 485, lorsque les patriciens, et notamment le clan des Fabii qui commencèrent alors leur série de sept années ininterrompues de consulats, profitèrent des circonstances créées par l'action de Spurius Cassius.

Avec l'achèvement de la « fermeture du patriciat » et l'organisation parallèle de la plèbe en tant que structure distincte au sein de la cité, on aboutissait à un véritable dualisme. Les organes normaux de la *res publica* étaient contrôlés par le patriciat, mais la plèbe disposait d'un contre-pouvoir reconnu qui lui assurait des garanties essentielles. L'équilibre était difficile à maintenir et les causes de conflits ne devaient pas manquer : la tradition qui présente, dès cette époque, les tribuns comme une force de contestation des décisions des magistrats ne trahit certainement pas la réalité d'une situation qui devait être souvent conflictuelle. En outre, au sein de la plèbe, certains ne devaient pas se résigner à abandonner la direction des affaires de l'État aux patriciens, à renoncer à des ambitions proprement politiques. Ce devait être le cas surtout des plus riches des plébéiens, auxquels les acquis sociaux qui avaient suivi le compromis de 494 apportaient moins qu'aux plus démunis.

Aussi la situation changea-t-elle après un quart de siècle de domination complète de l'État par les familles du patriciat. Un plébéien, Publius Volumnius, apparaît dans les fastes en 461. Ce ne fut pas, comme en 469, une exception sans suite : en 458 et 457 le fait se reproduisit et en 454 les consuls furent tous les deux plébéiens. Le monopole des patriciens était donc sérieusement ébranlé. Mais ces changements à la tête de l'État ne faisaient que manifester à ce niveau la relance de l'agitation populaire, entretenue par les tribuns. On a vu que le Sabin Appius Herdonius avait essayé d'en profiter en 460. Un autre signe en est la condamnation à l'exil, en 461, du patricien Kaeso Quinctius, un des ennemis les plus virulents de le plèbe.

Mais le plus important pour la suite fut la proposition de loi déposée en 462 par le tribun de la plèbe Caius Terentillus Arsa. Il s'agissait de mettre sur pied un collège de cinq membres qui serait chargé de définir précisément les limites de l'autorité consulaire. La proposition fut repoussée, mais la reprise incessante de son principe par de nouvelles propositions de lois dans les années qui suivirent montre qu'une idée était en train de s'imposer à la conscience des Romains : dans la situation conflictuelle où la cité se trouvait, il était urgent de fixer une règle acceptée par tous, une norme à laquelle tous pussent se référer. C'est ainsi que Tite-Live met dans la bouche des tribuns de la plèbe de 454 la proposition suivante :

> « Il fallait à la fin mettre un terme aux querelles. Si les projets de loi de la plèbe semblaient inacceptables [aux patriciens], ils pouvaient au moins consentir à constituer en commun une commission législative composée à la fois de patriciens et de plébéiens et chargée de rédiger les lois utiles aux deux ordres et propres à assurer la liberté et l'égalité. » (3, 32, 7.)

Finalement, après des années de tension, le principe fut accepté par le Sénat : ce fut la tâche assignée aux décemvirs. Cette commission de dix membres fut instituée en 451, par une décision qui suspendait tous les pouvoirs existants, et donc ceux des tribuns de la plèbe aussi bien que ceux des consuls. La mission qui leur était confiée était de mettre le droit par écrit, et donc de rendre accessible à tous la loi, afin que celle-ci apparût au-dessus de toute contestation.

La loi des XII Tables

L'idée d'une législation écrite est grecque. L'Italie ne connaissait à cette époque rien de tel en dehors des zones de colonisation grecque. La tradition affirme d'ailleurs clairement cette dépendance d'un modèle hellénique : elle raconte que, dès 454, une commission fut envoyée à Athènes pour étudier les lois de cette cité. Si une ambassade romaine alla visiter une ville grecque pour en étudier la législation, il est plus probable que ce fut l'une de celles, plus proches, d'Italie du Sud. Mais, quoi qu'il en soit, par rapport à Athènes, à qui Solon avait donné des lois déjà au siècle précédent, par rapport aux cités de Grande-Grèce qui avaient connu des législateurs célèbres comme Zaleucos pour Locres ou Charondas pour Catane, Rome devait faire figure de cité arriérée. Le citoyen y apparaissait soumis à l'arbitraire de ceux qui détenaient le pouvoir. Le droit n'y était encore que la parole dite par le magistrat. Il n'y avait pas de référence à des principes connus et admis par tous, ce qui n'était pas le cas dans le monde hellénique, habitué depuis longtemps à un corps de lois mises par écrit. Et cette réalité hellénique devait être bien connue des chefs du mouvement plébéien, dont l'action joua un rôle moteur dans cette affirmation des droits du citoyen avant que le patriciat ne se ralliât tardivement au principe d'une loi écrite : ils semblent avoir alors volontiers regardé du côté du monde grec, comme le montrent le fait qu'ils aient confié à des artistes originaires de Grande-Grèce ou de Sicile, Damophilos et Gorgasos, le soin de décorer le temple de l'Aventin et sans doute l'idée même de cette triade. Les éléments les plus actifs de la plèbe, ouverts sur l'extérieur par la pratique des activités commerciales ou artisanales, étaient certainement sensibles aux apports helléniques.

Il ne faudrait cependant pas considérer que les décemvirs, dont un premier collège dirigea les affaires de la cité en 451, fussent une émanation des seuls désirs de la plèbe. Comme en 494, on assista à un compromis. Les patriciens accédèrent au souhait qui avait été exprimé sans relâche par les représentants de la plèbe depuis la proposition de loi Terentilla, alors qu'ils s'étaient acharnés à le repousser des années durant. Ils firent même plus : ils promirent de ne pas revenir sur les lois favorables à la plèbe déjà existantes (comme la loi Icilia sur l'Aventin) ; mais ils intervinrent dans le processus de mise en forme de la législation et s'y attribuèrent même une place prépondérante. Sans doute ne peut-on pas suivre Tite-Live lorsqu'il affirme que tous les membres du premier collège des décemvirs, celui de 451, étaient des patriciens : il s'y rencontre le nom du plébéien Titus Genucius (à moins que ce ne fût un Minucius, également plébéien, que mentionnent d'autres sources). Il n'en reste pas moins que les patriciens s'étaient donné les moyens de contrôler l'action du collège. Il en alla de même pour les pouvoirs qui furent donnés aux décemvirs. Certes le pouvoir consulaire, qui était directement visé par les propositions des tribuns de la plèbe, fut suspendu. Mais c'était aussi le cas pour celui des tribuns. Les décemvirs en fait disposèrent d'un pouvoir sans précédent. Fait notable, le droit d'appel au peuple – dit droit de provocation, puisque le citoyen qui voulait faire appel du jugement d'un magistrat prononçait la formule : « *prouoco* (je fais appel) » – fut lui-même suspendu. C'était pourtant un droit fondamental du citoyen romain, un des signes les plus clairs de sa liberté. On racontait que Publicola l'avait solennellement garanti par une loi de 509 et, plus haut encore dans le temps, on le fondait sur l'exemple d'Horace qui y avait eu recours après le meurtre de sa sœur.

Il apparaît donc que l'œuvre des décemvirs, si elle naquit d'un renouveau de l'agitation plébéienne, fut bien l'expression de la cité tout entière. Ce sont les

Romains dans leur ensemble qui voulurent doter leur cité d'une législation moderne; la loi des XII Tables qui en fut le résultat, et qui doit son nom aux douze tables de bronze affichées sur le Forum où en était inscrit le contenu, fut effectivement une réalisation remarquable. On y trouve la codification des données concernant les secteurs les plus divers du droit : procédures à suivre dans les procès, droit des familles avec la question des héritages, des droits du père sur le fils, droits de la propriété, droits de la personne. Et si le principe de la mise par écrit était indiscutablement grec, c'est bien des conceptions romaines que les XII Tables exprimaient. Même la question de la restriction du luxe funéraire, pour laquelle on invoquait l'exemple de Solon, répondait à une donnée ancrée depuis longtemps dans les mentalités romaines. On a vu que l'évolution des mobiliers funéraires depuis le VIIe siècle en portait la trace. On comprend dès lors que les Romains des temps ultérieurs aient été fiers de cette œuvre, au point, nous apprend Cicéron, qu'ils en donnaient des formules à apprendre aux enfants ; ce qui fait que certains des articles nous sont parvenus, notés par des auteurs parfois très tardifs, par exemple des grammairiens qui s'intéressaient aux formes de langue archaïque contenues dans les formules, alors que les tables elles-mêmes avaient disparu depuis longtemps, peut-être déjà au moment de la prise de Rome par les Gaulois. Nous connaissons ainsi des prescriptions comme :

> Si quelqu'un a rompu un membre, s'il n'y a pas eu accord de compensation avec lui, qu'on applique le talion.
>
> Si quelqu'un a fait du tort à quelqu'un d'autre, qu'il donne cinquante-cinq livres de bronze comme châtiment.
>
> Si quelqu'un a fait un vol de nuit, si quelqu'un l'a tué, il aura été tué à bon droit.

Le contenu de cette législation montre que c'était une œuvre « moderne ». Le vocabulaire était renouvelé, en dépit de son aspect très archaïque à nos yeux : on y rencontre par exemple le mot « châtiment » (*poena*), emprunté au grec et sans doute aux codes helléniques alors existant. Le principe du talion était adouci par la possibilité d'une compensation, par exemple par un arrangement pécuniaire (en fonction de ce qui existait alors comme monnaie, c'est-à-dire l'*aes signatum* que Rome connaissait depuis Servius Tullius). La part des aspects religieux était réduite, surtout si l'on compare les prescriptions des XII Tables aux bribes de lois plus archaïques, les *leges regiae*, lois royales, qui nous sont parvenues. Mais cette loi était essentiellement moderne par le fait, déjà souligné, que les droits du citoyen étaient désormais garantis par ce texte de référence : le pouvoir du magistrat ne pouvait plus s'exercer de manière arbitraire. Le citoyen, et en premier lieu le plébéien, plus exposé, pouvait invoquer la loi. Autre mesure dont les plébéiens étaient les bénéficiaires, le client était protégé contre les exactions éventuelles de son patron. Si ce dernier lésait son client, il était déclaré *sacer*, c'est-à-dire mis au ban de la société, et donc éventuellement mis à mort par quiconque le rencontrait : « Si un patron a causé un tort volontaire à son client, qu'il soit *sacer.* » Mais même cette mesure ne doit pas être comprise comme étant l'affirmation d'une orientation unilatérale en faveur des plébéiens : il faut lui opposer, symétriquement, l'existence des devoirs du client envers son patron. Simplement ceux-ci, étant du ressort du droit des *gentes*, des groupes familiaux, n'avaient pas à être pris en compte par le droit de la cité.

Ainsi trouve-t-on dans ces lois aussi bien des mesures plutôt favorables à la plèbe que d'autres qui marquaient pleinement la volonté du patriciat de se fermer en caste. Les XII Tables comportaient une « loi inhumaine » interdisant les mariages mixtes entre patriciens et plébéiens, qui suscita l'indignation de la plèbe et que la pression de celle-ci aboutit à faire rapporter dès 445. Dans cette législation, fruit d'un accord entre les deux ordres, les patriciens et non les seuls plébéiens étaient parvenus à faire passer des règles favorables à leurs intérêts. Ce pouvaient même, comme dans le cas de cette interdiction matrimoniale, des mesures allant plus loin dans le sens de la fermeture que tout ce qui avait existé auparavant. Il ne s'agissait nullement de la codification d'un usage établi, mais de la volonté de sanctionner par une barrière légale une évolution à peine parvenue à son terme sur le plan politique.

Appius Claudius et le second décemvirat

Dans ces conditions la distinction que posent nos textes entre les dix premières tables, qui auraient été le fruit du travail du premier collège, et les deux dernières, où auraient été inscrites ces prescriptions jugées scandaleuses par la plèbe, qui auraient été dues exclusivement au second collège, celui de 450, risque de reposer sur une construction historiographique artificielle.

L'histoire du décemvirat est en effet complexe – et continue à susciter des interrogations chez les historiens. Selon la tradition, le système avait fonctionné à la satisfaction de tous en 451, mais l'œuvre législative n'était pas parvenue à son terme, seules les dix premières tables ayant alors été achevées. On avait donc créé un nouveau collège, pour 450, afin d'achever l'entreprise. Le collège avait cette fois compris des plébéiens en nombre non négligeable – trois, ou peut-être quatre ; mais le facteur essentiel était que le second collège avait été dominé par l'encombrante personnalité d'Appius Claudius qui, déjà membre du collège précédent, était arrivé à se faire réélire en courtisant le peuple par des procédés démagogiques. Et le comportement des nouveaux décemvirs avait été à l'opposé de celui du premier collège. Non seulement Appius Claudius et ses collègues avaient introduit dans la partie finale du travail législatif les « lois très inhumaines » contre les mariages mixtes entre patriciens et plébéiens, mais ils se seraient comportés en véritables tyrans. Faisant régner la terreur, ils enlevaient les biens des riches citoyens en les faisant condamner sous des prétextes futiles : « On ne reculait plus devant les châtiments corporels, les verges, parfois la hache ; et, pour joindre le profit à la cruauté, on s'emparait de la fortune après l'exécution de son possesseur » (Tite-Live, 3, 37, 8). Qui plus est, parvenus au terme de leur année de charge, les décemvirs refusèrent de se dessaisir du pouvoir et prétendirent se perpétuer à la tête de l'État, en étouffant toute velléité de révolte : « Si quelqu'un faisait la moindre allusion à la liberté au Sénat ou devant le peuple, aussitôt on préparerait verges et haches pour effrayer par surcroît tous les autres » (Tite-Live, 3, 36, 5). On se croyait revenu au temps du Superbe : on appelait les décemvirs les dix Tarquins (Tite-Live, 3, 39, 3). La situation était même pire qu'elle ne l'avait été sous le règne du dernier des rois, car, loin de connaître ses succès en politique extérieure, les décemvirs accumulaient les échecs militaires. Ceux d'entre eux qui avaient été chargés de la conduite des opérations étaient vaincus par les Sabins et les Èques. L'Algide, pour une fois, fut le théâtre d'une défaite romaine et l'armée en fut réduite à se réfugier à Tusculum.

Ce comportement suscitait la colère de la plèbe, frustrée des espoirs qu'elle avait mis, un temps, dans la personne d'Appius Claudius. Il provoquait aussi des réactions hostiles de la part du Sénat, et notamment de deux membres éminents du patriciat, Lucius Valerius et Marcus Horatius. Mais c'est un épisode qui évoque l'histoire de Lucrèce qui provoqua, à en croire la tradition, la chute de ces nouveaux tyrans. Appius Claudius, séduit par la beauté de la jeune Virginie, fille du tribun militaire Virginius alors parti combattre les Èques, entreprit de la séduire. Ne parvenant pas à ses fins, il eut alors l'idée de la faire réclamer comme étant son esclave par l'un de ses clients. Un jugement inique rendu par le décemvir donna droit à cette revendication mensongère, en dépit des objurgations de Virginius venu défendre sa fille. Forcé de livrer celle-ci, le tribun s'empara d'un couteau de boucher dans l'une des boutiques qui s'élevaient alors sur le Forum et le plongea dans le sein de la jeune fille en s'écriant :

> « Ma fille, je n'ai pas d'autre moyen de te rendre la liberté. [...] Appius, par ce sang, malédiction sur toi et sur ta tête ! » (Tite-Live, 3, 48, 5.)

Comme la mort de Lucrèce soixante ans plus tôt, celle de Virginie suscita la réaction du peuple romain. La révolte fut appuyée aussi bien par des sénateurs comme Lucius Valerius et Marcus Horatius que par l'armée, qui, dans la ligne des précédents mouvements de la plèbe, vint occuper le mont Aventin en abandonnant ses positions face aux Èques et aux Sabins. Les décemvirs en furent réduits à démissionner et Rome revint au régime consulaire. En élisant Lucius Valerius et Marcus Horatius, elle couronna ce qui est présenté comme un mouvement unanime, unissant patriciens et plébéiens, Sénat et peuple, contre le nouvel *adfectator regni* qu'avait été Appius Claudius. Un des premiers épisodes du retour à la liberté fut bien sûr le jugement d'Appius : il préféra échapper à la condamnation qui l'attendait en se suicidant.

Problèmes posés par l'institution décemvirale

Le beau récit de l'annalistique ne saurait cependant être pris au pied de la lettre. L'histoire de Virginie est aussi peu historique que celle de Lucrèce, à laquelle déjà Tite-Live la comparait (3, 44, 1). Le récit peut apparaître comme une illustration des menaces que l'arbitraire du pouvoir pouvait faire planer sur les droits personnels de l'individu, et donc du genre de situation que la loi des XII Tables permettait dorénavant d'éviter. Et bien des détails sont suspects. Le nom de Virginie, qui est de la famille de *virgo*, jeune fille, a des chances d'être imaginaire. Plus généralement, la manière dont la tradition relate la chute des décemvirs associe ce crime, d'ordre sexuel, à un autre qui l'a précédé, consistant à faire périr par traîtrise celui qui était alors le combattant le plus valeureux de l'armée romaine, Lucius Siccius, qui avait le tort de ne pas dissimuler son hostilité à leur égard (Tite-Live, 43), et à un troisième, encore auparavant, celui de s'être maintenus illégalement au pouvoir au moment où ils auraient dû se démettre (3, 38). Se succèdent donc un premier crime d'ordre politique, un deuxième d'ordre militaire, un troisième d'ordre sexuel : comme dans le cas du règne du Superbe, on a affaire au schéma connu, de lointaine ascendance indo-européenne, des trois fautes ordonnées selon les trois fonctions, qui a fourni un schème d'exposition commode pour le récit de la chute de ces nouveaux Tarquins. On aura appliqué à Appius Claudius et ses compagnons le genre de narration qui avait déjà servi à rendre compte de la fin du *regnum*, et mis en avant, une fois de plus, une figure de femme héroïque qui permettait de conclure le récit par la faute sexuelle attendue.

Le côté construit, et donc artificiel, de la narration montre que l'image du décemvirat a été retravaillée par la tradition. Or on peut se demander si la tradition n'a pas faussé ce qui a été réellement le sens de cette expérience politique. Faut-il reconnaître aux décemvirs une simple fonction législatrice, comme le fait la tradition antique ? Ou ne convient-il pas d'attribuer à l'expérience une plus vaste portée, en y voyant l'essai d'un nouveau type de gouvernement ? Dans cette perspective, le prolongement de 450 ne s'expliquerait nullement parce que le travail de codification des lois n'était pas parvenu à son terme, mais parce que Rome avait voulu se doter, par le décemvirat, d'un organe de gouvernement stable et définitif, destiné à se substituer aux anciens pouvoirs abolis. De même, faut-il suivre les textes qui présentent la chute des décemvirs comme correspondant aux souhaits de la plèbe, alors que ces mêmes textes commencent par peindre Appius Claudius comme un démagogue, affirmant – ce qui n'est pas exact – que c'est lui qui a introduit les plébéiens dans le collège ? Il peut surtout paraître troublant que les consuls qui succèdent aux décemvirs, mettant fin à l'expérience, conservent les « lois très inhumaines », résolument anti-plébéiennes.

On le voit, bien des questions se posent et l'on comprend que l'on ait parfois nié l'historicité, sinon du décemvirat en lui-même, du moins de ce second collège. Il n'est cependant pas nécessaire d'aller si loin, et l'essentiel de la tradition peut sans doute être conservé, une fois écartés les couleurs conventionnelles de la peinture du démagogue se muant en tyran qu'est Appius Claudius ou le trop bel épisode de Virginie. Il n'est pas inconcevable qu'une forme de gouvernement prévue pour un but limité, mais disposant, pour cette raison justement, de pouvoirs exceptionnels, ait viré à la dictature. Les Claudii sont généralement présentés d'une manière très défavorable dans l'historiographie romaine : on y sent

Un patricien avec le portrait de ses ancêtres

encore l'influence de celui dont elle est tout entière tributaire, Fabius Pictor, qui a dû y insuffler l'esprit d'hostilité des Fabii envers une famille rivale. Mais cela ne doit pas aboutir à faire considérer comme imaginaire le comportement prêté à Appius Claudius : il a fort bien pu céder à la tentation d'exercer un pouvoir de type personnel. Et par là il se heurtait inévitablement à l'opposition des patriciens autant que des plébéiens. Il est clair en effet que nous ne sommes plus en présence d'une opposition entre les deux ordres : la présence conjointe de patriciens et de plébéiens dans le second collège montre qu'Appius Claudius cherchait à s'appuyer sur des partisans appartenant aux deux catégories. Dans la réaction qui a mis fin au décemvirat, il n'y a pas plus à sacrifier la composante patricienne, avec les consuls de 449, que la composante plébéienne, avec la révolte de l'armée. Une conjonction semblable à celle qui s'était produite en 509 dut effectivement se produire alors. L'évolution depuis l'instauration de la République montre que la plèbe et le patriciat étaient tous deux acquis à l'idée d'un régime qui avait su donner des satisfactions aux uns comme aux autres, notamment en permettant à des structures plébéiennes de coexister avec l'État, dont la direction était presque exclusivement entre les mains des patriciens.

Les tribuns militaires à pouvoir consulaire

Après la fin de l'expérience décemvirale, on peut avoir l'impression, à s'en tenir aux fastes, que la « fermeture du patriciat » continua ; Lucius Valerius et Marcus Horatius étaient des patriciens, même s'ils pouvaient s'enorgueillir de descendre de deux des « pères fondateurs » de la République et, pour le premier, de l'« ami du peuple » en personne, Valerius Publicola. On ne rencontre qu'épisodiquement des consuls plébéiens : en 445, 440, 439.

Même l'institution du tribunat militaire à pouvoir consulaire, qui apparut comme substitut du consulat, après un premier essai en 444, en 438, 434, 433, 432, puis s'imposa à partir de 426, ne représente probablement pas, en dépit de ce qu'en ont pensé les historiens anciens (comme Tite-Live, en 4, 6-7) et bien des modernes après eux, une concession du patriciat à la plèbe. Selon ces vues, plutôt que d'accepter de partager le consulat avec les plébéiens, les patriciens avaient préféré créer une institution nouvelle, qui n'aurait pas eu le même prestige : elle n'aurait par exemple pas donné droit à célébrer le triomphe. En fait, le sens de l'innovation n'était certainement pas celui-là : on ne rencontre qu'un très petit nombre de noms plébéiens dans les listes de tribuns à pouvoir consulaire (un pour 422 et 419, deux pour 417) et, à l'inverse, les trois quarts des noms des familles patriciennes qui avaient fourni des consuls avant 449 se retrouvent dans ces mêmes listes. Il vaut donc mieux suivre Tite-Live, dans l'explication alternative qu'il donnait de la réforme, où il reconnaissait simplement l'incidence de nécessités pratiques. À certains moments, et en particulier en raison des besoins de commandement provoqués par la multiplication des opérations militaires, deux consuls ne suffisaient plus et il semblait indispensable de disposer de davantage de chefs. Cette interprétation de l'institution s'accorde avec la dénomination de tribuns militaires et rend compte de l'augmentation du nombre de ces tribuns avec le temps, au fur et à mesure que Rome était plus engagée sur des fronts divers : on créa d'abord trois tribuns, puis on passa à quatre, en règle générale, après 426 et on arriva à six en 406.

La question reste cependant controversée et il n'est pas impossible, comme cela a été suggéré, que nous soyons victimes d'une incompréhension remontant à l'Antiquité : la tradition se serait tout simplement méprise sur la nature des collèges de magistrats dont il est fait état. En fait, selon les tenants de cette explication, la cité aurait continué à fonctionner avec les mêmes institutions. Chaque année, on aurait élu un couple de consuls – tous patriciens. Mais les nécessités du temps – surtout les besoins militaires – auraient conduit à leur adjoindre des lieutenants, choisis parmi les tribuns militaires qui existaient depuis longtemps dans l'armée. On aurait confié, exceptionnellement, à ces tribuns militaires un pouvoir de type consulaire, qui normalement ne leur revenait pas. Ainsi nos listes confondraient-elles deux types de fonction, le consulat et un tribunat militaire doté de pouvoirs plus étendus qu'il n'était habituel. Si l'on adopte une telle analyse, on voit combien on est loin d'une avancée significative de la plèbe sur la voie de la conquête de la magistrature suprême.

La seconde moitié du Ve siècle

Mais il ne faut pas seulement tenir compte des noms qui apparaissent à la tête de la *res publica*, que ce soit pour les consuls ou pour les tribuns militaires à pouvoir consulaire. Il est manifeste que la tension que la cité avait connue dans la première moitié du ve siècle eut tendance à se calmer dans la seconde moitié du siècle ; la situation générale connut alors une nette amélioration. Les incursions des ennemis ne furent plus une menace aussi pressante que lorsque Coriolan conduisait l'armée volsque aux abords immédiats de l'*Vrbs* ou que le Sabin Appius Herdonius allait jusqu'à s'emparer du Capitole. Après 449 il ne fut plus question d'attaque sabine et, à partir de 442, même les Èques et les Volsques firent beaucoup moins parler d'eux : les sources ne signalent d'hostilités avec les premiers qu'en 431, 421, 418, 414, avec les seconds en 431, 423, 411. Une amorce d'expansion territoriale se fit jour. On assista à l'établissement de colonies, de droit latin certes, mais où les Romains pouvaient s'établir – Ardée en 442, Labicum en 418 : il n'y en avait plus eu depuis Norba en 492, Antium en 467. Ce qui intéressait plus directement Rome, Fidènes fut annexée en 426. Signe net de la reprise qui se fit alors sentir, le déclin démographique s'arrêta et une lente remontée commença avec le recensement de 459.

D'autre part, le rétablissement de la légalité républicaine normale, après l'expérience des décemvirs, n'avait peut-être pas ouvert toutes grandes les portes de la magistrature suprême à la plèbe ; il lui avait cependant donné satisfaction sur des points qui lui tenaient à cœur et pouvaient lui sembler plus immédiatement importants. Les consuls de 449 avaient promulgué des lois qui allaient dans le sens de ses revendications essentielles. L'inviolabilité des tribuns de la plèbe (et de ses édiles) était solennellement confirmée. Il était décidé – après la fâcheuse expérience des décemvirs, c'était utile ! – que l'on ne créerait plus jamais de magistrature nouvelle sans droit d'appel au peuple. Et, nouveauté importante, les décisions prises par l'assemblée de la plèbe, les conciles plébéiens, seraient désormais considérées comme engageant tout le peuple. Cette dernière stipulation a suscité des discussions et on l'a parfois rejetée comme anachronique. Mais l'exemple du plébiscite de 445 sur les mariages mixtes entre plébéiens et patriciens, engageant bien sûr les deux ordres, incite à accorder foi sur ce point encore à la tradition.

Les restrictions apportées au *ius connubii*, au droit de mariage, n'avaient en effet pas été rapportées au moment de la chute des décemvirs. Mais l'interdiction de l'intermariage entre des personnes appartenant aux deux ordres tomba en 445, après une virulente attaque du tribun de la plèbe Canuleius qui donna à Tite-Live l'occasion d'écrire l'un de ses plus beaux discours.

> L'interdiction du mariage entre patriciens et plébéiens n'est-elle pas une loi des décemvirs datant de ces dernières années, grand malheur pour tout le monde, grave injustice envers la plèbe ? N'est-ce pas le plus grand et le plus scandaleux des affronts que de prendre une partie des citoyens pour des êtres tarés, qu'on n'épouse pas ? N'est-ce pas pour nous l'exil dans l'enceinte de murailles communes, la relégation ? Défense d'entrer dans leur alliance, dans leur parenté, et de nous mêler à leur sang ! Mais alors, si c'est une souillure pour votre pauvre petite noblesse, que vous possédez non par la race et le sang (car vous descendez presque tous des Albains ou des

> Sabins), mais pour avoir fait partie d'une promotion de sénateurs désignés par les rois ou même, après le départ des rois, par un décret du peuple, que ne lui conserviez-vous pas sa pureté par des mesures d'ordre privé ? N'épousez pas de plébéiennes ! Ne mariez vos filles et vos sœurs qu'à des patriciens ! Pas un plébéien ne prendrait de force une jeune patricienne : ce sont là caprices de patriciens ! Pas un ne vous aurait contraints à conclure un mariage contre votre gré. Mais faire une loi pour le défendre, abolir le mariage entre patriciens et plébéiens, c'est en fin de compte un camouflet à la plèbe. Pourquoi en effet ne pas étendre l'interdiction du mariage entre riches et pauvres ? Partout et toujours on a laissé l'initiative privée choisir la maison où la femme est susceptible d'entrer comme épouse, celle où l'homme peut s'engager et prendre femme, et c'est ce choix que votre orgueil enchaîne par une loi destinée à diviser la société et à faire deux États d'un seul. Pourquoi ne pas interdire à un plébéien d'être le voisin d'un patricien, de prendre le même chemin que lui, d'assister au même repas, de se trouver sur le même Forum ? Quant au droit, en quoi finalement est-il modifié ? En somme, naturellement, l'enfant suit la condition du père. Par ces mariages entre vous et nous, nous ne poursuivons qu'un seul but : compter pour des hommes, pour des citoyens. Vous, à moins de vouloir nous outrager et nous déshonorer à plaisir, vous n'avez pas le droit de vous y opposer. (4, 4.)

Cette harangue est fictive, comme le sont tous les morceaux rhétoriques de ce genre, dont les historiens de l'Antiquité estimaient qu'ils étaient des ornements indispensables à la valeur littéraire de leur œuvre. Mais l'auteur n'a certainement pas choisi par hasard de placer à ce moment ce discours qui faisait déjà l'admiration des Anciens et que l'empereur Claude s'efforça d'imiter dans son intervention au Sénat en 47 ap. J.-C., dont la table claudienne de Lyon nous a conservé la teneur, et où il défendait le droit des notables gaulois à devenir sénateurs. Ce morceau de bravoure rhétorique souligne l'importance des acquis de cette période. Avec la loi des XII Tables, Rome avait su proclamer l'autorité souveraine de la loi, face à tout usage arbitraire du pouvoir que ceux qui en étaient les détenteurs pouvaient être tentés de faire. Avec les lois de 449, Rome avait su garantir les conquêtes de la plèbe dans ses combats de la première moitié du siècle. Avec la disparition de l'interdiction des mariages entre patriciens et plébéiens, Rome avait su battre en brèche la tentation du patriciat de s'ériger en caste et de l'imposer dans la loi. Même si, en pratique, ce sont des patriciens qui continuèrent, en général, à se faire élire et à exercer les fonctions de direction de l'État, Rome avait su éviter d'aboutir à une situation où ce monopole aurait été fondé sur un texte de loi, posé comme une norme, figé dans un système de castes. La prépondérance des patriciens n'était que le résultat d'une situation de fait, et donc susceptible d'évoluer. On comprend que Polybe (6, 11) ait situé la véritable naissance de la République à ce moment, estimant que la Constitution romaine était parvenue pour l'essentiel à sa forme parfaite et n'avait plus connu que des améliorations de détail.

CHAPITRE VI

Le tournant du IVe siècle

par Dominique Briquel

Rome et Véies

La prise d'Anxur – l'ancienne Terracine – sur les Volsques en 406 montra qu'à l'extrême fin du Ve siècle la situation aux frontières méridionales du Latium avait changé. Désormais les Volsques et les Èques ne constituaient plus la menace permanente qu'ils avaient représentée tout au long du siècle. La colonie de Velletri, fondée en 401, montait une garde vigilante à la limite sud-est de la province, verrouillant ce qui avait été la voie classique d'invasion empruntée par les troupes de ces deux peuples, la zone où ils concentraient leurs forces avant de lancer leurs raids sur la plaine latine.

Rome n'était pas pour autant en paix. Comme le note Tite-Live pour l'année 404 (5, 1, 1), si la paix était acquise ailleurs, l'*Vrbs* restait engagée dans une lutte capitale pour son avenir, qui se déroulait bien plus près de son sol : la guerre contre sa vieille ennemie étrusque, Véies, établie de l'autre côté du Tibre. Cette hostilité semblait en quelque sorte congénitale aux deux cités : on affirmait qu'elles s'étaient déjà combattues du temps du fondateur de l'*Vrbs*, Romulus. Entre ces vieux adversaires, c'était une lutte à mort : comme le dit l'historien, « les Romains et les Véiens restaient sous les armes, si pleins de colère et de haine que de toute évidence l'anéantissement attendait les vaincus ».

La chronologie de cette période n'est pas exempte d'incertitudes. Si l'on suit Tite-Live (4, 58-60), la déclaration de guerre aurait eu lieu en 406, mais pour Diodore de Sicile (14, 16, 5) elle se situerait en 403 seulement. Nos sources bien sûr insistent sur le caractère scandaleux de la réception que le Sénat véien aurait réservée à la délégation romaine, venue présenter les justes réclamations de la cité. Il lui aurait intimé l'ordre de « sortir immédiatement de la ville et du pays, sans quoi on leur donnerait ce que leur avait donné Lar Tolumnius » (Tite-Live, 4, 58, 7) – c'est-à-dire que, comme lors de la précédente guerre, on les mettrait à mort, au mépris des règles du droit international. Rome au contraire aurait eu la délicatesse, l'année précédente, de ne pas profiter de la situation troublée où se trouvait sa voisine pour l'accabler : « Le Sénat, en raison des troubles intérieurs dont Véies avait à souffrir, consentit à ne pas présenter de revendications : tant il était loin de chercher à exploiter le malheur d'autrui » (Tite-Live, 4, 54, 2). On croira difficilement que les torts aient été aussi unilatéralement du côté des Véiens, mais il n'importe guère de savoir à qui revient la responsabilité du déclenchement des hostilités : il est clair que l'on assiste à la résurgence du conflit récurrent entre les deux villes, qui avait pris fin – pour un temps – en 426, avec la prise par les Romains de Fidènes, au terme de la guerre qui avait été marquée par la mort du chef véien Tolumnius. Les textes parlent alors d'une trêve de vingt ans : il semble qu'elle ait été respectée.

Mais les motifs d'une reprise de la guerre ne manquaient pas, et des deux côtés. Ce conflit semble avoir eu d'emblée l'aspect de lutte à mort entre les deux rivales qu'a souligné Tite-Live. Pour Rome, en effet, il ne s'agissait plus d'un conflit aux buts limités, comme lorsque les Fabii avaient cherché à se constituer, aux dépens de Véies, une sorte de fief gentilice, ou même lorsque l'*Vrbs* avait voulu s'emparer de Fidènes, ce qui ne représentait que l'élimination d'une enclave véienne sur la rive gauche du Tibre. Cette fois, il semble que le besoin de terres fut le motif essentiel. Significativement, les chefs de la plèbe mettront bientôt en avant l'avantage que pouvait représenter pour les plébéiens le fait de disposer de ces bonnes terres proches de l'*Vrbs* plutôt que de se voir contraints à partir pour les lointaines colonies établies dans le sud du Latium (Tite-Live, 5, 24, 5-6, pour 395). Après la prise de Véies, pour la première fois depuis un siècle, de nouvelles tribus furent créées : il s'est bien agi, du côté romain, d'une volonté de conquête territoriale.

À cette agressivité probable – bien que tue par nos sources ! – de la part de Rome faisait pendant une attitude également belliqueuse du côté véien. La guerre précédente, qui avait abouti pour Véies à la perte de Fidènes, dut avoir de graves conséquences pour l'économie de la cité étrusque. Désormais le gué de Fidènes, avec les communications qu'il avait permis d'assurer depuis une date très ancienne entre la Toscane et le Latium, et par-delà la Campanie, échappait à la cité étrusque. Rome était maintenant maîtresse de cette voie de communication et, en outre, contrôlait de ce fait sans être gênée par l'enclave de Fidènes la route qui remontait de la côte vers l'intérieur en longeant le fleuve, la fameuse voie du sel.

Véies dut vivement ressentir les effets de cette perte qui se traduisit par une violente crise intérieure, où s'opposèrent aristocratie et éléments populaires. Ces derniers semblent avoir mal supporté une situation qui ruinait les activités liées au commerce – alors que les fortunes foncières comme celles qui devaient caractériser l'aristocratie, dans cette ville comme ailleurs en Toscane, étaient probablement moins touchées. Ce furent les éléments populaires qui, à Véies, poussèrent à la guerre. Au contraire, en 415, les nobles véiens empêchèrent une reprise des hostilités contre Rome : « Les Véiens ajournèrent la guerre par un scrupule religieux des grands, dont un débordement du Tibre avait ravagé les terres, ruinant terriblement les fermes » (Tite-Live, 4, 49, 2). Nul doute que les haruspices, qui étaient chargés dans le monde étrusque d'interpréter des phénomènes comme cette inondation, et qui se recrutaient au sein de l'aristocratie, n'aient profité de l'occasion fournie par ce signe manifestement défavorable pour empêcher qu'éclatât une guerre dont ils n'étaient pas partisans.

Mais le parti populaire finit par l'emporter, ce qui rendit la guerre inévitable. La tension sociale aboutit en effet à un bouleversement du régime politique à Véies, avec ce que nos sources présentent comme la fin du régime républicain. Afin, dit Tite-Live, d'éviter « le retour annuel de la campagne électorale, cause périodique de discorde » (5, 1, 3), les Véiens auraient alors rétabli la royauté. On croira difficilement que seule la peur des tensions électorales ait joué, ni, en dépit de la formulation employée par l'historien, que l'on assista alors à un retour à une monarchie de type traditionnel – du genre de celle que, comme la Rome des premiers temps, les cités toscanes avaient connue. On vit plutôt l'instauration à Véies d'une tyrannie s'appuyant sur les éléments les plus radicaux de la plèbe. Le régime républicain que connaissait alors la cité était, comme celui de Rome, entre les mains des grandes familles de l'aristocratie, dont les membres, à travers les élections annuelles, étaient les seuls à occuper les fonctions dirigeantes dans l'État. La suppression d'un régime électoral qui ne laissait aucune place aux éléments populaires traduisit certainement la volonté de ceux-ci de mettre fin au pouvoir sans partage d'une étroite minorité. C'est cette raison qui explique l'attitude des autres cités étrusques : ces villes, qui étaient des républiques dominées par les aristocraties locales, rompirent tout lien avec le nouveau roi de Véies (Tite-Live, 5, 1, 3-6) et lui refusèrent tout appui de la confédération étrusque au cours du conflit, malgré des sollicitations répétées de sa part – en 405, 404, 397.

Ce fait montre bien que le conflit n'était pas de nature ethnique, n'était pas une guerre des Romains contre les Étrusques. Il est vrai qu'au cours de la très longue guerre qui s'engagea alors, Tarquinia serait intervenue contre Rome en 397 (Tite-Live, 5, 16). Mais il s'agit d'un simple raid de pillage, les Tarquiniens saisissant l'occasion offerte par le fait que Rome, outre la guerre de Véies, était occupée cette année-là à prévenir de nouvelles menées des Èques et des Volsques. En fait, les seules cités qui prirent conscience du péril que représentait une domination totale de Rome sur la basse vallée du Tibre furent deux petites villes qui jouxtaient le fleuve sur sa rive droite, Capène et Faléries, et qui n'étaient même pas linguistiquement étrusques, puisqu'on parlait sabin dans la première, et falisque – dialecte apparenté au latin – dans la seconde. Mais les appels qu'elles adressèrent aux autres cités étrusques lors des réunions du *fanum Voltumnae* en 397 pour pousser à une intervention d'ensemble de la ligue restèrent sans effet. La montée du danger gaulois faisait que les Toscans regardaient alors plus vers le nord que vers le sud : comme le note Tite-Live, « un peuple tout inconnu était apparu à leurs frontières, des Gaulois, avec lesquels la paix n'est jamais assurée, ni la guerre franche » (5, 17, 8). Pour les Étrusques des autres cités cette menace devait apparaître plus immédiatement dangereuse que celle que constituait Rome, aux franges méridionales du pays. Il faut tenir compte en effet de la coupure que formaient alors les monts Ciminiens – complaisamment soulignée par les historiens anciens, comme Tite-Live (9, 36), qui présentent leur franchissement par l'armée romaine en 310 comme un exploit exceptionnel. Les habitants de l'intérieur de la Toscane ne devaient guère se sentir concernés par les problèmes de la basse vallée du Tibre, où d'ailleurs Rome ne faisait que parachever une entreprise déjà commencée, à en croire la tradition, sous le règne d'Ancus Marcius. C'est uniquement après la chute de Véies, lorsque Rome avait établi sa mainmise non seulement sur le territoire de Véies mais aussi sur celui de Capène et une partie de celui de Faléries, que les autres villes étrusques, et d'abord les cités qui se trouvaient désormais en première ligne par rapport à Rome, Volsinies et Tarquinia, commencèrent à prendre conscience du renversement complet d'équilibre qui était en train de se produire.

Le conflit entre Rome et Véies ne fut donc pas une guerre mettant aux prises deux nations –, l'étrusque, l'ancienne puissance dominante de la région, et la force montante qu'était Rome. Il ne faut pas pour autant en minimiser l'importance pour les deux parties en présence. Pour Véies sa portée est évidente : la ville y succomba, devenant, déjà dans l'Antiquité, ce site abandonné que le poète Properce évoquait dans l'une de ses élégies :

> Véies, dans ces temps reculés, tu fus toi aussi un puissant empire et tes rois siégeaient au milieu de ton Forum sur un trône d'or ; mais aujourd'hui la flûte du pâtre nonchalant retentit seule dans tes murs et les paysans moissonnent sur tes tombeaux. (4, 10, 27-30.)

Mais elle marqua un tournant également pour Rome : sa victoire définitive en 396, due au chef prestigieux que fut Camille, se traduisit par la première extension territoriale vraiment importante au sortir de la période difficile qu'avait été le ve siècle. On a pu calculer que le territoire romain passa alors de 900 km^2 environ (extension qu'il avait atteinte en 495) à 1 582 km^2, ce qui correspond à une augmentation de près des trois quarts par rapport à son ancien territoire ; mais surtout ce n'était que la première étape d'un processus qui ne devait plus s'arrêter.

Camille L'importance de l'événement est rendue manifeste par l'élaboration dont il fit l'objet dans la tradition. Elle s'empressa de le magnifier, lui donnant une valeur d'*exemplum*, de modèle exemplaire, et le haussant aux dimensions d'une véritable épopée.

Le plus manifeste de ce traitement du récit concerne la figure du chef que Rome s'était choisi pour mener à bout cette conquête : Camille. Le personnage, Marcus Furius Camillus, est assurément historique, mais l'annalistique lui a donné la stature d'un instrument du destin, d'un *dux fatalis*, qui va bien au-delà de ce qu'il dut être. Tel que le peint la tradition en tout cas, il est le modèle du chef chevaleresque, respectant scrupuleusement le droit: dans un épisode fameux, il refuse les propositions du maître d'école de Faléries qui offrait de lui livrer les fils des principaux personnages de cette cité. Mais cette attitude, faite de *pietas*, était censée venir de la conscience qu'on lui prêtait de ce que la marche de l'univers était entre les mains des dieux, et que l'homme devait se conformer à leur volonté sous peine de s'attirer leur colère: en cela le personnage exprimait profondément la mentalité romaine archaïque et le sens aigu qu'elle avait de la nécessité de ne pas enfreindre les barrières que les dieux imposaient à l'action des hommes.

Ce scrupule religieux se manifesta clairement lors de la victoire sur Véies. À en croire le récit traditionnel, la prise de la cité fut rendue possible, plus que par les faits proprement militaires, par le souci que le chef romain avait eu de se concilier les dieux qui protégeaient la cité ennemie. Par la procédure dite de l'évocation, les Romains se faisaient en effet fort d'attirer dans leur camp les divinités de leurs ennemis. C'est un auteur du ve siècle ap. J.-C., Macrobe, qui décrit le mieux cette antique procédure:

> On sait que toutes les villes sont sous la protection d'une certaine divinité et qu'il a existé une pratique romaine secrète et ignorée de beaucoup qui consiste à faire sortir *(euocare)* les dieux tutélaires en prononçant une formule déterminée, lorsque, assiégeant une ville ennemie, les Romains concevaient l'espoir de pouvoir désormais s'en emparer, parce que, ou bien ils ne pensaient pas qu'il fût possible de la conquérir autrement, ou bien, même si la possibilité existait, ils estimaient sacrilège de faire les dieux prisonniers. (*Saturnales*, 3, 9, 2.)

D'après Macrobe, Camille fit appel à ce rituel à Véies. Les historiens, pour leur part, relatent la manière dont la déesse protectrice de Véies, Junon, acquiesça elle-même à son transfert à Rome, où elle eut désormais son temple, sur l'Aventin:

> Après avoir mis la ville à sac, Camille résolut de transporter à Rome la statue de Junon, selon le vœu qu'il avait fait. Ayant à cet effet rassemblé des ouvriers, il fit un sacrifice et pria la déesse d'agréer leur zèle et de venir avec bienveillance habiter parmi les dieux protecteurs de Rome. La statue, dit-on, répondit à voix basse qu'elle y consentait et qu'elle agréait la demande. (Plutarque, *Vie de Camille*, 6, 1.)

Le souci religieux manifesté dans ces circonstances par Camille ne fut pas compris de la foule romaine: lorsque le dictateur, pour accomplir le vœu qu'il avait formulé au cours de la guerre de récompenser le dieu de Delphes, Apollon Pythien, s'il lui accordait la victoire, décréta que tous ceux qui avaient bénéficié des fruits de la victoire devaient appliquer le vieux principe de la dîme delphique et consacrer à Apollon le dixième de leur butin, il s'attira la colère de la plèbe. Celle-ci le contraignit à partir en exil à Ardée. Mais ce souci constant de ne pas abuser de la faveur de la Fortune, cette attention inquiète à respecter les limites que les dieux imposent à l'action humaine font de Camille le symbole même de la manière dont Rome concevait son destin : par-delà le bonheur presque trop grand que représentait la victoire sur la rivale séculaire, il entrevoyait déjà les périls qui menaçaient, outre sa propre personne – avec l'exil qui allait bientôt le frapper –, sa patrie – avec la prochaine invasion gauloise. C'est le sens que prend, chez Tite-Live, un faux pas qu'il aurait fait au moment où il suppliait les dieux « de ne pas faire tourner à mal ce qu'ils pourraient trouver d'excessif dans sa fortune et dans celle du peuple romain » (5, 21, 15-16).

Par sa stature hors de pair, Camille fut à l'égal de Romulus lui-même. Sans doute le titre de « second Romulus » lui vint-il surtout du rôle qu'il joua dans la reconstruction de Rome après l'invasion gauloise, notamment du fait qu'il dissuada ses compatriotes de s'établir à Véies, abandonnant le site de l'*Vrbs*. Mais cette qualification avait déjà une signification par rapport à la guerre contre Véies. Le dernier conflit de la carrière du *conditor* avait été contre Véies et il avait remporté à cette occasion son dernier triomphe. Pour Camille, nouveau Romulus, ce fut la première guerre qu'il conduisit et ce fut pour cette victoire qu'il fut gratifié de son premier triomphe. La construction est clairement symétrique : on peut dire qu'avec la prise de Véies un cycle de l'histoire de Rome, ouvert par sa fondation, s'acheva. Il semble d'ailleurs qu'autour des événements de cette période s'était développée toute une spéculation sur les cycles temporels, marquée par des conceptions étrusques relatives à l'histoire et au destin. On a pu, à ce propos, employer l'expression de « cycle véien », pour qualifier la période initiale de l'histoire de Rome dont on estimait qu'elle s'était alors achevée, avant que la ville ne prît un nouveau départ après le quasi-anéantissement que fut la catastrophe gauloise.

Données religieuses

L'élaboration légendaire du récit ne se limite pas à la seule figure du chef romain. Selon un processus que nous avons déjà rencontré pour les périodes antérieures, l'histoire a été pénétrée par le mythe. On décèle dans le récit des éléments d'origine mythique, qui montrent que, pour les Romains, l'heureuse issue de la guerre prouvait qu'elle bénéficiait de l'appui des dieux, que ceux-ci la vouaient déjà à ce stade au grand destin que chantera un jour Virgile.

Lors du siège de la ville étrusque, disait-on, le niveau des eaux du lac Albain s'était mis à monter subitement. C'était un prodige qui, pour la mentalité antique, montrait que les dieux adressaient ainsi un message à l'homme. Encore fallait-il le déchiffrer, en ayant recours aux procédures de divination susceptibles d'en dégager le sens. L'explication fut fournie simultanément par l'oracle de Delphes, que le Sénat avait envoyé consulter, et par un vieil haruspice véien que les légionnaires postés autour de la cité ennemie avaient fort opportunément capturé : pour que Rome l'emportât, il fallait qu'elle réussît à assurer l'écoulement normal des eaux du lac vers la plaine.

L'histoire est étrange, et ni l'existence d'un tunnel creusé au flanc du cratère qui retient les eaux du lac d'Albe, permettant d'en abaisser le niveau, ni l'hypothèse, formulée récemment, d'une explosion de gaz qui aurait provoqué une montée subite des eaux du lac ne suffisent à en rendre totalement compte. On ne voit pas *a priori* en quoi le contrôle de ce phénomène hydraulique, à des kilomètres de Véies, pouvait influer sur le cours du siège, et l'on ne peut que partager le scepticisme que, déjà, Cicéron exprimait à propos de cette histoire :

> Quant à la fameuse prédiction faite aux Véiens que Rome périrait si le lac Albain débordait et se déversait dans la mer, et que s'il était au contraire contenu, Véies périrait, je crois pour ma part que l'eau d'Albe a été dérivée pour l'irrigation de la campagne de Rome, non pas pour sauver la citadelle et la ville. (*Traité de la divination*, 2, 69.)

En fait nous retrouvons, une fois de plus, la transposition dans l'histoire d'un récit mythologique : la maîtrise ainsi affirmée par les Romains sur les eaux du lac signifie qu'ils étaient capables de forcer leur maître, le dieu des eaux, de leur accorder son appui. On a là le pendant romain du récit qui expliquait, dans un tout autre contexte, la prise de la ville de Babylone par le roi perse Cyrus : ces légendes, et d'autres semblables largement répandues dans le monde indo-européen, de l'Irlande à l'Iran, sont fondées sur l'idée que le dieu des eaux était le dépositaire de la souveraineté et qu'il l'accordait à celui – individu ou peuple – qui, par une sorte d'épreuve qualifiante, était parvenu à l'obliger à la lui céder.

Ce n'est pas le seul élément religieux que comporte le récit. Un autre concerne la scène où les soldats romains, envoyés par Camille, surgissent d'une sape au milieu de la citadelle de Véies, et s'emparent des entrailles de la victime que le roi étrusque est alors en train de sacrifier aux dieux. Ici encore il n'y a pas de réalité historique à chercher : ce n'est pas en s'introduisant par une sape dans la cité adverse que les Romains ont pris Véies. Par ailleurs, le rapprochement de l'histoire avec l'existence de canalisations souterraines sur le site de Véies reste général, et n'explique pas le détail de l'épisode. Cette fois encore, il faut faire intervenir la comparaison avec des légendes parallèles, diffusées en milieu latin : l'être humain qui s'empare ainsi des entrailles, c'est-à-dire de la part qui dans l'animal sacrifié est réservée aux dieux, s'assimile en quelque sorte à eux, acquiert par là un pouvoir qui le hausse au-dessus de la simple humanité. On racontait une histoire analogue à propos l'ancêtre de l'empereur Auguste, le fondateur de la *gens Octauia*, à Velletri (Suétone, *Vie d'Auguste*, 1) : il n'y avait donc pas à s'étonner du destin qui était échu à son descendant !

Véies et Troie

Mais plus que par cette mise en forme mythologique de l'événement, qui rappelle des faits que nous avons déjà rencontrés pour des périodes antérieures, le récit de la guerre finale entre Rome et Véies est remarquable en ce qu'il témoigne d'une élaboration que l'on peut déjà qualifier de littéraire. En racontant cette étape capitale de leur histoire, les Romains ont eu devant les yeux le modèle de la guerre de Troie, telle que la narrait non seulement l'épopée homérique, mais aussi tout ce que l'on avait développé ensuite et qui constituait le cycle troyen. Comme le siège de Toie, celui de Véies aurait duré dix ans, de 406 à 396. Cette chronologie est artificielle : elle a été modelée sur celle de la guerre de Troie et donc choisie afin de suggérer que pour Rome la prise de la vieille rivale étrusque avait été un événement aussi important, et aussi glorieux pour ses armes, que l'avait été celle de la cité de Priam par les héros achéens.

Un détail montre que ce parallélisme était conscient, et voulu. On l'a vu, outre la Pythie, un haruspice véien, fait prisonnier par les Romains, leur avait révélé le sens du prodige de la montée des eaux du lac. Or il s'agit là d'un motif légendaire connu : celui de la capture d'un devin, qu'un ou plusieurs héros forcent à délivrer une révélation qu'il était de prime abord réticent à divulguer. Le prototype de ces histoires se trouvait dans l'*Odyssée* : c'était l'épisode où Ménélas, égaré en Égypte lors du retour de Troie, obligeait le Vieux de la Mer Protée à lui dire ce qu'il savait du destin des héros grecs après la prise d'Ilion. Mais le motif avait été appliqué dans la tradition post-homérique à la prise de Troie elle-même : c'est parce que Diomède et Ulysse avaient capturé le devin troyen Hélénos et avaient appris de lui comment procéder que les Grecs s'étaient emparés de la ville ennemie.

La légende était connue en Étrurie. Un miroir étrusque, conservé au musée de Stockholm, offre vraisemblablement une représentation de la capture d'Hélénos par les deux héros grecs ; mais le motif a surtout donné lieu chez les Étrusques à un développement où la prophétie concernait Rome. Il s'agit de la scène, connue en particulier par un miroir de la fin du IVe siècle trouvé à Bolsena, où les frères Vibenna – les compagnons de Macstarna-Servius Tullius, ces héros vulciens qui avaient pris le pouvoir à Rome au VIe siècle – surprennent le devin Cacus en train de vaticiner. Or ce que Cacus allait leur révéler était justement le moyen de prendre Rome. Mais le motif de la capture du devin n'a pas seulement été utilisé par les Étrusques dans un sens antiromain. Rome aussi y a eu recours, et l'a fait porter sur la prise de Véies : on le retrouve dans l'épisode de la capture de l'haruspice véien. Le même motif, emprunté

Miroir

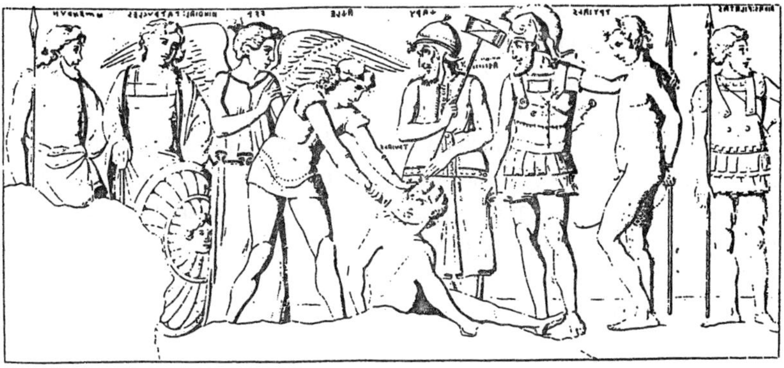

Le sacrifice des prisonniers troyens (tombe François)

à la tradition grecque sur la prise de Troie, a donc été repris par les deux adversaires, Rome et l'Étrurie.

Il peut sembler étrange que Rome, nouvelle Troie, dont la fondation remonte en dernier ressort à Énée, fît ainsi référence à un motif qui, avec la légende de la capture d'Hélénos, avait eu à l'origine un sens défavorable pour Troie. Mais la référence troyenne, appliquée à Rome, fut au cours du IVe siècle, époque à laquelle renvoient les miroirs étrusques que nous avons cités, au centre d'une véritable guerre de propagande entre Étrusques et Romains. La guerre de Troie a été utilisée par les deux adversaires dans des sens opposés.

La preuve en est apportée par un autre monument étrusque, qui remonte au troisième quart du siècle, et dont nous avons déjà eu l'occasion de parler : la tombe François de Vulci. Vel Saties, représenté en costume de triomphateur, est le personnage en fonction de qui la décoration de la tombe a été conçue ; il a voulu célébrer par les peintures qui l'ornent la mémoire des succès qu'il avait remportés contre Rome, à la tête des troupes de sa ville natale, au cours des guerres qui ont opposé les Romains à une série de cités étrusques méridionales de 358 à 351. Les scènes qui décorent son tombeau se répondent d'un côté à l'autre : en face de la mise à mort des prisonniers troyens par Achille, racontée dans l'*Iliade*, on voit les entreprises des frères Vibenna et de Macstarna, culminant avec la victoire sur Cneius Tarquin de Rome. On a là une reproduction à travers les siècles des mêmes événements, en accord avec la conception cyclique du temps que se faisaient les Étrusques : de même que les Grecs des temps héroïques avaient vaincu Troie, de même les Étrusques, qui se considéraient comme les descendants des héros grecs de la prise d'Ilion, triomphaient de la nouvelle Troie qu'était Rome. Les Vibenna et Macstarna l'avaient fait au VIe siècle en s'emparant alors de la cité du bord du Tibre. Vel Saties avait répété leurs exploits au IVe siècle en remportant des victoires retentissantes sur l'ennemi romain.

Avec la tombe François nous sommes déjà dans la seconde moitié du IVe siècle. À cette époque, le conflit entre Rome et les Étrusques était ressenti comme un élément suffisamment important dans une cité tyrrhénienne comme Vulci pour conditionner la décoration d'un tel monument. C'est sans doute vers la même période, symétriquement, que dut s'élaborer à Rome la tradition sur la guerre contre Véies, lui conférant ce grandissement épique que nous avons souligné. En effet, autant le conflit avait été senti comme marginal par les autres cités toscanes lorsqu'il avait effectivement eu lieu, autour de 400, autant par la suite ces mêmes cités toscanes ont pris conscience du danger représenté par la puissance montante de l'*Vrbs*.

Les autres cités étrusques

Après la prise de Véies, Rome affirma sa victoire en formant quatre nouvelles tribus : la Tromentina, sur la plus grande partie du territoire de la ville vaincue, l'Arnensis, sur la partie située en direction de Caeré, la Stelattina, dans le secteur de Capène, la Sabatina, vers le lac de Bracciano. Et l'*Vrbs* organisa comme points d'appui les deux petites villes de Sutrium et de Nepete, qui commandaient l'accès vers les monts Ciminiens, que Tite-Live qualifiait de « barrières de l'Étrurie » (9, 32, 1). Elle s'ouvrait ainsi, dès cette époque, des possibilités d'accès vers le cœur de la Toscane.

Cette fois les Étrusques semblèrent avoir compris ce qui était en train de se dessiner. Pour 392 et 391 les auteurs parlent d'attaques des Volsiniens, et pour 389 Tite-Live dit que « l'Étrurie presque tout entière » avait pris les armes pour reprendre le verrou de Sutrium (6, 3, 1). Mais c'est surtout plus tard que le conflit prit un tour aigu : une longue guerre mit aux prises entre 358 et 351 les Étrusques de Tarquinia et Rome. Une fois Véies disparue, Tarquinia était en effet directement exposée aux attaques romaines. Mais elle ne fut pas la seule cité étrusque qui s'opposa à Rome dans ce conflit. Les textes, outre qu'ils signalent l'aide apportée à Tarquinia par Faléries, laissent entendre que la ville étrusque de Caeré, pourtant traditionnellement l'alliée de Rome, bascula un moment dans le camp ennemi et prêta son appui aux forces tarquiniennes qui s'étaient avancées sur son sol. Mais, ce qui est plus remarquable, on perçoit aussi l'importance qu'eut cette guerre romano-étrusque par des documents d'origine étrusque. Il faut tout d'abord mentionner une série de documents épigraphiques retrouvés sur le Forum de Tarquinia, qui célébraient la gloire de membres éminents de la grande famille locale des Spurinna, laquelle avait joué un rôle essentiel dans la cité déjà du temps de l'indépendance étrusque. Ces documents sont rédigés en latin et ne sont pas antérieurs au Ier siècle de notre ère ; ils n'en reflètent pas moins une vision purement étrusque du passé de la cité, jusque dans ses rapports avec Rome. Or l'un de ces éloges, celui d'un Aulus Spurinna fils de Velthur, qui paraît avoir vécu au IVe siècle, fait vraisemblablement allusion à cette guerre de 358/351. Il souligne orgueilleusement qu'Aulus Spurinna prit alors neuf places fortes aux

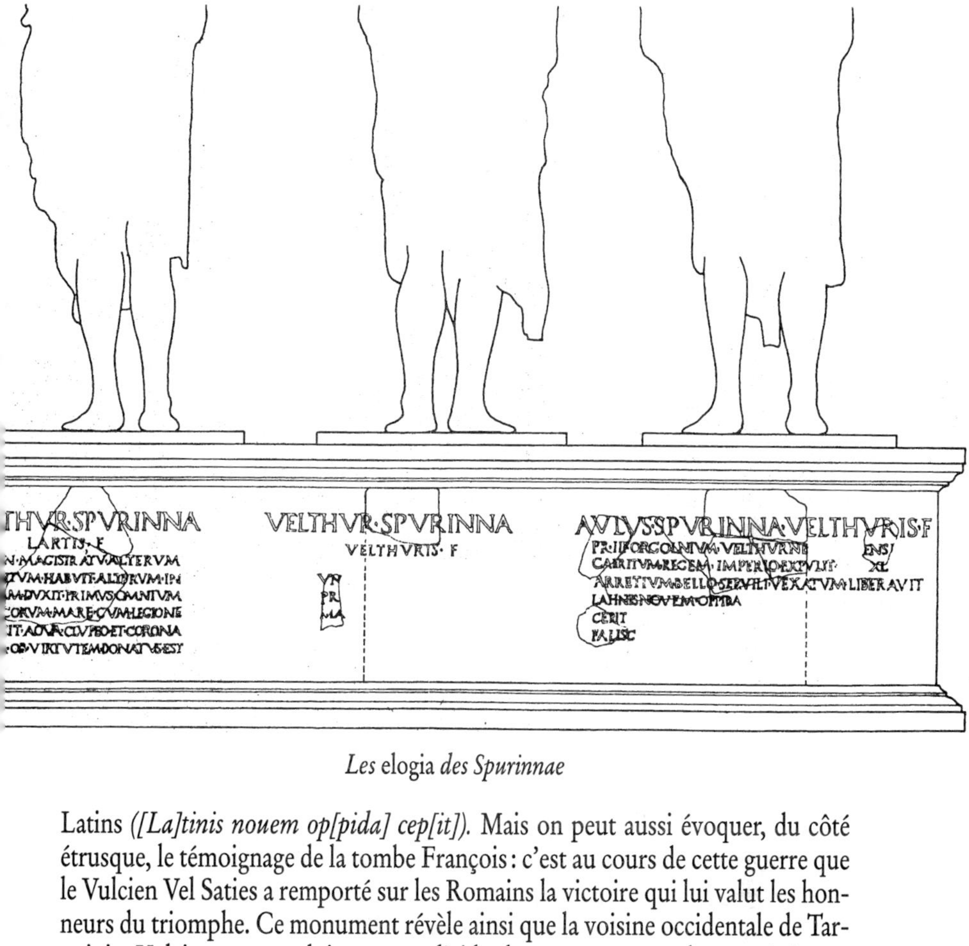

Les elogia *des Spurinnae*

Latins *([La]tinis nouem op[pida] cep[it]).* Mais on peut aussi évoquer, du côté étrusque, le témoignage de la tombe François : c'est au cours de cette guerre que le Vulcien Vel Saties a remporté sur les Romains la victoire qui lui valut les honneurs du triomphe. Ce monument révèle ainsi que la voisine occidentale de Tarquinia, Vulci, est venue lui apporter l'aide de ses troupes et de ses généraux : Tite-Live n'en parle pas, mais il évoque la participation au conflit de la ligue étrusque (7, 17, 6 et 21, 9). La situation avait donc bien changé depuis le temps où les autres cités toscanes laissaient Véies seule aux prises avec l'adversaire romain.

Au cours de cette guerre de sept ans, Rome finit par l'emporter, mais après des défaites initiales sur lesquelles l'annalistique se fait discrète. Ainsi, pour 358, Tite-Live se borne-t-il à dire : le consul « Fabius combattit contre les Tarquiniens d'une manière imprudente et inconsidérée » (7, 15, 9). En réalité, la défaite fut suffisamment terrible pour que les Tarquiniens capturassent de nombreux prisonniers romains, dont ils mirent trois cent sept à mort publiquement sur le Forum de leur cité, en un monstrueux sacrifice humain. Il est probable que les peintures de la tombe François, avec la représentation de l'offrande des prisonniers troyens faite par Achille aux mânes de Patrocle, conservent le reflet de cet épisode horrible. Rome d'ailleurs ne devait pas demeurer en reste : dès que la chance commença à lui sourire et qu'elle eut à son tour, en 353, fait des prisonniers étrusques, elle procéda à l'exécution de trois cent cinquante-huit captifs tarquiniens sur son propre Forum. On n'avait jusqu'alors jamais assisté à un tel étalage de cruauté dans les guerres qui avaient opposé Rome aux cités étrusques : c'est le signe de ce que les Étrusques, prenant tardivement conscience de la menace romaine, mirent dans ce conflit une haine, une volonté de destruction de l'ennemi romain qui ne s'étaient pas manifestées auparavant. Du côté toscan, il est significatif que l'on ait fait appel à des procédés religieux, caractéristiques de l'importance accordée par cette nation aux faits de la religion, pour se concilier les dieux par tous les moyens, et vouer l'ennemi romain à l'anéantissement. Outre le sacrifice humain de 358, on relèvera dans ce sens l'accoutrement dont les Tarquiniens et leurs alliés falisques usèrent en 356. Brandissant des torches et des serpents, ils s'assimilaient à des démons – dont les représentations figurées montrent qu'on leur conférait de tels attributs – et prétendaient par là entraîner les soldats romains dans les Enfers :

Divinité féminine étrusque aux serpents

> Mais Falisques et Tarquiniens, dans une première rencontre, mirent le second consul en déroute. Une immense panique fut provoquée par leurs prêtres qui, brandissant torches ardentes et serpents, s'avançaient comme des Furies et dont l'aspect inhabituel bouleversa les soldats romains. Sur le moment, comme en proie au délire et à l'égarement, l'armée en une troupe tremblante se précipita dans ses retranchements. (Tite-Live, 7, 17, 2-3.)

Désormais, les cités toscanes avaient compris que la guerre avec Rome ne se réduisait pas à des conflits limités, somme toute normaux entre voisins, mais que l'*Vrbs* étendait peu à peu une domination qui risquait de mettre fin à leur existence en tant que villes indépendantes.

Cependant l'acharnement nouveau dont elles avaient fait preuve fut vain : Rome sortit une nouvelle fois victorieuse. La situation créée par la prise de Véies apparut enfin stabilisée, l'*Vrbs* affirmait clairement son emprise sur cette partie de l'ancien territoire tyrrhénien et le Tibre n'était plus la limite qu'il avait jadis été. Cet état de fait s'imposa aux cités étrusques les plus directement concernées. Caeré, un instant ébranlée, rentra dans l'alliance de Rome. Et Tarquinia semble avoir compris son impuissance à modifier le cours de l'histoire : gratifiée d'une trêve de quarante ans, elle ne se manifesta plus guère par la suite. Mais il aura fallu près d'un demi-siècle pour que les conséquences de la victoire sur Véies fussent définitivement acquises.

La catastrophe gauloise

Ce retard a une cause précise : sitôt acquise sa victoire contre sa voisine étrusque, Rome connut l'une des plus grandes catastrophes de son histoire, où elle faillit périr. Avec les péripéties de la lutte entre Rome et les cités étrusques, nous nous sommes avancés jusque vers le milieu du IVe siècle avant J.-C. Mais il faut revenir en arrière et prendre en considération cet événement capital du tout début de ce siècle qu'a été l'invasion gauloise.

Avec cet événement – placé par Tite-Live en 390, mais que les sources grecques situaient en 386 – on peut bien parler d'un désastre, d'autant plus surprenant qu'il suivait de peu la chute de Véies. À tel point que l'on avait imaginé une corrélation entre les deux faits, estimant que Rome avait dû payer ainsi le prix de sa victoire sur Véies : c'est le sens de l'anecdote, que nous avons déjà évoquée, de la chute malencontreuse de Camille au moment où il remerciait les dieux pour la victoire sur l'ennemi véien (Tite-Live, 5, 21, 14-16). En tout cas la mémoire de la catastrophe resta toujours très vive à Rome. Par exemple le 18 juillet, jour de la défaite subie devant l'envahisseur gaulois sur les bords de l'Allia, mérita de figurer comme *dies atra*, jour noir, jour funeste, sur les calendriers. En 47 ap. J.-C., des sénateurs pouvaient encore objecter à l'empereur Claude, qui voulait faire entrer des notables gaulois dans leur assemblée, que c'était « prostituer » le Sénat qu'y laisser pénétrer les descendants de ceux « qui du Capitole et de la citadelle avaient voulu enlever les dépouilles offertes aux dieux » (Tacite, *Annales*, 11, 24).

Signe de l'importance de l'événement, la prise de Rome avait eu un retentissement international. Elle avait frappé les Grecs de l'époque : des auteurs du IVe siècle en parlèrent. Ainsi, aux dires de Plutarque, « il est certain qu'Aristote le philosophe a été informé exactement de la prise de Rome par les Celtes » (*Vie de Camille*, 22, 4). Il estimait, il est vrai, que Rome avait été sauvée par un Lucius, point qui laissait perplexe l'auteur des *Vies parallèles* : les héros qui, dans la tradition romaine, jouent le plus grand rôle, Camille et Manlius Capitolinus, qui défendit le Capitole, se prénomment tous les deux Marcus. Si bien qu'il faut admettre soit qu'Aristote avait fait une erreur, soit qu'il faisait allusion à un autre personnage, comme le Lucius Albinius dont on disait qu'il avait transporté à Caeré, sur son chariot, les Vestales et les objets sacrés qu'elles portaient pour les mettre à l'abri des convoitises des Gaulois. Le témoignage de l'historien Théopompe était lui aussi peu précis : selon Pline l'Ancien, « Théopompe, avant lequel personne n'avait fait mention de Rome, dit seulement que la Ville fut prise par les Gaulois » (*Histoire naturelle*, 3, 57). Pour les Hellènes, Rome restait en effet encore bien lointaine, et appartenait à un monde dans la perception duquel la légende se mêlait encore à la réalité : on le constate avec le dernier témoin grec de cette époque pour la prise de Rome par les Gaulois, l'élève de Platon Héraclide du Pont. Pour lui, « la nouvelle arriva du couchant qu'une armée, sortie de chez les Hyperboréens, avait pris une ville grecque appelée Rome, située quelque part là-bas, près de la Grande Mer ». Des notions mythiques – les Hyperboréens, le fleuve Océan qui entoure la terre – se superposent à la réalité historique : cela atteste au moins que les Grecs commençaient à prendre conscience de l'importance de Rome, et de son caractère de cité – donc, bien qu'elle fût peuplée de barbares, de son appartenance au monde de la civilisation, ce que traduit la dénomination, de prime abord surprenante, de « ville grecque » qui lui est donnée par Héraclide.

Lége[...] et réa[...]

Mais l'enchaînement des faits et leur portée exacte restent difficiles à déterminer. Il est évident que les raisons de l'attaque gauloise, telles que les exposent les sources antiques, appartiennent au roman plus qu'à l'histoire. Selon Pline l'Ancien (*Histoire naturelle*, 12, 5), un artisan helvète, Hélicon, formé à Rome, avait rapporté dans son pays des produits méditerranéens, jusque-là inconnus chez ces barbares du Nord : figues, raisin, huile, vin. Ses compatriotes auraient alors décidé de venir s'en emparer sur place !

> On dit que les Gaules, que les Alpes tenaient alors enfermées comme dans un rempart infranchissable, eurent pour premier motif de se déverser sur l'Italie le fait que l'Helvète Hélicon, citoyen de ces Gaules, après avoir séjourné à Rome comme forgeron, avait emporté avec lui, en regagnant sa patrie, des figues sèches, du raisin, des échantillons d'huile et de vin. Aussi les Gaulois seraient-ils excusables d'avoir cherché à obtenir ces produits même par la guerre.

Le motif de la convoitise pour les produits des pays ensoleillés se retrouve dans la tradition plus courante, que rapportent, sous des formes analogues, Tite-Live (5, 33-35), Denys d'Halicarnasse (10, 13, 10-11), Plutarque (*Vie de Camille*, 15), et qui figurait déjà dans les *Origines* de Caton (fragment 2, 5 Chassignet). Mais cette fois c'est un Étrusque de Chiusi, Arruns, qui aurait apporté aux Gaulois ces fruits du Sud, afin de les inciter à intervenir dans les affaires de sa cité. Cet Arruns avait été victime des agissements de son pupille Lucumon, qui, trahissant sa confiance, avait séduit sa femme. Arruns n'avait pas pu obtenir réparation : ses concitoyens, soudoyés par Lucumon, avaient refusé de faire droit à ses justes doléances. Voici la présentation que Tite-Live (5, 33, 2-4) fait de l'histoire :

> Les Gaulois, d'après la tradition, séduits par la saveur des produits de notre sol, et en particulier par le bouquet de nos vins, plaisir alors nouveau pour eux, avaient passé les Alpes et pris possession de terres occupées auparavant par les Étrusques. Le vin qui devait attirer ce peuple avait été introduit en Gaule par Arruns, de Clusium. Il était irrité contre Lucumon, son propre pupille, qui avait séduit sa femme, et il ne pouvait tirer vengeance de lui, en raison de la haute situation du jeune homme, qu'en s'adressant à une puissance extérieure. Il servit de guide aux Gaulois dans la traversée des Alpes et les engagea à attaquer Clusium.

Cette anecdote est d'autant plus suspecte qu'elle fait intervenir des personnages dénommés Arruns et Lucumon. Ces noms paraissent convenus : on les rencontrait déjà dans l'histoire des Tarquins. Mais par-delà la mise en forme romanesque – bien dans le goût de l'historiographie hellénistique –, elle est surtout inadmissible aux yeux de l'historien d'aujourd'hui dans la mesure où – au même titre que l'histoire alternative d'Hélicon – la date qu'elle pose pour l'arrivée des Gaulois en Italie, et même pour les premiers contacts entre le monde celtique et le monde méditerranéen, est beaucoup trop tardive.

À en croire ces récits, les Gaulois n'auraient découvert qu'au début du IVe siècle les produits de l'agriculture méditerranéenne. Or l'archéologie montre combien, très tôt, l'huile et encore plus le vin ont été appréciés dans le monde celtique ; au point que les richissimes mobiliers funéraires qui accompagnaient dans leurs dernières demeures les princes celtes ne manquaient pas de leur fournir un service à vin, comportant vases à servir et vases à boire, au départ importés et bientôt imités localement. Le cratère trouvé dans la tombe de Vix, de probable fabrication tarentine, dont les dimensions en font une pièce exceptionnelle, est le plus éclatant témoignage du succès du symposion à la grecque dans le monde des Celtes dès le VIe siècle, largement avant l'époque de la descente des Gaulois sur Rome.

Le seul point que l'on peut retenir sur cet aspect de la légende d'Arruns est qu'elle fait jouer aux Étrusques un rôle dans la diffusion du vin en milieu celtique. À époque plus ancienne, certes, le trafic en direction de l'intérieur de la Gaule au moins (et non celui qui touchait la façade méditerranéenne, sur laquelle on trouve aussi bien amphores de transport étrusques que canthares de *bucchero*) semble avoir été dominé par les Grecs, notamment les Phocéens qui s'étaient établis à Marseille vers 600, et utilisaient la route du Rhône. On retrouve jusqu'à Bourges des amphores massaliotes. Mais, à partir du siècle suivant, le développement de l'Étrurie padane, et celui de ses ports, Adria et Spina, donnent aux Étrusques et à la voie des cols alpins une place prépondérante. C'est à partir de cette période que se répandent dans tout le monde celtique, jusqu'en

Grande-Bretagne, les oenochoés à embouchure à bec si caractéristiques, qui sont la trace laissée par ce commerce étrusque du vin.

Il ne s'agit pas là de trouvailles sporadiques, d'objets exotiques qui auraient pu circuler sans nourrir des échanges, sans avoir de signification économique. Les lieux de découverte permettent de tracer des itinéraires – le long de la Saône, de la Seine, de la Loire, du Rhin. En fait, ces trouvailles jalonnent les voies qui mènent vers le nord-ouest, la zone armoricaine et la Grande-Bretagne. C'était là que les Anciens situaient les îles Cassitérides, dont le nom était tiré du mot qui désignait en grec l'étain. Celui-ci était indispensable – en grande quantité – pour la fabrication du bronze. Mais si le monde méditerranéen offrait le cuivre nécessaire, il lui fallait recourir à ce lointain Occident pour l'étain. Or le vin fournissait une monnaie d'échange toute trouvée : les Gaulois en étaient à ce point amateurs que, disait-on, ils étaient prêts à donner un esclave en échange d'un tonneau du précieux liquide. Ainsi la pénétration du vin en milieu celtique répond-elle à une situation de dépendance économique à l'égard du monde méditerranéen – qu'il soit grec et étrusque. Nous sommes dans le domaine de la longue durée – et cet état de fait n'a qu'un rapport lointain avec l'anecdote narrée par la tradition romaine qui nous occupe.

Autre point chronologiquement tout aussi contestable de ces récits : il aurait fallu attendre le tout début du IVe siècle pour que des éléments celtiques s'introduisissent dans la péninsule. On allait même jusqu'à poser un synchronisme, au jour près, entre la prise de Véies par les Romains et la chute de la cité étrusque de Melpum, l'actuelle Milan, soumise par les Gaulois arrivant dans le nord de l'Italie (Cornelius Nepos, cité par Pline l'Ancien, 3, 125). Mais à cette opinion pourtant communément admise dans l'Antiquité, Tite-Live – que ses origines padouanes devaient prédisposer à être particulièrement attentif à la question de l'arrivée des Gaulois dans ce qui est devenu la Gaule cisalpine – opposait déjà une chronologie toute différente. Dans le célèbre excursus qu'il consacrait à la question (5, 34), il plaçait l'événement beaucoup plus tôt, sous le règne du roi Tarquin l'Ancien. Il se faisait l'écho d'une tradition visiblement d'origine celtique qui racontait qu'Ambigat, roi des Bituriges – un peuple établi au cœur de la Gaule, autour de Bourges –, avait constaté la surpopulation de l'empire qu'il s'était créé sur l'ensemble du pays. Il avait alors donné mission à ses deux neveux, Bellovèse et Ségovèse, d'emmener à leur suite une partie de la population, l'un vers l'Allemagne, l'autre vers l'Italie. Cette chronologie haute a la faveur des modernes : elle s'accorde avec ce que l'on note, dès le début du Ve siècle au moins, dans la région padane. Les stèles funéraires découvertes dans les nécropoles de Bologne – qui était à cette époque une cité étrusque, appelée Felsina – montrent des Étrusques affrontant des guerriers nus. Ceux-ci ne peuvent être que des Gaulois : dès cette période donc les Étrusques padans avaient à subir les attaques d'éléments celtiques. En outre, plus à l'ouest, dans la région des grands lacs, une

population de langue celtique – que nous appelons les Lépontiens – a laissé des inscriptions dont les plus anciennes remontent au tout début du VIᵉ siècle : il semble que l'établissement en ces lieux de groupes celtiques remonte à des infiltrations de la fin de l'âge du bronze. Va dans le même sens le fait que les rares inscriptions que nous ont laissées les Ligures, dans la région de la Lunigiana, et qui remontent au Vᵉ siècle, paraissent témoigner d'influences linguistiques celtiques.

Mais la poussée gauloise n'a pas été un fait marginal, intéressant seulement des zones périphériques de la péninsule, avec les régions alpines et padanes. On s'est aperçu récemment que des noms celtiques apparaissaient dès une date ancienne dans des inscriptions découvertes nettement plus au sud. Un Katacina et un Vercena sont attestés par des inscriptions funéraires de la nécropole d'Orvieto au troisième quart du VIᵉ siècle : ce sont des noms celtiques, ce qui prouve que des Celtes étaient alors établis dans l'étrusque Volsinies. Plus remarquable encore, ce chef-d'œuvre de la grande sculpture étrusque qu'est le « Mars de Todi », statue monumentale en bronze maintenant au musée du Vatican, qui date du tout début du IVᵉ siècle, porte une dédicace en langue ombrienne – ce qui est normal vu le lieu de la découverte –, mais faite par un Ahal Trutitis, personnage au nom celtique. On a sans doute affaire à un chef gaulois passé au service de la cité et qui a dû ainsi remercier le dieu de la guerre après une victoire. Nous ne possédons que quelques témoignages de cet ordre, mais il ne s'agissait pas nécessairement d'individus isolés : le plus souvent, ces éléments celtiques durent venir en groupe, sous la conduite de leurs chefs. Les interlocuteurs des éventuels commanditaires devaient être des chefs de tribus, qui engageaient l'ensemble de leurs hommes. Ce qui explique que ces bandes aient manifesté une large indépendance et aient mené des expéditions pour leur propre compte, quand bien même elles étaient censées être au service d'une cité ou d'un chef. Ce faisant, ces gens introduisirent en Italie leur mode de vie, qui devait sembler bien arriéré aux habitants des cités, et que Polybe décrivait avec étonnement au IIe siècle :

> Ces Gaulois vivaient dispersés en bourgades dépourvues de murailles et ils ignoraient les autres commodités de la vie. Ils couchaient sur des paillasses, se nourrissaient de viande et, comme la guerre et l'agriculture étaient leurs seules occupations, ils menaient une existence simple, ignorant tout des sciences et des techniques. Leurs biens consistaient en troupeaux et en or, car c'étaient les seules choses qu'ils pussent facilement transporter partout, lorsqu'ils décidaient selon les circonstances d'aller s'établir ailleurs. Dans de telles sociétés, rien ne comptait autant que les liens de vassalité, car celui que l'on redoutait le plus et qui avait le plus d'autorité était l'homme autour duquel se groupaient, pour se mettre sous ses ordres, les compagnons les plus nombreux. (2, 17, traduction D. Roussel.)

On voit par là le caractère qu'ont pu avoir au moins certains de ces apports celtiques précoces. Des Gaulois ont dû, dès cette époque, proposer aux cités italiennes leurs services en tant que mercenaires, et s'y fixer. Or c'est bien ce que suggère le récit sur Arruns de Chiusi, à cette seule différence qu'il évoque une situation de troubles internes, où une des parties en présence, pour conquérir le pouvoir, aurait fait appel à l'appui de mercenaires gaulois. En tout cas, les témoignages épigraphiques montrent que cette intervention d'ordre militaire de Gaulois dans les affaires des cités étrusques n'a pas eu le caractère exceptionnel que lui attribue la légende d'Arruns.

De Chiusi à Rome

Les Gaulois n'étaient pas demeurés à Chiusi ; ils s'étaient vite tournés contre Rome. La tradition attribue ce prolongement inattendu à la conduite de membres de la *gens Fabia* : présents à Chiusi comme ambassadeurs de Rome, ils n'avaient pas hésité, au mépris des usages du droit international, à prendre eux-mêmes les armes pour se battre contre les Gaulois. Ceux-ci avaient protesté contre ce manquement au *ius gentium* : les Romains avaient alors, collectivement, aggravé leurs torts en refusant de faire droit aux justes revendications des Gaulois. Loin de punir les contrevenants, ils les auraient élus tribuns militaires.

Cette présentation des faits, et plus particulièrement la responsabilité qu'elle attribue à des membres de la *gens Fabia*, ont des chances de correspondre, au moins pour les grandes lignes, à ce qui s'est effectivement passé. Étant donné le rôle qu'a joué le premier historien romain, Fabius Pictor, dans la fixation du récit traditionnel, il n'aurait pas retenu un épisode aussi peu glorieux pour sa famille s'il n'était pas imposé par la réalité des faits. De même, il ne convient pas de rejeter l'existence de liens entre Rome et Chiusi que suppose le récit. On a vu que les deux cités semblent avoir maintenu par la suite, et en particulier à l'occasion des crises frumentaires que Rome a connues au cours du Ve siècle, les relations établies à l'époque de Porsenna.

Mais le détail des événements nous échappe. Ce que l'on constate simplement, c'est qu'à partir de Chiusi l'armée gauloise, conduite par un chef auquel la tradition donne le nom de Brennus, se dirigea vers Rome. Forte de sa supériorité numérique – et aussi de l'effet de surprise que représentait ce contact avec des adversaires nouveaux, dont la fougue et le mépris de la mort se manifestaient pour la première fois à eux –, elle écrasa les troupes romaines enrôlées à la hâte, qui tentaient de lui barrer le chemin sur les bords de l'Allia, un peu au nord de Fidènes. Sitôt emportée la colline sur laquelle les Romains avaient massé leurs réserves, le reste des troupes se jeta dans une fuite éperdue : ce fut une panique plus qu'un véritable combat. La plupart des légionnaires ne se dirigèrent même pas vers Rome, mais vers Véies, dont le site, vidé de ses habitants, était là pour les accueillir. L'*Vrbs* était ainsi, après ce désastre, dégarnie de toute défense. Et Camille, exilé à Ardée du fait des rancœurs qu'avait suscitées son attitude peu conciliante envers la plèbe à l'occasion du partage du butin fait lors de la prise de Véies, n'était plus là pour soutenir ses compatriotes.

La prise de Rome

On connaît le beau récit que l'annalistique faisait de l'entrée des Gaulois dans la ville abandonnée par ses derniers défenseurs, réfugiés sur le Capitole. Elle insistait sur le pillage de la ville, sur l'incendie qui l'aurait bientôt détruite. À en croire la tradition, cette destruction aurait été quasi totale : on rendait compte de l'incertitude où l'on se trouvait concernant l'histoire des périodes les plus anciennes de la ville en expliquant que tous les documents d'archives avaient été détruits par ce fameux incendie gaulois (Tite-Live, 6, 1) – fournissant ainsi un argument sur la non-historicité de la tradition pour les premiers temps de la vie de la cité qui sera repris par les historiens modernes, de l'époque de l'hypercritique. Mais il y a certainement une grande part d'exagération, de grossissement de l'événement, dans cette présentation.

Le désastre a en effet été élargi, dans la tradition, aux dimensions d'une crise cosmique, à travers laquelle les relations privilégiées de la Ville avec les dieux, l'ordre du monde entier avaient été mis en cause. En une suggestion brillante, l'historien belge Jean Hubaux a proposé de donner son sens plein à une remarque que Tite-Live met dans la bouche de Camille, après la catastrophe : « Rome est dans sa 365e année » (5, 54, 5). L'invasion se serait produite dans la 365e année depuis la fondation : autrement dit elle serait survenue au terme d'une « grande année », un de ces cycles qui scandaient la marche du temps. Or les périodes de fin de cycle, de passage d'un cycle à un autre, ont toujours été ressenties comme des moments de crise, de remise en cause de l'équilibre existant. À cette époque Rome se tournait encore en priorité pour sa formation intellectuelle vers ses voisins étrusques. Or ceux-ci, on a pu le constater avec les peintures de la tombe François, accordaient une grande importance à de telles spéculations sur le caractère cyclique du temps. Les Romains ont dû réagir en fonction d'idées de ce genre, qui ne pouvaient que renforcer la gravité de l'événement.

Il ne faut pas s'étonner dans ces conditions s'il y a beaucoup d'exagération dans le récit traditionnel. Les archéologues ont cherché en vain les traces de l'incendie gaulois : on ne constate aucun niveau de destruction correspondant à cette époque. Cette catastrophe n'a certainement pas été ce que la tradition en a fait. D'ailleurs Tite-Live avance, comme preuve de l'importance des dommages infligés alors à la cité, le désordre des constructions dans les parties anciennes de la ville, telles qu'il pouvait les voir de son temps : cette situation venait, selon lui, de ce qu'on avait dû reconstruire la ville à la hâte après l'incendie gaulois, sans le moindre souci d'alignement (5, 55, 4-5). Mais les Modernes ont beau jeu de retourner l'argument : si la destruction avait été aussi générale que l'affirme la tradition, il est à penser, bien au contraire, qu'on aurait donné à la cité, si on l'avait alors reconstruite, un plan régulier. Loin de corroborer l'idée d'une ruine totale de la ville, cette situation apporte la preuve qu'elle n'a pas connu de véritable destruction en 390, et que la disposition que remarquaient les Romains de la fin de la République et du début de l'empire était le résultat d'une longue histoire, qui n'avait jamais été brutalement interrompue.

Cette fois encore, la légende occupe une grande place dans le récit des événements ; on peut même dire que c'est le dernier épisode de l'histoire de la cité qui ait donné lieu à une telle élaboration légendaire. Les exemples d'héroïsme foisonnent ; toutes les composantes de la cité surent se comporter dignement face à la catastrophe. Les vieux sénateurs firent le sacrifice de leur vie, et attendirent stoïquement dans le vestibule de leurs maisons (ou, selon certains auteurs, sur le Forum) l'arrivée des envahisseurs :

> Les prêtres [...] et les vieillards qui avaient eu les honneurs du consulat et du triomphe ne purent se résoudre à quitter la ville. Ils revêtirent des vêtements sacrés et brillants ; puis, répétant des prières aux dieux, dont Fabius, le Grand Pontife, leur donnait la formule, ils firent à la divinité l'offrande de leur vie en faveur de la patrie, et allèrent, ainsi parés, s'asseoir au Forum sur leurs sièges d'ivoire, en attendant le sort qui leur était réservé. [...] Quand Brennus se fut emparé de Rome, il disposa des hommes autour du Capitole et lui-même, descendant au Forum et le traversant, fut surpris d'y voir assis en évidence ces hommes parés et silencieux, qui ne s'étaient pas levés à l'approche des ennemis, qui n'avaient changé ni de visage, ni de couleur, et qui, à l'aise et sans crainte, s'appuyaient sur les bâtons qu'ils tenaient et se regardaient tranquillement les uns les autres. Ce spectacle étrange étonna les Gaulois ; ils hésitèrent

> longtemps à les toucher et à s'approcher; ils restaient perplexes, les prenant pour des êtres supérieurs. Cependant l'un d'eux, s'enhardissant, vint tout près de Manius Papirius et, étendant la main, lui toucha doucement le menton et lui tira la barbe, qu'il portait longue. Papirius lui asséna sur la tête un coup de bâton qui le blessa, et le barbare, tirant son épée, le tua. Dès lors les Gaulois, tombant sur les autres, les tuèrent aussi et massacrèrent tous les gens qu'ils rencontrèrent, puis ils saccagèrent et pillèrent les maisons pendant plusieurs jours. Ensuite ils les brûlèrent et les rasèrent. (Plutarque, *Vie de Camille*, 21, 4, 22, 5-7.)

Le sacrifice des vieillards n'était pas vain. Outre qu'il évitait aux plus jeunes, qui s'étaient repliés sur le Capitole, d'avoir à nourrir des bouches inutiles, il répondait à la procédure de la *deuotio*, par laquelle un Romain donnait un sens offensif à sa mort, volontairement acceptée, en vouant aux puissances infernales l'ennemi qu'il entraînait ainsi, lui aussi, dans la mort.

Pendant ce temps, les plus jeunes, c'est-à-dire les mobilisables, s'étaient réfugiés sur le Capitole. La tradition affirme que cette colline n'avait pas été prise par l'envahisseur: c'est probable, vu que celui-ci ne disposait d'aucun moyen de siège. Ainsi la jeunesse romaine aurait-elle préservé de la souillure de l'invasion ce qui constituait le centre religieux autant que militaire de la cité. La honte de 460, année où Appius Herdonius s'en était emparé, ne s'était pas reproduite en 390. Mais cette résistance s'était parée de couleurs légendaires: les dieux s'étaient mêlés de l'affaire, montrant clairement à quel camp allaient leurs faveurs. C'est l'épisode, non moins fameux que le précédent, des oies du Capitole:

> Par une nuit peu claire, [les Gaulois] commencèrent par envoyer en avant un homme sans armes pour tâter le terrain; puis, se passant l'un à l'autre leurs armes dans les passages difficiles, se faisant la courte échelle et se poussant et se tirant à tour de rôle les uns les autres suivant la nature du terrain, ils parvinrent au sommet dans un tel silence qu'ils trompèrent les sentinelles et ne réveillèrent même pas les chiens, ces animaux si attentifs aux bruits nocturnes. Mais les oies, elles, ne se laissèrent pas surprendre; elles étaient consacrées à Junon et, malgré la rigueur de la disette, on les épargnait. C'est ce qui sauva la situation: car leurs cris, leurs battements d'ailes éveillèrent Marcus Manlius, consul deux ans auparavant et guerrier d'élite. Il s'arme en toute hâte et, tout en criant « Aux armes ! », il s'élance; pendant que tout le monde s'agite, il frappe d'un coup de bouclier un Gaulois qui avait déjà pris pied sur le sommet de la colline. Le Gaulois tombe, entraînant dans sa chute ceux qui le suivent; d'autres prennent peur, lâchent leurs armes pour s'accrocher aux rochers avec leurs mains, et Manlius les tue. D'autres Romains aussi, maintenant rassemblés, de leurs armes et à coups de pierres, bousculent les ennemis et leur chute, entraînant toute la troupe, la précipite dans le vide. Après quoi le tumulte s'apaisa et le reste de la nuit, autant que le permettait le trouble des esprits, fut consacré au repos. (Tite-Live, 5, 47, 2-7.)

Le courage des hommes ne fut pas en cause. La tradition exalte aussi bien l'exploit – militaire – du chef des assiégés, l'ancien consul Marcus Manlius

Capitolinus, que celui – religieux – du jeune Fabius Dorsuo, qui n'hésita pas à se rendre sur le Quirinal pour y célébrer une cérémonie familiale – acte inouï devant lequel les Gaulois furent frappés de stupeur et le laissèrent passer –, ou encore celui – économique – des assiégés qui, selon un motif courant dans des récits de siège, jetèrent leurs derniers pains par-dessus les murailles pour décourager l'ennemi en lui faisant croire qu'ils disposaient de réserves abondantes.

De même les Romains qui étaient hors de Rome, y compris ceux qui s'étaient débandés lors de la bataille de l'Allia, furent à la hauteur de cet héroïsme général. Ceux-ci retrouvèrent le courage qu'ils semblaient avoir perdu : apprenant que des bandes de pillards étrusques voulaient profiter de l'occasion pour se venger de Rome et se livrer impunément au brigandage sur son territoire, ils s'élancèrent de leur refuge de Véies et les taillèrent en pièces. De son côté, Camille, depuis son exil ardéate, comprit les services qu'il pouvait encore rendre à son ingrate patrie : sans se laisser aller au ressentiment, il rassembla des contingents latins et, à leur tête, massacra les Gaulois qui s'étaient répandus dans la plaine pour se livrer au pillage.

Dans ces circonstances tragiques, la tradition se plaît à souligner que Rome put compter sur son alliée étrusque, la ville de Véies. Le récit annalistique raconte qu'elle avait recueilli le plébéien Lucius Albinius, qui s'y était réfugié, transportant sur son chariot le fardeau le plus précieux qui soit : les objets sacrés, garants de la faveur des dieux envers Rome, que les Vestales conservaient dans leur temple, auprès du feu sacré, et que celles-ci purent ainsi mettre à l'abri dans la cité voisine.

La rançon

La tradition s'est donc ingéniée à multiplier les exemples de grandeur d'âme, montrant comment, dans la pire catastrophe que la Ville ait connue depuis sa fondation, le ressort moral n'avait pas fait défaut. Mais ce n'est, finalement, que l'habillage d'une réalité beaucoup plus terre à terre, et qui transparaît encore dans le récit. Les Romains durent verser une rançon pour obtenir le départ des Gaulois, furent forcés d'accepter un marchandage dont le caractère peu glorieux n'est que bien imparfaitement masqué par les exigences exagérées que la tradition prête à Brennus et son cri « Malheur aux vaincus ! ». Voici la façon dont Denys d'Halicarnasse rapportait les événements :

> Les Gaulois, désespérant de prendre la forteresse par ruse ou par assaut, commencèrent à parler d'une rançon, par le paiement de laquelle les barbares évacueraient la ville. Quand ils eurent conclu cet accord et quand les Romains eurent apporté leur or, le poids que les Gaulois devaient recevoir était de vingt-cinq talents. Mais une fois qu'on eut disposé la balance, le Gaulois arriva d'abord avec un poids qui était plus lourd que ce n'était la règle, puis, lorsque les Romains s'indignèrent de cela, il se montra si éloigné de respecter la mesure et la justice qu'il jeta aussi dans la balance son épée avec son fourreau et son ceinturon qu'il venait de détacher. Au questeur qui lui demandait ce que cela signifiait, il répondit par ces mots : « Malheur aux vaincus ! »

Comme le poids sur lequel on s'était mis d'accord n'était pas atteint à cause de l'avidité des Gaulois, et qu'il manquait encore un tiers, les Romains s'en allèrent après avoir demandé un délai pour rassembler le complément qui faisait défaut. (*Antiquités romaines*, 13, 9.)

Selon Tite-Live et Plutarque, Camille, surgissant comme un *deus ex machina*, survint fort à propos avec son armée de secours, écrasa l'ennemi et lui reprit l'or dont il avait cru pouvoir s'emparer. Mais ce n'est là qu'un pieux mensonge, destiné à disculper les Romains de la honte d'avoir dû acheter le départ de l'ennemi victorieux. La version faisant intervenir Camille n'est apparue que secondairement, et l'on a des traces de présentations des événements différentes, qui, malgré leur diversité, s'accordent sur le fait que Rome avait bien versé la rançon aux Gaulois.

Ainsi Diodore attribuait-il la récupération de l'or donné aux Gaulois à Camille, mais plus tard, quand, après des campagnes contre les Volsques et les Étrusques, il s'était emparé du camp où les Gaulois conservaient ce qu'ils avaient extorqué aux Romains (14, 117, 5). Suétone affirmait en revanche que, « contrairement à la tradition, Camille ne leur avait pas enlevé » la rançon : il avait gardé le souvenir d'une tradition qui disait que les Gaulois étaient bien partis avec la somme versée, et qu'elle n'avait été récupérée qu'un siècle plus tard, en 283, lorsque Drusus, alors propréteur en Gaule cisalpine, l'avait reprise aux Sénons (*Vie de Tibère*, 3). Trogue-Pompée, qui était un Gaulois de la Province romaine, contemporain d'Auguste, dont le témoignage a été conservé par Justin, dans ses *Histoires philippiques* (43, 5, 8), connaissait une tradition, certainement marseillaise, selon laquelle les habitants de cette ville grecque, alliée de Rome, lui avaient apporté spontanément leur aide financière dès qu'ils avaient appris que l'*Vrbs* avait dû accepter d'acheter le départ des Gaulois. La question de la rançon a en effet donné lieu à des développements non seulement chez les Romains eux-mêmes, mais aussi chez ses alliés, qui faisaient valoir auprès de l'*Vrbs* les services éminents qu'ils lui avaient rendus (ou prétendaient lui avoir rendus) en cette occasion. C'était le cas aussi des Cérites : ils ne se seraient pas contentés d'accueillir dans leurs murs Lucius Albinius, les Vestales et leur fardeau sacré, mais ils auraient repris eux-mêmes à l'ennemi la rançon. Dans sa *Géographie* (5, 2, 2 [220]), le Grec Strabon, qui transmet ici des informations recueillies sur place, racontait en effet que c'étaient ces alliés étrusques qui avaient récupéré l'or versé et l'avaient rendu aux Romains. Il expliquait qu'ils avaient gagné ainsi de figurer sur les listes des citoyens romains, avec ce qui deviendra ensuite le droit de cité sans suffrage, c'est-à-dire une forme mineure de citoyenneté, sur des tables spéciales appelées pour cette raison « tables cérites ». Mais à cette époque, loin d'être jugée négativement, cette concession, qui correspondait à un *hospitium publicum* reconnu à tous les citoyens d'une cité, était un honneur et un privilège.

L'épisode de la rançon révèle en tout cas quel avait été le sens de cette invasion gauloise. Il n'y avait de la part des Gaulois nulle volonté de destruction de la cité, ni d'établissement à demeure dans la région : c'était uniquement un raid de pillage, destiné à leur procurer du butin. Ce qui rend au reste encore plus douteuse la tradition sur la destruction de la ville : les Gaulois n'avaient aucun intérêt à la détruire, mais au contraire à en monnayer le plus cher possible la restitution à ses habitants.

Si l'on considère l'histoire des Gaulois dans leur ensemble, cette descente sur Rome ne devait pas avoir une signification particulièrement importante. Elle ne représente que l'une des nombreuses expéditions que des bandes de guerriers celtes menaient à cette époque dans divers secteurs du monde méditerranéen. Rome était loin d'être la seule visée : le monde grec eut lui aussi à souffrir de leurs attaques. Le plus célèbre épisode de ce genre est assurément celui du raid contre le sanctuaire de Delphes en 278. Il donna lieu à l'élaboration de légendes qui manifestent la terreur ressentie par les Hellènes devant cette attaque de leur plus grand sanctuaire par les barbares venus du nord : selon la version des faits accréditée par le clergé local, les divinités protectrices du sanctuaire, Apollon, Athéna Pronoia et Artémis, avaient mis en fuite l'envahisseur. Et il faut rappeler que des éléments gaulois avaient poussé jusqu'en Asie Mineure : ce sont les fameux Galates, que saint Paul devait évangéliser un jour. Ils fournirent au roi de Pergame Attale Ier (241-197), qui les écrasa, l'occasion de se présenter comme le sauveur de la liberté des Grecs, leur rempart contre la barbarie dont le déferlement menaçait de détruire l'hellénisme.

Le monde grec a donc, comme Rome, gardé le souvenir de ces incursions celtiques. Mais il sut – ce que Rome n'était guère capable de faire, du moins à cette époque – y trouver un thème fécond d'inspiration artistique. Le motif hellénique du sac de Delphes fournit aux Romains eux-mêmes le moyen de magnifier leurs propres victoires sur les Gaulois : il fut repris pour la décoration du temple de Civitalba, édifié dans les Marches non loin du champ de bataille de Sentinum, qui vit en 295 la grande victoire de Rome sur les Gaulois et leurs alliés ombriens et samnites. On connaît surtout la fortune durable du thème du Gaulois mourant : il se rattache en dernier ressort à une création originale de l'art de Pergame, le monument édifié sur l'acropole de la cité par le roi Attale pour exalter sa victoire sur les Gaulois d'Asie.

Une attaque commandée ?

Si l'exploitation artistique qui a été faite du thème des Gaulois insistait sur leur aspect barbare, cela n'implique pas que leur action ne se fût pas insérée dans le jeu des puissances établies qui existaient alors dans le monde méditerranéen. Nous l'avons rappelé : une des raisons principales de la diffusion des bandes celtiques fut qu'elles offraient leurs services, comme mercenaires, à ceux qui jugeaient bon de les employer. C'est ce qui s'est passé dans le cas des Gaulois qui ont attaqué Rome. On peut retenir de l'histoire d'Arruns qu'ils étaient venus à Chiusi pour se mettre au service de la cité, ou au moins d'une de ses factions. Mais ils devaient être bien évidemment difficiles à contrôler, et la tentation devait être grande pour eux de se lancer de leur propre initiative dans des raids de pillage. Il est probable que le raid sur Rome rentrait dans cette catégorie.

Néanmoins on a parfois estimé, au contraire, que l'incursion de Brennus et de sa troupe n'avait pas été le fait du hasard, mais qu'ils étaient au service du tyran Denys I de Syracuse. À cette époque en effet le tyran sicilien menait une politique à vaste portée, destinée à assurer une place de premier plan à sa cité. Il s'était lancé dans des luttes qui devaient lui assurer l'hégémonie vis-à-vis des autres cités helléniques d'Italie, tant dans l'île que dans la péninsule. Ses ambitions ne se limitaient pas à cela ; il semble avoir caressé des projets de colonisation en Adriatique, jusque vers Ancône et Adria. En mer Tyrrhénienne, il poursuivait une politique de domination du trafic maritime – de thalassocratie, disaient les Grecs – à l'encontre des Étrusques, qui pouvait se prévaloir du précédent de Hiéron de Syracuse lorsqu'il avait écrasé leur flotte dans les eaux de Cumes en 474. Cela l'opposait aux Étrusques, non seulement dans l'Adriatique, mais aussi en Toscane : il lança contre Caeré, en 384/3, un raid qui aboutit au pillage du riche sanctuaire de Pyrgi, à proximité de la cité.

Or Caeré était alors l'alliée de Rome et cette coïncidence entre la politique hostile aux Étrusques, et notamment à Caeré, de Denys et les agissements des Gaulois contre Rome, alliée de Caeré, a été interprétée comme étant le signe d'une action concertée, organisée par le maître de Syracuse. L'hypothèse peut paraître d'autant plus justifiée que le sac de Rome par les Gaulois a été utilisé par toute une littérature grecque hostile au tyran, et qui lui reprochait de s'être appuyé sur des barbares qui venaient de piller une cité qu'on pouvait qualifier de « cité grecque » tant sa civilisation était proche de celle des Hellènes. Mais il est difficile de retenir l'existence d'une relation effective entre Denys de Syracuse et les bandes de Brennus lors de la prise de Rome. Il convient en effet de cerner précisément la chronologie. Sans aucun doute, il y eut, à un certain moment, une collusion entre le tyran syracusain et les bandes gauloises qui avaient pris Rome. L'historien Justin l'affirmait (20, 5, 4) : il se fondait sur de bonnes sources grecques du IVe siècle, probablement l'historien Théopompe. Mais cela se produisit, souligne-t-il, après le sac de la ville, lorsque les mêmes Gaulois se furent ensuite dirigés vers le sud de la péninsule : Denys eut recours à eux dans le cadre des opérations qu'il menait alors en Apulie. Et, par la suite, on assista effectivement à des cas probables de collusion entre politique syracusaine et agissements de bandes armées gauloises intéressant le Latium.

Mais de ce que des Gaulois, et même précisément les bandes conduites par Brennus, se fussent mis en Apulie au service de Denys, que celui-ci les eût alors payés et utilisés dans le cadre de sa politique d'hégémonie, il ne s'ensuit pas que tous leurs agissements eussent été commandés par le tyran sicilien, ni surtout que cela eût été le cas avant qu'ils ne gagnassent le sud de l'Italie. Même lorsqu'ils remontèrent par la suite vers le nord, et, à en croire Strabon, se firent alors tailler en pièces par les Cérites, ce put être en raison de motifs qui leur furent propres et non pour suivre les ordres de Denys. Polybe – qui ne fait pas état d'une alliance avec Denys – affirme que le retour des Gaulois qui s'étaient emparés de Rome en zone padane vint de ce que, dans ce secteur, les Venètes menaçaient leurs établissements : « Une attaque des Vénètes contre leur territoire fit diversion et ils rentrèrent chez eux après avoir traité avec les Romains et leur avoir rendu leur ville » (2, 18). Cette raison put être prépondérante. Il est au reste possible que l'accord avec Denys signalé par Justin n'ait à ce moment plus eu d'objet : le même Justin nous apprend que le tyran fut contraint par une offensive des Carthaginois en Sicile, en 382, de quitter l'Apulie et de regagner l'île.

Bien des points d'interrogation subsistent donc à propos de la prise de Rome par les Gaulois. En tout état de cause, si l'événement n'a pas été la destruction de la ville qu'ont imaginée les siècles postérieurs, il devait laisser Rome, sortant à peine de sa longue guerre contre Véies, dans un état de faiblesse dont il lui fallait inévitablement un certain temps pour se relever.

Tensio
avec la

La ville n'était certes pas rasée ; mais les édifices publics et les demeures privées avaient été pillés, et avaient au moins subi des dégâts. Et même si l'on ne peut admettre un incendie généralisé, il n'est nullement improbable que certaines parties de la ville eussent été détruites par le feu. Fallait-il dans ces conditions s'acharner à remettre en état tout ce qui se trouvait sur le site de l'*Vrbs* ? On comprend qu'au lendemain de la catastrophe, certains aient avancé une solution révolutionnaire : ils proposaient d'abandonner l'emplacement traditionnel de la ville, pour installer la population sur le sol de l'ennemie vaincue, à Véies. Tite-Live (5, 51-54) présente le vibrant plaidoyer – évidemment recomposé – que Camille aurait prononcé dans ces circonstances pour dissuader ses compatriotes d'émigrer.

> Ce n'est pas sans motif que les dieux et les hommes ont choisi cet emplacement pour y fonder Rome : des collines très saines, un fleuve commode par où descendent les produits de l'intérieur du pays et accessible au trafic maritime, la mer assez proche pour notre commodité, sans que sa proximité excessive nous expose aux attaques des flottes étrangères, enfin au centre de l'Italie une situation unique bien faite pour l'accroissement de la ville. Je n'en veux pour preuve que la grandeur même d'une ville si récente : Rome est dans sa 365e année, Romains. Entourée de peuples très anciens, depuis tout ce temps-là vous faites la guerre, et cependant, sans parler des villes isolées, ni la coalition des Èques et des Volsques avec toutes leurs places fortes si solides, ni l'Étrurie tout entière, si puissante sur terre et sur mer et qui, d'une mer à l'autre, tient toute la largeur de l'Italie, ne peuvent à la guerre rivaliser avec vous. Dans ces conditions, quelle raison avez-vous, bons dieux ! après cette première expérience de tenter une expérience nouvelle, puisque, si votre courage peut vous suivre partout, la Fortune de ce lieu, elle, ne le peut pas. Ici se trouve le Capitole, où jadis, après la découverte d'une tête d'homme, il fut prédit que serait la tête du monde et le centre de l'empire. Ici, lorsque les augures permirent de libérer le Capitole, la Jeunesse et le

> dieu Terme, à la grande joie de nos pères, ne se laissèrent pas déplacer. Ici sont les feux de Vesta, ici les boucliers envoyés du ciel, ici tous les dieux qui vous protégeront si vous restez. (5, 54, 4-7.)

Ceux qui poussaient à la solution radicale de l'installation à Véies étaient, nous disent les historiens, les tribuns de la plèbe, alors que leur adversaire, Camille, était la figure de proue de l'aristocratie. Le désastre gaulois avait manifestement ravivé le clivage entre les deux parties de la cité ; mais cela ne faisait que prolonger une tension qui avait été sensible depuis le début de la guerre contre Véies. La plèbe avait renâclé au moment du déclenchement des hostilités. Elle se rendait compte que la guerre impliquait un siège qui ne pouvait que se prolonger bien au-delà de l'habituelle saison militaire. De ce fait, loin de pouvoir vaquer à ses travaux habituels dans les intervalles des périodes de mobilisation et assurer ainsi sa subsistance, elle devrait rester constamment sous les armes. Pour remédier à cette situation nouvelle, il avait fallu instituer la solde, le *stipendium* – alimentée par un impôt – qui permettrait d'attendre le moment où la victoire assurerait les fruits attendus dans la guerre, butin et terres.

Lorsque la ville étrusque eut enfin été prise, loin de s'apaiser, les dissensions avaient resurgi. Il y avait eu la question de la dîme qu'il fallait prélever sur le butin et verser à Apollon : Camille avait tenu ferme sur ce point, et la plèbe, s'estimant flouée dans ses légitimes espérances, lui en avait voulu, le contraignant à l'exil. Elle pouvait effectivement penser avoir été trompée : au moment où la chute de la ville ennemie paraissait imminente, il avait été décrété que tous ceux qui désiraient participer au pillage pouvaient se rendre dans le camp de l'armée romaine. Une telle perspective y avait attiré une foule immense, bien décidée à profiter largement de cette latitude.

On comprend donc que la plèbe, ou du moins une partie d'entre elle, ait préféré rompre avec une cité qui lui semblait dominée par des chefs qu'elle pouvait taxer d'incompréhension à l'égard de ses besoins et de ses espoirs. Elle n'avait rien à perdre dans un transfert vers Véies, où au moins l'attendaient des terres riches et fertiles. Et effectivement les lots assignés aux colons de Véies furent, à en croire nos textes, bien supérieurs à ce qui était la norme dans les assignations coloniales. Ils furent de sept jugères (c'est-à-dire 1,76 hectare), au lieu des lots de deux jugères de la tradition romuléenne. Même les lots attribués peu auparavant, en 395, sur la frontière volsque n'avaient été que de trois jugères. Qui plus est, l'assignation de terres à Véies n'avait pas seulement tenu compte des pères de famille, comme cela se faisait habituellement, mais de tous les hommes libres des familles des colons.

Sans doute fallait-il laisser leur place, comme le précise Tite-Live, à ceux des Véiens, et de leurs alliés falisques et capénates, qui avaient pris le parti de Rome au cours du conflit. Les tensions qui régnaient au sein de la cité étrusque, que nous avons évoquées, font que cette précision que donne l'historien n'est pas une simple clause de style, et que de tels transfuges demeurèrent effectivement sur le site de la cité vaincue. L'épigraphie révèle l'un d'entre eux, qui appartenait à la grande famille aristocratique des *Tolumnii* : on conçoit que ses membres aient préféré prendre le parti de Rome plutôt que de rester dans une ville dominée par une démocratie radicale, aboutissant à la tyrannie.

Néanmoins il restait assurément de quoi satisfaire largement les appétits de la plèbe. Et le fait que certains colons établis sur le site aient alors rêvé d'un transfert total de Rome à Véies paraît trouver son illustration dans une trouvaille archéologique correspondant à cette époque : les premiers colons romains – sans doute plébéiens – de Véies ont déposé en ex-voto dans les sanctuaires de leur nouveau lieu d'établissement des statuettes représentant Énée portant Anchise. C'était pour eux une manière de suggérer que le but ultime des errances du héros troyen, le lieu où véritablement s'élèverait la nouvelle Troie que ses descendants allaient fonder, n'était pas le site des sept collines, mais était à chercher au milieu de la riche campagne véienne.

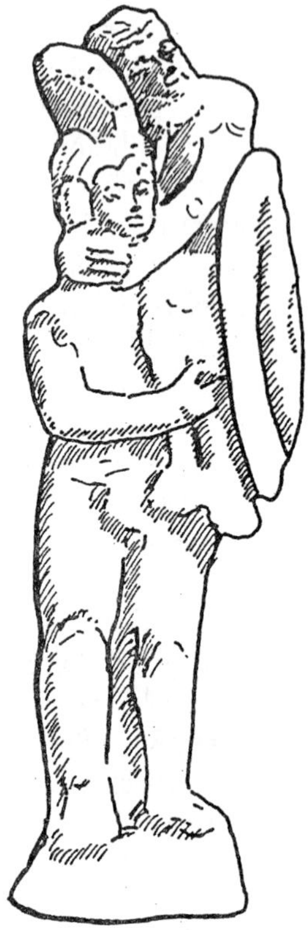
Statuette d'Énée portant Anchise, trouvée à Véies

L'avis de Camille devait cependant l'emporter, et Rome n'accepta pas de s'installer sur le site de son ancienne rivale. Les dieux étaient venus fort opportunément prêter leur appui aux adversaires du transfert. Au moment où Camille achevait son discours, racontait-on, s'était fait entendre la voix d'un centurion qui traversait le Forum à la tête de son détachement : il donnait l'ordre à ses hommes de faire halte en cet emplacement, ajoutant : « C'est là que nous serons le mieux » (Tite-Live, 5, 55, 1-2, Plutarque, *Vie de Camille*, 32, 2-3). Un esprit moderne n'attacherait pas d'importance à une telle coïncidence : mais les Romains voyaient les dieux à l'œuvre derrière de telles paroles qui, fortuitement, prenaient un sens autre que celui dans lequel elles avaient été prononcées. C'était pour eux des présages, et en l'occurrence cela signifiait que les dieux étaient favorables au maintien de la cité là où Romulus l'avait fondée, là où, par la prise d'auspices initiale, ils lui avaient promis leur protection pour les siècles à venir.

Adfectatio regni

Une telle mesure ne risquait pas de soulager les difficultés des plus pauvres des citoyens. Ils devaient reconstruire, ou au moins réparer leur demeure et en outre prendre leur part de l'effort demandé à tous pour la réfection des bâtiments publics. En particulier la cité voulut se doter d'une muraille digne de ce nom, dont elle avait pu regretter l'absence lors de l'arrivée des Gaulois. L'antique mur servien fut systématiquement refait – et ce sont les traces de cette réfection du IVᵉ siècle que l'on peut voir encore de nos jours, notamment près de la gare. Il s'agissait d'un ouvrage impressionnant, beaucoup plus élaboré que l'*agger* primitif qui l'avait précédé, et dont l'édification avait demandé une organisation du travail déjà complexe. Il était construit en blocs réguliers de tuf tirés des carrières de Grotta Oscura sur le territoire nouvellement conquis de Véies, soigneusement marqués par des signes correspondant aux différents envois. Ce fut une entreprise de longue haleine : la longueur totale du mur était de plus de onze kilomètres, et il s'élevait à dix mètres de hauteur, pour une largeur à la base de quatre mètres. Rien d'étonnant à ce que Tite-Live révèle qu'en 353 les travaux n'étaient pas encore terminés (7, 20, 9). Une telle construction dut représenter une charge particulièrement lourde pour la plèbe, qui dut y participer plus vraisemblablement sous forme de prestations de travail que d'impôt, comme l'affirment nos sources : celles-ci sont tributaires d'une vision où l'usage de la monnaie était courant, ce qui n'était certainement pas le cas à cette époque.

Néanmoins, que nos sources parlent alors de la question des dettes n'est pas un anachronisme, emprunté aux tensions sociales des temps ultérieurs : on a eu l'occasion de constater que le problème s'était déjà posé dans la forme d'économie prémonétaire qui était celle de la Rome de ce temps. On comprend que, dans ces conditions, se soit encore manifesté un nouvel *adfectator regni* : le recours à un pouvoir de type personnel put apparaître à certains représentants des couches les moins favorisées comme le seul moyen de résoudre leurs difficultés.

Cette fois, celui qui est présenté comme cherchant à aspirer au trône et à asseoir son pouvoir par la démagogie ne fut autre que l'un des grands héros de la guerre : le sauveur du Capitole, Marcus Manlius Capitolinus. Il se heurta à l'opposition virulente du « second Romulus » en personne, Camille. Manlius avait utilisé ses biens personnels, et ce que lui avait rapporté la vente des terres qu'il avait acquises lors de la prise de Véies, pour soulager les misères de la plèbe. Il avait notamment ainsi sauvé en plein Forum un ancien centurion qu'on emmenait en esclavage pour dettes. Qui plus est, il avait proposé que l'on utilise l'or récupéré sur les Gaulois – que Camille avait consacré aux dieux – pour aider les nécessiteux, et notamment pour racheter les débiteurs insolvables.

Cela suffit à le faire considérer par les représentants de la noblesse traditionnelle comme aspirant à renverser la République et à imposer la tyrannie, à reprendre donc l'accusation d'*adfectatio regni*, de volonté de retour à la monarchie. En 384 – année où Camille était tribun consulaire –, inquiets des réunions que Manlius organisait chez lui, ils passèrent à l'offensive. Manlius fut jugé, condamné et précipité du haut de la roche Tarpéienne qui est toute proche du sommet du Capitole qui avait été le théâtre de ses exploits. Sa mort donna ainsi naissance à une expression fameuse. Voici la version qu'en donne Plutarque dans sa *Vie de Camille* :

> [Manlius] voulait être le premier parmi ses concitoyens et, comme il ne pouvait surpasser la gloire de Camille par des voies honnêtes, il prit la route habituelle à ceux qui aspirent à la tyrannie : il s'attacha à gagner les faveurs de la multitude, et particulièrement de ceux qui étaient endettés, défendant les uns et plaidant pour eux contre leurs créanciers, arrachant les autres de force à ceux qui voulaient les emmener conformément à la loi. Aussi eut-il bientôt autour de lui une foule d'indigents, qui, par leur audace et les troubles qu'ils suscitaient au Forum, inspiraient des craintes aux meilleurs citoyens. Pour arrêter ces désordres, on nomma Quinctius Capitolinus dictateur. Il fit jeter Manlius en prison ; mais, en apprenant cela, le peuple prit le deuil, ce qui n'arrivait que dans les grandes calamités publiques, et le Sénat, redoutant des troubles, fit relâcher Manlius. Mais, relâché, celui-ci n'en devint aucunement meilleur ; au contraire, c'est avec une violence accrue qu'il fit de la démagogie et divisa la ville en deux factions. Alors on choisit encore une fois Camille comme tribun militaire et on reprit le procès contre Manlius. Mais la vue du Capitole nuisait grandement à ses accusateurs. Car l'endroit où il se trouvait lorsqu'il repoussa l'attaque de nuit des Gaulois se voyait du Forum quand on levait les yeux vers le Capitole, et cette vue excitait la pitié. Lui-même, tendant les mains dans cette direction et versant des larmes, rappelait ses combats, si bien que les juges ne savaient que faire et différaient constamment leur sentence : ils ne voulaient point, devant des preuves évidentes, l'absoudre de son crime et ils ne pouvaient exécuter la loi dans ce lieu qui leur remettait son exploit sous les yeux. Camille, s'en étant rendu compte, fit transporter le tribunal dans le bois sacré Pételin, d'où le Capitole n'était plus visible. L'accusateur reprit alors son office et les juges, oubliant les prouesses anciennes de l'accusé, purent ressaisir leur juste colère contre ses crimes présents. En conséquence Manlius fut condamné, conduit au Capitole et précipité du haut du rocher : ainsi au même endroit est attaché le souvenir de ses plus heureux exploits et de ses plus grands malheurs. (36, 3-8.)

Étrusques, Gaulois et Syracusains

Les difficultés créées par l'invasion gauloise ne furent pas seulement d'ordre interne. Elle parut fournir aux ennemis extérieurs de l'*Vrbs* l'occasion de prendre leur revanche sur leur adversaire affaibli. Nous avons déjà évoqué les attaques étrusques : elles n'attendirent même pas le départ des Gaulois, puisque, dès l'annonce de l'invasion, des bandes s'étaient répandues sur le territoire romain pour le piller.

D'autre part, le danger gaulois ne disparut pas avec le départ des bandes de Brennus. Les Gaulois se manifestèrent de nouveau en 367, en 361, 350/49, suscitant la terreur dans la cité, effrayée à la perspective de voir la catastrophe de 390 se reproduire, et c'est à cette occasion qu'ils mirent au point une forme particulière de mobilisation générale, effectuée dans l'urgence, à laquelle ils donnèrent le nom de *tumultus Gallicus*, alerte gauloise. Mais la cité ne connut plus par la suite de désastre comparable à celui qui s'était produit sur les bords de l'Allia. Les Romains avaient appris à connaître ces ennemis, et, même lorsqu'ils devaient les affronter en combat singulier, leurs champions savaient triompher de leurs adversaires gaulois. Titus Manlius s'illustra dans un tel duel en 367 (à moins qu'il n'ait eu lieu dix ans plus tard : Tite-Live confesse son incertitude à ce sujet [6, 42, 5-6]), gagnant son surnom de Torquatus du collier, ou torque, qu'il avait enlevé au Gaulois vaincu. Marcus Valerius fit de même en 349, dans un combat au cours duquel un corbeau serait venu à son aide – ce qui lui valut son surnom de Coruus, « corbeau ». Voici le passage où Tite-Live décrit son exploit :

> Comme les Romains passaient des heures tranquilles de garde, un Gaulois, remarquable de taille et d'armes, s'avança devant eux. Il frappe son bouclier de sa lance et, ayant obtenu le silence, il défie, par interprète, l'un quelconque des Romains à en décider avec lui par le fer. Il y avait un jeune tribun militaire, Marcus Valerius, qui ne s'estima pas moins digne de cet honneur que Titus Manlius. Il s'assura d'abord du vouloir du consul, puis s'avança en armes entre les deux lignes. Mais l'intervention de la puissance divine enleva de son éclat au combat des deux hommes. Car, au moment où le Romain engageait déjà la lutte, soudain un corbeau vint se poser sur son casque, faisant face à l'ennemi. Tout joyeux, le tribun commença par accepter cette apparition comme un heureux présage envoyé par le ciel. Puis il pria la « divinité, dieu ou déesse, qui lui avait envoyé cet oiseau favorable, de l'assister d'un bienveillant vouloir ». Chose merveilleuse à dire ! L'oiseau ne se contenta pas de garder la place qu'il avait prise d'abord ; mais, à chaque reprise du combat, il se redresse sur ses ailes, attaque du bec et des serres la face et les yeux du Gaulois jusqu'au moment où, terrifié par l'aspect d'un tel prodige et l'esprit aussi troublé que la vue, celui-ci est égorgé par Valerius. Le corbeau disparut, dirigeant son vol vers l'orient. (*Histoire romaine*, 7, 26.)

Les couleurs fantastiques sous lesquelles les auteurs peignent ces combats, le souvenir qu'ils ont laissé dans la mémoire montrent quelle était la force de ce que l'on a appelé l'« obsession gauloise » dans la Rome de ce temps. Mais, là encore, il ne faut pas nécessairement se représenter ces Gaulois comme des sauvages dont rien d'autre n'aurait dirigé l'action que leur soif de guerre et de pillage. Lors des alertes de 367, 361, 349, Tite-Live précise qu'il s'agissait d'éléments celtiques opérant dans le sud de Italie – Campanie et Apulie. Ils agissaient probablement en liaison avec Syracuse, dans la ligne de la politique de Denys qui avait eu recours à eux comme mercenaires : la question des liens éventuels des entreprises de ces Gaulois, basés en Apulie, avec la politique syracusaine, continue donc à se poser. À l'appui d'une telle relation, on notera que la venue de ces Gaulois dans le Latium s'interrompit en 357, au moment où, à Syracuse, Dion renversa la tyrannie de Denys le Jeune, pour reprendre après la mort de Dion, en 353, et la restauration subséquente de la tyrannie. En 350/49 on assista même à une sorte d'opération combinée : les Gaulois, qui avaient établi une base sur les monts

Albains, en descendirent pour ravager la plaine, tandis qu'une flotte grecque – qui devait être syracusaine – se livrait à des raids de pillage sur la côte. La coopération des deux forces ne se fit pas sans heurts : comme le note avec satisfaction Tite-Live (7, 25, 4), on assista à une bataille entre pillards terrestres et pillards maritimes. Cela n'empêcha pas les Gaulois de se réfugier, une fois repoussés par les Romains, sur les navires grecs (7, 26, 14-15).

Il était logique que Syracuse, disputant alors aux Étrusques, et en particulier aux Cérites, le contrôle de la navigation en mer Tyrrhénienne, s'en prît aux Romains, alliés de Caeré. De l'autre côté, on vit Rome, après l'attaque par mer des Syracusains de 350/49, resserrer ses liens anciens avec l'adversaire classique dans l'île des Grecs de Sicile, Carthage : le traité de 509 fut renouvelé en 348. Des considérations de grande politique internationale jouèrent donc indubitablement leur rôle dans les vicissitudes politiques et militaires de ces années confuses. Mais il n'en reste pas moins que les actions des Gaulois ne peuvent être ramenées non plus à une expression de la politique syracusaine. Déjà il ne faut pas sous-estimer la part d'indépendance qui a toujours caractérisé leurs entreprises. Fussent-elles au service de Syracuse lorsqu'elles agissaient en Apulie, les bandes gauloises ont pu tout simplement être tentées de profiter de la situation d'anarchie qui régnait alors dans le Latium, et d'y effectuer de fructueux raids de pillage, le cas échéant en offrant leurs services aux cités latines en révolte contre Rome. Ainsi, on vit en 360 fonctionner une alliance entre Gaulois et Tiburtins – qui donna l'occasion au dictateur Poetelius de célébrer un double triomphe, lorsqu'il eut défait les forces conjointes de ces deux ennemis (7, 11, 9).

Rome et les cités latines

La menace extérieure la plus constante pour Rome dans ces années difficiles vint en effet d'un facteur nouveau, ou plus exactement d'un état de fait pour lequel le choc constitué par le raid gaulois semble avoir agi comme une sorte de révélateur. En 389 parvint la nouvelle de la défection des Herniques et des Latins – qui, remarque Tite-Live à cette occasion, avaient été depuis la bataille du lac Régille, un siècle auparavant, les fidèles alliés de Rome, lui manifestant constamment « une loyauté sans le moindre soupçon d'infidélité » (6, 2, 3). On vit même dans cette crise les Latins et les Herniques faire cause commune contre Rome avec leurs anciens ennemis de toujours, les Volsques. Dès 386 Camille puis, l'année suivante, le dictateur Aulus Cornelius Cossus menèrent l'armée romaine contre les forces conjointes des Volsques, des Latins et des Herniques.

Ce ne fut que le début d'une longue série de guerres entre Rome et Latins : jusque vers le milieu du siècle, ceux-ci ne cessèrent de tenter de remettre en cause l'hégémonie qu'elle avait peu à peu imposée aux autres membres de la ligue. Déjà, à l'époque du *foedus Cassianum*, Rome s'était ménagé une place particulière au sein de la fédération en traitant avec elle en tant qu'entité autonome. Tout au long du ve siècle, son importance au sein de la ligue s'était accrue : même si elle n'était pas alors la maîtresse incontestée des décisions que présente l'annalistique, elle n'en était pas moins la cité de loin la plus puissante, celle qui était le plus à même d'imposer ses vues. Au fond, tant que le danger volsque et èque avait été menaçant, cette situation n'avait pas posé de véritable problème : le besoin de faire front contre le péril commun obligeait à maintenir la cohésion ; vers la fin du siècle, cependant, cette menace avait perdu sa gravité. On comprend dès lors que l'autorité que Rome était en passe d'imposer à l'ensemble du *nomen Latinum* apparût aux autres Latins comme un danger plus immédiat, car la victoire sur Véies avait montré que Rome commençait à développer une politique d'annexion : elle conquérait des terres, sur lesquelles elle installait ses colons. Rien ne garantissait que l'*Vrbs* ne se comporterait pas dans le Latium comme elle l'avait fait sur le territoire de Véies et de Capène. Les circonstances inattendues de l'invasion gauloise semblèrent fournir une bonne occasion de secouer ce qui commençait à être ressenti comme un joug pesant, que ne justifiait plus la conjoncture, et une menace potentielle.

Mais cette remise en cause ne se traduisit pas, comme cela avait été le cas après 509, par une révolte commune de toutes les cités. C'est plutôt d'anarchie qu'il s'agit : à aucun moment on ne peut parler d'une action de la ligue latine contre Rome, comme cela s'était passé au temps de la bataille du lac Régille. Chacune des cités joua son propre jeu – permettant à Rome d'accroître à chaque fois un peu plus sa mainmise sur le Latium. Certaines villes ne manifestèrent aucune opposition : la tradition affirme que Lanuvium resta fidèle et d'autres cités, comme Ardée, Aricie, Lavinium, ne sont jamais citées parmi les ennemis de Rome. Tusculum semble avoir consenti à sa sujétion : après une tentative de révolte, avec l'appui des Volsques, en 381, elle accepta de devenir un *municipium*, communauté au sein de la *res publica* romaine dotée d'une simple autonomie pour les affaires locales, qui faisait d'elle une dépendance de Rome (et lui valut d'être attaquée par d'autres Latins rebelles en 377, puis en 370/69). Elle reçut certes la citoyenneté romaine, mais celle-ci, loin d'être le geste de générosité de la part de l'*Vrbs* que saluent les historiens (Tite-Live, 6, 25, 6, Denys d'Halicarnasse, 14, 6), traduit une annexion de fait qui ne lui laissait aucun poids politique. Cependant les cités les plus importantes de la ligue ne se laissèrent pas faire aussi facilement. Préneste se montra un adversaire coriace : elle fut constamment en conflit avec Rome de 383 à 379. Puis ce fut au tour de Tibur d'entrer en lice : les Romains durent lui faire la guerre en 361, 360 et 353.

Ces velléités dispersées de remettre en cause la position dominante de Rome au sein de la ligue étaient vouées à l'échec. Celle-ci sortit victorieuse de tous les conflits et réorganisa la ligue en 358, en imposant aux cités latines et herniques un renouvellement du traité qui confirmait sa position de domination incontestée. Elle dicta en même temps sa volonté aux populations non latines qui étaient intervenues à la faveur de ces troubles. La question volsque fut définitivement réglée. Les points d'appuis qui avaient été chaudement disputés – Velitrae, prise en 380, reprise en 367, Satricum, prise successivement en 386, 382, 346 – étaient désormais solidement contrôlés par Rome. Celle-ci avait repris tout le territoire que les Volsques avaient jadis enlevé aux Latins : loin vers le sud, Privernum était tombée entre ses mains en 357, au cours d'une campagne qui, précise Tite-Live, « combla les soldats de butin » (7, 16, 3). Et déjà la puissance de Rome débordait les limites de l'ancien Latium : Sora, dans la haute vallée du Liris, était conquise sur les Volsques en 345 ; la même année, une expédition était menée contre les Aurunques ; la marche vers la Campanie s'amorçait. À ce stade, il est clair que l'on peut parler d'une politique impérialiste de la part de Rome. Déjà en 358, signe de la puissance que Rome avait acquise et avait su conserver par-delà la tourmente gauloise, deux nouvelles tribus avaient été fondées dans la vallée du Trerus et dans la zone pontine, la Publilia et la Pomptina. Il s'agissait de tribus romaines : c'était désormais Rome, et non plus la ligue latine, qui imposait ainsi sa loi aux confins du Latium et du pays volsque, et qui s'attribuait, en pleine possession, le territoire dont ses armées s'étaient rendues maîtresses.

L'apaisement intérieur

Rome surmonta ainsi, peu à peu, la crise externe où l'avait plongée le bouleversement qui suivit le raid lancé par Brennus. Dans la première moitié du IVe siècle, elle parvint non seulement à rétablir son autorité, mais même à l'asseoir plus solidement encore. En même temps, la tension interne qui avait marqué les lendemains de la prise de Véies et de l'invasion gauloise s'apaisa : on s'achemina vers ce qui peut apparaître comme la solution définitive de l'antique conflit patricio-plébéien, avec ce que l'on a appelé les lois licinio-sextiennes, promulguées en 367.

Manlius Capitolinus s'était posé en champion de la plèbe et notamment de ses éléments les plus pauvres, que l'invasion et les problèmes en résultant avaient achevé de ruiner. Son élimination par le patriciat n'avait évidemment rien réglé, et les annalistes dépeignent la situation après 384 comme encore pire qu'auparavant. La plèbe devait se trouver de nouveaux défenseurs. Mais cette fois elle eut la sagesse de le faire dans un cadre irréprochablement légal. Ce fut en tant que tribuns de la plèbe, et donc en profitant de cette arme que les plébéiens avaient su se donner dès la sécession de 494, que Caius Licinius Stolo et Lucius Sextius arrivèrent à faire passer un ensemble de mesures, mêlant aspects sociaux et politiques, qui allaient aboutir – au moins sur le plan politique – au dépassement de l'antique clivage de la cité entre ses deux composantes, patricienne et plébéienne.

Cela ne se fit pas sans mal. Selon Tite-Live, il fallut que les tribuns fussent réélus dix fois de suite à partir de 377 pour que leurs propositions fussent acceptées par le Sénat. Ils ripostèrent aux refus répétés par l'utilisation – parfaitement conforme à la loi – de leur droit de *ueto*, qui leur permettait de bloquer les élections. Pendant cinq ans, affirme l'historien, de 375 à 370, il fut impossible de nommer aucun magistrat :

> Licinius et Sextius, réélus tribuns de la plèbe, ne permirent la création d'aucun magistrat curule ; et cette vacance des magistratures se perpétua dans Rome pendant cinq ans de suite, la plèbe réélisant ces deux tribuns et eux supprimant les comices du tribunat militaire. (6, 35, 10.)

Pour sa part, Diodore réduit la période d'anarchie à une seule année (15, 75). Sa version est la plus vraisemblable : l'anarchie prolongée de Tite-Live est due à une question de comput chronologique, et à la nécessité devant laquelle les historiens romains se sont trouvés de faire correspondre leur chronologie avec celle des historiens grecs, qui offrait une distorsion de cinq ans. Le prolongement, totalement artificiel, de la période d'anarchie leur fournit un expédient commode. Quoi qu'il en soit, même si cette situation a duré moins longtemps que ne le prétend Tite-Live, l'État se trouva à un certain moment sans aucun des tribuns militaires à pouvoir consulaire qui, à cette époque, assumaient les charges du pouvoir suprême. On comprend au reste que les plébéiens aient ressenti quelque aigreur à l'encontre de cette institution : elle n'avait répondu, nous l'avons noté, que très imparfaitement à l'espoir que certains d'entre eux avaient pu nourrir de s'introduire par ce biais dans les organes dirigeants de la cité.

Les Anciens croyaient savoir qu'une femme était à l'origine de ce tournant de la vie politique romaine – mais dans des circonstances moins dramatiques que lorsque la liberté avait trouvé des championnes telles que Lucrèce et Virginie. Il s'agissait cette fois d'une simple blessure d'amour propre, qui aurait poussé la femme de C. Licinius Stolo à inciter son mari à se lancer dans la bataille politique pour assurer aux plébéiens le droit d'accès à la magistrature suprême.

Cette épouse de Caius Licinius Stolo était une Fabia, et la fille d'un des représentants les plus influents du patriciat, Marcus Fabius Ambustus. Ce dernier avait deux filles : mais alors que l'une avait épousé le plébéien Caius Licinius, l'autre était la femme du patricien Seruius Sulpicius. L'épouse du plébéien avait eu du mal à admettre, lors d'une visite chez sa sœur, que celle-ci fût entourée de tout le faste officiel, que sa maison fût remplie de la foule des solliciteurs : en ce qui la concernait, quelle que fût par ailleurs la noblesse de ses origines, son mariage avec un plébéien l'avait privée de tout cela. Son père n'eut dès lors de cesse que son mari obtînt des privilèges analogues, fallût-il pour cela en passer par un bouleversement complet des règles du jeu politique dans la cité.

> Il arriva qu'un jour, dans la maison de Servius Sulpicius, tribun militaire, les sœurs étaient en conversation, passe-temps bien naturel ; le licteur de Sulpicius, qui rentrait alors du Forum chez lui, frappa la porte, selon l'usage, avec sa baguette. Comme à ce bruit Fabia, sans expérience de cet usage, avait eu un sursaut d'effroi, sa sœur se moqua d'elle en s'étonnant de son ignorance. Mais cette moquerie perça d'épines ce cœur de femme, impressionnable à des futilités ; et la foule aussi de ceux qui faisaient conduite au tribun et de ceux qui lui demandaient « s'il désirait quelque chose » lui fit juger, je pense, le mariage de sa sœur bienheureux et regretter le sien, par ce défaut

d'esprit qui fait que chacun admet moins que toute autre la supériorité de ses proches. Elle était encore dans le désordre d'esprit causé par cette blessure lorsque son père, venant à remarquer son trouble, lui demanda : « Qu'as-tu donc ? » ; et, bien qu'elle fît effort pour trouver des prétextes à sa peine, au fond bien peu affectueuse à l'égard de sa sœur et assez outrageante pour son mari, il l'amena par ses questions pleines de douceur à avouer que sa peine venait d'être mariée à un homme d'un rang inégal au sien, en une maison qui ne s'ouvrirait ni aux honneurs ni au crédit. Alors Ambustus consola sa fille en lui disant d'« avoir bon courage : elle verrait bientôt chez elle les mêmes honneurs qu'elle voyait chez sa sœur ». Puis il commença à jeter des plans avec son gendre, en compagnie de Lucius Sextius, jeune homme plein d'activité et à l'avenir duquel rien ne manquait sinon une naissance patricienne. (Tite-Live, 6, 34, 6-10.)

Plèbe et patriciat

L'anecdote est bien dans le goût de l'historiographie hellénistique, qui se plaît à souligner la part des facteurs psychologiques, des petites causes qui font les grands événements, et appartient sans doute à ce qui est pour nous de la petite histoire. Mais elle n'en révèle pas moins des éléments essentiels : cette Fabia était la fille d'un patricien, et parmi les plus puissants ; celui-ci n'avait pourtant pas hésité à donner sa fille en mariage à un plébéien. Ce n'était pas geste démagogique de sa part, volonté de rupture avec son ordre : son autre fille avait épousé un patricien. Simplement, dans son cas personnel, il adhérait entièrement au rejet de l'interdiction des mariages mixtes qu'avait proclamé la loi Cornelia de 445, et n'hésitait pas à s'allier avec des plébéiens en vue. Cette ouverture ne se limitait pas au seul plan privé, sans incidence sur la vie politique : dans la lutte pour l'imposition des lois licinio-sextiennes, il fut en première ligne, et parvint à les faire accepter par les autres membres de son ordre.

L'attitude de Fabius Ambustus ne doit pas être ramenée aux dimensions d'un simple cas individuel. Cet exemple est emblématique d'une évolution en profondeur de l'ancienne noblesse dirigeante, ou au moins d'une partie d'entre elle. Le patriciat, en ce début du IVe siècle, n'est plus ce bloc uni, faisant front contre la plèbe, que les historiens dépeignent pour la période antérieure. Certes, on rencontre des défenseurs irréductibles des principes anciens – et Tite-Live fait intervenir, contre les propositions des tribuns, un représentant de la famille des Claudes, en accord avec la réputation d'intransigeance que s'était attirée cette lignée. Et le discours qu'il lui prête ne trahit certainement pas la réalité de ce qu'ont dû être les sentiments de ces défenseurs des principes anciens lorsqu'il le montre insistant – point dont nous avons vu l'importance – sur la question du droit d'auspices :

> Mais que dire [de cette mesure] du point de vue religieux, de celui des auspices, en quoi elle est proprement une atteinte au respect et aux droits des dieux immortels ? Notre ville a été fondée par les auspices, par auspices nous agissons en toute occasion, en guerre comme en paix, chez nous comme à l'armée : qui l'ignore ? Et qui donc a le dépôt des auspices, selon la tradition des ancêtres ? Eh bien, les patriciens ; car un

magistrat, s'il est plébéien, n'est jamais créé après consultation des auspices. Les auspices sont si bien notre propriété que non seulement les magistrats patriciens créés par le peuple ne peuvent l'être sinon après la consultation des auspices, mais que nous-mêmes de notre côté nous n'avons pas besoin du suffrage du peuple pour, après auspices, proclamer un interroi et que nous possédons pour notre usage privé ces auspices que les plébéiens ne possèdent pas. Ne dépouille-t-il donc pas, en toute vérité, la cité des auspices celui qui, par la création de consuls plébéiens, les enlève aux patriciens, qui seuls peuvent les posséder ? (6, 41, 4-7.)

Mais d'autres patriciens faisaient preuve d'une ouverture bien plus grande – manifestée par les alliances matrimoniales qu'ils acceptaient de contracter avec des plébéiens ; néanmoins ces alliances ne se faisaient pas avec n'importe quels plébéiens. Les Licinii, avec lesquels s'était alliée la *gens Fabia*, étaient, au sein de la plèbe, de ceux qui émergeaient le plus nettement. Publius Licinius Calvus fut en 400 l'un des rares plébéiens à avoir occupé la charge de tribun militaire à pouvoir consulaire. Tite-Live le présente même, à tort, comme ayant été, dans la plèbe, le premier à « goûter cet honneur sans précédent » (5, 13, 12). Outre ses relations avec les Fabii, la famille des Licinii avait noué des liens avec les Manlii et les Cornelii. Il est manifeste que l'on a affaire à des représentants de la frange supérieure de la plèbe, dont la richesse n'avait rien à envier à celle du patriciat : à en croire la tradition, Caius Licinius Stolo fut lui-même condamné en 357 en vertu de la loi qu'il avait fait passer et qui limitait la dimension des propriétés (Tite-Live, 7, 16, 9).

Depuis un certain temps en effet la montée de la puissance économique de certains membres de la plèbe était sensible – quand bien même ils ne se distinguaient pas statutairement du reste de leur ordre et se voyaient tout autant privés de l'accès aux fonctions dirigeantes de l'État. Ainsi, lors de la guerre contre Véies, quand fut décidé l'octroi d'une solde aux combattants, ceux que Tite-Live désigne comme les *primores plebis*, les premiers au sein de la plèbe, s'étaient distingués en donnant de leur plein gré, au même titre que les patriciens, leur *aes signatum* dont ils avaient chargé des chariots entiers qu'ils avaient envoyés dans le camp de l'armée, suscitant par là l'admiration de tous (4, 60, 6-8). Cet épisode est significatif de l'apparition d'une couche supérieure de plébéiens, qui se détachait du reste par sa puissance économique. Il est aussi important par ce qu'il montre de l'attitude que ces riches plébéiens adoptaient en matière politique : alors que le début du siège de Véies avait représenté une période de tension entre les deux ordres, ces « premiers de la plèbe » œuvraient dans le sens d'un apaisement, d'une conciliation. Par leurs contributions, ces riches plébéiens que l'historien qualifie d'« amis des nobles » furent parmi les principaux artisans de cette atmosphère de *concordia ordinum,* de paix sociale parfaite que le récit se plaît alors à souligner. Ce geste marquait déjà un accord entre le Sénat et les plus fortunés des plébéiens, qui trouvera son expression politique dans les lois de 367.

Les lois de 367

Ces lois formaient un ensemble complexe. Elles comportaient un aspect social, qui devait rallier les couches les plus humbles de la population. On retrouve des dispositions concernant l'endettement : « défalcation faite de tous les intérêts jusqu'ici payés, le surplus du capital serait soldé en trois ans, par portions égales » (Tite-Live, 6, 35, 4). On aurait également introduit alors une disposition limitant l'étendue des propriétés rurales, « interdisant la possession de plus de cinq cents arpents de terre » (6, 35, 5). La première mesure prolonge la politique de défense des débiteurs envers leurs créanciers qui avait été une constante de la lutte de la plèbe depuis la première sécession. Il n'y a aucun motif de la suspecter. La seconde, qui concerne spécifiquement la *possessio*, c'est-à-dire l'utilisation par des particuliers de l'*ager publicus*, a suscité davantage de discussions, tant elle est proche de ce qui sera la politique des Gracques, deux siècles plus tard. Mais il n'y a pas de raison de remettre en cause la validité globale de nos sources, unanimes sur ce point : le problème de l'accaparement des terres publiques par les grandes familles a dû se poser déjà à cette époque et il est plausible que les auteurs de ces lois aient voulu, dès ce moment, défendre les petits propriétaires – à une période où la reprise des annexions territoriales et la création de nouvelles tribus amenaient bien des Romains à se fixer sur les terres nouvellement conquises. Point sur lequel insistent les textes, cette stipulation aurait donné lieu à de nombreux procès – dont celui de Caius Licinius Stolo en personne. Ce peut être là le souvenir authentique de mesures allant dans cette direction – et des contestations auxquelles elles avaient donné lieu.

Mais la récurrence du problème social montre bien que les dispositions de ce genre, quelles qu'elles aient été, ne pouvaient suffire à remédier durablement aux difficultés de la partie la plus pauvre du peuple. Aussi les aspects les plus féconds, et les seuls durables, de cette législation de 367 en furent-ils la part proprement politique. Il convient d'y faire entrer tout d'abord l'ouverture d'un des grands collèges religieux aux plébéiens. Sans doute s'agit-il, à ce stade, seulement de celui du *duomuiri sacris faciundis* (dont le nombre fut alors porté à dix). Ceux-ci étaient chargés de la consultation, sur l'ordre du Sénat, des recueils d'oracles d'origine grecque connus sous le nom de livres Sibyllins – dont on disait qu'ils étaient des prophéties rendues par la Sibylle de Cumes. Ils y trouvaient les règles de la conduite à tenir lorsque les dieux, par des prodiges, faisaient savoir qu'ils étaient mécontents. Les antiques collèges, d'un prestige bien supérieur, des augures et des pontifes, devaient assurément rester entre les mains des seuls patriciens, au moins jusqu'à la fin du IVe siècle. Mais étant donné l'importance de la religion dans la mentalité des Romains, et dans la conduite des affaires publiques, que le patriciat ait accepté ne serait-ce que d'entrouvrir ainsi le bastion des sacerdoces était un point capital. Après tout les *IIuiri*, devenus *Xuiri sacris faciundis* ne représentaient pas un trop mauvais choix. La plèbe entrait dans un collège dont l'action sur la religion romaine a toujours joué dans le sens de l'innovation et de l'ouverture sur l'extérieur – et en particulier les cultes helléniques. Cela lui donnait toute latitude pour œuvrer dans ce sens.

Il est certain néanmoins que la liquidation de l'expérience – décevante pour la plèbe – du tribunat militaire à pouvoir consulaire et la restauration du consulat, avec la stipulation, essentielle, que désormais l'un des deux consuls serait obligatoirement plébéien, représentaient une victoire politique plus concrète. Sans doute la loi ne fut-elle pas entièrement appliquée par la suite : après onze ans de collèges mixtes on retrouva trois années consécutives, de 355 à 353, puis sporadiquement ensuite (en 351, 349, 345, 343) des collèges exclusivement patriciens. Mais ce n'étaient plus là que des séquelles de l'ordre ancien, les derniers soubresauts des défenseurs de l'exclusivité du patriciat à gérer les affaires de la République. En 367, une page de l'histoire politique de Rome s'était tournée.

On le constate d'autant mieux qu'en peu de temps ce fut l'ensemble des magistratures qui s'ouvrit aux représentants de la plèbe. Les lois de 367 avaient créé, pour s'occuper des questions appelées encore aujourd'hui d'« édilité », deux édiles curules, qui s'ajoutaient aux édiles de la plèbe déjà existants (et qui avaient la charge des affaires financières de celle-ci). Le plébéien Marcus Popillius Laenas fut élu dans ce nouveau collège dès la première année d'existence de ce dernier. Les magistratures plus anciennes ne restèrent pas non plus les chasses gardées du patriciat : des plébéiens devinrent dictateur en 356, censeur en 351, préteur en 332. Fait notable, il n'y eut même pas besoin pour ces nouvelles conquêtes de lois spéciales : il est clair que la législation de 367 avait créé une situation nouvelle, dont les conséquences s'imposèrent ensuite comme allant de soi.

Formation de la *nobilitas*

À partir de ce moment, on peut dire que Rome retrouva, sinon l'équilibre social – car le problème des plus pauvres n'avait pas reçu de véritable solution –, du moins l'équilibre politique, avec la solution enfin apportée à la longue crise qui avait opposé patriciat et plèbe comme deux blocs antagonistes au sein de la cité. Désormais, le débat politique pouvait repartir sur des bases nouvelles. Mais les acteurs n'en étaient plus les mêmes : aux représentants des anciennes *gentes* patriciennes s'associaient maintenant ces *primores plebis* qui voyaient s'ouvrir à eux l'accès aux charges publiques. Des alliances patriciens/plébéiens, impensables auparavant, commencèrent à se nouer, l'ancien patriciat éclata, le paysage politique se remodela. Dès ce moment, on entrevoit le processus de formation d'une couche dirigeante nouvelle, associant des représentants des deux ordres, où les groupes se formaient indépendamment de l'appartenance à tel ou tel ordre. C'est alors que commença à naître ce qui fut la *nobilitas*.

Cela se traduisit par l'élimination de certains représentants de l'ancien système. Des noms de familles patriciennes qui étaient souvent apparus à la tête de l'État disparurent des fastes après 367 : ce fut le cas des Horatii, des Cloelii, des Geganii. De même, ceux qui avaient occupé la charge de tribuns militaires à pouvoir consulaire au moment de la lutte pour l'adoption des nouvelles lois, entre

370 et 367, furent éliminés : aucun d'eux ne devint consul par la suite. Ils n'avaient vraisemblablement pas su s'adapter à l'évolution en cours. Inversement, ceux des patriciens qui occupèrent le devant de la scène furent souvent des « libéraux » qui avaient compris la nécessité d'une évolution et l'efficacité de la création de ce que l'on a considéré comme un « tiers parti », regroupant patriciens et plébéiens modérés. Outre Marcus Fabius Ambustus, le beau-père de Caius Licinius Stolo, qui fut censeur en 363, on peut citer ceux des patriciens qui furent consuls – et donc partagèrent la magistrature suprême avec un collègue plébéien – après l'adoption des réformes, entre 366 et 361 : Caius Sulpicius Peticus, Lucius Aemilius Mamercinus, Quintus Seruilius Ahala. Quant aux plébéiens qui jouèrent dès lors un rôle politique, il s'agissait d'éléments fort limités, d'une infime minorité au sein de la plèbe, que sa fortune, ses relations mettaient à part. Il est remarquable que, pour le IVe siècle, les noms plébéiens qui apparurent dans les listes de magistrats ne représentaient qu'un tout petit nombre d'individus (et de familles). Les Genucii, Licinii, Sextii qui, de 366 à 361, furent les collègues au consulat des patriciens que nous avons évoqués, Marcus Popillius Laenas, qui fut le premier édile plébéien avant d'être quatre fois consul, Caius Marcius Rutilus, qui fut le premier dictateur et le premier censeur issu de la plèbe, Quintus Publilius Philo, qui fut le premier préteur plébéien et le deuxième dictateur et le deuxième censeur de cet ordre, sont l'illustration de la victoire politique de la plèbe : mais ils sont surtout l'expression de destins exceptionnels, auxquels très peu de plébéiens pouvaient prétendre.

Ainsi, vers le milieu du IVe siècle, la situation de Rome avait profondément évolué. Sur le plan extérieur, elle avait su faire face aux multiples dangers qui l'avaient menacée lorsque l'invasion gauloise avait paru donner à ses divers ennemis l'occasion d'écraser une fois pour toutes sa puissance montante. Désormais elle développait clairement une politique d'expansion impérialiste. Sur le plan interne, elle avait su, enfin, surmonter le conflit qui avait opposé, comme le constatait Tite-Live, deux cités en son sein, celle des patriciens et celle des plébéiens – et créer les bases des développements futurs. Sur ce dernier point, on peut dire que l'évolution avait été permise parce que, au sein de la plèbe, une scission s'était faite. Une couche supérieure s'était formée au sein de celle-ci, qui avait déplacé le terrain de la lutte, et ne s'était pas contentée des revendications sociales traditionnelles de la plèbe et de ses représentants – sur la question des dettes, sur celle de la terre. Elle avait eu l'intelligence de faire porter le débat sur le plan proprement politique, d'exiger l'accès aux fonctions de la *res publica* et de ne pas se contenter du pouvoir, contestataire et marginal, du tribunat de la plèbe. On peut estimer qu'elle avait ainsi cherché le seul intérêt de son groupe, en sacrifiant celui de la grande majorité des plébéiens, qui étaient confrontés à des problèmes beaucoup plus immédiats que celui du droit d'accès à des charges auxquelles ils ne pourraient jamais prétendre. On peut estimer que ce choix portait en germe les conflits qui éclateraient plus tard, et aboutiraient au déchirement de la cité à la fin de la période républicaine. Mais dans l'immédiat Rome avait certainement été stabilisée, renforcée par une telle politique, et l'amélioration de la situation générale, les profits que ses habitants – et pas seulement les nobles – commençaient à tirer de la reprise des guerres victorieuses et des conquêtes donnaient moins d'acuité à la question sociale. Tite-Live avait assurément raison de saluer l'adoption des lois de 367 comme un grand moment de l'histoire de Rome, le retour à la concorde dans une cité que, si longtemps, le conflit du patriciat et de la plèbe avait déchirée :

> Grâce au dictateur [Camille], les discordes s'apaisèrent par composition : la noblesse céda à la plèbe sur la nomination d'un consul plébéien, la plèbe à la noblesse sur celle d'un préteur patricien, chargé d'énoncer le droit dans Rome. Les [deux] ordres [de citoyens] ayant été ainsi ramenés à la concorde après un si long ressentiment, le Sénat pensait que cela valait la peine – « et ils auraient raison, autant qu'en nulle autre circonstance, de manifester leur reconnaissance aux dieux immortels » – de célébrer des jeux très solennels et d'ajouter un jour aux trois jours de fête [habituels] ; et, comme les édiles de la plèbe refusaient cette charge, il s'éleva un seul grand cri des jeunes patriciens, affirmant que, « pour honorer les dieux immortels, ils se feraient volontiers nommer édiles » ; tous leur ayant rendu grâces, un sénatus-consulte chargea le dictateur de demander au peuple [la création d']un collège de deux édiles patriciens et stipula que le Sénat sanctionnerait tous les comices de cette année. (6, 42, 11-14.)

CHAPITRE VII

La marche vers le sud

par Dominique BRIQUEL et Giovanni BRIZZI

Entre équilibre et expansion

Vers le milieu du IVe siècle, Rome avait acquis un point d'équilibre. Elle aurait pu continuer à être ce qu'elle avait été jusque-là : une cité puissante, certes, mais dont la sphère d'action directe ne se serait pas étendue au-delà du Latium et de ses abords immédiats – franges méridionales de l'Étrurie au nord, pays volsque au sud – et dont l'hégémonie aurait continué à s'inscrire dans le type de rapports qui existaient traditionnellement entre les cités latines au sein du *nomen Latinum*.

Avec les lois licinio-sextiennes, la *concordia ordinum*, la concorde entre les différents ordres composant la cité, qui sera toujours l'idéal de la *res publica*, semblait en passe d'être atteinte. Après les déchirements de la lutte entre patriciens et plébéiens, on voyait se succéder harmonieusement à la tête de l'État des collèges mixtes, associant un consul patricien et un consul plébéien. Peut-être y eut-il encore certaines résistances : en 342, après le dernier collège uniquement patricien de 343, il y eut des troubles, une sédition militaire à Capoue, et le tribun de la plèbe Lucius Genucius fit adopter un plébiscite posant – à en croire Tite-Live – que les consuls pouvaient éventuellement être tous deux plébéiens. Plus vraisemblablement, il rendit obligatoire l'association entre un consul plébéien et un consul patricien qui avait été rendue possible en 367. Il n'en reste pas moins que les lois licinio-sextiennes avaient été suffisamment appliquées, dès les années suivantes, pour que l'on puisse estimer que, dès ce moment, la cité avait dépassé l'ancien clivage des deux ordres. La réapparition de quelques collèges exclusivement patriciens par la suite vint sans doute surtout de l'existence de tendances différentes au sein des éléments dirigeants de la cité, de l'opposition de groupes dont certains hésitaient plus que d'autres à profiter des alliances rendues possibles par les mesures de 367.

À l'extérieur l'*Vrbs* avait retrouvé une position qui n'était pas sans rappeler celle qu'elle avait connue du temps des Tarquins et que les difficultés du Ve siècle lui avaient fait perdre. Par rapport à cette époque, sa puissance était même sensiblement accrue : elle était désormais solidement implantée au-delà des strictes limites du Latium, avec les tribus qu'elle avait implantées tant vers le nord, sur l'ancien territoire de Véies, que vers le sud, sur celui pris aux Volsques.

Or, dans la seconde moitié du IVe siècle, on n'assista pas à une stabilisation de la situation, bien au contraire. C'est alors que commença l'étonnant enchaînement qui, de proche en proche, allait amener l'*Vrbs* à s'assurer un contrôle sans partage non seulement sur le secteur de l'Italie centrale, dans lequel son action s'exerçait traditionnellement, mais aussi sur le reste de la péninsule, en attendant l'extension de sa puissance au bassin méditerranéen tout entier et la formation de cet empire dans lequel les Romains des temps ultérieurs se plaisaient à reconnaître l'accomplissement du grand destin échu à leur cité. C'est bien ce que soulignait Tite-Live lorsqu'il abordait cette période :

> À partir d'ici vont être narrées des guerres auxquelles la force des ennemis, l'éloignement des pays où se déroulèrent les hostilités, enfin leur longue durée donnent plus d'importance. Car cette année [343] on prit les armes contre les Samnites, peuple économiquement et militairement puissant. Après la guerre contre les Samnites, qui ne fut pas décisive, on eut pour ennemi Pyrrhus ; après Pyrrhus, les Carthaginois. Quelle tâche gigantesque ! Que de fois a-t-il fallu courir les derniers périls pour élever l'empire à sa grandeur présente, dont on a peine à soutenir le poids ! (7, 29, 1-2.)

Dès le début, cette expansion présenta les caractéristiques qui font l'originalité de l'avènement de Rome au rang de puissance dominatrice du monde, celle qui remplaçait la Macédoine dans le schéma de succession des empires universels qu'avait élaboré la pensée grecque. L'histoire de Rome n'offre pas l'équivalent de l'épopée fulgurante d'Alexandre le Grand, de Gengis Khan et Napoléon ! Caton n'avait pas tort, lui qui, dans ses *Origines*, œuvre où il présentait l'histoire de sa cité, se refusait à mettre en avant le nom d'aucun chef, préférant parler du peuple romain. La progression de Rome fut pour ainsi dire anonyme, elle fut une œuvre collective ; elle s'étala sur des générations et ne mit en relief que peu de personnalités brillantes. Si l'on songe à ce qu'avait fait Alexandre, elle fut beaucoup plus terne, et l'on comprend que les Grecs des temps ultérieurs se soient plu à rêver de ce qu'aurait pu être le choc de Rome et du Macédonien, si celui-ci avait eu le loisir de tourner ses armes vers l'Occident. Dans le cas de Rome, en outre, la formation d'un empire universel semble s'être faite presque par hasard, sans plan, par le jeu complexe et fortuit des événements, par l'enchaînement inexorable des conflits, les guerres achevées victorieusement entraînant de nouveaux motifs de luttes, obligeant la cité à élargir toujours davantage son horizon.

Cette expansion s'est faite aussi malgré des revers terribles. Pour s'en tenir au IVe siècle, cette période vit le désastre, si humiliant pour l'orgueil romain, des fourches Caudines, où les soldats romains, comme du bétail, passèrent sous le joug. De même, cette époque montra déjà la complexité du phénomène que fut la conquête romaine : les alliances se faisaient et se défaisaient, les victoires et les défaites se succédaient, les opérations étaient menées simultanément en direction du nord et du sud, des problèmes que l'on aurait pu croire réglés comme la question des rapports avec les Latins interféraient. La succession des événements donne l'impression d'un tourbillon désordonné de guerres, menées dans toutes les directions, avec des remises en cause soudaines de ce qui semblait acquis. Néanmoins, lorsqu'en 272 la dernière grande puissance qui s'opposait encore à Rome dans l'Italie péninsulaire, la ville grecque de Tarente, capitula devant son armée, l'*Vrbs* fut la maîtresse incontestée de l'Italie – tandis que se profilait déjà l'étape suivante, celle qui vit cette expansion toucher la Sicile et provoquer le conflit avec Carthage.

Premiers contacts entre Rome et les Samnites

Par ses victoires de la première moitié du IVe siècle sur les Latins en révolte et sur les Volsques, Rome se trouvait, au sud, en contact avec l'un des plus grands peuples de l'Italie de cette époque, les Samnites. En 354 (350 selon le système chronologique grec), pour la première fois, les textes les mentionnent en relation avec Rome : Romains et Samnites signèrent cette année-là un traité d'alliance. Cette démarche traduit de la part de Rome une volonté de tenir son rang sur le plan international, de reprendre une activité diplomatique allant au-delà des problèmes les plus immédiats : en 348 elle renouvela également son traité avec Carthage. Dans le cas des Samnites, les préoccupations étaient plus directes. Désormais les Romains étaient presque devenus leurs voisins, et il était nécessaire de délimiter les sphères d'influence reconnues aux deux puissances. Tite-Live n'a pas tort de voir dans ce traité la conséquence des victoires que l'*Vrbs* venait alors de remporter, quand il écrit : « Le succès de la guerre [contre Tibur et Tarquinia] amena les Samnites eux aussi à solliciter l'amitié de Rome. »

En fait, Rome avait créé en 358 la tribu Publilia dans la vallée du Trerus (Tite-Live, 7, 15, 12) ; elle marquait ainsi sa victoire sur les Volsques, dont le territoire se trouvait dès lors coupé en deux, de part et d'autre du fleuve, par l'avance de la puissance romaine. Ainsi Rome s'établissait-elle sur ce qui avait été de tout temps la grande voie de communication entre Latium et Campanie, la vallée du Trerus se prolongeant par celle du Liris, selon le tracé de la future *uia Latina*. Il ne faut sans doute pas en conclure que ses visées se portaient déjà vers la Campanie. Il n'y a là que la liquidation définitive du danger volsque, de ce qui avait été le grand problème du Ve siècle. Mais les Samnites n'étaient pas loin, et ils profitèrent également de l'effacement des Volsques. Un peu à l'est de la vallée du Liris, Cominium était pour eux une sorte de bastion avancé vers l'ouest. Il protégeait la zone du massif de la Meta, région économiquement très importante pour les Samnites puisqu'ils y exploitaient des mines de fer. En outre, de là ils dominaient les riches terres agricoles de la vallée – bien faites pour attirer ces montagnards qui ne possédaient rien d'équivalent dans leur territoire originel du Samnium. Dans ces conditions, il était naturel que Romains et Samnites vinssent au contact dans cette zone de la vallée du Liris. Dans un premier temps leurs rapports se firent pacifiquement, par l'accord de 354.

L'alliance fonctionna au détriment des Volsques. La zone à l'ouest du Liris passa sous le contrôle des Romains : ils s'établirent au nord à Sora, à la limite du pays marse (Tite-Live, 7, 28, 6, pour 354), et au sud dans la Satricum volsque, à Fabrateria et Luca. Pendant ce temps les Samnites prirent possession du secteur situé à l'est du fleuve : on constate dans la période suivante qu'Arpinum, qui avait été une cité volsque, était désormais entre leurs mains (Tite-Live, 9, 44, 6), et ils détruisirent sans doute à ce moment la place de Frégelles, sur la rive est du Liris mais à proximité de son confluent avec le Terus, position stratégiquement capitale qui permettait de contrôler les communications vers la Campanie.

Un pays de guerriers

Ce n'étaient cependant pas deux puissances de nature comparable qui s'accordaient ainsi pour tirer parti de l'affaiblissement des populations qui les séparaient. En comparaison à Rome, les Samnites semblaient par bien des aspects plus primitifs, plus archaïques. Ce peuple, on l'a vu, devait son origine au vaste mouvement d'expansion des populations italiques. À son tour, il avait donné naissance à de nouveaux peuples : les Frentans vers l'Adriatique, et plus au sud les Lucaniens, puis les Brettiens, eux-mêmes issus des précédents. En outre, le *populus Campanus* qui s'était formé vers la fin du ve siècle en Campanie s'était constitué, au moins en partie, à partir d'éléments samnites descendus dans la plaine. Tout cela s'était fait sous le signe de la guerre. Nous avons vu que ces peuples, très généralement, expliquaient leurs origines par la coutume italique du printemps sacré, du *uer sacrum*. Même les légendes qui attribuaient à ces populations une origine hellénique, selon la coutume qu'avaient tous les peuples indigènes de la péninsule d'ennoblir leur passé en prétendant être venues de la Grèce, étaient dans leur cas mises au service de ce caractère belliqueux : c'était de Sparte qu'ils prétendaient être issus.

Ces traditions guerrières exprimaient la réalité de ce qu'étaient les Samnites. Installé dans les parties les plus rudes et les plus pauvres de l'Italie centrale, au cœur de ses montagnes, ne disposant d'aucune plaine fertile à cultiver, ce peuple mettait en œuvre une économie dont la base était encore en grande partie pastorale, et dont les capacités restaient limitées. En fait, les Samnites semblent être toujours restés à la limite de l'équilibre entre ressources disponibles et population ; d'où un risque de trop-plein démographique, que les Anciens ont nettement ressenti. Les chiffres que donnent les sources antiques à propos des effectifs des armées samnites ne sont guère fiables : elles nous parlent de trente mille, voire de quarante mille morts samnites lors d'une seule bataille, en 435, 343 ou 307, ces chiffres revenant d'ailleurs comme une sorte de refrain. Ils n'en traduisent pas moins l'impression, qui doit être fondée, qu'eurent les Romains, qui avaient disposé jusque-là, avec la capacité démographique de leur ville et de son territoire, d'une supériorité numérique par rapport à leurs adversaires, d'avoir cette fois à affronter un peuple aux ressources démographiques apparemment illimitées, que les défaites, si sanglantes fussent-elles, ne suffisaient pas à épuiser.

À l'époque qui nous concerne, cette surabondance de population ne pouvait guère déboucher que sur des entreprises guerrières. On comprend que les riches terres que les Samnites voyaient au pied de leurs montagnes aient été pour eux une tentation permanente ; si bien que la poussée samnite a été une constante de la vie de cette partie de l'Italie, que ce fût vers l'ouest, avec la Campanie, l'est, avec l'Apulie, ou le nord, avec la zone du Liris où ils entraient en contact avec les Romains.

Pour les Romains le nom de ce peuple allait rester associé à une image de guerrier, que l'appellation de « samnite », donnée à une catégorie de gladiateurs, prolongerait encore bien au-delà de la disparition de leur nation. Si le fait que les soldats samnites aient porté, comme ces gladiateurs, une jambière unique reste controversé – les documents figurés étant sur ce point contradictoires –, ils n'en avaient pas moins une apparence caractéristique, pour laquelle la description qu'en faisait Tite-Live est heureusement complétée par les témoignages figurés contemporains qui nous sont parvenus. Ceux-ci sont abondants, aussi bien du côté italique, avec les peintures des tombes de Campanie et celles de Paestum, pour l'époque où la ville était entre les mains des Lucaniens, que du côté romain, avec la célèbre peinture de l'Esquilin qui représente très certainement un épisode des guerres samnites. Le guerrier samnite arborait une tunique bariolée, un casque brillant orné de deux longues plumes et portait la « cuirasse italique », formée d'une simple plaque retenue sur la poitrine par des courroies. À cette époque le *kardiophylax*, protège-cœur, au disque unique qui figurait sur la statue colossale du guerrier de Capestrano, au VIe siècle, avait fait place aux trois disques disposés en triangle qui seront la forme classique de cette protection de la poitrine.

Une tradition répandue à Rome voulait que ce fussent ces adversaires redoutables de l'*Vrbs* qui aient fourni à ses légionnaires ses armes de base, défensives autant qu'offensives, le bouclier rectangulaire, ou *scutum*, et le javelot, ou *pilum*. On trouve cette affirmation, répétée de siècle en siècle, chez Salluste (*Catilina*, 51, 38), Diodore (23, 2), Athénée (6, 273 F), Symmaque (*Épître*, 3, 11, 3). Selon cette doctrine, c'est au contact des Samnites que les soldats romains auraient renoncé à leur ancien équipement – le bouclier rond de bronze, ou *clipeus*, lourd et qui n'offrait qu'une protection partielle, et la lance, ou *hasta*, qui ne pouvait être utilisée que comme arme d'hast et non de jet. Mais il y a là une reconstruction indue. Cela apparaît clairement pour le *scutum* : on dispose d'images de soldats équipés de ce type de bouclier en Italie centrale bien avant les guerres samnites, si bien que l'on accordera plus de confiance à la tradition alternative, qui évoquait un emprunt aux Gaulois et le faisait remonter déjà à l'époque de Camille (Plutarque, *Vie de Camille*, 40). Inversement, les Samnites eux-mêmes, à voir les peintures les représentant, n'utilisaient pas le seul *scutum*. Mais si les affirmations sur un emprunt du *scutum* et du *pilum* sont contestables, il semble que, sur un plan plus général et finalement beaucoup plus important, les Samnites aient durablement influencé l'art militaire romain.

Il est en effet probable que Rome suivit leur exemple lorsqu'elle renonça à la vieille tactique de la phalange, qui justifiait d'ailleurs l'emploi comme armes du bouclier rond et de la lance. La phalange, lourde masse de guerriers disposés en rangs successifs, ne permettait que le choc frontal, sans possibilité de manœuvre : l'ordre manipulaire que lui substitua l'armée romaine telle qu'elle exista à l'époque classique, reposant sur la juxtaposition de petits groupes mobiles, offrait à l'art militaire, et aux capacités du chef, des possibilités nouvelles. Comme se sont plu à le souligner les auteurs latins, il s'agissait d'un indéniable progrès. Mais c'est sans doute au contact des Samnites, et en particulier devant les difficultés que provoquèrent les opérations menées dans un terrain montagneux et difficile, que les Romains comprirent les avantages d'une tactique plus souple. Les historiens doivent être dans le vrai lorsqu'ils parlent, à propos des Samnites, de manipules et de cohortes – donc d'unités réduites, et non de la lourde masse d'une légion. Ce sont les Samnites qui ont dû introduire, au lieu de la phalange, puissante mais handicapée par sa masse même, les formations légères et mobiles qui, reprises par Rome, assureront le succès de ses armées.

En dépit de cette supériorité tactique, les guerriers samnites pouvaient apparaître aux yeux des Romains comme des êtres d'un autre temps. Leurs guerriers portaient des armes luxueuses, étaient habituellement vêtus de tuniques aux couleurs chatoyantes. Cela renvoyait, pour les Romains, à ces époques lointaines où l'exhibition d'armes de prix était le signe de l'appartenance à une étroite couche aristocratique, qui s'en prévalait jusque dans ses mobiliers funéraires. Un détail surtout les a beaucoup frappés, dans la mesure où il répondait à un stade primitif des mentalités, où la guerre était avant tout chose religieuse, rituelle – alors que Rome, tout en respectant bien sûr scrupuleusement les rites que requérait l'entrée en campagne de ses troupes ou le déclenchement des batailles, n'usait pas de ces procédures religieuses dans le déroulement de la guerre.

En cas de péril extrême, les Samnites recouraient à une forme de recrutement exceptionnel, à caractère sacré, qui vouait à la mort ceux qui s'y soustrairaient : les auteurs latins parlent de loi sacrée, *lex sacrata*, c'est-à-dire déclarant celui qui y contrevenait *sacer*, voué aux puissances infernales, et par là devant être mis à mort. Tite-Live évoque une telle procédure en 10, 38, pour l'année 293 : « L'ordre de mobilisation générale lancé dans le Samnium s'accompagna de dispositions particulières : celui qui ne se présenterait pas à l'appel du général ou partirait sans sa permission serait voué à Jupiter » (10, 38). En outre, certaines des recrues ainsi rassemblées formaient un corps distinct au sein de l'armée, que liait un serment spécial : là encore il s'agissait d'une procédure religieuse, et avec de terribles conséquences, car celui qui, parmi ces soldats d'élite, après avoir juré de ne pas fuir, trahissait son serment s'exposait à la mort, ses compagnons devant le tuer aussitôt – courant le risque d'être maudits, eux-mêmes et leur famille, s'ils ne le faisaient pas.

Tite-Live fait une description effrayante de ce serment, montrant les recrues le prononçant au milieu des cadavres de leurs camarades que l'on avait égorgés parce qu'ils avaient refusé, par peur, de le prêter :

> À peu près au milieu du camp, on délimita un emplacement fermé par des claies et des panneaux et recouvert avec des toiles de lin : il faisait environ deux cents pieds carrés. Le prêtre chargé du sacrifice, Ovius Paccius, un vieillard, suivit les prescriptions d'un vieux livre de lin, prétendant tirer ce cérémonial de l'ancienne religion samnite : leurs ancêtres les auraient utilisées autrefois lorsqu'ils avaient décidé en secret de prendre Capoue aux Étrusques. Le sacrifice achevé, le général fit convoquer par un aide de camp les individus qui se distinguaient par leur naissance ou par leurs exploits. Ils furent introduits l'un après l'autre. Toute la mise en scène était faite, dans cet endroit entièrement fermé, pour inspirer la crainte des dieux : il y avait les autels au milieu, partout des victimes égorgées et tout autour les centurions, l'épée nue. Chacun, faisant figure de victime plutôt que de participant à la cérémonie, était conduit près des autels, et on l'obligeait à jurer qu'il ne révélerait à personne ce qu'il avait vu et entendu. Il était alors contraint de prononcer un serment épouvantable, qui attirait la malédiction sur sa famille et sa descendance s'il ne marchait pas au combat partout où l'enverraient les généraux, s'il quittait de lui-même le champ de bataille ou encore s'il ne tuait pas immédiatement le premier qu'il verrait s'enfuir. Au début, certains refusèrent de prêter serment : ils furent égorgés sur les autels ; leurs cadavres au milieu des victimes immolées apprirent aux autres à ne pas refuser. Quand les plus en vue des Samnites furent liés par l'imprécation, le général en désigna dix ; chacun devait choisir un homme et ainsi de suite jusqu'à obtenir un total de seize mille hommes. La légion fut appelée « légion de lin » à cause de la toile qui recouvrait l'enclos où avait eu lieu la consécration des nobles. Les hommes reçurent des armes exceptionnelles et des casques surmontés d'une aigrette pour qu'ils se détachent parmi les autres combattants. L'armée comptait par ailleurs un peu plus de vingt mille hommes qui valaient presque la légion de lin par la prestance, la gloire militaire et l'habillement. (10, 38, 5-13.)

On décèle une affabulation macabre dans cette description ; mais cela ne signifie pas qu'il faille récuser l'existence d'une telle procédure de formation d'un corps d'élite au sein de l'armée samnite. On a proposé, avec beaucoup de vraisemblance, de reconnaître dans les cours carrées fermées dont sont pourvus plusieurs sanctuaires du Samnium le lieu où se serait déroulée une telle procédure. La fonction militaire des temples est évidente : on a retrouvé, notamment à Pietrabbondante, qui était certainement l'une des capitales religieuses du pays, des quantités d'armes offertes en ex-voto. Et si les plus anciennes, du Ve siècle, de type hellénique, doivent correspondre à des prises de guerre faites sur les habitants des villes grecques

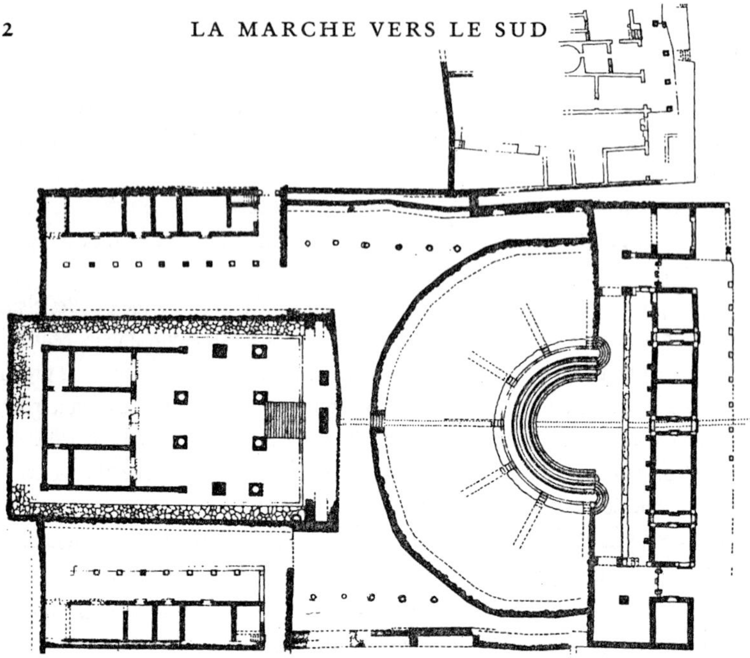

Plan du sanctuaire fédéral samnite de Pietrabondante

(ou étrusques) de Campanie ou de Grande-Grèce, les plus récentes, du siècle suivant, ont certainement été prises aux Romains au cours des défaites répétées que l'*Vrbs* subit au cours des guerres samnites. En fait, il faut relativiser l'aspect morbide du rituel de formation de la légion de lin sur lequel l'auteur latin s'étend complaisamment. Le serment n'était pas prêté aux dieux infernaux, mais à Jupiter, dieu du serment – ce qui était en accord avec la place que ces soldats d'élite occupaient, à la droite de l'armée samnite, comme avec leur tenue blanche, qui leur valait, en même temps que la tente sous laquelle ils avaient prêté serment, le nom de légion de lin. Il s'agissait de soldats sacrés, et non de soldats infernaux.

Néanmoins ces réactions négatives de l'auteur romain sont intéressantes. Elles traduisent le décalage qui, dès l'époque où les Romains ont affronté de telles troupes, devait exister entre les conceptions samnites et romaines en matière de guerre. Tite-Live met dans la bouche de Lucius Papirius, qui affronta la légion de lin en 293, un discours d'encouragement à ses troupes où il tournait en dérision son organisation et son équipement. Déjà en 310, dans des circonstances analogues, son père, le dictateur Papirius Cursor, avait su inspirer à ses troupes le mépris pour ces armes brillantes et luxueuses, ces tenues étonnantes qui ne servaient en rien à la guerre :

> Les Romains avaient déjà appris à connaître à quoi il servait de faire parade d'armes étincelantes, et leurs chefs leur avaient enseigné qu'un soldat devait avoir un aspect farouche, sans ciselures d'or et d'argent, mais qu'il devait s'appuyer sur le fer et sur son ardeur ; en effet ces objets étaient en vérité plus une proie que des armes, elles

brillaient avant l'action, mais s'enlaidissaient au milieu du sang et des blessures. Le courage était l'ornement du soldat, et tous ces beaux objets accompagnaient le cortège de la victoire ; un riche ennemi était la récompense du vainqueur, tout pauvre qu'il fût. (9, 40, 4-6.)

Pour les Romains, il n'y avait là que superstition alors que pour les Samnites il s'agissait d'un rituel religieux qui, se substituant aux règles normales, prétendait mobiliser directement les forces divines. Sans doute l'*Vrbs* ne négligeait-elle pas la part que les dieux prenaient à l'action de ses troupes ; mais elle le faisait dans le cadre de règles strictes, d'un état de droit codifié et appliqué par ses prêtres et ses magistrats, et non en vertu de procédures telles que le serment, l'appel immédiat au sacré, qui appartenait à ce que l'on peut qualifier de pré-droit – et qui n'avait plus cours dans la cité qui, depuis le temps des XII Tables au moins, avait dépassé ce stade archaïque.

Un pays arriéré par rapport à Rome

Ce n'était là qu'un cas particulier du décalage qui existait entre le monde samnite et la Rome contemporaine. Ainsi les formes d'organisation sociale du Samnium rappelaient-elles plus les ligues qui avaient existé dans le Latium proto-historique que les cités-États à la mode grecque qui s'étaient ensuite développées. Chez les Samnites, l'urbanisation ne s'était pas faite comme dans le Latium, en Étrurie ou en Campanie. On ne comptait chez eux que peu de villes véritables. Ils vivaient plutôt, selon l'expression grecque, « par bourgades », c'est-à-dire dans des petits villages dispersés. Ils avaient certes édifié de nombreuses enceintes sur des hauteurs, mais ces places fortes étaient davantage des refuges, où la population des campagnes environnantes pouvait se replier en cas de besoin, que des zones d'habitation permanentes. Les centres de regroupement étaient encore souvent des sanctuaires – comme celui d'Ampsanctus, consacré à la déesse Méfitis – établis à l'écart de toute ville. Même lorsqu'ils jouaient le rôle de centres religieux pour l'ensemble du Samnium – comme c'était le cas pour Pietrabbondante –, il ne semble pas qu'ils aient donné naissance à de véritables agglomérations. Une telle situation renvoyait à des modèles qui, pour le Latium, correspondaient à l'époque d'Albe la Longue ou de Lavinium.

Selon un sens qui était plus celui de son antécédent indo-européen *teuta* que celui que le même mot avait pris dans des zones italiques urbanisées (comme en Ombrie, la Gubbio des Tables eugubines), la *touto* osque, sur la base de laquelle s'organisait la nation, n'était pas nécessairement une ville. Elle pouvait être le regroupement de plusieurs *pagi*, de zones rurales, organisés autour de simples lieux de rassemblement. C'est ce qu'a dû être par exemple l'Aequum Tuticum dont nous parlent les textes : le sens de ce nom est l'équivalent de *forum publicum*, et ce devait être une simple zone de réunion. C'est en tout cas au niveau de ces ensembles, et donc, si l'on se réfère à ce qui avait existé d'équivalent dans le Latium, à celui des *populi* entre lesquels s'organisait le *nomen* primitif et non à celui des *ciuitates*, des cités, qui s'étaient formées ensuite, que la vie politique se menait. Les *pagi* étaient de simples unités d'habitat, et rares étaient les villes suffisamment importantes – comme Bovianum, la capitale des Pentri – pour avoir eu à se doter d'une administration analogue à celle que connaissaient les cités des régions plus développées de la péninsule. Dans leur cas, de rares inscriptions nous donnent quelques lumières, révélant une hiérarchie de magistrats, ou *meddices*, présidés par un ou peut-être plusieurs chefs, portant le nom de *meddix tuticus*, ou *meddix* de la cité.

L'ensemble du peuple samnite était divisé en quatre composantes. Les Caraceni étaient établis au nord, au contact des Péligniens, et ils avaient leur centre à Aufidena. Les Caudini devaient leur nom à leur centre de Caudium : ils étaient situés au sud-ouest, à proximité de la Campanie. Plus loin vers l'est, on trouvait les Hirpins. Mais la plus grande partie du pays, avec tout le secteur central des Abbruzzes, était occupée par les Pentri, dont le nom paraît signifier « montagnards ». Ils étaient établis autour du centre traditionnel de tout le peuple, Bovianum, l'endroit où, dans la légende, se serait arrêté le taureau qui avait guidé la migration des jeunes expulsés de Sabine au cours du « printemps sacré » originel.

Stèle du fardo Pattrorelli de Capoue

Ces différentes composantes du peuple avaient leurs particularités. Les Caudini, plus en contact avec les régions développées de la Campanie, étaient davantage urbanisés que les autres. Les Hirpins affichaient leur originalité en se référant à leur propre légende d'origine, qui les posait comme issus d'un *uer sacrum* particulier, conduit par le loup *(hirpus)* auquel ils devaient leur nom. Mais ces différences n'empêchaient pas qu'existât une forte cohésion, manifestée au niveau de la ligue samnite. Celle-ci en effet ne limitait pas son action à un rôle symbolique, ou uniquement religieux ; elle sut se donner les moyens de mener une politique d'ensemble. Cette politique était décidée par un conseil, dont nos sources parlent à plusieurs reprises, et qui regroupait des représentants des différents peuples samnites, pour lesquels le Grec Denys d'Halicarnasse emploie le terme de *probouloi*, conseillers, et le Latin Tite-Live celui de magistrats. Cette dernière dénomination prouve que cette instance avait un pouvoir de décision. Mais en temps de guerre la ligue se donnait un chef unique – désigné indifféremment par les noms latins *princeps*, prince, *dux*, chef, ou *imperator*, général en chef – sans que l'on puisse déterminer s'il était choisi pour un an ou pour toute la durée d'une campagne. Là encore l'analogie est nette avec les anciennes institutions de la ligue des peuples latins : c'était l'équivalent du *dictator Latinus*.

Une situation ethnique complexe

Les deux rivaux potentiels qu'étaient Rome et les Samnites mirent longtemps avant de s'affronter. On ne peut parler d'hostilités véritables, de lutte visant à assurer la domination de l'Italie centrale qu'à partir de ce qu'il est convenu d'appeler la « deuxième guerre samnite », entre 326 et 304. Il y eut bien auparavant la « première guerre samnite », que la tradition place entre 343 et 341, et qui dut effectivement voir aux prises Romains et Samnites, en dépit du fait que le récit annalistique est souvent apparu suspect, au point que bien des historiens modernes ont voulu récuser l'existence même de ce conflit. Mais cette « première guerre samnite » resta un conflit limité, qui ne remit pas fondamentalement en cause l'accord de 354. Sitôt les hostilités terminées, l'alliance fonctionna de nouveau, et Samnites et Romains agirent de concert contre une coalition de peuples – Latins, Aurunques, Volsques, Sidicins, Campaniens – dont les deux derniers avaient pourtant été lors de la guerre précédente les alliés des Romains contre les Samnites.

Il ne faudrait pas en effet simplifier la complexité de la situation dans cette région, et isoler l'unique facteur de la rivalité romano-samnite. D'autres éléments jouaient aussi, et notamment l'existence d'une série de petits peuples, encore indépendants au milieu du IVe siècle, qui ne voyaient pas sans appréhension s'affirmer la puissance tant du Samnium que de Rome. Il faut également tenir compte de ce que, au moment où s'amorçait ainsi l'expansion romaine vers le sud, la question des relations entre l'*Vrbs* et les autres cités au sein de la ligue latine n'avait pas encore été définitivement réglée, en dépit de la reprise en mains effectuée par Rome au lendemain des troubles qui avaient suivi l'invasion gauloise. Ces peuples pouvaient jouer des divergences d'intérêts susceptibles d'apparaître entre Romains et Samnites pour parer au danger venant de celui des deux qui leur semblait dans l'immédiat le plus menaçant, ou au contraire essayer de regrouper leurs ressources pour résister à la poussée concomitante de ces deux grandes nations.

On assiste de ce fait à une succession d'événements complexes, et que viennent rendre encore plus obscurs les incertitudes tenant au peu de crédibilité de la narration qui en a été faite par les historiens de l'Antiquité. On le constate notamment pour la première guerre samnite, dont le récit, on va le voir, a manifestement été influencé par des événements postérieurs.

La première guerre samnite

La cause de la première guerre samnite fut la pression exercée par les Samnites sur l'un de ces petits peuples intermédiaires, les Sidicins – qui parlaient d'ailleurs la même langue qu'eux, l'osque. Ils étaient établis autour de Teanum, immédiatement à l'ouest de la Campanie, en un point d'où ils pouvaient exercer un contrôle sur les communications entre la basse vallée du Liris et celle du Volturnus, et par-delà avec la Campanie proprement dite.

Le territoire des Sidicins se trouvait bien à l'est du Liris, et donc loin des établissements romains les plus méridionaux. En les attaquant, les Samnites ne violaient pas les termes de l'accord de 354 : ils opéraient dans la zone d'influence qui leur avait été reconnue. Rome n'avait donc *a priori* aucune raison d'intervenir et, comme le relève Tite-Live, « la cause de la guerre entre Samnites et Romains, qui étaient liés par un traité d'amitié et d'alliance, vint de l'extérieur et ne fut pas due à eux » (7, 29, 3). En effet, pressés par les Samnites, les Sidicins avaient fait appel à leurs voisins et parents établis plus à l'est, les Campaniens, dont la capitale était Capoue et qui représentaient – en dépit des critiques que, dès ce moment, les textes font de leur proverbiale mollesse – une force importante. Mais l'entrée en guerre des Campaniens n'avait pas suffi à renverser la situation : les Samnites avaient pénétré au cœur de la Campanie et, occupant la position stratégique du mont Tifata au-dessus de Capoue, avaient forcé les Capouans à se réfugier derrière leurs remparts, tandis qu'ils pillaient la campagne à l'entour.

Rome n'avait pas plus de raison d'intervenir à ce stade et de rompre l'alliance qui la liait aux Samnites que lorsque les Sidicins étaient les seuls menacés. Or elle le fit, et ce fut là un moment capital de son histoire, car ce fut la première fois que ses intérêts se portèrent au-delà du Latium et de ses abords, vers la Campanie.

Rome décida en effet de secourir les Campaniens (et les Sidicins qui les avaient fait entrer en guerre) : l'intervention de ses troupes marqua l'arrêt de l'avance samnite, aussi bien vers Teanum qu'en Campanie. Le récit que nous font les historiens anciens des opérations est suspect. On y voit un Valerius Coruus remporter de brillantes victoires, alors que son collègue Cornelius Cossus échappe de justesse à un écrasement total : on subodore, derrière une telle présentation, des retouches tendancieuses de l'histoire dues à l'annaliste Valerius Antias. On nous dit que le consul Cornelius « engagea imprudemment son armée dans un défilé qui suivait une vallée profonde et que de tous côtés cernait l'ennemi » (Tite-Live, 7, 34, 1). Cette marche présomptueuse d'un consul en direction du Samnium est une préfiguration de celle qui, en 322, mènera d'autres consuls au désastre des fourches Caudines. Cette fois, l'armée romaine fut sauvée : mais elle le fut par un tribun, Publius Decius : il peut y avoir ici, une fois de plus, projection de faits ultérieurs, étant donné le rôle que la famille des Decii, d'origine campanienne, paraît avoir joué dans ces guerres.

Quoi qu'il en soit la victoire de Rome – affirmée également par les actes triomphaux – appartient à la réalité historique. On ne saurait véritablement remettre en cause l'existence du conflit : la gêne qu'a éprouvée l'annalistique pour justifier la rupture de l'alliance avec les Samnites est un indice de la véracité, sinon du détail des faits, du moins de l'intervention des Romains dans la guerre.

La tradition explique en effet que les Campaniens avaient trouvé le moyen d'obliger les Romains à leur porter secours contre ceux qui étaient leurs alliés. Ils s'étaient livrés à eux, au moyen d'un acte solennel de capitulation, de *deditio*, analogue à celui auquel se livraient les habitants d'une ville assiégée lorsqu'ils se rendaient à discrétion à leurs assiégeants. Cela aboutissait au fait qu'ils appartenaient désormais à Rome et que, par conséquent, s'ils persistaient à les attaquer, les Samnites s'en prenaient dès lors aux Romains eux-mêmes. Le récit livien explique comment, par ce bel exemple de casuistique, c'étaient maintenant les Samnites et non les Romains qui enfreignaient les termes du traité de 354 :

> On éloigna les envoyés [de Capoue] et on consulta le Sénat. Beaucoup pensaient que la ville la plus grande et la plus riche d'Italie, son terroir extraordinairement fertile et proche de la mer, serviraient de grenier au peuple romain, parant aux fluctuations de prix des céréales. Pourtant la fidélité aux traités prima la considération d'un aussi grand intérêt. Et selon la volonté du Sénat, le consul fit cette réponse : « Le Sénat vous juge, Campaniens, dignes d'assistance. Mais il ne convient de fonder amitié avec vous qu'à condition qu'aucune amitié et alliance plus anciennes ne subissent, de ce chef, une atteinte. Or un traité nous lie avec les Samnites. C'est pourquoi nous refusons de porter pour vous, contre les Samnites, des armes qui outrageraient les dieux avant les hommes. Mais, comme il est conforme au droit divin et humain, nous enverrons une ambassade auprès de nos alliés et amis, pour les prier de ne vous faire aucune violence. » À quoi répliqua le chef de l'ambassade, en se conformant à la mission dont on l'avait chargé au départ : « Puisque vous vous refusez à protéger nos biens en opposant à une injuste violence une juste force, du moins vous défendrez les vôtres. C'est pourquoi nous livrons le peuple campanien et la ville de Capoue, les champs, les sanctuaires des dieux et toutes choses divines et humaines à votre domination, sénateurs, et à celle du peuple romain. Et ainsi, dorénavant, toutes nos souffrances seront celles de sujets rendus à votre merci. » Aussitôt après ces paroles, tous tendant les mains vers les consuls, le visage baigné de larmes, se prosternèrent dans le vestibule de la curie. Une profonde émotion étreignit les sénateurs devant ce revirement de la fortune des hommes : « Ce peuple opulent entre tous, connu de tous pour son faste et son orgueil, et dont les voisins, peu auparavant, recherchaient l'assistance, laissait s'abattre son courage au point de se mettre lui-même, avec tous ses biens, sous une autorité étrangère ! » Dès lors, ils jugèrent qu'il y allait de leur conscience de ne pas trahir des gens remis à leur discrétion. Et le peuple samnite manquerait, pensaient-ils, à l'équité s'il attaquait un territoire et une ville devenus, par reddition, propriété du peuple romain. Aussi décida-t-on d'envoyer une ambassade aux Samnites : mission lui fut donnée de leur exposer les prières adressées à Rome par les Campaniens, la réponse du Sénat, tout

empreinte du souvenir de l'amitié samnite, et leur reddition finale; ils devaient leur demander, au nom de leur amitié et de leur alliance, d'épargner des sujets romains et de ne pas porter les armes contre un territoire qui était devenu la propriété du peuple romain; mais, si un parler amical obtenait peu de succès, qu'ils signifient solennellement aux Samnites, au nom du peuple romain et du Sénat, de ne point toucher à la ville de Capoue et au territoire campanien. (7, 31, 1-10.)

Cette présentation des faits a souvent été jugée inadmissible. On a fait remarquer que, techniquement, la *deditio* n'a pas eu les conséquences juridiques qu'elle aurait dû avoir: après la guerre, les Campaniens ont été des alliés de Rome, des *socii*, au même titre par exemple que les Latins ou les Herniques, et non les *dediticii* qu'ils auraient dû être si une véritable capitulation avait eu lieu. Partant de là, les historiens ont longtemps voulu voir dans cette *deditio* de 343 une simple anticipation, projection de celle qui a eu lieu au cours de la deuxième guerre punique. En 211 en effet Capoue, après s'être jetée dans le camp d'Hannibal, capitula devant l'armée romaine qui l'assiégeait, perdant ainsi toute indépendance. Mais on a depuis fait remarquer que le genre de soumission volontaire auquel les Capouans s'étaient livrés en 343 devant les Romains appartenait aux procédures courantes de la diplomatie de l'époque; et le souci de justification dont témoigne le récit traditionnel, pour une intervention qui ne pouvait évidemment pas paraître comme une défense devant une agression, est une preuve de l'authenticité du fait. Rome a dû ressentir la gravité de la décision d'entrer en guerre contre les Samnites pour secourir Capoue. Cela implique en tout cas qu'elle a consciemment accepté de porter ses vues au-delà de sa zone d'action traditionnelle, et de s'intéresser à la Campanie.

Le retour à l'alliance samnite

La suite des événements confirme l'élargissement des objectifs de Rome. La paix fut vite conclue; mais si les Samnites renoncèrent à toute prétention sur la Campanie, Rome les laissa libres d'agir comme bon leur semblait avec les Sidicins. Elle aurait été jusqu'à refuser de leur part une *deditio* analogue à celle qu'elle venait d'accepter de la part des Capouans. Autrement dit, Rome ne soutint nullement les Sidicins, qui avaient pourtant été la cause première de la guerre: dans ce secteur, l'accord de 354 fut purement et simplement reconduit, conformément à la délimitation ancienne des zones d'influence de part et d'autre du Liris. Le but que visait désormais Rome n'était plus la vallée du Liris et ses abords, mais bien les riches plaines de Campanie et leur abondance légendaire.

Les Sidicins, laissés sans défense devant les menées des Samnites, pouvaient s'estimer trahis. Les Campaniens eux-mêmes pouvaient penser, une fois passé le danger d'invasion samnite, qu'ils avaient conclu un marché de dupes en introduisant chez eux les Romains qui s'étaient montrés si prompts à rétablir leur alliance avec les Samnites. Rome certes avait préservé Capoue de l'attaque samnite, mais n'avait rien fait en faveur de ses alliés de Teanum. Il pouvait apparaître que l'*Vrbs* n'était intervenue que pour prendre pied en Campanie – et comme étant prête éventuellement à y conclure un accord analogue à ce qu'avait représenté pour la zone située plus à l'ouest le traité de 354, c'est-à-dire un partage en zones d'influence entre Romains et Samnites. Devant cette attitude de Rome à leur égard, Campaniens et Sidicins semblent avoir compris ce qui était en train de se passer : que la région tout entière était en butte aux appétits des deux grandes puissances, également agressives, qu'étaient les Romains et les Samnites, et que la situation risquait d'aboutir à l'absorption par ces deux « grands » de tous les autres peuples.

En 342, les Capouans purent avoir une idée précise des risques que pouvait leur faire courir le fait de s'être confiés aux Romains pour assurer leur défense. Car cette année-là, les troupes que Rome avait installées à Capoue, pour en assurer la protection, se mutinèrent, menaçant de s'emparer de la cité. Tite-Live prête des paroles très significatives aux révoltés :

> Pourquoi le territoire le plus riche de l'Italie, et une ville de ce territoire, appartiendraient aux Campaniens, incapables de protéger ni eux-mêmes ni leurs biens, plutôt qu'à l'armée victorieuse qui avait dépensé sa sueur et son sang pour en repousser les Samnites ? Était-il donc équitable que leurs sujets jouissent à leur aise de la fertilité et du charme d'un tel pays quand eux, épuisés par le service, luttaient contre le sol malsain et aride des environs de Rome ou, à l'intérieur de la Ville, avaient à supporter le chancre invétéré de l'usure toujours croissante ? (7, 38, 6-7.)

La tentation devait être forte pour ces soldats romains, qui appartenaient aux couches les moins favorisées de la population, de refaire ce que les Samnites avaient jadis fait à Capoue – et de prendre la ville. On nous dit que la plèbe avait été hostile à la première guerre samnite : sans doute trouvait-elle absurde de courir au secours des Campaniens, sans nul bénéfice apparent pour elle. Mais une fois que ces plébéiens avaient été installés en garnison à Capoue, beaucoup devaient être enclins à profiter de leur force pour prendre le contrôle de la cité et s'approprier ses terres et ses richesses.

La guerre latine

On assista bientôt à une tentative commune des petits peuples de la région d'arrêter la marche des deux grandes puissances : une coalition les dressa contre les Samnites et les Romains réconciliés. Aux Sidicins et aux Campaniens se joignirent en effet les Aurunques, voisins des Sidicins, et ce qui restait des Volsques, en train d'être absorbés à la fois par les Romains et par les Samnites. Mais surtout les Latins – dont la question des rapports avec Rome n'avait été qu'imparfaitement réglée par l'accord de 358 – saisirent l'occasion pour tenter, une dernière fois, de retrouver leur indépendance à l'égard de l'*Vrbs*, de s'opposer à l'évolution inéluctable qui tendait à faire de la ligue latine un simple instrument au service de la politique romaine. D'où le nom de guerre latine donné à cette guerre de 340-338 – qui pourtant vit bien d'autres peuples que les Latins ligués contre Rome, de nouveau alliée aux Samnites : dans le camp opposé, on trouva à la fois les Latins, les Volsques, les Aurunques, les Sidicins, les Campaniens.

Devant ce mouvement de révolte qui les visait également, Romains et Samnites coopérèrent étroitement. En 340, un mouvement tournant par le nord, à travers le pays des Marses et des Péligniens, permit aux forces romaines de faire leur jonction avec celles des Samnites, et d'envahir de concert la Campanie par la vallée du Volturnus. Le récit traditionnel est une fois de plus confus et peu fiable. Diodore (16, 90) parle d'une bataille, à Suessa, en pays aurunque, et Tite-Live de deux, la première près du fleuve Veseris, par ailleurs inconnu, et la seconde à Tifanum, entre Minturnes et Sinuessa, donc également en pays aurunque (8, 11). L'historien padouan situe en outre la première rencontre près du Vésuve (8, 8, 19) – ce qui paraît incompatible avec le récit d'ensemble qu'il fait des opérations, et doit provenir d'une confusion avec un autre cratère volcanique, celui de Rocca Mafina, qui est situé en zone aurunque, et donc non loin de Suessa, Minturnes et Sinuessa. Ces difficultés du récit n'empêchent pas que l'on puisse tenir pour acquis que les forces des coalisés furent écrasées en une rencontre décisive, sans doute unique, qui eut lieu en territoire aurunque. Dans cette victoire, les Samnites eurent leur part autant que les Romains. Denys d'Halicarnasse présente, il est vrai, une version selon laquelle les forces samnites arrivèrent trop tard pour prendre part au combat, et que ce retard, loin d'être involontaire, était un signe de leur duplicité, qui les aurait fait attendre de voir de quel côté tournerait le sort des armes avant d'intervenir (15, 4, 3). Mais Tite-Live a l'honnêteté de suggérer que c'était là une invention tendancieuse de l'annalistique (8, 11, 2). Il ne s'arrête cependant guère sur la participation des alliés de Rome à la bataille, dont le point culminant fut pour lui le sacrifice volontairement consenti du consul Publius Decius Mus qui, au moment où la bataille allait tourner au désastre pour les Romains, offrit sa vie selon le rituel de la *deuotio* afin de redresser la situation. Ce geste héroïque eut l'effet escompté – comme le même geste qu'auraient accompli successivement le fils du consul de 340, un autre Publius Decius Mus, lors de la bataille de Sentinum, un demi-siècle plus tard, en 295, et son petit-fils, devant les troupes du roi Pyrrhus d'Épire, à Ausculum, en 279 :

> [Publius Decius Mus], ayant la toge ceinte à la manière de Gabies, sauta tout armé à cheval et se lança au milieu des ennemis sous les yeux de l'une et de l'autre armée ; il apparut d'une majesté plus qu'humaine, comme envoyé du ciel pour expier toute la colère divine, détourner des siens le fléau et le rejeter sur l'ennemi. Ainsi toute la terreur et l'effroi emportés par lui jetèrent d'abord le trouble parmi les Latins, puis pénétrèrent profondément dans l'armée tout entière. Et il parut avec évidence que, partout où le cheval l'emporta, l'épouvante s'emparait des soldats comme s'ils eussent été frappés par un astre destructeur ; mais quand il s'écroula, accablé de traits, les cohortes latines, cédant dès lors à une panique certaine, prirent la fuite et laissèrent alentour tout le terrain vide. (8, 9, 9-12.)

Après cette bataille, l'issue de la guerre ne pouvait être douteuse, mais il restait à parachever la victoire par la conquête des pays ennemis. Les Samnites soumirent les Sidicins. Les Romains se chargèrent des zones, beaucoup plus étendues, qui rentraient dans ce qui était considéré comme leur sphère d'influence. En fait, ils étaient les grands vainqueurs de la guerre qui confirmait leur hégémonie sur de vastes portions de l'Italie centrale, depuis le Latium jusqu'à la Campanie, comprenant une grande partie du pays volsque et la totalité de celui des Aurunques. On comprend que deux années de campagne aient encore été nécessaires pour venir à bout de ce vaste programme, et pour mettre fin aux dernières résistances, celles des Latins de Préneste, Tibur, Aricie, Lanuvium, et des Volsques d'Antium. Les rostres des navires de cette ville, dont la piraterie était redoutée dans toute la mer Tyrrhénienne, vinrent orner la tribune aux harangues sur le Forum de Rome – tandis que les Antiates étaient privés du droit d'avoir une flotte, et forcés d'accueillir des colons romains.

L'annexion du Latium

L'un des acquis les plus clairs de cette guerre fut le règlement définitif – au profit de Rome – de la question latine. Sur la proposition du consul Lucius Furius Camillus, on décida non plus de conclure un traité commun avec les Latins comme cela avait été fait à l'époque du *foedus Cassianum*, après la bataille du lac Régille, et encore en 358, mais de traiter séparément avec chaque cité, selon l'attitude qu'elle avait eue. Les Laurentes de Lavinium seuls restés fidèles, eurent droit au renouvellement de l'antique traité qui les liait à Rome. Il donna lieu désormais chaque année à une cérémonie spéciale, après les Féries latines, qui manifestait ainsi la position privilégiée de cette cité au sein du *nomen Latinum*. À l'inverse les grandes cités qui avaient mené la révolte, Préneste et Tibur, furent amputées d'une partie de leur territoire, et gardèrent le statut de villes alliées. Les Tusculans, qui étaient déjà citoyens romains (mais *sine suffragio*), gardèrent ce statut, après que l'on eut puni ceux qui, parmi eux, avaient poussé à la révolte. Le même statut de citoyenneté mineure fut étendu à Aricie, Nomentum, Pedum, Lanuvium – Rome se réservant dans ce dernier cas le contrôle de l'important culte local de Junon Sospita. Les autres Latins furent annexés avec des droits encore réduits : ils furent privés du *ius connubii* (droit d'intermariage) et du *ius commercii* (droit de commerce à l'extérieur de la cité). On fut plus sévère encore à l'égard de catégories particulières. Les colons de Velletri, qui avaient pris part à la révolte, furent châtiés comme des traîtres et déportés ; on installa de nouveaux colons sur le site, et par précaution on rasa la muraille de la ville.

Le plus significatif est peut-être que ces Latins, traités d'une manière aussi diversifiée, se virent interdire la tenue de réunions communes. Cela montrait que toute solidarité à l'intérieur du Latium était brisée, et que la seule relation permise aux différentes composantes du *nomen Latinum* était celle avec Rome. Désormais, c'était aux magistrats de l'*Vrbs* de décider de tout et les Latins étaient traités comme des subordonnés des Romains. Leur statut, s'il leur laissait une certaine autonomie dans les affaires locales et continuait à les distinguer des autres alliés, eut surtout pour effet de les obliger à suivre sans la moindre discussion la ligne politique décidée à Rome et de fournir des contingents à ses armées. Certes, les formes de l'ancienne ligue subsistaient. Rome n'entendait pas détruire les liens qui, depuis des temps immémoriaux, unissaient les Latins – à partir du moment où elle exerçait sur eux un contrôle exclusif. Les délégués des trente peuples continuèrent à célébrer les Féries latines sur le site de l'antique métropole albaine ; mais même ces institutions vénérables montraient maintenant clairement où était le pouvoir. Selon une hypothèse fort plausible, c'est à ce moment qu'aurait eu lieu à Lavinium la réfection de l'ancien tombeau qui faisait l'objet d'un culte collectif, adressé à l'ancêtre commun des Latins qu'était le Pater Indiges. Mais alors qu'auparavant ce Pater Indiges était identifié avec leur éponyme Latinus, roi des Latins, on se mit à considérer qu'il n'était autre qu'Énée le Troyen, disparu en ces lieux lors de la guerre contre Mézence. Rome, nouvelle Troie, imposait même ses références légendaires au reste du Latium.

Rome en Campanie

Ayant ainsi assuré ses arrières, Rome pouvait affirmer sa présence en Campanie. Capoue, de même que Cumes et Suessula, reçut le droit de cité *sine suffragio* – selon un règlement qui semble avoir été définitivement conclu en 334. Mais on fit une distinction significative, qui annonce une ligne de conduite qu'on retrouvera ailleurs. L'aristocratie locale des chevaliers campaniens était restée fidèle à la cause romaine : c'étaient les éléments populaires qui avaient imposé une politique hostile à Rome et le rejet de l'alliance de 343. Les chevaliers eurent donc un traitement de faveur : ils furent gratifiés du droit de cité complet, et entrèrent de ce fait de plain-pied en relations avec la noblesse romaine. La plèbe locale, elle, fut punie : en 340, « le peuple campanien reçut l'ordre de payer dorénavant chaque année à chacun [des mille six cents chevaliers] la somme de quatre cent cinquante deniers » – ce qui correspond à la somme versée par l'État aux chevaliers romains pour l'achat et l'entretien de leur cheval (Tite-Live, 8, 11, 16). En outre, les liens avec la Campanie furent assurés. Sur la ligne de communication avec le Latium, sur le tracé de la future voie Appienne, Fundi et Formies reçurent la *ciuitas sine suffragio*. Et une implantation massive de colons romains fut faite dans l'*ager Falernus*, à l'entrée de la province. Rome avait en effet, cette fois encore, procédé à des confiscations territoriales. En 341 la cité volsque de Privernum avait été amputée des deux tiers de son territoire et surtout, en 340, la Campanie avait perdu les riches terres de l'*ager Falernus*. On tira les conséquences juridiques de ces annexions en 318 : on créa alors la tribu Oufentina et la tribu Falerna.

La domination romaine avait donc fait, au sortir de ces deux guerres, un bond de géant. Elle s'étendait désormais, sans solution de continuité, du territoire de Véies, en Étrurie, jusqu'aux abords du Vésuve, en Campanie. Elle s'exerçait sur des populations d'appartenance ethnique diverse, de langues différentes, avec en outre des statuts très diversifiés. Il ne s'agissait pas de sujets dans la mesure où ils gardaient des droits, divers selon les cas, et jouissaient généralement de l'autonomie dans la gestion des affaires locales, dans le cadre du traité qui les liait à

Rome. Mais cet empire romain naissant n'en avait pas moins déjà pris un aspect unifié, au service des ambitions de l'*Vrbs*, dans la mesure où Rome s'était donné les moyens de décider seule de la politique d'ensemble, sans être embarrassée de structures fédérales anciennes comme la ligue latine.

Entre la Campanie et le Latium, il est vrai, cette domination romaine présentait une zone de rétrécissement – là où l'accord avec les Samnites laissait ceux-ci contrôler Teanum et le pays sidicin. Mais au moins la voie côtière était de bout en bout entre les mains de Rome, et face à Teanum, les Romains installaient en 334 la colonie latine de Cales. Plus grave encore, ils se permettaient de contrevenir ouvertement à l'accord de 354 en établissant en 328 une colonie sur le site de Frégelles, laissé libre depuis la destruction de la cité volsque par les Samnites : Frégelles, on l'a vu, s'élevait certes à proximité du Liris, mais sur sa rive est, donc sur le côté qui relevait, en principe, des Samnites.

Les Romains avaient sans doute profité de ce que les Samnites étaient alors occupés dans une tout autre direction. Afin de soulager la pression que les Lucaniens exerçaient sur elle comme sur les autres cités grecques de la côte, Tarente avait fait venir en Italie un chef grec, le roi d'Épire Alexandre le Molosse, l'oncle d'Alexandre le Grand qui au même moment entreprenait sa fulgurante conquête de l'Empire perse. Le roi d'Épire rêvait d'accomplir en Occident des exploits comparables à ceux de son neveu en Orient. Il avait pris vigoureusement l'offensive contre les Lucaniens, allant jusqu'à s'emparer de Paestum, l'ancienne Poseidonia qu'ils avaient enlevée aux Grecs. Les Samnites vinrent aux secours des Lucaniens : ils laissaient le champ libre, au nord, à Rome. Celle-ci sut en profiter, et ce fut probablement de connivence avec Alexandre le Molosse. Elle conclut avec lui un traité en 332. L'historien Justin, se fondant sur des sources grecques anciennes, précise : « [Alexandre] fit un traité et établit une amitié avec les Métapontins, les Poediculi et les Romains » (22, 2, 12), et il n'y a pas de raison de lui prêter, comme le suggère Tite-Live (8, 17, 10), une quelconque duplicité en l'affaire : le Molosse et les Romains avaient des ennemis communs. L'*Vrbs* se comportait de fait en alliée objective du roi, et grignotait au nord le pouvoir de ceux qui étaient encore théoriquement ses alliés, les Samnites – contre lesquels Alexandre était en guerre au sud.

Au terme donc de la période de douze ans qui sépara la fin de la guerre latine et le début de la deuxième guerre samnite, il était manifeste que celui des deux alliés de 340-338 qui avait le plus profité de la victoire commune était Rome. Elle avait posé les jalons d'une mainmise complète sur le versant tyrrhénien de la péninsule, du sud de la Toscane à la Campanie. La déduction de la colonie de Frégelles montrait que les Romains risquaient de ne plus s'accommoder longtemps d'une situation qui laissait les Samnites maîtres de Cassinum, Aquinum, Teanum, et donc du trajet de la future *uia Latina*, et réduisait à un mince ruban côtier la présence romaine dans l'intervalle compris entre ses deux pôles du Latium et de la Campanie. Les Samnites de leur côté, dès que la mort du Molosse, survenue en 326, leur permit de ne plus se préoccuper exclusivement de leurs affaires méridionales, risquaient évidemment de ne pas laisser s'affermir ainsi la présence romaine aux limites de leur pays.

La Campanie

Le *casus belli* ne vint cependant pas de la poussée romaine dans la zone du Liris, mais de la Campanie. Dans cette région aussi, les appétits romains étaient évidents. On le comprend aisément: cette province qui commençait alors à entrer dans l'orbite romaine était la plus riche terre à blé de l'Italie. On pouvait y faire, aux dires de Strabon et de Pline, jusqu'à trois récoltes de céréales par an – deux d'épeautre et une de mil. C'est de là, au jugement de Varron, que venait le meilleur épeautre *(far)* de la péninsule, céréale dont on tirait une semoule qui, éventuellement mélangée à du vin miellé, constituait, plus que le pain, la base de l'alimentation de ses habitants. Nous sommes en pays méditerranéen: aux céréales s'ajoutaient la vigne et l'olivier. Ce dernier, plante de colline plus que de plaine, se rencontrait plutôt à la périphérie de la région: il faisait la réputation de Venafrum. Quant à la vigne, la Campanie produisait les crus les plus réputés de l'Antiquité. C'était le cas surtout de l'*ager Falernus*, où s'étaient installés les colons romains, avec le massique, qui devait son nom au massif qui dominait la région, et le falerne proprement dit, qui provenait des zones plus basses. Mais Cales ou Cumes avaient également leurs variétés réputées. On peut également évoquer les chevaux de la région, voire les roses de Capoue, à l'envoûtant parfum, dont on disait qu'elles avaient cent pétales. Bref, la Campanie était la terre de l'abondance, dont, d'après une légende rapportée par Pline, la déesse des moissons et le dieu du vin, Cérès et Liber, s'étaient disputé la possession, la comblant tous deux de leurs bienfaits. Un jour les troupes d'Hannibal allaient s'y amollir dans les délices de Capoue, mais avant de fournir un lieu commun à la réprobation des moralistes de l'Antiquité, le luxe et la vie facile des Campaniens – que les Grecs appelaient *truphè* – devaient surtout représenter un motif d'envie pour les habitants des zones moins bien loties de la péninsule.

Voici par exemple la description enthousiaste que le géographe grec Strabon faisait, à l'époque d'Auguste, de la province:

> La fertilité de cette contrée est bien mise en évidence par le fait que c'est elle qui produit la plus belle qualité de blé, je veux parler de ce froment dont on fait le gruau, une farine supérieure non seulement à celle du riz, mais même à tous les produits alimentaires à base de cérales. On rapporte aussi qu'il y a en Campanie quelques plaines où on fait successivement dans une même année deux cultures d'épeautre et une troisième de millet, voire, dans certains cas, une quatrième de légumes. Les Romains font aussi venir de là leurs meilleurs vins, le falerne, le statanus, le calenus, mais la concurrence du surrentinus commence à compter, depuis l'expérience récente qu'il se prête bien au vieillissement. Enfin, toute la région de Venafrum, qui avoisine ces plaines, est, dans les proportions semblables, grande productrice d'huile d'olive. (5, 4, 3 [242-243].)

La richesse de la région était avant tout agricole; mais depuis longtemps s'y était développée une civilisation urbaine, où l'artisanat et les échanges tenaient toute leur place. La Campanie était la partie de l'Italie qui, la première, avait été touchée par la colonisation hellénique, puisque c'était là que les Chalcidiens s'étaient établis, dans l'île d'Ischia puis à Cumes, dès la première moitié du VIIIe siècle. Les Grecs y avaient fondé, outre Cumes, sa sous-colonie de Naples qui, à la différence de Cumes tombée au pouvoir des Campaniens, conservait encore au IVe siècle son caractère hellénique. La province ne comptait pas que des villes grecques. Stimulés par cette présence hellénique, les indigènes y avaient également développé leurs propres cités. Cela avait été le fait surtout des éléments étrusques qui y étaient établis, et qui avaient disait-on fondé, autour de Capoue qui était leur capitale, une confédération de douze cités, une dodécapole, à l'image de celle qui existait en Toscane. Cet essor urbain n'avait pas été détruit par l'implantation du *populus Campanus* et la mainmise sur la région – à la seule exception de Naples – d'éléments italiques dans le troisième quart du Ve siècle. Il ne faudrait au reste pas forcer la signification de ces termes ethniques, et penser à une transformation complète de la population au cours de ces événements. Dans toutes les cités, qu'elles se rattachassent comme Capoue à une origine étrusque, ou comme Cumes et Naples eussent été des colonies grecques, ou encore eussent abrité dès l'origine des populations italiques, comme cela semble avoir été le cas pour Nuceria, on retrouvait un mélange d'éléments italiques, grecs, étrusques, dont les noms se mêlent dans l'onomastique que révèlent les inscriptions locales. Cela avait abouti à une civilisation riche et variée, dont le rayonnement s'était fait sentir sur l'Italie centrale. On a eu l'occasion de le constater pour le Latium du VIe siècle. Cela n'avait pas changé au IVe: on peut relever que c'est à cette époque, vers le milieu du siècle, que commença à se développer une production de céramique à figures rouges, qui prit le relais des ateliers attiques, alors en plein déclin.

« L'État romano-campanien »

La Campanie connaissait donc un niveau de développement comparable à celui de Rome, alors que le Samnium offrait l'image d'un pays beaucoup plus arriéré. Il pouvait donc sembler naturel que Rome et Capoue fissent alliance, face à la menace d'une partie de l'Italie restée à un stade de civilisation qui pouvait apparaître dépassé. Mais cela ne fut rendu possible que par des facteurs politiques, tenant à la situation interne des Campaniens.

Il ne faudrait pas croire en effet que le pays de cocagne que semblait être la Campanie eût été exempt de tensions. On touche là une des raisons de l'implantation de Rome, qui tenait aux Campaniens eux-mêmes. On a vu la différence de traitement que Rome avait réservée, après la guerre de 340-338, à l'aristocratie des chevaliers campaniens et au reste de la population. Rome avait favorisé, comme elle le fit souvent ailleurs, les éléments aristocratiques de la population et s'était appuyée sur eux pour asseoir sa domination. Cela traduisait bien évidemment l'existence, dans cette Campanie du IVe siècle, de graves tensions entre noblesse et plèbe, que Rome n'avait assurément pas créées, mais dont elle sut se servir en fonction de ses intérêts.

Les nobles locaux trouvaient bien entendu leur avantage aux relations nouvelles qui s'étaient instituées avec Rome. Les *equites Campani* pouvaient ainsi s'intégrer dans la nouvelle *nobilitas*, plus ouverte que le vieux patriciat, qui était alors en train de se créer. Certains d'entre eux réussirent très tôt à le faire : dès 335 un membre de la famille des Atilii, qui, attestée à Cales, Gaète et Nuceria, est certainement d'origine campanienne, accéda au consulat. Sans doute cette alliance des deux aristocraties, la campanienne et la romaine, fut-elle favorisée par l'installation, dès auparavant, d'éléments campaniens à Rome. Il n'est sans doute pas fortuit que l'accord avec les nobles de Capoue se soit fait au moment où apparaissait dans les fastes consulaires un nom campanien, celui de Publius Decius Mus. Ce que l'on sait de sa carrière suggère de voir en lui un chef militaire campanien passé au service de Rome : il put servir d'intermédiaire entre ses anciens compatriotes et les milieux dirigeants romains.

De toutes façons, les liens se sont multipliés entre les couches dirigeantes des deux cités. Lorsque Tite-Live, à propos des vicissitudes des relations entre Rome et Capoue au cours de la deuxième guerre punique, retrace l'histoire des liens entre les deux cités, il insiste – autant que sur le traité qui suivit la *deditio* de 343 et sur la concession du droit de cité qui se fit, pour les chevaliers en 338 et pour les autres Capouans en 334 – sur le « droit de mariage et les alliances familiales » qui se nouèrent dès lors (31, 31, 11). Il s'agissait de deux cités aux structures politiques analogues, d'un niveau de développement comparable, partageant une même culture marquée par l'influence grecque : il est naturel que des liens personnels se soient noués et que l'alliance globale des deux cités se soit appuyée sur tout un tissu d'alliances matrimoniales. Il y eut un mélange intime des deux aristocraties – au point que lorsque Capoue, au cours de la deuxième guerre punique, se détacha de l'alliance romaine pour passer dans le camp d'Hannibal, celui qui occupait la charge de *meddix tuticus* et dirigeait les affaires de la cité, Pacuuius Calauius, était le beau-père du consul de 228 Marcus Liuius Salinator et le gendre du consul de 212 Appius Claudius Caecus, celui-là même qui devait mener les opérations de siège contre la ville révoltée (Tite-Live, 23, 2, 6).

Pour sa part, la plèbe retira certainement moins de bénéfices de l'alliance. Elle servit dès lors à fournir des troupes à Rome. D'après un texte de Polybe (2, 24), portant sur l'année 223, il apparaît que les Capouans, à cette époque au moins, étaient appelés à servir dans les légions, au même titre que les Romains, et non à part dans des contingents alliés, comme par exemple les Latins. Mais auparavant Rome semble avoir eu recours à des formations purement campaniennes, profitant à son tour des qualités militaires bien connues des Campaniens qui en avaient fait des mercenaires recherchés par les cités grecques d'Italie du Sud et de

Sicile et par les Carthaginois. On verra le rôle de la *legio Campana*, qui dut être l'un de ces corps campaniens levés par Rome, à Rhégion entre 282 et 270. En fait, l'intervention de Rome dans les affaires de la cité avait eu surtout pour effet de renforcer la domination sur la plèbe de l'aristocratie des chevaliers. La position dominante de l'aristocratie devait être à Capoue encore plus manifeste qu'à Rome : elle se traduisait par l'existence d'un Forum pour les nobles et d'un autre, différent, pour le peuple, exemple de l'orgueil et du mépris des aristocrates pour la plèbe que Caius Gracchus fustigea dans l'un de ses discours en 125. Plus encore qu'avant l'annexion, la plèbe de Capoue devait être soumise à la noblesse locale des *equites*, et régie par des *meddices* qui se recrutaient exclusivement au sein de ceux-ci.

On ne peut donc parler que dans une mesure très limitée d'« État romano-campanien ». On avait jadis insisté sur cette notion : on avait même imaginé que la légende de Romulus et Rémus était née au IVe siècle, à partir des liens privilégiés qui s'étaient alors établis entre les deux cités et qu'elle aurait expliqués par la gémellité des héros fondateurs. On n'avait pas entièrement tort de mettre en avant de telles données légendaires : dans cet horizon chronologique, on a voulu faire de Capys, le fondateur de Capoue, le frère des jumeaux romains, établissant ainsi une parenté originelle entre Capoue et Rome. Cela traduisait bien la volonté de donner à Capoue une place privilégiée à l'égard de Rome. Mais on est alors dans le domaine de l'idéologie, sinon de la propagande, et non dans celui des réalités juridiques ou politiques. Il n'a jamais existé d'État bicéphale entre les bords du Tibre et ceux du Volturnus. Un État unique, réunissant Campanie et Latium, était certes en train de se former. Mais il avait un seul centre, Rome.

La guerre de Naples

Une situation analogue existait dans la ville grecque voisine Naples. Là également la cité était tiraillée entre éléments aristocratiques et éléments populaires, ce qui aboutit à de graves troubles en 327. Il semble, ici encore, que les nobles penchaient en faveur de Rome, tandis que la plèbe recherchait ouvertement l'appui des Samnites.

Naples, à la différence de Cumes, avait préservé son indépendance par rapport aux Campaniens et se voulait toujours une cité grecque. Strabon insiste sur le caractère hellénique qu'elle avait su conserver de son temps :

> De très nombreux vestiges de la vie grecque sont conservés à Naples, par exemple les gymnases, les places de jeu des éphèbes, les phratries et même les noms grecs, alors que la population est romaine. Actuellement ont lieu tous les cinq ans, dans cette ville, des jeux sacrés qui durent plusieurs jours et comprennent des concours de musique et de gymnastique dignes de rivaliser avec les fêtes les plus célèbres de la Grèce. (5, 4, 6 [246].)

La situation était en réalité plus mitigée : le même Strabon note que la ville avait accueilli de nombreux éléments italiques, et que des représentants de ces nouveaux venus s'étaient introduits jusqu'au sein des couches dirigeantes, au point que les listes des magistrats suprêmes, les démarques, étaient remplies de noms osques. Il explique cela par le conflit, au sein de la cité, entre le parti aristocratique et le parti populaire – qui aurait introduit les Campaniens dans la ville. Sans doute serait-il absurde de ramener l'opposition entre les deux factions à un conflit ethnique : il est probable par exemple que ceux dont le géographe dénonce la présence dans les fastes locaux s'étaient intégrés dans l'aristocratie dirigeante de la cité. Il n'en reste pas moins que ces Italiques devaient être nombreux surtout dans les couches plus basses de la population, et que ceux-ci devaient être tentés d'appuyer leurs revendications sur l'appui de congénères puissants, comme les habitants de Nuceria ou leurs alliés samnites.

Les problèmes internes de Naples furent la cause immédiate de la deuxième guerre samnite, car les Samnites trouvèrent là une occasion de contrer l'affermissement de la présence romaine en Campanie. Si, avec l'annexion de Capoue, Rome dominait sans conteste la Campanie centrale, les Samnites avaient su se ménager l'alliance des cités méridionales, inquiètes de l'avance de Rome dans ce secteur. Il apparaît du déroulement ultérieur des faits qu'au moment où s'engagèrent les hostilités, Nola et Nuceria Alfaterna étaient alliées aux Samnites. Ceux-ci crurent trouver dans les troubles survenus à Naples le moyen de pousser leur avantage encore plus loin vers le nord.

Naples était – comme Capoue – déchirée entre un parti populaire et un parti aristocratique. Le premier parti l'emporta et demanda bientôt l'aide de la ville de Nola, alliée aux Samnites, et des Samnites eux-mêmes, qui envoyèrent des troupes – deux mille guerriers de Nola et quatre mille Samnites. Mais Rome intervint, et ce fut la guerre : Rome pouvait s'estimer menacée – tout comme les Samnites pouvaient considérer l'être de leur côté par l'envoi de colons romains à Frégelles. Dans la situation de tension qui régnait alors, il n'était sans doute besoin que d'une occasion pour le déclenchement des hostilités. Tite-Live traduit ce qui devait être le sentiment des deux puissances qui allaient s'affronter en disant que, cette fois, il s'agissait de « décid[er] ainsi qui, du Samnite ou du Romain, gouvernera[it] l'Italie » (8, 23, 9).

L'affaire de Naples fut réglée au cours de l'année 326. Nos sources parlent d'une campagne du consul Quintus Publilius Philo non contre Naples – dont le nom grec de Neapolis signifiait « la ville neuve » – mais contre Palaeopolis, c'est-à-dire « la ville ancienne ». Naples était en effet devenue une ville double, depuis qu'à l'établissement ancien, Parthénopè, établi par les colons venus de Cumes au VIIe siècle sur la colline de Pizzofalcone, s'était adjointe la ville neuve, créée plus à l'est, lorsque la ville fut renforcée et agrandie, d'abord avec l'aide de Syracuse après la victoire navale de Hiéron sur les Étrusques dans les eaux de Cumes en 474, puis avec celle d'Athènes. La tactique adoptée par l'armée romaine aboutit à une dissociation des deux parties de la ville et, tandis que les éléments aristocratiques, dominant dans « la ville neuve », prenaient le parti de Rome, leurs adversaires se maintenaient à Palaeopolis. Cependant les chefs napolitains restés à Palaeopolis, aux noms clairement helléniques de Nymphios et Charilaos, se rendirent bientôt compte que la présence de leurs alliés italiques risquait de leur aliéner toute liberté encore plus qu'une alliance romaine. Celle-ci pouvait leur sembler davantage susceptible de préserver le caractère grec de la cité – à une époque où Tarente, qui avait été sollicitée, se révélait incapable d'assurer une protection efficace. Après tout, le chef des assiégeants romains Quintus Publilius Philo portait un surnom hellénique, signe chez lui d'un intérêt pour la culture grecque – intérêt qui devait se retrouver chez bien d'autres membres des couches dirigeantes de l'*Vrbs*, notamment parmi ceux qui, comme lui, représentaient l'aile la plus ouverte de la nouvelle *nobilitas*. Nymphios et Charilaos s'arrangèrent pour faire partir leurs encombrants alliés, et traitèrent avec le chef romain.

Leur calcul se révéla exact. Naples put sauvegarder son caractère hellénique. Elle conserva ses magistrats – les démarques –, ses cultes, sa monnaie propre et sa langue. L'usage du grec perdura jusque sous l'Empire, la ville continuant à apparaître comme un foyer de culture hellénique en Italie. En somme, bénéficiant du philhellénisme naissant des élites romaines, la cité eut même des conditions plus avantageuses que Capoue : elle garda une autonomie réelle avec une alliance qui, si elle l'obligeait à prêter son concours à Rome en temps de guerre, principalement par sa flotte, ne remettait pas en cause son appartenance culturelle à l'hellénisme et les formes, grecques, de la vie locale.

La deuxième guerre samnite

Il restait à Rome l'essentiel : affronter les Samnites eux-mêmes. L'affaire de Naples déboucha sur une guerre très longue, qui se prolongea vingt-deux ans, de 326 à 304. Le conflit fut l'un des plus difficiles que Rome eut à mener, il fut marqué par plusieurs défaites, et surtout par le désastre mémorable des fourches Caudines, destiné à rester l'une des plus grandes humiliations que l'*Vrbs* eût jamais subies. Cette deuxième guerre samnite s'acheva sans résultat décisif. À la fin, le Samnium n'était pas soumis, et il fallut encore les dix-huit ans de la troisième guerre samnite, de 298 à 280, pour que la conquête du pays ennemi parût achevée. Mais, même alors, des sursauts de révolte se manifestèrent : dans sa lutte contre Rome, Pyrrhus trouva encore des alliés chez ces montagnards indomptables.

En dépit du fait que cette guerre n'aboutit pas à la soumission complète du Samnium, elle représenta une étape capitale de l'expansion romaine. En effet, le développement du conflit montra, comme le disait Tite-Live, que c'était bien l'Italie entière qui était concernée. Le théâtre des opérations s'étendit non seulement à la Campanie et au Samnium, mais aussi à l'Apulie, aux parties centrales de l'Apennin, occupées par les divers peuples sabelliques comme les Èques, Marses, Marrucins et Péligniens, et finit par comprendre aussi l'Étrurie et l'Ombrie. Ainsi de vastes secteurs de l'Italie, dans sa partie septentrionale autant que méridionale, furent-ils impliqués dans un conflit dont on pouvait commencer à comprendre que son but était l'hégémonie de Rome sur la totalité de la péninsule.

Dès le début de la guerre, pour tourner les Samnites solidement appuyés sur les montagnes du Samnium, les Romains cherchèrent à intervenir sur le versant adriatique, par un effort diplomatique et militaire à la fois. Ils envoyèrent leurs troupes opérer en Apulie, tandis qu'ils se ménageaient des alliances dans la région, notamment celle d'Arpi. Mettant en œuvre une stratégie d'encerclement qui avait été esquissée par le traité avec Alexandre le Molosse, Rome pouvait compter dans cette région sur le ressentiment que provoquaient les razzias samnites à l'encontre des zones côtières – auxquelles Tarente n'était plus en mesure d'offrir une protection suffisante. Tite-Live parle d'une alliance avec les Apuliens dès 326 (8, 27, 3), et il est question de combats dans la région – sans grandes précisions – pour 323, avec Caius Sulpicius Rufus, et 322, avec Quintus Fabius Rullianus qui, au témoignage des actes triomphaux, fut gratifié d'un triomphe sur les Apuliens et les gens de Nuceria. Mais l'activité romaine dans ce secteur – dont on a parfois contesté l'existence à cette époque – se développa surtout par la suite, lorsque le désastre des fourches Caudines montra l'impossibilité d'une attaque directe du Samnium.

Pour les premières années du conflit, Tite-Live mentionne des victoires retentissantes des armées romaines, où se seraient illustrés Lucius Papirius Cursor, dictateur en 324, et Quintus Fabius Rullianus Maximus, maître de cavalerie du précédent puis consul en 322. Mais ce ne furent pas des succès décisifs, et la localisation très vague « dans le Samnium » incite à y voir, sans plus, des combats frontaliers. Ce n'est qu'en 321 qu'eut lieu une offensive romaine en pays ennemi, avec toute l'armée rassemblée sous les ordres des deux consuls Titus Veturius Caluinus et Spurius Postumius Albinus.

Les fourches Caudines

Rome était décidée à frapper un grand coup; mais l'attaque aboutit à un désastre. Les Samnites avaient à leur tête un chef habile, Caius Pontius, fils d'Herennius. Au lieu d'accepter la bataille dans la plaine, il laissa l'ennemi romain s'enfoncer en territoire samnite et s'engager dans un défilé, sans doute sur le site de La Forchia, entre Santa Maria a Vico et Arpaia. Il avait fait bloquer l'issue par un amoncellement de rochers et de troncs d'arbres, et ses troupes tenaient les hauteurs. Les Romains étaient pris dans la nasse : il ne resta plus à leurs chefs qu'à accepter la capitulation et à subir, avec tous leurs soldats, l'ignominie de passer sous le joug, désarmés et vêtus d'une simple tunique. Ce traitement de signification originellement magique – le passage sous le joug était censé faire perdre à qui le subissait sa force guerrière – les réduisait à l'état de bétail. Cet aspect magique, oublié de son temps, a disparu de la présentation de Tite-Live, qui ne souligne que la honte ainsi infligée à l'armée romaine :

> L'heure fatale de leur déshonneur arriva : elle allait dépasser en tristesse, dans sa réalité concrète, ce qu'ils avaient imaginé auparavant. Tout d'abord ils reçurent l'ordre de sortir du retranchement vêtus d'une simple pièce de vêtement et sans armes et les premiers otages furent livrés et remis à la garde de l'ennemi. Puis les licteurs reçurent

Casque samnite

l'ordre de quitter les consuls et on leur retira leur manteau de commandement : cela provoqua une si grande pitié chez ceux-là même qui, l'instant d'avant, les avaient couverts d'imprécations et avaient déclaré qu'il fallait les livrer à l'ennemi et les soumettre à la torture que tous, oublieux de leur propre situation, détournaient les yeux de cet abaissement d'un pouvoir imposant comme d'un spectacle monstrueux. On fit passer les consuls les premiers sous le joug, à moitié nus ; ensuite tous ceux qui leur succédaient dans l'ordre hiérarchique durent subir cette honte, selon cet ordre ; enfin ce fut le tour des légions, une par une. Les ennemis les entouraient, les armes à la main, les injuriant et se moquant d'eux ; beaucoup les menaçaient de leur glaive et ils en blessèrent et tuèrent certains, pour peu que leur visage, que l'outrage qu'ils subissaient rendait trop agressif, eût déplu au vainqueur. Une fois qu'on les eut fait passer ainsi sous le joug et, ce qui était presque plus pénible encore, au milieu des ennemis qui les regardaient, ils sortirent du défilé ; mais, bien qu'on eût pu les comparer à des hommes arrachés aux Enfers qui apercevaient la lumière du jour pour la première fois, cette lumière même, qui offrait à leurs regards le spectacle repoussant de leur colonne, leur fut plus triste que n'importe quelle mort. C'est pourquoi, alors qu'il leur était possible de gagner Capoue avant la nuit, incertains quant à la loyauté des alliés et parce que la honte les retenait, ils restèrent prostrés, étendus à même le sol, dans une détresse totale, de part et d'autre de la route, à proximité de Capoue. (9, 5, 11-6, 4.)

Le désastre romain était reconnu par la tradition ancienne, mais ses conséquences ont été complètement occultées. Car nos sources s'empressent de dire que la honte subie fut l'occasion d'un sursaut immédiat de la part de Rome. Une fois que l'armée romaine, après être passée sous le joug, fut rentrée dans l'*Vrbs*, la cité, nous dit-on, refusa d'entériner la conclusion d'un traité de paix avec les Samnites que ses chefs avaient acceptée. Les consuls qui s'étaient engagés

Monnaie de Titus Veturius (137) rappelant le souvenir de son ancêtre consul au moment des fourches Caudines

personnellement à ce que la capitulation de leurs troupes fût suivie d'un *foedus*, un traité en bonne et due forme, eurent l'héroïsme de parler contre l'engagement qu'ils avaient souscrit et de dissuader le Sénat d'accepter une paix qui eût été désastreuse. Mais, pour tenir leur parole, ils demandèrent à être livrés aux Samnites : leur sacrifice ne fut cependant pas accepté par ces derniers qui, furieux de ne pas voir Rome conclure la paix qu'ils avaient espérée, les renvoyèrent. La capitulation ignominieuse débouchait de la sorte sur une victoire morale pour Rome et celle-ci, bien décidée à venger l'affront subi, leva de nouvelles troupes qui prirent aussitôt l'offensive. Dès l'année suivante l'armée romaine – sans que l'on sache très bien si son chef était Quintus Publilius Philo ou Lucius Papirius Cursor – s'était emparée de Luceria, où les Samnites retenaient prisonniers les six cents chevaliers livrés comme otages après le désastre, les avait libérés et fait passer à leur tour sous le joug les Samnites vaincus.

Ce retournement soudain de la situation n'est bien évidemment qu'une invention destinée à laver la honte de la capitulation de 321. Les hostilités furent en réalité suspendues après 321 et Rome accepta, pour un temps, une paix qui se traduisit pour elle par la livraison de Satricum et Frégelles – sans que cela donnât lieu le moins du monde à la bataille que Tite-Live décrit (9, 12), pleine d'héroïsme du côté romain, de traîtrise du côté samnite ! Et la libération des six cents otages, sur laquelle la tradition insiste, se comprend comme la suite normale de l'acceptation par les Romains des conséquences de la capitulation souscrite par ses magistrats. En fait, on devine que le récit que l'annalistique a fait du désastre des fourches Caudines et de ses suites ne s'est élaboré qu'à une époque assez tardive. Le refus de la part du Sénat d'accepter la promesse de paix à laquelle les consuls avaient souscrit, la livraison subséquente de ces derniers à l'ennemi et le refus de celui-ci de les accepter reproduisent exactement ce qui se passa en 136, lorsque le consul Mancinus accepta de capituler devant les Numantins et de leur promettre un traité de paix. Considérée comme scandaleuse, cette capitulation fut refusée par les sénateurs : le consul fit alors l'objet d'une *deditio*, une remise de sa personne aux Numantins, qui refusèrent de l'accepter. La légende de la rupture de l'accord conclu aux fourches Caudines et, corrélativement, de la *deditio* des signataires s'est certainement formée à la suite des événements de 136 et des débats auxquels ils donnèrent lieu : le parallélisme des deux épisodes était déjà souligné dans l'Antiquité (Cicéron, *Traité des devoirs*, 3, 30, 109, Velleius Paterculus, 2, 1, 5, Plutarque, *Vie de Tiberius Gracchus*, Appien, *Guerres d'Espagne*, 83, Eutrope, 10, 2, Orose, 5, 7, 1).

Cette réfection complaisante de l'histoire a été facilitée par le fait que l'accord souscrit aux fourches Caudines répondait à une catégorie juridique qui n'avait plus cours dans le droit international lorsque la tradition annalistique s'est fixée – celle de la *sponsio*, ou promesse faite par un chef romain et garantie par le serment que celui-ci prêtait. Une question juridique est en effet posée par nos sources : la capitulation souscrite par les consuls vaincus a-t-elle engagé l'État romain ? Fut-elle un *foedus*, un traité accepté par la République, ou une *sponsio*, engagement dont auraient été garants, personnellement, ceux qui l'avaient souscrit – mais que le Sénat pouvait refuser d'entériner ? La plupart des auteurs parlent ici de *foedus*, mais Tite-Live choisit, vraisemblablement avec raison, la seconde interprétation – qui justifiait le fait que Rome reprît immédiatement les hostilités, sans qu'il y eût atteinte au *ius gentium*, au droit international. Mais il n'avait guère conscience de ce que la *sponsio*, qui n'existait plus de son temps que dans le domaine du droit privé, comme accord entre deux individus, avait jadis eu aussi un champ d'application en droit international et était considérée comme une forme normale d'engagement de la *res publica*. Si donc, comme on est amené à le penser, les consuls ont souscrit aux fourches Caudines un accord de ce type, il est hautement improbable qu'à cette époque Rome ait été convaincue par l'argumentation juridique à laquelle on voit Postumius se livrer chez Tite-Live.

La fin de la guerre

Quoi qu'il en soit, même si Rome avait accepté provisoirement sa défaite, le retour à la paix ne dura que peu de temps. L'*Vrbs* reprit bientôt les hostilités, et sa stratégie de contournement par l'Apulie. Autant l'attaque contre Luceria est inadmissible pour 320, autant sa prise par l'armée romaine en 314, suivie immédiatement de l'installation d'une colonie, semble assurée. L'alliance d'Arpi, Canusium, Teanum Apulum était acquise. Rome avançait donc sûrement vers l'Adriatique, et son avancée dans cette direction allait bientôt se concrétiser par l'établissement de la *uia Valeria*, due au consul de 307 Marcus Valerius Maximus. Le tracé de celle-ci inscrivait sur le terrain la progression de la puissance romaine : contournant le Samnium par l'ouest et le nord, cette voie passait par le territoire des populations sabelliques, et gagnait l'Adriatique par la vallée de l'Aternus. De là, longeant la côte, elle aboutissait à l'Apulie.

Pendant ce temps les opérations se poursuivaient, avec des issues diverses, succès et revers alternant pour les Romains, sur un front beaucoup plus proche de Rome – celui de la vallée du Liris. Car l'une des caractéristiques de cette guerre fut que, au moment même où l'*Vrbs* était capable de lancer des offensives lointaines, sur l'autre versant de la péninsule, son territoire restait à la merci d'une attaque ennemie. C'est ce qui se produisit en 315. Cette année-là Rome subit une grave défaite à Lautulae, aux confins du pays des Volsques et des Aurunques, à l'entrée d'un défilé qui conduisait à la mer près de Terracine : l'armée samnite atteignit la mer, coupant le Latium des zones situées plus au sud. La victoire samnite ébranla la domination romaine en Campanie : il fallut soumettre les

Aurunques, qui avaient fait cause commune avec l'ennemi, et ramener à la raison Capoue. Celle-ci semble s'être alors révoltée : il faut sans aucun doute préférer le témoignage de Diodore (19, 76, 3-5), qui admet le fait, à celui de Tite-Live (9, 26, 5-7), qui l'édulcore et le ramène aux dimensions d'une simple enquête policière. Vers le nord, à en croire Strabon (5, 3, 5 [232] et 5, 4, 11 [249]), les troupes samnites saccagèrent la campagne latine jusqu'à Ardée. Mais la réalité de la défaite est occultée par Tite-Live, qui se borne à parler d'un combat indécis, tout en reconnaissant que certains auteurs admettaient que les Romains eussent été vaincus :

> On combattit près de Lautulae, avec un résultat indécis. Ce ne fut pas le massacre ni la fuite d'un des deux partis, mais la nuit qui sépara les adversaires, sans qu'ils sussent s'ils étaient vaincus ou vainqueurs. Je trouve chez certains auteurs que cette bataille fut une défaite pour les Romains. (9, 23, 4.)

Mais il faut se référer au récit que Diodore donne de la même bataille (19, 72, 5-8), qui permet d'ailleurs de comprendre pourquoi le désastre a été nié par une partie de nos sources : le dictateur commandant l'armée romaine, qui était un Fabius, non seulement avait subi une grave défaite, mais s'était enfui, alors que son maître de cavalerie avait péri courageusement, les armes à la main. Une historiographie favorable aux Fabii – à commencer par Fabius Pictor – aura préféré falsifier les faits !

> Les Samnites, ayant mobilisé tous ceux qui étaient en âge de faire campagne, établirent leur camp à proximité des ennemis, afin d'aboutir à une rencontre décisive. Apprenant cela, le peuple romain, s'inquiétant de ce qui allait se passer, envoya une armée puissante ; comme ils avaient coutume dans les moments de crise de nommer dictateur pour la guerre un de leurs chefs éminents, ils désignèrent à ce moment Quintus Fabius, avec Quintus Aulius comme maître de cavalerie. Ceux-ci ayant pris le commandement des troupes, ils livrèrent bataille aux Samnites au lieu-dit Lautulae et perdirent beaucoup de leurs soldats. Une panique étant survenue dans toute l'armée, Aulius, refusant la honte de la fuite, se dressa seul face à la foule des ennemis, sans espérer remporter la victoire, mais en voulant, en ce qui le concernait, empêcher que sa patrie subît une défaite. C'est pourquoi, n'ayant pas partagé avec ses concitoyens la honte de la fuite, il connut, lui seul, une mort glorieuse. (Diodore, 19, 5-8.)

Il fallut l'année suivante une brillante victoire du consul Caius Sulpicius Longus en Campanie pour rétablir la situation. Mais, en 308 encore, les Samnites lancèrent un raid, qui amena la révolte des Marses, Péligniens, Èques. En 306, une brusque avancée de l'ennemi au-delà du Liris incita même les Herniques d'Anagni et de Ferentinum à se soulever. Le danger pouvait ainsi toujours se manifester à proximité de l'*Vrbs* ! Ce ne fut qu'en 305 que Rome marqua un coup d'arrêt décisif : cette année-là, les consuls Lucius Postumius Megellus et Titus Minucius Augurinus bloquèrent une attaque ennemie en direction de l'*ager Falernus*. Puis ils passèrent à l'offensive, le premier par Cales et Teanum Sidicinum, l'autre par Suessa Aurunca. L'armée romaine força l'entrée dans le pays des Pentri, en une bataille où Minucius périt, mais où le chef samnite, Statius Gellius, fut capturé. Puis elle s'avança jusqu'à Bovianum, centre traditionnel de tout le Samnium, qui, privée de possibilité de défense par la défaite de l'armée samnite, tomba au pouvoir des Romains.

Ce brillant succès des armes romaines ne signifiait pas l'anéantissement de la puissance samnite. Il restait aux Samnites des forces non négligeables. La prise de Bovianum n'était que le résultat, couronné de succès, d'un raid audacieux : cependant, dans l'état de fatigue où étaient les Samnites après tant d'années de guerre, il suffit à les inciter à demander la paix. Celle-ci fut enfin conclue en 304 – mais elle se fit à des conditions qui, pour les Samnites, restaient légères : ce à quoi ils renoncèrent concernait uniquement les pourtours du Samnium, vers la Campanie et l'Apulie. Cette fois, la vallée du Liris passait entièrement sous le contrôle de Rome. Mais – signe de ce que les Samnites n'étaient pas écrasés – ils conservaient, à proximité immédiate, leur place forte d'Atina.

L'élargissement du conflit à l'Étrurie

L'une des raisons de la cessation des hostilités était que la guerre avait pris, depuis quelques années, un tour inattendu, avec l'entrée en lice de nouveaux ennemis de Rome, dans une tout autre direction : les Étrusques. Rome avait dès lors intérêt à concentrer ses forces, et à suspendre les opérations dans le sud pour se consacrer au seul front nord. Quant aux Samnites, paradoxalement l'entrée des Étrusques dans la guerre devait plutôt les induire à mettre fin à la leur : contrairement à ce qu'ils auraient pu espérer, les Romains avaient prouvé qu'ils étaient capables de faire face au danger sur les deux fronts à la fois. Ils avaient même été en mesure d'infliger aux Samnites un revers aussi grave que la prise de Bovianum ! Cette constatation de l'absence d'incidence de l'élargissement du conflit sur le cours des événements, en ce qui les concernait, fut certainement l'un des motifs qui les poussèrent à la paix.

L'historiographie romaine présente la guerre étrusque comme résultant d'une attaque des Étrusques contre Sutrium, cette place qui leur apparaissait comme le verrou de la domination romaine sur la basse vallée du Tibre et comme une base offensive contre leur pays, et qui avait déjà fait l'objet d'une tentative de reprise au lendemain de l'invasion gauloise. Les Étrusques auraient donc été responsables du déclenchement des hostilités, et auraient profité de ce que les Romains étaient occupés par leur guerre contre les Samnites. Assurément, un état d'esprit hostile à Rome régnait alors en Toscane : les fresques de la tombe François, qui datent de cette époque, en sont l'illustration. La nostalgie de leur puissance perdue, le souvenir des défaites récentes devaient nourrir un fort ressentiment à l'égard de l'*Vrbs*.

Mais cette présentation des faits a peu de chances d'être exacte. À suivre le récit que fait la tradition annalistique, on ne peut manquer de trouver que les Étrusques auraient été bien hésitants à se décider à entrer dans le conflit, et bien lents à agir une fois qu'ils eurent décidé de le faire... Le danger de ce côté se serait précisé pour Rome en 312; mais l'offensive étrusque n'aurait effectivement débuté qu'en 311. En outre, Tite-Live parle à ce propos d'une action de « toute l'Étrurie » (9, 32, 1) à la seule exception d'Arezzo, qui se serait abstenue, à ce stade des hostilités du moins. Mais il apparaît que seule une partie des cités prit part à la guerre. Caeré resta fidèle à l'alliance romaine. Nos sources évoquent une intervention de Tarquinia : ce doit être inexact, car on ne comprendrait pas autrement que la trêve de quarante ans qu'elle avait conclue avec Rome et qui était arrivée normalement à son terme eût été renouvelée pour une durée égale en 308. La guerre étrusque ne concerna donc que certaines cités. Ce furent sans doute celles qui se trouvaient le plus directement en contact avec Rome sur la vallée moyenne du Tibre, Volsinies, et la ville falisque de Faléries, qui se montrèrent les plus actives. Des cités établies plus au nord, comme Pérouse et Cortone, participèrent, mais certainement plus mollement, à un conflit qui les concernait moins directement : dès 310 elles acceptèrent, comme Arezzo, une trêve de trente ans.

Tout cela incite à ne pas accorder foi à la présentation des faits donnée par l'annalistique, qui charge les Étrusques de la responsabilité de la guerre. On a parfois estimé, il est vrai, que les Étrusques avaient été poussés à la guerre par les Samnites, voulant opposer à Rome une tactique d'encerclement analogue à celle que celle-ci mettait en œuvre en Apulie. Mais, outre que les auteurs ne disent rien d'une pression samnite sur les Étrusques (à la différence de ce qui se passera au cours de la troisième guerre samnite, pour la manœuvre qui aboutit à la bataille de Sentinum), celle-ci n'aurait été vraiment efficace qu'au moment de Lautulae, lorsque les Samnites s'avancèrent jusqu'à Ardée. Aussi la reprise, non de véritables opérations, mais de préparatifs guerriers de ce côté en 312 doit-elle simplement tenir à l'approche de l'échéance de la trêve de quarante ans conclue en 351 avec Tarquinia et, peut-être, d'autres cités étrusques qui avaient participé à la guerre de 358/51. Depuis la fin de cette guerre, il n'y avait plus eu de conflit sur ce front et Rome avait tourné son attention exclusivement vers les problèmes méridionaux. Or ceux-ci pouvaient paraître réglés en 312 : Tite-Live commence son récit de l'année en disant que « la guerre contre les Samnites était presque terminée » (9, 31, 1). On pouvait en effet le penser : Rome semblait avoir atteint ses buts de guerre. Sa mainmise était rétablie sur la Campanie et dans la région du Liris, et l'établissement d'une série de colonies – Interamna sur la voie d'accès du Liris, Pontia et Suessa Aurunca sur le trajet de la *uia Appia* dont la construction allait être décidée, Saticula, à la limite du Samnium – assurait le contrôle de la région et ses communications avec le Latium. Rome pouvait donc s'intéresser de nouveau à l'Étrurie : il faut probablement voir dans l'ouverture des hostilités sur ce front une nouvelle manifestation de l'impérialisme naissant de l'*Vrbs*.

Rome prit l'offensive en 310. Quintus Fabius Rullianus accomplit l'exploit de faire pénétrer pour la première fois l'armée romaine au cœur de la Toscane, en franchissant la barrière réputée infranchissable des monts Ciminiens. La tradition souligne l'importance de l'événement, qu'avait rendu possible une hardie reconnaissance préalable lancée en territoire ennemi, dont la *gens Fabia* et la *gens Claudia* se disputaient la gloire, l'attribuant chacune à l'un de ses membres :

> À l'époque la forêt Ciminienne était plus infranchissable et effrayante que ne l'ont été ces derniers temps les zones boisées de la Germanie et jusqu'alors personne, pas même un marchand, n'y avait pénétré. Le général était quasiment le seul à oser s'y engager ; chez tous les autres le souvenir du désastre des fourches Caudines n'avait pas encore disparu. Alors, parmi ceux qui étaient là, le frère du consul, Marcus Caesius – d'autres rapportent que son prénom était Caeso, certains qu'il s'agissait de Gaius Claudius, né de la même mère que le consul – déclara qu'il irait en reconnaissance et qu'il reviendrait bientôt avec des informations détaillées. Il avait été élevé à Caeré dans une famille liée à la sienne par des liens d'hospitalité et pour cette raison avait été formé aux lettres étrusques et connaissait bien la langue étrusque. Je trouve chez certains auteurs l'affirmation qu'il était à l'époque courant que des jeunes Romains fussent formés aux lettres étrusques comme ils le sont maintenant aux lettres grecques ; mais il est plus vraisemblable que cet homme possédait un caractère d'une trempe exceptionnelle pour s'être mêlé aux ennemis d'une manière si audacieuse. À ce qu'on dit, il n'eut pour l'accompagner qu'un esclave, qui avait été élevé à Caeré en même temps que lui et qui pour cette raison connaissait cette même langue. En partant, ils ne prirent pas d'autres renseignements qu'une information sommaire sur la nature de la contrée où ils devaient se rendre et les noms des chefs des peuples, afin de ne pas se laisser prendre en hésitant, dans la conversation, sur quelque point bien connu. Ils partirent habillés comme des bergers, munis d'un armement rustique, des serpes et d'une paire d'épieux. Mais ni leur familiarité avec la langue, ni leur vêtement ou les armes qu'ils portaient ne les protégèrent autant que la totale impossibilité qu'on pût ajouter foi au fait qu'un étranger eût pénétré dans les monts Ciminiens. (Tite-Live, 9, 36, 1-6.)

L'offensive romaine eut un effet décisif. Elle n'eut sans doute pas que des conséquences positives pour Rome : elle détermina les Ombriens, inquiets de l'avancée des Romains si près de chez eux, à entrer à leur tour en guerre en 310. Mais, pas plus que les Étrusques, ils ne se montrèrent capables de contrer l'armée romaine. « Partout où on combattit, dit Tite-Live, Rome l'emporta » (9, 37, 12). Dès cette année, Pérouse, Cortone, Arezzo, présentées comme les trois cités les plus puissantes de l'Étrurie, acceptèrent de traiter. Les hostilités continuèrent quelque temps encore avec d'autres cités, comme Volsinies, et Pérouse se serait même révoltée, après une première trêve. Mais Rome triompha de tous ses ennemis. En 308, les dernières résistances semblent avoir cessé.

Les Étrusques ne parvinrent donc pas à vaincre Rome, ni même à affirmer leur cohésion dans la guerre, fût-ce à l'intérieur des différentes cités. On vit en effet se dessiner un phénomène analogue à ce qui s'était passé en Campanie, à Capoue et à Naples : Rome sut se ménager des alliés sur place, en apportant son aide aux représentants de l'aristocratie locale. Les cités étrusques semblent, elles aussi, avoir été en proie à cette époque à de violentes dissensions entre aristocratie et plèbe. Cette dernière paraît avoir été, là encore plus qu'ailleurs, tenue dans un état de sujétion que nos sources assimilent à un véritable servage, puisque, pour parler des plébéiens, les auteurs latins utilisent souvent le terme de *serui*, les grecs celui de *douloi*, qui tous deux veulent dire « esclaves ». Cela conduisit parfois à ce que les Anciens ont considéré comme la prise du pouvoir dans la cité par les esclaves en révolte contre leurs maîtres : c'est en particulier ce qui se serait produit à Volsinies, au moment de la guerre qui aboutit à la prise de cette cité par les Romains, en 264. Mais le phénomène dut se dérouler plus tôt dans d'autres cités. Dans une telle situation, les nobles étrusques eurent souvent tendance à se tourner vers Rome pour rétablir l'ordre traditionnel.

C'est ce qui dut se passer à Arezzo en 302, à en croire les courtes allusions que fait Tite-Live aux événements qui provoquèrent cette année-là l'intervention de Rome dans les affaires de cette cité. En effet Arezzo était dominée par la puissante famille locale des Cilnii – dont, à l'époque d'Auguste, Mécène était un descendant. Mais la plèbe locale (Tite-Live emploie cette fois le terme de *plebs*) s'était soulevée contre elle, cherchant à la chasser. Les Cilnii firent appel à Rome, qui intervint militairement en leur faveur. Le fait est significatif de la position dominante que l'*Vrbs* avait acquise dans l'ensemble de l'Italie centrale en cette extrême fin du IVe siècle. Un des éloges des membres de la famille Spurinna du Forum de Tarquinia indique que, à une époque antérieure, pour résoudre un conflit analogue (qualifié de *bellum seruile*, guerre servile), les nobles d'Arezzo avaient eu recours à Tarquinia. C'est l'armée de cette cité étrusque, conduite par Aulus Spurinna fils de Velthur, qui vivait au milieu du IVe siècle (et avait commandé les troupes tarquiniennes contre Rome au cours de la guerre de 358/51), qui avait réprimé la révolte. Désormais Rome était seule en mesure de faire régner l'ordre dans les affaires internes des cités étrusques.

La troisième guerre samnite

Lorsque le conflit entre Rome et le Samnium s'apaisa en 304, l'*Vrbs* ne chercha pas à bouleverser les structures du pays adverse : elle se contenta d'imposer le renouvellement de la vieille alliance conclue en 354. Et, on l'a vu, elle n'avait pas vraiment pénétré au cœur du pays ennemi. Mais partout ailleurs elle sut se ménager des positions solides. En Campanie, son hégémonie ne put désormais plus être remise en cause. Naples, Capoue – celle-ci, il est vrai, après un moment de trouble au lendemain de Lautulae – lui restèrent fidèles, et les anciennes alliées des Samnites, Nola et Nuceria Alfaterna, étaient désormais solidement ancrées dans son camp : au cours des conflits qui se produisirent encore par la suite entre Rome et les Samnites – troisième guerre samnite, guerre avec Pyrrhus –, elles ne trahirent pas leur alliance avec Rome. La vallée du Liris et ses abords étaient solidement tenus : au nord de Frégelles, Sora reçut une forte garnison romaine. Plus en arrière, des colonies furent établies à Cales et Suessa Aurunca, tandis que les communautés herniques révoltées étaient directement annexées à Rome.

Le progrès de la puissance de l'*Vrbs* ne se fit pas sentir seulement dans cette direction, somme toute traditionnelle. L'Apulie était liée à Rome, et les relations avec cette région pouvaient s'appuyer sur les colonies d'Alba Fucens, établie en 303, face aux Èques, et de Carsioli, établie en 298, face aux Marses. Quant à ce qui avait été le front nord de la guerre, tandis que Sutrium gardait sa fonction face à l'Étrurie et que, comme on l'a vu pour Arezzo, Rome commençait à se donner un rôle d'arbitre dans les affaires internes des cités toscanes, la pénétration en Ombrie se précisait, favorisée par l'alliance avec la ville d'Ocriculum. Sur le site de Nequinum, enlevée malgré une farouche résistance, se dressait maintenant la colonie militaire de Narni, détruite en 299. La même année, les Picènes à leur tour entrèrent dans l'alliance romaine (Tite-Live, 10, 9, 12).

Au cours du bref intervalle qui sépara la deuxième guerre samnite de la troisième, de 304 à 298, Rome ne relâcha pas son action, notamment en Italie centrale. Ses adversaires eurent vite fait de constater que la paix ne leur apportait pas de répit véritable. Ce fut sur le front nord, avec les Étrusques, que se détermina la reprise des hostilités. Les Étrusques comprenaient certainement que ce que visait désormais Rome était la perte de leur indépendance ; aussi firent-ils preuve d'une cohésion qui leur avait manqué lors des conflits précédents : même si toutes les cités ne prirent pas part à la guerre – ainsi il ne semble pas, cette fois encore, que Tarquinia l'ait fait –, des villes comme Vulci, Ruselle, n'avaient jamais été mentionnées précédemment, comptèrent cette fois sûrement au nombre des adversaires de Rome. Même Caeré, qui était depuis si longtemps l'alliée de Rome, prit peur devant l'emprise grandissante de l'*Vrbs* : elle se révolta et il fallut la réduire, probablement en 293.

Cependant la guerre qui venait de s'achever avait montré aux Étrusques la vanité de leurs efforts s'ils agissaient seuls : ils résolurent de faire appel à des alliés, toujours disponibles en Italie du Nord pour peu qu'on payât leurs services : les Gaulois. Ce ne se fit pas sans hésitation : les Étrusques savaient bien quel danger pouvaient représenter des alliés aussi turbulents et Tite-Live a rendu, d'une manière très plausible, les discussions qui eurent lieu à ce sujet dans leurs assemblées fédérales (10, 10, 11-12). Mais ils n'avaient plus vraiment le choix : si bien que lorsque la guerre se ralluma entre Rome et les Étrusques en 299, les Gaulois intervinrent à leurs côtés.

La guerre reprit également en 299 avec les Samnites. Dans ce cas, il semble que ce soit venu plus d'une manœuvre diplomatique de Rome, considérée comme un *casus belli* par les Samnites, que d'un plan concerté dès le départ avec les Étrusques. Rome avait conclu un traité d'alliance avec les Lucaniens – malgré l'opposition d'un fort parti prosamnite au sein de ce peuple. Mais, pour les Samnites, cette alliance ne lésait pas seulement ceux des Lucaniens qui leur étaient favorables : elle ne signifiait rien de moins qu'un encerclement complet du Samnium. Il serait désormais entouré de tous côtés par des territoires romains ou appartenant à des alliés de Rome. Devant une telle menace d'asphyxie, les Samnites réagirent en envoyant leurs troupes en Lucanie.

La m
de Se

À lire nos sources, une prompte offensive romaine aurait contraint, dès 296, l'armée samnite, sous le commandement de Gellius Egnatius, à abandonner le pays et à passer en Toscane (Tite-Live, 10, 16). Mais il faut bien plutôt voir dans ce mouvement de Gellius Egnatius la mise en œuvre d'un plan audacieux, consistant à réunir l'essentiel des forces samnites avec celles des Étrusques, Ombriens et Gaulois, afin d'affronter ensemble les légions. Une fois les forces de tous les ennemis de Rome rassemblées contre elle – ce qui ne s'était jamais produit –, ceux-ci auraient peut-être, enfin, une chance de l'emporter. Tite-Live a beau parler à ce sujet de « fanfaronnades » de la part des Samnites, et se moquer de ce qu'il qualifie d'« intrigues qu'ils menaient en Étrurie, alors que les Romains continuaient à ravager leur pays » (10, 17, 1), on ne peut manquer d'être frappé par l'ampleur de cette stratégie, et la juste conscience dont elle témoigne de ce qui était alors en train de se passer : face à l'hégémonie que Rome installait se profilait une autre conception de l'Italie, avec ses composantes du Nord et du Sud faisant front contre elle. Rome sentit la gravité du danger. Pour l'année 295, elle fit appel à deux chefs expérimentés, ayant en outre l'habitude de collaborer, Quintus Fabius Maximus Rullianus et Publius Decimus Mus, qui exercèrent alors respectivement leur cinquième et leur quatrième consulat. Une habile manœuvre de diversion en Étrurie permit de retenir dans ce secteur les forces des cités toscanes. Les Ombriens firent de même et restèrent chez eux à protéger leurs villes. Mais il restait les Samnites et les Gaulois – ceux-ci certainement en fort grand nombre.

La rencontre décisive eut lieu à Sentinum, au bord de l'Aesis, et donc en Ombrie, mais sur le versant adriatique. Ce fut une grande bataille, qui eut un retentissement international, comme le montre le fait que le Grec Douris de Samos l'ait relatée. Sans doute donnait-il un chiffre de morts de l'armée coalisée (cent mille, à comparer aux vingt-cinq mille que donne Tite-Live) impossible à admettre, mais cette exagération même souligne l'impact de l'événement. Étant donné l'aspect de « ville grecque » reconnu à Rome, qui traduisait le fait qu'elle appartenait au même monde des cités que les Hellènes, sa victoire sur les Gaulois pouvait apparaître comme le triomphe de la civilisation sur la barbarie. Le choix, pour décorer le temple de Civitalba qui fut élevé à proximité du site de la bataille, au début du IIe siècle, du thème de la punition par les dieux des Gaulois qui avaient pillé le sanctuaire de Delphes exprimera cette même idée. Le récit annalistique témoigne également de l'importance de la victoire romaine : il montre les dieux prenant clairement le parti de Rome, dès avant que le combat ne soit engagé. Ils avaient adressé un présage tout à fait clair : un loup – animal rappelant la louve du récit des origines de Rome, dont les édiles Cnaeus et Quintus Ogulnius venaient d'élever, cette année même, la statue devant la grotte du

Lupercal – avait mis en fuite une biche – animal qui jouait un grand rôle dans la mythologie celtique, et désignait donc les Gaulois.

> Les armées stationnaient en formation de combat quand une biche, chassée des montagnes par un loup qui la poursuivait, traversa la plaine et passa entre les deux armées ; les bêtes partirent alors dans des directions opposées : la biche fila vers les Gaulois, le loup vers les Romains. On laissa le loup passer à travers les rangs. Les Gaulois tuèrent la biche. Un soldat romain au premier rang s'écria : « La fuite et le massacre sont allés du côté où vous voyez morte la bête consacrée à Diane. Ici le loup consacré à Mars, victorieux, indemne et sans blessures, nous a rappelé que nous sommes, nous et notre fondateur, descendants de Mars. » (Tite-Live, 10, 27, 8-9.)

Mais la décision fut arrachée non sans mal. Quintus Fabius, le consul patricien qui commandait à l'aile droite, avait dû promettre à Jupiter Victor de lui élever un temple pour obtenir de lui que les Samnites, qui lui faisaient face, cédassent. Les choses s'étaient passées de façon encore plus dramatique à l'aile gauche, où commandait le consul plébéien Publius Decius Mus. De ce côté l'attaque gauloise, appuyée par des chars, avait failli submerger les troupes romaines. Il avait fallu pour sauver la situation le sacrifice du consul : répétant le geste que son père avait fait à la bataille du Veseris en 340, il s'offrit en *deuotio*, afin que sa mort entraînât la défaite de l'armée ennemie. Et de fait les Gaulois, encerclés par les soldats romains de l'aile droite qui avaient fait fuir les Samnites, furent massacrés. Rome avait su trouver le moyen de mettre les dieux de son côté et était victorieuse.

Les dernières luttes

La guerre n'était pas achevée pour autant. Dans le sud en particulier, il restait à conquérir le Samnium. Cette fois, il était clair que les Romains ne se contenteraient pas d'un simple raid comme celui qui leur avait permis de s'emparer de Bovianum au cours de la guerre précédente. Devant la menace, les Samnites firent appel à toutes leurs ressources, recourant à la « loi sacrée » pour la levée de leurs troupes et à l'organisation de la troupe d'élite qu'était la « légion de lin ». Ils se montrèrent encore pour Rome des adversaires redoutables : ils furent capables de mettre en échec Marcus Attilius près de Luceria, de pénétrer en Campanie, de piller le territoire de la colonie d'Interamna sur le Liris.

Une nouvelle grande victoire romaine, comparable à celle de Sentinum, remportée par Lucius Papirius Cursor et Spurius Caruilius près d'Aquilonia en 293, fut nécessaire pour que l'issue de la guerre ne pût plus être remise en cause. La légion de lin, avec ses seize mille hommes, se fit massacrer, de même que le reste de l'armée samnite, qui comptait vingt mille combattants. C'en était fait de la puissance samnite et, après Aquilonia, Rome put se consacrer à la réduction systématique des résistances dans les différentes parties du Samnium. Cela prit encore trois ans. Les armées romaines opérèrent contre les Caraceni et les Caudini en 292, les Pentri et les Hirpins l'année suivante. Ces campagnes mirent fin aux dernières oppositions, et en 290 les Samnites demandèrent la paix.

Selon Tite-Live, ils obtinrent le renouvellement de la vieille alliance, celle de 354. Mais il est évident que désormais ces alliés étaient devenus de véritables sujets, forcés d'obéir en tout à Rome, de lui fournir troupes et subsides. Rome il est vrai n'annexa pas de territoire dans le Samnium : peut-être ses terres lui paraissaient-elles trop pauvres pour que cela en valût la peine ! Mais elle prit de solides gages à la périphérie : Atina, Casinum, Venafrum devinrent, sans doute à ce moment, des préfectures romaines. À l'autre extrémité du pays, sitôt enlevée l'importante place de Venusia, Rome décida d'y établir une très forte colonie latine : Denys d'Halicarnasse parle de vingt mille colons.

Au nord, la guerre se prolongea. Mais, seule, l'Étrurie n'était pas capable de résister. Non seulement la Toscane centrale fut ravagée par les troupes romaines, mais une attaque à longue distance leur permit en 294, pour la première fois depuis la prise de Véies au siècle précédent, de prendre et de détruire une ville étrusque, Ruselle. Volsinies, Pérouse, Arezzo demandèrent bientôt la paix, et en 292 Falériés, qui avait été depuis le temps de la guerre contre Véies l'une des ennemies les plus constantes de Rome, fut vaincue.

À cette date, la guerre n'était pas finie : mais la perte de la deuxième décade de Tite-Live nous prive, pour la suite, d'un récit continu des événements, et nous ne disposons plus que des quelques renseignements fournis par les rares sources utilisables – comme les brefs résumés, qui nous sont parvenus, des livres perdus de Tite-Live ou des notations laconiques des actes triomphaux. Ces bribes de tradition permettent de constater que les Étrusques furent longs à se soumettre, d'autant qu'ils n'hésitaient maintenant plus à faire appel aux Gaulois. Les ennemis de Rome connurent même un succès retentissant en 284 lorsque le préteur Lucius Caecilius fut massacré avec seize mille de ses soldats devant Arezzo qu'il tentait de dégager. Mais le lac Vadimon fut le théâtre, en 283, d'une grande victoire du consul Publius Cornelius Dolabella sur les Étrusques et les Gaulois. Et Rome accumula les succès : en 281 le consul Quintus Marcius Philippus célébra son triomphe sur les Étrusques, l'année suivante son successeur Tiberius Coruncianus sur Volsinies et Vulci. Vers cette date l'Étrurie, malgré ses sursauts de résistance, ne représentait plus de véritable danger pour Rome. Mais il est significatif que lorsque bientôt Pyrrhus s'attaqua à la puissance romaine, il put encore trouver un appui à Volsinies.

Rome imposa sa loi partout ailleurs en Italie. Pour tenir en respect les Gaulois, la colonie de Sena Gallica fut établie en 284 sur le versant adriatique. Et les Sénonais, qui pouvaient se vanter d'avoir jadis pris Rome, furent impitoyablement traqués par le consul Publius Cornelius Dolabella. Les survivants furent chassés hors d'Italie et s'en allèrent vers les pays danubiens. L'Ombrie fut soumise, et de même les peuples sabelliques. Rome ajouta à la zone qu'elle contrôlait la Sabine : alors que jusque-là elle s'était tenue à l'écart, elle se souleva en 290. Elle fut rapidement soumise par Manius Curius Dentatus, qui prit Amiternum.

Désormais la domination de Rome s'étendait d'une manière continue depuis la Toscane au nord jusqu'aux abords des cités grecques du golfe de Tarente.

Peut-on déjà parler d'impérialisme romain ?

Ainsi en moins d'un siècle Rome, qui avait jusque-là agi dans le cadre limité qui avait été le sien depuis la période royale – le Latium et ses abords immédiats –, était devenue la puissance qui dominait sans conteste l'ensemble de la péninsule, sur le versant adriatique aussi bien que sur le versant tyrrhénien.

Pour rendre compte de cette expansion surprenante, les Romains avaient une explication simple. Les dieux protégeaient l'*Vrbs*, bénéficiaire dès sa fondation de la promesse d'un grand destin. Et les héritiers de Romulus avaient su faire ce qu'il fallait pour mériter des dieux qu'ils ne remettent pas en cause cette assurance. Ils avaient toujours scrupuleusement respecté leurs devoirs à leur égard, et par exemple n'avaient jamais engagé une guerre qui ne fût un *iustum bellum*, une guerre légitime – c'est-à-dire, comme on le comprenait à l'époque où la tradition annalistique s'est mise en forme, une réponse à une agression venue de l'extérieur.

On a vu ce qu'il convient de penser d'une telle affirmation. Dans le récit traditionnel lui-même, la question de la *deditio* des Capouans en 343 témoigne au moins d'un maniement complaisant des principes : le droit savait trouver les accommodements qu'il fallait. Parfois, Rome ne semble même pas avoir avancé de prétexte pour entrer en guerre. Par exemple, la reprise de la guerre contre les Étrusques en 311 paraît avoir été décidée par les Romains, sans qu'il y ait eu, quoi qu'en disent nos sources, la moindre provocation du côté tyrrhénien. Rome a certainement, dans des cas précis comme celui-ci, fait preuve d'une volonté d'expansion, et s'est comportée en puissance impérialiste. Mais il ne faudrait pas non plus mettre dans ce mot, pour le IVe siècle, ce qu'il a représenté plus tard : le sentiment d'une prédisposition à une domination universelle, qui a été ouvertement exprimé depuis Polybe au moins (1, 3, 6 ; 1, 63, 9 ; 5, 104, 3 ; 15, 10, 2) et que, à en croire Plutarque, Tiberius Gracchus aurait proclamé en 133, affirmant que les Romains étaient destinés à être « maîtres du monde » (*Vie de Tiberius Gracchus*, 9, 6). C'est, pour cette époque ancienne, le simple jeu des occasions successives, de l'enchaînement des événements les uns aux autres, qui a amené, sans plan concerté, à cette extension de l'empire de Rome.

Ce caractère somme toute fortuit, cette part de hasard ont, il est vrai, été mis en doute et l'on a estimé que, à défaut d'une perspective d'ensemble, qui n'existait pas encore, la conquête de zones déterminées avait été le fait de certains groupes, tandis qu'elle s'était heurtée à l'opposition d'autres. Notamment, certaines couches sociales auraient été favorables à l'expansion, alors que d'autres s'y seraient opposées. Par exemple, on a attribué une politique d'expansion dans certains secteurs à de grandes familles : les Fabii auraient été ainsi les champions de la conquête de l'Étrurie et se seraient opposés aux Claudii, qui auraient préconisé une politique active en direction du sud. Mais ces vues semblent beaucoup trop tranchées. Sans doute peut-on admettre l'existence de traditions familiales, une sorte d'intérêt héréditaire que certaines familles se reconnaissaient pour agir dans tel secteur plutôt que dans tel autre. Mais il n'y a jamais eu de domaine exclusif. Un Quintus Fabius Maximus Rullianus accumula les exploits tant dans le sud que dans le nord de l'Italie. Un Claudius aussi bien qu'un Fabius revendiquaient l'honneur d'avoir été le héros de la reconnaissance de 311 en pays étrusque. De toutes façons une famille, aussi puissante fût-elle, ne pouvait à elle seule imposer une politique. Celle-ci était décidée par l'ensemble des dirigeants, donc avec au minimum l'accord des autres groupes familiaux : c'était l'affaire de la cité, ou du moins de ses chefs, et non des *gentes* particulières. Simplement il était normal que l'on eût recours, en fonction des théâtres d'opérations, à ceux qui pouvaient, en quelque sorte familialement, apparaître comme les plus compétents.

Il convient aussi de relativiser les oppositions que l'on a voulu déceler entre l'attitude de la plèbe et celle de la noblesse. Certes, parfois les sources laissent entendre que la plèbe a été réticente à prendre les armes : cela aurait été le cas lors de la première guerre samnite. Mais il semblerait bien anachronique de parler d'intérêts de classe divergents, par exemple de supposer que les nobles eussent des intérêts agricoles ou commerciaux qui les poussaient à préconiser une politique active en direction de la Campanie. Les réticences des citoyens, obligés à perdre tant de temps à servir dans les légions, et dans ce cas précis sans perspective de terres à acquérir puisqu'il s'agissait de défendre les Capouans, non de conquérir leur pays, se comprennent aisément. À l'inverse, lorsqu'il s'est agi de trouver des colons pour s'établir sur les lots distribués dans l'*ager Falernus*, on n'eut pas de mal à en recruter parmi les plébéiens.

En fait il ne faut pas analyser ces guerres du IVe siècle à travers le prisme déformant d'une opposition entre la noblesse et le peuple, et encore moins vouloir y retrouver la vieille opposition entre patriciat et plèbe. Les chefs qui menèrent les armées romaines à la victoire et à la conquête furent autant des plébéiens que des patriciens. On le constate ne serait-ce que pour la paire emblématique que constituèrent Quintus Fabius Maximus Rullianus et Publius Decius Mus, qui furent trois fois associés au consulat, en 308, 297, 295. On peut même dire que ce fut à travers ces guerres que se forgea la nouvelle *nobilitas*. Ce fut à l'occasion de ces longues luttes qu'émergea à Rome une élite dirigeante renouvelée qui ne se limitait plus à l'ancienne noblesse patricienne, mais lui associait des représentants de la plèbe, introduisant dans le cercle qui dirigeait la cité de nouvelles familles, chez qui, comme cela s'était jadis produit pour les patriciens, la participation au pouvoir tendit à se perpétuer de génération en génération.

Le rôle des facteurs politiques

Ces guerres furent en effet l'occasion pour de nouveaux venus de faire leur entrée dans les fastes, de faire la preuve de leurs qualités de chefs et d'introduire ainsi leurs descendants dans la carrière des honneurs. De ce fait à Rome la guerre, et la conquête de l'Italie qu'elle a permise, ont eu une fonction proprement politique.

La clé de la réussite à Rome, l'idéal que se devaient de viser tous ceux qui aspiraient à une grande carrière était la *gloria*, la gloire. Celle-ci était bien sûr facilitée par l'appartenance à une famille au nom prestigieux. Mais cela ne fournissait au plus qu'une présomption de départ : encore fallait-il que les faits confirmassent ce que l'on pouvait espérer d'un individu en vertu de ses antécédents familiaux, que l'héritier d'un grand nom sût se montrer à la hauteur de ses ancêtres. Polybe a bien noté le poids que pouvait représenter une telle attente pour de jeunes nobles qui n'avaient pas encore fait leurs preuves

À l'époque qui nous concerne, cette gloire était avant tout militaire : nous ne sommes pas encore au temps où les succès du barreau permirent à Cicéron de faire une carrière reposant sur un renom dû à l'éloquence. C'était la gloire acquise à la guerre que proclamaient orgueilleusement les peintures funéraires, comme celle retrouvée sur l'Esquilin qui représente les combats contre les Samnites d'un Fabius qui peut être Quintus Fabius Maximus Rullianus, ou les éloges inscrits sur les tombeaux – comme ceux de la famille des Scipions, retrouvés dans le sépulcre familial de la voie Appienne.

Il ne faudrait pas croire que seuls les nobles recherchaient cette gloire militaire. À un niveau plus modeste aussi, c'est elle qui permettait à un citoyen de se distinguer. Tous étaient fiers de rappeler les distinctions et les honneurs dont ils avaient été gratifiés à la guerre. L'éloge de Lucius Siccius (ou Siccinius) Dentatus – guerrier fameux du deuxième quart du Ve siècle, de basse extraction mais à qui ses exploits valurent la réputation d'être « l'Achille romain » –, qui a été conservé par Aulu-Gelle ne le cédait en rien à ceux des membres de la plus haute noblesse :

> Il participa à cent vingt combats, rapporta quarante-cinq blessures, pas une dans le dos, toutes devant, obtint huit couronnes d'or, une obsidionale, trois murales, quatorze civiques, quatre-vingt-trois colliers, plus de cent soixante bracelets, dix-huit javelots, vingt-cinq phalères. On lui accorda des dépouilles militaires de toutes sortes, la plupart provenaient d'ennemis qu'il avait provoqués en combat singulier. Il participa neuf fois au triomphe de ses généraux. (*Nuits attiques*, 2, 11, traduction M. Mignon.)

Il ne faudrait pas réduire cette ostentation de hauts faits guerriers à la recherche d'une gloriole un peu vaine. Le poète Ennius, au début du IIe siècle, ne donnait pas le sens du phénomène lorsque, réduisant ce désir de *gloria* à sa seule dimension psychologique, il énonçait ce truisme : « Tous les mortels souhaitent qu'on les loue » (*Annales*, 392). La gloire et sa quête jouaient un rôle essentiel dans le fonctionnement de la République romaine. Tout aspirant à une fonction d'autorité ne pouvait que rechercher la gloire militaire ; c'était le moyen de faire carrière. On comprend que dans le climat de compétition qui devait exister entre les représentants des grandes familles – pour ne pas parler de ceux qui espéraient se faire une place dans l'élite dirigeante –, le besoin de s'illustrer ait été l'un des éléments qui ont le plus sûrement poussé à l'état de guerre perpétuelle dont l'histoire de la cité donne l'image. Les charges de commandement étaient peu nombreuses par rapport au nombre de candidats potentiels, étaient soumises à élection, et donc dépendaient du prestige personnel que chacun saurait acquérir. Dans ces conditions, la gloire acquise à la guerre, la popularité qu'elle assurait était un élément essentiel du jeu politique. C'était elle qui départageait les candidats, permettait à certains d'émerger du lot. C'était elle qui, même pour ceux qui étaient parvenus au sommet que constituait le consulat, en haussait certains au-dessus des autres par l'obtention du triomphe. On a pu calculer que seulement un tiers des consuls avait eu droit à l'honneur du triomphe : à ce stade encore on peut donc parler de compétition. On comprend, dans ces conditions, que la forme supérieure de *fama* qu'était pour Rome le renom procuré par les exploits guerriers ait joué un rôle crucial, et qu'il était indispensable que ceux qui se sentaient des ambitions fissent preuve de leurs qualités militaires, profitassent des occasions où ils pouvaient les montrer, ou même, le cas échéant, n'hésitassent pas à les provoquer. Il faut ajouter que l'ouverture des magistratures aux non-patriciens avait eu nécessairement pour effet d'aggraver la concurrence, et de rendre par conséquent encore plus nécessaire la gloire militaire.

Ainsi le régime politique que s'était donné Rome, l'évolution qu'avait connue sa classe dirigeante furent-ils certainement parmi les facteurs essentiels qui peuvent rendre compte de cette avancée presque forcenée de ses conquêtes. La gloire militaire était essentielle dans le fonctionnement de la politique, était une condition presque indispensable de l'accès aux magistratures supérieures, et la conséquence attendue de l'exercice de celles-ci. Ceux qui seraient restés à Rome pour préférer la politique intérieure risquaient de se livrer à un véritable sabordage politique. On peut évoquer le discrédit qui, à en croire Tite-Live, frappa Appius Claudius Caecus qui, consul en 307, avait préféré ne pas quitter Rome, afin d'y mener à bien ses projets politiques, au moment où son collègue, à la tête des légions, affrontait les Sallentins (9, 42).

Il était au contraire normal qu'un magistrat chargé d'un commandement, et disposant de l'*imperium*, profitât de son année de charge pour se couvrir de gloire à la guerre, visât à trouver l'occasion de remporter une victoire décisive qui lui valût le triomphe. Ce ne devait pas être là une mince incitation à mener une politique agressive, le cas échéant à provoquer des guerres dans lesquelles on pût s'illustrer, dans le court laps de temps que l'annualité des magistratures laissait à chaque détenteur du pouvoir. Et si l'on avait conclu victorieusement un conflit, il fallait pour ainsi dire que les successeurs en entamassent d'autres l'année suivante, afin de pouvoir glaner à leur tour les mêmes lauriers. Il y avait là une sorte de mécanisme du fonctionnement des institutions qui poussait à une situation de conflit perpétuel : la relance de la guerre, année après année, était inhérente au système politique romain. Salluste a parfaitement jugé des choses quand il expliquait l'empire de Rome comme une conséquence – au moins pour une part – de l'« avidité de gloire », la « rivalité de courage » qui caractérisaient les citoyens (*Iugurtha*, 35, 39).

Les facteurs économiques

Il ne convient sans doute pas de nier les intérêts économiques. Salluste au reste ne s'y trompait pas, qui adjoignait aux facteurs que nous avons cités l'*auaritia*, l'« avidité ». Mais ils ne furent pas les seuls à entrer en jeu. Et surtout, pour l'époque qui nous concerne ici, il ne faudrait pas se les représenter sous une forme anachronique. Les intérêts commerciaux ne touchaient encore qu'une part restreinte de la population, y compris dans ses couches supérieures. C'était bien plus la perspective d'acquérir des terres qui pouvait pousser à l'expansion. Elle ne concernait pas la seule noblesse, susceptible, déjà en cette époque, de se créer de vastes domaines. Les plus pauvres des citoyens étaient attirés par la possibilité de s'installer sur un lot de terre dans une colonie. On a calculé que le territoire ainsi annexé par Rome et mis en valeur par des colons était, pour l'Italie, une fois achevée la conquête à la veille de l'affrontement avec Carthage, d'environ 9000 kilomètres carrés, alors que celui laissé en possession de ses anciens propriétaires, les cités et peuples vaincus par l'*Vrbs* et devenus ses alliés, liés à elle par un traité particulier, était de l'ordre de 100000 kilomètres carrés. Ce n'était pas négligeable, et il faut ajouter à peu près 10000 autres kilomètres carrés enlevés par Rome à ses *socii*, non distribués à des colons, mais soit mis en vente, soit laissés à la disposition, théoriquement précaire et à titre onéreux, de tenanciers, appelés *possessores*, appartenant souvent à des grandes familles romaines. Une fois sa domination établie sur l'ensemble de la péninsule, les Romains s'étaient rendus propriétaires de presque un cinquième du territoire de ceux qu'ils avaient soumis.

Mais, plus encore, il ne faut pas négliger ce qu'a représenté une forme encore plus fruste de bénéfice économique attendu de la conquête : le butin – *praeda*. On ne saurait en effet sous-estimer la portée qu'eurent le butin fait à la guerre et les autres bénéfices matériels qui pouvaient découler des conflits dans l'économie romaine. C'était indéniablement, à une époque où les rendements à attendre des exploitations agricoles étaient minimes, une source d'enrichissement rapide, et qui s'offrait à tous. On comprend qu'elle ait tenté la plupart des Romains, et pas seulement les chefs. Car tous en profitaient, dans la mesure où il était d'usage que l'État ne s'en réservât pas le bénéfice, comme il en avait le droit. On a vu que l'annonce de la chute imminente de Véies, avec l'espoir du riche butin qu'on ne manquerait pas d'y faire, avait suffi à attirer dans le camp des assiégeants une foule immense. Le Sénat avait décidé que « quiconque voudrait avoir une part de butin n'avait qu'à se rendre au camp devant Véies ». La conséquence ne se fit pas attendre : « une foule immense vint remplir le camp » (Tite-Live, 5, 20-21). On le constate par cet exemple, le pillage n'était pas laissé à la libre initiative des individus : il faisait l'objet d'une décision de la part des autorités responsables.

D'ailleurs les traités d'alliance prévoyaient à l'avance la répartition du butin à faire entre les partenaires : on le constate dès le traité conclu par Spurius Cassius avec les Latins en 493 et étendu aux Herniques en 486. Et Polybe décrit avec quelle minutie, de son temps, la saisie et le partage du butin étaient réglés : les chefs chargeaient à l'avance une partie de leurs hommes de piller les cités, tandis que les autres assuraient leur protection ; tout le butin était rassemblé, les officiers le divisaient en parts égales, y compris pour les blessés qui ne pouvaient plus prendre part aux opérations (10, 16). Cette organisation méthodique, contrôlée par l'autorité, montre combien la *praeda* était importante aux yeux des Romains, et considérée comme un aspect essentiel de la guerre. La cité dans son ensemble devait tirer profit des conflits. Au IVe siècle on était sans doute encore loin des bénéfices énormes que permit, plus tard, la mainmise sur l'Orient. Mais, par rapport à la situation qui était celle de l'*Vrbs* lorsque la conquête de l'Italie commença à se réaliser, l'accroissement de la richesse dut être considérable.

Comme le fait dire Tite-Live à Papirius Cursor, lors de sa dictature de 310, un riche vaincu était la récompense d'un vainqueur pauvre (9, 40, 6). Dès cette époque, les Romains savaient parfaitement profiter de leurs succès : la même année ils exigèrent des livraisons de blé de la part de Tarquinia et le paiement d'une année de solde et la livraison de deux tuniques par soldat comme prix d'une trêve d'un an qu'ils consentirent à accorder aux Étrusques des cités du Nord (9, 41, 5 et 7) ; en 306, les Herniques durent verser six mois de solde et une tunique par soldat pour une simple suspension d'hostilités (9, 43, 6). Ces bénéfices gardaient souvent un aspect très concret : en 311, l'armée romaine se lança dans une expédition risquée pour attraper un immense troupeau que les Samnites avaient placé en haut d'une montagne, en une scène dont une peinture de Paestum peut nous donner une idée. Mais les victoires fournissaient aussi du bronze monnayable, pour lequel Tite-Live fournit parfois des chiffres : ceux-ci sont déjà très importants. Ainsi, en 295, le bénéfice aurait été de près de 540 000 livres. L'année suivante Volsinies, Pérouse, Arezzo durent verser une contribution de 150 000 livres. En 293, Lucius Papirius Cursor put en exhiber au cours de son triomphe plus de 2 500 000 et Spurius Caruilius en remit près de 400 000 au trésor. Les soldats avaient leur part de cette abondance, qui ne servait pas qu'à alimenter les caisses de l'État : en 295 chacun d'entre eux reçut une gratification de 82 as.

Ces guerres se traduisirent donc par un accroissement sans précédent de la richesse à Rome. On est porté à mettre ce fait en relation avec l'apparition, dans cette période – mais sans que les spécialistes parviennent à s'accorder sur une date précise –, de la première monnaie véritable. Ce furent, en dehors de monnaies d'argent qui paraissent avoir circulé dans le sud de l'Italie plus qu'à Rome, de lourdes pièces de bronze, fondues, du poids d'une livre – d'où leur nom d'as libraux. Elles étaient ornées de la double face de Janus – ce dont se souviendra encore Ovide lorsque dans ses *Fastes* il parlera de ce dieu (1, 229-230). Il est évident que ces lourdes pièces n'étaient pas principalement destinées à la circulation, à favoriser les échanges et le commerce. Ce n'est d'ailleurs que plus tard, après la première guerre punique, que la face opposée de ces as recevra la représentation d'une proue de navire qu'évoque également le poète – signe des ambitions maritimes désormais clairement affirmées de l'*Vrbs*. Auparavant cette première monnaie romaine devait avoir essentiellement une fonction de thésaurisation : mais en tant que telle elle montrait déjà quelle était la richesse, dès cette période, de la cité.

Cette cité a été transformée sur un autre point par les bénéfices des conflits. Les guerres ne procuraient pas seulement des biens matériels, mais aussi des esclaves. Des peuples, même pauvres, pouvaient au moins fournir ce genre de butin. Là encore, tous pouvaient en profiter : Denys d'Halicarnasse précise (en 4, 22) qu'il était d'usage que le général permît à ses soldats de conserver les captifs qu'ils avaient faits prisonniers en même temps que les autres bénéfices de la guerre. Dans son livre X, qui traite du début de la troisième guerre samnite, pour la période 297-293, Tite-Live parle de plus de cinquante mille Samnites réduits en esclavage. Le chiffre est impressionnant, même s'il faut le prendre plus comme un ordre de grandeur que comme un chiffre exact, surtout compte tenu du fait que la cité comptait alors à peine plus de deux cent cinquante mille citoyens. En tout cas, le nombre des esclaves était déjà suffisamment important à la fin du IVe siècle pour que la question des affranchis se posât avec acuité lors de la censure d'Appius Claudius Caecus.

La guerre juste

Les Romains avaient donc des raisons économiques autant que politiques de mener une politique militairement active. À ce titre ils pouvaient apparaître comme ayant été un peuple prédateur, à l'image de la louve qui avait allaité les jumeaux auxquels était rapportée la fondation de leur cité – selon un grief que leur faisaient fréquemment leurs ennemis. Mais nous retrouvons par là la question si débattue du caractère défensif, et non agressif, qui aurait été celui de l'impérialisme romain.

On sait que, réagissant contre la tendance à interpréter les faits dans une logique de conquête, bien des historiens ont songé à une expansion qui se serait faite, d'un bout à l'autre, presque inconsciemment, progressivement et sans plan préconçu, par l'effet de l'enchaînement des guerres auxquelles l'*Vrbs* avait été confrontée. À la fin, Rome aurait étendu son empire sur le monde, mais sans jamais s'être engagée dans des conflits qu'elle aurait provoqués. Elle n'aurait mené que des guerres défensives, soit pour repousser une attaque qui l'aurait elle-même visée, soit pour courir à l'aide d'alliés eux-mêmes victimes d'une agression. C'est ce que disait déjà expressément Cicéron, dans un fragment qui nous est parvenu du livre III de son traité *De la République*, en pensant bien évidemment au cas de sa patrie : « La meilleure des cités n'entreprend aucune guerre si ce n'est pour respecter ses engagements ou pour se défendre » (fragment 34

= Augustin, *Cité de Dieu*, 22, 6). En particulier la loyauté, la *fides* due aux alliés était mise en avant comme motif des engagements militaires de Rome : dans un autre fragment, l'orateur estimait que « notre peuple s'est rendu maître de l'univers en défendant ses alliés » (fragment 35 = Nonius Marcellus, 800 L).

L'avis de Cicéron était représentatif d'une idée répandue chez ses compatriotes, voulant que les guerres que leur cité avait soutenues, tout au long de son histoire, n'eussent jamais été des guerres d'agression, mais eussent toujours été des guerres justes, selon le concept de *iustum bellum*, explicitement invoqué dans ces passages du *De la République*. Tite-Live défendait la même vision du passé de Rome dans son histoire. Pour lui l'*Vrbs* avait toujours eu d'excellentes raisons d'affronter des ennemis – qui étaient précisément celles qu'avançait Cicéron – et il était tout à fait exceptionnel qu'elle n'eût pas respecté le principe qu'il mettait dans la bouche de Scipion l'Africain : « Le peuple romain entreprend et termine les guerres justement » (30, 16, 9). Les rares fois où il admettait que des Romains eussent fait preuve de comportements dérogeant à cette règle, et impliquant un manquement aux normes du droit international, le *ius gentium*, cela lui servait à expliquer des catastrophes : ainsi lorsque, en 390, les Fabii, présents à Chiusi en tant qu'ambassadeurs, avaient pris l'initiative de participer à un combat contre les Gaulois, outrepassant le mandat qui leur avait été confié et les règles régissant leur État, cela avait abouti à la prise de la ville par les Gaulois de Brennus (5, 35-36).

Il est facile de reprocher aux Romains de ne pas avoir toujours respecté ces excellents principes et de s'être livrés à d'indiscutables guerres d'agression. La position de ceux qui, à la suite de Mommsen, admettaient le caractère fondamentalement défensif de la politique romaine nous semble sans doute aujourd'hui bien idéaliste ! Mais il est plus important de constater que, la plupart du temps au moins, les Romains, et ce depuis une date ancienne, ont prétendu se conformer à ces règles. Cela se fit sans doute parfois au prix d'arguties juridiques des plus contestables, et avec ce qui nous apparaît comme de la pure hypocrisie : il suffit d'évoquer l'affaire de la *deditio* des Capouans par laquelle Rome s'estima libérée de toute obligation envers ses alliés samnites. Mais il ne faut peut-être pas juger selon nos modes de pensée, et dénoncer le cynisme des Romains. En fait, l'hypocrisie de la démarche, l'aspect immoral qu'elle peut avoir à nos yeux n'était pas, pour eux, l'essentiel dans un comportement de ce genre.

Nous pouvons revenir à l'expression de « guerre juste », *bellum iustum*. Sans doute a-t-elle pour nous, et avait-elle déjà pour les Romains de l'époque de Cicéron et de Tite-Live, le sens de guerre conforme à la justice, engagée pour une juste cause. Mais à l'origine, il s'agissait seulement de respect des formes juridiques requises. On le constate par un autre passage de Cicéron, exposant dans le traité *Des devoirs* les principes ancestraux des Romains en matière de guerre : « Ils ont estimé qu'il n'y avait pas de guerre juste si elle n'était pas menée après qu'il y ait eu une réclamation (par les fétiaux) ou une déclaration de guerre préalable et sa notification » (1, 11, 36). Ainsi la notion répondait-elle à des critères purement formels. Que ce soit par l'antique droit des fétiaux ou, plus tard, par d'autres procédures, comme le vote de l'assemblée populaire, une guerre était réputée juste si elle avait été engagée conformément aux règles.

Cela peut nous sembler autoriser les dérives les plus graves. Mais il faut reporter de telles conceptions à un stade de pensée archaïque, qui imprégnait tout le droit romain, et plus généralement sa mentalité. On l'a souvent souligné en matière de religion : les Romains se caractérisaient par un ritualisme, un formalisme qui ne faisait pas intervenir, derrière la matérialité de l'acte, l'intention qui y avait présidé. On peut appliquer ces idées au domaine de la guerre. La guerre, à Rome, était entourée de tout un rituel. L'entrée en campagne, le retour des opérations et la réintégration des soldats dans la cité étaient liés à des fêtes inscrites dans le calendrier : il existait des fêtes pour l'entrée en guerre (Equirria, Tubilustrium, du 27 février au 23 mars – mois du dieu de la guerre, et du début de campagne), d'autres pour le retour de l'armée (Armilustrium, ou purification des armes, du 19 octobre). Le passage de l'état de *ciuis* à celui de *miles* était accompagné d'un acte religieux, le *sacramentum*. La déclaration de guerre, dans l'antique procédure des fétiaux, était un acte rituel : ces prêtres allaient porter les réclamations romaines en territoire ennemi, selon des formules précises dans lesquelles ils demandaient réparation à l'ennemi, et déclaraient la guerre en lançant un javelot de cornouiller sur le terrain adverse. Il en allait de même pour la fin des hostilités : le chef des fétiaux, le père patrat, sacralisait la conclusion du traité en frappant un porc à l'aide d'une pierre pour symboliser le traitement qui attendait le parjure qui ne respecterait pas les termes de l'accord. Tous ces rites, si étranges semblassent-ils, avaient une valeur fondamentale aux yeux des Romains. Ils visaient à faire intervenir les dieux dans l'affaire, avec des procédures qui les mettaient du côté de leur cité. On a là l'application au domaine de la guerre du formalisme général de la religion romaine. Par leurs rites ancestraux, les Romains estimaient qu'ils étaient à même de gagner la protection des dieux dans les conflits où ils étaient engagés.

On peut estimer que cette attitude permet tous les faux-semblants, autorise toutes les tricheries. Mais il convient de ne pas être trop négatif à l'égard de cette « religion de la guerre » à Rome. Pour formel qu'il nous paraisse, le droit fétial n'en comportait pas moins, par la réclamation adressée aux ennemis, la *repetitio rerum*, une proposition de règlement : c'était aux ennemis de la refuser. On a souvent estimé que cette offre restait de pure forme, et qu'elle ne laissait aucune échappatoire aux ennemis de Rome. C'est peut-être vrai : mais elle n'en aboutissait pas moins à ce que, objectivement, les Romains avaient offert la paix à leurs adversaires et que ceux-ci l'avaient refusée. Les Romains n'étaient donc pas des agresseurs. Il en allait ainsi même dans un cas comme celui de la *deditio* des Campaniens : même alors, au terme de la procédure, les agresseurs étaient les Samnites, et les dieux se devaient d'en tenir compte. Dans la logique purement factuelle qui régissait les rapports de l'*Vrbs* avec ses dieux, ceux-ci ne pouvaient en effet faire autrement que lui accorder leur faveur. Ainsi donc, on ne doit pas trop mépriser les affirmations des Romains quant au caractère défensif de leurs guerres. Sur le plan des principes, c'est à cette condition seulement que les Romains pouvaient être assurés de la faveur divine, qu'ils pouvaient être sûrs de vaincre leurs ennemis. C'est pourquoi ce qui nous apparaît comme de grossiers prétextes, des jongleries juridiques, était important à leurs yeux. C'était l'assurance que les dieux ne se détourneraient pas de la cité.

CHAPITRE VIII

Pyrrhus. La rencontre de Rome et de l'hellénisme

par Dominique Briquel et Giovanni Brizzi

Rome et les Grecs

Pour le Grec Polybe, la guerre contre Pyrrhus avait marqué un tournant dans l'histoire de Rome, et une rupture par rapport aux guerres qu'ils avaient auparavant menées depuis que la cité avait surmonté la crise représentée par sa prise par les Gaulois :

> Les Romains [...], s'engageant dans leur accroissement, se mirent, au cours des années qui suivirent, à guerroyer contre les voisins. Leur vaillance ainsi que la fortune des armes leur permirent de soumettre tous les Latins. Ils entrèrent ensuite en guerre contre les Étrusques, puis contre les Gaulois, puis contre les Samnites, peuple dont le territoire avoisine au nord et à l'est celui des Latins. Quelque temps après, les Tarentins, qui s'inquiétaient des suites d'un outrage fait par eux à des ambassadeurs romains, attirèrent Pyrrhos en Italie. [...] Les Romains avaient, à ce moment-là, achevé de soumettre les Samnites et les Étrusques et ils avaient déjà vaincu dans plusieurs batailles les Gaulois établis en Italie. Ils songèrent alors, pour la première fois, à étendre leurs conquêtes au reste de la péninsule, et cela avec le sentiment qu'ils allaient faire la guerre non pas pour la possession de terres étrangères, mais bien plutôt pour entrer en possession d'un bien qui leur revenait de droit. (1, 1, 6.)

Ils auraient ainsi manifesté au cours de cette guerre, pour la première fois, le sentiment que l'Italie leur appartenait et qu'il était légitime de leur part d'y établir leur domination. Ainsi, aux yeux de l'historien du IIe siècle, les Romains de cette époque auraient-ils déjà pris suffisamment de recul à l'égard des enjeux immédiats du conflit pour développer une sorte de logique géographique qui leur attribuait, de droit, l'hégémonie sur la péninsule.

Un tel souci de légitimation de la conquête, de justification d'un impérialisme, encore à ce stade limité à la péninsule italienne, se fit-il jour dès lors ? L'absence de témoignage précis de la part des Romains eux-mêmes et la difficulté particulière d'appréhender les réalités de cette époque – nous sommes dans ce que l'on a appelé le « trou » de Tite-Live, dont le récit, du fait de la perte de la deuxième décade, la série des livres X à XX, s'interrompt en 292 pour ne reprendre qu'au début de la deuxième guerre punique, avec le livre XXI – font que nous sommes particulièrement mal placés pour juger des événements. En réalité, la formulation de Polybe elle-même le montre, les Romains n'ont sans doute pas, sur le moment, ressenti de différence entre la façon dont ils s'engageaient dans cette guerre et ce qui s'était passé pour les conflits antérieurs. L'historien fait allusion à l'incident – sur lequel on aura à revenir – au cours duquel les ambassadeurs de l'*Vrbs* avaient été bafoués : cette atteinte au *ius gentium* fournissait une motivation suffisante pour que les Romains pussent engager un *iustum bellum* comme ils venaient de le faire, avec succès, tout au long du siècle qui avait précédé.

En fait, la rupture venait peut-être surtout, pour un observateur hellénique comme Polybe, du fait que c'était maintenant une cité grecque, Tarente, qui était visée et que sa prise par les Romains représentait la fin de ce qui avait été, depuis près de cinq siècles, la Grèce d'Italie. Dès lors, une cité barbare, Rome – dont Aristote, au témoignage de Varron (*Traité de la langue latine*, 7, 70), traitait dans son ouvrage sur les coutumes des barbares, ses *Nomima barbarika* –, présidait aux destinées de ce qui avait été la Grande-Grèce. Inévitablement, celle-ci allait se barbariser, comme le déplorait, déjà à la fin du IVe siècle, le philosophe tarentin Aristoxène, à propos du cas de Poseidonia tombée aux mains des Lucaniens. Pour faire comprendre combien cette cité avait perdu son caractère grec originel et était devenue barbare, c'est l'exemple des Romains (et des Étrusques) qui lui venait à l'esprit :

> Nous faisons comme les Poseidoniates qui habitent sur le golfe Tyrrhénien. Il leur est arrivé, à eux qui étaient originellement des Grecs, de se barbariser complètement, devenant des Tyrrhènes ou des Romains. Ils ont changé leur langue et leurs autres coutumes. (Aristoxène, cité par Athénée, *Deipnosophistes*, 14, 632 a.)

Mais cela signifiait-il une victoire de la barbarie sur l'hellénisme, et la disparition de celui-ci ? On a vu, à propos de la prise de Rome par les Gaulois, qu'un observateur grec de la même époque, Héraclide du Pont, pouvait au contraire qualifier Rome de *polis Hellènis*, ville grecque. La position de l'*Vrbs* vis-à-vis de l'hellénisme et de ses valeurs est assurément plus nuancée que ce que la seule considération des faits militaires amènerait à penser. La défaite finale de Pyrrhus dans son expédition italienne, suivie de peu par la chute de Tarente, marqua sans contestation possible la fin de l'indépendance de la Grèce d'Italie, l'établissement définitif de la domination de Rome sur eux comme elle s'exerçait déjà sur les populations barbares de la péninsule. Mais cela ne signifia nullement la fin de l'hellénisme en Italie : il ne faut pas oublier la profonde acculturation que Rome subissait, dès cette époque. Nous aurons à revenir sur ce point.

Quant à l'idée que la guerre contre Pyrrhus, avec l'enchaînement des événements concernant les cités grecques d'Italie du Sud qui y avait conduit, représentait pour Rome le surgissement d'un nouvel adversaire avec lequel elle n'aurait pas jusque-là été en contact, le Grec, là encore il convient de ne pas se laisser induire en erreur par des présentations schématiques comme celle que Polybe offre dans ce passage, où les peuples que les Romains ont affrontés sont présentés comme des adversaires auxquels elle s'est mesurée successivement et qu'elle a défaits l'un après l'autre. On a déjà rencontré une formulation presque caricaturale de cette idée, avec la thèse voulant que les Romains aient combattu tour à tour les Étrusques, les Samnites, les Grecs, après eux encore les Carthaginois, et aient à chaque fois appris auprès d'eux les armes et les tactiques qui faisaient leur supériorité. Ainsi, pour les trois premiers peuples, voici comment Diodore de Sicile retrace tout à la fois l'histoire de Rome et la dette des Romains à l'égard de ses adversaires successifs :

> Dans des temps anciens les Romains se servaient du bouclier rectangulaire ; mais les Étrusques qui se servaient du bouclier rond et combattaient en phalange les amenèrent à adopter le même armement et ils furent vaincus. Par la suite, à cause [des Samnites] qui se servaient du bouclier rectangulaire qu'ils utilisent aujourd'hui et qui combattaient en manipules, ils imitèrent l'un et l'autre point et l'emportèrent sur ceux qui leur avaient montré l'exemple à suivre. Puis ils apprirent auprès des Grecs à mener des sièges et à renverser les murailles avec des machines de guerre, et ils forcèrent les cités qui leur avaient appris à obéir à leurs ordres. (Diodore de Sicile, 23, 2, 1.)

En fait, lorsque commença la guerre avec Tarente, ce n'était pas la première fois que Rome avait à lutter contre des Grecs. Nous avons évoqué la question – controversée – des rapports entre Rome et les tyrans de Syracuse au IVe siècle, de leurs éventuels affrontements par Gaulois interposés. Au moins en 350-349, on avait assisté à une intervention directe contre le Latium de la flotte syracusaine. Et la progression de Rome en Campanie avait mis les armées romaines en contact avec les Grecs de cette région. Le début de la deuxième guerre samnite était directement lié à la question de Naples, qui, en dépit de la présence d'éléments italiques en son sein, restait toujours une ville grecque, attachée à son caractère de cité hellénique. Après la rapide victoire sur les Palaeopolitains en 326, Naples avait accepté de se lier par un traité d'alliance avec Rome : bien avant que Rome ne commençât à se tourner vers les cités helléniques méridionales, avant même le déclenchement véritable de la guerre contre les Samnites, la ville grecque de Campanie avait donc accepté d'entrer dans le nouveau système établi par Rome en Italie.

Rome et Tarente

Tarente, qui fut dans cette phase finale de la mainmise de Rome sur la péninsule l'adversaire principale de l'*Vrbs* et dont la capitulation en 272 marqua pour ainsi dire l'achèvement de la conquête, n'était pas restée entièrement en dehors des conflits qui avaient opposé Rome à Naples et aux Samnites. On verra que les sources évoquent un certain rôle de sa part lors du *bellum Neapolitanum* et au cours de la deuxième guerre samnite. Mais faut-il penser que les Tarentins avaient prévu de longue date la menace qui allait mettre fin à l'existence de leur cité en tant qu'entité indépendante, et entraîner dans le même sort toutes les villes de la Grande-Grèce qui n'étaient pas encore soumises à Rome ?

Faut-il, dans cette perspective, imaginer que Tarente, consciente de ce que son tour viendrait inéluctablement ensuite, avait cherché par tous les moyens à appuyer la longue résistance du Samnium contre Rome ? C'est ce qu'affirme la tradition romaine, y compris lorsqu'elle se trouve en présence de certains faits qui sembleraient démentir l'idée d'une hostilité ancienne. Ainsi reconnaît-elle bien qu'Alexandre le Molosse, venu dans la péninsule en 334 pour aider Tarente aux prises avec les Lucaniens, loin de se comporter en ennemi de Rome, avait conclu (il est vrai à une époque où ses liens avec Tarente s'étaient distendus) un traité d'amitié avec elle. Mais elle ajoute aussitôt que le roi n'était pas sincère, et qu'il se serait empressé de le dénoncer pour se tourner contre les Romains, si la mort – survenue probablement en 331 – n'avait pas mis un terme à ses ambitions italiennes. À en croire les auteurs latins, la crainte de l'expansion romaine à Tarente remontait même plus haut. Cicéron se fait l'écho d'une tradition voulant qu'à l'époque où la cité grecque était régie par le pythagoricien Archytas, c'est-à-dire entre 367 et 360, celui-ci ait eu des conversations, outre avec Platon, avec un chef samnite, le père du vainqueur des fourches Caudines, Caius Pontius (*De la vieillesse*, 41). Celui-ci, à l'époque de la bataille, était un vieillard impotent, mais son autorité en matière politique restait telle que son fils l'aurait consulté sur l'attitude qu'il devait adopter envers les Romains vaincus.

On trouve un autre indice de la collusion entre les Tarentins et les populations italiques contre lesquelles Rome avait à lutter dans l'existence d'une tradition attribuant aux Samnites, aux Brettiens et aux Lucaniens la même origine spartiate qu'aux habitants de la cité grecque. Cette thèse doit avoir été imaginée pour des motifs de propagande par les Grecs de Tarente, ce qui prouve qu'à une certaine époque la cité a cherché à organiser une coalition regroupant Grecs et Italiques d'Italie du Sud, et a voulu soutenir la lutte de ses alliés barbares en flattant leur orgueil par l'attribution d'une prestigieuse parenté avec Sparte, sa propre métropole. Strabon relevait déjà (5, 4, 12 [250]) le caractère artificiel de cette tradition : « Il me semble que cette explication a été forgée par les Tarentins qui voulaient flatter des voisins aussi puissants et, du même coup, gagner leur amitié, quand on sait que ces voisins pouvaient mettre sur pied quatre-vingt mille soldats d'infanterie et huit mille cavaliers. » Une telle manœuvre avait certainement pour but de contrer l'avancée de Rome dans le secteur.

Mais la recherche de l'alliance de Tarente avec les peuples italiques dans une optique antiromaine n'apparut qu'assez tard et fut le résultat d'une évolution progressive du point de vue tarentin. Ce n'est qu'après la conclusion victorieuse pour Rome de ses guerres contre le Samnium que Tarente dut vraiment comprendre que l'ennemi contre lequel elle aurait désormais à lutter en Italie ne serait plus lucanien ni samnite, mais romain. Certes, Tarente eut une influence culturelle importante sur les populations indigènes – et en ce sens l'anecdote sur le père de Caius Pontius venant à Tarente écouter les leçons d'Archytas, si elle n'a pas de fondement historique réel, traduit bien le rayonnement intellectuel de la cité, notamment de ses cercles pythagoriciens. Mais cela ne correspondait nullement à des liens politiques.

Auparavant, au contraire, Rome et Tarente avaient les mêmes ennemis : les populations italiques du sud de la péninsule. Et l'alliance entre Alexandre le Molosse et Rome est le reflet d'une indiscutable donnée de fait : tant que les Samnites et les Lucaniens représentaient une force avec laquelle il fallait compter dans cette partie de l'Italie, ils constituaient une menace pour les populations établies dans les zones qu'ils dominaient du haut de leurs montagnes, qu'il s'agît des Romains au nord ou des Grecs de la frange côtière au sud. Dans une telle situation, loin d'être condamnés à s'affronter, Romains et Tarentins avaient plutôt, objectivement, des intérêts communs.

Tarente et les populations italiques

Il convient de préciser quelle était la situation de Tarente. Depuis le temps où Archytas avait porté au plus haut point le prestige et la puissance de la cité, tant par les succès militaires qu'il avait remportés sur les indigènes que par la réputation de sagesse de son gouvernement, la cité apparaissait comme occupant une position d'hégémonie au sein de la ligue italiote, qui regroupait les villes grecques d'Italie du Sud. Signe de cette prépondérance, le siège de la ligue avait alors été fixé à Héraclée, fondation tarentine, que sa cité-mère avait établie dans la plaine de Siritide, entre le territoire de Métaponte et celui de Thourioi, à la suite d'une guerre de dix ans où elle avait vaincu ces deux cités.

La fonction de cette ligue était avant tout de permettre aux Grecs d'Italie de résister à la pression des indigènes de l'arrière-pays. Celle-ci s'était faite menaçante depuis que les Lucaniens étaient apparus, au cours du ve siècle, dans des secteurs où auparavant les Hellènes n'avaient été en contact qu'avec des populations oenôtriennes moins agressives, et depuis que s'étaient manifestés, au siècle suivant, encore plus au sud, les Brettiens, issus des Lucaniens. Pour réagir contre cette agressivité nouvelle, les cités grecques avaient senti la nécessité de renforcer leur cohésion : elles s'organisèrent en une ligue, d'abord composée des cités achéennes de Crotone, Sybaris, Caulonia, puis étendue aux autres villes en 392. Le but était de permettre une défense commune : selon le texte du pacte conservé par Diodore (14, 101), les participants se promettaient « un secours mutuel lorsque leur territoire serait attaqué par les Lucaniens ». Il faut dire qu'en ce début du IVe siècle, lorsque la ligue se forma, l'acuité du danger était encore aggravée par la politique du tyran Denys de Syracuse, qui n'hésitait pas à favoriser les attaques des barbares pour assurer son hégémonie sur les cités grecques. Et la terrible défaite subie par les Grecs de Thourioi à Laos en 390 prouvait à

Cavalier lucanien (tombe de Paestum, vers 340)

l'évidence que la pression indigène était pour toutes les cités grecques une menace redoutable, qui devait les inciter à regrouper leurs forces.

À l'époque d'Archytas, Tarente était capable de tenir tête aux menaces que pouvaient représenter les populations de l'arrière-pays. Aux dires d'Aristoxène de Tarente, qui écrivit une biographie du philosophe dont il reste des fragments, il ne subit aucune défaite. Bien au contraire, il semble avoir gagné à l'alliance tarentine les voisins les plus immédiats de la cité, les Iapyges, contre lesquels elle avait souvent dû mener des guerres lors des siècles précédents. À ce moment, Tarente était à même d'assurer aux autres cités, par ses propres forces, la protection nécessaire. Mais après son abdication en 360, la puissance de la cité avait bien décliné. La littérature nous présente les Tarentins comme des êtres amollis par le luxe et l'oisiveté, ne songeant qu'à leurs plaisirs, ceux de la table, de la boisson ou des spectacles – en particulier le théâtre dont ils étaient de grands amateurs. Ils auraient perpétuellement regimbé contre ceux qui, comme Archytas et plus tard les chefs venus de l'extérieur auxquels la cité avait fait appel, cherchaient à leur redonner le sens des vertus civiques, et en particulier à leur rappeler que la défense de leur patrie passait par les charges militaires que les citoyens devaient assumer. En une formule significative, au IVe siècle, l'historien Théopompe présentait ainsi l'idéal de vie des Tarentins : « Les autres peuples apprennent à vivre à force de travailler, nous, nous vivons tout de suite, au milieu des banquets et des plaisirs » (cité par Athénée, 4, 166 e).

Il y a assurément une bonne part de dénigrement dans une telle peinture. Souligner le fait que les Tarentins recouraient à des mercenaires étrangers pour assurer la défense de leur cité revenait à mettre en relief la valeur de Rome, qui comptait sur ses citoyens-soldats et l'emportait sur des armées que motivait le seul appât du gain. Mais il est nécessaire de restituer ce qui se passait alors à Tarente, en matière d'institutions militaires, dans la situation générale du monde grec à cette époque. On était au moment du déclin des armées civiques et de la montée du mercenariat, avec la formation de troupes professionnelles conduites par des chefs qui étaient de véritables *condottieri* avant la lettre. L'*Anabase* de Xénophon, relatent l'épopée des Dix Mille qui avaient soutenu Cyrus le Jeune dans sa tentative de conquête du trône perse et avaient dû, après sa mort, faire une longue retraite pour regagner le monde hellénique, donnait ses lettres de noblesse à cette nouvelle forme de guerre. Mais plus encore qu'en Orient – du moins avant qu'Alexandre n'ouvrît de nouveaux horizons à l'action des Grecs dans cette partie du monde – c'était en Occident que le phénomène se développait. Profitant des ressources en hommes du monde italique, notamment de la Campanie, les Grecs de Sicile, et tout autant leurs adversaires carthaginois, se constituèrent de puissantes armées de mercenaires. C'est sur des troupes de ce genre – bientôt renforcées par les contingents de Gaulois – que s'appuyèrent Denys de Syracuse, de 408 à 367, puis son fils, Denys le Jeune, renversé en 344.

L'appel à des chefs étrangers : Archidamas

Aussi n'est-il pas étonnant, ni anormal, que lorsque le danger italique se manifesta pour Tarente, celle-ci ait eu recours à une solution de ce genre. Le problème se serait posé, selon Aristoxène, dès l'abdication d'Archytas en 360, et plus sûrement vers 346-344, années pour lesquelles Diodore et Plutarque font état d'attaques des Lucaniens contre Tarente et des Brettiens contre Thourioi. Les Tarentins se cherchèrent des soldats en Grèce et se tournèrent vers leur métropole, Sparte, que sa réputation militaire rendait évidemment toute indiquée pour une telle mission. La ville émit alors, pour payer ses mercenaires, des monnaies au motif éloquent : on y voyait Taras, le héros éponyme de la cité, tendre les bras vers son père, le dieu Poséidon.

Alexandre le Molosse

La cité-mère entendit l'appel de son ancienne colonie. Elle lui envoya, avec mille hoplites, l'un de ses propres rois, Archidamas, encombrant personnage qui avait trempé dans la profanation du sanctuaire de Delphes lors de la guerre sacrée, et qu'elle était certainement heureuse d'éloigner. Mais celui-ci, malgré des succès contre les Lucaniens et sans doute également les Messapiens au cours de son séjour en Italie de 344 à 338, n'écarta que pour un temps le danger : il finit par périr, tué par l'ennemi.

Tarente fut obligée de recourir aux services d'un nouveau chef étranger, engageant ainsi un processus qui se répéta jusqu'à la fin de l'indépendance de la cité, et dont le cas de Pyrrhus ne fut que l'exemple le plus célèbre. Dans le monde grec qu'étaient alors en train de bouleverser de fond en comble l'émergence de la puissance macédonienne avec Philippe II, puis l'entreprise d'Alexandre le Grand, Tarente trouva un chef disposé à lui porter secours : ce fut le propre oncle maternel du conquérant de l'Asie, le roi des Molosses, lui aussi appelé Alexandre, qui trouva là l'occasion d'égaler en Occident les exploits que son neveu accumulait en Orient. On voit dès lors poindre un problème qui se répéta jusqu'à l'intervention de Pyrrhus : les chefs militaires vers lesquels Tarente se tournait songeaient beaucoup plus, en venant en Italie, à s'y tailler un empire personnel à la mesure de leurs ambitions qu'à appliquer la politique que la cité avait décidée. Régulièrement, les rapports entre Tarente et ses protecteurs se tendirent. Dans le cas d'Alexandre le Molosse, on aboutit à une rupture complète. L'expédition du roi est aussi exemplaire à un autre titre : son entreprise se termina sur un échec – ce qui se produisit également pour celles qui suivirent. Lorsque le roi s'était embarqué en 336 avec son armée sur les navires que lui avait envoyés Tarente, il aurait déclaré qu'il allait combattre des hommes, et non des femmes comme le faisait son neveu en Orient. Effectivement, les barbares d'Italie se révélèrent plus malaisés à vaincre que ceux d'Asie et le Molosse y laissa la vie.

Au moment où Alexandre le Molosse intervint, l'ennemi n'était bien évidemment pas encore le Romain. Il se tourna d'abord contre les Messapiens et Apuliens, les faisant rentrer dans l'alliance de Tarente. Puis il affronta les Lucaniens et les Brettiens : c'est alors que la dimension strictement personnelle de la politique du roi éclata. Il s'érigea en chef de la ligue italiote, transféra de sa propre autorité son siège d'Hécatée à Thourioi, et s'appuya de plus en plus sur Métaponte. Mais il était capable d'une stratégie à vaste portée : prenant les Lucaniens à revers, il s'empara de Paestum sur la côte tyrrhénienne, sans doute en 332. Cette action détermina les Samnites à apporter leur appui aux Lucaniens, qui leur étaient apparentés. C'est alors, sans doute, que le roi noua des rapports d'amitié avec Rome. On l'a vu : à ce moment on peut parler d'une collusion objective contre les Samnites (et les Lucaniens) entre ce défenseur des Grecs d'Italie et les Romains – bientôt engagés dans la deuxième guerre samnite.

Rome et Tarente lors de la deuxième guerre samnite

Le Molosse mourut en 321, au passage du Crathis, peu après s'être emparé de Consentia, la capitale du Bruttium. L'événement ne modifia en rien les bonnes relations qui existaient alors entre Romains et Grecs d'Italie, confrontés également aux populations italiques de la montagne. On considère parfois que la courte guerre contre les Palaepolitains, en 327-326, et l'alliance qui s'ensuivit entre Rome et Naples marqua la rupture entre Rome et Tarente. La tradition romaine voit là surtout l'occasion de tourner en dérision l'incapacité de la cité de Taras à mettre en application les menaces qu'elle se permettait d'adresser à l'*Vrbs*. Lors du siège de Palaepolis, elle avait fait mine d'envoyer des secours aux assiégés pour les aider à résister aux Romains – sans que cette promesse fût suivie du

Casque apulo-corinthien (Ve siècle)

moindre effet (Tite-Live, 8, 25, 7-8, 27, 2). L'historien padouan y trouve la confirmation de son jugement sur les Grecs, « nation plus énergique par la langue que par les actes » (8, 22, 8). Mais le Grec Denys d'Halicarnasse dégage mieux le sens de la démarche tarentine lorsqu'il précise que c'étaient les proxènes – sortes de consuls – de Naples dans la cité de Taras qui étaient venus en délégation, afin de tenter de dissuader les Napolitains d'accepter l'alliance romaine (15, 5, 5). Effectivement, les Tarentins durent chercher à dissuader la cité campanienne de se lancer dans une politique d'alliance qui les éloignait du monde grec. Mais le choix, fait finalement par les chefs des assiégés, de se rallier à Rome et de se débarrasser de leurs encombrants alliés italiques ne paraît pas avoir impliqué un véritable refroidissement des relations entre Naples et le reste de l'hellénisme italien, et notamment Tarente. C'est vers ce moment que Naples et Tarente conclurent un accord commercial et émirent des didrachmes en commun. Rome – dont l'ouverture vers l'hellénisme se manifestait justement par le traité avec Naples, qui préservait le caractère hellénique de la cité – pouvait apparaître comme un solide contrepoids aux entreprises, autrement dangereuses pour Tarente et les autres cités grecques du Sud, des indigènes lucaniens, brettiens ou samnites.

Il n'y a sans doute pas grand-chose à tirer de la tradition voulant que, dès 326, Tarente se fût opposée à la conclusion d'une alliance entre Rome et les Apuliens et Lucaniens, et ait poussé au contraire ces peuples à demeurer dans l'alliance samnite. Elle aurait eu recours, selon Tite-Live (8, 27), à un stratagème déloyal : elle aurait soudoyé de jeunes nobles de ces nations pour qu'ils se présentent devant l'assemblée ensanglantés et meurtris, en affirmant que c'étaient les Romains qui leur avaient infligé un tel traitement. L'anecdote a bien peu de chances d'être authentique : la ruse du menteur qui, pour mieux accréditer son mensonge, n'hésite pas à s'infliger lui-même les pires sévices est classique, et apparaît par exemple chez Hérodote, dans le récit de la prise de Babylone par Darius, avec l'histoire de Zopyros (3, 153-157). Surtout, les relations entre les Tarentins et les peuples indigènes ne semblent pas avoir eu, à cette époque, le caractère amical que suppose cette anecdote. Ce n'est qu'ultérieurement que l'on peut parler d'alliance entre Samnites et Lucaniens et la cité grecque.

Un peu plus tard, l'historiographie romaine évoque une démarche que les Tarentins auraient entreprise en 320 pour imposer leur médiation aux Romains et aux Samnites en conflit pour la possession de Luceria – démarche que les Samnites aux abois auraient accueillie avec empressement, mais que les Romains auraient rejetée avec mépris :

> À ce moment, alors que les deux adversaires se préparaient à combattre, arriva une délégation tarentine, qui signifia aux Samnites et aux Romains qu'ils devaient mettre fin à la guerre : si l'un des deux camps était résolu à empêcher que le conflit cessât, les Tarentins, se rangeant dans l'autre camp, lui feraient la guerre. Papirius écouta les délégués et, comme s'il avait été impressionné par ce qu'ils avaient dit, répondit qu'il allait s'entretenir avec son collègue ; l'ayant fait venir, il passa tout ce temps aux préparatifs de la bataille et, après avoir eu son accord sur ce point qui ne suscitait pas la moindre discussion, il donna le signal du combat. Tandis que les consuls s'occupaient des cérémonies religieuses et des préparatifs matériels qui sont de mise lorsqu'on doit engager une bataille, la délégation tarentine accourut, attendant la réponse ; Papirius leur dit alors : « Tarentins, le préposé aux poulets sacrés annonce que les auspices sont favorables ; en outre l'examen des entrailles s'est révélé parfait : comme vous le voyez, c'est sur le conseil des dieux que nous partons livrer bataille. » Puis il fit porter en avant les enseignes et sortir les troupes du camp, en se moquant de la vanité extrême de cette nation qui, incapable de régler ses propres affaires à cause de ses troubles internes et de ses divisions, s'arrogeait le droit de fixer aux autres la conduite à tenir en matière de paix et de guerre. (Tite-Live, 9, 14, 1-5.)

L'épisode, qui montre bien le mépris dans lequel les Romains tenaient ceux qu'ils appelaient les *Graeculi*, les « petits Grecs », est ici encore sûrement imaginaire : on est dans la période de la prétendue revanche de Rome sur les Samnites au lendemain des fourches Caudines, dont on a vu qu'elle n'était qu'une falsification de l'annalistique romaine. Placée à ce moment, cette prétendue intervention de la cité grecque ne peut correspondre qu'à une invention des historiens romains, voulant jeter dès ce moment le discrédit sur l'action de Tarente, accusée de soutenir en sous-main les Samnites contre Rome.

En fait, même si Tarente devait suivre attentivement les péripéties de la longue lutte qui mit aux prises Rome et les Samnites, et surtout le début de la pénétration romaine en Apulie et en Lucanie, qui rapprochait dangereusement les forces de l'*Vrbs* de son territoire, il semble qu'à aucun moment elle n'ait pris la décision de soutenir ses vieux ennemis indigènes contre la montée de l'expansion romaine. L'intérêt de Tarente n'était certainement pas que les Samnites triomphassent de Rome et, si Rome l'emportait, la cité pouvait estimer qu'une stricte délimitation des zones d'influences était préférable aux risques d'une aventure guerrière.

Cléonyme

C'est à cette solution, diplomatique et non militaire, que les Tarentins semblent s'être rapidement rangés, en 302, lorsque la deuxième guerre samnite eut définitivement tourné à l'avantage de Rome. Quelques heurts se produisirent alors entre Romains et Tarentins. Le développement du conflit avait amené les Romains à s'établir solidement en Apulie, et à chercher à gagner à leur cause les Lucaniens. Rome nouait ainsi des relations avec ceux des indigènes qui avaient été les adversaires les plus constants des cités grecques et de Tarente. Les Lucaniens en particulier, une fois la paix conclue – ce qui fut fait en 304 –, paraissent avoir repris leur habitude de lancer des razzias à l'encontre de la côte hellénisée. D'après Diodore, en 303-302, les Lucaniens et les Romains se seraient attaqués ensemble au territoire tarentin : il note alors qu'« en Italie, le peuple de Tarente était en guerre contre les Lucaniens et les Romains » (20, 104). Les Romains ont pu effectivement appuyer leurs nouveaux alliés et agir de concert avec eux contre les Grecs. Mais l'implication de Rome dans ces événements n'est pas très nette – et, s'il faut en admettre l'historicité, elle ne fut vraisemblablement que marginale. Ces événements s'inscrivaient dans la continuation des menées coutumières des Lucaniens plus qu'ils ne représentaient une volonté offensive de la part de Rome.

Cette fois, Tarente eut recours à des moyens militaires importants – avec l'appel, désormais constant, à un chef venu de l'extérieur. Ce fut de nouveau un prince spartiate, Cléonyme : il rongeait son frein dans sa patrie, furieux d'avoir été écarté du trône par son neveu Aréos. Tarente le fit venir sur ses vaisseaux avec un contingent de cinq cents mercenaires. Sitôt arrivé, il s'empressa de le doubler et de le renforcer par une forte armée civique – Diodore (20, 104) parle de vingt mille fantassins et deux mille cavaliers – et par des contingents alliés, messapiens et grecs. Cela assura à Cléonyme la victoire sur les Lucaniens, qui demandèrent la paix. C'est sans doute à ce moment que Rome signa le traité qui lui interdisait d'envoyer sa flotte au-delà du cap Lacinien, près de Crotone, à l'entrée du golfe de Tarente du côté de la mer Ionienne. Tarente était ainsi parvenue à délimiter clairement quelle était la zone d'action concédée à Rome

Statère d'argent de Tarente

sur les côtes de l'Italie du Sud : tout le golfe de Tarente restait sous le contrôle exclusif de la cité grecque.

Comme avant lui Alexandre le Molosse, l'ambitieux Cléonyme se brouilla bientôt avec les Tarentins, lassés de ses exigences et qui n'appréciaient guère le tour qu'il donnait à son action. Il se comporta bientôt de manière scandaleuse. Furieux contre Métaponte qui lui avait refusé son aide, il alla jusqu'à s'entendre avec les Lucaniens pour les pousser à attaquer la cité grecque, afin que celle-ci l'appelât à son secours. Il l'aurait fait, affirment nos sources (Douris de Samos, cité par Athénée, 13, 605 d, Diodore, 20, 104), à condition que Métaponte lui livrât, outre six cents talents, les deux cents plus belles jeunes filles de la cité. Un tel comportement souleva rapidement une révolte générale à son encontre, qui éclata alors qu'il menait une expédition contre Corcyre – ce qui n'avait assurément plus le moindre rapport avec la défense des Grecs d'Italie. Il essaya de reprendre pied en Italie, et attaqua les Sallentins. Une armée romaine opéra alors contre lui : Tite-Live fait une allusion rapide, pour 302, à des combats, chez les Sallentins, entre le consul Aemilius et Cléonyme. Mais il rapporte une version divergente selon laquelle ce serait un dictateur, Iunius Bubulcus, qui aurait opéré dans la région, et sans qu'il se fût heurté au chef grec (10, 2, 2-3). En tout cas, on ne peut pas considérer cela comme une marque d'hostilité à l'égard de Tarente. Celle-ci cherchait alors, au contraire, à se débarrasser de son encombrant protecteur. Ce dernier allait bientôt disparaître de la scène italienne, après avoir mené une expédition aventureuse jusqu'au fond de l'Adriatique, qui devait échouer devant la résistance des Vénètes de Padoue, en un combat que le Padouan Tite-Live relate longuement dans son livre X.

En ce qui concerne les relations entre Tarente et Rome, le traité de 302 semble avoir été respecté et la cité grecque se tint à l'écart de la dernière guerre samnite, qui éclata en 298 et se prolongea jusqu'en 290. Cette guerre devait avoir à ses yeux l'avantage appréciable d'occuper de ce côté les Lucaniens, puisque c'est pour répondre à l'appel de ses alliés lucaniens que Rome avait engagé le conflit.

Rome protectrice des cités grecques

La conclusion de cette troisième guerre romano-samnite, et plus généralement des luttes menées sur les divers fronts où opérèrent alors les armées romaines, manifesta d'une manière éclatante la supériorité de Rome sur tous ses adversaires, et pratiquement, aux yeux des Grecs, sur tous les peuples barbares d'Italie. Rome était elle-même une ville barbare; mais le succès de l'*Vrbs* ne devait pas nécessairement être ressenti comme celui de dangereux barbares risquant d'anéantir les valeurs de l'hellénisme. Et l'exemple de Naples, on l'a vu, était là pour montrer, depuis 326, que Rome savait respecter les valeurs fondamentales de l'hellénisme, laisser une grande autonomie culturelle aux cités auxquelles elle accordait son alliance. Cette alliance pouvait en revanche se révéler une protection souhaitable contre des dangers plus menaçants.

Rome pouvait ainsi apparaître, sinon comme une cité grecque au sens propre (encore que certains auteurs grecs fussent portés dès cette époque à la qualifier de *polis Hellenis*, de ville grecque), du moins comme une cité philhellène. C'est paradoxalement cet aspect philhellène de Rome, et non pas sa collusion avec les barbares qui exerçaient leur pression sur les cités grecques de la côte, qui conduisit au déclenchement des hostilités avec Tarente.

L'intervention de Rome à Thourioi

Ce fut en effet à l'appel de Grecs que Rome intervint dans les affaires des cités helléniques de la ligue italiote. Elle y fut appelée par la ville de Thourioi. Cette ville se trouva en effet, vers 285, en butte, une nouvelle fois, aux attaques des Lucaniens. Plutôt que se tourner vers Tarente, elle choisit de recourir à l'aide de Rome. Autant que nous puissions le deviner à travers des sources très fragmentaires, il semble que l'intervention romaine se produisit en deux temps. Rome paraît avoir agi d'abord d'une manière purement diplomatique – ce qui suffit pour bloquer une première attaque des Lucaniens. Mais ceux-ci reprirent bientôt leur offensive, et obtinrent cette fois l'appui des Brettiens et des Samnites, qui abandonnaient ainsi l'alliance romaine et reprenaient les armes, une fois de plus. Il est probable qu'ils avaient été encouragés à la révolte par les difficultés que Rome connaissait alors en Étrurie : on était à l'époque du désastre subi par le préteur Lucius Caecilius devant Arezzo. Mais le rétablissement complet de la situation dans le nord en 283, avec la victoire du lac Vadimon sur les Étrusques et les Gaulois, redonna à Rome toute liberté d'action dans le sud de la péninsule : elle envoya en 282 contre les coalisés une armée, commandée par le consul Gaius Fabricius Luscinus. Celle-ci remporta une victoire éclatante sur les ennemis, pourtant largement supérieurs en nombre. Comme à Sentinum, dans ce nouveau succès contre la barbarie, les dieux s'étaient ostensiblement rangés dans le camp de Rome : on avait vu un mystérieux combattant s'élancer seul à l'assaut du camp ennemi, dont le courage avait déterminé toute l'armée à imiter son geste, décidant ainsi de la victoire. On le chercha après la bataille, mais sans le trouver : on en conclut que c'était le dieu Mars en personne.

> Quoi ? Ne faut-il pas célébrer le souvenir de l'aide de Mars, par laquelle le dieu contribua à la victoire des Romains ? Alors que les Brettiens et les Lucaniens, poussés par la haine la plus vive et avec des forces considérables, cherchaient à anéantir la ville de Thourioi, que le consul Gaius Fabricius Luscinus en assurait la défense avec un zèle remarquable mais que l'issue de la lutte restait incertaine, les armées de deux camps s'étaient portées à la rencontre l'une de l'autre, mais sans que les Romains osassent engager le combat ; alors un homme d'une taille remarquable commença à les exhorter à reprendre courage puis, voyant qu'ils tardaient à le faire, il saisit une échelle, passa au travers des lignes des ennemis jusqu'à leur camp qui se trouvait de l'autre côté et, ayant placé l'échelle contre le retranchement, en fit l'escalade. Criant qu'il avait fait le premier pas vers la victoire, il attira à lui les nôtres pour qu'ils prissent le camp, et les Lucaniens et les Brettiens pour qu'ils le défendissent, alors qu'ils s'épuisaient dans un combat incertain. Il permit ainsi aux Romains de massacrer ou de capturer les ennemis, qui furent écrasés par l'attaque de l'armée romaine : vingt mille furent tués, cinq mille furent capturés, dont Statius Statilius, le général des deux nations, ainsi que vingt-trois enseignes militaires. Le lendemain, comme le consul, lors de la distribution des récompenses à ceux dont la vigueur de l'action avait assuré le succès, disait qu'il gardait une couronne vallaire pour celui qui avait permis la prise du camp, on ne trouva personne pour réclamer la récompense et on comprit et eut la certitude que c'était le dieu Mars, père des Romains, qui était venu au secours de son peuple. Entre autres indices du fait, le casque, orné de deux plumes, qui avait couvert sa tête divine, en apporta la preuve. (Valère Maxime, 1, 8, 6.)

Cette intervention de Rome pour délivrer Thourioi de l'attaque lucanienne représenta un tournant capital. Désormais Rome montrait clairement qu'elle entendait intervenir dans les affaires des cités grecques des franges méridionales de la péninsule, et ne considérait donc plus la zone comme une chasse gardée de Tarente. Elle n'hésitait pas à le faire en sacrifiant l'alliance avec les Lucaniens – et en prenant le risque de susciter, ce qui arriva, une nouvelle révolte dans le Samnium. Comme cela s'était passé en Campanie, l'*Vrbs* choisit de soutenir une cité qui avait une civilisation analogue à la sienne, et non des peuples restés à un stade de développement moins avancé, et cela quand bien même une alliance les liait à eux. D'un point de vue grec, on pouvait dire que Rome avait choisi le camp de l'hellénisme et de ses valeurs face à la barbarie.

Mais Rome n'agit pas de sa seule initiative. L'appel lancé à elle par les Thouriens montrait que désormais certains au moins des Hellènes préféraient s'appuyer sur elle plutôt que sur Tarente pour défendre leur caractère propre. Il n'est pas fortuit que Thourioi ait été la première cité à opérer un tel renversement de politique – que certains historiens modernes n'hésitent pas à qualifier de trahison de la cause hellénique ! Une vieille rivalité opposait Thourioi à Tarente. Les deux cités se disputaient le privilège envié de la promantie dans le sanctuaire de Delphes, c'est-à-dire le fait d'y avoir un droit d'accès prioritaire. Et c'est dans une optique d'hostilité à Tarente qu'Alexandre le Molosse avait voulu transférer d'Héraclée à Thourioi le siège de la ligue italiote.

Il faut également tenir compte de la situation interne de la cité. En son sein s'opposaient les partisans de Rome et ceux de l'alliance tarentine. Mais cette ligne de partage sur une question de politique extérieure en recouvrait une autre, à l'intérieur même de la cité : le parti populaire était favorable à Tarente, alors que l'aristocratie penchait pour Rome. On voit donc se reproduire dans le cas de Thourioi une situation que l'on a déjà plusieurs fois rencontrée, à Capoue, à Naples et dans certaines cités étrusques, comme Arezzo. Le clivage concernant l'attitude à l'égard de Rome recoupait celui entre éléments aristocratiques et éléments populaires. On retrouve pour Thourioi le même phénomène, dont Rome avait déjà su se servir ailleurs pour appuyer sa politique d'expansion : l'*Vrbs* bénéficia de l'appui d'aristocraties locales, dont en retour l'alliance romaine permettait de consolider le pouvoir au sein de leurs propres cités. En revanche, les éléments populaires semblent avoir été généralement hostiles à Rome : on retrouvera une situation analogue dans le cas de Tarente, où l'hostilité à l'encontre de l'*Vrbs* a été surtout le fait du parti populaire, l'aristocratie étant davantage encline à traiter.

Rome à Locres, Cortone, Rhégion

Après sa victoire, Rome installa une garnison à Thourioi. Cette première garnison romaine dans une cité grecque fut bientôt suivie d'autres, car l'exemple donné par Thourioi fut imité. À leur tour Locres et Cortone accueillirent des troupes romaines pour tenir en respect les indigènes de l'arrière-pays. Le cas de Rhégion fut au départ semblable : mais dans ce cas, au lieu d'envoyer ses propres troupes, Rome y manda, probablement en 282, une unité formée de soldats campaniens, la *legio Campana*. Il devait s'agir d'une sorte de corps autonome, dans la ligne des anciennes formations de mercenaires campaniens qui ne pouvaient plus aller offrir leurs services à Carthage ni aux cités grecques depuis que Rome avait affirmé sa mainmise sur la région. Cette troupe, commandée par un chef campanien, Decius, allait bientôt manifester son indiscipline en s'emparant pour son propre compte de la cité dont elle avait la garde, massacrant des habitants et pillant leurs biens.

Ces envois de troupes violaient-ils l'accord de 302 ? Il est impossible de le dire d'une manière assurée, dans la mesure où l'on ignore si cet accord comportait des clauses réglementant les mouvements terrestres au même titre que les mouvements maritimes. Mais, rapidement, on assista à une indiscutable violation du traité, puisqu'elle se produisit sur mer, et en claire contravention par rapport aux termes de l'accord qui interdisait à Rome d'opérer au-delà du cap Lacinien : à l'automne de 282 une flotte romaine doubla ce cap et croisa devant Tarente, au moment où la grande fête des Dionysies y battait son plein.

L'incident naval de 282

Nul texte ne précise véritablement le sens de cette expédition navale. Nos sources cherchent à minimiser la portée de l'événement – évidemment pour décharger Rome de l'accusation d'avoir enfreint les règles auxquelles elle avait souscrit. Orose (4, 1, 1) va jusqu'à dire que la flotte romaine croisait « par hasard » devant Tarente, et Zonaras (8, 2, 2) qu'il s'agissait d'une visite de courtoisie à une cité considérée comme amie. Des auteurs modernes ont été dans le même sens, refusant de voir dans ce mouvement naval un geste voulu, rentrant dans une politique précise à l'égard de Tarente : on a soutenu que la flotte romaine voguait vers l'Adriatique, afin d'y appuyer les opérations menées contre les Gaulois. Mais il est probable que, par l'envoi de cette escadre au demeurant modeste – dix navires seulement –, Rome cherchait à répéter à Tarente la politique qu'elle était en train d'appliquer, avec succès, dans d'autres cités grecques : elle a sans doute voulu y favoriser la prise du pouvoir par une aristocratie proromaine, et le cas échéant y établir une garnison.

Mais Tarente allait réagir violemment à cette rupture des clauses du traité. La tradition romaine présente un tableau haut en couleurs de la réaction des habitants de la cité, apercevant à l'entrée de leur port les vaisseaux romains depuis le théâtre où les Dionysies les avaient réunis. Ils étaient déjà échauffés par la boisson et l'excitation de la fête. L'un des chefs du parti populaire, Ainésios ou Philocharis, eut vite fait de déchaîner leur colère : ils sautèrent sur leurs navires, attaquèrent à l'improviste les navires romains, qui ne s'attendaient pas à une action hostile, leur coulèrent ou capturèrent cinq unités, faisant leurs équipages prisonniers. Ce succès fut bientôt suivi de la reprise en mains de Thourioi : avec l'aide des démocrates locaux, les Tarentins obligèrent la garnison romaine à capituler et chassèrent les aristocrates proromains de la cité, livrant leurs biens au pillage. Voici la présentation des faits chez Appien :

> Cornelius partit faire un voyage d'inspection en Grande-Grèce avec dix navires pontés. À Tarente il y avait un démagogue appelé Philocharis, qui avait mené une vie dépravée et pour cette raison était surnommé Thaïs ; il rappela aux Tarentins un ancien traité, qui interdisait aux Romains de naviguer au-delà du cap Lacinien et, les ayant ainsi excités, les persuada d'attaquer Cornelius. Ils coulèrent quatre de ses navires et en prirent un avec son équipage. Ils accusèrent aussi les gens de Thourioi de préférer les Romains aux Tarentins bien qu'ils fussent des Grecs ; les tenant pour principaux responsables de l'intrusion des Romains, ils chassèrent les nobles parmi eux, pillèrent la cité et laissèrent partir la garnison romaine par un accord. (*Guerres samnites*, 7, 1.)

Nos sources, toutes d'origine romaine, n'insistent pas sur la question de la légitimité de la présence de vaisseaux de guerre romains aussi loin à l'est du cap Lacinien. Elles soulignent en revanche à satiété l'état d'excitation et le manque de mesure des Tarentins. Et c'est une image analogue de la démesure et de la légèreté des Grecs, avec cette fois en contraste celle de la pondération romaine, qu'offre le récit de l'épisode suivant, celui de la réception à Tarente de l'ambassade envoyée par Rome à la suite de cet incident. Aussitôt qu'il apprit les faits survenus à Tarente, puis à Thourioi, le Sénat dépêcha une ambassade, conduite par Postumius, qui arriva dans la cité grecque au printemps de 281.

Voici un nouvel exemple de scène tragicomique, qui se déroula dans le même théâtre, érigé en lieu de réception de la délégation romaine. Celle-ci a le beau rôle : elle aurait présenté, calmement, des demandes fort modérées – se bornant à la libération des équipages prisonniers et au dédommagement des aristocrates thouriens lésés. Il n'était pas question d'empiéter en quoi que ce soit sur les libertés des cités grecques ! Mais face à cette *grauitas* romaine, la frénésie de la foule grecque et de ses meneurs se déchaîna. Ils se moquèrent des toges bordées de pourpre des ambassadeurs, qui étaient l'insigne de leur dignité, ils rirent des fautes de grec que commettait Postumius, alors que celui-ci avait eu la courtoisie de s'exprimer dans la langue de ses interlocuteurs. Un Tarentin alla jusqu'à couvrir de souillures son vêtement, sous les applaudissements de la populace. Cette fois l'atteinte au droit international était nettement le fait des Grecs, et Rome put intervenir en s'estimant bafouée. Un fragment de Denys d'Halicarnasse décrit la scène :

> Postumius fut envoyé comme ambassadeur à Tarente. Comme il faisait un discours aux Tarentins, ceux-ci, loin de prendre garde à lui ou de penser sérieusement, comme devraient le faire des hommes qui sont sages et qui prennent une décision pour un État qui est en danger, firent plutôt attention à noter s'il faisait quelque faute sur les points les plus difficiles de la langue grecque, et se mirent à rire ; exaspérés par ses effets, qu'ils qualifiaient de barbares, à la fin ils le chassèrent hors du théâtre. Alors que les Romains partaient, il y avait là un Tarentin, placé près de la sortie, qui s'appelait Philonidès, qui, à cause du penchant pour la boisson auquel il consacrait tout son temps, était surnommé Kotylè (la coupe) ; cet homme, encore rempli du vin qu'il avait bu la veille, dès que la délégation romaine passa près de lui, tira son vêtement et, prenant une pose des plus honteuses à voir, couvrit la tenue sacrée de l'ambassadeur d'une ordure qu'il serait indécent même de nommer. Tandis que les éclats de rire éclataient dans tout le théâtre et que les plus insolents applaudissaient, Postumius, regardant Philonidès, dit : « Nous acceptons ce signe, frivoles que vous êtes, en ce sens que vous, Tarentins, vous nous donnez même ce que nous ne réclamons pas. » Puis il se tourna vers la foule et montra sa tenue souillée ; mais quand il vit que les éclats de rire de tous devenaient encore plus forts et entendit les cris de certains qui se réjouissaient de l'injure et l'approuvaient, il dit : « Riez tant que cela vous est possible, Tarentins ! Car vous devrez longtemps pleurer après cela. » Comme certains se mettaient en colère devant cette menace, il ajouta : « Vous serez encore plus en colère, nous vous le disons, quand vous aurez à laver cette tenue avec des flots de sang. » Les ambassadeurs romains, après avoir été insultés de la sorte par les Tarentins, à la fois sur un plan privé et public, et après avoir prononcé les paroles prophétiques que j'ai rapportées, quittèrent leur cité. (Denys d'Halicarnasse, 19, 5, 7-8.)

Tarente fait appel à Pyrrhus

La guerre était donc inévitable; mais encore fallait-il la mener. Après l'excitation de ces péripéties initiales, les deux cités eurent bientôt conscience des difficultés énormes qu'elle entraînerait. Pour Rome, le conflit ne survenait pas dans des circonstances très favorables : dans le nord de la péninsule, elle avait à mener des opérations contre Vulci et Volsinies, toujours en guerre contre elle; dans la partie méridionale, elle était déjà engagée dans des opérations contre les Lucaniens, les Brettiens et les Samnites : leur adjoindre un nouvel adversaire, et un adversaire aussi puissant que la grande cité grecque, était susceptible de remettre en cause la pacification qu'elle était en train de mener. Aussi la décision d'envoyer une armée contre Tarente sous le commandement du consul Lucius Aemilius Barbula ne fut-elle prise qu'au terme d'une discussion qui divisa le Sénat durant plusieurs jours, et où l'on vit partisans et adversaires de cette mesure s'opposer violemment.

À Tarente, la situation était encore plus difficile. La cité se retrouvait devant son problème habituel : faute de moyens militaires adéquats, il lui fallait trouver un chef et une armée susceptibles de mener les opérations pour son compte. Il s'en trouvait bien un, Pyrrhus, le roi d'Épire, tout disposé à venir à la tête de ses troupes aguerries par des années de luttes en Grèce. Et le parti démocrate – à l'instigation de ceux que Plutarque qualifie de « démagogues » (*Vie de Pyrrhus*, 13, 4) – poussait véhémentement à ce que l'on fît venir celui que l'écrivain grec qualifiait de « roi le moins occupé et général le plus habile ». Mais l'expérience que la cité avait faite avec Alexandre le Molosse puis Cléonyme, plus préoccupés d'établir leur pouvoir personnel que d'obéir aux ordres de ceux qui les payaient, faisait hésiter ceux que Plutarque désigne comme « les citoyens âgés et censés » (13, 5) – autrement dit les membres du parti aristocratique. Ceux-ci estimaient qu'en introduisant Pyrrhus dans les affaires de la cité, c'en serait fini avec sa liberté : elle serait asservie par le roi d'Épire. Mieux valait donc éviter la guerre et chercher un accommodement avec Rome. Un accord du genre de celui que l'*Vrbs* avait accepté dans le cas de Thourioi leur semblait une solution moins risquée. Mais, là comme à Rome, le parti de la guerre l'emporta – non, disent nos sources (Polybe, 1, 6, 5, Plutarque, *Vie de Pyrrhus*, 13, 6-11, Appien, *Guerres samnites*, 7), sans que les démocrates eussent contraint leurs adversaires au silence, de peur que leurs arguments ne convainquissent leurs compatriotes.

Le roi d'Épire

Pyrrhus, à qui Tarente confiait dès lors la défense de ses intérêts, avait lorsqu'il arriva en Italie en 280, à l'âge de trente-neuf ans, déjà vécu bien des aventures. Son père, roi des Molosses, était mort assassiné en 313, alors qu'il n'avait que six ans. Sauvé par le roi illyrien Glaucias, il monta pour un moment – de 307 à 302 – sur le trône de ses pères, grâce à l'appui de Démétrios Poliorcète. Mais il en fut bientôt chassé par ses adversaires, et de nouveau contraint à l'exil.

En fait cet état d'exilé lui permit d'acquérir une grande expérience politique et militaire, auprès de Démétrios et de son père Antigone, qui l'avaient recueilli en Asie. Il manifesta ses capacités au cours de la bataille d'Ipsos, qui mit fin aux ambitions d'Antigone, défait par les autres diadoques. C'est alors que, la dissension éclatant entre les vainqueurs, Démétrios en profita pour amorcer un rapprochement avec Ptolémée : Pyrrhus servit de gage pour ce revirement politique, et fut envoyé en otage à la cour d'Alexandrie en 298.

Ce fut là paradoxalement une chance pour le jeune prince. Il s'y fit apprécier du roi et de son épouse Bérénice, et, comme le relevait le grand philologue allemand Ugo von Wilamowitz, au contact de ce centre prestigieux du monde hellénistique, « il acquit une formation et une expérience du monde qu'il n'aurait jamais eues dans ses montagnes natales ». Ce fut donc un monarque accompli qui entra – enfin – en possession du royaume d'Épire en 297, à l'âge de vingt-deux ans, lorsque l'appui du roi d'Égypte lui permit d'y revenir. Il avait, pour la première fois, les moyens de mener une politique personnelle.

Il s'y essaya au cours des années suivantes, de 297 à 281, qu'il passa dans la péninsule balkanique. Surtout jusqu'en 285, il manifesta une activité débordante, qui fit de lui l'une des figures de premier plan de la Grèce de son époque. À la suite de brillantes campagnes contre Démétrios – devenu son ennemi –, qu'il chassa vers l'Asie, il fut proclamé roi de Macédoine en 288, puis roi de Thessalie l'année suivante. Mais ces succès furent éphémères : les Macédoniens, un instant séduits par sa bravoure chevaleresque, eurent tôt fait de se détacher de cet Épirote qu'ils ressentaient comme un intrus. Le roi de Thrace Lysimaque prit bientôt l'offensive : au lieu de l'affronter, Pyrrhus, se rendant compte de l'état d'esprit de ses sujets, préféra abandonner des royaumes dont il n'était plus le souverain que de nom, et se replier sur la véritable base de sa puissance, l'Épire.

Lorsque ce repli eut lieu, en 285, Pyrrhus, renonçant à la Macédoine et à la Thessalie, avait apparemment subi un grave échec. Mais ce n'était pas tout à fait exact sur un plan militaire : Lysimaque ne l'avait pas vaincu et il n'avait jamais essuyé de défaite dans un combat. Son prestige restait intact. On peut même considérer qu'en se concentrant sur l'Épire, il accroissait ses forces. Avec ses troupes bien formées par des années de lutte en Grèce, il put constituer ce que l'on a appelé une « grande Épire », en fortifiant son royaume contre les Illyriens au nord et en récupérant Corcyre en 281, grâce à l'appui intéressé des Tarentins. Nous sommes en effet déjà au moment où la cité l'appelait à intervenir en Italie.

Pyrrhus en Italie

C'était donc l'un des plus grands généraux de son temps que la grande cité grecque d'Italie faisait venir pour l'opposer à Rome. Ce Pyrrhus portait le même nom que Pyrrhos-Néoptolème, fils d'Achille, auquel remontait, disait-on, sa lignée. Il rêvait d'égaler les exploits de son lointain aïeul. Il ne manquait pas non plus d'être hanté par le modèle de son cousin Alexandre de Macédoine, au point de prêter une oreille complaisante aux flatteurs qui affirmaient qu'il en était le portrait vivant – du moins jusqu'au jour où une vieille femme lui dit qu'il ressemblait plutôt à Batrachion, le cuisinier du roi de Macédoine (Lucien, *Contre un ignorant*, 21). Son existence en Épire, une fois qu'il eût dû renoncer à ses espérances helléniques, devait lui paraître bien mesquine. Comme dit Plutarque, « ne pas faire de mal aux autres et n'en pas subir, c'était une vie fade qui lui donnait la nausée » (*Vie de Pyrrhus*, 13, 2). Les envoyés de Tarente surent exploiter l'appétit d'action et de gloire du souverain, en lui faisant miroiter de vastes perspectives occidentales propres à le consoler de ses déboires en Grèce. Même si, dit-on, le sage conseiller du roi, Cinéas, tenta de le dissuader de se lancer dans l'aventure italienne, Pyrrhus accepta la proposition, avec un enthousiasme qu'il fit partager à son peuple. Le fait qu'il dût ainsi faire la guerre aux Romains ajoutait pour lui un intérêt supplémentaire à l'expédition. Évoquant les tractations avec les envoyés de Tarente, Pausanias précise : « Comme les envoyés de Tarente développaient ces considérations, Pyrrhus se rappela la prise de Troie et il espérait avoir le même succès dans sa guerre. Car lui, descendant d'Achille, il combattait contre une colonie de Troyens » (1, 12, 1). La référence à son ancêtre et modèle, Achille, le faisait entrer de plain-pied dans l'épopée : ses exploits contre Rome, nouvelle Troie, lui permettraient d'égaler les hauts faits qu'avait chantés Homère. La tombe François le montre, la doctrine de l'origine troyenne des Romains était communément admise dès cette époque : elle venait donner au roi d'Épire un motif supplémentaire pour leur faire la guerre.

Pyrrhus à Tarente

Il amenait en Italie des forces importantes : plus de vingt-cinq mille hommes, c'est-à-dire une armée égale à celle qu'Alexandre avait menée à la conquête de l'Asie, avec les vingt éléphants que les soldats romains devaient découvrir avec stupéfaction au cours de la campagne. Se présentant comme le défenseur de l'hellénisme face aux barbares d'Occident, il avait bénéficié de l'appui des monarques grecs Ptolémée Céraunos, Antigone, Antiochos. Ceux-ci devaient être heureux de le voir occupé ailleurs qu'en Grèce. De leur côté, les Tarentins avaient fait de leur mieux : ils avaient pu former une coalition regroupant, outre les cités grecques d'Italie du Sud qui n'étaient pas gagnées à la cause romaine, Héraclée, Métaponte, Thourioi, reprise au parti proromain, leurs anciens adversaires, Lucaniens, Brettiens, Samnites, tous maintenant réunis par leur commune hostilité à Rome.

Les relations des Tarentins avec le nouveau chef qu'ils avaient appelé furent ce qu'elles avaient été avec les précédents protecteurs auxquels ils avaient eu recours : difficiles. Déjà avant que le roi n'arrivât, la cité avait connu un moment d'hésitation. Favorisé par l'habile tactique du chef romain, Marcus Æmilius Barbula, qui exerçait, à distance, une pression modérée sur la cité, ravageant la campagne, mais renvoyant les prisonniers dans leurs foyers, le parti de la paix avait un instant repris le dessus. Le stratège Agis, un aristocrate, avait même été chargé de conclure la paix avec Rome. Mais l'arrivée des premiers contingents épirotes, avec le lieutenant du roi, Milon, encore en 281, mit promptement fin à cette tentative des aristocrates d'éviter la guerre.

Mais, même lorsque le roi eut débarqué, en 280, après l'euphorie habituelle des débuts – marquée par l'émission de monnaies portant un éléphant – les tensions classiques entre les Tarentins et leurs *condottieri* apparurent. Pyrrhus leur imposa un effort de guerre qui fut très mal ressenti : lourds impôts, conscription généralisée, hébergement des troupes dans les maisons. Il imposa des mesures sévères : déportation ou exécutions des aristocrates favorables à l'accord avec Rome, fermeture des gymnases et jusqu'à celle du théâtre, si important dans la vie des Tarentins, interdiction des beuveries et des banquets. Le roi s'assura de la fidélité des habitants en se faisant livrer des otages. Les Tarentins furent assurément surpris, et effrayés de s'être donné un tel maître : on en a trouvé une illustration archéologique, avec des trésors enfouis à cette époque, que les habitants avaient préféré mettre à l'abri des convoitises de leurs défenseurs. Mais au moins Pyrrhus s'était-il ainsi assuré une base solide pour un effort militaire sans précédent contre Rome, et il avait prévenu les déboires que leur rupture avec Tarente avait causés à Alexandre le Molosse et à Cléonyme.

La campagne de 280 : la bataille d'Héraclée

Les Romains eurent conscience de la gravité de la situation. Ils prirent des mesures d'urgence, en assurant d'abord la situation sur leurs arrières. Une armée fut confiée au consul Tiberius Coruncanius pour liquider la résistance de Vulci et de Volsinies en Étrurie. On prévint les velléités de révolte de certaines cités : plusieurs sénateurs de Préneste furent exécutés. Le second consul, Publius Valerius Laeuinus, fut chargé de l'effort principal, contre Pyrrhus : il prit aussitôt l'offensive avec son armée, ravageant la Lucanie. Il espérait ainsi empêcher la concentration des forces ennemies.

Le roi se porta à sa rencontre, et le choc eut lieu à Héraclée, sans doute en juillet 280. Les troupes romaines avaient la supériorité numérique : leur manœuvre avait effectivement empêché les alliés italiques de Pyrrhus de joindre leurs forces aux siennes. Lançant leur attaque, les légions soutinrent avec succès le choc de la cavalerie grecque, puis celui de la phalange. Il fallut l'apparition des éléphants, ces monstres inconnus pour eux, pour que les soldats romains pliassent : « les éléphants surtout accablèrent les Romains, dont les chevaux, même à distance ne pouvant en soutenir la vue, emportaient de côté et d'autres leurs cavaliers » (Plutarque, *Vie de Pyrrhus*, 17, 6) ; enfin, ils prirent la fuite lorsque le roi eut fait donner sa réserve de cavalerie. Les deux adversaires avaient subi de lourdes pertes – mais les Romains étaient indiscutablement vaincus, et laissaient de nombreux captifs entre les mains de l'ennemi. Ce qui restait des troupes, avec le consul, dut se réfugier en Apulie.

La victoire du roi d'Épire était incontestable – et l'on ne peut la qualifier, en dépit des pertes de son armée, de « victoire à la Pyrrhus ». Il en eut conscience, et dédia à Dodone un ex-voto, avec l'inscription – qui a été retrouvée – « Le roi Pyrrhos et les Tarentins, sur les Romains et leurs alliés, à Zeus Naios », tandis que Tarente émettait des monnaies sur lesquelles figurait la déesse de la victoire,

Nikè, accueillant le héros éponyme Taras ou couronnant un trophée. Le bénéfice politique fut sensible, et immédiat. Sauf Rhégion, que la *legio Campana* occupait pour son propre compte, les villes grecques qui abritaient des garnisons romaines se donnèrent à Pyrrhus ; Locres alla jusqu'à lui livrer les soldats qui avaient été installés dans ses murs. Et la liaison avec les alliés italiques était désormais solidement établie.

Mais ce furent là les seuls résultats. Le roi s'était attendu à ce que la défaite de Rome fût suivie par une révolte générale de ses alliés ; elle n'eut pas lieu. Et lorsque son armée s'avança en Campanie, espérant y trouver des appuis, Capoue et Naples se fermèrent à son approche. Pyrrhus conçut alors un plan hardi : par une double offensive, à la fois diplomatique et militaire, il viserait le cœur de la puissance romaine, l'*Vrbs* elle-même, forçant ainsi la décision. D'une part, il y dépêcha son ambassadeur, Cinéas, avec d'habiles propositions de libération des prisonniers pour peu qu'on lui laissât les mains libres dans le sud. Et d'autre part, sans s'attarder à tenter de réduire les résistances rencontrées en chemin ou chercher à écraser les restes de l'armée de Laeuinus, il fit mouvement jusque dans le Latium.

Rome fit face à cette double tentative. Cinéas eut beau apprendre à son arrivée le nom des principaux sénateurs pour pouvoir les saluer personnellement, envoyer des cadeaux à leurs épouses et à leurs enfants, son éloquence et son habileté ne parvinrent pas à faire que le parti de la paix l'emportât. La tradition romaine a souligné à l'envi l'impression que fit, devant un Sénat divisé et presque enclin à céder, l'intervention véhémente du vieux censeur aveugle, Appius Claudius Caecus. Son discours, que Cicéron avait encore entre les mains, y avait résonné comme la voix de la conscience patriotique romaine : il imposa le ferme principe, qui apparut dès lors comme une règle de la politique romaine, que la cité ne négociait pas avec un ennemi dont les troupes se trouvaient sur le sol italien. Voici la teneur, selon Plutarque, de ce qui était considéré comme le premier monument de l'éloquence romaine :

> « Jusqu'ici, j'étais affligé d'avoir perdu la vue. Mais à présent je suis fâché de n'avoir pas aussi perdu l'ouïe avec la vue et d'entendre vos honteuses déclarations et décisions, qui ruinent la gloire de Rome. Où donc ont disparu vos fameuses paroles, sans cesse et partout répétées, selon lesquelles, si Alexandre était venu en Italie et se fût mesuré avec nous, les jeunes, et avec nos pères alors dans la force de l'âge, on ne le célébrerait pas aujourd'hui comme un héros invincible, mais sa fuite ou sa mort en notre pays aurait rendu Rome plus illustre ? Ce n'était donc que vaine jactance et fanfaronnade, vous le faites bien voir, puisque vous craignez des Chaoniens et des Molosses, qui furent toujours la proie des Macédoniens, et que vous tremblez devant un Pyrrhos, qui n'a cessé d'être le serviteur et le courtisan d'un des gardes du corps d'Alexandre [= Ptolémée] ! Aujourd'hui même, c'est moins pour secourir les Grecs d'ici que pour échapper à ses ennemis de là-bas qu'il vient errer en Italie et promet de vous y assurer l'hégémonie à l'aide d'une armée qui ne lui a pas suffi pour garder

> une petite partie de la Macédoine. Ne croyez pas que vous vous débarrasserez de lui en en faisant votre ami. Vous ne ferez qu'attirer sur vous ces gens-là, parce que, pleins de mépris à votre égard, ils jugeront que tout le monde peut vous vaincre aisément, si Pyrrhos se retire non seulement sans être puni de ses outrages envers nous, mais encore en étant récompensé d'avoir fait des Romains un objet de risée pour les Tarentins et les Samnites. » Le discours d'Appius incita les Romains à la guerre et ils renvoyèrent Cinéas avec cette réponse : « Que Pyrrhos commence par sortir d'Italie et alors, s'il le veut, on pourra parler d'amitié et d'alliance. Mais tant qu'il restera ici en armes, les Romains lui feront la guerre à outrance, eût-il battu dix mille Laevinus en batailles rangées ! » (*Vie de Pyrrhus*, 19, 1-5.)

L'offensive militaire également échoua. Rome avait su se débarrasser du problème étrusque, et imposer rapidement la paix de ce côté. Elle avait fait un effort de recrutement sans précédent, allant jusqu'à mobiliser, contrairement à la règle, les prolétaires, ceux qui ne possédaient aucune fortune. Pyrrhus approcha Rome de fort près : selon Appien (*Guerres samnites*, 10), il serait allé jusqu'à Anagni et, selon Florus (1, 13, 8) et Eutrope (2, 12), il aurait poussé jusqu'à Préneste. Mais il ne put, de là, qu'apercevoir de loin les murs de la cité du haut de la citadelle : c'est du moins ce qu'affirme Florus. Pas plus qu'Hannibal après lui, il n'osa l'attaquer : il manquait des moyens de siège qui eussent été nécessaires et, surtout, il risquait d'être coupé de ses bases du sud de l'Italie par les forces de Coruncanius rendues disponibles par la victoire sur l'Étrurie, et par celles de Laeuinus, numériquement supérieures à celles qu'il avait sous ses ordres. Il battit donc en retraite en direction de ses quartiers d'hiver, dans la région de Tarente.

La campagne de 279 : la bataille d'Asculum

Une fois passée la mauvaise saison les opérations reprirent. Cette fois, conscient de l'inutilité d'une tentative privée de bases sérieuses comme le raid de l'année précédente, le roi, comprenant que Rome ne pouvait être vaincue que par la conquête méthodique du territoire qu'elle dominait, entreprit de saper systématiquement les bases de la puissance romaine dans le sud de la péninsule. Il marcha sur l'Apulie, où il mit le siège devant l'imposante place de Venusia. Les consuls de 279, Publius Sulpicius et Publius Decius Mus, se portèrent contre lui. Ils emmenaient avec eux l'ensemble des forces romaines : cette fois on n'avait plus à se soucier d'un ennemi au nord. En outre, l'expérience de l'année précédente avait servi : les consuls adoptèrent une tactique défensive, se retranchant sur une position en hauteur. Et l'on avait imaginé une parade contre les terribles éléphants : des chars armés de faux, d'où on les assaillirait à coups de projectiles enflammés. Mais le roi d'Épire lui aussi avait accru ses forces et profité des leçons de sa première rencontre avec les Romains. Cette fois, ses alliés italiques étaient là et il avait su habilement amalgamer contingents indigènes et grecs, les mêlant en une disposition qui donnait à son armée une souplesse de mouvement analogue à celle de l'organisation manipulaire romaine : il avait sans doute voulu imiter celle-ci, dont il avait reconnu la supériorité.

Ce fut Pyrrhus qui remporta cette fois encore la victoire. D'après le récit de la bataille qui semble le plus fiable – celui de Plutarque, *Vie de Pyrrhus*, 21, 7-15, qui se fonde sur Jérôme de Cardia, lequel avait consulté les propres mémoires du roi –, le combat dura deux jours. Le premier jour, Pyrrhus ne parvint pas à enfoncer les défenses romaines. Mais le second, il réussit à attirer l'ennemi, peut-être rendu exagérément confiant par l'issue de la première journée, dans la plaine. La bataille fut acharnée, et l'infanterie du roi ne réussit pas à emporter la décision. Ce furent, encore une fois, les éléphants – contre lesquels les chars romains se révélèrent inefficaces – qui firent céder les légionnaires et provoquèrent leur fuite vers leur camp : comme le note Plutarque, « les Romains ne purent déployer leur courage dans cette sorte de combat, mais, emportés comme par un raz de marée, ou par un tremblement de terre, ils crurent qu'il fallait céder et ne pas attendre une mort inutile en subissant les pires maux sans espoir d'aucun profit ». Au moins, selon Cicéron (*De finibus*, 2, 61, *Tusculanes*, 1, 89, *De la vieillesse*, 43), le consul Publius Decius Mus avait sauvé l'honneur, se sacrifiant en un geste de *deuotio* : on a vu que la même attitude était attribuée, avec plus de vraisemblance, au père du consul à Sentinum, en 295, et à son grand-père, lors de la bataille du Veseris, en 340.

Pas plus que l'année précédente la défaite romaine n'était décisive. L'armée romaine avait subi des pertes non négligeables – six mille hommes, selon Jérôme de Cardia –, mais le gros des troupes avait pu se replier sur son camp. Les troupes de Pyrrhus avaient elles-mêmes à déplorer trois mille cinq cents morts ; le roi, combattant en première ligne comme à son habitude, avait eu le bras transpercé par un javelot. Cette campagne de 279, comme la précédente, s'achevait sur un bilan décevant pour le souverain épirote : il n'avait pas pu écraser l'ennemi, qui disposait toujours de ressources humaines considérables. C'est alors – à moins que ce ne fût déjà au soir de la bataille d'Héraclée – qu'il aurait prononcé le mot fameux : « Si nous remportons encore une victoire sur les Romains, nous serons complètement perdus. » Le mot est sans doute apocryphe : il n'en traduit pas moins assez exactement le bilan de la journée.

La diplomatie reprit alors le dessus, et jusqu'en 278 il y eut une pause dans les opérations militaires. Si l'anecdote du médecin de Pyrrhus, proposant à l'honnête Caius Fabricius Luscinus, consul en 278, d'empoisonner son maître et repoussé avec horreur par celui-ci, ne mérite aucune créance – l'histoire rappelle la scène de Camille refusant qu'on lui livrât les enfants des nobles de Faléries (Tite-Live, 5, 27) –, un second envoi de Cinéas à Rome est tout à fait probable. Une fois de plus Pyrrhus essayait d'obtenir par la négociation ce que les armes ne lui avaient pas permis d'acquérir.

Le traité Rome-Carthage de 278

Sans doute escomptait-il une certaine lassitude de la part des Romains après cette deuxième année de défaites, mais Rome n'eut pas à se trouver un nouvel Appius Claudius pour rejeter ses propositions. Un allié s'était en effet manifesté, qui aida les Romains à se convaincre qu'il fallait continuer à s'opposer au roi sans négocier avec lui : le Carthaginois Magon était venu mouiller dans le port d'Ostie avec une puissante flotte de cent vingt navires. Rome avait alors renouvelé, pour la troisième fois, l'antique alliance qui depuis 509 liait les deux grandes cités barbares d'Occident. Les deux partenaires le faisaient cette fois dans une perspective clairement hostile à Pyrrhus : chacun des deux alliés promettait de soutenir militairement l'autre en cas d'invasion de son territoire et s'interdisait de conclure une paix séparée avec le roi. Le texte de ce nouveau traité, comme celui des précédents, a été conservé par Polybe :

> Si un traité d'alliance écrit vient à être conclu avec Pyrrhus, les deux parties devront le conclure ensemble. Pour qu'il soit permis à chacune de prêter assistance à l'autre dans le pays où celle-ci se trouverait en guerre, quelle que soit la partie qui demande du secours, les Carthaginois fourniront les navires pour transporter les troupes à l'aller comme au retour, mais chacun devra payer la solde de ses hommes. Si besoin est, les Carthaginois aideront aussi les Romains sur mer, mais nul ne pourra contraindre les équipages à débarquer contre leur gré. (3, 25, traduction D. Roussel.)

Ce fut probablement cette intervention punique qui emporta la décision du Sénat. La guerre était en effet en train de prendre une dimension internationale, et de s'étendre aux zones d'intérêt de Carthage. Ce n'était certes pas dans un but de secours désintéressé que les Puniques se manifestaient ainsi. Une ambassade des villes siciliennes d'Agrigente, Syracuse et Léontinoi venait de se rendre auprès de Pyrrhus, pour le prier de passer en Sicile et d'y aider les cités grecques à débarrasser l'île de toute présence carthaginoise. Une telle extension du champ de ses entreprises guerrières était bien propre à attirer l'aventureux monarque qu'était Pyrrhus. Du point de vue de Carthage, il convenait de prévenir le danger, en affermissant la résistance romaine et en retenant ainsi le roi sur le continent.

Pyrrhus en Sicile

Ce calcul fut déjoué. Séduit par les perspectives nouvelles qui lui étaient ainsi ouvertes, Pyrrhus passa en Sicile, à l'automne de 278. Il est probable que ses alliés italiens, Grecs et indigènes, ressentirent durement ce qui ne pouvait leur apparaître que comme un abandon, alors que le roi n'avait pas emporté la décision face à Rome. Pyrrhus, il est vrai, devait juger différemment de la situation. Il avait pu se rendre compte que les forces dont il disposait n'étaient pas suffisantes pour lui permettre d'écraser l'adversaire romain. Il devait estimer qu'il pourrait reprendre la guerre contre Rome avec plus de chances de succès lorsque les ressources de la Sicile lui permettaient de disposer d'une supériorité marquée, qui lui avait manqué jusque-là. Il laissait d'ailleurs des forces importantes en Italie : elles représentaient la moitié des effectifs qu'il avait amenés d'Épire.

Il était clair cependant que, Pyrrhus absent, ses troupes n'entreprendraient plus aucune action d'envergure. Ce fut donc un répit inespéré pour les Romains. De leur côté, pourtant, ils n'en profitèrent pas pour prendre l'offensive et essayer de chasser l'ennemi. Ils étaient vraisemblablement encore affaiblis par leurs défaites précédentes : les chiffres du cens, donnés par les résumés des livres perdus de Tite-Live, montrent que le nombre des citoyens aurait diminué de près de 16 000 de 281 à 275, passant de 287 222 à 271 234. Les événements que la tradition évoque pour la période d'absence du roi – comme une reprise momentanée de Locres – sont très douteux.

Le séjour de Pyrrhus en Sicile ne dura que peu, de 278 à 276. Accueilli triomphalement à Syracuse à son arrivée, le roi avait réuni rapidement les forces des cités grecques et, mis à la tête de leur confédération, avait entrepris de refouler les Carthaginois. Bientôt, ceux-ci ne se maintinrent plus qu'à Lilybée, tandis que leurs alliés les Mamertins, anciens mercenaires italiques d'Agathocle qui s'étaient emparés en 288 de Messine, tenaient toujours leur cité. En 277, Carthage aux abois proposa de traiter – en contradiction d'ailleurs avec l'accord qu'elle venait de signer avec Rome, interdisant toute paix séparée. Le roi refusa, se rendant vraisemblablement compte que Carthage resterait toujours une menace pour la Sicile grecque si on laissait aux Puniques la moindre base dans l'île.

Pourtant Lilybée ne tomba pas et, après deux mois d'efforts infructueux, le roi fut forcé de lever le siège. Il caressa alors le plan qui avait déjà tenté le Syracusain Agathocle, et que reprendraient après lui Regulus et, pour la première fois avec succès, Scipion : forcer la décision en attaquant Carthage au cœur de son empire, en Afrique. Un tel projet était bien fait pour séduire l'imagination du bouillant capitaine. Mais il demandait des moyens considérables : Pyrrhus ne pouvait se les procurer qu'en les exigeant des Grecs de Sicile.

Cela ne fit qu'accentuer la tension qui commençait à se manifester entre ceux-ci et le roi. Par une pente inévitable – et comme cela s'était déjà produit à Tarente – le libérateur accueilli avec des transports d'allégresse était vite apparu comme un tyran qui pressurait ceux qui s'en étaient remis à lui. Le souverain épirote avait pris l'habitude de tout décider seul, sans tenir compte des usages locaux et des organes des cités. Si l'on résistait, il imposait des garnisons et n'hésitait pas à faire exécuter les opposants. Les nécessités de la préparation de l'expédition en Afrique furent l'occasion de la révolte générale. Ceux-là même qui l'avaient appelé préféraient, aux dires de Plutarque (*Vie de Pyrrhus*, 23, 5-6), se rallier aux Carthaginois ou aux Mamertins.

Il ne resta plus au roi qu'à se retirer, et à renoncer ainsi aux ressources qu'il avait pu espérer trouver dans l'île. Cette fois, à la différence de ce qui s'était passé lorsqu'il avait quitté l'Italie pour la Sicile, il le faisait sans espoir de retour, au moins à court terme : lorsqu'il partit de Sicile à l'automne de 276, il ne laissait aucune troupe derrière lui. Le repli ne se fit pas sans mal : Pyrrhus perdit une bonne partie de sa flotte au cours de ce mouvement, subissant une cuisante défaite dans le détroit de Messine devant la flotte carthaginoise. Il n'aurait sauvé que douze de ses cent vingt vaisseaux de guerre, et aurait perdu alors une part non négligeable des richesses qu'il rapportait de l'île.

Le retour de Pyrrhus en Italie : la bataille de Bénévent

Ainsi, après avoir renoncé à la conquête de l'Italie pour se rendre en Sicile, Pyrrhus récidivait en abandonnant l'île pour revenir sur le continent. Il aborda à Locres. L'un de ses premiers gestes fut de livrer au pillage le fameux temple de Perséphone qui s'élevait près de la cité : il manquait de ressources pour payer ses troupes. Mais celles-ci étaient visiblement affaiblies : elles ne parvinrent pas à s'emparer de Rhégion que le roi avait voulu enlever à la *legio Campana*.

Ce n'était là qu'un revers limité, qui incita le roi à s'installer à Tarente et à se donner le temps de réorganiser ses forces, en regroupant les contingents ramenés de Sicile et les troupes dont il pouvait disposer en Italie. Il est certain qu'il continuait à représenter pour Rome une menace considérable, et il était évident qu'une fois la belle saison revenue, les opérations, qui s'étaient assoupies depuis le passage du roi dans l'île, reprendraient un tour actif. Son retour avait causé une vive appréhension dans l'*Vrbs* : on nous parle cette fois d'insoumission et de mesures que le Sénat fut contraint de prendre contre les récalcitrants. Rome parvint cependant sans trop de mal à réunir une armée, qui fut confiée aux deux consuls de 275, Manius Curius Dentatus et Lucius Cornelius Lentulus. Ceux-ci formèrent deux armées distinctes : cette organisation répondait à la volonté d'obliger le roi à diviser les forces dont il disposait. Lentulus mena son armée en Lucanie, alors que son collègue se maintenait dans le Samnium.

Pyrrhus choisit d'affronter Curius Dentatus ; la rencontre eut lieu près de Bénévent. Dans cette région, escarpée et peu propice aux manœuvres de la cavalerie et des éléphants qui avaient jusque-là assuré la victoire au roi d'Épire, le chef romain avait établi ses troupes sur une solide position défensive. Le roi essaya de la tourner, en faisant mouvement, de nuit, par des hauteurs couvertes de forêts. La manœuvre, trop savante pour des troupes qui n'étaient plus que rarement composées de vieux soldats aguerris, échoua : les soldats de Pyrrhus se perdirent, s'épuisèrent toute la nuit en marches et contremarches et, le jour venu, les Romains repoussèrent facilement leur attaque. La bataille se poursuivit alors plus bas, devant la position romaine. Comme d'habitude, le roi chercha à faire donner ses éléphants. Mais les difficultés du terrain, pentu et inégal, affolèrent les bêtes qui échappèrent à tout contrôle. Les Romains parvinrent même à en capturer plusieurs, qui servirent à orner d'une manière spectaculaire le triomphe de Curius. Un fragment de Denys d'Halicarnasse souligne la défaite de ces bêtes, dont le nom de « bœufs de Lucanie » qui leur fut donné rappelait aux Romains en quelles circonstances ils les avaient rencontrées, et affrontées pour la première fois :

> Lorsque Pyrrhus et ceux qui l'accompagnaient montèrent la pente avec les éléphants, les Romains s'en aperçurent ; ils blessèrent le petit d'une de ces bêtes, ce qui provoqua une grande confusion et la fuite des Grecs. Les Romains tuèrent deux éléphants et ils en prirent huit qu'ils avaient coincés dans une position sans issue, et que leurs cornacs indiens leur livrèrent. Ils firent en outre un grand massacre des soldats ennemis. (20, 12, 14.)

L'échec était grave pour le souverain épirote, et c'est à juste titre que Plutarque peut écrire, en conclusion du récit de la bataille : « C'est ainsi que les Romains remportèrent la victoire et du même coup affermirent leur empire » (*Vie de Pyrrhus*, 25, 8). La défaite du roi était d'autant plus lourde de conséquences que, parallèlement, ses alliés lucaniens avaient été écrasés par l'autre consul, aux champs Arusiniens – ce qui valut à Lentulus, au même titre qu'à son collègue, les honneurs du triomphe. Pyrrhus parut alors prendre conscience de ce que ses forces étaient décidément insuffisantes pour lui permettre de se mesurer avec Rome. Il lui fallait des renforts, et puisque la Sicile ne lui en avait pas apporté comme il avait pu le penser un moment, il se décida à se tourner vers les rois hellénistiques qui l'avaient soutenu lors de sa venue en Italie. Nos sources mentionnent le Séleucide Antiochos et Antigone de Macédoine ; peut-être une démarche semblable fut-elle tentée auprès de Ptolémée. Mais partout Pyrrhus se heurta à un refus : cette fois les princes de l'Orient paraissaient se désintéresser de la cause de l'hellénisme occidental, alors qu'ils avaient tous, à l'envi, soutenu le roi épirote au moment de son départ pour Tarente.

Le refus des monarques hellénistiques était grave militairement. Il interdisait au roi d'Épire de reprendre l'offensive avec la supériorité numérique qui lui était apparue comme la condition nécessaire d'un succès durable. Mais il compta surtout par les conséquences psychologiques qu'il eut sur Pyrrhus : il lui montra combien son prestige avait pâli dans le monde grec depuis le temps où il s'était embarqué pour l'Italie, fort de l'appui de tous les rois et applaudi comme le champion de la cause grecque face aux barbares d'Occident, qui s'apprêtait à reproduire à l'ouest ce qu'Alexandre le Grand avait accompli en Orient. Le barbare, qu'il fût romain ou carthaginois, avait résisté et, malgré ses victoires, le roi n'avait pu remporter aucun succès décisif. Il n'apparaissait plus comme le chef invincible que l'on s'était imaginé en 281 – au point que le roi de Macédoine, en lui refusant son appui, n'hésitait pas à prendre le risque de le contraindre ainsi à regagner son royaume, d'où il pouvait recommencer la guerre contre lui.

Cet échec diplomatique eut donc de grandes conséquences. Il persuada Pyrrhus qu'il était plus urgent de rétablir sa situation dans la péninsule balkanique que de s'obstiner dans une entreprise occidentale qui ne lui avait apporté que des déboires. Il décida de quitter l'Italie – comme il l'avait quittée une première fois pour passer en Sicile, et comme il avait quitté la Sicile pour rentrer en Italie. On peut sans doute voir dans ce nouveau revirement une preuve supplémentaire de l'instabilité caractérielle du roi, de son incapacité foncière de s'en tenir à un objectif qu'il s'était fixé. Mais il lui était indispensable de se préoccuper du fondement de sa puissance, de son propre royaume – et donc des affaires de la Grèce. Il s'était rendu compte que les moyens dont il disposait en Italie étaient insuffisants : s'il voulait espérer réussir un jour, ce ne pouvait être que fort de nouvelles ressources, qu'il ne trouverait qu'en Orient. Il ne renonçait pas au rêve d'un empire occidental : il maintenait une forte garnison à Tarente, sous le commandement de son lieutenant Milon, et même, au moins dans un premier temps, il y laissa son fils Hélénos.

La fin de la guerre

Pyrrhus quitta l'Italie, à l'automne de 275, au terme d'une équipée qui avait duré six ans – dont deux passés en Sicile. Il ne devait plus jamais franchir l'Adriatique : il se lança dans de nouvelles aventures en Grèce. Après avoir reconquis la Macédoine sur Antigone Gonatas, il se laissa tenter, en 273, par une expédition dans le Péloponnèse. Celle-ci se termina bientôt par sa fin misérable, en 272, au siège d'Argos. Sa mort fut causée par la tuile qu'avait lancée une vieille femme :

> Une vieille femme pauvre, [...] regardant le combat, comme les autres femmes, du haut de son toit, reconnut son fils aux prises avec Pyrrhus. Hors d'elle-même à la vue du danger, elle saisit une tuile à deux mains et la lança sur le roi. La tuile lui tomba sur la tête au bas du casque et brisa les vertèbres à la base du cou. Ses yeux se brouillèrent, il laissa échapper les rênes de ses mains. Glissant à bas de son cheval, il tomba près du tombeau de Licymnios sans être reconnu de la foule. Un certain Zopyros, soldat de l'armée d'Antigone, et deux ou trois autres, étant accourus et l'ayant reconnu, le traînèrent sous un porche, où il commença à se remettre du coup qu'il avait reçu. Zopyros tira son poignard illyrien pour lui couper la tête ; mais Pyrrhus lui lança un regard si terrible qu'il en fut épouvanté. C'est avec des mains tremblantes qu'il se mit à l'œuvre ; plein de désarroi et de panique, au lieu de découper en ligne droite, il trancha à hauteur de la bouche et du menton et il n'arracha la tête que lentement et avec peine. (Plutarque, *Vie de Pyrrhus*, 34, 2-6.)

Le départ de Pyrrhus avait dû évidemment apparaître, une fois encore, comme un abandon de ses alliés italiens, laissés seuls face à Rome. Il fut certainement mal ressenti par les Samnites, les Brettiens et les Lucaniens, qui s'étaient ralliés avec enthousiasme à lui, et que Rome pouvait considérer comme des traîtres à son alliance, qu'elle devait châtier durement : Plutarque note d'ailleurs, dès avant Bénévent, qu'« ils gardaient une certaine rancune à Pyrrhus à cause de son passage en Sicile » (25, 1). La déception fut encore plus sensible à Tarente. Un parti de la paix, s'appuyant sur les éléments aristocratiques, y avait toujours existé ; dirigé par Nicon, il se manifesta sitôt le roi parti, et surtout une fois que les nécessités de la campagne projetée dans le Péloponnèse eurent amené Pyrrhus, en 274, à rappeler en Grèce son fils Hélénos et une partie des troupes qu'il avait laissées en Italie. Nicon et ses partisans entrèrent en conflit avec Milon et, échouant dans leur tentative de s'emparer de la ville, se réfugièrent en 273 dans une place forte extérieure – qui n'est pas nommée dans nos textes, mais qui doit être soit Héraclée, soit Métaponte. De là, ils négocièrent avec Rome et conclurent, en ce qui les concernait, un accord de paix.

Rome voyait poindre la fin de la guerre – et ce d'autant plus que le consul de 273, Caius Claudius Canina, avait remporté une nouvelle victoire sur les Lucaniens, les Brettiens et les Samnites. La situation tourna définitivement en faveur de Rome l'année suivante, en 272. Les deux consuls, Spurius Caruilius Maximus et Lucius Papirius Cursor, commencèrent par battre une nouvelle fois le premier les Samnites, le second les Lucaniens et les Brettiens. Puis Papirius mit le siège devant Tarente. La cité ne pouvait attendre aucune aide de l'extérieur : Pyrrhus venait de périr, et l'arrivée d'une flotte carthaginoise dans le port, mentionnée par plusieurs sources antiques (Tite-Live, résumé du livre XIV, Dion Cassius, fragment 43, 1, Orose, 4, 3, 220, Zonaras, 13, 6, 379 c), n'est qu'une invention de l'annalistique, forgeant de toutes pièces un exemple de duplicité punique à un moment où Carthage se comportait en alliée de Rome et lui laissait le champ libre en Italie. Dans ces conditions, Milon décida de traiter et accepta une capitulation, qui lui permit de regagner l'Épire avec ses hommes.

La chute de Tarente fut immédiatement suivie de celle des autres cités grecques. Métaponte, Thourioi, Locres cessèrent les hostilités à leur tour. Quant à Rhégion, les Romains durent l'enlever de force en 270 contre leurs anciens soldats de la *legio Campana* (qu'ils avaient pourtant encore renforcés en 278, grâce à la flotte carthaginoise qui avait assuré le transport d'un contingent de cinq cents hommes). Ces Campaniens avaient en fait rendu de grands services à Rome : ils avaient repoussé l'assaut de Pyrrhus lors de son retour de Sicile. Mais une fois la paix revenue, les Romains tenaient à montrer qu'ils ne pouvaient tolérer une situation d'anarchie et de violence comme celle qui régnait dans cette ville. Le consul Caius Genucius Clepsina s'en empara en 270 et infligea aux Campaniens un châtiment exemplaire, sur lequel nous allons revenir.

Les indigènes italiens, du haut de leurs refuges montagnards, résistèrent plus longtemps. Une campagne fut encore nécessaire en 269 dans le Samnium, sous le consulat de Quintus Ogulnius Gallus et Caius Fabius Pictor : les Caraceni avaient repris les armes à l'instigation d'un ancien otage qui s'était enfui. En 268 on vit même s'allumer un nouveau foyer de rébellion : sur la côte adriatique, les habitants du Picénum se révoltèrent. Rome procéda à leur transfert autoritaire sur l'autre versant de la péninsule, dans ce qui devint dès lors l'*ager Picentinus*, dans l'arrière-pays de Paestum. En 267-266, il ne restait plus comme adversaires que les peuples de la Pouille. Mais en 267 Marcus Attilius s'empara de Brindes et un dernier triomphe sur les Sallentins et les Messapiens, celui des consuls de 266 Decimus Junius Pera et Numerius Fabius Pictor, marqua l'achèvement de la soumission de l'Italie du Sud.

L'organisation de la conquête

Rome donna des bases solides à son emprise. Le système éprouvé des colonies lui permit de disposer de points d'appui dans les territoires des anciens ennemis, gage de leur fidélité aux traités qui désormais liaient leur sort au sien. Les Lucaniens furent tenus en respect par la fondation, en 273, de la colonie de Paestum : là où s'était élevée la ville grecque de Poseidonia, avant qu'elle ne tombât au pouvoir des indigènes et ne changeât de nom, il y avait désormais une colonie latine. Les Samnites, qui avaient été relativement épargnés à la fin de la troisième guerre samnite, furent cette fois traités beaucoup plus durement. On établit sur leur territoire les colonies de Bénévent, en 268, et Aesernia, en 263. Conformément à une stratégie éprouvée, qu'elle avait mise en œuvre notamment dans le Latium, Rome fit éclater l'ancienne ligue samnite. Les Hirpins furent isolés des Pentri par une bande de terres allant de la Campanie à l'Apulie, sur laquelle courut à partir de 284 une nouvelle voie de communication, prolongeant la voie Appienne de 312, permettant de joindre Capoue à Brindes et Tarente, en passant par le territoire de Bénévent et la région de Venusia. Les Caudini et les Caraceni semblent avoir alors disparu en tant qu'entités propres. Sur la façade adriatique, au nord, Ariminum, fondée en 268, montait la garde face aux Gaulois, tandis que s'établissaient plus au sud, dans le Picenum d'où l'on avait expulsé les Picentes, en 264, Firmum et la colonie, ayant statut de colonie romaine, Castrum Novum, fondée sans doute entre 289 et 283. Pendant ce temps, les Picentes, sur le territoire de l'*ager Picentinus* qui leur avait été attribué après leur expulsion, pouvaient surveiller Hirpins et Lucaniens. Quant aux Brettiens, ils gardaient, à la différence des autres peuples, leur organisation en ligue. Mais ils durent céder la moitié de la forêt de Sila, dont les bois permirent d'assurer la construction de la flotte romaine.

Partant pour l'Italie, Pyrrhus s'était présenté comme le champion de l'hellénisme face au barbare romain. Il avait été vaincu, et Tarente qui l'avait appelé à son secours était tombée. Mais cela ne signifiait pas la fin de l'hellénisme dans ces régions. En comparaison aux conditions, plutôt dures, imposées aux indigènes par le vainqueur romain, celles faites aux Grecs de Grande-Grèce furent modérées. Elles témoignaient d'un respect du caractère propre de leurs cités qui montrait que ces barbares commençaient à s'ouvrir sur l'hellénisme et sur ses valeurs. Tarente livra armes et vaisseaux, dut détruire ses murailles mais conserva son autonomie : le résumé du livre XIV de Tite-Live précise que Rome lui accorda « la liberté », ce qui signifie qu'elle continua à suivre ses propres lois. Bien évidemment, elle garda son caractère grec, au point que Cicéron, dans le *pro Archia*, comparait son sort à celui, éminemment favorable comme on l'a vu, de Naples, y voyant un foyer des « sciences et des arts de la Grèce », dont « l'étude était cultivée avec ardeur ». En tout cas elle restait prospère, émettant ses monnaies propres et gardant ses relations avec le monde grec – où plusieurs de ses athlètes s'illustrèrent alors dans des jeux. Les conditions faites à Locres, Métaponte, Thourioi ne furent pas plus dures : elles se bornèrent à l'accueil de garnisons et à l'obligation, en temps de guerre, de fournir l'appui de leurs flottes. Thourioi dut en outre livrer des otages : mais il convient sans doute de voir là des représailles exigées par l'aristocratie proromaine de la cité que ses compatriotes avaient contrainte à l'exil. En somme, l'hellénisme n'avait pas été maltraité, pas plus qu'il ne l'avait été à Naples un demi-siècle plus tôt.

Au contraire, Rome se présentait ostensiblement comme la nouvelle protectrice des Grecs d'Italie. C'est ce qu'elle fit dans l'affaire de Rhégion. La prise de la ville en 270 lui fournit l'occasion de faire un exemple qui ne pouvait qu'impressionner favorablement les populations helléniques. Elle proclama hautement qu'elle voulait châtier ses anciens mercenaires pour le traitement indigne qu'ils avaient infligé aux habitants, grecs, de la cité. Les vainqueurs firent exécuter, en grande pompe, sur le Forum, les survivants de la *legio Campana* et rappelèrent les anciens habitants à qui leurs biens furent solennellement rendus. Polybe a bien relevé l'importance de l'événement :

> Irrésistiblement tentés par l'heureuse situation de la ville et par les richesses que détenaient les habitants, [les Campaniens] massacrèrent ou expulsèrent les citoyens et prirent possession de la place. Très mécontents de ce qui s'était passé, les Romains se trouvaient cependant empêchés de réagir, occupés qu'ils étaient par les guerres dont j'ai parlé. Mais lorsqu'ils eurent à nouveau les mains libres, ils bloquèrent les coupables dans la ville, dont ils entreprirent le siège. Vainqueurs, ils massacrèrent une bonne partie des défenseurs au moment où la place tomba. Sachant le sort qui les attendait, les assiégés avaient résisté avec acharnement. Plus de trois cents d'entre eux furent cependant pris vivants et emmenés à Rome. Les consuls les firent conduire sur le Forum où, après avoir été tous ensemble frappés de verges, selon la coutume romaine, ils furent décapités. En leur infligeant un tel châtiment, les Romains cherchaient à raffermir, autant qu'ils le pouvaient, la confiance des alliés dans leur loyauté. Quant à la ville de Rhégion, ils la restituèrent sur-le-champ, avec son territoire, à ses anciens occupants. (1, 1, 8, traduction D. Roussel.)

Cette attitude ostentatoirement prohellénique semble avoir convaincu les Grecs de Sicile : Hiéron de Syracuse, le nouveau maître de la cité, envoya vivres et secours aux Romains pendant le siège, et lança de son côté une attaque contre les Mamertins de Messine qui, de l'autre côté du détroit, étaient les alliés des Campaniens de Rhégion.

Rome et l'hellénisme

La fin de l'indépendance des Grecs d'Italie, que n'avait pu empêcher l'intervention du roi d'Épire, ne représentait donc pas nécessairement une défaite de l'hellénisme. Désormais maîtresse du destin des cités grecques d'Italie du Sud, mais dans des conditions où elle montrait qu'elle voulait assumer un rôle de protecteur, Rome serait désormais encore plus à même de se laisser pénétrer par les valeurs du monde grec et de sa culture. Cette conquête de la Grande-Grèce donna assurément un coup de fouet au processus d'ouverture sur l'hellénisme : on peut rappeler, comme exemple emblématique, que c'est un Grec de Tarente, amené comme esclave à Rome lors de la prise de la ville en 272, alors qu'il n'était encore qu'un enfant, Liuius Andronicus, qui fut le premier auteur que la littérature latine ait connu. Son œuvre, significativement, consista à mettre en langue latine des chefs-d'œuvre de la littérature grecque, l'*Odyssée* et des pièces de théâtre. Ainsi, il introduisit les grands genres de la littérature grecque à Rome, l'épopée – pour laquelle il conserva cependant la vieille forme de vers indigène, le saturnien, qui sera abandonné par ses successeurs, Naevius et Ennius, au profit de l'hexamètre dactylique grec – et la tragédie – dont il fit représenter le premier exemple en langue latine, lors des Jeux romains de 240.

Mais il ne faudrait pas considérer le développement, alors indéniable, de l'hellénisation, comme le surgissement soudain, à la faveur de la conquête, de ce dont Rome aurait été auparavant totalement privée. Depuis ses plus lointains débuts, on l'a vu, l'*Vrbs* avait eu des contacts avec le monde grec. Tout au long de la période qui aboutit à la conquête de la péninsule italienne, le phénomène ne fit que s'accentuer. En fait, dès que la cité commença à émerger des difficultés du ve siècle, les Romains eurent tendance – comme ils l'avaient déjà fait dans le passé, et notamment dans la période des rois étrusques – à se tourner vers la Grèce pour y chercher références et modèles. Il est significatif que la première grande victoire de Rome qui se fût traduite par la conquête d'un territoire sur un ennemi extérieur, la prise de Véies en 396, fut marquée par l'envoi d'un cratère d'or à Delphes. Dès que les circonstances commencèrent à redevenir favorables, Rome reprit sa politique de liens avec le grand sanctuaire panhellénique qui avait déjà été la sienne dans les temps des Tarquins.

La reprise des grands travaux

Désormais Rome, débarrassée de ses problèmes les plus immédiats, put de nouveau se lancer dans une politique de grands travaux. Certains furent sans doute dictés par la nécessité : ce fut le cas lorsqu'on édifia, après l'invasion gauloise, la muraille dont de nombreux restes sont encore aujourd'hui visibles. Plus significatif, la construction de sanctuaires, qui s'était interrompue après les premiers temps de la République, reprit. Là encore, l'action de Camille représenta un tournant. En 395, juste après la prise de Véies, il reconstruisit les temples de Sant'Omobono, celui de Fortuna et celui de Mater Matuta, dans une zone qui était restée vide de toute activité cultuelle depuis la fin de la monarchie. On ne pouvait pas plus clairement marquer la reprise de l'effort édilitaire qui avait été fait au vi^e^ siècle. Mais on assista aussi à des constructions nouvelles : en 392 le temple de Junon Reine, promis à la divinité qui avait accepté d'abandonner Véies pour venir recevoir désormais son culte à Rome, fut élevé sur l'Aventin. Ce fut bientôt le tour du temple de la Concorde, au pied du Capitole, et de celui de Juno Moneta, sur l'*Arx*. De nombreuses autres constructions suivirent : on notera surtout que plusieurs d'entre elles correspondaient à des cultes dont le caractère grec était nettement affirmé. Ce fut le cas notamment de celui d'Esculape, qui vint d'Épidaure en 295 s'établir sur l'île Tibérine pour y veiller sur la santé des Romains. Déjà auparavant la réorganisation du culte d'Hercule, implanté depuis longtemps dans le secteur du Forum Boarium, s'était faite selon un modèle grec. Elle fut due au censeur de 312, Appius Claudius Caecus – personnage capital sur lequel on aura l'occasion de revenir –, qui confia à l'État la gestion de ce vieux sanctuaire dont s'occupaient, par tradition, deux familles, celles des Pinarii et des Potitii. La reconstruction se fit sur un type grec et l'épithète d'*Inuictus* que le dieu paraît avoir alors reçue était empruntée au monde hellénique : elle renvoyait aux représentations diffusées par

Alexandre et ses successeurs, qui se traduisaient aussi par l'apparition, à Rome, des cultes de Victoria, Jupiter Victor, Bellona Victrix.

Une telle activité édilitaire entrait naturellement dans la compétition pour le prestige à laquelle se livraient les membres des élites dirigeantes, et qui était une condition du jeu politique. Cette recherche de la popularité concourut largement à l'enrichissement monumental de la ville. Celui-ci ne se limita plus à la construction, ou à la rénovation, d'édifices sacrés. La grande statuaire se développa. Il pouvait certes s'agir de statues de dieux, comme il en existait déjà depuis longtemps : on peut mentionner la statue colossale en bronze de Jupiter qui fut fabriquée à partir des armes des Samnites vaincus par Spurius Caruilius, et que celui-ci dédia en 272 (à moins que ce ne fût en 292), ou la louve allaitant les jumeaux fondateurs dédiée par les frères Ogulnii au Lupercal en 296. Mais ces munificences commencèrent à mettre en relief la personnalité du dédicant, et non plus seulement le dieu qu'il voulait honorer : devant le Jupiter de Spurius Caruilius s'élevait le portrait, grandeur nature, du chef vainqueur. On vit se développer une statuaire qui n'était plus religieuse. Les statues équestres firent leur apparition avec les consuls de 338, Caius Maenius et Lucius Furius Camillus, pour leur victoire sur les Latins, et Quintus Marcius Tremulus, qui triompha des Herniques en 306. Notant le fait, Tite-Live relève qu'« on leur fit l'honneur, rare distinction à cette époque, de leur élever sur le Forum des statues équestres » (8, 13, 9).

Tous ces portraits s'inspiraient de la grande statuaire grecque contemporaine, qui seule était à même de fournir des modèles. C'est du côté de la Grèce que Rome regardait : en est témoin le fait, rapporté par Pline l'Ancien, que les Romains dressèrent alors sur le Forum les statues de Pythagore et d'Alcibiade, comme étant respectivement le plus sage et le plus courageux des Grecs (34, 26). Mais cet art était mis au service de l'idéologie de la *nobilitas* et de ses valeurs, bien romaines. Il en alla de même pour la peinture : elle eut également une fonction célébrative. Ainsi le temple de la déesse du Salut, dédié en 303 par Quintus Iunius Bubulcus, après une victoire remportée sur les Samnites mais où l'armée romaine avait failli être détruite (Tite-Live, 9, 31), fut-il orné de peintures représentant les péripéties du combat, œuvre d'un Fabius qui mérita ainsi, pour lui et ses descendants, le *cognomen* de Pictor. Elles ont disparu et ne nous sont plus connues que par un fragment de Denys d'Halicarnasse (16, 3, 6). Mais on peut s'en faire une idée par le décor, qui nous est parvenu, d'une tombe contemporaine de l'Esquilin, où figurent des épisodes de la guerre contre les Samnites : cette tombe était peut-être celle de l'un des plus prestigieux généraux de cette époque, Quintus Fabius Maximus Rullianus. Comme la sculpture, la peinture reflétait la peinture grecque du temps, mais en l'adaptant aux besoins de Rome : nous sommes à la période qui voit la formation d'un art romain, synthèse si particulière des suggestions esthétiques venues de la Grèce et des soucis idéologiques de la clientèle romaine. Avant de s'épanouir à la fin de la République, il produisit dès cette époque l'un de ses grands chefs-d'œuvre, avec la tête dite de Brutus du Capitole – probablement trouvée à Rome même.

Développement de l'artisanat

L'inspiration hellénique était générale. On la retrouve à un niveau moins officiel – par exemple pour les bijoux, connus moins par des témoignages directs que par la reproduction fidèle qui en était faite sur des statues, comme la série de grandes statues votives, représentant des femmes et des jeunes filles, retrouvées récemment sur le site de Lavinium. Ces bijoux imitaient des modèles tarentins – dont plusieurs sont parvenus jusqu'à nous. La céramique n'échappa pas à la règle : certes Rome, à la différence de l'Étrurie ou du pays Falisque, ne développa pas, au cours du IVe siècle, de céramique à figures rouges, reprenant les techniques grecques du Ve siècle – la seule tentative de décor figuré concerne la série dite des *pocola*, à l'extrême fin de la période, qui sont de petits pots et plats comme ceux, célèbres, qui portent la représentation d'un éléphant – ; mais c'est à Rome que se développa la céramique à vernis noir à décor imprimé dit « des petites estampilles » : on assiste à une reprise romaine de la technique des vases à vernis noir qui avaient marqué la dernière phase de la céramique attique, au IVe siècle.

Il s'agit donc d'objets témoignant d'une influence grecque, mais produits sur place. On a affaire à un phénomène d'inspiration, d'imitation, non à un processus d'importation directe du monde hellénique. Les pièces importées sont peu nombreuses, se limitant à quelques vases attiques à vernis noir, ou à des céramiques dites de Gnathia, noires et rehaussées d'ajouts à la peinture claire, produites dans la région de Tarente. En revanche, signe indubitable de la prospérité retrouvée de la Rome de cette époque, on constate que des artisans venus de l'extérieur s'établirent alors dans l'*Vrbs*.

L'une des productions de ces artistes immigrés jouit d'une juste célébrité : la ciste Ficoroni, dont la signature de l'artisan qui la fabriqua, « Nouios Plautios m'a faite à Rome », précise qu'il travaillait dans l'*Vrbs*. Mais la consonance étrangère de son nom, qui renvoie à la Campanie, montre qu'il n'était pas romain, ni même latin d'origine. Cet objet était destiné à contenir un nécessaire de toilette – en accord avec l'inscription de dédicace qui montre qu'il avait été donné par une mère à sa fille, probablement à l'occasion du mariage de cette dernière. On peut y voir un symbole de l'art qui se développait dans la Rome de cette époque, formé de la confluence d'éléments divers. Il s'agit d'une ciste, catégorie d'objets dont la production s'était développée tout particulièrement à Préneste, dans le Latium. Mais la gravure dont ces cistes étaient ornées témoigne d'une influence profonde de l'art étrusque. L'artiste portait un nom campanien, et devait donc être originaire de cette région. Et le décor est entièrement inspiré de l'art grec : c'est le cas aussi bien pour les parties pleines – pieds et poignée – que pour la face, ornée de représentations incisées. La poignée est formée par la réunion de trois statuettes, un Dionysos encadré de deux satyres, qui renvoient à des modèles helléniques contemporains. Et le décor de la panse présente les

Ciste Ficoroni (détail d'un pied)

aventures des Argonautes, traitées dans le style de la peinture grecque des ve-ive siècles.

Cet objet, produit à Rome, mais où se font sentir des influences latines, étrusques, campaniennes et grecques, est représentatif de ce qu'était la culture de la Rome de cette époque. Le processus de conquête de l'Italie se traduisit par une ouverture de la cité à ce qu'offrait l'ensemble de la péninsule. On assista à la formation d'une véritable communauté culturelle et artistique, une *koinè*, cet art médio-républicain qui unissait désormais l'Italie.

L'influence artistique et culturelle grecque était fondamentale. Certes, il ne faut pas minimiser la part que jouèrent des secteurs non grecs de l'Italie. L'Étrurie en particulier continuait à jouer un rôle de formation non négligeable. C'est à elle que Rome emprunta, en 364, ses premières formes de théâtre, en fait simples exhibitions de danseurs sur fond musical. C'est aussi en Étrurie – et principalement à Caeré, la vieille alliée étrusque de l'*Vrbs* – que les jeunes aristocrates romains allaient acquérir, au cours du ive siècle, une culture littéraire que Tite-Live, qui relevait le fait avec une certaine surprise, comparait à celle que, de son temps, ils allaient se donner à Athènes (9, 36, 3-4). Mais il ne conviendrait pas d'opposer cette influence étrusque à l'influence grecque. Ce que les Romains découvraient en Toscane, ce qu'ils allaient y chercher, c'était une culture déjà plus pénétrée d'apports helléniques que celle de leur propre cité. Pour reprendre une formule de Pierre Grimal, « à travers l'Étrurie, c'est à l'hellénisme que Rome aspirait » et l'on peut parler, avec lui, d'« hellénisation médiate ». On pourrait dire la même chose de la culture osque que les Romains rencontraient à Capoue : elle aussi était très hellénisée. Mais, quel que fût le rôle de ces intermédiaires, il ne faudrait pas croire que les Romains étaient coupés de l'hellénisme véritable : même s'il faisait des fautes qui suscitaient les moqueries des Tarentins, c'est en grec que Postumius avait présenté les requêtes de Rome en 281.

Le philhellénisme commençait en effet dès cette époque à se manifester au sein de l'élite romaine. Nous avons déjà souligné le fait que le consul de 326, l'artisan de l'accord avec Naples, Quintus Publilius, portait le *cognomen* grec de Philo. Son exemple fut suivi par Publius Sempronius Sophus, consul en 304, et Quintus Marcius Philippus, consul en 281. L'attirance de la civilisation hellénique, des mœurs grecques se faisait en effet sentir. On commence à rencontrer dans les nécropoles latines, comme à Préneste, des strigiles, signe de ce que le défunt avait voulu se donner une culture de type grec, passant par les exercices du gymnase.

Appius Claudius Caecus

Le plébéien Quintus Publilius Philo était une personnalité novatrice, et pour cette raison en butte à l'hostilité des membres les plus conservateurs de l'aristocratie. On l'a vu, il fut en 337 le premier plébéien à accéder à la préture (Tite-Live, 8, 15, 9). Lors de sa dictature de 339, il avait pris des mesures politiques favorables à la plèbe : force de loi donnée aux plébiscites, approbation du Sénat préalable au vote pour les lois soumises aux comices, choix d'un des deux censeurs parmi les plébéiens (Tite-Live, 8, 12, 15-16). On constate, dans son cas, que l'intérêt pour l'hellénisme allait de pair avec une attitude qui ne s'en tenait pas au maintien du statu quo, au nom du *mos maiorum*, de la coutume des ancêtres. Mais un autre homme d'État de la même époque témoigne encore mieux de la façon dont les horizons nouveaux ouverts par le contact avec le monde grec pouvaient bouleverser les conditions du jeu politique : Appius Claudius Caecus, qui, avant de prononcer en 279, devenu vieillard et aveugle, son fameux discours contre les offres de paix de Pyrrhus, fut un homme d'État de premier plan, censeur en 312, consul en 307 puis en 296.

Les sources présentent son action d'une manière généralement très défavorable. Ainsi, voici ce que dit Tite-Live de sa censure de 312 :

> Il y eut également cette année la célèbre censure d'Appius Claudius et de Caius Plautius ; néanmoins le nom d'Appius laisse un souvenir plus heureux à la postérité en raison de la voie qu'il construisit et de l'eau qu'il fit venir jusqu'à la ville ; il fut seul à mener à bien ces travaux parce que son collègue avait abdiqué de sa magistrature, écrasé de honte devant la manière déshonorante et malveillante dont fut fait l'établissement de la liste des sénateurs ; Appius exerça seul la censure en manifestant l'obstination qui était depuis longtemps déjà caractéristique de sa famille. Ce fut à l'instigation du même Appius que les Potitii, famille qui exerçait de façon héréditaire les fonctions de prêtre du culte d'Hercule à l'Ara Maxima, avait enseigné les rites de ce culte à des esclaves publics afin de leur en confier le service. À ce qu'on raconte, fait étonnant et bien capable de dissuader de changer les rites par rapport à la règle établie, alors qu'il existait à cette époque douze branches des Potitii, et que les membres adultes de la famille étaient à peu près trente, tous moururent dans l'intervalle d'une année, amenant la fin de la lignée ; et non seulement le nom des Potitii disparut, mais le censeur fut frappé de la perte de ses yeux quelques années plus tard, à cause de la rancune tenace des dieux. (Tite-Live, 9, 29, 5-11.)

Chez l'historien padouan, l'entrée en scène d'Appius Claudius se fait par l'évocation de sa censure, présentée d'emblée comme illustre. Mais, alors qu'il existait une tradition favorable au personnage (éloge du Forum d'Auguste, *Corpus Inscriptionum Latinarum*, I^2, p. 192, IX et X pour la copie d'Arezzo, mieux conservée), Tite-Live souligne les côtés négatifs. La construction de la voie Appienne et de l'aqueduc de l'*aqua Claudia*, retenue comme l'un de ses grands mérites dans l'*elogium* (« il laissa un monument immortel de sa personne, ayant mis son ambition dans l'intérêt public »), est mise au service de la volonté de dénigrement : il s'arroge seul la gloire de ce qui avait été l'œuvre commune des deux censeurs. De même, par la prise en charge par l'État – ce que signifie le recours aux esclaves publics – du culte d'Hercule à l'Ara Maxima, il est présenté comme un impie qui détruisit la religion traditionnelle et attira sur sa personne le châtiment des dieux : la cécité qui le frappa sur la fin de sa vie, et qui ne fut certainement qu'une maladie de vieillesse (car autrement cette infirmité l'aurait empêché de gérer des magistratures), est complaisamment expliquée comme la punition des divinités irritées.

La présentation livienne – que l'on retrouve d'une manière analogue chez les autres historiens – a au moins le mérite de souligner le bouleversement représenté par une personnalité comme celle d'Appius. Elle ne se contente pas d'exploiter le thème des défauts héréditaires des Claudii, mis en œuvre par exemple par Tacite (*Annales*, 1, 4) à propos de Tibère. Mais elle ne rend pas compte de la cohérence d'une politique, qui, par exemple, par la construction de l'aqueduc et de la voie Appienne, recherchait la modernisation matérielle de la cité et son ouverture vers le monde hellénisé de la Campanie. Mais on voit en quoi cette politique pouvait choquer, et se traduire par l'image très hostile du personnage que donnent les historiens. L'entreprise de modernisation de la *res publica* que le censeur s'était donnée pour tâche touchait à la religion ancestrale – et s'en prenait, comme on le voit avec la question de l'Ara Maxima, aux privilèges gentilices hérités d'un état de la société bien antérieur. Elle touchait aussi au fondement même du jeu politique : ce que l'aristocratie conservatrice a jugé le plus insupportable dans l'action du censeur de 312 était la manière dont, usant du droit qui était reconnu aux censeurs d'établir la liste des sénateurs, il avait procédé à une *lectio senatus* à ses yeux scandaleuse. Celle-ci aurait même provoqué la démission de son collègue à la censure, choqué par les décisions d'Appius.

Diodore précise les griefs des nobles à l'encontre d'Appius :

> Il pervertit le Sénat, en n'inscrivant pas seulement ceux qui étaient de naissance noble et de rang supérieur comme c'était la coutume, mais en y incluant aussi de nombreux fils d'affranchis. C'est pourquoi ceux qui étaient fiers de leur naissance furent furieux contre lui. Il autorisa aussi tous les citoyens à s'inscrire dans la tribu qu'ils voulaient et à être mis dans la classe censitaire qu'ils préféraient. Bref, en butte à l'hostilité des hommes les plus distingués, il évita de faire du tort à aucun des autres citoyens, s'assurant ainsi comme protection contre l'opposition des nobles la faveur du peuple. Lorsqu'il fit l'inspection des chevaliers, il ne priva personne de son cheval et, dans l'établissement de la liste du Sénat, il n'exclut aucun des sénateurs qui étaient indignes, alors qu'il était coutumier que les censeurs le fissent. (20, 36, 3-5.)

On lui reprochait donc une politique démagogique : comme ses ambitions heurtaient les membres de l'aristocratie, il se serait tourné non pas même vraiment vers la plèbe – dont Tite-Live en particulier dit qu'elle lui était hostile, et gardait, selon lui, des idées saines –, mais vers ce qu'il appelle la « clique du Forum » (9, 46, 10), et qu'il définit socialement comme étant composée des éléments les plus pauvres de la ville (9, 46, 11). Il cherchait donc à favoriser les couches inférieures de la population, et notamment les affranchis qui, on l'a vu, commençaient à devenir nombreux en cette période où la conquête de l'Italie faisait affluer vers la ville des foules d'esclaves comme la cité n'en avait jamais connues auparavant. C'est spécialement sur la question des affranchis que se focalise l'hostilité dont le censeur de 312 fait l'objet dans nos sources. On lui reproche d'avoir introduit des fils d'affranchis au Sénat : en fait ce comportement scandaleux a des chances de s'être réduit à un cas unique, celui de son scribe Cnaeus Flauius, qui devint édile curule. Il n'empêche que les mesures décidées par Appius furent effectivement favorables aux affranchis sur un autre point, autour duquel tourna le débat avec ses adversaires : il les répartit dans l'ensemble des tribus, ce qui leur permettait d'influencer le vote d'un grand nombre des unités de votes aux comices, alors que ses ennemis politiques prétendaient les confiner dans les seules quatre tribus urbaines, ce qui rendait le poids de leur vote insignifiant. Les oppositions sur ce point furent violentes et la réforme du censeur fut bientôt abandonnée – de même que le fut sa *lectio senatus*, à laquelle les consuls conservateurs élus l'année suivante refusèrent de se conformer. La cité connut en tout cas, autour de l'action de ce personnage (et de celle de son scribe), un climat de tension que Tite-Live peint sous des couleurs dramatiques :

> C'était d'ailleurs la clique du Forum qui avait élu Flauius comme édile ; elle avait pris de la force à la faveur de la censure d'Appius Claudius qui, le premier, avait avili le Sénat en y introduisant des fils d'affranchis et qui, après que personne n'eut tenu compte de la liste qu'il avait établie et qu'il n'eut pas obtenu à la curie l'influence sur la cité qu'il y avait cherchée, corrompit le Forum et le Champ de Mars en répartissant les couches les plus basses de la population dans l'ensemble des tribus. Les comices qui avaient élu Flauius suscitèrent une telle indignation que la plupart des membres de la noblesse retirèrent leurs anneaux d'or et leurs phalères. À partir de ce moment, la cité se divisa entre deux partis : le peuple intègre, qui était attaché aux vraies valeurs et les respectait, était partisan d'une ligne de conduite, la clique du Forum d'une autre ; cela dura jusqu'à la nomination de Quintus Fabius et Publius Decius comme censeurs, et jusqu'à ce que Fabius, tout à la fois pour rétablir la concorde et pour empêcher que les comices ne fussent entre les mains de la lie de la population, mettant à part toute la populace du Forum, l'eût rassemblée dans quatre tribus et leur eût donné le nom de tribus urbaines. On raconte que cette mesure fut accueillie avec une telle gratitude qu'il acquit le surnom de Maximus, que tant de victoires ne lui avaient pas fait acquérir, grâce à cet heureux équilibrage entre les ordres. (9, 46, 10-15.)

Politiquement, la tentative d'Appius fut un échec, et les censeurs de 304, choisis dans l'aristocratie la plus traditionnelle – notamment le prestigieux Quintus Fabius Rullianus à qui son attitude en ces circonstances, et non sa gloire militaire, aurait valu son *cognomen* de Maximus –, lui portèrent le coup de grâce. Mais il ne faut pas sous-estimer pour autant la portée des innovations, plus durables, qu'il introduisit à Rome. Certainement à son instigation, son scribe Cnaeus

Flauius « publia le droit civil, alors déposé dans les archives des pontifes, et fit afficher le calendrier sur des panneaux blanchis à la craie autour du Forum, pour qu'on sût quand il était possible d'engager une action légale » (Tite-Live, 9, 46, 5). Cette publication, qui aboutit au corpus du *ius ciuile Flauianum*, encore consulté par les juristes de l'Empire (Pomponius, dans le *Digeste*, 1, 2, 2, 7), concernait non les lois, rendues accessibles à tous par l'affichage des XII Tables, mais les formules légales qui permettaient d'engager une action en justice ainsi que les jours, dits jours fastes *(dies fasti)*, où une telle action était possible : elle faisait perdre à l'aristocratie l'un des moyens qu'elle conservait de se réserver, en pratique, le bénéfice des lois et, plus spécifiquement, battait en brèche les privilèges des pontifes – que les mesures concernant la religion (comme celle à propos du culte de l'Ara Maxima) attaquaient par ailleurs. Ouverture sociale et laïcisation allaient de pair. Appius se posait résolument comme un moderne, ce qui se traduisit par des innovations dans bien d'autres domaines. Ainsi pour la littérature : on l'a vu à propos de son discours lors des tractations avec Pyrrhus, il était considéré comme le premier orateur de langue latine. Il avait d'autre part laissé des *carmina*, qui étaient un recueil de maximes morales rythmées. Il s'occupa aussi de questions d'écriture et d'orthographe – ce qui rentrait dans le rôle des censeurs, chargés de mettre par écrit la liste des citoyens. Il entérina le changement phonétique de la langue latine, qui faisait qu'au lieu de prononcer Fusius ou Numesius, on prononçait désormais Furius ou Numerius, et semble avoir été à la source de l'introduction de la lettre G dans l'écriture latine qui, du fait de son origine étrusque, en avait été privée jusque-là.

Or tout cela est inséparable de l'ouverture de Rome à l'influence grecque. Les idées mises en œuvre par Appius Claudius peuvent être replacées dans une perspective hellénisante. Ainsi, le culte de la Concorde qui se traduisit par l'érection d'une chapelle à cette divinité par Cnaeus Flauius – significativement grâce aux amendes payées par les prêteurs d'argent (Pline, 33, 6, 19) – correspondait non pas à ce qu'était la vieille *Concordia* romaine, conçue selon le modèle traditionnel de la *concordia ordinum*, qui impliquait donc surtout le respect de la hiérarchie sociale, mais à l'*Homonoia* grecque, qui supposait l'assistance des riches envers les pauvres. Les conceptions du censeur sont plus précisément à replacer dans le cadre du pythagorisme, et de l'importance qu'il eut dans la vie politique des cités grecques de l'Italie du Sud, notamment pour la Tarente d'Archytas. Même la réfection du Comitium à cette époque, avec l'adoption d'un plan circulaire, qui semble devoir lui être rapportée, traduit une vision renouvelée par la pensée pythagoricienne de la vie politique : celle-ci était censée se dérouler en harmonie avec le cosmos, et renvoyer, par cette forme circulaire, à l'ordre qui y présidait.

Émergence de Rome aux yeux des Grecs

Loin, donc, de représenter la disparition des valeurs culturelles et artistiques de l'hellénisme de l'Italie, la défaite de Pyrrhus et la mainmise de Rome sur l'ensemble des cités grecques de l'Italie méridionale leur ouvraient, paradoxalement, un champ nouveau: dans la péninsule désormais réunie sous l'hégémonie de l'*Vrbs* elles formaient la base d'une nouvelle *koinè* culturelle. Il n'en reste pas moins que, politiquement, la Grande-Grèce avait disparu en tant qu'entité indépendante. Ses cités ne disposaient plus que d'une simple autonomie locale. En outre, dans le premier conflit qui l'avait opposé à un prince venu d'au-delà des mers, monarque qui appartenait au monde hellénique tel que l'avait remodelé l'action d'Alexandre le Grand, Rome avait prouvé sa supériorité. L'événement était d'importance et, compte tenu de la célébrité qu'avaient value à Pyrrhus ses exploits dans le monde grec, il eut le retentissement qu'il méritait.

La fulgurante épopée de Pyrrhus avait attiré l'attention de nombreux historiens. Le roi avait d'ailleurs pris soin de soigner l'image qu'il laisserait de lui-même à la postérité en rédigeant ses propres mémoires. Après lui et utilisant cette source directe, Jérôme de Cardia, l'historien des Diadoques, avait relaté la geste du roi dans son ouvrage d'ensemble sur les successeurs d'Alexandre; un certain Proxénos, qui avait été peut-être un compagnon du souverain, avait composé une *Histoire de l'Épire* et une *Histoire de Pyrrhus en Sicile*; Phylarchos avait de son côté traité en vingt-huit livres de l'expédition du roi d'Épire dans le Péloponnèse. Surtout le grand historien sicilien Timée de Tauroménion, depuis l'exil athénien où il vivait, continuait à suivre avec une attention soutenue tout ce qui se passait dans son île natale et en Grande-Grèce: il avait eu conscience de la signification historique de l'événement, et avait écrit un ouvrage spécifique sur la guerre de Pyrrhus.

Il est significatif que ces auteurs grecs soient parmi ceux dont on nous dit qu'ils furent les premiers à s'occuper avec quelque soin de Rome, de son histoire et de ses institutions. Denys d'Halicarnasse souligne en ce sens la place de Jérôme de Cardia (*Antiquités romaines*, 1, 6, 1). Mais le fait est patent plus encore pour Timée, pour lequel nous disposons de fragments relativement précis traitant de données romaines. On voit par ceux-ci que son intérêt n'était pas seulement anecdotique, ni superficiel; il avait voulu s'informer sur certains détails de la civilisation romaine. Connaissait-il par exemple le rituel du cheval d'octobre, au cours duquel on sacrifiait un cheval: il voyait là un souvenir des origines troyennes de l'*Vrbs*, ses habitants se vengeant ainsi de l'animal qui, par la ruse du cheval de bois, avait conduit à la perte de leur métropole, Troie. Il avait cherché à obtenir auprès d'informateurs lavinates des renseignements sur cette légende troyenne, et sur ce qu'étaient les Pénates déposés par Énée dans leur cité.

Rome s'imposait donc à l'attention des Grecs et ceux-ci commençaient à pressentir qu'elle serait une puissance avec laquelle il faudrait bientôt compter dans le concert méditerranéen. On devinait qu'elle allait jouer un rôle tout aussi important par rapport à l'hellénisme occidental que cette autre grande puissance barbare que les Grecs connaissaient depuis longtemps en Occident: Carthage.

Le rôle des deux cités pouvait sembler parallèle : Rome venait d'imposer son hégémonie sur les cités grecques d'Italie, tandis que Carthage faisait sentir sa pression sur la Sicile hellénisée. On comprend que Timée ait été porté à leur attribuer la même année de fondation, 814. Allait-il jusqu'à pressentir leur prochain affrontement ? Rien ne l'indique vraiment : mais il constatait au moins la symétrie de leur action, en Italie et en Sicile, vis-à-vis du monde grec.

Néanmoins Rome ne suscitait pas chez les Hellènes la même réaction que Carthage. L'image de la cité punique que véhicule la littérature grecque est loin d'être favorable : bien avant que Rome ne répandît le motif de la *fides Punica*, les Grecs avaient souligné la cruauté et la malhonnêteté de leurs adversaires carthaginois. En revanche, à propos de Rome, cette même littérature grecque insistait volontiers sur son caractère de *polis Hellénis*, de cité hellénique – ce que l'on ne trouve pas pour Carthage. Sans doute cela ne signifie-t-il pas que Rome ait été une véritable cité grecque, que l'on y ait parlé la langue grecque. Mais cela montre au moins qu'elle n'était pas sentie comme éloignée de l'hellénisme, que l'on pouvait lui reconnaître une certaine parenté avec les cités grecques. Assurément, elle était pénétrée d'influences venues de la Grèce et montrait qu'elle tenait à respecter les valeurs essentielles de l'hellénisme là où son empire s'étendait.

Cet apparentement, paradoxal mais réel, d'une cité barbare avec le monde grec s'exprimait à travers la légende troyenne des origines de Rome, à laquelle s'intéressait justement un historien comme Timée. Rome était la descendante de Troie : elle l'avait encore fait sentir lors de la guerre qui l'avait opposée, elle, cité troyenne, à Pyrrhus, descendant d'Achille, et qui avait marqué une sorte de revanche posthume de Troie sur son vainqueur. Mais ce caractère troyen, qui venait de se manifester à l'encontre du lointain descendant du plus prestigieux des héros grecs, ne doit pas être interprété comme le signe de ce que Rome apparaissait aux yeux des Grecs comme une cité ennemie. Par son rattachement à la tradition homérique, et nonobstant le fait qu'elle le fit par le biais des Troyens, et non des Achéens, Rome appartenait bien à l'univers hellénique, au monde de la culture grecque, et pouvait recevoir le qualificatif flatteur de « cité hellénique ».

Rome était donc, dès ce deuxième quart du IIIe siècle, un élément qui comptait dans le jeu international. En 273, au lendemain de la victoire finale sur Tarente, le roi Ptolémée Philadelphe lui envoya une ambassade depuis Alexandrie – alors que la monarchie égyptienne avait soutenu Pyrrhus au début de sa croisade pour la défense de l'hellénisme italien. Rome s'empressa de répondre en déléguant à son tour un personnage aussi prestigieux que Quintus Fabius Maximus Gurges, qui avait triomphé des Samnites en 291, accompagné de Numerius Fabius Pictor et de Quintus Ogulnius Gallus. Denys d'Halicarnasse, rapportant le fait, souligne surtout le désintéressement dont les ambassadeurs de Rome avaient fait preuve dans l'affaire ; mais le fait même, qu'il signale, que le Sénat laissa à ses délégués les couronnes d'or que leur avait données le roi montre l'importance que cet acte de diplomatie internationale avait eue pour la Rome de l'époque :

> Numerius Fabius Pictor, Quintus Fabius Maximus et Quintus Ogulnius, qui étaient partis comme ambassadeurs auprès de Ptolémée Philadelphe, le deuxième à régner sur l'Égypte après Alexandre de Macédoine, et qui avaient été gratifiés par lui de cadeaux personnels, lorsqu'ils retournèrent à Rome, non seulement firent un rapport sur tout ce qu'ils avaient fait durant leur voyage, mais aussi remirent au trésor public les cadeaux qu'ils avaient reçus du roi. Mais le Sénat, les admirant pour tout ce qu'ils avaient accompli, ne les laissa pas donner à l'État les cadeaux du roi, mais les autorisa à les rapporter chez eux comme récompense pour leur mérite et comme marques de prestige pour leurs descendants. (20, 14.)

Cet intérêt de la part du monarque grec et le retournement de l'attitude du royaume vis-à-vis de la cité contre laquelle Pyrrhus avait lutté trouvaient au même moment une expression littéraire dans le poème que composa un auteur alexandrin, Lycophron, l'*Alexandra*. Dans ces vers énigmatiques qui ont valu à leur auteur le surnom justifié d'« obscur », exprimant des prédictions que Cassandre aurait prononcées au sujet du destin ultérieur des différents protagonistes de la guerre de Troie, un long passage insiste sur le glorieux destin promis à Énée, à travers la cité que fonderont en Italie ses descendants, deux jumeaux qui ne peuvent être que Romulus et Rémus (v. 1226-1280) : Rome n'est pas expressément nommée, mais on trouve déjà le rapprochement de son nom avec le terme signifiant « force » en grec, *rhômè* – étymologie flatteuse pour l'orgueil romain !

Cette « notice romaine » de Lycophron a fait couler beaucoup d'encre. De nombreux savants ont estimé – et estiment encore – que le passage est interpolé, et ne peut dater des débuts du IIIe siècle. On s'est même fondé sur une telle impression pour rabaisser la date de composition de l'ensemble du poème. Mais il n'y a pas lieu de se laisser aller à un tel scepticisme. Avec l'*Alexandra*, on a une illustration de l'image que l'on pouvait se faire dans le monde grec, déjà vers la fin du deuxième quart du IIIe siècle, de la puissance romaine. Au moins les plus perspicaces des Hellènes, ceux qui étaient susceptibles de prendre en considération autre chose que les péripéties compliquées des rivalités qui mettaient aux prises en Orient les royaumes surgis de l'éclatement de l'empire d'Alexandre, entrevoyaient déjà qu'il faudrait également bientôt tenir compte de la puissance nouvelle qui venait de s'affirmer en Italie – et dont l'étrange nature, à la fois barbare et grecque, ne pouvait que susciter leur perplexité.

CHAPITRE IX

La grande guerre de Sicile

(la première guerre punique)

par François Hinard

Messine et Syracuse

La remise en ordre par Rome des affaires de Rhegium au lendemain de sa victoire sur Pyrrhus avait eu des conséquences en Sicile. Tant que les Mamertins avaient pu compter sur l'alliance de la garnison romaine de Rhegium, de l'autre côté du détroit, ils furent en position dominante et lancèrent des opérations à la fois contre des établissements carthaginois et contre Syracuse ; en revanche dès que Rome eut mis le siège devant Rhegium, en 270, pour punir sa garnison, ils se trouvèrent isolés et les Syracusains, remis de la campagne de Pyrrhos qui les avait affaiblis (en leur prenant une bonne partie de leur flotte et d'importants contingents d'infanterie), contre-attaquèrent, ralliant un certain nombre de cités qui se trouvaient précédemment dans la dépendance des Mamertins et en réduisant d'autres par la force. C'est ainsi que Hiéron, le jeune et brillant stratège qui s'était imposé à Syracuse dont il était devenu, dès 275, le roi, enleva la forteresse d'Ameselum et la rasa jusqu'au sol (mais sans sévir contre les défenseurs qu'il se contenta d'incorporer à ses propres troupes), tandis qu'il recueillait la soumission volontaire d'Halèse, d'Abacaenum et de Tyndaris. Il s'était constitué une armée tout à fait redoutable, éliminant d'abord les mercenaires dont il s'était précédemment servi mais qui devenaient turbulents, voire menaçants. Il procéda de façon très naturelle, c'est-à-dire en les plaçant au combat de façon à les faire massacrer (c'est du moins l'histoire qu'il accrédita et que nous trouvons dans nos sources, mais il est bien possible que la première rencontre avec les Mamertins ait été à l'avantage de ceux-ci et qu'il s'en soit tiré avec cette façon de raconter les choses). Puis il les avait remplacés par une milice civique qu'il avait soigneusement entraînée et qui se montra plus maniable. Lorsqu'il fut parvenu devant Messine, les Mamertins sortirent toute leur armée pour lui offrir le combat : il les tailla en pièces.

L'histoire des Grecs qui peuplaient la Sicile depuis une colonisation qui remontait au VIIe siècle et qui avait abouti à une véritable absorption des populations sikèles, sicanes et élymes dans les cités grecques est marquée par la dissension et la violence, qu'il s'agisse des luttes fratricides de factions à l'intérieur des cités, des rivalités entre elles pour l'hégémonie ou bien encore de la résistance aux appétits extérieurs : anciennement déjà, les visées des Carthaginois sur l'île et, plus récemment, celles de Pyrrhos. C'est pourtant pour Syracuse et pour toute la Sicile que Platon avait rêvé, au début du IVe siècle, d'un régime politique fondé sur la raison ; mais il dut renoncer assez vite et ne sauva sa vie que de justesse. Sans doute les Siciliens jouissaient-ils de conditions de vie trop favorables qui les corrompaient, les rendaient plus sujets que d'autres à la subversion et faisaient de leurs cités le terrain de prédilection de toutes les formes de tyrannie. Et de fait, quelques décennies avant le siège de Messine par Hiéron, la Sicile avait connu l'épisode sanglant d'Agathocle, tyran terrible que les Syracusains s'étaient donné. Appuyé en grande partie par des troupes mercenaires, il avait soumis toute l'île et porté la guerre contre Carthage jusqu'en Afrique où son expédition, après des succès certains, s'était terminée par un fiasco total dont il avait seul pu s'échapper (en abandonnant ses propres fils que ses troupes massacrèrent pour se venger de cette trahison) ; ses campagnes en Italie du Sud (303-295), pour être moins désastreuses, n'eurent pas de lendemain ; et lorsqu'il mourut, il laissait la Sicile en proie à de nouvelles dissensions et prête à une nouvelle aventure, celle de Pyrrhos. Bien accueilli, en général – un certain nombre de tyrans et de cités l'avaient appelé pour lutter contre l'ennemi carthaginois allié aux Mamertins –, le roi d'Épire fut assez vite contraint à prendre la situation politique en mains et mettre ses officiers en place dans la plupart des cités rétives à ses exigences. Il était loin d'avoir obtenu une mobilisation générale pour soutenir son action : bien au contraire, lorsqu'il quitta l'île à l'automne de 276, il était véritablement poussé dehors par une réaction nationaliste des Siciliens contre une domination qu'ils sentaient comme étrangère (certaines cités n'ayant pas hésité à se ranger du côté carthaginois).

Pour l'heure, réfugiés derrière leurs murailles, les Mamertins ne songèrent plus alors qu'à appeler au secours. Certains d'entre eux allèrent demander leur aide aux Carthaginois tandis que d'autres furent dépêchés aux Romains pour tenter de les apitoyer sur leur sort, faisant valoir qu'après tout ils étaient de la même race : de fait ils étaient d'anciens mercenaires campaniens employés par Agathocle et qui, vers 285, avaient investi la ville de Messine dont ils avaient massacré une bonne partie de la population pour s'emparer de leurs biens et, éventuellement, de leurs femmes (c'est ainsi que s'explique le nom de « Mamertins » que portent les habitants de Messine et qui est celui, formé sur le nom osque du Dieu de la guerre, Mamers, l'équivalent du Mars latin, que se donnaient ces mercenaires). Les Carthaginois, qui avaient laissé Messine et Syracuse s'entre-déchirer, furent bien sûr les plus prompts à répondre à la demande des Mamertins : dès qu'ils apprirent leur défaite, ils envoyèrent leur flotte qui était basée aux îles Lipari. Ils se rendirent d'abord auprès de Hiéron pour le féliciter de son brillant succès puis se tournèrent vers les Mamertins auxquels ils donnèrent une garnison pour leur ôter toute idée de se rendre à leur vainqueur. Hiéron, privé ainsi des fruits de sa victoire, se retira prudemment à Syracuse.

Les Romains, eux, hésitèrent longtemps. Le Sénat qui avait reçu, au début de l'année 264, la délégation de Messine, était hostile à toute forme de soutien à ces gens. Ce n'était pas qu'il n'eût pas conscience du risque de voir Carthage devenir un voisin dangereux et même menaçant pour toutes les côtes d'Italie lorsqu'elle serait en possession de Messine parce qu'elle n'aurait plus alors que Syracuse à soumettre pour contrôler l'ensemble de la Sicile; or les Carthaginois tenaient déjà l'Afrique, d'importants territoires dans la péninsule Ibérique et toutes les îles de la mer de Sardaigne et de la mer Tyrrhénienne. Mais on ne pouvait tout de même pas porter secours aux Mamertins alors que l'on venait de châtier de façon exemplaire la garnison de Rhegium qui s'était rendue coupable du même crime qu'eux. Au total l'intérêt supérieur de Rome, au regard de ses alliés comme pour elle-même, était de sauver l'honneur, fût-ce en prenant des risques importants sur le plan stratégique.

L'intervention romaine

Mais tout le monde, à Rome, ne l'entendait pas de cette oreille et si le Sénat avait été presque unanime pour défendre cette position, il y avait bien des gens moins sensibles à l'argument de la rigueur morale et à qui les promesses que l'on dispensait d'un butin facile et abondant faisaient trouver les raisons stratégiques d'intervenir tout à fait déterminantes. Le consul Appius Claudius Caudex menait cette contre-campagne : il espérait bien être chargé des opérations. Et de fait, puisque le Sénat avait refusé, c'est par un plébiscite que l'on décida l'envoi d'un corps expéditionnaire qui avait officiellement pour mission de débarquer en Sicile pour porter secours à Messine contre Hiéron et de demander aux Carthaginois de laisser son indépendance à la cité; et c'est bien sûr Appius Claudius qui, sur décision populaire, fut placé à sa tête.

Selon toute vraisemblance les Romains ne se doutaient pas, en montant cette expédition, qu'ils s'engageaient dans une guerre qui serait longue (vingt-trois ans, au total), coûteuse et surtout qui aurait des conséquences immenses. Et ce ne sont apparemment pas les premières opérations qui purent faire naître chez eux une quelconque inquiétude. Appius Claudius fut d'abord obligé d'emprunter des bateaux de transport aux cités qui en possédaient (Tarente, Locres, Élée et Naples) et de ruser pour passer le détroit de Messine : il fit annoncer partout qu'il était contraint de renoncer à l'expédition parce que le peuple romain en avait décidé ainsi et profita du relâchement provoqué dans les patrouilles navales carthaginoises par cette fausse nouvelle pour traverser nuitamment en utilisant au mieux le courant afin d'échapper aux vaisseaux de guerre – mais pas entièrement sans encombre puisqu'il perdit un certain nombre de bateaux qui furent interceptés par les Carthaginois. Les Mamertins, de leur côté, avaient repris courage et après avoir jeté en prison Hannon, le chef de la garnison carthaginoise, ils le libérèrent à condition que toute la garnison quitte la cité. Ce qui se réalisa au profit des Romains. Chez les Carthaginois, on n'appréciait pas beaucoup l'incompétence d'un chef militaire ni sa pusillanimité : on fit payer l'une et l'autre à Hannon en le crucifiant.

Comme de juste les Romains, très soucieux des formes, avaient confié au consul le soin de procéder réglementairement à la déclaration de guerre, mais selon une procédure quelque peu simplifiée qui raccourcissait le délai de réponse et épargnait les allers et retours des prêtres féciaux (qui étaient condamnés à ne plus intervenir pour des conflits lointains, sinon au moment de la conclusion du traité de paix). Comme Appius Claudius avait demandé à Hiéron et aux Carthaginois de ne pas nuire aux intérêts de Messine et de se retirer, et comme il n'avait pas reçu de réponse favorable ni de l'un ni des autres, il avait pu se mettre en campagne avec le droit pour lui, sinon avec la conscience tranquille : Hiéron, dans sa réponse, n'avait pas manqué de s'étonner que Rome puisse venir au secours de gens qui avaient si ouvertement violé l'une des vertus cardinales de cette cité, la *fides*, et il avait clairement dit que si les Romains persistaient à entreprendre une guerre de cette importance l'humanité tout entière comprendrait bien que la défense des Mamertins n'était qu'un prétexte pour dissimuler leur désir de faire main basse sur la Sicile.

En tout cas les dieux semblèrent se contenter des formes mises par le consul avant de lancer ses opérations puisque, pour l'essentiel, les premiers engagements virent des succès romains – si du moins l'on doit en croire Polybe, la seule source qui nous soit parvenue dans son intégralité, et qui se livre à une critique en règle de ce que ses prédécesseurs racontaient sur les déboires de l'armée romaine. Claudius avait à combattre deux armées sous les murs de Messine car Hiéron avait précédemment conclu un accord avec les Carthaginois. Il commença par s'attaquer au roi de Syracuse qu'il réussit, non sans mal il est vrai, à repousser dans ses retranchements. Celui-ci plia bagage, la nuit suivante, et rentra chez lui sans demander son reste. Il se méfiait un peu de ses alliés de l'heure : comment avaient-ils pu laisser les Romains traverser alors qu'ils avaient la maîtrise absolue des mers ? Ces choses-là ne lui disaient rien qui valût et il préféra se retirer. Fort de son premier succès, Appius Claudius attaqua les Carthaginois dès le lendemain, et il en vint plus facilement à bout : il en tua un grand nombre et le reste se dispersa dans les villes voisines. Sur sa lancée, il voulut en finir aussi avec Syracuse qu'il s'empressa d'aller assiéger. Mais il dut se rendre compte que les choses seraient beaucoup plus difficiles et, l'année s'avançant, il fut contraint de lever le siège pour retourner à Messine où il laissa une garnison avant de rentrer en Italie par Rhegium.

Premières victoires

L'année suivante Rome, qui était désormais en paix avec l'Étrurie, décida d'envoyer en Sicile les deux consuls avec toute l'armée. L'île fut impressionnée par cette détermination des Romains et certaines cités prirent le parti de se rallier à eux avant même d'avoir fait l'expérience de leur supériorité militaire. Si l'on doit en croire Diodore de Sicile, ce sont ainsi soixante-sept cités qui imitèrent Halèse, la première à envoyer des ambassadeurs pour se ranger de leur côté. Les consuls Manius Valerius Maximus et Manius Otacilius Crassus marchèrent alors sur Syracuse où Hiéron, poussé par son peuple, échaudé par sa défaite de l'année précédente et qui venait de se faire étriller une nouvelle fois, était enclin à négocier. En fait, nos sources anciennes ne mentionnent aucune bataille entre Hiéron et les Romains au cours de cette campagne de 263. Pourtant, puisque le consul Manius Valerius obtint le triomphe à son retour, « sur les Puniques et sur Hiéron roi des Siciliens », c'est qu'il avait bien remporté une victoire militaire sur les Syracusains avant d'obtenir d'eux un traité. Ce silence de nos sources s'explique assez bien par le fait qu'à partir de ce moment Hiéron II devint l'un des plus fidèles amis du peuple romain et que son très long règne (plus de cinquante ans) passa pour un modèle de sagesse politique. Rien d'étonnant, donc, à ce que se soit estompée la mémoire des temps où il leur était encore un ennemi. Pour le moment, en tout cas, il voyait bien, en homme de guerre expérimenté, que les Romains étaient en mesure de mettre en ligne, chaque année, une nouvelle armée, comparable à celle qui s'avançait contre lui : quatre légions composée chacune de quatre mille fantassins et trois cents cavaliers, tous citoyens romains, et d'autant de fantassins et de cavaliers alliés. En outre, il n'avait que peu de confiance en Carthage, son alliée occasionnelle contre Messine, dont il savait qu'il aurait tout à craindre si elle devait emporter la victoire. Il se résolut donc à envoyer, lui aussi, des émissaires, qui négocièrent une alliance de quinze ans : Hiéron garderait son autonomie politique et Syracuse conserverait sa suzeraineté sur les cités qui lui étaient déjà soumises (Acrae, Leontini, Megara, Helonum, Neetum et Tauromenium) ; il verserait en outre aux Romains une indemnité de deux cents talents d'argent et rendrait, sans rançon, les prisonniers de guerre. Cette alliance, qui fut ratifiée à Rome, présentait l'avantage immédiat de libérer les légions du souci de leur approvisionnement : compte tenu de la suprématie maritime absolue de leurs adversaires, les chefs militaires romains ne pouvaient compter trouver de quoi faire vivre leurs hommes qu'en Sicile même et les troupes d'Appius Claudius, l'année précédente, avaient appris ce qu'était la disette.

Délivrés de ces soucis, les consuls occupèrent le reste de la saison à mener une série d'opérations contre des cités où se tenaient des garnisons carthaginoises. C'est apparemment Valerius Maximus qui remporta les succès les plus importants puisqu'on lui octroya, à son retour à Rome, un triomphe qui fut célébré le 17 mars de l'année suivante. Comme on est peu renseigné sur le détail des opérations menées lors de cette campagne, on est assez porté à croire que Manius Valerius Maximus était un peu mégalomane, ce qui pourrait bien avoir été un petit travers héréditaire dans cette famille qui avait adopté le surnom

Les peintures de l'Esquilin

de Maximus (Très Grand), et que, par conséquent, il avait voulu donner à son triomphe un éclat particulier. En fait il se pourrait bien que l'ensemble des Romains aient désiré marquer d'une façon un peu solennelle un événement particulier. Et cet événement, c'est la première victoire qu'ils aient remportée sur mer et contre des adversaires non négligeables : les Carthaginois alliés au roi de Syracuse. C'est un ensemble de détails pris dans nos sources qui incite à cette conclusion : si l'on regarde bien les termes qu'utilisent les auteurs qui évoquent ce triomphe, on s'aperçoit qu'il a été octroyé à Valerius non pas pour ses exploits en Sicile en général, mais pour un unique combat contre Hiéron et les Carthaginois réunis, et si l'on met cela en rapport avec, d'une part, le fait que le consul avait fait construire « deux cent vingt vaisseaux pour combattre le roi Hiéron » et, d'autre part, le *cognomen* que ce personnage porta désormais (Messalla, qui est un dérivé de Messana-Messine, qui fait sans aucun doute référence au détroit), on a tout lieu de croire que ceux qui tenaient alors la Sicile avaient voulu empêcher à tout prix les Romains d'y débarquer et qu'il avait fallu l'audace, la compétence et la *felicitas* de Valerius pour y parvenir après avoir vaincu ses adversaires. En tout cas on voulut que Rome conservât le souvenir de cet exploit : on fit donc exécuter une peinture qui en représentait les différents épisodes et qui fut fixée, par décision du Sénat, sur la paroi latérale de la Curia Hostilia. On n'a hélas pas conservé la moindre trace de ces « tableaux », mais on peut se faire une idée sur la manière des artistes engagés pour ces représentations triomphales grâce aux peintures qui ont été trouvées dans une tombe aristocratique de l'Esquilin et qui représentent, selon toute vraisemblance, les événements de la deuxième guerre samnite (donc près d'un siècle plus tôt). Il faut voir ces fragments qui, en différents panneaux sur fond clair, représentent les moments importants de la campagne, avec cette caractéristique purement romaine (dans un ensemble fortement influencé par la technique hellénistique) que sont représentés en plus grand les protagonistes de l'histoire.

Manius Valerius Messalla profita aussi de ce triomphe apparemment exceptionnel pour doter Rome de son premier cadran solaire (du moins du premier installé sur une place publique). Auparavant, en effet, c'était un huissier des consuls qui, installé sur la tribune du Forum, indiquait, en fonction de l'alignement du soleil avec certains monuments, le début du jour, le midi et la fin du jour. Mais encore fallait-il qu'il y eût du soleil. Le cadran mis en place par Messalla sur une colonne au Forum était soumis aux mêmes restrictions météorologiques et, surtout, comme il était un objet que le consul avait rapporté de la ville de Catane qu'il avait prise, il n'était pas adapté au site dans lequel on l'installa et les divisions ne correspondaient pas aux heures romaines. Mais on s'en accommoda pourtant fort bien jusqu'à ce qu'un censeur, Quintus Marcius Philippus, un siècle plus tard, fasse fabriquer un cadran solaire spécialement conçu pour son emplacement au Forum.

L'année 262 marqua une étape importante du conflit dans la mesure où les forces mobilisées s'accrurent et où les pertes se firent plus lourdes. Les Carthaginois, déterminés à donner une leçon à leurs adversaires, décidèrent d'employer les grands moyens. Ils envoyèrent recruter des mercenaires sur le continent et concentrèrent ces troupes de Gaulois, de Ligures et d'Espagnols à Agrigente, la deuxième cité de Sicile en importance, dont ils s'étaient assuré le soutien, qu'ils avaient fortifiée et où ils avaient amassé armement et approvisionnement. Lucius Postumius Megellus et Quintus Mamilius Vitulus, les deux consuls, à peine débarqués en Sicile avec leurs troupes nouvellement levées, décidèrent donc logiquement d'aller mettre le siège devant cette base d'opérations. Les choses auraient d'ailleurs pu mal tourner pour eux : ils avaient laissé leurs troupes se disperser trop largement pour faire du fourrage et chercher des approvisionnements ; ce que voyant, les Carthaginois firent une sortie, vinrent facilement à bout de ces unités éparpillées et, dans l'espoir de s'y livrer au pillage, se retournèrent rapidement contre le camp romain. Cette manœuvre leur coûta cher : le camp résista beaucoup mieux qu'ils ne l'avaient pensé et, le reste de l'armée s'étant rassemblé, ils furent pris à revers et beaucoup furent massacrés.

La supériorité de la légion

Au total, cet épisode avait provoqué des pertes importantes, mais il était de peu de conséquences pour la suite des opérations. Polybe dit simplement que « désormais les Carthaginois se montrèrent plus circonspects dans leurs coups de main et les Romains plus prudents pour aller au fourrage ». Mais l'incident témoigne bien de la supériorité romaine. Une supériorité institutionnelle, d'abord, que Polybe se plaît à souligner : s'agissant d'une armée civique, la soumission de chaque citoyen-soldat (comme de chaque soldat allié à l'intérieur d'une unité qui avait, elle aussi, un caractère national) était très supérieure à ce que l'on pouvait attendre de troupes mercenaires. C'était vrai pour la stabilité en ligne, si l'on peut dire, puisque tout abandon de poste était puni de mort : l'un des engagements exigés du soldat que l'on incorporait était de ne jamais quitter son rang sauf « pour prendre ou ramasser une arme, frapper un ennemi ou sauver un concitoyen ». Mais cela valait aussi pour la collecte du butin, c'est-à-dire à un moment où les armées deviennent la plupart du temps incontrôlables et, par conséquent, très vulnérables. Étant bien entendu que, pour les Romains, une ville prise par force devait normalement être pillée, voici comment, selon Polybe, ils organisaient cette importante opération :

> Ils désignent tantôt quelques hommes dans chaque manipule – leur nombre étant fixé d'après l'importance de la ville –, tantôt des manipules entiers, mais jamais ils n'emploient à cette besogne plus de la moitié de leurs effectifs. Les autres restent à leur poste, prêts à intervenir, en cas de besoin, soit dans la ville même, soit à l'extérieur. [...] Tous les hommes envoyés au pillage rapportent leurs prises à leurs légions respectives, puis, après avoir fait vendre le butin, les tribuns distribuent des sommes égales à chacun, sans oublier ni les hommes qui sont restés à leur poste pour protéger les autres, ni non plus ceux qui gardent les tentes, les malades et ceux qui ont été désignés pour telle ou telle tâche. On sait que personne ne détourne quoi que ce soit du butin et que tous observent le serment qu'ils ont prononcé au moment où ils se sont pour la première fois réunis dans un camp, avant d'entrer en campagne. [...] En n'envoyant que la moitié des effectifs au pillage, pendant que l'autre moitié assure la protection des premiers, les Romains ne s'exposent jamais à subir des revers du fait de la cupidité des hommes. En effet, l'attente du butin ne s'accompagne, parmi les troupes, d'aucune méfiance mutuelle et, comme la part de ceux qui restent sous les armes et celle de ceux qui s'en vont au pillage demeure la même, personne ne quitte les rangs, chose qui, dans les autres armées, peut avoir des effets néfastes. (Polybe, 10, 16, traduction de Denis Roussel.)

Cette belle organisation devait être souvent un peu bousculée, mais ce qui est constant c'est la certitude des soldats de pouvoir tirer un bénéfice immédiat de leur campagne et la confiance où ils étaient de n'être pas désavantagés les uns par rapport aux autres et de n'avoir pas, à l'intérieur même du camp, à craindre le vol, crime puni de mort.

Mais l'accrochage d'Agrigente montrait aussi de façon très claire l'une des formes de la supériorité militaire des Romains : celle de l'organisation du camp. Les adversaires de Rome ont toujours été impressionnés par le soin avec lequel les légionnaires et les alliés organisaient et mettaient en place leur campement, que ce fût pour une nuit ou pour toute une saison. Certes, l'importance de la protection variait selon que l'on était en campagne ou que l'on hivernait et la superficie était aussi fonction du nombre des unités qu'il devait abriter, mais ce qui était constant, c'était la disposition d'ensemble et l'articulation des différentes parties entre elles, constance qui faisait que chaque soldat savait toujours très précisément, en arrivant sur le lieu choisi, quel était son emplacement, quels travaux il avait à accomplir et, une fois le camp établi, à quels mouvements il pouvait être appelé.

En général, l'emplacement avait été déterminé par un officier de l'entourage du consul (si ce n'était par le consul lui-même), qui était parti en avant avec un tribun et quelques centurions, le choix se faisant en fonction d'un certain nombre d'impératifs au nombre desquels figuraient bien sûr des questions d'intendance : l'approvisionnement (en eau, notamment) ou l'élimination des déchets (si l'on devait rester un certain temps). Le choix étant fait du site, on commençait par marquer avec un fanion blanc l'emplacement du *praetorium*, les quartiers du consul. Et c'est par rapport à ce point de repère qu'étaient prises toutes les autres mesures, marquées, elles, par des fanions de couleur ou des piquets. La première tâche des hommes en arrivant était donc de fortifier la place : tous les hommes étaient requis pour ces travaux, sauf ceux qui, à raison de leur statut ou à titre de récompense, en avaient été expressément dispensés (les *immunes*) ; les légionnaires travaillaient dans le sens de la largeur, les *socii* dans celui de la longueur, les uns et les autres sous la responsabilité de leurs officiers, tribuns et préfets des alliés (*praefecti sociorum*). Le travail consistait à creuser un fossé en V (la *fossa*) d'environ 1 mètre de profondeur sur 1,5 de large. Avec les matériaux extraits du fossé on constituait un remblai (l'*agger*) que l'on décalait un peu vers l'intérieur de façon à laisser une berme qui garantissait la stabilité de l'ensemble. Au sommet de l'*agger* aménagé en plate-forme on installait une palissade constituée de pieux, dont une bonne partie étaient apportés dans le bagage de chaque légionnaire, les autres étant taillés sur place. Cette palissade pouvait être rehaussée par un clayonnage (*lorica*) et renforcée par des *turres*, échafaudages en bois qui surplombaient l'ensemble, et notamment l'emplacement des portes, comme des tours. Ces fortifications réalisées, on mettait en place les installations, en commençant par le *praetorium* devant lequel se trouvait l'autel où se déroulaient toutes les cérémonies qui ponctuaient le rythme de la guerre et autour duquel tout s'organisait : d'abord les circulations puisqu'il se trouvait à l'intersection du *cardo* (la *uia principalis* nord-sud) et du *decumanus* (est-ouest) ; ensuite les espaces puisque le *Forum*, lieu d'assemblée, était implanté immédiatement à côté de la tente consulaire dont la façade était tournée vers la *uia principalis* ; enfin les ensembles eux-mêmes (les *strigae*) puisque c'était autour du *praetorium* qu'étaient groupés les quartiers des officiers et donc ceux des unités que ceux-ci commandaient, une place à part étant réservée aux troupes d'élite, les *extraordinarii*. Un intervalle important était toujours laissé entre la palissade et les premières tentes, à la fois pour mettre celles-ci à l'abri des projectiles (comme les flèches enflammées), pour ranger les animaux, les bagages et le butin, enfin, et surtout, pour permettre les mouvements de troupe. La fonction tactique de cette organisation a toujours été déterminante : elle a souvent permis à une armée de temporiser en se maintenant dans un espace qui s'est révélé, à la pratique, inexpugnable, du moins tant que les troupes qui y étaient contenues n'étaient pas déjà débandées. Bien sûr il s'agissait d'une organisation lourde, qui exigeait qu'on occupât un contingent important à sa garde, mais l'exemple de l'attaque des Carthaginois devant Agrigente montre qu'elle était un élément important de la sécurité. Une contre-preuve en est d'ailleurs donnée par le fait que souvent, avant de quitter un camp, les Romains détruisaient les installations afin qu'elles ne pussent être récupérées par leurs adversaires.

Prise d'Agrigente

Les Carthaginois eurent le loisir de s'apercevoir que les Romains avaient aussi un bon maniement des techniques de siège, appelées du nom générique de « poliorcétique » : les Grecs avaient été leurs maîtres en ce domaine, mais ils avaient vite assimilé et même perfectionné les dispositifs essentiels. Devant Agrigente, les consuls décidèrent d'établir deux camps, en deux endroits opposés par rapport à la ville, et de construire de part et d'autre de celle-ci des fortifications permettant de passer de l'un à l'autre ; deux fossés le long de cette palissade empêchaient, l'un les sorties de l'assiégé, et l'autre les tentatives faites pour le ravitailler. Enfin les Romains établirent aux endroits stratégiques des postes de garde destinés à bloquer le dispositif et à prévenir de tout mouvement. Pendant ce temps ils veillaient aussi à leur propre approvisionnement en faisant concentrer sur la cité proche d'Herbessus Maritima ce que Syracuse et les cités sous sa dépendance pouvaient leur fournir : des convois réguliers venaient leur apporter ce dont ils avaient besoin. Les choses durèrent ainsi cinq mois, pendant lesquels les Romains ne manquèrent de rien tandis que la situation des assiégés était d'autant plus difficile que la garnison était importante : 50 000 hommes. Le commandant en chef de ces troupes, Hannibal, fils de Giscon, envoyait continuellement des messages désespérés à Carthage, décrivant sa situation et réclamant des secours que l'on finit par se décider à lui envoyer : environ 50 000 fantassins, 6 000 cavaliers et une cinquantaine d'éléphants, sous le commandement d'Hannon dit l'Ancien, celui-là même qui avait fortifié Agrigente en 264, qui avait conclu un pacte avec Hiéron et qui s'était fait battre par les Romains devant Messine. Hannon fit d'Héraclée sa base d'opérations et commença par occuper Herbessus pour couper les Romains de leurs approvisionnements et les mettre en position d'assiégeants-assiégés. Puis, quand il supposa qu'ils étaient suffisamment affaiblis par la faim (mais la disette était moins importante qu'il ne le croyait grâce aux secours envoyés par Hiéron) et la maladie (des espions lui avaient décrit un état sanitaire déplorable), il se décida à attaquer, ce à quoi il était invité journellement par des signaux de détresse émis d'Agrigente. Il fit donc sortir toute son armée d'Héraclée et envoya en avant-garde sa cavalerie numide, qui avait pour mission de provoquer un accrochage et de se replier aussitôt sur ses lignes. Ce qui fut fait: la cavalerie romaine tomba dans le piège et se mit à poursuivre les Numides qui, parvenus jusqu'aux leurs, tournèrent bride et enveloppèrent l'adversaire. Les pertes romaines furent lourdes, mais on en resta là: Hannon installa son camp à moins de deux kilomètres des Romains et on campa sur ces positions pendant encore deux mois. Comme Hannibal multipliait les messages et annonçait que ses troupes commençaient à déserter, les Carthaginois cherchèrent la bataille. Ils l'obtinrent. La mêlée fut longtemps indécise, mais les mercenaires gaulois qui combattaient en première ligne finirent par céder et, dans leur panique, désorganisèrent les rangs arrière, précipitant ainsi la victoire romaine. Les troupes carthaginoises qui n'avaient pas été massacrées trouvèrent refuge à Héraclée. De son côté, Hannibal avait évidemment profité de l'occasion pour faire une sortie contre le retranchement romain: il eut juste le loisir d'éprouver sa solidité et la détermination de la garnison qui y était affectée. Mais comme les Romains avaient un peu relâché leur attention après cette importante victoire, il profita de la nuit pour se frayer un passage en comblant certains secteurs du fossé avec des couffins bourrés de paille et réussit à s'enfuir avec une bonne partie de ses troupes. S'apercevant un peu tard qu'ils avaient été dupés, les Romains eurent un accrochage avec l'arrière-garde carthaginoise, puis les consuls donnèrent l'ordre de prendre et de piller la ville. La chose fut rapidement menée, vraisemblablement parce que les citoyens d'Agrigente espéraient bien gagner la clémence des vainqueurs en n'opposant plus aucune résistance, en ouvrant même leurs portes et en massacrant les Carthaginois qui restaient. Mais le siège avait été trop long et trop pénible et les pertes avaient été trop lourdes pour que les consuls pussent priver leurs soldats de la vengeance et du butin. Celui-ci fut d'ailleurs immense: outre les biens et matériels divers sur lesquels on fit main basse, on vendit 25 000 esclaves.

Quant à Hannon, son échec cuisant ne lui valut pas d'être crucifié; on le déchut simplement de ses droits civiques et on lui infligea une amende de 6 000 pièces d'or. Pour ce qui était des consuls, on les congratula, mais on ne leur accorda pas le triomphe, probablement parce que les pertes romaines avaient été trop importantes; peut-être aussi parce qu'ils appartenaient à des familles qui ne disposaient pas de relations suffisamment structurées à l'intérieur du Sénat. En tout cas ils avaient réussi à montrer ce que les consuls de l'année suivante, Lucius Valerius Flaccus et Titus Otacilius Crassus, confirmèrent, à savoir qu'il était possible de vaincre les armées carthaginoises et même de capturer leurs éléphants. À dire le vrai, les opérations menées par les deux nouveaux consuls n'occupent guère de place dans nos sources: on sait seulement qu'elles y furent menées à la satisfaction du peuple romain et qu'elles furent l'occasion de remises en ordre, de part et d'autre : Otacilius avait récupéré, probablement après la fuite de l'armée d'Hannibal, un certain nombre de légionnaires qui avaient été faits prisonniers et avaient donc été réduits en esclavage. Ils n'étaient évidemment plus des soldats en qui on pût avoir confiance puisqu'ils s'étaient rendus et c'est la raison pour laquelle, avant de les réintégrer, il les soumit à un certain nombre de vexations et de corvées et les fit bivouaquer longtemps en dehors du camp, sans la moindre protection, pour les accoutumer au danger. Du côté carthaginois on avait encore eu quelques difficultés avec les mercenaires gaulois qui avaient menacé de passer aux Romains parce qu'on ne leur avait pas payé leur solde. Hamilcar, qui avait remplacé Hannon à la tête de toutes les troupes carthaginoises, avait résolu la question en promettant à ces hommes qu'il les paierait et qu'en guise de prime il leur offrirait un pillage facile sur un convoi romain. Dans le même temps il fit prévenir Otacilius par un agent double que quatre mille Gaulois seraient en embuscade et la manœuvre réussit parfaitement : les Gaulois furent massacrés jusqu'au dernier, mais en se défendant avec l'énergie du désespoir ils avaient occasionné aux Romains des pertes non négligeables.

Renouvellement de la flotte

Mais rien de tout cela n'était de grande conséquence et ce que ces deux campagnes avaient appris avec certitude aux Romains c'était aussi que l'on ne gagnerait la guerre que sur mer, d'autant que l'adversaire pratiquait maintenant des coups de main de plus en plus fréquents sur les côtes mêmes de l'Italie : c'était la mission qu'Hamilcar avait confiée à Hannibal. On se mit donc à construire une flotte. Polybe, qui ne ménage pas son admiration aux Romains – et qui n'a pas parlé des deux cent vingt bateaux construits quelques mois plus tôt par Manius Valerius Messalla – s'extasie sur leur capacité à assimiler les techniques de construction navale. Pour lui, la mise à l'eau, deux mois après la décision, de cent quinquérèmes et de vingt trirèmes tient du miracle. Il affirme d'ailleurs que, pour réaliser cet exploit, les Romains avaient utilisé un vaisseau de guerre carthaginois qui s'était échoué lorsque Appius Claudius avait traversé le détroit, unité qui leur avait servi de modèle. Mais il faut sans doute être un peu plus critique que ne l'est l'historien grec : Rome possédait un port de guerre et un arsenal depuis au moins un siècle, les *Naualia*, qui étaient situés sur la rive gauche du Tibre, un peu en amont du Forum Holitorium ; et surtout, elle avait des alliés qui étaient plus spécialement chargés de leur fournir des bateaux et des équipages et il y a tout lieu de penser que ces cités maritimes avaient, depuis longtemps, des arsenaux et qu'elles étaient capables de construire des unités importantes. Ce qui est possible, en revanche, c'est que les Carthaginois aient eu des techniques particulières de construction et que la capture de la quinquérème ait permis de les adopter. De la même façon, Polybe donne des indications détaillées et admiratives sur l'entraînement des équipages : les instructeurs

> faisaient asseoir sur des bancs au sol leurs hommes rangés dans le même ordre qu'à bord des navires, plaçaient au milieu d'eux le chef de manœuvre et les habituaient à

se renverser ensemble en arrière en ramenant leurs bras vers eux, à se pencher en avant en les étendant, à commencer et à cesser les mouvements au commandement. Ils procédaient à ces préparatifs et, dès que leurs navires furent achevés, ils les mirent à flot, firent rapidement quelques manœuvres réelles en mer puis cinglèrent le long de la côte italienne... (1, 21, 2-3.)

Mais Polybe oublie de nous signaler que cet apprentissage fut sans doute moins rudimentaire qu'il n'y paraît. La quasi-totalité de ces rameurs étaient recrutés dans les cités maritimes parce que les Romains ont toujours considéré que faire partie des équipages de la flotte était une tâche subalterne indigne d'un citoyen-soldat et si, à certaines périodes, on fut contraint d'avoir recours à des gens de Rome pour faire avancer des bateaux, ce furent des esclaves, des affranchis ou, à l'extrême rigueur, des pauvres. Et par conséquent les rameurs qu'on entraîna cette année-là étaient des gens de mer et avaient déjà quelques notions sur le maniement des rames et la manœuvre.

Toujours est-il que les premières opérations menées avec cette flotte toute neuve ne furent guère concluantes. Cneius Cornelius Scipio, l'un des consuls, avait appareillé pour Messine avec dix-sept navires : il devait se procurer là-bas le ravitaillement indispensable à sa flotte. Mais un renseignement lui avait été transmis selon lequel il pourrait s'emparer facilement de la ville de Lipara. Il s'y précipita donc et s'y trouva enfermé par une escadre carthaginoise de vingt navires. Quand ses équipages l'eurent abandonné, le lendemain, il ne lui resta plus qu'à se rendre à l'ennemi. Certains prétendent que c'est ainsi qu'il gagna son second surnom : Asina (l'Ânesse, parce que la femelle de l'âne avait la réputation d'avoir horreur de l'eau), ce qui était sans doute la façon romaine de crucifier les incompétents. Mais la famille du consul eut vite fait de trouver une explication plus honorable à cette appellation : elle aurait été donnée au fondateur de la lignée à qui, un jour, un créancier aurait demandé de fournir des garanties pour un achat ; et le personnage en question serait venu au Forum avec un âne chargé de lingots de bronze pour montrer qu'il avait du répondant. En tout cas, les Carthaginois n'eurent pas toujours autant de chance et, à quelque temps de là, Hannibal, voulant se rendre compte des progrès de la flotte romaine qui descendait les côtes italiennes se trouva, au détour d'une pointe, avec ses cinquante vaisseaux en face de l'escadre romaine rangée en ordre de bataille. Il perdit la quasi-totalité de ses bateaux et s'échappa avec ce qui en restait.

Victoire de Duilius

C'était donc le second consul, Caius Duilius, qui se retrouvait avec le commandement de l'ensemble du corps expéditionnaire, flotte et légions. Laissant les forces terrestres aux tribuns, il se décréta amiral et fit voile et rame sur Mylae où était concentrée la flotte carthaginoise qui se livrait à des coups de mains sur tout le territoire. Voyant la flotte romaine approcher, les Puniques mirent en ligne cent trente vaisseaux, bien convaincus qu'ils allaient faire un carnage de ces débutants. Mais, précisément parce qu'ils méprisaient trop leur adversaire, ils ne

Le corbeau
(d'après F. W. Walbank)

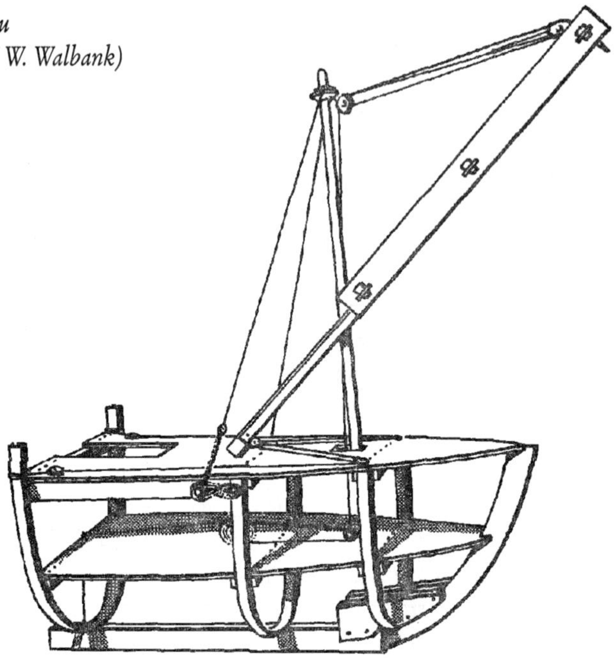

prirent pas les précautions d'usage et ne prêtèrent qu'une attention distraite à un curieux espar qui encombrait la proue de ses navires. Les Romains et leurs alliés n'étaient, en effet, pas de taille à lutter en matière de manœuvre navale et ils avaient donc installé un système de passerelle qui leur permettait, en cas de choc frontal, de s'accrocher au navire adverse et d'y faire passer assez rapidement des troupes de marine (des légionnaires, cette fois) pour l'investir : c'est ce que Polybe, qui nous décrit en détail cet appareillage, appelle des « corbeaux ». En définitive, les Romains savaient bien qu'il leur fallait éviter un combat de mouvement où leurs adversaires excellaient et dans lequel leurs navires, lourds, souvent moins bien construits et toujours plus lents à évoluer, feraient des proies faciles ; les Carthaginois auraient vite fait de leur rompre des rangs entiers d'avirons et de les transformer en cibles presque immobiles et bonnes à éperonner. Mais précisément parce que les Carthaginois ne se méfiaient pas, les trente premiers navires se présentèrent de front et furent capturés avec leur équipage. Parmi eux, le navire amiral sur lequel se trouvait Hannibal, une heptère qui avait appartenu au roi Pyrrhus. Hannibal ne s'échappa que de justesse, en sautant dans une chaloupe. Le reste de la flotte carthaginoise entreprit bien une manœuvre d'enveloppement mais, privée de commandement et alors que d'autres unités s'étaient fait accrocher par ces Romains qui transformaient une bataille navale en un combat d'infanterie, elle s'enfuit après avoir perdu une cinquantaine de bateaux.

Le reste de la saison fut occupé par des opérations terrestres, qui avaient leur importance, certes, dans la mesure où les Romains dégagèrent Ségèste qui était au bord de la reddition et prirent d'assaut la ville de Makella; mais l'essentiel pour eux était ce qui s'était passé devant Mylae: ils avaient réussi à mettre en déroute une flotte plus nombreuse que la leur et, surtout, infiniment supérieure sur le plan tactique. L'événement fit sensation en Méditerranée et plus encore à Rome. La victoire de Duilius éclipsa les précédents succès sur mer et relégua aux second plan les exploits de Manius Valerius Messalla. On constitua une sorte de triomphe à part, le triomphe naval, et Caius Duilius fut, bien sûr, le premier à qui il fut octroyé. On en marqua la solennité par l'érection d'une colonne au Forum, colonne décorée des rostres des navires carthaginois et sur laquelle on avait gravé l'inscription commémorant l'événement. On en oublia presque les rostres des navires pris à Antium et qui ornaient maintenant la partie du Comitium qui servait de tribune. Et, comme si les honneurs exceptionnels d'un triomphe inédit ne suffisaient pas, Duilius se gratifia lui-même, à ses frais, d'un certain nombre d'autres privilèges comme celui de ne jamais revenir d'un souper en ville sans être précédé d'un porte-torche accompagné d'un joueur de flûte et d'un joueur de lyre.

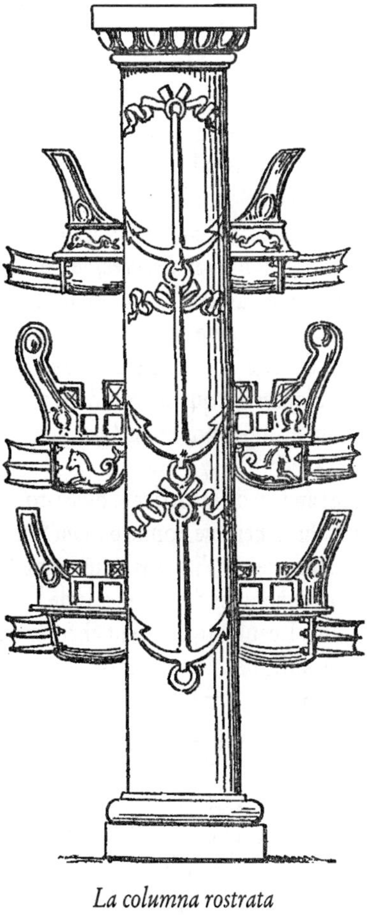
La columna rostrata

Quant à Hannibal, il évita la crucifixion en dépêchant l'un de ses amis au Sénat de Carthage. Celui-ci raconta sereinement le début des opérations: deux cents navires contre les cent quarante romains, moins manœuvrants. Puis il eut l'air de demander ce qu'il convenait de faire et tous les sénateurs de s'écrier qu'il fallait engager le combat au plus tôt. L'envoyé d'Hannibal raconta alors que c'était ce qu'avait fait Hannibal et qu'il avait été vaincu. Mais, en l'occurrence, il avait l'aval du Sénat!

Les années suivantes furent encore marquées pour les Romains par des succès sur mer: ils étaient déterminés à prendre pied dans les îles qui avaient un intérêt stratégique. C'est ainsi que Lucius Cornelius Scipio, le frère de l'Âne, consul en 259, attaqua la Corse où il prit et rasa Aleria puis la Sardaigne où les choses furent moins faciles devant Olbia. En tout cas il célébra un triomphe le 11 mars 256, sur les Puniques, la Sardaigne et la Corse et il fit construire, sur le produit du butin, qui était considérable, un temple à la Tempête : c'était un vœu qu'il avait dû faire et qui témoigne de l'angoisse des Romains devant les surprises de la mer.

L'élargissement du conflit aux autres îles de la Méditerranée procurait sans doute quelque satisfaction au peuple romain, mais il n'avançait pas la solution du conflit, tant s'en fallait. Si, en effet, Hannibal avait perdu presque toute la flotte nouvellement constituée devant le consul Caius Sulpicius Paterculus (en 258) au large de l'île de Plumbara, ce qui lui avait valu d'être lapidé par les survivants ; si d'ailleurs les Romains continuaient d'amasser du butin et de célébrer des triomphes (le 4 octobre de la même année, le proconsul Caius Aquillius Florus mena le sien « sur les Puniques » et, le lendemain, Sulpicius triomphait « des Puniques et des Sardes », alors qu'en 257 Caius Attilius Regulus célébrait un triomphe naval pour avoir quelques mois plus tôt livré, devant Tyndaris, un combat dont l'issue avait été douteuse) ; pendant ce temps Hamilcar rétablissait progressivement, et en évitant les batailles rangées avec les Romains, la suprématie carthaginoise sur la Sicile. L'autre consul de 258, Aulus Attilius Caiatinus, avait frôlé la catastrophe : il était tombé dans une embuscade et se trouva cerné avec toute son armée dans un défilé et, sans le dévouement d'un tribun militaire (dont le nom est incertain, dans nos sources), avec trois cents hommes d'élite, déterminés à faire diversion, ce qui leur valut d'être tous massacrés, le consul n'aurait jamais pu s'en sortir. Par miracle le tribun qui avait été laissé pour mort sur le terrain avec ses hommes survécut et reçut la couronne de gazon, dite aussi couronne obsidionale, récompense qui était accordée à celui qui avait sauvé une armée dans une situation désespérée et qui ne fut décernée que six fois dans toute l'histoire de la République (le septième et dernier impétrant étant Octavien, le futur Auguste, au lendemain d'Actium).

Ecnome

Rome se décida alors à modifier sa stratégie : au lieu de rapatrier la quasi-totalité de ses troupes après chaque saison, elle en fit hiverner une bonne part en Sicile pour éviter qu'Hamilcar n'étende encore son emprise sur l'île ; mais surtout elle décida qu'il fallait porter la guerre en Afrique et ce sont les deux consuls de l'année 256, Lucius Manlius Vulso et Marcus Attilius Regulus, qui furent chargés de préparer l'expédition. Les Carthaginois étaient informés des intentions de l'ennemi et, en conséquence, se préparèrent à l'empêcher, par tous les moyens, de traverser. Si bien que lorsque Regulus doubla la pointe sud-est de la Sicile (le cap Pachynos) avec ses trois cent trente bateaux de guerre pour rejoindre Ecnome où devaient se rassembler les forces terrestres à embarquer, les Puniques, venant de Lilybée, faisaient route sur Héraclée avec leurs trois cent cinquante navires. S'il faut en croire Polybe, qui donne une description très détaillée de la bataille, il y avait 140 000 hommes embarqués du côté romain et plus de 150 000 du côté carthaginois. Au moment où se produisit cet engagement, les Romains avaient adopté une formation en « coin », avec cette particularité que les unités qui formaient les deux côtés du triangle avançaient en dérivant légèrement de façon que leur proue fût pointée de quelques degrés à l'extérieur du sens de la marche, l'objectif étant évidemment d'éviter que l'adversaire, plus rapide dans ses évolutions, ne les prît de flanc ; ils pourraient ainsi faire face rapidement et utiliser au mieux ces fameux corbeaux dont leur proue était équipée. Les Carthaginois, disposés en ligne, firent battre en retraite les bateaux du centre dès le début de l'attaque de manière à tenter une manœuvre d'enveloppement. Et de fait, le coin formé par l'escadre romaine se distendit et se coupa même en deux parties ; la base du triangle, composée de navires plus lents (ils remorquaient les transports de chevaux) et doublée d'une ligne supplémentaire d'unités affectées à leur protection fut distancée par les navires du devant qui formaient la pointe et les deux côtés du triangle. Si bien qu'il y eut trois batailles navales en une seule : les navires carthaginois du centre firent à nouveau volte-face et affrontèrent leurs poursuivants ; l'aile gauche vint attaquer les navires qui traînaient les transports de chevaux tandis que l'aile droite se portait contre la dernière ligne. La victoire vint de ce que le centre carthaginois céda le premier – une fois encore grâce à l'utilisation des corbeaux qui permirent aux Romains de s'emparer des premiers vaisseaux qu'ils abordèrent. Les unités ainsi libérées par la fuite de leur adversaire se retournèrent alors les unes contre ceux qui avaient attaqué la dernière ligne et qu'ils mirent en fuite, les autres contre l'aile gauche carthaginoise qui avait réussi à pousser les Romains à la côte, mais sans véritablement engager le combat : encerclés, les vaisseaux puniques furent presque tous capturés. Les Romains avaient perdu vingt-quatre bâtiments en tout, c'est-à-dire en comptant les quelques transports qui avaient été éperonnés ; mais trente vaisseaux carthaginois étaient par le fond et soixante-quatre étaient tombés dans les mains de l'adversaire avec tous leurs équipages.

Regulus en Afrique

Les Romains venaient de remporter la victoire dans l'une des batailles navales les plus importantes – pour les effectifs – de la République. Et surtout, la route de l'Afrique leur était ouverte. Après donc quelques temps consacrés à la réorganisation de leur escadre (notamment pour l'armement des navires capturés) ils firent route à l'ouest. Dépassant le cap Bon, il débarquèrent à Clupea, sur la côte est de la péninsule. Ils prirent sans difficulté la ville et y laissèrent une garnison avant de s'avancer dans le pays. Ils s'y livrèrent au pillage sans rencontrer de résistance, les Carthaginois ayant concentré leurs forces pour la défense de leur ville. C'est alors que vinrent les ordres de Rome : on laisserait en Afrique un consul (Regulus) avec une force suffisante (en l'occurrence 15 000 hommes, 500 cavaliers et 40 vaisseaux) tandis que Lucius Manlius Vulso devait rentrer à Rome, parce que l'on ne concevait pas qu'en dehors de tout danger militaire immédiat les deux consuls fussent absents et qu'il y eût donc une difficulté dans le fonctionnement des institutions. Manlius emportait sur ses navires, qui firent route jusqu'en Italie sans être inquiétés, un butin immense composé d'objets précieux pris dans les demeures sénatoriales pillées, d'une énorme quantité de bétail et de plus de 20 000 esclaves.

Alors que les Carthaginois se concertaient sur la meilleure stratégie à adopter, Regulus continuait de piller systématiquement le pays. Il rencontra une première résistance devant une cité que Polybe nomme Adys et que l'on ne peut identifier. Il avait déployé son arsenal de siège lorsque les Carthaginois décidèrent de venir au secours des assiégés : avec toute leur armée, ils vinrent occuper une position qui dominait les installations romaines. Mais précisément parce que la configuration du terrain ne leur permettait l'usage ni de leurs cavalerie ni de leurs éléphants, leurs deux meilleures armes, Regulus, sans attendre qu'ils se déploient en plaine, donna immédiatement l'ordre d'attaquer. Une partie des Romains fut mise en déroute, mais le reste des troupes rétablit la situation et, alors qu'éléphants et cavaliers avaient pu s'échapper sans dommage, l'infanterie punique subit de lourdes pertes ; le camp avait été abandonné, on le pilla. Et les opérations continuèrent jusqu'à la prise de Tunis où les Romains installèrent leur camp.

La situation des Carthaginois était pour le moins alarmante : ils avaient été battus sur terre et sur mer, non pas en raison de la faiblesse ou de la lâcheté de leurs troupes, mais bien par l'incompétence des chefs. Maintenant les choses allaient mal en Afrique même où, aux exactions des Romains, s'ajoutait le soulèvement des tribus numides qui devenaient de plus en plus dangereuses. Tout cela provoquait un afflux de population à Carthage, essentiellement des campagnards qui craignaient les razzias des uns et des autres et qui accroissaient la disette provoquée par la crainte d'un siège.

Des pourparlers s'engagèrent donc avec le consul romain pour essayer de traiter. Mais celui-ci, soit qu'il eût surestimé la détresse des Carthaginois ou sous-estimé leur fierté, soit qu'il fût pressé de conclure une paix définitive avant que ne parvienne en Afrique son successeur, qui pourrait lui en ravir le mérite, brusqua ses interlocuteurs et les somma d'accepter l'inacceptable : ils auraient dû se retirer totalement de Sicile et de Sardaigne, relâcher leurs prisonniers sans rançon mais racheter ceux des Romains, payer une indemnité de guerre pour couvrir toutes les dépenses militaires faites par Rome depuis le début du conflit et verser en plus un énorme tribut annuel ; en outre Carthage n'aurait plus de politique étrangère indépendante, toute décision devant être soumise préalablement à Rome, elle n'aurait pas le droit de posséder plus d'un navire de guerre mais devrait en fournir cinquante à la demande. En énumérant ces exigences et en humiliant ses interlocuteurs, Regulus avait montré aux Carthaginois qu'ils avaient tout à gagner en continuant le combat.

Les recruteurs puniques envoyés en Grèce pour engager des mercenaires étaient de retour et au nombre des recrues qu'ils ramenaient avec eux figurait un certain Xanthippe, un officier spartiate qui ne manqua pas de faire savoir que, selon lui, les Carthaginois ne devaient leurs défaites qu'à l'incompétence de leurs chefs. Convoqué devant le Sénat de Carthage, il expliqua, entre autres, qu'avec les éléphants et la cavalerie dont disposait cette armée, elle ne devrait jamais quitter la plaine, ce dont ses auditeurs furent bien contraints de convenir. On lui confia donc la responsabilité de la préparation de la nouvelle armée qui devait être constituée en grande partie de citoyens de Carthage organisés en phalange. Il insista sur la manœuvre pour obtenir une troupe maniable : il fallait, pour ce faire, que toutes les unités obéissent sans retard et en même temps aux ordres donnés par différents signaux. Cette cohérence retrouvée avait redonné du courage aux soldats qui faisaient confiance à ce Lacédémonien si expérimenté que l'on eut tôt fait de présenter comme un homme providentiel. Ils avaient maintenant hâte d'en découdre avec les Romains et l'on se mit en route avec 12 000 fantassins, 4 000 cavaliers et près de 100 éléphants. On ne sait pas où eut lieu la rencontre, mais on sait que, cette fois, les erreurs tactiques ont été faites par les Romains qui, face aux éléphants rangés en première ligne, et alors que la très importante cavalerie africaine était massée aux ailes, adoptèrent un ordre serré et profond. Les deux armées restèrent ainsi en formation un long moment, puis ce furent les Carthaginois qui prirent l'offensive avec leurs éléphants et la cavalerie. Très vite les cinq cents cavaliers romains furent mis en déroute par la cavalerie carthaginoise très supérieure en nombre et, probablement aussi, plus efficace. L'infanterie romaine se trouva alors enveloppée entre les cavaliers qui l'attaquaient de flanc et la submergeaient d'une grêle de javelots, et les éléphants qui enfonçaient les premières lignes en écrasant tout devant eux ; elle était en outre affaiblie par la perte de son aile gauche qui, à la fois pour éviter le choc avec les éléphants et pour en découdre avec les mercenaires massés sur l'aile droite carthaginoise, s'était élancée, avait enfoncé les lignes ennemies et poursuivait l'adversaire jusqu'à son camp. Ceux des légionnaires qui avaient réussi à passer entre les éléphants se retrouvaient devant la phalange carthaginoise encore intacte qui les tailla en pièce. Le désastre était total. En dehors des deux mille hommes qui avaient poursuivi les mercenaires de l'aile droite et qui réussirent à atteindre Aspis où ils s'enfermèrent, ne survécurent que cinq cents hommes qui s'étaient enfuis avec le consul.

Ce qui se passa à la suite de cette retentissante défaite n'est pas clair. Non que les sources soient muettes sur le sujet : il n'est peut-être pas d'épisode plus souvent cité que celui du destin de Regulus qui est devenu le modèle du héros ; mais les histoires que nous racontent les auteurs anciens à son propos ne sont pas toutes cohérentes entre elles. Pour résumer, les Carthaginois auraient envoyé

Regulus à Rome pour proposer un échange de prisonniers en lui faisant jurer de revenir si la négociation échouait. Regulus serait donc venu exposer au Sénat les propositions puniques et se serait tu jusqu'à ce qu'on lui demande son avis (parce qu'il estimait qu'il ne faisait plus partie du Sénat). Et cet avis aurait été que le marché proposé par les Carthaginois était désavantageux puisque l'on devait l'échanger lui, qui était d'un âge mûr et de qui, par conséquent, on n'avait plus grand service à attendre, contre de jeunes Puniques qui pouvaient encore être très utiles à leur patrie : dans ces conditions, il ne fallait pas y souscrire. Le Sénat s'étant rangé à cet avis, il aurait simplement serré sa femme dans ses bras avant de s'embarquer pour Carthage où, disent les sources romaines presque unanimes, on le fit périr dans d'odieux supplices : on lui aurait coupé les paupières et on l'aurait installé dans une cage de bois hérissée de pointes acérées pour le faire mourir de sommeil et de douleur. Cet exemple de la grandeur d'âme et de la droiture se retrouve jusque dans les discussions philosophiques de Cicéron sur le Beau et l'Utile (*Des Devoirs*, III, 99-101), ou chez saint Augustin pour justifier le martyre :

> Si, pour garder la foi du serment à de féroces ennemis, Marcus Regulus quitta Rome et revint les trouver, répondant, dit-on, aux Romains qui voulaient le retenir, qu'ayant été l'esclave d'Africains, il ne pouvait conserver, à Rome, la dignité d'un citoyen honorable ; si les Carthaginois, contre qui il avait plaidé dans le Sénat romain, le firent périr dans d'affreux supplices : quels tourments ne doit-on pas mépriser pour garder la foi en cette patrie heureuse à laquelle la foi elle-même nous achemine ? (*Cité de Dieu* V, 18, 2.)

Certains auteurs en rajoutent même un peu : Regulus avait livré bataille à un moment où il aurait dû être remplacé par son successeur ; il aurait même écrit à Rome pour se plaindre que son petit domaine italien qui faisait vivre modestement sa famille (il fallut en son absence, dit-on, subvenir sur fonds publics aux besoins de sa femme et de ses enfants !) était négligé depuis trop longtemps et qu'il convenait donc d'envoyer la relève attendue ; pour ce qui est de la bataille proprement dite, il n'avait été capturé que grâce à une embuscade, spécialité des Puniques, dont on connaît la malhonnêteté foncière et qui d'ailleurs n'eurent rien de plus pressé, après leur victoire, que de se débarrasser, en le noyant, de Xanthippe qui était devenu gênant. Ce renchérissement a, en lui-même, quelque chose de touchant : c'est le modèle idéal du vieux Romain qui émerge dans ce portrait recomposé de Regulus sur fond de barbarie punique. Et ce modèle avait, en quelque sorte, la même fonction que les triomphes dont Rome se donnait régulièrement le spectacle, c'est-à-dire de mobiliser les énergies au profit d'une cause qui, de glorieuse qu'elle était, devenait sainte. La vérité est probablement moins émouvante. D'abord, il n'est pas certain du tout que la victoire ait été remportée grâce à ce Xanthippe, qui disparaît d'ailleurs tout de suite après la bataille (rentrant chez lui disent les uns, assassiné écrivent les autres). Celui qui était à la tête des troupes carthaginoises était en réalité un Hamilcar, mais, dès lors que cette histoire devenait exemplaire, il fallait que Regulus ait été vaincu par un Grec commandant une phalange et avec une supériorité tactique indiscutable (éléphants et cavalerie), ce qui lui évitait tout déshonneur. De la même façon Regulus ne pouvait pas être banalement mort, comme ses compagnons d'infortune, des mauvais traitements infligés aux esclaves (à Carthage ou ailleurs), ce que pourtant certaines sources grecques nous disent, et il fallait bien imaginer des supplices raffinés, qui avaient en outre l'avantage d'excuser ceux que les proches de Regulus firent effectivement subir aux deux prisonniers carthaginois, des aristocrates que le Sénat romain leur avait livrés pour exercer sur eux, croyaient-ils, leur vindicte (il avait même fallu une intervention des tribuns de la plèbe, alertés par des esclaves, pour que le survivant soit libéré de la caisse dans laquelle il était enfermé avec le cadavre en décomposition de son compagnon). Au total, peu importe que Marcus Attilius Regulus ait été précédemment le prototype de la morgue, de l'incompétence et de la lâcheté : il était devenu dans la mémoire des hommes, et pas seulement celle de ses compatriotes, celui qui symbolisait les vertus que les Romains aimaient à se reconnaître à eux-mêmes, le courage, le dévouement au bien public, la fidélité à la parole donnée.

Lorsque les Romains apprirent le désastre subi par leur armée d'Afrique, ils décidèrent de renforcer les gardes des côtes italiennes et d'envoyer une expédition pour assurer les positions siciliennes et passer en Afrique afin de récupérer les hommes qui s'étaient réfugiés à Aspis. Ils placèrent leurs trois cent cinquante navires sous le commandement des deux consuls de l'année 255, Seruius Fuluius Paetinus Nobilior et Marcus Aemilius Paullus, qui prirent et ravagèrent Cossyra puis appareillèrent pour l'Afrique dès que le temps le leur permit. Ils surprirent au large du cap Bon la flotte de deux cents navires que les Carthaginois avaient envoyée pour les arrêter. Ils n'en firent qu'une bouchée et capturèrent cent quatorze bateaux avec leurs équipages.

La récupération des légionnaires réfugiés à Aspis se fit sans difficulté : ce fut d'ailleurs encore l'occasion de quelques coups de main particulièrement féconds en butin et en esclaves. Les consuls chargèrent le tout sur leurs navires et décidèrent de faire route plein est de façon à longer la côte sud de la Sicile, rocheuse et assez peu propre au mouillage : ils comptaient bien ainsi impressionner les cités du littoral qui penchaient encore du côté carthaginois. Pourtant leurs pilotes les avaient prévenus qu'il était dangereux de cingler dans les parages en cette période (novembre-décembre). Et de fait, alors qu'ils se trouvaient au large de Camarina, une tempête se leva qui fut fatale à la plupart de ces bateaux surchargés : une partie alla se briser sur les récifs, d'autres sombrèrent purement et simplement. Sur les trois cent soixante-quatre navires de l'escadre, seules quatre-vingt-huit unités, dont les commandants avaient fait jeter par-dessus bord tout ce qui était inutile, purent étaler et rejoindre un port. Les jours suivants, le rivage fut jonché de débris de toute sorte et de cadavres d'hommes et de chevaux sur près de cinquante kilomètres. Le roi Hiéron envoya aussitôt du secours aux survivants, les réconforta et les escorta jusqu'à Messine. Ce désastre qui était dû, à l'évidence, à l'imprudence des deux consuls ne les empêcha pas de mener, les 18 et 19 janvier, chacun un triomphe naval sur les Cossyriens et les Puniques. Apparemment cette tempête n'était, pour les Romains, qu'un accident de parcours qui ne devait pas faire oublier les succès remportés et d'ailleurs, dans les trois mois qui suivirent, ils firent construire une nouvelle flotte de deux cent vingt vaisseaux.

Le retour de l'Âne

Ils confièrent cette nouvelle escadre aux deux consuls qui avaient été élus pour l'année 254 et qui n'étaient pas des inconnus : Aulus Attilius Caiatinus avait fait campagne en Sicile comme consul, en 258, et il avait connu quelques succès qui lui avaient valu le triomphe l'année suivante ; quant à l'autre, c'était l'Âne lui-même, Cneius Cornelius Scipio Asina, qui n'était resté consul que le temps de se laisser enfermer à Lipara avec ses dix-sept bateaux et de se rendre à l'ennemi. Son destin était donc très différent de celui de Regulus et on se perd en conjectures sur la façon dont il avait pu revenir à Rome, retrouver un statut honorable et même se faire élire à nouveau consul. Et les mêmes auteurs qui chantent les louanges de Régulus de s'extasier sur le sort d'Asina :

> Étant consul il fut pris par les Carthaginois près de Lipari. En vertu du droit de la guerre, il avait tout perdu ; mais un regard plus favorable de la fortune lui fit tout recouvrer. Il fut même consul une seconde fois. Qui aurait pu croire que de l'honneur des douze faisceaux il passerait dans les fers des Carthaginois ? Qui eût ensuite présumé que des prisons carthaginoises il reviendrait à la souveraine magistrature ? C'est ainsi cependant qu'il devint de consul prisonnier, et de prisonnier consul. (Valère-Maxime 6, 9, 11.)

Cette variation rhétorique sur le thème de la fragilité des choses humaines ne nous dit ni comment Scipion revint à Rome ni pourquoi les Romains avaient voté pour que fût à nouveau consul celui qui s'était ainsi fait berner la première fois. Certains justifient cette réélection par son appartenance à une faction politique dominante au Sénat, ce qui ne permet pas de rendre compte du fait que les comices centuriates lui avaient donné le nombre de suffrages nécessaire pour être élu ; d'autres voient en lui l'un des rares patriciens compétents en matière navale ; mais il ne faut pas faire les Romains plus inexpérimentés ni plus naïfs qu'ils ne l'étaient : depuis maintenant dix ans que l'on faisait la guerre aux Carthaginois, il ne devait pas manquer d'hommes qui avaient appartenu aux états-majors des consuls et qui, donc, avaient acquis toute l'expérience qu'un Romain de l'époque pouvait avoir sur ces questions. L'explication de l'élection à un second consulat de Scipio Asina est probablement plus simple : à un moment où s'élaborait le mythe de Regulus, cette remontée au pouvoir d'un homme, que ses amis politiques représentaient comme la victime de la perfidie punique, témoignait bien de la volonté de tout le corps civique de se solidariser contre l'adversaire pour en venir à bout. D'un certain point de vue, l'histoire de Cneius Cornelius Scipio Asina s'est jouée comme un contrepoint au mythe naissant de Marcus Attilius Regulus. Cette fois-ci, en tout cas, peut-être parce qu'il ne se sépara pas de son collègue, les choses allèrent plutôt bien. Ayant pris au passage à Messine les navires rescapés du naufrage, de façon à se constituer une escadre de trois cents navires, ils se dirigèrent sur Drepanum pour y mettre le siège. Mais ils furent délogés par une armée carthaginoise qui venait de prendre et de raser Agrigente ; ils allèrent alors mouiller devant Panormos. Les préparatifs de siège furent menés dans les règles et, grâce aux mineurs, une des tours de défense de la ville s'effondra, ce qui permit aux Romains de s'emparer de la ville basse. Quant à la citadelle, ils attendirent que la faim détermine les défenseurs à se rendre, ce qui ne tarda pas. Les Romains mirent alors un prix au rachat, par eux-mêmes, des habitants de la ville (deux mines par tête) : 14 000 personnes purent ainsi recouvrer la liberté ; les 13 000 autres furent vendues comme esclaves. Puis les consuls installèrent une garnison et retournèrent à Rome où, le 23 mars de l'année suivante, l'Âne mena un triomphe sur les Puniques.

Rome qui n'avait pas connu de revers depuis un certain temps s'enhardit et chargea les consuls élus pour l'année 253, Cneius Seruilius Caepio et Caius Sempronius Blaesus, de tenter des coups de main sur l'Afrique. Après être donc passés par la Sicile, les Romains longèrent les côtes africaines et s'y livrèrent à quelques descentes peu significatives mais enrichissantes, puis atteignirent l'île de Djerba, près de la petite Syrte, et là apprirent ce qu'était une marée : ils échouèrent toute leur flotte au jusant. Le flot, qu'ils n'espéraient pas, libéra leurs coques qu'ils avaient allégées de tous les objets lourds jetés par-dessus bord et ils s'enfuirent de ces parages qui réservaient de si traîtres pièges pour rejoindre Panormos. Rassérénés, ils décidèrent, malgré les conseils de leurs pilotes, de faire voile directement sur Rome, au lieu de pratiquer de petites étapes de cabotage. Une fois encore, ils furent pris dans une tempête au large du cap Palinure, sur la côte de Lucanie, et perdirent plus de cent cinquante vaisseaux avec les équipages et le butin qu'ils transportaient. On peut d'ailleurs penser que le mauvais temps était d'autant plus meurtrier que leurs navires, chargés de butin, étaient en outre déséquilibrés par ces fameux « corbeaux » qui avaient fait tant de mal aux Carthaginois : ces immenses espars à la proue des navires les rendaient instables et il est significatif qu'après cette date on n'entende plus jamais parler de cette invention dont pourtant les Romains étaient si fiers. En tout cas, cette fois les autorités romaines comprirent que ce n'était pas seulement la fatalité qui causait la perte de leurs flottes mais que c'était aussi l'imprudence de leurs gens de guerre et ils décidèrent de ne plus hasarder d'aussi énormes moyens en hommes et en matériel ; on convint que désormais la flotte se composerait de soixante navires – en gros ce qui restait de l'escadre – chargés d'assurer les approvisionnements en Sicile.

Remises en ordre

L'année où Caius Aurelius Cotta et Publius Seruilius Geminus furent consuls, c'est-à-dire 252, les opérations militaires furent donc essentiellement d'infanterie et, plus précisément, des opérations de siège. Depuis l'écrasement de l'armée d'Afrique, les soldats romains redoutaient les éléphants et leurs chefs ne savaient toujours pas quelle tactique adopter pour atténuer les effets dévastateurs de cette arme. Plusieurs fois ils refusèrent le combat que leur offrait leur adversaire pour cette seule raison. En revanche Cotta parvint à s'emparer de Thermes, Himère et Lipara. Mais ce ne fut pas toujours sans mal : à Thermes, un jour que le gardien de l'une des portes de la ville était sorti pour satisfaire un besoin naturel, il fut capturé par une patrouille romaine. Il demanda à être entendu par les officiers et échangea sa liberté contre la promesse d'ouvrir la porte, la nuit suivante, à une heure déterminée. Au moment convenu, le tribun militaire, qui appartenait à la famille très connue des Valerii, entra dans la ville avec les mille hommes qu'il commandait et recommanda au gardien de ne laisser entrer personne derrière lui : ces hommes avaient l'intention de piller la ville pour leur seul profit. La chose fut assez vite connue et, à en croire Diodore de Sicile, tous les coupables furent exécutés et la ville ne fut prise que plus tard. Himère fut capturée apparemment sans grande difficulté, mais les Romains eurent la surprise de n'y trouver aucun habitant : les Carthaginois les avaient évacués. Ensuite le consul, ayant obtenu de Hiéron des navires supplémentaires, fit passer ses troupes à Lipara dont il fit le siège. Là encore il eut quelques déboires avec son armée. D'abord parce qu'il eut à faire face à un refus d'obéissance de sa cavalerie à qui il avait donné l'ordre d'assurer la sécurité d'un retranchement ; ensuite parce qu'en son absence il avait laissé le commandement à un tribun militaire – que l'on dit lui avoir été apparenté. Or cet officier, contrairement aux ordres, avait lancé une attaque qui s'était soldée par un échec complet puisque la contre-attaque avait permis à l'ennemi de brûler le retranchement et de piller le camp. À son retour Cotta fit fouetter publiquement cet homme, le dégrada au rang de simple légionnaire et lui imposa des corvées humiliantes. Puis il reprit en main les opérations, s'empara de la ville et passa par les armes ou réduisit en esclavage ses habitants. Et cette campagne, bénéfique au total, lui valut les honneurs du triomphe.

Pour ce qui est des cavaliers qui s'étaient rendus coupables d'un refus d'obéissance, la sanction fut plus tardive, mais sévère elle aussi. De retour à Rome, Cotta alla trouver les censeurs qui venaient d'être élus pour leur demander de sévir ; ils n'étaient pas hommes à laisser impuni un tel manquement. En fait, ces magistrats auraient dû être en fonctions dès l'année précédente puisque le dernier lustre avait été accompli en 258, mais l'un des deux censeurs élus en 253, Lucius Postumius Megellus, étant mort au début de sa charge, ce qui était un présage très néfaste pour toute la collectivité, son collègue Decimus Iunius Pera avait été amené à démissionner et l'on procéda donc à une nouvelle élection pour l'année suivante, élection qui aboutit à la désignation de Manius Valerius Messalla, le consul de 263, et de Publius Sempronius Sophus, qui avait été consul, lui, en 268. La situation exigeait la parfaite régularité, ce qui ne contredisait pas au tempérament des deux personnages : Publius Sempronius Sophus, en particulier, était connu pour avoir répudié sa femme au motif qu'elle avait assisté à des jeux funèbres et que ce n'était pas la place d'une matrone. La censure qu'ils exercèrent passe pour avoir été un modèle de rigueur : ils exclurent du Sénat seize personnages pour des raisons de moralité. Pour les cavaliers, la sanction tomba : ces quatre cents hommes qui appartenaient à l'ordre équestre en furent solennellement exclus par le retrait du cheval public et ils furent faits *aerarii*, c'est-à-dire que leur rétrogadation sociale ne s'accompagnait pas d'un allégement des charges, bien au contraire puisqu'on les rangeait dans une catégorie fiscale dans laquelle elles étaient affectées d'un coefficient multiplicateur ; en outre, on les changea vraisemblablement de tribu. En un mot, on leur faisait perdre tous les privilèges civiques dont ils jouissaient du fait de leur statut et si on ne les privait pas du droit de vote, parce qu'il est lié à la citoyenneté et que les censeurs n'avaient pas pouvoir de l'enlever à qui que ce fût, on rendait dérisoire leur participation politique tout en augmentant considérablement les charges qui, normalement, fondaient cette participation.

Les éléphants

C'est à Lucius Caecilius Metellus, consul en 251, que revint l'honneur de libérer les Romains de la crainte qu'ils avaient des éléphants. Alors que la saison n'avait été marquée par aucun événement particulier, dès que son collègue Caius Furius Pacilus eut quitté la Sicile avec sa propre armée pour rejoindre Rome, les Carthaginois, sous la direction d'Hasdrubal, décidèrent de reprendre Palerme où Metellus, qui avait été prorogé en qualité de proconsul, assurait la protection des récoltes au moment de la moisson. Hasdrubal s'était d'abord arrêté à la frontière du territoire de Palerme puis, comme il voyait que les Romains ne bougeaient pas, persuadé qu'ils étaient terrorisés, il descendit vers la ville en détruisant les récoltes sur son passage ; enfin, il passa le fleuve Orethos avec toute son armée. C'est ce qu'attendait Metellus : après avoir fait entasser tous les javelots disponibles au pied du rempart, il fit sortir ses vélites et leur confia une mission de harcèlement destinée à provoquer une charge des éléphants. Ce qui ne manqua pas de se produire. Les vélites se replièrent alors rapidement dans le fossé et, quand les pachydermes furent à leur portée, ils dirigèrent sur eux un tir nourri de javelots dont les effets furent amplifiés par des archers postés en haut de la muraille. Blessés et assaillis de toutes parts, les éléphants, dont un bon nombre avaient perdu leur cornac, devinrent furieux et se retournèrent contre les lignes carthaginoises qui avaient chargé derrière eux et où ils semèrent le désordre et la mort. Metellus, qui avait massé ses manipules auprès d'une porte, les fit sortir et prit l'adversaire sur son flanc gauche (l'aile droite était coincée le long du fleuve), créant une panique dans des troupes où, dit-on, la discipline s'était singulièrement relâchée faute d'avoir eu à combattre depuis longtemps (Diodore de Sicile affirme même que les mercenaires celtes avaient précédemment acheté du vin aux marchands qui suivaient l'armée et qu'ils étaient complètement ivres). Et c'est la flotte carthaginoise elle-même qui mit un comble au désordre et à la déroute : elle se montra aux abords du rivage, ce que voyant de nombreux soldats cessèrent le combat pour essayer de rejoindre les bateaux ; et ils furent massacrés par les Romains. Les pertes puniques s'élevaient à plus de vingt mille hommes. Dix éléphants avaient été pris avec leur cornac ; la troupe cerna et captura les autres, désemparés. En tout, plus de cent têtes.

Metellus n'en avait d'ailleurs pas fini avec ces bêtes : il voulait en tirer le plus grand profit et sa première tâche fut donc de trouver des hommes capables de mener ceux dont le cornac avait été tué. Il proposa le pardon et la liberté à ceux de ses prisonniers carthaginois qui voudraient remplir cette fonction jusqu'à Rome. Puis il fallut leur faire traverser le détroit de Messine alors que la flotte romaine se trouvait réduite à sa plus simple expression : on construisit d'immenses radeaux dont la flottabilité fut assurée par de très grandes jarres, et sur lesquels on étendit de la terre et on mit de l'herbe (pour que les animaux ne s'effarouchent pas). Et on remorqua ces transports un peu particuliers sur les quelques milles qui séparent les côtes d'Italie de celles de Sicile. Conduit à Rome, le troupeau défila au triomphe que Metellus mena le 7 septembre « sur les Puniques ». Et depuis ce jour, les monnaies de la famille représentèrent des éléphants.

Denier frappé en 125
par un descendant de L. Metellus

Puis, comme on ne savait pas bien quoi faire de ces animaux après la cérémonie – on ne voyait pas à qui les donner et il était hors de question de continuer à les nourrir – on organisa, au cirque, une *uenatio*, une chasse, au cours de laquelle ils furent massacrés. Ce spectacle sanglant avait aussi sans doute pour fonction d'exorciser la peur que les éléphants avaient fait régner dans le peuple romain tout entier pendant plusieurs années. Mais le triomphe de Metellus avait aussi été l'occasion de distributions exceptionnelles : on avait vendu du blé à un as le modius et au même prix le congius de vin, les 30 livres de figues sèches, les 10 livres d'huile ou les 12 livres de viande. Tout cela était pris sur le butin que le vainqueur rapportait de Sicile.

Avec la victoire de Metellus, l'espoir avait changé de camp, et si à Carthage on avait crucifié Hasdrubal pour le punir de son incompétence, à Rome on décida d'en finir avec la Sicile où il ne restait plus à l'adversaire que deux bases, mais solides, Lilybée et Drepanum. On ne pouvait espérer réduire ces villes sans bateaux ; on se mit donc à construire une flotte de deux cents navires et l'on confia mission de mener à terme cette guerre qui traînait à Caius Attilius Regulus et Lucius Manlius Vulso. Les deux consuls étaient, en effet, réputés pour avoir une compétence militaire : ils avaient déjà exercé cette charge (respectivement en 257 et 256) et tous deux avaient eu les honneurs d'un triomphe naval. Et l'on peut penser qu'ils s'étaient entourés de tout ce que Rome comptait de compétences. Nos sources sont en général fort discrètes sur cet entourage des chefs : il est très rare que l'on connaisse un ou deux de ces hommes. Et quand, par hasard, quelques noms nous sont conservés, les historiens modernes se sont plus souvent intéressés aux liens éventuels de parenté ou d'alliance que ces hommes avaient dans l'aristocratie de leur temps, précisément parce que, ne connaissant que des noms, la tentation est forte de les rapprocher pour essayer de reconstituer de possibles clans, groupes de pression voire même partis politiques. Mais outre que cette démarche est dangereuse parce qu'elle repose sur des bases la plupart du temps purement hypothétiques et parce qu'elle présuppose des « stratégies aristocratiques » sur le modèle de celles de l'Europe moderne, elle tend à faire perdre de vue une chose essentielle en temps de guerre : la continuité des tactiques et même, d'une certaine façon, du commandement. Bien sûr les consuls changeaient tous les ans et les qualités militaires pouvaient être très différentes chez les uns et chez les autres. Mais il ne faut pas perdre de vue que ces hommes, qui parvenaient au pouvoir suprême pour un an, appartenaient tous à une assemblée, le Sénat, où l'on débattait en permanence de politique extérieure et de stratégie ; et surtout, ils avaient à peu près tous la même culture militaire, d'abord parce qu'ils avaient tous suivi la même carrière qui était précédée, on le sait, par les *decem stipendia*, c'est-à-dire la participation effective – et souhaitée, la plupart du temps – à dix campagnes et qui comportait un certain nombre de magistratures pouvant avoir à s'exercer dans un cadre militaire (comme la questure) ; ensuite parce qu'en marge même de cette carrière dans son déroulement officiel ils avaient fait partie, et ils faisaient encore souvent partie, même après un consulat ou un triomphe, du *consilium* de ceux qui avaient la charge de mener les opérations. C'est en cela que l'on peut parler, malgré les apparences, d'une réelle forme de continuité du commandement.

La résistance carthaginoise

La mission des consuls de l'an 250 était importante. Elle s'annonçait aussi tactiquement difficile parce que l'on se doutait bien que les Carthaginois s'acharneraient à défendre leurs deux dernières bases, et c'est la raison pour laquelle le peuple romain avait élu deux hommes d'expérience. L'événement montra qu'il y fallait beaucoup de science, mais que ce n'était pas encore suffisant et qu'au nombre des qualités d'un grand général il faut compter aussi la *felicitas*.

Les consuls avec leur flotte de deux cents navires et leurs quatre légions allèrent mettre le siège devant Lilybée. La ville, qui était une fondation carthaginoise, était admirablement défendue par une muraille et un fossé profond et, du côté de la mer, par des hauts-fonds qui en rendaient l'accès difficile. Les

Romains installèrent leurs camps de part et d'autre et les relièrent par un fossé, un remblai et un parapet. Puis ils montèrent leurs machines, catapultes et béliers et, bien sûr, mirent en place les tortues pour la protection des hommes occupés aux gigantesques travaux de terrassement. Les effectifs employés étaient énormes parce que l'on avait réquisitionné à cette fin une partie des équipages de la flotte. Polybe décrit en détail cette lutte acharnée autour des murailles : le minage effectué par les Romains auquel répondait le contre-minage carthaginois, l'effondrement des tours et de pans de muraille et la construction d'un second mur à l'intérieur du premier, la sortie des assiégés contre les machines romaines et le combat au corps à corps qui s'ensuivit, plus meurtrier que n'importe quelle bataille rangée ; le feu, la faim, la fièvre ; les blessures, l'horreur ; la guerre.

L'acharnement n'était pas moins grand dans les opérations menées du côté de la mer, mais elles avaient un caractère moins dramatique parce qu'il s'agissait plus de manœuvres que de combats proprement dits. Les Carthaginois avaient envoyé une flotte de cinquante vaisseaux, chargés d'approvisionnement et sur lesquels avaient embarqué dix mille hommes de renfort pour aller porter secours aux assiégés. Le commandant en chef de cette expédition particulièrement risquée qui s'appelait Hannibal, lui aussi, alla mouiller aux îles Égates, à l'ouest de la Sicile, où il attendit jusqu'à ce qu'un vent portant de nord-ouest assez fort lui permette de forcer le blocus romain. Stupéfaits de cette audace et craignant aussi d'être poussés dans le port par le noroît violent qui soufflait, les assiégeants ne purent empêcher l'escadre carthaginoise d'entrer dans le port où l'enthousiasme était à son comble à la fois parce que l'ennemi avait été berné et parce que l'on était heureux de ces renforts et de ces approvisionnements ; les Romains ne purent d'ailleurs pas non plus empêcher cette flotte de sortir et d'aller mouiller à Drépane.

Mais ils furent aussi franchement ridiculisés par un autre Hannibal, surnommé le Rhodien, qui avait proposé au Sénat de Carthage d'aller au renseignement à Lilybée. On l'avait écouté poliment et on avait fait mine d'accepter sans vraiment croire que cela fût possible. Le personnage avait alors armé son propre navire et avait navigué jusqu'à un îlot proche du port de Lilybée où il attendit un vent favorable. Cette fois encore la surprise fut telle qu'il put entrer très facilement. Le consul, fort mécontent, fit alors installer dix de ses meilleures unités de part et d'autre de la passe pour le cueillir à la sortie et il alla lui-même, avec ses hommes, s'installer dans un endroit élevé d'où l'on voyait parfaitement ce qui se passait dans le port. Il vit très bien le Rhodien se préparer sereinement à appareiller et faire une sortie si rapide que les bâtiments de guerre romains n'eurent même pas le temps de se mettre en route. Et pour comble d'ironie, le bateau du Rhodien s'arrêta un peu plus loin, les avirons levés, comme pour inciter l'adversaire à le poursuivre.

Ce type d'incident, mineur en lui-même, avait un effet certain sur le moral des troupes : les Carthaginois avaient en quelque sorte l'impression d'être « moins assiégés » et les Romains se sentaient humiliés, d'autant que le Rhodien revint plusieurs fois et fit des émules : plusieurs bâtiments rapides purent ainsi entrer et sortir sans être inquiétés. Quelque effort que fissent les Romains pour obstruer l'entrée de la passe, la profondeur et la force du courant rendaient vains leurs amas de pierres et de poutres. Jusqu'au soir où justement une tétrère vint s'échouer sur l'obstacle qu'ils avaient constitué tout au long de la journée et qui avait assez bien tenu : les Romains disposaient enfin de cette unité rapide qui leur manquait. Ils lui donnèrent un équipage, l'entraînèrent à manœuvrer et, quand le Rhodien fut entré à nouveau dans le port, ils l'attendirent. À sa sortie, il aperçut, mais trop tard, la tétrère, essaya de la gagner de vitesse mais fut rattrapé; il fit alors front pour livrer bataille mais tomba rapidement aux mains de l'ennemi. L'histoire ne dit pas ce qu'il devint, mais elle permet de comprendre que les Romains disposaient dorénavant de deux patrouilleurs rapides, qu'ils avaient donné une leçon aux aventuriers et que, désormais, le siège de Lilybée était bel et bien bouclé.

Pourtant la décision ne pouvait venir que de la terre. Les assiégés saisirent l'occasion d'un vent d'ouest soufflant en tornade pour faire une sortie et tenter de mettre le feu au dispositif de siège romain. Les combats furent d'une violence inouïe, mais dès qu'un foyer fut allumé, le feu se propagea très vite à l'ensemble des installations et plaça les Romains, aveuglés par la fumée et brûlés par les brandons que la tempête arrachait, dans une position très défavorable. Quand les Carthaginois sonnèrent la retraite, toutes les palissades et machines romaines étaient la proie des flammes et ils avaient infligé à l'ennemi des pertes considérables qui allaient contraindre les Romains à changer de tactique : ils devaient désormais renoncer à prendre la ville de vive force pour installer un siège de longue durée.

Il est vrai que les Romains avaient mis en œuvre des forces considérables ; ils les avaient confiées à des hommes d'expérience qui n'avaient épargné ni leur énergie ni leur ingéniosité pour venir à bout de l'adversaire. Pourtant la campagne se terminait par un sanglant échec : la flotte elle-même était atteinte puisqu'une bonne partie des équipages avait péri dans la bataille autour des machines de siège. Le Carthaginois était un ennemi redoutable qui opposait une résistance acharnée et il y fallait une détermination, des moyens au moins équivalents avec, en plus, une chance qui jusque-là avait fait défaut. Pourtant, confiants en la sainteté de leur cause, les Romains se hâtèrent de recruter, en plus des quatre légions annuelles, les dix mille rameurs qui manquaient à leur flotte.

Mésaventures maritimes

L'un des deux consuls de l'année suivante, Publius Claudius Pulcher, parvenu avec ses troupes et les rameurs devant Lilybée, décida que le siège ne justifiait plus que l'on y fût constamment présent et que, par conséquent, on pouvait essayer de surprendre l'ennemi dans son autre base de Drepanum. La manœuvre aurait pu réussir mais, contre toute attente, l'ennemi se ressaisit de sa première surprise et Adherbal, qui commandait la place, mit le marché en mains à ses troupes : tenir tête tout de suite aux Romains dont les équipages nouvellement recrutés n'étaient pas expérimentés ou se préparer à un siège long, difficile et au cours duquel on ne pourrait compter que sur soi-même. Ses troupes ayant vivement demandé qu'on les mène au combat, il commença à faire sortir rapidement ses navires de la rade, alors que le convoi romain avait déjà commencé à s'engager dans le port. Surpris à son tour Claudius donna l'ordre à ses bateaux de sortir du port. Mais, d'une part, cette manœuvre fut l'occasion d'un grand désordre au cours duquel nombre d'unités romaines se télescopèrent et s'endommagèrent, mais surtout les navires de Claudius, se mettant en ligne, se trouvaient au plus près du rivage alors que les Carthaginois avaient la poupe vers le large. Cette différence de position fut déterminante. À chaque fois qu'un navire carthaginois était en difficulté, il pouvait s'échapper vers le large pour revenir ensuite à l'attaque; mais si un bateau romain devait céder, il talonnait sur les hauts-fonds ou faisait côte. Trente bateaux romains seulement purent s'échapper, en fuyant le long de la côte; parmi eux celui du consul; quatre-vingt-treize furent capturés par l'ennemi avec tout leur équipage; les autres s'étaient jetés à la côte et les équipages avaient fui.

Mais la marine romaine n'était pas au bout de ses peines. L'autre consul, Lucius Iunius Pullus, avait pour mission de convoyer des ravitaillements aux assiégeants de Lilybée et toutes les fournitures de l'armée. Parti avec soixante navires d'escorte, il réquisitionna ceux qui se trouvaient à Messine et entra dans Syracuse avec cent vingt bateaux de guerre et huit cents transports. Il scinda son escadre en deux, confiant aux questeurs le convoiement des premiers transports; lui-même restait à Syracuse pour attendre les derniers bateaux venant de Messine. Pendant ce temps Adherbal avait donné à l'un de ses lieutenants, Carthalon, la mission de surprendre ce qui restait de la première flotte romaine qui était mouillée devant Lilybée, l'objectif étant de faire le plus de dégâts possible. Objectif atteint, à la pointe du jour: les équipages étant, pour la plupart, à terre, de nombreuses unités furent incendiées, d'autres capturées tandis que les assiégés en profitaient pour faire une sortie qui plongea les Romains dans le plus grand désordre.

Carthalon alla ensuite se mettre en embuscade à Héraclée, bien décidé à empêcher tout navire romain de s'approcher de Lilybée. Lorsque le convoi escorté par les questeurs se présenta, les deux adversaires s'observèrent et les Romains, craignant d'être inférieurs, trouvèrent un mouillage commode auprès d'un promontoire sur lequel ils installèrent des catapultes et attendirent l'ennemi. Celui-ci se présenta, fit une tentative mais renonça assez vite lorsqu'il vit que les Romains étaient bien décidés à se défendre. Il dépassa alors l'endroit et alla mouiller un peu plus loin à l'est, dans une rivière. Lorsque ses vigies lui annoncèrent une seconde flotte romaine (c'était celle que commandait Lucius Iunius et qui faisait donc route, elle aussi, vers Lilybée), Carthalon appareilla immédiatement en sa direction pour l'attaquer le plus loin possible du mouillage de la première et ne pas risquer ainsi d'être pris entre elles deux. Mais, de son côté, le consul, apercevant l'escadre carthaginoise, la jugea trop importante pour la combattre. Il mouilla donc précipitamment le long d'une côte dangereuse parce que débordée de roches affleurantes. Carthalon, estimant trop risquée une attaque dans ces parages, trouva un mouillage sûr entre les deux flottes ennemies qu'il fit surveiller en attendant son heure. Une heure qui ne vint pas : les conditions météorologiques s'étant dégradées rapidement, les pilotes carthaginois lui demandèrent instamment d'aller se mettre à l'abri. Il les écouta, doubla le cap Pachynos avec difficulté parce que la mer était déjà grosse et se trouva un abri. Les navires romains étaient restés, eux, sur leur position : ils furent tous entièrement détruits et Lucius Iunius, désespéré de ce coup du sort, rejoignit, avec ses troupes, Lilybée par terre et dut organiser, comme il le pouvait, les approvisionnements. Pour verrouiller les dispositifs de siège, il occupa le sommet du mont Eryx, qui domine Drépane et où se trouvait le sanctuaire le plus célèbre et le plus riche de toute la Sicile : celui d'Aphrodite. Puis il installa des postes de garde pour surveiller la route reliant Lilybée à Drépane.

On ne sait pas bien ce qui se passa à Rome lorsque l'on apprit la nouvelle de ces désastres maritimes. Nos sources, très lacunaires, comme toujours, et souvent déformées, nous réduisent à des hypothèses. Ce qui est certain, c'est que les pertes considérables en bateaux, en approvisionnements et matériels divers, mais aussi, dans certains cas, en hommes, provoquèrent consternation, inquiétude et colère. Comment pouvait-on avoir perdu, en quelques semaines, une flotte de guerre composée de plusieurs centaines de bâtiments et des convois de près de mille navires de transport à pleine charge ? À l'évidence, ce n'était plus une question de compétence ; il y avait une raison plus lointaine et plus grave à ces échecs répétés, une raison religieuse.

Cette évidence devint une certitude lorsque l'on apprit que Lucius Iunius Pullus avait été pris par les Carthaginois ou était mort – on ne savait pas exactement – à Aegythallus, une cité située entre Lilybée et Drépane où il avait voulu installer une garnison. Le Sénat avait alors envoyé l'ordre à l'autre consul qui se trouvait encore en Sicile de nommer un dictateur *rei publicae gerundae causa*, pour faire fonctionner, à Rome, les institutions et, notamment, organiser les élections aux magistratures pour l'année suivante. En principe la nomination d'un dictateur ne pouvait se faire que sur le plus ancien territoire de la ville, mais il avait bien fallu s'adapter aux conditions par nature particulières dans lesquelles se faisait sentir la nécessité de nommer à une magistrature d'exception, et l'on considéra que le camp romain, notamment les espaces consacrés du *praetorium* et du Forum, où se trouvait l'autel, représentaient une parcelle de cet *ager romanus* et qu'il était donc parfaitement possible d'y procéder, selon les rites, à la nomination du dictateur.

Pouvoir et religion

Mais Claudius n'avait pas du tout apprécié le message du Sénat lui enjoignant de nommer à cette magistrature, même s'il devait reconnaître qu'après la disparition de son collègue, et comme lui-même ne devait pas revenir à Rome dans l'immédiat, une telle nomination finirait par être indispensable. Du strict point de vue du droit il n'était d'ailleurs pas obligé d'obéir à l'injonction du Sénat. Il le fit pourtant, mais en choisissant la provocation : il désigna son *scriba*, son secrétaire, Marcus Claudius Glicia, en précisant qu'il serait sans maître de cavalerie. Le scandale fut énorme. Certes il n'y avait pas de conditions d'éligibilité à la dictature et la nomination de Glicia était théoriquement valide, mais il y avait des coutumes qui voulaient qu'on choisît un dictateur parmi ceux qui avaient acquis de l'expérience en qualité de magistrats, en tout cas des sénateurs. Quant au fait qu'il ne devait pas y avoir de *magister equitum*, c'était une plaisanterie : quel sénateur aurait accepté d'être le second d'un dictateur de farce ? Bien sûr Glicia fut contraint de se démettre : on ne pouvait tout de même pas lui faire présider les comices électoraux ! Bien sûr aussi le nouveau dictateur désigné par Claudius était un homme remarquable (Aulus Attilius Caiatinus qui avait été consul en 258 et 254), lequel se choisit un autre homme remarquable comme maître de cavalerie, Lucius Caecilius Metellus qui avait été consul en 251 et le serait à nouveau deux ans après. Mais la bouffonnerie de la nomination de Glicia (qui maintenant s'exhibait aux jeux avec la toge prétexte, insigne de son ancienne et éphémère dignité) ne pouvait pas s'oublier dans un contexte aussi dramatique : lorsqu'il ne fut plus consul, Claudius se trouva accusé par deux tribuns de la plèbe ; et l'accusation était la plus grave qui fût : la *perduellio*, le crime d'État.

Il est difficile de donner une définition du crime d'État. Disons simplement que le *perduellis* est celui qui s'est fait l'ennemi de sa propre patrie et que l'accusation recouvre donc aussi bien la désertion, l'intelligence avec l'ennemi, les manquements graves aux devoirs de la magistrature ou du sacerdoce. Et comme l'on pouvait s'y attendre pour des crimes de cette nature, la sanction était la peine de mort. L'incompétence n'était pas constitutive de la *perduellio*. La malchance, en revanche, pourvu que l'on pût trouver des raisons religieuses pour l'expliquer, pouvait très bien le devenir : il était évident à tout Rome qu'un homme qui se jouait avec tant de désinvolture des institutions sacrées de la République ne pouvait pas ne pas avoir irrité les dieux et, par conséquent, provoqué les désastres qu'on avait subis. On ne connaît pas bien les détails du procès. Valère Maxime raconte qu'il fut interrompu par un orage soudain et que la poursuite fut abandonnée : « Ainsi par un orage la mer lui avait attiré un procès criminel, par un orage le ciel lui sauva la vie. » Mais il y a toutes chances pour que cette jolie histoire ne soit qu'une forgerie. Ce qui est vrai, en tout cas, c'est que Claudius fut condamné à une très forte amende, 120 000 as (1 000 as par bateau perdu). Peu importe, en définitive, que ç'ait été au cours du procès de *perduellio* ou dans une seconde procédure ; il fallait bien que quelqu'un fût coupable. En l'occurrence, faute d'avoir trouvé mieux, on l'avait condamné pour le non-respect des auspices : il avait entrepris ces opérations désastreuses alors que le *pullarius* lui avait annoncé que les poulets sacrés, que tout chef de guerre emportait avec lui pour observer, par leur intermédiaire, les signes que les dieux voudraient lui donner, n'avaient pas d'appétit et que c'était de mauvais augure. Et Claudius aurait fait jeter à la mer les poulets avec leur cage en disant que, s'ils ne mangeaient pas, au moins ils boiraient. Et pour confirmer que les dieux étaient irrités, le bruit courut à Rome que l'autre consul, Lucius Iunius, s'était en fait suicidé parce qu'il avait conscience qu'il était personnellement responsable de la tempête qui avait détruit la flotte : lui non plus n'avait pas respecté les signes qui lui avaient été annoncés.

La stèle de M. Pompeius Asper, pullarius.
En bas à droite, la cage des poulets sacrés

Ce n'est pas un hasard si, cette même année, on introduisit le culte d'un couple de dieux particulièrement impressionnants : Dis (le Pluton des Grecs) et Proserpine (adaptation de Perséphone) qui régnaient sur les enfers. C'est une série de présages menaçants, et peut-être aussi une épidémie, qui avaient conduit le Sénat à une nouvelle consultation des livres Sibyllins. Ceux-ci avaient prescrit une cérémonie au couple infernal, célébrée pendant trois nuits consécutives au lieu-dit Tarentum (à l'extrême nord-ouest du Champ de Mars, près du Tibre), où devait être élevé un autel souterrain accessible seulement pendant le déroulement des rites. Ces *ludi Tarentini* s'accompagnaient du sacrifice de victimes noires et devaient être renouvelés après un *saeculum*, un espace de cent années : ils devinrent les fameux Jeux séculaires, dont les divinités de substitution, plus rassurantes, furent Apollon et Diane, et pour lesquels Horace composa son *Chant séculaire*. Il reste que l'introduction de ce nouveau culte, en une période sombre de l'histoire de Rome, comportait une dimension diplomatique, comme il était naturel, s'agissant d'une religion civique qui avait, par essence, pour fonction d'assurer la prospérité de la République : les divinités honorées étaient déjà célébrées dans nombre de cités gecques de l'Italie du Sud et, par conséquent, leur culte implanté à Rome avait une valeur fédératrice certaine à un moment où Rome avait besoin de s'assurer la fidélité des cités de Grande-Grèce.

D'une certaine façon les choses étaient remises en ordre à Rome : on avait trouvé des explications satisfaisantes aux désastres subis ces derniers temps ; mais cela ne remit pas en cause la décision que l'on avait prise de renoncer à refaire une flotte, faute de moyens, et de se contenter de poursuivre le siège de Lilybée et de Drepanum. Ce qui restait de la flotte fut confié à des particuliers qui, moyennant la concession du butin réalisé, armèrent les navires et se livrèrent à des incursions sur les côtes d'Afrique. C'est à l'occasion de l'une de ces opérations que l'on raconte cette histoire assez incroyable : ces corsaires avaient fait une descente dans le port d'Hippo Diarrhytus où ils avaient mis le feu aux bateaux au mouillage et détruit un certain nombre d'installations portuaires. Au moment de repartir, ils s'aperçurent que les Africains avaient barré l'entrée du port avec une chaîne. Ils lancèrent donc leurs navires de toute la vitesse dont ils étaient capables et, au moment d'arriver sur cette chaîne, ils firent porter le poids de tout l'équipage sur l'arrière, de façon à déjauger leurs navires de la proue et à s'engager par-dessus l'obstacle puis à reporter très rapidement les poids sur l'avant pour faire glisser les carènes de l'autre côté.

Mais en dehors de coups de mains comme celui-ci, la guerre sembla en effet marquer un temps d'arrêt dans les années qui suivirent : aucun triomphe ne fut célébré à Rome entre celui de Lucius Caecilius Metellus en 250 et celui de Caius Lutatius Catulus, le vainqueur de 241. Cela ne signifie pas pourtant que les Carthaginois aient interrompu, eux aussi, leur effort de guerre : mais cela veut dire qu'ils ne parvinrent pas, eux non plus, à obtenir une victoire définitive. Ils avaient pourtant confié la direction des opérations à Hamilcar Barca, le père du grand Hannibal, qui se révéla l'un des meilleurs stratèges qu'ils aient eus. Celui-ci commença par des opérations navales sur les côtes du sud de l'Italie, puis il ravagea le territoire de Palerme et installa une véritable forteresse sur le mont Heirctè situé sur la côte entre Palerme et Éryx. Il avait trouvé là de quoi installer une base quasi inexpugnable, accessible par mer, et sur laquelle il disposait de sources, de pâturages et de terres cultivables. De là, les Carthaginois avaient lancé une opération contre la cité d'Éryx qu'ils prirent, mais sans parvenir à déloger les Romains qui occupaient le sommet du mont, là où se trouvait le sanctuaire d'Aphrodite ; ils se mirent donc en position de les assiéger. Pendant ce temps le consul de l'année 247, Numerius Fabius Buteo, réussit à s'emparer de l'îlot de Pelias, qui se trouve devant Drepanum : la bataille autour de ce petit bout de terre fut sévère, mais les

Carthaginois, craignant une attaque sur la ville pendant qu'ils s'acharnaient à défendre leur position, finirent par se retirer et les Romains purent compléter leur dispositif de siège en reliant l'îlot à la terre par un môle. Il s'agit de l'une des rares opérations dans une guerre qui semblait être devenue une guerre de positions.

Si les opérations n'étaient pas très spectaculaires, Rome n'en vivait pas moins dans un climat qui rappelait que l'on était bien en guerre. En 247, les deux censeurs avaient recensé 241 712 citoyens mâles adultes, soit environ 50 000 de moins que cinq ans plus tôt: les défaites sur terre (l'armée de Regulus, par exemple) et les désastres navals avaient occasionné des pertes considérables. Et les conséquences économiques étaient, elles aussi, très sensibles : n'avait-on pas renoncé à construire une nouvelle flotte précisément faute de moyens de financement ? Mais la guerre se vivait aussi au jour le jour dans le fonctionnement des institutions et parfois même dans des réactions collectives. En 246, on avait à nouveau été amené à faire nommer un dictateur pour présider aux élections. Et puis il y avait eu ce procès intenté à Claudia, sœur de Publius Claudius Pulcher, le consul de 249, et qui était vestale : au sortir des jeux, elle avait déploré qu'il y eût trop de monde à Rome, qu'elle s'y trouvait bousculée et elle s'était prise à regretter à haute voix que son frère ne fût plus vivant ni consul parce qu'une ou deux campagnes menées par lui auraient fait un peu de place dans la ville en la débarrassant de cette racaille. Elle fut condamnée à une amende de 25 000 as pour ce vœu incivique et impie. Il ne convient sans doute pas de minimiser la tension que devait faire régner à Rome une guerre qui n'en finissait plus et qui coûtait si cher en hommes, mais on ne peut pas non plus exclure que Rome soit restée, pendant cette période, déchirée par les oppositions politiques. À Rome

On savait bien à Rome, en tout état de cause, que la victoire ne pourrait venir que de la mer: on se résolut donc à trouver de nouveaux financements pour construire une flotte. Ce fut un emprunt public aux plus grandes fortunes : soit individuellement, soit en se groupant, les plus riches Romains s'engagèrent à fournir les deux cents pentères entièrement équipées dont on avait décidé la construction, étant bien entendu que les sommes engagées leur seraient remboursées à la fin de la guerre. Il est assez vraisemblable qu'une bonne partie des travaux de construction navale et d'entraînement se faisaient à Cosa, sur la rive étrusque de la mer Tyrrhénienne. Une fois construits les bateaux (avec un soin particulier, et en tirant les enseignements d'architecture navale que pouvaient donner les navires carthaginois capturés, en particulier celui d'Hannibal le Rhodien) et recrutés les hommes, on voulut en confier le commandement aux deux consuls, Caius Lutatius Catulus et Aulus Postumius Albinus ; mais le grand pontife, Lucius Caecilius Metellus, interdit à Postumius de quitter Rome. Celui-ci, en effet était *flamen Martialis,* flamine du dieu Mars, et devait donc se trouver présent à Rome pour un certain nombre de cérémonies qu'il était théoriquement le seul à pouvoir présider. Un « empêchement » de cet ordre est extrêmement rare, à Rome où l'on a toujours su concilier les nécessités de la guerre avec les exigences de la religion. On ne saurait sous-estimer les raisons religieuses de cette interdiction : si l'on avait condamné Publius Claudius à raison de son impiété, ce n'était pas pour se mettre en tort vis-à-vis des dieux en général, et de Mars, dieu de la guerre, en particulier, en un moment où l'on organisait une expédition dont on espérait bien qu'elle apporterait la victoire définitive. On ne sait pas, dans le détail, quels étaient les interdits auxquels était soumis le *flamen Martialis*, mais on connaît au moins l'une des cérémonies qui requéraient sa présence : il s'agit de ce que les Romains appelaient l'*Equus October*, c'est-à-dire le cheval d'octobre. Le 15 octobre, on sacrifiait en effet, au Champ de Mars, d'un coup de javelot (donc selon un rituel guerrier), le cheval de droite d'un bige vainqueur dans une course. La queue de l'animal était immédiatement tranchée et emportée le plus vite possible jusqu'à la Regia, sur le Forum, pour que l'on puisse en exprimer quelques gouttes de sang sur le foyer, forme de purification de l'État des souillures que la guerre avait nécessairement entraînées. Quant à la tête, qui représentait la victoire, elle faisait l'objet d'une sévère rivalité entre les gens du quartier de Suburre et ceux du quartier de la Voie Sacrée, ceux-ci voulant l'accrocher à la Regia, ceux-là à un édifice inconnu de nous et que l'on appelait la tour Mamilia. La comparaison de ce rituel avec un sacrifice de la classe des guerriers dans l'Inde védique a permis à Georges Dumézil de bien mettre en lumière sa valeur purement guerrière et de souligner le risque couru par le *rex*, ici probablement le flamine de Mars représentant la communauté civique, que la tête ne parvienne pas à la Regia. On conçoit aisément que des cérémonies de ce genre, qui sont encore clairement attestées pour les décennies précédentes (Polybe en parle à propos de la guerre contre Pyrrhos), aient repris toute leur valeur et que les Romains aient désiré que rien ne fût négligé pour les célébrer dans le plus grand respect des formes. Et ce désir devenait un ordre pour Postumius Albinus de rester pour veiller à ce que tout se passe conformément au rite. On n'aura garde d'oublier que, dans le temps où le grand pontife retenait un consul à Rome, il interdisait à l'autre d'aller consulter l'oracle de la Fortune à Préneste parce qu'il fallait que la République fût administrée avec des auspices pris à Rome et non en territoire étranger. Ces manifestations d'intégrisme ne doivent pas surprendre pour une cité qui était en guerre depuis vingt-trois ans. Mais elles ont aussi des raisons sociopolitiques : on oublie trop souvent que Lucius Caecilius Metellus était le second *Pontifex Maximus* plébéien (le premier étant son prédécesseur immédiat, Tiberius Coruncanius). Or ce dut être un véritable séisme religieux, en ce milieu du IIIe siècle, que la désignation d'un plébéien à la tête du collège de prêtres le plus prestigieux ; et il faut imaginer la violence des débats, la résistance et les menaces des patriciens évoquant la souillure des cultes, la colère des dieux. Dans ces conditions Caecilius Metellus avait beau jeu de rappeler un consul patricien à ses devoirs religieux que, dans sa hâte de conquérir la gloire d'un triomphe, il avait eu tendance à oublier.

La victoire des îles Égates

Il fallait bien, pourtant, envoyer avec l'autre consul un deuxième représentant de l'autorité romaine : on lui adjoignit Quintus Valerius Falto, préteur « urbain » et qui, donc, lui non plus, n'aurait pas dû quitter la Ville. Mais l'interdit institutionnel, qui ne risquait pas de porter tort à l'expédition, était moins fort que l'interdit religieux (et il y avait des précédents). C'est au début de l'été que la flotte appareilla pour la Sicile où les Carthaginois, persuadés que les Romains n'avaient plus de bateaux, ne l'attendaient pas (la plupart de leurs navires avaient regagné l'Afrique). Catulus décida de forcer le siège de Drepanum où les entreprises conjointes sur terre et sur mer auraient abouti s'ils n'avait été lui-même blessé, ce qui interrompit l'action. Il savait bien qu'il aurait à affronter, un jour ou l'autre, une flotte carthaginoise qui viendrait approvisionner les troupes qui avaient encerclé les Romains sur le mont Éryx et il maintint donc son escadre en alerte permanente, entraînant sans cesse ses rameurs et multipliant les manœuvres d'ensemble. Effectivement Carthage confia à Hannon, en mars 241, une expédition de ravitaillement : celui-ci s'approcha donc jusqu'aux îles Égates, espérant bien passer sans être vu des Romains. Son plan était d'aller décharger ses marchandises à Éryx et d'embarquer des troupes de marine plus efficaces que les jeunes recrues qu'il avait à bord. Lorsqu'un vent portant assez frais se mit à souffler, il tenta le passage. Catulus hésita un instant : il aurait à combattre contre le vent et la houle, mais il valait après tout mieux risquer le combat alors que l'adversaire était chargé et il se décida à barrer la route avec son escadre en position de combat. La bataille commandée, du côté romain, par le préteur fut de courte durée : les Romains l'emportèrent presque partout en raison de leur préparation et de la supériorité de leurs troupes de marine ; ils eurent trente bateaux coulés, mais envoyèrent cinquante navires carthaginois par le fond et en capturèrent soixante-dix avec leurs équipages. Le reste de la flotte punique s'échappa.

Cette bataille des îles Égates n'était pas un épisode de plus dans la très longue guerre qui opposait les deux puissances. Cette fois, en effet, Rome s'était donné un avantage certain puisque d'une part elle empêchait par mer le ravitaillement des troupes carthaginoises qui encerclaient le mont Éryx et qui seraient donc bientôt obligées de céder et que, d'autre part, les sièges de Lilybée et de Drepanum ne tarderaient pas à permettre la capture des deux villes. Il y avait bien encore les forces d'Hamilcar qui étaient intactes dans sa forteresse du mont Heirctè ; mais elles aussi étaient désormais coupées de l'Afrique puisque les Romains venaient d'affirmer leur suprématie maritime et, en tout état de cause, elles étaient insuffisantes pour faire lâcher pied aux adversaires dans leurs opérations de siège. Si les hostilités devaient continuer, un jour où l'autre les Romains extermineraient toutes les forces carthaginoises. Hamilcar avait reçu tous pouvoirs pour régler le conflit : il envoya donc des émissaires au consul pour lui demander l'armistice. Catulus mena les choses rondement parce qu'il ne voulait pas laisser à un autre la gloire d'avoir mis un terme à une guerre si importante. Il était maintenant proconsul puisque sa magistrature était venue à son échéance et il avait été rejoint par un consul de l'année 241, son propre frère, Quintus Lutatius Cerco. L'exemple de Regulus, quelques années plus tôt, et la détermination d'Hamilcar dont ils connaissaient la compétence incitèrent les Romains à quelque prudence dans la négociation. Apparemment, ce qui retarda l'accord, c'étaient les déserteurs que les deux Catuli voulaient récupérer mais qu'Hamilcar ne voulait pas leur livrer, sachant très bien quel sort les attendait ; c'était aussi le sort des troupes carthaginoises qu'il considérait comme invaincues et qu'il ne voulait donc pas inviter à se rendre avec leurs armes aux Romains qui en auraient fait des esclaves. Les Romains cédèrent sur ces deux chapitres de la négociation parce qu'ils savaient bien que, en poussant trop loin leurs exigences, ils acculeraient Hamilcar à reprendre une lutte sans merci. On convint donc que, sous réserve d'une acceptation par le peuple romain des termes du traité, Carthage évacuerait la Sicile, s'abstiendrait de tout acte d'hostilité à l'égard de Syracuse et des alliés de Rome, rendrait tous les prisonniers qu'elle avait faits, mais rachèterait les siens et paierait une indemnité de guerre de deux mille deux cents talents en vingt ans. À Rome, la victoire avait fait naître des espoirs et des appétits immenses et, malgré le butin que Catulus rapportait (sa victoire navale lui avait permis de faire dix mille esclaves), on estima que le traité était trop favorable à l'adversaire et l'on envoya donc une commission de dix sénateurs en renégocier les termes. Ceux-ci obtinrent une augmentation de mille talents de l'indemnité ainsi qu'un raccourcissement à dix ans du délai de paiement et firent préciser que les Carthaginois évacueraient aussi les îles comprises entre la Sicile et l'Italie, c'est-à-dire les îles Lipari (il s'agissait d'un acquis purement symbolique puisque les Romains les tenaient déjà), que les vaisseaux de guerre carthaginois ne pourraient naviguer dans les eaux italiennes et que Carthage ne devait pas recruter de mercenaires en Italie. À ce prix, le traité était un pacte d'amitié entre les deux cités.

La fin de la guerre

À Rome, on célébra le triomphe des vainqueurs. Non sans contestation, d'ailleurs : le préteur Quintus Valerius Falto, qui commandait l'escadre au moment de la bataille, réclama un triomphe conjoint à celui de Catulus et le débat fut vif, opposant ceux qui pensaient que le combat avait eu lieu sous les auspices du consul, et que donc seul il avait droit au triomphe, et ceux qui voulaient y associer Valerius qu'ils considéraient comme l'artisan de la victoire. Finalement, l'un et l'autre menèrent un triomphe naval, Catulus le premier (le 4 octobre) sur les Puniques et la Sicile, Valerius le second (le 6 octobre) sur la Sicile. Rome avait renoué avec la victoire et la joie était d'autant plus grande que quelques mois plus tôt, le 1er et le 4 mars, les deux consuls Quintus Lutatius Cerco et Aulus Manlius Torquatus avaient, eux aussi, célébré un triomphe sur les Falisques parce qu'ils avaient réussi à écraser en quelques jours une révolte de la cité de Falerii dont ils avaient tué quinze mille soldats et dont ils confisquèrent la moitié du territoire pour l'intégrer à l'*ager publicus*.

Pourtant les Romains avaient par ailleurs quelques sujets de préoccupation. Tout d'abord la ville eut à connaître une destruction partielle due d'abord à une crue d'une violence inhabituelle puis à un incendie. La crue survint après des pluies très importantes et l'eau emporta nombre de bâtiments en bordure du fleuve ou, parce qu'elle resta suffisamment longtemps, sapa les fondations des édifices qu'elle n'avait pas immédiatement détruits. Quant à l'incendie dont on se sut jamais où il prit naissance, il se répandit rapidement à plusieurs quartiers de la ville, notamment dans celui de la Voie Sacrée, et atteignit le temple de Vesta sur le Forum où le Grand Pontife, Lucius Caecilius Metellus, n'écoutant que son courage, brava le feu pour sauver les objets sacrés et, surtout, le *Palladium*, qui y était conservé. Il s'agissait de cette statue de Pallas-Athéna que Zeus était réputé avoir donnée à Dardanos, le fondateur de Troie. C'est Énée qui l'aurait sauvée des flammes de la cité, lorsqu'elle fut détruite par les Grecs, et qui l'aurait installée en Italie. Elle avait la fonction d'un talisman et, en particulier, on lui attribuait le mérite d'avoir sauvé Rome des Gaulois. Une tradition veut que Metellus ait perdu la vue à la suite de cette intrusion dans le *sacrarium* du temple de Vesta ; mais comme il exerça, par la suite, la dictature et que la magistrature s'accommode assez mal d'un handicap de cette nature, mieux vaut suivre une autre tradition qui veut qu'il s'en soit sorti, mais très grièvement brûlé au bras. Orose, notre principale source sur ces catastrophes naturelles qui firent aussi de nombreuses victimes, précise que les dégâts furent si considérables qu'il aurait fallu de très nombreuses et très importantes victoires militaires pour compenser les pertes. On traîna devant les tribunaux les triumvirs chargés de la sécurité, on les condamna et on commença de reconstruire sur les terrains ainsi dégagés.

À ces cataclysmes urbains il faut sans doute ajouter que les récoltes n'avaient pas dû être excellentes. On n'a pas d'indications précises sur ce sujet mais un détail donne à penser que les approvisionnements inquiétaient les Romains : il s'agit de la construction, cette année-là, de deux temples. Le premier, à l'initiative de Catulus, était voué à Juturne, déesse des sources (ce qui empêche évidemment d'imaginer, comme l'ont fait certains historiens modernes, que ce fut à l'occasion de sa victoire sur mer, parce qu'à notre connaissance les Romains faisaient la différence entre l'eau douce et l'eau salée !) ; le second était un temple à Flora, dans la zone du Circus Maximus, et s'accompagnait de l'instauration d'une fête en l'honneur de cette divinité, les *Floralia*. Le caractère assez leste de ces cérémonies rituelles de printemps (fin avril, début mai), au cours desquelles des courtisanes jouant dans des mimes s'effeuillaient, et la nature vraisemblablement politique de cette institution à l'initiative de deux édiles de la plèbe (deux frères, Lucius et Marcus Publicius Malleolus) qui avaient financé le temple et les jeux – sur le montant des amendes qu'ils avaient infligées aux grands propriétaires qui avaient usurpé des portions importantes de l'*ager publicus* –, ne doivent pas masquer le contenu essentiellement agricole de ces fondations. Comme on sait, le lien était étroit, à Rome comme dans d'autres sociétés, entre le plaisir et la fécondité et cette déesse qui veillait à l'épanouissement des fleurs, des céréales et des arbres était naturellement célébrée dans la volupté. Et ce qui était en cause, derrière cette cérémonie, c'était bien la fécondité des récoltes à un moment où l'on devait juger que de trop grandes parts de l'*ager publicus* étaient consacrées à l'élevage, au détriment, donc, de la production des céréales qui avait sans doute été affectée aussi, dans les années précédentes, par la sécheresse.

La guerre était finie. Elle avait duré vingt-trois ans et elle a fait presque totalement disparaître de nos sources toute une série de faits institutionnels, politiques, religieux, qui reprennent de leur importance dans la période suivante. Mais il convient de redonner leur proportion aux choses : ce conflit n'a rien à voir avec la deuxième guerre punique, celle qu'ils devaient mener quelques décennies plus tard contre Hannibal. Certes les Romains ont eu des frayeurs entre 264 et 241 : d'une certaine façon on ne comprendrait pas qu'ils soient intervenus dans les affaires de Sicile si le consul de 264, Appius Claudius Caudex, n'avait pas tenu au peuple, pour obtenir l'intervention que le Sénat avait refusée, un discours qui soulignait le danger stratégique qu'il y avait à laisser les Puniques étendre leur empire sur les îles avoisinantes, et qui faisait miroiter en même temps les bénéfices que l'on pouvait en attendre. Ils ont dû aussi être passablement effrayés lorsque, en 258 ou 257, ils apprirent que quatre mille *socii*, des Samnites, appelés à Rome pour constituer les équipages de la flotte, et trois mille esclaves réquisitionnés pour la même tâche s'étaient mis dans la tête de faire un coup de main sur la ville. Certes, les opérations de piraterie menées sur les côtes italiennes (qui concernaient d'ailleurs beaucoup plus les alliés qu'eux-mêmes) les ont déterminés à construire une flotte. Certes, cette guerre leur a coûté terriblement cher, au point qu'en 251 ils renoncèrent – momentanément – à construire des bateaux que leurs consuls s'ingéniaient à laisser sombrer dans des tempêtes. Simplement cette guerre ne présentait pas de différence notable (en intensité, sinon en ampleur) avec celles qu'ils avaient menées jusque-là et elle n'exigeait pas une mobilisation de tout le corps civique pour résister au Punique, comme ce sera le cas contre les Gaulois en 225 ou au cours de la guerre d'Hannibal. Et elle aura été l'occasion de dix-sept triomphes et aura rapporté un butin immense. C'est la raison pour laquelle il vaut mieux parler de « grande guerre de Sicile » plutôt que de « première guerre punique » pour ne pas commettre le péché capital de l'historien, celui de l'anachronisme, qui consiste à évaluer l'importance d'un événement à l'aune d'un autre qui se révèle, à la réflexion, d'une nature et d'une intensité différentes.

Valeur des monnaies. – Le talent valait six mille drachmes, la drachme étant l'équivalent du denier d'argent dont la frappe devait commencer à Rome, quelques années plus tard.

CHAPITRE X

L'entre-deux-guerres

par François Hinard

Les historiens anciens ne traitent guère de l'intervalle qui sépare les deux conflits contre Carthage que comme d'un intermède. Il est significatif, à cet égard, que le récit de Polybe, le seul qui nous ait été conservé complet pour cette période, est consacré, pour l'essentiel, aux conséquences tragiques que la démobilisation de ses mercenaires eut pour Carthage et aux atrocités auxquelles donna lieu cette véritable guerre civile, comme si ce qui concernait Rome était secondaire. Et pourtant, à y regarder d'un peu plus près, il s'est passé, à Rome, bien des événement importants, dans ce quart de siècle, et qui relèvent d'autre chose que de l'effacement des séquelles démographiques et économiques de la guerre de Sicile ou que de la préparation diplomatique et militaire de la guerre d'Hannibal.

C'est presque par hasard que l'on apprend, pour 241, la victoire en six jours des armées consulaires sur la cité de Falerii qui fut détruite pour être reconstruite sur un site moins protégé. Il s'agit pourtant d'un événement significatif : les Falisques étaient des alliés de Rome à qui les liait un traité. Si, donc, on en massacra quinze mille, si l'on rasa leur cité et si l'on confisqua la moitié de leur territoire, sans doute pour y installer des citoyens romains, c'est que l'on avait de bonnes raisons : ces gens avaient dû refuser de satisfaire aux exigences de Rome en hommes et en argent pour les besoins de la guerre. Leur défection était aggravée par le fait qu'elle s'était produite à l'occasion d'une guerre longue et difficile et qu'en outre elle était celle d'alliés du nord, c'est-à-dire de peuples qui étaient censés protéger Rome contre la menace des Gaulois ; le caractère exemplaire du châtiment qu'on leur infligea s'explique par la volonté des Romains de maintenir la cohésion de leurs autres alliés, mais témoigne aussi de la crainte qu'ils avaient du péril gaulois. Tout de suite après les opérations, les Romains consacrèrent, au Champ de Mars, un temple à Iuno Curitis qui était peut-être la divinité tutélaire de Falerii (qu'ils auraient donc « évoquée » comme ils l'avaient fait pour la Junon Reine de Véies en 396); mais ils octroyèrent aussi, sur le Cælius, un espace (un *sacellum*) à la Minerve falisque qui fut dès lors surnommée *Minerua Capta* (Minerve Prisonnière): cette pratique confirme que, la destruction totale de la cité par les vainqueurs touchant les dieux, il était important de se prémunir contre un éventuel ressentiment des plus importants d'entre eux en leur garantissant un culte public (le culte des divinités secondaires étant confié à des familles particulières, celle du consul, celle des membres de son entourage).

Espace et institutions

Pendant ce temps, les censeurs qui avaient été élus cette année-là, Caius Aurelius Cotta et Marcus Fabius Buteo, eurent sans doute à s'occuper du peuplement de la colonie latine de Spolète dont on avait décidé l'installation au sud du pays ombrien. Mais surtout ils eurent à inscrire des citoyens dans les deux nouvelles tribus rustiques dont on avait décidé la création, la Quirina et la Velina, la première autour de Reate, la seconde intégrant le territoire des Prætutti, au sud du Picenum: il s'agissait de deux ensembles où effectivement s'étaient installés nombre de citoyens à la veille du conflit avec Carthage; la décision d'en faire deux tribus avait été prise près de trente ans plus tôt, mais la réalisation en avait été différée, en partie pour des raisons politiques qui ne sont pas claires et parce que la guerre avait créé d'autres préoccupations. Désormais l'*ager Romanus* s'étendait sur 25 000 km^2 et la cité compta, cette année-là, 260 000 citoyens mâles adultes contre un peu plus de 241 000 lors du lustre précédent, ce qui revient à dire que l'inscription de citoyens dans les nouvelles tribus avait permis de compenser une partie des pertes dues à la guerre, mais sans retrouver les chiffres (frisant les 300 000) des années antérieures au conflit.

Si la création de deux tribus rustiques au nord de Rome avait pour fonction de renforcer son territoire sur une zone où l'on prévoyait des conflits, qui se produisirent effectivement dans les années suivantes, elle eut aussi pour conséquence de porter l'ensemble des tribus à un total (qui resterait désormais fixe) de trente-cinq sur lequel on pouvait organiser une véritable révision constitutionnelle. Nous sommes malheureusement très mal renseignés sur ces transformations qui affectèrent la plus prestigieuse des assemblées du peuple, les comices centuriates. Pour ce que l'on en sait, l'organisation des citoyens en centuries devait dès lors s'opérer en fonction de leur inscription dans les tribus, comme le montre le fait assuré que la première classe comportait désormais 70 centuries (une de *iuniores* et une de *seniores* pour chaque tribu) au lieu des 80 originelles: quoi qu'il en fût de la structure des autres classes, qui est difficile à imaginer compte tenu du fait que le nombre total de 193 centuries ne fut point affecté, cette prégnance de la tribu dans l'organisation politique était destinée à prendre en compte les évolutions sociologiques qui s'étaient produites depuis le début du siècle: nombre de nouveaux citoyens avaient été admis, le plus souvent, évidemment, dans les classes moyennes et basses, ce qui avait eu pour conséquence de créer une disparité dans la charge de la *militia* puisque la première classe devenait proportionnellement très peu peuplée par rapport aux autres et, par conséquent, voyait accentuées considérablement ses obligations militaires. Il s'agissait donc, avec la nouvelle organisation, d'opérer une répartition qui rééquilibrât le poids du service sur des classes beaucoup plus nombreuses ; à cela il convient d'ajouter que la levée des légions s'était le plus souvent opérée, pendant la grande guerre de Sicile, sur la base des tribus (et non pas par classes censitaires) ; d'autre part, l'évolution tactique et les contraintes stratégiques de ce conflit avaient porté à des modifications profondes dans le recrutement des légions instituant une sorte d'homogénéisation du légionnaire : l'organisation en manipules privilégiait désormais les critères d'ancienneté et de compétence sur ceux de la richesse, l'armement tendait à se standardiser dans la mesure où la panoplie d'enrôlement était fournie (et payée) par l'État (seules les armes de remplacement restant à la charge des soldats) et, enfin, s'il est vrai que la classification censitaire restait un impératif absolu pour être enrôlé dans la légion, les opérations de la guerre en Sicile s'étaient déroulées pour l'essentiel sur mer, c'est-à-dire avaient mobilisé, pour les équipages, un nombre considérable de prolétaires. Ces modifications profondes dans la pratique militaire devaient avoir des conséquences sur le plan sociopolitique et c'est un témoignage de l'habileté de la classe dirigeante d'avoir su faire évoluer les structures du pouvoir pour tenir compte de ces changements de l'assemblée qui élisait les magistrats supérieurs : il ne suffisait plus, désormais, d'avoir les votes des dix-huit centuries de chevaliers et de celles de la première classe pour obtenir la majorité absolue (et donc interrompre les opérations électorales), mais il fallait encore l'appui de huit centuries de la deuxième classe puisque le nombre des centuries de la première classe avait été réduit à 70 ; mais surtout, les premiers à voter n'étaient plus les chevaliers. On avait institué ce que l'on appelait une « centurie prérogative », à qui échéait la responsabilité de voter la première : elle était tirée au sort parmi les centuries de *iuniores* de la première classe (c'est-à-dire les fantassins mobilisables). Or ce premier vote avait une importance considérable : d'abord, comme nous l'enseigne un grammairien ancien, parce que cela pouvait déterminer le vote des Romains de la campagne qui ne connaissaient pas nécessairement les candidats ; et surtout ce vote avait une valeur d'*omen*, de présage, qui entraînait, le plus souvent, celui des autres centuries.

Sardes, Ligures et Boïens

La fin des hostilités avec Carthage n'avait donc pas coïncidé avec une cessation immédiate de l'état de guerre : on ne sait rien des activités militaires des années 240 et 239, mais on est certain qu'il y en eut puisque c'est seulement en 235 que l'on ferma les portes du temple de Janus, signe que Rome n'avait plus d'armées en campagne. Et encore faudrait-il se demander ce qui a pu amener les Romains à procéder à cette fermeture symbolique, eux dont on ne peut soupçonner qu'ils avaient perdu leurs ardeurs belliqueuses : dès 238, les séquelles de la guerre que Carthage avait eu à mener contre ses mercenaires révoltés leur fournirent l'occasion d'envahir la Sardaigne. Ils y avaient été appelés, disaient-ils, par des mercenaires qui voulaient y retourner et contre lesquels Carthage avait décidé une expédition punitive. Les Romains firent semblant de croire que cette expédition était dirigée contre eux et votèrent donc une nouvelle guerre contre Carthage. Les Puniques ne purent se sortir de ce mauvais pas qu'en finissant par accepter, en 235, un additif au traité qui avait été précédemment juré et qui prévoyait l'abandon de toute prétention sur cette île que les consuls Tiberius Sempronius Gracchus et Publius Valerius Falto étaient d'abord allés occuper symboliquement sans y faire de butin et où Titus Manlius Torquatus, consul en 235, dut faire campagne pour réprimer un soulèvement ; mais ce codicille au traité prévoyait aussi le versement d'une indemnité supplémentaire de mille deux cents talents. Il ne faut pas sous-estimer cette manœuvre peu glorieuse des Romains en n'y voyant qu'une vaine manifestation d'orgueil : elle confirme ce que nous croyons pouvoir deviner par ailleurs, à savoir les grandes difficultés qu'il y eut, dans ces années-là, à alimenter la ville. La Sardaigne, comme la Sicile, était un grand producteur de céréales et c'était donc une aubaine en période de disette de pouvoir compter sur cette source d'approvisionnement. La présence à Rome, en 237, du roi Hiéron de Syracuse qui apportait deux cent mille boisseaux de blé témoigne aussi de ces préoccupations. Il est clair en tout cas que si les Romains ont ainsi réussi à résoudre leurs problèmes d'approvisionnement, ils ont aussi créé les conditions psychologiques favorables à un deuxième conflit en humiliant à nouveau le peuple qu'ils avaient vaincu. Et, en outre, ils connurent bien des déboires avant de pouvoir pacifier partiellement cette île en 235.

Janus sur une monnaie de 119

De plus d'ampleur furent les opérations militaires dans lesquelles s'engagea la cité contre les peuples du Nord : Gracchus fut envoyé contre les Ligures (qui occupaient le pays autour de l'actuelle Gênes) tandis que Valerius Falto était censé guerroyer contre les Boïens (grossièrement entre Parme et Bologne) et quelques autres tribus gauloises. Les premières opérations connurent des fortunes diverses : si Tiberius Gracchus ne rencontra guère de difficultés et rapporta un butin important à Rome, son collègue se fit d'abord étriller (et perdit deux mille cinq cents hommes) avant de remporter une nette victoire au cours de laquelle il tua quatorze mille Gaulois et en captura deux mille : mais son échec initial fit qu'on lui refusa le triomphe.

Les raisons qui ont motivé ces conflits ne sont pas claires et les sources anciennes sont très discrètes là-dessus. Pour ce qui était des Ligures, il est possible que Rome ait voulu mettre un terme à la piraterie qu'ils pratiquaient jusque sur la côte étrusque et il faut sans aucun doute comprendre les opérations menées par les Romains en Corse (où, de la même façon qu'en Sardaigne, ils allaient au-devant de bien des difficultés), à partir de 236, comme complémentaires de celles qu'ils dirigeaient contre les Ligures. Quant aux Boïens et à leurs alliés, il semble qu'ils aient été les agresseurs, si l'on doit en croire Orose. En tout cas ces Boïens, qui réclamaient Ariminum et son territoire, obtinrent des consuls de 236, Publius Cornelius Lentulus Caudinus et Caius Licinius Varus, une trêve pour aller négocier avec le Sénat, à Rome. Leurs demandes furent rejetées et, à leur retour, ils eurent la mauvaise surprise de constater que leurs alliés gaulois s'étaient retournés contre eux : ils se livrèrent donc à un combat fratricide que les Romains mirent à profit pour aller guerroyer ailleurs : Varus en Corse donc et Caudinus contre les Ligures sur lesquels il célébra un triomphe.

Cette année 235 se termina de façon exceptionnelle pour les Romains : après le triomphe du consul Titus Manlius Torquatus, le Sénat décréta que les portes du temple de Janus seraient fermées. On sait que ce geste symbolique signifiait que « sur toute l'étendue de l'empire du peuple romain régnait, sur terre comme sur mer, une paix qu'avaient enfantée les victoires » (pour reprendre les termes mêmes employés par Auguste lorsqu'il évoque les fermetures auxquelles il présida). Janus était une divinité typiquement romaine (qui n'avait d'équivalent ni en Grèce ni même en Italie) : il était toujours le premier de ceux que l'on invoquait dans les formules parce que, selon saint Augustin, « Janus gouverne ce qui est premier *(prima)*, Jupiter ce qui est le plus haut *(summa)* ». Dieu des commencements, c'est à lui que le calendrier réformé confia d'ouvrir l'année (le mois de janvier est celui de Ianus : *ianuarius*), mais c'est aussi à lui que l'on sacrifiait aux calendes de chaque mois (en même temps qu'à Junon qui, elle, présidait aux naissances) ; il était aussi, logiquement, le dieu des passages (la porte, en latin, se dit *ianua*) et c'est ce qui explique qu'il soit représenté comme le dieu aux deux visages. Son temple se trouvait au Forum : il s'agissait d'un petit édifice entouré d'une palissade ouverte sur deux côtés par des portes que l'on ferma donc cette année-là, pour la deuxième fois dans l'histoire de Rome, la première fermeture ayant été opérée, disait-on, sous le pieux roi Numa Pompilius. Le fait est d'importance : dans cette communauté de guerriers, la paix n'est pas une valeur en elle-même et il a fallu attendre l'extrême fin de la République, à l'époque où Rome fut déchirée par les guerres civiles et où donc on échangea la Liberté contre la Paix, pour que *Pax* devienne une divinité ; et une divinité qui n'aura son premier temple que sous Vespasien.

Janus

Si donc l'on ferma le Janus en cette fin d'année 235, c'était autant pour célébrer les victoires remportées (y compris celle qui avait consisté à soumettre une deuxième fois Carthage que l'on accusait d'avoir voulu reprendre les armes) que pour conjurer le sort : la menace gauloise était momentanément écartée, mais on savait bien que ces barbares représentaient un danger permanent et mieux valait proclamer à la face du monde des intentions pacifiques pour éviter de déclencher de nouvelles hostilités.

En tout cas l'armistice fut de courte durée puisque dès l'année suivante on retrouve les armées consulaires en campagne en Ligurie et dans les îles de Sardaigne et de Corse. Pour ce qui est des Ligures, ils furent réduits par Quintus Fabius Maximus Verrucosus, consul en 233, qui célébra sur eux un triomphe et commença la construction d'un temple à Honos qu'il avait voué au cours des opérations. Pour ce qui était des Corses et des Sardes, les choses furent souvent difficiles. Ainsi les consuls de 233 connurent-ils des succès certains en Sardaigne où ils firent un butin abondant, mais à peine passés en Corse, ils le perdirent au bénéfice de l'adversaire. Quant à Marcus Pomponius, consul en 231, il fut contraint de faire venir des chiens d'Italie pour débusquer les populations et leurs troupeaux qui se cachaient dans les forêts pendant que son collègue Caius Papirius, après avoir battu ses adversaires corses dans la plaine, progressait dans la montagne à leur poursuite en subissant pertes sur pertes dans des embuscades. Malgré les difficultés, et en particulier la soif dont souffrirent ses troupes, il finit par amener les Corses à traiter. Mais les conditions de cette victoire furent telles qu'on lui refusa le triomphe à Rome et qu'il dut se contenter d'organiser, en dehors de toute légalité, une cérémonie compensatoire sur le mont Albain. La pacification des deux îles semblait assurée : on n'entend plus parler d'opérations militaires dans les années qui suivent. Et, surtout, on élut en 227 quatre préteurs, soit deux de plus qu'il n'était de coutume ; l'un, Marcus Valerius, fut envoyé en Sardaigne ; à l'autre échut la Sicile : ainsi naissait le concept de province correspondant à un territoire.

Flaminius

Le préteur de Sicile était Caius Flaminius, un homme d'exception dont l'action a marqué ces années par une politique souvent qualifiée de révolutionnaire et qui, en tout cas, se voulait « populaire » ; une politique qui fut menée en passant outre à une opposition sénatoriale déterminée. Il avait été tribun de la plèbe en 232 et avait proposé une loi pour l'attribution individuelle de terres du Picenum et de l'*ager gallicus* à des citoyens. Il s'agissait de territoires qui étaient devenus terres publiques depuis la défaite des Gaulois Sénons en 290 et leur expulsion de cette zone comprise entre l'Apennin et la mer en 284. Sur cet espace, on avait déjà installé une colonie de citoyens à Sena Gallica, puis une colonie de droit latin à Ariminum et, enfin, une autre colonie de citoyens à Æsis. Ce que souhaitait Flaminius, c'était l'installation de citoyens dans la région d'Ariminum, non plus dans le cadre d'une colonie, mais sur des lots individuels. Or le Sénat s'opposa par tous les moyens à cette proposition de loi : il menaça même le tribun de la force armée et eut recours, en dernier lieu, à la *patria potestas* de son père qui intervint en pleine assemblée et lui intima l'ordre de suspendre les opérations de vote.

Pourtant le Sénat avait favorisé, depuis plusieurs décennies, l'implantation de colons sur les terres conquises et si son opposition se fit si forte c'était moins, comme se plaît à l'imaginer une certaine historiographie, parce que ses membres voulaient se réserver la jouissance d'immenses domaines sur ces terres fertiles que parce qu'il était attaché à la conception traditionnelle de la cité-État et ne voulait pas d'une distribution de propriétés personnelles beaucoup trop loin de Rome, au-delà de l'Apennin. Il considérait que ces terres devaient être réservées pour une colonisation en forme qui créait des unités autonomes en mesure de se développer et donc d'augmenter la puissance de la cité-mère (on a calculé que Rome avait loti dans des colonies, entre 334 et 241, environ 880 000 ha pour installer de petites gens) et structurellement liées à elle ; quant aux attributions individuelles, le Sénat considérait qu'elles n'étaient possibles que dans la mesure où elles étaient consenties dans le prolongement immédiat du territoire de la cité. En opposition à cette conception traditionnelle, Flaminius suscitait dans la plèbe, apparemment moins désireuse de terres et donc moins disposée à accepter toute forme de colonisation, la volonté d'obtenir des propriétés individuelles dans les meilleures conditions, sans se soucier de savoir si ces propriétés étaient trop loin pour être comprises sur le territoire propre de le *ciuitas Romana* et si, par conséquent, cela faisait des citoyens mis dans l'incapacité de remplir leurs devoirs civiques et religieux ou de jouir de leurs privilèges. D'une certaine façon, la proposition de Caius Gracchus, en 123, d'implanter une colonie de citoyens à Carthage et l'opposition du Sénat reproduisent, mais cette fois à l'échelle du monde, le même antagonisme dans la conception de la cité. Pour l'heure, rien ne put faire fléchir la détermination du tribun qui fit adopter sa loi *de agro Gallico et Piceno uiritim diuidundo*. Les historiens anciens, très influencés par une historiographie d'inspiration sénatoriale, lui sont hostiles et font de cette mesure à la fois le début d'une rupture politique dans la cité entre la classe dirigeante et les plus pauvres et l'origine du très important conflit qui, dans les années suivantes, opposa Rome aux Gaulois :

> Les Romains partagèrent en lots le territoire picénien précédemment occupé par les Gaulois Sénons, qui en avaient été expulsés après leur défaite. L'instigateur de cette mesure prise en faveur de la classe populaire était Caius Flaminius, dont la politique, disons-le, doit être considérée comme étant à l'origine de cette dégradation de la moralité politique qu'on observe à Rome chez les gens du peuple. La guerre qui éclata par la suite avec les Gaulois en fut également la conséquence. Car la raison qui poussa beaucoup de ces peuples et plus particulièrement les Boïens, qui avaient une frontière commune avec les Romains, à entrer en lutte, ce fut l'idée que Rome ne leur faisait plus la guerre seulement pour imposer sa suprématie et étendre sa domination, mais pour les expulser entièrement de chez eux et les exterminer. (Polybe, *Histoire romaine* 2, 21, traduction de Denis Roussel.)

L'analyse est évidemment partiale : on a vu ce qu'il en était pour la distribution des lots et de sa signification ; pour les Gaulois, en revanche, il est possible qu'ils aient été préoccupés par l'installation d'exploitants sur des territoires situés au sud de la colonie d'Ariminum et auxquels ils semblaient n'avoir pas renoncé.

On ne sait malheureusement presque rien de la politique que mena Caius Flaminius par la suite. Consul en 223, il dut se heurter de nouveau à l'opposition du Sénat qui ne trouva rien de mieux que de lui demander à lui et à son collègue Publius Furius Philus de démissionner de leur charge parce que des signes de mauvais augure (entre autres un vautour était resté perché plusieurs jours au Forum) donnaient à penser que l'élection consulaire n'était pas valide. Loin d'obéir, Flaminius entraîna son collègue à tenir bon et infligea une sévère défaite aux Gaulois que l'on combattait alors; il prépara son retour en distribuant la totalité du butin à ses troupes et, comme le Sénat lui refusait le triomphe, il l'obtint d'un vote populaire. Mais c'est en regardant son œuvre de censeur (en 220 avec Lucius Æmilius Papus comme collègue) qu'il est possible de trouver une confirmation à cette politique nouvelle que l'historiographie antique qualifie de démagogique. D'abord il commença la réalisation de la route qui devait relier Rome à Ariminum, la *uia Flaminia,* confirmant ainsi la fonction stratégique de la colonie et du territoire à l'entour. Et puis c'est lui qui dota de structures permanentes le cirque qui, au Champ de Mars, constituait le départ de la pompe triomphale et dans lequel, surtout, furent régulièrement donnés, à partir de 216, les Jeux plébéiens, qui étaient une véritable réplique, en novembre, des Jeux Romains (et qui existaient, mais de façon irrégulière, depuis le début du siècle): on l'appela désormais le *circus Flaminius.* Nous ne reverrons Flaminius qu'au début de la deuxième guerre punique où son destin s'arrêta tragiquement.

De l'autre côté de l'Adriatique

Les questions de politique intérieure et la stature imposante de Caius Flaminius ne doivent pas faire sous-estimer l'importance des événements qui se produisirent alors dans le domaine diplomatique et militaire. En premier lieu, c'est précisément dans ces années où le débat politique était si intense que Rome fut amenée à intervenir, pour la première fois, de l'autre côté de l'Adriatique et à porter les armes dans le monde grec proprement dit:

> Il ne s'agit pas d'un épisode secondaire, sur lequel on pourrait passer sans insister, mais d'un événement qui mérite toute l'attention de ceux qui veulent réellement voir se dessiner dans ses perspectives d'ensemble l'histoire qui fait l'objet de ce travail, c'est-à-dire l'accroissement et les ressorts de la puissance romaine. (Polybe, *Histoire romaine* 2, 2, traduction de Denis Roussel.)

Les relations commerciales que Rome entretenait avec les ports de la rive orientale devaient être déjà assez développées et la cité avait témoigné de l'intérêt qu'elle y portait en installant une colonie de droit latin à Brindes dans les dernières années de la première guerre contre Carthage. Mais cette région du monde fut bien troublée en ce début des années 20. À en croire nos sources, ce sont les Illyriens qui furent cause du déséquilibre dans cette région: leur royaume occupait la côte Dalmate au sud de l'actuelle Split, et était dirigé par une femme, Teuta, veuve du roi Agron. C'était donc un royaume doublement barbare, en quelque sorte, puisqu'il avait une reine (c'est du moins ce qu'affirme, avec une unanimité impressionnante, l'historiographie antique). Teuta entraîna les Illyriens dans des aventures insensées après qu'ils eurent remporté de beaux succès dans une opération mercenaire au service de la Macédoine, contre les Étoliens :

> Avec ses raisonnements de femme, elle ne prenait en considération que le succès qu'on venait de remporter et elle ne jetait pas le moindre regard autour d'elle pour voir ce qui se passait ailleurs. Elle commença par autoriser les corsaires à s'attaquer, pour faire du butin, à tous les navires rencontrés, quels qu'ils fussent. Puis elle rassembla une flotte ainsi qu'un corps expéditionnaire aussi importants que les précédents et donna pour instructions à ceux qui les commandaient de considérer tous les pays comme terres ennemies. (Polybe, *Histoire romaine* 2, 3, traduction de Denis Roussel.)

Et voici donc nos Illyriens lancés contre l'Élide et la Messénie, la tactique consistant à s'attaquer aux villes côtières et à rembarquer avant que des secours aient pu venir de l'intérieur du territoire. Mais pour commencer, ils firent relâche à Phœnikè, en Épire, et ayant constaté que la ville avait été confiée à la garde de huit cents mercenaires gaulois, ils s'entendirent avec eux pour la prendre et la piller. Une armée épirote fut envoyée pour tenter de récupérer la ville, mais elle fut taillée en pièces par les Illyriens qui, craignant les renforts que leurs adversaires avaient reçus des Étoliens et des Achéens, finirent par traiter avec eux de façon avantageuse et rentrèrent dans leur pays.

À l'occasion de ces opérations, la flotte illyrienne s'était livrée à de nombreux actes de piraterie, notamment contre des navires italiens, capturant et réduisant en esclavage des citoyens romains. Rome envoya donc deux ambassadeurs, dans le courant de l'année 230, pour se plaindre des mauvais traitements dont avaient été victimes des citoyens ; mais l'entrevue fut houleuse et, apparemment, la reine Teuta fit assassiner celui des deux envoyés de Rome qui avait été le plus brutal : c'était donc la guerre. Dès le début de la belle saison, pendant que les Romains mettaient sur pied une flotte de deux cents vaisseaux et un corps expéditionnaire de vingt mille fantassins et de deux mille cavaliers, la reine Teuta, à laquelle s'étaient alliés les Épirotes vaincus l'année précédente et les Acarnaniens, lança une expédition encore plus importante que la première. Les Illyriens se divisèrent en deux, les uns se dirigeant sur Corcyre, les autres s'arrêtant à Épidamne qu'ils voulaient prendre par surprise ; mais les Épidamniens, une fois passée la surprise de constater que ces tranquilles porteurs d'eau cachaient leurs armes dans leurs cruches et se transformaient en assaillants féroces, coururent aux armes et réussirent à chasser l'envahisseur. Le corps expéditionnaire illyrien se regroupa donc pour mettre le siège devant Corcyre. Là, les opérations furent de plus grande ampleur parce que les Corcyréens avaient reçu l'appui des Confédérations achéenne et étolienne. Mais les navires cuirassés qu'elles avaient fournis ne suffirent pas devant la détermination des Illyriens qui avaient pour tactique d'attacher leurs navires quatre par quatre et d'offrir leur flanc à l'adversaire : de cette façon le vaisseau qui les éperonnait restait immobilisé tandis que des trois autres bateaux surgissaient des hommes en armes qui montaient à l'abordage. C'est ainsi que les Illyriens capturèrent ou contraignirent à la fuite les flottes ennemies et purent mettre tranquillement le siège devant Corcyre qui capitula peu de temps après : la cité dut recevoir une garnison illyrienne placée sous l'autorité d'un Grec de Pharos (île vassale du royaume d'Illyrie), Démétrios. Les Illyriens remontèrent alors vers Épidamne qu'ils essayèrent à nouveau de prendre, mais en vain, puis ils mirent le siège devant Issa.

La flotte romaine était arrivée à Corcyre trop tard pour empêcher sa prise. Mais le consul Cneius Fuluius Centumalus put traiter avec Démétrios de Pharos qui commençait à se méfier de la reine Teuta et qui préféra livrer la garnison illyrienne aux Romains et se faire leur allié dévoué : Fuluius reçut donc les Corcyréens dans l'amitié de Rome et appareilla en direction d'Apollonia puis d'Épidamne. De son côté, son collègue Lucius Postumius Albinus, qui avait fait traverser ses troupes depuis Brindes, suivait, à terre, un itinéraire parallèle et, au fur et à mesure de leur avance, les Illyriens s'enfuyaient avant leur arrivée. Tout au long de l'expédition, les Romains reçurent la soumission de nombreux peuples. Ils dégagèrent Issa qui s'en remit à la *fides* du peuple romain et prirent d'assaut un certain nombre de places fortes, mais non sans éprouver quelques pertes sérieuses, comme devant Noutria où tombèrent notamment le questeur et plusieurs tribuns. Au total, les Illyriens étaient laminés et Teuta s'était réfugiée à Rhizon (aujourd'hui Kotor, au Montenegro) avec seulement quelques compagnons. Les Romains installèrent Démétrios à la tête des territoires pris à Teuta et Fuluius repartit pour Rome avec la plus grande partie de la flotte et de l'armée de terre pendant que Postumius passait l'hiver sur place avec quarante vaisseaux et des troupes auxiliaires recrutées sur place pour contrôler les peuples qui avaient fait allégeance. Au printemps, Teuta se résolut à traiter : elle s'engageait à payer l'indemnité de guerre que l'on exigeait d'elle, renonçait aux territoires d'où les Romains l'avaient chassée et, surtout, s'engageait à ne jamais envoyer au-delà de Lissos, à l'embouchure du Drin, plus de deux navires — qui devaient d'ailleurs être désarmés. Cette dernière clause était essentielle pour l'ensemble du monde grec qui s'inquiétait des expéditions illyriennes et Postumius, pendant que son collègue célébrait un triomphe naval sur les Illyriens, ne manqua pas de diffuser la nouvelle : il envoya des ambassadeurs qui avaient pour mission d'exposer, notamment aux Étoliens et devant la Confédération achéenne, que les Romains avaient franchi l'Adriatique parce que l'un de leurs ambassadeurs avait été lâchement assassiné par Teuta et parce que les Grecs de la côte les avaient appelés au secours ; de raconter leurs exploits contre les Illyriens et, surtout, de donner lecture du traité. Un peu plus tard, le Sénat envoya d'autres ambassadeurs, avec la même mission auprès d'Athènes et de Corinthe et cette dernière cité, en remerciement des services rendus au monde hellénique, admit pour la première fois les Romains à participer aux Jeux isthmiques.

Les années qui suivirent cette première guerre d'Illyrie furent nettement moins triomphantes : le danger venait cette fois des Gaulois et créa, à Rome, une atmosphère de panique. On ne sait pas bien comment est né le conflit : les Gaulois d'Italie, Boïens, Insubres, Taurini et Lingons s'étaient ligués et avaient fait appel aux Gésates de la vallée du Rhône pour constituer une armée de 150 000 fantassins et de 20 000 cavaliers. Cette troupe avait été soigneusement préparée depuis plusieurs mois et les Cisalpins avaient déployé une intense activité diplomatique pour convaincre les chefs gésates, Concolitanos et Anèröestès, de se joindre à l'expédition : on leur avait apporté beaucoup d'or, on leur avait fait espérer qu'il y en aurait encore beaucoup à prendre sur une cité aussi riche que Rome ; enfin on leur avait rappelé que les Gaulois avaient déjà pris cette cité, l'avaient occupée sept mois et étaient rentrés sans encombre chez eux, chargés de dépouilles. Les Romains, de leur côté, s'étaient livrés à des préparatifs militaires qui peuvent donner à penser que leurs intentions étaient aussi belliqueuses et avaient également mené une intense activité diplomatique pour diviser leurs adversaires éventuels ou se prémunir contre eux. Rome avait réussi à s'attirer les faveurs des Vénètes et des Cénomans, et puis, comme pour avoir les mains libres en Italie, elle avait signé, avec les Carthaginois qui s'étaient solidement implantés en Espagne où ils avaient fondé la « Nouvelle Carthage » (Carthagène), un traité définissant les zones d'influence (puisque les Carthaginois avaient les mains libres jusqu'au Jucar, au-delà duquel ils ne devaient pas porter les armes). Mais on ne sait si ces mesures avaient été prises parce que Rome avait délibéré d'en finir avec les Gaulois d'Italie ou si elles étaient des réponses aux préparatifs faits par les Gaulois et sur lesquels on devait être assez bien renseigné à Rome. La crainte, pour ne pas dire la terreur, qui régna chez les Romains dans ces années-là semble porter à croire que la cité était plutôt sur la défensive, même si l'on peut supposer que Polybe était trop influencé par l'historiographie romaine lorsqu'il écrit que Les Gaulois

> ce fut pour une bonne part à la faveur de cette émotion que les Carthaginois purent étendre leur domination en Espagne sans être inquiétés. En effet les Romains qui, comme je l'ai dit plus haut, estimaient qu'il était plus urgent de s'occuper d'un ennemi qui se trouvait à leurs portes et voulaient d'abord régler la question des Gaulois, durent s'abstenir de toute intervention dans les affaires espagnoles. (Polybe, *Histoire romaine* 2, 22, traduction de Denis Roussel.)

Il y a d'autres témoignages qui, eux, ne relèvent pas de l'interprétation : il s'agit de l'ensemble des précautions religieuses que révèle l'histoire intérieure de ces temps-là. On sait, par exemple, que les censeurs, probablement en 225, furent obligés de recommencer trois fois la *lustratio*, la cérémonie terminale de purification qui concluait le recensement : une inexactitude dans les formules, un incident au cours de la cérémonie suffisaient à entacher l'ensemble des procédures religieuses et à les frapper de nullité. On en a une preuve avec l'histoire du Intégrisme pontife Lucius Cæcilius Metellus Delmaticus qui, au siècle suivant, dut se torturer pendant plusieurs mois à répéter la formule qu'il devrait prononcer au moment de la dédicace d'un temple à Ops Opifera : il avait la langue embarrassée et craignait de ne pouvoir prononcer les formules sans hésitation. Or on est particulièrement attentif dans les périodes de crise ou de danger et on ne pouvait pas se permettre de n'être pas parfaitement en règle avec les dieux alors que les Gaulois étaient presque aux portes de Rome. On avait précisément démis de leurs fonctions deux flamines, et probablement appartenant aux flamines majeurs (qui étaient attachés à Jupiter, à Mars et à Quirinus) pour des maladresses : Marcus Cornelius Cethegus n'avait pas placé avec assez de soin les entrailles des victimes sur le feu de l'autel ; quant à Quintus Sulpicius, il avait laissé tomber son bonnet au cours d'une cérémonie. On fit coopter aussitôt deux remplaçants. Et Valère-Maxime, qui nous rapporte ces anecdotes, observe en conclusion : « On n'a donc pas lieu de s'étonner que les dieux aient toujours veillé avec une bonté persévérante à l'agrandissement et à la garde d'un empire qu'on voit, en matière de religion, peser si scrupuleusement les moindres circonstances. » C'est en effet dans cette observance stricte des formes que les Romains mettaient leur piété – et c'est d'elle qu'ils attendaient, en retour, la protection divine. Si un oubli ou une erreur rituelle avaient été constatés, il suffisait de répéter totalement ou en partie la cérémonie entachée pour réaliser intégralement son effet religieux. Cela ne signifiait pas que les infractions fussent considérées comme bénignes : sans une réparation, les conséquences pouvaient être désastreuses pour la communauté. Simplement, parce que seule la faute volontaire était inexpiable, on avait le temps, une fois qu'on l'avait constatée, de mettre en place les procédures de réparation. La constatation du vice de forme pouvait d'ailleurs venir de façon indirecte, si l'on peut dire, à travers des manifestations jugées menaçantes : si l'on avait invité, quelques années plus tôt, Flaminius et son collègue Furius à se démettre de leur charge de consul, c'est parce que des signes jugés défavorables par les augures avaient donné à penser que les cérémonies religieuses liées à l'élection avaient été frappées d'un vice de forme. De la même façon, pendant les années mêmes du conflit avec les Gaulois (mais à une date impossible à préciser), le cri d'une souris, entendu au moment même où Quintus Fabius Maximus Verrucosus, nommé dictateur, venait de désigner Caius Flaminius comme son maître de cavalerie, contraignit l'un et l'autre à se démettre de leurs fonctions. On peut évidemment penser, s'agissant de Flaminius, que les arrière-pensées politiques n'étaient pas absentes de cette décision. Il n'en reste pas moins qu'elle fut appliquée et que deux autres magistrats furent désignés.

Il y a encore d'autres témoignages, et beaucoup plus sombres, de cet « intégrisme » romain dans cette période troublée. Plutarque nous raconte que les Romains « qui d'habitude ne pratiquaient aucun rite barbare ni étranger, et qui, partageant autant que possible les opinions des Grecs, se montraient doux dans le culte rendu aux dieux» se livrèrent alors à un sacrifice humain étrange et sur lequel les modernes s'interrogent encore : ils enterrèrent vivants deux Grecs, un homme et une femme, et pareillement deux Gaulois sur la place appelée le Marché aux Bœufs ; et, « de nos jours encore, ajoute Plutarque, au mois de novembre, on célèbre en leur honneur des cérémonies secrètes, auxquelles personne ne peut assister ». L'interprétation la plus couramment admise pour cette pratique, qui choqua fort Tite-Live au point qu'il prétendit qu'elle n'était point conforme aux traditions romaines, est qu'un oracle ayant promis aux Gaulois et aux Grecs la conquête de Rome, on y satisfaisait en mettant ces victimes en possession du sol où on les enterrait.

Or l'on observe que dans les rares occasions où ce sacrifice humain est attesté (pour les années 216 et 111), il est en rapport avec l'exécution d'une ou de plusieurs vestales accusées d'« inceste », c'est-à-dire d'avoir trahi l'obligation de chasteté à laquelle elles étaient soumises ; et l'on sait que le châtiment de la Vestale impudique était précisément l'ensevelissement : c'est celui qu'à cette époque on infligea à une certaine Tuccia dont on ne sait rien par ailleurs. Une partie de la tradition ancienne rapporte que Tuccia avait été accusée, mais qu'elle réussit à prouver son innocence : ayant invoqué la déesse Vesta pour lui demander de l'aider, elle se rendit au bord du Tibre, puisa de l'eau avec une passoire et alla vider cette eau au pied du Grand Pontife au Forum. Compte tenu du caractère miraculeux de cette belle histoire, on nous pardonnera de nous en tenir à la version plus pessimiste.

L'exécution d'une Vestale et l'ensevelissement de deux Gaulois et deux Grecs présentent plus que des similitudes en ce qu'il s'agit de rituels précisément inscrits dans l'espace urbain. Dans le cas de la Vestale, l'accusation, le procès et l'exécution sont choses publiques, qui se déroulent dans des espaces bien précis de la cité et avec la participation de la foule des citoyens. Pour déterminer la culpabilité, le Grand Pontife soumet à la torture, sur le Forum même, les esclaves de celui qui est soupçonné d'avoir été l'amant de la jeune femme. Le peuple est là qui compatit aux souffrances des malheureux, insulte les faibles et admire ceux qui résistent à la douleur. Lorsque la culpabilité est acquise, le magistrat convoque le peuple pour le châtiment. Exécution au Forum pour le corrupteur : le magistrat monte sur son tribunal ; le condamné est attaché au poteau du supplice ; les musiciens, les licteurs, le *præco* (crieur public) se placent, délimitant et structurant ainsi un espace spécifique ; commence alors la procédure elle-même, lorsque le *præco* a réclamé le silence pour que le magistrat puisse prononcer les *legitima uerba*, les formules destinées à déclencher les actes des bourreaux, immédiatement précédés d'une sonnerie de trompette et alors que les assistants, à commencer par le magistrat, rabattent sur leur tête un pan de leur toge. On ne sait que peu de choses, en définitive, sur l'exécution proprement dite qui se faisait, dans ce cas, par décapitation précédée d'une flagellation sur tout le corps. Le cadavre était ensuite mutilé par le *carnifex* qui le traînait avec un croc jusqu'au Tibre où il le jetait. Pour la Vestale, la procédure était tout à fait différente : s'organisait un cortège tragique à travers la ville, qui devait être témoin de l'expulsion de la souillure qu'elle représentait ; on la menait à la porte nord, la Porte Colline, à l'extérieur de laquelle, sur la droite en sortant, se trouvait le Campus Sceleratus, l'endroit réservé à ce supplice spécifique. Là, dans l'*agger* lui-même, c'est-à-dire dans le remblai de terre sur lequel reposait la muraille, on avait aménagé un caveau dans lequel elle était murée. La solennité des exécutions, leur ritualisation, en faisaient une célébration, c'est-à-dire que les gestes, les formules, les décors contribuaient à créer un espace et un temps spécifiques à l'intérieur desquels étaient définis des modes d'action communs : en d'autres termes, parce que toutes les exécutions avaient ces mêmes formes, ritualisées, la présence du peuple, qui les connaissait parfaitement, ne relevait pas de la simple assistance à un spectacle cruel, mais constituait une véritable participation active. Et c'est aussi toute la communauté qui, en 225, ensevelit vivants un couple de Gaulois et un couple de Grecs au Forum Boarium. Le problème est que l'on ne voit pas bien pourquoi on avait choisi ce site. Que la Vestale ait été ensevelie hors les murs, mais au pied même des murs se comprend : il fallait purger le sol sacré de la cité de sa présence et, en même temps, son sacrifice pouvait servir à renforcer la défense de la cité. Avoir choisi le site urbain du Forum Boarium pour le sacrifice des Gaulois et des Grecs ne s'explique pas aussi facilement, sinon peut-être par le fait que cette zone commerciale était perçue comme la partie de la ville ouverte aux influences extérieures : c'était là qu'en des temps très anciens Hercule et ses bœufs s'étaient arrêtés, et c'était toujours là qu'abordaient les bateaux de commerce qui venaient de loin.

Mobilisation générale

Mais les précautions que les Romains prirent alors pour se préserver du danger gaulois n'étaient pas toutes religieuses et nous avons conservé le souvenir d'une des décisions qui furent prises alors : « Les Romains, dit Polybe, accumulèrent des réserves de blé, d'armes et de matériels divers en quantité si considérable que nul ne se souvenait d'avoir jamais rien vu de pareil. » Mais surtout on envoya un ordre général à tous les alliés pour faire procéder à un recensement de tous les hommes en âge de porter les armes, ordre qui fut exécuté avec beaucoup de diligence parce que les autres peuples d'Italie étaient, eux aussi, terrifiés par l'imminence de l'invasion gauloise. Il se trouve que nous pouvons reconstituer ces chiffres avec une certaine vraisemblance. Les voici donc, présentés en tableau :

Peuples	*Mâles adultes*	*Population civique*	*Territoire (en km²)*	*Densité*
Romains	300 000	923 000	25 615	36,0
Latins	134 000	431 000	10 630	40,6
Samnites	123 200	390 000	10 333	37,8
Apuliens	89 600	284 000	17 085	16,6
P. des Abruzzes	54 400	172 000	7 410	23,2
Étrusques	86 400	274 000	19 085	14,4
Ombriens	35 200	111 000	7 235	15,3
Lucaniens	52 800	167 000	10 400	16,1
Total Romains	300 000	923 000	25 615	36,0
Total Italiens	575 600	1 829 000	82 195	23,4
Total	875 600	2 752 000	107 810	25,5

Si l'on ajoute les Grecs et les habitants du Bruttium, on parvient, à cette date, à une population civique de 2 962 000, ce qui permettait de compter sur une réserve de 700 000 fantassins et 70 000 cavaliers. Ces chiffres avaient de quoi rassurer Rome et les populations de l'Italie et les conforter dans leur détermination à résister à l'envahisseur barbare. On constitua donc des armées. Les quatre légions des consuls comptaient chacune 5 200 fantassins et 300 cavaliers auxquels il convient d'ajouter, pour l'ensemble de ces troupes consulaires, les alliés qui étaient 30 000 fantassins et 2 000 cavaliers. Les Sabins et les Étrusques, plus particulièrement concernés, il est vrai, fournirent en outre plus de 50 000 fantassins et 4 000 cavaliers qui furent placés sous les ordres d'un préteur qui reçut pour mission de défendre les frontières de l'Étrurie. Les peuples de l'Apennin, Ombriens et Sarsinates, fournirent 20 000 hommes en plus, ainsi que les Vénètes et les Cénomans, ces derniers étant disposés le long de leur frontière avec les Boïens, pour faire une diversion le moment venu. À Rome même, on avait, en réserve, 20 000 fantassins et 1 500 cavaliers légionnaires, et 30 000 fantassins et 2 000 cavaliers alliés. Cela faisait une armée forte de plus de 210 000 hommes, avec des possibilités importantes de mobilisation complémentaire ; mais cela impliquait aussi une organisation considérable pour la fourniture des armes, des matériels, des chevaux, pour l'approvisionnement de ces troupes en campagne. Et si nos sources ne parlent jamais de ces choses-là, il faut bien imaginer, sous la responsabilité des questeurs des armées, en coordination avec Rome et avec les cités alliées, un système cohérent qui permettait d'assurer à ces troupes, à tous moments et quelle que fût la tournure de campagnes dont on ne pouvait prévoir tous les développements, qu'elles ne mourraient pas de faim ni ne manqueraient d'armes.

La guerre

Les opérations ne commencèrent qu'avec un peu de retard par rapport à l'offensive gauloise qui se développa en Étrurie où les barbares ravagèrent le pays et firent un butin considérable. Ne rencontrant pas d'opposition, ils marchèrent sur Rome dont ils s'approchèrent jusqu'à moins de trois jours de marche, à Clusium. Là ils apprirent qu'une armée ennemie était à leurs trousses : ils firent volte-face et s'apprêtèrent au combat. Les Romains ne se décidant pas à attaquer, les deux armées bivouaquèrent en face l'une de l'autre. Mais les Gaulois tendirent un piège dans lequel tomba le préteur qui commandait aux troupes étrusques et sabines : laissant leurs feux allumés, leur infanterie leva discrètement le camp et alla prendre position à Fiésole. Au lever du jour, les troupes romaines constatèrent que l'infanterie était partie et que les cavaliers faisaient retraite précipitamment : elles se lancèrent à leur poursuite jusqu'à tomber sur le gros de l'armée adverse qui les attendait. Ce fut un combat acharné où la fougue des Gaulois et leur supériorité numérique eurent raison des forces romaines qui comptèrent au moins six mille tués, le reste trouvant refuge au sommet d'une colline devant laquelle les Gaulois laissèrent un détachement de cavalerie dans l'intention de réduire cette dernière poche de résistance un peu plus tard.

Entre-temps le consul Lucius Æmilius Papus, à qui était échue la responsabilité des opérations en Italie (alors que son collègue Caius Attilius Regulus était envoyé en Sardaigne), avait appris que les Gaulois faisaient route sur Rome et il s'avançait à marche forcée pour les intercepter. Il arriva précisément au soir du combat qui avait vu la défaite du préteur : contact fut pris très rapidement avec les survivants réfugiés sur la colline et, au point du jour, le consul donna l'ordre à l'infanterie, commandée par les tribuns, de se porter au-devant des Gaulois tandis que lui-même, à la tête de la cavalerie, irait débloquer les survivants de l'autre armée. Les Gaulois, qui, eux aussi, avaient vu arriver l'armée consulaire, avaient débattu sur la conduite à tenir et s'étaient rangés à l'avis d'Anèroëstès qui pensait qu'il était inutile de risquer l'énorme butin que l'on avait déjà fait et que, donc, mieux valait rompre et remonter à travers l'Étrurie, en suivant la côte. Æmilius, de son côté, qui avait récupéré les restes de l'armée prétorienne, préférait les suivre et guetter des occasions d'escarmouches plutôt que de livrer une bataille rangée. Mais il se trouva que l'autre consul, Caius Attilius, de retour de Sardaigne, débarqua avec ses troupes à Pise et se mit en marche vers Rome en suivant la côte : le port de Pise n'était pas nécessairement le port le plus commode pour ramener à Rome des troupes de Sardaigne, ni même de Corse. Il y avait donc là une décision stratégique qui avait été prise et qui visait à coincer les Gaulois entre deux armées. Après quelques jours de marche il rencontra en effet, dans la région de Télamon, les fourrageurs de l'armée gauloise, les captura et apprit que l'armée ennemie remontait à sa rencontre suivie de près par les troupes d'Æmilius. Attilius fit donc avancer lentement son armée en ligne de bataille tandis qu'il allait occuper avec sa cavalerie et des détachements d'infanterie légère une hauteur qui surplombait la route que devaient emprunter les Gaulois : ceux-ci l'apercevant crurent que c'était Æmilius qui les avait débordés pour occuper cette position avant eux, mais ils apprirent vite, par un prisonnier, qu'ils se trouvaient pris en tenaille entre les deux armées consulaires : ils se disposèrent alors au combat. Firent face à Æmilius, au sud, les Gésates et, derrière eux, les Insubres commandés par Brittomarus, tandis que s'apprêtaient à affronter l'autre armée consulaire les Taurisques et les Boïens. Les chariots avaient été placés aux extrémités et le butin était confié à la garde d'un détachement sur une colline voisine. Apparemment, les plus impressionnés étaient les Romains : leurs adversaires étaient peut-être pris en tenaille, mais ils étaient plus nombreux qu'eux et, précisément parce qu'ils étaient dans une position qui leur interdisait la fuite, on pouvait attendre d'eux qu'ils se battent avec l'énergie du désespoir ; à cela s'ajoutait que leur position avait au moins l'avantage de les prémunir contre un mouvement tournant. Mais surtout ce qui avait de quoi glacer le sang des légionnaires, c'était que les Gésates, d'une taille moyenne très sensiblement supérieure à la leur, s'étaient mis complètement nus (ne gardant que la chaîne qui leur servait de ceinturon, le casque et les bijoux) comme s'ils n'avaient rien à craindre des coups de l'adversaire ; et puis il y avait ces terrifiants et incessants cris de guerre, accompagnés de sonneries de trompettes et de cors qui faisaient résonner tout le pays à l'entour. La bataille avait commencé par un très dur affrontement entre les deux cavaleries pour l'occupation de cette hauteur sur laquelle les hommes d'Attilius avaient pris position : lui-même fut tué au cours du combat et les Gaulois tranchèrent sa tête pour la porter à leur chef. Pourtant l'avantage resta aux Romains sur ce front. Puis les vélites de l'armée romaine s'avancèrent et commencèrent leur habituelle préparation « d'artillerie » (ils lançaient sur l'adversaire leurs javelots : la panoplie de chacun d'entre eux en comportait sept) ; et ils réussirent d'autant mieux à semer le désordre dans ses rangs que les premières lignes étaient composées de Gésates nus et qui n'avaient qu'un bouclier très insuffisant pour les protéger sur tout le corps. Une partie de ces hommes reculait tandis que le reste chargea en désordre pour échapper à cette pluie de projectiles : ils furent massacrés et les Romains constatèrent qu'ils étaient parés de colliers et de bracelets d'or, ce qui ne manqua pas de redoubler leur ardeur à combattre. Pourtant, lorsque les manipules reçurent l'ordre de charger, ils se heurtèrent à une très forte et longue résistance et il fallut que la cavalerie romaine, qui avait réussi à disperser son adversaire, dévale les pentes de la colline et les attaque de flanc pour en venir à bout. Les Gaulois eurent environ quarante mille tués et dix mille d'entre eux furent capturés, au nombre desquels Brittomarus et le roi Concolitanos ; Anèroëstès avait réussi à s'enfuir avec quelques compagnons : il tua ses proches et se donna la mort.

La victoire des Romains et des Italiens s'explique sans doute à la fois par des raisons stratégiques et par des considérations tactiques. Compte tenu de ce que nous savons du déroulement des opérations, il n'est pas impossible que les Romains aient intentionnellement laissé les Gaulois s'avancer en pays étrusque pour y faire du butin, ce qui ne pouvait qu'affaiblir progressivement leur détermination : chargés de dépouilles, les Gaulois seraient plus prudents – et moins manœuvrants. Les Romains, qui avaient réussi à diviser l'armée adverse (contrainte de laisser des troupes pour protéger ses arrières contre une éventuelle attaque des Vénètes et des Cénomans, alliés de Rome), comptaient que l'armée du préteur, précisément composée d'Étrusques et de Sabins, serait d'autant plus ardente à combattre que leur pays aurait été ravagé ; les deux autres corps devaient couper la retraite à l'ennemi, Æmilius à l'est, Attilius par le nord : on ne voit pas très bien ce qu'il aurait pu avoir à faire en Sardaigne cette année-là, et avec une troupe aussi importante, sinon tromper l'ennemi pour débarquer ses hommes derrière lui, ce qui implique que les services de renseignements fonctionnaient mieux qu'on ne l'imagine. On avait dû faire croire aux informateurs gaulois présents à Rome qu'une opération en Sardaigne était indispensable cette année-là et que, donc, les armées consulaires seraient divisées. En tout état de cause, le lieu de débarquement, Pise, et le moment avaient dû rester secrets. Ce ne fut pas exactement ce qui se passa, mais Æmilius, qui disposait vraisemblablement d'un service d'information efficace et rapide, put intervenir à temps pour redresser une situation compromise par la maladresse du préteur. Et, en tout cas, il restait à Rome une armée suffisamment nombreuse pour défendre la cité en cas de malheur. Les Gaulois ont donc été manœuvrés et amenés à combattre à la fois dans une position difficile et contre deux armées réunies. Mais leur infériorité s'explique aussi sur le plan tactique, en raison d'un armement d'une qualité bien moindre que celle de l'armement romain. Il est vrai que, faute de disposer d'information sur les unités tactiques des Gaulois et sur les mouvements qu'elles permettaient, notre attention se focalise sur leurs armes, à la fois parce que les textes nous les décrivent et parce que l'archéologie en a mis au jour. Ce qui est certain c'est que leurs boucliers étaient très insuffisants à la fois en termes de résistance et pour ce qui était de leur forme et de leur surface, et que la longue épée dont ils ne pouvaient se servir que de taille était impropre au combat rapproché : une fois frappé le premier coup, qui pouvait être terrible, il est vrai, ils avaient d'autant moins le loisir d'armer le second qu'ils étaient mal protégés par leurs armes défensives (limitées au seul petit bouclier pour certains d'entre eux). Cela dit, il ne faut pas diminuer le mérite des soldats italiens et romains en colportant des histoires invraisemblables comme le fait Polybe qui écrit que les tribuns avaient expliqué à leurs hommes

> que c'était lors du premier choc, quand ses forces étaient intactes, que le soldat gaulois était le plus redoutable par son ardeur combative et qu'avec son épée telle qu'elle avait été fabriquée [...] il ne pouvait porter qu'un seul coup de taille qui fût vraiment efficace, parce que son arme se trouvait aussitôt faussée et tordue dans sa longueur comme dans sa largeur, au point que si on ne laissait pas à son possesseur le temps de l'appuyer par terre pour la redresser avec le pied, le deuxième coup qu'il portait avec

elle restait absolument inoffensif. (Polybe, *Histoire romaine* 2, 22, traduction de Denis Roussel.)

Il s'agit, bien entendu, de ce que leurs officiers racontaient aux légionnaires pour les rassurer devant un ennemi aussi redoutable par sa force physique et son apparente joie à combattre : l'archéologie confirme que les armes employées par les Gaulois étaient parfaitement résistantes et cette histoire est donc à remiser au magasin des accessoires propres aux veillées d'armes. Comme aussi, d'ailleurs, ces jugements qu'une certaine historiographie a portés sur ces barbares qui avaient trop impressionnés les Romains :

> Tous les hommes, quand ils ont obtenu ce qu'ils désiraient d'abord, montrent ensuite beaucoup plus d'ardeur ; reçoivent-ils un échec, leur énergie s'émousse. Les Gaulois, plus que les autres peuples, poursuivent avec chaleur le but qu'ils veulent atteindre, et lorsqu'une entreprise marche à leur gré, ils s'y attachent fortement. Rencontrent-ils le plus léger obstacle, ils perdent tout espoir de succès : portés par une folle présomption à se promettre ce qu'ils souhaitent, par un naturel bouillant à pousser une entreprise jusqu'à sa dernière limite, rien ne tempère leur fougue, rien ne maîtrise leurs élans. Aussi, jamais chez eux rien de durable ; car l'audace qui se précipite ne peut tenir ferme. Une fois abattus, ils sont incapables de se relever, surtout si la crainte se joint au découragement ; ils tombent alors dans une léthargie aussi grande que leur audace était naguère intrépide : un moment leur suffit pour passer brusquement d'un excès à l'excès contraire, la raison ne leur offrant jamais un point fixe où ils puissent s'arrêter. (Dion Cassius, *Histoire romaine,* fragment 50, §§ 2 & 3, traduction d'E. Gros.)

À ce portrait moral du Gaulois en général, brossé par un historien grec, répond la caricature que le Latin Florus a donnée de l'Insubre en particulier et qui présente une variante intéressante de l'affaiblissement du Gaulois après qu'il a porté son premier coup :

> Les Gaulois Insubres, qui habitent eux aussi les Alpes, avaient des mœurs de bêtes sauvages et un corps de taille plus qu'humaine, mais (on le vit aussitôt à l'expérience, car si au premier assaut ils sont supérieurs à des hommes, au second, ils sont inférieurs à des femmes), se développant sous le climat humide des Alpes, leurs corps ont un point commun avec leurs neiges : à peine échauffés par la bataille, ils s'humectent de sueur et un léger mouvement les ramollit, comme sous l'effet du soleil. (Florus, *Histoire du peuple romain,* 1, 20, 1-2.)

Il n'est pas certain que les troupes romaines et italiennes massées à Télamon aient vérifié cet affaiblissement soudain de leurs adversaires.

Après sa victoire, le consul veilla à ce qu'on rendît, dans le butin gaulois qu'il avait récupéré, ce qui pouvait être rendu aux Étrusques puis, en rentrant sur Rome, il passa par le territoire des Boïens pour permettre à ses hommes de se livrer au pillage. Lors du triomphe qui clôtura la campagne, on fit défiler jusqu'au Capitole, comme il était naturel, les objets qui avaient été pris à l'ennemi, mais aussi, ce qui l'était moins, mais par dérision, les chefs gaulois, Concolitanos et Brittomarus, encore ceints de leur baudrier, parce qu'ils avaient juré à leurs hommes de ne s'en défaire qu'après avoir escaladé le Capitole.

La pacification

Les Romains étaient bien décidés à ne pas se contenter de cette victoire et à pousser leur avantage le plus loin possible. Aussi l'année suivante les consuls firent-ils irruption en territoire boïen et obtinrent-ils complète soumission de la part de ce peuple avant de traverser le Pô pour en découdre avec les Insubres, dont vingt-trois mille furent massacrés et six mille faits prisonniers. Flaminius et Furius, en 223, tournèrent les Insubres par l'est et le nord et eurent à affronter une mobilisation exceptionnelle : l'avantage resta aux Romains, et si l'on ignore le nombre de victimes, on sait que le butin fut très important et que Flaminius le distribua entièrement à ses hommes pour obtenir le triomphe par un vote populaire.

Mais le véritable vainqueur des Gaulois, celui qui réalisa leur pacification en l'Italie du Nord, ce fut Marcus Claudius Marcellus qui, consul en 222, reprit avec son collègue les hostilités. Pourtant les Insubres avaient envoyé des ambassadeurs à Rome pour dire qu'ils étaient prêts à négocier à n'importe quelles conditions ; mais le Sénat, entraîné par Marcellus, refusa de traiter et contraignit donc les Insubres à préparer une nouvelle campagne, ce qu'ils firent en allant chercher à nouveau de l'aide chez les Gésates qui vinrent au nombre de trente mille. Les opérations se déroulèrent de la façon suivante : après avoir pris un certain nombre d'appuis stratégiques les mettant à l'abri d'une attaque des Gaulois, les Romains mirent le siège devant Acerræ (non loin de Crémone). Dans l'impossibilité de secourir cette cité, les Gaulois firent diversion en envoyant dix mille Gésates ravager le territoire des Anares, alliés des Romains, au sud du Pô, et mettre le siège devant Clastidium. Marcellus traversa donc le Pô avec environ deux mille cavaliers et six cents hommes de l'infanterie légère et rejoignit les Gaulois devant Clastidium. Craignant d'être encerclé par un ennemi beaucoup plus nombreux, il disposa ses hommes sur une ligne très distendue et en diminuant l'épaisseur aux ailes. On s'apprêtait à combattre lorsque le cheval de Marcellus, effrayé par les cris de guerre des Gaulois, fit volte-face ; le consul le replaça brutalement en position, puis, craignant que ses troupes ne voient là un signe défavorable, il adressa une prière à Apollon

> comme si ce n'était pas par hasard, mais en vue de cette prière qu'il avait fait tourner son cheval. En effet c'est la coutume chez les Romains de faire un tour sur soi-même quand on adore les dieux. (Plutarque, *Vie de Marcellus,* 6, 11-12.)

Trophée sur une monnaie de Marcellus

Et comme pour confirmer son attitude religieuse, il fit solennellement le vœu de consacrer à Jupiter Férétrien les plus belles armes prises aux ennemis. À ce moment le chef gaulois Viridomar, qui l'avait aperçu en tête de ses troupes, galopa à sa rencontre et lui lança un défi à grands cris et en brandissant sa lance. « C'était un homme dont la stature dépassait celle des autres Gaulois et qui se distinguait par l'éclat de son armure, éblouissante comme l'éclair et toute resplendissante d'argent, d'or et d'une bigarrure de plusieurs couleurs. » Marcellus s'élança ; le Gaulois manqua son coup ; la lance du Romain se planta dans la cuisse de son adversaire et le désarçonna. Faisant rapidement tourner bride à sa monture, Marcellus chargea à nouveau et passa deux fois sa lance au travers du corps de son adversaire. Il sauta alors à terre et, touchant les armes de son ennemi mort, prononça la formule consacrée :

> Ô toi qui regardes les grandes actions et les prouesses des consuls et des chefs dans les guerres et les batailles, Jupiter Férétrien, je te prends à témoin que je suis le troisième Romain qui, en combattant chef contre chef, consul contre roi, a terrassé et tué de sa propre main son ennemi, et je te consacre les premières et les plus belles des dépouilles. De ton côté, accorde-nous le même succès pour le reste de la guerre. (Plutarque, *Vie de Marcellus*, 7, 4.)

Puis, après avoir dépouillé Viridomar de ses armes, il remonta à cheval et fit charger. C'était un cas de figure un peu particulier puisqu'il s'agissait de combattre avec la seule cavalerie contre une ligne de fantassins avec des cavaliers aux ailes. Mais le duel initial avait déjà scellé le sort de la bataille : les Gaulois cédèrent et ceux qui ne furent pas massacrés sur place se noyèrent dans le Pô. Après s'être emparé de tout ce qui avait de la valeur dans les armes et les bagages des ennemis, Marcellus retourna auprès de son collègue devant Acerræ qu'ils prirent. Là encore le butin fut abondant et, notamment, on trouva beaucoup de blé. Le gros des troupes gauloises cherchant refuge du côté de Mediolanum (Milan), Scipion se mit à leur poursuite et organisa le siège. Mais comme il avait renoncé à prendre la ville, les troupes commencèrent à se retirer, et c'est à ce moment que les Gaulois firent une sortie contre l'arrière-garde romaine qu'ils parvinrent à disperser. Il fallut rappeler d'urgence l'avant-garde qui stabilisa la situation jusqu'à ce que les Gaulois lâchent pied et aillent se réfugier dans les montagnes voisines. Scipion les poursuivit en ravageant les campagnes et revint sur Mediolanum où le rejoignit Marcellus et ils prirent la ville d'assaut. Les Insubres que les Gésates avaient abandonnés firent une reddition sans conditions et obtinrent la paix. Restait aux Romains à fixer cette paix, ce qu'ils firent : d'abord en envoyant les consuls de 221 « pacifier » les populations de l'Istrie (au nord de Venise), et en installant, quelques années plus tard (en 218, mais la décision avait sans doute été prise dès 220), deux colonies de six mille hommes, à Crémone et Plaisance, c'est-à-dire au point de rencontre des territoires des Cénomans et des Anares, alliés de Rome, et de ceux des Boïens et des Insubres, et aux points de passage du Pô les plus fréquentés.

Les dépouilles

Le triomphe que Marcellus célébra à la suite de la victoire définitive fut particulièrement brillant parce que le butin était abondant, mais il fut surtout exceptionnel parce que le triomphateur rapportait les dépouilles du chef ennemi : il avait fait débiter une forte branche de chêne et l'avait fait façonner en forme de trophée pour y attacher les dépouilles. Il monta sur son char en faisant tenir devant lui ce témoin glorieux de sa bravoure et de la protection divine dont il jouissait. Parvenu au Capitole, il suspendit le trophée dans le temple de Jupiter Férétrien et le consacra. L'événement était d'autant plus important que, comme il l'avait lui-même proclamé sur le champ de bataille au moment de dépouiller son adversaire, il était le troisième personnage, dans toute l'histoire de Rome, à consacrer les dépouilles opimes, c'est-à-dire celles que rapporte un chef qui a tué un autre chef. Les deux prédécesseurs de Marcellus avaient été Romulus lui-même qui avait tué Acron, le roi des Céninètes, et Aulus Cornelius Cossus qui était réputé avoir tué de sa main l'Étrusque Tolumnius, en 428 ; et Marcellus ne devait pas avoir de successeur puisque près de deux siècles plus tard, en 29, le jeune Marcus Licinius Crassus, vainqueur des Bastarnes (en Macédoine), qui avait tué leur roi Deldo de sa propre main, voua ces dépouilles à Jupiter Férétrien, mais se vit interdire la dédicace par Octavien, l'héritier de César qui voulait empêcher à tout prix cette cérémonie, sous le prétexte que le jeune homme n'avait pas combattu sous ses propres auspices, mais comme légat d'Octavien lui-même et que, donc, la formule qu'il avait prononcée sur le champ de bataille était nulle et non avenue. En fait, le futur Auguste ne voulait pas, à un moment où son propre pouvoir n'était pas encore établi, laisser se faire une cérémonie qui eût couvert d'une gloire insurpassable un homme dans lequel il voyait un possible concurrent. Il a ainsi témoigné pour nous de l'extraordinaire importance que prenait, pour un chef d'armée, la dédicace des armes du chef ennemi. Si l'on ne compte, dans les sept siècles de l'histoire royale et républicaine de Rome, que trois exemples de ladite cérémonie, ce n'est évidemment pas que les chefs ennemis aient été particulièrement épargnés, mais c'est qu'il fallait des conditions particulières pour la célébrer : d'abord que la victoire ait eu lieu au cours d'un combat singulier en bonne et due forme et non pas dans la mêlée ; qu'il ait opposé le commandant suprême de l'armée romaine (combattant donc sous ses auspices) et le roi barbare ; et qu'enfin l'offrande en ait été rituellement faite à Jupiter sur le terrain même. Il s'agissait alors bien des « dépouilles opimes » *(spolia opima)* que l'on pouvait consacrer au Capitole, dans le temple de Jupiter Férétrien. Si le vainqueur n'était pas le consul, mais un de ses officiers, les dépouilles étaient dites secondes et consacrées à Mars ; si le vainqueur avait été un simple légionnaire, on suspendait les dépouilles « troisièmes » dans le temple de Janus Quirinus.

Illyrie et Hispanie

Si Rome avait de bonnes raisons de penser que le danger gaulois était écarté pour un moment, elle avait aussi de sérieux motifs pour maintenir une levée régulière des légions et déployer une intense activité diplomatique. D'abord parce qu'il fallut, en 221, réduire les Istriens qui continuaient à se livrer au pillage en Adriatique et interceptaient les convois de ravitaillement, puis réprimer, en 220, des mouvements hostiles de la part des populations celtiques des Alpes. Mais surtout, à partir de ces années-là, l'attention se porta à la fois sur l'Illyrie et sur l'Espagne où les Carthaginois se faisaient de plus en plus menaçants.

Les Romains avaient laissé Démétrios de Pharos en position dominante sur une bonne partie des territoires confisqués à la reine Teuta. Mais ce personnage, profitant des désordres provoqués par la guerre contre les Gaulois d'Italie du Nord, s'était cru libéré de toute tutelle et avait donc commencé à s'en prendre aux cités qui, comme Corcyre, Apollonie, Épidamne, Issa, étaient soumises directement au peuple romain; puis il avait poussé ses incursions jusque dans les Cyclades. À Rome, où l'on prévoyait que les affaires d'Espagne risquaient de mobiliser bien des forces, on voulut assainir rapidement la situation à l'est: on envoya donc les deux consuls de l'année 219, Lucius Æmilius Paullus et Marcus Liuius Salinator. Apprenant la détermination des Romains, Démétrios prit des dispositions pour leur résister: il élimina, dans la plupart des cités, les gens qui ne lui étaient pas franchement favorables pour les remplacer par des amis sûrs, et fortifia particulièrement la ville de Dimale, située, à l'intérieur des terres, juste à l'est de Dyrrachium. Puis il alla s'enfermer, avec troupes d'élite et provisions, dans sa ville, Pharos. Les consuls, qui souhaitaient que les opérations ne s'éternisent pas, décidèrent de s'attaquer d'abord à Dimale en y mettant les moyens en hommes et en matériel: il ne leur fallut pas plus de sept jours pour s'en rendre maîtres et ce coup d'éclat eut l'effet escompté, à savoir que beaucoup de cités vinrent les trouver pour faire leur soumission. Ils firent alors voile sur Pharos pour réduire Démétrios lui-même. L'affaire se présentait dans des conditions beaucoup plus difficiles. Ils résolurent donc de s'emparer de la ville par ruse: ils firent débarquer, nuitamment et dans le plus grand secret, le gros de leurs troupes dans une zone inhabitée de l'île, au couvert d'une forêt. Puis, le jour venu, une partie de l'escadre se présenta devant le port proche de la ville. Constatant que les Romains étaient en si petit nombre, Démétrios envoya sa troupe pour les empêcher de débarquer: le combat fut violent et Démétrios envoyait sans cesse, de la ville, des renforts pour venir à bout du corps expéditionnaire qui s'acharnait à vouloir débarquer. Mais, en même temps, les troupes débarquées la nuit précédente vinrent occuper par surprise des positions élevées, situées entre la ville et le port, et coupèrent donc toute retraite aux hommes de Démétrios qui furent pris en tenaille et massacrés, pour la plupart. Démétrios, en tyran avisé, s'était fait préparer, dans une crique isolée, des navires sur lesquels il put s'échapper: il alla finir ses jours auprès du roi de Macédoine. Les consuls romains prirent Pharos, la pillèrent, la rasèrent et finirent de réorganiser l'Illyrie avant de venir célébrer un triomphe à Rome.

Mais l'autre affaire qui mobilisait l'attention des Romains était évidemment les agissements de Carthage en Espagne. À en croire nos sources anciennes, grecques et romaines, une bonne partie des Carthaginois n'avaient pas admis qu'on dût traiter en 241, alors que les forces carthaginoises du mont Éryx étaient encore intactes. Or à cette humiliation d'une défaite injuste était venue s'ajouter l'affaire de la Sardaigne que les Romains avaient occupée alors que Carthage se débattait dans la terrible et sanglante guerre des mercenaires : non seulement on avait été contraint d'abandonner l'île aux Romains, mais encore l'indemnité exigée par eux s'était accrue dans des proportions considérables. Il n'est pas douteux que ces mauvais traités aient engendré, chez une partie de la population carthaginoise, un ressentiment profond et durable et, alors que certains ne songeaient plus qu'à profiter d'une paix enfin revenue pour se livrer au commerce, d'autres préparaient la revanche. Ce fut le cas de cette famille des Barca dont le chef, Hamilcar, commandait les troupes en Sicile au moment de la capitulation en 241. Ce personnage avait été envoyé en Espagne pour permettre à la cité de retrouver ce qu'elle avait perdu ailleurs. Les Carthaginois, sous sa direction, s'étaient donc installés solidement dans l'Espagne du Sud, puis ils avaient cherché à étendre leur influence sur une grande part de la péninsule. Cette politique avait été suivie, à partir de 229, par Hasdrubal, gendre et successeur d'Hamilcar (mort noyé au cours d'opérations militaires, alors que ses troupes étaient encerclées par une tribu espagnole) : soufflant tantôt le chaud tantôt le froid, Hasdrubal accrut considérablement les forces carthaginoises et assit leur implantation. C'est avec lui que les Romains, inquiets des progrès de la puissance punique en Espagne, avaient conclu le traité dit « de l'Èbre », qui faisait du fleuve Jucar la limite au-delà de laquelle les Carthaginois ne devraient pas chercher à intervenir. À la mort d'Hasdrubal, c'est le jeune (il n'avait pas vingt-cinq ans) Hannibal Barca, fils d'Hamilcar, qui fut unanimement désigné par les troupes pour lui succéder et le Sénat de Carthage entérina cette nomination. Le nouveau chef des armées carthaginoises entreprit alors une série d'opérations qui avaient pour avantage de s'assurer la fidélité des troupes et le soutien des autorités carthaginoises parce qu'elles rapportèrent un butin important. Très vite la frontière fixée au Jucar parut bien étroite : se trouvait juste au nord la ville de Sagonte, réputée pour sa richesse. Les Sagontins étaient entrés en pourparlers avec les Romains qui étaient finalement intervenus pour éliminer de la cité les partisans des Puniques. Hannibal se saisit de ce prétexte pour demander à Carthage l'autorisation d'intervenir, d'autant que les Sagontins, enhardis par l'alliance de Rome, n'hésitaient pas à s'attaquer à des alliés des Carthaginois. Rome avait envoyé à Hannibal, puis à Carthage, des ambassadeurs, pour demander que les termes des traités soient scrupuleusement respectés, c'est-à-dire que Carthage s'abstienne de tout acte hostile à l'égard d'un allié de Rome et que la frontière du Jucar soit respectée. Lorsque donc Hannibal alla mettre le siège devant Sagonte, il savait qu'il provoquait délibérément le conflit. Un conflit qui allait devenir, dans l'histoire de cette région du monde, *la grande guerre*.

CHAPITRE XI

La deuxième guerre punique

par Giovanni Brizzi

Hannibal le Punique

Lorsqu'il fut acclamé par l'armée, reconnu par le Sénat et le peuple de Carthage, et qu'il prit le commandement de l'armée d'Hispanie à la mort d'Hasdrubal, son beau-frère, Hannibal, fils aîné d'Hamilcar Barca, avait à peine vingt-cinq ans. Nous avons de lui plusieurs portraits. Le seul qui lui soit délibérément favorable est celui de Dion Cassius qui, il est vrai, écrivit sous la dynastie africaine des Sévères, en un temps où, donc, les préjugés à l'égard des Carthaginois n'étaient plus de mise et avec une documentation originale (dans laquelle figurait peut-être Sosylos, le maître spartiate d'Hannibal) : il insiste avant tout sur les aspects quasi héroïques du personnage, esquissant le portrait d'un homme chez lequel cohabitaient et se mêlaient parfaitement l'intelligence et l'audace ; mais il ne dit mot des traits les plus discutables de l'individu. Au contraire dans l'historiographie antérieure, notamment dans Tite-Live, on les trouve en abondance :

> À ces qualités exceptionnelles répondait, en lui, un nombre égal d'énormes défauts : une cruauté inhumaine, une perfidie au-delà de la perfidie punique, nul souci du vrai, du sacré, aucune crainte des dieux, aucun respect du serment, aucun scrupule de conscience. (Tite-Live, 21, 4, 9.)

L'énumération de ces vices est sans doute excessive et, à tout le moins, demande une explication. Plutarque, lorsqu'il évoque le peuple carthaginois, disant de lui qu'il était « sombre, d'une austérité qui le rendait hostile à tout ce qui était plaisant et agréable » (*Préceptes politiques,* 3), exagère sans doute, ou du moins ne souligne que l'un des traits de cette nation ; mais il est certain qu'était encore très présente au cœur de cette société « une tendance piétiste et puritaine » semblable à celle qui, dans d'autres cultures, allait souvent de pair avec le mercantilisme. Si une partie de la société punique continuait à tenir avec ténacité à des positions conservatrices en restant attachée aux valeurs traditionnelles d'une civilisation très ancienne ainsi qu'à la religion qui la fondait, une autre partie avait

Hamilcar Barca

néanmoins accueilli depuis quelque temps non seulement les dieux de la Grèce mais aussi les ferments philosophiques et culturels de l'hellénisme. À l'époque d'Hannibal, Carthage était nettement marquée par ces deux tendances et on a pu en dire « qu'Abraham y était contemporain de Polybe ».

Chefs indiscutés de la faction démocratico-nationaliste et promoteurs d'une réforme des institutions qui allait contre les positions de l'oligarchie, Hamilcar et son gendre Hasdrubal étaient probablement les esprits les plus éclairés et les plus sensibles parmi ceux qui, dans le débat sur l'adhésion à la culture grecque, avaient fait entendre leur voix en faveur de l'hellénisme. Leur attitude laissait toutefois deviner un projet politique beaucoup plus vaste et complexe. Depuis désormais plus d'un siècle, le monde méditerranéen assistait régulièrement à l'émergence de personnages qui, suivant l'exemple d'Alexandre le Grand, se prévalaient sur les autres hommes d'une supériorité d'origine divine; il s'agissait de capitaines et de princes que leurs armées plaçaient au-dessus du commun des mortels et même au-delà des lois. Ce sont ces modèles qui inspirèrent les Barcides, la famille d'Hannibal, dont la réforme institutionnelle prévoyait dans un deuxième temps la reconstruction de l'empire punique sur des bases différentes par la conquête de vastes territoires outre-mer avec, comme objectif ultime, après une inévitable guerre de revanche contre Rome, vraisemblablement le projet d'instaurer un pouvoir personnel à l'intérieur de Carthage.

L'expression la plus authentique et la plus caractéristique du panthéon barcide, l'autorité divine sous laquelle les projets de la famille étaient placés, était Melqart, ce héros voyageur et meneur de peuples qui, selon le mythe, avait traversé les Alpes en venant d'Espagne, qui avait vaincu Géryon, géant dont le corps était triple jusqu'aux hanches, père des Ibères, puis Cacus, monstre qui vivait dans la grotte du Palatin. Ce n'est pas un hasard. Chère au monde hispanique comme au monde celte ou à celui de la Grande-Grèce, intimement liée à Hercule et, depuis Alexandre, symbole universel de la souveraineté hellénistique, cette figure reflétait un choix politique et idéologique précis de la part de la famille.

Conduit en Ibérie par son père quand il avait à peine neuf ans, Hannibal avait reçu une double éducation, punique et grecque, et parvint à concilier en lui les deux tendances de sa cité : presque tous ses comportements et ses choix sont explicables par l'une ou l'autre de ces tendances. Toutefois, ses modèles politiques et militaires demeuraient avant tout grecs et se modelaient sur la figure d'Alexandre de Macédoine. Sans doute plus qu'à une domination personnelle sur Carthage, à laquelle il semble avoir rêvé à certains moments de sa vie, plus aussi peut-être qu'à la création d'un empire punique mondial qui constitua son rêve le plus ambitieux, il souhaita probablement donner au monde une image de lui présentant les caractéristiques d'une royauté héroïque et surhumaine proche de celle des souverains hellénistiques.

On peut considérer que l'origine de l'un des « vices » que les Romains haïrent le plus en lui était grecque plus que punique. Certes les Puniques ne l'ignoraient point, mais la perfidie que Tite-Live stigmatisait sous l'appellation de *Punica fides*, « loyauté de Carthaginois », cette habitude de privilégier, à la guerre comme en politique, ce qui est utile à ce qui est honnête lorsque le bien public était en jeu, avait joué, depuis l'époque homérique, sous le nom de *métis*, un rôle important dans la culture politique des Grecs, en particulier chez les Spartiates ; ce fut peut-être Sosylos qui la lui enseigna. L'usage systématique de ruses, d'expédients, de tromperies lui vint donc de son éducation grecque plus que d'un caractère punique.

Comme il grandit loin de sa ville natale qu'il avait quittée enfant, le Barcide resta à l'abri de l'influence des milieux les plus austères de Carthage, incapables de faire face aux changements advenus depuis un certain temps déjà dans le monde méditerranéen. Dans le traditionalisme punique, il refusa aussi bien l'idée d'une politique gouvernée et directement conditionnée par les règles du profit que celle d'un « impérialisme réticent », marqué par l'hésitation – qui en dérivait – à recourir à la guerre lorsque celle-ci se révélait trop coûteuse en termes économiques. Son éducation grecque lui donna certainement une détermination dans l'action nettement supérieure à celle de ses concitoyens.

Hannibal n'était toutefois pas totalement privé de marques du tempérament punique. Comme Carthage, il eut donc deux âmes ; et comme Carthage, elles ne semblent pas avoir pu fusionner ni s'harmoniser entre elles dans son caractère. Le rationalisme typique des Grecs, leur légèreté moqueuse portant parfois sur des sujets apparemment sacrés, leur humanisme raffiné et leur individualisme ne pouvaient pas ne pas s'opposer avec des attitudes dictées par le traditionalisme religieux : avec, entre autres, un sens profond du devoir, c'est-à-dire avec un esprit de sacrifice extrême allant jusqu'au suicide mystique, que le monde punique considérait comme l'acte louable par excellence, et avec un mépris absolu des exigences individuelles.

Animé d'un sentiment religieux intime et profond, Hannibal absorba donc malgré tout cette éthique puritaine qui ne transparaît que dans quelques aspects apparemment superficiels de son caractère : sa capacité à endurer les difficultés, sa frugalité, sa tempérance :

> Il supportait également la chaleur et le froid ; ce qu'il mangeait et buvait était déterminé par le besoin naturel, non par le plaisir ; qu'il s'agît de veiller ou de dormir, il ne faisait aucune différence entre la nuit ou le jour (Tite-Live, 21, 4. 6) ;

et enfin sa chasteté proverbiale, même s'il rencontra un nombre considérable de femmes :

> parmi tant de captives, il resta chaste, au point qu'on eût cru qu'il n'était point né en Afrique. (Justin, *Abrégé des Histoires philippiques*, 32, 4, 11.)

C'est dans les traits les plus sombres et les plus obstinés de ce naturel qu'il puisa ses immenses réserves morales et, parmi elles, son fatalisme prononcé mais énergique qui alimenta toujours son extraordinaire ténacité. Hercule-Melqart était, comme nous l'avons dit, la divinité familiale. Et il le fut plus particulièrement pour Hannibal qui put en effet trouver dans cet Hercule grec le symbole idéal de ses propres ambitions royales et surhumaines, et dans le Melqart phénicien qui, selon la légende, s'était immolé par le feu, l'incarnation même de ce dévouement qui représentait la plus haute vertu pour un noble carthaginois. Mais plus généralement, le Carthaginois découvrit bientôt que la figure du héros de nature humaine, fils du plus puissant des dieux, dont il incarnait la force juste, était présente sous des noms différents dans toutes les ethnies composant son armée et que tous le vénéraient et l'aimaient ; en choisissant pour lui cet emblème, il chercha sans doute aussi une clef lui permettant de communiquer intimement avec ses soldats, au-delà de toute barrière linguistique et culturelle.

Conséquence inévitable de pareils dons, il manqua au départ à son caractère l'un des composants les plus nobles de l'esprit grec : son humanisme. En effet, dans une culture plus traditionaliste comme l'était la culture punique, les nécessités de l'individu comptaient peu face aux exigences collectives de la politique et de la guerre. Pour le bien de Carthage, Hannibal était prêt à sacrifier jusqu'au dernier de ses hommes, y compris lui-même, et il semble avoir toujours refusé de songer que la réalisation d'un projet puisse être conditionnée par son coût en vies humaines ou par quelque autre scrupule susceptible d'affaiblir la volonté ou de freiner l'action. La ligne cohérente mais impitoyable qu'il tint durant toute la guerre s'explique probablement par ce choix et justifie pleinement le deuxième chef d'accusation que lui porte Tite-Live : même si elle n'était jamais gratuite et n'était pas une fin en soi, sa conduite ne pouvait sembler qu'empreinte d'une *inhumana crudelitas* aux Romains, une cruauté réellement inhumaine. Les sources l'attestant sont très nombreuses. À la tête d'un ramassis de gens aux manières pour la plupart barbares (les Celtes, par exemple, qui avaient l'habitude de décapiter leurs adversaires morts, ou les Numides qui désarçonnaient les cavaliers ennemis en leur taillant les tendons des mollets et des cuisses d'un coup de poignard, puis continuaient leur course en les laissant mourir d'épuisement),

Hannibal fut poussé par la nécessité de la rencontre très dure qui avait lieu à exacerber réellement cette férocité naturelle ; il donna aussi souvent des ordres cruels, comme l'exécution de prisonniers ou la mise à mort de tout citoyen romain capturé durant la marche vers l'Adriatique, le meurtre des sénateurs de Nuceria et d'Acerra, la destruction de villes ou la déportation de communautés entières.

Au service d'un génie unique, ce sont ces caractéristiques innées qui firent d'Hannibal le plus terrible ennemi que Rome ait jamais dû affronter. L'interprétation que l'on a pu donner du suicide de Didon dans l'*Énéide*, en voyant dans les longs préliminaires de son geste un rituel de magie noire, est sans doute fondée : Virgile et, avec lui, toute la plus authentique tradition romaine ne virent pas seulement le Carthaginois comme un simple être humain mais comme une Furie, une divinité de la vengeance, née du sang de la lointaine malédiction d'Élissa qui fut à l'origine des deux cités :

> Ô soleil, dont les feux éclairent tous les travaux du monde, et toi Junon, médiatrice de mon union et témoin de mes douleurs, et toi Hécate, qu'on invoque en hurlant la nuit aux carrefours des villes, et vous, divinités vengeresses, Furies et dieux de la mourante Élissa... Et vous, Tyriens, harcelez de votre haine toute sa race, tout ce qui sortira de lui, et offrez à mes cendres ce présent funèbre : qu'aucune amitié, qu'aucune alliance n'existe entre nos peuples. Et toi, qui que tu sois, né de mes ossements, ô mon vengeur, par le fer, par le feu, poursuis ces envahisseurs Dardaniens, maintenant et plus tard et chaque fois que tu en auras la force. (Virgile, *Énéide,* IV, 607-610 & 621-627.)

La tactique

Attaché à son maître, le stratège Xanthippos, Hamilcar choisit à son tour pour son fils un précepteur de Sparte, Sosylos. Celui-ci avait amené son élève à étudier à fond les campagnes militaires d'Alexandre le Grand et des plus grands généraux grecs, et lui avait par ailleurs inculqué des notions approfondies de tactique et de stratégie modernes.

Par rapport à ses modèles, Pyrrhus et Alexandre, Hannibal introduisit d'importantes réformes dans les théories militaires de son époque. S'il fut le représentant le plus éminent de l'école hellénistique, dont il appliqua plusieurs fois la manœuvre d'enveloppement sur les champ de batailles d'Italie, il fut aussi l'un des rares génies militaires de l'histoire ; il ne peut donc être considéré comme le simple bénéficiaire d'un courant de pensée ou d'une tradition familiale, qui avait une réelle existence. Xanthippos, vainqueur de Regulus, avait introduit à Carthage les principes les plus récents de la doctrine militaire grecque ; Hamilcar les avait renforcés ; au cours de son commandement en Espagne et durant la première phase de la campagne d'Italie Hannibal les renouvela et les rendit plus souples, en y greffant une partie du modèle romain. Les modifications qu'il apporta en la circonstance à la structure de l'armée punique constituent sa contribution personnelle à l'art de la guerre de l'époque.

Contraint d'employer des contingents hétérogènes, exclusivement pris chez les peuples dominés par Carthage (et ne pouvant plus, comme jadis, puiser dans une zone de tradition grecque), Hannibal fut le premier à comprendre que, pour transformer ses mercenaires en force réellement efficace, il fallait utiliser au mieux les caractéristiques des différentes ethnies en organisant, dans la mesure du possible, leur action en bataille. Inversant la ligne suivie jusqu'alors dans les armées puniques, il convenait de respecter les qualités des autres troupes et de renouveler, en les adaptant, l'équipage et la manière de combattre de l'infanterie libyenne qui était depuis toujours le nerf des forces carthaginoises.

Armée et utilisée à la manière grecque, cette force ne s'était pas jusqu'alors illustrée par de hauts faits. La tactique des hoplites et plus encore celle des phalanges à laquelle on avait tenté de l'adapter supposaient des manœuvres collectives : c'est-à-dire que leur efficacité reposait sur l'harmonie parfaite de formations fermées et compactes, et qu'il leur fallait un long entraînement ainsi que l'habitude de l'usage d'armes adéquates, comme la lance ou la longue sarisse macédonienne. Le tempérament du guerrier occidental s'opposait, en un sens, à cette discipline de fer : il était – même le Libyen – plus habitué à la liberté relative du combat singulier et concevait la bataille comme une interminable série de duels. Hannibal remplaça ainsi la pique – typique des armées grecques comme des troupes hellénisées de Carthage (qui semblent avoir disposé dans les derniers temps, même avec son père, de noyaux phalangites) – par l'épée dont il fit l'arme offensive principale de tous les corps de son infanterie lourde (même si certaines divisions conservèrent probablement la lance qui servait à lutter contre les armes des triaires, troisième échelon de l'infanterie des légions). Outre les Ibères et les Gaulois qui en étaient déjà pourvus, les Libyens obtinrent immédiatement des armes plus adaptées au combat rapproché : après les batailles de Trasimène et de Cannes, ils échangèrent même leurs panoplies avec celles qu'ils prirent aux Romains, dont la qualité était supérieure aux leurs mais qui surtout étaient mieux appropriées.

L'armée d'Hannibal ne semble donc avoir conservé aucune caractéristique grecque intrinsèque. Entièrement transformée dans son aspect et sa composition, elle se divisait en *speirai*, unités tactiques mineures que l'on pourrait comparer aux manipules de la légion plutôt qu'aux divisions internes des phalanges et qui étaient formées suivant l'origine des populations qui les composaient. Ces unités étaient à leur tour réunies, suivant les besoins, en bataillons d'importance diverse, parfois de force proche de ceux de la légion, et qui avaient les mêmes capacités de manœuvres que celle-ci.

La tactique que les troupes devaient suivre sur le champ de bataille était en revanche complètement grecque : l'approche d'enveloppement était en effet idéale contre le genre d'attaque frontale pratiquée par les armées romaines. Mais elle subit toutefois quelques modifications partielles : comme il ne disposait pas d'une phalange capable de s'opposer directement à la pression de l'ennemi,

Hannibal fut contraint d'adopter des formations souples ou de faire reculer son centre pour le soustraire aux avancées adverses. La grande agilité de ses troupes offrait aussi des avantages notables : généralement exécuté par les cavaliers, comme dans le monde hellénistique, l'encerclement pouvait toutefois, comme ce fut le cas à Cannes, être amorcé par des corps d'infanterie bien plus manœuvrants que ceux des Grecs.

Ses innovations tactiques majeures furent très certainement de cet ordre. Moins puissante et moins compacte que les armées grecques de l'époque, l'armée d'Hannibal était plus agile et plus souple. Moins attachée à la nécessité de maintenir une formation rigide, elle était donc moins conditionnée par la nature du terrain sur lequel elle devait se battre ; enfin, même si elle était capable de se placer en formations compactes, elle tendait à maintenir, et même à exacerber, chez les hommes qui la composaient, leur férocité innée et leur capacité de combat individuel, ce qui était l'une de ses plus authentiques qualités (à l'inverse moins prononcée dans les armées de l'Orient grec).

Par son équipement comme par sa composition, l'armée d'Hannibal était donc une armée plutôt anormale par rapport aux schémas de l'époque. Les particularités de ceux qui la composaient y étaient respectées et, dans la mesure du possible, amalgamées. Le Carthaginois eut le mérite de revendiquer en premier l'originalité tactique spécifique de l'Occident en le libérant d'une sujétion aux modèles grecs qui se faisaient encore sentir, dans certaines conditions, jusque dans l'armée romaine. Son armée représente le point de jonction entre les formations romaines de la République moyenne, encore lentes et gravement limitées par le caractère répétitif et mécanique de ses schémas tactiques, et celles qui suivirent la réforme de Scipion, capables, dix ans après la bataille de Zama, de s'imposer sans effort aux formations hellénistiques devenues obsolètes.

La stratégie

Le combat qu'Hannibal devait mener était d'une extrême difficulté. Quand il quitta ses camps espagnols pour l'Italie, il menait, selon la tradition la plus sûre, une armée de cinquante mille fantassins et neuf mille cavaliers qui, au moment de passer les Alpes vers la vallée du Pô, se réduisait à vingt mille soldats et six mille cavaliers.

Quelle que fût la solidité de son armée, les forces ennemies qui l'attendaient en Italie étaient, sur le papier, formidables et dans l'ensemble numériquement supérieures aux siennes. Comme on sait d'après les données fournies par Polybe, le nombre d'hommes aptes au combat déterminé par le recensement de 226 dépassait chez les Romains et leurs alliés sept cent mille soldats et soixante-dix mille cavaliers. De telles ressources l'emportaient donc largement sur l'armée d'Espagne et dépassaient également les armées que l'État punique aurait pu réunir pour la guerre.

Dans une guerre d'usure comme la première qui l'opposa à Rome, la grande guerre de Sicile, Carthage, avec ses faibles possibilités de mobilisation, n'avait aucune chance de vaincre : la force de Rome, selon Hannibal, était pour l'essentiel constituée par les réserves humaines presque inépuisables dont elle pouvait disposer. Mais en se fondant sur sa propre expérience de Carthaginois, il était convaincu d'avoir compris les faiblesses de la fédération italique et pensait qu'une action menée de l'intérieur, dirigée contre le cœur de l'État ennemi, pouvait accentuer les déséquilibres et faire exploser les discordes latentes pour en entamer les structures, privant ainsi Rome de toute ressource.

À l'exception des Cénomans, cantonnés entre Brixia (Brescia) et Vérone, tous les peuples gaulois de la Cisalpine étaient ouvertement hostiles à la République : leur survie étant menacée par les récentes actions de Flaminius et de Marcellus (dans les années 232-218), ils avaient reçu des émissaires puniques et avaient envoyé des ambassadeurs au camp d'Hannibal en Espagne, en proposant de le guider vers l'Italie. Le mécontentement et l'esprit de révolte grondaient en outre dans le monde osco-sabellique depuis la conquête et atteignaient certaines villes grecques du sud, qui se seraient vraisemblablement proposées comme des alliées potentielles à condition que Carthage, comme ce fut le cas en Sicile, se présente sous les dehors d'une protectrice de l'hellénisme. Et puis la situation de Capoue était particulièrement délicate à ce moment précis : tout en étant tempéré par les étroits liens d'intérêt et de parenté qui existaient entre son aristocratie et la plus haute noblesse romaine, le mécontentement croissait à l'intérieur de la deuxième ville d'Italie, qui voyait sa suprématie économique menacée depuis quelque temps.

Pour Hannibal, l'union de la fédération italique reposait essentiellement sur la force et le prestige des armées romaines. Il pensait donc que bien peu d'alliés resteraient fidèles à Rome après que ses armées auraient été battues sur le champ de bataille et qu'elles n'auraient plus été capables de défendre le territoire italique : pour faire éclater le système d'alliances constituant la force de Rome, il fallait donc l'attaquer le premier, en Italie, il fallait détruire la réputation d'invincibilité de ses légions, il fallait l'humilier devant ses alliés et, en même temps, détacher d'elle par n'importe quel moyen, la flatterie ou la terreur, ces alliés qui alimentaient ses troupes d'une source pratiquement inépuisable.

Le projet d'Hannibal n'était donc absolument pas irréfléchi. Il en était arrivé à la conclusion qu'une fois battue et privée de ses alliés Rome pourrait être forcée de pactiser, puis de se rendre : il se souvenait que la République avait été sur le point de faire la paix avec Pyrrhus et, en bon Carthaginois, il pensait peut-être que la seule apparition d'une flotte punique à l'embouchure du Tibre avait empêché la conclusion des négociations.

Quant au résultat qu'il escomptait en cas de victoire, ce n'était peut-être pas la destruction de Rome. L'épisode le plus fameux de sa vie est celui, presque certainement authentique, de la promesse qu'il fit à neuf ans à son père Hamilcar, devant l'autel préparé pour le sacrifice, de n'être jamais l'ami du peuple romain.

Le poids de la promesse fut certainement assez fort pour conditionner l'existence du Carthaginois jusqu'à sa mort. Cependant, même si nous ne pouvons douter de ses sentiments, l'image d'un Hannibal animé d'une haine inextinguible contre les Romains depuis l'enfance, se précipitant sur l'Italie dès qu'il reçut le commandement de son armée afin d'anéantir Rome et tous ses alliés, est un mythe pur et simple. En partant d'Espagne, le Barcide ne pensait pas mener une guerre d'extermination : son objectif était probablement d'abattre la puissance de Rome, de la ramener à ses dimensions originelles de simple ville latine, libre, si elle le voulait, de trouver par la suite sa place au sein du grand empire punique qu'il entendait bâtir lui-même.

Il pensait parvenir à ce résultat assez rapidement. Il existe un passage de Tite-Live, souvent ignoré, qui révèle les plans et les espoirs du Carthaginois. Durant le passage des Alpes, pour revivifier ses troupes harassées, Hannibal arrêta la marche sur un plateau élevé et invita ses hommes à contempler la vallée qui s'étendait à leurs pieds. Il leur dit que lorsqu'ils l'auraient rejointe, leurs difficultés seraient terminées : « Après une ou, tout au plus, deux batailles, la citadelle et la capitale de l'Italie seraient entre leurs mains et en leur pouvoir » (Tite-Live, 21, 35, 9). Cette déclaration programmatique du Carthaginois prouve qu'il projetait de mener contre son ennemi une véritable guerre éclair.

Le système d'attaque qu'il avait élaboré était d'ailleurs en accord avec ce projet. Avec une formation choisie, pas trop nombreuse afin de pouvoir se déplacer et se ravitailler plus facilement à l'intérieur d'un territoire hostile, il lança une attaque en profondeur, dépassant la ligne de l'Èbre et celle du Rhône, où les Romains avaient tenté de l'arrêter ; il pénétra ensuite en Italie sans se soucier de l'appui des autres troupes, des liens avec ses bases, de la sûreté des lignes de renfort. Au reste, il n'avait pas immédiatement besoin de renforts : seules les troupes qui le suivaient comptaient alors. Par ses caractéristiques et l'habileté de celui qui la commandait, l'armée d'Italie était la seule susceptible d'obtenir les résultats nécessaires ; puisque les généraux romains étaient en revanche capables de se mesurer à d'autres armées et à d'autres chefs carthaginois avec de bonnes chances de succès.

Le plan d'Hannibal reposait sur un double présupposé, à la fois politique et militaire : il pensait détruire toutes les armées à lui opposées par Rome le long de son chemin et comptait ainsi briser l'union de la fédération italique. Par conséquent, selon lui, le verdict sur l'issue de la guerre devait tomber relativement vite : soit par l'affaissement de la puissance romaine, soit par l'inévitable – mais très lente – victoire de l'ennemi. Si ses prévisions se révélaient justes, son armée n'aurait même pas besoin de renforts puisque les alliés de Rome eux-mêmes, qui pouvaient sans problème intégrer ses rangs, accourraient pour l'alimenter ; même la suprématie navale récemment conquise par la République serait détruite et les autres troupes carthaginoises, désormais libres de se déplacer sur terre et sur mer, n'auraient qu'à éliminer les dernières poches de résistance, complétant ainsi la victoire. Dans le cas contraire, il mourrait avec son armée sur le sol de la péninsule italique ou devrait se résigner à livrer cette guerre d'usure qui ne laissait à Carthage que bien peu de chances de succès.

Pour pouvoir réaliser son projet et gagner la partie, Hannibal avait besoin de victoires en rase campagne, grâce auxquelles il pourrait mettre rapidement hors de combat un grand nombre d'ennemis, atteindre le moral des Romains et des alliés et briser leur union. Ces victoires, il était sûr de les obtenir. Certes les troupes de l'ennemi dépassaient numériquement les siennes, et de loin; mais elles ne pouvaient écraser son armée par la seule force du nombre: en un mot les Romains ne pouvaient pas mobiliser et ranger tout simplement contre lui *in acie* deux ou trois cent mille soldats. Dans le monde classique au moins, en effet, les armées avaient des dimensions bien définies: elles ne pouvaient guère dépasser la limite de cinquante mille hommes sans perdre, en même temps, toute possibilité de manœuvre. Il fallait donc livrer, l'une après l'autre, une série de batailles, contre des armées parfois plus nombreuses que la sienne, mais pas de façon démesurée; et Hannibal était certain de remporter la victoire. En outre il ne doutait pas que les batailles rangées qu'il désirait lui seraient spontanément offertes par l'ennemi même. Une rivalité parfois très forte opposait entre elles les grandes *gentes* aristocratiques; et les magistrats de la *res publica,* qui en étaient presque tous issus, étaient tellement sensibles aux exigences du prestige personnel et surtout gentilice que leur conduite en était le plus souvent conditionnée. La durée même du commandement, lié d'habitude à la charge consulaire ou prétorienne, et donc rigoureusement annuel, amenait souvent les chefs romains à faire leur possible pour achever la guerre avant d'être remplacés à la tête de leur armée par le magistrat qui devait leur succéder; et cela précisément de la seule façon possible, en cherchant une bataille décisive. Cette même dimension annuelle de la guerre était, d'ailleurs, contraignante pour les soldats-paysans aussi, pour lesquels cette activité n'était pas une profession, mais une parenthèse dans leur vie aux champs. Les deux composantes de l'armée, donc, les soldats tout comme les officiers, avaient intérêt à achever toute guerre le plus rapidement possible; et la manière la plus simple pour y parvenir était précisément la grande bataille rangée.

Dans ces conditions, le recours – très fréquent chez Hannibal – aux expédients et à la ruse ne représentait qu'une variante tactique, une précaution supplémentaire, destinée à faciliter la victoire dans les grandes batailles sur le terrain que le Carthaginois souhaitait autant que les Romains. Par la suite, lorsque ces derniers, ébranlés par les défaites répétées, commencèrent – surtout sous la houlette de Fabius Maximus – à refuser l'affrontement régulier, la *métis* que les Romains nommaient *perfidia* devint une alternative précieuse, un moyen pour un conflit qu'Hannibal ne pouvait à aucun prix laisser s'étioler. Quant à la *crudelitas*, en effet la cruauté la plus impitoyable devint le moyen par lequel il tenta de rendre insupportable à l'ennemi la guerre d'usure qu'il avait eu la prétention de lui imposer.

Trasimène

Convaincus qu'Hannibal voulait défendre ses possessions sur la péninsule Ibérique, les Romains se préparèrent à y envoyer le consul Publius Cornelius Scipio, tandis que son collègue Tiberius Sempronius Longus se dirigeait vers la Sicile avec la mission d'organiser un débarquement en Afrique; mais le départ fulgurant du Carthaginois de sa base, qui survint durant l'été 218, fit échouer leurs plans. Retenu par l'insurrection des Boïens et des Insubres dans la Cisalpine, Scipion parvint au bord du Rhône quand l'ennemi avait déjà passé le fleuve, après avoir vaincu la résistance de la tribu locale des Volques; et, tandis qu'Hannibal prenait la route des Alpes, il ne lui resta plus que la consolation d'une escarmouche victorieuse contre la cavalerie numide.

Quant à Hannibal, en suivant le cours de la Durance, puis la vallée de l'Isère, il parvint jusqu'aux Alpes où il rencontra une forte opposition chez les populations montagnardes, qui infligèrent de graves pertes à son armée. Le climat lui causa ensuite des problèmes encore plus importants et la chute des premières neiges freina gravement sa progression.

> On ne put surmonter les difficultés de ce parcours: comme, sur l'ancienne couche de neige intacte, s'en trouvait en effet une seconde de peu de profondeur, les pieds de ceux qui s'avançaient tenaient sur la couche molle et peu épaisse; mais quand elle eut disparu sous le piétinement de tant d'hommes et de bêtes, ils marchaient sur la glace mise à nu qui se trouvait dessous et dans la gadoue liquide formée par la neige fondante. Là on vit les hommes se débattre dans d'effroyables difficultés: le verglas n'offrant aucune prise au pied et le faisant glisser d'autant plus vite que le terrain était en pente, s'ils s'aidaient, en essayant de se relever, avec leurs mains ou leurs genoux, les points d'appui eux-mêmes se dérobaient, et ils s'écroulaient à nouveau; ni souches, ni racines tout autour auxquelles ils pussent s'accrocher du pied ou de la main; ainsi, pour tout résultat, ils déboulaient sur la glace lisse et la neige fondante. Il arrivait aussi que les bêtes de somme, au fur et à mesure qu'elles avançaient, entamaient la couche de neige la plus profonde; quand elles glissaient, elles la brisaient en profondeur à force de l'entailler à coups répétés de leurs sabots qui cherchaient à s'agripper plus profondément: la plupart – comme si elles avaient des entraves aux pieds – demeuraient clouées dans la glace dure et gelée en profondeur. (Tite-Live, 21, 36, 5-8.)

Le Carthaginois parvint enfin à franchir la chaîne des Alpes, peut-être au col de la Traversette ou au col du Clapier, et à rejoindre la vallée du Pô. Après avoir châtié la tribu des Taurins, qui cherchait à lui barrer le passage, et avoir détruit leur capitale, Taurasia, il marcha avec détermination vers l'est. C'était la fin du mois d'octobre de l'an 218. Certes, il avait laissé de nombreuses garnisons en faction derrière lui, mais les pertes subies durant la marche avaient été tout à fait considérables: on l'a dit, Hannibal n'avait plus avec lui que vingt mille soldats et six mille cavaliers.

Au-delà du Tessin, Publius Scipion vint à sa rencontre : après avoir expédié son frère Cneius en Espagne à sa place, il avait quitté Marseille en bateau pour rejoindre Pise et avait pris le commandement des légions cantonnées au sud du Pô. Tandis que Sempronius Longus, laissant de côté son projet africain, était réclamé d'urgence au nord pour parer la menace, l'armée de Publius venait au contact de l'ennemi. Bien qu'il eût été abandonné par une partie des auxiliaires celtes, qui étaient nuitamment passés dans le camp d'Hannibal après avoir semé le massacre dans le leur, Scipion décida quand même de risquer l'affrontement. Au début du mois de novembre, dans une localité proche du Tessin que Tite-Live nomme Victumulae (probablement peu éloignée de l'actuel Lomello, entre Pavie et Casale Monferrato), les deux adversaires, qui étaient sortis en reconnaissance à la tête de leurs cavaleries respectives, s'affrontèrent. Dépassées sur les côtés puis assaillies à l'arrière par les Numides, les forces romaines se replièrent en désordre. Gravement blessé et sur le point de tomber aux mains de l'ennemi, le consul aurait été sauvé par l'intervention audacieuse de son fils à la tête d'une turme, un escadron de cavaliers. Battu et peu fait pour commander, avec une cavalerie décimée, Publius fut assez tôt abandonné par presque tous les Gaulois, et se replia vers Piacenza ; tandis que les Insubres s'insurgeaient ouvertement et que la ville de Clastidium (Casteggio), où les Romains avaient leurs greniers, tombait aux mains de l'ennemi.

L'arrivée de Sempronius Longus et de ses troupes rééquilibra les forces en présence mais ne suffit pas à sauver la situation. Impatient de livrer combat, le consul se laissa tromper par une attaque feinte de la cavalerie numide et traversa la Trébie, gelée et gonflée par les pluies des derniers jours. Disposées comme d'habitude sur trois lignes, les troupes romaines transies furent renversées sur les côtés et encerclées sur les flancs par les éléphants et les cavaliers puniques qui leur étaient supérieurs en nombre et en habileté ; puis elles furent assaillies à l'arrière par un détachement qu'Hannibal avait placé en embuscade la veille et qui compléta la manœuvre d'enveloppement. Même si près de dix mille légionnaires romains, commandés par le même consul, réussirent à percer le centre de l'adversaire et à sortir du piège, la défaite romaine fut totale : entre les morts et les prisonniers, pas moins de quinze mille hommes restèrent sur le champ de bataille. Même pour Hannibal la victoire ne fut pas exempte de pertes : à cause des rigueurs du climat, de nombreux blessés périrent, ainsi que tous les éléphants, sauf un. Quoi qu'il en fût, la Cisalpine en révolte était désormais perdue pour Rome.

Tandis que l'on prolongeait le commandement de Publius Scipion avec le titre de proconsul et qu'il rejoignait son frère Cneius en Espagne, les consuls de l'année prenaient leurs fonctions : avaient été élus Cneius Seruilius Geminus et Caius Flaminius Nepos pour la seconde fois. Toujours en froid avec une grande partie du Sénat, celui-ci avait obtenu son second consulat grâce à l'appui offert au plébiscite Claudien :

> Il était mal vu des sénateurs, en raison de la nouvelle loi que le tribun de la plèbe, Quintus Claudius, avait fait voter contre les intérêts du Sénat et pour laquelle, seul des sénateurs, Caius Flamininus avait émis un vote favorable : elle interdisait à tout sénateur, et à celui qui avait eu pour père un sénateur, de posséder, pour la navigation en mer, un navire d'un tonnage supérieur à trois cents amphores. Ce tonnage parut suffisant pour transporter les récoltes d'une propriété ; toute forme de spéculation avait paru indigne pour des sénateurs. La mesure, votée au prix de luttes acharnées, valut à Flaminius, qui avait appuyé la loi, l'hostilité de la noblesse, la faveur de la plèbe et, par suite, un deuxième consulat. (Tite-Live, 21, 63, 3-4.)

Si la *lex Claudia* ne fut pas toujours respectée, dans la réalité, parce qu'après tout, comme le constatera quelques années plus tard Caton l'Ancien, il était toujours possible à un sénateur d'entreprendre une activité commerciale par l'intermédiaire d'un prête-nom, elle eut toutefois une influence profonde sur le plan symbolique : elle contribua à fixer définitivement l'image d'une aristocratie dont les membres, obligés d'utiliser les produits de leurs terres pour un strict usage personnel, devaient être considérés comme éloignés de toute préoccupation d'intérêt privé. Au total cette mesure identifia une classe entière et entraîna à reconnaître, dans le Sénat, l'assemblée qui en constituait le noyau central, le premier organe de gouvernement de l'État romain.

Pour l'heure, en tout cas, afin de bloquer le passage à Hannibal sur les routes qu'il était susceptible d'emprunter pour aller vers le sud, les consuls se placèrent à Rimini et à Arezzo, à l'extrémité de l'artère militaire qui reliait les deux places fortes en suivant la vallée du fleuve Ariminus (Marecchia). Renforcée par vingt mille guerriers celtes, l'armée d'Hannibal se mit en marche peu après le dégel. Ayant probablement franchi les Apennins par le col de Porretta, elle arriva dans les marais du haut Arno qui ralentirent sa progression ; elle perdit là peu d'hommes mais beaucoup de bêtes et la plus grande part de son ravitaillement. Le commandant en chef paya lui aussi son écot : peut-être à cause de cet hiver passé entre le froid des Alpes et l'humidité de la vallée du Pô, il fut atteint d'ophtalmie purulente et perdit la vue à l'œil droit.

Parvenu dans les plaines de l'Étrurie, le Carthaginois dirigea ses troupes vers Arezzo et descendit en saccageant le territoire entourant l'actuel Val di Chiana. Comme l'ennemi qui le talonnait de près refusait d'engager le combat, Hannibal se dirigea vers l'est et vers les premiers contreforts des collines en pensant à une embuscade. Au coucher du soleil, il dépassa l'étroite route bordant la rive sud du lac Trasimène et pénétra enfin sur l'actuelle cuvette de Tuoro. Le soir même il disposait ses troupes le long des parois de cet amphithéâtre naturel. Le matin suivant, alors que pointait une aube brumeuse, Caius Flaminius se dirigea, lui aussi, vers ce passage ; mais, peut-être trahi par cette conception archaïque de la guerre qui le caractérisait encore, tout comme la majeure partie des aristocrates romains, il omit d'effectuer une reconnaissance nécessaire et fut complètement surpris.

Numériquement inférieures, assaillies dans leur ordre de marche, bloquées de toutes parts avec le lac à l'arrière, ses légions, qui avaient pourtant cherché à se déployer dans cet espace étroit, furent rapidement anéanties. Près de dix mille hommes périrent et quelques milliers furent faits prisonniers.

Flaminius lui-même, qui s'était efforcé de ranimer ses hommes avec beaucoup de courage, tomba sur le front.

> C'est autour du consul que le combat fut le plus vif et le plus acharné. C'était lui que suivait l'élite de ses soldats et lui-même, partout où il s'apercevait que les siens étaient débordés et souffraient, il leur portait secours intrépidement; son armure le faisant remarquer, les ennemis mettaient plus de violence à l'attaquer et ses concitoyens à le défendre jusqu'au moment où un cavalier insubre – il s'appelait Ducarius – reconnaissant le consul à son visage même dit à ses compatriotes: « C'est l'homme qui a taillé nos légions en pièces, c'est l'homme qui a ravagé nos terres et notre ville. Aujourd'hui moi je vais offrir cette victime aux mânes de nos concitoyens indignement massacrés. » Éperonnant son cheval, il se lance à travers la foule compacte des ennemis et après avoir tranché la tête d'un écuyer qui s'était jeté au-devant de lui pour lui barrer le passage, il transperça le consul de sa lance; comme il voulait le dépouiller, les triaires l'en empêchèrent. (Tite-Live, 22, 6, 1-4, traduction de F. H.)

Le destin de Caius Flaminius mort fut différent de celui qu'Hannibal aurait voulu lui réserver: le chef ennemi envoya chercher sa dépouille pour lui donner une digne sépulture mais elle demeura introuvable. Abattu dans la zone où combattaient les Celtes, non seulement il fut probablement spolié de ses armes, qui avaient une grande valeur, bien avant les autres Romains tués, mais il fut également, suivant l'usage gaulois, décapité comme nombre d'entre eux. La tête du grand ennemi, de celui qui avait voulu conquérir la Gaule cisalpine, représentait pour son possesseur une prise qu'Hannibal lui-même n'aurait pu reprendre sans s'aliéner la partie la plus importante de son armée, précisément formée par les Celtes.

Quelques jours après, la cavalerie de l'autre consul, Seruilius, en marche vers Ariminum, fut surprise par Maarbal, probablement près d'Assise; quatre mille autres hommes, morts ou prisonniers (et parmi eux le propréteur Caius Centenius), vinrent s'ajouter à la liste, déjà longue, des victimes de la guerre.

Ces splendides victoires ne donnèrent toutefois pas les fruits qu'Hannibal escomptait. Même si l'on pouvait constater quelques désordres locaux et si l'on voyait bien que quelques groupes de volontaires étaient venus rejoindre ses forces, les classes dirigeantes étrusques, depuis longtemps les meilleures alliées de la République, lui restèrent substantiellement fidèles en la circonstance; et, après avoir inutilement tenté un coup de force contre la colonie latine de Spolète, Hannibal décida d'abandonner la région. Il traversa donc l'Italie dans la largeur, en dépassant la bande de territoire civique et latin que les Romains avaient aménagé à travers la péninsule pour couper les chemins de transhumance et séparer le monde gaulois des populations des Apennins qui n'étaient pas encore pleinement intégrées à la fédération ; et c'est peut-être là, en voulant affaiblir ce barrage et faciliter le passage à ceux qui voudraient le suivre, qu'il donna, selon les sources, l'un des ordres les plus cruels de toute la guerre, celui de mettre à mort tout Romain qui tomberait entre ses mains. Il entendait désormais se diriger vers le sud en rejoignant des contrées où l'hostilité contre Rome serait plus forte et où il espérait par conséquent trouver des appuis plus complaisants.

Le Temporisateur et Cannes

Ébranlée par ces événements, la République eut recours à une mesure antique et abandonnée depuis longtemps en nommant un dictateur en la personne de Quintus Fabius Maximus, membre distingué de la faction modérée et qui avait déjà été deux fois consul puis censeur. Bien qu'il appartînt à l'une des familles les plus anciennes de la tradition patricienne, il eut immédiatement l'intuition que, face à l'habileté de l'ennemi entré en Italie, l'éthique aristocratique traditionnelle était désormais insuffisante. Dès son entrée en charge, il voulut donc que Rome adopte le culte d'une nouvelle abstraction divinisée : idéalement rattachée aux figures de Venus et d'Énée, qui étaient à l'origine même de l'*Vrbs*, la figure de *Mens*, l'Esprit, la personnification de la sage adresse qui, associée à la *fides* romaine, serait capable de contrer les artifices d'Hannibal, comme une espèce d'antidote à la ruse dont Sempronius, et surtout Flaminius, avaient été victimes à la Trébie et au lac Trasimène. Pour l'aristocratie et le Sénat, il s'agissait d'un changement encore plus révolutionnaire et plus significatif que celui que Caius Flaminius avait mis en place l'année précédente : on proposait en effet aux dirigeants de la République des modèles de conduite différents et une mentalité nouvelle. Dépassée par l'absence de scrupules de Scipion à la fin de la présente guerre avec Hannibal, cette tendance aboutirait, en moins de cinquante ans, à une nouvelle sagesse, à un refus total de l'éthique traditionnelle.

Fabius Maximus fit alors de cette idée son emblème, le pivot de tout mouvement à venir, préférant avoir recours à la prudence, à une manœuvre longue et patiente d'épuisement contre un ennemi qu'il avait l'intuition de ne pouvoir vaincre par l'action directe :

> Il marcha vers Hannibal, non pas dans l'intention de le combattre, mais résolu à user ses forces en temporisant et à épuiser peu à peu, grâce à la supériorité dont il disposait en moyens financiers et en hommes, les faibles ressources et les minces effectifs du Carthaginois. En conséquence, se tenant toujours sur les hauteurs, pour se garer de la cavalerie des ennemis, il campait dans des lieux montueux et escarpés, restait tranquille quand l'ennemi ne bougeait pas et, quand il remuait, tournait autour de lui sans quitter les hauteurs et se montrait à distance, juste assez pour n'être pas forcé de combattre malgré lui et pour inspirer à l'ennemi, par sa temporisation elle-même, la crainte constante d'être attaqué. (Plutarque, *Vie de Fabius Maximus,* 5, 2-3.)

Pris au moins une fois par surprise par le dictateur, qui réussit à sauver d'une embuscade l'imprudent Minucius, Hannibal s'en sortit par un mot d'esprit avec ses amis :

« Ne vous avais-je pas prédit souvent que ce nuage qui planait sur les hauteurs crèverait un jour et nous apporterait de la grêle et une pluie d'orage ? » (Plutarque, *Vie de Fabius Maximus*, 12, 6.)

Ce fut précisément en partant du principe stratégique qu'il avait mis en pratique que Fabius se gagna le surnom de *Cunctator*, le Temporisateur ; pourtant,

même au Sénat, on ne lui prêtait guère une oreille favorable : il exaltait les qualités de l'ennemi, disait qu'on devait deux ans de défaites à l'imprudence et à l'incompétence des chefs et que le maître de cavalerie, qui avait combattu malgré ses ordres, aurait à rendre des comptes. Si le pouvoir et la décision stratégique restaient entre ses mains, il apprendrait bientôt aux gens qu'avec un bon commandant la fortune était de peu de poids, mais que dominent l'intelligence [*Mens*] et la méthode, et qu'avoir sauvé, au bon moment, une armée est plus glorieux que d'avoir trucidé quelques milliers d'ennemis. (Tite-Live, 22, 25, 12-15, traduction de F. H.)

L'efficacité de cette dictature fut néanmoins presque réduite à néant par le fait que le choix du *magister equitum* fut confié non pas – comme c'était l'usage – au dictateur lui-même, mais au peuple qui d'abord nomma pour cette charge Marcus Minucius Rufus, adversaire politique de Fabius, puis qui assimila substantiellement son *imperium* à celui du dictateur, annulant de fait la nécessaire unité de commandement :

Si la plèbe romaine avait encore ses dispositions d'antan, il [sc. le tribun Metilius] aurait audacieusement proposé d'abroger le pouvoir de Fabius ; mais pour l'heure il afficherait un projet modéré visant à rendre égaux les droits du maître de cavalerie et ceux du dictateur. (Tite-Live, 22, 25, 10, traduction de F. H.)

Combattue pour des raisons partisanes par l'un des hommes qui auraient dû en garantir l'application, la stratégie de Fabius ne donna pas les résultats espérés, même si elle empêcha d'autres victoires de l'ennemi. Le Carthaginois parcourut l'Italie méridionale en la dévastant durant presque une année sans que les Romains parviennent jamais à le bloquer. Même lorsqu'il pénétra imprudemment dans la campagne de Falerne pour y faire du butin et qu'il risqua d'y rester bloqué par les forces romaines qui occupaient chaque issue, Hannibal réussit à s'en sortir par la ruse : la diversion créée une nuit en envoyant deux mille bœufs avec des torches attachées à leurs cornes vers l'un des points tenus par l'ennemi provoqua la confusion nécessaire pour lui permettre d'occuper le col et de sortir indemne de ce piège avec toutes ses troupes et ses prises.

Selon la tradition, Hannibal aurait cherché par tous les moyens à discréditer l'adversaire aux yeux mêmes de ses concitoyens :

Deux faits avaient ajouté à l'impopularité du dictateur : l'un dû à un stratagème, à une ruse d'Hannibal, fut que s'étant fait montrer par un transfuge une propriété du dictateur, il ordonna qu'elle fût épargnée de toute violence guerrière par le fer ou par le feu alors que tout à l'entour était rasé jusqu'au sol, comme si c'était le prix de quelque pacte secret ; l'autre, dû à une décision de Fabius lui-même, discutable au premier abord parce que prise sans autorisation du Sénat, mais qui, pour finir, tourna sans aucun doute à sa plus grande gloire : pour l'échange des prisonniers, parce qu'on avait fait ainsi lors de la première guerre punique, les deux chefs, le Romain et le Carthaginois, étaient convenus que celui qui en récupérerait plus que l'autre verserait deux livres et demie pour chaque soldat en plus. Le Romain en ayant récupéré deux cent quarante-sept de plus que le Carthaginois, comme la somme due n'avait pas été mandatée à temps bien que le Sénat en eût souvent débattu, parce que le dictateur ne l'avait point consulté préalablement, Fabius envoya à Rome son fils Quintus vendre la propriété qui avait été épargnée par l'ennemi et acquitta sur sa fortune privée un engagement qui était celui de l'État. (Tite-Live, 22, 23, 4-8, traduction de F. H.)

Probablement inventés, ces épisodes montrent néanmoins que la stratégie de Fabius était très gênante pour Hannibal. Toutefois, les protestations des citoyens et des alliés, exaspérés par les saccages systématiques effectués par le Carthaginois sur leurs terres, donnèrent bien vite de l'importance au parti de ceux qui réclamaient des solutions rapides et la volonté d'en arriver au plus vite à une confrontation décisive devint unanime. Au terme de la dictature de Fabius et Minucius, le commandement fut d'abord pris par le consul survivant Cneius Seruilius Geminus et le consul suffect Marcus Attilius Regulus, pour terminer l'année ; puis, au début de 216, par les consuls nouvellement élus, le patricien Lucius Æmilius Paullus et Caius Terentius Varro, un *homo nouus* :

Il était un homme d'une naissance non pas humble, mais ignoble. Son père avait été, dit-on, boucher, et détaillant en personne sa marchandise, et il avait employé son fils à ce métier servile. (Tite-Live, 22, 25, 18-19, traduction de F. H.)

Des forces importantes furent mises à la disposition des deux hommes. Contre Hannibal, qui de Gereonium, où il avait passé l'hiver, s'était déplacé dans la plaine de l'Ofanto et s'était emparé de Cannes, où les Romains avaient leurs greniers, une armée de huit légions (près de quatre-vingt mille hommes, romains et alliés) fut rassemblée pour écraser l'ennemi en nombre. Ce fut précisément dans la plaine de l'Ofanto, non loin de Cannes, que la bataille eut lieu le 2 août 216. La grande armée romaine s'était installée sur la gauche du fleuve, à près de neuf kilomètres de l'ennemi, probablement près de l'actuelle Trinitapoli. Sur la droite du fleuve, Æmilius Paullus avait fait construire un camp moins important abritant près d'un tiers de ses forces : il pensait ainsi protéger ses propres fourrageurs et attaquer ceux du Carthaginois. Hannibal s'était déjà installé non loin de l'actuel Mont-de-Cannes, sur la droite de l'Ofanto ; mais il passa rapidement sur l'autre rive, faisant ainsi face au gros de l'armée romaine décidée à lui interdire tout déplacement vers une position plus favorable. Ce fut dans ces circonstances qu'il engagea, sans issue, la bataille avec l'ennemi. À l'aube du 2 août, Terentius Varro, qui devait commander ce jour-là, prit l'initiative de conduire, au-delà de l'Ofanto, le noyau de ses légions pour rejoindre les autres troupes et rangea ses troupes le long de la rive droite du fleuve. Près de dix mille hommes

– c'est-à-dire une légion, probablement le contingent de Paullus avec le complément prévu des soldats alliés – devaient garder le camp principal. En outre, selon certaines sources (Tite-Live, Appien), une seconde garnison d'au moins cinq mille hommes gardait le plus petit camp : Varron et Paullus engagèrent donc dans la bataille leurs six mille cavaliers et soixante mille ou soixante-dix mille de leurs soldats.

Sur le front, comme d'habitude un peu plus en avant que le reste, étaient placés les *uelites*, troupes légèrement armées. Les consuls avaient en revanche modifié l'habituelle formation en échiquier de la lourde infanterie de la légion : ils avaient maintenu la traditionnelle formation sur trois échelons, mais avaient formé des rangs plus serrés, de telle sorte que l'intervalle normal laissé entre les manipules s'était amenuisé au point de disparaître. Le front de chaque unité particulière avait été réduit et l'épaisseur des rangs avait été tellement augmentée qu'ils comprenaient au moins cinquante hommes sur les trois files de la formation. À Cannes, l'armée romaine présentait donc la forme d'un quadrilatère massif sur un front de près d'un kilomètre et demi, à l'intérieur duquel chaque légion était flanquée d'une cohorte d'alliés. La cavalerie romaine, composée de deux mille quatre cents hommes en tout, était placée sur l'aile droite, de sorte que sa grande infériorité numérique était partiellement compensée par la proximité du fleuve pour limiter la mobilité des adversaires. Cette partie de la formation était sous le commandement d'Æmilius Paullus, qui avait également sous ses ordres une légion et une cohorte d'alliés. Le centre de la formation avait été confié à Minucius Rufus et à Seruilius Geminus ; et, tandis que ce dernier continua à commander ses troupes, l'ex-chef des cavaliers remplaça Attilius Regulus, rappelé à Rome car, en fidèle partisan de la stratégie de Fabius, il était le seul à s'opposer ouvertement au combat. Le centre de la formation romaine était donc en toute logique aux mains des vétérans de la Campanie et de l'Apulie, et certains d'entre eux étaient sous les armes depuis 218. Sur la gauche, Varron, commandant en chef, était à la tête de deux légions et d'un contingent d'infanterie alliée. Enfin, la cavalerie des alliés, soit trois mille six cents hommes, terminait le dispositif. En organisant cette formation, le plan des consuls était de la plus grande simplicité : renverser l'ennemi par le poids et la valeur de leurs vétérans placés au centre avant qu'il ne puisse pleinement profiter de la force de sa cavalerie plus nombreuse.

Heureux de l'occasion qui lui était offerte, Hannibal passa le fleuve sous la protection des frondeurs des Baléares et des troupes légères, et se rangea à son tour pour la bataille. Le Carthaginois disposait de quarante mille soldats – dont un peu plus de onze mille étaient des auxiliaires – et de dix mille cavaliers : c'est donc surtout avec l'infanterie qu'il devait affronter un ennemi nettement supérieur en nombre. La tactique choisie visait à attirer l'ennemi au centre de sa formation en l'y retenant le temps nécessaire pour pouvoir l'encercler sur les flancs et à l'arrière. Il répartit donc les vétérans libyens – dix mille hommes en tout – en deux grandes unités égales, disposées en rangs plus profonds qu'à l'accoutumée, sur un front correspondant à celui des légions romaines, et il les plaça à l'extrémité de sa formation. Le reste de l'infanterie, composée de Celtes et d'Ibères, fut placé de manière singulière. Selon Polybe, Hannibal rangea l'armée sur une seule ligne, mais en avança le centre – composé de Gaulois et d'Espagnols –, en organisant des divisions proches d'eux de moins en moins profondes afin de former un arc de cercle convexe en demi-lune tourné vers l'ennemi. Il souhaitait ainsi que les Libyens constituent durant la bataille une espèce de corps de réserve et que les autres troupes ouvrent le combat. Le cœur de son armée était numériquement inférieur à celui des Romains et était composé de milices moins valides : il aurait par conséquent été contraint de se replier face à la pression des légionnaires. Il fallait toutefois contenir la fougue des soldats ennemis afin que les mâchoires du piège constituées par les deux corps d'infanterie libyenne de l'arrière se referment au moment voulu ; et il fallait pour cela que le centre de la formation punique recule sans se disperser. Hannibal réduisit donc progressivement la profondeur de ses rangs sur les extrémités de sa formation, là où, comme il le prévoyait, l'attaque de l'ennemi devait être moins violente et moins directe puisque les Romains se dirigeraient instinctivement du centre vers les côtés, du moins au départ, lorsqu'ils ne seraient pas encore engagés dans la bataille : en procédant ainsi, il disposa plus ou moins ses troupes suivant la forme d'un croissant de lune dont la partie convexe était orientée vers le front de l'adversaire.

Il organisa ses cavaliers avec le même soin. Sur l'aile gauche, le long du fleuve, il posta les cavaliers gaulois et ibériques, commandés par Hasdrubal ; sur la droite, les Numides, probablement sous les ordres de Maarbal. La troupe la plus importante – six mille hommes lourdement armés – faisait ainsi face à la faible cavalerie romaine, tandis que les Numides – environ quatre mille hommes – affronteraient la cavalerie italique dont les forces étaient à peu près égales. Les raisons de ce choix sont claires : sur le côté ouvert, là où ils pouvaient pleinement profiter de leur agilité, les cavaliers berbères pouvaient s'occuper des alliés jusqu'à ce que le contingent d'Hasdrubal ait anéanti les Romains et vienne à leur rescousse. Hannibal se réserva le commandement des infanteries du centre, là où les manœuvres seraient les plus difficiles, surtout qu'il fallait maintenir les Gaulois et les Espagnols unis face à l'offensive romaine.

Comme à l'accoutumée, la bataille commença par l'affrontement des milices légères, sans qu'aucune des deux parties l'emporte nettement. Tandis que les auxiliaires, une fois leur devoir accompli, se retiraient en passant entre les rangs, la mêlée s'engagea sur les côtés entre les deux cavaleries puis les lourdes infanteries marchèrent l'une contre l'autre. Les vélites romains passèrent derrière la formation et y demeurèrent sans plus avoir à intervenir ; le rôle des infanteries légères puniques, composées de Ligures et de contingents ibériques particuliers, capables d'affronter également les troupes de ligne, fut bien différent. Ils furent regroupés par leurs officiers et soutinrent le centre lorsque les Gaulois et leurs cousins espagnols semblaient en difficulté.

Sur la gauche de l'armée punique, les forces d'Hasdrubal furent quelque temps contenues par les cavaliers romains : dans l'espace étroit qui longeait le fleuve et qui rendait toute manœuvre impossible, la lutte se transforma rapidement en une furieuse mêlée au cours de laquelle bien des cavaliers désarçonnés s'affrontèrent dans de féroces corps à corps. Enfin, dépassés par le nombre, les Romains se dispersèrent et se replièrent en désordre le long de la rive du fleuve : seul le consul Æmilius Paullus, peut-être déjà blessé, abandonna les fuyards et rejoignit l'infanterie.

Pendant ce temps, au centre de la formation, les Gaulois et les Espagnols des lignes les plus avancées étaient entrés en contact avec l'ennemi. Malgré leur élan initial, ils ne purent soutenir l'attaque des légionnaires : ils cédèrent donc progressivement, harcelés par les lourdes colonnes ennemies qui, comme Hannibal l'avait prévu, convergeaient vers le centre, y compris ceux qui étaient sur les côtés où la lutte n'était pas encore engagée. Tout en se repliant lentement et progressivement, la formation punique maintint toutefois substantiellement son aspect et présenta finalement à l'ennemi, qui la pressait, un formidable *cuneus*, au creux et non plus sur l'arc de la faux. Pour empêcher que le front, désormais dangereusement tendu, ne se disperse, les vétérans libyens intervinrent au bon moment ; du fait de l'avancée en force des Romains ils se trouvèrent placés sur les flancs d'un ennemi concentré au centre. Sur un ordre précis, comme s'ils étaient en manœuvre, ils exécutèrent tous ensemble une conversion parfaite et attaquèrent avec une énergie intacte la formation adverse sur les côtés. Il manquait aux légionnaires l'entraînement nécessaire pour affronter cette nouvelle menace ; et, tandis que leur ardeur s'épuisait, parce que l'étroitesse des espaces entre les manipules rendait toujours plus difficile leur alternance en première ligne, les infanteries celtes et ibériques en piteux état reprenaient souffle et vigueur, encouragées par leurs officiers et renforcées par l'aide des milices légères.

Sur l'aile droite de la formation punique, les cavaliers numides avaient tenu en échec les troupes montées des alliés par leurs charges répétées et leurs retraits rapides. Pendant ce temps, Hasdrubal avait admirablement contrôlé la lourde cavalerie carthaginoise, victorieuse sur la gauche, l'empêchant de se disperser en suivant inutilement les survivants ennemis, et il l'avait conduite, en passant derrière les infanteries en lutte, à la rescousse de l'aile droite. Il ne restait d'autre choix aux Italiques que la fuite. Tandis qu'ils se dispersaient dans la plaine, poursuivis par les Numides, Hasdrubal emmena ses cavaliers prendre les légions à revers, parachevant ainsi l'encerclement.

Le massacre commença. Durement éprouvés par la lutte menée jusqu'alors, n'étant plus correctement soutenus par les groupes suivants, contraints à leur tour à une défense désespérée, les manipules vétérans de Seruilius et Minucius n'avaient plus d'élan et n'étaient plus en mesure de disperser les lignes qui leur faisaient face. Tandis que les Libyens bloquaient les légions sur les flancs dans un étau, la cavalerie d'Hasdrubal les tourmentait à l'arrière : les premières lignes n'eurent ainsi plus de recours et l'espace nécessaire à une défense efficace vint à manquer. Toute apparence d'ordre finit par disparaître et la panique s'installa. Les infortunés Romains, pris sans issue dans un cercle de fer, ne réussirent pas cette fois encore à vendre chèrement leur vie. Au cours de la plus épouvantable défaite de l'histoire de Rome, le consul Æmilius Paullus tomba, tout comme celui de l'année précédente, Seruilius Geminus, ainsi que le maître de cavalerie, Minucius Rufus ; et périrent avec eux les questeurs, vingt-neuf tribuns militaires, quatre-vingts sénateurs et une foule de cavaliers. Le spectacle du massacre fut atroce, même pour les ennemis venus le lendemain recueillir les dépouilles :

> Là gisaient des milliers de Romains, fantassins et cavaliers, pêle-mêle, comme le hasard les avait réunis, dans le combat ou dans la fuite. Certains, se levant tout sanglants du milieu des cadavres, réveillés par le froid du matin qui pinçait leurs plaies, furent achevés par l'ennemi ; on en trouva gisants, qui étaient vivants mais avec les tendons des cuisses et des jarrets tranchés et qui découvrant leur nuque ou leur gorge, demandaient qu'on les vide de ce qu'il leur restait de sang ; on en découvrit qui avaient la tête enterrée dans le sol : on voyait bien qu'ils avaient eux-mêmes creusé ces trous et qu'en se couvrant le visage de terre amoncelé ils s'étaient étouffés. Ce qui attira le plus tous les regards, ce fut un Numide que, de dessous un Romain mort, on retira vivant, le nez et les oreilles déchirés : le Romain, dont les mains ne pouvaient plus tenir une arme et dont la colère s'était muée en rage, avait lacéré l'ennemi avec ses dents avant de mourir. (Tite-Live, 22, 52, 6-9, traduction de F. H.)

Même si l'on retient les chiffres les moins importants donnés par Tite-Live, les Romains perdirent plus de quarante-sept mille de leurs soldats et deux mille sept cents de leurs cavaliers ; plus de dix-neuf mille furent faits prisonniers et quinze mille seulement réussirent à échapper à l'ennemi par divers moyens. Cette splendide victoire coûta un prix négligeable au Carthaginois : un peu moins de six mille hommes, celtes pour la plupart, qu'il sacrifia à son habitude sans aucun scrupule.

Choix stratégiques

Selon une anecdote fameuse, Maarbal accusa Hannibal, juste après Cannes, de ne pas savoir profiter de la victoire : il pensait en effet qu'en marchant immédiatement sur Rome et en prenant la ville d'assaut, il aurait été facile de mettre un terme à cette guerre. La critique moderne s'est interrogée sur la véracité de cette affirmation et s'est perdue en conjectures souvent sans fondement. On a soutenu qu'en quatre ou cinq jours, les avant-gardes puniques composées de cavaliers (principalement de Numides) auraient pu se présenter sous les murailles, presque au moment où la nouvelle de la défaite aurait été annoncée ; ainsi la ville aurait-elle pu être prise avant que ses habitants, privés de gouvernement, aient pu organiser une bonne défense. Comme toute hypothèse concernant des événements passés, celle-ci n'est pas vérifiable; mais, même si l'anecdote ne semble pas avoir été fabriquée, le reproche de Maarbal était sans fondement : tout porte à croire, en effet, qu'une attaque surprise contre la capitale ennemie n'aurait eu aucune chance réelle de succès. Les cavaleries numides, les seules à être assez légères et rapides pour dépasser les messagers que le consul survivant avait immédiatement envoyés à Rome, n'étaient pas assez nombreuses ; et, même si leur mobilité était leur meilleure arme, elles n'auraient eu aucune possibilité dans l'espace resserré d'une ville.

Quant à tenter un assaut en règle, Cannes était à quatre cents kilomètres de Rome et même en marchant d'un bon pas, le gros de l'armée carthaginoise n'aurait jamais pu rejoindre l'*Vrbs* avant deux semaines et elle l'aurait trouvée prête à se défendre. Rome n'était en effet pas démunie, et si sa garnison était restreinte et tout à fait insuffisante pour affronter une nouvelle bataille en rase campagne, elle aurait suffi à défendre son enceinte avec l'aide, au besoin, de milliers de citoyens.

Difficile à prendre d'assaut, la ville aurait été en outre impossible à assiéger. Il avait fallu huit mois à Hannibal pour s'emparer de Sagonte et même si ses capacités en matière de poliorcétique s'étaient affinées, Rome possédait des défenses bien plus importantes que celles de la ville espagnole. Sans machines de guerre, sans une base et surtout sans une flotte pour fermer la voie du Tibre, les opérations n'auraient même pas pu commencer.

Quoi qu'il en soit l'hypothèse est oiseuse parce que le Carthaginois ne songea jamais à conclure les hostilités par une attaque directe de la capitale ennemie : si l'éducation qu'il avait reçue avait amené Hannibal à préférer la guerre de mouvement, suivant en cela ses modèles, Alexandre et Pyrrhus, après Cannes il pouvait tout à fait se permettre d'attendre patiemment que les fruits de la victoire mûrissent, grâce à la fracture de la fédération italique.

De fait, ce que le Carthaginois avait prévu sembla alors se vérifier. En définitive, défaite encore plus terrible, l'organisation des États créée par Rome commença à se déliter et les défections furent rapidement très conséquentes.

> Que le désastre de Cannes ait été bien plus grave que les précédents, on en a la preuve dans le fait que la fidélité des alliés, qui jusqu'alors était restée inébranlable, commença à chanceler, sans autre raison que la désespérance de l'empire. (Tite-Live, 22, 61, 10, traduction de F. H.)

Tout comme Capoue, la cité sœur, qui avait trahi Rome poussée par l'ambition malsaine de se substituer à elle, en deux ans à peine, Syracuse passa à l'ennemi quand la mort de Hiéron mit un terme à une longue et très forte alliance ; puis, peu à peu, Tarente fut occupée grâce à un stratagème audacieux, et ensuite ce furent Thurii, Métaponte, Héraclée et bien d'autres villes encore. Le monde grec d'Italie et celui de la Sicile déserta presque totalement et Atella, Calatia,

Hiéron II de Syracuse

les Sabatins, une bonne part de l'Apulie, tous les Samnites, à l'exception des Pentri, et tous les Bruttiens, sauf les Uzentins, passèrent immédiatement à l'ennemi. C'est l'Italie méridionale tout entière qui se révoltait. Juste après Cannes, la nouvelle de la *symmachia*, l'alliance militaire de Philippe V, roi de Macédoine, aux côtés d'Hannibal (en 215), aggrava encore la situation.

Quoi qu'il en soit, la portée de la bataille de Cannes avait été telle qu'elle amena les adversaires à réfléchir. Malgré une situation apparemment désespérée, Rome refusa de se rendre et même de traiter, en dépit des approches diplomatiques d'Hannibal : la *perfidia* et la *crudelitas* observées dans la conduite du Carthaginois interdisaient formellement toute négociation. Le Sénat reprochait avant tout à Hannibal sa tendance à faire un usage systématique de la tromperie, des pièges, des expédients et il détestait le caractère barbare de son armée, propre aux ethnies qui la composaient. Comme on le sait, les nobles romains refusaient au nom d'une très ancienne habitude aristocratique le recours à la fraude ; et bien qu'ils pussent concevoir toute la violence de la guerre, ils rejetaient le caractère sauvage et étranger des coutumes guerrières de l'ennemi, sa férocité instinctive (les Romains auraient dit « barbare »...) qui, loin d'être réprimée, semblait tolérée et même encouragée par le commandant en chef. Même si certains, comme Fabius, avaient officieusement commencé à changer de point de vue, la plupart d'entre eux ne pouvaient pardonner au Carthaginois son usage de la *métis* (qui était à l'inverse tout à fait acceptée, et même digne d'admiration, chez les Grecs), ni le fait d'avoir pris la tête d'un ramassis de peuples sauvages, pour les mener de victoire en victoire. Fortement imprégnée d'implications religieuses, la polémique sur les méthodes guerrières d'Hannibal devint un formidable instrument de propagande face au peuple romain et aux fidèles alliés, dont il fallait à tout prix ranimer la volonté de résister. Rome refusa donc immédiatement toute tractation, même pour le rachat des prisonniers qui sous-entendait une reconnaissance implicite de son infériorité ; en outre, elle constitua avec les survivants des bataillons vaincus des légions cannoises des détachements disciplinaires qu'elle envoya hors d'Italie dans des conditions humiliantes. Le Sénat préféra, dans l'urgence, enrôler et armer deux légions d'esclaves (*uolones*) ; en même temps, il se mit en devoir de perfectionner son propre appareil de guerre et de mobiliser toutes les énergies pour tenter de renaître, en appelant toujours plus de monde aux armes dans les années qui suivirent.

Quant à Carthage, malgré cette conjoncture très favorable, la classe dirigeante connaissait aussi des dissensions. Il y en avait qui doutaient, avec raison, de la victoire. À Magon, revenu en Afrique pour célébrer les victoires de son frère et demander à la ville un soutien plus important, et à Himilcon, partisan des Barcides que l'opposition définissait avec dédain comme « un sénateur romain dans la curie de Carthage », Hannon, le chef de la faction oligarchique, répliqua, non sans finesse, que quand on pouvait offrir la paix plutôt que la demander, c'était le moment tout indiqué de l'offrir à Rome.

> « J'ai massacré l'armée des ennemis, dit Hannibal, envoyez-moi des renforts. » Que demanderais-tu d'autre si tu avais été vaincu ? « J'ai pris les deux camps de l'ennemi. » Sans doute avec beaucoup de butin et d'approvisionnement. « Fournissez-moi du blé et des fonds. » Que demanderais-tu d'autre si tu avais été dépouillé et privé de ton camp ? Et pour n'être pas le seul à m'étonner de tout cela... je voudrais qu'Himilcon ou Magon dise, puisqu'on a combattu à Cannes pour la destruction totale de l'empire romain et que la défection de l'Italie entière est un fait avéré, d'abord si un seul peuple latin est passé de notre côté, ensuite si un seul homme des trente-cinq tribus a déserté au profit d'Hannibal ? Magon ayant répondu non aux deux questions : il reste en vérité encore un trop grand nombre d'ennemis et ce que je voudrais connaître c'est l'état d'esprit, les espérances de ces masses. Comme Magon avait dit qu'il n'en savait rien. Rien n'est plus facile à connaître : les Romains ont-ils envoyé des ambassadeurs à Hannibal pour discuter de la paix ? Une quelconque rumeur de paix venue de Rome est-elle parvenue jusqu'à vous ? Et comme, une fois encore, Magon avait répondu par la négative : la guerre, continua Hannon, en est pour nous au même point que le jour où Hannibal est passé en Italie. (Tite-Live, 23, 12, 13-13, 2 traduction de F. H.)

Malheureusement pour Carthage, les arguments d'Hannon n'étaient pas dépourvus d'une certaine logique. La révolte d'une grande partie de la péninsule n'offrit à Hannibal que des avantages très modestes. L'Italie grecque et l'Italie des Apennins, qui étaient passées en masse de son côté, représentaient deux mondes restés en marge d'une fédération dont la cohésion, comme on sait, suivait surtout la géographie des relations entre les classes dirigeantes, qu'elles soient personnelles ou qu'elles impliquent des liens entre d'importants groupes familiaux. La troisième Italie, la seule qui comptait vraiment parce qu'elle était réellement soudée, était tyrrhénienne et ses classes aristocratiques s'identifiaient depuis longtemps à Rome et à son Sénat. À l'exception de Capoue, elle n'avait donné aucun signe de fléchissement : Hannibal ne parvint jamais à prendre un pouce de terrain au nord de Compulteria et de Arpi. Plus que sur l'immense potentiel démographique dont elle disposait, plus que sur ses armées inépuisables, le secret de la puissance romaine reposait sur la présence et le travail de son Sénat. Les trois cents personnalités qui le composaient étaient les véritables *pignora imperii,* des liens particulièrement tenaces qui, du fait même de leur existence, soudaient indissolublement une myriade de peuples, les amenant à former ainsi un tout avec Rome ; et c'étaient des liens que le Carthaginois ne serait jamais parvenu à trancher complètement.

Les forces alliées qui s'étaient rangées au côté d'Hannibal étaient au contraire dispersées et devaient lui être peu fidèles, tout comme elles l'avaient peu été avec Rome : c'étaient des alliés qui se battaient isolément, sans respecter de stratégies communes et qui n'étaient plus tenus entre eux par aucun lien. L'armée d'Hannibal ne pouvait tirer d'eux qu'un profit très limité. Les cités grecques, par exemple, se servaient depuis longtemps de troupes mercenaires, souvent sous les ordres de capitaines venus de la rive opposée de l'Adriatique, et elles n'auraient pas été adaptées à une mobilisation massive, tandis que les Samnites, ou les autres peuples osques, ne pouvaient pas être soumis à une discipline régulière afin qu'ils n'eussent pas l'impression d'avoir simplement changé de maître.

Malgré ces réserves, Hannibal pouvait compter avec certitude sur des forces notables, mais se trouvait dans l'impossibilité de toutes les commander en personne. Ce même avantage qui l'avait protégé jusqu'alors, en empêchant l'ennemi de l'écraser par la force du nombre, se retournait contre lui en le contraignant à fractionner ses troupes et, surtout, à déléguer, du moins en partie, le commandement. Cette situation était très grave parce que, comme le Carthaginois devait le constater, ses nouveaux alliés étaient, en toute circonstance, incapables de se mesurer d'égal à égal avec les troupes de la République et même Philippe de Macédoine, qui lui avait offert son aide, fut tenu en respect par quelques détachements romains seulement.

Hannibal aurait encore pu l'emporter si l'ennemi avait consenti à un nouvel affrontement sur le champ de bataille, employant ainsi de gros contingents armés, mais les généraux romains s'étaient désormais définitivement alignés sur la théorie de Fabius Maximus et ils évitaient à tout prix une rencontre directe. Bien qu'elles fussent de plus en plus nombreuses (durant la seconde phase de la guerre, Rome maintint constamment entre vingt et vingt-cinq légions en armes), les troupes de la République n'offraient plus à l'ennemi un centre unique de résistance que l'on pouvait frapper avec certitude ; mais elles œuvraient systématiquement avec toujours plus de succès dès qu'Hannibal n'était pas là, le privant ainsi de ses bases et réduisant progressivement son champ d'action.

Nouvelles opérations

Le Carthaginois connut encore d'autres victoires. En 212, le préteur Tiberius Sempronius Gracchus tomba au combat, probablement à la tête de ses *uolones,* les esclaves enrôlés juste après Cannes ; peu après, non loin d'Ordona, les forces d'un autre préteur, Cneius Fuluius Flaccus, furent anéanties. En 210, près de la même ville, le proconsul Cneius Fuluius Centumalus mourut avec presque tous les siens ; enfin, en 208, le quatrième et dernier consul, Marcus Claudius

Marcellus, fut victime avec son collègue, Titus Quinctius Crispinus, d'une embuscade de la cavalerie numide. Rome avait entre-temps connu le moment probablement le plus difficile de cette guerre : douze des trente colonies latines, épuisées par l'énorme effort soutenu depuis des années (et peut-être aussi irritées contre Rome des punitions infligées à ceux de leurs membres qui, vaincus par Hannibal, étaient envoyés en garnison hors d'Italie dans des conditions dures et honteuses...), déclarèrent être arrivées au terme de leur capacité à répondre aux exigences de l'État romain ; ni menaces ni prières ne purent les faire changer d'avis.

> Il y avait alors trente colonies romaines fondées par le peuple romain ; parmi elles, douze, alors que toutes avaient leurs délégués à Rome, firent savoir aux consuls qu'elles n'avaient pas les moyens de fournir des soldats et de l'argent. Il s'agissait d'Ardea, Nepete, Sutrium, Albe, Carseoli, Suessa, Circei, Setia, Calès, Narnia et Interamna. [...] Les consuls avaient beau, à tour de rôle, faire valoir pendant longtemps ces arguments, les délégués demeurèrent inébranlables ; ils n'avaient rien, dirent-ils, à aller annoncer chez eux et leur Sénat n'avait rien de nouveau sur quoi délibérer, étant donné qu'ils n'avaient ni soldat à enrôler ni argent à donner pour la solde. [...] Comme le Sénat avait permis aux consuls de se comporter et d'agir selon ce qu'ils estimeraient conforme à l'intérêt de l'État, eux, après avoir sondé sur leur sentiment les autres colonies, en convoquèrent les représentants et leur demandèrent dans quelle mesure ils tiendraient prêts les soldats prévus par la convention. Au nom des dix-huit colonies, Marcus Sextilius de Frégelles répondit que les soldats prévus par la convention étaient prêts et que, s'il en fallait davantage, ils en donneraient davantage et que, si le peuple romain ordonnait et voulait quelque chose d'autre, ils le feraient avec ardeur : pour cela les ressources ne leur manquaient pas, et de la bonne volonté, ils en avaient à revendre. Les consuls, après avoir commencé par dire que leur mérite était tel que leur adresser en leur propre nom des éloges ne leur paraissait pas suffisant, si l'ensemble des sénateurs ne les remerciaient pas dans la curie, les invitèrent à les suivre au Sénat. Après leur avoir donné lecture du décret le plus honorifique possible, le Sénat chargea les consuls de les présenter aussi devant le peuple. [...] Ils devaient, parmi beaucoup d'autres actions d'éclat que ceux-ci avaient accomplies pour eux et leurs ancêtres, rappeler aussi le service récent qu'ils venaient de rendre à l'État. [...] Quant aux douze autres colonies qui refusèrent d'obéir aux ordres, les sénateurs interdirent d'en faire mention ; les consuls ne devaient ni renvoyer leurs délégués, ni les retenir, ni les convoquer. Ce blâme parut être ce qui convenait le mieux à la dignité du peuple romain. (Tite-Live, 27, 9, 7 ; 13 ; 10, 2-6 ; 10.)

Pour l'heure, le Sénat eut donc la sagesse d'attendre et de faire comme si de rien n'était ; mais le projet de Fabius de venir lentement à bout d'Hannibal par l'usure sembla un moment sur le point d'échouer en raison de l'effort colossal et continu qu'il imposait aux citoyens et aux alliés, même pour la partie de la fédération italique restée fidèle jusqu'alors. Le châtiment des dissidents, renvoyé à plus tard, fut néanmoins appliqué en 203, quand les Romains se sentirent désormais sûrs de la victoire.

On était en 209, année au cours de laquelle le Carthaginois avait obtenu l'un de ses derniers succès, probablement le plus important. Mais comme il le redoutait, on était revenu depuis Cannes à une guerre d'usure. Même l'extrême cruauté avec laquelle il avait décidé d'en interpréter les règles n'était pas en mesure d'arrêter la lente et graduelle reprise de Rome et ne faisait que retarder l'inévitable défaite. Ainsi, en 214, les Romains avaient reconquis Casilino ; en 213, ils avaient repris Arpi. En 212, les consuls Appius Claudius Pulcher et Quintus Fuluius Flaccus avaient commencé le siège de Capoue. En tentant de ralentir le blocus qui menaçait la ville amie, Hannibal entreprit, l'année suivante, une offensive audacieuse et spectaculaire qui sema la panique à Rome et le conduisit jusqu'aux portes de la ville.

> À Rome, une estafette venant de Frégelles, et qui de jour et de nuit avait fait le trajet sans s'arrêter, causa une énorme frayeur ; les gens, soulevant par eux-mêmes plus de tumulte que n'en provoquait le fait annoncé, se mettent à courir partout en inventant des nouvelles qu'ils ajoutent à celles qu'ils ont apprises et provoquent l'émoi dans la ville. On entendait, dans les demeures, les lamentations des femmes et, par surcroît, des matrones venant de partout se répandirent dans la ville sur la voie publique, à l'entour des temples, balayant les autels de leurs cheveux dénoués, s'agenouillant, tendant vers le ciel la paume de leurs mains et suppliant les dieux d'arracher Rome des mains de l'ennemi et d'assurer le salut des mères romaines et de leurs petits. [...] Sur ces entrefaites Hannibal marcha jusqu'à l'Anio sur les rives duquel il vint camper, à trois mille pas de Rome. Après avoir établi là son camp de base, il s'avança vers la porte Colline avec deux mille cavaliers jusqu'au temple d'Hercule ; et d'aussi près qu'il lui était possible, il examinait, en chevauchant, les remparts et la situation de la ville. (Tite-Live, 26, 9, 6-8 ; 10, 3, traduction de F. H.)

Non seulement Rome, abritée derrière ses remparts, ne vacilla pas, mais ses troupes ne ralentirent pas leur offensive sur Capoue qu'Hannibal finit par abandonner à son destin ; Capoue fut donc contrainte à la reddition au cours de l'année 211. L'amer commentaire que les chefs de garnisons carthaginois adressèrent à leur chef n'est pas totalement injustifié, lui reprochant

> non seulement d'avoir livré à l'ennemi Capoue elle-même, mais de les avoir trahis eux aussi et toute la garnison en les abandonnant à toutes sortes de tourments. Lui-même était parti pour le Bruttium, comme pour se détourner, pour ne pas voir la prise de Capoue. Mais, par Hercule, même l'attaque de Rome n'avait pas détourné les Romains du siège de Capoue tant le Romain était plus constant dans ses inimitiés que le Carthaginois dans ses amitiés ! (Tite-Live, 26, 12, 11-13, traduction de F. H.)

En dépit du fait qu'une partie du Sénat de la République fût liée à la noblesse locale par des liens familiaux et économiques étroits, la ville fut durement punie : beaucoup des notables furent exécutés ou vendus comme esclaves, les édifices et les terrains de propriété publique furent confisqués, les citoyens furent contraints de payer un tribut pour les terres et les maisons dont ils étaient devenus, de fait, locataires ; ainsi, la communauté de Campanie perdit non seulement son indépendance mais aussi son autonomie municipale, en étant réduite à dépendre de préfets, pour Capoue et Cumes, nommés par les comices à Rome : elle n'était devenue rien de plus qu'« un lieu pour stocker les fruits de la terre ».

La même année s'était terminé le siège de Syracuse. La ville, admirablement défendue, avait résisté grâce à ses remarquables fortifications et aux instruments construits par Archimède, grand mathématicien qui avait accepté de prêter un peu de son génie spéculatif à la production d'une extraordinaire technologie.

> Comme les Romains attaquèrent des deux côtés à la fois, les Syracusains furent frappés d'épouvante et restèrent muets d'effroi, à la pensée qu'ils ne pourraient tenir contre la force d'une si grande armée. Mais Archimède fit entrer en jeu ses machines, et l'infanterie fut arrêtée par des traits de toute espèce et par des pierres d'une grosseur énorme, qui tombaient avec un fracas et une vitesse incroyables. Personne absolument ne pouvait en soutenir le poids ; elles abattaient ceux qui se trouvaient dessous et jetaient la confusion dans les rangs. Quant aux navires, des poutres énormes, s'élevant soudainement au-dessus des murs et tombant d'en haut, les enfonçaient sous leur poids et submergeaient, ou bien des mains de fer ou des sortes de becs de grues les tiraient en l'air par la proue, les dressaient sur leur poupe et les coulaient, ou encore des câbles tirant dans des sens contraires les faisaient tourner et pivoter sur eux-mêmes de telle sorte qu'ils se heurtaient aux rochers et aux écueils qui se trouvaient au-dessous des remparts et broyaient du même coup beaucoup de ceux qui les montaient. Souvent aussi un vaisseau, soulevé de la mer et tournoyant de côté et d'autre, suspendu en l'air, donnait un spectacle à faire frémir, jusqu'au moment où, les occupants ayant été précipités et lancés comme avec une fronde, il retombait vide contre les murs ou glissait sous l'eau quand la machine lâchait prise. La machine que Marcellus faisait avancer sur le pont de bateaux s'appelait *sambuque* à cause d'une certaine ressemblance de forme avec cet instrument de musique. Comme elle s'avançait vers le mur, mais en était encore loin, un rocher du poids de dix talents [ca 350 kg] s'abattit sur elle, puis un second, puis un troisième, qui, en tombant avec grand fracas et tumulte, mirent en pièces la base de la machine, en disloquèrent la charpente et l'arrachèrent du pont de bateaux. [...] Les Romains tinrent alors conseil et décidèrent de s'approcher des murs pendant la nuit, s'ils le pouvaient. On espérait que vu la force des câbles dont se servait Archimède, les projectiles voleraient au-dessus des assaillants et qu'ils seraient absolument sans effet, en raison du manque de recul. Mais Archimède avait, paraît-il, prévu cet inconvénient et préparé de longue main des machines dont le jet était proportionné à toutes les distances et, en particulier, des projectiles de faible portée : il avait ménagé des séries de trous petits, mais nombreux et très rapprochés, grâce auxquels des arbalètes à tir rapproché, placées là, pouvaient frapper sans être vues des ennemis.`

> Comme les Romains s'approchaient, croyant bien échapper à l'ennemi, ils se trouvèrent de nouveau exposés à une grêle de traits et de coups, à une pluie de pierres qui tombaient sur eux verticalement, et comme les murs leur lançaient des flèches de tous côtés, ils battirent en retraite. [...] Les Romains perdirent beaucoup d'hommes [...] dans l'impossibilité où ils étaient de répondre aux coups des ennemis. (Plutarque, *Vie de Marcellus*, 15-16.)

C'est dans un fragment du livre XV de l'*Histoire romaine* de Dion Cassius qu'est expliqué le fonctionnement de ces fameux miroirs géants qui donnaient, paraît-il, aux Syracusains le pouvoir d'incendier à distance les vaisseaux romains en concentrant sur eux le rayonnement solaire; mais les historiens modernes doutent de la véracité de l'anecdote.

Marcellus avait donc été obligé d'avoir recours au siège. Un siège qui dura près de deux ans et qui ne prit fin que grâce à la trahison de l'un des défenseurs, l'Espagnol Merico. Syracuse fut alors terriblement mise à sac et Archimède y trouva la mort. Les versions de l'épisode sont nombreuses et suggestives, comme chez Plutarque, par exemple :

> Ce qui chagrina le plus Marcellus, ce fut la mort d'Archimède. Il se trouva qu'Archimède était seul chez lui et réfléchissait sur une figure de géométrie ; l'esprit et les yeux absorbés dans cette contemplation, il ne s'était pas aperçu de l'irruption des Romains et de la prise de la ville. Soudain un soldat se présenta devant lui et lui ordonna de le suivre auprès de Marcellus. Il ne voulut pas partir avant d'avoir résolu son problème et d'être parvenu à la démonstration. Le soldat irrité tira son épée et le tua. (Plutarque, *Vie de Marcellus,* 19, 8-9.)

D'autres historiens en donnent une version différente. Ils disent que le Romain surgit l'épée au poing, déjà prêt à le tuer et que, dès qu'il le vit, Archimède le pria d'attendre un moment afin que ce qu'il cherchait ne demeure pas inachevé et sans démonstration ; mais sans tarder davantage, le soldat l'acheva. Selon une troisième version, quelques soldats rencontrèrent Archimède dans la rue alors qu'il apportait à Marcellus, dans un coffre, un instrument scientifique, composé de cadrans solaires, de sphères et d'équerres, grâce auquel on pouvait mesurer la hauteur du soleil à vue d'œil. Les soldats, pensant qu'il s'agissait d'or, le tuèrent.

> Quoi qu'il en soit, Marcellus, désolé de sa mort, se détourna avec horreur du meurtrier comme d'un sacrilège, et, ayant découvert la famille d'Archimède, il la traita avec honneur : sur ce point du moins, il n'y a aucun désaccord. (Plutarque, *Vie de Marcellus,* 19, 12.)

Après la chute de la ville principale, le reste de la Sicile fut rapidement repris. La reconquête romaine avait également été favorisée par l'arrogance des chefs puniques, notamment à l'égard du meilleur de leurs officiers, le libyco-phénicien Muttines, pour la seule raison qu'il n'était pas carthaginois ; le mépris où il était tenu l'avait amené à déserter avec ses Numides, abandonnant ainsi à son destin Agrigente, dernière place importante de l'île encore aux mains des Puniques.

C'est aussi en 209, année du renversement de tendances, que Tarente tomba : elle fut châtiée par une mise à sac et trente mille de ses habitants furent vendus comme esclaves. Elle aussi avait été prise par trahison, livrée à Fabius Maximus par le commandant bruttien de la garnison d'Hannibal. Mais le prix de cette défection ne fut pas cette fois le même que celui que l'on avait accordé à Muttines, devenu citoyen romain. Le Temporisateur lui-même (qui avait déjà ordonné de déclencher l'attaque des remparts) donna un ordre révélant combien l'éthique romaine avait désormais changé :

> Afin de cacher qu'il avait pris la ville par trahison, il fit tuer d'abord tous les Bruttiens, mais il ne put accréditer l'opinion qu'il voulait donner de lui et il encourut en outre les reproches de mauvaise foi et de cruauté. (Plutarque, *Vie de Fabius Maximus*, 22, 5.)

Pour certains aristocrates romains de la vieille école comme Fabius, le respect de l'éthique traditionnelle comptait énormément pour leur image publique : mais, sans que cela soit jamais avoué en raison des nécessités propagandistes de la lutte contre Hannibal, elle n'était désormais qu'une façade. La *fides*, le code d'honneur que les nobles romains suivaient généralement jadis en politique comme à la guerre, était en fait oublié, ou du moins dépassé dans les faits.

Pendant ce temps Hannibal, qui avait partiellement perdu de son caractère imprévisible, était progressivement freiné et fut finalement confiné à l'extrême sud de la péninsule ; de même Philippe V de Macédoine, qui avait mené sans grande conviction une série d'opérations sur les possessions romaines d'Illyricum, fut contraint à une position défensive en raison de l'alliance que Marcus Valerius Lævinus avait formée contre lui en Grèce (212/211) et dont Attale Ier de Pergame et surtout les Étoliens faisaient partie. Leur contribution avait permis aux Romains d'éviter une coûteuse intervention directe en Grèce. L'une des clauses du traité devait conduire par la suite à la rupture des contractants : prises par les armes ou annexées pacifiquement, toutes les cités conquises en Grèce auraient dû être cédées aux Étoliens.

L'année 209 vit aussi en Espagne l'issue de la guerre tourner en faveur de Rome. Après que Publius et Cneius Cornelius Scipio, qui avaient opéré dans ce secteur depuis les premières années de la guerre, furent tombés en combattant les frères d'Hannibal et les autres généraux carthaginois (a. 211), le jeune fils de Publius leur succéda au commandement. Par son génie militaire et politique, c'était un homme semblable à Hannibal, qu'il avait d'ailleurs pris pour modèle personnel. Pourvu par une décision des comices d'un *imperium*, d'un commandement proconsulaire extraordinaire, ce jeune homme, qui n'avait exercé aucune magistrature curule en dehors de l'édilité, partit pour sa province à la fin de l'année 210. Dès sa première campagne, l'année suivante, il donna des preuves de ses extraordinaires capacités en s'emparant de la capitale ennemie, Carthagène. Cet épisode contribua à poser les fondements de sa légende, à forger cette aura d'être surhumain et béni des dieux qui ne devait pas le quitter durant toute son existence. Très importante par son port et son arsenal, par ses ressources militaires et les otages ibériques qui y étaient gardés, la cité de Carthagène était considérée par les Puniques comme imprenable : ils y avaient donc une garnison assez réduite. Ayant appris qu'avec des conditions de vent particulières, le niveau intérieur de la lagune baissait de manière à rendre les eaux praticables, Scipion imagina de distraire la garnison de la ville par une attaque de diversion du côté de l'isthme qui la reliait à la terre ferme, puis de la prendre d'assaut depuis la lagune. Il n'attribua toutefois pas ce plan à son habileté :

> Il assura à ses soldats que cette entreprise lui avait à l'origine été inspirée par Poseidon, qui, lui étant apparu pendant son sommeil, lui avait promis que, l'opération une fois engagée, il l'aiderait de façon tellement manifeste que toute l'armée reconnaîtrait les effets de son intervention. [...] Alors que le combat autour des échelles faisait rage, le flot commença à se retirer et l'on vit les eaux baisser progressivement sur les bords de l'étang, tandis qu'elles s'écoulaient en abondance et avec force par l'embouchure donnant sur la mer, si bien que, pour ceux qui n'étaient pas prévenus, la chose paraissait incroyable. [...] Et en cette occasion, quand on vit les hommes obtempérer et se jeter à l'envi à travers le terrain marécageux, l'armée tout entière crut qu'une volonté divine se trouvait à l'œuvre dans cette affaire et l'on se souvint alors que Scipion avait, dans sa harangue, promis le secours de Poseidon. (Polybe, 10, 11 & 14, traduction de Denis Roussel.)

Dans l'intervalle, Publius progressait en adaptant les tactiques d'Hannibal, qu'il avait longuement méditées, aux structures de l'armée romaine. En 208, près de Baecula, il l'emporta sur l'armée d'Hasdrubal. Le mouvement mis en œuvre était toutefois encore imparfait, et le Carthaginois, bien que vaincu, pût se diriger vers l'Italie avec une armée substantiellement intacte en espérant unir ses forces à celles de son frère. L'année suivante, un affinement ultérieur de la manœuvre procura aux troupes romaines une seconde victoire décisive sur Magon, le plus jeune des Barcides, à Ilipa. L'œuvre était désormais complète : trois ans à peine avaient suffi à Scipion pour abattre l'empire punique d'Espagne.

Dernières tentatives carthaginoises

Avec l'arrivée de la seconde armée carthaginoise d'Hasdrubal en Italie au printemps de l'année 207, l'issue du conflit sembla tourner une dernière fois en faveur d'Hannibal. Mais l'appareil militaire de Rome était désormais trop fort et Hasdrubal n'avait pas la trempe de son frère. Incapable de dépasser le barrage des légions, il fut donc repoussé dans l'arrière-pays des Apennins et dut accepter la bataille non loin du point où la *uia Flaminia* s'approche le plus du cours du Métaure. Les légions de Marcus Liuius Salinator qui l'affrontaient déjà avaient été rejointes, grâce à l'audace et à la ruse de son collègue Claudius Néron, par un précieux contingent de troupes choisies ; ainsi, contraints d'engager le combat en sous-nombre, les Puniques furent totalement battus et Hasdrubal lui-même tomba sur le champ de bataille. Quand la tête de son frère défunt fut jetée devant ses tranchées, Hannibal renonça à tout espoir de victoire.

Philippe V de Macédoine

Philippe V de Macédoine lui-même se résolut à déposer les armes en ratifiant à Phoenikè, capitale de l'Épire, une paix fondée sur la base des positions tenues par les adversaires. Insignifiant sur le plan des modifications territoriales, cet acte était à l'inverse lourd de conséquences très importantes par sa nature intrinsèque ; en effet, si la définition de *pax communis* donnée par Tite-Live reflète vraiment l'obligation d'une *koinè eirénè,* suivant les modules de la diplomatie grecque, Rome se trouva alors projetée pour la première fois de plain-pied au centre du *kosmos,* de l'univers politique hellénique, en tant que garante externe d'un équilibre qui concernait toute la Grèce, et elle était engagée dans la sécurité de bon nombre d'États, les *adscripti,* qui s'étaient adressés à elle pour obtenir protection.

Pendant ce temps, Hannibal, qui avait été progressivement contraint de se replier à la pointe la plus méridionale de l'Italie, fut finalement encerclé près de Crotone. Il résista encore deux ans, se retirant aux confins de la péninsule ; mais finalement, à l'automne de l'an 203, rappelé par ses concitoyens, le Carthaginois se décida à contrecœur à abandonner l'Italie. Il en avait foulé le sol pendant quinze ans sans connaître aucune défaite et l'avait soumise à des dévastations incalculables tandis qu'un an à peine après le débarquement de Scipion ses concitoyens, incapables de supporter l'action romaine contre leurs possessions africaines, l'envoyaient chercher pour les défendre : les prévisions sur l'issue de la guerre ne pouvaient être que défavorables. Et cela aurait été pire s'il avait su alors que son autre frère, Magon, repoussé de la Cisalpine, avait été battu et que, après avoir de nouveau embarqué non loin de l'actuelle Savona avec ce qui restait de ses troupes, il avait succombé à ses blessures durant le voyage. Hannibal abandonnait néanmoins l'Italie conscient et fier de sa grandeur ; il voulut donc, avant de partir, laisser le souvenir de sa geste en consacrant une longue inscription de bronze au temple d'Héra Lacinia, près de Crotone. Il y fut peut-être poussé par le rêve d'être assimilé à l'avenir aux dieux, suivant la doctrine d'Evhémère dont le souvenir était encore présent dans la région.

Scipion

Pendant ce temps, en Afrique, Scipion allait de victoire en victoire. Rentré à Rome après ses succès en Espagne, le jeune général avait obtenu le consulat pour

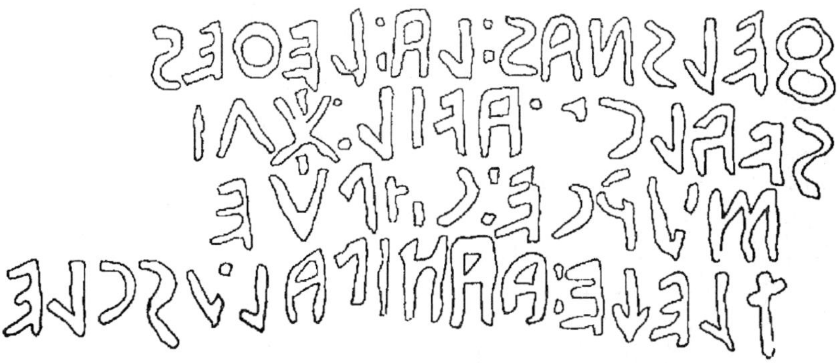

Inscription étrusque de Felnas Larth
« qui fut à Capoue
et combattit avec les gens d'Hannibal »

l'année 205 et avait tout de suite annoncé son ambitieux programme : porter la guerre sur le territoire africain de Carthage. Quintus Fuluius Flaccus, le vainqueur de Capoue, et Fabius Maximus, l'ancien et respecté *princeps senatus,* s'étaient en vain opposés à ses desseins ; car, envoyé en Sicile avec l'autorisation d'étendre son action, s'il l'estimait nécessaire, à la Libye, Scipion n'avait pas hésité à y faire passer ses troupes durant la belle saison de 204. L'année suivante avait été riche en victoires : après avoir assiégé Utique en vain, Scipion avait détruit non loin de là, par surprise, une armée ennemie commandée par Hasdrubal Giscon et son allié Syphax, prince des Masaesilii, alors souverain de toute la Numidie ; et il avait ensuite vaincu sur le terrain une seconde armée carthaginoise près des Campi Magni, le long du Bagradas.

C'est précisément au cours de ce dernier affrontement que Scipion avait élaboré la variante définitive de sa tactique : après avoir mis à découvert le centre punique sur les côtés grâce à sa nombreuse cavalerie qui avait mis l'ennemi en fuite, il s'était servi de la traditionnelle formation des légions sur trois lignes pour augmenter l'extension de son dispositif. Tandis que les *hastati* bloquaient l'ennemi de front, les *principes* et les *triarii*, couverts par la première ligne, se déplaçaient en colonnes les uns vers la droite, les autres vers la gauche, entourant sur les côtés les infanteries puniques qui, ainsi encerclées, furent complètement détruites. Disposant d'un instrument que le caractère national des troupes rendait beaucoup plus souple, et par conséquent plus efficace que celui formé de mercenaires qu'il avait à affronter, Scipion avait conçu une manœuvre dans laquelle *principes* et *triarii* ne formaient plus, comme naguère, un appendice de la première ligne romaine : n'étant plus destinés à la renforcer en progressant par manipules isolés ou en la remplaçant durant le choc frontal, ils étaient désormais organisés en unités indépendantes, capables d'agir avec toutes leurs forces en

Portrait présumé de Scipion jeune

même temps. Par rapport à la tactique d'Hannibal, le progrès est évident. La stratégie élaborée par Scipion avait un double avantage. Le premier, énorme, était sa grande simplicité d'exécution : tandis que les *hastati* offraient spontanément à l'ennemi, grâce à leur disposition en manipules, cette résistance élastique qui avait permis à Hannibal de former à Cannes le *cuneus* composé de Gaulois et d'Espagnols, *principes* et *triarii* remplissaient avec une très grande efficacité la fonction qui avait été, autrefois, celle des Libyens. Par ailleurs, si le Punique avait eu besoin de la cavalerie pour compléter l'encerclement, la trouvaille de Scipion permettait aux légions d'exécuter leur action pratiquement seules, peut-être même complètement. Le deuxième était que, en cas de besoin, la formation romaine pouvait revenir sans difficulté à la tactique traditionnelle, ce qui la rendait encore plus souple. Il manquait une ultime précaution pour asseoir complètement la suprématie du Romain : à la place de Syphax vaincu, fidèle à Carthage, il mit le prince des Massili, Masinissa, son ami personnel. Cela lui assura la contribution essentielle de la cavalerie berbère et en priva l'ennemi.

Lorsqu'il rentra en Afrique à la fin de l'an 203, Hannibal trouva une situation stratégique désormais très favorable à Rome. Avec sa présence d'esprit, il sut, et c'est un fait avéré, ranimer le désir de résistance de l'État punique et il réussit encore, en additionnant aux vétérans d'Italie les forces mercenaires conduites à Carthage par son frère mourant et les quelques troupes recrutées en ville, à former une armée d'environ quarante mille hommes et quatre-vingts éléphants, plus nombreuse que celle de Scipion. L'issue ne lui laissait toutefois aucun espoir. Il avait sous ses ordres des mercenaires valeureux mais indisciplinés et peu disposés à manœuvrer, ou des recrues, certes pleines de bonne volonté, mais peu entraînées ; le temps lui manquait par ailleurs pour transformer ces troupes en une véritable armée.

Les seuls sur lesquels il pouvait compter aveuglément étaient les vétérans d'Italie ; mais cette composante, toujours redoutable, était numériquement réduite et était usée par des années de bataille continue. Et puis le préoccupait un aspect de la nouvelle situation politique : la Numidie était passée à l'ennemi et il se voyait privé de cette extraordinaire cavalerie qui avait été l'instrument fondamental de ses précédentes victoires (et qui aurait joué encore une fois un rôle décisif, mais à ses dépens cette fois).

Une armée moins nombreuse que la sienne lui faisait face, mais elle était plus homogène et plus souple, entièrement composée de vétérans, avec un excellent moral et, pour la première fois, une cavalerie nettement supérieure ; et elle avait un chef, Hannibal s'en rendait parfaitement compte, d'une autre étoffe que ceux qu'il avait affrontés jusqu'alors, un homme qui avait assimilé et perfectionné ses idées tactiques et qui disposait des instruments nécessaires pour les appliquer sur le terrain.

Carthage espérait obtenir avec lui l'ultime victoire qui déciderait peut-être de sa survie, mais ce que sa patrie lui demandait était peut-être la tâche la plus ardue de toute son existence. Hannibal avait médité et parfaitement compris l'intuition de son adversaire et, pour avoir quelque espoir de victoire, il aurait dû laisser de côté en un coup les tactiques précédentes qui lui avaient jadis permis tant de victoires puisqu'elles étaient désormais dépassées et rendues inefficaces par une situation militaire profondément modifiée : il devait donc trouver de nouvelles solutions à opposer aux nouvelles possibilités romaines.

Plus encore que l'arrivée d'Hannibal, ce fut la capture d'un convoi romain de provisions par le peuple de Carthage, frappé par la disette, qui fit échouer les tractations entre le Sénat punique et Scipion ; en raison de cette violation de la trêve, les combats reprirent. À la fin de l'été de l'an 202, le Carthaginois se mit en marche depuis Hadrumetum, où il avait basé son camp, vers l'intérieur du pays et planta ses tentes près de Zama Regia, au nord de l'actuelle Jâma. Il avait certainement l'intention de faire une jonction avec Vermina, fils de Syphax, qui luttait pour récupérer le trône de son père et qui devait lui apporter l'aide précieuse de ses cavaliers. Mais il voulait surtout empêcher Scipion d'accueillir les forces de Masinissa en anéantissant ce dernier ou, si c'était possible, en battant les Romains loin de leurs bases.

L'initiative était hasardeuse mais c'était la seule possible : l'aide apportée à Scipion par le nouveau roi de Numidie serait déterminante et Hannibal le savait. En attendant les renforts, le Romain continuait à dévaster la vallée du Bagradas avec méthode ; mais il fit preuve d'autant d'audace que son rival. Il souhaitait à tout prix unir ses forces à celles de Masinissa ; il décida donc de dépasser les positions de l'adversaire, en se déplaçant à marche forcée vers Naraggara. Hannibal le rejoignit, mais avant qu'il ait pu engager la bataille, Massinissa survint avec six mille soldats auxiliaires et, surtout, quatre mille cavaliers numides. Vermina en revanche n'arriva pas, peut-être battu dans les montagnes de Numidie. Alors que tout se retournait contre lui, Hannibal se retrouva malgré lui loin de ses bases, sur le point d'être poussé au combat dans une situation très désavantageuse. Il lui était impossible de rester dans cette position parce qu'il lui aurait été difficile de se procurer de l'eau, et de tenter de se retirer vers Hadrumetum face à un ennemi dont la cavalerie était si importante. La seule solution était de composer et Hannibal demanda à rencontrer le chef romain. Certain de la victoire, Scipion n'aurait probablement renoncé pour rien au monde à affronter son grand adversaire et les raisons de repousser ses offres ne manquaient pas. Il répondit aux propositions d'Hannibal :

> « Ce ne sont pas les Romains, ce sont les Carthaginois qui ont déclenché la guerre à propos de la Sicile, puis à propos de l'Espagne, tu le sais très bien. [...] Si au lieu d'attendre que les Romains fussent passés en Afrique, tu nous avais fait ces propositions après avoir de toi-même évacué l'Italie, je ne pense pas que tu aurais été déçu dans ton attente. Mais alors que, toi, tu n'as quitté l'Italie que contraint et forcé et que, nous, nous avons débarqué en Afrique et nous sommes rendus maîtres du plat pays, il est clair que la situation a profondément changé. Et pour en venir au plus important, vois donc où nous en sommes : sur la prière de tes concitoyens vaincus, nous avons mis par écrit un projet de traité... J'ai fait dire, moi, que j'approuvais ce texte et, vous, vous avez prié les Romains de l'accepter. Le Sénat s'est rangé à mon avis et le peuple s'est prononcé en faveur du projet. Or après avoir obtenu ce qu'ils demandaient, les Carthaginois, en nous attaquant par trahison, ont rendu le traité caduc. Que nous reste-t-il donc à faire ? Mets-toi à ma place et réponds. Allons-nous retrancher du traité les clauses les plus rigoureuses ? Sans doute pour que les Carthaginois, ayant vu ainsi leur forfait récompensé, apprennent à trahir encore leurs engagements envers ceux qui les traitent bien ! Ou serait-ce plutôt que, ayant obtenu ce qu'ils demandaient, ils nous assurent de leur reconnaissance ? Mais ce qu'ils ont demandé en suppliant, ils l'ont obtenu et, malgré cela, à peine ton retour a-t-il ranimé parmi eux une lueur d'espoir, qu'ils nous ont manifesté leur haine en nous traitant en ennemis. Les choses étant ainsi, ce serait seulement au cas où quelques clauses encore plus rigoureuses seraient ajoutées au texte qu'il serait possible d'en référer au peuple romain en vue de rétablir la paix. Mais s'il s'agit d'en retrancher certaines, qui figuraient dans le texte primitif, il ne vaut même pas la peine de le mettre au courant de notre entretien. Que pouvons-nous donc attendre de cette conférence ? Ou bien vous vous rendriez à discrétion, en nous livrant votre personne, ou bien il ne vous restera plus qu'à nous vaincre sur le champ de bataille. » (Polybe, 15, 8, traduction de Denis Roussel.)

L'entrevue ne pouvait donc donner aucun résultat. Les conditions posées par Publius ne laissaient aucune alternative à Hannibal qui savait en outre qu'une ultime victoire pourrait, si ce n'est rouvrir les hostilités, du moins geler la guerre en donnant voix au parti romain qui réclamait la fin des hostilités. La bataille se révéla donc inévitable.

Il est fort probable qu'Hannibal ait laissé Scipion sortir en premier afin de s'assurer qu'il entendait bien répéter contre lui la manœuvre des Campi Magni. Forte au départ de près de vingt mille soldats et de quinze cents cavaliers italiques, l'armée de Scipion avait été renforcée par les contingents de Masinissa, puis de six cents autres cavaliers berbères mené par le Numide Dacamante.

Publius disposa ses légions sur trois lignes comme le voulait l'usage, mais il les espaça un peu, de sorte que la deuxième et la troisième puissent agir comme des unités autonomes le moment venu, en se déployant aux côtés de la première. Le précédent dispositif tactique avait probablement été encore amélioré. Comme il y avait désormais moins de raisons de destiner les *triarii* à la dernière résistance, Scipion divisa vraisemblablement son infanterie lourde en trois échelons égaux et plaça ses meilleurs hommes dans le premier, destiné à subir directement la pression ennemie. Puisque les *principes* et les *triarii* n'avaient plus à soutenir l'action des *hastati* ni à les remplacer, il renonça par ailleurs à l'habituelle formation en échiquier : il ne plaça donc pas ses manipules dans les intervalles correspondants des rangs précédents. Se souvenant de la rencontre de la Trébie, Scipion se souciait des éléphants et il voulait les faire défiler dans les corridors ainsi aménagés entre les rangs. Quant aux milices légères, *uelites* et auxiliaires numides, pour les protéger le plus possible de l'attaque des animaux, il ne les plaça pas sur le front de l'armée mais à l'intérieur des rangs, pour renforcer l'arrière, et parmi les manipules. Il garnit enfin les ailes avec la cavalerie, plaçant Masinissa à sa droite, et Laelius avec ses Italiques à sa gauche (renforcés par les Numides de Dacamante afin d'équilibrer ainsi les ailes).

Face à son jeune et brillant adversaire, Hannibal devait résoudre un double problème épineux pour cette rencontre décisive. Il était avant tout nécessaire de chercher à neutraliser les cavaliers ennemis d'une manière ou d'une autre. Une bataille reposant sur la cavalerie, analogue à celles qu'il avait tant de fois menées et emportées par le passé, lui était interdite par la suprématie de Scipion dans ce domaine ; une suprématie qui lui aurait inexorablement été fatale si seulement le Romain avait décidé d'en profiter. Sa seule possibilité, bien maigre, consistait à l'amener à un combat d'infanterie. Hannibal espérait y parvenir, conforté soit par la prédisposition générale des Romains qu'il connaissait bien et qu'il savait être plus soldats que cavaliers, soit, surtout, par l'attitude personnelle de Scipion qu'il sentait anxieux, en la circonstance, d'expérimenter sa nouvelle tactique contre l'ancien maître. Il en avait déjà étudié les ripostes.

Avant de quitter le camp, le Carthaginois donna à ses hommes ses instructions pour la bataille. Il recommanda aux cavaliers de n'opposer qu'une résistance feinte, en se retirant rapidement du terrain et en entraînant les forces de Lélius et de Masinissa le plus loin possible. Il donna aussi des ordres précis aux mercenaires et aux infanteries civiques : ils devaient éviter de s'engager à fond dès la première rencontre, en rompant le contact le plus vite possible et en se repliant, sans toutefois troubler les rangs de ceux qui les suivaient, jusqu'à la troisième ligne. Puis il marcha contre l'ennemi. Il disposa son infanterie, environ trente-six mille hommes, comme Scipion, sur trois lignes. Derrière l'écran formé par les éléphants, les mercenaires venaient en premier et étaient au nombre de onze mille ; puis venaient les Libyens et les Carthaginois, c'est-à-dire dix mille autres hommes ; et, enfin, la division la plus forte et la plus fournie était composée des quinze mille vétérans d'Italie. Les maigres cavaleries flanquaient la formation aux ailes : les Numides à gauche, face à Masinissa, les Carthaginois à droite, face à Laelius et aux Italiques. Profitant de l'épais nuage de poussière soulevé par l'armée en marche, il ordonna enfin aux vétérans de s'arrêter au moment opportun, en mettant l'arme au pied afin que, tout en continuant à avancer pour aller à l'encontre de l'ennemi, les premières lignes distancent la troisième sur la longueur d'un stade environ.

Ce fut Hannibal lui-même qui amorça le combat en ordonnant la charge de ses éléphants. Comme il s'y attendait, peut-être, les Romains réagirent avec rapidité et détermination. Une partie des animaux agressa férocement les infanteries légères de Scipion en leur infligeant des pertes sensibles ; mais leur furie finit par se canaliser dans les corridors que Publius avait aménagés entre ses rangs ; ils s'engouffrèrent dans ces passages et traversèrent les lignes romaines sans causer d'autres dégâts. Une autre partie, harcelée par les javelots des auxiliaires et affolée par le son des cors, des buccins, des trompes, s'emballa ; en se dispersant sur les côtés, elle perturba les cavaliers puniques au moment où les ennemis, profitant de la situation, se jetaient à leur tour dans la mêlée.

Suivant les ordres reçus, les cavaliers d'Hannibal se dispersèrent en une apparente déroute, abandonnant le champ de bataille. Témoins de la manœuvre des Campi Magni et par conséquent certains que Scipion pourrait obtenir la victoire sans leur aide, Lélius et Masinissa commencèrent à poursuivre un ennemi qui les entraînait loin du théâtre de la rencontre. De son côté, leur chef était sûr de ses possibilités et ne se soucia absolument pas de les retenir. Quant à Hannibal, en donnant à Publius l'illusion d'avoir découvert ses flancs avant que l'affrontement ne commence, il était parvenu à son but : éloigner les cavaleries romaines le plus loin possible du terrain et affronter l'adversaire face à face avec l'infanterie.

Tandis que les cavaliers disparaissaient à l'horizon dans un nuage de poussière, les troupes opposées entrèrent en action et immédiatement les *hastati* se heurtèrent aux mercenaires. Scipion s'apprêta alors à étendre le front de son armée pour écraser l'ennemi en l'attaquant par les côtés ; mais il dut rapidement renoncer à cette idée. À une distance d'un stade, hors de portée de la manœuvre d'encerclement des ailes romaines, se tenaient les vétérans d'Italie, à présent bien visibles et qui auraient pu infliger un coup mortel aux légions.

Scipion était à présent en difficulté. Se fiant trop à la validité de sa nouvelle tactique, il avait commis une erreur en adoptant une formation qui en conditionnait aussi les évolutions possibles. Malgré les modifications qu'il avait lui-même apportées, l'armée romaine n'avait pas encore toute la souplesse nécessaire pour modifier son organisation au cours de la bataille. Comme il n'avait pas disposé les manipules en échiquier, mais en colonnes pour affronter la charge des éléphants, il n'était plus en mesure de modifier cette formation, en retournant à une tactique traditionnelle, qui lui aurait permis de relever ses troupes de premières lignes et de les laisser respirer. Cette phase du combat finit donc par reposer entièrement sur les épaules des seuls *hastati.*

Les choses n'allaient pas non plus de soi pour Hannibal. Encore faibles sur le plan de la discipline, les mercenaires compliquaient la manœuvre. Lorsqu'ils suivirent l'ordre de se replier devant les *hastati,* qui étaient par ailleurs en train de l'emporter, une partie d'entre eux recula vers la dernière ligne selon le plan initial, et quelques officiers les menèrent se ranger sur les côtés. Malgré les dispositions prévues, certains cherchèrent une issue rapide et tentèrent de forcer les rangs de la seconde ligne, ce qui donna lieu, sur quelques points du front, à des affrontements violents avec l'infanterie africaine au moment où le choc des *hastati* les frappait. Les deux premières lignes de l'armée punique réussirent toutefois à se dégager et, en trouvant les vétérans d'Italie qui les attendaient lances baissées, résolus à ne pas troubler leurs rangs, les survivants se laissèrent docilement guider à leur tour vers les côtés de la formation.

Ivres de victoire, les légionnaires se lancèrent alors à la poursuite d'un ennemi qu'ils croyaient en déroute; mais Scipion, qui avait parfaitement compris la situation, fit battre le rappel, freinant ainsi l'ardeur de ses hommes et empêchant que leur élan ne les disperse en désordre au contact des vétérans d'Italie, qui les attendaient de pied ferme.

Non seulement Scipion avait dû renoncer à la manœuvre sur laquelle il comptait pour mettre son ennemi en déroute, mais il l'avait vue exécutée sous ses yeux par une armée largement inférieure à la sienne en discipline et en entraînement. Il fut donc contraint de l'exécuter à son tour parce que son ennemi le lui imposait et pour éviter d'être encerclé par lui. Cette manœuvre avait évidemment coûté cher à Hannibal: face à la mort de seulement quelques *hastati*, les premières lignes de l'armée punique avaient perdu quelques milliers d'hommes sur le terrain, abattus dans des rixes entre compagnons d'armes ou trucidés par l'ennemi. Mais les deux armées étaient à présent placées comme le souhaitait depuis le départ le Carthaginois, qui continuait à bénéficier d'une notable supériorité numérique. Inutilisables dans un affrontement entre les infanteries lourdes, les *uelites* et les auxiliaires numides de Scipion devaient être rangés presque inactifs, à l'arrière de la formation, et le front romain ne devait pas excéder quinze mille ou seize mille hommes, suffisant à peine, en rangs normaux, à couvrir le centre punique composé par les vétérans d'Italie, intacts et qui ne s'étaient pas encore battus. Toutefois, ceux-ci n'étaient pas seuls. Sur les côtés de leurs rangs, on trouvait maintenant les survivants des deux premières lignes, enfin rassemblés et organisés par leurs officiers, c'est-à-dire deux corps de force égale formant deux cornes menaçantes dirigées contre les flancs de l'adversaire.

Scipion avait alors le choix entre deux possibilités, toutes deux incertaines: alléger ses propres rangs en allongeant la formation pour couvrir entièrement le front ennemi, ou courir le risque de se voir encerclé sur les côtés. La journée semblait compromise : il aurait fallu que les cavaliers, à qui il avait permis de s'éloigner par excès de confiance, reviennent pour la sauver. Il fallait résister et espérer ; en connaissant bien toute la difficulté d'une percée frontale, Publius préféra s'engager dans une bataille d'usure plutôt que de courir le risque d'être encerclé.

Ainsi réorganisées par leurs chefs, les deux armées marchèrent donc l'une contre l'autre pour le dernier combat. L'armée punique qui croyait à présent en une victoire possible était sûre d'elle et presque hardie, tandis que les Romains étaient désespérés mais refusaient d'accepter la défaite. Commença ainsi une course contre la montre qui déciderait de l'issue de la bataille et du destin d'Hannibal et de Carthage. À un moment ou à un autre, c'était fatal, les cavaliers de Lélius et de Masinissa reviendraient de leur poursuite et, s'ils trouvaient leur infanterie au combat, ils lui apporteraient une aide décisive.

Cette course, Hannibal la perdit de peu. Avec les rangs affaiblis au maximum, épuisés, éprouvés, les légionnaires ne cédèrent pas d'un pouce. Les vaincus de Cannes et des autres combats italiens se trouvaient face aux Puniques. Longtemps considérés comme indignes, longtemps rejetés par leur peuple, ces hommes avaient enfin obtenu une chance de rachat : ramenés face à celui qui avait causé leur déchéance, ils préféraient probablement mourir que de céder une fois encore. Les Carthaginois mirent trop de temps à en venir à bout. Avant qu'ils puissent vaincre cette résistance obstinée, ils furent pris à revers par les cavaliers romains, enfin revenus au combat ; ce fut la fin, et tandis qu'au même moment leur élan s'épuisait avant d'avoir pu briser les lignes adverses, les ailes composées des éléments les plus faibles cédèrent tout à coup. Il fut ainsi impossible aux glorieux vétérans d'Italie de vaincre ou de fuir : encerclés de toute part, ils tombèrent presque tous sur le champ, témoignant ainsi de leur inébranlable fidélité à leur chef.

Sur le camp de Naraggara, près de Zama, le Carthaginois avait achevé son ultime chef-d'œuvre, peut-être le plus grand, en conduisant les développements de la bataille et en infligeant à son rival une authentique leçon de tactique qui lui permit d'effleurer la victoire. Seule la bataille de Waterloo a probablement montré autant que celle de Zama la supérieure habileté du vaincu ; mais, comme Napoléon, Hannibal ne put éviter la défaite.

Celui qui avait désiré plus que tous la guerre contre Rome se résolut alors (en l'an 201) à accepter comme un moindre mal une paix qui ne pourrait être que très rigoureuse. Carthage devait naturellement renoncer à l'Espagne ; elle devait résigner les villes indigènes, au-delà des Fosses Phéniciennes ; elle devait rendre les prisonniers et les déserteurs ; elle devait livrer les éléphants de combat et toute sa flotte, à l'exception de dix navires ; elle devait renoncer pour toujours à mener des opérations militaires au-delà des frontières de la Libye (et elle ne pouvait se battre en Libye qu'avec le consentement des Romains) ; elle devait, du moins sur le papier, restituer à Masinissa, devenu roi de Numidie, toutes les terres qui avaient appartenu à sa famille ou à des ancêtres, dans des limites qui lui furent reconnues par décret ; elle devait entretenir l'armée romaine durant trois mois, en la payant jusqu'à la ratification de la paix ; elle devait verser dix mille talents eubéens d'argent en cinquante ans ; elle devait enfin, en garantie de ses bonnes intentions, livrer cent otages choisis par les Romains parmi la plus haute noblesse de la ville. C'était la fin de la puissance méditerranéenne de Carthage.

CHAPITRE XII

L'empire mondial

par Giovanni BRIZZI

La naissance de l'Italie romaine et la formation de son identité avaient été des phénomènes qui s'étaient développés suivant une logique bien particulière : l'unification de la péninsule était due en grande partie à la fusion des différentes aristocraties, et ce jusqu'à leur entrée au Sénat, à Rome même. Il est vrai que les peuples des Apennins, les derniers à entrer dans l'orbite de République, s'étaient révélés très différents culturellement du monde tyrrhénien, au point de compromettre toute perspective d'entente et d'échanges entre leurs classes dirigeantes et celles de Rome ; aussi s'était-il agi, dans leur cas, d'une véritable conquête militaire plutôt que d'une absorption. Cela dit, ce n'était pas, au départ, une volonté d'agression qui avait déterminé le comportement de Rome à leur égard ; celle-ci avait simplement cherché d'abord à repousser les Èques et les Volsques, et surtout les Samnites, qui faisaient pression en direction de la côte.

Après la victoire sur Pyrrhus, l'attitude générale du Sénat semble s'être quelque peu modifiée. Les Grecs, les Carthaginois de Sicile et les Celtes de la plaine du Pô restaient en dehors des territoires contrôlés par la fédération romaine. L'absorption indolore des Celtes cisalpins avait bien sûr été empêchée par la différence de culture, mais plus encore par le souvenir, jamais effacé, de la prise de Rome par les Gaulois ; ce traumatisme entretint à leur égard une forte hostilité et une opposition longtemps irrémédiables. Quant aux Carthaginois, la mer constituait l'obstacle majeur au développement de contacts plus approfondis tels que ceux que Rome avait noués avec des peuples de culture similaire à la sienne comme les Étrusques ou les Campaniens. On retrouve ici à peu près le même cas de figure que pour les peuples des Apennins : une méfiance réciproque subsistait qui empêchait ou rendait difficile une véritable fusion entre les aristocraties de chaque camp, même si elle fut parfois tentée avec les Carthaginois. Dans le même temps, cependant, la classe politique, sous l'impulsion d'Appius

Claudius, s'était ouverte aux possesseurs de biens mobiliers, ce qui avait favorisé l'émergence de nouveaux motifs d'agir, d'ordre essentiellement économique cette fois. Cela créa des situations encore jamais vues : les équilibres politiques à l'intérieur du Sénat et des assemblées du peuple se modifièrent profondément, et pour la première fois la République se mit à mener une véritable politique d'agression, et non plus seulement de riposte.

Un nouvel impérialisme

Ce constat nous conduit à poser de nouveau le problème de l'impérialisme romain. La discussion, qui dure depuis un siècle, a désormais épuisé les principaux aspects de la question : si personne ne conteste plus aujourd'hui l'existence de l'impérialisme antique, le débat reste ouvert sur la valeur et la légitimité du terme employé, de création moderne ; ce qui fait que l'on discute encore, en réalité, sur l'origine et les caractères du processus dans son ensemble. Les historiens se sont donc efforcés d'en préciser la nature de différentes manières, en lui accolant les qualificatifs les plus variés : « défensif », « expansionniste », « hégémonique », « local », et même « spontané ». Ces différences de vocabulaire ne font que souligner leurs désaccords sur les motifs qui poussèrent Rome à la conquête, sur la date exacte d'apparition de son expansionnisme (placée entre les débuts de la République et la seconde moitié du IIe siècle), enfin sur les modalités de sa réalisation.

Après la victoire sur Hannibal, on s'attendrait à ce que Rome, épuisée par le conflit tout juste achevé, recherchât anxieusement la paix. Or non seulement elle ne démobilisa jamais totalement ses troupes (par exemple, on continua à enrôler presque chaque année les *legiones urbanae* pour la défense de la Ville et de la péninsule), mais elle allégea et facilita la procédure de déclaration de guerre et fut très vite impliquée dans une suite presque interminable de conflits avec les puissances hellénistiques. Ce comportement inattendu a amené les spécialistes à examiner de préférence le problème de sa responsabilité dans les différents conflits qui suivirent la deuxième guerre punique. D'emblée, cette discussion est sortie du cadre de la recherche historique pour devenir le procès des fondements moraux de l'Empire romain ; et elle a donc été le terrain d'affrontement entre des idéologies opposées, orientant la recherche moderne vers des prises de position divergentes et inconciliables.

Le problème a été débattu dès la seconde moitié du siècle dernier. À Th. Mommsen qui considérait que la domination de Rome sur le monde a été en quelque sorte l'effet du hasard, qu'elle a été atteinte par degrés et sans aucun plan d'ensemble, H. Peter a immédiatement répondu en taxant la politique romaine de « machiavélisme ». Dès lors, deux tendances opposées se sont fait jour : la première justifie chaque acte de la République par la nécessité où elle se trouvait de s'opposer aux attaques venues de l'extérieur et de protéger ses intérêts ainsi que ceux de ses *socii* (thèse de l'« impérialisme défensif ») ; la seconde consiste à condamner, non moins systématiquement, toutes les actions de la politique extérieure de Rome, jugée agressive et sous-tendue par une volonté de conquête sans scrupule. Après avoir été largement préféré jusqu'aux années quarante du XXe siècle, le premier point de vue a peu à peu cédé le pas au second au cours des dernières décennies. Cette évolution révèle, sans aucun doute possible, le fort engagement idéologique qui caractérise depuis toujours les parties prenantes de ce débat. Pour soutenir leur propre thèse, les uns s'appuient généralement sur l'autorité des sources qui mettent en valeur l'image d'une République longtemps occupée à se défendre et motivée dès le départ, et cela plusieurs siècles durant, par le principe du *bellum iustum*, de la guerre juste ; les autres répliquent en accusant Rome d'hypocrisie et, pour démontrer leur thèse, ne veulent pas démordre du caractère belliqueux qui aurait été constamment à l'origine de l'action de la classe dirigeante romaine, au point d'en constituer le moteur essentiel.

Pour mettre un terme à la « querelle », il faudrait avant toute chose donner une définition de l'idée même d'impérialisme qui soit exhaustive et recevable pour tout le monde ; or cela semble aujourd'hui encore impossible. On ne s'en tient plus désormais au point de vue qui considère seulement le phénomène de la conquête, non plus qu'à celui qui met en évidence les seuls aspects économiques ; aussi peut-on définir l'impérialisme comme une tendance à l'expansion, déterminée par les motifs les plus divers et qui ne se limite pas à la réalisation d'un objectif précis ; elle est le fruit de la politique générale d'un État et des intérêts qu'il poursuit, à savoir la création ou le renforcement d'un empire en train de se constituer, passant par une domination immédiate des groupes ethniques, des populations et des territoires au fur et à mesure qu'ils sont soumis. Il s'agit d'une ligne qui prend l'aspect, en dernière analyse, d'une aspiration à la domination universelle.

Bien que l'on ne puisse la définir d'une manière simple et sommaire, l'identité romaine se caractérise par les rapports étroits, permanents et souvent antérieurs à la conquête entre les principales aristocraties du centre de l'Italie, si bien que cette identité était dès le départ ouverte : non pas étroitement nationale mais au contraire transnationale, voire supranationale. Le phénomène de l'expansion de Rome se relie donc au désir de sauvegarder et de renforcer un État, mais aussi de maintenir la domination d'une classe et de promouvoir les intérêts de cette dernière partout où ils sont en jeu ; intérêts qui se manifestent dans un domaine beaucoup plus vaste que celui d'une simple *polis*. Ce phénomène relève donc d'aspects non seulement politiques et économiques, mais aussi, dans une large mesure, sociaux et culturels ; et il dut en être longtemps ainsi, s'il est vrai que l'aristocratie romaine entretint activement ses liens avec les classes dirigeantes de Carthage même pendant le conflit avec Hannibal, et encore au lendemain de Zama.

Quant à la vocation innée du *ciuis Romanus* pour la guerre, qui serait à l'origine de sa perpétuelle agressivité, il convient de rappeler que le rapport entre droits politiques et devoirs militaires était, dans l'Antiquité, partout très étroit, et pas seulement à Rome : dans l'ensemble du monde gréco-romain les assemblées populaires n'étaient rien d'autre à l'origine que l'armée des citoyens appelée à s'exprimer politiquement. Bien plus, l'amour des armes que l'on attribue à la classe dirigeante de Rome semble être à travers les âges le trait commun de toutes les aristocraties, italiques ou non, antiques ou non ; et il comporte un aspect ludique qui a fait tomber l'accusation d'impérialisme, même celle que l'on a pu porter contre des peuples pour qui la guerre était beaucoup plus une pratique quotidienne que chez les Romains : que l'on songe aux *wanakes* mycéniens, aux Spartiates ou encore aux chevaliers du Moyen Âge. C'est donc avec justice, semble-t-il, que l'on peut soupçonner de partialité le blâme porté souvent de nos jours contre Rome, et penser qu'il dépend largement de la culture actuelle, envieuse, au fond, d'une réussite sans égale que la vocation guerrière ne suffit pas à expliquer. Si l'on considère, enfin, que la *nobilitas* sénatoriale s'est très vite accrue d'une présence italique de plus en plus forte, il est au premier abord impossible de distinguer entre États agresseurs et États agressés ; il n'est donc pas permis de parler d'impérialisme – tel, du moins, qu'on le conçoit aujourd'hui.

Ces considérations sont valables pour toute la phase d'unification de l'Italie péninsulaire. L'État romain, qui n'adopta une véritable attitude impérialiste, calquée sur la spéculation politique des Grecs, que vers le milieu du IIe siècle, avait toutefois connu, semble-t-il, une première manifestation de ce phénomène environ un siècle plus tôt, lorsqu'il s'était tourné pour la première fois contre la Sicile et la Gaule cisalpine. Cependant, un tel retournement ne semble avoir été souhaité que par les fractions extrémistes de la classe politique. À la fin du IIe siècle, Polybe relit l'histoire passée à la lumière des événements de son temps, et voit dans la politique avouée de conquête de la Gaule cisalpine entreprise par Caius Flaminius Nepos les origines lointaines de la situation qu'il connaît à présent : apparemment convaincu, comme de nombreux théoriciens grecs, que le souci des intérêts concrets et l'appétit des masses caractérisent la démocratie beaucoup plus que les régimes aristocratiques dont les membres sont protégés par leur rigueur morale innée, l'historien achéen va rechercher les mobiles de ce dessein dans la soif de terres nouvelles qui se répandait alors chez les petits propriétaires italiques et dans le tournant « populiste » que le même Caius Flaminius donna à la politique agraire. Polybe voit dans cet épisode le début d'un processus d'expansion qui devait devenir effréné par la suite, et la première vraie manifestation de l'impérialisme de Rome.

Le projet de Flaminius avait toutefois été précédé d'un autre changement important, bien que Polybe ne le mentionne qu'en passant. La modification apportée au système des centuries et son ouverture temporaire, souhaitée par Appius Claudius, aux détenteurs de biens meubles semblent avoir donné, dès les années précédentes, une forte accélération aux mouvements sociaux de la République. Cette mesure avait favorisé le rapprochement de certaines grandes *gentes*

Portrait présumé de Flaminius

(les Claudii, les Appii Claudii justement et les Cornelii Scipiones) avec les classes mercantiles grecques et étrusques dont elles épousèrent les intérêts; cette entente avait bénéficié, aux comices, d'une solide base électorale et avait réussi, une fois au moins, à vaincre l'opposition de l'aristocratie traditionaliste, au point d'imposer le conflit avec Carthage pour le contrôle des détroits, puis de toute la Sicile. Que ce soit dans ce dernier cas ou lors du projet de conquête de la plaine du Pô, ce furent les factions extrêmes de la classe politique qui se laissèrent aller à un comportement ouvertement agressif; il est vrai qu'elles étaient placées en face de réalités étrangères et inassimilables comme l'étaient les Celtes ou, dans le cas de Carthage, lointaines et fermées aux échanges culturels. Mais cette politique d'agression trahit déjà certaines tendances, embryonnaires, à l'impérialisme.

Cependant, il existe encore certains préjugés qu'il faut combattre. Écartons d'abord l'idée, entretenue, semble-t-il, par beaucoup d'historiens, selon laquelle l'impérialisme romain s'est manifesté comme une espèce de fièvre, susceptible de déclencher l'agressivité de la République contre n'importe quel adversaire, et, de même, la conviction qu'à partir de la première moitié du IIIe siècle, l'histoire de Rome avance de manière constante et rectiligne, gouvernée définitivement par une logique de conquête et de domination. Les factions qui s'affrontaient au Sénat n'avaient rien de permanent, et correspondaient encore moins à de véritables partis: elles regroupaient pour un temps des individus et des familles en fonction d'intérêts spécifiques et conjoncturels.

Ainsi, il est bien évident que l'objectif d'Appius Claudius Caudex, lorsqu'il fit passer ses troupes en Sicile en 264, n'était pas le même que celui qui devait amener, plusieurs années après, l'occupation de la Sardaigne et de la Corse (en 238); le motif qui poussa Caius Flaminius et Marcus Claudius Marcellus vers la

Cisalpine (232-222) était même opposé : ligne politique incontestablement agressive vis-à-vis des Celtes, mais dépourvue de menace contre Carthage, avec qui elle chercha même à apaiser tout conflit.

Il n'y a pas que cela. Comme tout groupe politique, les factions agraire et mercantile étaient des rassemblements temporaires, destinés à se dissoudre dès que l'intérêt qui les avait unis disparaissait. Lorsque cela se produisit, au lendemain de la deuxième guerre punique, ces coalitions politiques, n'étant plus d'actualité, s'évanouirent; elles ne jouèrent donc aucun rôle dans la reprise de l'expansion outre-mer. Cela nous conduit à une série de réflexions relativement à la reprise du processus impérialiste dans la première moitié du IIe siècle. Au début de la période qui, d'après Polybe, vit la politique extérieure de la République étendre la domination romaine à la totalité du bassin méditerranéen, tout mouvement de conquête territorial en semblait curieusement absent: même en Hispanie, que Rome aurait pu prétendre annexer entièrement dès 206 lorsque les autochtones firent à Scipion un bon accueil par haine pour Carthage, elle n'y établit au départ que deux provinces côtières (et seulement à partir de 197). Ailleurs, en Illyrie, en Macédoine, en Afrique, en Égypte, où pourtant ses victoires lui auraient permis d'imposer immédiatement sa domination directe, elle refusa d'annexer la moindre parcelle de territoire jusqu'en 146.

Cela ne suffit pas, naturellement, à exclure la renaissance d'un impérialisme romain qui pouvait, en l'espèce, se nourrir d'autres motifs. Mais la situation, au lendemain de Zama (en 201), fait qu'il n'est pas vraisemblable que l'Italie, épuisée par la guerre contre Hannibal, puisse avoir réagi à une pression démographique; de même une impulsion de type économique est-elle peu crédible, parce que la recherche du butin ne suffirait pas à la justifier. Abattues par les pertes humaines et les destructions subies pendant quinze années de combats, les communautés naguère les plus florissantes, celles du sud de l'Italie, connurent alors une phase de récession très grave. La situation n'était donc pas de nature à susciter l'effort d'acquérir de nouveaux marchés (que l'on devait rechercher ouvertement, au contraire, à partir de la seconde moitié du siècle); d'ailleurs, le Sénat se serait difficilement laissé convaincre, irrité de la vaste série de défections survenues dans les rangs des peuples méridionaux lors du conflit à peine achevé.

Si l'on peut effectivement dater des années 170 l'émergence, à Rome, d'une logique impérialiste réelle et consciente, toute définition que l'on peut donner du phénomène et toute explication que l'on peut faire de sa reprise risquent de paraître partielles et limitées. Le débat n'aurait même pas lieu d'être si seulement on voulait bien prendre en considération les présupposés de la culture antique, et grecque surtout. On peut, à la rigueur, refuser le point de vue de Polybe: comme beaucoup d'hommes de son temps, ce dernier est persuadé qu'un peuple moralement et culturellement supérieur doit tirer profit de cette supériorité; cela l'amène à justifier, suivant une optique inscrite dans les normes du droit international, l'*imperium populi Romani*, la domination universelle du peuple romain, sur la base de sa *maiestas*, de sa grandeur sans égale. Mais du moins doit-on se référer à Thucydide et à sa conviction que l'éthique et la politique appartiennent à des domaines distincts, possédant chacun ses lois, son fonctionnement et son terrain d'application propres. Toutefois, ces deux manières de voir, bien qu'elles soient caractéristiques de cette époque, ne parvinrent à Rome et n'y furent pleinement comprises que beaucoup plus tard. Peut-être convient-il donc, autant que possible, de laisser parler l'enchaînement des faits, et d'y chercher une explication qui puisse nous convenir au moins dans une certaine mesure.

La Grèce et Rome

Bien qu'ils eussent en main toutes les clés pour comprendre les événements, les hommes politiques grecs en général ne surent pas prévoir les développements de la guerre contre Hannibal qu'ils n'avaient suivis que d'assez loin, en sorte que les mises en garde prophétiques de certains d'entre eux tombèrent dans le vide. Dès 217, si l'on en croit Polybe, le stratège étolien Agélaus de Naupacte avait exhorté Philippe V de Macédoine à renoncer à soumettre l'Hellade pour tourner plutôt ses ambitions vers l'extérieur et pour se préoccuper surtout du grand conflit qui se déroulait alors en Italie :

> Agélaus dit qu'avant tout les Grecs ne devraient jamais se faire la guerre entre eux, mais plutôt remercier grandement les dieux si, par un concert unanime et se tenant la main comme ceux qui passent les fleuves, ils pouvaient, en repoussant les assauts des barbares, sauvegarder leurs personnes et leurs cités. Si toutefois cela n'était pas entièrement possible, il leur demandait, du moins pour le moment, de s'entendre et d'être sur leurs gardes en considérant la grandeur des armées et l'importance de la guerre actuelle à l'Occident ; car il était clair pour tout le monde et même pour ceux qui ne s'intéressaient que modérément à la politique, dès maintenant, que dans le cas de la victoire de Carthage sur Rome ou de Rome sur Carthage dans la guerre, il n'était en aucune façon vraisemblable que le vainqueur s'en tienne à la domination de l'Italie ou de la Sicile, mais qu'il irait plus loin et étendrait ses opérations et ses armes au-delà de la juste mesure. Aussi demandait-il à tous, et surtout à Philippe, de guetter l'occasion… Car s'il attendait que les nuages qui s'élevaient en ce moment à l'Ouest s'arrêtent sur les pays grecs, il est fort à craindre, dit-il, que les répits et les guerres, en un mot les jeux auxquels nous jouons maintenant entre nous, n'en viennent à nous être arrachés à tous… (Polybe, 5, 104, 1-4 & 10.)

Les Grecs étaient trop fiers de leur supériorité culturelle et trop confiants dans leur puissance illusoire pour prêter l'oreille à de telles Cassandres ; mais la menace était réelle. Si, sur le plan économique, les grandes monarchies hellénistiques pouvaient soutenir la comparaison avec les ressources de Rome, la République possédait, en revanche, un potentiel démographique supérieur à presque toutes, et qu'elle pouvait en outre exploiter pleinement pour les entreprises guerrières ; d'ailleurs, son organisation militaire était plus solide et plus efficace.

La phalange : le fantassin

C'est surtout dans ce domaine que les Grecs s'illusionnèrent, sur la foi de la réputation encore immense de la phalange. Pourtant, les points forts de l'armée de type macédonien s'étaient peu à peu altérés. Lorsqu'ils avaient mis au point leur dispositif tactique, Philippe II et son fils Alexandre l'avaient fondé sur la capacité de l'infanterie à absorber les chocs, jointe à la mobilité et à la force de frappe de la cavalerie. Ils rendirent les files plus compactes et plus profondes qu'elles ne l'étaient dans la traditionnelle armée d'hoplites, et, mieux encore, ils équipèrent les fantassins de la sarisse, longue pique de cinq mètres permettant de tenir l'ennemi à distance : tout cela en vue de faire de la phalange un bloc massif et très solide. Si l'infanterie parvenait à résister à la pression adverse, ils escomptaient que les cavaliers entreraient en jeu pour décider le sort de la bataille. Après avoir promptement mis en déroute les ailes qu'il avait en face de lui, ce corps d'élite saurait anéantir également le cœur de l'armée adverse, déjà immobilisé par le carré des piquiers macédoniens, en l'attaquant sur les flancs et par derrière.

Ainsi, la phalange telle qu'elle était utilisée par Alexandre pouvait être comparée plutôt à une enclume qu'à un marteau, ce dernier rôle incombant à la cavalerie ; mais la situation changea avec le temps. Quelles qu'en aient été les raisons, les troupes montées étaient en baisse, tant en nombre qu'en qualité, dans l'ensemble du monde hellénistique. En sorte que l'équilibre entre fantassins et cavaliers qui faisait la force de l'armée macédonienne était irrémédiablement rompu. En effet, oublieux de l'enseignement d'Alexandre, les Grecs avaient renoncé à la tactique de l'enveloppement, et, prenant le contre-pied de leur configuration précédente, ils en étaient revenus, comme aux premiers temps, à concevoir la bataille comme un choc frontal déterminé uniquement par les deux masses

La phalange :
le syntagma

opposées des fantassins. Dans ce but, ils avaient rendu encore plus profondes et compactes les files de la phalange, et ils avaient encore allongé la sarisse : c'est ainsi qu'ils transformèrent un dispositif né pour la défense en une arme purement offensive, ce qui était le dénaturer, et aggraver considérablement son manque de maniabilité.

Au-delà du problème classique du déplacement en terrain accidenté, ce changement d'organisation et de tactique (dont Polybe, se souvenant peut-être de la manœuvre élaborée par Scipion aux Campi Magni, est le premier à faire mention) destinait la phalange à être inévitablement surclassée par la plus grande souplesse et la plus grande liberté de manœuvre de la légion romaine :

> Tant que la phalange se maintient dans la formation qui lui est propre, avec toute sa puissance de choc, il n'est aucune troupe qui puisse lui résister de front et ne pas reculer sous la pression. [...] Comment peut-on alors expliquer les victoires des Romains et les mécomptes éprouvés par les généraux qui utilisent la phalange ? C'est parce que, à la guerre, le moment et le lieu où l'action s'engagera ne peuvent être déterminés à l'avance, alors que, pour lui permettre de donner toute sa mesure, il faut à la phalange son moment et son terrain. Si l'adversaire pouvait être contraint d'engager la bataille décisive à l'heure et à l'endroit qui lui conviennent, il est bien probable, comme je l'ai

> dit, qu'elle l'emporterait toujours. Mais si cet adversaire a la faculté de se dérober, s'il lui est même facile de le faire, quelle raison aurait-il encore de redouter une telle formation ? Chacun sait qu'à la phalange il faut un terrain uni et nu, un terrain que ne coupe aucun obstacle, tel que fossés, ravins, vallonnements, talus ou cours d'eau, car n'importe lequel de ces accidents suffit pour paralyser ou disloquer une troupe ainsi formée. Or trouver un terrain de vingt stades, et parfois plus, où n'existe aucun de ces obstacles, c'est là une chose presque impossible ou du moins extrêmement rare, comme chacun, ici encore, le reconnaîtra. Mais en admettant même qu'il s'en trouve un, si l'ennemi refuse le rendez-vous et parcourt le pays alentour, saccage les villes et les territoires des populations alliées, de quelle utilité pourra être une telle formation ? Dès lors qu'elle restera sur le terrain qui lui convient, la phalange ne pourra secourir les habitants de pays amis, ni même assurer sa propre sécurité. En effet, étant le maître incontesté des campagnes, l'ennemi n'aura aucune peine à l'empêcher de s'approvisionner. Si, d'autre part, elle décide de réagir en quittant le terrain qui lui est favorable, elle devient une proie facile pour l'adversaire. [...] Au lieu de ranger leurs troupes sur une seule ligne et d'engager toutes leurs légions dans un combat de front contre les phalanges, les Romains gardent quelques unités en réserve, pendant que les autres affrontent l'ennemi. Et en fin de compte, soit que la phalange ait refoulé les troupes qui lui étaient opposées, soit qu'elle ait été refoulée par elles, la formation qui lui est particulière se trouve être rompue. Qu'elle poursuive un adversaire en retraite ou qu'elle lâche pied sous la pression d'un assaillant, dans l'un et l'autre cas elle se sépare des autres corps de troupe et, dès lors, l'emplacement qu'elle occupait se trouve abandonné aux unités de réserve de l'ennemi, qui peuvent maintenant, au lieu d'attaquer de front, se jeter dans cet intervalle pour attaquer les phalangites sur leurs flancs ou sur leurs arrières. (Polybe, XVIII, 29 ; 30, 11-31 ; 32, 2-5, traduction Denis Roussel.)

À une formation se déplaçant nécessairement au pas cadencé pour maintenir la cohésion de ses rangs (c'est ce que Polybe donne à penser), les manipules du premier échelon, beaucoup plus agiles et plus capables de manœuvre autonome, opposeraient naturellement une résistance souple, et la capacité de se replier sans perdre le contact ; au besoin, les jets de *pila* (ces lourds javelots dont étaient armés les légionnaires) suffiraient éventuellement pour ralentir la progression du bloc macédonien et éviter l'enfoncement de la ligne de front romaine. Cette manœuvre donnerait le temps au deuxième et au troisième échelon de s'ouvrir sur les côtés de la phalange si elle n'était pas défendue, pour la briser et la détruire.

En conclusion, l'instrument de guerre issu du conflit avec Hannibal allait sous peu se montrer bien supérieur sur le plan tactique aux armées hellénistiques, rendant même superflu, pour la conquête de la Méditerranée orientale du moins, le recours à la totalité du potentiel démographique de la République, ce qui avait été nécessaire pour battre Hannibal et l'aurait été aussi, dans une moindre mesure, pour venir à bout de la résistance ibère. Accoutumée désormais à l'emporter grâce à ses structures particulières et surtout à la capacité de faire fusionner, au plus haut niveau du moins, des peuples différents, Rome apprit alors à vaincre d'une nouvelle manière, à savoir par la force dévastatrice des armes. En raison de la facilité apparente des succès qu'elle permettait, la solution militaire finit par attirer irrésistiblement la classe dirigeante romaine pendant plus de deux siècles.

L'hellénisme

D'autre part, le monde hellénistique connaissait de graves limites du fait même de la culture dont, à juste titre, il était fier. Si, à la fin de la guerre contre Hannibal, l'ouest du bassin méditerranéen était globalement unifié sous le contrôle exclusif de Rome, l'orient, quant à lui, avait perdu depuis longtemps (en 323, après la mort d'Alexandre le Grand) toute cohésion politique interne, et était de plus en plus divisé.

Seul le fils de Philippe II avait su lui donner une certaine unité sous influence grecque, au prix d'une adaptation de la culture et de l'identité des conquérants. Pendant toute l'époque archaïque et classique, l'homme grec était lié à la mer qu'il percevait comme *pontos*, route de circulation et moyen de contacts, et sur laquelle il fondait toute sa représentation du monde. Cela n'empêche pas que, depuis la conquête de la Lydie par Cyrus qui avait pour la première fois ouvert l'immense Empire perse aux marchands, aux artistes, aux mercenaires et aux aventuriers, les Grecs s'étaient avisés de toutes les possibilités offertes par le continent, mais on peut dire qu'ils étaient restés à ses marges jusqu'à ce que l'entreprise d'Alexandre le leur fît découvrir. Certes, le Macédonien apportait avec lui les aspects essentiels de la culture grecque jusqu'aux limites les plus reculées du monde connu; mais cette culture, à son tour, malgré la barrière linguistique qui continuait à séparer les Grecs des autres peuples, prenait conscience des différentes réalités nationales avec lesquelles elle était entrée en contact, et en assimilait les valeurs principales en les mêlant aux siennes propres. Cette confrontation entre plusieurs civilisations avait donné naissance à une culture composite, extraordinaire de vitalité, qui devint le meilleur symbole de l'hellénisme, et la référence majeure du monde méditerranéen.

Le trait le plus marquant de l'hellénisme, et en même temps son postulat idéal, était l'ouverture sur le monde; ce qui distinguait l'homme grec, ce n'était plus, désormais, sa nationalité, mais sa formation individuelle; et le terme « grec » s'appliquait, par conséquent, à quiconque, de la Méditerranée occidentale à l'Inde, avait fait siens un langage et une sensibilité communs. Tout cela formait une identité qui toutefois ne dépassa jamais la dimension culturelle, et ne relevait que des individus. En effet, dans le domaine politique, il n'y eut jamais de véritable ciment entre les réalités hétérogènes qui composaient les États hellénistiques, et cela vient de ce que le cosmopolitisme, si répandu qu'il fût, ne correspondait au fond qu'à un choix individuel. S'il y en eut bien qui décidèrent, par conviction ou par opportunisme, de se conformer à la culture dominante, l'attitude générale, chez les indigènes, fut plutôt l'attachement tenace aux identités héritées du passé et désormais renforcées. Dans ces conditions, les Grecs eux-mêmes en vinrent à percevoir instinctivement comme étrangères les ethnies avec lesquelles ils furent en contact, et ne parvinrent jamais à réaliser à leur égard un véritable processus d'intégration : en Asie et en Égypte, les Grecs, qui constituaient le groupe dominant et politiquement privilégié, habitaient généralement en ville, séparés y compris physiquement de la population indigène dispersée le plus souvent dans les campagnes.

Les peuples du monde hellénistique demeurèrent donc la plupart du temps juxtaposés et non mêlés entre eux, et cela suffisait déjà à en faire quelque chose d'hétéroclite, de désuni et de dangereusement instable. De surcroît, l'unité associée à Alexandre volait en éclats : cette unité, au demeurant plus idéale que politique, ne s'était maintenue qu'un temps, et grâce à lui seul ; à présent, ces territoires étaient fractionnés en une multitude d'États petits ou grands, qu'il s'agît de *poleis*, de ligues ou de monarchies.

À la fin du IIIe siècle, seuls trois États hellénistiques pouvaient prétendre au rôle de grande puissance. L'Égypte des Ptolémées, avec Alexandrie pour capitale, possédait encore Chypre, Cyrène, la Syrie méridionale (Phénicie, Palestine, Coelé-Syrie) et un réseau serré de comptoirs en Égée, dans la Méditerranée orientale, en mer Rouge ; mais elle semblait alors en net déclin, après la défaite que le souverain séleucide Antiochos III lui avait infligée en 198 au Panion. L'État dirigé par ce dernier devait son nom à la Syrie septentrionale où se trouvait sa capitale, Antioche ; mais il contrôlait en outre (même si son pouvoir n'y était pas des plus solides) un territoire très vaste, qui partait de l'Anatolie méridionale à l'ouest, englobait l'Asie centrale et finissait presque en Inde. Enfin, la Macédoine était gouvernée depuis longtemps par la dynastie des Antigonides, dont les rois étaient alors maîtres de la Thessalie et de quelques forteresses en Grèce proprement dite, qui leur servaient de bases pour essayer de contrôler cette dernière, avec plus ou moins de succès.

Il y avait aussi les puissances mineures : les ligues étolienne et achéenne qui se faisaient face de part et d'autre du golfe de Corinthe (à quoi l'on peut ajouter toutes les petites fédérations d'États de la Grèce, les ligues épirote, acarnanienne, arcadienne, béotienne, thessalienne, phocéenne, etc.) ; Pergame, royaume indépendant gouverné par la dynastie des Attalides depuis les années quarante du IIIe siècle, et dont la domination s'étendit ensuite sur une vaste portion des côtes d'Asie Mineure ; Rhodes, enfin, république maritime puissante et prospère, célèbre pour ses flottes de guerre et de commerce et pour le code de droit commercial qu'elle avait rédigé, toujours prête à se battre pour défendre sa liberté et pour maintenir le *statu quo* dans la Méditerranée orientale. Les royaumes de Bithynie, du Pont, d'Arménie et de Cappadoce se développaient, mais restaient encore secondaires, tandis que l'on assistait dans la région à l'émergence de deux éléments qui se distinguaient à bien des égards du contexte ambiant : le royaume parthe et les Juifs. Le premier était issu, aux alentours de 250, d'une migration de peuples peut-être de souche iranienne, venus des steppes d'Asie centrale pour s'établir aux marges septentrionales des plateaux de la Perse, dans la région, précisément, qui portait depuis longtemps le nom de Parthyène. Quant à l'élément juif, il était dispersé entre la Palestine et les communautés déjà nombreuses de la diaspora ; une sourde contestation de l'hellénisation se faisait probablement jour d'ores et déjà parmi les couches les plus modestes et les plus traditionnelles de sa population, alors que cette hellénisation était souhaitée au contraire par l'aristocratie sacerdotale hébraïque :

> En ces jours-là surgit d'Israël une génération de vauriens qui séduisirent beaucoup de personnes en disant : « Allons, faisons alliance avec les nations qui sont autour de nous, car depuis que nous nous sommes séparés d'elles, bien des maux nous sont advenus. » Ce discours leur parut bon. Plusieurs parmi le peuple s'empressèrent d'aller trouver le roi, qui leur donna l'autorisation d'observer les coutumes païennes. Ils construisirent donc un gymnase à Jérusalem, selon les usages des païens, se refirent des prépuces et renièrent l'alliance sainte pour s'associer aux païens. Ils se vendirent pour faire le mal. (*Macchabées,* I, 1, 11-15, traduction de l'École biblique de Jérusalem.)

Il n'empêche que c'étaient les Grecs eux-mêmes qui, par leurs perpétuels revirements, s'opposaient à toute tentative de restaurer une unité même théorique, car ils nourrissaient de fortes rivalités les uns envers les autres et étaient trop soucieux de maintenir les équilibres qui faisaient du monde hellénistique un fragile château de cartes.

Au-delà des différences ethniques et des incessants changements d'alliances, les *poleis*, présentes partout, constituaient un autre facteur d'instabilité. En effet, le modèle de la cité-État était toujours considéré, dans le monde hellénique, comme l'élément essentiel, la référence majeure. Du point de vue économique aussi bien que politique, la cité constituait la cellule de base indispensable même dans les États plus vastes, ligues ou monarchies ; et les souverains hellénistiques, qui trouvaient un surcroît de prestige et de pouvoir dans leur activité de *kristai*, de fondateurs, furent les premiers à accroître leurs royaumes en créant des colonies, facilement identifiables grâce au nom dynastique qu'elles portaient : Antioche, Séleucie, Laodicée, Apamée, Bérénice, Pruse. Mais les nouvelles fondations n'étaient pas elles-mêmes à l'abri de la forte tendance à la désagrégation inhérente au modèle d'association dont elles s'inspiraient. Tout en faisant partie d'États plus vastes et plus englobants, les *poleis* restaient obstinément attachées à leurs propres traditions, et la large autonomie dont elles bénéficiaient en général ne suffisait pas à conjurer les soubresauts périodiques qui trahissaient leur désir d'indépendance absolue.

En plus d'être affectées de ces faiblesses structurelles qui les minaient de l'intérieur, les principales puissances grecques, pour finir, furent mises en péril par leur propre comportement vis-à-vis du monde extérieur. La guerre, entre elles, n'était jamais une lutte à outrance comme dans le cas de Rome et Carthage, mais une rivalité entre des adversaires généralement de même force pour le contrôle de secteurs d'importance locale et pour l'acquisition temporaire d'hégémonies internes ; et leur activité diplomatique consistait principalement à nouer patiemment une trame d'alliances provisoires, souvent sur la base du lien dynastique. À ces deux attitudes, résultant d'un équilibre pratiquement immuable, s'ajoutait un désintérêt profond pour le monde extérieur, qui amena les États hellénistiques à croire en la stabilité du contexte politique qui était le leur, jusqu'à ce que l'irruption de Rome leur dessillât les yeux.

L'héritage d'Hannibal

Si la République était effectivement beaucoup plus forte que n'importe quelle puissance grecque, la majeure partie de ses habitants n'en était pas du tout conscients au début : l'onde de choc de l'événement qu'ils venaient de vivre était si forte que leur jugement en était altéré. Malgré tout, le conflit avait entraîné quelques conséquences positives. Les rênes de l'État étaient confiées sans partage au Sénat. La physionomie urbaine de Rome était renouvelée : elle s'agrandit pour faire face aux nouvelles activités productives et à l'afflux d'immigrants, si bien qu'elle devint le centre le plus peuplé et le plus actif de la péninsule. Un type d'économie plus moderne se développa, essentiellement tourné vers le commerce. Et, grâce aux innovations introduites par Scipion à la fin de la guerre, la tactique militaire était maintenant réformée pour pouvoir enfin exploiter pleinement l'immense capacité de manœuvre des légions.

Cependant, la nécessité, d'une part, de multiplier les postes de commandement pour mettre en œuvre la stratégie dispersée de Fabius Maximus, et, d'autre part, le besoin de s'en remettre aux hommes les plus valables et les plus compétents, afin de réduire les risques et de diminuer les pertes autant que possible, avaient engendré – non sans dangers – un certain nombre d'entorses à la légalité (sans aller, il est vrai, jusqu'à modifier les structures politiques). Par exemple, on reconduisit plusieurs années de suite à la tête des armées les hommes qui avaient fait la preuve de leur valeur. On renouvela les charges. Enfin, des dérogations au *cursus* normal des carrières furent accordées, telles que l'autorisation d'accéder à la magistrature suprême sans passer par tous les échelons ou même l'octroi de l'*imperium* à de simples particuliers.

Mais les conséquences négatives du conflit dépassaient largement ces modestes passe-droits institutionnels. Selon Florus, la deuxième guerre punique avait été si dure « qu'il n'y avait aucune différence entre le peuple vainqueur et un peuple vaincu » (I, 22, 1). Elle avait laissé des traces indélébiles sur le sol même de l'Italie et entraîné une série de transformations définitives. Déjà, le trésor avait dû assumer des dépenses énormes ; mais les destructions et les dommages, parfois irréversibles, causés dans la péninsule par les quinze années de présence carthaginoise étaient proprement effrayants. Quatre cents villes et centres mineurs avaient été pris par Hannibal puis reconquis par les Romains. Beaucoup avaient été détruits ou livrés aux flammes, beaucoup d'autres avaient été assiégés à plusieurs reprises et mis à sac tour à tour par l'une et l'autre armées. Pendant des années, les champs et les fermes du Sud avaient été régulièrement dévastés. Des populations entières avaient connu la déportation en masse.

Surtout, le coût de la guerre en vies humaines avait été élevé : entre les morts et les portés disparus (notamment les prisonniers qui, vendus comme esclaves sur les marchés de l'Orient grec, ne rentrèrent jamais), le conflit avait coûté à l'Italie (citoyens romains et alliés) au moins deux cent mille hommes. Ce chiffre semble confirmé par les informations que fournissent les recensements, et il faut encore y ajouter les pertes déjà importantes de la première guerre punique : on atteint alors une proportion impressionnante par rapport au potentiel démographique de la République à ce moment-là. En effet, la fédération italienne perdit dans cette guerre quasi un tiers des hommes en âge de porter les armes : il n'est pas exagéré de mettre cette proportion en parallèle avec les catastrophes humaines les plus récentes, comme l'invasion de l'Union soviétique par les nazis. Ces pertes, supportées entièrement par la population masculine comme c'était la règle dans la guerre antique, étaient encore plus dommageables dans le contexte de la société romaine du temps, car celle-ci était essentiellement agricole, et confiait généralement aux hommes non seulement la fonction militaire mais aussi la production des richesses.

Les contrecoups politiques et moraux furent presque plus dramatiques, si c'est possible. L'invasion d'Hannibal avait permis à l'« autre Italie », que Rome avait battue militairement mais n'avait pas réussi à intégrer, de se rebeller contre une domination qui n'avait jamais été tout à fait acceptée. Cette révolte avait concerné non seulement les Gaulois (qui, au fond, ne faisaient pas vraiment partie de l'Italie), mais aussi, après Cannes, les Osco-Sabelliens et les Grecs italiotes. La guerre contre Hannibal avait donc fait resurgir violemment les vieux conflits ethniques que l'on croyait assoupis, voire disparus pour toujours depuis l'unification de la péninsule. Durant ces années qui furent les plus sombres de son histoire, l'Italie connut donc à la fois la menace d'un ennemi extérieur impitoyable, mais aussi l'angoisse d'une guerre fratricide qui avait pris l'aspect d'une lutte de factions, avec les démocrates du côté d'Hannibal et l'aristocratie en faveur de Rome.

Toutes ces pertes et ces souffrances humaines ont fait supposer des répercussions aussi importantes et beaucoup plus durables. Suivant une thèse célèbre, les destructions subies par l'Italie, l'éloignement prolongé de leurs fermes et de leurs champs auxquels furent contraints les citoyens-soldats au moment de l'invasion d'Hannibal et surtout lors des guerres qui se déroulèrent ensuite dans différents endroits de la Méditerranée pendant tout le IIe siècle, la concurrence écrasante, enfin, de la main-d'œuvre servile introduite en Italie de façon massive et donc à bas prix, précisément grâce aux victoires romaines dans toute la Méditerranée – tout cela aurait engendré un exode rural et conséquemment la crise irréversible de la petite propriété peu à peu absorbée dans les *latifundia*. Ce processus, dont on verrait encore des traces aujourd'hui dans le sud de l'Italie, aurait amené la fin prématurée de Rome ou tout au moins conduit la République dans l'abîme des guerres civiles. Tel serait l'« héritage d'Hannibal », le cadeau empoisonné légué par le Carthaginois à l'État ennemi.

L'Italie en ruines

Bien que l'importance du phénomène ait été réévaluée récemment, il semble certain que la Lucanie et l'Apulie étaient pratiquement désertes à la fin de la guerre, et que la tentative effectuée par le gouvernement romain pour relever la Campanie et le Samnium n'ait apparemment pas servi à grand-chose au début. Beaucoup de communautés italiques passées dans le camp d'Hannibal furent alors punies en se voyant confisquer une partie de leurs terres qui entrèrent en possession de Rome. Cette mesure fut prise sous le coup de la rancœur qui animait le peuple et le Sénat, et elle ne rencontra probablement pas une grande opposition, même de la part des groupes les plus modérés : cela parut une peine légère en définitive que de priver les populations italiques, épuisées et saignées par la guerre, tout comme les Romains, de terres qu'elles ne pourraient pas cultiver de toutes façons faute de main-d'œuvre. Le territoire de Rome s'accrut ainsi d'une surface très vaste surtout au sud de l'Italie, mais ces terres restèrent sans être loties ni distribuées, parce que les Romains aussi connaissaient la crise démographique qui avait frappé la paysannerie.

Dans l'immédiat après-guerre, la colonisation fut donc un phénomène de portée très limitée, mis en place dans des conditions bien particulières. Resté presque intact, l'immense patrimoine foncier intégré à l'*ager publicus* finit par susciter l'avidité des propriétaires terriens qui parvinrent, souvent par l'intermédiaire de prête-noms, à mettre en culture des portions de plus en plus vastes sans rencontrer d'obstacles, car ils étaient les seuls qui fussent intéressés à le faire. C'étaient là les prémices de ce que l'on appellerait à l'époque impériale les *latifundia*, et le début de la transformation de la société romaine : dans une certaine mesure, le passage d'Hannibal avait emporté dans son raz-de-marée l'Italie des antiques places fortes d'altitude, des bergers et des petits paysans, l'Italie des orgueils tribaux et territoriaux. La guerre terminée, les anciennes structures apparaissaient en grande partie détruites ; mais surtout, les valeurs morales qui avaient soutenu la République jusqu'à sa victoire entraient en crise, même si elles avaient toujours paru inébranlables.

Metus hostilis

Une autre conséquence de cette guerre, encore plus dommageable pour les rapports avec le monde extérieur, ce fut la peur. Hannibal avait été pour la République un cauchemar effroyable (la figure du fils d'Hamilcar devint même rapidement un croque-mitaine pour les enfants, une espèce d'ogre ou d'« homme noir » que les nourrices romaines utilisaient pour leur faire peur) : elle s'en réveilla profondément ébranlée, et remplie de toutes sortes de méfiances et de craintes.

Le comportement regrettable des alliés, même latins, et les fissures apparues dans le système d'ententes et de liens familiaux d'où Rome avait jusque-là tiré sa force (Capoue en avait été l'exemple le plus douloureux...) produisirent fatalement une réaction de défiance vis-à-vis de tous les *socii* ; et cette réaction compromit à son tour l'ouverture internationale de l'État romain. Le Sénat, qui avait en charge à présent toute la politique extérieure de Rome, se ferma définitivement à toute influence extérieure. Le processus d'intégration des peuples italiques s'interrompit donc avant d'être terminé, tandis qu'il n'eut pas même la possibilité d'être lancé dans le reste du bassin méditerranéen. La *nobilitas* de Rome continua naturellement à rechercher l'appui des oligarchies locales, même outre-mer, mais cette fois sans plus nouer de liens directs avec elles, et pendant plusieurs années elle ne fit jamais participer un seul étranger au pouvoir, fût-il d'origine italienne. Ce pouvoir exclusif ne pouvait que s'endurcir avec le temps et devenir de plus en plus pénible pour ceux qui avaient à le subir. De surcroît, le consulat resta le monopole d'une poignée de *gentes* seulement. Jusqu'en 146, date de la destruction de Carthage et de Corinthe, seuls quatre *homines noui* – c'est-à-dire appartenant à des familles dans lesquelles il n'y avait jamais eu de consuls – obtinrent la plus haute charge ; le plus célèbre d'entre eux fut assurément Marcus Porcius Caton. Les autres consuls appartenaient à une vingtaine de familles en tout. Rome paya ensuite cette évolution, lors des années difficiles du conflit avec les *socii* et de la première guerre civile : là, l'absorption complète des Grecs d'Italie, des peuples des Apennins et de la plaine du Pô fut enfin réalisée après avoir été longtemps reportée, mais ce ne fut pas sans souffrances : il fallut en passer par le sacrifice des montagnards samnites qui luttèrent jusqu'au bout contre un État qui les avait constamment marginalisés et en qui ils n'avaient plus aucune confiance.

Durant les dix années, à peu près, qui suivirent Zama, le doute et la peur nourris par Rome envers les alliés assombrirent l'horizon politique en Méditerranée, qui parut peuplée d'ennemis. Ceux-ci, bien qu'imaginaires, n'en étaient pas moins fortement redoutés. Exceptés, peut-être, la première guerre punique et le projet de conquête de la Cisalpine, les dernières guerres menées par Rome avaient été, au moins au début, essentiellement défensives, en réaction à la pression des populations de l'Apennin et à la tactique militaire de Pyrrhus. La dernière en date, celle contre Hannibal, de très loin la plus dure et la plus terrible, avait bouleversé les structures de l'Italie et amené Rome à craindre pour sa propre existence : l'expérience pénible d'une offensive directe sur la péninsule ne devait donc plus jamais se reproduire, car elle pourrait cette fois se révéler fatale.

C'est ce que souligne avec force, par exemple, le consul Sulpicius Galba dans le célèbre discours rapporté par Tite-Live où il pousse les comices à déclarer la guerre à la Macédoine :

> « Vous ne me semblez pas comprendre, Quirites, que cette consultation n'a pas pour objet de décider si vous voulez la paix ou la guerre – Philippe, qui prépare sur terre comme sur mer une guerre formidable, ne vous laissera pas ce choix – mais si vous préférez faire passer vos légions en Macédoine ou voir l'ennemi venir en Italie. La différence que cela fait, vous en avez fait l'expérience au moins une fois dans votre histoire, lors de la guerre qui vient de s'achever. Qui doute en effet que si, lorsque les Sagontins assiégés imploraient votre protection, nous les avions secourus rapidement comme l'avaient fait nos pères pour les Mamertins, nous aurions détourné sur l'Hispanie tout le poids d'une guerre que nous avons vu s'installer en Italie par nos atermoiements, au prix d'immenses désastres ? [...] Philippe, je le veux bien, n'égale pas Hannibal, ni les Macédoniens les Carthaginois : vous l'égalerez du moins à Pyrrhus. Que dis-je ? Combien l'homme l'emporte sur l'homme, la nation sur la nation ! [...] Comparez maintenant notre situation alors et aujourd'hui. Combien plus florissante était l'Italie, intactes nos forces ! Nous avions alors nos généraux, et toutes les armées que la guerre contre Carthage engloutit par la suite. Pyrrhus, s'attaquant à tout cela, réussit cependant à l'ébranler et, victorieux, parvint presque aux portes de Rome même ! Ce ne sont pas seulement les Tarentins et les habitants de ces rivages d'Italie que l'on appelle Grande-Grèce qui nous abandonnèrent – on pouvait s'attendre qu'ils suivraient un homme qui parlait leur langue et était Grec comme eux – mais les Lucaniens, les Bruttiens et les Samnites. Ces gens-là, si Philippe passe en Italie, croyez-vous qu'ils resteront tranquilles ou qu'ils nous demeureront fidèles ? Vous avez vu comme ils le sont restés par la suite, pendant la guerre contre Carthage ! Jamais ces peuples, sauf s'ils n'ont personne à qui passer, ne manqueront de nous trahir. Si vous aviez répugné à passer en Afrique, Hannibal et les Carthaginois seraient encore à faire la guerre chez vous, en Italie. Que la Macédoine supporte la guerre plutôt que l'Italie ; que ce soient les villes et les champs de l'ennemi qui subissent la dévastation par le fer et par le feu. L'expérience nous l'a montré : c'est à l'étranger plutôt que chez nous que nos armes sont heureuses et puissantes. » (Tite-Live, 31, 7, 2-14.)

En réaction, Rome fut alors poussée à se militariser. À toutes les époques, les États ont voulu remédier à la peur des agressions en renforçant leur appareil militaire ; la République n'a pas échappé à cette règle. Comme on l'a dit, la procédure de la déclaration de guerre avait été gouvernée jusque-là par les préceptes religieux les plus rigoureux ; elle fut alors modifiée afin d'accélérer les préambules diplomatiques et pour permettre, au besoin, un déclenchement rapide des opérations militaires. Il y a plus. On adopta systématiquement une mesure que l'on ne prenait, avant la guerre contre Hannibal, que dans les situations d'urgence : désormais, on enrôla presque chaque année deux ou quatre légions dites *legiones urbanae*, réserve stratégique affectée à la défense de Rome et de l'Italie. Ce faisant, un premier pas était fait vers la création d'une armée permanente.

Bien plus, la crainte permanente qu'un péril extérieur ne fît disparaître la République fut en quelque sorte avalisée de manière officielle. Victimes d'une espèce de psychose de l'agression, le peuple et le Sénat se mirent à surveiller la Méditerranée d'un regard neuf, inquiets sitôt qu'un mouvement quelconque pointait à l'horizon. Se méfiant instinctivement des initiatives prises par les puissances grecques, peut-être craignaient-ils sérieusement qu'elles ne réussissent à encercler l'Italie ; aussi toute coalition faisait-elle naître leurs soupçons, parce qu'ils y voyaient, le plus souvent à tort, une menace dirigée contre l'État romain.

À Rome même, il y avait longtemps que le thème de l'hellénisme était objet de débats. Dès l'époque des rois, Rome s'était rapprochée de la culture grecque dont elle avait accueilli les principaux aspects, allant même jusqu'à accepter la tradition historique qui faisait d'elle une fondation grecque. Mais peu à peu, devant le refus des Grecs d'Italie de se laisser assimiler, elle avait affirmé sa propre identité qui était devenue, après les multiples défections grecques de l'époque de Pyrrhus et d'Hannibal, plus orgueilleuse et plus exclusive, mais elle continuait néanmoins à se sentir étroitement liée à leur culture. Malgré cela, au moment où ils décidèrent, sous le prétexte d'assurer leur sécurité, de pousser leur expansion en Orient (où d'ailleurs ils avaient déjà mis un pied lors de la guerre contre Hannibal), les Romains n'avaient peut-être pas encore bien compris la vraie mentalité du monde hellénistique. Ayant pris l'habitude de raisonner stratégiquement à l'échelle de la Méditerranée, l'aristocratie romaine avait du mal à croire que le « jeu » des Grecs était en réalité aussi étroit et limité ; l'activité fébrile et les tensions internes, obscures voire souvent indéchiffrables, étaient en fait propres au monde grec, à son mode de fonctionnement en mouvement perpétuel ; pourtant, Rome put croire qu'il y avait là une menace sérieuse pour elle.

Bien que sans objet, ces peurs furent donc vraiment ressenties par la plupart des Romains. Les historiens anciens, surtout ceux de langue latine, font de la crainte d'une agression extérieure la cause de tous les conflits du début du IIe siècle. Cette attitude n'a rien qui doive surprendre : tous les États, jusqu'à nos jours, ont réagi de la même manière à des traumatismes analogues. Après sa victoire sur Hannibal, Rome fut à la tête d'une fédération qui n'avait pas d'égale dans le bassin méditerranéen, car la masse d'hommes qui dépendaient d'elle, son poids politique et son appareil militaire la rendaient plus forte que n'importe quelle autre puissance. Seuls certains membres du Sénat parmi les plus avisés (citons Scipion l'Africain, et aussi, mais avec un peu de retard, Caton) comprirent parfois, semble-t-il, l'inanité des peurs dont l'opinion publique romaine était affligée ; mais bien loin d'apaiser publiquement les craintes du peuple et du Sénat, ils les exploitèrent à tour de rôle pour leurs fins personnelles.

Malgré tout, à ce moment crucial, Rome ne semble pas avoir été animée d'un état d'esprit hostile ni d'intentions agressives lors du débat politique autour de l'attitude à avoir vis-à-vis de ses nouveaux interlocuteurs. Sa propagande insista tout d'abord sur le maintien de l'*eleutheria*, de l'autonomie, essentiellement fondée sur la notion grecque de *koinè eirénè*, de paix commune, et préservée par un système d'alliances s'équilibrant les unes les autres, avec, au centre, de grandes puissances exerçant leur tutelle, comme la Macédoine et Rome elle-même. Tel semble avoir été le grand principe dont s'est inspirée la paix de Phoinikè, l'acte par lequel s'était terminée la première guerre entre les deux puissances, en établissant de nouveaux (et fragiles) équilibres politiques au sein du monde grec :

> [À Phoinikè le roi rencontra Publius Sempronius.] Assistèrent à l'entretien le roi des Athamans Amynander, ainsi que des magistrats épirotes et acarnaniens. Le préteur Philippe prit la parole en premier et demanda à la fois au roi et au général romain de mettre fin à la guerre, d'accorder aux Épirotes cette faveur. Publius Sempronius énonça comme conditions de la paix le rattachement à Rome des Parthiniens, de Dimallum, de Bargullum et d'Eugénium ; quant à l'Antintanie, elle serait annexée par le Macédonien, si des ambassadeurs envoyés à Rome lui obtenaient cette clause. Quand on se fut accordé sur ces conditions de paix : le roi de Bithynie Prusias, les Achéens, les Béotiens, les Thessaliens, les Acarnaniens, les Épirotes ; les Romains : les habitants d'Ilion, le roi Attale, Pleuratos, le tyran de Lacédémone Nabis, Élis, Messène, Athènes. On signa ce texte rédigé en commun et l'on conclut une trêve de deux mois, le temps d'envoyer à Rome une mission diplomatique, afin que le peuple votât la paix à ces conditions. (Tite-Live, 29, 12, 11-15.)

Ce principe prévoyait naturellement que Rome et la Macédoine renonceraient à toute conquête territoriale, et proposait la cité-État comme référence politique fondamentale. D'ailleurs, la conquête n'intéressait pas Rome au début ; au contraire, une bonne part de l'aristocratie fit d'emblée montre d'un respect et d'une sympathie tout à fait sincères pour les *poleis*. Le point culminant fut la libération des *poleis*, décrétée solennellement par celui qui allait devenir le « rédempteur de l'Hellade », Titus Quinctius Flamininus, au lendemain de sa victoire sur la Macédoine à Cynoscéphales. Mais pendant ces premières années, la politique, au Sénat, qui cherchait à gagner la faveur de l'aristocratie amena de nombreux autres actes tendant à faire valoir auprès des Grecs l'image d'une Rome alliée de la Grèce puissante et sûre, et surtout protectrice désintéressée de sa liberté. *Fides*, *pietas*, clémence pour les vaincus, telles furent les valeurs-symboles revendiquées avec force par la République dans ses relations avec le monde grec : les lettres envoyées par Flamininus à la ville de Chyrétiai en Thessalie (entre 197 et 194), celles de Marcus Valerius Messalla à Théos (en 193) et des Scipions à Héraclée du Latmos sont à cet égard exemplaires :

> Lucius Cornelius Scipion, consul romain, et Publius Scipion, son frère, au conseil et au peuple d'Héraclée, salut. Nous avons rencontré vos représentants, hommes

remarquables, qui nous ont remis une copie de votre décret et nous ont parlé avec beaucoup d'enthousiasme de son contenu. Nous sommes dans de bonnes dispositions à l'égard des Grecs, et puisque vous vous en êtes remis à nous, nous nous efforcerons d'agir avec la prévoyance requise dans le sens de vos intérêts, en vous faisant toujours quelque bien. Nous nous portons garants de votre liberté comme pour toutes les autres villes qui se sont placées sous notre protection, de telle sorte que le contrôle et l'organisation de votre communauté soient entièrement entre vos mains en fonction de vos lois ; pour le reste, nous essaierons de vous favoriser pour que vous puissiez recevoir toutes sortes de profit. Nous acceptons les honneurs que vous nous faites et vos promesses de fidélité, et nous efforcerons de les récompenser comme il convient. Nous vous envoyons Lucius Orbius pour veiller sur la ville et sur son territoire afin que nul ne vous importune. Recevez notre salut. (R. Sherk, *Roman Documents from the Greek East*,1969, 35, traduction de G. B.).

Au-delà de cette image sans tache qu'ils voulaient se donner, ce furent justement les représentants les plus remarquables du Sénat, et, entre autres, peut-être Flamininus lui-même, qui mirent leur philhellénisme au service d'un pragmatisme politique sans scrupules, ce qui entraîna très vite de dangereux malentendus, surtout avec les grandes monarchies hellénistiques. Rome, certes, mettait en avant, à cette occasion, son caractère de cité-État, communauté de nature qui la rapprochait théoriquement des *poleis*, mais, dans le même temps, elle laissait se répandre dans le monde hellénistique la rumeur selon laquelle elle serait, par ses origines, foncièrement et irrémédiablement hostile à l'idée même de royauté, et qu'elle se consacrerait par conséquent à la destruction de toutes les monarchies. Cette bévue, bien qu'officiellement désavouée, n'était peut-être pas tout à fait involontaire. De fait, la faveur accordée aux *poleis* ne semble pas avoir été complètement désintéressée : car la libération des cités-États, d'un côté, affaiblissait gravement les États importants (monarchies ou ligues), et servait d'un autre côté à rallier à la République un grand nombre d'entités politiques isolées et de faible importance, tout en lui gagnant des sympathies et des appuis précieux à l'échelon local, dispersés dans tout le monde hellénistique.

Cependant, plus que Flamininus, le personnage clé fut Publius Cornelius Scipion l'Africain : l'ensemble de la classe dirigeante romaine dut compter avec lui, y compris dans cette affaire. On connaît peu de choses de sa formation ; mais on est à peu près certain que celui qui, jeune encore, fut *princeps senatus*, c'est-à-dire le représentant le plus insigne de l'assemblée qui régissait la *res publica*, maîtrisait pleinement la culture grecque ; c'est donc vers lui principalement que le Sénat se tourna d'instinct pour s'occuper en première instance des rapports avec le monde grec. La conception qu'il élabora, complètement nouvelle dans le paysage politique de Rome, apparaît exempte de tout idéalisme : la possibilité d'une fusion véritable avec les aristocraties d'outre-mer n'existant plus désormais, Scipion voulut remplacer l'*amicitia* d'égal à égal, qui régissait les équilibres les plus anciens en Italie, par un type de rapport s'inspirant du droit privé, le *patrocinium* (patronage, protection). Pour les entités politiques grecques, la situation d'États-clients serait plus près de la réalité, plus conforme aux rapports instaurés avec Rome; mais cette notion préludait sans aucun doute à l'impérialisme.

Bien qu'il sût parfaitement évaluer, comme nous le verrons, la puissance réelle de Rome, l'Africain ne pouvait pas négliger l'émoi dont l'opinion publique romaine était agitée. Nombre de citoyens et de sénateurs réclamaient à grand bruit le renforcement de l'armée: Scipion voulut créer un appareil militaire capable à la fois de calmer les peurs des Romains et d'inculquer un respect salutaire aux puissances hellénistiques, condition préalable pour redéfinir les rapports avec elles. Il fut sans doute le premier, en effet, à emprunter à la philosophie politique des Grecs un principe qu'elle connaissait depuis longtemps, et qui allait devenir propre à Rome, à savoir l'intimidation: *Si uis pacem para bellum*, « Si tu veux la paix, prépare-toi à la guerre ». Ce qui fut mis en application dès les années suivantes à travers l'adoption de nombreuses mesures, soit actives (comme l'état d'alerte permanent), soit passives (par exemple le désarmement imposé aux ennemis au fur et à mesure qu'ils étaient battus).

Cependant, pour être vraiment efficace, l'intimidation doit aller jusqu'au bout, sans quoi, au lieu d'éloigner la guerre, tout phénomène de militarisation intense finit par la faire éclater plus vite. Quelque formidable qu'elle fût, la machine de guerre romaine ne remplissait pas cette condition. Se fiant à leur instrument de guerre encore invaincu, la phalange, et s'illusionnant sans doute du fait que Rome elle-même ne comptait apparemment pas trop sur ses propres forces, les États hellénistiques en sous-estimèrent la puissance dévastatrice, y ripostèrent et la défièrent.

En outre, l'incapacité de comprendre les mécanismes du monde politique grec porta gravement préjudice aux tentatives du Sénat pour donner par la voie diplomatique une assise définie à l'échiquier géopolitique grec, si bien que le besoin de tranquillité, ressenti probablement comme vital par Rome, se heurta sans dialogue possible à l'aspiration légitime des puissances grecques à avoir une totale liberté d'action politique au moins sur leur terrain.

Pendant cette première phase, Rome fut donc poussée à agir non par la conscience de sa propre force, que seuls certains de ses hommes politiques les plus habiles possédaient, ni par la volonté d'hégémonie, qui n'existait pas encore consciemment, mais par la peur qui rend toujours soupçonneux et agressif. C'est ainsi que s'imposa une nouvelle façon d'envisager les relations internationales, fondée sur la recherche de la sécurité. Cette conception conduisit inévitablement au conflit, et si le besoin de se garantir des agressions correspondit bien à l'aspiration, implicite mais réelle, du plus grand nombre, ce fut aussi le prétexte, chez certains hommes souvent parmi les plus éminents, qui servit à déguiser aux autres et, peut-être, à eux-mêmes leurs ambitions et leur désir de pouvoir personnel.

Les craintes suscitées par la Macédoine furent un facteur important, mais pas le seul motif qui fit éclater la première guerre menée par Rome après Zama, contre Philippe V. Très étroits à partir de la victoire sur Pyrrhus, les rapports avec les Grecs non seulement de la mer Ionienne, mais de la mer Égée se resserrèrent encore par la suite comme on l'a vu, mais se firent aussi plus complexes, lorsque l'expédition contre le royaume de Teuta permit d'affermir une tête de pont romaine en Illyrie ; aussi quinze ans plus tard, Philippe, plus directement menacé par cette présence, fut-il conduit à s'allier avec Hannibal.

Assoupie en apparence, la rivalité entre les deux puissances se perpétuait de manière latente même après la paix de Phoinikè. Pour l'instant, le souverain antigonide avait laissé de côté l'échiquier de la mer Égée pour se tourner vers l'est. Pour cela, il avait conclu en 203 un accord secret avec le roi de Syrie Antiochos III de retour d'une expédition victorieuse contre les satrapies orientales de son royaume dont il avait réprimé énergiquement le séparatisme : la visée commune des deux dynastes était de se partager les possessions ptolémaïques en dehors de l'Égypte, qui traversait comme on a vu une période de graves difficultés :

> Du vivant de Ptolémée en personne, qui n'avait pas besoin de leur assistance, ils étaient prêts à l'appuyer, mais quand il eut disparu, laissant un enfant tout petit que la nature leur commandait à tous deux d'aider à conserver son trône, alors ils entreprirent, chacun encourageant l'autre, de se partager le royaume de cet enfant et de supprimer cet orphelin ; et cela, sans même couvrir leur infamie, comme le font les tyrans, du moindre prétexte, mais en agissant tout de suite avec impudence et férocité au point de mériter qu'on leur applique le proverbe sur la vie des poissons, qui, dit-on, ont beau appartenir à la même espèce : la mort des petits nourrit et fait vivre les gros. Aussi, qui pourrait jeter les yeux sur ce traité comme sur un miroir sans avoir l'impression d'y voir s'y refléter l'impiété sur le plan religieux et la cruauté dans le domaine humain, ainsi que l'extrême avidité de ces souverains ? (Polybe, XV, 20, 1-4.)

Pendant les opérations conduites en mer Égée au cours des années 202-201, le souverain antigonide était parvenu à occuper certaines bases et forteresses appartenant à l'Égypte, mais la série d'attaques aveugles lancées par sa flotte ou celle de ses alliés contre tous les navires de commerce qu'elles rencontraient, et, plus encore, les actes de cruauté commis lors de la conquête (contre Chio par exemple) lui avaient attiré l'hostilité de Rhodes et de Byzance. La victoire que le souverain macédonien obtint contre eux dans les eaux de Ladè entraîna également l'intervention du roi de Pergame. Les flottes coalisées, à présent supérieures, obligèrent le roi à accepter, au large de Chio, une seconde bataille navale, plus importante celle-là ; l'issue en fut incertaine, mais elle marqua la fin du rêve antigonide de thalassocratie en mer Égée.

Sur terre, en revanche, la supériorité macédonienne était indiscutable, et suffisamment inquiétante pour que les habitants de Rhodes et de Pergame, en 201, envoient à Rome une ambassade conjointe pour lui demander d'intervenir. Ce fut probablement ce qui permit à Rome de connaître l'entente secrète entre Antiochos et Philippe, et ce fut sans doute le motif pour lequel la délégation envoyée sur place en observation remit, par l'intermédiaire du plus jeune de ses membres, Marcus Aemilius Lepidus, un ultimatum au roi de Macédoine lui intimant de ne pas attaquer les territoires de Ptolémée, de ne pas faire la guerre aux Grecs et d'accepter l'arbitrage romain pour le conflit entre Attale et les Rhodiens. Toutefois, la liberté d'action du Sénat était, pour le moment du moins, plutôt réduite. De fait, les comices, appelés à se prononcer sur la guerre, repoussèrent la première proposition presque à l'unanimité: car on manquait d'un *casus belli* légitime ou du moins plausible, puisque Attale apparaissait comme l'agresseur et non comme l'agressé, tandis qu'il n'y avait avec Rhodes et Ptolémée qu'un rapport d'amitié formel qui n'obligeait pas Rome à les défendre.

Peu après, toutefois, ce fut Philippe lui-même qui fournit involontairement le prétexte que recherchaient les bellicistes romains. Irrité par la politique pro-égyptienne menée depuis longtemps par les Athéniens, le souverain profita de la condamnation pesant sur deux Acarnaniens, coupables d'avoir profané les mystères d'Éleusis, pour lancer contre le territoire de l'Attique les forces de ce peuple qui était son allié, en lui fournissant en renfort des auxiliaires macédoniens. Un émissaire athénien, Céphisodore, se rendit sur-le-champ à Rome pour associer sa voix à toutes celles qui réclamaient déjà l'intervention des légions. En attaquant Athènes, non seulement Philippe avait touché à une ville symbole, ce qui permettait à ses défenseurs d'ennoblir leur cause aux yeux de la Grèce entière, mais encore, selon les mêmes sources, il avait violé un accord bien précis : en effet, Athènes avait noué des liens d'amitié avec Rome dès 229; et au traité de Phoinikè elle avait été intégrée aux *adscripti*, c'est-à-dire à la liste des États que la République s'engageait à protéger au nom de la *pax communis*. Lors d'un deuxième vote, les comices se prononcèrent cette fois pour la guerre. Une ambassade romaine intima alors au souverain de mettre fin à toute action hostile contre l'Hellade, de rendre aux Ptolémées les possessions qui leur avaient été soustraites, et de dédommager Attale et les Rhodiens. Le refus d'obéir à cet ultimatum entraîna inévitablement le conflit.

Parmi les mobiles possibles conjecturés par les historiens latins pour justifier cette décision, le premier, à savoir la rancune contre Philippe pour l'aide apportée à Hannibal pendant la deuxième guerre punique, est assurément valable, mais il n'agit sans doute que comme une impulsion inconsciente. Quant au deuxième motif, l'appel des Grecs, Rome y avait tout d'abord fait la sourde oreille (en 202, une ambassade étolienne avait été renvoyée, non sans rudesse d'ailleurs) ; il ne fut réellement pris en considération qu'une fois connue l'entente secrète entre Philippe et Antiochos, ressentie naturellement comme une menace sérieuse. Nous voilà donc réduits au troisième mobile: la crainte d'une attaque macédonienne sur l'Italie.

Bien qu'il fût en l'occurrence totalement dénué de fondements réels (car les plans des deux rois ne concernaient aucunement la péninsule italienne), le « cauchemar des coalitions » possédait néanmoins une puissante charge émotionnelle dans le peuple et chez la plupart des sénateurs. Malgré cela, la peur d'un débarquement macédonien en Italie ne semble même pas avoir été ici la cause principale du conflit ; elle fut plutôt l'argument décisif que le groupe politique favorable à la guerre employa à la curie et surtout aux comices lors des débats sur la conduite à adopter en la circonstance.

Quel fut alors le véritable mobile ? Scipion, l'homme le plus puissant à Rome, était résolument opposé à une guerre avec la Macédoine. Les lois en vigueur sur le renouvellement des magistratures lui interdisaient à ce moment d'être reconduit au consulat, en sorte qu'il n'aurait pu assumer lui-même le commandement ; et il craignait pour cette raison de voir surgir, dans l'hypothèse d'une victoire qu'il jugeait assurée, une personnalité qui pourrait lui faire contrepoids. C'est peut-être à son intervention occulte qu'est due la première motion de rejet de la guerre de la part du peuple, manœuvré par un tribun, Quintus Baebius, qui pourrait n'avoir été que l'une de ses créatures.

La « faction orientale », au contraire, poussait à la guerre, qu'elle jugeait aussi sans grands risques. Elle cherchait peut-être avant tout à écorner la position de l'Africain. Ce groupe politique, qui était en train d'émerger au Sénat, réunissait les principaux spécialistes des questions grecques et orientales : outre le jeune Marcus Aemilius Lepidus (le porteur du premier ultimatum à Philippe), on y trouvait, entre autres, Publius Sempronius Tuditanus, Marcus Valerius Laeuinus et Publius Sulpicius Galba. L'argument massue qui permit de convaincre la majorité fut, bien entendu, la « menace » macédonienne. Habilement manipulés par des hommes en la compétence desquels ils avaient toute confiance et qui surent jouer avec leurs émotions, les Romains finirent par se résoudre à l'intervention en Grèce. En somme, si le plus grand nombre aspirait sincèrement à être à l'abri des agressions, ce fut également le voile avec lequel quelques personnes, les plus puissantes, dissimulèrent aux autres, et peut-être aussi à elles-mêmes, leur volonté de faire la guerre à tout prix.

Le même Galba, qui avait déjà opéré en Orient entre 210 et 206, fut élu consul pour l'année 200 et obtint le commandement des opérations outre-mer. Les principales puissances de Grèce métropolitaine gardèrent au début une attitude prudente : l'assemblée des Étoliens répondit aux sollicitations de Rome en votant pour la neutralité, mais les Achéens eux-mêmes, alliés de Philippe, choisirent de rester étrangers à la lutte.

En sa qualité de proconsul, Galba conduisit les opérations pendant une bonne partie de l'année suivante, et obtint quelques résultats. Dépassant la chaîne montagneuse qui borde l'ouest du lac Lychidnus (l'actuel lac d'Ochrida), il pénétra sur le territoire de la Lyncestide qui faisait partie de la Macédoine, et contraignit

Philippe à accepter la bataille dans les environs de la ville – inconnue – d'Ottolobo. Ensuite, Galba fut contraint de se retirer, faute de renforts et de relève, mais ses succès, bien qu'ils ne fussent pas décisifs, suffirent à amener les ennemis du souverain antigonide à relever la tête : aux Dardaniens, ses adversaires traditionnels basés au nord et qui avaient commencé à faire des raids en territoire macédonien, s'ajouta la ligue étolienne, beaucoup plus redoutable encore. Cependant, le consul de l'année 199, Publius Villius Tappulus, ne put rien faire ; arrivé à la fin de la saison avec les renforts nécessaires, il fut relevé par son successeur Titus Quinctius Flamininus. Celui-ci était un *priuatus cum imperio*, un jeune homme prometteur que Scipion (auquel l'incompétence de ses adversaires politiques avait permis de reprendre en mains la situation à Rome) avait poussé au consulat avant qu'il n'eût parcouru tous les échelons réglementaires du *cursus honorum*.

Le nouveau commandant romain se proposait de descendre en direction de la Thessalie pour effectuer la jonction de ses forces avec celles des Étoliens. Pour le contrer, Philippe se basa en marge du territoire épirote, bien décidé à défendre les gorges du fleuve Aos (aujourd'hui Vijose ou Voiussa), point de passage obligatoire. Tandis que les adversaires s'affrontaient, des négociations de paix étaient amorcées sur l'initiative des Épirotes. Conscient d'être en position de faiblesse, le souverain antigonide se déclara disposé à renoncer à ses récentes conquêtes et à s'en remettre à un arbitrage neutre pour les dommages de guerre. Mais la position de Rome était changée, en fonction notamment des engagements pris pour la tutelle de la *koinè eirénè*. Flamininus repoussa donc son offre et intima au roi l'ordre d'abandonner même la Thessalie. C'était une condition inacceptable pour un État souverain qui n'avait pas encore été vaincu par les armes. Les négociations furent interrompues et la guerre reprit. D'abord en difficulté dans l'étroit passage montagneux, les Romains réussirent ensuite, grâce à l'aide du notable épirote Charops, à contourner les positions macédoniennes et à menacer Philippe dans son dos. Celui-ci put se dégager, mais au prix de deux mille tués et en abandonnant tous ses convois.

Tandis que la ligue achéenne s'alignait elle aussi aux côtés de Rome, la guerre se déplaça en Thessalie. Les forces macédoniennes y entrèrent en passant par le défilé du Metsovo, et continuèrent à reculer en direction de Tempé. À la fin de l'année, de nouvelles négociations furent lancées, mais encore une fois sans résultat, parce que Philippe, bien que disposé à faire d'importantes concessions, refusa de céder les forteresses héréditaires de Chalcis, de l'Acrocorinthe en Grèce, de Démètrias en Thessalie, verrous qui, avec Oréos et Érétrie, garantissaient à la Macédoine le maintien de son hégémonie sur l'Hellade. Le souverain antigonide, incapable de soutenir plus longtemps une guerre d'usure, était obligé de tenter la fortune d'une bataille rangée contre Flamininus toujours, dont le commandement avait été confirmé pour l'année suivante.

La bataille eut lieu en Thessalie, à proximité d'un massif rude et escarpé appelé « les Têtes de chien » (Cynoscéphales). L'aile droite macédonienne que commandait personnellement Philippe repoussa tout d'abord victorieusement les adversaires qu'elle avait en face d'elle, mais le roi n'avait pas attendu que la phalange eût achevé son alignement. Pendant que l'aile gauche romaine, en difficulté, se repliait sans toutefois se disperser grâce à sa formation en manipules, Flamininus put conduire l'aile droite, renforcée par les contingents étoliens et par les éléphants, contre l'extrémité opposée du corps d'armée macédonien, commandée par Nicanor qui n'avait toujours pas fini de se mettre en place ; elle fut enfoncée. C'est à ce moment-là que

> un des tribuns [...] retint une vingtaine de manipules, car il avait compris ce qu'il y avait à faire pour tirer parti de l'occasion offerte. Il contribua ainsi pour une large part au succès final. Il observa que, du côté où se trouvait Philippe, les Macédoniens avaient été entraînés bien en avant du reste du front, tandis qu'ils refoulaient, sous le poids de leur attaque, l'aile gauche romaine. Quittant l'aile droite, où les Romains étaient désormais manifestement vainqueurs, il effectua une conversion en direction du lieu où se poursuivait la bataille et alla assaillir les Macédoniens sur leurs arrières. Comme la phalange est organisée de telle sorte qu'il est impossible aux hommes de faire volte-face et de livrer des combats individuels, il put pousser son attaque, en massacrant les soldats qui se trouvaient devant lui et ne pouvaient se défendre, si bien que les Macédoniens furent finalement contraints de jeter leurs boucliers et de prendre la fuite, poursuivis à leur tour par les troupes qu'ils avaient vu jusque-là reculer devant eux. (Polybe, 18, 26, 1-5, traduction de Denis Roussel.)

Philippe, qui se croyait alors vainqueur, vit tout d'un coup les soldats des dernières files jeter leurs armes, en proie à la panique. Il monta avec quelques compagnons sur une hauteur proche, et constata que pendant que l'aile gauche était en déroute, l'aile droite elle aussi, qui pourtant avait eu l'avantage jusque-là, était sur le point de céder, attaquée de face et par derrière. Il n'y avait pas d'autre issue que la fuite : accompagné d'un petit groupe de soldats débandés, le roi se dirigea rapidement vers la frontière de la Macédoine. Là, un tiers peut-être de l'armée le rejoignit ; mais huit mille hommes de sa phalange avaient été tués, et cinq mille autres faits prisonniers. La défaite était irréparable.

À Tempé, au début de 196, Flamininus conclut avec la Macédoine une paix que les comices, à Rome, s'empressèrent de ratifier. L'intégrité territoriale du royaume antigonide était respectée, mais Philippe dut céder toutes les possessions qui lui restaient en Grèce, en Asie et dans l'Égée ; il dut restituer les navires capturés exceptés cinq ; il dut payer une indemnité de mille talents à verser pour moitié sur-le-champ, et dont l'autre moitié serait payée en dix versements annuels ; il dut envoyer en Italie des otages, parmi lesquels son plus jeune fils, Démétrios.

Le principe de la liberté grecque qui fut définitivement fixé par le Sénat dans cette circonstance obligea Rome à renier la clause mentionnée plus haut du précédent pacte avec l'Étolie, parce qu'elle était incompatible avec ce principe. Pour cela, Flamininus avança que cette alliance devait être considérée comme nulle à partir du moment où les Étoliens, en 206, avaient conclu avec Philippe une paix séparée qui n'était pas permise par le traité. L'autonomie grecque fut proclamée solennellement à Corinthe, pendant les *Isthmia*, par le proconsul lui-même.

Ces décisions venaient d'être prises quand arriva la date fixée pour la célébration des Jeux isthmiques. De presque toute la terre habitée étaient arrivées d'importantes personnalités, car on attendait avec impatience ce qui allait se passer. Toutes sortes de rumeurs circulaient parmi la foule. Selon les uns, les Romains ne pourraient pas ne pas se maintenir dans certains territoires et dans certaines villes, et quelques-uns précisaient qu'ils se retireraient des cités portant un nom prestigieux, mais qu'ils en garderaient quelques autres, qui, tout en étant moins fameuses, leur procureraient des avantages tout aussi grands. [...] La perplexité régnait donc dans les esprits, quand, devant la foule qui s'était rassemblée au stade pour assister aux compétitions, un héraut s'avança, qui fit sonner la trompette pour obtenir le silence, puis donna lecture de la proclamation suivante :

« Le Sénat des Romains et Titus Quinctius, le général en chef, ayant vaincu le roi Philippe, laissent la liberté aux peuples suivants, auxquels ne seront imposés ni troupes d'occupation ni tributs et qui pourront se gouverner selon leurs lois : les Corinthiens, les Phocidiens, les Achéens de Phtiôtis, les Magnètes, les Thessaliens et les Perrhèbes. »

Des applaudissements assourdissants ayant éclaté dès les premiers mots, une partie de l'assistance n'entendit pas la proclamation et d'autres voulurent l'entendre une seconde fois. La plupart des gens n'arrivaient pas à y croire et avaient l'impression qu'on leur parlait dans un rêve, tant la chose était inattendue. Bref, pour une raison ou pour une autre, chacun exigeait à grands cris que le héraut s'avançât au milieu du stade avec le trompette, pour lire une seconde fois la proclamation, car l'assistance, à ce que je crois, désirait non seulement entendre, mais aussi voir l'homme qui prononçait de telles paroles, tant celles-ci paraissaient incroyables. Le héraut se présenta donc au milieu du stade, fit à nouveau sonner la trompette pour arrêter les clameurs et relut le texte de la proclamation. Les applaudissements éclatèrent alors avec une telle force, que les gens auxquels on décrit aujourd'hui cette scène ont peine à se la représenter. Quand les acclamations eurent pris fin, personne ne s'intéressa plus aux athlètes. Partout les gens parlaient, s'adressant soit à leurs voisins, soit à eux-mêmes, comme si le choc leur avait dérangé l'esprit. Et à l'issue des jeux, peu s'en fallut que, dans leurs transports de joie, ils n'étouffassent Flamininus, en cherchant à lui manifester leur reconnaissance. Les uns voulaient le voir en face pour le saluer du titre de sauveur ; d'autres cherchaient à lui serrer la main : beaucoup aussi lui jetaient des couronnes et des rubans et on faillit ainsi le mettre en pièces. (Polybe, 18, 46, traduction de Denis Roussel.)

Ensuite, les Romains respectèrent globalement ce qu'ils avaient fixé. Hormis à Chalcis, à Démètrias et à l'Acrocorinthe, plus aucune garnison romaine ne resta en Grèce. Encore ceux qui occupaient les forteresses n'y furent-ils maintenus que le temps nécessaire pour mener les opérations contre Nabis, tyran de Sparte, coupable d'avoir soustrait Argos aux Achéens. Au printemps 194, lorsque Flamininus revint en Italie, les légions quittaient aussi la Grèce sans y laisser un seul homme : cet acte persuada les Hellènes, sans aucun doute possible, de la sincérité de Rome. Mais lorsque la déclaration de Corinthe serait étendue aux Grecs d'Asie, la République s'engagerait sur la voie de l'affrontement avec la Syrie séleucide.

Avec la victoire de Cynoscéphales et la proclamation aux Jeux isthmiques, Rome avait peut-être eu l'illusion que les problèmes de Grèce et d'Orient avaient été réglés, ne fût-ce que provisoirement. La région était encore dominée par la figure d'Antiochos III, roi de Syrie. À ce moment, celui-ci pouvait être justement fier de sa puissance. Tandis que l'intervention romaine avait mis un coup d'arrêt à l'action de Philippe en Égée, le souverain séleucide avait pu poursuivre sans être inquiété son travail d'usure de la puissance ptolémaïque, et l'on pouvait considérer qu'il était tout près de reconstituer l'empire de Séleucos Nikatôr, le fondateur de la dynastie. Après la bataille victorieuse de Panion, sur les pentes du mont Hermos, Antiochos III avait mis fin à la cinquième guerre pour la maîtrise de la Cœlé-Syrie, en arrachant à l'Égypte une région d'importance vitale comprenant, outre ce territoire proprement dit (correspondant au Liban actuel), toute la région du sud-est, avec la Phénicie et la Palestine. Il ne s'était pas contenté de ce succès déjà important : il s'était porté résolument jusqu'à la côte de l'Anatolie et au-delà, en Ionie et en Éolide, où il avait occupé un grand nombre de villes. Plus grave, il avait traversé l'Hellespont et mis le pied pour la première fois en Europe. Antiochos

L'avancée du souverain syrien en direction de l'occident ne pouvait pas ne pas inquiéter Rhodes et Pergame, et surtout Rome. Aux envoyés séleucides venus à Corinthe pour lui rendre hommage en 196, Flamininus répondit en invitant le roi à respecter les dispositions du Sénat et à laisser libres les villes grecques d'Asie. Il y eut encore d'autres entrevues, à l'automne de la même année à Lysimacheia alors aux mains du Séleucide, puis au début de 193 à Rome. Entrevues de moins en moins cordiales, cependant, parce qu'Antiochos déniait à la République le droit de s'occuper des affaires d'Asie, tandis qu'il refusait de son côté de renoncer aux territoires européens sur lesquels il considérait avoir des droits indiscutables puisqu'ils avaient appartenu à son grand-père Séleucos Ier. Aussi continuait-il à étendre ses conquêtes. Le roi alla jusqu'à repousser une proposition inspirée par Flamininus lui-même, qui, dérogeant aux principes de liberté pour lesquels il avait lui-même combattu par le passé, lui offrait de respecter deux zones d'influence aux contours bien définis : en échange de son retrait de la Thrace, les Romains s'engageaient à ne plus s'occuper du sort des *poleis* asiatiques.

Dès 195, la situation s'était tendue encore davantage lorsque Antiochos avait reçu le Carthaginois Hannibal. La présence du fils d'Hamilcar donna à Rome une appréhension extrême, d'autant qu'une rumeur, peut-être fondée, lui attribuait le projet d'une seconde invasion de l'Italie. La série de mesures prises entre 194 et 191 donne une idée de la « psychose antiochique », de la terreur qu'Antiochos causait alors à l'*Vrbs* : on conféra, en 194, le consulat à Publius Scipion, seul homme capable de se mesurer à Hannibal ; on procéda au recrutement de soixante-dix mille hommes environ pour surveiller les différents terrains d'opération d'Italie, de Sicile et d'Illyrie, et l'on construisit plus de cent quinquérèmes neuves dont une partie fut affectée aux eaux méridionales entre le Bruttium et la Sicile ; en outre, une série de colonies romaines furent fondées sur la façade sud de l'Italie dans le but avéré de prévenir un éventuel débarquement.

Le conflit devint inévitable à partir du moment où Antiochos refusa de reconnaître à Rome le rôle de garante de la liberté des Grecs. Les choses s'accélérèrent du fait des Étoliens. Ces derniers avaient été les seuls à soutenir concrètement Rome pendant la seconde guerre de Macédoine ; or la réorganisation de l'Hellade, qui ne leur avait laissé que les miettes, les avait extrêmement déçus. C'est ainsi qu'après avoir intrigué avec Philippe, Nabis et Antiochos, ils se tournèrent plus particulièrement vers le souverain séleucide en l'invitant à venir en Grèce. Pour le convaincre, ils lui annoncèrent que Démètrias, où ils étaient entrés par la persuasion et la ruse, était en leur possession. Peu après, le roi débarqua effectivement à Ptélée, en Phtiotide (c'était en 192), et alla retrouver ses alliés. Ainsi, le corps expéditionnaire d'Antiochos – dix mille fantassins, cinq cents cavaliers et six éléphants –, si mince qu'il fût, était la seule vraie force armée alors présente en Grèce. En venant de Démètrias, il réussit à intercepter un petit contingent romain de cinq cents hommes qui marchaient vers Chalcis : il lui infligea de lourdes pertes et occupa la ville. Encore une fois, la guerre était inévitable.

Malgré ses premiers succès, le Séleucide trouva une situation d'emblée difficile. Venu pour « libérer » la Grèce, il dut constater très vite que ce rôle lui convenait mal dans un monde qui lui était en grande partie hostile. Certes, les Éléens, Aminandre d'Atamanie et toute l'Eubée le rejoignirent en plus des Étoliens, mais les Béotiens (quoique hostiles aux Romains depuis un assassinat où Flamininus était apparemment impliqué, celui d'un de leurs hommes politiques, le promacédonien Brachyllas) se bornèrent à lui exprimer leur sympathie, de même que les démocrates de toutes les parties de la Grèce, souvent réduits à la condition d'exilés. Quant à Charops le Vieux, épirote de premier plan, c'était une impulsion mal conseillée, sans réelle portée concrète, qui l'avait fait se présenter à lui. En revanche, les Achéens choisirent clairement de s'opposer à Antiochos, étant même les premiers à lui déclarer guerre, et surtout Philippe de Macédoine fit de même, voyant d'un mauvais œil la présence en Grèce du roi de Syrie.

Ainsi le roi ne parvint-il pas vraiment à accomplir de progrès supplémentaires. Lorsque, au printemps 191, les Romains firent débarquer deux légions en Grèce, sous le commandement du consul Manius Acilius Glabrio, Antiochos fut obligé de se replier. La faiblesse des contingents étoliens le réduisant à la défensive, il choisit de se baser aux Thermopyles. En vain. Ses alliés se montrèrent même incapables de garder le sentier qui permettait de contourner le défilé, et un corps de deux mille légionnaires commandés par Marcus Porcius Caton put enfoncer les troupes d'Antiochos en les prenant à revers. Le roi réussit à s'enfuir, mais seuls cinq cents hommes du corps expéditionnaire purent le suivre ; les dix mille autres furent tués ou faits prisonniers. Les pertes romaines furent négligeables.

Soucieux de conclure au plus vite la guerre avec le Séleucide, les Romains se résolurent à accorder un armistice aux Étoliens. En effet, les opérations maritimes pour le contrôle de l'Égée avaient débuté. Sur ce terrain aussi la situation tourna rapidement à l'avantage de la République : après un premier succès en 191 au promontoire de Korykos, les Romains unirent leurs forces à celles des Rhodiens (lesquels avaient jusqu'à présent gardé une neutralité ambiguë), ce qui leur conféra une très nette supériorité. La seconde victoire sur mer, obtenue à Myonnèsos, fut décisive : sans coup férir, les légions purent passer les détroits entre Sextos et Abydos. Elles étaient commandées par Lucius Cornelius Scipion ; son frère Publius l'assistait en qualité de légat, mais c'était lui le véritable chef de l'expédition.

Les Romains représentaient désormais pour Antiochos une menace qu'il ne pouvait pas négliger : ils bénéficiaient du soutien direct du royaume de Pergame ; ils pouvaient compter sur l'amitié d'Ilion (dont les habitants, considérés comme de la même race que les Romains, avaient été, selon Tite-Live, mis au rang des *adscripti*, c'est-à-dire sur la liste de leurs alliés au traité de Phoinikè) et des autres villes de Troade ; enfin, presque toutes les villes de la côte ionienne et éolienne les regardaient avec bienveillance. Le souverain séleucide voulut donc traiter, en déclarant qu'il était prêt à renoncer à ses possessions en Europe et à reconnaître l'indépendance des cités grecques du littoral égéen. Mais les Romains, en réponse, lui demandèrent de payer la totalité de leurs dépenses de guerre et d'abandonner l'Asie Mineure jusqu'au Taurus : cela coupa court aux négociations. Une autre tentative de contact avec Publius Scipion en personne n'eut pas plus de succès : comme Scipion se trouvait en convalescence à Élée, Antiochos, pour obtenir sa bienveillance, lui renvoya, sans exiger de rançon, son fils qu'il avait fait prisonnier. Les meilleurs hommes d'État romains, et l'Africain en faisait partie, étaient alors pleinement conscients de la puissance romaine. La réponse qu'il fit à cette occasion est remarquable de ce point de vue :

Il serra son fils dans ses bras et, quand il eut rassasié son affection, il déclara : « Retournez dire au roi que je le remercie, que je ne puis, pour l'instant, lui témoigner ma reconnaissance qu'en le persuadant d'éviter la bataille avant d'avoir appris mon retour au camp. » (Tite-Live, 37, 37, 8.)

Le conseil était sans doute donné de bonne foi au souverain syrien pour lui garantir une sécurité physique qui autrement eût été compromise, mais il met aussi en évidence la certitude absolue d'une victoire romaine imminente. Cette assurance empêchait l'Africain de vouloir atténuer si peu que ce fût les conditions de la reddition. Leur dureté contraignit Antiochos à tenter la fortune des armes. De Pergame où ils avaient accompli leur jonction avec les forces d'Eumène, les Romains suivirent le cours du Phrygios (l'actuel Kum) et ils rencontrèrent Antiochos, lequel, à partir de Sardes, avait suivi la vallée de l'Hermos (l'actuel Gedis) au nord-est de Magnésie en un endroit appelé « plaine de Cyrus » (Curupedion). La bataille fut livrée au confluent des deux fleuves ; parmi les plus complexes de l'Antiquité, elle se conclut, comme l'avait prévu Scipion, par une éclatante victoire romaine.

La défaite était irréparable : le roi lui-même ne pouvait pas ne pas s'en rendre compte. Le traité définitif fut ratifié en 188 devant le consul de l'année 189, Cneius Manlius Vulso, qui remplaçait Scipion à la tête des opérations. Les conditions étaient plus dures que dans l'accord préliminaire. À l'injonction d'abandonner l'Asie jusqu'au Taurus, à l'obligation de payer quinze mille talents sur dix ans, à la demande de livrer Hannibal et les autres réfugiés carthaginois, les Romains ajoutèrent d'autres clauses : ils lui imposèrent de leur remettre toute sa flotte (sauf dix navires) et ses éléphants de guerre, et ils interdirent à ses navires de guerre de naviguer au-delà du promontoire de Sarpedon et de menacer les habitants de l'Europe et des îles. C'était priver la monarchie séleucide de tout débouché en mer Égée, et, pire encore, l'humilier irréparablement, ce qui serait gros de dangereuses conséquences pour l'avenir. Le remaniement politique de l'Asie, où Pergame était pratiquement la seule à bénéficier d'accroissements territoriaux (les Rhodiens n'eurent que la Carie et la Lycie au-delà du Telmessos), eut lui aussi des effets imprévisibles : en pénalisant lourdement la conduite ambiguë des Rhodiens, Rome finit par s'aliéner tout à fait leurs sympathies pour longtemps. Dans les rangs des *socii* et des *amici*, le Sénat accueillait, après Prusias de Bithynie (en 190), Ariarathe IV de Cappadoce.

À ces événements se rattachent deux faits qui confirment l'un et l'autre le tournant accompli par la politique extérieure romaine. Manlius Vulso agressa les Galates, population d'origine celte installée entre les cours moyens du Sangarios et de l'Halys, sans qu'il y ait eu, semble-t-il, provocation de leur part. Dans le même temps, Marcus Fuluius Nobilior s'attaquait aux Étoliens, à l'issue de la trêve de six mois qui leur avait été concédée. Dans cette affaire, l'intervention des Athéniens, des Rhodiens et du roi Aminandre d'Atamanie poussa le consul à accorder une paix à la ligue en 189, mais celle-ci dut payer une indemnité, renoncer aux villes prises par Acilius Glabrio et Lucius Scipion, et accepter de reconnaître, enfin, la *maiestas* du peuple romain, ce qui revenait à abdiquer toute forme de politique autonome. Quant à la campagne contre les Galates, qu'elle ait été dictée par le désir de gloire militaire et la volonté de pillage (selon ses détracteurs, Vulso agit entièrement de son propre chef) ou inspirée par la nécessité de décourager un peuple adonné au brigandage et à la rapine (Vulso semble en effet avoir joui d'une grande popularité auprès des Grecs pour son expédition « antibarbare »), elle correspondait à la naissance, au Sénat, d'une faction extrémiste, ennemie de la politique modérée préconisée par des hommes tels que les Scipions.

Cette attitude nouvelle impliquait que Rome ne tolérât plus la moindre voix discordante, et il est certain qu'elle veilla à étouffer celle de son plus illustre opposant. Rejoint en Bithynie, où il avait trouvé son dernier refuge, par une mission diplomatique conduite par Flamininus, et trahi par son hôte le roi Prusias, Hannibal se donna la mort en s'empoisonnant, afin de ne pas être livré aux Romains. Nous étions en 183.

> « Libérons, dit-il, le peuple romain d'une longue inquiétude, puisqu'ils trouvent encore trop long d'attendre la mort d'un vieillard. C'est une victoire modeste et peu glorieuse que Flamininus remportera sur un homme désarmé et trahi. À quel point les mœurs du peuple romain ont assurément changé, ce jour suffira à le démontrer. Leurs ancêtres avertirent le roi Pyrrhus, ennemi en armes qui campait avec ses troupes en Italie, de prendre garde au poison. Les Romains d'aujourd'hui ont envoyé comme ambassadeur un consulaire pour inciter Prusias à tuer un hôte par traîtrise. » (Tite-Live, 39, 51, 8-10.)

Il était vrai que beaucoup de choses étaient en train de changer à Rome, mais Hannibal n'ignorait certainement pas qu'il en était la cause première. La nouvelle attitude des Romains, affranchie de scrupules moraux, ne l'inquiétait sans doute pas tant pour lui-même que parce que le sort du monde hellénistique dans son ensemble était en jeu. On était en train d'assister exactement à ce que le Carthaginois avait prévu probablement dès Zama, et qu'il avait ensuite essayé d'éviter par tous les moyens lors de ses longues pérégrinations en Asie : les victoires romaines dans les conflits avec la Macédoine et la Syrie avaient contribué à faire naître au Sénat la conviction que Rome pourrait s'ériger en empire méditerranéen, idée qui a dû venir se greffer, peu après la guerre antiochique, sur la théorie apocalyptique orientale des quatre empires universels. Plus rien, désormais, ne semblait capable d'arrêter cette hégémonie mondiale.

Autres temps...

Entre-temps, Scipion aussi avait disparu, après la faillite de son pouvoir personnel. La chute de l'Africain et l'échec de ses projets avaient été causés principalement par l'une des attitudes qu'il avait eues. Tandis que Rome assujettissait l'Orient entier par ses armes et sa diplomatie, la civilisation grecque, déjà présente depuis longtemps dans tout l'ouest du bassin méditerranéen, était en train de s'imposer à son tour de plus en plus nettement en Italie même, au point de donner naissance à un métissage entre éléments grecs et romains qui allait caractériser, bien au-delà de la fin de l'Antiquité, l'histoire et la culture de l'Europe entière. À l'instar d'Hannibal et de sa famille à Carthage, Publius Scipion, à Rome, se rangea du côté des amateurs les plus fervents de l'hellénisme.

Depuis Alexandre, le monde gréco-romain assistait périodiquement à l'apparition de hautes figures, rois ou généraux, qui ambitionnaient de s'élever au-dessus du commun des hommes. Bien que la situation à Rome ne fût pas encore mûre, et bien que l'Africain, en bon *ciuis Romanus*, respectât trop les institutions pour que l'idée d'un pouvoir personnel comparable au leur l'effleurât seulement, Scipion avait toujours eu le sentiment, et il n'hésitait pas à le dire, que tous les hommes ne se valaient pas, même au sein de l'aristocratie. Et c'est justement le modèle des chefs de guerre hellénistiques qui avait fait naître en lui, eu égard à sa valeur et aux immenses mérites qu'il s'était acquis, le souhait de devenir la figure de proue susceptible d'orienter les choix de la République.

Après la conclusion victorieuse de la guerre contre Hannibal, Scipion était devenu le personnage le plus important du paysage politique romain. Acclamé du nom d'*imperator* par ses troupes et honoré, l'un des premiers de l'histoire de Rome, d'un *cognomen ex uirtute*, son surnom d'Africain, il avait aussi été gratifié du titre prestigieux de *princeps senatus*. Non content de ces honneurs, il en était arrivé à pouvoir influer sur le processus électoral, en portant au consulat, au cours des dix années qui suivirent Zama, non seulement sept membres de sa *gens*, mais encore des *homines noui* (c'est-à-dire sans antécédents politiques) comme Manius Acilius Glabrio. Il était même parvenu, chose inconcevable pour les autres membres de l'aristocratie, à mettre au nombre de ses clients d'anciens consuls comme Caius Laelius et Sextus Digitius. En outre, de nombreux peuples ibères le regardaient comme un roi ou un demi-dieu. Bien plus, il avait eu soin d'entourer sa personne d'une aura surhumaine et, comme nous l'avons dit, Quintus Ennius semble avoir entrepris pour lui un véritable processus de divinisation. Son personnage, présenté par une tendance historiographique postérieure comme le symbole et la préfiguration d'Auguste, contenait déjà en germe le césarisme le plus dangereux. C'est ce que semble avoir bien compris Sénèque. Il juge Scipion

> plus admirable [...] quand il quitta la patrie que lorsqu'il la défendit. Ou Scipion devait être perdu pour Rome, ou Rome devait perdre ses libertés. [...] Comment n'admirerais-je pas une pareille grandeur d'âme ? Il s'exile volontairement, il soulage la cité de sa présence. Les choses en étaient venues à ce point, que la liberté devait attenter contre Scipion ou Scipion attenter à la liberté. Attentat sacrilège des deux parts ! Il s'effaça donc devant les lois et choisit pour retraite Literne... (Sénèque, *Lettres à Lucilius*, XI, 86, 1 et 3.)

Tout régime oligarchique suppose la même dignité chez les membres de la classe dirigeante et ne peut supporter en son sein la présence de figures dominantes. L'aristocratie romaine, après avoir pris collectivement les rênes de l'État, souffrait sans nul doute de la tutelle écrasante que lui imposait l'Africain, lequel était l'inspirateur de la plupart des décisions politiques, notamment en matière extérieure. Mais la position de Publius Scipion resta longtemps inattaquable en vertu de son prestige aux yeux de tous et de son charisme exceptionnel, et aussi pour des raisons plus puissantes encore, à savoir la dette de reconnaissance que l'ensemble des citoyens avait à son égard, et le devoir de correction les uns envers les autres qui conditionnait le comportement des membres de l'aristocratie.

Néanmoins, les oligarques ne furent arrêtés ni par les scrupules moraux ni par la solidarité de classe. Du moins cherchèrent-ils à l'extérieur un *homo nouus* chargé, avec leur soutien occulte, de la tâche odieuse de détruire politiquement l'Africain. C'est sans doute à ce moment précis et dans ces conditions que commença la fortune politique de Marcus Porcius Caton. Au-delà de l'inimitié instinctive, bien réelle, entre le grand patricien et le cultivateur de Sabine, Caton dut se sentir opposé à Scipion par des motifs beaucoup plus concrets : son instinct le portant à devenir le fer de lance de la classe dirigeante qui l'avait appelé dans ses rangs, il devina la menace que Scipion représentait pour les institutions aristocratiques et il s'employa à la conjurer. Ce qui comptait, à ses yeux, c'était la volonté de l'assemblée qui dirigeait l'État et dont lui aussi faisait partie à présent. Contre l'ambition des particuliers au nom de leurs mérites ou de leurs qualités personnelles, Caton faisait valoir la traditionnelle supériorité des institutions, et proclamait l'égalité au moins théorique entre les magistrats, leur caractère absolument interchangeable dans les postes de gouvernement. Les *Origines*, l'ouvrage historique où la pensée de Caton est le mieux résumée, s'inspirent du même principe ; par conséquent, les noms des protagonistes romains y sont systématiquement passés sous silence : l'auteur ne mentionne que leur charge, que l'œuvre qu'ils ont entreprise pour le bien de la *res publica*, pour l'avantage de la collectivité.

Après avoir fait le vide autour de l'Africain en frappant ses principaux collaborateurs, ses adversaires, guidés secrètement par Caton, saisirent enfin l'occasion d'une attaque directe et définitive. L'accusation de malversation contre les responsables de la campagne d'Asie, appelés à répondre des cinq cents talents reçus du roi Antiochos en paiement anticipé de l'indemnité de guerre, ouvrit ce que l'on a appelé les « procès des Scipions », mais ce n'était là qu'un prétexte : la véritable cible n'en était pas Lucius, chef officiel de l'expédition de Syrie, mais son frère Publius. Dans le compte rendu de Tite-Live, les tribuns qui firent office d'accusateurs passèrent délibérément sous silence le personnage de Lucius et le problème de la somme versée pour s'en prendre à la personne même de l'Africain, violemment attaqué : ils l'accusèrent sans ambages d'aspirer au pouvoir personnel, en lui objectant que

> son fils prisonnier lui avait été rendu sans rançon et [qu']en toutes choses Antiochus avait entouré Scipion de prévenances, comme si la paix et la guerre avec Rome reposaient dans sa seule main : il avait été un dictateur, non un lieutenant, à l'égard du

> consul dans sa province ; en s'y rendant, il n'avait pas eu d'autre but que de rendre évident pour la Grèce, l'Asie, les nations et les rois d'Orient ce que savaient déjà depuis longtemps l'Hispanie, la Gaule, la Sicile et l'Afrique : qu'un seul homme était le sommet et le faîte de l'empire romain, que la nation qui dominait le monde entier s'abritait sous l'ombre de Scipion, qu'un signe de sa tête remplaçait les décrets du Sénat et les ordres du peuple. (38, 51, 2-4.)

Atteint par le scandale et fini politiquement, Scipion passa à Literne à partir de 183, dans un exil volontaire, le peu de temps qui lui restait à vivre.

L'apparition du culte de la personnalité, qui avait pris, chez l'Africain surtout, un tour arrogant et dangereux, n'était au fond que l'un des aspects de la culture grecque qui se propageait de plus en plus à Rome et en Italie ; c'est pourquoi Caton, qui la connaissait parfaitement, se fit l'un de ses adversaires les plus acharnés. Né au départ de la nécessité de combattre une situation politique dangereuse pour la stabilité des institutions, l'anti-hellénisme devint chez lui un véritable choix de vie. Un célèbre passage de Pline l'Ancien nous montre sa répugnance, poussée jusqu'à l'exagération, pour tout ce qui était grec :

> S'il est bon de jeter un œil sur leur littérature, il ne faut pas l'étudier à fond. Je prouverai que c'est une race perverse et indocile, et sache bien [il s'adresse à son fils] qu'un oracle te parle lorsque je dis : le jour où cette nation apportera ses sciences, elle corrompra tout, et ce sera bien pis si elle envoie ses médecins. Ils se sont juré d'exterminer tous les barbares par la médecine et cela même, ils le font moyennant salaire, afin de capter la confiance et de tuer plus à leur aise. Nous aussi, ils ont coutume de nous appeler barbares et nous flétrissent plus honteusement que les autres en nous donnant le nom d'Opiques [Osques]. (*Histoire naturelle*, 29, 14.)

Caton joua donc très vite le rôle de chef et d'animateur du courant de pensée refusant la culture grecque non en elle-même, mais comme principe de corruption morale et de subversion souterraine à l'intérieur et, outre-mer, comme l'aliment d'une hostilité politique de plus en plus marquée et de moins en moins tolérable pour Rome.

C'est probablement dans ce secteur de l'opinion publique romaine que naquit la violente opposition qui amena en 186 le célèbre *senatus consultum de Bacchanalibus*, la résolution du Sénat contre les cultes bachiques. Ce ne furent pas seulement les conservateurs, mais aussi la majorité de l'oligarchie qui s'opposa à la diffusion, dans le sud de l'Italie, d'une dévotion à Dionysos dont les adeptes se regroupaient pour former, selon elle, une sorte de contre-pouvoir et qui mettait en avant un dangereux message de subversion sociale. L'aristocratie romaine s'occupa par conséquent d'éliminer le phénomène avec une extrême dureté.

Quoi qu'il en soit, après avoir emporté sur l'Africain la première – et la plus difficile – de ses batailles politiques, Caton procéda, surtout pendant sa censure (en 184), à d'autres épurations et à des réformes plus vastes, probablement avec le consentement tacite de la majorité des sénateurs. Son objectif était de réprimer une fois pour toutes les ambitions de tous les membres de la classe dirigeante qui souhaitaient s'imposer sur la base de leur prestige personnel ou gentilice, de leur compétence diplomatique ou de leurs talents militaires, les ambitions de tous ceux qui entendaient mettre à profit le poids, totalement nouveau, de clientèles considérables s'étendant parfois jusqu'à l'étranger, ou qui se targuaient publiquement de leurs fortunes familiales à présent accrues.

Flamininus aussi fut soupçonné de dangereuses ambitions personnelles, parce qu'il était le dernier personnage à avoir bénéficié d'une dérogation aux normes constitutionnelles (ayant obtenu en 198 le consulat directement après la questure), le dernier magistrat à avoir vu proroger son commandement en Grèce, et parce qu'il avait reçu, comme l'Africain, des honneurs particuliers, incompatibles avec la pratique romaine (certaines villes grecques lui avaient rendu de son vivant même un véritable culte). Peu à peu mis à l'écart de la scène politique, il suivit Scipion dans sa chute, bien qu'il se fût affranchi depuis longtemps de sa protection.

À partir de ce moment, il ne fut plus admis de proroger les magistratures, et les exceptions qui avaient permis à certains particuliers d'obtenir l'*imperium* furent encore plus rigoureusement interdites ; même le renouvellement du consulat devint difficile, et fut pour finir interdit par la loi (peut-être en 151). La *lex annalis*, que le tribun Villius fit approuver en 180, fixait l'âge minimum d'accès dans les charges et la durée requise entre chacune d'elles (deux ans) ; aux chefs d'armée étaient associés des *legati*, des conseillers officiellement chargés de coopérer avec eux, mais souvent destinés en fait à contrôler leur action surtout lors des négociations de paix où ils incarnaient l'institution.

La diplomatie outre-mer, au début du IIe siècle, était encore réservée à un nombre restreint de représentants du Sénat. Elle leur permettait de créer et de développer des liens personnels d'*amicitia* et de *clientela*, notamment avec des notables, voire des monarques hellénistiques. Aussi était-elle la base, le pivot de toute initiative future, et permettait-elle d'acquérir une expérience politique unique et irremplaçable. La compétence reconnue à ces « spécialistes » les avait d'abord conduits à se voir confier en exclusivité le contrôle des zones de plus grande importance stratégique, ce qui les mettait naturellement dans une position privilégiée par rapport à leurs collègues. Pour mettre fin à une situation qui risquait de faire émerger à brève échéance des figures de premier plan, ce qu'il fallait éviter à tout prix, le Sénat, sans doute à partir de la paix d'Apamée, se mit à attribuer les commandements et aussi les ambassades (qui comportaient d'ailleurs des pouvoirs de plus en plus vastes pouvant aller jusqu'à la coercition) selon un principe de roulement rigoureux, en remplaçant fréquemment les hommes qui les composaient, en rendant ces charges collégiales où tout autoritarisme était exclu et en associant des débutants aux membres les plus experts. Ainsi l'oligarchie réaffirmait-elle la nécessité de l'exercice collectif du pouvoir.

On voulut régler jusqu'à l'usage des patrimoines privés, et notamment réduire autant que possible l'étalage que certains faisaient de leur richesse, acte jugé inconvenant et contraire à la solidarité de classe, laquelle devait se traduire y compris dans l'apparence des individus. La richesse des provinces, qui parvenait à la *res publica* sous la forme des butins de guerre, des indemnités et des tributs, affluait aussi en grande partie dans les mains des particuliers qui réussirent à amasser des capitaux énormes, soit de manière légale par le biais du remboursement généreux des frais effectués pendant leur charge, soit illégalement, à travers les innombrables formes, ô combien plus lucratives, de détournement des deniers publics, péculat, concussion et escroquerie déguisée (telles les adjudications concédées à des prête-noms ou à ses amis et protégés à des conditions préférentielles). Pour limiter les possibilités d'enrichissement illégal, on se mit donc à promulguer des lois contre la corruption et les vexations aux dépens des administrés. On essaya notamment de réduire quelque peu le pouvoir des magistrats exerçant outre-mer sans toutefois entamer leur *imperium* : à partir de 182, on s'efforça de discipliner la perception des tributs pesant sur les alliés, et d'indemniser le cas échéant tous ceux qui auraient été victimes d'abus. Finalement, en 149, la *lex Calpurnia* instaura la première *quaestio*, cour ou commission permanente composée de sénateurs, et chargée de s'occuper *de repetundis*, c'est-à-dire de la concussion pratiquée dans les provinces.

La réforme radicale accomplie sans bruit par la classe dirigeante sur elle-même en la personne de ses membres les plus actifs, les plus adroits et les plus ambitieux, après avoir été d'abord confiée à Caton puis poursuivie de façon autonome, pouvait à présent être considérée comme achevée. Après que Publius Scipion eut quitté la scène et que l'on eut procédé, beaucoup plus facilement que pour ce dernier, à la mise à l'écart de Flamininus, toute possibilité d'affirmer la moindre prééminence personnelle disparut au Sénat, soit que le système de défense mis en place par l'oligarchie se fût révélé efficace, soit parce qu'aucun autre personnage de la dimension de l'Africain – loin s'en faut – n'avait fait son apparition.

...autres mœurs

Il y avait néanmoins un autre péril que nul n'était en mesure de conjurer. Dans les fragments qui nous restent du *pro Rhodiensibus*, discours prononcé par Caton pour la défense des Rhodiens en 167 après la victoire sur la Macédoine, on perçoit clairement que l'auteur est conscient de la nouvelle logique impérialiste qui gouverne à présent la politique romaine ; il refuse cette logique, en lui opposant une conception appuyée sur de solides bases morales, comme le vieux principe du *ius gentium* (droit des gens), le respect de la *fides* et des devoirs qui en découlent ; la notion de *bellum iustum*, de guerre juste, se trouve alors réaffirmée, interdisant toute conquête qui ne soit pas dûment motivée. C'est seulement en respectant ses anciennes coutumes, en effet, que Rome pourrait selon lui conserver intacte la primauté, avant tout morale, que ses vertus lui avaient permis d'acquérir.

Au fond, le point de vue de Caton était peut-être plus clairvoyant que celui de ses opposants, mais il n'était pas destiné à triompher. Dans ce nouveau combat, le soutien de l'aristocratie lui fit tout de suite défaut, car, libérée de la tutelle de Scipion, celle-ci entendait reprendre et développer les grandes orientations politiques de ce dernier. Dans le même temps, la vieille société paysanne traditionnelle connaissait une crise profonde et irréversible : bouleversée par la guerre contre Hannibal, elle faisait paraître dépassés les modèles chers à Caton. Fascinée par le mirage de l'Orient, promesse de victoires faciles et d'immenses butins, et attirée par les séductions de sa civilisation sans égale, l'aristocratie se tournait inexorablement vers une politique d'hégémonie. Le Censeur chercha en vain à s'y opposer par son rugueux anti-hellénisme, sa xénophobie que les peurs collectives soutenaient de moins en moins, son rêve d'une autarcie culturelle fondée sur des valeurs auxquelles n'adhérait plus grand monde, son souhait d'isolationnisme politique, enfin, impensable pour un État comme celui qu'était devenue la République romaine. Jusqu'au jour où Caton lui-même, cherchant peut-être de nouvelles perspectives politiques, se rapprocha des positions les plus extrêmes de l'impérialisme triomphant : ses dernières années sont en effet entachées du crime d'avoir soutenu la destruction de Carthage.

Le processus mis en marche par Scipion ne pouvait donc plus être arrêté. Ce n'est pas tout. Le déclin de l'Africain ne fit qu'aggraver la situation, car la réalisation de son programme politique fut confiée à des hommes peut-être moins désintéressés, et assurément beaucoup moins habiles et compétents que lui ; en sorte que cette politique fut inévitablement pervertie. D'après Polybe, en l'espace de cinquante-quatre ans à peine (entre 221 et 168) Rome parvint à se rendre maîtresse de l'*oikouménè*, de l'ensemble de la terre habitée (connue) :

> Se pourrait-il qu'on soit assez borné, assez indifférent pour refuser de s'intéresser à la question de savoir comment et grâce à quel gouvernement l'État romain a pu, chose sans précédent, étendre sa domination à presque toute la terre habitée et cela en moins de cinquante-trois ans ? On peut sans doute éprouver une curiosité pour d'autres spectacles et d'autres genres d'étude, mais trouvera-t-on rien qui soit plus profitable que la connaissance de cette période ? (Polybe, I, *Préface*, 1, 5-6, traduction de Denis Roussel.)

En réalité, le processus fut même beaucoup plus rapide. En effet, dès l'automne 190, après la victoire de Magnésie, il n'y avait plus en Méditerranée de puissance capable de résister à la République : l'Égypte des Ptolémées avait perdu son rôle en 198, et seulement dix années après, comme l'a bien compris un historien du début de l'Empire, Aemilius Sura, la défaite sans remède des deux plus importantes puissances hellénistiques avait donné à Rome l'hégémonie dans le bassin méditerranéen :

> Les Assyriens s'emparèrent les premiers du pouvoir universel, puis ce furent les Mèdes, ensuite les Perses, enfin les Macédoniens ; après cela deux rois, Philippe et

> Antiochus, originaires de Macédoine, ayant été écrasés peu après la soumission de Carthage, la suprématie passa aux mains du peuple romain. (Cité par Velleius Paterculus, I, 6.)

C'est alors, après la victoire sur Antiochos, que commença à se manifester, dans les classes dirigeantes de la République, l'impulsion première d'une politique de conquête ou tout au moins de domination. Et déjà, la nouvelle vocation hégémonique de Rome s'enracinait dans une théorie apocalyptique que nous connaissons, deux siècles à peu près avant Sura, principalement sous la forme de la prophétie biblique du Livre de Daniel : en vertu de cette théorie, les Romains acceptaient comme une loi de l'histoire l'idée de *translatio imperii*, du passage nécessaire de main en main d'une domination sur le monde qui leur revenait maintenant. Dans la succession des empires universels, le dernier et le plus grand serait précisément celui de Rome, succédant à la puissance macédonienne grâce aux victoires sur Philippe et Antiochos. Paradoxalement, c'est donc au moment où les derniers obstacles à son hégémonie méditerranéenne étaient levés qu'un véritable état d'esprit impérialiste apparaissait à Rome. Au lendemain de la paix d'Apamée, la République prit pour la première fois pleinement conscience de son pouvoir et de sa force, ce qu'elle n'avait pas encore fait après Zama ; et qui se renforça de la croyance en un destin inéluctable car voulu par les dieux. Il en résulta nécessairement un mépris pour la faiblesse des hommes et une tendance de plus en plus marquée à étouffer les droits d'autrui. C'est donc à cette date – et non pas après Zama comme on l'a parfois pensé – que la République commença à se rendre compte de la situation, et qu'elle ne voulut plus concéder à ses interlocuteurs au moins hellénistiques de véritable autonomie politique.

Per

C'est ce changement d'attitude qui fut cause du dernier conflit avec la Macédoine. Après la victoire de Magnésie, et s'autorisant du récent traité avec la Syrie, Rome avait resserré son contrôle sur la Grèce, sur l'Égée et sur l'Asie Mineure. Il est bien vrai que Rome n'avait pas pour l'instant entrepris de conquête territoriale dans les Balkans et que les légions, en 188, avaient évacué la Grèce pour la deuxième fois (elles devaient en rester éloignées pour plus de quinze ans) ; il n'en reste pas moins que la politique de parrainage voulue par l'Africain avait évolué, avec le déclin de son instigateur, vers une sorte de tutelle plus rigide, une surveillance asphyxiante et obstinée, que Rome exerçait par tous les moyens et sans être arrêtée désormais par le moindre scrupule. Continuellement sollicité, le Sénat s'impliqua dans un nombre croissant de querelles locales qu'il n'était pas préparé à résoudre, devenant ainsi une espèce de tribunal international, et faisant du légionnaire, ce qui est plus grave, le « gendarme de la Méditerranée ».

En Grèce, les Étoliens semblaient enfin soumis ; les Romains décidèrent de leur confier le soin de contenir les pressions venues du nord. L'ambition de dominer sur le Péloponnèse avait suscité contre les Achéens l'hostilité constante de Sparte, de l'Élide et de la Messénie, causé la mort de leur plus grand homme d'État, Philopoimèn, tué par les Messéniens en 182, et entraîné un net tournant dans leur politique. Avec la disparition de Philopoimèn, la ligue abandonna son attitude de détachement prudent vis-à-vis de la République, et le proromain Callicratès fut appelé à la diriger. Mais elle connut dès lors une suite continue de luttes intestines. Pour le reste, les choses avaient l'air de suivre leur cours habituel, entre l'hostilité mal déguisée des Béotiens et l'amitié des Thessaliens et des Athéniens. Mais ce n'était là qu'une façade, car les Romains devenaient de moins en moins populaires dans le monde grec.

La question la plus brûlante fut encore une fois celle de Macédoine. Philippe, invité à évacuer ses garnisons d'Aenos, de Maronée et des autres villes qu'il avait prises à Antiochos et qu'il occupait abusivement en Thrace, avait d'abord cherché à temporiser, puis il fit entrer ses troupes dans Maronée qu'il purgea de tous ses opposants. Dénoncé au Sénat par ceux qui avaient fui la ville, le souverain antigonide avait dû céder et se retirer, et s'il avait pu échapper de justesse aux représailles romaines, c'est uniquement parce que son gouverneur Cassandre, qui devait comparaître à Rome en tant qu'exécutant du massacre, était mort en route, peut-être d'empoisonnement (on était en 184).

L'événement marqua naturellement la fin de la brève collaboration entre les deux puissances. Le Sénat, qui répugnait encore à recourir ouvertement à la force, essaya d'abord d'intriguer pour faire plier la monarchie antigonide. Le plus jeune fils de Philippe, Démétrios, s'était déjà laissé influencer lorsqu'il était otage (il était resté en Italie entre 197 et 191). De plus, il espérait être soutenu dans la course au trône de Macédoine, auquel il aspirait ouvertement. Il fut circonvenu par quelques sénateurs (en particulier, semble-t-il, par Titus Flamininus), qui le persuadèrent habilement de leur sympathie à son égard, et commença à ourdir des intrigues contre son frère aîné Persée. Les accusations rapportées par Tite-Live qui désignent Démétrios comme un agent au service de Rome sont révélatrices, bien qu'elles soient de la bouche de Persée lui-même :

> « Nous avons en notre sein, je n'irai pas jusqu'à dire un traître, mais pour le moins un espion dont les Romains, depuis qu'il a été otage à Rome, nous ont rendu le corps, mais dont ils gardent l'âme. Les yeux de presque tous les Macédoniens sont tournés vers lui et ils pensent qu'ils n'auront pas d'autre roi que celui que les Romains leur auront donné. [...] Et par Hercule, non seulement ils le mettent avant moi, son frère aîné, mais peu s'en faut qu'ils ne le mettent aussi avant toi, son roi et son père. [...] Dans quel but, à ton avis, Titus Quinctius t'a-t-il récemment envoyé cette lettre, où il commence par dire que tu as sagement agi pour tes intérêts en envoyant Démétrios à Rome et où il t'exhorte ensuite à l'y renvoyer, accompagné d'ambassadeurs et de notables macédoniens plus nombreux ? Titus Quinctius est désormais son mentor et son maître en toutes choses. Après avoir renié son père, c'est lui que Démétrios a mis à ta place. C'est à Rome qu'on mijote à l'avance tous les desseins secrets. Quand il t'enjoint d'envoyer avec Démétrios des Macédoniens plus nombreux, et qui plus est,

des notables, c'est qu'ils ont besoin d'aide pour leurs desseins. Ceux qui partent d'ici pour Rome, sains et purs et croyant avoir Philippe pour roi, en reviennent endoctrinés et contaminés par les séductions romaines. » (Tite-Live, 40, 5, 12-13 ; 10, 8-9 ; 11, 1-3.)

Peut-être était-ce la vérité ; car Démétrios ne fut pas le seul dans ce cas. Polybe lui-même, et beaucoup d'hommes du monde hellénistique qui furent comme lui otages en Italie, semblent avoir été soumis à un conditionnement psychologique profond et insidieux, susceptible de les transformer, au moins pour un temps, en sympathisants si ce n'est en partisans de la République. Quoi qu'il en soit, dans cette lutte souterraine entre les deux princes macédoniens, certains notables du royaume furent impliqués (ceux d'entre eux qui avaient pris le parti de Démétrios périront avec lui), mais aussi, chose plus grave, les riches centres côtiers de Chalcidique, dont les habitants furent déportés et remplacés par des barbares thraces. La dernière victime de la dure répression exercée par Philippe fut enfin, comme nous l'avons dit, Démétrios lui-même, exécuté sur ordre personnel du souverain. Sans doute les fautes imputées au prince étaient-elles réelles, mais les preuves qui amenèrent son père à le condamner étaient probablement fausses, notamment cette lettre signée de Flamininus et l'accusant implicitement de haute trahison, peut-être fabriquée à l'instigation de Persée. Lorsque Philippe le découvrit, il en mourut de remords, au moment même où il envisageait, à ce qu'il semble, de déshériter Persée en faveur d'un représentant de la branche cadette.

Dès qu'il fut monté sur le trône, le nouveau souverain, quoique beaucoup moins lié à la République que son frère, demanda la confirmation du traité conclu en 196, et le Sénat la lui accorda. Jugé responsable de la mort de Démétrios, Persée était, à Rome, l'objet d'une suspicion qui s'accrut lorsqu'il se mit à suivre résolument la ligne politique de son père. Déjà, l'accroissement du trésor, des forces armées et des arsenaux, bref le renforcement de toutes les structures du royaume antigonide constituait en soi un danger ; mais la vaste politique d'alliances ou de simples ententes inaugurée par le roi en Grèce et en Asie paraissait plus inquiétante encore. À peine avait-il pris le pouvoir que Persée tentait d'opérer un rapprochement avec le clergé de Delphes : on le vit même, en 174, se présenter au sanctuaire à la tête de son armée, sous le prétexte de participer aux Jeux pythiques. Surtout, il maria sa sœur avec le roi Prusias de Bithynie, et lui-même épousa Laodice, fille du roi syrien Séleucos IV. Enfin, entre 174 et 172, il noua une nouvelle alliance avec la Béotie et sa tentative de gagner la ligue achéenne n'échoua que de très peu ; mieux, dans toute la Grèce, il prit la défense des masses populaires contre les possédants, généralement proromains, et osa même intervenir militairement en Étolie et en Béotie.

Certains ont nié que Persée, ce faisant, ait eu l'intention de déclencher la guerre. Il semble au contraire évident que toute son activité la préparait en quelque sorte, et, de toute façon, elle ne pouvait conduire qu'à une crise des rapports avec Rome. De fait, le souverain antigonide ne pouvait ignorer que la

République ne tolérait plus, à l'intérieur du monde civilisé, qu'une puissance fût autonome et traitât avec elle d'égale à égale. Pour éveiller la méfiance du Sénat, il n'était même plus nécessaire de violer les traités, il suffisait simplement de donner la preuve d'une volonté politique indépendante, et Persée devait bien imaginer que le tissu de relations qu'il s'était créé – en particulier ses liens avec Séleucos, rapprochement de deux grandes monarchies hellénistiques qui n'était pas sans évoquer le spectre de l'accord jadis conclu contre l'Égypte – serait une menace capable d'alarmer sérieusement le Sénat.

Malgré cela, il était contraint de courir ce risque, dût-il précipiter la rupture. Même s'il ne voulait peut-être pas la guerre, il s'y était résigné parce qu'il la considérait comme inévitable : à moins d'accepter pour son pays un rôle totalement subalterne, il fallait nécessairement en venir à un conflit décisif avec la grande (et gênante) puissance italique. Par conséquent, autant y arriver le mieux préparé possible : c'est à cela justement que tendaient les tractations diplomatiques, qui risquaient aussi d'accélérer les événements. Cela suffit pour que les agissements de Persée aient passé pour un véritable défi lancé en toute conscience. En outre, le souverain, d'après les sources, aurait aggravé la situation par une série de vexations et de meurtres sur les partisans et les informateurs de Rome en Orient, peut-être dans le dessein de dissimuler son action et de retarder la réaction de la République.

Quant au Sénat, les motifs qui le poussaient à la guerre étaient peut-être différents. Certains ont évoqué à ce propos l'appât du gain et la soif de prestige qui animaient les deux consuls plébéiens de 172, Caius Popillius Laenas et Publius Aelius Ligus, et les *populares* qui les soutenaient. Mais la cause principale semble avoir été la crainte suscitée par le retour en force de la Macédoine et par l'*auctoritas*, le prestige nouveau que s'était acquis à l'intérieur du monde hellénistique le souverain antigonide, tout près, pour la première fois, d'entamer l'influence de Rome.

Lorsque, à son retour d'Italie où il s'était rendu personnellement pour mettre Persée en accusation, Eumène II fut victime, à Delphes, d'un attentat qui faillit lui coûter la vie et qui avait sûrement été préparé par le roi macédonien, le Sénat se résolut à prendre une décision qu'il mûrissait en réalité depuis longtemps, et il envoya une ambassade à Persée pour lui notifier le mécontentement de Rome. L'ultimatum porté par les légats était formulé dans des termes ambigus afin de mystifier le roi quant aux possibilités de sauver la paix. Il s'agissait d'éviter de le pousser à une action désespérée avant que la République ne fût prête à agir. Cette conduite, qui reniait des principes comme celui de la *fides* (généralement respectée jusqu'alors), ne manqua pas de scandaliser ceux des sénateurs qui croyaient encore au *mos maiorum.* Ils proclamèrent

> « qu'ils ne reconnaissaient pas dans cette ambassade des procédés dignes des Romains [...] qui ne relèvent pas des fourberies puniques ou de l'habileté des Grecs aux yeux desquels il y a plus de gloire à tromper l'ennemi qu'à le vaincre par les armes. Parfois,

sur le moment, la ruse est plus profitable que le courage, mais on ne triomphe vraiment et définitivement de la volonté de quelqu'un que lorsqu'il est forcé d'avouer que ce n'est ni grâce à des stratagèmes, ni grâce au hasard, mais après une bataille rangée et une guerre juste qu'il a été vaincu ». Telle était l'opinion des sénateurs les plus âgés auxquels déplaisait cette forme nouvelle et trop habile de sagesse ; l'emporta cependant cette partie du Sénat pour qui l'utile comptait plus que l'honnête... (Tite-Live, 42, 47, 4 ; 6-9.)

En ces temps nouveaux, la morale elle-même avait changé. Quoi qu'il en fût, les Romains faillirent gâcher le précieux avantage de départ que leur avait procuré cette conduite sans scrupules. Ayant commencé la guerre avec présomption et pour ainsi dire sans conviction, ils essuyèrent dès le début un grave revers : près de Kallinikos en Thessalie, la cavalerie et les troupes légères de Publius Licinius Crassus furent durement battues en 171 par les forces de Persée, et le consul, bien qu'il eût repoussé avec dédain les propositions de paix du Macédonien, fut ensuite incapable de reprendre l'initiative pour tout le reste de l'année. Au printemps suivant, la révolte qui éclata dans les régions intérieures de l'Épire coupa en partie les communications avec l'Adriatique. Le nouveau consul, Aulus Hostilius Mancinus, qui avait tenté de pénétrer en Macédoine à travers les monts Cambuniens, fut repoussé. Les dommages subis par l'armée étaient sans gravité, mais le souverain macédonien put d'abord acquérir le contrôle des passages entre la Thessalie et l'Épire, puis battre un légat romain en Illyrie en faisant de nombreux prisonniers. Ces piètres performances des légions (ou plutôt de ceux qui les commandaient) ne furent que partiellement compensées par les succès de la flotte, mais celle-ci opérait sans aucune coordination avec les forces terrestres.

Le Sénat jugea la situation préoccupante. En premier lieu, il était nécessaire, autant que possible, de resserrer les rapports avec les alliés. Quintus Marcius Philippus, homme d'expérience, fut reconduit au consulat pour l'année 169. Auparavant, on avait pris des mesures pour réparer les excès commis récemment à Abdère et à Chalcis, et un sénatus-consulte visant à prévenir tout nouvel abus de la part des magistrats romains en Orient avait été rapidement communiqué aux alliés de la République. Le nouveau consul réussit à tromper la vigilance de Persée et put entrer en Macédoine sans que le roi pût l'arrêter ni l'obliger à combattre. Ce fut le premier succès des Romains, capital sur le plan psychologique, car pour la première fois le théâtre des opérations était transporté de la Thessalie jusqu'au cœur de l'État ennemi.

Inquiet de la situation, le souverain antigonide multiplia les ouvertures diplomatiques en direction du monde grec, mais sans grands résultats, car il parvint seulement à déclencher la rébellion de Genthios. En revanche, Persée n'osa pas se tourner vers les Achéens. Ceux-ci toutefois, sous la houlette du futur historien Polybe, fils de Lycortas, gardèrent la neutralité. Quant à la Syrie et à l'Égypte, le roi leur demanda de servir de médiatrices pour une paix avec Rome, mais c'était malheureusement ce que l'on pouvait demander de plus à deux puissances encore en guerre l'une contre l'autre. Persée essaya encore de s'assurer l'appoint d'un important effectif de Bastarnes, peuple d'origine germanique installé depuis longtemps dans les Balkans, mais les négociations échouèrent, en raison des prétentions des barbares, que le roi jugea excessives, et à cause de la méfiance réciproque entre les deux parties.

Rome se préparait alors à l'offensive finale. La Macédoine fut confiée au nouveau consul, Lucius Aemilius Paullus (Paul-Émile), général expérimenté, fils du chef de guerre mort à Cannes, et l'Illyrie revint au préteur pérégrin Lucius Anicius. Une armée imposante fut mise sur pied : son effectif s'élevait à cent mille hommes, en y incluant les réserves italiques ; mais surtout, les officiers et les soldats avaient été sélectionnés avec un soin particulier. L'expédition contre Genthios fut extrêmement rapide, un mois à peine : battu sur terre et sur mer, il ouvrit les portes de sa capitale, Scodra, avant que les Romains ne l'eussent prise. Ayant appris la défaite des Macédoniens qui était intervenue entre-temps, le préteur, de là, se rendit en Épire, qui ne lui opposa aucune résistance.

La tâche de Paul-Émile était plus difficile. Il sut toutefois contourner les lignes de défense macédoniennes sur le mont Olympe, et peu après, le 22 juin 168, il réussit à acculer l'ennemi à la bataille. Bien que l'excellente cavalerie qui lui avait permis de l'emporter à Kallinikos fût cette fois-ci mise en échec par les éléphants de l'adversaire, c'est Persée qui eut l'initiative du combat. Il commença en début d'après-midi par une échauffourée entre Thraces et Ligures ; des forces macédoniennes de plus en plus importantes s'y engagèrent, et la mêlée fut bientôt générale. Le roi envoyait des troupes dans la bataille au fur et à mesure que les précédentes se déployaient. Cette trop grande précipitation fut fatale à Persée : alors que ses hommes n'avaient pas fini de se mettre en place, l'aile gauche macédonienne, du fait de la tendance naturelle des soldats de la phalange à aller au contact avec l'ennemi, se mit à converger vers l'aile droite romaine, laissant un grand vide entre elle et la phalange des calcaspides (armés de bouclier d'airain). Or les rangs de cette dernière s'étaient en partie désorganisés lors de la traversée du torrent du Leukos, et elle n'était plus couverte sur son flanc droit par les leucaspides, lesquels avaient quitté la plaine en dernier et se trouvaient encore loin du champ de bataille. Pendant que la première légion attaquait les calcaspides et que la seconde légion se bornait à contenir les leucaspides (armés de bouclier blanc) qui commençaient à arriver ainsi que le reste des troupes macédoniennes (cavaliers et auxiliaires qui n'avaient même pas fini de se mettre en formation), Paul-Émile contourna les forces qui étaient aux prises et emmena l'infanterie alliée, la cavalerie et les éléphants sur sa droite, autrement dit contre l'aile gauche de Persée. Ces troupes, découvertes sur l'un de leurs flancs, donc vulnérables, et exposées à la charge des éléphants auxquels elles n'étaient pas habituées, se débandèrent ; ce fut bientôt le tour des calcaspides et des leucaspides qui, ayant perdu leur cohésion et pris de flanc par les manipules, restaient sans défense avec leurs sarisses inutiles contre les épées et l'équipement défensif supérieur des légionnaires. Au bout d'une heure à peine, on pouvait dire que la bataille était terminée : après que la garde personnelle du roi eut été fauchée jusqu'à son dernier homme, une grande part de l'aile gauche macédonienne fut poursuivie et taillée en pièces par un ennemi plus agile alors qu'elle fuyait inutilement vers la mer. En revanche, l'aile droite, inemployée, en réchappa ; le roi s'enfuit avec elle, taxé de couardise par certains, probablement à tort.

C'est alors que le destin de la Macédoine fut décidé. Le consul, assisté de légats et de sénateurs envoyés pour cela, la désarma et la divisa en quatre districts autonomes (*merides*). Ceux-ci conservèrent le droit de battre monnaie et eurent une administration propre, mais l'intermariage était interdit ainsi que la vente de maisons et de terrains d'un district à l'autre. Les quatre républiques n'avaient pas le droit de faire le commerce du bois de construction dont le pays était riche, et elles ne pouvaient même pas exploiter leurs mines (que Rome s'octroya avec les possessions du roi). Ce fut aussi la première fois qu'un tribut fut imposé à un pays vaincu : il s'élevait à cent talents annuels, somme relativement modeste (la moitié seulement de ce que les Macédoniens avaient versé au trésor), mais n'en était pas moins très dommageable, dans la mesure où cet argent allait sortir du pays. Quant à Persée, il fut relégué à Alba Fucens où il mourut deux ans après de mort naturelle. L'Illyrie subit un sort analogue : après avoir conféré l'immunité à tous ceux qui s'étaient rangés du côté de Rome, Anicius (assisté lui aussi par des légats, au nombre de cinq) divisa le pays en trois districts qu'il soumit à un tribut. Sans être exagérées, ces mesures avaient le tort de dépecer des royaumes autrefois puissants, et elles introduisaient dans la région des facteurs d'instabilité qui devaient avoir de très graves conséquences.

Si les Romains, aux dires de Polybe, se montrèrent très modérés vis-à-vis de la Macédoine, on ne peut certainement pas dire la même chose de l'Épire, dont les régions intérieures – essentiellement le pays des Molosses et les cantons mineurs – furent mises à sac par les légions de Paul-Émile : soixante-dix centres urbains furent dévastés et leurs murailles abattues ; en outre, cent cinquante milles Épirotes, hommes, femmes et enfants, furent vendus comme esclaves.

Pour la première fois, les alliés de la République aussi, pour peu qu'ils se fussent montrés tièdes ou indécis à choisir leur camp, purent faire l'expérience d'une sévérité inédite. Mille citoyens achéens parmi les plus influents (dont Polybe, le futur historien), coupables seulement d'avoir pris leurs distances vis-à-vis de Rome, furent relégués en Italie, dispersés dans les centres mineurs de la péninsule. Quant à Rhodes, sa tentative de médiation faillit lui attirer une déclaration de guerre que seule l'intervention de Caton fut capable de conjurer ; mais elle perdit la Lycie et la Carie qui lui furent retirées, et vit son économie gravement hypothéquée par la création d'un port franc dans l'île de Délos. Même avec

Pergame, accusée, sans doute à tort, d'avoir traité avec Persée alors qu'elle était simplement intervenue pour trouver une solution pacifique, les rapports se refroidirent brusquement, si bien qu'Eumène, jusqu'à sa mort, ne fut plus jamais reçu à Rome. La République ne se montra bienveillante qu'envers Athènes et Sparte, alliées relativement solides et dont Rome ne pouvait que se féliciter. Ailleurs, elle confia souvent le pouvoir à de véritables tyrans, comme ce Charops le Jeune (neveu de l'autre Charops) qui tourmenta longtemps l'Épire par sa cruauté.

La phase de conquête

Après la paix d'Apamée, il semble que Rome se soit avisée d'un corollaire du concept d'intimidation. Elle comprit que, dans certaines conditions, lorsqu'une des parties est devenue prépondérante, la menace de la force peut lui suffire et même est préférable à l'emploi de la force. Pendant une vingtaine d'années la République chercha à asseoir sa domination par le principe de l'intimidation, c'est-à-dire au moyen de la pression diplomatique, en mettant le monde grec sous le contrôle de ses *legati* omniprésents et infatigables. Usant d'une morgue tout à fait inaccoutumée, ceux-ci ne reconnaissaient plus à aucun de leurs interlocuteurs une dignité politique comparable à celle de Rome. La scène qui advint entre Popillius Laenas et le roi de Syrie Antiochos IV est exemplaire à cet égard. Comme le souverain, vainqueur de l'Égypte, s'apprêtait à parachever sa conquête, Popillius le rejoignit et lui remit un message du Sénat qui lui intimait de s'arrêter et de renoncer à son dessein.

> Comme après avoir lu jusqu'au bout les tablettes il avait dit qu'il examinerait avec ses amis la décision qu'il avait à prendre, Popillius, conformément à son habituelle dureté de caractère, fit avec le bâton qu'il tenait à la main un cercle autour du roi et déclara : « Avant de sortir de ce cercle, donne-moi la réponse que je porterai au Sénat ! » Stupéfait devant un ordre si violemment exprimé et après avoir un peu hésité : « Je me conformerai, dit-il, à l'avis du Sénat. » Au moment même, Popillius tendit la main au roi comme à un allié, à un ami. (Tite-Live, 45, 12, 5-6.)

Si elle ne fut pas toujours efficace, l'action de ces hommes était extrêmement redoutée, car derrière leur personne en apparence modeste, voire effacée, se profilait la menace impitoyable des légions.

Bien que les représentants romains, magistrats ou ambassadeurs, fussent confortés dans leur arrogance par la conscience du pouvoir considérable dont ils disposaient, le Sénat, même après Magnésie et Pydna, poursuivit une ligne d'action marquée par le refus de toute conquête territoriale. Mais cette orientation ne pouvait pas durer très longtemps. Continuellement assaillie de pressions et de sollicitations venant de tout le monde hellénistique, Rome se trouva en effet confrontée à une suite pour ainsi dire infinie de contestations et de querelles, souvent de portée locale et parfois même sans véritable importance, qu'elle n'était pas préparée à résoudre et qui peu à peu entamèrent sa popularité et usèrent sa patience. La République s'était efforcée par tous les moyens d'imposer dans tout l'Orient la paix sur terre et sur mer. Lorsque cette politique eut échoué, il ne lui resta plus qu'à recourir à la conquête, qui fut fatalement définitive et brutale.

La dernière crise grecque se déclencha une fois de plus en Macédoine. Ce pays, malgré la réouverture de ses mines en 158, était affligé de problèmes sociaux très graves et désormais chroniques. En 152, un aventurier du nom d'Andriskos apparut sur la scène politique internationale. Se faisant passer pour Philippe, le fils illégitime de Persée, il eut l'audace de se présenter au souverain séleucide Démétrios Ier pour s'en faire reconnaître. Andriskos fut livré aux Romains, mais il réussit à s'échapper de la cité italique où ceux-ci l'avaient relégué, gagna Byzance et la Thrace ; et de là la Macédoine, qu'il souleva contre la République. Après l'avoir d'abord emporté contre les troupes réduites (une légion en tout) du préteur Publius Iuventius Talna, qui mourut dans la bataille, Andriskos parvint même à occuper la Thessalie, mais quelque temps plus tard il fut définitivement battu près de Pydna par Quintus Caecilius Metellus. Le Macédonien réussit à fuir sain et sauf, et tenta à nouveau de s'opposer à Rome. Mais, trahi et vaincu par ses alliés thraces, il fut capturé et conduit en Italie où il fut exécuté. Pendant les années qui suivirent, d'autres prétendants au trône antigonide tentèrent leur chance, mais avec moins de succès encore.

Les conséquences de cet événement dépassèrent largement sa faible portée militaire, puisque Rome fut contrainte, comme nous l'avons dit, à reconsidérer totalement les orientations de sa politique en Grèce et en Orient. Le Sénat dut enfin se résigner à adopter une domination directe qu'il avait longtemps refusée pour des raisons pratiques et d'organisation mais aussi au nom de ses idéaux et de sa morale. La Macédoine fut annexée en 147-146 ; l'Épire et l'Illyrie lui furent rattachées, et le comput de l'ère de la province eut sa première année en 148, date de la victoire sur le pseudo-Philippe. Parcourue par un grand axe routier, la *uia Egnatia*, reliant Apollonie et Thessalonique, elle devint la cinquième province romaine outre-mer.

Presque au même moment, un autre événement eut lieu qui entraîna l'occupation de la Grèce. Aux yeux du Sénat, la ligue achéenne apparaissait de moins en moins contrôlable. Son assemblée était agitée de poussées nationalistes et animée de rancœurs que les otages, au retour de leur captivité dans la péninsule, en 150, ne manquaient pas d'attiser. Le conflit permanent avec Sparte, rétive depuis toujours à accepter la tutelle fédérale, entraîna une demande d'arbitrage de la part du Lacédémonien Ménalkidas. Rome hésita quelque peu à y répondre, bien qu'elle fût également sollicitée par Diaios, stratège des Achéens. Comptant sur l'appui de la République à laquelle il était toujours resté fidèle, Ménalkidas prit alors l'initiative militaire. Mais, désavoué par Caecilius Metellus et mis en difficulté par la réaction adverse, il se suicida. Cependant, tout de suite après, les Achéens furent enjoints eux aussi de faire cesser les hostilités.

Les atermoiements du Sénat ont parfois été mis par la critique moderne sur le compte d'un machiavélisme qui n'avait au fond pas lieu d'être en face du fragile obstacle achéen. Ce sont plutôt les difficultés concomitantes en Macédoine et en Occident qui le firent hésiter ; reste qu'une part non négligeable de *patres*, exaspérés de l'irréductible particularisme hellénique et des problèmes insolubles qu'il suscitait, purent alors être tentés de privilégier une solution de force aboutissant à la dissolution de la ligue. Toujours est-il que l'injonction du légat Lucius Aurelius Orestes fut assurément perçue comme l'expression d'une volonté de châtier les Achéens. Envoyé à Corinthe à l'été 147 comme représentant du Sénat, il ordonna à l'assemblée de la ligue qui s'y trouvait réunie d'abandonner non seulement Sparte, attaquée par les Achéens malgré l'ultimatum de Metellus, mais aussi Argos, Orchomène, Héraclée Trachinia et Corinthe elle-même. Toutefois, en face de la réaction de colère des délégués et du peuple, l'ambassadeur fut contraint de quitter la ville sans avoir rien obtenu. La mission suivante de Sextus Iulius Caesar ne parvint pas non plus à apaiser le différend : le conseil lui opposa la plus grande froideur.

Emmenés par leur nouveau stratège Critolaos, proche du peuple et ouvertement antiromain, les Achéens, au printemps suivant, déclarèrent la guerre non à Rome mais à Sparte, et les émissaires dépêchés par Caecilius Metellus ne parvinrent pas à les en empêcher. Thèbes et les villes béotiennes, la Phocide et Chalcis en Eubée, et peut-être aussi les Locriens s'unirent aux Achéens. Mais cela ne leur servit qu'à subir le même sort, car l'armée de la ligue fut durement battue par Metellus près de Skarpheia en Locride, et peu après les contingents envoyés en renfort furent eux aussi mis en déroute.

Le successeur de Critolaos, Diaios, ne fut pas plus heureux. Pressé par la gravité de la situation, il avait accentué l'orientation démagogique de la politique achéenne, taxant les possédants et demandant aux villes fédérées de libérer un certain nombre d'esclaves. Avec une armée improvisée, le stratège affronta le consul de l'année, Lucius Mummius, arrivé entre-temps d'Italie. Mais, après un premier succès illusoire sur les avant-gardes ennemies, il fut battu dans une bataille rangée *apud Leucopetram*, non loin des lignes défensives de l'isthme qu'il était venu garder.

Là encore, la République décida de procéder à l'annexion. Au moment où le stratège Diaios se donnait la mort par le poison, la ligue achéenne était dissoute et Corinthe, dont le peuple et le gouvernement avaient osé faire affront au nom romain, fut punie avec une rigueur peut-être excessive. La ville qui avait souhaité en premier la participation des Romains aux Jeux panhelléniques en les considérant comme apparentés aux Grecs, et qui était aussi le lieu où la liberté de l'Hellade avait été proclamée, fut livrée au pillage puis rasée par ordre du Sénat. Ses œuvres d'art furent dispersées, ses habitants survivants vendus comme esclaves, tandis que les adversaires de Rome à l'assemblée de la ligue étaient condamnés à mort et leurs biens vendus aux enchères. Un poème d'Antipatros de Sidon, dans l'*Anthologie palatine*, pleure sur le sort de la ville :

> Où est ta beauté admirable, ô dorienne Corinthe ?/Où sont tes temples, tes maisons, tes femmes d'antique lignage,/et ta foule innombrable de jadis ?/Plus une trace ne reste de toi, infortunée ;/la guerre a tout importé, tout englouti./Il n'y a que nous, les Néréides filles de l'Océan, qui soyons/encore là saines et sauves, alcyons de tes malheurs. (*Anthologie palatine,* IX, 151, traduction de G. B.)

Des mesures furent prises aussi contre Thèbes et Chalcis, et les habitants d'Héraclée et de l'Eubée furent de même mis à l'amende. Les États qui avaient soutenu la ligue achéenne furent incorporés à la nouvelle province de Macédoine. Certaines villes et certains peuples, dont Athènes, Sparte, Delphes, Épidaure, l'Étolie et les Thessaliens, restaient quant à eux *liberi et immunes*, libres et exempts de tribut. Nous étions à l'automne de l'année 146.

Un bilan

Une constatation s'impose quand on fait le bilan de ces années terribles. La crise qui s'empara de la classe dirigeante romaine fut aussi – et surtout – morale. Le comportement d'un Cneius Manlius Vulso, l'agresseur des Galates et des Celtes d'Asie, est un symptôme grave, parce que cet homme agit à découvert et sans provocation : prémices d'une *noua sapientia*, d'un changement radical des valeurs morales. Cette mue de la morale romaine, résultat d'un aspect poussé à l'extrême de la doctrine de Scipion, n'était peut-être rien d'autre que la fille, corrompue et dégénérée, de la *métis*, de la ruse que l'Africain, à travers Hannibal, avait précisément empruntée à la pensée politique des Grecs. Dans la diplomatie comme dans la guerre cette *métis* était à la base d'une nouvelle vocation au réalisme le plus dénué de scrupules, qui amena peu à peu le recours généralisé au mensonge, à l'intrigue, à l'assassinat politique. À l'époque où des actes de ce genre étaient commis dans l'Orient hellénistique, ils scandalisaient encore de temps à autre les sénateurs les plus attachés aux anciennes coutumes ; mais lorsqu'ils advinrent en Occident, ils impressionnèrent beaucoup moins l'opinion publique romaine. Cependant, c'est là qu'ils frappèrent des peuples dont la morale, archaïque et élémentaire, était aussi intransigeante que celle par laquelle les Romains eux-mêmes s'étaient autrefois distingués. Un crime comme le massacre des Lusitaniens exécuté par Seruius Sulpicius Galba en 150 provoqua des réactions extrêmes et impliqua la République dans des guerres interminables.

Peut-être parce qu'il était lui-même très porté vers la culture grecque, Flamininus, le « libérateur de l'Hellade », fut le premier à se signaler par une telle conduite. Responsable de nombreux massacres perpétrés dans certaines régions de Grèce, il avait probablement trempé dans un grand nombre de machinations, parmi lesquelles se détachent l'assassinat de Brachyllas, le chef de la faction promacédonienne de Béotie, et le complot obscur où Démétrios était impliqué et qui avait gravement nui à l'État macédonien. À l'origine, le recours à l'intrigue, tout nouveau chez les hommes politiques romains, était peut-être la contrepartie inévitable de l'adoption d'une culture dont ce genre de valeurs faisaient aussi partie. Mais cette pratique devint très rapidement une fin en soi, et trahit une absence de scrupules et une arrogance politique complètement nouvelles. Ainsi commençait l'une des périodes les plus sombres et les plus terribles moralement parlant dans l'histoire de la République : on y vit l'utilisation sans mesure des sicaires et du poison contre des ennemis extérieurs, mais aussi, malheureusement, à l'intérieur, le recours systématique à la trahison, à l'espionnage et à la déstabilisation à l'échelle de tout le bassin méditerranéen. Au nom de la nouvelle logique impérialiste, cette conduite se mit au service de la politique de conquête la plus effrénée et du terrorisme politique le plus féroce. À l'asservissement des Molosses, dont nous avons déjà parlé, succédèrent les terribles massacres perpétrés en Hispanie et les destructions de Corinthe, de Carthage et de Numance.

Rome s'étendait donc maintenant aussi en Occident. Peu après la conclusion de la guerre contre Hannibal, la République avait repris le contrôle de la plaine du Pô ; à l'extrême est de celle-ci fut fondée la colonie latine d'Aquilée en 181. En raison de la terrible saignée que sa population avait subie lors du récent conflit, Rome ne pouvait pas prendre pleinement la suite de ce qu'avait entrepris Flaminius un demi-siècle plus tôt. Dans le reste de la région, elle avait limité la colonisation à une partie seulement du territoire des Boiens, le long de la frontière septentrionale avec l'Italie proprement dite. La menace supposée de la Macédoine avait suggéré de renforcer cette frontière durant ces années : elle fut fixée aux fleuves de Magra et du Rubicon et à la chaîne des Apennins entre Émilie et Toscane. L'axe de la voie Emilia la couvrait ; et elle était défendue par les centres fondés le long de cette route entre 187 et 184. En outre, soucieuse de la protéger aussi du côté nord, la République s'était efforcée d'améliorer ses rapports avec les Gaulois cisalpins. Elle s'assura leur fidélité en leur laissant la presque totalité du territoire qu'ils occupaient depuis des siècles, en respectant leur autonomie politique et leur gouvernement, en leur permettant enfin de garder leurs armes. Jusqu'à la rupture de la guerre sociale, les rapports avec les Celtes de la région furent définis par un *foedus iniquum*, un traité inégal, mais qui ne déplaisait pas à ces tribus guerrières ralliées à la République, parce qu'il leur imposait des obligations militaires qu'elles remplissaient volontiers, et qu'elles n'aspiraient pas le moins du monde, pour l'instant, au droit de cité dont elles étaient privées.

Les conflits qui impliquèrent Rome dans la péninsule Ibérique furent autrement difficiles et sanglants. Après sa victoire sur Hannibal elle avait hérité des possessions hispaniques de Carthage. À la région septentrionale voisine du cours de l'Èbre entre les Pyrénées et la Méditerranée, qu'elle contrôlait déjà, s'en était ajoutée une plus vaste, au sud, comprise entre la Guardiana (Anas), le *saltus Castulonensis* (Sierra Morena) et la mer. Ces deux régions étaient reliées par une mince bande côtière, au centre de laquelle se trouvait la capitale fondée par les Barca, Carthage d'Hispanie recréée, ainsi que Sagonte.

Peut-être aussi des raisons toutes matérielles amenèrent-elles les Romains à y établir leur domination permanente. Certes, le refus de Rome de faire recouvrer leur liberté à des terres naguère sujettes de Carthage parut dans le cas présent bien plus justifié que pour la Sicile et la Sardaigne, parce qu'elle avait maintenant en face d'elle des populations barbares avec lesquelles elle était beaucoup moins liée par le *ius gentium*. Mais l'attrait des immenses ressources naturelles (minerais surtout) de la région, déjà exploitées par les Carthaginois, dut certainement peser sur sa décision. Toujours est-il qu'en 198, on décida la création de deux nouveaux préteurs affectés à l'Hispanie. En raison de leur importance, ils eurent souvent, à partir de ce moment, un pouvoir de type proconsulaire. La frontière entre les deux provinces, *Citerior* et *Vlterior*, coïncidait peut-être avec les pentes du *saltus Castulonensis*. De fait, tout en étant centré sur le cours de l'Èbre, le territoire de la Citérieure comprenait Carthage d'Hispanie, rebaptisée par les Romains Carthago Nova, qui en fut la capitale.

Dès la première année, les Turdétans, au sud de la péninsule, manifestèrent un fort mécontentement, causé probablement par l'institution du tribut et aggravé par les réductions injustifiées de leur autonomie. Une révolte éclata, qui impliqua d'abord toute la zone située entre la Guadiana (Anas) et le Baetis (Guadalquivir) et même certaines cités phéniciennes ; elle s'étendit ensuite à la province citérieure, où le préteur Caius Sempronius Tuditanus fut battu et tué. La lutte continua pendant toute l'année qui suivit ; c'est seulement l'année d'après que Marcus Porcius Caton, alors consul, réussit à y mettre un terme, par deux campagnes successives en 196 et 195.

De forts contingents de mercenaires celtibères étaient intervenus en faveur des insurgés : ils se voulaient libres d'exercer le métier des armes qui faisait partie de leurs coutumes ancestrales, et sans doute entendaient-ils également continuer leur activité de brigandage et de pillage, elle aussi traditionnelle chez tous les Ibères. Après avoir vainement essayé de les recruter comme auxiliaires, Caton décida de mener une expédition sur leur territoire dans l'intention de ne faire qu'une démonstration de force. Mais, ce faisant, il rendit la valeureuse tribu indigène irréductiblement méfiante et hostile à l'égard de Rome. Les Celtibères s'associèrent aux Lusitaniens qui commençaient à faire pression vers la côte, à la recherche de meilleures conditions de vie ou inquiets eux aussi de la présence romaine en Hispanie ; avec leur appui, ils engagèrent alors une lutte qui ne se terminerait que par la destruction de Numance, leur capitale.

Les années qui suivirent ne furent pas des années de paix. De fréquents conflits les marquèrent, avec les Oretani, les Carpetani, les Vaccaei, les Vettones, et surtout avec les Lusitaniens et les Celtibères, constamment prêts à intervenir au secours de toute insurrection. Presque tous les préteurs durent faire la guerre, et, même s'ils réussirent parfois à pousser jusqu'à Tolède, ils ne furent pas toujours heureux : Lucius Aemilius Paullus et Caius Atinius subirent de lourdes défaites, respectivement en 190 et en 187 (le second mourut de ses blessures).

Malgré quelques succès importants, les Romains n'avaient pas encore osé s'en prendre directement au territoire des Lusitaniens et des Celtibères. Fuluius Flaccus fut le premier à les affronter en personne, en 181 : il s'opposa à la fondation de Contrebia dans la région des Carpetani, sujets de Rome, puis dévasta la partie citérieure du pays celtibère. La défaite décisive leur fut infligée en 179 par Tiberius Sempronius Gracchus, père des Gracques. Ce dernier sut aussi tirer profit de la victoire : en effet, il conclut avec eux un accord d'une grande sagesse, qui, tenant compte des usages, de la mentalité et des sentiments des populations hispaniques, allait rester en vigueur pendant plus de vingt ans.

La paix se prolongea sans interruption jusqu'en 154. Pendant cette période, la romanisation de l'Hispanie, inaugurée par Scipion avec la fondation d'Italica (Santiponce), put continuer à progresser. Ainsi furent créées, par les soins de Gracchus justement, Gracchuris sur le cours supérieur de l'Èbre, et peut-être aussi Iliturgis ; Carteia (Algesiras) fut transformée en colonie latine pour les vétérans et leurs femmes hispaniques ; enfin, Marcus Claudius Marcellus le Jeune ouvrit en 152 Cordoue (Cordoba) aux Romains et aux indigènes. Les Ibères furent amenés à reprendre les hostilités à cause de l'arrogance, de la cruauté et des abus fréquents des gouverneurs romains qui n'étaient jamais vraiment punis par le pouvoir central. Ce furent les Lusitaniens qui prirent l'initiative en envahissant le territoire de la province Ultérieure ; ils infligèrent une grave défaite aux garnisons provinciales réunies. Ce fut le début d'une guerre qui allait durer plus de vingt ans, et qui coûterait aux Romains un lourd tribut de sang. Un homme qui aurait ensuite une vie beaucoup plus facile en Orient, le préteur Lucius Mummius, put tout de suite constater à ses dépens la bravoure des guerriers hispaniques, peut-être les meilleurs de l'Antiquité : il fut battu en 153 par les Lusitaniens. Après lui, Quintus Fuluius Nobilior dut en découdre la même année avec les Celtibères. Rome ne manquait pas de chefs d'armée à la fois habiles et modérés, tel Marcellus le Jeune. Mais leur action était toujours freinée par l'impossibilité institutionnelle de prolonger ou de reconduire les meilleurs éléments dans leur charge, et leur œuvre était hypothéquée par l'arrogance du Sénat, et plus souvent par l'inaptitude ou la cruauté de leurs successeurs.

C'est ainsi que le préteur Seruius Sulpicius Galba, successeur de Marcellus, se rendit responsable, en 150, du massacre ignominieux et atroce d'un groupe d'Ibères qu'il avait lui-même réunis sous le prétexte de leur faire coloniser des terres nouvelles. Les Lusitaniens, déjà prêts à se rendre, furent alors poussés à reprendre les armes ; pis, un chef très habile prit leur tête, Viriatus, l'un des rares survivants de l'ignoble massacre qui avait fait de lui, avec raison, un ennemi irréductible des Romains. Les victoires de l'Espagnol furent nombreuses, en Ultérieure d'abord, où il battit Caius Veturius, mort au combat en 147, ainsi que son successeur, Caius Plautius, puis en Citérieure où il défit l'un après l'autre le gouverneur Claudius Unimanus et son successeur Caius Nigidius.

En 145 et 144, Caius Laelius (fils du Laelius qui avait été le grand ami de Scipion l'Africain) et Quintus Fabius Maximus Aemilianus (fils de Paul-Émile et frère de Scipion Émilien, adopté par la *gens Fabia*) obtinrent quelques résultats. Scipion Émilien fut même le premier Romain qui réussit à battre Viriatus, non loin de Baecula. Mais la situation s'aggrava encore : en 144, le chef lusitanien sut pousser les Celtibères à prendre de nouveau les armes, alors qu'ils n'étaient plus en guerre depuis 152. Viriatus put donc continuer la lutte avec l'appui de ces alliés redoutables. Il obtint d'autres succès, et importants, s'il est vrai que sa victoire sur le proconsul Quintus Fabius Maximus Seruilianus amena, en 140, la conclusion d'un *foedus aequum*, ratifié ensuite à Rome par les comices.

Mais la paix, dont le Sénat ne voulait probablement pas, ne dura pas longtemps. Le consul Quintus Seruilius Caepio se chargea de la rompre en provoquant outrageusement l'ennemi. Grâce à l'arme de la trahison, devenue familière, il réussit à obtenir un succès qui fut cette fois définitif : il sut en effet trouver des complicités chez les Lusitaniens, à présent fatigués de la guerre, et en convainquit trois d'assassiner Viriatus. La mort du chef ibère rendit la tâche beaucoup plus facile aux Romains ; Decimus Iunius Brutus put enfin terminer les opérations dans ce secteur. Après avoir obligé les Lusitaniens à se rendre, il poussa jusqu'au territoire des Callaeci, ce qui lui valut le surnom, à Rome, de *Callaicus*.

Entre-temps, la guerre contre les Celtibères continuait. À la tête des légions se succédèrent, entre autres, Quintus Caecilius Metellus le Macédonien, Quintus Pompeius (le premier à négocier une paix avec les Celtibères, dont les clauses officieuses, toutefois, ne furent pas ratifiées par le Sénat) et Marcus Popillius Laenas, sans grands succès. Les choses tournèrent encore plus mal pour le consul de 137, Caius Hostilius Mancinus. Il avait résolu d'attaquer la capitale, Numance. Il ne fut pas seulement repoussé : il se laissa encercler par des forces nettement inférieures et finit par se rendre pour sauver sa vie et celle de ses hommes. Le pacte négocié par Tiberius Sempronius Gracchus le Jeune (le futur tribun, à qui les Celtibères faisaient toute confiance en souvenir de son père) ne servit à rien, bien qu'il eût été juré par lui et par ses officiers : le *foedus aequum* passé avec les Ibères fut repoussé encore une fois par un Sénat incapable d'admettre des limites à l'arbitrage de Rome. La seule clause votée fut la remise aux ennemis de l'homme qui avait négocié le *foedus*. Les Numantins refusèrent avec dédain cette réparation partielle et hypocrite.

Tous ces échecs amenèrent finalement à suspendre temporairement la loi de 151 qui interdisait le renouvellement du consulat : de même que, treize ans plus tôt, la *lex annalis* avait été enfreinte en sa faveur, ce qui lui avait valu la direction des opérations de la guerre contre Carthage en dérogation au *cursus* normal, Publius Cornelius Scipio Aemilianus (Scipion Émilien), fils de Paul-Émile adopté, lui, par les Scipions, fut réélu à la magistrature suprême. Il sut rétablir la discipline, redonner le moral à une armée fatiguée, découragée, couverte de honte et menacée par la corruption. Il réussit peu à peu à contraindre l'ennemi à la défensive et finalement à investir la capitale des Celtibères, Numance, dont le siège eut une issue effrayante :

> Peu après, comme toutes les nourritures comestibles s'étaient mises à manquer, n'ayant plus le moindre produit récolté, ni une tête de bétail, ni une pousse d'herbe, ils commencèrent par faire bouillir des peaux pour les sucer, comme font certains en temps de guerre, en cas de nécessité. Puis, quand les peaux également leur manquèrent, ils dévorèrent de la chair humaine bouillie, tout d'abord celle des mourants, que l'on débitait dans les cuisines ; quand ils eurent fini avec ceux-ci, ils ne respectèrent plus les malades et les plus forts faisaient violence aux plus faibles. (Appien, *Iberikè*, 416.)

Après la chute de Numance, on obtint enfin une paix au moins provisoire avec les indigènes. Ceux-ci étaient épuisés, mais ils seraient prêts, par la suite, à appuyer les factions opposées pendant les guerres civiles. La partie nord-ouest de la péninsule échappait encore au contrôle de Rome, notamment la région actuelle des Asturies et de la Galice qui ne seraient annexées qu'à l'époque d'Auguste.

Carthago delenda est

Comme nous y avons fait allusion, le sort final de Carthage avait été scellé en 146 par Scipion Émilien. En proie aux provocations continuelles de Massinissa, le roi numide qui aurait dû en être le protecteur et n'avait été qu'un fauteur de troubles, amputée, en outre, de portions de plus en plus vastes de son territoire, la cité punique avait finalement décidé de reprendre les armes, en violation flagrante du traité de 201. Opération désastreuse pour elle, parce que non seulement elle fut battue, mais encore avait-elle fourni à Rome un prétexte pour lui déclarer la guerre.

On discute encore beaucoup aujourd'hui des raisons qui ont amené la République à une décision aussi radicale. Cela faisait quelque temps que la métropole punique était l'objet des foudres de Caton, qui ne laissait jamais passer une occasion de clamer sa conviction que Carthage devait être détruite à tout prix. Mais la voix respectée de l'un des Scipions, Publius Nasica, s'élevait en sa faveur, comme cela s'était déjà produit dans le passé. Leurs arguments à tous deux ne sont pas d'une grande aide à notre compréhension, parce qu'ils se réfèrent pareillement, quoique avec des conclusions opposées, au même lieu commun qui nous est bien connu : le *metus Punicus*, la crainte que la cité africaine inspirait depuis longtemps à Rome. Car d'un côté, Caton mettait en garde contre la menace représentée par une ennemie dangereusement proche des côtes italiennes et qui était en train d'affiner ses qualités militaires dans sa lutte contre les Numides ; de l'autre, Scipion soulignait à quel point le spectre menaçant de Carthage pouvait faire office de stimulant pour les Romains, en les obligeant à garder intactes toutes leurs ardeurs guerrières et toute l'austérité de leurs mœurs.

Au-delà de ces exercices rhétoriques, il dut y avoir d'autres motifs. Bien sûr, le « cauchemar Hannibal », à Rome, était toujours aussi actuel et présent dans les esprits, et le règlement définitif de sa dette de guerre donnait à Carthage de nouvelles disponibilités économiques qui entretenaient de vraies inquiétudes ; pourtant, devant un État punique maintenant réduit à la portion congrue, les anciennes peurs avaient commencé à se calmer, et le discours d'un Caton, ancien combattant de la guerre contre Hannibal, avait un peu perdu de sa force. Selon toute probabilité, le Censeur qui, quinze ans auparavant, n'avait pas hésité à défendre Rhodes précisément avec les arguments qu'il refusait aujourd'hui était mû aussi par des considérations moins avouables, d'ordre personnel : en un mot, arrivé à la fin de sa vie, il souhaitait trouver le moyen de se relancer politiquement *in extremis*. Mais lui et tous les partisans de la guerre ne pouvaient pas ne pas être motivés aussi par des intérêts matériels. Certains pensent que la destruction de Carthage était souhaitée par les agriculteurs qui visaient à s'emparer des riches terres africaines. Pour d'autres, la cité faisait peur non tant pour sa force militaire qu'à cause de sa prospérité retrouvée : ce seraient donc les *mercatores* qui auraient voulu l'élimination d'une concurrente dangereuse. On a également soutenu que Carthage ne représentait pas tellement une menace en soi, mais qu'elle pourrait être l'avant-poste d'un empire numide plus grand que ne l'avait jamais été l'empire carthaginois. Selon nous, c'est là le motif principal ; mais on peut dire aussi que ce qui décida du destin de la cité libyenne, ce fut, tout à la fois, les rancœurs encore vivaces de Rome, son avidité, sa méfiance voire ses craintes, enfin l'arrogance d'un État qui ne voulait plus de rival dans tout le bassin méditerranéen.

Quoi qu'il en fût, c'est le point de vue de Caton qui eut le dernier mot. Aux protestations de 150 succéda l'année suivante une déclaration de guerre en bonne et due forme. Tandis qu'une ambassade arrivait en Italie pour porter la soumission d'Utique, les consuls de l'année, Manius Manilius et Lucius Marcius Censorinus, partirent avec leurs troupes en direction de l'Afrique. Les Puniques envoyèrent sur-le-champ une délégation à Rome. Mais l'acte de *deditio*, de reddition inconditionnelle, que celle-ci fit avec empressement, ne suffit pas à sauver Carthage, dont l'anéantissement se préparait de la manière la plus fourbe et la plus vile. Rome imposa aux Carthaginois de livrer trois cents otages choisis parmi les nobles de la ville ainsi que tout son arsenal militaire, dans le seul but de les exposer sans défense à la sanction impitoyable du Sénat. Celle-ci fut proclamée tout de suite après. La mise en demeure n'est pas sans rappeler celle, de triste mémoire, qu'Hannibal avait faite aux Sagontins : le Sénat imposait aux habitants d'abandonner leur ville et d'en fonder une autre à dix milles de la mer, mais cela provoqua chez les Puniques un orgueilleux sursaut de dignité qui les poussa à résister jusqu'au bout.

Deux années de siège inutile poussèrent enfin, comme nous l'avons dit, le Sénat à déroger pour la première fois depuis de nombreuses années à la *lex annalis*, en élisant au consulat, bien qu'il n'eût pas l'âge requis, Scipion Émilien qui s'était déjà distingué en Afrique et en Hispanie. La destruction de la ville était décidée. Peut-être parce qu'on la sentait liée à Rome par un destin commun, on remit au jour, contre elle, un rituel très ancien, celui de l'*euocatio* : l'appel fait aux divinités tutélaires de Carthage pour qu'elles abandonnent la ville condamnée en la privant de leur protection, et qu'elles acceptent Rome pour nouvelle patrie où s'établir :

> Tout ce qu'il y a de dieux et de déesses qui ont sous leur protection l'État carthaginois, et toi, surtout, celui qui a reçu mission particulière de protéger cette ville et ce peuple, je vous prie, vous conjure et vous demande en grâce que vous vous sépariez du peuple et de l'État carthaginois, que vous en quittiez les lieux, les temples, les lieux sacrés et la ville, et que vous en partiez ; que vous injectiez dans ce peuple et dans cette société la peur, l'effroi, l'oubli ; que, trahis, vous veniez à Rome, chez moi et les miens, que nos temples, nos lieux sacrés, notre ville vous soient plus plaisants et plus souhaitables et que vous me soyez propices ainsi qu'au peuple et à mes soldats. Si vous faites cela de manière que nous le sachions et comprenions, je vous promets par vœu de vous faire des temples et des jeux. (Macrobe, *Saturnales*, 3, 9, 7-8, traduction de Georges Dumézil.)

Après l'avoir investie pour le siège, Scipion réussit finalement, au printemps 146, à pénétrer dans la ville par la zone portuaire, maîtrisant les défenseurs affamés et à bout de force. L'agora fut franchie, et c'est alors que commença la bataille terrible pour le contrôle de la citadelle de Byrsa, le long des rues du grand-quartier, bordées d'habitations à six étages : ces dernières, transformées par les Puniques en forteresses, durent être prises une par une. En face du courage désespéré des adversaires, les légionnaires, pour limiter leurs pertes, mirent le feu en plusieurs points, déclenchant un gigantesque incendie :

> On eut alors le spectacle de nouvelles horreurs. Le feu se répandit partout et fit tout écrouler et les soldats n'attendirent pas pour détruire les bâtiments progressivement, mais les abattirent tous en même temps. Ainsi le fracas en fut-il considérablement amplifié et parmi les pierres tombaient les cadavres des morts. Mais il y en avait qui vivaient encore, surtout des vieillards, des enfants et des femmes qui s'étaient cachés dans les recoins des maisons, blessés pour certains, à moitié brûlés pour d'autres, qui poussaient des cris épouvantables. D'autres précipités dans le vide de la même hauteur que les gravats et les poutres enflammées étaient disloqués d'horrible façon, écrasés, broyés. Et encore ne fut-ce point la fin de leurs souffrances : les soldats chargés de dégager les rues les déblayaient avec leurs haches, leurs pioches et avec des gaffes de navire pour les rendre pratiquables ; ils jetaient indistinctement les corps, vivants ou morts dans des fosses, pêle-mêle avec pierres et morceaux de bois, les retournant avec leurs outils métalliques et se servant de corps humains pour combler des trous. Certains étaient jetés la tête la première et leurs jambes qui dépassaient s'agitaient encore longtemps ; d'autres, ensevelis debout, avaient le crâne qui dépassait le niveau du sol et, involontairement de la part des cavaliers qui parcouraient la rue à vive allure,

les sabots de leurs chevaux marquaient leur tête et leur visage. (Appien, *Libykè*, 8, 129, traduction de G.B.)

Une fois tracée de la sorte une grande voie à travers les décombres, les Romains mirent le siège à la citadelle. Le niveau de l'acropole tomba d'abord, et pour finir le temple d'Eschmoun, à l'intérieur duquel les transfuges italiques, sûrs de n'obtenir aucune clémence, se laissèrent mourir dans les flammes. C'est là aussi que, pour racheter la trahison d'Hasdrubal le Boétharque, le dernier chef punique qui s'était rendu aux Romains, sa femme sacrifia sa vie et celle de ses enfants. Transformée en un gigantesque brasier, la ville continua à brûler dix jours encore, ce qui provoqua la compassion de l'homme qui l'avait détruite, comme s'il y voyait le présage d'un destin analogue pour sa patrie :

Cette ville avait brillé pendant sept cents ans après sa fondation et avait exercé son pouvoir sur autant de terres, d'îles et de mers, avait été aussi riche en armes et en navires, en éléphants et en argent que l'avaient été les plus grands empires, si ce n'est qu'elle leur était de loin supérieure par sa hardiesse et son intrépidité puisque, privée de tous ses vaisseaux et de toutes ses armes, elle avait été capable de supporter une telle guerre et une telle famine pendant trois ans. Et voilà qu'elle était arrivée à sa fin, dans une destruction totale. Devant ce spectacle, Scipion, profondément troublé, versa des larmes et ne cacha pas la tristesse que lui inspirait l'infortune de ses ennemis. Longtemps, il resta plongé dans ses réflexions, considérant à quel point le destin des villes, des peuples et des pays peut changer de face, tout comme celui des individus. C'est ce qui était arrivé à Troie, ville heureuse en son temps, et aussi aux empires des Assyriens et des Mèdes, et après eux à l'empire des Perses et puis au plus grand de tous, l'empire macédonien, dont la lumière rayonnait encore il y avait peu de temps. À la fin, soit qu'il l'eût médité soit que les mots lui vinssent spontanément aux lèvres, il prononça les paroles du poète :

Un jour viendra où devront tous périr notre ville sacrée de Troie,
Et Priam, et le peuple sur lequel règne Priam, l'homme à la lance.

Polybe, en raison de la familiarité qu'il avait avec Scipion pour avoir été son précepteur, l'interrogea sur le sens qu'il attachait à ces mots. Et Scipion n'hésita pas à nommer clairement sa patrie, dont il craignait le sort futur lorsqu'il considérait le caractère changeant des choses humaines. Ainsi l'a raconté Polybe exactement comme il l'avait entendu lui-même. (Appien, *Guerres puniques*, 132 ; cf. Polybe, 37, 21, 1.)

Voulant sauver au moins la culture de Carthage, Scipion Émilien fit don de la bibliothèque de la ville à la famille régnante numide qu'il savait profondément hellénisée. Les territoires encore en possession de Carthage furent annexés par Rome, et agrandirent la province d'Afrique.

L'empire mondial

Entre-temps, le royaume de Pergame, dont on verra que son dernier souverain, Attale III, l'avait légué aux Romains, avait été rattaché à l'Asie sous le nom de *prouincia Asia* ; Aristonikos, peut-être fils illégitime d'Eumène II, avait inutilement contesté ce legs (130-129). Les Ptolémées d'Égypte semblaient accepter le protectorat romain. Le royaume de Syrie, lui, se désagrégeait, en proie aux forces centrifuges que Rome elle-même avaient entretenues. En effet, à l'ouest du royaume, la guérilla des Juifs, violente et endémique, qui durait depuis le règne d'Antiochos IV au nom de l'orthodoxie religieuse, parvint finalement, avec Jean Hyrcan (en 131), à assurer au peuple juif l'autonomie juridique, la liberté de culte et même l'embryon d'un premier État indépendant. À l'est, la pression des Parthes se faisait de plus en plus forte : la défaite et la mort d'Antiochos VII parti leur faire la guerre marqua sans doute le déclin définitif de l'État séleucide (129). Autour de 133, Rome semblait avoir levé tous les obstacles qui se trouvaient devant elle. Mais on voyait aussi se profiler les premières discordes civiles.

CHAPITRE XIII

Au cœur de Rome

par François HINARD

L'empire et ses institutions

Au sixième livre de ses *Histoires*, l'historien grec Polybe suspend son récit et annonce qu'il va se livrer à une analyse des institutions de Rome :

> Nous interromprons en ce point notre récit pour traiter de la constitution des Romains, à la suite de quoi nous montrerons que le caractère particulier de leur gouvernement fut pour beaucoup non seulement dans le rétablissement de leur puissance sur l'Italie et la Sicile, ainsi que dans la conquête de l'Espagne et de la Gaule, mais finalement dans l'ambition qui les poussa à soumettre l'univers après leur victoire sur Carthage.

Il fallait quand même bien rendre compte du fait que ces gens, toujours plus ou moins considérés, dans le monde grec, comme des barbares, avaient réussi à imposer leur domination au monde. Et Polybe de poursuivre :

> ... ce que les lecteurs trouveront de plus beau en même temps que de plus utile dans notre entreprise, c'est de discerner et comprendre comment, par l'effet de quelle sorte de régime, presque tout le monde habité a été conquis et est passé en moins de cinquante-trois ans sous une seule autorité, celle de Rome – fait dont on ne découvre aucun précédent. (Polybe, *Histoires,* 6, 1, 1 & 2, 3.)

Ce qui est remarquable, dans la démarche de cet aristocrate grec vivant à Rome au sein de ce que l'on a appelé « le cercle des Scipions », c'est qu'il traduit sans doute assez fidèlement les débats philosophiques qui animaient la communauté romaine des hommes de pouvoir, nécessairement amenés à s'interroger sur les conséquences de leurs conquêtes et qui ont donc intégré les concepts de philosophie politique que leur fournissaient les Grecs – Platon, bien sûr, mais surtout Aristote –, le propos étant non pas de construire la cité idéale, mais de déterminer ce qui avait permis à Rome de dominer le monde et de trouver les moyens de pérenniser cette domination. C'est donc en se fondant sur le classement des différentes constitutions, royauté, aristocratie, démocratie, et de leurs formes dégénérées (monarchie, oligarchie, ochlocratie), que se développe l'analyse de l'historien qui conclut que les institutions romaines empruntaient ce qu'il y avait de plus solide aux trois formes pures (raison pour laquelle on parle de « constitution mixte »), ce qui les rendait probablement moins sensibles à la dégénérescence qui, pourtant, menace tout corps vivant : les dangers communs à tous les régimes étant le luxe et la cupidité, la brigue et la démagogie, l'indiscipline et l'esprit révolutionnaire.

Les hommes providentiels

La réflexion sur les causes de la grandeur de Rome ne pouvait, en effet, faire l'économie d'une évaluation des risques de sa décadence, d'autant que l'on voyait bien que les choses avaient changé au cœur de Rome depuis que les contacts avec le monde s'étaient diversifiés. On possède sur ce changement quelques témoignages intéressants, notamment avec le résumé de l'éloge funèbre que le jeune Quintus Metellus (qui devait être consul en 206) prononça en 221 pour son père Lucius Cæcilius Metellus, l'homme qui avait pris les éléphants carthaginois :

> Quintus Metellus, dans l'oraison funèbre qu'il prononça en l'honneur de son père L. Metellus, qui fut pontife, deux fois consul, dictateur, maître de cavalerie, quindécemvir chargé de la répartition des terres et qui, le premier, mena un cortège triomphal des éléphants qui provenaient de la première guerre punique, Quintus Metellus, dis-je, a écrit que son père avait réalisé les dix objectifs suprêmes à la recherche desquels les sages passaient leur vie : il avait voulu être le premier guerrier, le meilleur orateur, le général le plus valeureux ; diriger les plus grandes opérations, remplir les plus hautes fonctions, posséder la plus grande sagesse, passer pour le sénateur le plus éminent, acquérir une grande fortune sans renoncer à l'honnêteté, laisser de nombreux enfants et jouir du prestige le plus éclatant dans la cité ; il avait obtenu toutes ces faveurs, seul entre tous depuis la fondation de Rome. (Pline l'Ancien, *Histoire naturelle*, 7, 139-140.)

En lisant ce texte il faut bien entendu comprendre que c'est une *laudatio funebris*, l'éloge d'un mort prononcé devant la collectivité civique, et que ce genre porte naturellement à l'outrance ; il n'en reste pas moins que s'exprime ici la recherche consciente d'une position de prééminence individuelle dans la vie civique qui est en contraste assez net avec les idéaux et les modes de comportement qu'ils généraient dans la période précédente, et qui se fondaient sur une vision plus égalitaire des devoirs politiques et de la position sociale du citoyen. On avait déjà des signes de cet esprit nouveau dans l'épitaphe de Lucius Cornelius Scipion, mort vers 230, qui avait été consul en 259 et censeur en 258 : le texte nous en a été conservé sur deux fragments de sarcophage en pierre d'Albe conservés aux musées du Vatican. Il s'agit d'abord d'un *titulus*, identifiant le personnage et résumant brièvement sa carrière, puis d'une sorte d'*elogium*, rédigé dans une langue archaïque, en vers saturniens :

L. Cornelio(s) L. f. Scipio
aidiles, cosol, cesor

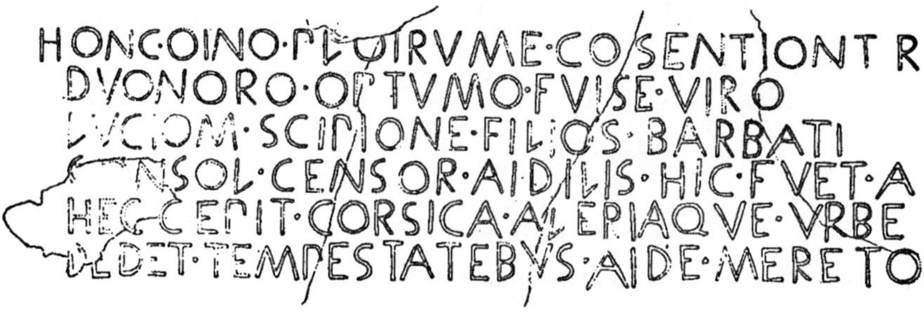

Honc oino ploirume cosentiunt R[omane]
duonoro optumo fuise uiro
Luciom Scipione. Filios Barbati
cosol, censor, aidilis hic fuent a[pud uos].
Hec cepit Corsica Aleriaque urbe,
dedet Tempestatebus aide mereto[d].

Lucius Cornelius, Scipion, fils de Lucius, édile, consul, censeur.
Cet homme est le seul dont la plupart des Romains s'accordent à penser qu'il fut le meilleur des hommes, Lucius Scipion, fils de [Lucius Cornelius Scipion] Barbatus, qui fut, parmi vous, consul, censeur, édile, qui prit la Corse et la ville d'Aleria, et consacra un temple aux Tempêtes.

Cette forme nouvelle de comportement social s'était élaborée au cours du siècle écoulé, avec pour causes les modifications socio-économiques d'une société dans laquelle les liens de clientèle s'étaient modifiés, sinon affaiblis, et où les valeurs de réalisation personnelle avaient acquis une importance croissante, sans aucun doute sous l'influence grecque. Que le tombeau de Scipio ait eu la forme d'un autel avec une frise dorique et des entablements richement décorés (sur un modèle grec de Sicile) ne peut que confirmer cette tendance à l'héroïsation des fils de cette *gens* alors que, dans le même temps, les tombes des Cornelii Scapulae conservaient la forme italique traditionnelle d'une maison. Ce n'est évidemment pas un hasard si à cette époque s'élabore une statuaire officielle romaine dont l'exemple le plus connu et sans doute le plus remarquable est le buste de Brutus conservé au musée du Capitole : il témoigne à la fois de cette montée de l'individualisme et de l'importance de l'influence hellénique, dont l'épitaphe du père de notre Scipio, Barbatus, fournissait déjà une illustration parfaite :

Lucius Cornelius Scipion Barbatus, fils de Cneius, homme courageux et sage, dont la beauté et la valeur furent égales, fut chez vous consul, censeur, édile. Il a pris Taurasia et Cisauna, dans le Samnium, soumit toute la Lucanie et en ramena des otages.

La présence de la *forma* (beauté, prestance) sur le même plan que les vertus morales, intellectuelles et civiques signale de façon assez claire l'émergence d'une idéologie hellénisante dans laquelle la réalisation individuelle prenait une importance inconnue jusqu'alors.

Richesse et politique

Dans ces documents que l'on peut qualifier de « primaires » que constituent les épitaphes et éloges funèbres (même résumés, comme celui de Caecilius Metellus) on constate que désormais, dans les objectifs d'un aristocrate romain, l'enrichissement figurait en bonne place. Il s'agissait sans doute, à l'origine, d'une recherche d'un accroissement de la fortune dans une perspective patrimoniale et non d'une quête de la richesse pour le luxe, mais le fait est d'importance parce qu'il prouve qu'en une génération les choses avaient changé, même si l'idéologie traditionnelle d'austérité des Caius Fabricius et Attilius Regulus a pu se conserver et se perpétuer dans quelques cercles très restreints jusqu'à la fin du siècle suivant. L'enrichissement de Lucius Metellus s'était opéré tout d'abord par les immenses profits, directs ou indirects, tirés des victoires de la guerre contre Carthage : butin, terres d'État disponibles pour l'exploitation ; mais il venait aussi, probablement, du grand commerce maritime. Ces nouvelles conditions créaient des disparités considérables au sein même de l'aristocratie, selon que ses membres avaient été chargés ou non de grandes opérations militaires et qu'ils s'étaient ou non aventurés dans des opérations commerciales ; les équilibres politiques pouvaient en être menacés. Il est très significatif, de ce point de vue, qu'une importante législation « somptuaire » pour limiter les dépenses de l'aristocratie ait été élaborée depuis la fin du IIIe siècle et jusqu'à Sylla : on ne compte pas moins de huit lois en un peu plus d'un siècle. La première, en 217, concernait le luxe des vêtements. C'est la deuxième qui est la plus connue parce qu'elle réprimait le luxe des femmes et parce que, vingt ans après sa ratification, le débat sur son abrogation donna lieu à une violente diatribe de Caton le Censeur : il s'agissait de la *lex Oppia* qui, en 215, interdisait aux femmes de détenir plus d'une demi-once d'or, de porter des vêtements multicolores, d'utiliser une voiture à l'intérieur de Rome. Mais les plus significatives furent les lois Fannia (161), Didia (143) et Licinia (140) qui réglementaient les dépenses autorisées à l'aristocratie, notamment au cours des banquets qu'elle offrait lors des cérémonies publiques. Cette volonté de contrôler ces dépenses ne se comprend que si on la met en rapport avec une autre forme de législation, celle qui réprimait la corruption électorale : ce n'est pas un hasard si deux des lois somptuaires furent suivies par deux lois *de ambitu* qui punirent très sévèrement (la peine était l'exil) ceux qui étaient convaincus d'avoir acheté leurs électeurs.

Une autre forme de la lutte contre le pouvoir corrupteur du profit avait été la tentative de s'en prendre à l'accaparement des terres publiques : on connaît pour le début du IIIe siècle des procès intentés à des citoyens qui avaient étendu au-delà du raisonnable leur exploitation de terrains publics non attribués :

> Cette année-là [298] les édiles assignèrent beaucoup de citoyens, parce qu'ils possédaient plus de terre que ne permettait la loi ; presque aucun ne se justifia, et cela entrava fortement une avidité démesurée. (Tite-Live, *Histoire romaine,* 10, 13, 14.)

C'est précisément cette loi *de modo agrorum* qui devait servir plus tard à Tiberius Gracchus de précédent pour justifier sa proposition de redistribution de parcelles de territoire à des citoyens déclassés.

L'effort pour réprimer l'irruption de l'argent dans la vie politique a été accompli par l'aristocratie sénatoriale elle-même : certaines lois furent votées sur demande préalable du Sénat qui, par ailleurs, fit passer un sénatus-consulte interdisant de produire des bêtes exotiques dans les jeux du cirque. Si l'on cherche un sens à toutes ces mesures, par-delà l'image moralisatrice que la tradition nous en donne, il apparaît que ce qui changeait avec l'afflux d'argent combiné au désir d'exalter les réussites personnelles, c'est que la richesse était effectivement devenue un moyen de s'assurer la suprématie à l'intérieur de l'aristocratie : si l'on prétendait interdire les dépenses somptuaires pour les banquets tandis que l'on réprimait sévèrement la corruption électorale et que l'on interdisait d'investir des sommes énormes dans la capture et le transport de lions et d'éléphants pour les jeux du cirque, c'est bien que certains membres de l'aristocratie sénatoriale avaient transformé leur richesse en moyen de pouvoir politique.

Dans le même temps, le Sénat se préoccupa du désordre que risquait d'introduire l'implication de ses membres dans le grand commerce : la part que prenaient certaines familles sénatoriales à ces activités – qui n'étaient pas encore frappées du discrédit qui les caractériseront un peu plus tard – est démontrée par un plébiscite (très activement soutenu par Caius Flaminius, en 219) interdisant désormais à tout sénateur ou fils de sénateur de posséder un navire de haute mer de plus de trois cents amphores de capacité, parce que l'on estimait qu'un bateau de cette taille devait permettre de transporter les produits de l'exploitation familiale nécessaires à la consommation personnelle. Cette mesure législative avait pour but, en effet, de limiter la tentation des grandes familles de s'impliquer dans une activité particulièrement risquée, qui pouvait les ruiner du jour au lendemain (comme on leur interdisait de s'endetter pour offrir des banquets somptueux ou pour acheter des bêtes féroces). Ce n'est que par la suite que cette mesure destinée à assurer la conservation de l'ordre le plus élevé de l'État a donné naissance à un véritable mépris pour la recherche du bénéfice, le *quaestus*.

L'aménagement de la Ville

Toutes ces mesures destinées à freiner les dépenses privées des sénateurs paraissent un peu dérisoires au regard de l'utilisation qu'ils firent des deniers publics pour ce qui concernait l'urbanisme. Les Romains ont longtemps eu un peu honte de leur ville, dont ils savaient bien que l'on se moquait dans le monde grec. Ce n'est point qu'elle ne fût pas assez étendue – bien au contraire, puisque sa muraille de 11 km, reconstruite après le désastre gaulois de 390, ceignait un espace de plus de 500 hectares, ce qui en faisait l'une des cités les plus étendues de l'époque, en tout cas la plus grande de la péninsule italienne ; non, ce qui faisait un peu honte aux Romains, c'était le caractère hétéroclite de leurs constructions et leur aspect un tantinet démodé. Il faut dire que le site accidenté ne facilitait pas les choses, comme le rappelle Cicéron qui s'emporte contre l'idée d'envoyer une troupe de colons à Capoue :

> Lorsque dans ce pays les décemvirs auront, en vertu de la loi, installé cinq mille colons, établi cent décurions, dix augures, six pontifes, imaginez leur fierté, leur emportement, leur insolence. Rome, placée dans un site de montagnes et de vallées, et comme suspendue dans les airs avec ses maisons à plusieurs étages, percée de rues médiocres et très étroites, Rome, en comparaison de leur Capoue, qui s'étale au milieu d'une vaste plaine, dans une admirable situation, sera l'objet de leurs moqueries et de leur mépris. (Cicéron, *Second Discours sur la loi agraire*, 96.)

Les Romains donnaient de l'apparence désordonnée de leur ville une explication particulière et plutôt valorisante, parce qu'elle témoignait de leur dynamisme : pour eux, après les destructions opérées par les Gaulois, leurs ancêtres avaient voulu reconstruire au plus vite pour effacer les stigmates de cet épisode douloureux :

> À qui mieux mieux on se mit à rebâtir Rome. Les tuiles furent fournies par l'État ; quant à la pierre et au bois de charpente, on eut le droit d'en tirer d'où on voudrait, en s'engageant sous caution à achever la construction dans l'année. Cette hâte dispensa du soin d'aligner les rues et de bien distinguer son terrain de celui d'autrui : où il y avait un vide, on bâtissait. Voilà pourquoi les vieux égouts, primitivement établis

> sous la voie publique, passent aujourd'hui par endroits sous des maisons particulières et pourquoi l'aspect de la ville offre l'image de prises de possession plutôt que d'une répartition régulière. (Tite-Live, *Histoire romaine*, 5, 55, 2-4.)

En fait, on l'a vu, l'archéologie ne révèle aucune trace de destruction pour cette période et s'il faut expliquer l'absence d'organisation systématique des zones urbaines de Rome dont la forme générale était avant tout déterminée par les circulations et non pas par une conception structurée de l'espace, c'est, bien sûr, parce qu'elle s'était modelée selon ce que l'on appelle le type évolutif et progressif (par opposition au type volontaire qui correspond aux cités bien dessinées des fondations coloniales). D'où le caractère indifférencié du centre civique qui mêle cultes, assemblées politiques, fonctions administratives, jeux, sur un fond de petit commerce ; d'où aussi la non-fixité entre domaine public et domaine privé.

Ce qui est vrai c'est que Camille (le dictateur Marcus Furius Camillus) avait mené, après le départ des Gaulois, un programme de construction qui paraît très conservateur et très proche de ce que la tradition prêtait au roi Seruius Tullius : il avait restauré le temple de Fortuna au Forum Boarium (réputé avoir été construit par le roi) et lui avait accolé un temple à Mater Matuta ; et il avait refait la muraille « servienne » ; à cela il faut ajouter la dédicace, sur l'Aventin, d'un temple à Junon Reine qu'il avait « évoquée » à Véies et, surtout, après 367, le symbolique temple à Concordia, au pied du Capitole et dominant le Forum. Pour autant que nous puissions en juger, il n'y avait pas là un véritable plan d'aménagement urbain. Apparemment les choses ne changèrent guère dans ce domaine puisque pour les décennies qui suivirent, nous ne connaissons d'opérations de constructions que ponctuelles, à l'occasion de victoires : sur les trente-sept temples dont la construction est attestée entre 345 et 190, trente-deux sont liés à des opérations militaires. Selon une procédure qui tenait à la fois de la prière et de l'action de grâces, et conformément au bon vieux principe *do ut des*, le chef de l'armée proposait une sorte de marché à une divinité, lui promettant une construction et un culte en échange de la victoire. Tite-Live a conservé, dans une forme archaïque (qui pourrait bien être celle qu'il a puisée dans la tradition), la formule par laquelle le consul Appius Claudius voua un temple à Bellone en 296 au cours de la guerre contre les Étrusques et les Samnites : *Bellona, si hodie nobis victoriam duis, ast ego tibi templum uoueo* (« Bellone, s'au jour d'hui tu nous donnes victoire, si te voué-je un temple »). On ne sait malheureusement pas toujours pourquoi le consul s'adressait à telle ou telle divinité, du moins à haute époque, comme c'est le cas ici, ni ce qui se passait dans le cas où la divinité ne comblait pas les espérances mises en elle. En revanche, on sait bien que le chef victorieux était personnellement redevable de la réalisation de son engagement, ce que le latin exprime en termes très clairs puisqu'il dit que le général était *damnatus uoti*, expression qu'il est évidemment impossible de traduire faute de disposer d'une situation juridique équivalente. Or la réalisation de ce vœu dépendait à la fois du Sénat qui devait donner l'autorisation et fournir le terrain, sans que l'on perçoive jamais la moindre préoccupation urbanistique, et des pontifes auxquels revenait la charge de consacrer l'espace (*templum* désigne, originellement, l'espace consacré). Dès lors le magistrat (ou son héritier, s'il venait à mourir) avait le devoir de mettre en œuvre toutes les procédures, du projet architectural jusqu'à la passation des marchés et même à la réception des travaux, en assurant lui-même le financement *ex manubiis*, c'est-à-dire en utilisant une part de butin spécifiquement destinée à cette fin, alors qu'après avoir récompensé ses troupes il versait le reste de la *praeda* au trésor. La phase la plus importante était bien sûr la *dedicatio*, à la fois civile et religieuse : le pontife qui en était chargé, la toge ramenée sur sa tête comme pour un sacrifice, devait tenir le jambage de la porte et prononcer des paroles consacrées qui étaient gardées secrètes ; une fois terminée cette cérémonie de consécration qui impliquait une translation de la propriété de l'édifice du peuple à la divinité, la dédicace proprement dite était opérée par le magistrat qui, lui aussi, était *capite uelato*, et qui devait répéter les formules que lui dictait le pontife. C'est alors que le magistrat dédicant pouvait faire graver son nom pour attester la réalisation de son vœu – et immortaliser son œuvre.

Ce qui devait changer, à la fin du IIIe siècle, était d'abord que les hommes qui se chargeaient de ces constructions et aménagements les concevaient comme un moyen d'exalter leur propre grandeur ; c'était ensuite que ces vieux temples tout de bois et de terre cuite à la mode italique devaient être désormais construits en tuf puis, plus tard, en marbre ; et c'était enfin que les travaux d'utilité collective allaient prendre une place beaucoup plus importante. Bien sûr, dans la période précédente, Rome avait bénéficié d'aménagements utilitaires ; mais précisément parce que ces travaux, sous la responsabilité des censeurs, n'avaient pas été revendiqués comme des actes d'évergétisme, ils n'apparaissent que très sporadiquement dans nos sources. Une exception notable concerne le premier aqueduc, l'*Aqua Claudia*, commencé en 312 par le censeur Appius Claudius Pulcher et qui apportait à Rome, grâce à un parcours de plus de seize kilomètres, 75 000 m^3 d'eau par jour. Le deuxième aqueduc fut commencé quarante ans plus tard : il s'agissait de l'*Anio uetus* qui devait donner 180 000 m^3 par jour ; les six aqueducs en fonction à la fin de la République apportaient quotidiennement 600 000 m^3. Ces ouvrages, dans une ville traversée par un fleuve et qui ne manquait ni de sources ni de réservoirs pour les eaux de pluie, avaient sans aucun doute des fonctions utilitaires d'assainissement et de fourniture de flux pour combattre les incendies, mais ils témoignaient aussi, à l'évidence, de la supériorité de la technique romaine capable de domestiquer l'élément fluide, transporté soit dans des canaux à écoulement libre, pour les premiers, soit par des tuyaux sous pression, même si cette technique était en partie dérivée des Grecs et des Étrusques.

Si les questions d'hydraulique étaient déjà très avancées, ce type d'entreprise n'était encore rien par rapport aux grands chantiers qui s'ouvrirent à partir des deux dernières décennies du IIIe siècle et dont les produits furent marqués plus évidemment par l'influence hellénistique. À partir de 212 le Sénat chargea les édiles de remanier le vieux port de commerce, le Forum Boarium, soumis aux caprices d'un fleuve qui sortait de son lit plusieurs fois par an, en ruinant les bâtiments qui y étaient implantés, pour ne rien dire des incendies, comme celui de 241 et, surtout, celui de 213 qui fut déterminant dans la décision. L'ouvrage consistait en le rehaussement d'une hauteur de sept mètres du sol du Forum : on construisit donc en bordure de fleuve un mur en tuf, et l'on remblaya derrière cette véritable digue jusqu'à retrouver le niveau des pentes douces du Champ de Mars et du Capitole, ce qui contraignit à refaire, sept mètres plus haut, les constructions ensevelies (et l'archéologie a mis au jour, dans la zone dite de l'*area sacra* de Sant'Omobono, les vestiges des constructions originelles).

En même temps, il était apparu que l'espace ainsi renouvelé était insuffisant pour assurer dans de bonnes conditions le commerce des denrées exportées (sel, bois, tuf) et l'importation des céréales et autres denrées destinées à l'alimentation de la Ville ; et, surtout, qu'il était désormais trop sacralisé pour continuer à supporter ces activités commerciales jugées un peu dégradantes. D'autant qu'il y avait, dans cette zone, des cultes très anciens dont les liens avec le commerce, pourtant évidents, avaient dû s'estomper – comme celui de Portunus (dont le temple est encore visible de nos jours), celui d'Hercule (dont on sait qu'il était aussi la divinité des hommes d'aventure que sont les gens du commerce maritime) – à côté de divinités (Mater Matuta, qui est l'Aurore, temple archaïque lui aussi, mais en outre Fortuna, Ianus, Iuno Sospita et Spes) sans rapport aucun avec cette activité. À cela s'ajoutait que la pompe triomphale, qui partait du circus Flaminius, y faisait un long détour après être passée sous la *Porta Triumphalis* qui se trouvait précisément devant les temples de Fortuna et de Mater Matuta. C'est la raison pour laquelle on décida la création, un bon kilomètre en aval, d'un nouveau port de commerce, l'*Emporium*, que Marcus Æmilius Lepidus, édile en 193, se chargea de réaliser. Là aussi il fallut aménager les berges pour permettre l'accostage des bateaux, remblayer et, surtout, on construisit un immense magasin situé à 90 m en retrait, la Porticus Æmilia : rectangle de 487 m x 60 m, soit près de trois hectares de surface couverte, dont la toiture reposait sur 294 piliers qui divisaient l'espace en trois nefs. Cette construction était techniquement nouvelle car pour sa mise en œuvre on adopta, pour la première fois sur un ensemble monumental, l'*opus caementicium* avec un parement d'*incertum* de tuf, ce qui correspondait à une sorte d'industrialisation de la mise en œuvre des matériaux. Dans le même temps, l'édile faisait édifier les piles d'un pont (dont le tablier ne devait être posé qu'en 142), le premier pont en pierre de Rome, destiné à relier le Forum Boarium à la rive droite du Tibre.

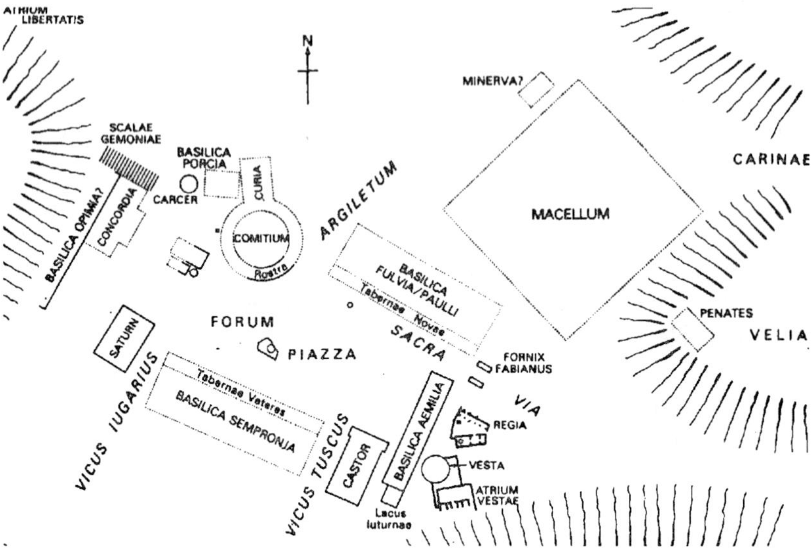

Plan du Forum romain

Le Forum romain, lui aussi, fit l'objet d'une restructuration importante qui commença par l'élimination des commerces de bouche regroupés plus au nord-est, dans un *Macellum*, sorte de marché couvert quadrangulaire et fermé (pour assurer un contrôle plus facile et empêcher les vols). Ainsi dégagé des activités malodorantes des bouchers et des poissonniers, le Forum acquérait une *dignitas* plus conforme à sa vocation religieuse et politique que, dans le même temps, affirmaient des constructions nouvelles, comme la fameuse basilique Fuluia Paulli – appelée plus souvent Æmilia –: elle fut édifiée en son centre puisque l'espace qui la séparait dudit Macellum, sur lequel elle s'ouvrait, faisait encore partie de la place, et fut mise en chantier par les censeurs de 179. Elle n'était pas le premier bâtiment civil à porter ce nom grec de basilique: déjà le censeur de 184, Marcus Porcius Cato, que l'on dit pourtant avoir résisté de toutes ses forces à l'influence hellénique, avait doté le Forum d'une basilique à l'ouest de la curie dont elle était contiguë: certes l'architecture devait en être moins sophistiquée que celle des portiques des cités hellénistiques dont elle s'inspirait, mais le modèle était bien celui-là. Et quelques années plus tard, Tiberius Sempronius Gracchus, censeur en 170, fit ériger la Basilica Sempronia (qui fut remplacée, plus tard, par la Basilica Iulia construite par César). Ces bâtisses multifonctionnelles étaient longées, du côté du centre de la place, par des boutiques, les Tabernae Nouae le long de la Fuluia Paulli (encore visibles aujourd'hui), et les Tabernae Veteres le long de la Sempronia; mais cette fois il s'agissait d'échoppes qui accueillaient des activités moins dégradantes, celles de changeurs ou d'artisans qui travaillaient l'or et les pierres précieuses. Enfin, en 164, l'un des deux censeurs, Lucius Æmilius Paullus, fit édifier la Basilica Æmilia, portique qui se trouvait sur la partie orientale de la place entre le temple des Castors et la Regia, demeure officielle du Pontifex Maximus dont elle constituait l'entrée monumentale.

Basilica Æmilia
sur une monnaie de 61

L'Aqua Marcia sur une monnaie de 56

Des hommes, des temples et des dieux

Toutes ces constructions, faites sur deniers publics, avaient, au-delà de leur caractère utilitaire de structuration et de décoration de l'espace urbain, une portée politique évidente : le magistrat qui en avait dirigé l'exécution leur donnait presque toujours son nom (Pons Æmilius, Basilica Porcia) et ses descendants ne manquèrent pas d'en rappeler le souvenir en frappant des monnaies qui représentaient les édifices comme étant ceux de leur famille, si bien qu'en termes d'image il n'y avait guère plus de différence entre les constructions triomphales et les réalisations utilitaires des censeurs et des édiles. Et encore faudrait-il évoquer les opérations de pavage des rues, dont les Romains gardaient le souvenir, ne fût-ce que parce que les responsables des travaux y faisaient graver leur nom pour le leur rappeler, ou encore le tracé des grandes routes italiennes, nommées d'après leur réalisateur (comme la *uia Flaminia* entre Rome et Ariminum, entreprise par Caius Flaminius lors de sa censure, en 220). Or pendant ce temps la traduction monumentale des qualités personnelles des chefs de guerre n'avait cessé de s'affirmer, comme le montre l'histoire de la dédicace à Honos et Virtus. Le consul de 233, Quintus Fabius Maximus Verrucosus, célébra sur les Ligures un triomphe et commença la construction d'un temple qu'il avait voué au cours des opérations. La divinité honorée était Honos, une vertu divinisée dont il n'est pas aisé de comprendre ce qu'elle signifiait : disons qu'elle représentait la reconnaissance humaine et divine qu'entraînent les vertus individuelles de compétence et de courage dans le domaine militaire. De ce point de vue, Fabius illustrait donc, lui aussi, la nouvelle mentalité des membres de l'aristocratie. Le Sénat en avait autorisé la construction sur un terrain situé juste à la sortie sud de Rome par la porte Capène, sur la *uia Appia*, dans une zone où se dressait déjà l'*aedes Martis*, le temple à Mars construit au début du IVe siècle à l'occasion d'opérations menées contre des Gaulois, déjà, et le rapprochement des deux édifices consacrés dans des guerres contre le même ennemi n'est sans doute pas un hasard : plus que des préoccupations urbanistiques, c'est la sacralité particulière des différents lieux de la ville qui devait souvent commander le choix des emplacements. Quoi qu'il en soit, en 222, Marcus Claudius Marcellus voua, lui, un temple à Honos & Virtus au cours de sa campagne sicilienne : il ajoutait explicitement la *Virtus*, les qualités personnelles demeurées implicites dans la dédicace précédente à l'Honos qui en était la traduction dans la cité. Marcellus aurait voulu utiliser le temple préexistant, parce qu'en définitive il ne faisait que préciser la dédicace précédente, mais il en fut empêché par les Pontifes, qui, eux, continuaient de veiller au contenu religieux des vœux et des constructions qui en découlaient ; il dut donc construire, jouxtant celui d'Honos, un second temple qui fut dédié par son fils en 205. Un autre exemple est celui du temple voué, en 180, par le proconsul Quintus Fuluius Flaccus à la Fortune Équestre. En grave difficulté contre les Celtibères dont la redoutable formation tactique en coin (le *cuneus*) commençait à désorganiser les rangs de ses manipules, il rassembla sa cavalerie pour envelopper l'ennemi qu'il réussit à mettre en déroute. Après la victoire, il promit un temple à Fortuna Equestris et des jeux à Jupiter Très Bon Très Grand. Passons sur les péripéties scandaleuses de la construction de ce temple (au Champ de Mars) et sur la réduction imposée par le Sénat aux dépenses prévues pour les jeux ; ce qui est significatif dans l'histoire de ce personnage, c'est l'orgueil démesuré d'un homme qui voua un temple à une divinité dont il n'avait pas daigné demander l'assistance au moment de se lancer à la tête de ses cavaliers. D'une certaine façon, les dieux étaient repoussés à l'arrière-plan et ne servaient plus que de faire-valoir au primat de l'initiative individuelle.

Sur un plan architectural et urbanistique, la Porticus Octauia qui fut édifiée en 168 le long du Circus Flaminius, au Champ de Mars, marqua une étape nouvelle : l'ouvrage était novateur en ce que les chapiteaux de ses colonnes de style corinthien (et ce fut le premier emploi d'un style destiné, comme on sait, à un large développement) étaient en bronze ; en ce qu'il était une véritable transposition du *temenos* grec (et une préfiguration de ce que seront, au terme d'une évolution romaine du concept architectural, les Forums impériaux) ; et en ce qu'aligné sur le côté nord du Circus Flaminius, au Champ de Mars, il amorçait une véritable structuration des temples construits autour dudit cirque. Tout se passe, en effet, comme si l'on avait voulu ceindre le Circus Flaminius d'une série de quadriportiques contigus qui enclosaient, chacun d'eux, un ou deux temples : ainsi le temple d'Hercule aux Muses reçut, lui aussi, une ceinture monumentale avant que Quintus Caecilius Metellus Macedonicus ne construise, dans le voisinage immédiat, à côté du temple de Iuno Regina, celui de Iuppiter Stator et n'édifie autour des deux temples la Porticus Metelli, temple et portique étant les deux premières constructions en marbre (du Pentélique) de Rome. L'architecte était Hermodoros, originaire de Salamine de Chypre, qui exerça une influence considérable sur les constructions futures. D'une façon plus générale, de nombreuses constructions triomphales s'agrégèrent autour du parcours de la cérémonie du triomphe qui partait du Circus Flaminius pour rejoindre le temple de Jupiter Capitolin après être passé par le Forum Boarium, avoir contourné le Palatin en traversant le Circus Maximus et emprunté Via Sacra et Cliuus Capitolinus.

L'invention de la monnaie

Toutes ces opérations n'ont été possibles que parce que Rome s'enrichissait de ses conquêtes, bien sûr, mais aussi parce qu'elle finit par adopter un système monétaire qui lui manquait jusqu'au début du IIIe siècle. On a du mal à imaginer comment pouvait fonctionner un État de cette importance et comment une société aussi hiérarchisée en classes définies par le *census* avait pu se mettre en place sans le secours de la monnaie. D'ailleurs les historiens anciens eux-mêmes ne le comprennent plus, qui raisonnent pour les périodes archaïques comme si l'économie était déjà une économie monétaire. C'est flagrant pour ce qui concerne les dettes pour lesquelles Tite-Live imagine qu'elles furent à l'origine des troubles opposant la plèbe au patriciat au début du Ve siècle ; et il raconte l'histoire bien émouvante de ce vieillard hâve et à la barbe hirsute déambulant sur le Forum et en qui la foule eut tôt fait de reconnaître un ancien centurion dont les cicatrices qu'il portait sur la poitrine témoignaient de la bravoure. Le pauvre hère raconta alors qu'au retour d'une campagne il avait trouvé sa propriété dévastée par l'ennemi, qu'il avait emprunté mais que, bien vite, il s'était trouvé dans l'incapacité de rembourser capital et intérêts et que son créancier l'avait donc mis au cachot où il subissait des sévices, dont son corps – son dos, cette fois-ci – portait les traces (récentes). Ce lamentable épisode aurait ému à ce point les citoyens que l'on frôla l'émeute (et en tout cas l'année suivante la plèbe fit sécession). Il faut revenir à une interprétation plus vraisemblable de l'épisode dont rien ne nous permet de penser qu'il est pure forgerie. Ce que Tite-Live comprend comme une « dette » se dit en latin *aes alienum*, que nous ne pouvons traduire que comme le « bronze d'autrui ». Que s'était-il donc passé qui avait réduit le brillant centurion à l'état d'esclave maltraité ? La perte d'une partie de ses biens est vraisemblable ; mais parmi ceux-ci devaient figurer aussi les petits lingots d'une livre (un peu plus de 320 g, en latin *as*) de bronze accumulés par ses ancêtres et par lui, qui constituaient son capital social, en quelque sorte, celui qui lui permettait de se faire recenser dans une classe suffisamment élevée pour être recruté comme légionnaire, activité saisonnière en principe lucrative. Comme apparemment il n'avait pas rapporté assez de bronze de sa précédente campagne pour garantir le maintien de son statut social, il avait demandé à un voisin de prélever sur le sien et de le lui prêter pour un temps, afin que les consuls (les censeurs n'existaient pas encore) le maintînssent dans sa condition, persuadé qu'il serait indemnisé des dommages subis ou que les prochaines campagnes lui permettraient de se refaire. On sait, pour une période postérieure, celle de l'interminable guerre contre Véies à l'extrême fin du ve siècle, que l'on avait décidé le principe d'un *stipendium*, une sorte de « solde » destinée à compenser l'absence de butin et qui était fournie grâce à un prélèvement sur les réserves des citoyens les plus riches, non mobilisés (le *tributum*, l'ancêtre de l'impôt). En effet toute campagne se soldait par la distribution, sous forme de lingots de bronze, d'une part de butin aux soldats : on a retrouvé des lingots de cinq livres (un peu plus récents, il est vrai) qui présentaient au droit une tête des Dioscures et une tête d'Apollon au revers, et qui avaient été coulés pour cette fin. Lors donc que l'on se trouva la première fois devant un siège qui dura plusieurs années, il fallut bien trouver un moyen substitutif pour récompenser les troupes qui n'avaient rien pillé et leur permettre de rapporter cette richesse sociale qui faisait du service dans la légion un privilège enviable. Pour notre centurion, en tout cas, butin ou *stipendium*, comme il n'avait pas acquis une quantité suffisante de lingots qui lui permît de rendre à autrui son bronze, celui-ci n'eut d'autre ressource que de lui mettre la main dessus pour le réduire en esclavage, dans les formes légales, non pour se rembourser sur sa capacité de travail, ce qui eût été impossible compte tenu de la très faible valeur du travail salarié, mais, tout simplement, pour se venger : d'où les mauvais traitements. Le bronze « d'autrui » n'était pas une monnaie et, par conséquent, il est invraisemblable que le centurion ait pu en emprunter pour les dépenses courantes de son exploitation. Dans le même sens, on observera que les amendes infligées par les magistrats dans cette période, d'abord fixées en têtes de bétail puis, à partir du milieu du ve siècle, en bronze (une loi fixant l'équivalence de chaque type de bétail), n'avaient pas pour objectif d'appauvrir celui qui en était frappé, mais qu'elles tendaient à le menacer dans son statut social. Les échelons de l'organisation censitaire étaient fixés, pour les quatre premières classes, au seuil de 100 000, 75 000, 50 000 et 25 000 unités, c'est-à-dire livres de bronze : infliger une amende de 15 000 livres constituait un sérieux avertissement puisqu'une deuxième pénalité de même importance devait entraîner irrémédiablement la descente dans la classe inférieure. En sens inverse, une récompense versée par l'État pouvait donner l'espoir d'une promotion sociale : on connaît l'exemple d'esclaves qui avaient dénoncé un complot et qui furent gratifiés de la liberté et de 10 000 livres, soit 1 000 livres de moins que le seuil de la 5e classe censitaire (parce que l'on ne pouvait tout de même pas admettre directement dans le corps civique, quelque méritants qu'ils fussent, des esclaves sans leur avoir laissé le temps de faire leur apprentissage civique).

Quand et comment donc en vint-on à frapper monnaie à Rome ? Dans le premier tiers du IIIe siècle (à partir de 269), sous forme de didrachmes, c'est-à-dire sur la base d'une monnaie grecque, parce que les contacts que Rome entretenait avec les cités grecques du sud de la péninsule (qui, elles, connaissaient la monnaie depuis longtemps déjà) et les besoins de régler les échanges avec elles, notamment pour l'approvisionnement des armées en matériels et en vivres (et parce que les monnaies grecques rapportées dans le butin n'y suffisaient plus), l'avaient amenée à frapper ces pièces d'argent dont l'équivalence fut fixée à dix as libraux (d'une livre). Commença alors l'histoire de la monnaie romaine qui fut d'abord marquée, comme on s'en doute, par des dévaluations de l'as qui, d'une livre, perdit du poids, à partir de la grande guerre de Sicile, au milieu du siècle, pour tomber, à la fin du siècle, à 55 grammes (que l'on appelle « as sextantaire » parce qu'il pèse à peu près ce que pesait sa subdivision primitive, le sextans). Et c'est à partir de 213 que Rome se mit à frapper sa monnaie d'argent, le denier qui, lui aussi, valait dix as. Le système monétaire romain était né.

L'aristocratie connaissait, bien sûr, la monnaie et certains de ses membres devaient posséder de jolis petits magots de pièces grecques prises sur le butin. Mais une chose est d'avoir des drachmes, une autre de les utiliser comme de la monnaie. Pline l'Ancien, dans un livre consacré aux métaux, raconte à ce sujet une curieuse anecdote qu'il a trouvée dans une histoire des familles romaines écrite par un aristocrate de la fin de la République :

> Reste un trait merveilleux relatif au cuivre, que nous n'omettrons pas. La famille Servilia, illustre dans les fastes, nourrit avec de l'or et de l'argent un triens de cuivre qui dévore ces deux métaux. L'origine et la nature m'en sont inconnues. Je rapporterai là-dessus les paroles mêmes du vieux Messalla : « La famille des Seruilii possède un triens sacré, auquel elle offre un sacrifice annuel avec un soin et une magnificence extrêmes. On prétend qu'on le voit tantôt croître, tantôt décroître et qu'il présage ainsi la grandeur ou la décadence de cette famille. (Pline, *Histoire naturelle,* 34, 137.)

Comme son nom l'indique, le *triens* est une subdivision de l'as (un tiers de livre) et la vieille famille patricienne des Seruilii, qui avait connu bien des vicissitudes, constitua, au IIIe siècle, ce culte familial rendu à l'ancienne unité de mesure des patrimoines, auquel elle sacrifiait de l'or et de l'argent, comme pour témoigner de son attachement aux bonnes vieilles traditions romaines. Et les Seruilii ne devaient pas être les seuls à résister ainsi puisque l'on constate qu'à la même époque Rome a continué à produire des lingots de bronze qui portaient des symboles (inspirés de l'art grec, il est vrai, et que l'on désigne du nom générique d'*aes signatum*). L'entrée dans une économie monétaire n'a dû se faire que progressivement.

Finances et droit

Cela dit, si pour ce qui était du rapport des Romains à l'égard de la monnaie l'évolution devait se faire de façon plus ou moins rapide selon les périodes, le grand conflit avec Hannibal avait eu des conséquences importantes : au plan de la pratique individuelle, il ne fait aucun doute que la longueur et la difficulté des opérations ont été un frein à la diffusion de la monnaie, chacun cachant soigneusement les ressources métalliques dont il disposait ; et comme toujours dans ces circonstances, l'État a fini par épuiser ses propres réserves. En revanche, dans le domaine de l'administration publique, cette situation a créé des contraintes nouvelles auxquelles il a bien fallu s'adapter. Tite-Live qui donne, en quelques endroits, des indications chiffrées, permet de se faire une idée de l'ampleur croissante des marchés et de la manière dont ils étaient assumés : sur la base d'une évocation des besoins en complément d'habillement de l'armée d'Hispanie en 215, les sociétés de publicains, qui avaient été déclarées adjudicataires de ces marchés à la suite d'une mise aux enchères, avaient à fournir des marchandises pour une somme d'environ huit cent mille deniers, ce qui revient à dire que les dix-neuf personnages composant les trois sociétés adjudicataires devaient présenter de solides garanties – attendu que le marché exigeait, par membre desdites sociétés, une mise de fonds préalable de quarante mille deniers dont l'État leur demandait de faire l'avance, incapable qu'il était à ce moment de rassembler les moyens nécessaires. D'une façon générale, il fallait avoir les reins de plus en plus solides pour s'engager sur des sommes pareilles, puisque la qualification censitaire la plus élevée (celle qui représentait le capital nécessaire pour faire partie de l'ordre équestre) se montait à dix mille deniers (cent mille as). Et encore ne s'agissait-il que de faire parvenir aux hommes des équipements de rechange pour quatre légions. Les choses changeaient d'échelle lorsqu'on devait calculer l'ensemble des équipements et des approvisionnements destinés aux vingt légions que, bon an mal an, les Romains mobilisèrent tout au long de la guerre d'Hannibal.

Cette question des approvisionnements des armées ne posait pas seulement des problèmes de disponibilité de valeurs métalliques et de circulation monétaire : il ne fallait pas seulement trouver les négociants qui avaient une surface financière solide, mais aussi les convaincre de s'engager dans les marchés et pouvoir les assurer jusqu'au bout. Pour ce qui était de l'Hispanie, précisément, il avait bien fallu que l'État invente des incitations qui rendent le marché attractif pour les sociétés, ce qu'il fit en prenant à son compte les risques du transport par mer : on le sait grâce à une affaire de fraude à laquelle avait donné lieu ce marché et qui, en 212, faillit tourner mal :

> La levée des troupes des consuls fut entravée par le comportement de Marcus Postumius Pyrgensis, qui fut près d'amener une violente émeute. Ce Postumius était un

publicain qui, pendant de nombreuses années, n'avait eu d'égal à Rome pour la malhonnêteté et la cupidité que Titus Pomponius Veientanus, tombé l'année précédente aux mains des Carthaginois commandés par Hannon, alors qu'il pillait imprudemment la campagne lucanienne. Ces deux hommes, profitant de la garantie accordée par l'État contre les risques encourus du fait des tempêtes par les fournitures qu'on apporterait aux armées, avaient déclaré des naufrages imaginaires ; et même quand les naufrages qu'ils avaient annoncés étaient réels, leur propre ruse et non le hasard en était la cause. Ils chargeaient quelques marchandises de peu de valeur sur de vieux navires branlants, qu'ils faisaient couler au large (l'équipage était recueilli sur des canots préparés à l'avance), puis ils prétendaient que la cargaison perdue était bien plus considérable. (Tite-Live, *Histoire romaine*, 25, 3, 8-11.)

Les tribuns de la plèbe s'étant saisi de l'affaire et voulant infliger une lourde amende (deux cent mille as) à chacun des deux contrevenants, les représentants des sociétés de publicains firent irruption en masse sur le lieu de réunion du peuple et l'on était prêt à en venir à la dernière extrémité lorsque les tribuns se résolurent à mettre fin à l'assemblée avant l'effusion de sang. Pourtant l'affaire n'en resta pas là puisque, après bien des tergiversations, le Sénat, qui dans un premier temps n'avait pas voulu s'aliéner les sociétés de publicains dans une circonstance où l'on avait particulièrement besoin d'elles, finit par voter un sénatus-consulte qualifiant les troubles apportés à l'assemblée tribunitienne d'atteinte à la sûreté de l'État et les coupables furent poursuivis, cette fois pour crime capital.

Mais la pénurie de métal et la réticence des publicains honnêtes à s'engager dans des opérations commerciales risquées n'étaient pas les seuls obstacles à une bonne administration : la structure juridique de leurs sociétés faisait peser sur les opérations des aléas supplémentaires. Comme toutes les sociétés de droit privé, les *societates publicanorum* n'existaient que par l'apport réciproque (même inégal) des sociétaires, par l'intérêt commun qu'ils avaient à se réunir, par le but licite qu'ils assignaient à leur société et par la volonté formelle *(affectio societatis)* qu'ils en témoignaient. Mais ces associations d'intérêts n'avaient pas une existence juridique propre, indépendante de celle de chacun des associés, ce qui faisait que chacun d'entre eux était responsable sur son patrimoine vis-à-vis des tiers soit pour sa part sociale (si c'était précisé dans le contrat) soit plus communément pour sa part virile ; et surtout la mort de l'un d'eux entraînait la dissolution automatique de la société. On conçoit que des règles aussi contraignantes aient été jugées peu compatibles avec des marchés qui prenaient une grande ampleur et qu'il est vite apparu nécessaire de garantir la durée à des sociétés se chargeant de marchés dont la réalisation pouvait s'étendre sur plusieurs mois, voire plusieurs années. En établissant que l'on pouvait distinguer le patrimoine, les créances et les dettes de la collectivité de ceux de ses membres, et en admettant conséquemment que la disparition de l'un d'entre eux ne remettait pas en cause l'existence de la société, les Romains inventèrent la personnalité juridique (ils disaient la *persona*) qui représente un progrès juridique considérable.

Ces transformations étroitement liées au contexte diplomatique et militaire de Rome sont par ailleurs indissociables de l'évolution culturelle qui, depuis le milieu du IIIe siècle, était allée bon train, même si, comme tout phénomène d'acculturation, elle suscitait enthousiasme et rejet. C'est à cette époque qu'eut lieu l'ouverture à Rome de la première école élémentaire publique ; elle fut créée par un affranchi du consul de 234, Spurius Caruilius (célèbre par ailleurs parce qu'il fut le premier Romain à divorcer, sa femme ne pouvant lui donner d'enfants et qu'il avait juré aux censeurs, quelques années plus tôt, que c'était la raison pour laquelle il l'épousait). Bien sûr il y avait eu des écoles à Rome avant cette date, mais la formation élémentaire était traditionnellement donnée à l'intérieur des familles. Le goût pour la culture grecque avait créé des besoins nouveaux et cette école devait y répondre en préparant les enfants à suivre les enseignements « supérieurs » en grec et en latin que Liuius Andronicus et Næuius, les deux « inventeurs » de la littérature latine, dispensèrent eux aussi.

Ces besoins nouveaux, dont témoignaient l'évolution de l'architecture et de l'urbanisme et la création de la monnaie, se manifestèrent, de façon privilégiée, dans le domaine culturel. Nous savons par des sources anciennes que l'année 240 fut celle où, pour la première fois, on représenta sur scène une véritable tragédie, à la grecque : ce fut à l'occasion des *Ludi Romani*, à la mi-septembre. Ces Jeux romains, qu'on appelait aussi les *Ludi Magni*, les Grands Jeux, étaient une fête collective en l'honneur du plus puissant des dieux, Jupiter. Leur institution était ancienne puisqu'on la faisait remonter à Tarquin l'Ancien ; et ils étaient, en effet, marqués par leur origine étrusque. Il s'agissait d'abord d'une procession religieuse qui se rendait du temple de Jupiter Capitolin au Grand Cirque, en passant par le Forum. Cette *pompa circensis* ne manquait pas de couleurs : elle était ouverte par le magistrat qui y présidait, vêtu de la même façon que le triomphateur ; suivaient, organisés en bataillons, les jeunes gens qui devaient bientôt prendre la toge virile, à cheval ceux dont le père était de rang équestre, à pied ceux que leur statut familial destinait à servir dans l'infanterie. Venaient alors les auriges, cochers qui devaient participer aux courses de chars et, presque totalement nus, les athlètes engagés dans les différentes compétitions. Puis s'avançaient, répartis en trois classes d'âge (adultes, adolescents, enfants) et dans des costumes colorés (pour les plus âgés, soit avec casques et lances soit déguisés en satyres), les danseurs, chaque groupe étant précédé d'un danseur isolé qui commandait figures et rythme ; les suivaient immédiatement les musiciens, flûtistes et citharèdes, et les porteurs de parfums. La dernière partie du cortège était constituée des éléments proprement religieux, instruments du sacrifice et statues des dieux que l'on se proposait d'honorer par ces réjouissances. Au *Circus Maximus*, avant le début des spectacles, le magistrat et les prêtres se lavaient les mains et purifiaient les victimes (des bœufs) en les aspergeant d'eau lustrale avant de les couronner d'épis et d'ordonner leur sacrifice : les unes étaient assommées, d'autres égorgées avec le couteau consacré, selon les divinités auxquelles elles étaient destinées. Les sacrificateurs prélevaient alors les prémices, les saupoudraient de farine et les portaient dans des corbeilles sur les autels. Là les officiants les posaient sur le feu et, pendant que ces chairs brûlaient, ils procédaient à des libations de vin. Les festivités pouvaient alors commencer avec, à l'époque archaïque, exclusivement des compétitions sportives (courses de char, lutte, pugilat, épreuves athlétiques) réparties autour de la fête proprement dite du dieu Jupiter, aux ides (le 13) de septembre.

Le théâtre

Ce qui changea, en 240, c'est que les édiles curules, traditionnellement chargés de l'organisation des jeux, ajoutèrent des *ludi scaenici*, des spectacles de théâtre dont ils avaient fait la commande à un personnage dont on a dit qu'il était considéré comme l'« inventeur » de la littérature latine : Liuius Andronicus. Bien sûr les Romains connaissaient le théâtre depuis longtemps, mais, à l'époque archaïque, dit-on, sous la forme d'une danse sacrée à caractère magique plutôt que d'une représentation théâtrale au sens grec. Un très intéressant passage de Tite-Live, consacré à la première institution de *ludi scaenici* à l'occasion d'une épidémie, en 364, esquisse l'évolution du théâtre à Rome :

> Sans paroles versifiées, sans mimique imitant l'action d'un poème, des « ludions » appelés d'Étrurie dansaient [autrefois] au son de la flûte et, à la façon étrusque, faisaient des pas gracieux. Les jeunes se mirent alors à les imiter, mais en se lançant, en même temps, les uns aux autres, des plaisanteries improvisées en vers grossiers, non sans accorder les gestes aux paroles. On accueillit donc le jeu, qu'une pratique assez fréquente mit en vogue. Les acteurs indigènes reçurent le nom d'« histrions », *ister* désignant en étrusque le ludion. Ils ne se lançaient plus comme autrefois, l'un l'autre, au hasard de l'improvisation, un vers sans cadence et informe, semblable au fescennin, mais représentaient des *saturae* d'une musique suivie dans lesquelles la flûte commandait le chant et le mouvement s'harmonisait avec elle. Des années après, Liuius osa le premier, laissant les *saturae*, lier sa pièce par une intrigue ; comme il jouait naturellement aussi, ce qui était général à l'époque, ses propres œuvres, les rappels répétés du public fatiguèrent sa voix ; il demanda la permission de placer devant le joueur de flûte un jeune garçon chargé du chant, obtint satisfaction et, dit-on, put donc jouer les parties chantées avec beaucoup plus de force dans le geste, libéré qu'il était de l'usage de la voix. Ainsi les histrions commencèrent-ils à avoir à leur disposition un chanteur et réservèrent-ils leur voix pour les dialogues. Avec une telle règle théâtrale, on était loin d'un divertissement bouffon et sans frein ; peu à peu le jeu s'était mué en une manifestation artistique. (Tite-Live, 7, 2, 3-11.)

En d'autres termes, l'innovation introduite par Liuius Andronicus avait consisté à combiner des modèles grecs, caractérisés par une intrigue cohérente, avec des types de représentation plus marqués qu'en Grèce par les chants et la musique, ce qui explique les caractéristiques propres à la tragédie latine, dans son développement ultérieur, qui se distingue en effet nettement de la grecque par la place qu'elle fait aux parties chantées, les *cantica*, beaucoup plus importantes que les parties lyriques du chœur grec.

Mais le schéma de l'évolution « littéraire » du genre théâtral que nous donne Tite-Live dissimule une réalité que l'on a longtemps affecté d'ignorer : le théâtre constituait la véritable culture populaire d'« un peuple musicien jusqu'à la folie et danseur jusqu'à l'indignité ». Le théâtre était un élément de la vie collective et tout était objet de représentation : les triomphes étaient sans aucun doute l'occasion de mimes qui avaient la même fonction d'actualisation que les tableaux et les inscriptions que l'on faisait défiler dans la procession : faire revivre les exploits des vainqueurs, leurs difficultés, raconter les anecdotes. On sait ainsi que Naeuius, l'autre précurseur, avait écrit un *Clastidium*, une *fabula praetextata* qui racontait les exploits de Marcus Claudius Marcellus devant les Gaulois en 222 et une *Ambracia* narrant la victoire de Marcus Fuluius Nobilior en 189 ; mais la dédicace d'un temple donnait lieu, elle aussi, à un rappel scénique des conditions (la plupart du temps triomphales) de la dédicace et, surtout, à une édification de la foule sur la divinité qui était honorée, l'histoire de son mythe, les rituels qui lui étaient propres. Le théâtre avait alors pour fonction d'enseigner au peuple de Rome son « histoire sainte ». C'est ainsi que se constituait une culture commune, et certains historiens modernes considèrent d'ailleurs que l'histoire des origines de Rome telle que nous la racontent Tite-Live ou le Grec Denys d'Halicarnasse n'a pu leur être connue qu'à travers les innombrables représentations dont elle constituait le thème. Rien d'étonnant, par conséquent, à ce que les acteurs aient été eux-mêmes appelés à participer à des rituels religieux ; comme, par exemple, à la fête d'Anna Perenna, aux ides de mars :

> Aux ides, a lieu la fête joyeuse d'Anna Perenna, non loin de tes rives, Tibre étranger. Le peuple vient, se disperse un peu partout sur l'herbe verte et boit ; chacun s'étend aux côtés de sa chacune. Certains restent sous le ciel de Jupiter ; quelques-uns dressent des tentes ; d'autres se font avec des branchages des cabanes de verdure ; certains plantent des roseaux en guise de colonnes rigides et étendent une toge par-dessus. Cependant le soleil et le vin les échauffent, ils demandent aux dieux autant d'années qu'ils videront de coupe, et ils comptent en buvant. [...] Ils chantent là tout ce qu'ils ont appris au théâtre et les gestes accompagnent prestement les paroles ; ils mènent autour du cratère posé sur le sol des rondes sans façon, et la petite amie, en toilette, danse, cheveux au vent. Au retour, ils sont titubants et se donnent en spectacle ; la foule sur leur passage les appelle « bienheureux ». (Ovide, *Les Fastes,* 3, 523-540, traduction Henri Le Bonniec.)

Il est assez évident qu'il s'agit d'une fête de l'amour et que si l'on construit des abris c'est moins pour s'abriter du soleil, qui n'est pas très ardent à la mi-mars, que pour préserver l'intimité des accouplements des participants avec leur compagne, en l'occurrence une « actrice » dont le statut est indiqué par le fait qu'elle porte la toge dont on sait que, comme vêtement féminin, il signale la « disponibilité » de celle qui la porte. On rappellera que ces actrices étaient aussi mises à contribution dans d'autres fêtes religieuses comme les *Floralia*, au cours desquelles elles étaient invitées à se déshabiller sur scène ; on le sait parce qu'en 55 Marcus Caton, qui passait pour un homme d'une rigueur extrême, assistait aux Jeux floraux donnés par l'édile de la plèbe, Caius Messius, qui était son ami ; il était assis aux côtés de l'édile et le peuple n'osait pas, en sa présence, réclamer, comme de coutume, que les mimes se mettent nues ; il fallut lui expliquer que sa présence gênait. Il se leva donc et quitta le théâtre sous un tonnerre d'applaudissements ; et le spectacle put continuer.

Ce théâtre vivant, en grande partie improvisé, ne répondait à aucune des caractéristiques de genre littéraire et les représentations pouvaient bien mêler du tragique, du comique, de l'érotique, comme se mélangeaient le mime, la danse et la musique, l'essentiel étant que les Romains retrouvent ce qui faisait le fonds de leurs croyances et de leurs valeurs. On n'a malheureusement rien conservé de ces pièces originelles ; une de ses formes était celle de la *satura*, la satire, pot-pourri de répliques en grande partie improvisées et fortement teintées de critique sociale – d'autant qu'à ses débuts elle avait été confiée à la jeunesse romaine constituée en classe d'âges, investie donc d'une fonction quasi institutionnelle de contestation et parce que c'était une des caractéristiques de ce peuple, toujours prêt à brocarder les puissants en les affublant de surnoms ou en chantant des couplets pour le moins désobligeants au cours leur triomphe (n'oublions pas les soldats de César, qu'ils accusaient d'avoir eu une petite tendresse pour le roi de Bithynie, et qui chantaient, en défilant derrière son char : « César a soumis les Gaules. Nicomède a soumis César. Vous voyez aujourd'hui triompher César qui a soumis les Gaules, mais non point Nicomède qui a soumis César »). Il n'y a donc pas lieu de penser que la naissance d'un genre théâtral ait définitivement éteint la verve des « satiristes », comme en témoigne le développement (plus tardif, il est vrai, puisque ce n'est peut-être qu'à partir de la fin du IIe siècle qu'il se répandit) d'un genre nouveau de théâtre populaire, l'Atellane, qui tire son nom d'une petite ville de Campanie où, dit-on, il prit naissance : il s'agissait de comédies fondées sur des types de personnages (le vieillard avare et libidineux, le soldat fanfaron...) semblables à ceux que la *commedia dell'arte* devait mettre en scène et dont elle a parfois conservé les noms. Et, dans le même temps, la *satura* devenait, elle aussi, un genre littéraire avec le premier grand poète satirique, Lucilius, aristocrate terrien, très critique à l'égard de la noblesse romaine et de ses mœurs corrompues. On sait que la veine satirique était promise à un bel avenir avec Horace, Perse et Juvénal.

Ce qui était nouveau avec le premier théâtre que l'on pourrait dire littéraire, c'est précisément qu'il s'adaptait à la classification traditionnelle des Grecs. Les sujets des premières tragédies latines en témoignent : pour autant que nous puissions le savoir par les neuf titres et les quelques très rares fragments qui nous sont parvenus de son œuvre dramatique, Liuius Andronicus traitait presque exclusivement du cycle troyen. Il y a donc toute vraisemblance pour qu'il en ait été de même pour la première représentation, lors des *ludi scaenici* de 240, ce dont il faut bien rendre compte, s'agissant d'un spectacle donné dans le cadre des Jeux romains et commandé par des édiles curules, au lendemain de la grande victoire remportée par Rome en Méditerranée. Il paraît peu douteux que l'intention ait été de manifester clairement au monde que la victoire était revenue à une cité qui participait, par ses traditions culturelles, aux valeurs du monde hellénique et que, donc, sa domination en Italie du Sud et en Sicile (ce que l'on appelle « la Grande-Grèce ») correspondait à un rétablissement de l'ordre grec contre la tyrannie barbare des Puniques. Si c'est à Liuius Andronicus que l'on commanda cette œuvre, c'est bien sûr parce que ce Grec originaire de Tarente avait une double culture et était recommandé par la puissante famille des *Liuii,* à qui il devait la citoyenneté romaine ; mais ce devait être aussi parce qu'il commençait déjà à être célèbre et comme acteur et comme auteur. Il est évidemment très significatif qu'après cette tragédie Liuius Andronicus se soit attaché à traduire en latin l'*Odyssée* d'Homère : on ignore s'il s'agissait encore d'une commande, mais le choix de l'œuvre témoigne en tout cas d'une continuité de propos, car si l'*Iliade* avait été et restait l'épopée nationale des Grecs, la Méditerranée occidentale portait plus volontiers son intérêt sur l'*Odyssée,* qui racontait les aventures du prince d'une île de l'Adriatique dont certaines légendes faisaient un compagnon d'Énée et voyaient dans les fils qu'il avait eus de Circé les fondateurs d'un certain nombre de cités italiennes (dont Rome elle-même).

Ces débuts d'une littérature latine furent féconds : la tragédie se romanisa avec un autre Grec, originaire de Campanie, lui : Cneius Næuius composa des *fabulæ prætextatæ,* c'est-à-dire des pièces traitant de sujets nationaux par opposition aux *fabulæ palliatæ*, tragédies à la grecque (du nom du manteau grec, le *pallium*). Mais Næuius sut aussi, comme son modèle, être poète épique et il composa le premier, en vers saturniens, une *Guerre punique*, pour raconter les épisodes du conflit entre Rome et Carthage (auquel lui-même avait participé en qualité de soldat) : pour autant que l'on puisse en juger par les rares fragments qui nous en sont conservés, loin d'être une simple épopée historique, le *Bellum Punicum* replaçait le conflit dans la légende troyenne qui rappelait le passage d'Énée en Afrique ; elle avait sans doute un caractère national marqué dans la mesure où elle visait à mobiliser, au moment des années noires de la deuxième guerre punique, les énergies pour résister à l'envahisseur.

La comédie, elle aussi, naquit dans ces années de bouillonnement culturel de Rome et si les auteurs comiques dont nous avons conservé les œuvres, Plaute et Térence, peuvent paraître de simples traducteurs de comédies grecques (puisque leurs personnages sont des Grecs et que l'action se passe en Grèce), les dissemblances entre les comédies de l'un et de l'autre sont telles qu'il faut bien leur reconnaître une originalité. Et, par ailleurs, on se gardera d'oublier des auteurs qui ne sont hélas plus que des noms et qui donnèrent à la scène des comédies purement latines (appelées donc *fabulae togatae* par opposition aux *palliatae*) : Titinius, Atta, Afranius, dont les pièces furent jouées pendant au moins deux siècles.

Théâtre et politique

Et pourtant, malgré la fréquence des représentations théâtrales – puisque l'année était pour ainsi dire ponctuée de grands jeux qui étaient l'occasion de spectacles et alors même que la fréquentation était particulièrement nombreuse –, à la différence des grandes villes d'Italie du Sud, mais aussi à la différence des jeux du cirque pour lesquels il y avait des constructions déjà anciennes et sans cesse améliorées, il n'y avait pas, à Rome, de théâtre construit (au moins jusqu'en 55), comme si tous les espaces de la Ville étaient susceptibles de se transformer en lieux de spectacle. Il suffisait en effet d'une baraque en bois *(scaena)* qui servait de coulisses et supportait le décor *(frons scaenae)*, éventuellement d'une estrade *(pulpitum)*, afin que le spectacle pût se donner devant des spectateurs qui restaient debout. Les censeurs de 154, Marcus Valerius Messalla et Caius Cassius Longinus, avaient bien décidé la construction d'un théâtre en pierre et passé des marchés pour sa réalisation, mais un sénatus-consulte interdit son édification, fit vendre aux enchères les matériaux et les outils destinés à la construction, et fixa à mille pas à l'entour de Rome la limite à l'intérieur de laquelle il n'était pas permis d'aménager des places assises, ni pour le théâtre ni pour les jeux du cirque. Le propos n'était évidemment pas de diminuer l'intérêt des représentations théâtrales, ce qui eût été tâche irréalisable. On savait bien que rien ne pourrait empêcher les Romains de venir en foule et de faire répéter plusieurs fois par les acteurs telle réplique qui leur paraissait une allusion à la situation politique du moment, même si elle était dans un répertoire classique. Cicéron raconte, en juillet 59, comment le peuple réagit à des vers qui semblaient avoir été écrits contre Pompée :

> Quant à ce que pense le peuple de Pompée, c'est surtout au théâtre et aux divers spectacles qu'on a pu s'en rendre compte. Aux jeux de gladiateurs, tant le maître que ses acolytes ont été sifflés outrageusement. Aux Jeux apolliniens, le tragédien Diphilus a attaqué notre ami Pompée avec insolence ; on l'a forcé de redire mille fois le vers « Notre misère t'a fait grand » [allusion au *cognomen* Magnus de Pompée]. Le théâtre entier l'a acclamé quand il a récité :
>
> « Cette même valeur dont tu fais vanité
> Un jour te coûtera des larmes. »
>
> Et de même toute la suite. C'est qu'aussi de tels vers ont l'air d'avoir été écrits tout exprès par un ennemi de Pompée. La tirade « Si rien ne te contraint, ni la loi ni les mœurs... » provoqua un grand murmure et des cris. (Cicéron, *Lettres à Atticus*, II, 19.)

Mais on savait aussi que rien n'empêcherait les Romains d'applaudir à l'entrée de certains magistrats ou d'en siffler d'autres. À en croire Cicéron, le théâtre entier s'en était pris à Clodius, responsable de son exil, au cours des Jeux floraux de 57 :

> Mais pourquoi rappeler l'attitude ferme et courageuse du peuple romain, découvrant enfin la liberté après une longue servitude, à propos d'un homme [sc. Clodius] qui, en dépit de sa candidature à l'édilité, ne fut même pas épargné par les comédiens, quand il était en face d'eux à la représentation ? On jouait une comédie romaine, je crois ; à pleine voix, tout le chœur, penché vers cet homme infâme, lui jeta au visage :
>
> « Après de tels débuts, telle sera, Titus,
> La misérable fin de tes jours corrompus. »
>
> Il restait assis, le souffle coupé, et cet homme qui, auparavant, animait ordinairement ses assemblées des cris insolents de ses « choristes », se voyait chasser du théâtre par la voix des « choreutes ». (Cicéron, *Discours pour Sestius,* 118.)

Non, si l'on interdisait la construction d'un édifice de théâtre à Rome, c'était plutôt par désir de ne pas donner dans la mollesse que l'on reprochait aux Grecs et qui avait dénaturé leurs régimes démocratiques en « ochlocraties » (gouvernement par la populace) parce que le théâtre n'y servait pas seulement aux spectacles, mais recevait aussi des assemblées populaires. Cela dit, ces interdictions n'empêchaient pas que des lieux de la Ville se fussent en quelque sorte spécialisés dans les spectacles scéniques, comme par exemple cette zone intermédiaire entre Champ de Mars et Forum Boarium, presque au pied du Capitole, là où devait s'élever, par la suite, le théâtre de Marcellus ; et dans ces lieux scéniques qui n'étaient pas encore des théâtres, certains magistrats romains ont fait des dépenses somptuaires pour flatter leurs concitoyens dans leur passion, tel Marcus Æmilius Scaurus, édile curule en 58, qui fit édifier un mur de scène :

> Au cours de son édilité, Scaurus fit exécuter le plus grand ouvrage de ceux qui aient jamais été faits de main d'homme, non pour un temps limité, mais avec l'intention de le faire durer éternellement. Ce fut son théâtre ; la scène comportait 3 étages et 360 colonnes ; cela dans une ville qui n'avait pas supporté 6 colonnes faites en marbre de l'Hymette sans en faire grief à un citoyen si important [allusion au fait que l'on avait reproché à un censeur de l'année 92, L. Licinius Crassus, les colonnes de marbre du péristyle de sa demeure]. La partie la plus basse de la scène était de marbre, le milieu de verre, matière que le luxe n'osa jamais utiliser à cette fin, même après cet exemple, le haut de bois doré. Comme nous l'avons dit, les colonnes du bas mesuraient 38 pieds de haut [x 0,296 = 11,248 m]. Les statues de bronze des entrecolonnements étaient, comme nous l'avons indiqué, au nombre de trois mille [...]. Telle fut l'ampleur des autres fournitures, étoffes attaliques, tableaux et autres décors scéniques, que la villa de Tusculum, où l'on avait transporté les somptueux objets d'usage courant qui étaient de reste, subit, quand des esclaves irrités l'eurent livrée aux flammes, une perte de trente millions de sesterces. (Pline l'Ancien, *Histoire naturelle,* 36, 114-115.)

Un autre démagogue, Caius Scribonius Curio, dépensa des fortunes pour construire, hors les murs, un dispositif théâtral assez extravagant dont il vaut la peine de lire la description :

> C. Curion [...] ne pouvait, à l'occasion des jeux funèbres en l'honneur de son père [a. 52], surpasser Scaurus en somptuosité et en pompe [...]. Curion avait donc dû faire appel à son esprit d'invention et imaginer quelque chose. Il vaut la peine de savoir ce qu'il inventa [...]. Il fit construire, juxtaposés, deux théâtres très vastes de bois, qui étaient suspendus chacun sur des pivots mobiles : ceux-ci étaient adossés quand on donnait la représentation théâtrale des jeux le matin, de manière qu'il n'y eût pas gêne réciproque entre les bruits des deux scènes ; d'un coup on les faisait pivoter – après l'expérience des premiers jours, certains spectateurs restaient même assis – et les deux extrémités des deux théâtres se rejoignant, Curion obtenait un amphithéâtre où il donnait des combats de gladiateurs, à qui il faisait courir moins de risques qu'au peuple romain en le faisant tourner.
>
> Et celui qui va demander aux assemblées tribunitiennes la permission de secouer avec un tel appareil les tribus suspendues dans les airs, que n'osera-t-il du haut des rostres [tr. pl. 50] auprès de ceux à qui il aura fait accepter une telle proposition ! Car il faut le reconnaître, en toute vérité, aux jeux funèbres offerts auprès du tombeau du père de Curion, c'est le peuple romain tout entier qui s'est battu. Comme les pivots s'étaient fatigués et déréglés, Curion varia l'aspect de sa magnificence ; le dernier jour, en effet, conservant la forme de l'amphithéâtre, il donna sur les deux scènes opposées par le milieu une représentation de jeux athlétiques, et, le même jour, faisant retirer

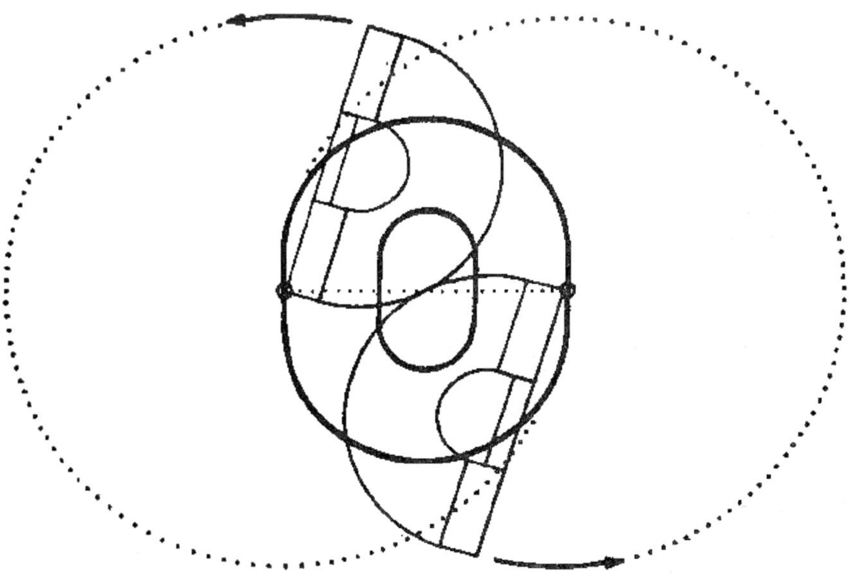

L'amphithéâtre de Curion

soudain les planches, il présenta ceux des gladiateurs qui avaient été victorieux. Et Curion n'était pas roi ni empereur des nations, sa richesse n'était pas remarquable, c'était un homme qui n'avait pour toute fortune que la discorde des premiers citoyens. (Pline, *Histoire naturelle*, 36, 116-120.)

Le *Theatrum lapideum*

Ce n'est que dans la dernière décennie de la *libera Res Publica* que Rome fut dotée d'un théâtre à la mesure de sa grandeur. Pompée, en 55, inaugura celui dont il avait décidé la construction, au Champ de Mars, sur un terrain de quatre hectares qui lui appartenait : il s'agissait d'un ensemble complexe contenant un théâtre de quarante mille places, au sommet de la *cauea* duquel Pompée avait fait réaliser un temple à Venus Victrix de 40 sur 30 m, en sorte que les gradins semblaient des marches pour y accéder. Le diamètre de cette construction était de 150 m pour une scène qui avait 90 m de large. Comme le terrain sur lequel il était bâti était plan, à la différence des théâtres grecs, tous adossés à la pente d'une colline, on imagine assez bien que, pour réaliser cet immense bâtiment, il fallait maîtriser parfaitement la technique de l'*opus caementicium*, cet ancêtre du béton que l'on parait ensuite de marbre. Derrière le mur de scène, la construction se prolongeait par un immense quadriportique de 180 sur 135 m où étaient aménagées des pièces d'étude (des *scholae*) et qui encadrait un terrain de plus de deux hectares, arboré et divisé en trois nefs par quatre rangées de piliers ; enfin, à l'extrémité opposée au théâtre proprement dit on avait réalisé une salle de réunion pour le Sénat, la curie de Pompée, là où devait être assassiné César. Tout, dans cette réalisation, était fait pour susciter l'admiration et l'étonnement : la masse immense de l'ensemble qui devait être visible de loin et qui rendait un peu dérisoire, au dire de Pline l'Ancien, la statue colossale de Jupiter que, par la suite, l'empereur Claude installa à son voisinage ; le temple juché à plus de trente mètres de hauteur, la luxueuse décoration du portique qui, outre la figuration de la geste d'Alexandre, exhibait les statues des quatorze nations vaincues par Pompée ; et puis la décoration du mur de scène où étaient figurés des *mirabilia*, des faits extraordinaires, comme ces tableaux représentant Eutychès qui avait eu trente enfants ou Alcippe qui avait accouché d'un éléphant ; mais aussi les personnages que Pompée invita aux spectacles dont l'inauguration fut l'occasion, ces acteurs octogénaires ou nonagénaires ; les jeux mêmes qui furent alors donnés et qui ne se terminèrent pas à l'avantage de leur donateur :

Sous le second consulat de Pompée, pour la dédicace du temple de Venus Victorieuse, vingt éléphants (ou, selon d'autres, dix-sept) combattirent, dans le cirque, contre des Gétules qui les attaquaient à coups de javelot. On admira le combat livré par l'un d'eux qui, les pieds transpercés, se traîna sur les genoux contre ses adversaires à cheval, arrachant leurs boucliers et les jetant en l'air ; au grand plaisir des spectateurs qui, voyant ces boucliers décrire des cercles en retombant, croyaient à un tour d'adresse plutôt qu'à un effet de la fureur de la bête. Une autre grande surprise aussi fut de voir un éléphant tué d'un seul coup ; un javelot, entrant sous l'œil, avait atteint dans la tête

> les organes vitaux. Tous ensemble ils tentèrent une sortie, non sans jeter la panique dans la foule, malgré les grilles de fer qui les entouraient [...]. Ayant perdu tout espoir de fuite, les éléphants de Pompée implorèrent la miséricorde du peuple dans des attitudes indescriptibles et poussèrent des lamentations où ils semblaient pleurer sur eux-mêmes, si bien que les spectateurs émus de pitié, oubliant le respect dû au général et la munificence déployée par lui en leur honneur, se levèrent tous ensemble en versant des larmes, et lancèrent contre lui des malédictions qu'il dut bientôt expier de sa personne. (Pline l'Ancien, *Histoire naturelle*, 8, 20-21.)

La raison de Rome

Au fond, toutes ces manifestations populaires pouvaient témoigner d'une bonne santé de la démocratie, notamment pour Cicéron qui s'en réjouit ou les déplore selon le ton qu'elles prenaient ou les personnalités à qui elles s'adressaient, mais qui n'en contesta jamais la légitimité. Pourtant, comme ses contemporains, Cicéron a bien dû avoir le sentiment que la cité n'était plus ce qu'elle avait été et que les mécanismes essentiels avaient été faussés ; et il devait bien se rendre compte qu'il avait, lui aussi, prêté la main à l'entreprise de dénaturation, par exemple lorsqu'en 66, et pour des raisons de carrière personnelle, il prononça un vibrant plaidoyer pour que l'on attribue à Pompée une extension des pouvoirs exorbitants qu'on lui avait déjà confiés l'année précédente. En tout cas, ce n'est que lorsque la situation institutionnelle et politique eut commencé à se bloquer qu'il entreprit d'écrire ses œuvres théoriques, qui prolongent explicitement celles de Polybe puisqu'il choisit de placer son dialogue *Sur la République* en 129, peu de temps avant la mort de Scipion Émilien. Reprenant donc le cours de cette réflexion politique, il se plaça délibérément dans une perspective historique et dynamique parce que, selon lui, le plus important était que cette Constitution qui avait fait Rome ce qu'elle était, c'était Rome elle-même qui l'avait faite au fil des siècles : à la différence des institutions des cités grecques qui, souvent, avaient été l'œuvre d'un grand législateur (comme Lycurgue pour Sparte), celles de Rome étaient le résultat d'une stratification, chaque époque trouvant son Romain d'exception capable de les faire évoluer en fonction des situations nouvelles. Mais il y a quelque chose de pathétique dans cette réflexion *a posteriori* sur ce qu'aurait pu devenir Rome et dans l'affirmation un peu désespérée selon laquelle, à la différence des hommes, une cité n'est pas fatalement condamnée à mourir.

Cette interrogation pathétique sur le devenir de Rome, au moment où tout le monde avait le sentiment que les valeurs et les traditions républicaines étaient en train de disparaître, est, de façon apparemment paradoxale, à l'origine d'une véritable révolution culturelle qui, à partir d'une interrogation sur le *mos maiorum*, la coutume ancestrale, et d'un désir d'en sauvegarder le souvenir pour le rendre mobilisable dans la crise, devait amener à un effort sans précédent de rationalisation des savoirs et des traditions jusqu'alors épars et simplement cumulatifs. Rome entrait, du fait même des troubles qui l'agitaient, dans une ère de la compilation de la mémoire, mais aussi de son organisation, dans une ère d'encyclopédisme. Aucun des domaines du savoir n'y échappa, du droit à la religion, en passant par la langue latine, le calendrier, l'agriculture, la géographie, l'architecture, les institutions (avec, notamment, Cicéron) : au-delà des cas particuliers que transmettait la tradition et dont il importait de sauvegarder le souvenir, il convenait d'établir des hiérarchies et de trouver des systèmes explicatifs. Il est indéniable que ce sont les penseurs grecs qui ont fourni aux Romains les instruments intellectuels de cette démarche (la logique), mais l'effort, qui tendit à une spécialisation, et ses fruits, une sorte d'autonomisation de la culture dans une société où, traditionnellement, l'élite avait toujours moins valorisé le contenu des connaissances que les pratiques sociales qu'elles alimentaient, sont liés à l'histoire particulière d'une cité. Mais précisément le pathétique naît de ce que cette brillante éclosion des « Lumières » sous le signe de la Raison s'est produit dans une cité qui devait accoucher, dans le sang, d'un régime autocratique.

CHAPITRE XIV

La grande crise

par François Hinard

Le début de la fin

Les gestes et les actes politiques des deux frères Tiberius et Caius Gracchus ont eu un si grand retentissement sur l'histoire de Rome que l'on est fondé à parler de « l'époque des Gracques » comme d'un moment déterminant. Dès l'Antiquité, ces dix années ont été considérées comme le début de la grande crise qui allait secouer la République jusqu'à l'avènement d'Auguste. Ont-ils été réformateurs ou réactionnaires, ou doit-on croire ceux qui les accusent d'avoir été des révolutionnaires ? Peu importe, au total. Ce qui compte c'est qu'ils ont eu à gérer le tribunat de la plèbe à un moment où la situation politique et sociale de Rome exigeait des aménagements et que, chacun à sa façon, ils ont formalisé certaines de ces exigences en forgeant des pouvoirs nouveaux ; et c'est aussi, et surtout, que leur fin tragique a donné l'exemple d'un nouveau mode de règlement des conflits politiques :

> À Rome, la plèbe et le Sénat se querellèrent souvent au sujet de l'établissement des lois, de l'abolition des dettes, du partage des terres conquises, ou à l'occasion de l'élection des magistrats. Toutefois, il ne s'agissait pas de violences civiles, mais seulement de dissentiments et de discordes, dans le respect des lois, et ils arrangeaient cela avec beaucoup de retenue par de mutuelles concessions. [...] On n'a jamais mentionné un glaive introduit à l'assemblée ni un meurtre de citoyen avant l'époque où Tiberius Sempronius Gracchus était tribun et cherchait à faire voter des lois : il fut le premier à périr au cours d'une émeute, et avec lui beaucoup de gens qui se pressaient au Capitole furent tués aux alentours du temple. Après cette abomination, le désordre ne connut plus de restriction car, à chaque occasion, les Romains se divisaient

ouvertement les uns contre les autres ; ils portaient souvent des poignards et, de temps à autre, quelque magistrat était assassiné, dans un sanctuaire, au comitium ou sur le Forum : il s'agissait de tribuns, de préteurs, de consuls, ou de candidats à ces fonctions, ou de personnes notables à d'autres égards. La violence et le désordre ne cessaient de tout envahir peu à peu, comme d'ailleurs un honteux mépris des lois et de la justice. (Appien, *Guerres civiles,* 1, 1-2, traduction de Paul Goukowsky.)

Ce que dit Appien, c'est que loin de n'être qu'un épisode dans une histoire déjà longue et mouvementée, le tribunat de la plèbe que les Gracques exercèrent à dix ans d'intervalle eut des conséquences symboliques, et donc politiques, considérables. Il n'est que de se reporter aux allusions que fait Cicéron aux Gracques dans ses discours, tant judiciaires que politiques, pour comprendre quelle empreinte leurs actes politiques et leur mort avaient laissée sur la vie publique. À dater de cette époque le recours à la violence pour vider les querelles politiques semble être devenu, en effet, un trait saillant de la vie publique. Ce ne furent, certes, tout d'abord, que des rixes provoquées par le prolétariat urbain, mais le phénomène dégénéra et embrasa la cité dans une guerre civile généralisée.

Cela dit, les questions dont ils s'étaient saisis et qui ont cristallisé les oppositions politiques en mouvements de violence étaient centrales et ont, en effet, constitué le cœur du débat dans les décennies qui ont suivi : quelle structure sociale fallait-il sauvegarder, retrouver ou recréer dans l'État romain pour assurer sa pérennité, quelle devait être la place des Italiens dans ce dispositif ? Ce n'est que bien plus tard que Rome apporta une réponse durable à ces questions, au prix d'un bouleversement profond des institutions, bouleversement que les Gracques eux-mêmes avaient amorcé.

Tiberius Gracchus

La famille plébéienne Sempronia dont étaient issus Tiberius et Caius Sempronius Gracchus était illustre. Elle était noble, du fait des magistratures exercées par les ancêtres. Leur arrière-grand-père, Tiberius Sempronius Gracchus, avait conquis la Sardaigne et avait eu un fils, prénommé lui aussi Tiberius, qui fut deux fois consul (en 215 et 213) et occupa également les fonctions de *magister equitum* de Marcus Iunius Pera, le dictateur nommé immédiatement après le désastre de Cannes afin de compléter le Sénat qui avait été décimé. Le neveu de cet homme, un autre Tiberius Gracchus, était le père de nos deux personnages. Il exerça deux fois le consulat et fut également censeur (en 169), ce qui lui fut l'occasion de faire bâtir, au Forum, la *Basilica Sempronia* (que César remplacera par la *Basilica Iulia*). On lui accorda deux triomphes, dont l'un à l'occasion d'une campagne en Hispanie, en 178, où il s'était illustré par l'établissement d'un nouveau type de rapports avec les indigènes et la fondation d'une ville qui portait son nom, Gracchuris. Cette belle carrière s'explique en partie par le très beau mariage qu'il avait fait en épousant la patricienne Cornelia, fille du célèbre Publius Cornelius Scipio Africanus Maior, Scipion l'Africain. Tiberius mourut vers 150 après avoir engendré douze enfants, dont neuf moururent en bas âge.

Les trois survivants étaient Tiberius, l'aîné, Caius, de neuf ans son cadet, et leur sœur Sempronia. Cette dernière épousa Publius Cornelius Scipio Aemilianus, Scipion Émilien, le destructeur de Carthage, renforçant ainsi les liens entre les familles Sempronia et Cornelia.

Tiberius naquit en 163 et ses antécédents le destinaient tout naturellement à une carrière brillante, pour peu qu'il en eût les capacités. À cette voie toute tracée, il préféra cependant un chemin plus aventureux, et, depuis l'Antiquité, on s'interroge sur ce qui conduisit un tel homme à le choisir. Cornelia, sa mère, a sans doute joué un rôle dans ce choix. Après la mort de son mari, elle exerça apparemment une influence considérable sur ses enfants. N'avait-elle pas refusé la main du roi d'Égypte pour mieux s'occuper d'eux ? Elle veilla à leur éducation avec le plus grand soin et leur assura de solides bases en lettres grecques. On a d'ailleurs souvent incriminé ces lectures jugées subversives qui auraient inspiré au jeune Tiberius des idées dangereuses. Elle ne trahit d'ailleurs jamais la mémoire de ses illustres rejetons, déclarant plus tard que les lieux sacrés où ils avaient péri étaient des tombeaux dignes des morts qui les occupaient. Retirée à Misène, elle racontait à ses visiteurs les hauts faits de ses fils et ceux de son père l'Africain, comme s'il s'agissait d'événements de l'histoire ancienne.

Les Romains lui rendirent hommage en érigeant dans le portique de Métellus (au Champ de Mars) une statue en bronze à son effigie (probablement entre 107 et 100). L'honneur était d'autant plus remarquable qu'il devait s'agir de la première statue publique érigée pour une femme : elle était représentée assise, dans l'attitude de l'Aphrodite de Phidias, et la base portait l'inscription suivante : « À Cornelia, fille de l'Africain, mère des Gracques ».

Base de la statue de bronze de Cornelia

Mais on ne peut pas, non plus, minimiser le rôle des deux précepteurs de Tiberius Gracchus : Diophane de Mytilène, qui lui enseigna la rhétorique, et Blossius de Cumes, un stoïcien qui fut son maître en philosophie. Ce dernier resta longtemps fidèle à la cause de son élève. Il n'est pas douteux, en effet, que ces Grecs aient initié le jeune homme aux débats philosophiques qui agitaient la Grèce autour de la notion d'égalité, débat auquel Sparte avait donné une illustration particulière en interdisant de vendre les lots de terres possédés par les citoyens mais appartenant à la cité. C'est d'autant plus vraisemblable que le débat avait déjà été soulevé à Rome lorsque Caius Flaminius avait fait passer, en 232, sa loi concernant la distribution par lots du territoire du Picenum au-delà d'Ariminum, en arguant de ce qu'il n'y avait rien de plus équitable que de permettre au peuple de tirer sa subsistance de ce qui appartenait au trésor, un trésor qui était lui-même la propriété du peuple.

Cela dit, il est possible que ce soit certains incidents de la vie et de la carrière publique de Tiberius, notamment dans ses campagnes militaires, qui aient définitivement déterminé ses choix. Il fit ses premières armes en Afrique, dans l'état-major de son beau-frère Scipion Émilien, pendant la troisième guerre punique, laquelle aboutit à la destruction définitive de Carthage, en 146. Ce fut apparemment une époque heureuse pour Tiberius, qui avait la faveur de son commandant et se vit décerner la couronne murale pour avoir été le premier à franchir les murailles lors de l'assaut d'une ville. Il se trouva dans une situation bien différente en Hispanie, où il se rendit en 137 comme questeur, au service du consul Caius Hostilius Mancinus : la guerre entre Rome et Numance traînait en longueur et l'incompétence de Mancinus était devenue flagrante. Alors qu'il cherchait à battre en retraite, il s'était fait encercler par les Numantins qui le contraignirent à traiter. C'est Tiberius qui fut chargé de négocier avec l'ennemi. Le nom de son père était toujours respecté dans cette région où il s'était fait une clientèle ; les liens anciens qui unissaient sa famille aux Numantins permirent à Tiberius de conclure avec l'ennemi un traité qui assurait la libération de l'armée romaine. À Rome, cependant, le Sénat refusa d'entériner cet accord honteux, puisque les Romains y reconnaissaient leur défaite, et décida que Mancinus serait livré à l'ennemi. On avait même envisagé de livrer aussi Tiberius et certains autres membres de l'entourage du consul. Comme Scipion Émilien devait, par la suite, se montrer hostile aux projets de son beau-frère, on peut faire remonter à cette époque la cassure qui s'est opérée : s'opposaient alors deux conceptions antagonistes de ce qu'il convient de faire dans la situation où s'était mise l'armée romaine. Que cette thèse soit fondée ou non, le camouflet qu'il venait de subir mit Tiberius hors de lui et il jura de se venger de ceux qui en étaient responsables. Il ne faudrait donc pas oublier que, dans l'élaboration de son programme de réformes, à côté d'intentions plus idéalistes dont il était animé subsistait le souvenir de son honneur blessé.

Mais on ne saurait réduire les projets de Tiberius Gracchus à de simples considérations de ressentiment, non plus d'ailleurs qu'à une politique factionnelle d'alliance entre quelques grandes familles pour monopoliser le pouvoir. Sa formation morale et intellectuelle et la situation que connaissait l'État romain suffisent à les justifier. On sait, en effet, en mesurant la réduction des émissions monétaires de la décennie précédente, que Rome était en difficulté et qu'il avait donc fallu réduire drastiquement les dépenses publiques (en limitant les constructions, en particulier) et que cette crise monétaire se doublait d'une véritable crise de subsistance due, en premier lieu, aux troubles serviles qui secouaient la Sicile grande pourvoyeuse de blé, mais aggravée par la venue à Rome de populations déracinées.

La terre

Il s'était, en effet, produit des changements profonds, depuis la guerre contre Hannibal, dans l'exploitation du sol. En effet les terres que, dans les siècles précédents, les Romains avaient prises aux peuples d'Italie qu'ils avaient conquis étaient devenues propriété d'État, *ager publicus*. Pour l'essentiel, elles faisaient l'objet de concessions individuelles ou, le plus souvent, étaient l'occasion de fonder des colonies; elles étaient donc habituellement divisées en parcelles par des arpenteurs *(agrimensores)*.

Ils se servaient d'un instrument appelé *groma*, d'où le terme de *gromatici*, également utilisé pour les désigner. La *groma* permettait de relever les lignes droites et les angles droits à partir d'une orientation cardinale. L'arpenteur choisissait un point de départ, à partir duquel il traçait un *limes* (une ligne de démarcation) dans chacune des quatre directions. Commençait alors la division en lots, en tenant compte des chemins de circulation: on trouve plusieurs formes, mais la plus fréquente est celle de la centuriation, groupement de cent parcelles de deux jugères en carrés de 2400 pieds romains de côté (entre 705 et 710 mètres), ce qui portait leur surface à 200 *iugera* (50,4 hectares). L'unité de deux jugères constituait, croyait-on, l'aire du lopin de terre qui, depuis Romulus, devait suffire à chaque citoyen. Ce travail sur le terrain était reporté sur des cartes

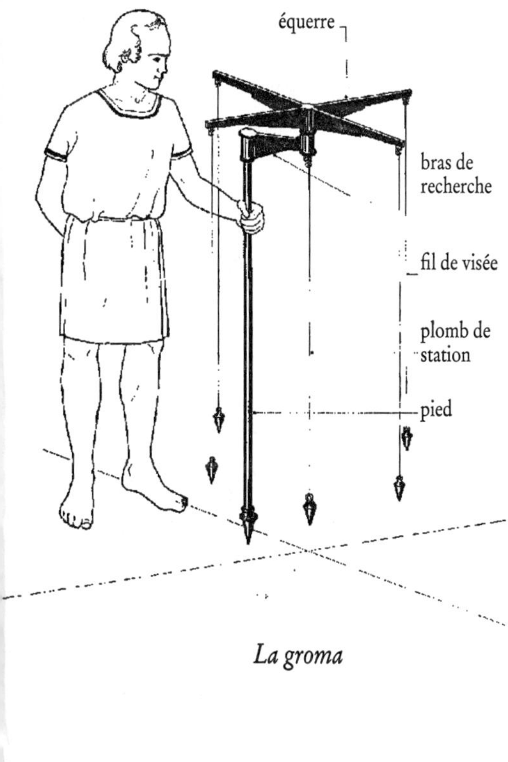

La groma

Traces modernes de centuriation dans la vallée du Pô

ou *formae*. Nous possédons, pour une période ultérieure (celle de Vespasien, en 77 ap. J.-C.) les fragments d'une *forma*, celle d'Aurausio (Orange), que l'on appelle traditionnellement, mais improprement, le cadastre d'Orange. Le travail de l'arpenteur et tous les autres éléments liés à la fondation étaient soumis à la surveillance d'une commission expressément nommée. Trois hommes y étaient chargés de fonder la colonie et de diviser les terres (*tresuiri coloniae deducendae agroque diuidundo*). Afin de leur conférer l'autorité nécessaire pour mener leur tâche à bien, on leur accordait l'*imperium* et ils restaient généralement en fonction trois années durant.

Les terres n'étaient pas intégralement attribuées. Le reliquat (en général à la périphérie) était destiné à une utilisation commune, caractéristique du mode de vie normal du paysan italien, et ce depuis les temps préromains jusqu'à l'époque de la guerre sociale (et bien au-delà dans certaines parties de l'Italie ou de la Gaule) : il vivait dans un territoire que l'on appelait le *pagus*. Au centre de cette entité se trouvait le village, appelé *uicus*, autour duquel se rassemblait la population rurale. Dans ces zones géographiques, l'agriculture reposait sur de petits propriétaires qui possédaient leur parcelle personnelle et jouissaient en outre du droit d'exploiter les terres collectives de la communauté. L'organisation des colonies reflétait donc ces structures dont la pérennité était essentielle pour l'exploitant, car si son lopin cultivé suffisait tout juste à assurer sa survie, à lui et à sa famille, il pouvait accroître ses revenus en faisant paître des bêtes sur les terres publiques. Les *Agrimensores*, lorsqu'ils évoquent ces terres communes, parlent de *compascua publica* (on dirait, dans certaines campagnes françaises, des « communaux »). Ce système d'exploitation foncière jouait un rôle particulièrement important dans les colonies de citoyens romains, où les parcelles privées étaient habituellement plus petites que celles que les colonies latines mettaient à la disposition de leurs habitants, la raison de cette différence tenant au statut social des gens que l'on établissait : dans ces sociétés censitaires, on ne pouvait donner à un citoyen un statut supérieur à celui qu'il était censé avoir dans sa cité d'origine et, par conséquent, on le dotait d'un capital qui était fonction de sa situation au moment de l'installation. Rome, pour ce qui la concernait, recrutait ses colons citoyens parmi les plus pauvres, ce qui n'était pas le cas dans les colonies latines.

Mais les opérations de centuriation et de colonisation ne pouvaient pas concerner, dans leur intégralité, les immenses territoires conquis par les Romains. Il restait souvent d'importantes surfaces non juridiquement délimitées mais qui pouvaient intéresser des propriétaires voisins, qu'ils fussent Romains ou Italiens ; ceux-ci, moyennant une déclaration, étaient autorisés à en *occuper* des parcelles (dans une limite fixée par la loi) ; parfois, même, les territoires conquis et confisqués ne faisaient pas l'objet d'attribution et, par conséquent, restaient entre les mains de leurs anciens propriétaires ; ce fut le cas, au lendemain de la deuxième guerre contre Carthage, notamment dans le sud de la péninsule, où de grandes surfaces agricoles étaient tombées dans le domaine public (l'*ager publicus* que l'on estime avoir doublé, à cette occasion) par suite des confiscations opérées en représailles contre ceux qui avaient collaboré avec Hannibal. Sur ces terres, les Romains n'installèrent plus systématiquement de colonies, à la fois parce que l'Italie et Rome connaissaient d'importantes difficultés démographiques, dues au conflit titanesque qui les avait opposées à l'Afrique et à Carthage, et parce que ces colonies, qui avaient originellement une fonction stratégique, n'avaient plus lieu d'être maintenant que l'intégration italienne était en cours de réalisation. Quoi qu'il en fût, sur toutes ces terres l'État romain affirmait son droit souverain, en général par une redevance, un *uectigal*.

Le riche acquéreur de terres se trouvait donc à la fois *propriétaire* de surfaces constituées des petits lots qu'il avait rachetés et *possesseur* d'espaces assez considérables, par voie d'accaparement de terres publiques non attribuées en lots, la plupart du temps terres voisines des siennes qu'il avait lui-même défrichées, aménagées et dans lesquelles il avait investi. Il pouvait, selon les régions, souhaiter maintenir une organisation traditionnelle d'exploitation en conservant notamment les petites unités qu'il affermait, quelquefois en les spécialisant dans la vigne, par exemple, ou dans des oliveraies; mais il pouvait aussi créer un seul grand domaine d'élevage, dans les zones de collines du sud de l'Italie: l'élevage s'était révélé une forme particulièrement rentable d'exploitation, forme qui renouait avec les anciennes traditions de transhumance exigeant de grands espaces sans barrières. Les terres libres avaient donc été *occupées* par des gens qui avaient les moyens de les exploiter et qui, au moins sur le plan de la procédure d'attribution, étaient sans doute parfaitement en règle – alors qu'ils étaient la plupart du temps en infraction parce qu'ils occupaient plus de terres qu'ils n'y étaient autorisés par la loi.

La répartition géographique de ces phénomènes n'est pas sans importance. On s'accorde à considérer que l'Italie centrale et méridionale fut particulièrement touchée: c'est là que la transformation des exploitations fut la plus sensible. L'Étrurie, en revanche, avait toujours été une région de grands domaines, de sorte que le bouleversement social y fut moins marqué. La Gaule cisalpine constituait un autre cas particulier: au début du IIe siècle, elle avait fait l'objet d'une colonisation de grande envergure, qui offrit manifestement d'intéressantes possibilités aux moyens propriétaires. Les Romains découvrirent les richesses de cette région avec étonnement et ils ne mirent pas longtemps à comprendre qu'elle permettait de mener une vie des plus confortables. Dans cette partie de l'Italie, la centuriation contribua à recréer, dans un environnement nouveau, la structure agraire romano-italique type de la moyenne propriété paysanne, autrement dit le modèle ancien de société qui se trouvait menacé dans les autres régions d'Italie, même si c'était à une autre échelle.

Mais que s'était-il donc passé qui avait réduit le petit paysan à un état susceptible d'éveiller l'intérêt du jeune Tiberius Gracchus au point d'en faire une machine de guerre politique ? On s'accorde à reconnaître, avec les historiens anciens, que la guerre d'Hannibal avait marqué une césure capitale dans l'histoire économique et sociale de la cité romaine. Si le peuple romain avait triomphé du Punique, la guerre n'en avait pas moins semé des germes de déstabilisation qui allaient finalement offrir une vengeance posthume au général carthaginois. Lorsque ces germes levèrent, ils furent un élément déterminant dans la ruine de la République romaine.

Le dépeuplement des campagnes

Sans doute les causes de cette ruine sont-elles multiples et ne sauraient-elles être réduites à une analyse de la situation économique de l'Italie. Il y a des causes institutionnelles, très finement mises en lumière par Polybe: pour résumer, une altération de l'équilibre jusqu'alors réalisé, dans le fonctionnement politique de Rome, entre monarchie, aristocratie et démocratie; et puis une crise morale, provoquée par les changements de comportement intervenus depuis l'afflux considérable des richesses dû aux conquêtes; et, en conséquence, une modification profonde des pratiques politiques, désormais marquées par une opposition de plus en plus forte à l'intérieur de l'aristocratie où les hommes et familles venus sur le devant de la scène à l'occasion des grandes opérations militaires qui les avaient considérablement enrichis introduisirent des mœurs nouvelles. À cela s'ajoutaient encore des mutations sociologiques, avec notamment l'émergence de classes enrichies, y compris dans l'Italie non citoyenne ou chez les affranchis, par le butin des campagnes et les marchés qui s'étaient développés à cette occasion. Mais il y avait aussi les germes socio-économiques d'un déséquilibre provoqué par le dépeuplement des campagnes et par le changement des modes d'exploitation de la terre. Et c'est à ce domaine que l'aîné des Gracques avait choisi de consacrer son action.

Le dépeuplement des campagnes s'explique par un processus de déracinement de la population paysanne. Pour des raisons stratégiques évidentes (notamment l'éloignement et la diversité des théâtres d'opérations) le service militaire était devenu si long que, bien souvent, le paysan ne regagnait pas son foyer entre deux campagnes (et, par ailleurs, les pertes ont continué à être considérables). Dès l'époque de la guerre contre Hannibal nous avons l'écho de protestations émises par les tribuns de la plèbe contre une mobilisation qu'ils jugeaient excessive : ils allaient jusqu'à accuser les tenants de l'aristocratie de faire traîner les choses pour maintenir les hommes sous les armes à leur profit personnel. La protestation s'était fait entendre de façon plus forte encore dans les années qui avaient suivi la défaite de Carthage. En l'an 200, un certain Quintus Baebius, tribun de la plèbe, avait accusé le Sénat de lancer Rome dans des opérations militaires « pour empêcher le petit monde de jouir de la paix ». Et comme la mobilisation était restée très forte jusqu'en 167, les résistances perdurèrent, allant jusqu'à l'insoumission. Ceux donc qui revenaient de campagne n'avaient plus nécessairement l'envie de reprendre les travaux des champs après plusieurs années passées sous les armes à faire du butin, quand ils ne trouvaient pas leur propriété dans un état de semi-abandon (même si l'on sait que les femmes n'hésitaient pas à mener la charrue). Dans ces conditions, relève Appien, des offres financières généreuses ne pouvaient que les séduire. Or il ne manquait pas de Romains ou d'Italiens disposant d'importantes liquidités pour leur acheter leur terre. Rome était devenue une puissance impériale et les capitaux affluaient grâce au butin comme au développement du commerce. Les classes supérieures qui s'enrichissaient de la sorte se tournaient tout naturellement vers la terre pour investir leurs excédents de liquidités : « naturellement » parce que les réalités économiques d'une société préindustrielle s'associaient aux réalités sociales pour leur interdire d'agir autrement. L'idéal des classes supérieures restait celui du hobereau ; qui cultivait ses terres personnelles était digne de l'estime dont pouvait se prévaloir un homme libre. La pression sur ces terres était donc importante et un certain nombre de paysans vendirent leur exploitation pour aller s'installer en ville avec un petit capital. Mais certaines transactions prirent parfois une tournure plus brutale, si l'on peut transposer pour cette époque un cas d'éviction par la force connu grâce à un discours que Cicéron prononça en défense d'un certain Tullius, spolié dans des conditions scandaleuses au lendemain de la guerre sociale. La violence dans l'Italie rurale au cours des deux derniers siècles de la République était un phénomène endémique. L'emprise de Rome sur la péninsule s'était renforcée lentement, mais la guerre d'Hannibal d'abord, la guerre sociale ensuite, en chassant les populations, provoquèrent une dépopulation rurale favorable au brigandage.

En tout cas la transmission des exploitations, quelles qu'en fussent les modalités, amenait les anciens propriétaires à s'expatrier, la plupart en direction des centres urbains où ils se promettaient des modes de vie plus conformes à leurs aspirations et dans lesquels, en définitive, ils vinrent souvent grossir les rangs de la plèbe urbaine ; mais, pour un certain nombre d'entre eux, dans d'autres régions d'Italie (la Gaule cisalpine, en particulier) et même dans le bassin méditerranéen. Ces mouvements migratoires sont difficiles à apprécier. On sait seulement qu'en 187, à la suite d'une plainte des cités du Latium, le Sénat avait chargé le préteur pérégrin, Quintus Terentius Culleo, d'identifier et de renvoyer chez eux tous les Latins qui s'étaient fait recenser comme citoyens romains depuis la censure de 204 : la mesure toucha douze mille personnes. Mêmes revendications latines en 177 :

> Le Sénat fut impressionné aussi par les députations des alliés de droit latin qui, après avoir harcelé les censeurs et les précédents consuls, furent enfin introduites au Sénat. Pour l'essentiel, leur plainte portait sur le fait que leurs concitoyens recensés à Rome avaient, pour la plupart, émigré à Rome ; si on laissait s'accomplir de tels faits, après quelques lustres, leurs villes désertes, leurs champs déserts ne pourraient plus fournir le moindre soldat. (Tite-Live, 41, 8, 6-7.)

Et, comme dix années auparavant, on prit des mesures (législatives, cette fois) pour renvoyer ces gens chez eux. L'un des deux consuls de cette année-là n'était autre que Tiberius Sempronius Gracchus le père... Ce qui apparaît aussi derrière cet afflux de population vers Rome, c'est le désir fort des Italiens, en général, et des Latins, en particulier, d'être complètement intégrés dans la citoyenneté romaine et, à brève échéance, leur mécontentement de n'y point parvenir et leur fureur de constater qu'ils allaient être les premiers visés par la récupération des terres. S'agissant des mouvements migratoires hors de l'Italie, on sait que les ruraux allèrent plutôt chercher fortune en Sicile, dans les deux Espagnes, aux Baléares, en Gaule ou en Dalmatie, tandis que les commerçants choisirent plutôt l'Orient. La question agraire se doublait donc d'un problème démographique.

La main-d'œuvre servile

Au surplus, les grands propriétaires avaient tout intérêt à utiliser des esclaves pour exploiter leurs terres plutôt que de les donner à ferme à des hommes libres, citoyens ou italiens, mobilisables. Par conséquent la population libre des campagnes était menacée. Après la deuxième guerre punique, et du fait même de la guerre, le nombre des esclaves avait augmenté de façon considérable. Les choses prirent encore plus d'ampleur à l'occasion des opérations en Méditerranée dans les décennies qui suivirent, à la fois parce que les conflits permettaient de faire des prisonniers et parce que l'affaiblissement des forces navales hellénistiques avait permis aux pirates, grands pourvoyeurs d'esclaves, de prospérer. Un véritable marché international s'était installé dans l'île de Délos, qui était capable de traiter des ventes énormes, jusqu'à dix mille esclaves par jour. Les prix avaient donc chuté des deux tiers depuis le début du siècle et il devenait très intéressant pour un propriétaire de confier ses exploitations à une main-d'œuvre peu coûteuse, peu exigeante, capable de se reproduire et qui, de surcroît, échappait à la conscription.

C'était, évidemment, une vue un peu courte et dont les révoltes serviles allaient fixer les limites. Les Romains et les Italiens auraient été bien inspirés de suivre les recommandations de Caton, au début du siècle :

> J'en viens maintenant aux moyens de pratiquer l'agriculture. On divise tantôt cette étude en deux parties, les hommes et les éléments sur lesquels ils s'appuient, et faute desquels la culture est impossible ; tantôt en trois, selon que le matériel est vocal [doué de la voix], semi-vocal [à moitié doué de la voix] et muet : vocal, où sont les esclaves ; semi-vocal, où sont les bœufs ; muet, où sont les chariots. Toute terre est cultivée, en fait d'hommes, avec des esclaves, avec des hommes libres ou avec les deux : libres, soit qu'ils cultivent eux-mêmes, comme font la plupart des pauvres gens avec leur progéniture, soit avec des salariés, lorsque, pour exécuter les choses importantes – vendanges ou fenaison – on prend à gages une main-d'œuvre d'hommes libres [...]. Sur l'ensemble de cette main-d'œuvre, mon opinion c'est que, pour les endroits malsains, il est plus utile de les faire cultiver par des salariés que par des esclaves, et même dans les lieux salubres il vaut mieux les charger des travaux agricoles importants, comme sont, au moment de serrer les récoltes, les vendanges ou la moisson. À leur sujet, sur les conditions qu'ils doivent remplir, Cassius écrit : « Il faut se procurer des travailleurs qui puissent supporter la fatigue, qui n'aient pas moins de vingt-deux ans et qui soient capables d'apprendre l'agriculture. De quoi l'on peut facilement se rendre compte d'après la manière dont ils exécutent d'autres ordres, et en demandant là-dessus à ceux d'entre eux qui sont nouveaux quelle était leur besogne habituelle chez leur précédent maître. »
>
> Quant aux esclaves, il faut qu'ils ne soient ni craintifs ni effrontés. Ceux qui les commandent doivent savoir lire et écrire et avoir une certaine instruction, être honnêtes et plus âgés que ceux que je viens de dire. Il leur sera plus facile de se faire obéir que ceux qui sont plus jeunes. En outre il convient de donner de préférence le commandement à ceux qui sont au courant des questions agricoles. Ils doivent, en effet, non seulement donner des ordres, mais aussi mettre en pratique, afin que l'on imite leur exemple et que l'on sente que le chef commande à juste titre, parce qu'il l'emporte par les connaissances. Et il ne faut pas leur permettre d'exercer le

commandement en préférant la répression violente aux réprimandes verbales, pourvu que le même résultat puisse être obtenu. Et il faut se garder d'en prendre plusieurs de même nationalité, car de là viennent surtout les disputes dans la domesticité. On rendra les chefs de groupe plus actifs en les récompensant et on aura soin de leur assurer un pécule et des compagnes esclaves comme eux, qui leur donneront des fils. Ainsi ils deviennent plus sûrs et plus attachés au domaine. C'est pourquoi, en raison de ces liens de parenté, les groupes d'esclaves épirotes sont plus réputés et valent plus cher. Il faut se concilier la bonne volonté des chefs en les traitant avec quelques égards, et parmi les ouvriers s'il y en a de supérieurs aux autres, il faut les mettre au courant du programme des travaux, car, à procéder ainsi, ils se sentent moins méprisés et tenus par le maître pour quantité négligeable. Leur zèle à l'ouvrage augmente si on les manie de façon plus libérale, si on se montre plus large avec eux en fait de vivres et de vêtements, si on leur accorde une relâche dans leur travail ou si on les autorise à faire paître dans le domaine quelque bétail de leur pécule, et par d'autres concessions de ce genre, en sorte que ceux qui ont été blessés par un ordre ou une observation quelconque y trouvent une consolation qui rétablisse leur bonne volonté et leurs bons sentiments envers leur maître. (Varron, *Économie rurale,* I, 17.)

Il apparaît que tous les propriétaires n'avaient pas également mis en pratique ces très sains préceptes de gestion des ressources humaines puisqu'en 136 la Sicile, où prédominaient les grands domaines qu'exploitaient des quantités importantes d'esclaves, fut embrasée par une révolte qu'il allait être bien difficile de maîtriser. Depuis plusieurs années déjà l'île était le théâtre d'exactions dues à des bandes d'esclaves maltraités qui assassinaient et pillaient pour se nourrir et se vêtir. Jusqu'au jour où ils se décidèrent à passer à une action concertée sous la direction d'un certain Eunous, originaire d'Apamée de Syrie et qui appartenait à un riche propriétaire grec d'Enna. Cet Eunous, qui se faisait passer pour un magicien et qui prétendait que la royauté lui était promise par une déesse syrienne, donna le signal de la révolte. Ils étaient quatre cents esclaves, qui s'emparèrent de la ville et exécutèrent tous les habitants, à l'exception de ceux qui étaient capables de fabriquer des armes. Assez rapidement le chiffre des révoltés augmenta jusqu'à atteindre dix mille, armés d'instruments variés, mais d'une redoutable détermination : ils furent maîtres d'une bonne partie de l'île, notamment parce qu'un autre groupe d'esclaves, mené par un Cilicien nommé Cléon, fit acte d'allégeance. Et ce n'est qu'en 132, après la mort de Tiberius Gracchus, que le consul Publius Rupilius vint à bout de la rébellion et remit de l'ordre dans les affaires de Sicile.

Pour ce qui était de l'Italie, la situation n'était pas encore aussi dramatique et l'on se préoccupait surtout de la diminution de la petite propriété. La question n'était pas nouvelle, elle était même en débat depuis longtemps. Les Romains eux-mêmes croyaient que la loi régissant l'exploitation de l'*ager publicus*, en limitant à la fois la superficie autorisée et le nombre de têtes de bétail, remontait à la *lex Licinia* de 367. Il paraît plus vraisemblable de penser que cette loi, évoquée par Appien, était un épisode dans la fonction de veille que les autorités exerçaient pour maintenir l'équilibre sociologique de la population citoyenne, et qu'elle fut adoptée un peu après la guerre d'Hannibal, en tout cas avant 167, date à laquelle elle est mentionnée dans un discours de Caton l'Ancien. Apparemment, elle n'avait pas réussi à régler le problème, pas plus que les mesures autoritaires de retour des Latins et, quelque temps avant 133, année du tribunat de Tiberius Gracchus, Caius Laelius, un ami intime de Scipion Émilien, avait cherché à faire adopter une sorte de réforme agraire (sur laquelle nous ne savons rien) ; mais, devant l'hostilité déclarée d'hommes influents, il s'était hâté de retirer son projet, ce qui lui avait valu le surnom d'« Avisé » *(Sapiens).*

Les réformes

Pour Tiberius Gracchus, en dehors des ressentiments personnels qu'il éprouvait à l'égard de ses « amis » de l'aristocratie et qui ont pu le pousser à la provocation, on a une idée des raisons qui l'ont déterminé à prendre le problème à bras-le-corps. Plutarque raconte, en effet, qu'au lendemain d'un voyage à travers l'Étrurie au cours duquel il avait remarqué de profonds changements dans l'agriculture, il avait été amené, à son retour, à prononcer un discours dans lequel il exposait son émotion devant une situation scandaleuse et dangereuse :

> Même les bêtes sauvages qui vivent en Italie ont chacune une tanière, un gîte, un refuge, tandis que ceux qui combattent et meurent pour l'Italie n'ont que l'air et la lumière, et rien d'autre ; sans maison, sans résidence, ils errent avec leurs enfants et leurs femmes. Et les généraux en chef mentent aux soldats quand ils les engagent dans les batailles à repousser les ennemis pour défendre tombeaux et sanctuaires, car aucun, parmi tant de Romains, n'a d'autel familial, ni de lieu de culte des ancêtres ; ils font la guerre et périssent uniquement pour le luxe et l'opulence d'autrui ; ces maîtres du monde, comme on les appelle, n'ont même pas une motte de terre à eux. (Plutarque, *Vie de Tiberius Gracchus*, 9, 5-6.)

Que la situation ait été scandaleuse, cela n'exige pas de longues explications – d'autant que Tiberius prend soin d'en donner, en rendant responsables de cet état de fait ses congénères de la classe dominante ; et l'on peut penser que l'émotion de ce jeune aristocrate était sincère. Mais au-delà du scandale, il voyait également là un danger pour la puissance romaine : traditionnellement, c'étaient les petits propriétaires terriens qui constituaient le vivier de recrutement des armées romaines. Laisser disparaître cette classe sociale c'était exposer Rome à ne pouvoir plus recruter ni, par conséquent, jouer son rôle dominant. Il fallait donc réagir vigoureusement pour repeupler les territoires agricoles ; et c'est en cela que ses mesures ont pu être jugées réactionnaires, puisqu'elles ignoraient à la fois les conditions économiques nouvelles et les modes de fonctionnement de l'armée moderne. Les conditions économiques nouvelles peuvent se résumer en un développement d'une agriculture tournée vers le profit, et non plus consacrée à l'autosuffisance, possédée par un *dominus* qui ne résidait pas nécessairement et qui investissait, selon les terroirs, dans des cultures spécialisées ou dans l'élevage, ces investissements n'étant imaginables que pour des superficies supérieures à celle des lots attribués dans les opérations de colonisation ou prévus dans les lois des Gracques. Cette transformation de la production agricole devait d'ailleurs avoir des effets économiques importants, notamment celui de contraindre les cités à prévoir, venant de l'extérieur du pays, un approvisionnement spécifique en céréales qui n'étaient plus produites en suffisance sur le sol italien. Quant à l'armée, elle se composait de citoyens de plus en plus pauvres : il avait fallu abaisser progressivement le cens minimum – la valeur du capital possédé – permettant d'être recruté dans les légions de 4 000 à 375 as (et l'on sait que, quelques décennies plus tard, Marius recruta des *proletarii*, citoyens qui ne possédaient aucun capital) ; mais aussi, elle se constituait la plupart du temps sur la base du volontariat et non plus selon la conscription traditionnelle.

Au moment où il revêtit le tribunat et entreprit de légiférer dans le domaine agraire, Tiberius pouvait s'attendre à de très fortes oppositions de la part de tous ceux, Romains et Italiens, qui possédaient beaucoup plus de terres qu'il n'était légal et à qui on allait donc reprendre des superficies importantes. Mais il pouvait compter sur l'appui de personnages importants, à commencer par celui de son beau-père, Appius Claudius Pulcher : Tiberius avait fait un très beau mariage en épousant cette patricienne, Claudia, fille de l'un des personnages les plus respectés de l'État, consul, puis censeur (avec une sévérité dont les Romains gardèrent le souvenir), et enfin « prince du Sénat » depuis 136. Mais il pouvait compter aussi sur le soutien de deux frères de l'aristocratie plébéienne, Publius Mucius Scaeuola, consul cette année-là et qui est resté dans les mémoires comme l'un des grands juristes de la Rome républicaine, et son cadet, Publius Licinius Crassus Mucianus (un Mucius adopté par un Licinius Crassus, comme son nom l'indique) : lui aussi était un grand juriste qui avait été préteur l'année précédente. Ces amitiés garantissaient au jeune Tiberius des appuis solides au Sénat et, surtout, lui assuraient une technicité juridique dans l'élaboration de son texte de loi.

Cette loi fut affichée dès que Tiberius accéda au tribunat, le 10 décembre 134. Son objectif était simple : il fallait recréer une catégorie de petits paysans à partir d'une plèbe inutile, voire dangereuse. La loi rétablissait donc une clause qui existait déjà dans la législation antérieure, mais que beaucoup contournaient communément : personne n'avait le droit de posséder plus de cinq cents *iugera* d'*ager publicus* ; on accorderait des titres garantis pour cette superficie, mais le reste devrait être restitué. Seul correctif, il était possible d'obtenir deux cent cinquante *iugera* supplémentaires par fils vivant (mais dans la limite de deux). En plus de ses cinq cents *iugera*, on pouvait être autorisé à faire paître un nombre déterminé de bêtes sur les « communaux ». Au-delà de ces limites, les terres devaient être reprises pour être distribuées. Nous ignorons les dimensions exactes des parcelles à redistribuer, mais nous savons qu'elles étaient comprises entre 30 et 60 *iugera* (soit environ de 7,5 à 15 hectares) avec quelques variations possibles de région en région, en fonction de la qualité du sol. Mais surtout, ces lopins devaient être inaliénables pour éviter que ne recommence le processus de concentration par acquisition. À l'évidence, ce qui était en cause c'était bien de redonner une qualification censitaire (qui, rappelons-le, se fondait sur la valeur du capital) à des citoyens qui l'avaient perdue : en d'autres termes, la question agraire n'était pas agricole, elle était civique ; on ne se souciait pas de la production des fruits de la terre, on souhaitait requalifier une population en profitant des produits des victoires et de la conquête. Comme l'écrit Appien :

> Selon Gracchus, la loi visait, dans son esprit, non pas l'aisance des particuliers, mais le redressement démographique, et, obnubilé par l'utilité de l'entreprise (à son avis il ne pouvait rien arriver de plus grandiose ni de plus magnifique à l'Italie), il ne se souciait en aucune façon du mécontentement qui entourait son projet. (Appien, *Guerres civiles*, 1, 43, traduction de Paul Goukowsky.)

Les citoyens romains pouvaient seuls être les bénéficiaires de cette opération, ce qui veut dire que les Italiens devaient en faire les frais : nombre des confiscations consécutives à la guerre contre Hannibal n'avaient point été traduites dans les faits, ce qui veut dire que les anciens propriétaires italiens continuaient à jouir de leurs terres. D'une façon plus générale, les Italiens qui s'étaient enrichis dans les campagnes du demi-siècle passé n'avaient pas été les derniers à regrouper des terres pour se constituer des domaines importants. Or ils furent bien évidemment les premiers visés par la commission mise en place par la loi pour faire l'inventaire et assurer la redistribution qui, elle, ne devait bénéficier qu'aux Romains. Il fallait bien s'attendre à ce qu'ils réagissent, d'autant que la clause d'inaliénabilité leur ôtait tout espoir de récupérer les terres qu'ils avaient possédées, même en y mettant le prix.

Mais Tiberius était déterminé à aller jusqu'au bout et il décida de présenter son texte au vote du concile de la plèbe, sans passer par l'étape traditionnelle de l'approbation par le Sénat. Il réunit donc l'assemblée à laquelle il adressa un long discours :

> L'heure du scrutin étant arrivée, il commença par séduire son auditoire par de longs discours ; après quoi il le pressa de questions : « N'était-il pas juste de répartir publiquement les biens publics ? Un citoyen n'était-il pas toujours plus authentiquement romain qu'un esclave ? Ne fallait-il pas considérer le soldat comme plus utile que l'homme écarté du service, et l'homme qui participe aux affaires publiques comme plus intéressé qu'un autre à leur bon fonctionnement ? »
>
> Sans poursuivre longuement le parallèle, qu'il jugeait ignominieux, il revenait à la charge, examinant quels espoirs et quelles craintes pouvait nourrir la Patrie : alors que c'était par la guerre que les Romains s'étaient de vive force rendus maîtres d'un immense territoire et qu'ils pouvaient espérer la possession du reste des terres habitées, ils risquaient tout dans la conjoncture présente : ou bien le redressement

démographique leur permettrait d'acquérir également ce qui leur manquait encore, ou bien ils se voyaient même enlever par leurs ennemis ce qu'ils possédaient présentement, en raison de leur faiblesse et de l'envie dont ils étaient l'objet.

Exaltant la gloire et la prospérité découlant de cette première perspective, le péril et la crainte attachés à la seconde, il invitait les riches à prendre tous ces facteurs en considération et à faire cadeau, s'il le fallait, de cette terre à ceux qui élevaient des enfants, comme une sorte de contribution volontaire versée de leur propre mouvement en considération des espoirs futurs. Il ne fallait pas qu'en ergotant sur des questions mineures ils perdissent de vue l'essentiel, d'autant que les travaux de mise en valeur qu'ils avaient pris la peine d'accomplir seraient suffisamment indemnisés par la possibilité, pour chacun d'eux, d'acquérir gratuitement, à titre exceptionnel, la propriété perpétuelle de cinq cents arpents, et pour chacun de leurs enfants, s'ils en avaient, celle d'acquérir dans les mêmes conditions la moitié de cette superficie.

En parlant longuement sur cette question, Gracchus échauffa les pauvres et tous les citoyens qui se laissaient guider par la raison plutôt que par la passion de posséder, et il ordonna au greffier de donner lecture du projet de loi. (Appien, *Guerres civiles*, 1, 44-47, traduction de Paul Goukowsky.)

Malheureusement pour lui, l'un de ses collègues, Marcus Octauius, fit opposition, et le greffier ne pouvant passer outre à l'interdiction d'un tribun, la loi ne fut point lue ni, donc, votée ce jour-là. On se perd en conjectures sur les raisons de cette opposition d'Octauius : hostilité personnelle à Tiberius, fait qu'il ait été lui-même possesseur de grands domaines ou qu'il se soit trouvé sous l'influence de quelques sénateurs, eux-mêmes concernés par les récupérations, comme le suggère Plutarque, ou tout simplement opposés pour des raisons de principe à la proposition de loi agraire ; toujours est-il qu'il ne voulut point plier et qu'il poussa Tiberius à commettre l'irréparable. Celui-ci, en effet, convoqua à nouveau les comices tributes en leur proposant la destitution d'Octauius comme ayant manqué à ses devoirs à l'égard de la plèbe. Cette procédure, unique dans les annales de Rome, donna lieu à une mise en scène destinée à faire flancher Octauius : après le vote de la première tribu, favorable à la destitution, Tiberius interrompit les opérations pour conjurer Octauius de revenir sur son opposition, mais en vain. Lorsque dix-sept des trente-cinq tribus eurent voté dans le même sens, nouvelle interruption et nouvelles prières et objurgations à Octauius, avec force larmes. Celui-ci refusa derechef de se soumettre et fut donc démis de sa charge par un vote populaire. Il fut jeté à bas de la tribune par les appariteurs et faillit bien être mis en pièces par la foule. Et Tiberius fit élire un obscur personnage, dont il n'avait rien à craindre, pour le remplacer. En tout cas la voie était libre désormais et la loi fut votée. Mais Tiberius s'était fait, par cette mesure qui n'avait pas de précédent, une réputation d'autocrate prêt à tout pour obtenir ce qu'il désirait et l'on commençait à se demander, à Rome, quel était son objectif ultime et s'il se contenterait d'une loi agraire.

Sur le fond, il y avait une opposition déterminée à la proposition de Tiberius Gracchus, et qui ne peut se résumer en une simple défense d'intérêts particuliers. Certes, nombre de sénateurs devaient être concernés par la récupération des terres, mais compte tenu de ce que l'on sait de la fortune des membres de cet ordre, il y a tout lieu de penser que, pour ce qui les touchait, la restitution des terres ne pouvait remettre en cause leur statut. En revanche on s'accorde à reconnaître, au plan général, qu'en prétendant appliquer la lettre de la loi (le *ius*) Tiberius avait violé l'*æquitas*, la justice : bien des propriétaires découvrirent que ce qu'ils avaient longtemps tenu pour leurs biens personnels relevait, en fait, de l'*ager publicus*. Or non seulement eux ou leurs parents y avaient fait des investissements particuliers en y construisant des bâtiments ou en rendant le sol propre à la culture (notamment lorsqu'il s'agissait de terres qui n'avaient pas été arpentées et qu'ils avaient donc occupées alors qu'elles étaient en friches), mais souvent ces biens avaient été partagés dans des héritages (certains d'entre eux pouvaient avoir été frappés d'hypothèques par des créanciers), quelquefois des sépultures familiales y avaient été érigées. Et, surtout, ces terres qu'ils considéraient comme leurs avaient été déclarées dans les opérations du cens, et leur statut social avait été fixé en fonction de la valeur de ce capital. Reprendre une partie de ces biens pour les donner à des gens qui n'avaient rien, c'était pratiquer une *æquatio bonorum*, comme l'écrit Cicéron, un nivellement des fortunes – ce qui, dans une société censitaire où la dignité à laquelle on peut prétendre est proportionnelle à la valeur du capital qu'on possède, ne peut être ressenti que comme éminemment subversif.

Mais n'oublions pas non plus une opposition de principe déjà manifestée un siècle plus tôt à la distribution de terres *uiritim*, individuellement. On se souvient que Caius Flaminius, en 232, avait proposé une loi pour distribuer le territoire du Picenum, par lots individuels, et qu'il avait rencontré une très vive opposition de la part du Sénat qui ne voyait pas d'un bon œil l'éparpillement des citoyens sur le sol italien : autant une colonie avait sa légitimité à la fois parce qu'elle répondait à des exigences de sécurité et parce qu'elle constituait une réplique de la cité avec son organisation sociale et ses rites religieux, autant la distribution de propriétés à des individus isolés, dans des régions éloignées de la métropole, paraissait devoir faire se relâcher le lien social par lequel devait se sentir tenu chaque citoyen.

À la différence de la précédente, la loi Sempronia disposait qu'une commission serait chargée de l'appliquer immédiatement : c'étaient les *tresuiri agris iudicandis adsignandis* ou *agris dandis adsignandis iudicandis*, c'est-à-dire les triumvirs chargés de se prononcer sur le statut juridique des terres et de les distribuer. En d'autres termes, ces hommes, qui étaient revêtus de l'*imperium*, avaient le devoir et le pouvoir de déterminer ce qui était terre publique et ce qui ne l'était pas. Il n'y avait plus moyen de tourner la loi : une fois qu'ils avaient établi le caractère public d'une terre, ils pouvaient la répartir. La présidence de cette commission était assumée à tour de rôle, et ses premiers membres furent Tiberius lui-même, son frère Caius et son beau-père Appius Claudius Pulcher.

Un triumvirat chargé d'établir une colonie sur un site déterminé avait besoin, pour ce faire, de fonds assez importants destinés à payer le personnel qui l'aidait dans cette tâche : arpenteurs, secrétaires, architectes, documentalistes et appariteurs en général. Il fallait faire vivre ces gens pendant plusieurs mois sur le site et les rétribuer ; mais au total la dépense était supportable pour l'une des grandes familles de l'aristocratie comme celle des Sempronii. En revanche, un triumvirat comme celui qu'instituait la loi Sempronia avait à déterminer, sur la totalité du sol italien, le statut juridique d'immenses superficies de terres agricoles, de préparer et de mettre en œuvre une nouvelle répartition. La difficulté et l'ampleur de la tâche n'étaient plus à la même échelle et c'est une véritable administration qu'il fallait mettre en place, sur tout le territoire et pour une durée de plusieurs années. C'est pourquoi, lorsque les opposants de Tiberius eurent réussi à convaincre le Sénat de n'accorder à la commission que la somme tout à fait symbolique d'à peine plus d'un denier par jour, il y avait tout lieu de penser que le projet s'enliserait. Le mécontentement des partisans de Tiberius était grand et il fut attisé par un événement extraordinaire : un ami personnel du tribun vint à mourir en ce moment précis dans des conditions mystérieuses qui faisaient penser à un empoisonnement. En effet, son corps était couvert de taches suspectes et lorsqu'on alluma le bûcher funèbre

> le corps explosa et il en jaillit une si grande quantité d'humeurs fétides qu'elles éteignirent la flamme ; on en approcha une autre qui ne brûla pas davantage avant qu'on eût transféré le corps à un autre endroit, et ce ne fut qu'à grand peine et après beaucoup d'efforts qu'on put enfin faire prendre le feu. (Plutarque, *Vie de Tiberius Gracchus*, 13, 5.)

Bien exploité, un incident de cette nature, dans une atmosphère tendue où tout faisait signe, devenait une arme redoutable et Tiberius ne manqua pas l'occasion de s'exhiber au Forum, en habit de deuil, accompagné de ses enfants, en priant tous ceux qu'il rencontrait de bien penser à ce qui venait de se produire et en les suppliant de veiller sur ses enfants et sur leur mère comme si son tour était maintenant venu d'être assassiné.

C'est à ce moment qu'arriva, chez la mère de Tiberius, un certain Eudème, ambassadeur du royaume de Pergame. Que Cornelia ait eu à héberger cet hôte de marque avant qu'il ne soit reçu au Sénat n'avait rien de surprenant puisque son défunt mari, Tiberius Gracchus le père, avait établi, à l'occasion d'une ambassade qu'il avait menée dans ce royaume en 165, des liens de clientèle avec le roi de Pergame, Attale Philomètor, qui le considérait désormais comme son patron. Or Attale venait de mourir et, dans son testament, il faisait Rome héritière de son royaume. Cet héritage, en un moment où Rome manquait de numéraire, fournit à Tiberius l'occasion de trouver l'argent nécessaire à son projet, mais selon une procédure qui avait de quoi choquer même certains de ses partisans.

Il fit savoir, en effet, que l'utilisation du trésor de Pergame ne relèverait pas du Sénat, comme il aurait été normal, mais qu'il avait l'intention de l'utiliser pour financer son projet et qu'il ferait voter le peuple sur cette question. Il ajouta qu'il se chargerait lui-même de l'administration du royaume (et donc de ses revenus). Ceux qui n'avaient que des doutes après la destitution d'Octauius furent désormais convaincus que Tiberius était animé par une soif déraisonnable du pouvoir qui lui faisait adopter des comportements irresponsables. Un voisin de Tiberius, un certain Pompeius, alla même jusqu'à l'accuser de vouloir faire ceindre sa tête du diadème d'Attale que, prétendait-il, il avait vu Endème apporter dans sa demeure. Dans une cité qui abhorrait le nom des rois au point de faire périr ceux qu'elle soupçonnait d'*adfectatio regni*, d'aspirer à exercer un pouvoir royal, l'accusation était particulièrement grave.

Ses ennemis étaient donc bien déterminés à lui faire rendre des comptes une fois que, sa magistrature étant parvenue à son terme (le 10 décembre), il ne serait plus protégé par la *sacro-sanctitas* du tribun : des procès se préparaient qui auraient raison de ce dangereux personnage. On l'attaquait en particulier sur la procédure de destitution d'un autre tribun : Titus Annius, un ancien consul, le prit à partie au Sénat en mettant Tiberius au défi de prouver qu'il avait agi selon les lois en destituant son collègue, qui était sacré et inviolable. Furieux, Tiberius convoqua une assemblée du peuple et y fit traîner Annius. Celui-ci, avant de se laisser accuser, demanda à Tiberius de répondre à une seule question. Sur l'acquiescement de ce dernier, Annius demanda simplement : « Si tu veux m'enlever mes droits de citoyen et me déshonorer, et si, moi, j'en appelle à un de tes collègues, que celui-ci se lève pour me venir en aide, et que tu te mettes en colère, le priveras-tu de sa charge ? » Désarçonné, Tiberius, qui pourtant avait la parole facile, ne sut que répondre et congédia l'assemblée. Il sentait bien qu'il lui fallait pourtant se justifier et il prépara un long discours au peuple dont Plutarque a restitué le contenu : La fin

> « Le tribun, disait-il, est sacré et inviolable parce qu'il est consacré au peuple et le défend. Si donc, ayant changé de conduite, il lèse le peuple, amoindrit sa puissance et l'empêche de voter, il se prive lui-même de sa charge en ne faisant pas ce pourquoi il l'a reçue. Il faudra le laisser, étant tribun, saper le Capitole et incendier l'arsenal : s'il agit ainsi, certes, il est un mauvais tribun, mais s'il détruit l'autorité du peuple, il n'est plus tribun du tout. Comment ne serait-il pas exorbitant qu'un tribun puisse arrêter un consul et que le peuple ne puisse ôter au tribun sa fonction, quand il en use contre celui qui la lui a confiée ? Car c'est le peuple qui choisit également le consul et le tribun. La royauté concentrait en elle tous les pouvoirs et elle était consacrée à la

divinité par les plus grandes cérémonies du culte, et pourtant la Ville chassa Tarquin à cause de ses crimes, et ce pouvoir traditionnel, auquel Rome avait dû d'être fondée, fut aboli à cause de l'injustice d'un seul homme. Qu'y a-t-il dans Rome d'aussi saint et d'aussi inviolable que les vierges qui entretiennent et gardent le feu perpétuel ? Et pourtant si l'une d'elles vient à faillir, elle est enterrée vivante, car, en offensant les dieux, elles perdent l'inviolabilité qu'elles ne possèdent qu'à cause des dieux.

« Il n'est donc pas juste non plus qu'un tribun qui fait tort au peuple conserve l'inviolabilité qui est la sienne à cause du peuple, puisqu'il tente alors de détruire la puissance dont il tire la sienne. Et si c'est à juste titre qu'il détient son tribunat de la majorité du vote des tribus, comment n'en serait-il pas dépouillé plus justement encore par l'unanimité des suffrages ? Rien n'est si saint et inviolable que les ex-voto offerts aux dieux, et cependant personne n'a jamais empêché le peuple d'en disposer, de les faire bouger et de les transférer à sa guise ; il lui était donc permis de transférer le tribunat à un autre, comme s'il s'agissait d'un ex-voto. Ce qui prouve clairement que le tribunat n'est pas inviolable ni inamovible, c'est que souvent des tribuns, spontanément, ont demandé à en être déchargés et s'en sont démis. » (Plutarque, *Vie de Tiberius Gracchus,* 15, 2-9.)

Cette harangue un peu laborieuse était surtout destinée à rassurer ses partisans ; elle ne pouvait prétendre affaiblir l'opposition. Tiberius annonça alors son intention de se présenter à un second tribunat pour l'année suivante : c'était encore une « innovation » puisqu'il n'était pas dans la tradition romaine qu'un homme pût se faire élire deux années de suite à la même magistrature et parce que certaines de ces magistratures (comme précisément le tribunat) n'étaient pas sujettes à itération. Mais pour échapper à ses adversaires, Tiberius n'avait de solution que la fuite en avant et, le moment venu des élections, les premières tribus lui donnèrent effectivement leur suffrage. C'est alors que des électeurs protestèrent contre l'illégalité qu'il y avait à être candidat une seconde fois au tribunat. Le tribun qui présidait l'assemblée électorale, le brave Rubrius, était bien embarrassé et suggéra de confier la présidence à quelqu'un d'autre qui fût plus compétent que lui, en suggérant que ce soit Quintus Mucius, celui que Tiberius avait fait élire à la place d'Octauius. Mais les autres tribuns ne l'entendirent point de cette oreille : puisque le sort avait désigné le président de l'assemblée, il ne lui appartenait pas de se faire remplacer, il convenait de procéder à un nouveau tirage au sort. Le débat s'enlisa et l'on fut obligé de remettre les opérations de vote au lendemain.

Pour entretenir la pression, Tiberius avait supplié ses amis de ne pas le laisser aux mains d'ennemis dont il craignait, disait-il, le pire : et il obtint, en effet, d'être escorté jusqu'à sa demeure par une troupe nombreuse qui veilla toute la nuit. Il prépara la séance avec ses plus fidèles amis, convenant d'un signal s'il sentait que les choses tournaient mal et envoyant la plupart d'entre eux occuper, au Capitole, le lieu de rassemblement. Le lendemain, bien que des présages défavorables l'eussent fait hésiter, il se rendit à l'assemblée où le vote devait commencer dans une atmosphère particulièrement tendue. Il y eut des bousculades dues notamment aux adversaires du tribun lorsqu'ils constatèrent que ses amis occupaient les endroits stratégiques de l'assemblée, et, alors que le président de séance tentait de ramener le calme, un sénateur ami de Tiberius, Marcus Fuluius Flaccus, ayant quitté la séance du Sénat qui se tenait tout près de là, dans le temple de Fides, tenta de rejoindre la tribune en faisant de grands gestes. L'apercevant, Tiberius fit signe à ses partisans de le laisser passer. Parvenu sur la tribune, il lui confia que le débat du Sénat prenait une tournure dangereuse et que plusieurs parlaient ouvertement d'attenter à sa vie. Tiberius informa le cercle rapproché de ses amis et l'on convint qu'il fallait donner le signal. Il porta alors la main à sa tête : une immense clameur s'éleva et ses partisans commencèrent à retrousser leur toge, à s'armer de tout ce qui leur tombait sous la main, fragments de sièges ou de barrière, bâtons arrachés aux appariteurs, pour s'en prendre à leurs adversaires. Certains firent une haie autour de Tiberius alors que la plupart des autres tribuns prenaient la fuite et que les gardiens fermaient les temples environnants.

Pendant ce temps, au Sénat, le débat était devenu extraordinairement violent, alimenté par les bruits les plus divers de quelques observateurs qui rapportaient ce qu'ils avaient vu, croyaient avoir vu ou avaient intérêt à faire croire qu'ils avaient vu. Lorsque l'on annonça que Tiberius avait fait un signal en portant la main à sa tête, les plus déterminés de ses ennemis se déchaînèrent, l'accusant de vouloir se faire couronner, ce qui ne leur semblait pas invraisemblable, compte tenu de ce que l'on avait vu de lui depuis près d'un an. C'est alors que le Grand Pontife, Publius Cornelius Scipio Nasica Serapio, un cousin des Gracques, interpella le consul qui présidait la séance (puisque son collègue Lucius Calpurnius Piso se trouvait en Sicile en train d'en découdre avec les esclaves révoltés), le sommant de sauver la République et d'anéantir le tyran. Publius Mucius Scæuola, dont on se souvient qu'il avait été consulté par Tiberius pour la rédaction de son projet de loi, répondit avec douceur qu'il ne voulait pas prendre l'initiative de la violence et qu'il ne ferait périr aucun citoyen sans jugement, mais que, bien sûr, si le peuple était amené à voter des dispositions illégales, il ne les ratifierait point. Ce juriste distingué n'était sans doute pas très à l'aise dans des circonstances aussi dramatiques et, quelque admiration que lui ait témoignée Cicéron dans ses écrits, comme à un homme de grande culture et comme à un fondateur de la codification romaine, il n'en a pas moins écrit qu'il le considérait comme un mou : *consul languens*. C'était évidemment l'avis de Scipio Nasica qui s'écria aussitôt : « Puisque le premier magistrat trahit la cité, vous qui voulez sauvegarder les lois, suivez-moi ! ». Puis il fit un geste d'une grande importance : il recouvrit sa tête d'un pan de sa toge, comme s'il allait sacrifier, et, suivi des opposants les plus farouches à Tiberius, se dirigea vers le lieu de l'assemblée. Sur le chemin, les sénateurs s'armèrent aussi de tout ce qu'ils pouvaient trouver et firent irruption dans la foule qui s'écarta devant des personnages aussi importants que le Grand Pontife et d'anciens consuls. Ils atteignirent la tribune en frappant tout ce qui ne s'écartait pas assez vite et attaquèrent le cercle rapproché des amis de Tiberius dont ils assommèrent un bon nombre. Tiberius lui-même tenta de s'enfuir; il fut retenu par sa toge, celle-ci se détacha et c'est en tunique qu'il se mit à courir. Mais il glissa et tomba sur le corps d'hommes qui avaient été tués. Il n'eut pas le temps de se relever: l'un de ses collègues tribuns, Publius Satureius, lui fendit le crâne avec le pied d'un banc. Un certain Lucius Rufus lui asséna un second coup pour être certain du résultat. La panique avait gagné la foule qui laissa sur la place plus de trois cents morts. La sépulture fut refusée à tous ces citoyens dont le cadavre fut traîné au croc pour être jeté dans les eaux du Tibre.

L'intermède

Dans les mois et les années qui suivirent, il fallut bien tirer les conséquences d'un acte aussi grave que le meurtre d'un tribun de la plèbe en exercice, assorti du refus de lui rendre les honneurs funèbres (alors que son corps était réclamé par sa famille) et du massacre de plusieurs centaines de citoyens. Le consul Publius Mucius, qui avait été pour le moins hésitant dans les heures précédentes, se montra beaucoup plus actif pour justifier ce qui avait été fait: il fit adopter un sénatus-consulte pour louer le Grand Pontife d'avoir veillé à ce que la République ne souffrît aucun dommage et mit en place une commission d'enquête pour poursuivre les « complices » de Tiberius Gracchus. Ce furent les consuls de l'année suivante, Publius Popillius Lænas et Publius Rupilius, élus dans les conditions que l'on imagine, qui furent chargés de la besogne avec un certain nombre de sénateurs. On ne sait presque rien de cette répression sinon qu'il y eut des bannissements, des exécutions, au nombre desquelles celle du personnage qui avait appris la rhétorique à Tiberius, Diophane; en revanche, son maître de philosophie s'en tira de justesse; pourtant il eut à soutenir un interrogatoire particulièrement difficile, au cours duquel Scipio Nasica, se souvenant du discours que Tiberius avait prononcé devant le peuple pour justifier la déposition de son collègue Octauius, demanda à Blossius s'il aurait obéi à un ordre de Tiberius lui enjoignant de mettre le feu au Capitole. Il commença par répondre que son ami ne lui aurait jamais donné un ordre pareil; puis, la question revenant de façon insistante, il finit par dire: « Eh bien, s'il me l'avait commandé, j'aurais cru bien de le faire, car Tiberius ne l'aurait pas commandé si cela n'avait pas été utile au peuple. » Après cette séance éprouvante, Blossius jugea plus expédient de prendre le large et partit pour l'Asie où il rejoignit Aristonicos, un bâtard de feu Attale de Pergame, qui contestait, les armes à la main, le legs du royaume à Rome. Un certain Caius Villius ne put pas s'échapper, lui: il subit le châtiment du parricide, c'est-à-dire qu'il fut emmené en cortège jusqu'au bord du Tibre, lui-même portant des sortes de chaussures à très grosses semelles de bois pour éviter qu'il ne touche le sol; puis il fut cousu dans un sac avec des serpents, un coq et un chien, et jeté dans les eaux du Tibre. À l'évidence la mise en œuvre d'une telle procédure avait pour but de souligner la nature du crime commis par Tiberius et ses partisans contre leur patrie et de témoigner à la fois de la bonne conscience du Sénat et de sa détermination à ne pas se laisser reproduire des faits de cet ordre.

Mais dans le même temps, il ne fut point question de remettre en cause la loi Sempronia: on s'en prenait à tous ceux qui avaient aidé ou conseillé le tribun dans son aspiration à devenir un tyran, mais on ne contestait pas la réalité du problème social qui se posait à Rome et pour lequel il avait fait adopter une disposition législative. Était-ce légalisme pur ou calcul politique ? La façon dont on se crut obligé de mettre Scipio Nasica à l'abri tend à accréditer la seconde hypothèse. On avait eu bien soin, dès le lendemain de la mort de Tiberius, de proclamer qu'il avait été *iure cæsus*, mis à mort de façon légale: c'est le consul Mucius lui-même, grand juriste, qui avait affirmé que Scipio Nasica était absolument dans son droit *(optimo iure)* lorsqu'il prit les armes, bien qu'il ne fût point magistrat. Mais ces justifications *a posteriori* ne mettaient pas Nasica à l'abri de l'hostilité de la foule. On le chargea donc d'une mission à Pergame sous prétexte de mettre de l'ordre dans les affaires du royaume. C'était un exil, mal déguisé, au cours duquel Nasica trouva la mort.

Le triumvirat agraire avait commencé son travail en Italie et, lorsque Tiberius eut été tué, il fut remplacé par Publius Licinius Crassus Mucianus, un de ceux qui avaient soutenu et conseillé le tribun depuis l'origine. C'était rassurant pour les partisans de la réforme, surtout à un moment où les premières difficultés se faisaient jour:

> Comme ceux qui en possédaient [des terres publiques] négligeaient de se faire enregistrer, les triumvirs invitaient par des proclamations les citoyens à se porter accusateurs pour faire ouvrir des enquêtes. On se trouva rapidement en présence d'une multitude de procès inextricables. Car les terres, avoisinant celles de l'État, qui avaient été vendues ou réparties entre les alliés, faisaient toutes, en raison de la délimitation des premières, l'objet d'une enquête relative à leurs conditions de vente ou de répartition, alors que les gens ne possédaient plus tous ni les contrats de vente ni les actes de concession. D'ailleurs les pièces que l'on retrouvait prêtaient à discussion. Et, tandis que l'on procédait à une nouvelle délimitation des terres de l'État, certains devaient céder des terrains plantés et pourvus de bâtiments agricoles contre des terrains nus, d'autres des cultures contre des friches, des étangs ou des marécages, attendu qu'à l'origine les Romains n'avaient même pas établi un cadastre précis, puisqu'il s'agissait de terres conquises par la lance. Et la proclamation invitant toute personne volontaire à mettre en valeur la terre indivise avait incité bien des gens, qui travaillaient les terres voisines des leurs, à modifier profondément l'aspect des unes comme des autres. Et le temps écoulé avait changé la face de toute chose. Le préjudice causé par les riches avait beau être grand, il n'était pas aisé d'en déterminer l'étendue. Le seul résultat obtenu consis-

tait en un transfert général des populations, que l'on déplaçait pour les installer sur les parcelles d'autrui. (Appien, *Guerres civiles*, 1, 10, 73-77, traduction Paul Goukowsky.)

Il fallait se rendre à l'évidence : lorsque l'on avait voulu se procurer les documents qui attestaient l'origine des propriétés, notamment ces *formæ* qui rendaient compte des opérations d'arpentage, on constatait qu'elles avaient disparu – intentionnellement ou non –, qu'elles étaient équivoques ou falsifiées, voire qu'elles n'existaient pas parce que l'arpentage n'avait jamais été fait. Et puis, comme certains propriétaires y mettaient une mauvaise volonté évidente, on avait eu recours à la délation, ce qui n'avait guère amélioré l'atmosphère. La plupart du temps, il fallait trancher dans le vif, pour pouvoir avancer, et le mécontentement grondait.

Numance À Rome, au contraire, on pavoisait : Scipion Émilien était enfin venu à bout des Numantins et célébrait un triomphe qui fut, paraît-il, très brillant, mais sur lequel nous ne savons malheureusement rien. Ce que nous savons, en revanche, c'est que depuis une dizaine d'années, huit mille Espagnols avaient réussi à tenir tête à une armée romaine forte de plus de trente mille hommes et que leur cité, la petite ville de Numance, prétendait traiter d'égale à égale avec Rome. Une fois encore les Romains avaient fait l'expérience de la guérilla, des embuscades et des mauvais coups ; et si l'on ajoutait l'extrême bravoure des Espagnols aux incompétences et aux lâchetés (et même à la malchance, dans le cas de Mancinus) de certains des magistrats romains envoyés pour commander les troupes, on commençait à avoir une explication. Tiberius Gracchus en avait fait l'expérience, lui qui avait servi comme questeur sous les ordres du consul Caius Hostilius Mancinus. Il faut dire à sa décharge que Mancinus avait succédé, en Espagne, à Quintus Pompeius, consul en 141, qui lui avait laissé une situation piégée : il avait subi toute une série de désastres avec ses deux armées, celle qu'il avait trouvée sur place d'abord et la nouvelle qu'on lui avait envoyée d'Italie (parce qu'il avait bien fallu remplacer les hommes qui avaient déjà passé six années consécutives sous les armes). C'en était au point que, pour éviter de continuer à se faire étriller et d'être accusé à son retour, il avait monté une machination, amenant les Numantins à traiter avec lui, pour avoir la paix le temps de finir son mandat ; et puis, bien sûr, lorsque Mancinus arriva, il nia avoir fait quelque traité que ce fût. Ce dernier fit lui aussi très vite l'épreuve des embuscades et commença par perdre beaucoup d'hommes. Et sur la foi de rumeurs alarmantes concernant des traités d'alliance d'autres peuples espagnols avec les Numantins, il abandonna son camp, de nuit, pour se réfugier à un endroit où avait campé l'un de ses officiers : il s'y retrouva encerclé par les Numantins. On connaît la suite : la reddition, le refus du Sénat d'entériner l'accord négocié par Tiberius, et puis les féciaux qui se présentèrent devant Numance poussant devant eux l'ancien consul, nu, les mains liées derrière le dos. Mais les Numantins n'en voulurent point : ils considéraient qu'une fois encore les Romains avaient manqué à leur parole et qu'une cérémonie comme celle-là n'était faite que pour les justifier au regard de leurs propres dieux mais qu'elle ne leur rendrait pas, à eux, la paix à laquelle ils aspiraient.

Lorsque Scipion Émilien était arrivé, il avait occupé le plus clair de l'année à remettre de l'ordre dans les troupes : il fit chasser du camp tous les marchands ou devins qui s'y étaient établis, ainsi que les valets et deux mille prostituées ; il fit vendre les chariots et les bêtes de somme qui n'étaient pas strictement à usage militaire, et, d'une façon générale, ramena chaque homme à des modes de vie strictement conformes aux règlements et aux coutumes, jusque dans les ustensiles de cuisine autorisés à chacun. Dans le même temps, il entraînait physiquement ces hommes à qui il faisait faire des marches dans toutes les formations et avec toutes les charges nécessaires au retranchement d'un camp (il leur faisait porter jusqu'à sept pieux chacun, en plus de leur barda). Il veillait avec un soin particulier à ce que chacun sache où était sa place et s'y tienne en toute circonstance : il avait suffi de quelques châtiments exemplaires (notamment une exécution au bâton – cep de vigne – par des centurions) pour convaincre ces soldats de la nécessité absolue de se plier aux ordres. Et puis il perfectionna le service de transmissions : la force des Espagnols résidait dans le fait qu'ils étaient capables de mener des coups de main sur certaines unités sans que le reste de l'armée s'en aperçoive ; Scipion avait donc mis en place un réseau de signalisation sonore (trompettes) et visuelle (fanions, feux) qui devait être opérationnel en tout temps et quelles que fussent les activités. Ces moyens étaient, en effet, destinés à protéger les hommes pendant qu'ils mettaient en place le dispositif du siège (fossés, palissades, tours de guet) et alors qu'ils moissonnaient dans toutes les régions alentour pour faire des réserves de céréales et de fourrage, brûlant tout le surplus. Par ailleurs, Scipion menait avec les peuples voisins des opérations diplomatiques plutôt musclées.

Les Numantins lui avaient bien offert le combat, à son arrivée ; mais il l'avait refusé, déterminé à prendre la ville et tous ses habitants en perdant le moins possible d'hommes. Il avait donc réussi à boucler son dispositif de siège de façon que personne ne puisse entrer dans Numance, ni en sortir, y compris par le fleuve en travers duquel des obstacles divers avaient été lancés, empêchant même un nageur de s'y risquer. L'hiver se passa ainsi et la famine se fit vite sentir chez les Espagnols et les contraignit à se rendre. C'était une reddition sans conditions, avec simplement un délai de deux jours pour permettre à ceux qui préféraient se tuer de mettre en ordre leurs affaires et de recevoir les honneurs funèbres. L'ensemble de la population fut réduite en esclavage (Scipion avait gardé une cinquantaine d'entre ces gens pour les faire figurer dans son triomphe) et la ville, après avoir été pillée en bonne et due forme, fut incendiée et rasée jusqu'au sol.

À Rome, on fêta l'événement à la mesure du soulagement que l'on éprouvait d'être enfin devenus maîtres d'une petite bourgade d'Hispanie citérieure qui, avec une poignée d'hommes, défiait la toute-puissance romaine, humiliait ses magistrats et massacrait ses soldats depuis une décennie. La victoire avait valu à

Publius Cornelius Scipio Africanus Æmilianus une gloire redoublée qui contribua à mettre Numance sur le même plan que Carthage. Il y a pourtant des historiens, Appien en particulier, qui n'ont pas perdu le sens des proportions ni oublié que huit mille hommes avaient offert le combat aux soixante mille que commandait Scipion et qu'on le leur avait refusé.

Empêchement

Autre sujet de satisfaction, et autre triomphe : Publius Rupilius était enfin parvenu à venir à bout des esclaves de Sicile et l'île avait été réorganisée aux termes d'une loi qu'il avait fait voter. Restait pourtant la question du royaume de Pergame puisque Aristonicos s'en était emparé, sans provoquer la moindre résistance. Il était prévu que ce serait l'un des consuls, Lucius Valerius Flaccus, qui irait remettre de l'ordre dans les affaires. Mais l'autre consul, Publius Licinius Crassus Mucianus, celui-là même qui avait remplacé Tiberius Gracchus dans la commission agraire, ne l'entendit point de cette oreille : il était devenu Grand Pontife depuis la mort de Scipio Nasica et il mit son veto au départ de son collègue Valerius Flaccus qui, en effet, était prêtre de Jupiter, *Flamen Dialis*, et à ce titre soumis à toute une série de restrictions et tabous :

> Les interdictions religieuses imposées au flamine de Jupiter sont nombreuses ainsi que les abstinences de bien des sortes [...]. La religion interdit au flamine de Jupiter de monter à cheval ; de même la religion lui interdit de voir l'armée équipée, hors du *pomerium*, c'est-à-dire les troupes sous les armes ; c'est pourquoi le flamine de Jupiter a rarement été fait consul quand les consuls avaient la charge des guerres... de même il est sacrilège que le flamine de Jupiter prête serment : de même il est sacrilège qu'il porte un anneau si ce n'est rompu et vide. [...] Il ne porte pas de nœud sur son bonnet ni à sa ceinture, ni ailleurs ; quelqu'un qui serait emmené pour être fouetté, s'il se jetait à ses pieds en suppliant, c'est impiété de le fouetter ce jour-là. Seul un homme libre couperait les cheveux du flamine de Jupiter. Le flamine de Jupiter n'a pas coutume de toucher ni de nommer la chèvre, la viande crue, le lierre ni la fève. Il ne passe pas sous les pousses de la vigne tendue en hauteur. Les pieds du lit dans lequel il couche doivent être enduits d'une légère épaisseur de boue ; de ce lit il ne découche pas trois nuits consécutives, et il est sacrilège qu'un autre y couche. Il doit y avoir auprès du montant du lit une boîte avec des gâteaux de sacrifice. Les coupures d'ongle et de cheveux sont cachées dans la terre sous un arbre fécond. Pour le flamine de Jupiter tous les jours sont jours de fête. Il ne lui est pas permis d'être dehors sans bonnet. [...] Il ne lui est pas permis de toucher de la farine mêlée de levain. Il n'enlève sa tunique de dessous que dans les lieux couverts, pour ne pas être nu sous le ciel, c'est-à-dire sous les yeux de Jupiter. [...] Il n'entre jamais en un endroit dans lequel se fait une incinération, il ne touche jamais à un mort ; cependant la religion ne lui interdit pas de suivre des funérailles. (Aulu-Gelle, *Nuits attiques*, 10, 15.)

Cela faisait beaucoup pour un seul homme ! Et l'on comprend que le Grand Pontife ait exigé que, pour respecter les engagements de la cité à l'égard du plus puissant des dieux, celui qui garantissait les fruits de la victoire, Valerius Flaccus reste à Rome soumis à ses obligations. Et c'est donc lui, Crassus, qui partit en découdre avec Aristonicos. Mais il fut vaincu : encerclé par les ennemis, après que ses troupes eurent été mises en pièces, sur le point d'être fait prisonnier, il s'approcha d'un Thrace et le frappa à l'œil d'un coup de cravache ; le barbare le transperça de son épée. C'est le consul de l'année suivante, Marcus Perperna, qui vint à bout d'Aristonicos et le captura à Stratonice : il l'envoya à Rome où il fut étranglé dans la prison du Tullianum, sur ordre du Sénat. Le consul lui-même mourut de maladie peu de temps après, à Pergame.

Pour le reste, les affaires de la Ville continuaient d'aller leur train : les censeurs avaient procédé au dénombrement des citoyens et en avaient trouvé 318 823, soit une progression de moins de mille depuis le dernier lustre. Cette stagnation démographique inquiétait l'un des deux censeurs, Quintus Cæcilius Metellus Macedonicus : il prononça un discours qui resta dans les annales et dans lequel il suggérait que l'on rende le mariage obligatoire pour tous les hommes afin d'augmenter le nombre d'enfants. La sévérité de ce censeur était inégalement appréciée. Cette année-là, en confectionnant la liste des sénateurs, Metellus en avait enlevé le nom d'un tribun de la plèbe, Caius Atinius Labeo (pour des raisons que nous ignorons). Furieux, celui-ci l'attendit un midi, lorsque Rome était déserte, à son retour du Champ de Mars (de la Villa Publica où s'exerçaient les fonctions essentielles de la censure), lui passa une corde au cou, serra si fort qu'il fit jaillir du sang par les oreilles et le traîna vers le Capitole avec l'intention déclarée de le précipiter de la roche Tarpéienne pour avoir porté atteinte à la dignité d'un tribun de la plèbe. Personne n'osait évidemment faire obstacle à un tribun et c'est miracle si l'on put trouver à temps un autre tribun qui empêcha son collègue de commettre l'irréparable et délivra le censeur de la corde qui lui enserrait le cou. (Atinius ne s'en tint pas là : il « consacra » les biens de Metellus, c'est-à-dire qu'il les déclara confisqués au nom de l'État et en assura lui-même la vente aux enchères.) À Rome

Par-delà ces règlements de comptes qui avaient une dimension personnelle assez forte, même s'ils révèlent l'importance croissante des tribuns, une tentative plus significative fut menée par l'un des tribuns de l'année 130, Caius Papirius Carbo, qui réussit à faire passer une loi tabellaire, c'est-à-dire une loi qui instaurait le vote secret dans les comices législatifs. C'était là une disposition considérée comme « populaire » dans la mesure où elle empêchait l'aristocratie de contrôler le vote des citoyens. Carbo voulut aussi faire adopter un texte permettant à un tribun de se faire réélire aussi souvent qu'il le voudrait. Il trouva contre ce projet Scipion Émilien dont le discours emporta l'adhésion. C'est au cours de ce discours que Scipion reprit la formule du consul de 133 en disant que Tiberius Gracchus avait été mis à mort de façon parfaitement légale.

La tension restait très forte, surtout autour de la question agraire. Les triumvirs avaient été renouvelés : c'est Marcus Fuluius Flaccus qui succéda à Appius

Claudius qui était mort et Caius Papirius Carbo avait remplacé Crassus Mucianus, tué par Aristonicos. Les travaux des commissions agraires continuaient dans une atmosphère empoisonnée et l'archéologie a mis au jour une douzaine de cippes installés à cette époque, au moment où se déroulaient les opérations de redistribution (presque tous en Campanie, sauf un, le plus ancien, dans la région d'Ancône). Un autre document atteste l'activité de restructuration agraire : c'est une inscription trouvée à côté d'un *uicus* du nom de Polla et qui rappelle les actions du personnage qui l'a installé. Le nom de ce personnage a disparu, mais il a été reconstitué : il s'agit du consul de 132, Publius Popillius Lænas. Il y explique qu'il a fait construire la route qui mène de Regium à Capoue avec tous les ponts, les bornes miliaires et les panneaux. Et il ajoute :

> Lorsque j'étais préteur en Sicile, j'ai fait rechercher les esclaves fugitifs des Italiens et ai rendu 917 hommes à leurs propriétaires ; et le premier, j'ai fait en sorte que les pasteurs le cèdent aux agriculteurs sur les terres publiques ; j'ai édifié ici un marché avec ses bâtiments publics. (Inscription dite « de Polla », *Corpus Inscriptionum Latinarum* I², 638, traduction de F. H.)

Il ne fait aucun doute que l'on ait, avec ce document, un témoignage des modifications dans l'exploitation du sol que tendait à généraliser la réforme gracchienne.

Scipion Émilien et les Italiens

Mais il ne fait aucun doute non plus que l'opération se soit révélée particulièrement douloureuse ; et les Italiens désespérant de leur sort s'adressèrent à Scipion Émilien pour qu'il accepte de défendre leurs intérêts au Sénat – ce qu'il fit, en proposant de transférer le pouvoir judiciaire des triumvirs aux consuls, arguant du fait que le magistrat n'était pas directement impliqué dans les opérations et qu'il serait mieux accepté comme arbitre par toutes les parties. La mesure fut entérinée, mais les consuls esquivèrent cette charge : Caius Sempronius Tuditanus, devant les difficultés que cela lui créait, se fit confier des opérations militaires en Illyrie qui occupèrent son été et qui, malgré des fortunes diverses, lui valurent de célébrer un triomphe le 1er octobre ; quant au second consul, Manius Aquillius, il avait en charge de pacifier et d'organiser la province d'Asie après la mort de Perperna. Il n'y avait donc plus beaucoup d'activité possible pour la commission agraire puisque les arbitrages n'étaient pas rendus, et cette mise en sommeil de la redistribution des terres fit renaître le mécontentement à Rome.

Dans ces circonstances assez troublées, on alla jusqu'à envisager d'avoir recours à un dictateur chargé de remettre l'État en marche. Et ce dictateur, ce ne pouvait être que Scipion Émilien. Mais si l'homme avait une stature qui pouvait faire penser à lui comme à un recours, il était aussi jalousé et même haï. Ce ne resta donc qu'un bruit, pas même un projet. Jusqu'à la mi-septembre : on célébra, comme chaque année, les Féries latines qui avaient une importance particulière en ces temps où les alliés latins souffraient particulièrement des récupérations de terres destinées à lotir des Romains pauvres. Et puis, quelques jours après, dans un climat empesté de rumeurs, Scipion Émilien se décida à s'adresser au peuple pour se justifier des accusations que ses ennemis lançaient contre lui et selon lesquelles il avait l'intention d'abroger la loi Sempronia, préparait des hommes armés et ferait un grand massacre. Il fallait mettre un terme à tout cela et Scipion s'enferma chez lui un soir pour rédiger son discours. Le lendemain matin, il était retrouvé mort. Son corps ne portait apparemment aucune blessure. Pourtant, lorsqu'on l'emporta au bûcher, on lui couvrit la tête, ce qui prêta à des soupçons sur un possible étranglement. La suspicion visa d'abord Cornélie, mère des Gracques, puis sa fille Sempronia, épouse d'Émilien (les époux ne s'aimaient guère, disait-on, et l'on ajoutait que Sempronia, outre son mauvais caractère, était laide et stérile). Et puis on soupçonna un acte politique de Marcus Fuluius Flaccus qui l'avait insulté, la veille, à la tribune ; ou de Caius Gracchus lui-même. Mais on ne poussa pas l'enquête au-delà de la mise à la torture des esclaves de Scipion qui déclarèrent avoir vu des hommes s'introduire nuitamment dans la maison de leur maître.

Le problème n'était pas résolu et la tension resta vive pendant encore plusieurs années. En 126, un tribun de la plèbe (Marcus Iunius Pennus) proposa à nouveau que l'on interdise aux non-citoyens la résidence à Rome ou dans une colonie romaine (mesure contre laquelle Caius Gracchus prononça un discours) ; en revanche, Marcus Fuluius Flaccus, parvenu au consulat pour l'année 125, proposa une loi conférant, aux Italiens qui se soumettraient aux décisions de la commission agraire, la citoyenneté romaine ou, au moins, le droit de faire appel au peuple romain de toute décision d'un magistrat les concernant (droit de *prouocatio*). C'était une façon d'intégrer les élites italiennes en laissant les populations dans leur ensemble en dehors du bénéfice de la loi Sempronia, bénéfice réservé aux citoyens romains pauvres. Le Sénat s'opposa vigoureusement à ce projet qui était loin de provoquer l'enthousiasme populaire et Flaccus n'alla pas plus loin. Le mécontentement des Latins et des alliés était à son comble.

Ces « alliés » sur lesquels Rome régnait en sa qualité de maîtresse de l'Italie se répartissaient essentiellement en deux groupes : les Latins et les *fœderati*. L'ensemble de ces cités-États jouissaient d'une large part d'autonomie, mais étaient liées à Rome par deux obligations majeures. Elles devaient renoncer à mener une politique extérieure indépendante et accepter de se laisser conduire par Rome, ce qui signifie qu'elles étaient tenues de fournir des troupes à leur suzeraine (et de les entretenir) à chaque réquisition. Latins et *fœderati* disposaient des privilèges de *commercium*, c'est-à-dire du droit de conclure des contrats valables avec des Romains, et de *conubium*, du droit de se marier avec des Romains. Deux privilèges supplémentaires s'y ajoutaient pour les Latins. Lorsqu'ils se trouvaient à Rome, ils pouvaient voter dans une tribu et, s'il leur arrivait d'émigrer pour s'installer en territoire romain, ils étaient autorisés à acquérir la citoyenneté romaine. Les *fœderati* devaient ce nom aux traités en bonne et due forme *(fœdera)* exposant les liens qui les attachaient. On les désignait la plupart du temps sous le nom de *socii* ou alliés. Les Latins formaient donc le groupe le plus favorisé des deux : ils se considéraient apparemment, sinon comme des Romains, du moins comme ce qu'il y avait de mieux immédiatement après eux.

Les mauvais traitements dont ils estimaient être les victimes, soit parce qu'ils se sentaient plus spécialement visés par la récupération des terres, soit parce qu'ils supportaient mal qu'on leur refuse avec morgue une entière participation à la citoyenneté romaine (même si les patriotismes locaux empêchaient encore la plupart des alliés de revendiquer l'intégration pure et simple), exaspérèrent un certain nombre d'entre eux. Le cas le plus dramatique fut celui de la cité latine de Frégelles, à quelques milles au sud de Rome, sur la *uia Latina.* Elle décida de se révolter et Rome fut donc contrainte d'envoyer une force armée pour la réduire. Assiégée par le préteur (de 125) Lucius Opimius, elle fut prise (avec la complicité de certains Fregellans favorables à Rome) et complètement rasée. Les responsables de l'insurrection furent exécutés, la population déportée. Il fallait un exemple. Ce fut Frégelles.

Faits divers

Cette même année vit un fléau extraordinaire, par son ampleur, sinon par sa nature, s'abattre sur l'Afrique :

> Sous le consulat de M. Plautius Hypsaeus et de M. Fuluius Flaccus, à peine l'Afrique se remettait-elle des ravages de la guerre, qu'un fléau horrible et inhabituel l'atteignit. Et de fait, alors qu'à travers toute l'Afrique d'immenses multitudes de sauterelles s'étaient développées et qu'elles avaient non seulement déjà détruit tout espoir de récolte et consommé toutes les herbes avec une partie des racines, et les feuilles des arbres avec ce qu'il y a de tendre dans les rameaux, mais qu'en plus elles avaient rongé les écorces amères et les bois secs, elles furent balayées par un vent soudain : rassemblées en amas et transportées pendant longtemps par les airs, elles furent englouties dans la mer africaine. Comme, sous l'action des vagues, les flots avaient poussé au loin d'immenses monceaux de sauterelles le long des grandes étendues de rivage, l'amas putréfié et décomposé exhala une odeur absolument repoussante et incroyablement pestilentielle ; il s'ensuivit une pestilence, frappant également tous les êtres vivants, si forte que les cadavres, en putréfaction çà et là, des oiseaux, des animaux domestiques et des bêtes sauvages, désagrégés par la corruption de l'air, augmentèrent la nocivité de la corruption. Mais, à vrai dire, si importante que fut l'épidémie frappant les hommes que, moi-même, en la rapportant, j'en tremble de tout le corps : car en Numidie, où régnait alors Micipsa, on raconte que périrent huit cent mille hommes, et le long de la région côtière, située principalement près du littoral de Carthage et d'Utique, plus de deux cent mille hommes ; près de la cité d'Utique elle-même, trente mille soldats qui avaient été installés pour la surveillance de l'Afrique tout entière se consumèrent et furent anéantis. Et ce désastre s'appesantit si soudain et si violent que l'on raconte qu'alors, à Utique, en une seule journée et par une seule porte furent emportés plus de quinze cents cadavres de ces jeunes gens. (Orose, 5, 11, 1-5.)

On néglige souvent cette notation en accusant Orose de faire feu de tout bois pour démontrer les malheurs des hommes avant l'incarnation du Christ ; et il est vrai qu'en l'occurrence il assaisonne cette histoire à une sauce apologétique un peu relevée. Mais on ne prête pas garde au fait que ces événements nous apprennent au moins deux choses. D'abord qu'il y avait bien une armée de garnison en Afrique, à une époque où la situation n'était guère troublée ; et cette observation n'est pas sans importance pour comprendre l'évolution de l'armée de cette période vers une professionnalisation. Mais surtout, s'il y avait une garnison, c'est que l'Afrique était déjà un grand pourvoyeur en blé de l'Italie et qu'il était indispensable que les travaux agricoles fussent protégés pour garantir une régularité de la récolte, comme il était par ailleurs utile que les opérations de collecte et d'expédition fussent assurées dans les meilleures conditions. Et si la ponction démographique de cette catastrophe naturelle avait été aussi importante que l'écrit Orose (qui a trouvé ses informations dans Tite-Live), il allait bien falloir repeupler l'Afrique, ce à quoi devait s'employer, entre autres choses, Caius Gracchus.

Rome continuait de s'embellir et de se doter d'équipements collectifs : les censeurs de cette année-là s'occupèrent de faire les appels d'offres et de conclure les marchés pour un nouvel aqueduc amenant l'eau d'une source tiède (d'où son nom : *Aqua Tepula*) située à une dizaine de milles au sud de Rome, sur la *uia Latina*, pas très loin de Frégelles, donc. Et dans leurs fonctions de surveillance des mœurs, les noms de ces censeurs, Cneius Seruilius Cæpio et Lucius Cassius Longinus Rauilla, sont restés célèbres parce qu'ils firent comparaître devant eux un consulaire, Marcus Aemilius Lepidus Porcina, et lui infligèrent une *nota*, un signe infamant mis à côté de son nom dans la liste des sénateurs : ils lui reprochaient de louer à Rome, pour se loger, une maison à un prix jugé exorbitant. On interprète souvent cette sanction comme une vengeance personnelle parce que, si l'ancien consul en question était à l'évidence trop dispendieux pour son époque, il avait aussi le tort d'être l'ennemi personnel de Cæpio et de s'être opposé, quelques années auparavant, lors de son consulat, à une loi d'inspiration « populaire » qui instituait le vote secret dans les procès devant le peuple : or l'auteur de cette proposition était Cassius Longinus, à l'époque tribun de la plèbe. Mais les autres actions de ces magistrats témoignent d'une impartialité qui les honore. Puis ils nommèrent *Princeps Senatus* un vieux consulaire, Publius Cornelius Lentulus, respecté de tous et qui eut, lui aussi, à s'occuper de redistribution de terres.

Enfin les deux censeurs eurent à connaître d'une question concernant un magistrat : Caius Gracchus était alors questeur sous les ordres du proconsul de Sardaigne, Lucius Aurelius Orestes, depuis le début de l'année 125. Lors donc qu'il apprit, dans le courant de l'année 124, que le proconsul était prorogé dans son commandement, il considéra que c'était une façon de le contraindre, lui Caius Gracchus, à rester loin de Rome et de l'empêcher de se lancer dans la carrière. Et ce n'était sans doute pas faux. Il décida donc, en accord avec Aurelius Orestes, de

Caius Gracchus

regagner Rome où ses ennemis l'accusèrent aussitôt d'abandon de poste au beau milieu d'opérations militaires. Et c'est ainsi que l'affaire vint devant les censeurs qui demandèrent au jeune homme des explications. Qu'il leur donna :

> Il dit qu'il avait servi douze ans sous les armes, alors que les autres s'en tenaient aux dix années obligatoires, qu'étant questeur, il était resté deux ans auprès du proconsul, alors que la loi l'autorisait à revenir au bout d'un an, que, seul de toute l'armée, il avait rapporté vide une bourse qu'il avait emportée pleine, tandis que les autres, après avoir bu le vin qu'ils avaient apporté dans des amphores, étaient revenus à Rome avec ces amphores pleines d'argent et d'or. (Plutarque, *Vie de Caius Gracchus,* 2, 9-10.)

Blanchi de cette accusation, il eut encore à se défendre d'autres, notamment celle d'avoir soutenu, voire suscité, la révolte de Frégelles. Là encore, il sut se tirer d'affaire et se présenta donc aux élections pour le tribunat de la plèbe. Ses adversaires étaient déterminés à lui barrer la route par tous les moyens, mais ils ne purent rien devant la popularité du jeune homme qui avait poussé un grand nombre d'électeurs de la campagne à monter à Rome. Ses opposants réussirent simplement à l'empêcher d'être le mieux élu et donc le premier nommé, comme il le souhaitait : il ne fut que le quatrième.

Il faut dire que ce jeune homme avait de quoi effrayer tous ceux qui avaient réussi à venir à bout de Tiberius Gracchus. Plus intelligent que son aîné, il était aussi un bien meilleur orateur et il s'était déjà illustré dans des procès. Pour cette élection au tribunat, il avait montré sa capacité à mobiliser les foules en faisant venir les électeurs de toute l'Italie : on ne trouvait plus une place où se loger à Rome et, au moment de l'élection, le Champ de Mars ne fut pas assez vaste pour accueillir tout le monde. Mais surtout on craignait son désir de vengeance : il était invraisemblable qu'un homme de cette trempe ne cherche pas, par tous les moyens, à nuire à ceux qui avaient été les ennemis de son frère. Dans une cité où de nombreux jeunes gens commençaient leur carrière politique en poursuivant en justice et en faisant éventuellement condamner ceux qui avaient nui à leur père, où, donc, la solidarité familiale était très vive, on devait s'attendre au pire si Caius obtenait le pouvoir.

Et l'on comprit vite que le pire était certain : le tribun fit afficher deux projets de loi, l'un pour interdire à tout magistrat déchu par le peuple de détenir à nouveau une magistrature (tout le monde vit en Octauius, déchu par Tiberius, le personnage visé par cette disposition), le second réactivant le droit d'appel au peuple pour tout citoyen menacé par une sentence de mort (exil ou peine capitale) ; cette mesure qui avait une valeur rétroactive visait notamment le consul de 132, Publius Popillius Lænas, qui s'était chargé de l'élimination des partisans de Tiberius Gracchus. Ce dispositif législatif s'accompagna de discours enflammés au peuple. Le ton était donné.

Ce que lui reprochaient ses adversaires, c'était sa capacité à diviser, à son profit, les groupes sociaux. Le jeune Gracchus s'était, en effet, très tôt tourné vers les milieux d'affaires dont il s'était attiré les bonnes grâces, en se démarquant des décisions prises par le proconsul d'Asie, Manius Aquillius, à qui le Sénat avait demandé de régler le sort du royaume de Pergame : plutôt que de l'organiser en province, le proconsul lui avait laissé, pour l'essentiel, ses structures administratives et avait confirmé les exemptions fiscales anciennes. Les sociétés de publicains, qui se chargeaient de collecter l'impôt, n'y retrouvaient point leur compte et lorsque Caius leur promit une loi (qu'il fit voter lors de son tribunat) pour organiser la ferme des impôts d'Asie, il se concilia facilement leur soutien. Autre geste significatif en faveur des hommes d'affaires : l'appui qu'il avait apporté à Marcus Fuluius Flaccus, lorsque celui-ci avait entrepris une expédition pour débarrasser Marseille de peuples gaulois qui la harcelaient, gênant considérablement le commerce. Une fois revêtu de son pouvoir tribunitien, il avait confirmé cette alliance, d'abord en faisant passer une loi visant à faire indemniser par l'État les publicains qui auraient subi des pertes dans leur activité, puis en créant de nouveaux droits de douane et en lançant une importante politique de construction publique :

> Il proposa aussi de fonder des colonies, de construire des routes et d'établir des greniers à blé [...]. Il s'attacha particulièrement à la construction des routes, en veillant tout ensemble à l'utilité, à l'agrément et à la beauté. Il les fit tracer toutes droites et fermes à travers les terres, et paver de pierres polies solidement reliées par du sable entassé entre elles. Il fit combler ou traverser par des ponts les dépressions formées par les ravins ou les torrents, et obtint ainsi une hauteur égale et parallèle des deux côtés, de façon que l'ouvrage, parfaitement égal, présentât partout un bel aspect. En outre, il mesura chaque route par milles (le mille vaut près de huit stades), et fit dresser des colonnes de pierre indiquant les distances. Il fit placer enfin, aux deux bords de la route, d'autres pierres moins éloignées les unes des autres, pour permettre aux cavaliers d'enfourcher facilement leur monture sans avoir besoin d'écuyer. (Plutarque, *Vie de Caius Gracchus,* 6, 3 et 7.)

Cette façon de favoriser une catégorie sociale était vite apparue comme attentatoire à l'unité des citoyens.

Mais là où la division que Caius Gracchus introduisit dans la cité fut la plus sensible, sinon la plus destructrice, ce fut dans l'organisation institutionnelle : il est resté, dans la mémoire collective des Romains, comme celui qui organisa une relation de concurrence, sinon de conflit, entre les deux ordres supérieurs de l'État, l'ordre sénatorial et l'ordre équestre. L'ordre équestre était une sorte de noblesse fonctionnelle dont la liste était établie par les censeurs, à chaque lustre : ils sélectionnaient environ deux mille cinq cents citoyens à qui, à raison de leur fortune foncière (400 000 sesterces, au minimum), de la bonne réputation de leur famille, de leur valeur morale aussi, on attribuerait un cheval public, c'est-à-dire à qui l'on conférerait le droit de servir dans des unités d'élite de la légion et qui avaient vocation à en être les officiers. Cette élite remplissait par ailleurs un certain nombre de fonctions civiques et religieuses dans la cité en temps de paix.

Jusqu'alors, du fait même du niveau de recrutement, une proximité certaine, voire une confusion pouvait exister entre ces deux catégories institutionnelles : les sénateurs, souvent issus eux-mêmes du milieu des chevaliers, avaient conservé le droit de figurer dans les dix-huit « centuries » équestres. Or c'est précisément à cette époque – probablement dans les années qui précédèrent le premier tribunat de Caius Gracchus – qu'on les contraignit, au moment d'entrer au Sénat ou d'exercer la première magistrature, de rendre le cheval public, c'est-à-dire que l'on fixait une distinction claire entre les deux catégories. Cette différenciation prenait en compte l'évolution sociologique de ces deux ordres : les sénateurs étant exclus des activités économiques, notamment par la *lex Claudia* de 218 qui interdisait qu'un sénateur ou son fils possède un navire de commerce de plus de trois cents amphores de tonnage, ou par des dispositions législatives (attestées par un texte d'époque césarienne, mais qui sont sans doute très antérieures) les empêchant de prendre part aux adjudications publiques sous peine de poursuites pénales, ce furent tout naturellement les chevaliers, ou du moins une part significative d'entre eux, qui se tournèrent vers ces activités économiques. L'État, qui passait des marchés importants (ferme de l'impôt, travaux publics, fourniture aux armées), avait besoin de personnages ayant une surface financière suffisante et donnant de solides gages de moralité : qui, mieux que des chevaliers, pouvait fournir ces garanties ? En prenant les mesures que l'on a dites, dans le domaine économique, Caius Gracchus satisfaisait aussi une part importante de l'ordre équestre. Lors donc qu'il offrit aux chevaliers des places réservées au théâtre, il fit un geste symbolique qui consacrait l'ordre équestre ; mais surtout, et cela va bien au-delà du symbolique, il conféra, par une loi, le pouvoir judiciaire sur les magistrats accusés de malversation (précédemment jugés par leurs pairs, sénateurs, et souvent dans une scandaleuse atmosphère de corruption) aux seuls chevaliers. Cette disposition, qui fut plusieurs fois remaniée ou mise en cause dans les décennies qui suivirent, introduisait un véritable bouleversement dans les mœurs politiques de Rome. À en croire Appien d'Alexandrie, Caius Gracchus aurait dit, après le vote de cette loi : « Je viens d'enterrer tout à fait le Sénat. » Pour ce qui était des provinciaux, il n'était pas certain qu'ils aient gagné au change : valait-il mieux être dépouillés par certains magistrats (tous n'étaient pas malhonnêtes, après tout, ou du moins ils avaient des exigences inégales) ou se trouver mis en coupe réglée par une classe d'affairistes qui avaient fait du profit leur seul objectif ?

On le voit, le projet du jeune Gracchus allait bien plus loin que le propos de son aîné. C'était un véritable programme politique qu'il avait en tête, et les dispositions agraires, qui restaient sans doute au cœur de ses préoccupations, furent étayées par un ensemble de dispositions destinées à leur assurer la pérennité. Ces dispositions, ce sont surtout la réactivation de la loi de Tiberius, en portant les lots à un maximum de deux cents jugères par famille (ce qui relança l'activité des triumvirs chargés de la répartition des terres) et en prévoyant la fondation de deux nouvelles colonies dans le sud de la péninsule ; et puis il fit adopter par le peuple la proposition de fournir mensuellement aux citoyens les plus pauvres cinq *modii* de blé par mois à un prix de six as un tiers le modius, inférieur à celui du marché. Mais encore fallait-il pouvoir fournir ces céréales.

Le second tribunat

L'itération du tribunat restait toujours interdite, mais une disposition légale prévoyait qu'en cas d'insuffisance de candidatures à ces fonctions, le peuple pouvait élire qui il voulait. Il fallait donc avoir pour soi le collège des tribuns et, en particulier, celui d'entre eux qui devait présider à l'élection pour n'accepter qu'un nombre incomplet de candidats. Et c'est ainsi que Caius Gracchus, réélu sans même avoir fait acte de candidature, put continuer son œuvre, avec l'appui de Marcus Fuluius Flaccus qui s'était fait élire tribun, lui aussi, bien qu'il fût un ancien consul, et avec son ami Caius Rubrius. C'est sur la proposition de ce dernier que fut décidée la fondation d'une colonie à Carthage, sur le site même de la cité punique détruite. Ses ennemis ont donné à cette décision une valeur de provocation, d'impiété. Or c'était de l'économie bien comprise : compte tenu de ce que l'on peut savoir sur le dépeuplement de l'Afrique après l'invasion des sauterelles et l'épidémie qui s'ensuivit, il était sans doute urgent de rendre à la province ses capacités de production, pendant qu'à Rome on construisait de nouveaux silos.

Pour affaiblis qu'ils aient été, les ennemis de Caius Gracchus ne désarmèrent pourtant pas. Leur arme fut un autre tribun, Marcus Liuius Drusus, qui s'employa à briser la popularité de son collègue. Ce jeune homme très distingué, fils de consul et paré de toutes les qualités personnelles nécessaires à une carrière politique, notamment l'éloquence, entreprit de déconsidérer son collègue sur son propre terrain. Le voilà donc proposant, avec l'aval du Sénat, non pas deux colonies, comme Caius Gracchus, mais douze, de trois mille citoyens chacune ; de supprimer le *uectigal*, cette redevance symbolique que les bénéficiaires de lots versaient à l'État pour bien attester le caractère public des terres à eux attribuées ; d'interdire que l'on pût désormais frapper de verges un Latin, fût-ce à l'armée (alors que Caius Gracchus avait proposé, pour apaiser les rancœurs italiennes, qu'on leur donne le droit de suffrage à Rome). Ce jeu de la surenchère était facilité par le fait que Caius Gracchus, ayant été désigné pour faire partie de la commission chargée de fonder la colonie de Carthage, était absent de Rome. Fuluius Flaccus aussi, d'ailleurs, qui siégeait dans le triumvirat chargé de récupérer et de redistribuer les terres en Italie, et dont Liuius Drusus avait fait une de ses cibles préférées : il faut dire que la partie était, là, plus facile, tant le personnage était suspect à tout le monde, y compris aux gens de son parti. À la démagogie Liuius Drusus ajouta l'habileté, se tenant ostensiblement à l'écart des commissions chargées de fonder les colonies, et faisant ressortir l'implication extrême de son collègue et de ses amis dans les commissions, dont on sait, par ailleurs qu'elles étaient avantageuses puisque entre autres leurs membres bénéficiaient, eux aussi, de portions de terres réservées et qu'ils en tiraient des bénéfices politiques par les liens de clientèle qu'ils nouaient dans ces occasions. Et puis, bien des bruits circulaient sur l'impiété et le danger qu'il y avait à refonder Carthage dont le sol avait été consacré. Informé de la situation politique à Rome, Caius Gracchus comprit qu'il était urgent de rentrer. Mais le mal était fait : Lucius Opimius, le préteur qui avait détruit Frégelles en 125 et qu'il avait réussi à faire écarter du consulat aux précédentes élections, en soutenant son concurrent Caius Fannius, allait être élu cette fois-ci ; quant à lui-même, son élection n'était plus du tout assurée par un peuple de Rome rassasié de mesures démagogiques et alors que, pour éviter les manipulations, les consuls, sur ordre du Sénat, avaient fait sortir de Rome tous ceux qui n'avaient pas le droit de vote. Affaibli, il n'avait pas osé s'opposer à cette décision et ce qu'il craignait arriva : Opimius fut élu, lui-même fut battu.

La tragédie

Cet échec acheva de ruiner l'estime où certains le tenaient encore et il eut désormais à faire face presque seul aux provocations de ses ennemis. C'est à propos de la colonie de Carthage que les choses s'envenimèrent. Les augures, consultés, avaient répondu que la colonie était placée sous de funestes auspices, sur la foi de rapports inquiétants :

> En Libye, où Caius relevait Carthage, qu'il avait appelée Juniona, c'est-à-dire ville d'Héra, on raconte que les dieux lui suscitèrent de nombreux obstacles : la première enseigne fut enlevée par le vent, malgré la vigoureuse résistance de celui qui la portait, et finalement brisée ; un ouragan dispersa les entrailles des victimes posées sur l'autel et les entraîna au-delà des bornes de l'enceinte tracée pour la nouvelle ville ; enfin ces bornes elles-mêmes furent arrachées par des loups qui survinrent et les emportèrent au loin. (Plutarque, *Vie de Caius Gracchus*, 11, 1-2.)

Le tribun Marcus Minucius Rufus fut chargé par le Sénat de faire passer une loi abrogeant celle de Caius Gracchus. Celui-ci, secondé par Fuluius Flaccus, protesta véhémentement, affirmant que cette histoire de loups était un mensonge et, devant la détermination de ses adversaires, se résolut à une opposition violente. Le jour où l'on devait débattre du sujet, les deux partis opposés se tenaient sur le Capitole. Là survint un événement dramatique : un certain Quintus Antullius, qui participait à un sacrifice auquel présidait le consul, fut tué par l'un des partisans de Caius Gracchus. Le geste aurait eu des conséquences immédiates si la conscience de l'extrême gravité des faits et une pluie diluvienne n'avaient fourni aux uns et aux autres l'occasion de s'éclipser. Mais le lendemain, le Sénat tenant séance au temple des Castors, on amena sur un brancard le corps de la victime et les sénateurs, après être sortis pour contempler ce spectacle de désolation, se réunirent à nouveau pour voter ce que l'on n'appelait pas encore le sénatus-consulte ultime, l'ordre donné aux consuls de veiller à ce que la Cité ne subisse aucun dommage ; en un mot, l'état d'urgence, qui impliquait la suspension de toutes les garanties individuelles. Retranchés sur l'Aventin avec quelques partisans, Caius Gracchus et Fuluius Flaccus essayèrent de négocier avec le Sénat en envoyant le plus jeune fils de Flaccus, un caducée à la main (l'attribut de Mercure et qui devait protéger tout envoyé ou négociateur de paix), pour faire des propositions de compromis. Le Sénat répondit qu'il n'y avait de négociation possible que si les rebelles déposaient les armes et venaient eux-mêmes s'expliquer devant leur assemblée. Le jeune Flaccus fut alors envoyé une seconde fois, mais on ne l'écouta point : Opimius le fit mettre sous bonne garde et donna ordre de marcher sur l'Aventin. Les archers crétois qu'il avait mobilisés firent de nombreuses victimes. Fuluius s'enfuit dans une maison voisine d'où l'on finit par le faire sortir pour l'égorger. Quant à Caius Gracchus, il prit la fuite, lui aussi, mais après avoir traversé le Tibre, il demanda à son esclave de le tuer. Ce que fit celui-ci avant de se donner la mort. Sa tête et celle de Fuluius Flaccus furent présentées à Opimius qui les fit payer leur poids en or à ceux qui les lui avaient rapportées.

La ville fut vidée des partisans du tribun ; ceux qui n'étaient pas morts dans l'assaut furent étranglés dans la prison ;

> [...] le fils de Fuluius Flaccus, un jeune homme à l'air très distingué, qui n'avait pas encore passé les dix-huit ans, et était étranger aux crimes de son père qui le lui avait envoyé pour négocier un accord, fut mis à mort par Opimius. Un haruspice étrusque, son ami, l'apercevant alors qu'on le conduisait tout en pleurs en prison, lui dit : « Que ne fais-tu plutôt ainsi ? » et, aussitôt, se brisant la tête contre le montant en pierre de la porte de la prison, il en fit jaillir la cervelle et expira. (Velleius Paterculus, 2, 7, 2.)

On compta trois mille victimes, dont les corps furent jetés dans le Tibre ; leurs biens furent saisis et vendus, le deuil fut interdit aux veuves. On procéda ensuite à une purification de la Ville et, pour célébrer la paix retrouvée, Opimius fit restaurer le temple de la Concorde, au pied du Capitole.

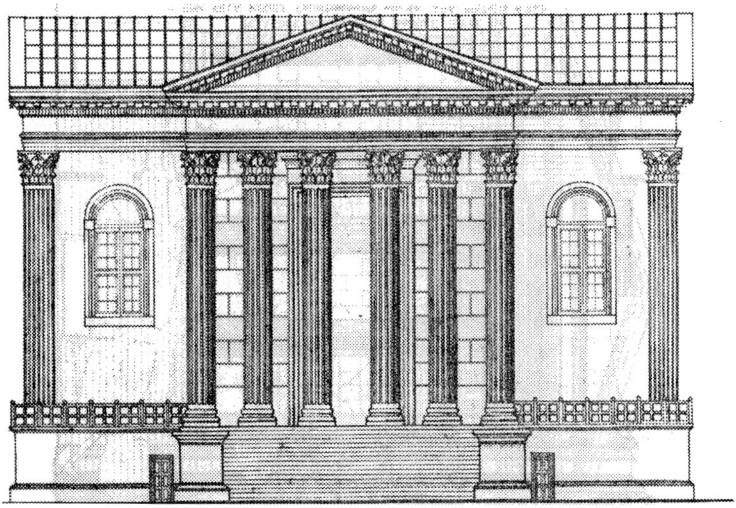

...le de la ...oncorde

CHAPITRE XV

Les années troubles

par François Hinard

Règlements de comptes

La paix civile semblait être rétablie, mais les événements avaient laissé des marques qui n'étaient pas près de s'effacer. À peine sorti de charge, Opimius fut traîné devant les tribunaux par un tribun, Publius Decius, qui lui faisait grief d'avoir fait exécuter les amis (Opimius disait « les complices ») de Caius Gracchus, en violation de la loi Sempronia qui précisément avait été votée pour défendre les citoyens contre l'arbitraire des magistrats et du Sénat. Si les morts de l'émeute pouvaient encore être reconnus comme ayant été tués *iure*, conformément au droit, il n'en allait pas de même de ceux qui, pris par la suite, furent mis à mort de sang-froid. Et surtout, contrairement à ce que prétendait Opimius, qui se retranchait derrière le sénatus-consulte ayant ordonné aux consuls de veiller à la sûreté de l'État, une décision du Sénat ne pouvait dispenser un magistrat de prendre ses responsabilités. Contre toute attente, parce qu'il appartenait précédemment au clan de ceux qui soutenaient la politique des Gracques, c'est le consul Caius Papirius Carbo lui-même qui assura la défense et emporta l'acquittement : la décision était importante parce qu'elle légitimait le Sénat dans l'utilisation d'une arme redoutable que l'on appela, par la suite, sénatus-consulte ultime, qui l'autorisait à lever les garanties personnelles des citoyens romains pour permettre aux magistrats de régler les conflits politiques. Et pour faire bonne mesure, un tribun de la plèbe, Lucius Calpurnius Bestia, fit voter une loi pour rappeler Publius Popillius Laenas (le consul de 132 qui s'était chargé de l'épuration après la mort de Tiberius Gracchus), exilé volontairement, l'année précédente, après que Caius Gracchus eut fait voter sa loi dite *de prouocatione*. Le Sénat avait, à l'évidence, repris le pouvoir.

C'est d'ailleurs dans ce seul contexte politique que nous est connue l'activité des censeurs de cette année 120 : nos sources ne nous ont pas transmis le chiffre de citoyens recensés (alors que nous les connaissons presque tous pour ce siècle), mais nous ont conservé le souvenir du fait qu'ils avaient renouvelé Publius Cornelius Lentulus dans ses fonctions de *princeps senatus*; mais l'impopularité que lui avaient value sa position à la tête des forces destinées à réprimer les troubles de l'année 121 et sa responsabilité dans la mort de Caius Gracchus le contraignirent à demander au Sénat une *legatio libera*, une autorisation de s'absenter de Rome sans mission officielle, et à se réfugier en Sicile. Et toute la période, jusqu'au déclenchement de la guerre sociale, sera marquée par des procès politiques destinés à assouvir ces vieux ressentiments. Une des premières victimes fut Papirius Carbo, le défenseur d'Opimius, qui fut poursuivi à la fin de son consulat par le jeune Crassus (un futur très grand orateur) sur on ne sait quel grief et qui, condamné, se donna la mort. Quintus Mucius Scaeuola (surnommé l'Augure) lui-même fut poursuivi, en 119, par un certain Titus Albucius, pour extorsion de fonds, à l'occasion de la mission qui lui avait été confiée de réorganiser la province d'Asie. L'Augure assura lui-même sa défense et dépolitisa l'affaire en expliquant les raisons personnelles qu'Albucius avait de lui en vouloir : de passage à Athènes, il avait rencontré Albucius, si imprégné de culture grecque qu'il aimait à se faire passer pour grec. Scaeuola s'était alors adressé à lui en ces termes :

> « Grec tu as voulu qu'on t'appelle, Albucius, plutôt que Romain, que Sabin, que compatriote de Pontius, de Tritannus, des centurions, des plus vaillants militaires, des soldats du premier rang et des porte-enseignes. Eh bien, soit ! C'est donc en grec, puisque tu l'as voulu, que moi, préteur romain, à Athènes, je te salue, quand tu viens à moi : "Χαῖρε Titus !" » Et les licteurs, et tout l'escadron, et l'escorte de reprendre en chœur : « Χαῖρε Titus ! » (Cicéron, *Des termes extrêmes des biens et des maux,* 1, 9.)

Et il conclut en ajoutant : « Depuis ce jour Albucius est mon ennemi, depuis ce jour il est mon adversaire. » Il fut acquitté.

On peut aussi, peut-être, compter au nombre des procès à caractère politique l'action intentée contre les Vestales, en 114. On avait été alerté par un fait divers assez extraordinaire :

> À la même date un prodige obscène et sinistre fut observé. Un chevalier romain, Lucius Heluius, revenant en Apulie depuis Rome avec son épouse et sa fille, fut pris dans un orage ; comme il voyait sa fille épouvantée, laissant là les voitures et s'emparant des chevaux pour s'abriter plus vite sous des toits assez proches, il plaça sa fille, une vierge, sur un cheval au milieu de la colonne. À l'instant la jeune fille fut frappée à mort par la foudre ; malgré tous ses vêtements arrachés sans aucune déchirure et les rubans dénoués sur la poitrine et aux pieds et même ses colliers et ses anneaux fendus, son corps, cependant, était intact, si ce n'est qu'il gisait nu dans une pose indécente et que la langue était un petit peu tirée ; quant au cheval même qu'elle montait, il gisait plus loin sans vie, bât, mors et sangles détachés et répandus çà et là. (Orose, *Histoires,* 5, 15, 20-21.)

Au même moment, un esclave était venu dénoncer un chevalier, Lucius Veturius, qui, selon lui, entretenait des relations coupables avec une vestale. On enquêta et découvrit que le mal était plus grave encore : trois vestales furent accusées d'*incestus*, de manquement à l'obligation de chasteté. Elles furent traduites devant Lucius Caecilius Metellus Delmaticus, le Grand Pontife, et ses collègues, à la fin du mois de décembre : seule Æmilia fut condamnée et donc ensevelie vivante, conformément à la tradition. Mais un tribun de la plèbe, Sextus Peducaeus, accusant Delmaticus et les pontifes d'avoir voulu sauver ces filles de l'aristocratie, fit voter un plébiscite désignant Lucius Cassius Longinus Ravilla (qui avait été consul en 127 et censeur en 125) comme juge spécial : il passait pour un homme d'une extrême sévérité (l'homme qui demandait toujours, dans un procès criminel, *cui bono ?*) et fut à la hauteur de sa réputation en condamnant et faisant exécuter les deux accusées, Licinia et Marcia, mais aussi quelques autres dont le nom ne nous a pas été conservé. On ne peut sans doute pas soupçonner Rauilla d'avoir embrassé trop ouvertement une cause populaire (à laquelle il était attaché) dans cette affaire, mais ceux qui l'avaient mandaté dans cette tâche savaient bien ce qu'ils pouvaient en attendre et leur initiative sonne comme une réponse aux mesures draconiennes prises par les censeurs Lucius Caecilius Metellus Diadematus et Cneius Domitius Ahenobarbus qui venaient de rayer des listes trente-deux sénateurs dont un consul de l'année précédente, Caius Licinius Geta, et un ami de Caius Marius alors préteur, un certain Cassius Subaco. Si l'on ne peut pas exclure, non plus, que cette recherche d'éventuelles fautes religieuses soit à mettre en rapport avec les désastres que les armées venaient de subir contre des Gaulois et les Cimbres, tout se passa comme si chaque clan soupçonnait dans les comportements de l'adversaire politique des manquements qui pouvaient les expliquer.

En tout cas ces procès n'étaient que l'un des aspects, le plus spectaculaire, de la lutte politique qui se menait à Rome. Le point central restait, bien entendu, le sort des dispositions agraires prises par les Gracques. Dans les quinze années qui suivirent la mort de Caius, les dispositions qu'ils avaient prises furent annulées pour l'essentiel. Tout d'abord une première loi de date inconnue autorisa les *possessores* à qui l'on avait concédé des lots de terre publique à vendre ces lots ; puis, vers 113-112, un tribun (Spurius Thorius) fit passer une loi qui, entre autres, mettait fin aux activités de la commission agraire de récupération et de lotissement de l'*ager publicus* et autorisa les *possessores* à conserver les terres publiques qu'ils détenaient (dans la limite des superficies autorisées par la loi) et fixait une redevance qu'ils devraient payer à l'État sur ces terres. Les revenus de cette taxe étaient destinés à financer l'installation de petits propriétaires en Italie. Mais cette disposition ne dura guère puisqu'au début de l'année 111 (très précisément entre le 1er mars et la période de la récolte) une troisième loi, d'auteur inconnu, mais dont le texte gravé sur une plaque de bronze nous est partiellement conservé, abolissait ce *uectigal,* rendant ainsi privées les terres détenues et ajoutant d'ailleurs que, dans la limite de trente jugères (soit un peu plus de sept hectares), les *possessores* qui auraient rendu cultivables des terres publiques qui ne l'étaient point auparavant en seraient considérés comme les propriétaires légitimes.

Rome donnait donc le spectacle de manœuvres, de règlements de comptes qui empoisonnaient l'atmosphère. En 115 Marcus Aemilius Scaurus, devenu consul avec Marcus Caecilius Metellus, s'en était pris à un préteur, Publius Decius, qui ne s'était pas levé de son siège lorsqu'il était passé devant lui : il lui arracha sa toge, brisa son siège curule et interdit, par un édit, que l'on s'adresse à lui pour exercer la justice. Ce Decius était celui-là même qui avait poursuivi Opimius, quelques années plus tôt, lors de son tribunat. Ce n'est donc sans doute pas un hasard si l'on trouva une Aemilia, quelques mois plus tard, parmi les vestales accusées et condamnées à mort.

Mais cette lutte, parfois sourde, parfois violente, n'a pas cristallisé des « partis politiques ». Si, en effet, on constate que le pouvoir a été monopolisé, dans ces années, par les Caecilii Metelli et leurs alliés, qui ont soutenu une politique antigracchienne, on ne saurait imaginer qu'ils aient formé un « parti » dont le noyau aurait été leur *gens.* Entre 123 et 109, six Caecilii Metelli détinrent le consulat, quatre fils du Macédonique et deux de Caluus ; auxquels il faut ajouter deux gendres, Publius Scipio Nasica en 111 et Marcus Aemilius Scaurus en 115 (puis *princeps senatus*). D'autres, plus ou moins associés, comme Lucius Aurelius Cotta (119) ou Quintus Seruilius Caepio (106). Et encore faudrait-il comptabiliser aussi les censures, les prêtrises et les triomphes (deux Caecilii Metelli, deux frères, triomphèrent le même jour, en 111, l'un sur la Thrace, l'autre sur la Sardaigne). Tous ces hommes partageaient la même conception de l'État et des valeurs traditionnelles : l'année où Aemilius Scaurus exerça le consulat, alors que les censeurs Metellus Diadematus et Mucius Scaeuola interdisaient presque toutes les formes de théâtre populaire qui leur paraissaient subversives, le consul lui-même faisait adopter une loi interdisant strictement certains mets (des coquillages, des oiseaux exotiques) dans les banquets. De la même façon, lorsqu'un censeur de l'année 108 fit exécuter par deux esclaves son fils qui était pédéraste, il se plaçait dans une tradition bien établie : en 149, le scandale causé par un centurion primipile *emeritus,* accusé d'avoir eu des relations avec un tout jeune homme, avait abouti au vote de la loi Scantinia qui réprimait l'homosexualité passive et l'homosexualité active avec des mineurs de vingt-cinq ans, de la même façon que de précédentes lois protégeaient les jeunes gens de leurs créanciers jusqu'à cet âge ou fixaient vingt-cinq ans comme l'âge minimum requis pour commencer une carrière politique.

Ces mesures s'inscrivaient dans une recherche désespérée des vieilles valeurs républicaines dont ces aristocrates étaient persuadés qu'elles se perdaient et qu'il leur incombait de les faire revivre ; mais ces personnes ne constituèrent jamais un ensemble cohérent qui aurait élaboré une stratégie de conquête et de monopolisation du pouvoir. En sens inverse, leurs adversaires ne formèrent pas davantage un parti populaire qui aurait eu un programme tout ficelé de réformes. Si les mesures des Gracques furent annulées, ce fut par des lois, votées par le peuple, dont ceux que l'on appelle les *populares*, pour faire court : les Marius, les Saturninus, les Glaucia ne pouvaient donc pas se prétendre les seuls représentants légitimes. Et si un *popularis*, Cneius Pompeius Strabo, intenta un procès criminel au censeur de 108, ce n'était pas pour défendre le droit des homosexuels, mais pour se faire une place dans le monde politique ; convenons cependant qu'il le faisait dans un cadre idéologique cohérent puisque c'était en contestant le pouvoir revendiqué, de tout temps, par le *pater familias* d'être maître chez lui et d'exercer un droit de vie ou de mort que, de la même façon, les *populares* contestaient en général le droit des magistrats à sévir, sans jugement, contre des citoyens.

Triomphes

Pendant que les Romains réglaient leurs comptes entre eux de façon sanglante, leurs armées continuaient d'accumuler les victoires. Des triomphes le leur rappelèrent opportunément : celui de Quintus Caecilius Metellus, d'abord, le consul de 123, qui venait – enfin – de pacifier les Baléares où la guérilla durait depuis trois quarts de siècle et qui était un véritable nid de pirates : à cette occasion, il prit le surnom de Baliaricus. Ensuite celui de Quintus Fabius Maximus, le collègue d'Opimius, qui avait rejoint Cneius Ahenobarbus (lui-même consul l'année précédente) en Gaule transalpine : avec ses trente mille hommes, Fabius tua, paraît-il, en une seule bataille, cent cinquante mille Allobroges sur une armée qui en comptait cent quatre-vingt mille (en fait une bonne partie avait été noyée en traversant le Rhône). Il captura, par ruse, leur roi Bituit, ce qui empêcha que l'on pût le faire exécuter après le triomphe ; on le plaça donc en résidence surveillée, à Albe, avec son fils Congonnetiacus. Puis les deux magistrats battirent Rutènes et Arvernes. Pour célébrer leurs victoires, ils commencèrent par ériger des monuments commémoratifs sur les lieux mêmes des batailles et Fabius revint à Rome célébrer un triomphe au cours duquel il se fit donner le surnom d'Allobrogicus et à la suite duquel il fit construire un monument particulier : le *fornix Fabianus*. Ce n'était certes pas la première fois qu'un chef de guerre vainqueur faisait édifier un arc plutôt que de consacrer un temple à une divinité, voire de restaurer un temple vénérable ou d'édifier quelque bâtiment utilitaire ; ainsi avait fait un certain Stertinius, au début du siècle, qui avait transformé la porte méridionale du Circus Maximus en arc de triomphe, à l'occasion d'une de ses victoires, puis avait érigé deux autres arcs au Forum Boarium, devant les temples de Fortuna et de Mater Matuta ; ainsi aussi avait fait Scipion l'Africain, en 190, avec un arc qu'il avait érigé au sommet du chemin qui montait du Forum au Capitole, sur le parcours donc qu'empruntait le char du triomphateur. Si l'Allobrogique obtint du Sénat la permission de construire le sien à un endroit non moins sensible, puisqu'il était situé au débouché de la uia Sacra sur le Forum et s'accolait à

Le Fornix Fabianus

la *Regia* (la demeure sacrée du *Pontifex Maximus*), c'est qu'il avait pour cela de bonnes raisons familiales : on se souvient sans doute de la geste des trois cent six Fabius sortis de Rome par la porte Carmentale (devenue porte maudite) et qui se firent tous massacrer par des Gaulois, au risque que s'éteignît le nom ; on se souviendra aussi de la prise de Rome par les Gaulois en 390, après que trois Fabius eurent en quelque sorte provoqué Brennus et l'aient incité à marcher sur la ville. Avec ce monument couronné de sa propre statue, entourée de bustes d'autres Fabii, le consul de 121 mettait un terme à la malédiction gauloise de sa *gens*. Il avait définitivement (affirmait-il) soumis les Gaulois Allobroges qui avaient massacré ses ancêtres et qui avaient pris Rome, et Rome, de son côté, se dotait d'une porte bénéfique pour commémorer ce renversement. À cela on ajoutera que le Sénat, en autorisant cette construction sur un site très chargé symboliquement, conjurait le sort à sa façon : on savait bien que le danger viendrait du Nord, et on n'avait pas tort.

Quant à Domitius, qui était resté en Gaule l'année suivante, il avait parcouru le pays à dos d'éléphant, entouré de ses troupes, et avait pris toutes dispositions pour que se réalise la route qui devait porter son nom, la *uia Domitia* ; puis il était enfin revenu à Rome où il triompha l'année suivante sur les Arvernes.

En fait, les Romains ne songeaient guère à s'installer dans cette région et, même après les victoires de Fabius et de Domitius, ils ne changèrent pas le statut de ces territoires qui ne devinrent une province romaine que dans les premières années du Ier siècle, après le douloureux épisode de l'invasion des Cimbres et des Teutons. Et pourtant ils avaient souvent été amenés, dans le siècle écoulé, à intervenir soit pour rétablir leur fidèle alliée, Marseille, dans ses droits contre des populations en révolte, soit pour garantir la sécurité de l'accès terrestre et maritime à l'Espagne. À chaque intervention, ils avaient laissé les avantages acquis aux Massaliotes et, en 154, c'est sans doute à la demande de ces derniers qu'ils interdirent aux peuples oxybiens et dékiéates, qu'ils venaient de réduire, de cultiver la vigne et l'olivier. Les troubles avaient repris lorsque la tribu des Salluuii attaqua Marseille : c'était en 125. Une opération de secours avait été confiée au consul Marcus Fuluius Flaccus ; cette fois les opérations eurent une autre ampleur puisque c'est seulement en 123 que le consul célébra un triomphe sur les Salluuii, sur d'autres peuples ligures dont le nom ne nous a pas été conservé et sur les Vocontii. Il fut nécessaire de mener une autre campagne, en 123 et 122, sous le commandement de Caius Sextius Caluinus qui installa une garnison temporaire, non loin de la capitale des Salluuii, Entremont, dans un site qui fut appelé *Aquae Sextiae* (Aix). Les opérations menées par Fabius et Domitius n'étaient guère que la continuation des opérations antérieures : les Salluuii s'étaient réfugiés chez les Allobroges, eux-mêmes déjà entrés dans l'alliance des Arvernes. Mais les Romains souhaitaient en rester là : en témoigne la façon dont ils aménagèrent la vieille route Héracléenne qui devint la *uia Domitia*. Cette route était jalonnée de postes de garde (dont l'un reçut le nom de *Forum Domitii*, actuellement Montbazin), pour en assurer la sécurité. Elle était en outre ponctuée de bornes miliaires dont on a mis au jour un exemplaire, en 1949, au pont de Treilles, à vingt milles (29,600 km) au sud de Narbonne (mais d'autres ont été trouvées depuis, notamment dans les Pyrénées-Orientales). Son tracé à l'ouest du Rhône suivait la côte et, partant de Beaucaire, passait par les villes modernes de Nîmes, Montpellier, Béziers, Narbonne, Perpignan avant de rejoindre les cols du Perthus et de Panissars. À l'est, elle empruntait deux itinéraires : l'un, proche du littoral, plus long et moins sûr en raison du brigandage pratiqué par les populations ligures, passait par Aix, Fréjus, la Turbie et Vintimille ; l'autre, plus continental, par Cavaillon, Apt, la vallée de la Durance, le col du mont Genèvre, la vallée de la Doire, Suse et Turin. À l'évidence, cette *uia* n'était encore qu'une limite militarisée (on dira plus tard un *limes*) et non une route commerciale destinée à exploiter les richesses d'une province. Et c'est probablement très peu de temps après ces aménagements que fut fondée (malgré l'opposition du Sénat, toujours réticent à permettre la constitution d'entités citoyennes trop loin de Rome) la colonie de *Narbo Martius* (Narbonne) par un triumvirat dont seul un des membres nous est connu : il s'agit de Lucius Licinius Crassus, le grand orateur et futur consul de 95. La pacification n'était pas encore assurée partout et un consul de 118, Quintus Marcius Rex, se chargea de « pacifier » le Trentin et le Haut-Adige où les Stoeni (ou Styni) causaient bien du trouble : il se trouva en face d'une peuplade particulièrement belliqueuse. Une fois qu'il les eut vaincus, les Stoeni survivants exécutèrent leurs femmes et leurs enfants avant de se donner la mort par le feu ; quant à ceux qui avaient été capturés, ils trouvèrent la mort par tous les moyens possibles pour échapper à l'esclavage, au point qu'il ne resta plus un seul survivant de leur peuple. Et Marcius célébra un triomphe.

Toutes les victoires romaines qui donnèrent lieu à triomphe ne furent pas aussi sanglantes que celle que remporta Fabius sur les Allobroges ni aussi tragiques que celle de Marcius Rex : les consuls Lucius Caecilius Metellus et Lucius Aurelius Cotta avaient été chargés, l'année précédente, d'une guerre contre les Illyriens (plus précisément les Segestani) et les Dalmates. Ces derniers auraient été bien surpris, s'il faut en croire Appien d'Alexandrie, que l'on eût entrepris de les attaquer ainsi sans motif et se seraient refusé à combattre les Romains ; il auraient même bien accueilli Metellus pour lui faire passer un hiver confortable à Salona avant qu'il ne revienne célébrer le triomphe qu'il espérait et de prendre le surnom de Delmaticus. Visiblement Appien puise à une source très antisénatoriale, mais s'il est vraisemblable que les opérations ont été de peu d'ampleur, elles ont rapporté assez de butin au vainqueur pour qu'il en prélève une part pour financer la restauration du temple des Castors sur le Forum.

Iugurtha

Les ennuis vinrent d'abord du sud. Si la province d'Afrique se peuplait progressivement, il y avait aussi des Romains et des Italiens qui commerçaient dans le royaume voisin de Numidie et l'on ne pouvait ignorer ce qui s'y passait. Le roi Micipsa y régnait depuis la mort de Massinissa, en 148, et avait établi une nouvelle capitale à Cirta (probablement Constantine). La région (approximativement l'Algérie actuelle) était prospère et avait été encore enrichie par l'octroi de terres supplémentaires prises à Carthage (la région de Mactar et la vallée du Bagradas), parce qu'au moment de la deuxième guerre punique Massinissa avait eu le bon goût de prendre le parti des vainqueurs : c'en était au point que Micipsa, l'année même où son royaume avait eu à souffrir des sauterelles, avait pu envoyer du blé à Caius Gracchus, alors questeur de Sardaigne (125-124).

La crise s'ouvrit à la mort de Micipsa, après trente ans de règne, en 118 : il avait deux fils, Adherbal et Hiempsal, et avait adopté Iugurtha, le fils de son défunt frère Mastarnabal. Micipsa et Mastarnabal étaient deux personnages imprégnés de culture grecque (on disait que ce dernier avait remporté une course de chars dans les Panathénées) et Iugurtha s'était fait connaître des Romains en commandant une troupe de cavaliers numides, venue en renfort des troupes de Scipion Émilien devant Numance : il avait brillé à la fois par sa bravoure et par son habileté dans les conseils de guerre, ce qui lui avait valu des félicitations publiques du proconsul à la fin des opérations. Mais il avait aussi appris un certain nombre de choses sur quelques-uns des membres de la noblesse romaine qui entouraient Scipion Émilien, lequel, à en croire Salluste, avait bien pressenti le danger :

> Il l'emmena dans sa tente, et le prenant à part, lui conseilla de cultiver l'amitié du peuple romain par des actes publics plutôt que par des relations privées, et de s'abstenir de toute largesse à des particuliers : il y avait danger à acheter de quelques-uns ce qui appartenait à tous. S'il persévérait dans sa belle conduite, et la gloire et le trône lui viendraient spontanément ; s'il voulait aller trop vite, son argent même le précipiterait à sa ruine. (Salluste, *Guerre de Iugurtha,* 82.)

En tout cas, la cohabitation entre les princes était impossible. Iugurtha fit très tôt assassiner Hiempsal, alors même que les trois jeunes gens étaient en pourparlers pour se partager les pouvoirs et les trésors de Micipsa ; puis en quelques jours, après avoir levé des troupes, il chassa Adherbal du royaume. Celui-ci passa d'abord dans la province romaine, puis gagna Rome où il en appela au Sénat. Les événements étaient assez bien connus à Rome et Iugurtha avait à craindre une intervention romaine en faveur de son frère. Il envoya donc des émissaires chargés d'or qui avaient pour mission de rappeler les vieilles amitiés nouées en Espagne et de s'en concilier de nouvelles. Ils firent si bien, affirme Salluste, qu'en effet on prêta l'oreille à la défense de Iugurtha qui affirmait que c'était lui l'agressé et que, pour Hiempsal, il avait été mis à mort en punition de sa cruauté. En réalité, les sénateurs n'avaient guère d'enthousiasme à lancer une expédition qui n'était pas sans risque, s'agissant de pays qu'ils connaissaient mal, et qui en tout cas coûterait très cher.

Arbitrages

Les Romains envoyèrent donc une commission sénatoriale de dix personnages, avec à leur tête Lucius Opimius, le consul qui avait réprimé les troubles de 121. Ces dix personnages procédèrent à une division du royaume en deux États : la partie ouest, à laquelle on adjoignit la Maurétanie, fut assignée à Iugurtha – c'était la plus riche ; la partie est, la plus urbanisée, avec le territoire punique, à Adherbal. À Rome, on ne manqua pas d'accuser les membres de la commission de ne pas s'être montrés longtemps insensibles aux immenses richesses du Numide et de l'avoir honteusement avantagé. Quoi qu'il en soit, à peine avaient-ils tourné le dos que Iugurtha entreprit une guerre contre Adherbal qu'il battit et enferma dans Cirta (a. 112). Celui-ci fit alors de nouveau appel à Rome, qui envoya une ambassade composée de trois jeunes sénateurs chargés d'intimer l'ordre aux deux belligérants de déposer les armes et de vider leur querelle dans des formes civilisées. Iugurtha les reçut et protesta de ses bonnes intentions, tout en leur interdisant l'accès à Cirta. Et la délégation n'était pas plus tôt partie qu'il entreprit d'importants travaux de siège devant la place. Adherbal réussit à envoyer à Rome deux de ses plus fidèles amis, porteurs d'une lettre éplorée, qui fut lue au Sénat.

On commençait à s'inquiéter de la tournure des choses, et l'on décida donc d'envoyer une nouvelle délégation composée de sénateurs plus importants, avec à leur tête Marcus Aemilius Scaurus, le prince du Sénat, en personne, qui jusque-là avait affiché une hostilité sans faille aux manœuvres de corruption de Iugurtha : en quelques jours ils furent à Utique où ils convoquèrent Iugurtha. Il parla beaucoup, protesta vigoureusement de sa bonne foi, mais malgré les menaces de sanctions qu'ils brandissaient, les sénateurs ne parvinrent pas à le convaincre de lever le siège. Finalement, sur les instances des Italiens qui l'aidaient à se défendre, mais qui commençaient à se lasser de ce siège interminable (et persuadés que le nom romain les mettrait à l'abri de toute violence de la part de l'assiégeant), Adherbal finit par se rendre : il fut torturé à mort et les Italiens massacrés. Rome ne pouvait pas laisser impuni un pareil attentat. Le tribun de la plèbe Caius Memmius ne manquait jamais une occasion d'enflammer le peuple contre le roi numide et ceux qu'il soupçonnait d'être ses bons amis romains. Le Sénat se décida alors à agir et l'on confia au consul Lucius Calpurnius Bestia le soin de mener une opération punitive pour laquelle on procéda à une levée de troupes et à un vote de crédits (solde et matériel de guerre). Pendant ces préparatifs, Iugurtha essaya à nouveau de faire plaider sa cause en envoyant son fils et deux de ses confidents. Mais cette fois, après que le consul Bestia eut interrogé le Sénat sur l'opportunité de recevoir ces délégués et que celui-ci eut répondu que cela n'était possible que s'ils venaient faire complète reddition, les Numides furent invités à quitter le territoire. L'armée rejoignit Reghium par terre, passa en Sicile et gagna l'Afrique.

On ne sait pas grand-chose sur les opérations militaires, mais il apparaît que, très vite, Iugurtha proposa de faire la paix ; et on ne manqua pas de dire, à Rome, que cette paix si rapidement négociée l'avait été à prix d'or. Même Marcus Aemilius Scaurus, le prince du Sénat, dont on sait qu'il s'était montré hostile au Numide et qui faisait partie de l'état-major, s'était laissé acheter, disait-on, tant les sommes distribuées étaient énormes et capables de vaincre les scrupules des plus honnêtes gens (ce que Scaurus n'avait pas la réputation d'être). Iugurtha s'en tirait donc avec un simulacre de reddition et Bestia pouvait revenir à Rome présider aux élections consulaires. Les choses n'avaient duré que quelques mois. Mais le tribun Caius Memmius ne l'entendait pas de cette oreille et ses violentes diatribes contre les corrompus du Sénat reprirent de plus belle : on accusait l'état-major d'avoir triché, et même d'avoir rendu au Numide ses éléphants que le traité lui faisait obligation de remettre aux Romains ; et aussi de lui avoir livré les transfuges de son camp. Memmius réussit alors à faire passer une loi enjoignant au préteur Lucius Cassius d'aller chercher Iugurtha pour le faire témoigner devant une commission d'enquête, ce qui fut fait en quelques jours. Mais Iugurtha était bien décidé à se défendre et, apparemment, avait pour allié objectif un collègue au tribunat de Memmius, Caius Baebius, qui ne souhaitait pas que quelques sénateurs soient mis en accusation sur le témoignage d'un barbare en qui l'on ne pouvait en aucun cas avoir confiance. Si bien que, lorsque Memmius eut introduit le roi devant le peuple (dans lequel se produisirent des mouvements divers, certains demandant que l'on en finisse tout de suite avec lui) et eut prononcé un réquisitoire sévère contre ses exactions et sa politique de corruption généralisée, au moment où il demandait à Iugurtha de répondre sur ces accusations, Caius Baebius usa de son pouvoir d'intercession et lui interdit de prendre la parole. Cris, hurlements, menaces, rien n'y fit ; l'enquête s'arrêta là. Iugurtha, lui, profita de son séjour à Rome pour se débarrasser d'un rival éventuel : il fit assassiner un petit-fils de Massinissa, un certain Massiva, qui commençait à entrevoir la possibilité de réclamer le trône de Numidie. Il confia le travail à des tueurs, sous les ordres de Bomilcar, qui observèrent les habitudes du jeune homme et le tuèrent ; mais l'un des assassins fut aussitôt arrêté et, conduit devant le nouveau consul Spurius Postumius Albinus (on était donc en janvier 110), dénonça le complot. Iugurtha était protégé par le sauf-conduit du préteur Cassius et l'on ne pouvait s'en prendre à lui : on lui intima l'ordre de quitter au plus vite le territoire de l'Italie. Et c'est après avoir franchi la porte de Rome qu'il se retourna et lança, dit-on, cette apostrophe rendue célèbre par Salluste, Tite-Live et quelques autres : *Vrbem uenalem et mature perituram si emptorem inuenerit !* « Ville à vendre et qui ne tardera pas à périr si elle trouve acquéreur ! » Les Grecs disent, plus simplement : « Toute la ville est à vendre, pourvu qu'elle trouve un acheteur »... ἡ πόλις ἐστὶν ὠνία πᾶσα, ἔι τις ὠνητὴς εὑρηθείη.

C'est Spurius Postumius Albinus qui fut chargé de reprendre les hostilités : il fit transporter en Afrique la monnaie pour la solde, des armements de rechange, des vivres. Mais cette belle détermination ne fut guère suivie d'effets, car l'ennemi refusait toujours le combat et manœuvrait sans cesse. Si bien que lorsque fut venu le temps où il devait présider les comices consulaires à Rome, Albinus quitta l'Afrique en laissant à la tête de l'armée de quarante mille hommes son frère cadet, Aulus, qui servait en qualité de légat et à qui il donna le titre de propréteur. Mais l'automne ne fut gère propice au cadet, qui se laissa tromper par Iugurtha. Le Numide lui fit croire qu'il était en déroute ; il se mit donc en devoir de le poursuivre jusque dans des contrées qu'il ne connaissait pas. Pendant cette poursuite, le Numide avait réussi à corrompre des unités alliées, et lorsqu'enfin il se décida à attaquer, il surprit tout le monde : ayant lancé ses troupes, de nuit, contre le camp romain, il n'eut guère de mal à se faire ouvrir par ceux qu'il avait convaincus de trahir, au nombre desquels des contingents de Ligures et de Thraces, mais aussi le centurion primipile de la IIIe légion. Le camp fut pillé et l'armée entière tomba aux mains de l'ennemi. Aulus Albinus fut contraint de demander une paix déshonorante : tous les hommes passèrent sous le joug et durent quitter le territoire dans les dix jours. Ils allèrent se réfugier dans la province romaine d'Afrique.

L'annonce de ce désastre sema la consternation dans Rome d'autant que l'autre consul, Silanus, avait perdu toute son armée devant les Cimbres dans la région de Lyon. Les querelles politiques en furent ravivées : non seulement les hommes qui étaient au pouvoir étaient des corrompus mais, en outre, ils étaient des incapables et des lâches. Le consul Albinus, qui craignait de faire les frais de la sottise de son frère, multipliait les actions pour montrer sa détermination : il procéda à de nouvelles levées chez les alliés et les Latins et, surtout, il soumit le traité au Sénat qui, comme de juste, refusa de l'entériner. Albinus décida donc de retourner en Afrique pour les quelques semaines de consulat qu'il lui restait à gérer, mais il fut empêché par les tribuns d'emmener avec lui les troupes fraîches qu'il avait levées, si bien qu'une fois sur place, compte tenu de la démoralisation des hommes et du relâchement de la discipline, il jugea plus prudent de ne rien faire. Pendant ce temps, à Rome, l'un des nouveaux tribuns, Caius Mamilius Limetanus, fit voter la création d'un tribunal chargé d'instruire contre « ceux qui auraient encouragé Iugurtha à passer outre aux décrets du Sénat, ceux qui se seraient laissé corrompre par lui dans l'exercice de leurs ambassades ou de leurs commandements, ceux qui auraient livré les éléphants et les transfuges, ceux qui auraient, à propos de la paix ou de la guerre, pactisé avec l'ennemi ». L'heure des règlements de comptes avait sonné. Quatre consulaires furent condamnés et s'exilèrent : Caius Porcius Cato, qui avait été précédemment condamné à une amende pour extorsion de fonds, à son retour de Macédoine, l'année de son consulat, en 114 ; Lucius Calpurnius Bestia, le consul accusé d'avoir signé un simulacre de paix avec Iugurtha, dans la première année du conflit – il avait été défendu par Marcus Aemilius Scaurus qui, par ailleurs, avait été élu membre de ce tribunal, bien qu'il ne fût point au-dessus de tout soupçon à en croire Salluste ; Spurius Postumius Albinus qui paya ainsi, à son retour, son impéritie, et Lucius Opimius dont on peut penser qu'il ne figurait parmi les accusés que pour venger la mort de Tiberius Gracchus. À ces illustres victimes il faut ajouter un grand orateur, Caius Sulpicius Galba, titulaire d'une des grandes prêtrises de la cité, probablement l'augurat, auquel on ne sait ce que l'on reprochait.

Mete

Le commandement était désormais confié à l'un des deux consuls de l'année, Quintus Caecilius Metellus : il agit en réalité presque comme s'il devait entreprendre une nouvelle expédition et fut en cela bien aidé par le Sénat qui lui accorda tous les moyens nécessaires (ce que l'on appelait l'*ornatio prouinciae*) : il put ainsi procéder à de nouvelles levées, recruter des contingents d'alliés, stocker tous les armements de rechange et de grandes quantités de vivres, rassembler des chevaux. On le savait honnête homme, rigoureux, déterminé ; on mettait donc tous ses espoirs en lui. Lorsqu'il arriva en Afrique, la situation lui apparut encore pire que ce qu'il imaginait : l'armée romaine n'était plus qu'une bande de pillards hâbleurs et lâches, qui changeaient de camp lorsque le leur était rendu inhabitable par l'odeur des excréments et des ordures, qui se livraient à toutes sortes d'exactions dont le produit était immédiatement négocié ou échangé avec des cantiniers contre du vin. Il était hors de question de se mettre en campagne avec des hommes ainsi démoralisés. Il reprit donc les choses en mains, réinstaura une discipline rigoureuse, interdisant notamment aux simples soldats de se faire accompagner par un esclave ou leur faisant obligation de confectionner eux-mêmes leur pain; chaque jour il levait le camp et faisait manœuvrer ses troupes comme si l'ennemi était proche, veillant donc à ce que les retranchements fussent solidement établis et les tours de garde scrupuleusement effectués. Ce ne fut que lorsqu'il eut restauré la discipline traditionnelle qu'il put se mettre en campagne.

Iugurtha commençait à craindre sérieusement pour son royaume et entreprit donc d'amadouer son adversaire, auquel il envoya des députés pour le supplier d'accepter sa reddition (à condition que lui et ses enfants aient la vie sauve). Metellus abreuvait ces délégations de bonnes paroles (il essayait de convaincre certains députés de trahir le roi et de le lui livrer, vivant ou mort) et continuait sa marche en territoire ennemi où, en effet, il était accueilli favorablement par les populations. Il se rendit à l'un des grands marchés du royaume, Vaga (aujourd'hui Beja, dans une vallée transversale de la Medjerda), où un grand nombre d'Italiens avaient leur résidence et leur comptoir; il établit là une garnison et fit stocker une partie de son matériel, comptant faire de cette place la tête de pont pour le ravitaillement. Envahi, menacé d'être trahi par certains des siens, privé de l'une de ses villes les plus importantes, Iugurtha fut bien contraint d'en venir aux armes.

Après avoir rassemblé autant d'hommes armés qu'il pouvait, il se mit en marche pour devancer l'armée romaine sur le point de parvenir au fleuve Muthul (d'identification incertaine, entre l'Oued Mellègue et l'Oued Tessa). Là, il disposa son armée sur les contreforts d'un éperon qui dominait la vallée et attendit l'ennemi. Les Romains n'aperçurent que tardivement le dispositif militaire numide à moitié dissimulé par les broussailles, mais comme ils avaient établi un ordre de marche extrêmement rigoureux, ils se trouvèrent très vite en ordre de bataille. Le combat, décrit par Salluste, fut rude et longtemps incertain dans cette zone à la fois sablonneuse et rocailleuse où la cavalerie numide, montée sur des chevaux de petite taille, savait mieux manœuvrer et lançait des offensives vite interrompues par une dislocation et une dispersion qui empêchaient toute poursuite. Pourtant, après bien des péripéties, le dernier mot resta aux Romains qui établirent leurs deux camps sur le site où ils se reposèrent et soignèrent leurs blessés. Puis, changeant de stratégie, Metellus décida de ne plus chercher la bataille rangée pour le moment et pénétra dans les régions les plus riches du royaume qu'il soumit à un régime de terreur, tuant tous les mâles adultes, pillant tout, brûlant le reste et imposant une garnison aux villes qui pouvaient avoir une quelconque importance stratégique. Ce régime de terreur lui valut la soumission d'une bonne partie des populations prêtes à lui fournir tous les ravitaillements dont il aurait besoin et lui offrant des otages en garantie de leur bonne foi. Ces opérations ne se faisaient d'ailleurs pas sans risque : au cours de l'une d'entre elles, les Numides réussirent à intercepter quelques détachements romains dont ils tuèrent une partie et dont le reste fut fait prisonnier. Le dispositif de sécurité fut donc revu avec une répartition des rôles entre les deux corps d'armée, celui de Metellus lui-même et celui qu'il avait confié à son légat Caius Marius.

Dans ces conditions, il était inévitable que les Numides offrent une seconde fois le combat en bataille rangée : ils ne pouvaient laisser l'ennemi mettre le pays à feu et à sang sans le défendre. Ce fut devant Zama (Sicca, place forte sur une colline dominant le fleuve Bagrada) et le combat dura deux jours avant que la victoire ne revienne aux Romains. Comme l'hiver avançait, Metellus mit une partie de ses troupes en garnison sur place et partit lui-même dans la proche province d'Afrique romaine avec une légion pour prendre les quartiers d'hiver. L'activité diplomatique restait intense. Metellus avait réussi à « retourner » Bomilcar, le lieutenant le plus proche du roi, celui-là même qui avait été l'auteur de l'attentat contre le jeune Massiva, lors du dernier séjour de Iugurtha à Rome : Bomilcar avait persuadé Iugurtha qu'il n'avait plus d'autre issue que la reddition et, en effet, dans un moment de désespoir, celui-ci avait fini par en accepter l'idée. Il avait même obtempéré aux ordres de Metellus de donner deux cent mille livres d'argent, tous ses éléphants, une bonne partie de ses armes et de ses chevaux ; puis il avait livré trois mille déserteurs thraces et ligures auxquels le consul infligea un châtiment qui devait servir d'avertissement : aux uns, il trancha les deux mains ; les autres, il les fit enterrer jusqu'à la ceinture pour les faire servir de cibles à des archers, tirant des flèches trempées de poix et enflammées. Iugurtha, lui, quand il fut convoqué pour comparaître en personne devant le consul, prit peur et décida de continuer la guerre plutôt que de tomber dans l'esclavage.

Entre-temps, la population numide de Vaga, la première ville que Metellus avait occupée après être entré dans le royaume, avait monté un guet-apens pour se débarrasser de la garnison romaine qu'il y avait laissée. À un jour donné, tous les officiers avaient été invités chez des notables et tous furent massacrés. Quant aux hommes de troupe, on avait eu bien soin de les empêcher d'avoir accès à leurs armes, enfermées dans une armurerie bien gardée par des hommes sûrs, et ils furent eux aussi massacrés, notamment par les habitants qui leur jetaient, du haut des toits, pierres, tuiles et objets divers. Il n'y eut qu'un rescapé, un certain Titus Turpilius Silanus, l'officier du génie *(præfectus fabrum)*, qui s'échappa de la ville. Quand il eut appris la nouvelle, Metellus entra dans une terrible colère : il sonna le rassemblement et mit sa légion en marche, la faisant précéder par un important contingent de cavalerie numide. Il fallut vingt-quatre heures pour rejoindre les environs de Vaga et bien que ses hommes, exténués, l'eussent supplié de leur laisser du repos, il alluma en eux un fort désir de vengeance et un furieux appétit de butin en leur expliquant les raisons de cette expédition hivernale. La troupe se remit donc en marche et, comme elle était précédée de cavaliers numides, les habitants sans méfiance sortirent pour accueillir les leurs. Ils furent massacrés, comme tout le Sénat et les magistrats, et la ville fut soumise au pillage; Vaga n'avait pas joui de sa trahison plus de deux jours. On demanda des comptes à Turpilius; ses déclarations étaient embarrassées, il fut battu de verges et eut la tête tranchée.

Les victoires de Metellus avaient eu un retentissement considérable à Rome où l'on avait décrété des journées d'actions de grâce : il fut prorogé (pour l'année 108) à la tête de l'expédition comme proconsul. Pourtant tout le monde n'était pas satisfait de la tournure des choses : ici ou là, on accusait Metellus de faire durer la campagne et l'opposition prit assez rapidement une tournure politique, du fait de Caius Marius, son légat. Un haruspice lui avait prédit, alors qu'il sacrifiait aux dieux pendant l'hiver à Utique, qu'il réussirait tout ce qu'il entreprendrait et qu'il était appelé à un destin exceptionnel. Il n'en fallait pas plus pour échauffer l'ambition d'un homme qui avait une parfaite conscience de sa valeur, mais qui jusque-là craignait que son origine modeste ne lui fût un obstacle dans la conquête du consulat. Il alla donc trouver le proconsul pour lui demander de le laisser partir pour Rome, de façon à faire campagne pour les élections consulaires. Assez surpris de constater chez cet homme, un rustre originaire d'Arpinum qui lui devait sa carrière, une ambition qu'il jugeait sans doute déplacée, Metellus fit des réponses dilatoires, promettant d'aviser lorsque la situation générale le permettrait et, comme Marius se faisait plus insistant, il finit par lâcher : « Il sera encore assez tôt pour toi, mon brave, de briguer le consulat en même temps que mon fils. » Or comme le jeune homme (qui servait aux côtés de son père) avait vingt ans, le propos était clair. Dès lors Marius ne négligea rien pour nuire à son chef et pour faire sa propre campagne. Il devint nettement plus accommodant avec ses soldats, afin de soigner sa popularité et, surtout, parvint à persuader tous les négociants d'Afrique, du publicain au petit commerçant, que si on lui confiait seulement la moitié des troupes de Metellus, il se faisait fort de capturer Iugurtha et d'achever la campagne en quelques mois. Metellus, disait-il, était trop suffisant pour être efficace. Tous ces trafiquants et commerçants, qui ne pouvaient faire leurs affaires tant que l'on était en guerre, écoutèrent d'une oreille intéressée ces promesses, et tous se mirent à faire campagne, écrivant à Rome qu'il fallait un chef plus déterminé pour venir à bout du roi numide. En outre, comme il avait besoin de moyens financiers, Marius avait circonvenu un prince numide, Gauda, petit-fils de Massinissa, en lui faisant valoir que le trône devrait lui revenir et en l'assurant que l'humiliation que lui avait infligée Metellus en lui refusant une escorte de cavaliers romains était indigne de son rang. L'atmosphère commençait à devenir irrespirable.

Marius

De son côté Iugurtha avait repris avec ardeur des préparatifs de guerre, reconstituant par tous les moyens les armements dont il s'était séparé dans un moment de désespoir. Mais pour lui aussi la situation devenait difficile. Bomilcar, son plus proche conseiller, et son général favori Nabdalsa montèrent un complot pour l'assassiner. Le projet fut dévoilé à temps et Iugurtha put faire torturer les auteurs et leurs complices ; mais dès lors il se mit à craindre en permanence pour sa vie, changeant toutes les nuits d'endroit pour dormir, provoquant sans cesse des alertes. Il était encore dans les affres de la terreur d'un complot lorsque l'armée romaine se présenta devant lui : il fut défait et les Romains lui prirent beaucoup d'armes et d'enseignes, mais sans faire beaucoup de prisonniers – parce que, comme on disait dans les camps de Metellus (souvent pour se rassurer à la veille d'une bataille), « généralement les Numides, dans les combats, se fient plus à leurs jambes qu'à leurs armes ». Désespéré, le roi gagna le désert qu'il traversa pour rejoindre Thala (de localisation incertaine) où se trouvaient ses trésors et le palais où résidaient ses fils. Sans hésiter, Metellus décida de le poursuivre : il abandonna tout ce qui pouvait retarder la marche, fit de grandes provisions d'eau dont il organisa aussi un important approvisionnement à l'arrivée en envoyant des émissaires chargés d'assurer ce ravitaillement grâce aux populations locales qui avaient récemment fait leur soumission. Ces précautions se révélèrent inutiles parce qu'une pluie diluvienne accueillit les légionnaires au sortir de la zone désertique. C'était évidemment un présage favorable qui renforça leur ardeur à mettre le siège devant Thala : la ville, pourtant bien défendue, fut prise en quarante jours, mais Iugurtha l'avait quittée avec ses fils avant même les premiers travaux de siège, emportant tout ce qu'il pouvait de ses trésors. Les assiégeants ne firent donc pas le butin attendu parce que les transfuges qui étaient encore à Thala, lorsqu'ils avaient compris que la ville serait bientôt prise, avaient rassemblé tout ce qui avait de la valeur dans le palais des princes et organisé un grand banquet à la fin duquel ils mirent le feu aux bâtiments, s'immolant eux-mêmes plutôt que de tomber dans les mains de Metellus (dont on savait bien le sort qu'il réservait aux transfuges qu'il pouvait capturer). Iugurtha s'était réfugié chez les Gétules qu'il se mit en devoir de former à la discipline militaire, dans l'espoir de s'en faire une armée et il avait pris langue avec Bocchus, roi de Maurétanie, dont la fille était l'une des femmes de son harem. Unissant leurs forces, les deux rois se mirent en marche sur Cirta.

Metellus ne souhaitait pas affronter directement les Maures qu'il ne connaissait pas et attendait l'ennemi dans un camp retranché, non loin de Cirta, lorsqu'il apprit la nouvelle : Marius qu'il avait envoyé à Rome au début de l'automne, soit un peu avant les élections consulaires, pour rendre compte des opérations de la campagne et demander au Sénat des moyens supplémentaires, avait trahi son chef et avait réussi à se faire élire consul (pour l'année 107) en accusant Metellus d'incompétence ; et, surtout, il s'était fait confier par une loi (bien sûr, contre l'avis du Sénat) le commandement de la guerre contre Iugurtha. La campagne électorale avait été particulièrement vigoureuse, les partisans de Marius ne cessant d'exciter la plèbe contre Metellus dont ils réclamaient quotidiennement la tête ; Marius lui-même ne se déplaçait dans la Ville qu'entouré d'une foule immense de boutiquiers et de petites gens qui s'étaient mis dans l'idée qu'il était un peu des leurs, lui qui les incitait à se débarrasser « de l'avarice, de l'ignorance et de l'orgueil », c'est-à-dire de la noblesse, pour favoriser la compétence prouvée sur le terrain et l'intégrité (il oubliait qu'il n'avait échappé que de justesse à une condamnation pour corruption électorale au moment de son élection à la préture pour l'année 115). Metellus n'était donc plus lui-même en charge d'une guerre qu'il avait menée presque à son terme, et il ne lui restait plus qu'à attendre la venue de son successeur. Pourtant il mena une activité diplomatique en direction du roi de Maurétanie, l'invitant à ne se point laisser entraîner dans un conflit dont il n'était pas assuré de sortir vainqueur et de préférer l'amitié du peuple romain aux hasards des batailles pour défendre un gendre déconsidéré et déjà presque réduit. Bocchus ne fut pas insensible aux propositions romaines, mais persévéra dans sa demande d'un statut honorable pour Iugurtha. En tout cas ces tractations eurent pour effet de rafraîchir les ardeurs du Maure et, surtout, de suspendre les hostilités en attendant l'arrivée du nouveau consul. Celui-ci, exalté par sa victoire électorale sur la noblesse qui prétendait au monopole du consulat, ne désarmait pas et prononçait des discours enflammés. Les sénateurs, croyant lui jouer un mauvais tour parce que la conscription était impopulaire, l'avaient autorisé à procéder à de nouvelles levées ; mais Marius était décidé à recruter sans tenir compte des critères censitaires : contrairement aux grands principes républicains qui voulaient que pour être recruté dans la légion il fallait justifier d'un minimum de propriété, il avait promis d'accepter les « prolétaires », ceux qui n'avaient que leurs enfants (on les appelait *capite censi*, ceux qui ne sont inscrits sur les registres du cens que pour leur personne sans, donc, le moindre bien personnel) : il avait fait croire à ces gens-là que la victoire serait facile, ce que semblait garantir la présence des vétérans de son proconsulat d'Espagne qu'il avait convaincus de rempiler ; mais il leur avait aussi promis que la victoire leur rapporterait gros – si bien qu'il n'eut aucun mal à se constituer une force bien supérieure à ce qui lui était autorisé par le Sénat et qu'il se hâta de faire embarquer. Sur place, le commandement lui fut remis, à Utique, par Publius Rutilius Rufus, un légat de Metellus qui ne voulait pas le rencontrer et qui retourna à Rome où, contre toute attente, il reçut un accueil très chaleureux de la population : alors qu'il était accusé de malversations par le tribun Titus Manlius Mancinus, celui-là même qui avait fait passer la loi confiant les affaires d'Afrique à Marius, les juges l'acquittèrent sans même accepter d'examiner les comptes qu'il leur présentait, tant sa réputation d'intégrité était encore forte ; il célébra un triomphe particulièrement brillant au cours duquel il prit le surnom de Numidicus et qui lui fut l'occasion de mettre les choses au point :

> Dans cette affaire, autant à vous tous vous me dépassez, moi qui suis seul, autant l'injure et l'offense que Mancinus vous fait est plus grande que celle qu'il me fait, Citoyens, et autant les honnêtes gens acceptent plus facilement de subir l'injustice que de la commettre à l'égard d'autrui, autant il vous a fait outrage et injustice plus

grands qu'à moi. Moi, il veut que je la supporte, vous il veut vous la faire commettre ; à moi il me laisse la plainte, à vous le blâme. (Aulu-Gelle, *Nuits attiques*, 12, 9, 4.)

Marius était déjà en campagne. Il avait commencé par aguerrir ses troupes dans des opérations sans risque, au cours desquelles elles avaient l'occasion de ramasser un butin important. Les deux rois s'étaient séparés, attendant que les légionnaires romains, repus de pillage, baissent leur garde. En quoi ils se trompaient, car Marius, en chef expérimenté, ne laissait jamais se relâcher la discipline et la vigilance et toutes les escarmouches s'étaient terminées par des victoire romaines. Marius, soucieux de ne pas faire durer le conflit, décida de prendre toutes les villes qui avaient un intérêt stratégique de façon afin de contraindre Iugurtha à livrer bataille, tout en continuant d'entretenir des relations diplomatiques avec Bocchus qui disait souhaiter l'amitié du peuple romain. Après avoir saisi plusieurs places fortes de moyenne importance, il s'attaqua à Capsa (la moderne Gafsa), une ville franche très fidèle à Iugurtha qu'il réussit à investir par surprise. La population, terrorisée, fit alors sa reddition, mais Marius, soit pour satisfaire les appétits de ses soldats, soit qu'il n'eût aucune confiance dans ces barbares dont on ne cessait de déplorer la versatilité, soit enfin qu'il voulût donner un avertissement aux Numides, commit un acte qui est resté dans les annales de Rome comme un crime de guerre : il massacra la population mâle adulte, réduisit le reste en esclavage, pilla la ville et la détruisit. En principe, une ville qui se rendait se mettait *in fidem* du chef de l'armée qui s'engageait alors à sauvegarder son intégrité et même à la défendre devant le Sénat. En tout cas, cette prise qui n'avait pas coûté un blessé aux forces romaines sema la panique et les opérations qui suivirent furent menées avec célérité. Marius poussa en direction du royaume de Bocchus pour faire un autre exemple. Là encore, il réussit à prendre par ruse un fort (dont la localisation est incertaine) grâce à un auxiliaire ligure qui, cherchant des escargots, trouva le moyen d'escalader le rocher jusqu'au pied de la muraille où un chêne vert permettait d'accéder à la place, à un endroit où ne se trouvait aucune garde, compte tenu de la difficulté d'accès.

La capture de Iugurtha

C'est alors que le questeur, que Marius avait laissé en Italie avec la charge de lui recruter une importante cavalerie, rejoignit son consul : c'était le jeune Sylla (Lucius Cornelius Sylla), un brillant officier né dans une famille de la vieille aristocratie financièrement déchue, qui avait lui aussi servi sous Metellus les années précédentes et qui s'était fait une excellente réputation auprès des hommes. Il allait jouer, à la tête de sa cavalerie, un rôle important dans la suite des opérations, d'abord dans le guet-apens que les deux rois avaient tendu à Marius qui se repliait sur Cirta pour y prendre ses quartiers d'hiver et qui se termina par une victoire complète des Romains ; puis dans la seconde tentative que firent les deux rois non loin de Cirta et qui, là encore, aurait pu mettre les légions, prises en tenaille, en déroute, mais qui se termina par leur complète victoire. Mais le rôle du questeur de Marius fut aussi diplomatique : c'est avec lui seul que Bocchus voulut, le moment venu, négocier la capture de Iugurtha (alors même qu'il était accompagné d'un personnage qui avait un rang supérieur au sien, l'ancien préteur Aulus Manlius), et c'est à lui qu'en effet il remit le roi numide qu'il avait entraîné dans un traquenard en lui faisant croire qu'il l'aiderait à s'emparer du questeur romain pour pouvoir négocier en position de force.

Avec la capture de Iugurtha prenait fin ce conflit long et difficile. Toute la gloire en revint à Marius. Pourtant, les conditions dans lesquelles le commandement avait changé de mains avait empoisonné cette victoire et la noblesse romaine, qui n'avait pas apprécié la campagne démagogique menée par Marius, ne se privait pas de faire savoir que si Marius était un bon soldat, c'était malgré tout Metellus qui avait redressé la situation, même si Sylla, par ses qualités militaires et son habileté diplomatique, avait évité le désastre et réussi la capture qui décidait de tout. De son côté, Sylla ne se priva pas de revendiquer sa part de gloire en se faisant graver un sceau le représentant sur un siège curule recevant l'offre de paix de Bocchus et Iugurtha enchaîné. Ce devait être le sceau de la discorde entre Marius et lui.

Le sceau de la discorde représenté sur une monnaie de 56

Si la guerre de Iugurtha a pris tant de place dans l'histoire de cette époque, c'est évidemment parce que les débats qu'elle a suscités étaient éminemment politiques ; mais ce ne fut sans doute pas la guerre la plus importante que Rome eut alors à mener, même si l'on connaît mal le détail des opérations des autres grandes expéditions. On sait, par exemple, que la Macédoine et la Thrace restèrent au cœur de l'activité militaire entre l'année (114) où le consul Caius Porcius Cato se fit étriller par les Scordisques (un peuple d'origine gauloise et qui semait la désolation) et les années 111 et 110, au cours desquelles Caius Caecilius Metellus Caprarius et Marcus Liuius Drusus célébrèrent chacun un triomphe après être restés chacun trois ans dans la province : il fallait bien que les choses soient assez difficiles et assez importantes pour mobiliser si longtemps deux proconsuls, d'ailleurs relayés par Marcus Minucius Rufus qui y partit comme consul en 110, et y resta comme proconsul jusqu'à la date de son triomphe en 107. À un degré moindre, sans doute, mais sur une durée encore importante, l'Espagne ultérieure mobilisa des troupes et des états-majors depuis au moins 114, date à laquelle Marius y fut envoyé en qualité de proconsul, et 107, année du triomphe de Quintus Seruilius Caepio.

Le dange gaulois

Mais ce qui préoccupait le plus les Romains, c'était la situation en Gaule. Depuis de longs mois déjà, des hordes impressionnantes de peuples germains du Nord, Cimbres, Teutons, Ambrons, forcés à l'exil, semble-t-il, par un relèvement du niveau de la mer qui avait envahi leur territoire, descendaient vers le sud, à la recherche de terres fertiles où s'installer et l'on tremblait à l'idée qu'ils pourraient envahir l'Italie. Au cours de l'année 113, les Teutons avaient occupé la région du Norique et le consul Cneius Papirius Carbo avait été dépêché pour occuper les cols des Alpes par lesquels on pouvait craindre qu'ils ne fissent irruption sur l'Italie. Ne voyant rien venir, le consul s'avança vers le nord, faisant savoir que Rome ne tolérerait pas que l'on maltraite les peuples qui étaient ses alliés. Les Teutons envoyèrent alors une ambassade pour faire connaître qu'ils ignoraient qu'il y eût un traité d'alliance entre Rome et ces populations, et qu'en conséquence ils s'abstiendraient désormais de toute action hostile à leur égard. Papirius Carbo parut satisfait et laissa repartir les ambassadeurs, mais en les faisant suivre et en faisant marcher son armée à quelque distance. Parvenus dans la région de Noreia (probablement Neumarkt, en Autriche) où les barbares avaient leur camp, les Romains attaquèrent à l'improviste mais furent bientôt vaincus et ce furent le soir tombant et une tempête qui permirent à un petit nombre d'entre eux, parmi lesquels le consul, de s'échapper.

Ce fut la consternation à Rome, d'autant qu'il courait sur ces gens des histoires à vous faire dresser les cheveux sur la tête. Déjà les Scordisques, que l'on affrontait en Macédoine et en Thrace, avaient la réputation d'être d'une particulière cruauté à l'égard de leurs prisonniers, les torturant, arrachant le fœtus du ventre des femmes enceintes, faisant aux dieux des libations de sang humain dans des crânes ; pour les Cimbres, c'étaient les femmes les plus redoutables :

> On prête aux Cimbres la coutume suivante : leurs femmes les suivaient dans leurs expéditions ; elles y étaient accompagnées de prêtresses à cheveux blonds, chargées de rendre les oracles. Vêtues de blanc, drapées dans un châle de lin agrafé sur l'épaule, celles-ci portaient une ceinture d'airain et allaient pieds nus. Quand arrivaient les prisonniers, elles traversaient le camp, l'épée à la main, pour aller à leur rencontre, puis leur plaçant une couronne sur la tête, elles les conduisaient à un cratère de bronze qui pouvait contenir autour de vingt amphores. Alors chacune d'entre elles à tour de rôle gravissait les degrés d'une estrade qu'elles avaient à leur disposition et, dépassant ainsi le niveau du vase, tranchait la gorge du prisonnier qu'on avait préalablement hissé jusqu'à elle. Du flot de sang qui se répandait dans le cratère, elles tiraient une prophétie. D'autres ouvraient le corps, examinaient les entrailles et annonçaient la victoire pour leur camp. Pendant qu'on se battait, elles faisaient un vacarme assourdissant en frappant sur les bâches de peau de leurs chariots tendues sur des cerceaux d'osier. (Strabon, *Géographie*, 7, 2, 3.)

Tout cela contribua à réveiller la vieille peur des Gaulois (puisque les Scordisques étaient, en effet, des Gaulois et que les peuples qui descendaient du nord leur étaient assimilés par l'opinion). On décida donc de consulter les livres Sibyllins pour apprendre comment parer au danger d'invasion : ils répondirent qu'il fallait procéder à l'ensevelissement d'un couple de Gaulois et d'un couple de Grecs au Forum Boarium. Ce que l'on s'empressa de faire, selon un rituel que l'on connaissait assez bien pour l'avoir déjà pratiqué, un siècle plus tôt, en 228 et en 216, à une époque où la terreur d'une invasion avait envahi les esprits.

On eut quelque répit dans les années qui suivirent, parce que les envahisseurs cherchaient un endroit où s'installer sans véritablement inquiéter l'Italie. C'est en 109 que l'on crut qu'ils redevenaient menaçants : et alors que Metellus s'embarquait pour la Numidie, son collègue Marcus Iunius Silanus se chargeait de la Gaule pour laquelle il partit après avoir fait annuler tous les dispositifs mis en place, au cours des années, pour exempter du service militaire ou en réduire la durée (Tiberius Gracchus, à la recherche de popularité, avait fait voter une loi en ce sens dans les dernières semaines de son tribunat). On se rendait bien compte alors que l'on aurait besoin, dans les années qui venaient, de disposer de beaucoup de forces armées. Mais Silanus ne fut pas à la hauteur de sa tâche. Sans doute espérait-il un triomphe rapide, comme en avait espéré Carbo, quelques années plus tôt : il attaqua les Cimbres par surprise dans la région de Lyon, au début de l'année suivante, et son armée fut mise en déroute. C'était d'autant plus scandaleux que Silanus avait attaqué à l'improviste alors que des ambassadeurs étaient venus le trouver pour lui expliquer que ce qu'ils cherchaient, c'étaient des terres pour s'installer paisiblement et que Silanus, dans l'impossibilité de satisfaire leur demande, les avait envoyés au Sénat, qui leur opposa un refus. Ce qu'ils n'avaient pu obtenir par la négociation, ils allaient le chercher par les armes.

L'or de Toulouse

Pourtant, ce n'est pas avec cet ennemi que Rome connut encore la défaite, l'année suivante, mais avec les Tigurins, un peuple de la région toulousaine, que le consul Lucius Cassius Longinus poursuivait avec son armée : les Gaulois lui tendirent une embuscade dans laquelle périt la plus grande partie de cette armée, avec Cassius lui-même et l'ancien consul (de l'année 112) Lucius Calpurnius Piso, qui servait dans son état-major en qualité de légat. L'autre légat, Caius Popillius Laenas, se voyant enfermé dans son camp avec ce qui restait de troupes, préféra traiter avec l'ennemi : il consentit à leur donner des otages (cas presque unique dans l'histoire militaire et diplomatique de Rome) et leur abandonna la moitié de son bagage. Mais à peine arrivé à Rome avec ses hommes, il fut traîné en justice par un tribun de la plèbe et contraint à l'exil. Par bonheur, les choses s'arrangeaient en Afrique, même si le passage de commandement de Metellus à Marius s'était fait dans des conditions difficiles ; et pour réchauffer le cœur des Romains, Quintus Seruilius Caepio célébra un triomphe sur l'Espagne ultérieure où il avait imposé les armes romaines – ce qui lui valut, en outre, d'être élu consul et d'être chargé des affaires de Gaule. Il alla mettre le siège devant Tolosa (Toulouse), capitale des Tectosages que les Cimbres avaient incités à se révolter. La ville fut rapidement prise, de nuit, grâce à des complicités, et livrée au pillage. Le butin fut exceptionnellement important et connut une histoire curieuse :

> En ce qui concerne les Tectosages, on assure qu'ils participèrent à l'expédition de Delphes et que les trésors sacrés trouvés chez eux dans la ville de Toulouse par le général romain Caepio provenaient des richesses rapportées de là-bas, mais augmentées cependant des offrandes privées faites par les habitants de cette ville pour consacrer au dieu ces dépouilles et solliciter sa miséricorde. Pour y avoir touché, Caepio devait finir misérablement sa vie, à ce qu'on dit : il fut exilé pour sacrilège par sa patrie et les deux filles qu'il laissait après sa mort, après avoir été livrées à la prostitution, comme le rapporte Timagène, moururent dans l'ignominie. Le récit de Posidonius est pourtant plus probant : les richesses trouvées à Toulouse atteignaient une valeur d'environ 15 000 talents et consistaient non pas en objets façonnés, mais uniquement en lingots d'or et d'argent brut, déposés en partie dans les sanctuaires, en partie dans les lacs sacrés, alors que le sanctuaire de Delphes, pillé par les Phocidiens lors de la guerre sacrée [en 356], ne contenait plus, à cette époque, de biens de cette nature. Et si même les habitants de Toulouse en avaient pris à Delphes, ils se les seraient partagés entre plusieurs, mais il n'est pas vraisemblable non plus qu'ils rentrèrent sains et saufs chez eux puisque l'expédition, après avoir quitté Delphes, finit lamentablement dans la dispersion générale par l'effet de la discorde, chacun s'en allant de son côté. En revanche, comme le rappelle, avec beaucoup d'autres auteurs, Posidonius, le pays contient de l'or en abondance, et, du fait de la foi superstitieuse de ses habitants et de leur genre de vie exempt de luxe, les trésors sacrés y sont fréquents. Les lacs, qui plus est, y assurent la meilleure protection contre les sacrilèges, c'est pourquoi on y immergeait des barres d'argent ou même d'or. Devenus maîtres de ces lieux, les Romains vendirent les lacs au profit du trésor public, et plusieurs de leurs acquéreurs y trouvèrent des meules d'argent façonnées au marteau. Dans Toulouse même, le sanctuaire était sacré et les habitants des alentours l'avaient en grande vénération. Aussi les richesses y abondaient-elles : les consécrations d'offrandes y étaient nombreuses et personne n'aurait osé y toucher. (Strabon, *Géographie*, 4, 1, 13.)

Orange La version officielle de la disparition fut que la troupe qui escortait le convoi en route pour Marseille fut attaquée et massacrée et que le trésor (cent mille livres d'or et cent dix mille d'argent) disparut. Apparemment, l'explication ne réussit pas à convaincre. L'heure n'était pas encore venue de s'expliquer là-dessus : Caepio resta en Gaule l'année suivante, en qualité de proconsul, pour surveiller les Cimbres et les Teutons ; c'est le consul Cneius Mallius Maximus qui reçut la responsabilité de la province. Mais les deux hommes ne réussirent pas à s'entendre et Caepio, qui méprisait ce parvenu de Mallius, ne voulut jamais coopérer avec le consul ni, encore moins, reconnaître son autorité. Les choses avaient mal commencé puisque le légat de Mallius, l'ancien consul Marcus Aurelius Scaurus, qui avait eu à affronter les barbares dans les environs de Vienne, avait été défait par eux et, désarçonné, avait été capturé : interrogé par les chefs et même sollicité de leur servir de guide, il avait tenté de les dissuader de passer en Italie, parce que, leur avait-il affirmé, Rome était invincible. Ce qui avait mis le jeune Boïorix dans une telle fureur qu'il lui avait passé son épée au travers du corps. La mort d'Aurelius Scaurus avait beaucoup impressionné le consul qui avait écrit à Caepio en le suppliant d'accepter une mise en commun de leurs plans; mais ce courrier ne fit que renforcer le mépris que le proconsul avait pour lui et il se mit en devoir de s'interposer entre lui et l'ennemi pour l'empêcher de prendre l'initiative. De leur côté les Cimbres, qui ignoraient tout de la désunion de l'adversaire, avaient de nouveau envoyé des ambassadeurs au consul, pour lui demander encore de les installer sur des terres et de leur donner de quoi les ensemencer. Caepio était furieux qu'on l'ait écarté de la négociation et le fit savoir aux barbares qui lui envoyèrent donc une députation: mais il était dans une telle rage qu'il faillit bien tuer les envoyés. Le conflit était donc inévitable. Les états-majors, poussés par les hommes qui commençaient à gronder, se rencontrèrent, mais l'entrevue ne fit qu'accentuer le désaccord entre les deux chefs. C'est le 6 octobre 105, dans les environs immédiats d'Arausio (Orange), que la bataille s'engagea. On ne sait pratiquement rien sur la façon dont elle se déroula; on connaît simplement le chiffre des pertes. Les Romains perdirent en une journée quatre-vingt mille hommes auxquels il convient d'ajouter quarante mille valets d'armée et vivandiers. Il ne resta, dit-on, qu'une dizaine de survivants, dont les deux consuls. Et ce n'était pas tout:

> Les ennemis, maîtres des deux camps et d'un énorme butin, anéantirent tout ce dont ils s'étaient emparés dans un sacrifice expiatoire nouveau et insolite: les vêtements furent déchirés et abandonnés, l'or et l'argent jeté dans le fleuve, les cuirasses des combattants mises en pièces, les phalères des chevaux détruites, les chevaux eux-mêmes noyés dans les tourbillons, les hommes pendus aux arbres par des lacets passés à leur cou, si bien que le vainqueur ne réalisait aucun butin et que le vaincu ne connaissait aucune miséricorde. (Orose, *Histoires*, 5, 16, 5-6.)

Rome vécut une période terrible de deuil et de terreurs. Avant toute chose, malgré l'opposition de ses amis et dans un climat quasi insurrectionnel, on abrogea par un plébiscite l'*imperium* du proconsul, ce qui, de mémoire de Romain, ne s'était jamais fait. Mais une pareille catastrophe n'avait pu se produire que parce que les dieux étaient irrités et d'ailleurs voici que l'on annonçait des « signes »: une matrone qui avait l'air d'avoir perdu sa raison pénétra dans le temple de Jupiter et s'assit sur son trône; on procéda immédiatement à une cérémonie de purification. En pays sabin, on avait trouvé une statue de Mars renversée et posant sur la tête; et puis des serpents noirs étaient sortis de terre à l'occasion des jeux et n'avaient disparu que lorsque s'étaient tues les flûtes de la cérémonie. Bien sûr il y eut d'autres présages, mais positifs ceux-là, puisqu'il s'agissait d'un songe que de nombreuses matrones firent la même nuit et qui indiquait un moyen pour apaiser la colère divine: un chœur de jeunes gens de très bonne naissance devait chanter un *carmen* composé spécialement pour une cérémonie d'expiation. Et puis l'autre consul, Publius Rutilius Rufus, se fit un devoir de remettre les choses en ordre et prit des mesures énergiques : il exigea un serment de tous les citoyens (Romains et alliés) en âge de porter les armes de ne pas quitter le sol de l'Italie et d'être prêts à se présenter au *dilectus* en cas de besoin. En outre, par précaution, il envoya dans tous les ports d'Italie des délégués pour empêcher tout homme de moins de trente-cinq ans d'embarquer. Puis il recruta neuf légions qu'il soumit à un entraînement beaucoup plus poussé qu'il n'était de coutume : il les fit encadrer, dans des exercices de préparation aux combats, par des spécialistes de l'entraînement des gladiateurs. Enfin, pour être certain de disposer de cadres intermédiaires suffisamment compétents, il fit voter une loi qui autorisait le consul à nommer lui-même la moitié des tribuns militaires (qui étaient jusqu'alors tous élus) : par la suite on appela ces tribuns *Rufuli,* d'après le surnom du consul.

Le proconsul Marius fit annoncer à ce moment la capture de Iugurtha et la fin de la guerre d'Afrique. Il devait rentrer à Rome : il fut élu au consulat avant même d'avoir posé le pied sur le sol italien, ce qui était contraire à tous les usages institutionnels, mais on avait trop besoin d'un homme providentiel dans ces circonstances dramatiques. Et bien sûr on lui confia la Gaule. Pour manifester la confiance retrouvée, Marius célébra son triomphe sur Iugurtha le 1er janvier de l'année 104, jour de son entrée en charge, de façon que ce (récent) passé glorieux soit un présage de victoires à venir. Par chance, d'ailleurs, les Cimbres, les Teutons et les Ambrons ne décidèrent pas de s'attaquer à l'Italie, mais se divisèrent en deux, une partie se répandant dans l'ouest de la Gaule, en remontant jusqu'à la Seine, l'autre partie descendant sur l'Espagne. Ce répit permit à Marius à la fois de renforcer son dispositif militaire et en particulier d'entraîner très sérieusement ses troupes à toutes les manœuvres et à toutes les formes de combat : il s'agissait pour l'essentiel des légionnaires enrôlés par Rutilius Rufus parce que Marius avait laissé sur place une bonne partie de ses troupes d'Afrique pour lesquelles un tribun de la plèbe de l'année 103 fit voter une assignation de terres à hauteur de 100 jugères par soldat (au terme d'un débat très violent). Il fallait aussi remettre de l'ordre en Gaule du Sud où les échecs romains et les promesses germaniques avaient causé bien du trouble : Sylla, son légat, pacifia les Tectosages de la région de Toulouse qui s'étaient à nouveau armés. Il réussit même à capturer leur roi, un certain Copillos (c'était presque devenu une spécialité chez ce jeune aristocrate romain qui avait déjà capturé Iugurtha).

Procès

Pendant ce temps, à Rome, on continuait à régler les comptes qui avaient une forte coloration politique. Le Forum servit de décor à plusieurs procès retentissants. Après la condamnation du consul Eburnus qui avait fait exécuter son fils coupable de pédérastie, c'est l'ancien consul Marcus Iunius Silanus qui fut traîné devant les juges par le tribun de la plèbe Cneius Domitius Ahenobarbus, à deux reprises : la première fois pour avoir, cinq ans plus tôt, engagé de sa propre initiative et sans ordre du Sénat le combat contre les Cimbres, ce qui mettait en effet Rome dans son tort pour avoir entrepris une guerre sans avoir procédé rituellement à la déclaration ; Silanus fut acquitté. La seconde fois, Domitius reprochait à Silanus d'avoir manqué aux lois de l'hospitalité à l'égard d'un Transalpin, Aegritomarus, bien que celui-ci fût l'hôte et l'ami de son père : derrière cette curieuse accusation se lit la recherche des torts que les magistrats romains avaient pu commettre pour expliquer les revers accumulés dans cette partie du monde depuis tant d'années ; mais une fois encore Silanus fut acquitté. Jusque-là, il s'agissait d'accusations liées à la question gauloise, mais lorsque le même Domitius engagea une action contre Marcus Aemilius Scaurus, le *princeps senatus*, qui avait fait obstacle à sa cooptation au nombre des pontifes, le procès prit une tournure plus nettement politique. Bien sûr l'accusation n'était pas explicitement l'échec de Domitius à la prêtrise, mais plutôt le non-respect par Scaurus de certains rites, et elle avait donc une couverture religieuse tout à fait honorable dans le contexte. Débouté, Domitius fit voter une loi qui abolissait la cooptation dans les quatre collèges majeurs de prêtres (les Pontifes, les Augures, les Décemvirs et les Épulons) et prévoyait que désormais les titulaires de ces prêtrises seraient élus par une partie du peuple, dix-sept tribus sur trente-cinq : et voilà comment Domitius devint Pontife.

Un dernier procès défraya la chronique : celui qui fut intenté au propréteur de Sardaigne Titus Albucius, qui trouvait que le Sénat avait été trop chiche en lui accordant une simple *supplicatio* à la suite d'obscures victoires remportées, avec une seule cohorte d'auxiliaires, contre des peuplades locales (« de la brigandaille en peau de mouflon », dit Cicéron) et qui s'était organisé, sur place, un triomphe : l'accusation portait sur des malversations et de l'extorsion de fonds, mais ce que l'on voulait punir, c'était bien l'insupportable suffisance de l'homme dont deux accusateurs se disputaient déjà les dépouilles : Cneius Pompeius Strabo, le père du Grand Pompée (qui n'était alors que le Petit, puisqu'il était né deux ans auparavant), qui choqua beaucoup par son acharnement à nuire au magistrat dont il était le questeur (et il ne fut point agréé comme accusateur), et Caius Iulius Caesar Strabo, qui emporta la condamnation. Réplique immédiate, un autre questeur, Lucius Appuleius Saturninus, chargé de l'approvisionnement en blé de Rome, se vit privé par le Sénat de ses responsabilités au profit du *princeps senatus* Marcus Aemilius Scaurus : le prix du blé avait augmenté dans des proportions considérables et on l'avait accusé d'incompétence, dans la mesure où il n'avait pas été capable de faire venir des quantités suffisantes de céréales pour régulariser les cours.

Il faut dire que la situation sociale en Italie du Sud et en Sicile, où se produisirent des révoltes d'esclaves, perturbait les récoltes et la circulation du grain. Le Sénat se décida à envoyer le préteur Lucius Licinius Lucullus qui leva six cents légionnaires à Rome et se rendit à Capoue, un des foyers de l'insurrection, et recruta là quatre mille fantassins et cinq cents cavaliers auxiliaires avec lesquels il vint à bout des trois mille cinq cents esclaves révoltés, commandés par un fils de chevalier romain qui avait suscité la révolte parce que, amoureux d'une belle esclave, il n'avait pas eu les moyens de l'acheter à son maître (qui en demandait un prix exorbitant). Mais le préteur n'en avait pas fini avec les révoltes serviles : la Sicile aussi était embrasée, mais pour des raisons différentes :

> Pendant la préparation de son expédition contre les Cimbres, Marius avait été autorisé par le Sénat à tirer des troupes auxiliaires des nations transmarines. Il envoya donc des députés auprès de Nicomède, le roi de Bithynie, pour lui demander son assistance. Celui-ci répondit que la plupart de ses hommes avaient été enlevés par les percepteurs d'impôts et servaient comme esclaves dans les provinces. Le Sénat vota alors un sénatus-consulte selon lequel aucun allié de condition libre ne devait être utilisé comme esclave dans une province romaine. Les préteurs étaient chargés de l'exécution de cette décision. Le préteur de Sicile, Publius Licinius Nerva, en application du sénatus-consulte, avait rendu la liberté à un grand nombre d'esclaves : en deux jours, huit cents d'entre eux furent libérés. Tous les esclaves de l'île conçurent alors le fol espoir de recouvrer la liberté, tandis que les habitants les plus considérés accoururent pour engager le préteur à renoncer à cette procédure. Licinius Nerva, soit qu'il eût été acheté, soit qu'il voulût faire plaisir aux riches propriétaires, interrompit les enquêtes individuelles et renvoya sans ménagements les esclaves qui venaient réclamer leur libération. Ces esclaves se regroupèrent, sortirent de Syracuse et se réfugièrent dans un temple. (Diodore de Sicile, *Bibliothèque historique*, fragment du livre 36, adaptation de F. H.)

La révolte était née. Nerva essaya bien de l'éteindre, mais en vain ; si bien que l'année suivante, Lucullus fut envoyé dans l'île avec dix-sept mille hommes pour affronter les rebelles dont le chiffre avoisinait maintenant quarante mille (esclaves auxquels s'étaient joints des ouvriers agricoles libres). Il ne put rien et subit même des pertes lourdes. À l'impuissance il ajouta l'ignominie : apprenant son remplacement par le préteur Caius Seruilius, en 102, il licencia son armée et détruisit ses camps avant de rentrer à Rome. Seruilius échoua, lui aussi, et il fallut trois années de campagne menée par Manius Aquillius (en qualité de consul puis de proconsul, entre 101 et 99) pour venir à bout de cette révolte. Si l'on se souvient que la Sicile était le principal pourvoyeur en céréales de la métropole, il n'était pas étonnant, dans ces conditions, que le prix du blé eût augmenté considérablement.

Marius, lui, avait été réélu consul pour l'année 103, bien qu'il ne fût point présent à Rome au moment des élections consulaires de l'automne précédent. On estimait qu'il ne fallait pas interrompre ses préparatifs ni imposer à ce grand chef un consul de qui il dût recevoir les ordres. L'expérience de Seruilius Caepio et de Mallius Maximus était encore trop vive dans les mémoires ; tellement vive que l'on s'occupa de leur faire procès. On ne connaît pas trop le détail de ces procédures, ni même leur date précise ; ce que l'on sait, en revanche, c'est qu'une enquête eut lieu concernant l'or de Toulouse et aboutit à des condamnations, dont vraisemblablement celle de Caepio à qui l'on confisqua ses biens ; et comme l'année précédente le tribun Lucius Cassius Longinus avait fait passer une loi spécifiant que quiconque avait été condamné ou privé de son *imperium* devait être exclu du Sénat, il ne restait plus grand-chose de la splendeur du personnage qui, d'ailleurs, n'était pas au bout de ses peines. Il faut dire qu'outre sa conduite scandaleuse au cours des opérations militaires, il avait précédemment eu l'audace politique de revenir sur l'une des dispositions essentielles des Gracques : il avait fait voter une loi sur la composition des jurys chargés de juger les gouverneurs provinciaux en y faisant de nouveau entrer des sénateurs, à parité avec les chevaliers, alors que précisément le système gracchien reposait sur l'idée que les sénateurs ne pouvaient être juges d'exactions dont ils étaient eux-mêmes accusés. Il fit aussi l'objet d'un procès comitial pour trahison qui aboutit à une condamnation et à son emprisonnement immédiat ; c'est un tribun de la plèbe, Lucius Antistius Rheginus, qui l'en fit sortir et prit avec lui le chemin d'un exil sans retour. Quant à Cneius Mallius Maximus il fut, lui aussi, traduit devant le peuple par Saturninus, qui avait réussi à se faire élire comme tribun de la plèbe en réponse au camouflet que lui avait infligé le Sénat l'année précédente : il fut condamné à l'exil et ses biens furent confisqués.

Marius en Gaule

Le dispositif romain en Gaule était prêt et Marius entretenait soigneusement le moral de ses troupes par des manœuvres et des entraînements. Ses hommes avaient appris à l'aimer et une petite histoire, racontée en détail par Plutarque (mais à laquelle beaucoup d'auteurs font allusion, y compris Cicéron), contribua beaucoup à sa popularité :

> Caius Lusius, neveu de Marius, faisait partie de l'armée comme officier. Il ne passait pas pour un méchant homme, mais il ne savait pas résister à l'attrait des beaux garçons. Il s'éprit d'un tout jeune soldat placé sous ses ordres, un nommé Trebonius, et il essaya plusieurs fois de le séduire, mais sans succès. Enfin, une nuit, il l'envoya chercher par un valet. Le jeune homme vint, car, appelé, il ne pouvait refuser d'obéir. Quand il fut sous la tente de Lusius, celui-ci essaya de lui faire violence. Alors Trebonius tira son épée et le tua. Le fait avait eu lieu en l'absence de Marius. À son retour il fit passer Trebonius en jugement. Celui-ci, alors que beaucoup l'accablaient et que personne ne le défendait, fit front lui-même avec assurance, raconta l'affaire et produisit des témoins pour prouver qu'il avait souvent résisté aux tentatives de Lusius et que, malgré les grands présents que l'autre lui offrait, il ne lui avait jamais abandonné son corps. Marius, plein d'admiration et de joie, se fit apporter la couronne qui récompense traditionnellement les grands exploits, la prit et la posa lui-même sur la tête de Trebonius pour avoir accompli une très belle action en un temps où l'on avait besoin de beaux exemples. Cette nouvelle, répandue à Rome, contribua beaucoup à l'élection de Marius à son troisième consulat. (Plutarque, *Vie de Marius,* 14, 4-9.)

Pour dire le vrai, l'élection dut aussi beaucoup à la mise en scène organisée par Saturninus. Comme Marius avait laissé ses troupes au commandement de Manius Aquillius pour revenir présider aux élections consulaires à Rome, le tribun de la plèbe haranguait les foules pour leur recommander de réélire Marius, le chef dont on avait besoin pour en finir avec les Cimbres et les Teutons ; mais celui-ci faisait mine de ne pas souhaiter être à nouveau consul ; alors Saturninus l'apostrophait en l'accusant de trahir sa patrie s'il se désistait d'une candidature jugée indispensable. Marius fut donc réélu, avec comme collègue Quintus Lutatius Catulus, un noble personnage, empreint de culture grecque, et qui avait une assez bonne réputation.

Marius retourna assez vite en Gaule parce que l'on annonçait la venue des barbares. Il avait veillé à ce que l'approvisionnement de ses troupes fût régulier, en faisant creuser par ses soldats un canal latéral au Rhône entre Fos et Arles, de façon que les navires évitent les difficultés de navigation à l'embouchure. Il remonta la vallée du Rhône, bien déterminé à ne pas brusquer les choses. Il avait en face de lui les Ambrons et les Teutons parce qu'après avoir fait leur jonction, les barbares avaient décidé de pénétrer en Italie, en deux colonnes ; l'une, celle qui devait rencontrer Marius, devait descendre la vallée du Rhône et entrer par les Alpes maritimes ; l'autre, composée des Cimbres, suivant le Rhin pour passer en Vénétie par le Brenner. Cette stratégie, sur laquelle on était apparemment assez bien renseigné à Rome, avait conduit le Sénat à confier deux légions à Catulus pour surveiller les cols des Alpes.

On ne sait pas exactement où se produisit la première rencontre entre Marius et les barbares mais il est certain, en revanche, qu'il refusa le combat pendant de longues semaines, malgré les provocations diverses dont son armée faisait l'objet. Las d'attendre, les Ambrons et les Teutons se décidèrent alors à lever le camp et à reprendre leur route : ils passèrent donc le long des retranchements romains, insultant gaillardement les légionnaires et leur demandant s'ils avaient quelque chose à faire dire à leur femme en Italie. On dit qu'ils étaient si nombreux qu'il leur fallut six jours pour quitter complètement leur campement. Les soldats de Marius grondaient parce qu'on ne les avait pas laissés combattre ; l'état-major demandait, lui aussi, que l'on engage les hostilités ; Marius tint bon. Il se mit en devoir de suivre l'adversaire de très près jusqu'à ce que l'on parvienne dans la région d'Aix. Là les deux ennemis établirent leur camp ; Marius, qui n'avait plus d'autre solution que de combattre parce que l'on approchait trop de l'Italie, choisit un site sûr, une colline, mais où l'eau manquait. Et c'est précisément le ravitaillement en eau qui fut l'occasion de la première bataille : les conducteurs des attelages en avaient besoin pour leurs bêtes et, après s'être armés de tout ce qui leur tombait sous la main, descendirent en masse à la rivière le long de laquelle les Ambrons s'étaient établis. Ceux-ci, qui déjeunaient, commencèrent à s'armer et à traverser la rivière, ce que voyant des troupes auxiliaires commencèrent à pousser des cris et Marius ne put pas les empêcher d'aller au secours de leurs conducteurs. Les premiers à pied d'œuvre furent les Ligures qui taillèrent en pièces les Ambrons au sortir de la rivière. Puis les légionnaires descendirent à leur tour, en bon ordre, et bousculèrent le gros de la troupe barbare qui se précipitait au combat, faisant un carnage. Les Romains n'eurent guère le loisir de se réjouir de cette première victoire car, ayant engagé le combat avant que les retranchements ne fussent construits, ils craignaient que les barbares n'attaquent dans l'obscurité, barbares dont ils entendirent toute la nuit les hurlements et les lamentations. Le lendemain, les uns et les autres s'employèrent à parfaire leurs installations et à soigner leurs blessés. Et c'est donc le surlendemain que Marius fit sortir son armée pour offrir le combat. La veille, il avait envoyé trois mille fantassins, sous le commandement de son légat Marcus Claudius Marcellus, prendre une position en arrière de l'ennemi et, bien sûr, à son insu. Voyant les Romains se déployer et leur cavalerie débouler dans la plaine, les Teutons se lancèrent contre eux malgré le désavantage du terrain. Facilement repoussés sur les pentes de la colline, ils tentèrent de se remettre en formation en terrain plat, mais Marcellus et ses fantassins intervinrent alors sur leurs arrières et semèrent un désordre qui préluda à un nouveau carnage, d'autant plus important que, conformément à leur habitude, les femmes s'étaient armées, elles aussi, et massacraient ceux des leurs qui fuyaient ou se portaient elles-mêmes au-devant de l'ennemi. Les chiffres de victimes varient, selon les sources, de cent à cent cinquante mille morts et quatre-vingt mille prisonniers. On raconte que les terres où se déroulèrent ces deux batailles à l'automne de l'année 102 restèrent particulièrement fertiles grâce à la décomposition de tant de cadavres, et que les Massaliotes se firent des enclos et des tuteurs pour leurs vignes avec les ossements.

Catulus et les Cimbres

La joie des Romains fut de courte durée : on apprit que Catulus avait les plus grandes difficultés à contenir les Cimbres. Il faut dire que la tâche n'était pas aisée : il n'avait sous ses ordres que deux légions, soit au total moins de vingt-cinq mille hommes fraîchement recrutés, pour faire face à un envahisseur au moins quatre fois plus nombreux et parfaitement aguerri. Il avait placé ses troupes à Crémone, attendant de savoir par où passerait l'ennemi. Quand on sut que les barbares étaient au Brenner, il remonta la vallée de l'Adige pour tenter de leur barrer le passage en profitant des accidents du terrain puisqu'il était impensable d'engager une bataille rangée. Le premier affrontement eut lieu dans les environs de Bolzano mais évolua mal parce que la cavalerie, commandée par Marcus Aemilius Scaurus, le fils du prince du Sénat, tourna bride assez rapidement et s'enfuit, poursuivie par les Cimbres, ce qui mit Catulus en position difficile car il avait le gros de l'armée en amont et un important contingent de cavalerie en aval. Il réussit à dégager ses troupes, par surprise, après avoir fait croire à l'ennemi qu'il s'installait dans son camp. La seconde tentative ne fut guère plus fructueuse. Elle consistait en un verrou sur les défilés de Vérone, à hauteur de Rivoli :

deux camps, de part et d'autre de l'Adige, reliés par un pont. Mais quand les légionnaires eurent assisté au spectacle des barbares qui tentaient d'arrêter le cours du fleuve en immergeant des arbres arrachés et d'énormes morceaux de rochers, ils furent pris de panique et le gros de l'armée s'enfuit, abandonnant les cohortes cantonnées dans le camp secondaire. Catulus fut bien contraint de suivre pour essayer de regrouper les fuyards et il fut bientôt rejoint par les hommes du camp secondaire qui, sous la conduite d'un centurion, avaient réussi à s'échapper.

Verceil Marius, qui avait été réélu au consulat pour la cinquième fois, fit un court séjour à Rome puis repartit rejoindre ses troupes qu'il avait fait rapatrier, pour faire leur jonction avec Catulus. Les Cimbres ne semblaient pas pressés d'en découdre : ils attendaient, disaient-ils, leurs frères teutons et ne voulaient pas croire qu'ils aient pu être anéantis. Puis ils envoyèrent une délégation pour demander à nouveau des terres, pour eux-mêmes et pour leurs frères teutons : pour toute réponse on leur montra, enchaînés, le roi Teutobod et ses officiers qui, quelques jours après la défaite, avaient été capturés par les Séquanes, restés fidèles à Rome. Ils se résolurent alors au combat et devinrent même insistants, provoquant Marius pour l'amener à sortir ses troupes. Finalement les ennemis convinrent d'un jour et d'un lieu où se rencontrer. Ce devait être dans la plaine de Verceil, le 30 juillet. Marius avait choisi l'emplacement de façon à bénéficier à la fois du soleil et du vent ; il avait placé les vingt mille hommes de Catulus au centre et disposé ses trente-deux mille légionnaires aux ailes, persuadé que c'était là que se jouerait la bataille. En fait, une fois le signal lancé, les hommes en marche soulevèrent un énorme nuage de poussière qui cacha l'une à l'autre les deux lignes au point que, sur son aile, Marius manqua l'ennemi et alla se perdre dans la plaine, alors que Catulus subissait l'assaut des Cimbres ; mais ceux-ci, qui combattaient contre le vent (et la poussière) et avec le soleil en face, étaient en une position d'infériorité qu'aggravait encore une chaleur à laquelle ils n'étaient pas accoutumés. Quand la débâcle commença chez les Cimbres, on assista au même déchaînement de fureur chez les femmes qui se jetaient sur les fuyards ou s'opposaient aux Romains ; lorsque la défaite fut consommée, un bon nombre d'entre elles se donnèrent la mort. On en trouva une qui s'était pendue avec, pendus à ses chevilles, ses deux enfants. Il y avait cent quarante mille morts chez les barbares et on avait fait soixante mille prisonniers.

Les manifestations de joie furent à la mesure de la peur que l'on avait eue de l'ennemi. Dans chaque foyer, les citoyens firent des libations en l'honneur du vainqueur ; le Sénat (auquel on avait annoncé quelques temps auparavant que les boucliers sacrés conservés dans la curie des Saliens, sur le Palatin, avaient bougé tout seuls en faisant grand bruit) décréta quinze jours de supplications aux dieux puis il autorisa Marius à faire dresser (on ne sait malheureusement pas dans quel endroit de la Ville) deux statues dorées portant des trophées et sur le socle des-

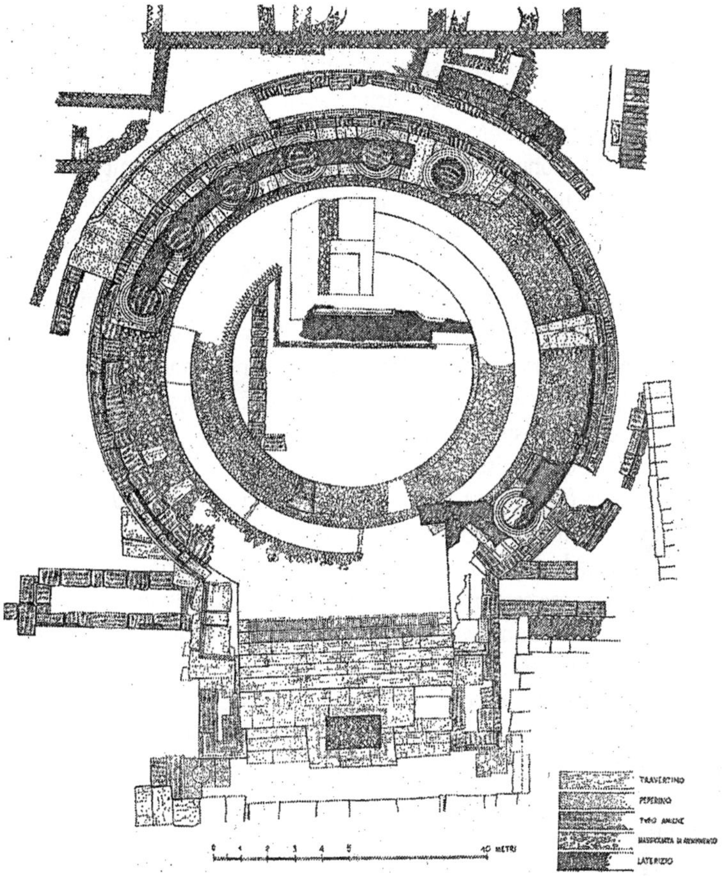

Plan du temple de Fortuna Huiusce Diei

quelles le texte gravé rappelait ses victoires contre Iugurtha et celles remportées sur les Cimbres et les Teutons ; enfin, on organisa un triomphe conjoint pour Marius et pour Catulus, non que Marius reconnût la part déterminante de Catulus dans la victoire ni qu'il eût, dans un mouvement de générosité, le désir de partager sa gloire avec lui, mais il y avait à craindre des incidents sérieux de la part des soldats eux-mêmes si les troupes de Catulus, qui avaient subi le choc de l'ennemi et qui exhibaient les dépouilles, les étendards et les trompettes qu'elles lui avaient pris, n'étaient pas associées à la cérémonie. Et chacun des deux chefs se mit en devoir de construire un temple à la divinité à laquelle ils avaient fait cette promesse au moment d'engager le combat : Catulus érigea à « la Fortune de ce jour » *(Fortuna Huiusce Diei)* une tholos, un temple circulaire à la grecque, mais en quelque sorte romanisée par sa surélévation sur un podium et par le fait qu'une axialité lui était imposée par l'escalier monumental qui y donnait accès ;

Marius fit construire, par un architecte romain, un temple à *Honos & Virtus*, sur un schéma italique ancien (qui est aussi celui du temple de Portunus que l'on voit encore sur les bords du Tibre), en quelque sorte hellénisé par l'ordre ionique de ses colonnes. Dans cette opposition des divinités et des formes architecturales, on a un « résumé monumental » du débat idéologique qui agitait Rome depuis des décennies et qui devait devenir encore plus vif dans les dernières années de la République. Aux vertus individuelles de compétence et de courage dans le domaine militaire *(Virtus)* est acquise la reconnaissance divine et humaine *(Honos)* : c'était déjà le thème privilégié de tous les grands capitaines du siècle passé, les Marcellus, les Fabius, ceux que l'on appelait les *uiri triumphales* ; c'était aussi celui des discours de Marius lorsqu'il était candidat au consulat, quelques années plus tôt ; et c'était désormais le message que délivrait la dédicace de son temple, isolé et bien visible sur les pentes du Quirinal. La Fortune de ce jour, dont l'*aedes* était construite par Catulus au Champ de Mars, dans un ensemble d'autres temples (dont les vestiges sont encore visibles au Largo Argentina) dédiés par des membres de sa *gens* ou appartenant à des familles aristocratiques proches (les *Aemilii Lepidi*, les *Cornelii Scipiones*), était apparentée à la Tyché (Τύχη) des Grecs, cette *Fortuna* aveugle à laquelle étaient soumises toutes les actions des hommes dont les qualités personnelles, si éminentes fussent-elles, n'étaient rien sans la protection divine ; et cette protection ne pouvait s'obtenir que dans le respect des rites collectifs et des traditions gentilices.

L'agitation politique

Mais pendant les fêtes et les travaux, les « affaires » continuaient, c'est-à-dire que la victoire ne scella pas la réconciliation politique, tant s'en faut. Déjà la contestation allait bon train sur la victoire de Verceil. Catulus continuait à prétendre que c'était lui le véritable vainqueur et il devait d'ailleurs écrire un livre sur son consulat et sur ses hauts faits dans lequel il y revenait longuement. Et puis l'agitation politique était encore très vive, du fait de Marius, essentiellement, qui se présentait à un sixième consulat et qui, selon les dires de Plutarque, mit plus d'ardeur à le briguer que personne n'en mit jamais pour obtenir le premier. Il s'était allié à Caius Seruilius Glaucia, un tribun de la plèbe et « populaire » acharné : c'était lui qui, en 104, année au cours de laquelle il avait déjà géré le tribunat, avait fait voter une nouvelle loi sur les tribunaux de concussion qui rendait à l'ordre équestre l'exclusivité des jurys (annulant donc la loi de Seruilius Caepio qui avait instauré des jurys mixtes) ; il avait bien failli être rayé de la liste des sénateurs l'année précédente par l'un des deux censeurs, Quintus Caecilius Metellus Numidicus, et ne fut sauvé que par l'opposition du second censeur, Caius Caecilius Metellus Caprarius (cousin du précédent). En cet automne, il était l'un des plus ardents propagandistes de la réélection de Marius au consulat, lui-même étant candidat à la préture en toute illégalité ; il avait été élu et avant d'entrer en charge avait présidé les comices électoraux des tribuns au cours desquels il espérait bien faire élire Saturninus. Il échoua, cette fois-ci, mais une rixe éclata après les opérations de vote : un des candidats élus, un certain Nonius, qui ne s'était pas privé de dire tout le mal qu'il pensait de Saturninus et qui avait même insulté Glaucia, fut assassiné. Glaucia fit alors reprendre la procédure de vote et réussit à faire élire Saturninus. Si l'on doit en croire nos sources, Saturninus et Glaucia furent particulièrement actifs dans leur soutien à la candidature de Marius et pour faire circuler l'argent destiné à acheter les votes. Marius fut donc élu avec un personnage de peu de relief, Lucius Valerius Flaccus. Et dès l'entrée en charge des tribuns, le 10 décembre, fut affiché le projet de loi de Saturninus, pour un vote début janvier, concernant la fondation de colonies en Sicile, en Achaïe, en Macédoine et en Afrique, pour installer les vétérans de Marius, puis une loi sur l'attribution des provinces prétoriennes de cette année (alors que, traditionnellement, ces provinces étaient définies et constituées par un sénatus-consulte). Puis ce fut un projet de loi sur le lotissement des terres récupérées en Gaule cisalpine : pour des raisons qui nous échappent en partie, l'unanimité de la plèbe était loin de se réaliser sur cette loi ; il y eut même des rixes jusque dans l'assemblée au moment du vote, et bien qu'une *obnuntiatio* (l'annonce de présages défavorables – en l'occurrence des coups de tonnerre – qui interdisait que l'on continuât les opérations de vote de toute la journée) ait été tentée par des tribuns opposés à Saturninus, celui-ci persista et fit passer son texte en force. Or la loi prévoyait que les magistrats et les sénateurs devaient prêter serment dans un délai de cinq jours pour les uns, de dix pour les autres. On débattit au Sénat pour savoir si l'on pouvait jurer d'observer une loi qui avait été votée *per uim*, en ayant recours à la violence, mais finalement on se résolut à aller au temple de Saturne pour prêter ce serment devant les questeurs chargés de l'enregistrer. Un seul sénateur refusa : Quintus Caecilius Metellus Numidicus. Il fut donc assigné par Saturninus et préféra prendre le chemin de l'exil plutôt que de provoquer de nouveaux troubles civils. Le consul Marius prit alors contre lui un décret d'interdiction de l'eau et du feu (*aqua et igni interdictio*), une vieille pratique qui consistait à interdire absolument tout secours à celui qui en était la victime et qui faisait même obligation de le tuer s'il était pris en rupture de ban.

Et puis Saturninus avait voulu faire passer une loi frumentaire qui avait pour caractéristique essentielle de baisser le prix auquel était vendu le blé aux bénéficiaires des distributions. Quintus Seruilius Caepio le fils, alors questeur, amena le Sénat à décréter que cette mesure serait contraire aux intérêts de l'État. Saturninus était prêt à passer outre à cette interdiction, comme d'ailleurs à l'intercession de certains de ses collègues tribuns, lorsque Caepio et ses amis intervinrent dans l'assemblée même, renversèrent les urnes et empêchèrent le vote. À la violence, Saturninus aurait pu répondre par la violence. Toutefois, il semble avoir craint de provoquer l'irrémédiable compte tenu des termes du sénatus-consulte qui avait été voté et qui l'apparentaient à celui qui instaurait l'état d'urgence. En outre, il n'était pas absolument assuré que le consul Marius le soutiendrait jusqu'au bout. Mieux valait donc, pour lui, changer de stratégie et s'assurer la durée en se faisant réélire tribun en compagnie de quelques-uns de ses partisans et en ménageant l'élection au consulat d'un ami sûr, Glaucia. De son côté le Sénat, désireux d'apaiser la plèbe que l'on avait échauffée en lui promettant du blé encore moins cher, chargea les questeurs d'organiser un approvisionnement supplémentaire (qui ne risquait pas d'obérer le trésor dans les années à venir); et, pour ce faire, il fit frapper des monnaies sur lesquelles il était bien spécifié que ces pièces étaient frappées par les questeurs Piso et Caepio, sur ordre du Sénat, pour acheter du blé, *AD FRV(mentum) EMV(ndum) EX S(enatus) C(onsulto).*

Monnaie de Piso et Caepio ad frumentum emundum

Le crime de majesté

C'est dans ce contexte que Saturninus fit voter sa loi dite « de majesté ». La *maiestas* n'était certes pas un concept nouveau : elle figurait en bonne place dans tous les traités que Rome imposait à ceux qu'elle avait vaincus, leur faisant une obligation de « respecter de bonne grâce la majesté du peuple romain », ce qui devait revenir à signifier la grandeur de l'État romain. Cela dit, à condition de donner un sens plus spécifique au « peuple romain », c'est-à-dire en insistant sur son contenu politique, on pouvait concevoir une répression des actes de ceux qui, dans leurs fonctions (sénateurs ou magistrats), auraient tenté de diminuer sa capacité à décider souverainement du sort de Rome. Les « populaires », au rang desquels Lucius Appuleius Saturninus revendiquait un rôle éminent, étaient bien ceux qui voulaient donner à la plèbe, au peuple de Rome, la prééminence, en étendant le champ de compétences de son organe délibératif, les comices tributes (au prix d'une diminution des prérogatives du Sénat), et en assurant le respect dû aux magistrats qui y présidaient, les tribuns de la plèbe. La *lex Appuleia de maiestate* que Saturninus fit voter cette année-là, après l'échec de son projet de loi agraire, et dont la sanction était la peine de mort, était donc bien une arme politique redoutable, destinée à empêcher que des coups de mains, comme celui que Caepio et quelques autres avaient mené, n'entravent le processus de décision de l'assemblée populaire. La première victime devait être, évidemment, Caepio lui-même, mais il fut acquitté.

Les troubles de la fin de l'année

C'est au moment de l'élection des magistrats pour l'année suivante, au mois d'octobre, que les événements prirent une tournure tragique. À l'occasion des élections consulaires, Glaucia, qui était préteur, avait annoncé qu'il serait candidat (ce qui était contraire à toutes les lois puisqu'il fallait un intervalle de deux années entre les deux magistratures), et il y avait de bonnes raisons pour penser qu'il pourrait être élu. C'était naturellement au consul qui présidait aux élections de recevoir (et donc aussi éventuellement de refuser) les candidatures, en l'occurrence Marius. C'est lui qui refusa de considérer comme acceptable la candidature de Glaucia : il avait tout à craindre de ce que parviennent à s'emparer des leviers de l'État deux personnages (Saturninus, candidat à un autre tribunat, et ce Seruilius Glaucia) aussi imprévisibles et qui auraient tôt fait de s'affranchir de sa tutelle, voire de l'éliminer. Il aurait donc fallu à Glaucia soit obtenir une dérogation du Sénat, ce qui était évidemment impensable, soit faire une loi, ce qui était impossible dans le délai compris entre la convocation des comices et leur tenue. La seule solution était d'empêcher les comices de procéder à l'élection et, avant que de nouveaux comices ne soient convoqués, de proposer une loi affranchissant Glaucia des contraintes du *biennium* entre préture et consulat. Au moment du vote, donc, les partisans de Saturninus et de Glaucia, fermement décidés à empêcher qu'aucun consul soit élu avant d'avoir obtenu la dérogation, provoquèrent une émeute. Les récits qui nous en ont été conservés sont assez confus : ce qui est certain, en tout cas, c'est que le malheureux Memmius paya de sa vie son probable succès et que Saturninus et Glaucia, qui avaient sans aucun doute prémédité cet assassinat pour provoquer la suspension du processus électoral, se mirent en devoir d'occuper le Capitole pour y tenir, le lendemain, une assemblée du peuple à laquelle ils proposeraient d'autoriser Glaucia à se porter candidat : il fallait occuper le lieu du scrutin pour être certains de son issue ; ainsi avaient fait les partisans de Tiberius Gracchus, une génération plus tôt. Mais Marius, lui, n'eut guère de difficulté à lever quelques vétérans qu'il dota d'armes prises dans les arsenaux et se fit confier par le Sénat le soin de veiller à ce que l'État ne subisse aucun dommage.

> Un sénatus-consulte ordonna aux consuls Caius Marius et Lucius Valerius de faire appel aux tribuns de la plèbe et aux préteurs de leur choix et de veiller au maintien de l'autorité souveraine et de la majesté du peuple romain. Ils font appel à tous les tribuns de la plèbe, excepté Saturninus, à tous les préteurs sauf Glaucia. Ils invitent les citoyens qui veulent le salut de l'État à s'armer et à les suivre. Tous obéissent. Du temple de Sancus et des arsenaux publics on tire des armes que le consul Marius fait distribuer au peuple romain [...]. Se tenaient au Forum les consuls Caius Marius et Lucius Valerius Flaccus et à leur suite le Sénat réuni en corps [...]. Marcus Æmilius, prince du Sénat, s'était établi en armes dans le comitium, lui qui, pouvant à peine marcher, pensait non pas que la lenteur de ses pas lui interdirait la poursuite, mais bien

> qu'elle l'empêcherait de prendre la fuite, et puis Quintus Scæuola, accablé de vieillesse, consumé par la maladie, privé d'un bras, impotent et perclus de tous ses membres, s'appuyant sur une lance, faisait paraître son énergie morale en même temps que sa faiblesse physique; Lucius Metellus, Seruius Galba, Caius Serranus, Publius Rutilius, Caius Fimbria, Quintus Catulus, tout ce qu'il y avait de consulaires, avaient pris les armes pour le salut commun, tous les préteurs, toute la noblesse et tous les citoyens d'âge militaire accouraient, Cneius et Lucius Domitius, Lucius Crassus, Quintus Mucius, Caius Claudius, Marcus Drusus, tous les Octauius, les Metellus, les Iulius, les Cassius, les Caton, les Pompeius, [...] étaient avec les consuls. (Cicéron, *Discours pour Rabirius accusé de trahison,* 20-21.)

Une fois encore, Rome donna le spectacle d'un carnage dans lequel périrent de nombreux citoyens, au premier rang desquels Saturninus, le questeur Caius Saufeius et un certain Labienus qui, du Capitole, étaient descendus au Sénat pour négocier avec Marius: celui-ci les avait enfermés dans la curie en attendant de prendre une décision. Mais des citoyens qui ne voyaient dans l'attitude de Marius qu'un stratagème du consul, coutumier du fait, montèrent sur le toit et commencèrent à lapider les trois hommes avec des tuiles jusqu'à ce que les portes soient enfoncées et que des chevaliers les achèvent. Glaucia, tiré d'une maison où il se cachait, fut égorgé en pleine rue. Pour ceux qui étaient restés au Capitole, ils furent rapidement massacrés, au premier rang desquels le tribun Lucius Equitius qui se faisait passer pour le fils de Tiberius Gracchus, ce qui avait conduit le Numidique, au temps de sa censure, à refuser de l'inscrire au nombre des chevaliers. Certains avaient eu le temps de changer de camp: ainsi le tribun Publius Furius, partisan déclaré de Saturninus, se rangea-t-il tout de suite aux ordres du Sénat et, après le massacre, fit voter la confiscation des biens des victimes.

Personne ne s'y était trompé: le Sénat avait réagi très habilement en intégrant la « majesté du peuple romain » dans la formulation de son décret d'état d'urgence; il retournait contre Saturninus l'arme que celui-ci avait forgée contre lui. Et d'ailleurs il utilisa cette arme dans les années qui suivirent, puisque les deux premiers magistrats à être poursuivis au titre de la *lex Appuleia de maiestate* furent deux partisans de Saturninus, deux tribuns, Sextus Titius de 99 pour avoir conservé chez lui un buste de Saturninus, et Caius Appuleius Decianus de 98 pour avoir regretté publiquement la mort de Saturninus. L'un et l'autre furent condamnés et s'exilèrent. Quant à Marius, c'est bien lui qui donna au Sénat sa légitimité dans l'utilisation d'une arme redoutable, celle qui consistait à faire taire les lois pour régler par la force un conflit politique. L'ordre républicain revenu, Marius put présider les comices consulaires au cours desquels il fit élire deux personnages dont il était sûr, Marcus Antonius et Aulus Postumius Albinus. Mais ces événements devaient laisser des traces dans les mémoires et, pour commencer, deux tribuns, Quintus Pompeius Rufus et Marcus Porcius Cato, proposèrent une loi pour rappeler le Numidique d'exil. On était en décembre; Marius était encore consul et s'opposait à ce projet, et le tribun Furius y mit son veto parce qu'il ne pardonnait pas à Metellus de l'avoir exclu de l'ordre équestre lors de sa censure, deux ans plus tôt. Et rien ne put lui faire lâcher prise, pas même les prières publiques du fils de Metellus qui se traînait à ses pieds pour le fléchir et qui pendant toute l'année tenta tout ce qui était possible pour obtenir la réhabilitation de son père (ce qui lui valut le surnom de Pius). Il fallut attendre que Furius sorte de charge pour, d'abord, le poursuivre en justice – ce que fit le tribun Caius Canuleius, mais le procès ne put avoir lieu parce que Furius fut lynché par la foule ; puis pour faire passer la loi rappelant Quintus Caecilius Metellus Numidicus qui fit un retour triomphal à Rome.

Vengeances

Les années qui suivirent furent encore l'occasion de régler des comptes politiques et familiaux. Un des procès les plus retentissants fut celui que les deux frères Lucullus, fils du préteur de Sicile (en 103), intentèrent à Seruilius Vatia, celui-là même qui avait accusé et fait condamner leur père à son retour de province. À l'évidence, ces deux familles appartenaient à la même mouvance politique puisque lors du procès du père, en 102, le Numidique avait refusé d'assurer la défense de son beau-frère Lucullus parce que Seruilius, l'accusateur, était aussi l'un de ses beaux-frères. Que les deux jeunes gens réussissent ou échouent dans leur tentative avait peu d'importance en regard du fait qu'ils aient manifesté, si jeunes, leur *pietas* familiale, un peu comme le fils du Numidique, en cherchant à nuire à l'ennemi de la famille. Dans cette société romaine, à la charnière entre le IIe et le Ier siècle, la solidarité familiale a encore un sens. Cela se manifeste d'abord dans le droit puisque, jusqu'à cette époque, les cautions qu'avait fournies un débiteur étaient tenues *in solidum*, ce qui signifie que chacune d'entre elles pouvait être sollicitée pour l'ensemble de la dette, et ce qui s'explique par le fait que, traditionnellement, s'engageaient pour garantir une dette non pas des citoyens quelconques, pas même des amis, mais les membres de la famille. Même s'il est vrai que les choses avaient commencé à changer avec deux lois sur les garanties, *de sponsu*, probablement d'origine « populaire » – la *lex Appuleia* (peut-être de Saturninus) et la *lex Furia* (sans doute due au tribun de l'année 100) qui divisaient l'obligation en autant de parts qu'il y avait de *sponsores* –, les pratiques sociales, elles, étaient encore très vivaces. Au nombre de ces pratiques, l'impérieux devoir de vengeance considéré comme un acte obligé de la piété filiale :

> On rapporte qu'un jeune homme avait fait retirer ses droits civiques à un ennemi de son père défunt et traversait le Forum après le jugement, lorsque Caton se porta à sa rencontre, lui serra la main et lui dit : « Voilà ce qu'il faut offrir en sacrifice à ses parents, et non des agneaux et des chevreaux, mais des larmes et la condamnation des ennemis. » (Plutarque, *Vie de Caton l'Ancien*, 15, 3.)

L'anecdote porte sur des faits assez anciens, puisqu'ils remontent au début du siècle, mais elle témoigne d'une mentalité qui était encore vivace et qui devait le rester jusqu'au début de l'empire, au moins. Et il n'est pas jusqu'à Cicéron qui ne considère le mécanisme de l'*inimicitia* comme une régulation du système politique, dans la mesure où le magistrat qui est menacé par les manœuvres de ses *inimici* ne trouvera son salut que s'il reste irréprochable.

Apparemment, il y avait encore, à cette charnière des deux siècles, des magistrats et des sénateurs qui n'avaient pas su être irréprochables, à moins qu'il ne faille imaginer que ce furent les juges qui ne surent point l'être. C'est semble-t-il cette dernière hypothèse qui prévaut, dans la tradition, à propos du procès que se vit intenter l'ancien consul, Publius Rutilius Rufus, pour sa gestion des affaires d'Asie, alors qu'il était le légat de Quintus Mucius Scæuola : on sait que les deux hommes avaient eu une gestion très rigoureuse de la province et qu'ils avaient, en particulier, mis fin aux exactions des publicains ; on sait aussi qu'ils avaient récidivé lors du consulat de Scæuola en 95, lors d'un procès qui mettait en cause les publicains d'Afrique. Toujours est-il que les chevaliers qui étaient les membres des jurys (et qui avaient naturellement des attaches très fortes dans les milieux d'affaires) ne firent point de cadeau à Rutilius Rufus qui fut condamné et dut s'exiler. Mais comme il avait une jolie plume, il passa son exil à écrire des livres pour régler ses comptes et il n'est pas impossible que la tradition qui nous raconte son procès et sa condamnation soit en grande partie inspirée par ces livres apologétiques.

La plupart de ces procès à grand spectacle qui émaillent l'histoire de ces années sont des procès *de repetundis*, c'est-à-dire en réclamation de sommes (d'impôts) indûment prélevées sur les alliés et les provinciaux. Il ne fait aucun doute que lorsque Caius Gracchus donna aux non-citoyens romains la possibilité d'intenter eux-mêmes des procès en s'affranchissant de l'obligation de passer par un *patronus* romain et lorsque des lois ultérieures offrirent aux accusateurs victorieux des récompenses (le *praemium*) sous la forme d'un octroi de la citoyenneté assorti de quelques autres avantages et que l'accusation fut devenue populaire, c'est-à-dire que quiconque pouvait désormais accuser un ancien magistrat ou un sénateur d'extorsion de fonds même s'il n'y avait pas un intérêt personnel, ce furent surtout les Italiens qui profitèrent de l'occasion ainsi offerte et que cette situation ne pouvait qu'entraîner une dégradation entre les Romains et leurs alliés italiens.

La question italienne

Et la dégradation de ces relations se lit dans un certain nombre de faits. Le premier et le plus clair est la loi que firent passer les consuls de 95, Lucius Licinius Crassus et Quintus Mucius Scæuola, qui prévoyait de renvoyer dans leur cité d'origine les Italiens qui résidaient à Rome et qui, à la faveur des recensements, espéraient ainsi devenir citoyens romains, du seul fait de leur *domicilium*. Et pour être plus efficace, la loi prévoyait une *quaestio*, un tribunal permanent. Cicéron lui-même, à la génération suivante, quelque admiration qu'il ait professée pour les qualités d'orateur et de juriste qu'il reconnaissait à l'un et l'autre consuls, reconnaît que c'était une loi pernicieuse, préparant à la guerre intestine qui devait se déclencher par la suite. On a d'ailleurs une idée de l'atmosphère qui régnait à Rome : cette même année, Caius Norbanus, qui avait été celui qui avait fait voter, par la force, la loi qui privait Quintus Seruilius Caepio de son *imperium*, à la suite de sa défaite en Gaule en 105, était poursuivi, au nom de la loi de majesté, par Caepio le fils. Or ce procès fut l'occasion d'incidents graves parce que l'accusation, et notamment le témoin à charge Marcus Aemilius Scaurus, qui reprochait à Norbanus de n'être qu'un citoyen de fraîche date, souleva un véritable tollé. Scaurus, qui n'était pas homme à se démonter, cita alors, d'un air méprisant, ce passage du poète comique Caecilius :

> Silence donc ! quel vacarme ! Quand on n'a ni père ni mère, une telle arrogance ? Rabattez un peu cet orgueil ! (Cité par Cicéron, *De l'orateur*, 2, 257.)

Cicéron laisse d'ailleurs entendre que la *lex Licinia Mucia* qui expulsait les Italiens fut votée à la suite de ce procès. Une autre étape dans l'escalade fut marquée avec la *lex Remmia de calumniatoribus* qui, comme son nom l'indique bien, était destinée aux accusateurs qui cherchaient à faire condamner un innocent. Elle était, en quelque sorte, la contrepartie du *praemium* offert à l'accusateur victorieux dans la mesure où un accusé innocenté par un tribunal pouvait traîner, devant les mêmes juges, son accusateur pour calomnie. La peine était infamante : en cas de condamnation on tatouait sur le front du coupable la lettre K. Il faut dire que s'étaient développées à Rome de véritables écoles de rhéteurs latins qui formaient les jeunes gens à l'accusation des sénateurs et des anciens magistrats, dont les élèves étaient ces jeunes gens issus des milieux italiens qui espéraient se ménager une place dans la vie sociale et politique de Rome en se faisant les tombeurs de quelque grand *nobilis*. Rien d'étonnant, donc, à ce que l'étape suivante ait été la fermeture desdites écoles. C'est une décision des censeurs de 92, Cneius Domitius Ahenobarbus et Lucius Licinius Crassus (encore lui), qui nous a été conservée par la tradition littéraire :

> Il nous a été rapporté qu'il existe des gens qui ont établi un enseignement d'un genre nouveau, vers qui la jeunesse se rassemble dans des écoles ; ils se sont donné le nom de professeurs de rhétorique latine ; là les jeunes gens paressent des jours entiers. Nos ancêtres ont établi ce qu'ils voulaient que leurs enfants apprennent et quelles écoles ils fréquentent. Ces nouveautés se font contre l'habitude et l'usage de nos ancêtres, nous les désapprouvons et elles ne nous paraissent pas bonnes. C'est pourquoi il nous est apparu que nous devions faire en sorte de montrer notre décision et à ceux qui tiennent ces écoles, et à ceux qui ont l'habitude d'y venir : c'est un refus. (Aulu-Gelle, *Nuits attiques*, 15, 11, 2.)

Pour compléter le tout un tribun de la plèbe, en charge pendant l'année 91, fit adopter une loi restreignant le droit pour des couples mixtes de faire donner à leurs enfants le statut de citoyens romains.

Drusus le Jeune

Pourtant cette même année un autre tribun, d'illustre lignée, Marcus Liuius Drusus, avait tenté une sorte de réconciliation générale. Avec l'appui de Lucius

Licinius Crassus, ancien consul et ancien censeur, mais avec l'hostilité d'un des deux consuls en charge, Lucius Marcius Philippus et celle, pour des raisons personnelles, du préteur Quintus Seruilius Caepio, il entreprit d'abord de séduire la plèbe en faisant adopter, souvent dans des conditions de légalité pour le moins douteuses, une loi agraire (qui prévoyait l'assignation de terres) et une loi frumentaire qui organisait des distributions de céréales; puis il avait décidé de résoudre les conflits entre l'ordre sénatorial et l'ordre équestre en doublant le nombre des sénateurs (par nomination de trois cents nouveaux membres pris dans l'ordre équestre), en rendant mixte la participation aux jurys *de repetundis* et *de maiestate*, mais aussi en rendant les jurés passibles de poursuites pour corruption; enfin son dispositif prévoyait de faire donner la citoyenneté romaine aux Latins. Pendant les premiers mois, sa popularité était au plus haut et l'opposition était minoritaire. Mais à partir de l'été, les propositions qu'il avait faites, et qu'il avait commencé à faire voter, mécontentèrent tout le monde: les sénateurs, craignant d'être noyés par les nouveaux membres; les chevaliers, méfiants parce qu'ils se sentaient attirés dans un traquenard; les classes dirigeantes de populations italiennes, qui se voyaient confisquer des terres publiques qu'elles occupaient et qui craignaient que l'équilibre social ne soit troublé dans leur région. Puis Lucius Licinius Crassus étant mort, Drusus avait perdu son plus solide appui. Il commença à craindre pour sa vie et ne voyait plus les gens que chez lui, ce qui n'empêcha pas qu'un soir, après avoir raccompagné un visiteur, on l'entendit crier: on le trouva mort, un tranchet de cordonnier planté dans la poitrine.

L'atmosphère était empoisonnée. Un fait divers en témoigne:

> On célébrait un jour de jeux publics et le théâtre était rempli de spectateurs, lorsque les Romains égorgèrent un comédien qui jouait sur la scène, sous le prétexte qu'il ne remplissait pas convenablement son rôle. Tout le théâtre se remplissait de trouble et de terreur, lorsque le hasard amena sur la scène un personnage satirique approprié à la circonstance; il était Latin d'origine et s'appelait Saunion; c'était un bouffon très habile de son métier; il excitait le rire non seulement par ses paroles, mais encore par son silence et les différentes poses de son corps; il y avait d'ailleurs en lui quelque chose de séduisant; aussi jouissait-il d'une grande réputation dans les théâtres de Rome. Les Picentins, pour priver les Romains du spectacle que venait leur procurer ce facétieux acteur, résolurent de le tuer. Saunion, instruit du sort qui l'attendait, s'avança sur la scène au moment même où venait d'être commis le meurtre du comédien; et, s'adressant aux spectateurs, il leur dit: « Citoyens spectateurs, les entrailles de la victime nous sont favorables; que le mal qui vient d'arriver se change en bien! Je ne suis pas Romain, mais je suis tout comme vous sous la verge des licteurs; je parcours l'Italie et je vais à la chasse des faveurs en faisant rire et en procurant des plaisirs: faites donc grâce à votre hirondelle, à laquelle les dieux permettent de nicher sans danger dans toutes vos maisons; enfin il n'est pas juste de commettre une action

qui vous ferait beaucoup pleurer.» Le bouffon mêla à ses paroles une foule d'autres facéties qui faisaient rire, et il obtint sa grâce de la multitude apaisée. (Diodore de Sicile, *Bibliothèque historique*, fragment du livre 37, traduction de Ferdinand Hoefer.)

Pendant ce temps, les alliés se préparaient. Avant de mourir, Drusus avait prévenu les consuls qu'un complot avait été monté pour les assassiner à l'occasion des Féries latines qui se célébraient sur les monts Albains dans la première moitié du mois de septembre. Cela avait suscité une vive inquiétude et l'on avait envoyé dans la péninsule des préteurs avec pouvoir proconsulaire pour remettre de l'ordre. C'est ainsi que Quintus Seruilius s'aperçut que les Picentins avaient échangé des otages avec d'autres peuples et que ce procédé révélait assez un complot contre Rome. Il se rendit donc à Asculum pour demander des comptes. Il fut assassiné avec son légat et les habitants de la cité fermèrent les portes et massacrèrent tout ce qui était romain.

CHAPITRE XVI

Les années noires

par François Hinard

Une guerre civile de dix ans

La délégation que les gens d'Asculum envoyèrent à Rome, quelque temps après le massacre, témoignait assez bien de l'évolution psychologique des alliés: pour eux, il s'agissait d'ambassadeurs et, loin de supplier qu'on leur pardonne des actes si graves, ils avaient pour mission d'exposer les griefs qu'avaient les Picéniens, mais aussi les autres peuples d'Italie à l'encontre des Romains qui s'obstinaient à leur refuser l'égalité politique et à les traiter avec mépris, eux qui avaient été les instruments de la puissance romaine. Le Sénat jugea qu'il fallait faire preuve de la plus grande fermeté devant des attentats de cette importance et refusa de les entendre, leur faisant savoir qu'il ne fallait envoyer des délégués à Rome que pour témoigner du repentir – ce qui revenait à annoncer de terribles représailles. Pour Rome, il ne pouvait s'agir que d'entreprendre une opération de police, destinée à rétablir l'ordre, et qui se traduirait sans doute par de très sévères mesures à l'égard des coupables et de la cité tout entière. Pas question d'une déclaration de guerre en bonne et due forme, dans ces conditions; pas question de « droit de la guerre »; une répression qui serait d'autant plus exemplaire qu'elle serait plus brutale.

Mais les gens d'Asculum se sentaient désormais les porte-parole de l'Italie et leurs délégués étaient des ambassadeurs au sens plein du terme: en définitive, puisqu'ils n'étaient pas romains, ils devaient disposer des mêmes droits que n'importe quelle autre cité barbare. Et, bien vite, les Romains comprirent que ce que l'on pouvait craindre était en train de se réaliser: la révolte des Italiens n'était pas un simple mouvement de folie meurtrière, c'était une véritable insurrection préparée de longue date dont on commençait à mesurer le danger qu'elle faisait courir à la République: les peuples qui s'étaient ligués étaient, sans conteste, les plus belliqueux d'Italie et, lorsque l'on prit conscience de l'organisation qu'ils s'étaient donnée, on perçut les objectifs qu'ils se fixaient et qui impliquaient la guerre à outrance.

Tout de suite en effet on constata que la révolte, qui était née à Asculum, ne touchait certes pas tout le Picenum, mais qu'elle avait embrasé le centre et le sud de la péninsule. À la tête de cette confédération révélée se trouvaient deux personnages avec le titre d'*embratur*, l'équivalent osque du latin *imperator*, appuyés chacun de six magistrats que l'on devait sans doute appeler *meddiks*, en langue osque, mais que nos sources latines appellent « préteurs ». Ce n'était évidemment pas pour reproduire l'organisation romaine (consuls-préteurs), ni même pour adapter le nombre de magistrats aux armées qu'il y avait à commander que s'était mise en place cette répartition des pouvoirs. La collégialité des détenteurs de la puissance suprême était déjà pratiquée dans de nombreuses cités italiennes, et point n'était besoin d'aller chercher un exemple « étranger » ; mais surtout on notait que les deux premiers chefs étaient le Marse Quintus Poppædius Silo et le Samnite Caius Papius Mutilus ; et comme on pouvait faire coïncider l'origine ethnique des douze « préteurs » avec le nom des peuples compris dans l'insurrection, les observateurs romains en déduisaient naturellement qu'ils étaient bien en face d'une confédération structurée ethniquement et géographiquement autour des deux pôles marse et samnite. On trouvait, en effet, d'un côté les peuples réputés être d'origine sabine, les Marses, les Péligniens, les Vestins, les Marrucins, les Picènes – en l'occurrence les habitants d'Asculum ; de l'autre, les Frentans, les Hirpins, les habitants de Pompéi (Campaniens de langue osque liés de longue date aux Samnites), ceux de Venouse, la seule colonie latine à avoir fait cause commune avec les insurgés, les Iapyges (les seuls à n'être point de langue osque, mais soumis depuis longtemps à l'influence samnite), les Lucaniens et les Samnites eux-mêmes. Et, comme dans la plupart des cités-États d'Italie, ces peuples avaient désigné un Sénat de cinq cents membres qui tenait séance dans une curie, à côté de l'assemblée populaire qui se réunissait sur le Forum de leur capitale. Tout était donc en place pour placer, en face de Rome, une Italie revendicatrice qui avait cessé d'espérer l'intégration dans la citoyenneté romaine et qui, donc, avait créé une entité politique et culturelle différente, s'affirmant clairement concurrente. La nouvelle cité-État qui rassemblait les insurgés était Corfinium, capitale des Péligniens, que l'on rebaptisa Italica pour la circonstance :

> Parmi ces cités [de la confédération] la plus célèbre et la plus grande était Corfinium ; elle était récemment construite et le siège du gouvernement des Italiotes. On y voyait tout ce qui distingue une ville grande et puissante : un Forum spacieux, un tribunal, des arsenaux, un trésor et des magasins de provision. On y avait établi un Sénat composé de cinq cents membres parmi lesquels on choisissait les premiers magistrats et les conseillers de la patrie. Les sénateurs étaient chargés de l'administration de la guerre, et investis d'un pouvoir dictatorial. Ils avaient porté une loi d'après laquelle deux consuls et douze généraux étaient élus annuellement. (Diodore de Sicile, *Bibliothèque historique*, 37, 2, traduction de Ferdinand Hoefer.)

Et pour montrer que désormais l'Italie se posait en égale et en rivale de Rome, les insurgés frappèrent monnaie. Les émissions monétaires italiennes avaient cessé depuis que Rome avait étendu son pouvoir sur toute l'Italie, au cours du IIIe siècle, et les cités italiennes étaient désormais censées payer la solde des troupes qu'elles mettaient à disposition de Rome dans la monnaie de celle-ci. L'atelier qu'ils utilisèrent était sans doute un atelier romain dont ils récupérèrent les types pour les adapter à leur propagande. Il émit des pièces, dont les légendes étaient tantôt en osque, tantôt en latin, pour tenir compte de la diversité culturelle des confédérés, mais dont les thèmes étaient identiques : il s'agit, le plus souvent, à l'avers, d'une effigie féminine (à l'origine une image de Rome), laurée ou casquée, avec la légende *Italia* ou son correspondant osque *Viteliu*, ou encore d'autres figures renvoyant aux traditions de Rome (Hercule, les Dioscures, Bacchus), et, au revers, soit la représentation d'une « conjuration », un petit personnage central tenant une truie que les « conjurés », les peuples, vont sacrifier pour donner au serment qui les lie une dimension sacrée (c'était, dans la monnaie d'or de l'époque de la guerre contre Hannibal, la représentation du *sacramentum* imposé par les Romains pour rappeler aux légionnaires leur devoir d'obéissance), soit la figuration du taureau italique piétinant la louve romaine.

Monnaies italiennes de la guerre sociale

Les Italiens prétendaient donc constituer véritablement un État, avec ses institutions, sa monnaie, sa diplomatie – dont on verra qu'elle fut active jusqu'en Asie – et, bien sûr, son armée. On n'a pas d'indications précises sur la composition de cette force militaire, mais on sait bien que ces gens, habitués qu'ils étaient à fournir des contingents à la légion romaine, étaient rompus aux techniques de combat de leurs adversaires et que chacun des douze « préteurs » italiques disposait d'une « division » de près de vingt mille hommes ; soit, au total, plus de cent mille soldats (dont un peu plus de la moitié chez les Marses). C'était quatre fois plus que les troupes dont avait disposé Hannibal en Italie et cela avait de quoi inquiéter les Romains, d'autant que les objectifs affichés n'étaient plus de conquérir la citoyenneté romaine, mais bien de causer la ruine de l'ennemie. Quelque dix années plus tard, au cours de la bataille de la porte Colline, le Samnite Pontius Telesinus, qui n'avait toujours pas désarmé,

> volant de rang en rang à travers son armée, répétait que le dernier jour des Romains était arrivé et qu'il fallait détruire et raser la ville ; il ajoutait qu'il ne manquerait jamais de loups pour ravir la liberté de l'Italie si on n'abattait pas la forêt qui était son habituel refuge… (Velleius Paterculus, 2, 27, 2.)

Pour les Italiens, il s'agissait bien d'une guerre, et d'une guerre sans merci.

Rome se prépare

À Rome, après l'assassinat de Drusus, on avait commencé par régler les comptes. Un tribun de la plèbe d'origine espagnole, Quintus Varius Seuerus, dont on se moquait en l'appelant Hybrida, parce que, disait-on, l'origine de sa citoyenneté n'était pas entièrement établie, fit passer une loi *de maiestate*, avec l'aide des chevaliers (qui, glaive au poing, empêchèrent les autres tribuns de faire opposition). Cette loi instituait une juridiction permanente pour juger ceux dont les manœuvres auraient amené les alliés à prendre les armes et, donc, auraient porté atteinte à la *maiestas* du peuple romain. Ce tribunal d'exception (le seul à continuer de fonctionner pendant les hostilités) fit merveille : on ne manqua pas d'accusateurs pour s'acharner sur un certain nombre de grands personnages puisque, dans ce genre de procès, l'accusateur qui réussissait à faire condamner un sénateur prenait sa place au Sénat. Varius lui-même s'attaqua à Marcus Æmilius Scaurus, *princeps senatus* depuis 115, l'année de son consulat. Mais le vieil homme (il avait soixante-douze ans) se contenta d'une défense lapidaire :

> Varius Seuerus, né à Sucro, accuse Scaurus, Prince du Sénat, d'avoir appelé les alliés aux armes. Scaurus, Prince du Sénat, le nie. Il n'y a pas de témoins. Lequel des deux, citoyens, allez-vous croire ? (*Vir. ill.*, 72.)

Scaurus fut acquitté. Mais il n'en alla pas de même pour un certain nombre d'autres qui furent contraints à s'exiler pour échapper à la sentence de mort : des amis de Drusus, bien sûr, notamment Caius Aurelius Cotta qui, en guise de défense, dit tout ce qu'il avait déjà fait pour la République et invectiva ses juges (il reviendra d'exil et sera consul en 75), Lucius Mummius Achaicus, fils du consul de 146, à qui, pourtant, les chevaliers qui siégeaient dans le jury avaient promis l'absolution (et qui finira ses jours à Délos) ; un certain Lucius Memmius ; et puis le consul de 111, Lucius Calpurnius Bestia, qui préféra s'exiler avant de comparaître ; Quintus Pompeius et le grand orateur Marcus Antonius. Ces exécutions judiciaires, par-delà les règlements de comptes personnels, avaient pour objet d'éliminer tous les tièdes, tous ceux qui avaient plus ou moins l'idée qu'il faudrait un jour composer avec les Italiens ; et, par conséquent, elles étaient un message aux insurgés : il n'y aurait point de pardon.

Une autre loi eut un retentissement important, mais l'impossibilité où nous sommes de la dater avec précision nous empêche d'en comprendre toute la portée : il s'agit de la *lex Minicia de liberis* qui disposait qu'un fils né de l'union de parents ne jouissant pas du *connubium* aurait le statut civique le moins avantageux ; en clair, une Romaine ayant eu un fils d'un allié, quel que fût le statut de ce dernier dans sa cité d'origine, ne pouvait plus attendre que ce fils ait la citoyenneté romaine. C'était un recul évident par rapport aux pratiques antérieures, et l'on voit bien que la disposition n'a pas la même portée si elle a été prise avant le déclenchement du conflit ou si elle est à mettre en rapport avec la *lex Varia de maiestate* : dans un cas, il s'agit d'une loi en réaction contre les entreprises de Drusus, dans l'autre, c'est une marque de la rupture définitive avec les alliés et, de ce point de vue, elle est complémentaire de la loi de Varius.

Certaines précautions que l'on prit alors témoignent de l'inquiétude qui avait gagné la Ville : le Sénat avait voté que les citoyens devaient désormais porter le *sagum*, la tenue militaire, et, en outre, on avait mis en place un dispositif d'alerte sur les murailles et à l'entour des portes de Rome. Et puis, des bruits couraient :

> Les plus infâmes prodiges précédèrent la plus affreuse catastrophe ; et, en effet, les animaux de toute espèce qui avaient été accoutumés à supporter avec plaisir la main de l'homme, et à vivre parmi les hommes, abandonnèrent étables et pâtures avec un bêlement, un hennissement, un mugissement pitoyable et s'enfuirent vers les forêts et les montagnes. Même les chiens qui ne peuvent, de par leur nature, vivre à l'écart des hommes, errèrent vagabonds, à la manière des loups, avec des hurlements lamentables. (Orose, *Histoires*, 5, 18, 9.)

C'était toute la nature qui semblait se mobiliser pour prévenir les hommes des maux qui les menaçaient :

> À cela s'ajoutait le fait que des prodiges funestes terrifiaient Rome affligée. En effet, au moment du lever du soleil, un globe de feu, s'accompagnant d'un très grand fracas dans le ciel, jaillit dans la région du septentrion. À Arretium, alors que l'on rompait des pains au cours de banquets, le sang coula du milieu des pains, comme au sortir de corps blessés. En outre, pendant sept jours de suite, une grêle de pierres, où étaient même mêlés des tessons de poterie, frappa la terre sur une très large étendue. Chez les Samnites, une flamme s'élança hors d'une très large fissure de la terre et on la vit s'allonger jusqu'au ciel. En outre, un bon nombre de Romains en voyage virent un globe de la couleur de l'or précipité du ciel vers la terre s'agrandir et remonter dans les airs, depuis la terre, en direction du soleil levant, et occulter, par sa magnitude, le soleil lui-même. (Orose, *Histoires*, 5, 18, 3-6.)

Quelques-uns surent assez bien tirer parti de ces présages. Ce fut le cas de Sylla qui raconte, dans ses Mémoires, que le prodige de la flamme s'élevant jusqu'au ciel était survenu dans la région d'Æsernia où lui-même se trouvait alors et que des devins ayant annoncé que cela signifiait qu'un vaillant homme, d'une figure remarquable et très belle, prendrait le pouvoir et délivrerait la ville des troubles qui l'agitaient, il avait déclaré

> que cet homme-là c'était lui, car sa figure se distinguait spécialement par la couleur d'or de sa chevelure, et, pour la bravoure, il ne rougissait pas de témoigner en faveur de lui-même après les grands et beaux exploits qu'il avait accomplis. (Plutarque, *Vie de Sylla*, 6, 13.)

À côté de l'affolement qui pouvait régner dans la population de la Ville, cette anecdote témoigne de la confiance où étaient les grands chefs de l'aristocratie de venir à bout de l'insurrection et d'en tirer une gloire supplémentaire.

Quoi qu'il en fût, les Romains devaient s'appliquer à mettre en place le dispositif guerrier nécessaire pour réduire une rébellion si bien organisée. Ils donnèrent donc aux consuls des légats qui étaient des hommes de guerre confirmés : à Rutilius Lupus ils adjoignirent son parent (mais sans que l'on puisse préciser l'origine de cette parenté) Caius Marius qui avait été six fois consul, et les anciens préteurs Cneius Pompeius Strabo (le père du « grand » Pompée), Quintus Seruilius Cæpio, Caius Perperna et Marcus Valerius Messalla; et à Lucius Cæsar deux anciens consuls, Titus Didius et Publius Licinius Crassus, un ancien préteur en la personne de Sylla (Lucius Cornelius Sylla) et deux autres personnages dont on ne connaît pas exactement le statut, Publius Cornelius Lentulus et Marcus Claudius Marcellus. À ces hommes il convient d'ajouter les magistrats élus auxquels on confia des missions, voire un commandement permanent: Sextus Iulius Cæsar, préteur proconsul, envoyé contre les Pæligni ; Lucius Postumius, un préteur, chargé du siège de Nola, en Campanie; Lucius Porcius Cato, envoyé en Étrurie lorsque certaines cités commencèrent à bouger; Seruius Sulpicius Galba, un préteur de l'année précédente, qui fut dépêché en Lucanie avec le titre de proconsul; et puis, bien sûr, les questeurs, dont Quintus Sertorius, chargé d'opérer des levées de troupes en Cisalpine et de veiller à l'approvisionnement en armes pour l'ensemble des troupes. En termes d'effectifs, les armées de ces généraux faisaient jeu égal avec celles des insurgés, mais la composition en était plus variée, puisque l'on y trouvait, au côté des citoyens, en minorité, des contingents d'Italiens venus des régions restées fidèles (le Latium, surtout, mais aussi l'Étrurie et l'Ombrie), des Cisalpins (que les sources anciennes présentent comme des Gaulois, mais qui peuvent bien avoir été des gens bénéficiant du statut latin, voire des citoyens) et des troupes venant de l'extérieur de l'Italie, Numides, Maures, Ibères, et, d'une façon plus générale, Orientaux (d'Illyrie, de Grèce ou d'Asie). L'expérience montra d'ailleurs que Rome disposait d'un réservoir immense dans lequel elle pouvait puiser pour compenser ses pertes, à quoi s'ajoutait qu'elle ne devait pas connaître de problèmes d'approvisionnement puisqu'elle conservait la Cisalpine et, tenant les mers, continuait à recevoir ses chargements de blé que la Sicile et l'Afrique lui faisaient parvenir.

Début du conflit

Les premiers affrontements prouvèrent qu'il s'agissait de bien autre chose que d'une simple opération de police. L'objectif était d'abord de protéger Rome et d'éviter que ne s'étende la contagion. Pour ce faire, il fallait réduire les foyers les plus proches et venir au secours des cités qui, étant restées loyales, étaient assiégées. Enfin il fallait dégager les grandes voies coupées par les insurgés, notamment la Salaria vers Asculum, la Valeria en direction de Corfinium, l'Appia et la Popillia au sud.

La colonie d'Alba Fucens, en pays marse, où s'étaient réfugiés de nombreux Romains, venant notamment d'Apulie où la situation était devenue intenable, constituait un enjeu considérable parce qu'elle pouvait jouer le rôle de verrou sur la *uia Valeria.* Caius Perperna tenta de la dégager de la pression ennemie, mais fut étrillé par le Pélignien Publius Præsenteius qui, avec ses insurgés, l'encercla et massacra environ quatre mille hommes avant de s'emparer des armes que les survivants avaient abandonnées dans leur fuite. Rutilius Lupus, le consul, qui soupçonnait Perperna d'intelligence avec l'ennemi, le destitua de son commandement et confia ce qui restait de ses troupes à Caius Marius. Celui-ci était d'avis qu'avant d'attaquer les Marses, il fallait les laisser s'épuiser, parce qu'ils manquaient de ravitaillement ; mais Rutilius le soupçonnait lui aussi. Il faut dire que c'était chez lui une obsession : il avait écrit au Sénat pour se plaindre de ce que certains personnages de son conseil informaient l'ennemi de ses plans. L'affaire aurait pu s'envenimer si, au même moment, on n'avait mis la main sur des espions marses qui soutiraient des renseignements aux soldats. En tout cas le consul en décida autrement que ne le lui conseillait son parent et entreprit de marcher sans tarder sur les Marses et Alba Fucens. Avec Marius ils entreprirent de construire deux ponts sur le Tolenus ; Vettius Scato, qui avait dissimulé le gros de ses troupes en amont, derrière Rutilius, feignait de ne s'intéresser qu'à Marius ; puis, au moment opportun, il fit charger les soldats du consul qui étaient en train de passer le pont et tua ou noya la plupart d'entre eux. Rutilius lui-même, atteint d'une flèche dans l'œil, succomba (on était le 11 juin). Marius comprit ce qui s'était passé lorsqu'il vit le cadavre des soldats de Rutilius emportés par le cours d'eau. Il se hâta alors de faire traverser ses troupes et alla occuper le camp de l'ennemi qui n'était que faiblement gardé. Vettius Scato fut obligé de passer la nuit avec ses troupes sur le champ de bataille et, à l'aube, de battre en retraite faute d'approvisionnement. Marius retrouva les corps du consul et de plusieurs autres sénateurs et les fit transporter à Rome pour que l'on célèbre les funérailles. Ce dont on s'acquitta, mais aussitôt après le Sénat édicta que, désormais, les hommes tombés au combat recevraient les honneurs funèbres sur place parce que la cérémonie, à Rome, avait eu un effet déplorable sur le moral de la population. Et l'on sut que les insurgés édictèrent eux aussi, et pour les mêmes raisons, une disposition semblable. Pour l'heure, si la route de Rome lui avait été coupée, Vettius Scato était désormais libre d'assiéger Alba Fucens (qu'il réduisit par la faim), d'autant qu'un peu plus à l'est, Poppædius Silo tendit un piège à Quintus Seruilius Cæpio, le légat qui avait récupéré une partie des troupes de Rutilius. Lui ayant fait croire qu'il voulait se rallier à Rome, il l'avait entraîné dans un guet-apens où il le tua, lui et bon nombre de ses hommes :

> Quintus Poppædius, le général ennemi opposé à Cæpio, se réfugia auprès de celui-ci comme un transfuge, amenant avec soi, pour les lui donner en gage de bonne foi, comme il l'eût fait de ses propres fils, deux jeunes enfants de naissance servile, qu'il avait fait vêtir d'habits bordés de pourpre. Pour gagner la confiance de Cæpio, il apportait également des lingots de plomb recouverts d'or et d'argent. Et il priait Cæpio de le suivre en toute hâte avec son armée pour s'emparer de son camp encore dépourvu de chef. Lui faisant confiance, Cæpio le suivit. Mais, lorsqu'il fut parvenu à proximité de l'embuscade qu'il avait dressée, Poppædius courut au sommet d'une colline sous prétexte d'observer l'ennemi, et il adressa aux siens un signal. Ceux-ci se démasquèrent et tuèrent Cæpio et beaucoup d'autres avec lui. (Appien, *Histoire des guerres civiles*, 1, 44, 197-198, traduction de Paul Goukowsky.)

Mais, pendant l'été, Marius, toujours préposé à la protection rapprochée de la Ville, réussit à rassurer les Romains en attaquant ces mêmes troupes : il les poursuivait après les avoir mises en déroute et lorsque celles-ci arrivèrent à des champs de vigne, il arrêta la poursuite ; mais Marcus Valerius Messalla (certaines sources disent que c'était plutôt Sylla), qui avait son camp de l'autre côté de ces vignes, en fit rapidement le tour et massacra six mille Marses, y compris l'un de leurs chefs, Herius Asinius, le Marrucin, et en désarma sept mille. Cela se passait du côté du lac Fucin. Les Marses, « semblables à des bêtes féroces, écumants de rage de leur échec, s'armèrent de nouveau et se disposèrent à attaquer de nouveau les Romains... » (Appien). Mais Marius jugea plus prudent de ne rien entreprendre :

> On rapporte que Poppædius Silo, le plus considéré et le plus puissant des ennemis, lui dit un jour : « Si tu es un grand chef, Marius, descends pour combattre », à quoi il répondit : « Et toi, si tu es un grand chef, force-moi donc à combattre malgré moi. » (Plutarque, *Vie de Marius*, 33, 4.)

Apparemment, la stratégie de Marius était la bonne puisque les troupes de Poppædius et les siennes finirent par fraterniser, écartant tout danger de marche sur Rome.

Lucius Cæsar, le consul survivant, s'était chargé de dégager une autre colonie latine, en pays samnite celle-là, Æsernia, que les Samnites assiégeaient. Ils l'avaient isolée du sud en capturant la proche Venafrum, sur la *uia Latina*, où ils avaient passé au fil de l'épée les deux cohortes romaines qui s'y trouvaient. Mais Cæsar subit un sanglant revers devant Vettius Scato, le chef pélignien, qui lui tua deux mille hommes et le contraignit à la retraite. Il fit une deuxième tentative, en employant des forces plus importantes, cette fois : trente-cinq mille fantassins et cinq mille cavaliers, mais il se laissa surprendre dans un défilé par le Samnite Egnatius qui fit un carnage. Il se réfugia alors tant bien que mal à Teanum, avec ce qui lui restait d'hommes, et entreprit de reconstituer une armée. Si bien que lorsque les Samnites et les Campaniens, au plus fort de l'été, relancèrent l'offensive un peu plus au sud, sur Acerræ, ils se trouvèrent en face d'un dispositif solide. Les insurgés avaient, jusque-là, connu bien des succès dans cette région : en Apulie, le Picénien Vidacilius avait rallié ou pris par la force nombre de cités, Canusium et Venusia, entre autres ; Papius Mutilus, le Samnite, s'était emparé de Nola par la ruse et avait massacré le préteur Lucius Postumius qui s'y trouvait avec ses troupes ; il avait incorporé dans son armée ceux qui voulaient le rallier et fait mourir de faim les autres ; et à partir de là les défections s'étaient multipliées, Pompéi, Herculaneum, Stabiæ, Surrentum, Salernum. Lorsqu'il établit son camp devant Acerræ, il ne devait guère avoir de doutes sur l'issue de l'entreprise, d'autant que les cités ralliées lui avaient fourni des renforts considérables (dix mille fantassins et mille cavaliers). Pourtant les deux armées se méfiaient et restèrent un temps sur leurs positions, se contentant de s'accrocher au cours des approvisionnements. Papius Mutilus se sentait certes très fort, mais aucune manœuvre pour affaiblir le redoutable ennemi romain n'était superflue : il entreprit de désolidariser du consul sa cavalerie numide en exhibant, recouvert de la pourpre royale, Oxyntas, fils de Iugurtha, qui était en résidence surveillée à Venusia, en Apulie (où précisément Vidacilius avait semé le vent de la révolte). La manœuvre réussit passablement et le consul fut obligé de se défaire de ces cavaliers qui s'étaient montrés prêts à rallier celui qu'ils considéraient comme leur roi. Puis vint le moment où le Samnite décida d'attaquer le camp du consul. Ses affaires avançaient apparemment assez bien jusqu'à l'instant où la cavalerie maure (que Bocchus avait mise à la disposition des Romains), postée par Cæsar en embuscade de part et d'autre, chargea, sema le désordre dans les rangs ennemis puis les mit en déroute. Les Samnites laissèrent six mille morts sur le terrain. Cette victoire valut à Cæsar d'être salué du titre d'*Imperator*. Elle donna lieu à un communiqué triomphant qu'à Rome on salua par la décision d'abandonner le *sagum* pour reprendre le costume civil. Pour ce qui est du sort de la colonie d'Æsernia, on ne le connaît pas exactement, certaines sources nous disant que Sylla réussit à la dégager à temps, d'autres nous affirmant qu'elle tomba aux mains des Samnites avec le magistrat romain qui s'y trouvait, Marcus Claudius Marcellus ; ce que l'on sait, en revanche, c'est que les malheureux qui s'y trouvaient souffrirent atrocement de la faim bien qu'ils se fussent débarrassés précocement des bouches inutiles en faisant partir les esclaves.

Les affaires, dans le Picenum, n'avaient guère été brillantes au début de l'année et il fallut attendre, là aussi, de longs mois avant que l'horizon ne s'éclaircisse. Pompeius Strabo, à qui avait été confiée sa pacification parce qu'il connaissait bien la région, pour y posséder de grandes propriétés et pour y disposer de clientèles importantes, s'était heurté à de grandes difficultés : contrairement à ce qu'il pensait, il n'avait pas pu prendre Asculum par surprise. Une partie des Picéniens qui la défendaient étaient partis, semble-t-il, pour tenter de rallier les autres cités du Picenum, sous le commandement de Caius Vidacilius ; et s'il faut en croire nos sources, les méthodes de ces hommes étaient persuasives : ils scalpaient les femmes de ceux qui hésitaient à les rejoindre avant de les massacrer. Ce sont eux aussi qui amenèrent sous les murailles de Pinna, à la limite entre le Picenum et les pays des Vestini, les enfants des habitants sur lesquels ils avaient pu mettre la main (ils avaient été envoyés comme otages dans d'autres cités) et menacèrent de les exécuter si Pinna ne ralliait pas l'insurrection ; et comme les Pinnésiens tenaient bon, ils amenèrent ces adolescents au pied de la muraille, les firent s'agenouiller, leur laissèrent le temps de supplier et de pleurer, puis les égorgèrent sous les yeux de leurs pères. En tout cas, ce qui restait de troupes à Asculum s'était donné pour chef un certain Agamemnon, ancien pirate cilicien que les Romains avaient capturé et gardaient enchaîné dans cette ville : sous sa conduite, les insurgés d'Asculum multiplièrent les sorties auxquelles

Pompeius Strabo résistait jusqu'au jour où Vidacilius, revenu de son expédition et rejoint par les deux autres Picéniens, Titus Lafrenius et Publius Ventidius, montra ses armes à l'horizon. La lutte était trop inégale et Pompeius fut contraint de s'enfermer dans la colonie latine de Firmum où Lafrenius le tint bloqué jusqu'au début de l'hiver, pendant que Vidacilius emmenait ses troupes, en suivant la côte, jusqu'en Apulie pour y étendre l'insurrection. Ce répit permit à Pompée de reconstituer ses forces avec les ressources de la colonie et lorsque Seruius Sulpicius Galba fut envoyé, en novembre, pour le dégager, ils appliquèrent une tactique qu'ils avaient arrêtée ensemble par l'intermédiaire de messagers : Pompeius sortit toutes ses troupes pour affronter Lafrenius pendant que Galba survenait sur ses arrières, prenait son camp et semait la panique dans ses rangs. La victoire fut totale. Lafrenius fut tué au combat et ce qui restait de Picéniens se réfugia dans Asculum, dont les Romains firent de nouveau le siège. Vidacilius, de retour d'Apulie, espérait bien pouvoir dégager sa ville natale en employant le même procédé que celui qui avait si bien réussi à Pompeius et à Galba. Il fit donc porter l'ordre aux défenseurs d'Asculum de faire une sortie lorsqu'ils apercevraient ses troupes ; mais ceux-ci ne bougèrent pas. Le Picénien tenta alors un passage en force qui lui permit, en effet, de s'introduire dans la cité avec quelques hommes. Là, il régla ses comptes : il fit exécuter ses ennemis, ceux qui n'avaient pas voulu que l'on exécute une sortie quand il le demandait, fit préparer un bûcher dans l'enceinte d'un temple, offrit un banquet au cours duquel on but du vin, jusqu'au moment où il avala du poison. Il alla se coucher sur le bûcher et ordonna qu'on y mît le feu.

Indiscutablement l'année se terminait mieux qu'elle n'avait commencé. Rome se rassurait parce que, partout, elle avait su faire face – y compris en Étrurie et en Ombrie où il avait fallu envoyer des troupes respectivement commandées par Lucius Porcius Cato et Aulus Plotius afin de dissuader, les armes à la main, ces régions de s'unir aux insurgés. Apparemment les choses ne furent point aisées en Ombrie et il y eut beaucoup de morts de part et d'autre ; et il avait bien fallu renforcer le dispositif maritime depuis que l'ennemi s'était emparé de ports campaniens : de Cumes à Rome, on arma des navires, avec des affranchis, comme toujours dans cette « arme » qui passait pour subalterne aux yeux des Romains ; leur mission était d'empêcher les incursions et de garantir la navigation des navires marchands apportant le blé.

Mais en même temps, parce que les menaces de sécession des régions du Nord étaient prises très au sérieux, le consul Cæsar, de retour de Campanie, fit voter une loi d'une portée symbolique considérable puisqu'elle accordait le droit de cité aux communautés latines et alliées qui étaient restées fidèles (ou qui, ayant pris les armes, les avaient déposées assez tôt – façon de récupérer les Étrusques) et en faisaient expressément la demande. En outre, cette *lex Iulia* autorisait un magistrat, avec l'accord de son conseil, à conférer la citoyenneté à des personnes dont le mérite à l'égard de Rome aurait été reconnu. C'est donc au titre de cette loi que Pompeius Strabo, devant Asculum, fit citoyens romains des cavaliers espagnols, comme en atteste un très célèbre document épigraphique. Cette concession qui confortait les alliés fidèles était, en même temps, un rejet définitif des autres puisque Rome accordait à ceux dont la revendication était restée mesurée un avantage dont elle excluait les peuples qui l'avaient exigé avec trop de vigueur. En tout cas il s'agissait évidemment d'une proposition d'intégration et non d'une concession généralisée de la citoyenneté et Cicéron rappelle, dans la plaidoirie qu'il prononça pour la défense d'un « ancien » Espagnol que l'on accusait de jouir d'une citoyenneté usurpée, que dans certaines cités, comme Héraclée de Lucanie ou même Naples, le débat avait été très vif parce que la moitié des habitants préféraient, au statut de citoyen romain, la liberté que leur laissait le traité avec Rome. En tout cas, la concession que faisait Rome était limitée. Il était, en effet, prévu par la loi que les nouveaux citoyens seraient inscrits dans dix nouvelles tribus, lesquelles seraient appelées à voter, dans les comices législatifs, après les trente-cinq premières : autrement dit, on ne leur donnait aucun poids politique puisque les « vieux » citoyens continueraient de faire la loi. Cette disposition devait créer de sérieuses difficultés mais, en même temps, les Romains ne voulaient à aucun prix que l'on intègre les nouveaux venus dans toutes les tribus, ce qui leur aurait fait perdre tout pouvoir au profit de ces immigrants en les noyant sous leur masse. Cependant un premier geste avait été fait, qui était de nature à garantir la solidité des alliances.

Deuxième année

L'année 89 commença sous de meilleurs auspices que la précédente. Cneius Pompeius Strabo, qui avait obtenu le consulat, avait la mission d'attaquer les Marses par le nord, tandis que son collègue Lucius Porcius Cato devait les prendre par le sud. On était au plus fort de l'hiver. L'ennemi, qui ne pardonnait pas aux Étrusques d'avoir déposé les armes, avait entrepris de leur envoyer une armée de quinze mille hommes sous le commandement de Vettius Scato. Partie des environs de Corfinium, cette troupe faisait route vers le nord par des voies montagneuses afin d'éviter les forces consulaires, mais ne put déjouer leur vigilance : les deux adversaires se trouvèrent donc face à face. Une entrevue eut lieu entre les deux chefs, à laquelle assistait le jeune Cicéron qui faisait partie du *consilium* du consul :

> Je me rappelle certains entretiens, tant avec les ennemis les plus acharnés qu'avec les citoyens les plus violemment divisés. Le consul Cneius Pompeius, fils de Sextus, eut, en ma présence, quand je faisais mon apprentissage dans son armée, un entretien avec Publius Vettius Scato, le chef des Marses, entre les deux camps, et je me rappelle que Sextus Pompeius, frère du consul, s'y rendit exprès de Rome pour cet entretien, un homme instruit et sage. Comme Scato l'avait salué en lui disant : « Quel nom te donner ? », l'autre répondit : « Hôte par inclination, ennemi par nécessité. » À cet entretien présidait l'équité : aucune crainte, aucun soupçon ne s'y glissait, il y avait de la

> modération jusque dans la haine; les alliés cherchaient non pas à nous arracher le droit de cité, mais à y être accueillis. (Cicéron, XII, 27.)

Le temps embellit les souvenirs. À quarante-six ans d'intervalle, l'orateur a voulu oublier que cette guerre, plus peut-être que les conflits extérieurs, a donné l'exemple de toutes les trahisons et de tous les pièges. Lors de l'entrevue qu'il évoque, un certain nombre de combattants marses, décidés à passer du côté romain, avaient tenté de livrer Vettius Scato et celui-ci, ayant échappé au guet-apens, fut poignardé par l'un de ses esclaves. Il a aussi voulu oublier la comédie à laquelle s'était livré Poppædius Silo, l'année précédente, pour se débarrasser de Quintus Cæpio. En tout état de cause, les pourparlers de cet hiver 89 n'aboutirent pas et les Marses tentèrent de forcer le passage : cinq mille d'entre eux furent tués et près de la moitié de ceux qui s'étaient échappés périrent de froid et de faim en tentant de regagner leurs cités :

> Quatre mille guerriers italiens, échappés de ce massacre, étaient montés à l'aventure au sommet d'une montagne, en opérant la concentration de leur troupe : accablés et suffoqués par les neiges, ils se raidirent dans une mort tragique. Et de fait, ils apparaissaient, tels qu'ils s'étaient immobilisés, frappés par la terreur qu'ils avaient eue des ennemis, les uns appuyés sur des souches ou des rochers, les autres se penchant sur leurs armes, tous les yeux grands ouverts et montrant les dents à la manière des vivants ; et pour ceux qui les regardaient de loin, rien n'indiquait la mort si ce n'est la longue immobilité que ne peut d'aucune manière supporter la force vitale de l'homme. (Orose, *Histoires,* 5, 18, 19-20.)

Du côté de Cato, les choses prirent une mauvaise tournure : le consul avait récupéré les troupes qu'avait commandées Marius l'année précédente : cette fois-ci, le vieil homme avait décidé de raccrocher ses armes, parce qu'il fallait plus de résistance physique pour faire la guerre qu'il n'en avait à soixante-cinq ans passés et parce que les troupes qu'il avait sous ses ordres n'étaient pas fiables. Cato en fit la douloureuse expérience :

> Caton, dont l'armée se composait en grande partie d'habitants de Rome et d'hommes affaiblis par l'âge, avait d'ailleurs peu d'autorité. Un jour il osa reprocher à ses soldats de ne point savoir supporter les fatigues et de se montrer sans ardeur pour l'exécution de ses ordres : peu s'en fallut qu'ils ne l'ensevelissent sous une grêle de mottes de terre. Il aurait péri s'ils avaient eu des pierres à leur disposition ; mais comme le champ où ils étaient rassemblés venait d'être labouré et se trouvait par hasard humide, les mottes lancées sur Caton ne lui firent aucun mal. Le chef de cette émeute, C. Titius, orateur obscur qui gagnait sa vie en défendant au Forum quelques causes et qui poussait jusqu'à l'impudence la liberté de langage, fut arrêté, envoyé à Rome et livré aux tribuns ; mais on ne lui infligea aucune peine. (Dion Cassius, *Histoire romaine*, fragment 100, traduction de E. Gros.)

Ce sont probablement ces légionnaires à qui Marius avait un jour fait le reproche d'avoir refusé d'aller au combat alors qu'une occasion favorable se présentait. Des hommes qui avaient refusé d'obéir à Marius, grand chef militaire auréolé de ses victoires en Afrique et contre les Teutons, ne devaient guère être faciles à mener pour un consul qui était loin d'avoir le même passé. Ses premières opérations militaires avaient pourtant été marquées par des succès ; mais au cours d'une bataille rangée à l'entour du lac Fucin, il reçut un mauvais coup, parti, selon toute vraisemblance, de l'un de ses hommes et mourut. L'une des explications données à cet assassinat est qu'il aurait été perpétré par le fils de Marius, qui servait, en effet, auprès de lui, parce que Cato se serait vanté, après ses premiers succès, d'avoir mieux réussi que son prédécesseur dans cette campagne.

Pendant ce temps, un ancien consul (de l'année 91), Sextus Iulius Cæsar, qui venait de remporter une victoire sur les Péligniens, avait été préposé au siège d'Asculum. La place résistait toujours : les insurgés avaient bien envoyé une armée de vingt mille hommes pour la dégager, mais le proconsul réussit à les surprendre au moment où ils levaient le camp. Il en tua environ huit mille et s'empara d'un très grand nombre de leurs boucliers. Il reprit le siège, mais mourut de maladie après qu'il eut confié le commandement des troupes à son légat Caius Bæbius.

Sur le front sud de la péninsule, l'horizon s'éclaircit dès le printemps, même si ce ne fut pas sans mal. Caius Cosconius, un des légats de Sylla cette année-là, avait pour mission de pacifier l'Apulie. Avant de parvenir dans la région, il avait rencontré et défait une armée samnite commandée par Marius Egnatius. Puis il prit et incendia Salapia et reçut la reddition de Cannæ. Les affaires se compliquèrent devant Canusium où il se trouva face à une armée samnite venue porter secours à la cité : la bataille fut particulièrement sanglante et Cosconius fut contraint de se retirer en direction de Cannæ. Il campait le long du fleuve Aufidus quand l'armée ennemie commandée par Trebatius apparut sur l'autre rive. Le Samnite manda au Romain d'avoir à passer le fleuve pour venir combattre ou de déguerpir. Cosconius fit donc mine de lever le camp, mais revint charger l'armée ennemie au moment où elle passait le fleuve et lui fit perdre quinze mille hommes. Trebatius en fut réduit à se réfugier dans Canusium avec ce qui lui restait de troupes valides. Cette victoire était capitale parce qu'elle libérait toute la région et Cosconius, après avoir laissé devant Canusium un dispositif de siège, s'employa à pacifier la contrée, en ravageant les territoires de Larinum, d'Ausculum et de Venusia avant d'entrer au pays des Pœdiculi qu'il soumit en deux jours.

Son proconsul, Sylla, nettoyait pendant ce temps la partie occidentale de l'Italie du Sud. Dès le printemps, alors qu'il avait installé son camp devant Pompéi, sur les pentes du Vésuve, il eut à affronter l'armée de Lucius Cluentius qui s'en vint camper non loin de lui. Sylla venait de recevoir le renfort d'une légion d'Hirpins restés fidèles, levée par Minatius Magius, d'Æclanum, et sous son commandement : ces hommes avaient pris part, le 11 juin, à l'assaut contre Herculaneum au cours duquel le consulaire Titus Didius avait trouvé la mort. Le Romain attaqua aussitôt, sans même attendre que ses fourrageurs fussent rentrés et força les Samnites à battre en retraite. Dans son communiqué de victoire, il annonça qu'il n'avait perdu qu'un seul homme. Pourtant la bataille était loin d'être décisive. Quelque temps après, lorsque la troupe ennemie se fut renforcée d'une légion de Gaulois, probablement des Cisalpins transfuges de l'armée romaine, Cluentius se présenta de nouveau devant les légions romaines. Les armées se mirent en ordre de bataille, puis, avant que la mêlée ne soit sonnée, un Gaulois de très forte stature s'avança jusque auprès des lignes romaines pour défier l'adversaire et provoquer un combat singulier. Il y eut un moment de trouble chez les soldats de Sylla et c'est finalement un Numide, paraissant beaucoup plus petit et plus chétif que son adversaire, qui s'avança et étendit mort le Gaulois. Cette issue inattendue provoqua un mouvement de panique chez les Gaulois qui commencèrent à se débander avant même la charge légionnaire. Il y eut trente mille tués sur le champ de bataille et, comme les hommes de Cluentius se repliaient en désordre sur Nola, les habitants de la cité fermèrent trop tôt les portes par crainte que les Romains ne fassent irruption, ce qui permit à Sylla et à ses troupes d'en massacrer encore vingt mille qui essayaient de résister au pied des murailles. Parmi eux il y avait Cluentius. Il n'était pas question de s'attarder : Sylla résolut de s'emparer de Pompéi, mais il trouva l'armée de siège complètement désorganisée. Il l'avait placée sous le commandement d'un légat, Aulus Postumius Albinus, un consulaire chargé par ailleurs de commander l'escadre. Les troupes n'avaient aucune confiance en ce personnage qu'elles accusaient d'intelligence avec l'ennemi et elles finirent par le lapider (achevant même la besogne à coups de bâtons). Contrairement à ce que l'on attendait, Sylla ne punit pas ces troupes (peut-être avait-il, lui aussi, des doutes sur la loyauté de son légat), arguant de ce qu'elles seraient d'autant plus vaillantes qu'elles se sentiraient coupables d'un acte odieux qu'il leur faudrait racheter à tout prix. Et c'est ainsi que fut reprise Pompéi.

Après avoir laissé un dispositif de siège devant Nola, il se dirigea, à l'est, vers le pays des Hirpini et notamment sur Æclanum, patrie de son allié Minatius Magius. La cité envoya dire au proconsul qu'elle penchait vers la soumission, mais qu'il lui fallait un délai de réflexion. Sylla n'était pas dupe de ces gens qui attendaient un secours des troupes de Lamponius venant de Lucanie, et, après une heure de répit, il ordonna de porter le feu au pied des fortifications, construites en bois. Les gens d'Æclanum mirent alors beaucoup d'empressement à faire reddition. Mais soit que Sylla considérât que c'était trop tard, soit qu'il voulût rappeler qu'on n'était pas en guerre et que, donc, le « droit de la guerre » ne s'appliquait pas (selon ce « droit » une ville qui s'était rendue n'était pas pillée), soit enfin qu'il voulût récompenser ses soldats par un pillage organisé, il fit exécuter les principaux personnages, chassa la population ou la réduisit en esclavage, livra la cité au pillage et la détruisit par le feu. Mais il s'appliqua, dans les jours suivants, à épargner toutes les autres cités qu'il captura, et obtint ainsi assez facilement la soumission de tout le peuple hirpin.

Mais alors que ses adversaires samnites s'attendaient à ce qu'il continue d'abord sur Beneuentum, puis vers le nord, il marcha d'abord au sud-est, rejoignit Capoue et reprit sa marche au nord pour prendre Papius Mutilus à revers. La surprise fut totale et les Samnites laissèrent la plupart de leurs hommes sur le terrain ; ce qui en restait et Mutilus lui-même, blessé, se réfugièrent dans Æsernia. Il marcha ensuite sur Bouianum Undecimanorum (aujourd'hui Boiano), d'où les insurgés évacuèrent d'urgence leur Sénat, qu'ils y avaient installé lorsque Italica-Corfinium avait été menacée. La place fut enlevée en quelques heures. Sylla avait fixé les défenseurs sur l'une des trois forteresses pendant que quelques cohortes qu'il avait détachées prenaient les deux autres : lorsqu'elles donnèrent le signal de leur réussite, la panique gagna les défenseurs et l'assaut fut mené vigoureusement.

Comme la plupart des sources antiques, l'abréviateur de Tite-Live témoigne de l'admiration que portait au personnage de Sylla l'historien qui devait terminer son soixante-quinzième livre par un éloge du proconsul victorieux :

> Lucius Sylla soumit les Hirpins, mit les Samnites en déroute au cours de nombreuses batailles, reçut la reddition d'un certain nombre de peuples et, après avoir accompli un nombre d'exploits rarement atteint par qui que ce soit avant le consulat, partit pour Rome pour briguer cette magistrature. (*Abrégé de l'Histoire romaine de Tite-Live*, 75, 7.)

La situation des insurgés devenait de jour en jour plus fragile : au nord aussi, la guerre touchait à sa fin. Pompeius, après avoir fait un grand carnage des Marses, et alors que le siège d'Asculum se poursuivait, avait marché sur Corfinium dont il s'était emparé, contraignant les Marses, par ailleurs durement étrillés par l'autre consul, Cato, à la soumission. C'est un légat de Pompeius, Sulpicius Galba, qui reçut la soumission des Vestini. Et Asculum finit par tomber. Elle fut traitée durement : tous ceux qui y avaient exercé un pouvoir quelconque furent battus de verges et décapités à la hache ; les habitants furent tous déportés ; l'intégralité de ce qu'ils possédaient, esclaves et biens matériels, fut confisqué et vendu ; Pompeius fit ainsi un butin immense qu'il se dispensa, par ailleurs, de verser au trésor, ce qui confirma la mauvaise réputation qu'il avait déjà.

Il restait bien une forte poche de résistance en Italie centrale, avec Poppædius Silo, que les insurgés avaient mis à leur tête lorsqu'ils avaient réorganisé leur commandement. Ces irréductibles avaient pris contact avec Mithridate, le roi du Pont, pour lui demander de l'aide :

> Les Romains devenant de plus en plus victorieux, les Italiens envoyèrent une députation auprès de Mithridate, roi du Pont, alors puissant par ses troupes et ses ressources militaires ; ils le prièrent d'envahir l'Italie et de marcher contre les Romains, ajoutant qu'après leur jonction ils renverseraient facilement la puissance de Rome.

Mithridate répondit qu'il conduirait des troupes en Italie lorsqu'il aurait soumis l'Asie ; c'est ce qui l'occupait alors. (Diodore de Sicile, *Bibliothèque historique,* fragment du livre 37, traduction de Ferdinand Hoefer.)

Cette réponse dilatoire avait désespéré les Italiens, mais ne les avait point fait renoncer à leur objectif ; il faudrait attendre le début de l'année suivante pour que Mamercus Æmilius Lepidus défasse cette force de vingt mille fantassins et mille cavaliers, dans un combat qui coûta la vie à dix mille Samnites, dont Poppædius lui-même.

À Rome... Pour l'heure, les Romains étaient rassurés sur l'Italie et ils célébrèrent le triomphe de Pompeius Strabo « sur les gens d'Asculum et du Picenum » à la fin de l'année ; et ils s'employaient à récompenser ceux des Italiens qui les avaient aidés au cours des opérations : le tribun Lucius Calpurnius Piso avait fait passer une loi autorisant un chef d'armée à décerner la citoyenneté romaine comme récompense pour des actes de bravoure : c'est ainsi que Minatius Magius, d'Æclanum, devint un Romain sur décision du proconsul sous lequel il avait servi, notamment en Campanie, Sylla. Une autre loi, prise à l'initiative de deux tribuns de la plèbe, Marcus Plautius Siluanus et Caius Papirius Carbo, allait plus loin que celle qu'avait fait passer le consul de l'année précédente, Lucius Iulius Cæsar : elle conférait la citoyenneté à tous les citoyens des cités alliées qui résidaient en Italie et qui faisaient une déclaration devant le préteur dans les soixante jours. Cela signifiait que l'on étendait le droit à ceux-là mêmes qui avaient pris les armes, mais qui avaient été vaincus et qui s'étaient rendus. Comme le remarque avec amertume l'historien Velleius Paterculus, un descendant de Minatius Magius,

les Romains préférèrent ainsi concéder le droit de cité à des gens vaincus et écrasés après avoir eux-mêmes perdu leurs forces que de le donner à tous en les gardant intactes. (Velleius Paterculus, 2, 17, 1.)

Pour ce qui était des cités de Gaule transpadane, c'est-à-dire situées dans la péninsule au nord du Pô, une loi du consul Pompeius Strabo leur accorda le droit latin, ce qui permettait aux membres des élites locales, qui géraient les magistratures de leur cité, de devenir eux-mêmes citoyens romains.

Mais à Rome on avait encore bien des sujets d'inquiétude, qu'il s'agît de la situation politique ou des menaces qui venaient d'Orient. Cette année-là, les censeurs auraient dû procéder au recensement des citoyens ; pourtant les opérations ne purent point se dérouler en raison de l'incertitude qui régnait sur l'inscription dans les tribus des nouveaux citoyens (en principe il fallait créer de nouvelles tribus pour les y inscrire, mais ceux-ci protestaient vigoureusement contre ce qu'ils considéraient comme une escroquerie, et la plèbe de Rome n'était toujours pas prête à se laisser submerger par l'afflux des nouveaux arrivants). Faute d'une décision claire sur cette question des tribus, il était impossible de tenir les registres, puisque la citoyenneté se marque, en premier lieu, par l'inscription de chaque individu dans une tribu. On se trouvait aussi dans l'impossibilité de faire procéder au recensement des citoyens habitant dans les régions encore engagées dans le conflit. Et puis l'agitation avait été extrême en ville en raison de la question des dettes, dans une situation économique bloquée par les opérations militaires sur le sol italien : les propriétaires terriens qui avaient emprunté pour moderniser leurs exploitations, acheter du matériel, des plants, des bêtes, se trouvaient dans l'impossibilité de faire face à leurs obligations et demandaient un moratoire. C'est le préteur urbain Aulus Sempronius Asellio qui eut à connaître de cette affaire et qui renvoya les uns et les autres devant les juges, laissant entendre que, l'usure étant condamnée à la fois par la morale et par la loi, les débiteurs avaient de bonnes chances de se voir allégés de leur dette. Cette façon de ne pas résoudre le problème économique mécontenta tout le monde et redoubla l'agitation. La tension fut à son comble à l'occasion d'un sacrifice que le préteur devait présider, au Forum, devant le temple des Castors : à peine avait-il commencé la cérémonie, devant une foule très nombreuse, qu'il reçut une pierre : craignant pour sa vie, il laissa tomber les instruments du sacrifice et s'enfuit en direction du temple de Vesta, tout proche. L'incident provoqua une panique ; on courait dans tous les sens ; quelques individus armés se lancèrent alors à la poursuite d'Asellio, certains pénétrant jusque dans le sanctuaire de la déesse, dont l'accès était interdit aux hommes, d'autres faisant irruption dans les habitations voisines : on le trouva alors qu'il se cachait dans une auberge, on le sortit sans ménagement et on lui trancha la gorge au milieu de la rue. Le Sénat promit, bien sûr, de très fortes récompenses à quiconque donnerait des renseignements sur les assassins, mais le crime resta impuni.

La situation était si critique que les élections pour les magistratures de l'année suivante avaient dû être retardées et elles avaient été l'occasion de rixes urbaines : Caius Iulius Cæsar Strabo, un fin lettré, orateur de grand talent, auteur de tragédies, et par ailleurs frère de l'un des censeurs, prétendait se porter candidat au consulat sans avoir exercé la préture. La suffisance de ce personnage, bien déterminé à accéder au pouvoir suprême sans avoir franchi toutes les étapes pour ce faire, provoqua presque la guerre civile entre les gens qui l'entouraient et ceux qui, autour du tribun Publius Sulpicius Rufus, étaient résolus à lui barrer la route, les uns et les autres étant armés jusqu'aux dents. Les élections ayant enfin eu lieu, ce furent Sylla et Quintus Pompeius Rufus qui furent portés au consulat, le sort donnant au premier la province d'Asie et le commandement de l'expédition contre le roi Mithridate, tandis qu'au second était échue la continuation des opérations en Italie avec les troupes commandées jusque-là par Cneius Pompeius Strabo.

Les consuls de 88

… et en Orient

Si l'on prévoyait une expédition en Orient, c'est que la situation s'était considérablement dégradée et qu'il était devenu indispensable d'intervenir pour faire barrage aux intentions de Mithridate, roi du Pont. Il faut dire que les dernières années avaient été particulièrement agitées dans cette partie-là du monde. Les Romains y avaient des intérêts financiers très importants, les enjeux politiques étaient donc considérables : il ne manquait pas d'hommes d'affaires pour regretter le bon temps, celui qui avait précédé le proconsulat de Quintus Mucius Scæuola en 97 :

> Quintus Scæuola mit le plus grand zèle à corriger par ses vertus la dépravation des mœurs. Envoyé comme proconsul en Asie, il choisit pour conseiller le meilleur de ses amis, Publius Rutilius Rufus ; il le consultait dans toutes les affaires d'administration de sa province. Le proconsul jugea convenable de subvenir, avec sa fortune privée, aux dépenses de sa maison et à celles de sa suite. Par sa vie sobre et frugale, ainsi que par une justice incorruptible, il parvint à relever sa province de l'état déplorable où elle avait été plongée ; car les fermiers de l'État, précédemment envoyés en Asie, ayant pour associés ceux qui exerçaient à Rome le pouvoir judiciaire, avaient rempli la province de leurs excès.
>
> Quintus Scæuola, administrant la justice avec probité et impartialité, purgea la province de tous les sycophantes et réprima les iniquités des fermiers de l'État. Il donnait des juges équitables à tous ceux qui avaient été offensés ; il faisait condamner les fermiers mis en cause et les forçait à restituer aux parties lésées les dommages pécuniaires qu'ils leur avaient faits ; tout crime capital était puni de mort. Un jour, l'esclave qui administrait les biens d'un des agents du fisc stipula, d'accord avec ses maîtres, une forte somme d'argent pour racheter sa liberté ; mais Scæuola fit hâter le jugement, et condamna l'esclave au supplice de la croix avant qu'il se fût racheté. (Diodore de Sicile, *Bibliothèque historique,* fragment du livre 37, traduction de Ferdinand Hoefer.)

On comprend que ces magistrats n'aient point manqué d'ennemis, à Rome, ceux-là mêmes qui réussirent à faire condamner Rutilius pour extorsion de fonds ! Mais il y avait aussi des gens, en grand nombre, qui avaient une vue prospective sur les développements possibles de leurs affaires dans ces régions et qui, partant, étaient très favorables à une extension de la tutelle romaine sur les royaumes voisins. Le meilleur moyen d'y parvenir était de créer des conflits que le Sénat serait inévitablement appelé à arbitrer ; et puis il y avait aussi des hommes qui auraient eu un intérêt particulier à voir s'ouvrir un conflit dans cette région du monde :

> Marius s'embarqua pour la Cappadoce et la Galatie [sc. en l'année 99]. Il voulait, disait-il, s'acquitter de sacrifices qu'il avait fait vœu d'offrir à la Mère des dieux, mais son voyage avait en réalité un autre motif ignoré du public. Mal doué pour la paix et pour la politique, alors que la guerre l'avait rendu grand, et pensant que l'inaction et le repos étaient en passe de flétrir insensiblement sa puissance et sa gloire, il cherchait

> à susciter de nouveaux conflits. Il espérait mettre la discorde entre les rois et soulever et exciter Mithridate que l'on croyait prêt à faire la guerre : Marius serait aussitôt désigné pour commander contre lui, et remplirait la ville de nouveaux triomphes et sa propre maison des dépouilles du Pont et des trésors du roi. Aussi, bien que Mithridate le traitât avec beaucoup d'honneurs et de déférence, il ne se laissa point fléchir ni adoucir : « Roi, lui dit-il, ou bien tâche d'être plus puissant que les Romains, ou bien obéis à leurs ordres en silence. » Ces mots stupéfièrent Mithridate, qui avait souvent entendu parler la langue romaine, mais jamais encore avec une telle morgue. (Plutarque, *Vie de Marius*, 31, 2-5.)

Sylla était déjà intervenu dans cette partie du monde, lors de son proconsulat de Cilicie où il avait d'abord eu pour mission de réduire les pirates qui y sévissaient. Mais bien vite l'ordre était venu de Rome de s'opposer à l'avance de Mithridate en Cappadoce et de restaurer Ariobarzane sur le trône de ce royaume, d'où le roi du Pont l'avait chassé pour y installer l'un de ses fils, avec un certain Gordios comme régent. Il avait fallu au proconsul lever dans les royaumes alliés des troupes auxiliaires pour vaincre les troupes de Mithridate et rendre son trône à Ariobarzane. Mais cela n'avait pas suffi à dissuader le roi du Pont de continuer ses manœuvres en vue d'étendre son pouvoir à toute la région : il se présentait désormais comme celui qui allait libérer l'Orient du joug insupportable des Romains et, par l'intermédiaire de Gordios, il avait de nouveau chassé Ariobarzane de son trône, puis s'en était pris à la Bithynie d'où il avait chassé son roi, Nicomède. Le proconsul d'Asie pour l'année 89, Caius Cassius, en collaboration avec une ambassade du Sénat commandée par Manius Aquillius, avait pour mission de remettre les deux rois sur leur trône, ce qui fut fait. Mais les envoyés de Rome voulurent mener une politique personnelle qui était peut-être bien inspirée par Marius lui-même, auquel Aquillius était très lié (il avait, entre autres, été son collègue au consulat en 101) ; un autre membre de l'ambassade, Titus Manlius Mancinus, était celui qui, en 107, lors de son tribunat, avait fait confier le commandement de la guerre contre Iugurtha à Marius. Violant les instructions du Sénat, ils incitèrent leurs deux protégés à entreprendre des opérations contre Mithridate. Celui-ci, contre toute attente (parce qu'il avait toujours préféré la manœuvre et l'intrigue diplomatique à l'affrontement) réagit violemment à cette politique d'agression : il occupa la Cappadoce, et, à l'automne, massacra les troupes de Nicomède qui étaient entrées en Paphlagonie. Les Romains n'avaient pas prévu que Mithridate passerait à une offensive généralisée ; ils ne disposaient pas de troupes suffisantes pour affronter les armées du roi et furent balayés. Cassius fut écrasé dans le nord de sa province et se réfugia à Apamée, puis à Rhodes. Le proconsul de Cilicie, Quintus Oppius, se retira à Laodicée après avoir été défait, mais Mithridate fit savoir aux habitants de la ville qu'il n'exercerait pas de représailles si on lui livrait le proconsul, ce que l'on s'empressa de faire : le roi lui laissa la vie sauve pour pouvoir l'exhiber partout dans le cortège ridicule d'un proconsul ayant tous les ornements de son pouvoir. Il réussit à capturer Manius Aquillius à Mitylène, et le fit venir à Pergame, enchaîné sur un âne, avec un écriteau sur lequel on lisait : « Je suis Manius Aquillius, magistrat du peuple romain. » Pour le mettre à mort, il organisa un grand spectacle au cours duquel on fit fondre de l'or que l'on coula dans la gorge de la victime.

Le message était clair : les Romains n'étaient pas invincibles, leur domination n'était pas une fatalité et l'on pouvait espérer qu'ils périraient bientôt par où ils avaient péché. Comme, dans le même temps, Mithridate développait, à l'égard de tous les peuples de ces régions, une propagande tendant à se présenter en sauveur, il eut vite fait de se les rallier et de développer un sentiment antiromain – ce qui devait, un jour où l'autre, tourner à la tragédie.

Maintien de l'ordre...

Pour l'heure, à Rome, on n'en était pas encore à trop s'inquiéter du sort de l'Asie, sur laquelle les nouvelles tardaient à venir. On commentait surtout le déplaisir qu'éprouvait Marius de voir que le conflit qu'il rêvait de régler était confié à celui qui était devenu l'un de ses pires ennemis. Depuis quelque temps il se montrait de nouveau au Champ de Mars, aux exercices militaires, et faisait dire que sa petite défaillance pendant la guerre contre les alliés n'était qu'un mauvais souvenir. Il trouva bien vite un allié en la personne du tribun Publius Sulpicius Rufus. Celui-ci, en effet, après avoir commencé à gérer son tribunat d'une façon qui avait tout pour plaire au Sénat, fit volte-face lorsqu'il comprit qu'il ne trouverait aucun appui de ce côté et dévoila ses véritables intentions : il se voulait l'héritier politique de Liuius Drusus et afficha ses premiers projets de loi. Le premier interdisait aux sénateurs, sous peine d'exclusion immédiate du Sénat, d'avoir des dettes pour une somme supérieure à deux mille deniers : il s'agissait sans doute d'une disposition destinée à renforcer l'interdiction faite aux sénateurs de pratiquer des activités économiques. Dans le même temps, il affichait un projet sur le retour de ceux qui avaient été exclus par force de la cité : il s'agissait bien sûr de tous ceux qui, avant le déclenchement du conflit en Italie, avaient été expulsés, notamment les rhéteurs latins (et non pas des citoyens qui avaient été condamnés dans les formes). Enfin, et surtout, il placarda la loi par laquelle il permettait d'inscrire dans les trente-cinq tribus tous les nouveaux citoyens et les affranchis (lesquels avaient profité de l'occasion pour rappeler que leur problème était lié puisque les Romains ne souhaitaient pas que leur vote eût trop de poids). Cette dernière disposition créa une atmosphère quasi insurrectionnelle à Rome où quotidiennement s'affrontaient, les armes à la main, les partisans de Sulpicius, en gros les futurs bénéficiaires de la loi, et ses adversaires, essentiellement des citoyens de longue date, manipulés par les uns et par les autres. La tension était si forte que les consuls décidèrent d'imposer une suspension de toute activité politique, un *iustitium*, pour empêcher que le vote de ces lois ne provoque des émeutes. Mais l'effet fut l'inverse de ce qu'ils attendaient : Sulpicius et ses partisans firent irruption en armes sur le Forum, au moment où les consuls annonçaient leur décision.

Quintus Pompeius Rufus fut contraint à la fuite; son fils, qui était aussi le gendre de Sylla, tenta bravement de faire face et prétendit haranguer ces gens pour leur faire admettre l'idée d'une suspension des activités politiques: il fut massacré. Quant à Sylla, il fut amené jusqu'à la demeure proche de Marius où, apparemment, on finit par parvenir à un accord sur lequel nous ne savons malheureusement rien. Toujours est-il que le *iustitium* fut levé et que Sylla partit tranquillement rejoindre les troupes dont il devait reprendre le commandement pour l'expédition d'Orient, et qui étaient encore occupées, en Campanie, notamment devant Nola qui ne s'était point encore rendue.

C'est alors qu'il faisait route vers le camp qu'il apprit qu'il avait été grossièrement trompé par Sulpicius et par Marius : le tribun avait fait passer les lois qu'il avait affichées, mais il y avait ajouté un texte qui stipulait que Pompeius Rufus était démis de son consulat et que le commandement de l'armée d'Orient était transféré de Sylla à Marius. À l'évidence Marius avait monnayé son appui à Sulpicius dans son projet d'inscrire les nouveaux citoyens dans toutes les tribus au prix du transfert du commandement de l'expédition d'Asie. Pour la destitution du consulat de Pompeius Rufus, qui était une mesure extravagante parce qu'il n'y avait point d'exemple que l'on pût ainsi démettre de sa fonction, sur simple proposition d'un tribun, le plus haut magistrat de Rome, il est possible qu'elle ait été suggérée à Sulpicius, toujours en quête d'appuis politiques, par les amis de Cneius Pompeius Strabo qui commandait aux troupes à la tête desquelles Pompeius Rufus devait lui succéder à la fin de l'année. Toujours est-il que Pompeius Rufus rejoignit Sylla à Capoue, siège de son quartier général, et que c'est là qu'ils décidèrent de mener la nécessaire opération de maintien de l'ordre.

Sylla rassembla les troupes pour leur expliquer la situation : il avait tout tenté pour calmer un état de fait devenu explosif du fait des menées séditieuses d'un tribun; il régnait à Rome un climat de terreur entretenu par les bandes armées à la solde de ce même tribun, bandes armées qui avaient semé la désolation en plein Forum, prétendant empêcher les consuls de prendre les décisions qui s'imposaient, et qui étaient même allées jusqu'à assassiner odieusement le fils et gendre des consuls, un jeune homme brillant et courageux, parce qu'il avait eu l'audace de s'opposer à eux; il avait lui-même, Sylla, réussi à calmer le jeu en s'entendant malgré tout avec le tribun, sous la caution de Marius; et puis voilà qu'il apprenait que ces deux-là étaient de mèche et qu'ils venaient de décider, en toute illégalité, la destitution de Pompeius et le transfert du commandement de l'expédition en Orient à Marius; cela signifiait que, vraisemblablement, le nouveau chef recruterait une autre armée et qu'eux-mêmes, les soldats de Campanie, qui s'étaient bien battus pour la liberté de Rome sans en tirer le moindre profit personnel, seraient frustrés de la gloire et des avantages d'une campagne dans les contrées les plus riches du monde connu. Il n'était guère besoin de développer davantage ces arguments pour que les troupes insistent auprès de leur chef pour qu'il les conduise sur Rome en vue d'y mener une opération de maintien de l'ordre, et lorsque des envoyés de Marius se présentèrent pour recevoir le commandement de ces troupes, ils furent purement et simplement lapidés par les légionnaires. Sylla hésitait encore, mais un haruspice du nom de Postumius, après avoir examiné les entrailles de victimes immolées en sacrifice, se tourna vers lui en tendant ses deux mains et demanda à être enchaîné et mis sous bonne garde jusqu'à la fin de l'expédition parce qu'il en garantissait, sur sa vie, le succès prompt et total ; et comme il avait fait lui-même un songe dans lequel il avait vu la déesse cappadocienne Mâ lui mettre entre les mains un foudre par lequel il anéantissait ses ennemis, il jugea qu'il pouvait agir.

Les deux consuls se mirent donc en marche vers Rome, à la tête de six légions, soit au moins trente-six mille hommes. En chemin, ils apprirent que Sulpicius aurait poursuivi les amis et parents de Sylla et que certains, même, auraient trouvé la mort et que leurs biens auraient été pillés ; puis ils reçurent une députation de deux préteurs, Marcus Iunius Brutus et un certain Seruilius, envoyés probablement par le Sénat où, comme toujours dans ces occasions, s'était constitué une sorte de groupe du centre prétendant ne soutenir aucun des deux partis, mais exigeant de façon purement théorique que l'un et l'autre respectent strictement la légalité. En l'occurrence, les préteurs étaient venus pour intimer l'ordre aux deux consuls de rebrousser chemin avec leurs troupes. Il était trop tard : les hommes s'étaient trop compromis en lapidant les légats de Marius (dont ils savaient bien qu'il était vindicatif et qu'il ne leur pardonnerait jamais), et ils ne supportèrent pas la morgue de ces deux personnages ; ils les prirent à partie, les molestèrent, brisèrent leurs faisceaux, déchiquetèrent leur toge, avant de les laisser repartir d'où ils venaient annoncer que rien n'arrêterait leur marche. En même temps, dans le camp de Sylla, on mesurait parfaitement la gravité de ce qui allait se passer et tous les officiers de son *consilium* (à l'exception du questeur Lucius Licinius Lucullus) finirent par quitter l'armée pour regagner Rome : ils étaient certes dévoués à Sylla et à Pompeius Rufus, mais pas au point de prendre part à une expédition qui, si elle était présentée comme une opération de maintien de l'ordre (et à chaque fois qu'on lui envoyait des députés pour lui demander de suspendre sa marche, Sylla précisait bien qu'il n'était pas question de tolérer un quelconque retard à sa mission consulaire de libérer Rome de ses tyrans), pouvait aussi être interprétée comme une attaque contre la cité. À Rome, on essayait de mobiliser, mais il paraissait bien difficile d'organiser un système de défense efficace contre une armée si nombreuse et si bien entraînée. Marius essaya donc de ruser en envoyant, de nouveau, des émissaires porteurs d'un message d'apaisement ; ils étaient censés se présenter comme envoyés par le Sénat qui promettait au consul tout ce qu'il voudrait. On se trouvait à treize milles (moins de vingt kilomètres) de Rome ; Sylla accueillit favorablement ces envoyés et fit s'arrêter la troupe et préparer l'installation du camp. Mais dans le même temps il avait dépêché de la cavalerie et des fantassins légèrement armés sous les ordres de deux de ses légats, Lucius Minucius Basilus et Caius Mummius, avec pour mission d'occuper les points stratégiques de la muraille avant que le dispositif de défense ne soit effectif : ils devaient notamment garantir l'accès à la ville par la porte Esquiline, à l'est de Rome, sur la route de Préneste. Pompeius et lui se remirent en route, à marche forcée, dès que les envoyés de Marius eurent quitté son camp, rassurés.

Comme on pouvait s'y attendre, les choses furent menées rondement. Pompeius avait pour tâche d'entrer dans la ville avec une légion par la porte la plus septentrionale, la porte Colline ; une autre légion devait s'emparer de la porte Cælimontana, au sud-est, et une troisième, au sud-ouest, à l'entour du pont Sublicius, le plus ancien pont de Rome qui reliait le Forum Boarium au Janicule. Sylla, qui avait posté une quatrième légion au pied de la muraille, entra par la porte Esquiline avec les deux dernières légions. Il trouva ses deux lieutenants en position délicate dans des combats de rue. Les défenseurs, réfugiés sur les toits, accablaient les troupes de pierres et de tuiles. Il reprit les choses en mains en incendiant avec des flèches enflammées les groupes d'immeubles où s'étaient concentrés ses adversaires ; puis il fit donner la légion de réserve par la porte Viminalis, au nord-est, entre l'Esquiline et la Colline, avec pour ordre d'aller occuper le quartier populaire de Subure, non loin du Forum. Marius et Sulpicius, craignant d'être pris en tenailles avec les troupes massées au pont Sublicius, se retirèrent sur l'Oppius et Marius fit un appel aux esclaves, promettant la liberté à ceux qui viendraient combattre à ses côtés ; mais il ne s'en trouva, paraît-il, que trois qui fussent assez fous pour aller en découdre avec les six armées de légionnaires qui maintenant investissaient la ville. Marius, Sulpicius et leurs partisans furent aisément délogés du temple de Tellus à l'intérieur duquel ils s'étaient réfugiés et furent contraints à la fuite.

Il restait aux consuls à mettre de l'ordre. Sylla fit d'abord arrêter et exécuter sur-le-champ quelques-uns de ses légionnaires qui s'étaient mis à piller dans la région du Forum où Marius s'était fait construire une maison. Puis, après cet exemple, les consuls disposèrent des détachements dans toute la ville pour assurer le calme pendant la nuit. Ils avaient convoqué, pour le lendemain, une assemblée du peuple, au cours de laquelle ils expliquèrent qu'ils avaient été contraints d'avoir recours à la force pour mettre fin aux exactions du tribun et promirent de prendre des décisions salutaires pour apaiser les tensions : l'annulation de toute la législation de Sulpicius, depuis la suspension du *iustitium*, comme ayant été passée sous l'effet de la violence ; le recours obligatoire aux comices par centuries et non plus par tribus, pour voter les lois, ce qui pouvait passer, en effet, pour une façon de régler le problème (à condition de revenir à une organisation centuriate ancienne, celle au sein de laquelle il suffisait de disposer des voix des dix-huit centuries équestres et de celles de la première classe pour avoir la majorité) ; ils annoncèrent aussi leur volonté de remettre en vigueur l'*auctoritas senatus*, c'est-à-dire la procédure ancienne qui voulait que tout projet de loi fût préalablement soumis à l'approbation du Sénat ; enfin ils ajoutèrent une loi fixant à 10 % le taux maximum pour les prêts d'argent. Ils annoncèrent en outre qu'ils infligeraient un juste châtiment aux fauteurs de trouble, en proposant au Sénat de punir les douze personnages qu'ils considéraient comme les plus coupables. Ce qu'ils firent aussitôt, dans une réunion qui fut, on s'en doute, consensuelle, y compris lorsque les consuls déclarèrent qu'ils comptaient doubler le nombre des sénateurs en recrutant trois cents nouveaux membres pris dans l'ordre équestre, ce qui était aussi une façon de régler, au moins momentanément, la délicate question des jurys judiciaires, mais ce qui pouvait passer également pour un acte entérinant l'introduction des nouveaux citoyens qui exigeait, en effet, que les institutions fussent renforcées. Cependant, lorsqu'ils demandèrent le vote d'un sénatus-consulte pour déclarer ennemis publics les douze personnages en question, une voix s'éleva pour protester, celle de Quintus Mucius Scæuola, cousin homonyme du proconsul d'Asie (et que l'on appelait l'Augure, pour l'en distinguer) :

> Le désir de Sylla ne trouvait personne qui osât s'opposer à lui et seul Scæuola, quand on lui demanda son avis là-dessus, refusa de l'exprimer. Et même, comme augmentait l'âpreté avec laquelle Sylla insistait auprès de lui : « Tu peux bien, lui dit Scæuola, étaler devant moi les troupes que tu as installées autour de la Curie, me menacer de mort à tout moment, jamais tu n'obtiendras pourtant que le peu de sang dont dispose le vieillard que je suis me fasse déclarer que Marius, qui a sauvé Rome et l'Italie, est notre ennemi. » (Valère-Maxime, *Faits & dits mémorables*, 3, 8, 5.)

Par-delà les considérations politiques et philosophiques, Scæuola avait, disait-on, des raisons personnelles de vouloir épargner Marius et sa famille : sa petite-fille venait d'épouser le fils de Marius, lui-même au nombre des douze personnages à condamner. En tout cas, même avec une opposition aussi prestigieuse que celle de ce vieux jurisconsulte très estimé, le décret fut pris qui prévoyait de priver de l'eau et du feu – c'est-à-dire, en fait, de vouer à une mort obligatoire (puisque toute personne les rencontrant avait le devoir de les tuer ou de les faire tuer, sous peine d'être complice et de s'exposer au même châtiment) – Caius Marius et son fils, Publius Sulpicius Rufus, le tribun de la plèbe, le préteur Marcus Iunius Brutus (le père du futur assassin de César), probablement Cneius Papirius Carbo, un agitateur professionnel, au dire de Cicéron, qui avait été tribun de la plèbe en 92, et quelques personnages moins connus, Publius Cornelius Cethegus, Quintus Granius, un notable de Pouzzoles, Publius Albinouanus, un Lucanien qui, quelques années plus tard, trahit les siens dans des conditions atroces pour rejoindre Sylla et faire ensuite une gentille carrière, Marcus Lætorius, Quintus Rubrius Varro, l'un de ces rhéteurs qui s'étaient fait connaître par les accusations qu'ils intentaient ; le douzième était peut-être Caius

Marcius Censorinus qui devait faire parler de lui dans les années suivantes en tranchant la tête d'un consul, à moins qu'il ne s'agisse du second préteur, envoyé avec Brutus en Campanie pour dissuader Sylla de rien entreprendre, un certain Seruilius. En attendant qu'ils fussent pris et mis à mort, leurs biens furent confisqués au profit de l'État.

Presque tous les bannis réussirent à s'échapper, dans des conditions parfois rocambolesques : on connaît l'histoire de Marius embarqué, non sans mal en raison de son âge et de son embonpoint, sur un navire en partance pour l'île d'Ischia, mais débarqué, malade à mourir, à l'embouchure du Garigliano où la flotte devait attendre des conditions météorologiques plus favorables, se cachant du mieux qu'il pouvait, puis, poussé par la faim, s'approchant de la cabane d'un vieil ermite à qui il demanda à manger ; l'autre l'ayant un peu réconforté lui conseilla d'aller se dissimuler dans les roseaux qui bordent les marais de Minturnes. À peine s'y était-il glissé qu'il vit apparaître une troupe de cavaliers qui maltraitèrent le vieil ermite ; Marius se dépouilla alors de tous les vêtements qui pouvaient le faire reconnaître comme un personnage important et s'immergea dans les marais, ce qui n'empêcha pas ses poursuivants de le capturer. L'embarras des magistrats de Minturnes était grand : ils avaient à régler le sort de ce pitoyable vieillard, à moitié nu, couvert de boue, les mains liées derrière le dos. Ils commencèrent par l'enfermer. Puis, comme personne ne voulait exécuter la sale besogne, ils offrirent une récompense à qui voudrait s'en charger. Seul un esclave d'origine étrangère se présenta et entra dans la cellule ; il se passa un assez long temps avant qu'il en ressorte, terrifié, en disant qu'il ne pouvait pas. C'était un Cimbre.

Les habitants de Minturnes se rappelèrent alors que le vieillard en question était celui qui avait sauvé l'Italie de l'invasion : ils décidèrent de l'aider à s'enfuir. Ils lui donnèrent des vivres et l'installèrent sur un navire qui l'emporta à Ischia où il retrouva son ami Quintus Granius. Sulpicius avait eu moins de chance. À la différence des autres, il n'avait pas cherché à quitter le sol de l'Italie, mais était allé se terrer dans une de ses propriétés, à Laurentum, à quelques milles au sud de Rome. Mais il fut dénoncé par l'un de ses esclaves, tiré de sa cachette et décapité. En récompense, l'esclave gagna sa liberté et c'est donc avec le bonnet des affranchis sur la tête que, par ordre des consuls, il fut traîné à la roche Tarpéienne et précipité, pour avoir trahi son maître.

L'ordre était apparemment rétabli. Sylla avait renvoyé ses troupes en Campanie afin de préparer l'expédition et l'on pouvait organiser les élections des magistrats pour l'année suivante. Indiscutablement, cependant, il s'était produit quelque chose que les Romains n'oublieraient pas : avoir fait pénétrer des légions au cœur même de la cité, dans l'enceinte sacrée du *pomerium*, était un acte d'une gravité exceptionnelle, pour une société qui avait toujours voulu se protéger de la malfaisance potentielle des guerriers. Souvenons-nous que la seule occasion dans laquelle une telle pénétration dans la Ville d'hommes en armes était tolérée était la cérémonie du triomphe, au cours de laquelle les soldats passaient sous l'arc triomphal, passage qui était censé les laver de la souillure de la mort et les dépouiller de toute cette énergie, nécessaire au combat, mais redoutable aussi aux plus proches, le *furor*. Jusqu'alors, dans les cas de troubles graves, on avait toujours trouvé des solutions expédientes. Ou bien les citoyens eux-mêmes s'armaient et rétablissaient l'ordre, ou bien, dans le pire des cas, ils recrutaient quelques bons spécialistes, comme des archers (crétois) ou des frondeurs (baléares) si on en avait à proximité ; mais, aussi étrange que cela puisse paraître, il n'y avait pas, à Rome, de forces de l'ordre, parce que c'est l'ensemble du corps civique qui se sentait responsable de cet ordre. Ce n'étaient pas les licteurs d'un magistrat qui avaient le pouvoir de réprimer les débordements d'une foule au bord de l'émeute et il ne fallait donc compter que sur le prestige et l'éloquence des magistrats qui présidaient une assemblée pour apaiser les colères des citoyens assemblés. Un décret du Sénat avait d'ailleurs rappelé cette obligation faite à un magistrat, quel qu'il fût, de maîtriser l'assemblée qu'il aurait convoquée, parce que chaque réunion du peuple à l'initiative du tribun Cneius Papirius Carbo dégénérait en émeute. Cela dit, si la plupart des Romains du temps n'étaient sans doute pas mécontents que l'ordre soit revenu de façon si expéditive, parce que la gravité de la situation leur paraissait exiger des mesures drastiques et parce que le comportement des consuls les rassura sur leurs intentions (ils n'avaient à l'évidence que le souci de remettre les choses en ordre et ne permirent aucune exaction), il n'en reste pas moins que Sylla et Pompeius Rufus avaient ouvert la voie à des débordements que la guerre civile allait amplifier.

Ce qui témoigna du retour à une vie politique normale, ce fut la campagne électorale pour les magistratures de l'année suivante : les partisans d'une amnistie pour les survivants de ceux qui avaient été déclarés ennemis publics se firent entendre et le débat fut animé. Les opposants aux consuls réussirent à faire élire certains de leurs candidats, et c'est ainsi que Sextus Nonius Sufenas, neveu de Sylla, fut battu dans l'élection à l'édilité alors que lui-même avait réussi à empêcher Quintus Sertorius de devenir tribun de la plèbe. Pour ce qui était du consulat, le vote porta à la tête de l'État un curieux assemblage : Cneius Octauius, surtout connu pour sa nonchalance, et Lucius Cornelius Cinna, pour son activisme. Apparemment Sylla n'était pas hostile à Cornelius Cinna et, de son côté, celui-ci multipliait les promesses de tenir le cap fixé par ses prédécesseurs ce qui tend, en effet, à prouver que la majorité des Romains considéraient que ce cap était le bon, puisque l'on en faisait un argument électoral. Cinna était même monté, un jour, au Capitole, entouré de ses nombreux amis ; puis il avait juré, en tenant une pierre dans la main, qu'il serait fidèle aux intentions de Sylla et avait attesté les dieux que s'il ne lui restait pas dévoué, il consentait à être jeté hors de la ville comme cette pierre qu'il jeta.

Il ne restait aux deux consuls sortants qu'à rejoindre les commandements militaires qui avaient été prévus pour eux. Pompeius Rufus se rendit donc à l'armée d'Italie que Pompeius Strabo avait commandée jusque-là et qui avait pour mission de réduire les dernières résistances italiennes. Il réunit cette troupe, comme il était naturel, pour procéder aux cérémonies religieuses, notamment la *lustratio* ; les hommes s'approchèrent de lui, comme pour mieux l'entendre, et le tuèrent. Pompeius Strabo, qui se tenait à l'écart et que l'on ne peut croire innocent en l'occurrence, les admonesta, mais leur promit qu'il n'y aurait pas de sanctions s'ils restaient dociles.

Sylla, de son côté, avait rejoint ses troupes en Campanie quand il apprit qu'un certain Vergilius l'avait assigné en justice (pour on ne sait quel motif). C'était une vraie provocation puisque l'on ne pouvait légalement poursuivre un magistrat revêtu de l'*imperium*, et Sylla passa outre en embarquant avec ses troupes (sauf une légion commandée par Appius Claudius Pulcher, qui devait rester en Campanie et continuer le siège de Nola) ; mais l'assassinat de son collègue et ce procès lui laissaient mal augurer de la suite.

De fait, les choses ne s'arrangèrent pas. Cinna, pour des raisons qu'il est difficile de déterminer (Appien dit simplement qu'il avait été acheté pour une très forte somme), reprit le projet de Sulpicius d'inscrire les nouveaux citoyens dans toutes les tribus et, à cette fin, convoqua les comices tributes – en contravention, donc, avec les dispositions de la *lex Cornelia-Pompeia* qui prévoyait un recours aux comices centuriates. Il était appuyé par une masse d'Italiens qu'il avait fait venir pour la circonstance, et qui étaient armés. Plusieurs tribuns de la plèbe, dont un certain Sextus Lucilius, avaient pris la parole contre ce projet démagogique et la tension était déjà très forte au Forum où les Italiens sortirent les armes qu'ils cachaient sous leur toge. Pendant ce temps, Octauius, retranché dans sa maison, délibérait sur ce qu'il convenait de faire ; lorsqu'on lui annonça que la résistance à la loi était très forte et que le vote des premières tribus était défavorable à Cinna, il décida d'intervenir. Il se rendit au Forum, avec une troupe nombreuse et dense, et se fraya un chemin dans la foule amassée. Il comptait bien s'entretenir avec son collègue qui se trouvait au temple des Castors dont le podium servait de tribune, mais ses partisans commencèrent à faire usage de leurs armes et dispersèrent le rassemblement. Cinna, de son côté, essaya de rameuter des partisans, appelant notamment les esclaves à ses côtés, mais il échoua et fut contraint de quitter Rome en hâte, avec les six tribuns qui étaient avec lui, notamment Caius Milonius. Réuni, le Sénat, qui avait récemment consulté les livres Sibyllins parce qu'une comète que l'on avait vue à Rome avait paru annoncer des événements terribles, en commentait la réponse qui semblait dire qu'il fallait se débarrasser de sept mauvais citoyens pour trouver le repos ; il décida donc de faire destituer Cinna, avec les six tribuns qui l'avaient accompagné dans sa fuite, pour avoir abandonné la cité en péril et appelé les esclaves à la révolte. Ce que firent les comices centuriates, et c'est un certain Lucius Cornelius Merula qui finit par accepter de se laisser désigner consul suffect. C'était l'homme le moins adapté à la situation, à la fois en raison de sa réserve, voire de sa timidité personnelle et parce qu'il était revêtu de la prêtrise qui empêchait presque toute action dans un climat politique aussi bouleversé; il était flamine de Jupiter.

... et guerre civile

Il semble bien que le Sénat ait été obnubilé par des scrupules religieux, qui le dispensèrent de prendre, par ailleurs, les mesures d'accompagnement qui s'imposaient. Il ne suffisait pas d'avoir chassé de Rome sept personnages séditieux; encore fallait-il les empêcher de nuire. Or Cinna avait déjà commencé à se répandre en Italie; il s'était d'abord rendu à Tibur, puis à Préneste, et avait gagné la Campanie. À chaque étape, il émouvait les foules sur son sort et sur le leur; il refusait que les licteurs levassent leurs faisceaux devant lui, parce qu'il n'était plus qu'un simple citoyen, et s'adressait en larmes aux populations:

> « C'est de vous, citoyens, que j'ai reçu le pouvoir que voici. C'est en effet le peuple qui m'en a voté l'attribution. Mais le Sénat me l'a enlevé sans votre assentiment. Si j'ai subi cette injustice comme un malheur personnel, c'est néanmoins pour la défense de vos intérêts que j'exprime mon indignation. Car pourquoi devrions-nous désormais rechercher les bonnes grâces des comices tributes, lors des élections, et quel besoin avons-nous de vous ? Comment conserverez-vous votre souveraineté dans les assemblées, les votations et les élections consulaires, si vous ne confirmez pas ce que vous accordez et si vous annulez vos décisions toutes les fois que c'est à vous mêmes de juger de leur bien-fondé ? » (Appien, *Histoire des guerres civiles,* 1, 65, 298-299, traduction de Paul Goukowsky.)

Il accompagnait ces discours pitoyables de gestes forts, déchirant son vêtement, se précipitant au bas de la tribune pour se prosterner sur le sol jusqu'à ce qu'on le relève, qu'on le conjure de ne pas désespérer et qu'on lui propose des hommes et des moyens. Alors ses amis, notamment Quintus Sertorius et Marcus Marius Gratidianus qui l'avaient rejoint, passaient aux choses sérieuses, faisaient prêter aux chefs le serment de fidélité au consul, puis aux hommes de troupe à leurs chefs. Il arriva ainsi jusqu'à Nola, où il parvint à débaucher la légion que Sylla avait laissée au commandement d'Appius Claudius Pulcher. À en croire les sources anciennes, il réussit, de cette façon, à se constituer une armée de douze légions.

C'est alors qu'à Rome on commença à s'inquiéter. Les consuls faisaient réparer les murailles et en renforçaient les défenses avec des machines de guerre. On avait dépêché Publius Seruilius Vatia Isauricus en Gaule cisalpine afin d'y opérer des levées; et l'on avait mandé Pompeius Strabo, dont par ailleurs on ne savait pas très bien quoi penser, compte tenu de son attitude après l'assassinat de Pompeius Rufus. Strabo vint camper avec ses troupes devant la porte Colline. C'était rassurant, mais Cinna arriva avec son armée et installa ses quartiers de l'autre côté du Tibre, dans la plaine du Vatican, et les deux armées s'observèrent un temps.

La situation était plutôt favorable à Cinna : quand il avait appris ce qui était arrivé au consul, Marius et ceux qui s'étaient réfugiés avec lui en Afrique décidèrent de rentrer. Ils firent donc voile sur Telamon, en Étrurie, où, à peine débarqués, ils s'employèrent à se constituer une force armée. C'est ainsi que Marius mit sur pied une flotte de quarante navires et constitua tant bien que mal une légion de volontaires avec laquelle il annonça son intention de rejoindre Cinna. Dans l'entourage de ce dernier, tout le monde ne voyait pas d'un bon œil la venue de Marius, vieillard vindicatif qui ne manquerait pas de chercher à prendre pour lui tout le bénéfice politique des opérations : c'était le cas de Sertorius, mais Cinna expliqua que le partenariat ne signifiait pas l'alliance et que, pour l'heure, on aurait sans doute besoin de lui. On tint un conseil de guerre au cours duquel on se répartit les tâches et les forces. Marius, avec trois légions, était chargé des opérations du côté de la mer, notamment pour empêcher le ravitaillement de Rome ; Cinna et Cneius Papirius Carbo juste en face de Rome, sur la rive droite et Sertorius un peu en amont, sur l'autre rive.

Ce que voyant, le Sénat envoya des sénateurs, Marcus Antonius et Quintus Lutatius Catulus père et fils, afin de convaincre Quintus Cæcilius Metellus Pius de traiter avec les Samnites, auxquels il était encore confronté et qui avaient tout loisir de ravager la Campanie maintenant qu'il n'y avait plus de troupes romaines, et de venir au secours de Rome. On tenta de négocier, mais les exigences des Samnites parurent exorbitantes : ils voulaient que la citoyenneté leur soit accordée et soit garantie à tous ceux qui avaient déserté pour les rejoindre, que tout le butin qu'ils avaient fait leur soit laissé et qu'on leur rende les prisonniers et ceux qui avaient déserté leur armée pour rejoindre les Romains. Metellus et les trois délégués du Sénat ne purent traiter à ces conditions et le proconsul fut contraint de laisser une partie de ses troupes sous le commandement de son légat Marcus Plautius Siluanus pour venir camper au sud de Rome, sur les monts Albains. Il y trouva une situation qui n'était pas brillante, avec une armée, commandée par Pompeius Strabo, dont on se demandait encore quel jeu il jouait, et un consul disposant de peu de moyens qu'il était de toutes façons incapable de commander : les quelques troupes qu'il avait sous ses ordres, apprenant l'arrivée de Metellus, envoyèrent des délégués pour le prier de se mettre à leur tête et de sauver la Ville ; ils affirmaient qu'avec un chef tel que lui ils ne pouvaient pas douter du succès. Et comme Metellus, indigné, leur intimait l'ordre d'aller se ranger auprès du consul, ces hommes passèrent à l'ennemi. Dans le même temps, il apprit que les troupes qu'il avait laissées devant les Samnites avaient été massacrées par eux et que Plautius était mort au combat ; enfin que les Samnites, approchés par un envoyé de Cinna, Caius Flauius Fimbria, avaient traité avec lui aux conditions fixées par eux et s'étaient donc ralliés à Cinna.

Les opérations ne donnaient guère à espérer une issue heureuse. Pompeius Strabo, dont les ouvertures à Cinna et Marius avaient été traitées par le mépris, choisit donc le camp d'Octauius et il eut à affronter les troupes de Sertorius dans un combat qui dura toute la journée mais qui ne vit aucun vainqueur, chacun des deux camps ayant perdu environ six cents hommes. Marcus Marius Gratidianus, de son côté, s'était emparé d'Ariminum d'où il pouvait empêcher des troupes venant de Cisalpine de rejoindre Rome : lorsque Seruilius Vatia voulut passer avec les hommes qu'il avait recrutés sur ordre du Sénat, il se heurta à lui, perdit quelques soldats dans la bataille et fut abandonné par les autres qui passèrent à l'ennemi. Mais c'était Marius le plus actif : il avait pris Ostie par traîtrise et l'avait livrée au pillage avant de dresser des ponts et des barrages sur le Tibre, pour empêcher l'approvisionnement de la ville ; enfin il remonta sur Rome où, avec Cinna, ils firent une tentative contre le Janicule. La forteresse qui s'y trouvait leur fut ouverte par traîtrise. Ils s'y introduisirent à l'aube et tous ceux de leurs adversaires qui n'étaient pas morts au combat furent passés par les armes. Mais ils furent bientôt délogés par les troupes d'Octauius et de Pompeius Strabo à l'issue de combats sanglants dans lesquels sept mille partisans de Cinna furent tués, au nombre desquels Caius Milonius, son légat, et les renforts que Sertorius avait dépêchés. Pourtant la victoire ne fut pas complète : Pompeius Strabo, qui voulait un second consulat pour l'année suivante, ne souhaitait pas que les combats cessent avant les élections ; il persuada donc Octauius de ne pas pousser plus loin et même de faire revenir son légat Publius Licinius Crassus qui poursuivait l'ennemi en déroute. Les auteurs anciens racontent que, à l'occasion de cette bataille,

> deux frères, l'un de l'armée de Pompée, l'autre de celle de Cinna, se coururent sus sans se reconnaître ; comme le vainqueur dépouillait celui qu'il avait tué, il poussa de grands cris en reconnaissant son frère : ayant élevé un bûcher pour ce dernier, il se transperça de son épée sur le bûcher et fut consumé dans les mêmes flammes. (*Abrégés des livres de l'Histoire romaine de Tite-Live*, 79, 2.)

Peu de temps après, une épidémie se propagea dans les deux camps, mais affecta davantage les troupes, affaiblies par le rationnement, des défenseurs de Rome : Octauius perdit six mille hommes et Pompeius Strabo onze mille. Pompeius Strabo fut lui-même atteint : il mourut quelques jours après, peut-être parce que la foudre avait frappé la tente où il gisait, comme le disent les sources anciennes. Mais le personnage était si unanimement haï qu'il ne serait pas étonnant que l'on ait assimilé sa maladie à une vengeance divine et qu'on l'ait donc transformée en un foudroiement :

> Les Romains ne témoignèrent jamais à aucun autre général une haine aussi violente et aussi sauvage qu'au père de Pompée, Strabo. Vivant, ils le craignaient à cause de la puissance de ses armes (c'était en effet un grand homme de guerre), et, quand il fut mort, frappé de la foudre, ils arrachèrent son corps du lit funèbre sur lequel on l'emportait et le couvrirent d'outrages. (Plutarque, *Vie de Pompée*, 1, 2.)

Selon certains auteurs sa mort, à elle seule, consolait des pertes causées par l'épidémie et, en effet, le lit funèbre sur lequel il était transporté fut renversé, le cadavre piétiné et traîné au croc dans les rues de Rome. Les restes de son armée passèrent sous le commandement d'Octauius.

L'échec devant le Janicule et l'épidémie qui suivit déterminèrent Cinna et Marius à éloigner quelque peu leurs troupes et à jouer davantage sur le blocus. Marius marcha sur les villes où les Romains disposaient de stocks de grain, Antium, Aricia, Lanuuium, dont il s'empara et qu'il mit au pillage (Orose prétend qu'il y fit tuer tout le monde, sauf les traîtres); puis il rangea ses troupes à proximité de celles de Metellus. Celui-ci tenta l'affrontement et fit sortir son armée pour la disposer en ordre de bataille, mais lorsque l'ennemi fut à portée de voix, les hommes commencèrent à s'interpeller d'une ligne de front à l'autre et à fraterniser. Metellus donna alors l'ordre de repli et réintégra son camp. Il lui semblait qu'il fallait, dans ces conditions, essayer de traiter avec Cinna. Il le rencontra donc : sa revendication principale était qu'on lui restituât son titre et sa dignité de consul. Il n'appartenait évidemment pas à Metellus de conclure un accord sur ces bases et il se rendit auprès d'Octauius pour lui exposer les termes d'un accord possible, et même souhaitable selon lui. Il fut très mal reçu par un consul qui l'accusait d'avoir négocié de sa propre initiative, d'avoir trahi en quelque sorte, et il ajouta

> qu'il n'accorderait en aucune manière à Cinna le gouvernement absolu de Rome, et que, fût-il abandonné par tout le monde, il saurait se conserver digne du commandement. Enfin il ajouta que, s'il ne lui restait plus aucun espoir, il mettrait le feu à sa maison, livrerait aux flammes sa personne et ses richesses, et mourrait intrépidement en homme libre. (Diodore de Sicile, *Bibliothèque historique*, fragment du livre 38, traduction de Ferdinand Hoefer.)

Comme, de son côté, Marius avait reproché à Cinna sa pusillanimité qui le conduisait à traiter sur des bases dérisoires alors que l'on était sur le point de remporter une victoire totale, les chances de parvenir à un accord étaient nulles. Metellus en prit son parti : avec quelques troupes qui lui étaient fidèles, il se retira et quitta l'Italie pour l'Afrique. Octauius avait perdu son meilleur homme d'armes, mais il se voulait ferme sur les principes. Ainsi, lorsque ses amis lui conseillèrent de faire appel, lui aussi, aux esclaves pour défendre Rome, à un moment où Cinna avait envoyé, en ville, des émissaires pour les inciter à le rejoindre, il répondit qu'il ne donnerait pas une partie de sa patrie à des esclaves alors qu'il en excluait Marius pour défendre les lois.

Les dernières opérations militaires furent les attaques que lança Crassus, mais qui furent repoussées par Fimbria. Tout le monde voyait bien, à Rome, qu'il n'y avait plus d'issue : journellement des citoyens quittaient en masse la Ville pour se réfugier auprès de Cinna. Le Sénat lui envoya une délégation pour négocier. La réponse fut la même que celle qui avait été donnée à Metellus : le préalable était la restitution de Cinna et des six tribuns dans leurs titres et dignités. On était dans l'embarras, mais Merula, le consul suffect, arrangea tout le monde en se démettant de sa fonction pour permettre la réintégration du consul déchu. Pendant ce temps, Cinna et ses troupes s'approchaient lentement vers les murailles de la Ville, suivis par les troupes d'Octauius. Lorsque les envoyés du Sénat vinrent lui rendre réponse, il était devant Rome : ils le saluèrent du titre de consul et l'invitèrent à entrer dans Rome, non sans lui avoir demandé l'engagement de ne pas répandre le sang. Il n'était pas question pour lui de jurer quoi que ce soit et sa réponse fut évasive : « il ne serait volontairement la cause du meurtre de qui que ce fût », et, pour ce qui était de son collègue Octauius qui était entré dans Rome par la porte Prénestine, il lui conseillait de se retirer et de disparaître, pour éviter qu'il ne lui arrivât malheur à l'encontre de ses propres intentions.

Cinna faisait son entrée à Rome par la porte Capène, quand, au moment de franchir cette porte, Marius qui l'accompagnait s'arrêta en protestant qu'un banni ne pouvait entrer dans la ville sans une mesure mettant fin à son exil. On fit donc convoquer d'urgence une assemblée du peuple pour voter le rappel, mais Marius n'attendit pas la fin des opérations de vote et pénétra dans Rome avec sa bande d'esclaves illyriens, les *Bardyæi*, qui composaient sa garde rapprochée.

Règlements de comptes

Commença alors une période de terreur dont la première victime fut le consul Octauius. Il s'était laissé persuader de rester à Rome par les devins qui l'entouraient en permanence :

> Car cet homme, qui était par ailleurs le mieux intentionné des Romains, qui avait plus que personne maintenu la dignité consulaire au-dessus de la flatterie et qui restait fidèle aux mœurs et aux lois de la patrie comme à des décrets immuables, semble avoir eu un tel faible pour la divination qu'il passait plus de temps avec les charlatans et les devins qu'avec les hommes politiques et les gens de guerre. (Plutarque, *Vie de Marius*, 42, 7.)

Rien ne put le faire changer d'avis. Il se transporta donc dignement, avec ses amis et les quelques troupes qui lui restaient, dans la forteresse du Janicule où il se mit en devoir de siéger sur sa chaise curule, avec tous les ornements de sa charge. Comme les cavaliers de Censorinus qui étaient lancés à sa recherche s'approchaient, ses amis et ses soldats l'adjurèrent de partir et de se mettre à l'abri, ce qu'il refusa une fois encore. Ses poursuivants arrivèrent devant sa tribune, l'en jetèrent à bas et sur ordre de Censorinus lui tranchèrent la gorge. Censorinus rapporta sa tête à Cinna qui la fit exposer au Forum, sur les rostres. Elle devait être rejointe par plusieurs autres. Marius avait, en effet, donné l'ordre que l'on ferme les portes de la Ville afin de pouvoir mettre la main sur tous ceux dont Cinna et lui décideraient l'élimination : ils convinrent de se débarrasser de tous ceux qui avaient une quelconque influence et nos sources anciennes nous ont conservé le nom de quelques-unes de ces victimes. Lucius Iulius Cæsar, le consul de 90, vainqueur des Samnites à Acerræ, fut égorgé chez lui par des soldats lancés à ses trousses ; son frère, Caius, qui incarnait, selon Cicéron, l'idéal de la distinction, de l'esprit, de l'agrément, de la délicatesse, réussit à s'enfuir de la ville pour se réfugier en Étrurie, à Tarquinies, chez un ami, un certain Sextilius dont il avait été l'avocat dans un procès. Mais Sextilius le trahit et le livra à ses poursuivants qui le tuèrent et emportèrent son cadavre pour le mutiler devant la tombe de Quintus Varius, comme pour apaiser ses mânes. Le cousin des Césars, Publius Cornelius Lentulus, qui avait, lui aussi, servi au cours de la guerre sociale, subit le même sort. L'ancien consul de 106, Caius Attilius Serranus, fut tué en pleine rue. Publius Licinius Crassus, ancien consul et ancien censeur, avait réussi à prendre la fuite, mais lorsqu'il apprit que son fils, celui qui avait commandé les troupes du Janicule, avait été rejoint et décapité par les cavaliers de Fimbria, il se transperça de son épée. Leur tête fut apportée, au Forum, avec celle des autres victimes. Et puis, le plus célèbre des orateurs de son temps, celui pour lequel Cicéron avait la plus grande admiration, Marcus Antonius, père de Marc Antoine le triumvir, fut aussi poursuivi par les tueurs de Cinna et de Marius; il trouva refuge chez un brave homme de la campagne, homme de peu, mais qui le cacha bien volontiers. Cependant, comme l'esclave de la maison allait acheter à la taverne du coin un vin bien meilleur que celui que l'on buvait d'habitude, le boutiquier fit une enquête discrète et alla dénoncer Antonius à Marius. Celui-ci dépêcha sur-le-champ une troupe sous les ordres d'un tribun militaire, Publius Annius. Ils cernèrent la maison et un détachement y pénétra. Mais le temps passait et Annius, qui ne voyait pas revenir ses tueurs, s'inquiéta: prenant quelques hommes avec lui, il pénétra à son tour et trouva Antoine tenant à distance ces sicaires et leur expliquant longuement pourquoi il ne fallait pas qu'ils le tuent. Annius les insulta, les bouscula et trancha lui-même la gorge de l'orateur dont il rapporta la tête à Marius. Il paraît que ce fut la mort qui fit le plus de plaisir à Marius: il quitta le banquet où il se trouvait pour serrer dans ses bras Annius encore tout couvert de sang. Comme ce fut le cas pour Caius Cæsar, certaines victimes subirent des traitements particulièrement odieux, notamment lorsqu'elles tombaient entre les mains des coupe-jarrets de Marius. Ainsi le vieux Marcus Bæbius, un sénateur qui, de tout temps, s'était montré un ennemi de Marius, et un certain Caius Numitorius, sénateur lui aussi, qui furent traînés dans les rues avec un croc planté dans la gorge avant d'être dépecés vivants. Toutes ces horreurs étaient programmées: Cinna et Marius avaient arrêté la liste des indésirables et ils n'avaient aucune raison de revenir là-dessus. Témoin Quintus Ancharius, un ancien préteur, qui, se sachant condamné, parvint à s'introduire au Capitole au moment où Marius devait sacrifier et s'avança vers lui en rappelant leur vieille amitié; Marius donna l'ordre de l'exécuter sur-le-champ, ce que firent les gens d'armes de son entourage qui tranchèrent la tête et la firent porter avec celle des autres. Bien sûr, les funérailles étaient interdites pour ces victimes dont les cadavres mutilés furent traînés au croc jusqu'aux Esquilies, cet espace maudit, sur l'Esquilin, où se trouvait la sépulture des pauvres, les *puticuli*, des puits où l'on entassait les dépouilles des gens de peu et des esclaves; mais où, aussi, on laissait pourrir le cadavre des condamnés (sorciers et sorcières en tout genre venaient s'y approvisionner en débris maléfiques). Il était interdit, par conséquent, de porter le deuil et les biens furent confisqués par la cité.

Mais il y avait aussi ceux sur lesquels on n'avait pas pu mettre la main : on prit alors les mesures qui consacraient leur mort civile, en les condamnant à l'exil – c'est-à-dire, en fait, en les privant de tout ce qui faisait la citoyenneté et en traitant leurs biens comme ceux des victimes exécutées. Mais, parce que les auteurs anciens ont surtout porté leur intérêt sur les spectacles sanglants, et sans doute parce que Marius avait fait fermer les portes de la Ville, nous ne connaissons pas de personnage important qui ait trouvé son salut dans la fuite. Les procédures d'exil nous sont donc connues surtout pour des hommes qui n'étaient plus dans Rome en ce mois de novembre 87 : Appius Claudius Pulcher, à qui Cinna avait pris sa légion, à Nola, et qui fut officiellement démis de son pouvoir et frappé d'exil ; et surtout Sylla dont on sait qu'il fut proclamé ennemi public, dont les propriétés furent rasées et les biens vendus. Sa femme, Metella, avait réussi à s'enfuir avec ses deux enfants et elle le rejoignit en Grèce.

On ne peut avoir aucune idée du nombre des victimes de cette épuration ; ce qui est remarquable, en revanche, c'est qu'à la différence de ce qui s'est passé dans d'autres circonstances comparables, on ne connaît qu'un seul rescapé. Il s'agit de Marcus Cæcilius Cornutus, qui avait été préteur en 90. Il se trouvait chez lui et allait être égorgé par les sicaires de Cinna et de Marius quand ses esclaves allumèrent le bûcher qu'ils avaient préparé et sur lequel ils avaient disposé un cadavre qu'ils étaient allés chercher, et à la main duquel ils avaient passé un anneau d'or : ils expliquèrent alors benoîtement aux soudards que leur maître n'avait pas supporté la menace et qu'il s'était pendu. Un pendu, c'est un corps malfaisant, surtout à Rome où le tabou est très fort ; et nos tueurs ne cherchèrent pas à en savoir davantage. Un peu plus tard, Cornutus réussit à se réfugier en Gaule.

Sans connaître les chiffres de victimes, on peut se faire une idée de l'atmosphère de terreur qui régna dans Rome, pendant cinq jours et cinq nuits, avec les *Bardyæi* de Marius toujours à la recherche d'un bon coup et n'hésitant pas à tuer pour s'approprier un bien, violant femmes et enfants ; et avec les esclaves auxquels Cinna avait fait appel et qui savaient ce qu'il y avait d'or et d'argent chez leurs anciens maîtres ; mais aussi avec ceux qui profitaient du désordre pour régler de vieux comptes sans rapport avec la politique. Il faut un souffle épique pour dire l'horreur :

> [Marius] dès que la fortune lui revient, libère des bataillons d'esclaves, et les ergastules, où l'on forgeait le fer, livrèrent passage à des hordes féroces. Nul ne pouvait porter le fanion du général s'il ne s'était fait une habitude du crime et n'avait introduit au camp le sacrilège. Fatalité ! quel jour, quel jour que celui où Marius vainqueur s'empara des remparts, et de quel pas courut la mort impitoyable ! la noblesse périt avec la plèbe ; l'épée fut promenée au loin et le fer ne recula devant aucune poitrine. Des mares de sang montent devant les temples ; on glisse sur les dalles rougies par le

carnage. L'âge ne protège personne ; on ne craignit point de hâter les jours du vieillard au déclin des années ni, sur le seuil de la vie, de rompre le destin naissant d'un pauvre nouveau-né. Par quel crime ces petits ont-ils mérité ce massacre ? Mais voici qu'il suffit de pouvoir mourir. L'élan même de la fureur les entraîne et l'on tient pour lenteur de chercher un coupable. Une grande partie périt pour faire nombre, et le vainqueur ensanglanté enlève un visage coupé à un tronc inconnu, par honte d'aller les mains vides. Le seul espoir de salut est de poser un baiser tremblant sur une main souillée. Bien que mille glaives obéissent à cet étrange signal de mort, ô peuple dégénéré, il serait à peine honorable pour des hommes d'avoir à ce prix mérité de longs siècles, à plus forte raison le honteux délai de quelques jours et la vie jusqu'au retour de Sylla. Comment trouver le temps de pleurer les morts vulgaires ? À peine peut-on te nommer, Bæbius, qui fus dépecé et mourus entre les mains innombrables d'une foule qui arrachait tes membres, ou toi, Antonius, prophète de ces malheurs, dont un soldat porta la tête où pendaient des lambeaux de cheveux blancs et la plaça toute dégouttante sur la table du festin. Fimbria déchira les Crassus mutilés, les prisons cruelles furent inondées du sang d'un tribun. [...] Tels furent les événements que suivit la septième année où Marius reprit les faisceaux. Ce fut la limite de la vie pour cet homme qui avait souffert tout ce que la pire fortune peut apporter, usé de tout ce que la meilleure peut donner, et mesuré toute l'étendue des destinées humaines. (Lucain, *La Pharsale*, II, 94-133.)

Il fallait pourtant bien mettre un terme aux exactions des esclaves. Cinna organisa pour eux une « nuit des longs couteaux ». Après qu'ils eurent passé une cinquième journée à se rassasier de pillages, de viols, de meurtres et de beuveries, le camp où ils étaient cantonnés fut investi par une troupe de Gaulois commandée par Sertorius qui les surprit dans leur sommeil et les massacra à la lance. Ils étaient au moins quatre mille.

Tous les adversaires ne furent pas exécutés sommairement. Il y en eut auxquels Cinna et Marius avaient réservé des poursuites judiciaires, personnages d'exception qu'il n'était pas aisé d'égorger comme des bêtes d'abattoir. Ce fut le cas de Quintus Lutatius Catulus, qui avait célébré avec Marius le triomphe contre les Cimbres et les Teutons : il était, lui aussi, considéré comme le libérateur et le nouveau fondateur de Rome ; ce fut le cas, de la même façon, pour le flamine de Jupiter, le prêtre le plus élevé dans la hiérarchie sacerdotale, en l'occurrence, Lucius Cornelius Merula, à qui Cinna ne pardonnait pas d'avoir accepté de se faire désigner consul suffect à sa place. Contre l'un et l'autre on fabriqua un procès pour les déshonorer avant de les tuer ou de les exiler ; mais l'un et l'autre devancèrent leurs accusateurs et se donnèrent la mort. Catulus avait tenté de faire toucher Marius, son compagnon d'armes, par des proches, mais n'avait obtenu que cette réponse : « Il faut mourir. » Il s'enferma alors dans une pièce de sa maison récemment chaulée dans laquelle il avait fait brûler du charbon de bois et mourut par intoxication. Quant à Merula, il s'ouvrit les veines et en arrosa l'autel de Jupiter, dont il était le servant : en répandant ainsi son sang, il commettait un sacrilège auquel il associait ses ennemis.

Le retour à l'ordre

La fin de l'année parut marquer une pause dans les atrocités. Il n'y eut plus, semble-t-il, d'exécutions sommaires. Les choses reprirent une forme légale : on avait chassé les tribuns mis à la place de ceux qui avaient été déclarés ennemis publics au début de l'année pour rétablir ces derniers dans leurs charges ; la législation de Sylla et de Pompeius avait été invalidée et l'on était revenu aux dispositions de Sulpicius, notamment pour ce qui était du transfert à Marius du commandement de l'expédition d'Orient. Les élections avaient eu lieu, le dix décembre les tribuns de la plèbe étaient entrés en charge. Pour les autres magistrats la cérémonie avait lieu le 1er janvier. Lucius Cornelius Cinna était consul pour la seconde fois, Caius Marius pour la septième. Cette cérémonie fut marquée par une exécution impressionnante : le tribun de la plèbe Publius Popillius Lænas s'empara, sur le Capitole même, de la personne de l'un de ses collègues de l'année précédente, Sextus Lucilius, et sans que personne ose faire opposition, il l'emmena à la roche Tarpéienne d'où il le précipita. Le message terroriste était clair, d'autant qu'il empruntait des voies qui avaient les apparences de la légalité puisque la précipitation d'un citoyen était la forme d'exécution concédée au tribun ; et lorsque Popillius annonça qu'il allait poursuivre en justice ses collègues de l'année précédente, ceux-ci préférèrent quitter rapidement la ville pour se réfugier auprès de Sylla. Ils furent, eux aussi, frappés d'une interdiction de l'eau et du feu.

Très peu de temps après, à la fin de la première semaine de janvier, Marius tomba malade, d'une pleurésie apparemment. Son état empira et il mourut aux ides de ce mois, c'est-à-dire le 13. Velleius Paterculus, qui raconte brièvement sa fin, a quelques mots sur le personnage qui pourraient constituer son épitaphe : *Vir in bello hostibus, in otio ciuibus infestissimus quietisque impatientissimus.* Ce qui signifie, à peu près : « Un homme acharné contre les ennemis en temps de guerre, contre ses concitoyens en temps de paix, en tout cas absolument incapable de supporter le repos. » Le même avait déjà écrit de lui, au moment de la guerre de Iugurtha :

> Inculte et grossier, et de mœurs irréprochables, aussi excellent en temps de guerre que détestable en temps de paix, il était affamé de gloire, insatiable, emporté, constamment agité. (Velleius Paterculus, 2, 11, 1.)

Ses funérailles donnèrent lieu à une étrange affaire qu'il est bien difficile d'expliquer, mais que Cicéron évoque en ces termes :

> Nous avons eu naguère dans la République un homme qui était de beaucoup le plus audacieux de tous les hommes, Caius Fimbria ; suivant l'avis de tout le monde, excepté des gens qui sont eux-mêmes des insensés, il était aussi le plus insensé de tous. Ce Fimbria prit ses mesures pour faire blesser aux funérailles de Caius Marius l'homme le plus respectable et le plus distingué de notre cité, Quintus Scæuola : ce

n'est pas maintenant le moment de faire longuement son éloge, et d'ailleurs on ne peut en dire plus à sa louange que le peuple romain n'en conserve dans sa mémoire. Quand il eut la certitude que Scæuola pourrait survivre à sa blessure, il l'assigna en justice. On lui demandait de quoi enfin il allait accuser un homme d'un si grand mérite qu'on ne pouvait même le louer comme il convenait. On affirme que Fimbria – il était en proie à une folie furieuse – répondit qu'il l'accusait de ne pas avoir reçu le poignard tout entier dans son corps. (Cicéron, *Plaidoyer pour Roscius d'Amérie,* 33.)

Derrière la polémique cicéronienne contre l'extrémisme, il apparaît que, dans la Rome de cette époque, un personnage aussi important que le Grand Pontife du peuple romain, ancien consul, très respecté pour sa rigueur morale comme pour sa science du droit, pouvait être l'objet d'un attentat. Que cet attentat ait été organisé par Fimbria reste à prouver et ce n'est pas l'atroce boutade du personnage qui le permet.

C'est Lucius Valerius Flaccus, le cousin de celui qui avait été le collègue au consulat de Marius, en l'année 100, qui fut désigné comme consul suffect. Avant de partir pour l'expédition en Orient, comme l'aurait fait Marius, il s'attaqua aux problèmes économiques auxquels était confrontée la République en réduisant des trois quarts les dettes contractées depuis 89. Sur ce plan, la situation n'était pas brillante, en effet. Outre les désastres provoqués par la guerre contre les alliés et les premiers affrontements de la guerre civile que Rome venait de connaître, les revenus de la province d'Asie ne rentraient plus. Comme toujours, en pareil cas, la monnaie ne circulait plus : ceux qui en détenaient la cachaient (ce qui a permis aux archéologues de trouver des « trésors » datant de cette époque). En outre, Liuius Drusus avait modifié la composition métallique de la monnaie, en introduisant un huitième de bronze dans les monnaies d'argent. Le résultat avait été catastrophique : la mauvaise avait chassé la bonne. Ce fut la raison pour laquelle les préteurs de l'année suivante décidèrent de faire rentrer toute cette monnaie dévaluée pour l'échanger contre des pièces au titre garanti.

Pendant ce temps, les censeurs que l'on avait élus cette année-là, bien qu'il ne se fût point écoulé un lustre depuis la dernière censure, s'appliquaient à recenser les citoyens. Mais si nous en croyons nos sources, ils n'auraient trouvé que 463 000 citoyens alors qu'il y en avait déjà 394 336 vingt ans plus tôt, ce qui conduit à penser qu'ils n'ont pas pu inscrire les nouveaux citoyens. Puis les censeurs, après avoir comblé les vides du Sénat (entre les morts et les ennemis publics, il s'était fait un grand vide dans cette illustre assemblée) et désigné le cousin du consul, Lucius Valerius Flaccus, comme prince du Sénat (il était probablement le seul patricien consulaire qui leur restât), ils résignèrent normalement leur charge au bout de dix-huit mois.

Sylla et Mithridate

En Orient, comme il était prévisible en raison de la tension qu'y avait fait monter Mithridate, la situation s'était détériorée rapidement après les mésaventures de Caius Cassius, le proconsul d'Asie, et de Manius Aquillius. Le roi du

Pont avait envahi la province romaine d'Asie et, passé en Grèce, avait commencé à rallier, par l'intermédiaire de ses généraux, la plupart des cités. C'est le moment qu'il choisit pour lancer, depuis Éphèse, un appel au massacre : il invitait toutes les cités à se débarrasser, en un seul jour, de tout ce qui portait le nom de Romain (ce qui signifiait, pour des Grecs ou des Orientaux, aussi bien des Italiens que des citoyens de plein exercice). Au trentième jour après la date du message, toutes les cités devaient massacrer hommes, femmes (même celles qui étaient du pays, parce que l'on considérait qu'elles avaient été polluées par leur mari), enfants, affranchis (d'origine italique) ; leur corps devait être privé de sépulture et leurs biens confisqués au profit partagé des cités et du roi ; et, en même temps, si besoin en était compte tenu du véritable racisme antiromain qui s'était développé, on menaçait d'un châtiment identique tous ceux qui aideraient des Romains vivants ou qui rendraient les honneurs funèbres à des morts et l'on promettait de fortes récompenses aux dénonciateurs de ces traîtres (notamment, les esclaves qui dénonceraient leur maître obtiendraient la liberté).

Ce fut un immense embrasement, dans tout l'Orient. On a parlé de plus de quatre-vingt mille victimes, en un seul jour, massacrées parfois dans des conditions atroces. La plupart du temps, les malheureux, lorsqu'ils avaient eu le temps de comprendre ce qui se passait, s'étaient réfugiés dans les temples ; on les en sortit par la force, comme à Éphèse, pour les égorger ; à Tralles, où l'on avait loué les services d'une troupe commandée par un Paphlagonien, on trancha les mains de ceux qui s'accrochaient aux statues des dieux ; à Caunos, on les sortit du temple d'Hestia puis on commença par égorger les enfants sous les yeux de leur mère, les mères sous les yeux de leur mari, puis tous les hommes ; à Pergame, on ne se donna pas la peine de les sortir du temple d'Esculape, c'est un détachement d'archers qui se chargea de la besogne ; ailleurs, on noya les enfants de ceux qui avaient tenté de fuir par la mer avant d'exécuter les parents. Ces « vêpres éphésiennes » étaient évidemment d'une extrême gravité : la plupart du temps, ces « Romains » que l'on massacrait étaient, pour la plupart, de paisibles négociants installés depuis longtemps, parfois bien intégrés à la vie locale. Que l'on ait pu les massacrer avec un tel acharnement témoignait de la haine que suscitait désormais tout ce qui pouvait rappeler le nom romain. Et surtout, cette épidémie antiromaine avait gagné l'Orient tout entier et des cités, comme Athènes, avaient pris fait et cause pour Mithridate. Or, comme celui-ci avait maintenant un accès direct à la Méditerranée pour sa très importante flotte jusqu'alors confinée dans le Pont-Euxin, c'est à une véritable reconquête qu'il allait falloir se livrer, même s'il y avait encore, ici ou là, des poches de résistance au roi du Pont : par exemple Rhodes, où étaient venus se réfugier tous ceux qui avaient pu échapper au massacre et qui avaient trouvé une embarcation, et au nombre desquels il faut compter le proconsul Cassius.

Mithridate avait confié son royaume du Pont, qui s'étendait sur toute la côte orientale de la mer Noire jusqu'à la mer d'Azov comprise, à l'un de ses fils,

Pharnace. Il avait installé des hommes à lui en Bithynie et en Cappadoce, dont il avait chassé les rois ; il avait pour ainsi dire annexé l'Asie et ses armées avançaient vers l'ouest : l'une d'elles, commandée par son deuxième fils, Ariarathe, avait pour mission de soumettre la Thrace et la Macédoine, tandis que l'autre, sous les ordres de son meilleur général, Archelaos, et complétée d'une flotte importante, avait déjà rallié à sa cause les Achéens, les Lacédémoniens, presque toute la Béotie et tentait de détacher la Thessalie de Rome. Dans le même temps, avec sa flotte, Archelaos avait entrepris de soumettre les Cyclades et, plus généralement, toutes les îles de la mer Égée. Une troisième armée, confiée à Métrophane, avait ravagé l'Eubée et la Magnésie. Quant à Mithridate lui-même, il s'était installé à Pergame avant d'entreprendre une tournée en Méditerranée. À Cos, il avait reçu un accueil triomphal et avait pu mettre la main à la fois sur une partie des trésors d'Égypte, que Cléopâtre III y avait entreposés au moment de la guerre de succession de ses fils, et sur l'un des héritiers légitimes du trône d'Égypte. Il envoya les uns et l'autre à Sinope, sa résidence.

À Rhodes, cependant, il se heurta à une résistance sérieuse. Les Rhodiens, renforcés d'un grand nombre de réfugiés italiens, mais aussi lyciens et pamphiliens, s'étaient préparés à le recevoir en fortifiant leur port et en rasant tous les faubourgs pour éviter qu'ils ne servent d'abri à d'éventuels assaillants ; et ils avaient naturellement renforcé leur flotte. Ils n'avaient certes pas de quoi rivaliser avec les lourds navires de guerre de la flotte pontique, mais l'expérience montra qu'ils étaient capables de gêner considérablement leurs adversaires : lors d'une sortie, ils désorganisèrent à ce point l'escadre ennemie que l'un des bateaux de Mithridate, dont l'équipage était originaire de l'île de Chios, vint éperonner le navire amiral. Le roi du Pont essaya tout pour soumettre Rhodes, employant les grands moyens, mais il dut se résoudre à abandonner et à se réfugier sur le continent où, confiant la direction des opérations à ses généraux, il s'occupa de la levée de troupes fraîches et de la fabrication des armes nécessaires.

Les choses s'étaient passées plus mal à Délos où s'étaient réfugiés plusieurs milliers de Romains. Les Déliens avaient profité des troubles que connaissait Athènes pour reprendre leur autonomie et avaient essayé d'organiser la résistance. Tant qu'ils n'eurent qu'à affronter la marine athénienne, les choses se passèrent plutôt bien ; mais Archélaos ne fit qu'une bouchée de ces malheureux dont vingt mille furent passés par les armes. Archélaos rendit à Athènes la souveraineté sur l'île et laissa deux mille hommes pour y garder le trésor d'Apollon : ce renfort permit aussi à Aristion de faire taire les opposants à la collaboration avec Mithridate.

La seule résistance sérieuse aux troupes pontiques était venues du propréteur de Macédoine, Caius Sentius, qui avait réussi à repousser les incursions de Parthes, alliés au roi, après qu'ils eurent mené une nouvelle incursion qui les avait menés jusqu'en Épire où ils avaient eu le temps de saccager le sanctuaire de Zeus à Dodone ; et son légat, Quintus Bruttius Sura, avait infligé de sérieux revers aux troupes de Métrophane en Magnésie. Fort de ce succès, Bruttius Sura avait même affronté les troupes d'Archélaos, à Chéronée, au cours d'une bataille qui dura trois jours, avec un résultat incertain. Au sortir de cette mêlée, le Romain était même allé occuper le Pirée, qu'il ne put tenir longtemps face à l'immense armée des barbares. Mais ces victoires avaient eu au moins le mérite de réconforter les cités grecques qui étaient restées fidèles à Rome et de donner à penser à celles qui n'avaient pas encore eu à faire un choix. Toujours est-il que lorsque Lucius Licinius Lucullus eut débarqué avec l'avant-garde de l'armée de Sylla, il intima l'ordre à Sura de retourner en Macédoine, ce que s'empressa de faire le légat.

Lorsque Sylla débarqua avec le gros de ses troupes, au cœur de l'hiver de 88-87, il eut d'abord à recevoir et à rassurer les ambassades des cités grecques qui étaient venues le trouver. Il leur confirma que Rome soutiendrait fermement ses alliées fidèles et il demanda, aux régions qui n'avaient point encore trop souffert, des approvisionnements et des troupes auxiliaires pour son armée qui se composait d'environ trente-six mille légionnaires, auxquels s'ajoutaient les auxiliaires et une cavalerie italienne. En marche pour rencontrer l'armée d'Archélaos, il traversa la Béotie dont toutes les cités firent acte d'allégeance, y compris Thèbes, qui avait précédemment pris fait et cause pour Mithridate : il la traita durement en confisquant la moitié de son territoire qu'il partagea ultérieurement entre les différents sanctuaires dont il s'empara des trésors pour les besoins de sa campagne. Quand il arriva en Attique, ses adversaires s'étaient retranchés à Athènes et au Pirée. Tout en installant un double siège, il envoya une troupe à Chalcis pour prévenir toute incursion de troupes pontiques venant de Macédoine.

Prise d'Athènes

Les deux sièges durèrent de longs mois sans permettre d'obtenir un résultat. Sylla avait fait porter son effort sur le Pirée où était retranché Archélaos ; mais comme celui-ci avait la maîtrise de la mer, il n'était pas question d'établir un blocus sérieux. Rien n'y fit, quels que fussent les moyens employés : énormes machines de guerre, sape des murailles et même bataille rangée au pied de celles-ci, au cours de laquelle les troupes pontiques subirent des pertes sévères. Sylla reporta alors son effort sur Athènes qui, elle, était entièrement cernée grâce aux travaux qu'il avait fait réaliser par ses troupes du génie, notamment la mise à bas des Longs Murs qui, à date ancienne, permettaient d'aller sans risque de la cité au Pirée. Grâce à deux esclaves qui le renseignaient au moyen de balles de fronde sur lesquelles ils inscrivaient les mouvements de troupe à l'intérieur de la ville, il avait appris qu'un secteur de la muraille était plus faiblement protégé : il fit porter l'effort de ce côté-là et réussit à faire pénétrer ses troupes. C'était le 1er mars. Lui-même ménagea son entrée :

> Sylla en personne, ayant ordonné d'abattre et de raser la partie du rempart entre la porte du Pirée et la porte sacrée, fit son entrée dans la ville vers minuit, d'une manière effrayante, au son d'une grande quantité de trompettes et de cornes, parmi les cris et

> les hurlements de l'armée qui, lâchée pour piller et pour tuer, se répandait par les rues, l'épée nue à la main. On ne put compter les morts dont on n'apprécie le nombre, maintenant encore, que par la grandeur de l'espace qui fut envahi par des flots de sang. Car en dehors des gens tués dans les autres quartiers, le sang versé sur l'agora remplit tout le Céramique à l'intérieur du Dipylon. On dit même que le sang coula audelà de la porte et inonda le faubourg. (Plutarque, *Vie de Sylla*, 14, 5-6.)

Cette organisation spectaculaire du pillage avait pour but de récompenser des soldats harassés par un long siège hivernal et de donner aux autres cités grecques un avertissement, que l'on espérait salutaire. Toutefois, avant que la ville ne fût complètement mise à feu et à sang, Sylla rappela ses hommes, « faisant grâce au petit nombre en l'honneur du grand, aux vivants en l'honneur des morts ». Il avait lui-même récupéré la fameuse bibliothèque d'Aristote, augmentée des ouvrages de ses héritiers, et fit transporter le tout à Rome où un grammairien asiatique, ami de Cicéron et grand connaisseur du maître, put donner de bonnes éditions de son œuvre.

Il prit alors le Pirée qu'Archélaos avait déserté, rasa les murs et détruisit l'arsenal pour éviter qu'il ne serve aux ennemis; puis, ayant laissé autour de l'Acropole, où s'était réfugié Aristion avec quelques troupes, une garnison commandée par son légat Caius Scribonius Curio, il se mit en route vers la Béotie pour rencontrer ses adversaires qui s'étaient regroupés, après avoir envoyé Lucullus, avec six petits navires, essayer de constituer une flotte sérieuse. Mais il lui fallait désormais compter sur l'autre armée romaine, chargée de la même mission que la sienne, celle de Lucius Valerius Flaccus. Au début les choses se passèrent bien puisque son légat, Lucius Hortensius, n'eut aucun mal à convaincre l'avant-garde, qui avait beaucoup souffert dans la traversée (et qui n'avait qu'une confiance limitée dans le consul Flaccus, plus connu pour sa rapacité que pour ses talents militaires), de rallier le proconsul, déchu certes, mais qui avait une armée plus puissante et qui, surtout, était victorieux et généreux avec ses hommes.

Chéronée

Une fois incorporés ces renforts, l'armée romaine ne devait guère dépasser les quarante mille hommes, dont une bonne moitié d'Italiens, auxquels s'étaient adjoints des Grecs et quelques Macédoniens transfuges des armées de Mithridate. En face il y avait au moins cent mille fantassins et quelque dix mille cavaliers, armée hétéroclite, composée de nombreuses nationalités ne parlant pas toutes la même langue, chaque division ayant ses propres traditions et ses officiers; il y avait aussi quinze mille esclaves que l'on avait enrôlés en leur promettant la liberté; et puis, surtout, il y avait cette centaine de chars dont les moyeux étaient garnis de faux. Lancés à pleine vitesse, ils pouvaient faire un carnage épouvantable et désorganiser toute une ligne.

> En outre le faste imposant de leurs somptueux équipements n'était pas sans effet et contribuait à impressionner les Romains. L'éclat de leurs armes magnifiquement rehaussées d'or et d'argent, les vives couleurs des tuniques médiques et scythiques,

mêlées au scintillement du bronze et du fer, donnaient à l'armée qui s'avançait en ondulant l'aspect effrayant d'une colonne de feu. (Plutarque, *Vie de Sylla*, 16, 4.)

Sylla était bien décidé à en découdre avec l'ennemi dans cette région de Chéronée, bien qu'un combat de plaine ne lui fût pas, *a priori*, avantageux : l'ennemi avait eu le tort d'installer son camp sur un site accidenté. Il fallait pourtant convaincre ses légionnaires, qui voyaient l'énorme disproportion des forces, d'aller affronter cette horde bigarrée de barbares. Pour ce faire, il les laissa enfermés dans le camp alors que l'ennemi s'enhardissait chaque jour et venait les insulter jusqu'au pied du retranchement. Dans le même temps il faisait creuser de profonds fossés, larges de trois mètres et qui furent remplis de l'eau du fleuve Céphise, afin d'empêcher les assauts latéraux de l'importante cavalerie adverse ; et il faisait occuper les points stratégiques au débouché de la plaine, pour prévenir toute attaque sur ses arrières. Lorsque ses soldats eurent creusé pendant plusieurs jours et eurent essuyé les insultes répétées des barbares, ils réclamèrent à Sylla le droit d'aller combattre. Son dispositif étant prêt, il les fit sortir et les plaça assez près de l'endroit où devait s'installer l'ennemi pour en gêner le déploiement. Ce que voyant, Archélaos fit donner les chars à faux. Mais Sylla avait pris soin de faire planter de solides pieux juste derrière la première ligne qui, au moment opportun, recula en les découvrant. Les faux des chars, qui n'avaient pas pu prendre assez d'élan, se bloquèrent : on tua les cochers, on retourna les chars et on fouetta les chevaux qui s'emballèrent et allèrent au grand galop faire des dégâts là d'où ils venaient. Le combat s'engagea entre deux armées qui n'étaient pas parallèlement disposées : Sylla, qui commandait à l'aile droite, fut contraint de passer derrière ses lignes pour venir secourir l'aile gauche, commandée par Lucius Licinius Murena, qui avait reçu le premier choc et commençait à plier. C'est ce qu'attendait Archélaos. Il fait une charge contre l'aile droite qui n'a plus de chef. Sylla, après avoir constaté que le renfort d'Hortensius assure la solidité du front, revient en toute hâte et reprend son commandement. Les deux ailes réussissent à enfoncer l'ennemi et dès lors son centre commence à se disloquer : très vite, c'est la déroute au cours de laquelle les Romains prennent le camp ennemi, tuent et capturent un nombre considérable d'hommes. D'après le communiqué de victoire que Sylla rédigea, il ne put s'échapper que dix mille barbares (ce qui signifie qu'il y eut au moins cent mille tués et prisonniers) alors qu'il ne manquait à l'appel que quatorze soldats romains (dont deux furent retrouvés le lendemain : ils s'étaient égarés en poursuivant l'ennemi !). On peut comprendre l'énorme disproportion (qu'il faut sans doute atténuer en augmentant ici et en diminuant là) par le fait que lorsqu'une armée se débandait ainsi, les soldats abandonnaient leurs armes pour courir plus vite et que, de ce fait, la bataille se terminait par une véritable boucherie. Sylla se rendit à Athènes où l'Acropole était enfin tombée : tous ceux qui avaient pris une part quelconque à l'instauration du régime tyrannique et à l'alliance avec Mithridate furent exécutés sur son ordre.

Sylla portait désormais le titre d'*imperator* que lui avaient décerné ses soldats sur le champ de bataille. Chéronée est restée, dans l'histoire militaire de Rome, comme l'une de ses plus glorieuses victoires. Conformément à la coutume grecque, il fit élever sur le champ de bataille et sur la cime du mont Thourion voisin deux trophées dédiés à Mars, Victoria et Venus. Aussitôt cette victoire eut un retentissement extraordinaire dans toute la région : on commença à se ressouvenir que la supériorité militaire romaine, dont on avait déjà eu à connaître, était éclatante et qu'il valait mieux se faire des alliés de ces gens-là plutôt que des ennemis. Mithridate, de son côté, ne décolérait pas : il était convaincu que si quelques légionnaires avaient réussi à anéantir l'une de ses meilleures armées, cela ne pouvait s'expliquer que par la trahison. Il commença donc à lever de nouvelles troupes en prélevant des hommes dans toutes les nations qui lui étaient soumises, avec d'autant plus de brutalité qu'il soupçonnait ces peuples d'avoir déjà trahi sur le champ de bataille de Chéronée et de vouloir l'abandonner après sa défaite. C'est pourquoi, après s'être longtemps appuyé sur les élites des cités qu'il voulait se rallier, il changea de cap et, partout, sema le désordre en annulant les dettes et s'appuyant sur les masses sans ressources. Il voulut faire un exemple : il choisit Chios, l'île dont était originaire l'équipage du vaisseau qui avait éperonné le sien devant Rhodes. Il commença par faire occuper l'île par un important contingent et annonça aux habitants qu'ils auraient une indemnité à payer. Le montant était énorme : quarante millions de sesterces (deux mille talents) ! Les habitants protestèrent, mais il leur fallut bien tenter de réunir la somme, en rassemblant tout, ornements religieux, bijoux féminins. Lorsqu'ils eurent réuni le poids de métal précieux convenu, ils l'apportèrent à Zenobios qui commandait le détachement pontique. Celui-ci les accusa immédiatement de l'avoir trompé sur le poids et fit descendre toute la population vers la mer, en lui faisant emprunter un chemin étroitement surveillé par ses soldats, l'arme au poing. Là, il embarqua les hommes et les femmes sur des vaisseaux différents et les envoya à Mithridate. Celui-ci les déporta dans son royaume du Pont pour y être esclaves. Mais cet exemple eut l'effet inverse de celui qui était escompté et, lorsque Zenobios se présenta devant Éphèse, les habitants ne l'autorisèrent à pénétrer dans la ville que sans armes et avec une troupe très réduite. Il voulut s'adresser aux Éphésiens assemblés pour les convaincre d'apporter un soutien plus énergique au roi, mais ne convainquit personne. On l'arrêta et on le fit exécuter ; puis la ville se mit en état de se défendre. La nouvelle fut bientôt connue, d'autres cités d'Asie Mineure prirent des dispositions identiques et eurent à affronter les armées que Mithridate, de plus en plus enragé, envoyait contre elles.

Orchomène

De son côté Sylla s'apprêtait à passer en Asie lorsqu'il apprit qu'une nouvelle armée pontique, toujours commandée par Archélaos, ravageait la Béotie. Il fit donc demi-tour et rejoignit l'ennemi dans la plaine d'Orchomène qui prolonge celle de Chéronée. Les choses se passèrent un peu différemment dans la mesure où les barbares essayèrent par tous les moyens d'empêcher les Romains de faire leurs creusements de fossés et autres travaux préparatoires à une bataille contre un ennemi supérieur en nombre. On frôla même la catastrophe au cours d'une de ces batailles préliminaires, au cours de laquelle Sylla lui-même dut se saisir de l'enseigne, que tenait encore un soldat qui s'enfuyait, pour rameuter ses troupes. Les travaux se poursuivirent, émaillés d'incidents divers qui coûtèrent quinze mille soldats aux barbares, jusqu'à ce que les légionnaires se trouvent au pied même du camp de l'ennemi. Celui-ci fit une sortie mais fut repoussé et les Romains pénétrèrent dans le camp où ils firent, une fois encore, un grand carnage. Vingt mille hommes furent égorgés au bord des marais où ils avaient été acculés ou s'y noyèrent; vingt-cinq mille furent faits prisonniers. Pour la deuxième fois, Sylla fut acclamé *Imperator* par ses hommes et, de fait, les monnaies émises à cette occasion portent, au revers, la légende *IMPER(ATOR) ITERVM*.

Paix de Dardanos

Mithridate allait être conduit à négocier après cette seconde défaite, d'autant que lui-même avait eu à faire avec la deuxième armée romaine envoyée pour le combattre : celle-ci avait finalement débarqué en Asie et campait devant Byzance où Flaccus avait pris ses quartiers. Caius Flauius Fimbria, son légat, avait commencé à faire beaucoup de mauvais esprit à l'égard de son chef, laissant entendre qu'il trafiquait avec les Asiatiques et qu'il trichait sur les approvisionnements. Un jour où une querelle avait opposé Fimbria au questeur de l'armée, Flaccus décida de limoger son légat, lequel fomenta une mutinerie au cours de laquelle Flaccus fut tué par ses hommes. C'est donc Fimbria qui avait repris le commandement du corps expéditionnaire : il attaqua Mithridate, le chassa de Pergame et le contraignit à se réfugier dans Pitanè où il l'aurait sans doute capturé s'il avait eu une flotte. Il y avait bien celle que Lucullus avait constituée et ramenait à Sylla, mais Lucullus ne voulut point collaborer avec un soudard comme Fimbria, ni, encore moins, lui laisser la gloire d'une capture aussi miraculeuse. Mithridate s'échappa donc et, après un assez long ballet diplomatique, on parvint à un accord qui fut signé entre Sylla et lui, à Dardanos, en Troade (en l'année 85), accord qui remettait les choses en l'état où elles étaient avant le conflit. Sylla se contenta de ce résultat parce qu'il allait lui falloir régler la question de Fimbria et réorganiser l'Asie avant de retourner à Rome pour retrouver sa dignité. En attendant, il rédigea et envoya au Sénat un compte rendu détaillé des opérations et des résultats obtenus, en feignant d'ignorer qu'il avait été déchu de son commandement et déclaré ennemi public.

Pour Fimbria les choses furent rondement menées : il le rejoignit à Thyatire, en Lydie, et l'assiégea dans son camp. Fimbria avait bien essayé de faire assassiner le proconsul, mais vainement et il ne put empêcher ses hommes de déserter. Il demanda alors à négocier avec Sylla qui lui envoya un officier subalterne. Il fut autorisé à quitter la province, mais, arrivé à Pergame, il se rendit au sanctuaire d'Esculape et se suicida en maudissant ses ennemis, dernière vengeance qui consiste à associer son ennemi au sacrilège que l'on est en train de commettre en se donnant la mort dans un temple. Ainsi avait fait Merula. Ses troupes furent confiées au commandement de Murena au moment où le gros de l'armée quitta le sol de l'Asie. La réorganisation de la province demanda plus de temps : il ne restait rien de l'administration d'Asie et les sociétés de publicains, qui se chargeaient traditionnellement de la collecte de l'impôt, avaient été anéanties. Sylla divisa donc le territoire en quarante-quatre circonscriptions fiscales pour la répartition et la collecte de l'impôt et il envoya dans chacune d'elles un personnel compétent (dispositions qui sont restées la base de l'organisation fiscale jusque sous l'Empire). Puis il régla ses comptes avec toutes les cités, en se montrant d'autant plus dur avec elles qu'il avait en quelque sorte exonéré Mithridate lui-même de la responsabilité du massacre, mais accordant aussi des exemptions fiscales à celles qui étaient restées fidèles. En tout cas, lorsqu'il quitta le sol de l'Asie au printemps de l'année 84, il laissait un pays exsangue : ruiné par le conflit, par les exactions des uns et des autres et par l'indemnité de guerre qu'il avait lui-même imposée (vingt mille talents). De nombreuses cités durent s'endetter pour s'acquitter des sommes qui leur étaient réclamées. Elles empruntèrent à des financiers italiens : les affaires reprenaient.

Cinnanum tempus

La vie politique à Rome pendant la période au cours de laquelle Sylla combattait en Orient est qualifiée quelque part, chez Cicéron, de *triennium sine armis*, de trois ans pendant lesquels on n'entendit point le cliquetis des armes, ce qui ne signifie évidemment pas que tout fut facile. Le même Cicéron précise d'ailleurs que ce fut une époque où la République vécut sans règles juridiques et sans la moindre dignité. En un mot ce fut, comme le confirment toutes les autres sources anciennes, une période de tyrannie, celle de Cinna. On constate d'abord que ce dernier fut consul quatre années de suite, jusqu'en 84, date de sa mort, et que son compère, l'extrémiste Cneius Papirius Carbo, fut consul trois fois. Tout cela était très exceptionnel et témoigne que, s'il y avait bien des élections, elles étaient toujours faites d'avance dans une cité où personne n'aurait osé se présenter contre les détenteurs du pouvoir. Comme était exceptionnelle aussi l'itération de la préture par Marcus Marius Gratidianus, un parent de Marius (mais aussi de Cicéron) qui s'était illustré par une manœuvre peu glorieuse : tous les préteurs de l'année 86 avaient tenu une réunion au cours de laquelle ils avaient décidé de faire rentrer la monnaie mêlée inventée par Liuius Drusus et de la faire remplacer par des monnaies de métal pur. À la fin de la réunion, les préteurs s'étaient séparés en se promettant de publier un édit collectif, mais Gratidianus était allé séance tenante au Forum où il avait fait afficher ce décret sous sa seule signature. Comme on pouvait s'y attendre, la mesure avait valu au préteur, et à lui seul, une popularité extraordinaire : on lui éleva des statues dans tous les quartiers, avec cierges et encens. Mais qu'en même temps il n'ait pas réussi à atteindre le consulat prouve que l'accès à cette magistrature était bloqué par ceux qui estimaient normal de le monopoliser.

Compte tenu du peu d'informations dont nous disposons sur la période, il semble qu'elle se soit passée à attendre les nouvelles de l'extérieur ; d'Illyrie où Lucius Cornelius Scipio Asiagenus mena des opérations contre des ethnies qui s'agitaient, ou de Gaule sous la magistrature de Caius Valerius Flaccus ; mais surtout d'Orient, où l'on attendait que Lucius Valerius Flaccus, puis Fimbria, prennent rapidement le relais de Sylla. La consternation fut grande lorsque l'on reçut le rapport proconsulaire annonçant les victoires sur Mithridate et les consuls s'opposèrent à ce qu'on y réponde. On reçut donc une deuxième lettre du proconsul déchu, plus personnelle, celle-là, dans laquelle il relatait les moments marquants de sa carrière, la guerre contre Iugurtha, sa participation à la victoire sur les Cimbres, son gouvernement de la Cilicie, ses exploits pendant la guerre sociale et son consulat. De tout cela ressortait qu'il avait consacré sa vie et sa carrière au bien de l'État. Puis il évoquait à nouveau la liste impressionnante des provinces que Mithridate avait enlevées à l'autorité du Sénat et qu'il y avait fait rentrer. Il ajoutait qu'il avait accueilli, dans une grande détresse, ceux qui avaient été chassés de Rome par Cinna et que pour toute récompense il avait été déclaré ennemi public, que sa maison avait été rasée, que ses amis avaient été mis à mort et que c'était de justesse que sa femme et ses enfants avaient pu à échapper au massacre pour se réfugier auprès de lui. Il annonçait qu'il serait bientôt de retour pour secourir les victimes et tirer vengeance de ceux qui accablaient la cité de leur tyrannie. Il ajoutait que, pour ce qui était des nouveaux citoyens, ils n'avaient rien à craindre de lui. La lettre fit un effet considérable, d'autant qu'elle fut largement diffusée en Italie : Sylla était crédible lorsqu'il parlait des Italiens, puisqu'une bonne partie de ses troupes était composée de ces gens-là et qu'ils pouvaient témoigner avoir été traités sur un pied d'égalité avec les légionnaires romains, qu'il se soit agi du partage des risques comme de l'attribution des récompenses ou des parts de butin. En revanche, Cinna et ses amis avaient trahi : ayant choisi de s'appuyer sur le Sénat, encore hostile à l'intégration de tous les nouveaux citoyens, ils n'avaient pas tenu leurs promesses, et l'on se demandait, en Italie, s'il était encore temps de se battre pour eux. Si bien que l'expédition que Cinna et Carbo avaient décidé de monter contre Sylla en Grèce même, afin de l'empêcher de prendre pied sur le sol italien, tourna à la tragédie. Le premier contingent des troupes massées à Ancône traversa l'Adriatique sans encombre ; mais la deuxième vague eut à subir une grosse tempête : de nombreux soldats furent noyés et ceux qui réchappèrent s'égayèrent dans la nature. Le gros des troupes commença à gronder et à menacer de ne pas embarquer. Cinna décida de les assembler pour leur faire la leçon, mais n'eut pas le temps de terminer son discours : il fut massacré par ses hommes. Il ne restait plus à Carbo qu'à rapatrier ceux qui étaient déjà passés et à organiser la résistance. Il ne voulait pas qu'on lui élise un nouveau collègue et retarda donc, autant qu'il le put, l'élection d'un consul suffect ; puis, quand il ne fut plus possible d'ajourner davantage, il prévit de réunir les comices, mais, deux fois de suite, les auspices se révélèrent défavorables. Il n'y avait dès lors plus qu'à attendre les élections pour l'année suivante. Pour ce qui était de la résistance à Sylla, il avait d'abord songé à exiger des communautés italiennes qu'elles acceptent de donner à Rome des otages, en gage de leur fidélité : c'était dire le degré de confiance qu'il avait en l'alliance de gens auxquels on avait fait des promesses sans les tenir. Mais le Sénat refusa la mesure. Et Carbo continua de préparer forces terrestres et maritimes dans la perspective d'un affrontement militaire avec le proconsul.

Le Sénat, de son côté, avait repris espoir à la lecture des messages de Sylla et avait décidé, sur proposition du *princeps senatus* et malgré l'opposition de Carbo, de lui envoyer une délégation pour négocier avec lui, en lui demandant de licencier son armée, puisque le Sénat avait décidé que toutes les armées, quelles qu'elles fussent, devaient être dissoutes ; on lui promettait, bien sûr, toutes garanties concernant sa sécurité. Sylla accueillit fort bien les sénateurs et répondit que, s'il lui était personnellement impossible de se réconcilier avec ses ennemis, il ne s'opposerait pas à ce qu'une amnistie leur fût accordée par l'État ; qu'il demandait son rétablissement et celui des personnages qui s'étaient réfugiés auprès de lui dans tous leurs rangs et titres ; il ajouta, non sans une pointe d'ironie, que, pour la sécurité, c'était plutôt lui qui était en mesure de la garantir aux sénateurs que l'inverse (façon de prévenir qu'il garderait son armée). Et pour prouver la sincérité de son désir d'accord, il confia à une délégation de ses proches de raccompagner les sénateurs et d'aller plaider cette cause, à Rome. Au nombre de ces délégués, un jeune homme, Lucius Valerius Flaccus, fils du consul assassiné par Fimbria et petit cousin du *princeps senatus*, qui considérait Sylla comme le vengeur de la mort de son père, et qui donc témoignait de la réconciliation possible entre les gens raisonnables des deux partis. Le débat fut particulièrement violent à Rome. De plus en plus nombreux étaient les sénateurs convaincus que le proconsul était fondé dans ses revendications, mais ce fut pourtant le parti extrême qui l'emporta, par la terreur.

L'échec des négociations dans ces conditions permettait à Sylla de renforcer sa position : ses adversaires s'isolaient de plus en plus et lui-même bénéficiait maintenant d'un préjugé favorable de certains Italiens qui ne souhaitaient pas voir une guerre civile se développer sur leur territoire. Ils étaient, en outre, ulcérés que l'on ait pu envisager d'exiger d'eux des otages. C'est la raison pour laquelle Brindes et Tarente ouvrirent leurs portes quand Sylla et ses troupes débarquèrent au printemps de 83, rendant ainsi parfaitement inopérant le dispositif de surveillance des côtes voulu par le consul Carbo, remplacé, cette année-là, par Lucius Cornelius Scipio Asiagenus et Caius Norbanus. Il faut dire que l'on avait appris que, avant de s'embarquer, Sylla avait fait prêter à ses troupes un serment un peu particulier : outre l'engagement de fidélité, il comportait celui de ne pas se livrer au pillage sur le sol italien ; et l'on ne s'était pas privé de faire savoir la chose le plus largement possible.

Le retour de Sylla

À peine avait-il débarqué qu'il reçut le renfort de plusieurs personnages, certains jeunes, mais tous d'un rang assez considérable; Cæcilius Metellus qui, depuis son échec de négociation avec Cinna en 87, s'était retiré en Afrique d'où il avait d'ailleurs fini par se faire expulser par Caius Fabius Hadrianus, le proconsul de la province; Lucius Licinius Crassus, le seul rescapé de sa famille massacrée par les marianistes: il s'était réfugié en Espagne en attendant des jours meilleurs; enfin Cneius Pompeius (Pompée), le fils du très douteux Cneius Pompeius Strabo, sans doute soucieux de redorer le blason de sa famille. Après avoir quitté l'armée de Cinna où il était en butte à l'hostilité du consul, il s'était retiré dans son Picenum natal; apprenant le débarquement, ce jeune homme de vingt-trois ans commença à recruter une légion avec laquelle il rejoignit Sylla.

Ces ralliements apportaient quelques moyens supplémentaires au proconsul qui en avait bien besoin puisque, tous comptes faits, il disposait de trois fois moins d'hommes que ses adversaires; mais ils présentaient en outre l'avantage d'être facilement exploitables en termes de propagande et permettaient, en effet, de présenter l'action du proconsul comme une défense des opprimés. Propagande qui s'employait, par ailleurs, à diffuser la monnaie frappée au lendemain de la victoire d'Orchomène, sur laquelle l'*IMPERATOR ITERUM* était présenté sous la protection de Venus. Et les premières semaines confirmèrent l'impression que tout le monde avait que Sylla était pacifique:

> On aurait pu croire que Sylla était venu en Italie, non pour provoquer la guerre, mais pour susciter la paix, si paisible fut la marche de son armée à travers la Calabre et l'Apulie, si remarquable le respect qu'elle montra à l'égard des récoltes, des champs, des hommes, des villes lorsqu'il la mena jusqu'en Campanie. (Velleius Paterculus, 2, 25, 1.)

Les opérations allèrent assez vite au début: Sylla et Metellus (ils se partageaient le commandement puisque tous deux étaient de rang proconsulaire) eurent d'abord à affronter les troupes de Norbanus, non loin de Capoue: sept mille morts et six mille prisonniers chez le consul, soixante-dix morts (mais de nombreux blessés) chez les proconsuls. Puis ils se trouvèrent, un peu plus au nord, à Teanum, en face du second consul avec lequel ils essayèrent de négocier. On semblait sur le point d'aboutir, mais comme Scipio ne voulait pas signer un accord sans avoir consulté son collègue, on attendait que Sertorius, qu'on lui avait envoyé, soit revenu; cependant celui-ci avait profité de cette mission pour s'emparer de Suessa, ce qui lui permettait de prendre position derrière les troupes de l'adversaire. Sylla et Metellus protestèrent, Scipio rendit leurs otages et l'on s'apprêtait à combattre quand l'armée du consul, qui avait mis tous ses espoirs en la négociation, déserta et rejoignit le camp de Sylla et de Metellus. Il ne restait au camp que Scipio et son fils, dans leur tente. Sylla les relâcha après avoir tenté, en vain, de les rallier à sa cause. Dans le nord, Pompée avait fait merveille en dispersant trois corps d'armée qui auraient pu le massacrer lui et ses hommes, avant de se retrouver en face du consul Scipio qui s'était reconstitué une armée : mais se reproduisit ce qui s'était passé à Teanum et les hommes rejoignirent le jeune chef qui avait accompli des exploits dont tout le monde parlait. Relâché, Scipio partit en exil, à Marseille.

Sylla tenta une nouvelle fois de négocier avec Norbanus, mais les délégués qu'il lui avait envoyés furent exécutés comme s'ils étaient des espions venus semer la subversion ; il fallait donc se résoudre à combattre sans merci. Il fit passer l'hiver (qui fut rigoureux) à ses troupes en Campanie et déploya une intense activité diplomatique afin de convaincre les peuples italiens de le rejoindre : il s'appuyait sur le texte de l'accord auquel il était parvenu avec Scipio, avant que Sertorius ne fasse échouer la négociation, et dans lequel les droits des communautés italiques à la citoyenneté et la répartition des nouveaux citoyens dans toutes les tribus étaient garantis. Pourtant il ne réussit pas à convaincre autant qu'il l'espérait : il pourrait compter sur la Calabre, l'Apulie, le Picenum ; mais les Samnites étaient toujours aussi irréductibles et une partie de la Campanie, de l'Étrurie et de l'Ombrie avait choisi de suivre le pouvoir en place à Rome. Cela s'expliquait par la contre-offensive menée par Carbo, à la fin de 84 : il avait fini par proclamer la nécessaire et imminente inscription des nouveaux citoyens dans les trente-cinq tribus et tous ces peuples estimaient qu'il valait mieux s'en tenir à ce que l'on avait déjà plutôt que de tout remettre en jeu, d'autant que Carbo s'était fait donner son quatrième consulat pour l'année 82, en compagnie d'un tout jeune homme qui n'avait même pas l'âge pour être élu édile, Caius Marius le jeune.

Au printemps les hostilités reprirent, sur deux fronts : au nord, avec Metellus qui devait rejoindre la Cisalpine en passant par le Picenum et l'Ombrie ; un des légats de Carbo, Caius Carrinas, essaya de l'arrêter mais fut vaincu et il fallut l'armée consulaire avec Carbo lui-même à sa tête pour interrompre sa progression. Mais quand on apprit ce qui s'était passé sur le front du sud, le consul jugea plus prudent de se réfugier à Ariminum, où Pompée le suivit. Sylla, de son côté, parti de Campanie, marchait vers Rome, lui-même sur la *uia Latina*, et son légat, Cneius Cornelius Dolabella, sur l'*Appia Vetus*. Marius avait commencé par reculer, puis il se décida à barrer la route à Sylla, à Sacriport, avant qu'il ne soit rejoint par Dolabella. Après avoir tenté en vain de forcer le passage sur sa lancée, le proconsul commença à établir son camp. Marius voulut attaquer : cette façon de combattre mit les hommes de Sylla dans une telle fureur qu'ils firent un véritable carnage des troupes du consul qu'ils poursuivirent jusqu'à Préneste devant laquelle ils mirent le siège. Avec le gros de ses troupes Sylla se mit en route vers Rome et s'arrêta au pied de la muraille, pour ne pas reproduire ce qu'il avait fait en 88. D'un certain point de vue, il arrivait trop tard : depuis Préneste où il était enfermé, Marius avait donné l'ordre d'en finir avec les traîtres. Et c'est donc le préteur urbain, Lucius Iunius Brutus Damasippus, de sinistre mémoire, qui se chargea de la besogne. Il fit exécuter Quintus Mucius Scæuola, le Grand Pontife qui avait échappé à un attentat quelques années plus tôt : on l'égorgea dans le vestibule du temple de Vesta où il s'était réfugié ; Cneius Papirius Carbo Aruina, cousin du consul, et l'édilicien Caius Antistius, beau-père de Pompée, subirent le même sort dans la Curie elle-même ; le consulaire Lucius Domitius Ahenobarbus, cousin de l'un des marianistes les plus acharnés, tenta de s'enfuir mais fut massacré à la porte de la salle. Les cadavres furent traînés au croc et jetés dans le Tibre. Le crime de ces hommes était d'être soupçonnables de quelque penchant pour la cause de Sylla. D'autres aussi, qui, comme le *princeps senatus,* avaient prudemment quitté la ville, certains pour rejoindre le camp du proconsul.

Sylla, entré seul dans Rome, réunit une assemblée du peuple à laquelle il promit qu'il remettrait de l'ordre dans les affaires politiques et qu'il rétablirait rapidement un ravitaillement normal ; puis il prit un certain nombre de dispositions concernant ses adversaires dont il confisqua et fit vendre les biens (Marius avait fait transporter le trésor dans Préneste et il n'avait donc plus d'argent pour financer ses opérations). Puis, ayant laissé la ville à quelques-uns de ses amis, il se remit en marche vers l'Étrurie. Les choses furent rondement menées ; partout les armées des proconsuls furent victorieuses. Marius était toujours enfermé dans Préneste dont le siège était commandé par un rallié, Quintus Lucretius Ofella. Caius Norbanus, après avoir perdu le plus clair de ses troupes massacrées ou passées à l'ennemi, et après avoir échappé à un guet-apens tendu par Publius Albinouanus et dans lequel tout son état-major fut massacré, sauta dans un navire qui appareillait pour Rhodes. Quant au consul Carbo, qui voyait, lui aussi, fondre ses troupes et qui désespérait de parvenir jusqu'à Préneste afin de délivrer son collègue, il finit par quitter nuitamment son camp et alla se réfugier en Afrique. Cette lâcheté affaiblit encore davantage les troupes consulaires qui connurent quelques échecs supplémentaires. Mais lorsque les uns et les autres s'aperçurent qu'il était impossible de passer les défilés pour aller porter secours à Marius, ils se regroupèrent et décidèrent de marcher sur Rome. Ils avaient été rejoints par des armées de Samnites, de Lucaniens et des Capouans : c'étaient des gens qui ne s'étaient pas intégrés dans les légions consulaires, mais qui prétendaient encore représenter des nations, en un mot des gens pour qui la guerre sociale n'était pas terminée. Tout cela faisait un ensemble bien redoutable qui s'ébranla dans la nuit du 30 au 31 octobre. Sylla se dépêcha de venir assurer la défense de la ville et établit son camp à quelques centaines de mètres de la porte Colline. La bataille fut terrible et dura jusque tard dans la nuit. Les Italiens et les forces consulaires furent défaits (on compta entre cinquante et soixante-dix mille morts pour les deux armées, auxquels il fallait ajouter les douze mille prisonniers que Sylla fit rassembler à la Villa Publica, au Champ de Mars). Les chefs étaient tous en fuite sauf Telesinus, qui commandait aux Samnites et que l'on trouva à demi mort : on lui trancha la tête pour l'envoyer à

Préneste où elle fut promenée au bout d'une pique en guise d'avertissement (d'autant que Marius avait le frère de Telesinus avec lui).

Confiant les dernières opérations à ses officiers, Sylla regagna Rome où il avait fait convoquer une séance du Sénat, au temple de Bellone, en dehors du *pomerium* – donc comme il était naturel pour un magistrat revêtu d'un *imperium* militaire.

CHAPITRE XVII

La dernière république

par François HINARD

L'invention de la proscription

Au lendemain de la bataille décisive de la porte Colline il y avait nécessité, pour Sylla et ceux qui avaient été à ses côtés, de maîtriser le pouvoir que leur avaient procuré les armes. C'est la raison pour laquelle, alors que bon nombre de ses officiers étaient occupés à des « opérations de nettoyage », se tenait une séance du Sénat. La réunion avait été convoquée au temple de Bellone, c'est-à-dire à l'extérieur du *pomerium*, à la fois parce que Sylla se considérait comme encore revêtu de l'*imperium* militaire et parce qu'il devait être question de la guerre. Sylla fut appelé par le *Princeps Senatus* à rendre compte de son expédition en Orient et des campagnes menées, avec Metellus, contre les extrémistes marianistes : l'ensemble de ses actions furent ratifiées, ce qui revenait à annuler les décrets qui avaient été pris contre lui et contre ceux qui avaient combattu avec lui en Orient ou en Italie.

Sylla pouvait se targuer de l'appui de sénateurs et de chevaliers qui étaient venus le rejoindre pendant les années du régime marianiste et cinnanien : ceux-là étaient, sans aucun doute, des partisans (on songe à Lucius Valerius Flaccus, le fils du consul de 86 assassiné à l'instigation de Fimbria). Mais il y avait également, combattant avec lui, des hommes comme Metellus Pius ou Crassus qui avaient, eux aussi, été victimes du régime (ou qui avaient prudemment pris leurs distances, comme Pompée) : ces hommes partageaient son hostilité aux amis de Marius et de Cinna et avaient, au moins autant que lui, un impérieux devoir de vengeance parce que c'était un père, un frère, un membre de la famille proche qui avait été assassiné ou contraint au suicide et qu'on leur avait refusé les honneurs funèbres, parce que les biens familiaux avaient été confisqués, les images des ancêtres détruites, les demeures familiales rasées. Tous avaient une bonne raison d'exiger le châtiment expéditif de ceux qu'ils considéraient comme les coupables. Si, donc, on ne mettait pas une borne à ces désirs, légitimes dans la société romaine où la solidarité familiale était encore très vive, il était à craindre que la cité ne devienne le champ clos de vendettas sans fin, d'autant que se mêleraient, comme toujours dans ces périodes troublées, des règlements de comptes qui n'avaient que peu de choses à voir avec la situation politique. C'est la raison pour laquelle Sylla demanda aux sénateurs de voter la punition de coupables dont il dresserait les listes (la première était déjà prête). Mais il se heurta à une double opposition : celle des modérés, qui avaient assez bien survécu sans dommage lors des dernières années, et celle des parents de victimes du régime marianiste, qui n'entendaient pas se laisser dépouiller d'une bonne occasion de régler leurs comptes. Plaidant quelques mois plus tard dans une affaire pénale, Cicéron politisa son affaire pour sortir son client d'une accusation de parricide et rappela, à l'occasion, que

> le Sénat n'a pas voulu en [sc. de l'épuration] assumer la responsabilité : il ne voulait pas qu'un acte qui dépasse la rigueur autorisée par la coutume de nos ancêtres parût avoir la sanction du conseil public. (Cicéron, *Plaidoyer pour Roscius d'Amérie*, 153.)

Les choses sont évidemment moins simples que ne le dit Cicéron, qui faisait partie des modérés : ni Catulus, ni Crassus, ni les Mucii Scæuolæ, les Cæcilii Metelli, les Iulii Strabones, les Cornelii Lentuli, ni bien d'autres encore n'étaient prêts à se laisser déposséder de leur vengeance. En tout cas il fallait trouver un autre moyen de contrôler l'épuration.

À l'occasion de cette séance du Sénat, certaines sources anciennes nous rapportent le fait que pendant qu'elle se tenait on entendait les cris et les gémissements de trois mille Samnites, prisonniers de la Villa Publica, que l'on passait par les armes. Et de souligner la volonté de Sylla de faire impression sur les sénateurs, voire de les menacer. C'est ignorer la composition de l'auguste assemblée : les sénateurs étaient presque tous d'anciens magistrats qui avaient eu à commander des opérations militaires et eux aussi savaient ce que l'on fait de prisonniers dont on soupçonne qu'ils sont irréductibles. Et l'on ne voit pas comment ils auraient pu se laisser intimider parce que l'on se débarrassait d'une piétaille d'acharnés à la perte de Rome, dont tous devaient considérer qu'elle n'avait que ce qu'elle méritait.

Devant le refus du Sénat, Sylla eut recours au peuple qu'il réunit le lendemain, pour se justifier, une fois encore, et pour annoncer qu'il ferait des réformes afin de garantir l'équilibre et la paix. À la fin de son discours il annonça son intention de punir les coupables, dont il établirait et superviserait lui-même la liste où figureraient tous ceux qui, magistrats ou non, avaient collaboré avec l'ennemi depuis le jour où le consul Scipion avait rompu l'accord qu'ils avaient conclu. Et il fit sur-le-champ proclamer puis afficher un édit (d'où le nom de proscription qui a été donné à cette pratique d'épuration) qui, à la fois, fixait les modalités de l'épuration et donnait une première liste sur laquelle figuraient les quatre-vingts personnages les plus importants. Il s'agissait d'une interdiction de l'eau et du feu qui excluait tout asile et toute forme d'aide aux individus désignés ; quiconque serait convaincu d'avoir accueilli, caché un proscrit ou de lui avoir facilité la fuite s'exposait au même châtiment que lui ; par ailleurs, une récompense de douze mille deniers (quarante-huit mille sesterces), payable par le questeur, sur fonds publics, était promise à ceux qui rapporteraient la tête d'un proscrit ; une récompense était prévue pour quiconque faciliterait la capture de l'un d'entre eux.

Les premiers noms de la liste étaient les consuls de l'année, Cneius Papirius Carbo et Caius Marius, suivis par ceux de l'année précédente, Lucius Cornelius Scipio et Caius Norbanus. Venaient ensuite, dans l'ordre hiérarchique des charges qu'ils exerçaient ou avaient exercées, les préteurs Lucius Iunius Brutus Damasippus (l'égorgeur de Scæuola le Pontife), Marcus Marius Gratidianus, Marcus Perperna Veiento (le fils du censeur de 86 que Sylla avait tenté de rallier), Caius Carrinas, qui commandait l'aile droite des marianistes à la bataille de la porte Colline, et puis d'autres chefs de guerre, dont Caius Marcius Censorinus (qui avait décapité le consul Octauius en 87). Carrinas et Censorinus avaient été capturés au lendemain de la bataille et furent amenés à Sylla : il les fit exécuter à la hache et ordonna que l'on aille exhiber leur tête sous les murailles de Préneste. Au nombre des personnages importants figurait encore le tribun de la plèbe Quintus Valerius Soranus, qui avait commis ce crime inouï de révéler, dans un ouvrage écrit, le nom secret de la divinité protectrice de Rome, celui que les ennemis de la cité (à commencer par les Italiens révoltés) ne devaient connaître à aucun prix, parce qu'ils auraient pu s'en servir pour « évoquer » cette divinité, c'est-à-dire priver Rome de son soutien. Il y avait aussi les promagistrats : Quintus Sertorius, à cause de qui les négociations avaient échoué et qui était parti assez tôt pour sa province d'Espagne parce qu'il était déçu qu'on lui ait préféré le jeune Marius pour le consulat et parce qu'il doutait des capacités de ses amis à résister à Sylla ; et Cneius Domitius Ahenobarbus qui tenait l'Afrique. Et puis il y avait, un peu plus loin sur cette liste, Marcus Iunius Brutus (le père de l'assassin de César) qui avait été tribun de la plèbe l'année précédente, quelques personnages qui étaient encore trop jeunes pour avoir abordé le *cursus honorum*, Lucius Cornelius Cinna, Caius Norbanus, Lucius Cornelius Scipio (fils homonymes de leur père), et quelques chevaliers qui s'étaient montrés particulièrement actifs dans le soutien aux marianistes, comme Cneius Titinius ou Caius Mæcenas (peut-être le grand-père de Mécène). Le surlendemain et le jour suivant (les 5 et 6 novembre, par conséquent) il y eut deux autres listes qui comportaient chacune deux cent vingt noms.

Une épuration qui portait sur cinq cent vingt personnages parmi les plus importants de la cité (puisqu'elle ne visait que les sénateurs et les chevaliers) était sans aucun doute un traumatisme important ; mais la charge en était répartie sur tout le territoire puisque figuraient sur la liste les chevaliers qui, dans leur cité d'origine, avaient entraîné leurs concitoyens à servir la cause marianiste (ainsi les *Quatuoruiri* de Larinum, Aulus Aurius, Aulus Aurius Melinus, Caius Aurius et

Sextus Vibius) ; et surtout les Romains de l'époque souhaitaient qu'on les débarrassât de Damasippus et de « toute la racaille qui avait élevé sa fortune sur les malheurs de la République » (Salluste). Ils convenaient volontiers que la forme employée avait eu le mérite de circonscrire et de donner une forme légale à ce qui aurait bien pu n'être qu'un massacre indifférencié :

> Lucius Sylla, à qui, selon le droit de la guerre, sa victoire donnait toute licence, tout en comprenant que la mort de ses ennemis pouvait fortifier son parti, n'en fit pourtant périr qu'un petit nombre, et il aima mieux retenir le reste par les bienfaits que par la terreur. (Salluste, *Lettres à César*, II, 4, 1.)

Et de fait, ces listes ne comportaient pas tous ceux dont les vainqueurs auraient pu tirer vengeance. Sylla lui-même avait bien précisé qu'il punirait ceux qui s'étaient montrés ses ennemis depuis ses négociations avec Scipio, c'est-à-dire depuis le printemps de 83, alors qu'il avait été poursuivi par la vindicte marianiste dès l'année 87 ; et surtout on constate qu'il avait accepté, voire sollicité, des ralliements et que l'on trouvait, à ses côtés, en ce début d'hiver 82, des gens que l'on aurait cru irréconciliables : le frère du consul Carbo (le premier de la liste de proscrits), Caius Papirius Carbo, les deux censeurs de l'année 86, Marcus Perperna (dont le fils ne voulut rien entendre) et Lucius Marcius Philippus, et bien d'autres auxquels il permit de reprendre une carrière politique ; mais plus surprenant encore pour les citoyens de l'époque était de constater que deux des douze marianistes que Sylla avait fait déclarer ennemis publics en 88, qui s'étaient à l'époque enfuis en Afrique avec Marius et qui étaient revenus avec lui, combattaient maintenant pour sa cause : Publius Cornelius Cethegus, à qui l'on confia l'épuration de Préneste, et Publius Albinouanus qui avait acheté son ralliement moyennant le massacre de l'état-major de Norbanus. En tout cas, à la différence de ce qui se passe d'ordinaire dans ces circonstances, la liste des proscrits était close et ne subit aucune modification.

D'une façon générale, d'ailleurs, les exécutions prenaient des formes légales : sur les trente-six proscrits dont nous savons qu'ils trouvèrent la mort dans les premiers jours, aucun ne fut tué là où il avait été trouvé : tous furent amenés à Sylla qui siégeait au Champ de Mars et subirent la peine traditionnelle de la décapitation par la hache, allongés sur le sol. Certes, il y avait bien quelques bandes de coupe-jarrets pour qui la chasse était ouverte : Catilina, un rallié de la dernière heure, était à la tête d'une bande de Gaulois qui couraient partout dans l'espoir de débusquer un proscrit. C'est d'ailleurs lui qui fut à l'origine de l'une des plus atroces manifestations de violence collective que Rome ait connues, et qui, restée dans la mémoire collective, empoisonna la vie civique des décennies suivantes. Il avait réussi, avec ses Gaulois, à mettre la main sur Marcus Marius Gratidianus, le préteur célèbre par son indélicatesse, qui se cachait dans une bergerie, et sur trois autres personnages de moindre envergure, un certain Venuleius qui était *IIIuir capitalis*, Publius Lætorius et un certain Bæbius. Dépouillés de leurs vêtements, la corde au cou, les malheureux furent emmenés en cortège jusque sur le Janicule, dont ils gravirent la pente sous les injures, les crachats, les jets d'excréments, les coups de verges. On s'arrêta devant le tombeau de Quintus Lutatius Catulus qui avait été contraint au suicide, quelques années plus tôt, lorsque Gratidianus lui avait intenté un procès pour haute trahison. Là, les uns après les autres, en commençant par Gratidianus, ils subirent une mutilation systématique de toutes les parties de leur corps, mais infligées à mains nues ou avec des bâtons. Chacun, dans la foule, y allait de sa volée d'insultes et de ses coups, sans que jamais aucun soit mortel. Écoutons Lucain :

> Rappellerai-je les mânes de Catulus apaisées par le sang, lorsque fut offert Marius, triste victime, en expiation à une ombre qui peut-être n'eût pas voulu cette satisfaction abominable à son tombeau invengé ? Nous vîmes ses organes lacérés, des blessures dont le nombre égalait ses membres, dans ce corps frappé tout entier, tout coup mortel évité à l'âme et ce raffinement sinistre d'une cruauté sans nom qui épargne la vie d'un homme qu'on fait périr. Les mains arrachées tombèrent, la langue coupée palpite et frappe l'air vide d'un mouvement silencieux. L'un coupe les oreilles, l'autre les ailes du nez recourbé, celui-ci arrache les globes du creux de leurs orbites et jette les yeux les derniers lorsqu'on leur a montré les membres. À peine pourra-t-on croire à un crime si sauvage, qu'une seule tête ait pu réunir tant de châtiments. (Lucain, *La Pharsale*, II, 173-187.)

Ce que ne dit pas Lucain, mais ce que confirment d'autres sources, c'est que cette série de mutilations a été infligée sans avoir recours à des armes, mais « comme l'auraient fait des bêtes sauvages » (Florus) ; ce qu'il dit très bien, en revanche, c'est que tout cela, au-delà de l'atroce torture qu'elle faisait subir au supplicié, lui imposait le spectacle de sa propre déchéance physique, celle qui allait le « reléguer plus bas que les morts », comme le dit Cicéron, parce que les Romains de la République finissante avaient conservé des convictions héritées des guerriers d'Homère et selon lesquelles le statut après la mort dépendait de l'intégrité corporelle. Si la tête des proscrits fut exhibée au Forum, comme l'avait été celle des victimes de Marius, jusqu'à ce que la décomposition en ait brouillé les traits, si les corps ont été lacérés puis jetés dans le Tibre, c'était bien parce qu'il fallait humilier les victimes au-delà même de la mort, comme Achille souilla le corps d'Hector en le traînant derrière son char. Dans le cas de Gratidianus, on poussa le raffinement jusqu'à le rendre témoin de cette ultime humiliation puisqu'on le maintint en vie le plus longtemps possible et que ce n'est qu'en dernier lieu qu'on lui arracha les yeux, après qu'il eut pu voir ses organes génitaux, ses oreilles, son nez, sa langue, ses mains arrachées et qu'on lui eut brisé tous les membres. Il ne tenait plus debout que par les liens qui l'attachaient au poteau ; Catilina s'approcha, lui trancha la tête et exhiba son trophée dont le sang, ruisselant entre ses doigts, inondait son bras. Puis il sauta sur son cheval et alla apporter la tête à Sylla qui siégeait à une séance du Sénat au temple de Bellone.

Au sortir du temple, il se lava dans le bassin d'eau lustrale qui se trouvait sur le flanc du temple d'Apollon qui jouxtait celui de Bellone. Les comparses subirent le même sort, notamment Bæbius, dont le parent avait été déchiqueté vivant par les partisans de Marius quelques années plus tôt.

C'était tout le peuple de Rome qui avait pris part à ce rituel barbare et si le lieu choisi était le tombeau de Catulus, ce n'était pas, ou pas seulement, parce que cet illustre personnage avait été victime de Gratidianus ; c'était parce qu'il avait une stature exceptionnelle, celle du vainqueur des Cimbres et des Teutons, qu'il était l'autre refondateur de Rome, au même titre que Marius, mais celui dans lequel les Romains se reconnaissaient plus volontiers que dans le vieillard vindicatif et cruel qu'ils avaient connu dans ses dernières années. En tout cas l'extraordinaire intensité de cette exécution collective ne s'explique que parce que la proscription, en limitant strictement le champ de la répression et en contraignant la procédure à s'inscrire dans des cadres répressifs d'apparence légale, n'avait laissé qu'une place infime pour que jaillisse tout ce que la collectivité avait accumulé d'angoisse, de frustration, de peur, de douleur, de haine : ce jaillissement eut lieu sur le Janicule, devant le tombeau des Catuli.

Pour l'heure, il ne suffisait pas d'avoir proscrit les ennemis de la République, c'est-à-dire d'avoir fait placarder des listes de leur nom un peu partout à Rome et en Italie ; il fallait au moins les empêcher de nuire en maîtrisant une partie de l'Empire et en reconstituant des forces armées. Or Marcus Perperna tenait la Sicile, Domitius Ahenobarbus et Papirius Carbo étaient en Afrique, Sertorius avait organisé l'Espagne depuis quelques mois déjà. Le Sénat confia donc six légions et un pouvoir proprétorien au tout jeune Pompée pour aller dégager la Sicile qui approvisionnait Rome en blé, puis l'Afrique : il accomplit cette mission en quarante jours. Carbo ayant été capturé lors d'une expédition contre l'île de Cossyra (aujourd'hui Pantelleria), on l'amena devant le jeune propréteur qui le fit exécuter dans les formes et envoya sa tête à Rome.

De son côté, Sylla avait quitté la Ville dès qu'il l'avait pu, emmenant ses troupes le plus loin possible pour ne pas leur attirer l'hostilité des Romains : il alla devant Préneste qui venait de tomber après que Marius le jeune se fut suicidé ; Quintus Lucretius Ofella avait déjà fait exécuter tous les sénateurs et chevaliers qui figuraient sur la liste de proscription ; Sylla, lui, fit rassembler ceux qui avaient été pris les armes à la main puis, ayant séparé les Romains de souche des Prénestins et des Samnites qui avaient combattu avec eux, il fit d'abord exécuter ces derniers puis s'adressa aux Romains en présence des Prénestins, leur signifiant que leur attitude aurait dû leur valoir la mort, mais que lui, Sylla, préférait croire en leur capacité de se racheter. Puis il annonça aux Prénestins que les outrages dont ils s'étaient rendus coupables à l'égard de Rome n'étaient pas de ceux qu'on peut pardonner ; et il les fit passer par les armes. Les femmes et les enfants purent quitter la ville avant qu'elle ne soit livrée au pillage.

Toutes les cités d'Italie ne reçurent pas un traitement aussi sévère : dans chacune d'elles, on pesa les responsabilités des uns et des autres dans des enquêtes judiciaires avant de décider du traitement que l'on infligerait à la communauté : Sylla avait besoin de terres pour installer ses troupes qui seraient bientôt démobilisées et les confiscations opérées dans ces occasions lui permettaient d'établir des colonies de vétérans.

La dictature

Mais ce qui préoccupait le plus le proconsul c'était, bien sûr, la situation politique de Rome. Il avait « proscrit » les deux consuls, mais il ne les avait pas privés de leur magistrature et ce n'est donc que lorsque l'on lui apprit que Carbo, le consul survivant après le suicide de Marius, avait été exécuté en Sicile qu'il écrivit au Sénat, lui demandant de prendre acte de la vacance du pouvoir et d'en tirer les conséquences – puisque, selon le vieil adage constitutionnel, lorsque Rome n'a plus de consuls, *auspicia ad patres redeunt*, les auspices retournent entre les mains des sénateurs. En ce cas, la procédure était simple : le Sénat désignait, en son sein, un patricien pour être interroi avec charge pour lui de combler cette vacance, soit en organisant des élections consulaires, soit en nommant un dictateur ; en cas d'impossibilité, il nommait au bout de cinq jours un autre interroi. En l'occurrence, compte tenu des graves troubles politiques des dix dernières années, Sylla suggérait au Sénat la nomination d'un dictateur avec des pouvoirs étendus, conformément à ce qu'il avait dit au peuple dans l'assemblée qu'il avait tenue le 3 novembre. Mais, en raison du caractère exorbitant des pouvoirs qu'il souhaitait voir confiés à ce dictateur, s'agissant de leur nature comme de la durée de leur exercice, il suggérait une procédure populaire : que l'interroi fasse voter une loi sur la possibilité de créer une telle magistrature et qu'ensuite il nomme lui-même le dictateur. Ce que fit, en effet, le premier interroi qui ne fut autre que le Prince du Sénat : il soumit au vote une *lex Valeria de dictatore creando* qui fut adoptée avec beaucoup de satisfaction par un peuple particulièrement nombreux ; le vote acquis, il nomma Lucius Cornelius Sylla *Dictator legibus scribundis et rei publicæ constituendæ*, autrement dit magistrat constituant. Celui-ci vint donc à Rome revêtir les insignes de sa charge et se nommer un maître de cavalerie : il choisit Lucius Valerius Flaccus, ce qui annonçait un exercice consensuel du pouvoir, compte tenu du rôle de Valerius Flaccus dans le Sénat pendant les années de pouvoir de Cinna et de Carbo.

La première tâche du dictateur et de son maître de cavalerie fut d'organiser les élections à toutes les magistratures : il avait été impossible de les tenir au plus fort de la guerre civile. Les résultats témoignèrent d'un relatif équilibre parce que si des partisans fidèles du dictateur s'y gagnèrent des pouvoirs importants (Cneius Cornelius Dolabella était consul, Quintus Lutatius Catulus, Sextus Nonius Sufenas et Lucius Fufidius préteurs), furent également élus des hommes qui avaient assez bien vécu sous le régime précédent, ce qui signifie qu'ils avaient plus ou moins collaboré avec lui : ainsi du second consul, Marcus Tullius Decula, et des préteurs Caius Papirius Carbo (dont les Romains avaient bien vu le nom de son frère affiché sur la première liste de proscription puis la tête exposée au Forum), Marcus Æmilius Lepidus dont un fils, adopté par Scipion, avait aussi été proscrit et Cneius Cornelius Dolabella. À peine un mois après la bataille de la porte Colline, la vie politique semblait en voie de normalisation.

L'œuvre législative fut à la hauteur des pouvoirs qui avaient été conférés au dictateur : c'est à une véritable codification que Sylla se livra, en essayant de remédier aux maux qui avaient accablé la République depuis l'époque des Gracques. Mais avant de l'attaquer, il convenait qu'il précise et pérennise les dispositions de la proscription et, par ailleurs, il n'était pas question que les plus acharnés des ennemis qui étaient morts au combat connussent un sort moins rigoureux que les proscrits proprement dits. Sylla soumit donc au vote des comices une loi *de hostibus rei publicæ* qui fixait définitivement le sort de ces ennemis de l'État, de leur famille et de leurs biens. Pour l'essentiel, la loi reprenait les prescriptions de l'édit de proscription pour tout ce qui concernait les personnages encore vivants ou ceux que l'on avait exécutés, notamment le refus de sépulture et l'interdiction du deuil. Mais il ajouta des dispositions qui rendaient la loi encore plus redoutable : les biens de tous ces gens, proscrits ou morts dans les combats, devaient être confisqués et vendus au profit de l'État, avec une date limite fixée, pour ces ventes, au 1er juin de l'année 81, le législateur ne voulant pas que l'atmosphère de Rome soit trop longtemps polluée par le souvenir de la guerre civile ; en outre, toutes les inscriptions honorifiques rappelant le souvenir de ces gens devaient êtres martelées et les monuments commémoratifs détruits, en un mot, ils étaient frappés de ce que l'on appellera plus tard une *damnatio memoriæ*. Enfin, la loi condamnait les fils et petits-fils des ennemis de la République à l'interdiction de l'eau et du feu. L'intention était claire : il fallait éviter que les descendants mâles de ceux que l'on punissait de la façon la plus extrême qui fût ne pussent chercher vengeance dans les deux générations suivantes. Bien des historiens modernes se sont indignés de cette mesure ; pourtant, lorsque l'on considère que, malgré un adoucissement de leur sort, ces jeunes gens restèrent tenus à l'écart de la vie civique jusqu'à la guerre civile suivante, plus de trente ans après, on doit reconnaître que la société avait parfaitement accepté cette mesure que Cicéron, un modéré, défendit encore au nom de l'équilibre lors de son consulat : dans une cité où la vengeance est un devoir sacré, c'était un moyen de prévenir le cycle infernal des représailles. En principe, il ne devait plus rester de traces de ces malheureux, relégués plus bas que les morts et dont le souvenir même devait se perdre. Et pour compléter la mesure, Sylla affranchit les dix mille esclaves appartenant à ces familles qui, tous, prirent donc le nom de celui qui les avait affranchis : Lucius Cornelius, adoptant, en général, le nom qu'ils portaient auparavant comme *cognomen*. Ces dix mille Cornelii formèrent, il est vrai, un véritable réservoir d'hommes dévoués à leur bienfaiteur et permettaient à Sylla de gagner à sa réforme politique et sociale une nouvelle popularité. Enfin, pour en finir avec les séquelles de la guerre sociale et de la guerre civile, il régla le sort de certaines cités qui s'étaient obstinées à résister en faisant adopter des lois qui retiraient la citoyenneté romaine à leurs habitants quand ils en jouissaient, comme à Volaterræ ou à Ariminum, et confisquant des portions de leur territoire sur lesquelles une loi autorisait la fondation de colonies pour les légionnaires, auxquels furent attribués des lots en principe inaliénables.

Mais avant d'entreprendre le corps de ses réformes, il fallait encore à Sylla recueillir les fruits de ses victoires en Orient et glorifier, à travers lui-même et ses hommes, la supériorité des armes romaines : il célébra donc un triomphe sur Mithridate, le plus somptueux des triomphes que Rome ait jamais vus. Il dura deux jours, les 29 et 30 janvier de l'an 81. Toute la première journée fut consacrée au défilé des dépouilles grecques et asiatiques qui donnaient à voir aux foules, par les objets, les tableaux, les inscriptions et les prisonniers, les malheurs des Italiens et des communautés restées fidèles à Rome, les immenses difficultés du siège d'Athènes et du Pirée, puis les victoires de Chéronée et d'Orchomène. Aucun des épisodes de cette épopée que l'on voulait fabuleuse et que les soldats eux-mêmes avaient commencé à populariser ne fut laissé de côté ; et on faisait les comptes : ce furent quinze mille livres d'or et cent quinze mille livres d'argent qui furent déposées au trésor du temple de Saturne, au Forum. Le second jour ce fut au tour de Sylla, de ses hommes et de ses amis de défiler :

> Son triomphe, imposant par la somptuosité et la richesse inouïe des dépouilles royales, tira encore un plus grand éclat du magnifique spectacle des exilés rendus à leurs foyers. Car les plus illustres et les plus influents des citoyens suivaient le cortège, la tête ceinte de couronnes, et ils appelaient Sylla sauveur et père, parce que c'était grâce à lui qu'ils rentraient dans leur patrie et retrouvaient leurs enfants et leurs femmes. (Plutarque, *Vie de Sylla,* 34, 1-2.)

Il n'y avait, bien sûr, aucun signe que le triomphe fût célébré aussi pour les victoires de la guerre civile, mais Sylla ne se priva pourtant pas de faire défiler devant lui, le second jour, les quatorze mille livres d'or et les six mille livres d'argent que Marius le jeune avait enlevées au trésor pour les entreposer à Préneste. Le message était clair : les armes de Rome étaient invincibles, mais elles étaient aussi légitimes en ce qu'elles permettaient le retour des exilés et la restitution des biens détournés. Et c'est à la fin de cette cérémonie que Sylla tint sur le Forum une assemblée du peuple, au cours de laquelle il revint sur tout ce qu'il avait fait pour la République et qu'il conclut en demandant que lui soit permis de porter un *agnomen*, un second surnom, Felix, traduction de l'Epaphroditos dont l'avaient déjà gratifié les Grecs, pour témoigner que tout ce qu'il avait réalisé l'avait été avec le soutien des dieux, de Venus en particulier.

Les réformes

Toutes les conditions étaient désormais remplies pour entreprendre l'œuvre de réforme qu'il avait promise. Elle concerna d'abord la gestion des magistratures et la nature de leurs pouvoirs : pour éviter la monopolisation du pouvoir par une faction, comme l'exemple en avait été donné ces dernières années avec Cinna et Carbo, il fit voter une loi qui interdisait que l'on exerce deux fois une magistrature à l'intérieur d'un intervalle de dix ans et fixait un âge minimum pour chacune des étapes du cursus (questure, édilité, préture, consulat), ce qui revenait à déterminer l'intervalle entre chacune d'elles. Désormais aucun chef d'armée ne pourrait plus se présenter comme providentiel et se maintenir au consulat plusieurs années de suite, comme l'avait fait Marius au moment de la guerre contre les Cimbres et les Teutons, ni se faire élire consul sans avoir parcouru le cursus, comme Marius le jeune (lorsqu'on lui avait apporté sa tête, Sylla avait simplement dit : « Il faut d'abord savoir ramer avant de tenir le gouvernail »). Il avança d'ailleurs la date des élections au consulat d'octobre à juillet pour que, en cas de difficulté, et notamment de condamnation d'un élu pour corruption électorale, on ait encore le temps de procéder à une nouvelle élection avant l'entrée en charge du 1er janvier. Un incident tragique donna la mesure de l'importance que le dictateur accordait à ce dispositif : au cours des élections pour le consulat, en juillet de cette année, Quintus Lucretius Ofella, ce rallié qu'il avait préposé au siège de Préneste, se mit en tête d'être candidat, bien qu'il n'eût encore exercé aucune des magistratures du cursus. Comme il persistait malgré les avertissements, Sylla, au nom de son pouvoir dictatorial, le fit arrêter et exécuter au Forum. L'avertissement devait être salutaire et, en même temps, il était de nature à satisfaire ses amis qui avaient vu d'un assez mauvais œil la promotion de cet homme douteux. Mais la loi qui fut la plus importante, dans ce domaine, concernait le tribunat de la plèbe. Une première disposition l'excluait du cursus, c'est-à-dire que les jeunes gens qui s'engageaient dans cette voie ne pourraient plus être candidats aux autres magistratures ; puis un certain nombre de limitations furent mises au pouvoir tribunitien : les propositions de loi émanant d'un tribun devraient avoir reçu l'accord préalable du Sénat et le droit d'intercession (la capacité d'un tribun de s'opposer à la décision d'autres magistrats) serait désormais strictement limité au *ius auxilii*, cette fonction fondamentale du tribunat qui avait été créé pour venir en aide aux gens de la plèbe qui, à l'époque, exigeaient qu'il y eût des magistrats pour les défendre. C'est précisément parce que le tribunat avait été, dans les décennies précédentes, l'arme privilégiée de ceux qui pensaient pouvoir réformer en force que de telles barrières furent ainsi posées.

Pour ce qui était des provinces, on a longtemps cru que Sylla y avait consacré une loi. En fait, s'il s'est intéressé aux gouverneurs, ce n'était pas pour modifier le dispositif qui fonctionnait bien : le Sénat confiait à des préteurs les provinces fixes et envoyait les consuls là où des opérations militaires s'imposaient, étant bien entendu qu'il était préférable que ceux-ci demeurassent le plus longtemps possible à Rome. Sylla précisait, dans une loi *de maiestate*, les obligations de ces magistrats : il leur était interdit de lever des troupes, de franchir les limites de leur province, de conduire une armée hors des frontières, de faire la guerre de leur propre initiative, d'envahir un royaume sans l'ordre du peuple romain ni du Sénat, et obligation leur était faite de quitter leur province dans les trente jours suivant l'arrivée de leur successeur; enfin, leur *imperium* leur était maintenu jusqu'à leur retour à Rome. Que ces dispositions aient été insérées dans une loi sur la « majesté » du peuple romain (dont la sanction était, pour celui que les juges avaient reconnu coupable, la peine capitale sous la forme de l'interdiction de l'eau et du feu) montre qu'il y avait urgence à rappeler aux gouverneurs de province qu'ils auraient des comptes à rendre à leur retour et que l'on ne pouvait admettre que l'inconscience et la rapacité de certains d'entre eux aient déclenché un conflit généralisé en Orient.

Les dernières dispositions concernant les magistrats avaient trait à leur nombre: une loi porta à vingt le nombre des questeurs et à huit le nombre des préteurs. Il s'agissait, avant tout, de prendre en compte l'augmentation des charges, imputable à la fois à l'extension de l'Empire et à l'augmentation du nombre de citoyens; mais il fallait aussi faire fonctionner le nouveau système judiciaire voulu par Sylla et par les juristes de l'école des Scæuolæ qui travaillaient avec lui. Une loi judiciaire rendait aux seuls sénateurs la participation aux jurys et il systématisa les tribunaux permanents où ils siégeaient. Les premiers tribunaux de cette sorte avaient été mis en place depuis le milieu du siècle précédent, chacun d'entre eux devant être présidé par un préteur; il les généralisa donc et il précisa les domaines de compétence de chacun d'entre eux. Ainsi, c'est à une véritable opération de codification qu'il s'était attelé en même temps qu'il normalisait la procédure pénale. Furent alors soumises au vote du peuple des lois concernant la *maiestas* dont on a vu qu'elle rappelait les magistrats à leurs devoirs, mais qui les protégeait aussi contre les offenses qui pouvaient leur être faites; la concussion *(de repetundis)* qui était sans doute la plus importante – c'était devant cette juridiction qu'étaient traînés les magistrats malhonnêtes au retour de leur province, et c'était la participation des sénateurs et des chevaliers à ce jury qui avait divisé Rome depuis les Gracques; le péculat, c'est-à-dire le détournement de fonds publics; la corruption électorale *(de ambitu)* qui rendait inéligible pour dix ans celui qui en était reconnu coupable; le faux et l'usage de faux, qui concernait aussi bien les testaments que la monnaie, l'annonce d'une naissance fictive que le faux témoignage, la subornation de témoins, la prévarication et la corruption des juges, l'usurpation d'identité, de titre, de grade; le meurtre et l'assassinat *(de sicariis et ueneficiis)*, visant quiconque portait une arme avec intention de tuer ou de porter atteinte aux biens, mais aussi tous ceux qui préparaient, vendaient, détenaient ou administraient des substances vénéneuses avec l'intention de tuer ou de se livrer à des pratiques magiques (y compris, donc, dans les affaires amoureuses – ou sportives ?), les incendiaires, et, par extension, tous ceux qui pratiquaient des mutilations (castration, circoncision) ou les juges qui auraient laissé condamner à mort un innocent sur la foi d'un faux témoignage ; l'« injure » *(de iniuriis)* qui concernait les atteintes à la liberté individuelle, la violation de domicile, la violence sexuelle sur un mineur ou sur une femme, les écrits diffamatoires, et qui rendait « infâme » celui qui en était reconnu coupable. L'œuvre de codification était immense, et encore n'en avons-nous pas gardé l'intégralité : on trouve, ici ou là, mention de dispositions législatives concernant l'adultère et le stupre (qui fait penser qu'il y eut une *lex de adulteriis*), la protection des monuments funèbres, le testament des légionnaires tombés aux mains de l'ennemi et morts en captivité, qui laissent entrevoir un code plus complet que celui que nous connaissons.

Mais l'activité législative ne se limita pas à mettre en ordre l'appareil juridique et judiciaire, elle porta aussi sur des domaines qui relevaient davantage de la censure des mœurs. Sylla fit ainsi adopter une loi somptuaire qui prescrivait qu'aux calendes, aux ides, aux nones, aux jours de jeux et de certaines fêtes solennelles, on aurait droit et licence de dépenser trois cents sesterces pour le dîner, les autres jours pas plus de trente, et qui réglementait de la même façon toute une série d'autres dépenses qui donnaient l'exemple du gaspillage ou de la dilapidation du patrimoine (par exemple la construction de tombeaux monumentaux) ; mais en même temps la loi fixait un prix maximum pour un certain nombre de denrées rares parce qu'exotiques, ce qui correspondait à la volonté aussi bien de les déprécier socialement que de les rendre accessibles à un plus grand nombre. Dans le même ordre d'idées, il fit supprimer, par une *lex frumentaria*, les distributions de blé à prix réduit. Mais dans ce domaine-là aussi il nous manque des informations précises : on sait qu'il existait des prescriptions sur les jeux et les dettes de jeux (*lex de aleatoribus* ?), sur le montant maximum pour lequel on pouvait se porter garant d'autrui dans un emprunt (*lex de sponsu* ?).

Rome en fête

En tout cas, la dimension censoriale de la dictature de Sylla apparut aux Romains encore plus clairement lorsqu'il s'occupa de combler les vides du Sénat et d'amplifier les collèges sacerdotaux. Pour ce qui était du Sénat, les combats de la guerre civile et la proscription en avaient singulièrement éclairci les rangs, et c'est à peine si la vénérable assemblée pouvait réunir cent cinquante de ses trois cents membres théoriques. Il fallait donc bien pourvoir ces sièges vacants, et la charge en revenait au dictateur puisque des censeurs n'avaient point été élus cette année-là, bien qu'un lustre se fût écoulé depuis la dernière censure : après avoir réintégré tous ceux que Marius et Cinna en avaient chassés, il fit entrer au Sénat tous ceux qui, ayant la fortune nécessaire et présentant suffisamment de garanties morales, s'étaient particulièrement illustrés à la guerre. Ainsi avait fait le dictateur Marcus Fabius Buteo chargé, en 216, de reconstituer un Sénat exsangue après les défaites devant Hannibal : il avait recruté les combattants dont les demeures étaient ornées de couronnes civiques ou de dépouilles prises à l'ennemi. Cela fait, Sylla décida de porter le nombre de sénateurs à six cents, comme il en avait déjà formé le projet quelques années plus tôt. Pour ce faire, il choisit, dans chacune des trente-cinq tribus, neuf personnages qui remplissaient toutes les conditions de fortune et de moralité et soumit leur candidature à l'approbation populaire. La procédure était inédite et témoignait bien du rapport qu'il y avait entre ce doublement des sénateurs et l'accroissement du nombre de citoyens, puisque les dispositions qui avaient été prises pour leur intégration consistaient à créer, dans un premier temps, trente-cinq doublons des tribus romaines pour les y inscrire, la fusion entre les unes et les autres devant s'opérer progressivement. La sociologie des nouveaux sénateurs confirmait cette impression dans la mesure ou les candidats, membres de l'ordre équestre, devaient appartenir aux aristocraties et aux classes financières des cités italiennes. Dans le même temps, il réorganisa les collèges de prêtres, en portant notamment à quinze le nombre des pontifes, celui des augures et celui des *Decemviri sacris faciundis* (qui devinrent, par conséquent, *Quindecemuiri*) et en annulant la loi de Cneius Domitius Ahenobarbus qui avait introduit l'élection (par dix-sept des trente-cinq tribus), pour revenir à la cooptation.

La dimension censoriale de la dictature se marquait aussi de façon sensible à travers l'œuvre édilitaire qui accompagna ces dispositions. Outre les temples que le proconsul Sylla avait voués à Venus Felix et à Bellone, mais aussi à Hercule sur l'Esquilin (Hercule dont il fit aussi restaurer le temple du Champ de Mars, dit *Hercules Custos*) et dont il avait à lancer la construction (notamment en passant les marchés), il lui incombait de reconstruire le Capitole ravagé par le feu deux ans auparavant, juste avant qu'il ne parvienne jusqu'à Rome. Cet incendie avait été précédé par un tremblement de terre qui avait ébranlé un grand nombre de temples et de bâtiments publics. L'entreprise était énorme en ce qu'elle concernait d'abord le plus grand temple de Rome, celui de Iupiter Optimus Maximus, cet édifice de plus de trois mille mètres carrés, hexastyle à trois rangées de colonnes, dont les portes étaient en bronze ainsi que la statue du dieu, sur son char, qui couronnait le fronton. Ce temple abritait trois divinités, dans trois *cellæ* contiguës : Jupiter au centre, Minerve à droite et Junon à gauche. Devaient être reconstruits aussi, sinon restaurés, tous les édifices à l'entour, comme les temples de Iupiter Feretrius (dans lequel le chef d'armée venait consacrer les dépouilles du chef ennemi vaincu en combat singulier), Fides, Venus Erycina, Mens et un bâtiment important, qui structure la colline dans sa face qui regarde vers le Forum, le Tabularium, les archives de l'État. Enfin, il fallait entreprendre un certain nombre de travaux sur l'espace politique de la cité, en construisant une nouvelle curie puisque la vieille *curia Hostilia* n'était plus assez grande pour accueillir les six cents membres de l'assemblée et donc en reprenant sur l'espace circulaire du Comitium : il ne conserverait que les Rostres, la tribune d'où les magistrats s'adressaient au peuple qui, ne pouvant plus tenir à l'intérieur de l'ancien Comitium, se massait sur le Forum. Les Romains, à qui l'on avait demandé de voter

Base du trophée que Bocchus avait fait ériger au Capitole pour commémorer la capture du Iugurtha

l'ensemble du corpus législatif élaboré par le dictateur, qui avaient eu à élire trois cents nouveaux sénateurs et qui constataient que leur ville était désormais dans les mains des architectes et des entreprises de bâtiment avaient l'impression qu'une ère nouvelle commençait pour eux. Cette impression fut confirmée lorsque Sylla procéda à une cérémonie très particulière que seul le roi Seruius Tullius, disait-on, avait célébrée avant lui, la *prolatio pomerii*, l'extension du *pomerium*. Cet élargissement de l'enceinte sacrée de la ville, de laquelle devait être banni tout ce qui avait trait à l'exercice de la guerre et tout ce qui concernait les réalités de la mort, ne pouvait être réalisé que si la cité s'était agrandie en Italie. Or il était bien évident, pour tous ceux qui assistèrent à l'installation des nouveaux cippes qui en dessinaient le contour, que c'était le point final à une intégration de l'Italie dans la cité, qui s'était faite par l'inscription des nouveaux citoyens, par l'augmentation des magistrats, des prêtres et des sénateurs, intégration dont les bâtiments eux-mêmes devaient témoigner. Il y eut, quelques années après, une autre extension du *pomerium*, et il est très significatif qu'elle ait été voulue par César, comme pour couronner son œuvre édilitaire, comme est très significatif le fait que certaines sources anciennes indiquent, à tort, qu'Auguste y procéda, lui aussi, après qu'elles ont parlé de la transformation qu'il avait fait subir à la ville.

En tout cas, les festivités continuaient : on vit Lucius Licinius Murena revenir d'Orient pour célébrer un triomphe sur Mithridate, lui aussi : apparemment le roi ne s'était point satisfait du traité de Dardanos signé avec le proconsul Sylla et avait repris ses manœuvres diplomatiques et ses opérations militaires. Ce fut l'occasion pour Murena de livrer quelques batailles qui lui permirent de monter au Capitole (en plein travaux) pour célébrer Jupiter ; comme le fit après lui Caius Valerius Flaccus pour quelques opérations sur les Gaules. Plus extraordinaire, on vit aussi le triomphe sur l'Afrique du jeune, très jeune même, Pompée. Après avoir réglé la question de la Sicile où il avait été envoyé par le Sénat avec un pouvoir proprétorien, il avait reçu mission de poursuivre jusqu'en Afrique, où nombre de proscrits s'étaient réfugiés autour de Cneius Domitius Ahenobarbus, gendre de Cinna, l'un des plus acharnés d'entre eux. Les opérations furent réglées en une seule bataille, au cours de laquelle Domitius perdit dix-huit mille hommes et en l'assaut de son camp au cours duquel il fut lui-même capturé. Comme on l'avait fait avec Carbo, on l'amena devant Pompée qui lui donna connaissance de l'édit de proscription et le fit exécuter avant d'envoyer sa tête à Rome. Les opérations de nettoyage consistèrent alors à pousser en territoire numide pour réinstaller Hiempsal sur le trône après en avoir chassé et tué l'usurpateur Hiarbas. Après sa victoire sur Domitius, les soldats de Pompée l'avaient acclamé du titre d'*imperator* ; et lui, qui ne doutait de rien et surtout pas de lui-même, se mit en tête de réclamer le triomphe alors que le Sénat lui avait demandé, naturellement, de licencier son armée et de rentrer à Rome dès que son successeur serait arrivé en Afrique. Cette prétention exorbitante, compte tenu de son jeune âge et, surtout, du fait qu'il n'avait pas combattu sous ses propres auspices, n'étant pas magistrat, avait provoqué un débat très tendu au Sénat où se liguèrent les tenants de la légalité pure et ceux qui avaient toujours vu dans les gens de cette famille Pompeia des fauteurs de trouble. Pourtant on finit par lui accorder ce qu'il demandait et les Romains, qui n'avaient probablement pas suivi toutes les péripéties politiques, purent voir un nouveau triomphe, sur l'Afrique celui-là, avec des lions et des éléphants.

D'autres festivités attendaient encore les Romains : Sylla, qui avait abdiqué de sa dictature au 1er juin, au bout des six mois que ne devait pas dépasser cette magistrature, consacra la dîme de ses biens à Hercule, la divinité installée sur le Forum aux bœufs (Forum Boarium) à proximité immédiate du vieux port et qui protégeait tous les hommes énergiques et entreprenants. C'était une vieille coutume, tombée en désuétude, que l'homme le plus riche de son temps consacre le dixième de ses biens à la divinité qui lui avait insufflé assez de courage pour parvenir à ses fins. Et donc, en ce mois d'août, on donna, pendant plusieurs jours de suite, des banquets à l'ensemble des citoyens, banquets au cours desquels on but des vins de quarante ans d'âge ; et chaque soir, parce qu'elles étaient consacrées, les victuailles qui n'avaient pas été consommées étaient jetées dans le Tibre. Enfin, une loi avait instauré des jeux consacrés à Hercule, Venus et Fortuna, sous la responsabilité des questeurs et qui devaient durer plusieurs jours, à la fin du mois d'octobre et jusqu'au 1er novembre. Ces *ludi Vistoriæ* devaient se donner à Préneste, parce que c'était là que l'on avait consacré à la Fortune un sanctuaire d'une ampleur considérable et qui drainait des foules de pèlerins. Il n'était évidemment pas question de célébrer, à cette date et à Préneste, la victoire de guerre civile : ce que les Romains magnifiaient dans des jeux qui avaient un caractère religieux, civique et festif, c'était, encore une fois, la supériorité de leurs armes et la présence permanente de la Victoire à leurs côtés, que leur procuraient à la fois l'excellence de leur organisation civique (enfin restaurée) et leur respect à l'égard des dieux. Le succès de ces jeux fut tel que, l'année suivante, il fallut réduire considérablement les Jeux olympiques parce que, la proximité des dates empêchant qu'on pût concourir aux deux, la plupart des compétiteurs avaient préféré se trouver à Préneste plutôt qu'à Olympie.

Au moment où se déroulaient ces jeux, les élections des magistrats pour l'année suivante avaient été tenues et on savait que les détenteurs du consulat seraient Sylla lui-même et Quintus Cæcilius Metellus Pius. La vie politique semblait apaisée et, si les choses bougeaient ici ou là dans l'Empire, cela n'avait rien d'alarmant.

La dernière république

Il ne faisait de doute pour personne, à Rome, que l'ensemble du dispositif mis en place par Sylla avait un caractère définitif. C'était d'ailleurs la première fois que l'on disposait d'une véritable constitution dans une cité où les pratiques institutionnelles s'étaient longuement élaborées et comme stratifiées. Personne ne pouvait penser que les intentions du dictateur aient été autres que de rétablir la République et même lorsque, dans les décennies suivantes, on lui fera le reproche d'avoir exercé un pouvoir trop grand ou d'avoir été trop cruel avec ses ennemis, on concédera toujours qu'il avait rétabli la République (*rem publicam recuperarat*) ce qui signifie à la fois qu'il avait remis en marche les rouages de l'État et qu'il avait laissé à cet État son fondement républicain.

Il n'y avait pas besoin d'être grand clerc pour voir qu'il s'agissait, dans l'esprit même de Sylla, d'une restauration, c'est-à-dire d'un retour à des solutions qui, pour lui comme sans doute pour nombre de ses concitoyens, avaient fait leurs preuves puisqu'elles avaient permis à Rome de devenir ce qu'elle était devenue – même si, par ailleurs, une dynamique de progrès animait le législateur, notamment dans le domaine du droit pénal ou lorsqu'il s'agissait d'intégrer l'Italie dans la citoyenneté. À travers des dispositions très strictes sur les dépenses somptuaires, Rome affirmait donc le nécessaire retour à la frugalité des temps anciens, alors même que les conditions économiques, en général, avaient considérablement changé et que les échanges se pratiquaient désormais au niveau « mondial » ; et alors même que les confiscations et les ventes de biens consécutives à la loi sur les ennemis de l'État avaient amené à une forte concentration des fortunes : à ne prendre que les proscrits, il y avait plus de cinq cents des grandes fortunes de Rome (puisque, dans la société romaine, la possession de biens est l'une des conditions d'accès aux statuts de chevalier et de sénateur) qui étaient passées entre les mains de moins de cinq cents « profiteurs » ; mais il faudrait ajouter les propriétés de ceux qui étaient tombés dans les combats et qui, elles aussi, furent confisquées. On peut faire un calcul sur l'ampleur du mouvement : on sait que Cornelia, fille de Sylla, avait acheté une villa ayant appartenu à Marius pour 15 % du prix auquel elle la revendit, peu de temps après, à Lucullus ; si donc l'on applique ce pourcentage aux trois cent cinquante millions de sesterces que les ventes ont rapportés au trésor, on peut estimer la valeur des biens confisqués et vendus au minimum à 2,3 milliards de sesterces. Pour ce qui était des profiteurs, ils se trouvaient dans quelques grandes familles, qu'il s'agît de proches de Sylla (comme sa fille, son neveu, les Cæcilii Metelli) ou de gens plus éloignés, voire de ralliés comme Crassus et Lucius Domitius Ahenobarbus, les deux plus grosses fortunes de la fin de la République.

Mais là où le dispositif syllanien était sans doute le plus gravement en contradiction avec les réalités de son temps, ce n'est peut-être pas sur cette question d'un retour à des valeurs anciennes en grande partie mythiques, ni sur les questions économiques (notamment sur la fixation du prix des denrées), mais bien dans le domaine institutionnel lui-même : en revêtant une dictature constituante, c'est-à-dire, en fait, en se faisant confier un *imperium* de plein exercice, Sylla était en contradiction flagrante avec l'histoire du pouvoir à Rome et, en même temps, il donnait un bien fâcheux exemple. L'histoire de la constitution républicaine est celle des limitations que les Romains ont toujours cherchées à l'*imperium* pour atténuer son caractère fortement personnel et son contenu charismatique. La dictature de plein exercice confiée à Sylla, avec ses vingt-quatre licteurs, et son pouvoir de vie et de mort sur les citoyens (comme Lucretius Ofella), n'avait théoriquement pas un caractère exceptionnel : elle était une reviviscence de l'*imperium* du *rex* dans la plénitude de ses contenus, sans les conditionnements ni les limitations imposées par l'organisation républicaine. Même si elle fut exercée dans des conditions démocratiques, puisque toutes les dispositions ont été soumises au peuple, il n'en restait pas moins que cette dictature était tout simplement anachronique et que, si le petit peuple de Rome n'était pas mécontent, les milieux politiques étaient choqués. Et cela explique les très virulentes attaques dont elle a été l'objet dans les décennies suivantes lorsque même des gens comme Cicéron, tout en défendant le système mis en place, dénoncèrent le pouvoir royal, voire la tyrannie de Sylla.

> De toutes les lois, il n'en est pas à mon avis de plus inique que celle que l'interroi Lucius Valerius Flaccus a portée en faveur de Sylla, pour ratifier par avance tous les actes du dictateur. Car dans toutes les autres cités, l'établissement de la tyrannie a pour effet d'abolir et de supprimer toutes les lois ; ici, c'est par la loi qu'on a établi un tyran dans l'État. Cette loi est indigne, je l'ai dit, mais au moins n'est-elle pas sans excuse, parce qu'elle est moins l'œuvre d'un homme que le fruit des circonstances. (Cicéron, *Discours sur la loi agraire,* III, 5.)

Il y avait sans doute aussi, dans cette ardeur à remettre en cause la dictature, la crainte que d'autres ne s'emparent de l'idée avec moins de scrupules. Et c'est

César lui-même, dictateur à vie, qui disait que Sylla, lorsqu'il s'était démis de sa dictature pour redevenir un citoyen comme les autres, avait montré qu'il ne connaissait pas le b-a ba de la politique.

En tout cas, Sylla avait maintenant, votée par le Sénat, une statue équestre dorée placée devant les rostres (César la fit restaurer) et, une fois redevenu citoyen, c'est-à-dire entre la résignation de sa charge de dictateur et son entrée en fonction de consul, il se disait prêt à rendre des comptes à qui lui en demanderait.

Statue équestre de Sylla
sur une monnaie de 80

CHAPITRE XVIII

L'agonie

par François HINARD

On sait que la période qui s'ouvre à la mort de Sylla devait s'achever sur une nouvelle guerre civile de laquelle César tirerait un pouvoir qui n'avait plus même les apparences de la forme républicaine. On aurait donc bien pu, en se conformant à une certaine mode de l'historiographie contemporaine, écrire les présentes pages comme une sorte de biographie de l'inventeur d'un nouveau régime en mettant en valeur, dans son comportement ou dans celui des autres à son égard, les signes précurseurs de la révolution qui se préparait. Mais, ce faisant, on ne pouvait guère éviter l'anachronisme, parce qu'après tout il n'y avait point une fatalité à ce que César émergeât comme le seul rival de Pompée, qu'il eût le dessus sur lui et sur ceux qui, avec lui, pensaient combattre pour la survie des institutions, ni qu'il devînt dictateur à vie après les avoir éliminés; en réduisant ainsi la perspective de l'histoire d'une période à une trajectoire dont on sait où elle mène, on n'aurait pas pu éviter, en effet, les analyses anticipatrices.

Il aurait pu paraître aussi de bon ton d'adopter un point de vue un peu plus traditionnel en plaçant Cicéron au centre de l'histoire de ces trente années, tant elle est documentée de façon privilégiée par l'œuvre de l'orateur, ses discours politiques, bien sûr, mais aussi ses plaidoiries dans des affaires relevant du droit privé et qu'il a émaillées d'allusions à la situation du moment, ses lettres, ses œuvres rhétoriques et philosophiques; tant aussi le talent de l'orateur a marqué l'histoire de la rhétorique dont il devint très rapidement le modèle le plus accompli; tant enfin ses analyses (*a postériori*, il est vrai) sur la constitution et la politique ont pu donner l'illusion qu'il avait joué un rôle de premier plan dans ces années agitées.

L'angoisse

Pour les Romains de cette époque, l'essentiel était sans doute ailleurs que dans le comportement et la carrière de ces hommes. Ils avaient vécu une guerre civile; ils avaient vu Marius fermer les portes de Rome pour se livrer à la chasse à ses adversaires politiques; ils avaient appris que le flamine de Jupiter, dont Cinna avait arrêté la condamnation, s'était donné la mort en commettant le sacrilège le plus grave qui se puisse imaginer (il avait inondé de son sang l'autel du dieu Capitolin et sa statue); ils avaient eu le spectacle du consul Marius le jeune et du préteur Lucius Iunius Brutus Damasippus assassinant des gens proches de leur propre parti pour enrayer les désertions; ils avaient assisté à la dernière et féroce bataille d'une véritable guerre sous les murailles mêmes de la Ville, à la porte Colline, et avaient plus ou moins prêté la main à de bien sinistres cérémonies d'exécutions publiques; ils avaient vu la tête de certains de leurs anciens magistrats, parfois célèbres, se décomposer au soleil du Forum, dans une odeur pestilentielle. Et ils ne redoutaient rien tant que le retour à des situations de crise génératrices d'horreurs du même ordre qui s'accompagnaient, pour eux, de la difficulté à se procurer le minimum de nourriture pour survivre; et c'est bien sûr à l'aune de ce qu'ils avaient vécu, qui les avait terrorisés et affamés, qu'ils jugeaient les événements politiques et sociaux dont ils furent les témoins. L'historien Florus résume très bien la situation à cette époque précise:

> Il convenait de laisser en repos, par tous les moyens possibles, un État en quelque sorte malade et meurtri, de peur que les soins eux-mêmes ne rouvrissent ses blessures. (Florus, *Tableau de l'histoire du peuple romain*, 2, 11, 4.)

On peut avoir une idée de l'impression que les Romains gardaient des événements récents par un témoignage contemporain: un discours du très jeune Cicéron, le premier qui nous ait été conservé. Il s'agit d'une histoire de mésentente entre deux associés dont l'un menaçait l'autre de faire saisir ses biens, et c'est la raison pour laquelle on n'a guère porté attention à cette plaidoirie. Pourtant, afin d'émouvoir les juges, l'avocat débutant qu'il était n'hésita pas à faire la comparaison entre la *proscriptio bonorum*, la confiscation et l'annonce de la vente des biens, procédure banale, et la mesure d'exception qu'avait été la proscription dont Rome venait de se donner le triste spectacle:

> Celui dont les biens sont, en vertu de l'édit, envoyés en possession d'autrui, toute sa bonne renommée, toute sa réputation sont elles aussi comprises dans cet envoi en possession; celui dont le nom est en vue sur les affiches dans les endroits les plus fréquentés, celui-là on ne lui concède même pas le droit de périr dans le silence et dans l'obscurité; celui à qui on impose des syndics, à qui on constitue des maîtres chargés de prononcer suivant quelles règles et suivant quelles conditions il doit périr; celui qui entend la voix du crieur public prononcer son nom et fixer un prix, celui-là entend l'annonce officielle de la mort la plus cruelle qui se puisse imaginer, si on peut considérer simplement comme une mort cette réunion où ce sont non pas des amis qui s'assemblent pour honorer les obsèques, mais des acheteurs de biens, tels des bourreaux, pour déchirer et mettre en pièces les débris de son existence. (Cicéron, *Plaidoyer pour Publius Quinctius*, 50.)

Cette série d'allusions transparentes à l'ensemble de la procédure de proscription (affichage et proclamation des noms par le crieur public, annonce des récompenses, mutilation du cadavre et privation de sépulture) dans une affaire privée témoigne de l'impression terrible qu'avait laissée l'épuration consécutive à la guerre civile.

Et la situation politique ne pouvait qu'aviver la crainte des Romains de voir surgir de nouveaux troubles dont ils redoutaient qu'ils ne fussent porteurs d'atrocités : aux élections consulaires pour l'année 78, on avait élu un partisan de Sylla, Quintus Lutatius Catulus, et un personnage ambigu, Marcus Æmilius Lepidus, ardemment soutenu par le jeune Pompée encore tout auréolé de sa gloire africaine. Lepidus n'était pas véritablement en odeur de sainteté parmi les amis de Sylla : l'année précédente, il avait été poursuivi pour extorsion de fonds par deux Caecilius Metellus, Quintus Celer et Quintus Nepos, parce que sa préture de Sicile, en 80, avait été particulièrement brutale, mais il avait été acquitté. Pourtant la plupart des sénateurs se méfiaient de lui : proche des marianistes, il avait donné en adoption l'un de ses fils au consul de 83, Lucius Cornelius Scipio Asiagenus. Scipio et son fils adoptif figuraient sur la liste de proscription, mais avaient échappé à la mort. Lepidus, lui, s'était rallié à temps et s'était honteusement enrichi au cours des ventes de biens confisqués. Les rapports que les deux consuls devaient entretenir se révélèrent très vite conflictuels puisqu'ils se disputèrent dès le premier jour, après la cérémonie d'entrée en charge, au Capitole, au moment de déterminer les responsabilités de l'un et de l'autre dans l'ordonnancement des fêtes religieuses de l'année. Sans doute Catulus, que Plutarque appelle « le plus doux des hommes », n'était-il pas de taille à rivaliser avec un personnage aussi remuant que Lepidus, et, d'ailleurs, on n'a aucun témoignage de la moindre activité de sa part : il semble qu'il ait été davantage préoccupé par l'achèvement de la restauration du temple de Jupiter Capitolin, à lui confiée par disposition testamentaire de Sylla, que par la situation politique de Rome. Et par conséquent il n'était sans doute pas le mieux armé pour contrer les assauts apparemment tous azimuts de son bouillant collègue. Lepidus était bien décidé, en effet, à se faire une importante clientèle populaire et, si l'on en croit nos sources, il n'épargna pas ses immenses richesses (il s'était fait édifier la plus belle demeure de la Ville) pour se ménager des relais d'opinion dans le petit peuple urbain qu'au demeurant il comptait éblouir en refaisant la Basilica Æmilia, au Forum, basilique dont il orna la façade de boucliers, pour signifier que les Æmilii étaient liés à la grandeur militaire de Rome. Lépide

Et puis, lorsqu'il fut clair qu'il n'avait rien à craindre de lui, il s'en était pris à Sylla avec une violence extrême, en le traitant de tyran, de bourreau, de parricide, du moins d'après la diatribe incendiaire que lui prête Salluste, et dans laquelle il se justifie d'ailleurs de son enrichissement :

> Mais au dire de Sylla, je suis un séditieux parce que je déplore les récompenses accordées aux fauteurs de troubles ; je suis partisan de la guerre, parce que je réclame les droits de la paix. C'est-à-dire sans doute que vous ne trouverez sûreté et protection dans l'exercice de votre pouvoir souverain que si le Picentin Vettius et le greffier Cornelius peuvent dissiper follement les biens honorablement acquis par d'autres, que si vous approuvez toute la proscription d'innocents dont les richesses sont le seul crime, les exécutions des personnages les plus illustres, la ville dépeuplée par l'exil et les meurtres, les biens des malheureux citoyens donnés ou vendus à l'encan comme un butin pris sur les Cimbres. Sylla m'objecte que je possède des biens provenant des proscrits. Ah ! c'est bien là en effet le plus grand de ses crimes qu'il n'y ait eu, ni pour moi, ni pour personne, de sûreté à suivre le droit chemin. Mais ces biens qu'alors j'ai achetés par crainte, dont j'ai acquitté le prix, dont je suis le maître légitime, je suis pourtant prêt à les restituer, et il n'est pas dans mon dessein d'admettre que personne s'enrichisse de la dépouille des citoyens. (Salluste, *Histoires*, 1, 55, 16-18.)

Mais, en outre, Lepidus n'était pas dépourvu d'habileté : les tribuns en charge pour cette année (dont nous n'avons malheureusement pas conservé le nom) étaient venus le trouver pour lui demander de se faire le champion du rétablissement des droits de leur magistrature singulièrement réduits par Sylla. Il leur avait apparemment fait des promesses, mais le jour où il réunit le peuple, il ne souffla mot de cette réforme : il proposa, en revanche, de rétablir les distributions à la plèbe de blé à prix réduit (cinq *modii* par mois, soit près de quarante-cinq litres). Comme il semblait avoir renoncé à soutenir la revendication des tribuns qui paraissait remettre en cause gravement le système syllanien, personne, et surtout pas Catulus, n'osa s'opposer à sa loi frumentaire et il se gagna ainsi une grande popularité.

Et puis, au nom de la réconciliation et de la paix, il avait promis de réintégrer les proscrits et de rendre leurs biens à ceux qui en avaient été dépouillés, notamment dans les cités italiennes où la colonisation des vétérans de Sylla s'était opérée au détriment des cités marianistes. Le résultat ne se fit point trop attendre : les habitants de Fiésole, en Étrurie, enflammés par les promesses de restitution, firent irruption dans les exploitations agricoles qui leur avaient appartenu et massacrèrent les vétérans qui y étaient établis et qui ne s'attendaient pas à cet assaut en règle. Le Sénat fut bien contraint de réagir avant que l'incendie ne gagne d'autres colonies. Les consuls furent chargés de réprimer cette insurrection, mais avant de leur confier des troupes le Sénat exigea d'eux un serment par lequel ils s'engageaient à ne pas régler leur différend par les armes, ce qui en dit long sur le climat de tension qui régnait à la tête de l'État. Il faut dire que si Lepidus n'hésita pas une seconde à participer à la mise au pas des Fésulans (dont il avait lui-même suscité la révolte) c'est parce qu'il savait bien que, une fois doté d'un commandement légal et d'une armée, il retrouverait en Étrurie des alliés : son fils cadet, d'abord, celui qui avait été adopté par Scipio Asiagenus et qui était proscrit; mais aussi l'ancien tribun de la plèbe, Marcus Iunius Brutus (père du futur meurtrier de César) proscrit lui aussi et qui disposait apparemment de forces non négligeables en Gaule cisalpine; et puis un troisième proscrit de marque, Marcus Perperna, qui, de Sicile où il avait assemblé des forces, était passé en Ligurie. Lors donc que la révolte fut matée, Catulus était rentré à Rome mais Lepidus, prétextant un devoir de surveillance, était resté sur place. Personne ne s'y trompa, parce que l'on voyait bien que se formait une véritable armée marianiste: avaient rallié le consul d'autres proscrits de marque dont Lucius Cornelius Cinna le fils, beau-frère de César; et tous ces hommes mobilisaient dans la perspective d'une guerre civile d'autant plus vraisemblable que l'Espagne était encore agitée par Sertorius, lequel avait déjà pris langue avec les proscrits en Italie et en Orient. Mandé par le Sénat d'avoir à présider les comices consulaires, Lépide fit une réponse menaçante et formula des exigences inacceptables: amnistie pour les proscrits, restitution des biens confisqués, rétablissement du tribunat de la plèbe dans ses anciennes prérogatives et, pour lui, un second consulat immédiatement. En définitive, c'est le cœur même de la restauration syllanienne qui était ainsi remis en cause: rendre leurs droits aux proscrits, c'était leur donner la possibilité de se venger et donc remettre en marche le cycle infernal des représailles; restituer les biens confisqués et légalement acquis (parce que achetés à l'État) par les nouveaux propriétaires, c'était enclencher un processus sans fin de contestations; restaurer le tribunat de la plèbe, c'était ne pas vouloir reconnaître qu'une bonne partie des troubles des cinquante dernières années venaient d'un usage démagogique des pouvoirs conférés par cette magistrature; exiger un second consulat à la suite du premier, c'était admettre que les institutions devaient se plier aux appétits et aux caprices d'un aventurier. L'exercice du pouvoir devenait une sorte de refuge dont quelques aristocrates sans scrupules réclamaient, comme un dû, la jouissance permanente, la magistrature suivante les mettant à l'abri des poursuites qu'auraient occasionnées la précédente.

Catulus espérait ramener les séditieux à des sentiments plus raisonnables: il fit voter une loi sur la violence *(de ui)* qui énumérait, en effet, les cas de violence publique susceptibles d'entraîner une condamnation rapide puisque le texte prévoyait que les tribunaux chargés d'en connaître pourraient siéger même les jours où toute activité administrative était suspendue. Le brave homme croyait encore au pouvoir des institutions pour brider les appétits féroces des quelques ambitieux sans scrupules qui faisaient le siège du pouvoir. Le Sénat, lui, tergiversait, suggérait d'envoyer des députés, rappelait les services qu'avait rendus à la cité la *gens* Æmilia, affirmait que Rome devait sa grandeur à sa politique de pardon... Il fallut le discours particulièrement vigoureux de Lucius Marcius Philippus pour l'amener à réagir; ce vénérable personnage, orateur de grand talent, devait avoir une certaine autorité en la matière puisque, s'il était l'un des plus anciens consulaires de l'assemblée, il avait aussi exercé la censure sous le régime marianiste et s'était rallié sans difficulté à Sylla. Si donc un modéré de sa trempe prononçait un discours aussi résolument hostile aux prétentions de Lepidus, c'est qu'il fallait faire quelque chose. On suivit son avis, et l'on fit ce que Catulus espérait éviter, on déclara le consul ennemi public après avoir voté la formule traditionnelle du sénatus-consulte ultime : « Que les consuls et tous les autres magistrats investis d'un pouvoir veillent à ce que l'État ne subisse aucun dommage. » Or il n'y avait plus de consuls, puisque avec ces troubles, les comices consulaires n'avaient pas été réunis : on nomma donc un interroi, Appius Claudius Pulcher, qui avait été consul deux ans auparavant, et l'on chargea le proconsul Catulus de mener les opérations contre Lepidus. Il s'occupa de la défense de la Ville avec des troupes recrutées parmi les vétérans de Sylla et il délégua les opérations en Gaule cisalpine, c'est-à-dire, en fait, le gros du travail, à Pompée à qui il avait fait conférer un *imperium* proprétorien. Le jeune homme rassembla des légions dans le Picenum, région où, pour des raisons familiales, il avait des clientèles nombreuses, et se mit en marche contre un adversaire probablement plus nombreux, mais dont les troupes étaient disparates. Il bloqua Brutus dans Modène, débaucha ses hommes et le fit exécuter dans des circonstances qui ne sont pas claires. Poursuivant vers le nord, il rejoignit à Alba Pompeia, Scipio Æmilianus, le fils naturel de Lepidus, qu'il captura et fit exécuter. Entre-temps, Lepidus avait marché sur Rome et avait rencontré les légions de Catulus non loin du Champ de Mars : défait et pris à revers par les forces de Pompée qui redescendaient, il choisit la fuite et s'embarqua pour la Sardaigne avec l'espoir de s'y refaire et de mener des opérations maritimes destinées à affamer Rome. Mais il avait compté sans la résistance du propréteur de cette île, Lucius Valerius Triarius, qui l'empêcha de mener ses projets à bien ; il mourut, de consomption (?), disent les sources anciennes, mais aussi de désespoir parce que sa femme Appuleia ne lui était pas restée fidèle.

Sertorius Personne ne pavoisait, à Rome, sauf peut-être Pompée : Catulus lui avait enjoint de licencier ses troupes, ce qu'il avait refusé de faire, alléguant sans cesse de nouveaux prétextes pour ne pas obtempérer : son objectif était de se faire confier la guerre contre Sertorius en Espagne. Celui-ci y était parti dès 82, désespérant de ses amis marianistes parce qu'on ne lui avait pas donné le consulat, confié à des incompétents. Il s'était fait une excellente réputation de soldat et avait une bonne connaissance de l'Espagne, acquise à l'occasion du tribunat militaire qu'il y avait exercé entre 97 et 93 ; en outre il avait gagné à sa cause bon nombre de peuples ibériques en se faisant un préteur très accommodant : il les avait dispensés de l'impôt qu'ils devaient payer à Rome. Pourtant il connut des débuts difficiles : battu par l'armée que le Sénat avait dépêchée contre lui sous le commandement du proconsul Caius Annius, il avait été contraint à passer en Afrique d'où il ne put revenir qu'en 80, appelé par des Lusitaniens, et après s'être allié aux pirates qui infestaient la région pour s'assurer la maîtrise de la mer. C'est seulement à partir de ce moment qu'il organisa son armée qui devait compter huit mille hommes à la fin de l'année, dont deux mille six cents italiens. De nombreux proscrits devaient trouver refuge auprès de lui, dont, après la déconfiture de Lepidus, le jeune Lucius Cinna et le brillant Marcus Perperna accompagné d'environ cinq mille hommes. Les premiers magistrats envoyés contre lui avaient fait la douloureuse expérience de ses embuscades (le proconsul de Citérieure y laissant sa vie en 79). C'est à Quintus Caecilius Metellus Pius, le consul de 80, qu'avait été confiée la tâche d'en venir à bout, en qualité de proconsul d'Espagne ultérieure ; mais quelque bon chef qu'il fût, il n'avait guère réussi dans les deux années qui avaient suivi, subissant même de sévères défaites : il avait appris, à ses dépens, que l'Espagne est un pays accidenté où il est difficile d'entretenir une nombreuse armée, que l'on n'a guère l'occasion de déployer ses unités contre un ennemi qui refuse le combat en ligne, mais qui, soutenu par les indigènes, a adopté une tactique de guérilla, qui se dérobe dans des endroits escarpés et dont les hommes, en cas de revers, sont capables de se disperser rapidement pour se regrouper plus loin, qui tente des coups de mains, et coupe l'adversaire des sources d'approvisionnement.

Lorsque enfin le Sénat débattit de l'attitude à tenir, Lucius Marcius Philippus prit la parole pour recommander que l'on envoie le jeune Pompée, seul capable, selon lui, de venir à bout du rebelle. Certains sénateurs se récrièrent qu'il serait scandaleux de revêtir d'un *imperium* de cette importance un jeune homme qui n'était même pas encore sénateur, un *priuatus*, et de l'envoyer à la place d'un consul (c'est-à-dire *pro consule*) ; à quoi Philippus répondit que sa proposition n'était pas de l'envoyer à la place d'un consul, mais à la place des deux consuls *(pro consulibus)* ! C'est dire la haute estime dans laquelle il tenait Decimus Iunius Brutus, un orateur cultivé (qui plaidait surtout des procès privés), et Mamercus Æmilius Lepidus Liuianus, que les comices consulaires réunis par l'interroi avaient désignés : il est vrai qu'ils n'ont pas laissé un souvenir impérissable. Toujours est-il que Pompée, nommé proconsul d'Espagne citérieure, réunit une armée de trente mille fantassins et de mille cavaliers et qu'il se mit en route : il traversa les Alpes par une route inusitée et longea la Méditerranée, en pacifiant les peuplades en révolte, pour assurer ses arrières ; puis il prit ses quartiers d'hiver à Narbo Martius (Narbonne). C'est donc au printemps de 76 qu'il passa en Espagne et descendit vers le sud pour faire sa jonction avec Metellus, l'un et l'autre trouvant sa route barrée par l'adversaire : Herennius et Perperna installés au sud de l'Èbre essayaient d'empêcher le premier de descendre, Hirtuleius prétendait paralyser le second. Pompée passa sans encombre, mais reçut une leçon d'humilité devant Lauro (au sud de Valence) assiégée par Sertorius : il s'était avancé avec toutes ses troupes entre deux contingents de l'armée ennemie, l'un qui occupait une colline, l'autre qui assiégeait la ville, pensant couper les uns des autres, sans s'aviser qu'il y avait un troisième contingent sur ses arrières : alors qu'il comptait bien dégager la cité restée fidèle à Rome, il fut contraint d'assister, impuissant, à la reddition de ses habitants et à l'incendie de la ville. L'opération était importante pour Sertorius car l'arrivée de Pompée avait singulièrement fortifié le camp favorable aux Romains, et bon nombre de peuples de la côte orientale avaient déjà sollicité le proconsul, voire l'avaient assuré de leur fidélité. Il n'y avait pas eu un soldat romain blessé, mais Sertorius avait pu montrer à l'Espagne ce qu'il en coûtait de se fier à un petit jeune homme à qui il avait appris, disait-il, qu'un bon chef doit toujours regarder derrière lui. Metellus, lui, avait été plus heureux : il avait étrillé Hirtuleius qui n'avait dû son salut qu'à la fuite dans les montagnes et qui se réfugia avec ce qui lui restait d'hommes en Lusitanie où il fut rejoint par Sertorius et Perperna pour l'hiver.

L'année suivante, Pompée, qui avait passé ses quartiers d'hiver au pied des Pyrénées, rencontra Herennius et Perperna près de Valence. Contrairement à leur habitude, ses adversaires lui offrirent le combat en plaine et furent défaits, perdant dix mille hommes. Herennius lui-même fut tué au cours des combats. Après quoi Pompée prit Valence qu'il fit raser jusqu'au sol ; pendant ce temps Metellus avait rencontré Hirtuleius qu'il avait vaincu et tué ; les deux armées romaines marchèrent l'une vers l'autre pour faire leur jonction. Mais Sertorius s'était présenté à Pompée sur les bords du Sucro et la bataille s'était engagée : Pompée, blessé à la cuisse par un fantassin, n'avait dû son salut qu'à la rapacité des ennemis qui se précipitèrent pour saisir son cheval tout harnaché d'or et d'argent. Le combat resta indécis jusqu'à l'arrivée de l'armée de Metellus qui contraignit Sertorius à faire retraite ; celui-ci remonta la vallée du Sucro, poursuivi par les deux proconsuls auxquels il finit par être contraint d'offrir le combat pour ne pas perdre la face aux yeux de ses troupes. Le combat, là encore, resta longtemps indécis : Pompée eut bien du mal avec Sertorius alors que les choses allaient mieux sur l'aile commandée par Metellus, jusqu'au moment où ce dernier reçut un coup de lance. Ce qu'apprenant, Sertorius reporta l'essentiel de son effort de ce côté. Mais les légionnaires, émus par la blessure de leur vieux chef, avaient couvert son corps avec leurs boucliers et l'avaient emporté rapidement ; ils redoublèrent d'ardeur et enfoncèrent les lignes adverses. Sertorius fut contraint de sonner la retraite et alla se réfugier dans la ville de Clunia, autour de laquelle les proconsuls entreprirent des opérations de siège. Après avoir tenté plusieurs sorties meurtrières pour desserrer l'étau, Sertorius parvint encore à s'échapper et se livra à de nouvelles opérations de guérilla pour affamer ses adversaires, puis alla prendre ses quartiers d'hiver en Lusitanie. Les troupes sénatoriales avaient indiscutablement pris l'avantage sur l'adversaire. S'il était encore très dangereux, il était affaibli dans la mesure où ses troupes italiennes, celles qui faisaient le cœur de son dispositif tactique, avaient été décimées et qu'il n'avait pas espoir de les remplacer : les pertes indigènes étaient réparables, pas celles de légionnaires, parce que les communautés d'origine italienne vivant en Espagne n'étaient guère tentées par l'aventure, surtout à un moment où les forces de Rome reprenaient l'avantage. De leur côté, cependant, les proconsuls étaient en piteux état : les soldats souffraient terriblement de la faim et, malgré des demandes réitérées, le Sénat n'avait envoyé aucun secours. Pompée écrivit alors une lettre menaçante, disant en substance que si aucune aide ne leur était apportée, ils seraient bien contraints de revenir en Italie et qu'il y avait toute chance pour qu'ils soient suivis par Sertorius lui-même qui venait, disait-on, de conclure un pacte avec le roi du Pont, Mithridate, qui lui offrait son aide en échange de la concession de territoires romains lorsqu'il aurait pris le pouvoir à Rome ; et, en attendant, il lui avait envoyé quarante navires et des sommes considérables (l'équivalent de dix-huit millions de deniers).

Du pain et des tribuns

Bien sûr, la lettre de Pompée fit grand effet et l'on débattit au Sénat de ce qu'il convenait de faire. Il faut dire que la situation n'était pas brillante à Rome et en Italie : le pays n'était pas véritablement remis des troubles civils et il y avait encore un peu partout un brigandage à grande échelle, au point que le préteur de 76, Marcus Terentius Varro Lucullus, avait dû publier un édit pour réprimer la violence par bandes armées : la plupart du temps, il s'agissait d'esclaves que leurs maîtres ou bien ne contrôlaient plus ou bien utilisaient pour s'approprier des biens qu'ils convoitaient : cela empêchait la circulation normale des céréales. Par ailleurs, la piraterie, endémique en Méditerranée, avait prospéré pendant toutes ces années et les convois d'approvisionnement étaient très vulnérables. Les impôts dus par les provinces ne rentraient pas régulièrement. On commençait donc à souffrir. Ce n'était certes pas encore la disette, mais le manque était assez fort pour que les prix aient grimpé et que le mécontentement gronde. Les deux consuls de 75, Lucius Octauius et Caius Aurelius Cotta, faillirent en faire les frais un jour qu'accompagnant au Forum un candidat à la préture ils furent pris à partie par la foule sur la Via Sacra et ne durent leur salut qu'à la proximité de la demeure d'Octauius où ils trouvèrent refuge. Quelques jours après, Cotta réunit le peuple pour lui expliquer que les difficultés actuelles n'étaient pas imputables aux consuls en place, mais qu'elles étaient le résultat de la situation internationale. Et il ajouta que s'il fallait une victime expiatoire, il ne refusait pas de s'offrir au sacrifice, mais que cela ne changerait pas beaucoup la situation. Cotta n'était pas un orateur : il oubliait la plupart du temps ce qu'il avait à dire et, lorsqu'il parlait, il se dandinait d'un pied sur l'autre, ce qui avait amené cette remarque du jeune César : « A-t-on jamais plaidé dans une barque ? » En tout cas, ce jour-là, le discours fut assez clair et la tension s'apaisa, d'autant que l'édile de la plèbe Quintus Hortensius Hortalus, le grand rival en notoriété rhétorique de Cicéron, avait donné des jeux somptueux à l'occasion desquels il avait fait distribuer un *modius* et demi de blé à chaque citoyen. Mais si la tension avait été aussi forte, c'était aussi parce que la revendication des tribuns de la plèbe échauffait toujours les esprits : chaque année était marquée par des assauts contre les dispositions syllaniennes et, par conséquent, par les discours des tribuns destinés à enflammer la plèbe en lui faisant croire que c'étaient ses intérêts à elle et non pas leur carrière qu'ils défendaient. Le tribunat n'avait-il pas été conquis de haute lutte contre un patriciat arrogant qui méprisait le petit peuple ? Ainsi avait parlé Cneius Sicinius, personnage méprisable, mais d'une verve très amusante, selon Cicéron, et qui harcelait tous les puissants (sauf Marcus Licinius Crassus parce que, disait-il, « il a du foin sur les cornes », ce qui signifie qu'il était dangereux – les paysans du Latium mettant du foin sur les cornes de leurs bêtes les plus promptes à donner des mauvais coups) ; il fit lui-même l'objet de poursuites et perdit vraisemblablement ses biens, confisqués. Ainsi parla aussi Quintus Opimius, l'année suivante, qui alla jusqu'à prétendre utiliser son droit d'*intercessio*, celui que précisément Sylla avait enlevé aux tribuns. Lui aussi fut condamné et perdit tous ses biens.

Cotta venait d'ailleurs de faire une concession qui témoignait davantage de sa faiblesse que d'un sens aigu de la négociation : il avait fait passer une loi redonnant aux tribuns de la plèbe accès au *cursus honorum*, persuadé que, dès lors qu'il aurait redonné des perspectives de carrière à ces jeunes ambitieux, ils seraient moins enclins à réclamer les pouvoirs traditionnels de leur magistrature. Les événements ultérieurs montrèrent qu'il s'était lourdement trompé : l'année suivante, ce fut Lucius Quinctius qui sonna la charge contre les institutions mises en place par Sylla et contre leurs défenseurs. Non content de réclamer la restitution aux tribuns de tous leurs droits, il s'en prit violemment au Sénat, notamment lors d'un procès en empoisonnement où il était le défenseur et qu'il perdit ; il se répandit alors en invectives contre les jurés, tous issus de l'ordre sénatorial, et réussit à faire condamner pour corruption le président du jury. Mais il semble que, à la fin de son mandat, il se soit quelque peu amadoué et ait composé, avec les amis de Pompée notamment, ce qui lui permit d'atteindre la préture quelques années plus tard. En 73, ce fut au tour de Caius Licinius Macer, un historien connu, qui s'en prit aux partisans de l'ordre établi : Salluste a reconstitué un discours qu'il prononça devant la plèbe pour la réveiller de son apathie. C'est, en effet, une caractéristique de l'agitation de ces années, qu'elle semble être le fait de jeunes gens n'appartenant pas à la classe politique, mais désirant ardemment y entrer, sans que cela concerne véritablement la plèbe de Rome, beaucoup plus préoccupée de l'approvisionnement que des pouvoirs tribunitiens, et ce n'est pas un hasard si, cette année-là, les consuls firent de nouveau distribuer du blé à prix conventionné.

La répartition des tâches

Or la meilleure façon de garantir un approvisionnement régulier était bien de remettre de l'ordre dans l'empire et c'est ce à quoi le Sénat s'employa dès le début de l'année 74. On envoya à Pompée deux nouvelles légions avec les approvisionnements et les armes de rechange qu'il demandait ; en outre, on délégua en Gaule transalpine un propréteur, Marcus Fonteius, pour assurer les arrières des proconsuls d'Espagne et assurer leur ravitaillement; on confia un commandement militaire non délimité géographiquement (un *imperium infinitum*) au préteur Marcus Antonius pour nettoyer la Méditerranée des pirates, en commençant par l'ouest de la zone, Espagne, Ligurie et Sicile; et puis on envoya Caius Scribonius Curio comme proconsul en Macédoine où la guerre faisait rage depuis au moins cinq ans; pour les affaires d'Orient où l'on savait bien que la guerre avec Mithridate était inévitable (il préparait une armée qu'il entraînait à la mode romaine grâce aux conseils techniques d'un sénateur romain proscrit que Sertorius lui avait envoyé, Marcus Marius), on avait décidé que le consul Marcus Aurelius Cotta partirait en Bithynie avec une flotte pour protéger sa province et que Lucius Octauius irait en Cilicie; quant à l'autre consul de l'année, Lucius Licinius Lucullus, il aurait dû veiller sur la Cisalpine. Mais le sort fit qu'Octauius mourut avant même d'atteindre sa province : il fallait le remplacer, Lucullus intrigua pour se la faire confier et étendre sa compétence à l'Asie afin de mener la guerre contre Mithridate.

Et, de fait, les choses semblèrent rentrer dans l'ordre. Marcus Antonius vida l'Occident du gros de ses pirates et commença à préparer ses expéditions en Grèce et en Orient. Lucullus, qui était parti d'Italie avec une légion, rassembla ses troupes, celles de Seruilius Vatia, son prédécesseur, mais aussi celles du renégat Fimbria. Ce marianiste, qui faisait partie de l'armée de Valerius Flaccus envoyée en 86 contre Sylla, avait réussi à faire tuer son proconsul dans une mutinerie, avait guerroyé avec des succès divers contre Mithridate et fini par être contraint au suicide pour échapper à Sylla : il fallait remettre de l'ordre dans son armée, plus habituée aux coups de mains fructueux qu'aux opérations organisées, ce que Lucullus sut très bien faire. En Espagne, les choses durèrent encore un temps : les proconsuls s'employèrent à une pacification systématique des deux provinces et les revers qu'ils infligèrent à Sertorius provoquèrent de nombreuses défections dans les cités espagnoles, mais aussi parmi ses troupes italiennes. Rendu très irritable et suspicieux, Sertorius fit éliminer un certain nombre de ses officiers qu'il soupçonnait de vouloir le trahir. Et, dans un accès de colère, il fit exécuter ou vendre comme esclaves tous les enfants espagnols que les cités lui avaient envoyés comme otages, qu'il avait habillés de la toge prétexte et à qui il avait promis une éducation à la romaine, avec une instruction en latin et en grec. Il avait sans doute des raisons de se méfier : Metellus avait offert une récompense énorme (six cent mille deniers et cinq cents hectares de terre en Italie) pour qui le tuerait. En tout cas, ses officiers les plus proches décidèrent que cela ne devait plus continuer, incités en ce sens par Marcus Perperna qui, depuis qu'il l'avait rejoint, vivait très mal d'être contraint, lui un aristocrate étrusque, d'être aux ordres de ce soudard tout juste sorti d'un bourg de Sabine. Ses principaux lieutenants l'assassinèrent donc au cours d'un dîner et Perperna reprit, non sans mal, la tête des troupes : il se fit étriller et capturer par Pompée quelques jours après.

Il essaya bien de se le concilier en lui montrant les documents compromettants que Sertorius conservait, mais Pompée les détruisit aussitôt sans les lire et fit exécuter Perperna. La guerre d'Espagne était terminée et, d'ailleurs, Metellus était déjà sur le chemin du retour.

La révolte des gladiateurs

Mais elle n'était plus le principal sujet d'inquiétude pour les habitants de Rome et d'Italie : un soir de l'été de 73, soixante-quatorze esclaves, appartenant à une école de gladiateurs de Capoue, s'enfuirent de leur prison-caserne en s'armant de ce qu'ils avaient pu trouver, c'est-à-dire des instruments de cuisine. Ils étaient thraces, germains et gaulois, essentiellement ; avec eux ils avaient emmené quelques femmes puisque le statut très particulier de gladiateur permettait un semblant de vie de famille. Les fugitifs n'avaient pas apparemment d'autre objectif que de sortir, de s'échapper. Ils allèrent s'installer sur les pentes du Vésuve, non sans avoir réussi à piller un chariot qui contenait les armes que se faisait livrer un *lanista*, un de ces hommes qui formaient et louaient des esclaves gladiateurs.

En ce début du premier siècle, les jeux de gladiateurs n'avaient pas encore pris l'ampleur considérable qu'ils auraient sous l'Empire. La mode gagnait vite, mais c'était encore un genre de spectacle assez récent : ce n'est qu'en 264, à l'occasion de la mort de leur père, que deux aristocrates romains donnèrent des jeux funèbres sur le Forum Boarium au cours desquels ils firent combattre des gladiateurs. Cette pratique, qui resta de caractère privé jusqu'à la fin de la République, est étroitement liée au culte des morts : elle est un rite substitutif au massacre des prisonniers sur la tombe des guerriers morts au combat, tel qu'on le voit attesté, par exemple, dans l'*Iliade* aux funérailles d'Achille : l'égorgement d'un homme était réputé apporter à l'âme du mort un aliment privilégié, le sang humain, et la mort d'ennemis constituait, en outre, une vengeance indispensable. C'est en quelque sorte pour atténuer la cruauté de ces sacrifices humains qu'on leur substitua des duels, au cours desquels l'un des deux combattants avait quelque chance de sauver sa vie. C'est en Grande-Grèce, probablement en Campanie et en Lucanie, que s'opéra d'abord ce changement, au début du IVe siècle, avant de gagner l'Étrurie. On prit donc l'habitude à Rome de faire ainsi combattre à mort des esclaves exotiques avec leur armement propre. Aux Samnites et aux Gaulois, les deux types originels, vinrent par la suite s'adjoindre des *armaturae* plus lointaines, celle des Thraces, en particulier. Comme il n'était plus question de renouveler les hommes morts puisque l'on était en paix avec le Samnium et que l'on ne faisait donc plus de prisonniers de guerre, et comme aussi des *armaturae* nouvelles avaient vu le jour, qui n'avaient plus d'origine ethnique (celle des mirmillons, par exemple, ou l'*armatura* équestre), on affecta les prisonniers de guerre dont on disposait à un type de combat déterminé par la mode. Il fallait donc bien que ces gens fussent recrutés et formés à leur arme et c'est en Campanie, où la tradition était ancienne et le commerce servile important, que la profession de *lanista* connut le plus grand développement.

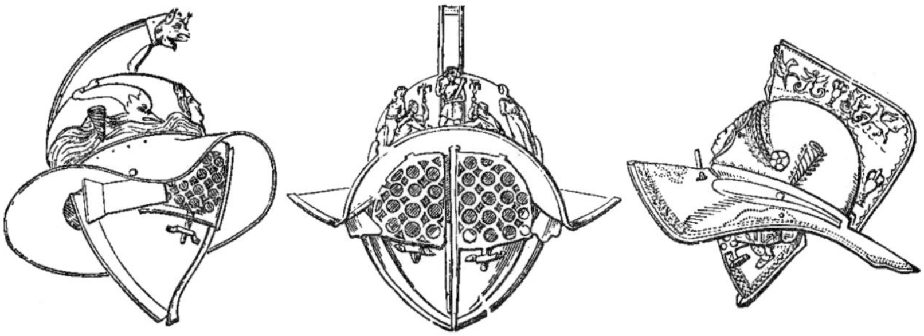

Casques de gladiateurs

Nos gladiateurs fugitifs, maintenant armés jusqu'aux dents, commencèrent à lancer des coups de main contre de grandes propriétés, à la suite de quoi ils se partageaient le butin. Ils avaient à leur tête un Thrace, gladiateur équestre qui devait laisser un nom dans l'histoire : Spartacus.

Comme les cités ne disposaient pas véritablement de forces de police, la sécurité étant assurée par le contrôle social (c'est-à-dire, en fait, par les citoyens eux-mêmes), et compte tenu de l'ampleur de la rébellion et du risque de contagion qu'elle faisait redouter, il fallut bien envoyer la force armée de Rome. C'est donc le préteur Caius Claudius Glaber qui fut dépêché avec une troupe de trois mille hommes rassemblés à la hâte pour une opération de police : il mit le siège au pied de la montagne et attendit tranquillement que la faim fasse sortir les fugitifs ; mais ceux-ci, se tressant des échelles avec des sarments de vignes sauvages, réussirent à s'échapper en silence, de nuit, par un endroit très escarpé. Ils tombèrent sur les Romains par derrière, tuant tout ce qui n'avait pas pris la fuite (sans doute assez peu de gens, au total) et s'emparèrent du camp qu'ils pillèrent. Ce succès eut un retentissement considérable dans le monde servile de l'Italie du Sud et entraîna un grand nombre d'esclaves de toutes origines à rejoindre le petit noyau de gladiateurs. La plupart de ces esclaves, notamment les bergers chargés de la transhumance, avaient coutume de porter des armes et leur maniement ne leur était donc pas étranger : ils constituèrent assez rapidement une troupe redoutable dotée des équipements pris aux légionnaires. Rome se décida, tout de suite après l'annonce du désastre subi par Glaber, à envoyer un second préteur, Publius Varinius, avec une force plus considérable sinon plus aguerrie. Pourtant les choses ne s'arrangèrent point : un de ses légats, Lucius Furius, fut mis en déroute avec ses trois mille hommes. Et puis un collègue de Varinius, Lucius Cossinius, venu à la rescousse avec des forces importantes (que l'on ne peut chiffrer), fut surpris par Spartacus lors d'une halte, en Campanie (lui-même était en train de se baigner) : peu s'en fallut qu'il ne soit capturé. Mais il se rassura trop vite parce que l'accrochage n'était pas terminé : après s'être emparé de ses bagages,

Spartacus se mit à la poursuite du préteur, le rejoignit, tua la plupart de ses hommes et Cossinius lui-même ; puis il prit et pilla le camp. Quant à Varinius, il n'eut guère plus de chance. D'abord il fut berné par Spartacus, un soir que les deux armées campaient face à face : les rebelles avaient fiché, en avant de leurs retranchements, des pieux auxquels ils avaient attaché des cadavres, pour faire croire à des sentinelles ; ils avaient allumé des feux un peu partout à l'intérieur du camp et avaient laissé à un sonneur le soin de donner les signaux réglementaires ; puis ils étaient partis dans le plus grand silence. Varinius ne s'aperçut de la supercherie que le lendemain, parce qu'il trouvait le camp ennemi bien silencieux ; après cette humiliation, il se fit battre au cours de plusieurs rencontres, perdit même ses licteurs et son cheval, tué sous lui.

La situation était devenue dramatique pour Rome. En ces périodes de difficultés d'approvisionnement, l'Italie du Sud, grande pourvoyeuse de céréales, était maintenant sous la menace permanente d'une véritable armée qui comptait plusieurs dizaines de milliers de combattants : ces troupes lançaient des attaques en règle contre des cités de Campanie (Cumes, Nola, Nucérie, Abellinum), mais aussi de Lucanie (Métaponte) ou du Bruttium (Cosentia, Thurii), brûlaient les exploitations et les récoltes, paralysaient tous les échanges. La catastrophe était d'autant plus considérable qu'elle s'aggravait de la division même des troupes rebelles : si Spartacus menait environ trente mille hommes, il était maintenant associé à des bandes de Gaulois, dont celle de Crixus, qui avait avec lui environ dix mille hommes (sans compter ceux qu'il récupéra d'un autre chef de même origine, Oenomaus, tué dans le combat précédent), les uns et les autres ayant des objectifs différents, puisque certains souhaitaient repartir dans leur pays d'origine (notamment certains Gaulois), d'autres n'imaginant que la vengeance et le pillage, si bien qu'il était impossible de prévoir leurs mouvements ; en tout cas, lorsqu'ils s'attaquaient à des cités, ce n'était pas pour s'en emparer, mais pour tuer et piller avant de se retirer. Il fallait agir : on confia la responsabilité aux deux consuls de cette année 72, le vieux Lucius Gellius Publicola et Cneius Cornelius Lentulus Clodianus, assistés du préteur Cneius Manlius et de l'ancien préteur Quintus Arrius (qui aurait dû prendre le gouvernement de la Sicile, à la place de Caius Verres, mais que l'on réquisitionna pour ces opérations). Les premières rencontres furent à l'avantage de l'autorité : Gellius tomba sur les bandes de Gaulois de Crixus au nord de l'Apulie et fit un massacre de vingt mille hommes. Mais il était trop malhabile et son armée trop indisciplinée pour cueillir les fruits de ce premier succès. Et puis Spartacus avait réussi à venir à bout de l'autre consul qui l'avait pourtant encerclé avec des forces considérables : il défit ses légats et s'empara de tous les bagages romains. Maintenant Spartacus marchait vers le nord, probablement avec l'intention de passer en Gaule : les consuls se mirent donc en devoir de le suivre et l'on mobilisa le proconsul de Gaule cisalpine, Caius Cassius Longinus, pour l'empêcher de passer. Mais, avec ses deux légions, il ne put résister devant Modène. La voie des Alpes était ouverte ; pourtant les rebelles rebroussèrent chemin, infligèrent une nouvelle défaite aux consuls et se portèrent vers le sud : on leur prêtait l'intention d'attaquer Rome.

Rappelés d'urgence à Rome, les deux consuls furent déchus de leur commandement et l'on se mit à chercher un chef qui fût capable de mener les opérations. La chose n'était point aisée : il n'y avait guère de volontaires pour aller en découdre avec des hordes de barbares imprévisibles, désespérés et prêts à tout, et pour des opérations qui ne donnaient pas le moindre espoir de profit (ni butin ni triomphe, s'agissant d'une action de maintien de l'ordre). C'est finalement Marcus Licinius Crassus, qui avait été préteur l'année précédente, qui fut investi d'un pouvoir proconsulaire avec dix légions, six nouvelles recrutées avec le plus grand soin parmi les vétérans, et les quatre consulaires qu'il fallut compléter. Crassus espérait bien se tailler une réputation de grand chef qui pût contrebalancer celle de Pompée, qu'il n'aimait pas. En tout cas, il partit pour le Picenum après avoir donné ordre à son légat Mummius, à la tête de deux légions, de contourner et de suivre Spartacus qui semblait se diriger vers le sud, mais sans engager le combat. Comme on pouvait s'y attendre, Mummius, désireux de tirer toute la gloire à lui, désobéit, engagea le combat et fut vaincu : une partie de ses troupes furent massacrées, le reste jeta ses armes et s'enfuit. Crassus les récupéra, blâma publiquement Mummius et prit les cinq cents hommes du premier rang qui avaient déclenché la panique ; il les divisa en cinquante dizaines et, à l'intérieur de chacune de ces unités, fit tirer au sort un soldat pour être exécuté. C'était une cérémonie terrible que celle de la décimation. Elle s'opérait devant l'ensemble des troupes en armes ; une fois connu le nom des victimes, le silence se fait ; les soldats commencent alors à frapper leurs boucliers avec leur glaive, sur une cadence lente ; un à un les condamnés sont dénudés, frappés de verges sur tout le corps puis allongés sur le sol et décapités à la hache. Les cadavres sont ensuite traînés au croc hors du camp. Les quatre cent cinquante autres, simplement revêtus d'une tunique, furent soumis à des peines humiliantes (bivouac à l'extérieur du camp, sans protection, corvées en tout genre, travaux de terrassement inutiles, rations d'orge à la place de blé...) et on ne leur rendit leurs armes que lorsqu'ils eurent juré de ne s'en plus jamais séparer. L'ordre étant rétabli, Crassus marcha sur Spartacus qui, lui, se déroba en faisant retraite en Lucanie. On ne connaît pas le détail des opérations, mais on sait que, cette fois, l'avantage était à l'autorité : plusieurs engagements coûtèrent de lourdes pertes aux insurgés qui, dans l'hiver, se trouvèrent pris au piège non loin de Rhegium, à l'extrême pointe occidentale de la péninsule : Spartacus comptait traiter avec les pirates ciliciens et faire passer deux mille hommes en Sicile pour y rallumer la guerre servile, mais les pirates le grugèrent en prenant ce qu'il leur offrait et en repartant sans emmener personne. Pendant ce temps, Crassus avait entrepris de boucler le site et les efforts faits par les esclaves pour l'en empêcher furent vains. Spartacus

Crassus

avait fait pendre un prisonnier romain entre son retranchement et la circonvallation pour bien signifier que, pour lui aussi, la guerre serait sans merci. Malgré le dispositif très serré de Crassus, Spartacus réussit pourtant à s'enfuir, par une nuit où sévissait une tempête de neige, après avoir fait combler le fossé de cadavres de prisonniers et de bêtes de somme (trucidés pour l'occasion), le tout recouvert de branches d'arbres ; il passa par la montagne et gagna la côte est de la péninsule du Bruttium, jusqu'à Petelia. Une partie des troupes l'avaient abandonné, désirant tenter leur chance : elles furent massacrées par Crassus qui, dit-on, en tua, ce jour-là, douze mille trois cents. Spartacus, lui, était poursuivi par la cavalerie romaine commandée par Lucius Quinctius et par des troupes à pied sous les ordres du questeur Cneius Tremellius Scrofa : il leur fit face et les mit en déroute ; le questeur fut même blessé et n'échappa que de justesse à la mort. Les rebelles se dirigèrent alors vers Brindes, sans doute dans l'espoir d'embarquer ; mais ils apprirent que le proconsul Marcus Terentius Varro Lucullus (le jeune frère de Lucullus et qui avait été consul l'année d'après lui, soit en 73), mandé de Macédoine par le Sénat, y avait débarqué avec ses troupes. Spartacus rebroussa chemin et ses hommes, encore tout pleins de l'orgueil d'avoir défait les lieutenants de Crassus, le poussaient à en finir avec le proconsul. Lui-même aurait souhaité éviter l'affrontement direct ; mais lorsqu'il fut de nouveau au contact avec les troupes romaines, il ne put empêcher ses rebelles d'engager le combat. C'était dans le nord de la Lucanie ; les insurgés furent taillés en pièces et l'on ne retrouva pas le cadavre de Spartacus. Crassus poursuivit les fugitifs et en fit crucifier s ix mille, le long de la Via Appia, entre Capoue et Rome. Pompée, revenant d'Espagne, descendait par l'Étrurie ; il tomba sur une bande de fuyards qui comptait environ cinq mille hommes, les massacra jusqu'au dernier et écrivit au Sénat que, si Crassus avait mis fin à la guerre, lui-même en avait éradiqué les germes.

Le retour des vainqueurs

Les deux vainqueurs marchèrent alors en direction Rome, avec toutes leurs troupes, mais à l'enthousiasme d'une grande partie de la population, reconnaissante aux deux hommes de l'avoir libérée des deux fléaux, Sertorius et Spartacus, se mêlait une crainte : pourquoi n'avaient-ils pas licencié leur armée, comme l'avait fait, par exemple, Metellus, une fois qu'il eut passé les Alpes ? L'un et l'autre arguait du fait que l'autre n'avait pas licencié la sienne et il y avait lieu de craindre une confrontation. C'est dans ce contexte, alors que les deux armées campaient non loin des murs de la ville, que Pompée annonça au Sénat qu'il demandait le triomphe et qu'il souhaitait obtenir une dispense pour pouvoir se présenter au consulat. La demande était exorbitante : il n'était pas possible de célébrer un triomphe dans une guerre civile et l'on avait du mal à admettre qu'un homme jeune (il avait trente-deux ans), qui n'avait encore gravi aucun des échelons du *cursus honorum* et qui, donc, n'avait jamais siégé au Sénat, aspirât à la plus haute magistrature, en un temps où la carrière politique était strictement réglementée, précisément pour éviter que des ambitieux, s'appuyant sur l'armée ou sur leur fortune, ne s'emparent des leviers de l'État : en principe, pourvu que l'on fasse une carrière sans accroc, on ne pouvait prétendre revêtir le consulat qu'à quarante-trois ans, après avoir assumé les fonctions de questeur et de préteur (l'édilité était facultative, mais la plupart des hommes politiques la revêtaient parce qu'elle leur était une occasion de se faire une popularité), chacune de ces charges étant séparée de la précédente par un délai incompressible. Pour ce qui était du triomphe, on pouvait s'en sortir honorablement en admettant que Pompée était allé bien au-delà des opérations contre Sertorius en pacifiant l'Espagne et en faisant valoir que, de toutes les façons, Metellus, à qui l'on ne pouvait le refuser, le réclamait lui aussi, pour les mêmes raisons ; en revanche, la dispense posait un problème institutionnel grave auquel s'ajoutait un doute politique, parce que l'on craignait que, investi du pouvoir suprême, Pompée ne détruise l'ordre établi par Sylla. On dut pourtant bien se résoudre à l'accorder, à la fois parce qu'il jouissait d'une popularité extraordinaire (entretenue par la liesse qui avait marqué le triomphe récent de Quintus Caecilius Metellus et par les promesses dont il n'était pas avare), parce que l'on pouvait penser qu'il serait élu même sans avoir été candidat (ce qui poserait des problèmes d'une autre ampleur), et parce que l'on craignait que les soldats campés à proximité ne bougent en cas de refus. Crassus, après s'être assuré du soutien de Pompée, annonça lui aussi sa candidature : elle n'avait rien de scandaleux pour un homme qui avait été préteur deux ans auparavant. Ils furent donc élus tous les deux et célébrèrent chacun la cérémonie qui témoignait de sa victoire : Crassus eut droit à une ovation (il n'avait d'ailleurs pas osé réclamer davantage), sorte de « petit triomphe » au cours duquel le chef vainqueur parcourait le même itinéraire dans Rome que le triomphateur, mais à pied, et sans tous les ornements, accompagné non par des trompettes, mais par des flûtes ; Pompée, lui, fit son entrée en char, avec toute son armée, le lendemain, dernier jour de décembre, à la veille de revêtir son consulat. Et les soldats, démobilisés, purent rentrer chez eux avant d'être gratifiés, quelques mois plus tard, de lots de terre en Italie.

Les débuts dans ses nouvelles fonctions durent être un peu délicats pour Pompée qui, n'ayant jamais assisté à des séances du Sénat, auxquelles il était maintenant appelé à présider, ignorait tout des rituels, des procédures et des pratiques. Il fallut donc qu'un érudit, Varron en l'occurrence, lui rédige en toute hâte un petit manuel sur la façon dont il fallait se comporter avec cette assemblée. Cela dit, il sut assez bien tirer parti de son inexpérience en la valorisant aux yeux du peuple :

> Le spectacle le plus agréable qu'il donna au peuple, ce fut de venir se libérer lui-même du service militaire. En effet, c'est une coutume à Rome que les chevaliers, après avoir servi sous les armes le temps légal, amènent leur cheval au Forum devant deux hommes qu'on appelle les censeurs ; là, quand ils ont énuméré chacun des chefs et des généraux sous lesquels ils ont servi, et rendu compte de leurs campagnes, ils

> reçoivent leur congé, et l'on distribue à chacun l'honneur ou le déshonneur que mérite sa conduite. À ce moment les censeurs Gellius et Lentulus siégeaient majestueusement devant leur tribunal, et les chevaliers défilaient en face d'eux pour être examinés, quand on vit descendre vers le Forum Pompée entouré de tout l'appareil de sa charge et conduisant son cheval par la bride. Lorsqu'il fut tout prêt et se trouva bien en vue, il ordonna aux licteurs d'ouvrir les rangs et amena son cheval devant le tribunal. Le peuple, saisi d'étonnement, gardait un profond silence, et les magistrats, à ce spectacle, étaient remplis de respect et de joie. Puis le plus âgé des censeurs lui dit : « Je te demande, Pompée le Grand, si tu as fait toutes les campagnes exigées par la loi. » Pompée répondit à voix forte : « Je les ai toutes faites, et toutes avec moi-même pour général en chef. » En l'entendant, le peuple se mit à crier, car l'enthousiasme l'empêchait de contenir ses acclamations, et les censeurs, se levant, reconduisirent Pompée jusqu'à sa maison pour faire plaisir aux citoyens qui les suivaient en battant des mains. (Plutarque, *Vie de Pompée*, 22, 4-9.)

Il y avait quelque malice, sans doute, à se plier à ce rite institutionnel de restitution du cheval public pour un homme qui avait transgressé toutes les règles de la procédure concernant les magistratures que l'on ne pouvait normalement commencer à briguer qu'une fois que l'on avait rendu le cheval ! C'était à l'évidence une belle opération politique.

L'apaisement ?

Mais le plus important n'était pas là : il semble bien que les deux consuls aient voulu tirer définitivement un trait sur les événements des guerres civiles et sur leurs conséquences. Et c'est la raison pour laquelle ils firent ce que craignaient les tenants de l'ordre établi : ils rendirent l'intégralité de leurs droits aux tribuns de la plèbe, c'est-à-dire l'initiative législative (la capacité à faire voter des lois) et l'*intercessio* (le droit de veto sur des décisions des autres magistrats ou du Sénat). Tout de suite après, la première loi que fit passer un tribun de la plèbe de cette année-là, qui n'est pour nous qu'un nom (Plautius), concernait les séquelles des guerres civiles. Ce texte, qui devait donc être une *lex Plautia de ciuilibus dissensionibus terminandis*, une loi pour mettre fin aux troubles civils, avait pour objet d'aménager le statut des proscrits survivants et de leurs descendants, et de fixer les conditions d'amnistie pour ceux qui avaient combattu avec les ennemis de la République, Lépide et Sertorius. Il est vrai que la société romaine portait encore les stigmates des événements tragiques survenus dans les deux dernières décennies : d'un côté, il y avait encore des magistrats qui, à l'occasion de leurs fonctions provinciales, recherchaient les proscrits survivants pour les exécuter et, de l'autre, des parents ou alliés de proscrits qui réclamaient l'amnistie et qui, même, les faisaient revenir en ville : c'en était au point que les tribuns de la plèbe prirent à l'unanimité, cette année-là, un édit interdisant le séjour à Rome de quiconque aurait été condamné à une peine capitale. Ce rappel à l'ordre montre à quel point la pression devait être forte, et l'on sait en particulier que le jeune César, qui venait de remplir les fonctions de tribun militaire, intervint dans une assemblée du peuple pour plaider en faveur de l'amnistie d'un certain Decidius, un Samnite inconnu par ailleurs, et surtout de Lucius Cornelius Cinna, son beau-frère. Sans doute les dispositions de la loi Plautia lui paraissaient-elles insuffisantes : elle prévoyait, en effet, que les proscrits restaient « condamnés » (même si, formellement, ils ne l'avaient point été, leur situation était assimilée à des gens qui subissaient le sort des exilés pour trahison), mais qu'ils pouvaient désormais trouver refuge dans des cités hors d'Italie ; quant à leurs fils et petits-fils, la loi leur autorisait le retour à Rome et leur rendait un certain nombre de droits civiques (dont le droit de vote) à l'exclusion du *ius honorum*, la capacité à faire une carrière politique et, donc, à revêtir des magistratures, et du *ius accusandi*, le droit de se porter accusateur en justice (qui, d'ailleurs, dans l'esprit des Romains, était complémentaire de l'exercice de la magistrature). On comprend aisément le propos : il était exclu que l'on donne à ces gens-là les armes de leur vengeance, sauf à accepter que Rome devienne le lieu de tous les règlements de comptes.

La vengeance, dans la société romaine du Ier siècle avant notre ère, était encore un devoir, une ardente obligation. Le mot *inimicus*, qui a une place importante dans le vocabulaire politique, désignait celui qui mettait en œuvre des dispositions hostiles contre lesquelles il était indispensable de se prémunir et, en tout cas, s'il était un devoir sacré, c'était bien celui de faire du tort à un *paternus inimicus*, un ennemi qui vous venait de votre père. Ce que n'avaient pas manqué de faire les deux frères Lucullus (qui venaient d'exercer le consulat, Lucius en 74 et Marcus en 73) : leur premier acte politique, à la fin des années 90, avait été de poursuivre en justice l'homme qui avait fait condamner leur père, un Seruilius Augur. Tout le monde à Rome s'en souvenait, à la fois parce que la démarche avait paru exemplaire et parce que le procès avait été l'occasion de troubles civils et de violences. Les deux consuls, Pompée, qui avait fait exécuter un certain nombre de proscrits (et encore récemment Marcus Iunius Brutus et Lucius Scipio Æmilianus), et Crassus, qui n'avait pas été le dernier à s'enrichir des biens des victimes, auraient été submergés de procès en tout genre. Si, donc, on pouvait tolérer que ces jeunes gens retrouvent le chemin de Rome, il était hors de question de les mettre en état de se venger : il s'agissait bien d'une loi de réconciliation nationale puisqu'elle accordait aussi l'amnistie à tous ceux qui avaient combattu sous les ordre de Lépide et de Sertorius, et il ne fallait donc pas en faire l'occasion de la remise en route du processus infernal des représailles.

Le procès de Verres

Le hasard voulut qu'un grand procès défraye la chronique, cette année-là, et qu'il joue un grand rôle dans le dernier acte de la subversion du système établi par Sylla : la révision de la loi sur la composition des jurys, passée à la fin de l'année avec l'appui de Pompée. Ce procès fut celui d'une certaine conception des gouvernements provinciaux : les Siciliens étaient venus trouver Cicéron, qui avait été questeur à Lilybée cinq ans plus tôt et qui avait laissé un excellent souvenir par la rigueur de sa gestion. Et par son intérêt porté à la Sicile aussi

– c'est lui qui avait retrouvé le tombeau d'Archimède que les Syracusains avaient oublié :

> Un jour donc que je fouillais du regard tout le terrain situé aux abords de la Porte d'Agrigente, car il y a là une multitude de tombeaux, voilà que mes yeux tombent sur une petite colonne qui émergeait à peine des buissons : elle était surmontée d'une sphère et d'un cylindre. Tout de suite je dis aux Syracusains – et c'étaient les notables qui m'accompagnaient – que ce devait être justement ce que je cherchais. On envoie là nombre de gens armés de faux pour nettoyer et dégager l'emplacement ; puis, quand on eut frayé un passage, nous nous dirigeâmes vers la face antérieure du piédestal. L'inscription y était reconnaissable, bien que le temps eut rongé l'extrémité du texte en vers dont il ne subsistait guère que la moitié. Ainsi la cité de la Grèce la plus célèbre et même a un moment la plus savante aurait ignoré le monument du plus génial de ses fils, si un enfant d'Arpinum ne le lui avait fait connaître. (Cicéron, *Tusculanes,* 5, 65-66.)

On comprend, dans ces conditions, que les Siciliens se soient tournés vers cet homme, qui par ailleurs s'était déjà acquis une solide réputation d'avocat, pour lui demander de défendre leurs intérêts : ils avaient été si maltraités et si rançonnés pendant la préture de Verres que les cités avaient décidé, presque unanimement, de porter l'affaire devant les tribunaux de Rome, et il leur fallait, pour cela, un *patronus*, un Romain qui se fasse accusateur en leur nom. La tâche était rude, notamment parce que, si la famille de Verres n'était pas très connue, il disposait, lui, d'une fortune considérable et, surtout, il pouvait compter sur l'appui des sénateurs les plus influents (notamment les Caecilii Metelli), et que sa défense serait assurée par le plus éloquent des orateurs de l'époque, Quintus Hortensius, lui-même homme politique très influent. Ce n'était pas une position confortable pour un homme qui était candidat à l'édilité. Une fois qu'il eut accepté de se faire leur porte-parole, Cicéron eut d'abord à livrer une bataille de procédure : lorsque l'accusation d'extorsion de fonds eut été déclarée recevable par le préteur, Manius Acilius Glabrio, les amis de Verres suscitèrent un second accusateur, un certain Quintus Caecilius Niger, qui avait été questeur de l'accusé. La manœuvre était habile, dans la mesure où elle contraignait à tenir un premier débat contradictoire pour choisir celui qui mènerait l'accusation ; mais elle avait été préparée dans la hâte et l'accusateur de paille que ses amis avaient choisi pour Verres ne faisait pas le poids : Cicéron, bien qu'il eût la parole le premier, eut tôt fait de démontrer qu'un ancien questeur ne pouvait être l'accusateur du magistrat qu'il avait servi, sauf à risquer de prêter la main à une manœuvre grossière ; et, surtout, il se moqua par avance de la maladresse de Caecilius Niger en parodiant le discours qu'il devait tenir – et qu'il tint en effet, à grand renfort d'appels aux dieux immortels de Rome. Cicéron fut donc choisi pour mener l'accusation et disposa d'un délai de cent dix jours pour rassembler preuves et témoignages : il partit pour la Sicile, au plus fort de l'hiver, et boucla son enquête en cinquante jours. Mais, de retour à Rome, il se trouva considérablement retardé: les partisans de Verres avaient monté un second procès, intenté à un autre gouverneur inconnu, mais pour lequel l'instruction ne devait durer que cent huit jours, ce qui avait permis de l'inscrire avant celui de Verres. Le propos était de retarder le plus possible le début des audiences de façon que, une fois que, arrivée la période des grands jeux annuels, dans la seconde partie de l'année, on se décide, faute de disposer d'une plage de temps raisonnable, à tout reporter l'année suivante: on attendait l'élection au consulat de Quintus Caecilius Metellus Creticus, le principal soutien de Verres, et de Quintus Hortensius, son avocat; en outre, on espérait l'élection à la préture de Marcus Caecilius Metellus que l'on verrait bien chargé de présider la cour. En d'autres termes, si l'on parvenait à retarder l'audience, Verres serait absous et déjà, dans son milieu, on le félicitait de cette heureuse issue. Mais c'était compter sans l'habileté de Cicéron: lorsque, au début d'août, à un moment où il avait déjà été élu triomphalement à l'édilité, commença l'audience de la première instance, contre toute attente l'accusateur fit un discours très bref et commença à produire témoins et preuves. Il n'était plus question de finasser et, devant l'embarras de son défenseur pris au dépourvu et la manifestation éclatante de sa culpabilité, Verres crut préférable de choisir la route de l'exil. Il paya les quarante millions de sesterces qu'il fut condamné à rembourser aux Siciliens: il lui en restait sans doute largement assez pour couler, loin de Rome, des jours heureux. Cicéron n'en resta pas là: il avait beaucoup travaillé sur ce dossier, et publia les cinq discours qu'il avait préparés. En tout cas, dans celui qu'il prononça lors de l'ouverture de la première action il semble qu'il ait mis en garde les jurés en les plaçant devant leurs responsabilités:

> Ce qui était le plus à souhaiter, juges, ce qui, plus que quoi que ce soit, était propre à apaiser la haine dont votre ordre est l'objet et à faire cesser la mauvaise réputation des instances judiciaires, semble, moins par un effet de la prudence humaine que par une faveur divine, vous être accordé, vous être offert, en un moment où il s'agit des intérêts essentiels de la République. Voici, en effet, longtemps qu'elle s'est invétérée, que les propos de tout le monde l'ont répandue, non seulement parmi nous, mais chez les nations étrangères, cette opinion pernicieuse pour la République et dangereuse pour vous, qui prétend que les instances judiciaires, telles qu'elles se font aujourd'hui, ne peuvent aboutir à la condamnation d'un homme qui a de l'argent, cet homme fût-il coupable. Et c'est alors précisément que la situation est si critique pour votre ordre et pour votre pouvoir judiciaire, alors qu'il y a des hommes tout préparés par leurs harangues de réunions publiques et par leurs propositions de lois à essayer d'enflammer cette haine que l'on porte au Sénat, c'est alors que l'on traduit en justice Caius Verres, cet accusé déjà condamné dans l'opinion de tous par sa vie et par ses actes, qui dans ses propres espérances, dans les affirmations qu'il proclame bien haut, est absous par la grandeur de ses richesses. (Cicéron, *Première Action contre Verres,* 1-2.)

Il est bien possible que cet exorde ait été ajouté par Cicéron pour la publication, après le vote de la loi judiciaire; il n'empêche qu'il témoigne bien du malaise que faisait naître le soupçon permanent d'une complicité entre les accusés et les juges, appartenant les uns et les autres à l'ordre sénatorial.

Mais il était sans doute trop tard et le discrédit était trop évident: à la fin de l'année, le préteur Lucius Aurelius Cotta fit passer une loi qui redistribuait la responsabilité des jurys judiciaires en la répartissant entre les trois « ordres » supérieurs de l'État, les sénateurs, les chevaliers et les tribuns du trésor: ces derniers sont mal connus parce que les Romains ne s'acquittaient plus depuis 167 du *tributum*, l'impôt permettant de verser, aux hommes sous les armes, le *stipendium* (qu'il faut bien traduire par solde, du moins pour cette période de la fin de la République); or c'étaient eux qui étaient censés faire l'avance du *stipendium* dont ils devaient être remboursés, quelquefois en plusieurs années sur le revenu de l'impôt (qu'ils n'avaient pas la responsabilité de percevoir eux-mêmes), ce qui implique qu'ils aient eu une surface financière assez considérable, compte tenu du fait que le revenu du *tributum* était irrégulier puisqu'il s'agissait d'un impôt de quotité (un pourcentage fixe des fortunes détenues par les citoyens mâles) et non d'un impôt par répartition. En tout cas la nouvelle distribution de la responsabilité judiciaire, qui était un coup supplémentaire porté au régime de Sylla, ne fut plus remise en cause jusqu'à la fin de la République.

De leur côté les censeurs, qui n'étaient autres que les deux consuls de 72, honteusement battus par Spartacus et déchus de leur commandement, manifestèrent une sévérité exceptionnelle (proportionnelle, sans doute, à leur médiocrité) en excluant soixante-quatre sénateurs; et, surtout, ils procédèrent au premier recensement des citoyens depuis l'intégration des Italiens dans la citoyenneté. Ce fut l'occasion du rassemblement à Rome d'une foule comme on n'en avait jamais vue et les censeurs annoncèrent 910 000 citoyens (le dernier chiffre connu, celui de 86, était de 463 000).

Réjouissances

Toutes ces remises en ordre furent assaisonnées de réjouissances populaires: à la mi-juillet, Pompée avait donné des jeux magnifiques (sur lesquels nous ne sommes malheureusement que très peu renseignés) qu'il avait voués au cours de sa campagne contre Sertorius. Crassus, lui, sans doute l'homme le plus riche de son temps, consacra, comme avait fait Sylla, la dîme de ses biens à Hercule: il offrit au peuple un banquet de dix mille tables et fit distribuer une provision de blé pour trois mois. Même si l'on admet que le chiffre des bénéficiaires de cette distribution ne devait pas être de beaucoup supérieur à cent mille – puisque ce devaient être les mêmes que ceux qui bénéficiaient de la distribution de blé public à prix réduit et dont la liste était fixée selon des conditions restrictives: citoyenneté et ingénuité (ce qui excluait les affranchis), domicile à Rome, niveau de ressources –, il faut imaginer l'organisation qu'une telle opération exigeait, à la fois pour ce qui était du stockage et du transport des sacs de blé sur les endroits de la distribution et pour les démarches administratives de vérification et d'enregistrement des bénéficiaires. Un calcul rapide permet de donner une idée de la masse de céréales qu'il fallut manipuler : on sait que l'État vendait, à bas prix, cinq *modii* de blé par mois aux citoyens, et que, par conséquent, une provision de trois mois représente cent trente litres ; à environ cinq cents grammes le litre (actuellement le blé pèse entre 700 et 820 grammes), cela donne six mille cinq cents tonnes pour cent mille bénéficiaires.

Il y a d'ailleurs tout lieu de penser que, pour cette opération, Crassus, qui était consul, avait opéré sur les lieux des distributions d'État, c'est-à-dire dans la Porticus Minucia, ce portique qu'en 107 le proconsul de Macédoine, Marcus Minucius Rufus, avait fait construire à la suite de son triomphe et qui ceignait les temples de Feronia, de Juturne et des Lares Permarini (auxquels devaient s'ajouter, quelques années plus tard, le temple à La Fortune de ce Jour) : c'est là que, tous les mois, les ayants droit venaient, à jour fixé et à un guichet déterminé, se faire remettre la tessère avec laquelle ils pouvaient retirer, sur place, leurs cinq *modii* de blé à prix conventionné. Ces distributions étaient diversement appréciées : dans les milieux du pouvoir, on ne manqua pas d'observer que cette distribution de vivres avait beau se couvrir du prétexte de la consécration à Hercule, elle n'était que la pratique démagogique d'un personnage, noble certes, mais enrichi honteusement de la guerre et du feu, disait-on : il avait profité des confiscations syllaniennes, bien sûr, mais il avait aussi un bon sens des affaires puisque, ayant formé cinq cents esclaves spécialistes du bâtiment (de l'architecte au maçon), dès qu'un incendie se déclarait en ville il se précipitait chez le propriétaire pour lui acheter le terrain (au plus bas, bien entendu) et reconstruisait (pour louer), ce qui fait qu'il passait pour être propriétaire de la plus grande partie de la Ville. Et dans les milieux sénatoriaux où il était diversement apprécié, on rappelait l'histoire, sans doute légendaire, mais qui avait valeur de menace, de ce Spurius Maelius qui, au milieu du Ve siècle, avait fait venir et distribuer du blé à ses frais alors même que le Sénat avait désigné un magistrat chargé de l'approvisionnement, un préfet de l'annone. Maelius était certes devenu très populaire, mais il fut accusé de vouloir renverser la République et il lui en coûta la vie.

En tout cas, les deux consuls, qui avaient pris des distances au point de ne plus s'adresser la parole à la fin de l'année, acceptèrent de faire symboliquement la paix avant de se démettre de leur fonction. Ils étaient d'accord l'un et l'autre au moins sur un point : il n'était pas question pour eux de partir prendre un commandement dans une province médiocre et ils choisirent donc d'attendre patiemment qu'un grand commandement s'offre à eux.

Pour l'heure, il leur fallait bien quelque patience puisque les deux grandes expéditions, celle contre les pirates et celle contre Mithridate, étaient en des mains que l'on croyait bonnes. Pour ce qui était des pirates, on ne tarda guère à s'apercevoir que les mains en lesquelles on avait mis l'*imperium infinitum* n'étaient probablement pas les plus qualifiées : il faut dire qu'il était difficile de venir à bout de petites unités toujours prêtes à renaître avec quelques navires et qu'il aurait sans doute fallu une plus grande solidarité de tous les gouverneurs de province – ce qui, dans le contexte de concurrence entretenu par l'aristocratie, était irréalisable. Marcus Antonius, après avoir nettoyé les principaux foyers occidentaux, s'était attardé dans le Péloponnèse, hésitant à s'aventurer plus à l'est où, pourtant, il aurait fallu intervenir rapidement : il décida qu'il fallait d'abord s'occuper de la Crète qui avait des complaisances pour Mithridate, à qui elle fournissait des mercenaires, et qui, pour nuire aux Romains, accueillait des pirates. Mais il ne réussit qu'à se faire mettre ses forces en déroute et à faire capturer son questeur. Contraint à traiter honteusement avec l'ennemi, il ne survécut pas à sa honte. On décida de traiter cette question de façon prioritaire et lorsque l'on eut proposé aux ambassadeurs crétois des conditions qu'ils ne pouvaient accepter, on investit le consul de 69, Quintus Caecilius Metellus, d'un pouvoir proconsulaire sur l'Achaïe et la Crète, avec pour mission de réduire l'île. Il y réussit assez rapidement, ce qui lui valut un triomphe et le surnom de Creticus.

La guerre contre Mithridate

Pour ce qui était de la guerre contre Mithridate, les choses étaient plus complexes : lorsque l'on apprit, dans le courant de l'année 74, que le roi Nicomède IV Philopator était mort en léguant son royaume de Bithynie aux Romains, on s'empressa de demander au roi allié de Cappadoce, Ariobarzane, d'aller occuper le terrain en attendant qu'un magistrat ne vienne l'organiser en province. Ce qu'apprenant Mithridate s'était mis immédiatement en campagne, à la fois contre la Cappadoce, dont il occupa les principales villes (afin d'empêcher toute intervention du proconsul de Cilicie), et contre la Bithynie où il bénéficiait des dispositions favorables de la population.

Mithridate

Le Sénat de Rome avait divisé ses forces entre Marcus Aurelius Cotta, chargé de la nouvelle province, et Lucius Licinius Lucullus, successeur de l'éphémère Octauius. Cotta fit voile sur Chalcédoine où avaient reflué toutes les populations italiennes qui redoutaient que ne se renouvelle le massacre de 88 ; Lucullus, lui, débarqua à Éphèse où il dut commencer, comme on sait, par restaurer la discipline dans une armée qui en avait perdu jusqu'au souvenir. Cotta, à peine débarqué dans sa province, se mit en devoir de combattre Mithridate, sans attendre que Lucullus vienne en renfort. Il était sans doute resté sur l'idée que le roi du Pont avait encore des troupes plus faites pour la parade que pour le combat ; il aurait pourtant dû savoir que l'envoyé de Sertorius, Marcus Marius, avait conseillé le roi et que, désormais, les troupes étaient équipées d'armes qui n'étaient plus richement serties de métaux précieux, mais solides et tranchantes comme les armes romaines, que les chevaux n'étaient plus harnachés comme à la parade, mais qu'ils étaient choisis pour leur endurance et leur maniabilité, que son armée de cent vingt mille fantassins et de seize mille cavaliers, appuyés par cent chars à faux, était tout à fait redoutable. Il se fit étriller, perdit soixante bateaux, se fit tuer quatre mille hommes et s'enferma dans Chalcédoine en n'espérant plus que le secours de Lucullus. Ses lieutenants conseillaient à ce dernier de négliger ses appels et d'aller immédiatement occuper le royaume du Pont dégarni de ses défenses ; il choisit pourtant de porter secours aux Romains assiégés par Mithridate, mais, quand il fut arrivé, il tenta d'éviter l'affrontement tant l'armée ennemie lui paraissait importante. De son côté Mithridate ne voulait pas combattre avec les troupes romaines de Chalcédoine dans son dos : il décida donc d'essayer de fixer l'adversaire en lui opposant son conseiller spécial, Marcus Marius, pendant que lui-même faisait discrètement retraite vers Cyzique dont il espérait bien s'emparer rapidement afin de s'y retrancher pendant l'hiver. Pour ce que l'on en sait, Lucullus passa à côté de Marius qui n'osa pas le combattre et suivit Mithridate ; il le rejoignit devant Cyzique. Et comme, en interrogeant des prisonniers, il avait pu se faire une idée de la faiblesse des réserves de provisions de l'armée ennemie, il décida de l'encercler et de couper ses sources de ravitaillement. Ainsi qu'il l'avait prévu, Mithridate fut amené, avant la fin de l'hiver, à lever le siège : il s'embarqua avec une partie de ses troupes pour rejoindre Lampsaque ; le reste de l'armée, environ trente mille hommes, devait le rejoindre par terre sous la conduite de ses lieutenants. Lucullus les suivit de près, les intercepta et en tua un bon tiers. Pour ce qui est de la flotte, il la rejoignit du côté d'Ilion et en détruisit encore une bonne partie. C'est au cours de ces combats qu'il fit la capture de Marcus Marius : il avait donné ordre à ses hommes de ne tuer aucun borgne, parce que le personnage était atteint de cette infirmité et qu'il le voulait vivant pour lui infliger le châtiment que lui valait sa trahison. Il le fit frapper de verges et décapiter en présence de toute son armée.

Ce n'était que le début d'une longue série de victoires qui devaient rendre les Romains maîtres de la Bithynie et du Pont, et placer Mithridate au bord du désastre. Au cours de la campagne de 73, Lucullus entreprit de reprendre avec ses lieutenants, et bientôt avec l'aide de Cotta, toutes les cités qui avaient fait allégeance au roi ; celui-ci essaya bien de sauver Nicomédie, mais il fut contraint de prendre la fuite par mer pour regagner ses États, non sans avoir subi des pertes importantes du fait du mauvais temps, puis il se réfugia dans Cabira. Lucullus, lui, entreprit de marcher sur le royaume, mais en passant par la Paphlagonie pour éviter les embuscades de la route directe. Il parvint jusqu'à Amisos devant laquelle il prit ses quartiers d'hiver. Au printemps, laissant le siège à la responsabilité de Murena, il marcha sur Cabira. Là, les choses parurent plus difficiles : un premier engagement de cavalerie tourna à l'avantage des Pontiques. Lucullus réussit à prendre une position dominante qui donna des craintes à Mithridate, d'autant que les hommes qu'il envoyait au ravitaillement se faisaient massacrer alors que passaient devant le retranchement des chariots pleins de vivres pour alimenter les Romains. Il décida de lever le camp, mais des incidents se produisirent; certains de ses officiers, qui faisaient véhiculer leurs bagages et empêchaient les soldats de sortir, furent massacrés par leurs hommes; lui-même, abandonné par ses écuyers, sortit mêlé à la foule de ses soldats. Un de ses eunuques, l'apercevant, sauta à bas de son cheval pour le lui donner. Mais à peine l'avait-il enfourché que survinrent les Romains: cependant, au lieu de capturer le roi, ils se disputèrent le cheval dont le harnachement d'or et d'argent avait attiré leurs regards. C'est ainsi que Mithridate put s'échapper de justesse pendant que ses hommes se faisaient massacrer: il s'enfuit auprès de son gendre Tigrane, roi d'Arménie. Auparavant, il avait envoyé l'un de ses eunuques mettre à mort ses sœurs et les femmes de son harem qu'il avait installées à Pharnacea, pour leur épargner l'esclavage. Lucullus poursuivit en «pacifiant» toute la région jusqu'aux frontières de l'Arménie où il avait dépêché à Tigrane un membre de son consilium, son beau-frère Appius Claudius Pulcher, pour demander qu'on lui livre Mithridate.

Au cours de la campagne de l'année 71, Lucullus donna l'assaut à Amisos puis, laissant à Cotta et à ses lieutenants le soin de terminer la pacification, il fit retraite avec ses troupes sur la province d'Asie où il resta jusqu'au printemps 69. Là, il put faire un premier bilan du butin fabuleux qui avait été amassé et en expédier le plus possible à Rome. Puis il entreprit de remettre de l'ordre dans cette province dont les habitants avaient été la proie de trafiquants et de prêteurs en tout genre, pour ne rien dire des sociétés de publicains chargées de la collecte de l'impôt et dont les représentants, où qu'ils fussent, étaient haïs au point que, à Héraclée du Pont, ils avaient récemment été massacrés par la population. La situation était explosive et il fallait laisser les individus et les cités se refaire un peu. Lucullus détermina le montant de la contribution de la province (le quart des récoltes) et imposa la valeur des propriétés foncières et des esclaves; mais il fixa le taux des prêts à 12 % et interdit aux créanciers de réclamer des arriérés au-delà du montant total de la dette; les détenteurs d'hypothèques ne pourraient plus saisir les biens, mais devraient se contenter de 25 % des revenus de leur débiteur jusqu'à couverture des sommes dues. La façon dont il traita ces affaires n'était évidemment pas pour le réconcilier avec les milieux d'affaires pour lesquels il affichait le plus parfait mépris.

À Rome, les discussions allaient bon train sur les événements d'Orient: Cotta était rentré après avoir pris Héraclée. Il s'attendait à un triomphe: il eut un procès, pour détournement de butin. Après des mois de polémique, il fut traîné devant les tribunaux par un tribun, Caius Papirius Carbo, qui le fit condamner (et exclure du Sénat) qui, en récompense, reçut les ornements consulaires et, donc, le droit de parler au Sénat à sa place, c'est-à-dire en même temps que les personnages les plus importants. Et il ne manquait pas de gens qui pensaient qu'il était grand temps de remplacer Lucullus à la tête de ces provinces ; d'ailleurs on avait commencé à rogner ses prérogatives en retirant la province d'Asie de sa compétence.

Tigranocert

Cela n'empêcha pas Lucullus de reprendre ses campagnes, au printemps de 69, lorsqu'il fut évident que Tigrane ne livrerait pas Mithridate mais l'aiderait à reconquérir son royaume. Le proconsul marcha donc sur la ville de Sinope, qu'il enleva (mais à laquelle les Ciliciens qui l'occupaient au nom du roi avaient mis le feu). C'est à ce moment qu'il reçut une ambassade de Macharès, un fils de Mithridate en charge du Bosphore, qui lui apportait une couronne de la valeur de dix mille pièces d'or, lui demandant de l'inscrire comme ami et allié du peuple romain. Laissant alors son lieutenant Sornatius à la garde du royaume du Pont, il se mit en marche, non sans mal, avec douze mille fantassins et trois mille cavaliers en direction de l'Euphrate. Non sans mal, parce que ses troupes renâclaient à entreprendre de nouvelles campagnes dans des pays lointains : déjà chargées de butin, elles ne demandaient qu'à revenir en Italie pour en jouir en paix. D'autant qu'en traversant la Sophène il interdit à ses soldats le moindre pillage et n'exigea des populations que l'approvisionnement de son armée. Quand il arriva en Arménie, le malheureux qui voulut en prévenir Tigrane eut la tête tranchée pour avoir risqué de créer le trouble dans le pays. Lorsqu'enfin le souverain se décida à croire à la présence des Romains, il envoya à sa rencontre son confident Mithrobarzane avec trois mille cavaliers et une troupe d'infanterie, et dépêcha Mancaios à la défense de la ville qu'il s'était fait construire, qui portait son nom et où il avait en quelque sorte déporté une population pour l'habiter. Mithrobarzane se présenta devant Lucullus, dont les troupes n'étaient pas encore toutes arrivées : il envoya donc Sextilius avec quinze cents cavaliers et autant de fantassins pour contenir le barbare, le temps qu'arrivent les autres et qu'ils achèvent la construction du camp. Mais Mithrobarzane attaqua immédiatement. Il fut battu et tué, et ne purent s'échapper que quelques-uns de ses soldats. Sextilius fut ensuite envoyé sur Tigranocerte dont il pilla le palais, qui, situé hors les murs, n'était pas fortifié, et entreprit les opérations de siège autour de la ville. Pendant ce temps Lucullus et Murena poursuivaient Tigrane et essayaient d'empêcher les troupes qu'il avait organisées de se concentrer. C'est ainsi que Sextilius prit par surprise un immense contingent d'Arabes qui venaient à la rescousse du roi, tandis que Murena réussit, à la faveur d'un défilé, à massacrer quelques milliers d'Arméniens. Lucullus s'installa alors devant Tigranocerte dont il savait bien que le roi voudrait la défendre, à la fois pour des raisons de principe et parce qu'il y avait entassé des trésors. Et, de fait, Tigrane se présenta devant les Romains. Lucullus laissa Murena avec six mille hommes autour de la ville pour éviter une sortie sur ses arrières et fit front avec ce qui lui restait de troupes, soit dix mille fantassins et mille cavaliers, frondeurs et archers. C'était un spectacle impressionnant que l'armée ennemie : vingt mille archers et frondeurs, cinquante-cinq mille cavaliers, dont dix-sept mille cuirassés, cent cinquante mille fantassins tactiquement organisés en cohortes pour les uns, en phalange pour les autres, le tout complété par trente-cinq mille hommes du génie chargés d'ouvrir des routes ou de construire des ponts, qui étaient rangés derrière les lignes.

Lucullus exhorta ses troupes et, à l'un de ses lieutenants qui lui objectait que l'on était au jour anniversaire de la défaite de Seruilius Caepio devant les Cimbres, à Orange, jour néfaste sur le calendrier romain, il répliqua qu'il le rendrait faste. Il marchait en tête de ses troupes et tira son épée du fourreau pour leur donner l'ordre de charger le plus rapidement possible et d'en venir tout de suite au corps à corps afin d'éviter les effets dévastateurs des archers et frondeurs. Quand il aperçut la cavalerie cuirassée qui était en position sur une colline, il envoya ses cavaliers thraces et galates avec ordre d'attaquer de flanc, et lui-même chargea avec deux cohortes, le mot d'ordre étant d'approcher au plus près et de frapper les cavaliers aux jambes. L'effet fut immédiat : les cuirassés s'enfuirent honteusement en se précipitant dans les rangs de leur infanterie au milieux desquels ils semèrent le plus grand désordre. Or les légionnaires romains étaient déjà là et le carnage commença : plus de cent mille fantassins barbares restèrent, dit-on, sur le terrain et, paraît-il, seuls quelques cavaliers purent s'échapper ; il n'y avait que cinq morts et cent blessés du côté des vainqueurs, d'après le rapport officiel. Dès le début de l'engagement, Tigrane avait vite compris ce qui allait se passer et s'était mis à désespérer : avant de s'enfuir, il avait arraché le diadème de sa tête et l'avait donné à son fils en l'incitant à se sauver par tous les moyens ; le jeune homme n'osa ceindre le ruban royal et le confia à un confident qui, capturé par les Romains, remit le précieux ornement à Lucullus.

De mémoire de Romain, on n'avait jamais vu une telle disproportion de forces entre les légionnaires et leurs ennemis et dans les états-majors on rendait hommage à l'habileté de Lucullus, qui avait su jouer de la lenteur face à Mithridate qu'il avait ainsi épuisé, tandis qu'il avait agi avec une extrême rapidité face à Tigrane. Le premier surpris en avait été Mithridate qui, persuadé que l'on s'engageait dans une longue guerre, arriva après la bataille. En tout cas, Lucullus revint sur Tigranocerte qu'il prit d'assaut, renvoya chez eux les Grecs qui avaient été contraints de s'y établir en les munissant d'un viatique et livra la ville au pillage de ses soldats qui reçurent chacun l'équivalent de huit cents deniers. La victoire romaine eut pour conséquence l'allégeance des rois arabes et des peuples de Sophène et de Gordyène. Même le roi des Parthes lui envoya une ambassade pour solliciter amitié et alliance. Toutefois, les envoyés romains à la cour parthe s'aperçurent assez rapidement que Phraatès jouait double jeu et se ménageait une alliance avec Tigrane. Lucullus, négligeant Tigrane et Mithridate, résolut d'aller porter là-bas la guerre et manda les troupes qu'il avait laissées sous Sornatius. Très vite cependant il apprit que ces hommes refusaient désormais de marcher et la contagion gagna ses propres troupes : alourdis par le butin, ces légionnaires n'aspiraient désormais plus qu'à une chose, revenir au pays.

Lucullus dut renoncer à son expédition et se mit en route pour en finir avec l'Arménie. Persuadé que Tigrane ne le laisserait pas prendre sa capitale Artaxata, où se trouvaient ses concubines et ses enfants, il marcha contre elle afin d'y installer un siège. Comme prévu, Tigrane et Mithridate, renforcés, pour l'occasion, par le roi d'Atropatène (au nord-ouest de la Médie), vinrent s'interposer et campèrent au pied de la ville. Lucullus fit donc traverser l'Arsanias (un des deux fleuves dont la réunion constitue l'Euphrate) à douze cohortes, le reste des troupes restant en arrière pour éviter un encerclement : la cavalerie romaine eut un accrochage avec les cavaliers caucasiens réputés pour leur combativité, les mit en déroute et commença à les poursuivre, lorsque Tigrane fit avancer sa propre cavalerie très nombreuse et très impressionnante. Le Romain fit sonner le regroupement et, en même temps, donna le signal de la charge d'infanterie à la tête de laquelle il se trouvait. Ils n'eurent pas à combattre parce que les troupes qui leur étaient opposées prirent peur et s'enfuirent. La poursuite dura tout le jour et toute la nuit suivante, les légionnaires ne s'arrêtant que lorsqu'ils furent fatigués de tuer et de faire du butin. Lucullus voulut poursuivre, mais cette fois, les soldats refusèrent de marcher plus loin : on était au-delà de l'équinoxe d'automne et le mauvais temps s'était installé : pluie, neige, froid glacial. Il faut dire que, s'il n'était pas très proche de ses hommes, Lucullus avait, dans son *consilium,* des gens qui jouaient délibérément contre lui, en particulier Publius Clodius, un autre frère de sa femme, qui remontait les troupes en leur faisant valoir qu'il était grand temps pour elles de goûter un repos mérité, qu'elles n'avaient plus rien à gagner dans des expéditions hasardeuses qui ne servaient que les intérêts du proconsul dont les trésors accumulés étaient convoyés vers les ports par des caravanes de chameaux. Cet agitateur patenté agissait autant par hostilité personnelle à l'égard de Lucullus que par dessein politique, reprenant les griefs de l'opposition populaire à Rome. L'objectif était sans doute de faire confier la suite des opérations à un autre. Lucullus fut donc obligé de descendre vers le sud pour atteindre des contrées plus accueillantes : après avoir franchi le Tigre, il arriva devant la ville de Nisibis (que les Grecs appellent Antioche de Mygdonie) qu'il enleva et où il prit ses quartiers d'hiver. C'est là qu'il apprit qu'en effet le Sénat avait transféré son commandement à Manius Acilius Glabrio (consul en l'année 67). De son côté Pompée, qui avait reçu un *imperium infinitum* pour lutter contre les pirates et auquel tous les magistrats en poste dans les provinces devaient être soumis, avait fait savoir que les soldats de Lucullus n'étaient plus tenus d'obéir à ce dernier, mais qu'ils étaient désormais déliés de leur serment militaire. Pendant ce temps, Mithridate et Tigrane avaient repris des forces : le premier avait réinvesti son royaume en massacrant les troupes que le proconsul y avait laissées, sans qu'il pût intervenir ; quant à l'autre, il ravageait maintenant la Cappadoce. Si bien que, lorsqu'arrivèrent les dix sénateurs qu'il avait mandés de Rome pour donner une organisation administrative à la nouvelle province du Pont qu'il disait avoir pacifiée, ils trouvèrent que cette conquête était anéantie et que le proconsul lui-même n'était plus que le prisonnier de ses propres troupes. Avant de partir pour Rome avec les mille six cents hommes qu'on lui avait laissés pour son éventuel triomphe, Lucullus rencontra Pompée dans un bourg de Galatie : leurs amis voulaient les réconcilier, mais l'entrevue tourna mal, Lucullus reprochant à Pompée son amour immodéré du pouvoir et celui-ci lui reprochant sa passion déraisonnable de la richesse.

Lucullus et l'armée

Ainsi se terminait l'une des plus glorieuses (et des plus fructueuses) équipées de l'armée romaine. Elle laissait le sentiment d'un échec alors qu'elle avait été marquée par des victoires d'une ampleur incomparable, et Lucullus ne pouvait s'en prendre qu'à lui-même. Sans doute s'est-il trouvé en butte à des manœuvres où la politique n'était pas absente, mais aurait-il été plus près de ses troupes que ces subversions n'auraient pas pu se produire. Il était trop distant :

> Il exigeait beaucoup de ses hommes, était difficile d'abord, strict dans les travaux qu'il commandait, inexorable dans la punition. Il ne savait pas comment on gagne un homme par la persuasion, comment on se l'attache par la bienveillance, comment on s'en fait un ami en lui conférant des honneurs ou en lui donnant de l'argent, tous moyens qu'il est nécessaire d'utiliser, particulièrement avec une troupe nombreuse en campagne. Ainsi, tant que les soldats connurent le succès et acquirent un butin qui compensait les risques qu'ils prenaient, ils obéirent ; mais lorsque leurs espérances firent place à la peur, ils ne lui accordèrent plus aucune attention. La preuve en est que Pompée prit en mains les mêmes hommes (puisqu'il enrôla à nouveau les « Fimbriens ») et les mena sans la moindre apparence de révolte. (Dion Cassius, *Histoire romaine,* 36, 16-17.)

Pourtant il avait montré, en de nombreuses occasions, qu'il était brave au-delà de ce que l'on pouvait attendre d'un chef. Plutarque raconte que, devant Cabira, des hommes à lui étaient sortis pour faire face à des Pontiques qui poursuivaient un cerf ; un engagement s'ensuivit dans lequel les légionnaires eurent le dessous.

> Les Romains alors, voyant du haut de leur camp leurs camarades en fuite, en furent si contrariés qu'ils accoururent en foule auprès de Lucullus pour le prier de les mener à l'ennemi et de donner le signal du combat. Mais lui, voulant leur apprendre ce que vaut, dans une lutte guerrière où l'on risque sa vie, la présence d'un chef que l'on voit plein de sang-froid, leur ordonna de se tenir tranquilles et descendit lui-même dans la plaine, où, se jetant au-devant des premiers fuyards, il leur commanda de s'arrêter et de se retourner pour faire front avec lui. Ils obéirent, et les autres firent aussi volte-face et se regroupèrent si bien qu'ils n'eurent pas beaucoup de peine à mettre en déroute l'ennemi qu'ils poursuivirent jusque dans son camp. À son retour, Lucullus infligea aux fuyards la peine infamante qui était en usage : il leur enjoignit l'enlever

les ceintures de leurs tuniques et de creuser un fossé de douze pieds sous les yeux et la surveillance des autres soldats. (Plutarque, *Vie de Lucullus,* 15, 6-7.)

Il voulait donner à ses légionnaires le sentiment que leur armement et leur organisation tactique étaient incomparablement supérieurs à ceux des ennemis, et que cela leur permettrait de se battre à un contre dix, voire contre vingt, comme à Tigranocerte; mais il ne témoignait, à cette occasion, d'aucune complicité avec eux. Il se comportait, en fait, comme s'il commandait des troupes de citoyens semblables à celles qui constituaient les légions un ou deux siècles plus tôt. Or les choses avaient bien changé: le recrutement se faisait désormais sur la base du volontariat et, tout en restant civique (puisqu'il était toujours nécessaire d'être citoyen pour être enrôlé), l'armée était devenue professionnelle, c'est-à-dire composée d'hommes qui en attendaient leurs moyens de subsistance; à cela s'ajoute que le recrutement était à majorité rural (on se méfiait des recrues urbaines beaucoup plus indisciplinées) et de plus en plus local (on levait des troupes dans une région déterminée). Il se créait donc, à l'intérieur de la légion, sentie comme l'unité d'appartenance, des solidarités qu'il fallait savoir susciter, entretenir, rendre cohérentes, en même temps qu'il fallait faire accepter le commandement des officiers. Les légionnaires pouvaient considérer un officier comme l'un des leurs, un membre de leur fraternité, même si c'était avec un statut un peu spécial: pour eux, c'était un homme qui avait abandonné les plaisirs de sa vie de riche pour partager leurs peines et leurs dangers, et c'était cela qui créait des liens. Mais, en sens inverse, il y avait souvent, latent, le sentiment répandu chez les hommes que les officiers ne faisaient pas partie du même monde et que les intérêts des uns et des autres n'étaient pas les mêmes. Sentiment conforté, bien sûr, par un certain nombre de données objectives, à commencer par l'installation assez vaste et confortable desdits officiers et de leur personnel à l'intérieur du camp, par opposition aux réduits autorisés aux hommes du rang (9 m^2 pour huit hommes en cantonnement, cela forgeait sans doute des solidarités, mais ce n'était pas le confort – et c'est une raison aussi de l'animosité de ses soldats à l'égard de Lucullus qui leur faisait prendre leurs quartiers d'hiver dans des cantonnements plutôt que dans des villes); et à continuer, aussi, par la répartition des profits de la guerre qui pouvaient aller globalement dans la proportion de un à cent entre un soldat du rang et un tribun (pour ne rien dire de ce que le proconsul expédiait régulièrement à Rome au titre du butin et dont ils ignoraient si la destination était le trésor public ou ses caisses privées). À la fin, les légionnaires de Lucullus avaient le sentiment qu'il ne faisait la guerre que pour lui et, alors qu'ils étaient repus, ils s'étaient mis à craindre de se faire tuer inutilement et de ne pouvoir jouir de ce qu'ils avaient accumulé.

Revenu à Rome, Lucullus n'était pas au bout de ses peines: il lui fallut attendre trois ans avant qu'on le laisse célébrer le triomphe, et pendant tout ce temps, il ne put pas rentrer dans la Ville proprement dite (franchir la limite sacrée du *pomerium*) sauf à perdre son droit à la cérémonie. Il eut donc tout loisir de s'occuper de ses jardins et de la superbe demeure qu'il y avait fait édifier un peu à l'écart de la ville (à l'emplacement, dit-on, de l'actuelle Villa Medicis où les archéologues n'ont trouvé, pour l'instant, que le palais de l'empereur Honorius qui régna au début du ve siècle après J.-C.).

Ambition, popularité et corruption

Il faut dire que les choses n'avaient guère changé à Rome : l'opposition entre les tenants d'un ordre établi par Sylla et ceux qui, pour des raisons très diverses, en souhaitaient le bouleversement continuait à rendre la vie politique assez chaotique. Un exemple en avait été fourni par Cicéron lui-même : à peine sorti vainqueur du procès de Verres, il se fit le défenseur de Marcus Fonteius, propréteur de Gaule transalpine pendant trois années, que tous les peuples de la province étaient venus accuser d'extorsion de fonds. Ils avaient trouvé un *patronus* en la personne d'un certain Marcus Plaetorius, avec comme souscripteur un descendant du consul vainqueur des Allobroges en 121, Marcus Fabius. Les griefs étaient nombreux, les charges accablantes : Fonteius n'avait rien négligé pour s'enrichir et pour favoriser les trafiquants en tout genre, au point que toute la Gaule était endettée. Mais il ne s'agissait plus de Grecs de Sicile, c'étaient des barbares gaulois qui venaient se plaindre ; et puis il fallait bien montrer que l'on n'était pas hostile aux intérêts économiques des négociants en tout genre dont le poids électoral pouvait être important. Cicéron plaida donc la raison d'État : Fonteius avait grandement aidé Pompée dans sa campagne d'Espagne, en lui fournissant tout ce dont il avait besoin (approvisionnement, armes, troupes) et il avait assuré la sécurité de ses arrières en tenant la province d'une main de fer. L'orateur parla d'ailleurs avec une certaine morgue, allant jusqu'à insulter la mère de l'accusateur : il dit d'elle que, pendant sa vie, elle avait tenu une école et que, après sa mort, elle avait eu des maîtres, ce qui signifiait qu'elle avait été une tenancière de bordel dont les biens furent confisqués pour payer les dettes qu'elle laissait à sa mort. On ne sait s'il gagna son procès ; mais ce dont on se doute, c'est qu'il avait donné des gages aux milieux d'affaires dont il aurait grand besoin pour son élection au consulat.

Tous ces hommes, qui semblaient s'opposer sur des conceptions contradictoires du fonctionnement des institutions, rivalisaient, en réalité, pour la conquête d'un pouvoir d'exception dont ils étaient convaincus qu'il leur était dû et dont ils pensaient pouvoir l'acquérir plus facilement dans telle ou telle configuration institutionnelle. C'était évident pour Lucullus, qui avait fait la guerre au-delà du raisonnable pour s'acquérir une gloire incomparable ; et il y avait partiellement réussi en refusant les subsides d'un Sénat docile, affirmant que la guerre devait se nourrir d'elle-même, ce qui lui avait permis en effet de se maintenir aussi longtemps. Cicéron, à sa façon, à lui qui n'était pas né avec une cuiller d'argent dans la bouche, n'agissait pas autrement, s'imaginant déjà une mission politique au-dessus du commun ; César, Pompée, Crassus, aussi, comptant davantage sur la force des armes. Et quelques autres, en particulier Lucius Sergius Catilina et Publius Clodius, qui devaient défrayer la chronique dans les années à venir.

Le moyen de ces ambitions, qui se couvraient pudiquement du manteau honorable de la grandeur de Rome, était la popularité puisque tout passait encore par les élections. Il fallait plaire aux électeurs et, avant tout, les impressionner par la capacité que l'on prétendait avoir à exercer le pouvoir suprême, capacité dont on cherchait à faire la démonstration par tous les moyens. Rien d'étonnant donc que tous, y compris Cicéron, aient voulu se ménager, au cœur de Rome, c'est-à-dire le plus près possible du Forum, des demeures qui témoignassent de leur puissance politique : en examinant les vestiges de la *domus* d'Octavien, le futur Auguste (qui fut commencée en 40), ou en se tournant vers des constructions pompéiennes, comme la maison du Faune, on constate, en effet, que désormais les espaces privés, soignés certes, mais sans luxe tapageur, furent nettement séparés de la partie publique de la demeure qui prit un caractère monumental. C'était dans ces immenses pièces d'apparat (le triclinium de la maison d'Octavien, qui était loin d'avoir le développement des grandes demeures aristocratiques contemporaines, ne mesurait pas moins de 80 m^2), réparties autour d'un atrium aux colonnes de marbre, que l'homme politique recevait ses clients, ses obligés, ses amis.

Mais c'était là aussi, sans doute, que s'élaboraient les stratégies de corruption puisqu'après tout le moyen le plus sûr de gagner des élections était d'acheter les électeurs. C'est sans doute le raisonnement que s'était tenu Catilina, en partant pour sa propréture en Afrique, en 67 : son comportement fut si scandaleux que les Africains n'attendirent pas la fin de sa magistrature pour envoyer des ambassadeurs à Rome afin de se plaindre de lui. Il lui avait fallu, lui qui ne devait rester qu'un an dans sa province, faire plus vite que son modèle, Verres : ce dernier avait expliqué à des amis qu'une magistrature de trois ans était idéale, parce que la première année permettait de s'enrichir (et donc d'envisager d'autres élections), la deuxième de mettre de côté ce qu'il fallait pour payer des défenseurs, et la troisième d'accumuler de quoi acheter les juges. Catilina était un patricien perdu de réputation : on l'accusait d'avoir fait proscrire par Sylla son frère et son beau-frère pour s'emparer de leurs biens et, surtout, il avait été l'un des coupeurs de têtes les plus acharnés, semant la terreur dans la ville qu'il parcourait à cheval, suivi d'une bande de Gaulois ; et c'est lui qui avait présidé à l'exécution collective de Gratidianus et de quelques autres. Il avait trop de sang sur les mains pour trouver facilement quelqu'un qui le défende et c'est la raison pour laquelle le consul de l'année 66 qui présidait les comices consulaires, Lucius Volcatius Tullus, refusa d'enregistrer sa candidature au consulat pour l'année suivante – en arguant, il est vrai, de prétextes de procédure.

La corruption électorale elle-même, devenue ostentatoire, servit de prétexte à des postures pour se gagner la popularité. C'est ainsi que l'un des tribuns de l'année 67, Caius Cornelius, grand ami de Pompée dont il avait été le questeur en Espagne, se mit en devoir de proposer une loi pour renforcer la répression. Elle devait, pensait-il, lui valoir une certaine renommée ; mais il avait en face de lui l'un des ennemis les plus déterminés de Pompée, le consul Caius Calpurnius Piso, qui ne voulait à aucun prix laisser l'initiative d'une réforme à ses adversaires (même si lui-même n'avait échappé que de justesse à une poursuite à ce titre). À la proposition de Cornelius, il en opposa une de son crû ; et les choses tournèrent plutôt mal. La proposition du tribun était d'une sévérité extrême et, pour la première fois, les agents de la corruption, ceux que l'on appelait les *diuisores*, ceux qui répartissaient les sommes d'argent dans les unités de vote, étaient visés. Piso et ses amis prétendirent que des peines excessives rendraient la mesure contre-productive car, disaient-ils, elle ferait hésiter les accusateurs et inciterait les juges à l'indulgence. Quoi qu'il en fût, Piso, qui voulait donner son nom à une grande loi, n'était pas décidé à laisser Cornelius occuper le terrain et, comme les élections aux magistratures avaient déjà été annoncées et qu'il n'était pas permis de faire voter des lois pendant ce temps, il obtint du Sénat une dispense. Cornelius réagit immédiatement en faisant afficher une proposition interdisant toute dispense de l'application des lois (en l'occurrence, le vote d'une loi en période électorale) sans vote du peuple. La *contio* qui suivit fut particulièrement houleuse. Un tribun fit jouer son droit d'*intercessio* contre la proposition de Cornelius qui voulut passer outre et donner lui-même lecture de son texte ; une émeute s'ensuivit au cours de laquelle le consul fut pris à partie (ses faisceaux furent brisés) ; ce que voyant Cornelius jugea préférable de renvoyer l'assemblée. Piso, ayant fait reculer la date des élections, persistait à vouloir qu'une *lex de ambitu* porte son nom ; mais comme les tribuns excitaient continuellement la plèbe en arguant du fait que ne pas pénaliser les *diuisores*, les véritables agents de la corruption, était une façon de montrer que l'on ne voulait pas sévir contre le fléau, Piso modifia sa loi en ce sens : elle passait pour particulièrement rigoureuse puisqu'elle disqualifiait définitivement ceux qui étaient condamnés et assortissait leur peine d'une amende. En revanche, on ne connaît pas la nature des condamnations encourues par les *diuisores* ; on sait simplement qu'ils organisèrent une véritable émeute au Forum d'où ils chassèrent le consul. L'occasion était trop belle pour celui-ci : il était la victime de ces fauteurs de troubles par qui tout le mal arrivait et il fallait réagir. Le Sénat lui donna une garde personnelle et fit voter son texte par les comices. Il l'avait emporté sur le tribun de la plèbe qui, pour ménager la suite de sa carrière, composa sur sa seconde proposition : les dispenses à l'application d'une loi pourraient être accordées par le Sénat, à condition qu'il y ait au moins deux cents sénateurs en séance ; et, dans ce cas, l'*intercessio* tribunitienne ne serait pas opposable à la décision.

D'autres dispositions furent adoptées pour tenter de juguler la corruption, mais elles n'avaient pas le poids de la *lex de ambitu* et, de toutes façons, elles furent pratiquement inappliquées : la première visait à réduire l'importance des cortèges qui accompagnaient les candidats et qui devenaient de véritables rassemblements destinés à impressionner les électeurs non encore convaincus ; la seconde prétendait interdire l'usage de *nomenclatores*, ces physionomistes qui savaient mettre un nom sur tous ceux qu'ils rencontraient (et qui même éventuellement connaissaient la situation de leurs affaires et leurs projets matrimoniaux) de façon à permettre au candidat de s'adresser à chacun sur un mode personnel. Tout cela était un peu dérisoire ; le Sénat dut lui-même renchérir sur les dispositions de la loi Calpurnia et préciser ce qui permettait encore d'y échapper. Mais cela ne se fit pas sans résistance : les premières victimes de la loi furent les consuls élus en juillet 66 pour l'année suivante, Publius Cornelius Sylla (neveu de Sylla, personnage peu recommandable et toujours à l'affût d'une bonne affaire) et Publius Autronius Paetus, tous deux des adversaires résolus de l'ordre établi. Les accusateurs étaient Lucius Aurelius Cotta, l'un des compétiteurs battus, et le fils d'un autre compétiteur, Lucius Manlius Torquatus. Cotta et Torquatus le père furent désignés consuls à la place des condamnés, tandis que Torquatus le fils prenait la place de Sylla au Sénat. Mais bien vite il courut dans Rome les bruits les plus divers : un complot aurait été tramé par les deux consuls évincés pour assassiner leurs remplaçants, le jour de leur entrée en charge, et pour massacrer bon nombre de sénateurs. On disait que Crassus (qui venait d'être élu censeur) était du complot pour se faire conférer la dictature ; on prononça aussi le nom de César, qui venait d'être élu édile curule et qui préparait un vrai coup politique ; et puis on parlait, déjà, d'une véritable conjuration organisée par Catilina. Peu importe que cette affaire ait été montée de toutes pièces, elle donne la mesure des extrémités où l'on pensait qu'étaient capables de se porter les hommes qui se disputaient le pouvoir.

Mais pendant qu'ils se déchiraient ainsi entre eux, les difficultés d'approvisionnement se faisaient de nouveau sentir : la piraterie avait repris de plus belle en Méditerranée, encouragée, il est vrai, par le conflit en Orient. Elle prenait maintenant une ampleur exceptionnelle. Toute navigation était dangereuse : on risquait fort de se faire prendre, comme le jeune César lui-même, en 74, au sortir du port de Rhodes, par des pirates ciliciens qui avaient exigé une rançon de cent vingt mille deniers et qui le retinrent les trente-huit jours qu'il fallut à ses amis pour rassembler la somme ; ainsi aussi la fille de l'orateur Antoine, celui-là même qui avait triomphé des pirates en 99. Mais tout le monde n'avait pas la valeur marchande de César ou d'Antonia et, lorsque les pirates s'étaient emparé d'un navire, ils jouaient la plupart du temps à noyer leurs prisonniers :

> Quand un de leurs prisonniers s'écriait qu'il était romain et disait son nom, ils simulaient la stupeur et la crainte, ils se frappaient les cuisses et tombaient à ses pieds en implorant son pardon, et lui se fiait à leur posture humble et suppliante. Puis ils le chaussaient à la romaine et lui mettaient une toge, pour éviter, disaient-ils, qu'il ne fût

pas reconnu une autre fois. Après s'être ainsi moqués de lui et l'avoir bafoué longtemps, finalement ils jetaient une échelle qui donnait sur la pleine mer et lui enjoignaient de descendre et de partir, accompagné de leurs bons vœux ; s'il refusait, ils le poussaient dans l'eau et le noyaient. (Plutarque, *Vie de Pompée*, 24, 11-13.)

Ils pullulaient dans toutes les parties de la Méditerranée, avec plus de mille bateaux (Plutarque dit dix mille) rapides, bien entraînés et somptueusement décorés : mâts dorés, rames plaquées d'argent avec tapis et brocards à bord. Ils avaient installé leurs repaires dans des endroits inaccessibles où, dit-on, on menait grande vie. Et de jour en jour ils devenaient plus audacieux, y compris sur les côtes de l'Italie et de la Sicile : ils avaient même réussi à capturer deux préteurs du peuple romain avec leurs licteurs et leurs faisceaux. Mais, surtout, ils lançaient des coups de main contre des villes côtières et Ostie n'avait pas échappé à leurs entreprises : les navires marchands avaient été attaqués et la ville elle-même avait subi d'importants dommages, ce qui amena le Sénat à financer la réfection de la muraille et des portes : une inscription du consul Cicéron, très récemment retrouvée, témoigne de ces réparations pour l'année 63. Dans ces conditions, tout transport par mer de céréales était devenu impossible. On craignait la disette, ceux qui avaient du blé le cachaient et les prix flambaient.

La loi Gabinia

C'est la raison pour laquelle, en 67, un tribun de la plèbe, Aulus Gabinius, afficha un projet qui consistait à confier à un magistrat dont le nom n'était pas donné, mais qui était sur toutes les lèvres, un pouvoir exceptionnel de trois ans sur toute l'étendue de la Méditerranée et sur les côtes jusqu'à cinquante milles à l'intérieur des terres (environ 75 km) ; le projet prévoyait en outre que ce magistrat aurait le loisir de se choisir quinze légats de rang prétorien, qu'il disposerait d'une flotte de deux cents navires, d'autant de légionnaires qu'il serait nécessaire et on prévoyait de lui allouer pour commencer 36 000 deniers, mais avec la possibilité de puiser dans le trésor au fur et à mesure de ses besoins. Une fois encore on affirmait haut et clair que les institutions républicaines ne suffisaient plus à assurer le bon fonctionnement de l'empire et qu'il fallait inventer des formes institutionnelles qui fussent adaptées aux besoins nouveaux. Les tenants de la tradition, au premier rang desquels se trouvait Quintus Lutatius Catulus, tentèrent de s'opposer à la création de ce pouvoir exorbitant : pour eux, la mesure était dangereuse parce qu'elle mettait entre les mains d'un seul des pouvoirs que, dans l'histoire de la constitution, tout avait été fait pour diviser ; à les entendre, il aurait suffi de répartir les responsabilités entre tous les magistrats en fonctions, alors même que le peuple leur reprochait leur incapacité à s'entendre lorsqu'ils étaient en charge. À cela on ajoutera que le Sénat se voyait dépossédé de ses prérogatives, puisque ce ne devait plus être lui qui choisirait les légats du magistrat ainsi investi. Le débat fut pour le moins houleux : au Sénat, Gabinius se fit copieusement insulter, et même menacer ; la foule déchaînée envahit alors la curie et aurait mis en pièces le consul Piso, le seul à ne s'être pas enfui, si Gabinius n'était intervenu. Le jour où devait être voté le plébiscite, le projet avait été précisé et c'était bien Pompée dont le nom était affiché pour revêtir la charge proposée ; on avait porté le nombre de ses vaisseaux à cinq cents, celui des légats à vingt-cinq et l'on avait précisé qu'il obtiendrait au moins cent vingt mille fantassins et cinquante mille cavaliers. Le tribun Lucius Trebellius fit opposition, provoquant un début d'émeute : Gabinius répliqua en proposant au vote immédiat la destitution de son collègue. On avait déjà obtenu le vote de dix-sept des trente-cinq tribus en faveur de cette destitution lorsque Trebellius jugea opportun de retirer son *intercessio*. Ce fut alors au tour d'un autre tribun, Lucius Roscius Otho, celui-là même qui avait fait réserver aux chevaliers quinze rangs au théâtre et au cirque, pour leur épargner la promiscuité avec le petit peuple : il ne prit pas la parole, mais leva sa main avec deux doigts pointés pour signifier qu'il fallait deux magistrats et non pas un seul. L'assemblée poussa un tel hurlement que, dit-on, un corbeau qui survolait la place tomba mort sur le sol. Roscius n'insista pas. Gabinius, voulant calmer le jeu, donna alors la parole à Quintus Lutatius Catulus, dont on savait qu'il serait écouté dans le calme parce qu'il était unanimement respecté. Celui-ci exposa calmement les objections qu'il formulait contre le projet, en prenant bien soin de ne pas s'en prendre à Pompée, qui était présent et qui avait dit, au début de la *contio*, d'un air faussement modeste, qu'il n'était pas candidat et qu'il avait déjà fait assez pour la République pour espérer avoir un peu de loisir afin de se consacrer à sa famille et à ses affaires personnelles. Sur la fin de son discours, Catulus, qui venait de faire l'éloge de Pompée – que, disait-il, il fallait épargner pour le cas où d'autres dangers autrement plus sérieux menaceraient la République –, posa la question : « Que vous restera-t-il si vous perdez Pompée ? » Un cri unanime lui répondit : « Toi ! » Le plébiscite fut voté triomphalement et les cours du blé s'effondrèrent.

Pompée fit merveille, à la fois parce qu'il n'abusa pas des pouvoirs qui lui avaient été conférés et parce qu'il procéda méthodiquement. À chacun des treize des propréteurs qu'il avait choisis (mais, au nom du principe qui voulait que l'auteur d'une loi n'en fût pas le premier bénéficiaire, le Sénat empêcha qu'il prît Gabinius, lequel pourtant en brûlait d'envie), il affecta un secteur déterminé de la mer, avec ordre de patrouiller sans relâche ; dans le même temps les repaires étaient attaqués à la fois par terre et par mer. La priorité portait sur la partie occidentale et, en quarante jours, la mer Tyrrhénienne, des Colonnes d'Hercule à la Sicile, fut nettoyée : les convois d'approvisionnement purent reprendre à destination d'Ostie. Pompée se dirigea alors avec soixante navires en direction de la Grèce. Pendant sa navigation il reçut la soumission de nombreux pirates qui, effrayés par les traitements qu'infligeaient ses lieutenants à ceux qu'ils capturaient, préféraient se rendre à lui qui avait la réputation d'être plus humain : il donnait son pardon à condition qu'on lui indique les cachettes ; et, considérant que nombre d'entre ces gens n'en étaient venus à pratiquer la piraterie que poussés par la misère, il installait les repentants dans des sites éloignés des côtes dont la population avait été décimée dans les dernières décennies et où il y avait des terres libres, par exemple à l'entour de Soloi, en Cilicie, qui devint Pompeiopolis, mais aussi en Achaïe et jusque dans le sud de l'Italie. Les derniers bastions d'irréductibles dans les îles ciliciennes, qui servaient aux plus puissants des pirates, ceux qui étaient les mieux organisés, furent assiégés : leurs défenseurs finirent, eux aussi, par faire leur reddition et toutes les installations, y compris les arsenaux, bien sûr, furent rasées jusqu'au sol, tout le matériel emporté. En trois mois la Méditerranée avait été épurée sans dommage. Ou presque. Il y eut, en effet, un incident assez grave entre Quintus Caecilius Metellus Creticus et Pompée : les pirates de l'île de Crète, terrifiés par les traitements qu'infligeait le proconsul à ses prisonniers, et assiégés à Hierapytna, avaient envoyé une délégation à Pompée pour demander à faire, à lui en personne, leur soumission. Pompée avait alors envoyé à Metellus l'ordre de suspendre les opérations. Mais celui-ci ne l'entendait pas de cette oreille, considérant que son pouvoir proconsulaire était équivalent à celui de Pompée et qu'il n'avait pas d'ordre à recevoir de lui : il poussa les opérations de siège. Pompée envoya alors un détachement prélevé sur les troupes stationnées en Grèce, avec à leur tête Lucius Octauius, qui entra dans la ville et finit par combattre aux côtés des pirates. Mais rien n'arrêta Metellus qui prit la ville, massacra les pirates et fit subir à Octauius, dans son camp, l'humiliation suprême en le dépouillant des insignes de son pouvoir, devant toutes les troupes rassemblées, sous l'accusation d'avoir combattu aux côtés des brigands. Il l'insulta puis le renvoya. Le signal était clair : il y avait encore des membres de l'aristocratie sénatoriale qui n'étaient pas décidés à laisser un homme monopoliser le pouvoir ; déjà, quelques semaines plus tôt, le consul Piso, au nom de son pouvoir proconsulaire, lui aussi, avait prétendu empêcher Pompée de recruter des hommes et des rameurs dans la province qui lui avait été assignée par le Sénat, la Gaule transalpine, et il avait fallu que Pompée repasse par Rome où, d'ailleurs, il avait sauvé le consul une nouvelle fois de la colère de la foule.

En tout cas, l'heure était à la liesse : Pompée annonçait la capture de plusieurs centaines de bateaux (probablement quatre cents) dont quatre-vingt-dix vaisseaux de guerre, la mort d'environ dix mille pirates et la capture de plus de vingt mille d'entre eux. Et l'on se disait, parmi le peuple de Rome, qu'il ne fallait pas laisser un si grand homme, stratège incomparable, visiblement protégé des dieux et plein d'humanité, dans l'inaction. Un tribun de l'année 66, qui venait de s'illustrer en proposant et en retirant aussitôt un projet de répartition des affranchis dans toutes les unités de vote, plutôt que de les laisser confinés comme ils l'étaient dans les quatre tribus urbaines – et qui, ce faisant, s'était aliéné tout le monde (les sénateurs, bien sûr, mais aussi la foule des citoyens qui ne voulaient pas être noyautés par ces citoyens qui n'en étaient pas vraiment) –, se racheta en proposant de confirmer Pompée dans son *imperium infinitum* sur les mers, mais aussi en lui confiant, sans limitation de durée, les provinces d'Orient, Asie-Cilicie et Bithynie-Pont, avec mission de faire la guerre à Mithridate et à Tigrane, d'entreprendre les expéditions jugées par lui nécessaires ou de conclure les traités à sa guise. C'était à un moment où Lucullus commençait à éprouver de sérieuses difficultés avec ses troupes. On a du mal à imaginer que Pompée, qui ne donnait pas l'impression de vouloir rentrer bien vite en Italie, mais naviguait dans les eaux grecques, de cité en cité, ait été innocent dans cette proposition, non plus que dans l'entreprise de déstabilisation de Lucullus. Quoi qu'il en soit, le débat se fit sans lui, et fut beaucoup moins mouvementé que l'année précédente, autour de la loi Gabinia, comme s'il y avait eu une fatalité à ce qu'il fût ainsi promu. Pourtant il y avait, cette fois, au moins des réticences dans tous les milieux. Comme l'on pouvait s'y attendre, Hortensius et Catulus prirent fortement position, au Sénat, contre cette dénaturation définitive des institutions, mais Cicéron, qui avait été élu triomphalement à la préture et qui voyait déjà plus loin, estima qu'il ne pouvait pas garder le silence, comme il l'avait fait l'année précédente, et vola au secours de la victoire. Il prit la parole devant le peuple et lui dit ce que celui-ci voulait entendre : la situation est grave, les revenus des provinces ne rentrent plus, le nom romain est bafoué, Lucullus est un grand chef qui a accompli de grandes choses, mais qui a été trahi par ses soldats, seul Pompée satisfait à toutes les conditions pour pacifier l'ensemble de la région. Quant aux objections d'Hortensius et de Catulus, elles furent balayées d'un revers de la main : la preuve qu'on avait eu raison de nommer Pompée contre les pirates, c'est qu'il avait vaincu en moins de trois mois, et par ailleurs, il y avait des précédents à des pouvoirs extraordinaires comme ceux qu'on allait lui conférer. Bien sûr ce vibrant plaidoyer avait été prononcé dans le seul intérêt de l'État :

> Ainsi donc, si j'ai pris la charge de cette affaire, citoyens, je ne l'ai fait que dans l'intérêt de l'État, je l'affirme, et, bien loin d'avoir cherché à me ménager la faveur de quelqu'un, je me suis attiré, je le sais, une foule d'inimitiés secrètes ou déclarées, sans nécessité pour moi, mais non sans utilité pour vous. Mais après avoir été revêtu de cette dignité [sc. la préture] et comblé par vous de tant de bienfaits, j'ai résolu de faire passer votre volonté, la dignité de l'État, le salut des provinces et des alliés avant mes avantages et mes intérêts personnels. (Cicéron, *Pour la loi Manilia,* 71.)

À dire le vrai, les intentions de l'orateur étaient sans doute moins pures : il n'avait pas beaucoup de considération pour les capacités politiques de Pompée et était convaincu qu'il n'avait pas grand-chose à redouter de lui sur ce plan. D'un certain point de vue, il esquissait déjà ce qui fut sa grande ambition, celle d'être l'*alter ego* politique du grand chef militaire, et il soignait ses amis : il avait plaidé pour le tribun Cornelius lorsque celui-ci avait été accusé de *maiestas* pour avoir essayé de passer outre à l'intercession de l'un de ses collègues, et s'était arrangé pour que le procès intenté à Manilius, dans les derniers mois de 63, soit jugé avant la fin de son mandat de président du jury. Il avait besoin de l'appui de Pompée pour devenir consul, comme l'écrira quelques mois plus tard son frère Quintus, avec une superbe simplicité :

> Il est utile que les personnages au nombre et au rang desquels tu veux atteindre te jugent eux-mêmes dignes d'être de ce nombre et à ce rang. Il faut les solliciter tous avec soin, il faut leur faire parler en ta faveur et les persuader que nous avons toujours partagé les opinions politiques des meilleurs, que nous n'avons jamais pris le parti populaire ; que si nous paraissons avoir tenu un langage populaire, nous l'avons fait dans le dessein de nous concilier Pompée, voulant que nous fût assurée dans notre candidature l'amitié, ou tout au moins la neutralité d'un homme dont l'influence est si considérable. [...] Déjà tu t'es acquis la masse des électeurs urbains et la sympathie de ceux qui tiennent les assemblées populaires en faisant décerner à Pompée ses pouvoirs, en te chargeant du procès de Manilius, en défendant Cornelius ; il nous faut maintenant réchauffer la faveur dont personne n'a pu jouir sans avoir l'appui des hommes de premier plan. Et il faut aussi que tous sachent que tu as l'appui complet de Pompée et qu'il est tout à fait utile à ses plans que ta candidature réussisse. (Quintus Cicéron, *Manuel du candidat,* 4-5 et 51.)

Pompée reçut en Asie où il avait pris ses quartiers d'hiver la nouvelle de sa nomination. Il se livra d'ailleurs à une comédie qui indisposa même ses proches : il attesta les dieux qu'il aurait préféré rester un citoyen obscur pour jouir en paix des joies familiales plutôt que d'être envoyé sans cesse courir de nouveaux dangers. Mais comme le remarque Plutarque, il haïssait trop Lucullus dont il prenait la place et il aimait trop le pouvoir pour être cru. Et il commença à préparer son expédition.

La conquête de l'Asie

Une fois encore, Pompée réussit parfaitement dans toutes ses entreprises que l'historiographie ancienne, notamment celle de langue grecque (Plutarque, Appien d'Alexandrie, Dion Cassius), détaille. À la fin de ses campagnes, le Sénat, dans la décision autorisant son triomphe, les 28 et 29 septembre 61, en donna un résumé brut, mais très significatif :

> Ayant libéré les côtes maritimes des pirates et rendu la souveraineté de la mer au peuple romain, Pompée a triomphé de l'Asie, du Pont, de l'Arménie, de la Paphlagonie, de la Cappadoce, de la Cilicie, de la Syrie, des Scythes [peuple du nord de la mer Noire], des Juifs, des Albaniens [sur la rive occidentale de la mer Caspienne], de l'Hibérie [la Géorgie actuelle], de l'île de Crète, des Basternes [peuple des bouches du Danube] et, en outre, du roi Mithridate et de Tigrane. (Pline l'Ancien, *Histoire naturelle,* 7, 98.)

De son côté, Diodore de Sicile transcrit une dédicace faite par Pompée lui-même dans un temple qui est probablement celui de Minerve :

> Cneius Pompeius Magnus, fils de Cneius, *imperator*, a délivré tout le littoral et toutes les îles en deçà de l'Océan de la guerre des pirates ; il a sauvé du péril le royaume d'Ariobarzane, investi par les ennemis ; il a conquis la Galatie et les contrées ou provinces au-delà, l'Asie, ainsi que la Bithynie ; il a protégé la Paphlagonie, le Pont,

l'Arménie, l'Achaïe, l'Hibérie, la Colchide, la Mésopotamie, la Sophène, la Gordienne ; il a soumis le rois des Mèdes, Darius, le roi des Hibériens, Artoocès, Aristobule, roi des Juifs, Arétas, rois des Arabes Nabatéens, la Syrie, voisine de la Cilicie, la Judée, l'Arabie, la Cyrénaïque, les Achéens, les Iozyges, les Soaniens, les Hénioques et les autres peuples établis entre la Colchide et le Palus-Méotis [la mer d'Azov], ainsi que les rois de ces pays au nombre de neuf ; enfin tous les peuples qui habitent entre le Pont-Euxin et la mer Rouge ; il a reculé l'empire de Rome jusqu'aux limites de la terre ; il a conservé les revenus des Romains et les a encore augmentés ; il a enlevé aux ennemis les statues, les images des dieux, ainsi que d'autres ornements et a consacré à la déesse douze mille soixante pièces d'or et trois cent sept talents d'argent. (Diodore de Sicile, *Bibliothèque historique,* 40, fragment.)

Selon Pompée lui-même, son plus grand titre de gloire était d'avoir reçu la province d'Asie comme une province frontière et de l'avoir rendue à sa patrie comme une province centrale. Derrière tout ce langage triomphal, il y avait, bien entendu, l'image d'Alexandre, dont Pompée était convaincu d'avoir au moins égalé les exploits : pour lui, comme pour une bonne partie de ses contemporains,

Pompée en cosmocrator

il avait étendu l'empire aux limites du monde connaissable. C'était un thème qui était déjà présent, avant même ses conquêtes, dans l'iconographie des monnaies sur lesquelles on a vu apparaître, dans les années immédiatement antérieures, des globes, globes armillaires, sans doute, représentant l'univers, mais à l'intérieur desquels on imaginait que la terre tenait la place centrale. Pompée, lui, affirma haut et fort cette conquête universelle : il se fit sculpter une statue monumentale qui le représentait, dans la nudité héroïque, avec le glaive et le manteau, tenant dans sa main gauche un globe, l'*orbis*, le monde (elle est actuellement visible au palais Spada). Cette statue devait décorer, quelques années plus tard, la curie qu'il fit aménager dans le quadriportique prolongeant son théâtre. Et c'est donc au pied de Pompée en *cosmocrator* que César fut assassiné aux ides de mars.

Les choses, il est vrai, avaient marché bon train. Six mois pour se débarrasser de Mithridate, contraint de se réfugier quelque part au pied du Caucase. Et parallèlement aux opérations militaires, les négociations diplomatiques continuaient : Pompée avait réussi à convaincre Phraatès, le Roi des Rois, de soutenir le fils de Mithridate entré en rébellion contre son père, moyennant quelques vagues promesses sur les frontières. Quant au gendre de Mithridate, Tigrane, roi d'Arménie, Pompée en vint à bout sans coup férir, et traita avec lui sans tenir compte des promesses que les Parthes avaient cru entendre de lui. Trop content d'avoir sauvé son royaume et sa vie, même si c'était au prix de renoncements territoriaux importants, Tigrane devenait un allié sûr du peuple romain, prêt à s'opposer aux prétentions de Phraatès. Au cours de la poursuite de Mithridate qu'il entreprit, Pompée eut à en découdre avec deux peuples du Caucase, les Albans d'abord, dont il réussit à anéantir l'armée de quarante mille hommes avant de recevoir la soumission de leur roi ; puis il tailla en pièces les troupes des Ibères dont le roi Artokès avait essayé de l'endormir avec des négociations destinées à lui laisser le temps de constituer son armée ; mais quand Pompée parvint enfin à Dioscurias, sur la côte est de la mer Noire, Mithridate était déjà parti avec le projet fou de rejoindre le Bosphore en longeant une côte inhospitalière et même dangereuse. Pompée le laissa à ses aventures et se dirigea vers l'est, en direction de la mer Caspienne, non sans avoir massacré une bonne partie des soixante mille hommes de la nouvelle armée albane qui se préparait à un mauvais coup. Il est vrai qu'elle était très mal équipée ; mais il paraît que les Amazones, qui, c'est bien connu, se coupaient le sein droit pour pouvoir tirer à l'arc, avaient combattu avec l'ennemi ; la légende était déjà en gestation. À trois jours de marche des rivages de la mer, Pompée renonça à pousser plus loin : ses hommes n'en pouvaient plus et il craignait les mouvements survenus dans les troupes de Lucullus. Il alla donc prendre ses quartiers d'hiver en Arménie. Le printemps de l'année 64 fut consacré à une pacification de la province du Pont où il tint une assemblée de rois à laquelle le Parthe, qui disputait la Gordyène à Tigrane, se dispensa d'assister. Pompée envoya un légat assurer la prise de cette région en faveur de Tigrane et marcha sur la Syrie, bien déterminé à la ravir au Parthe pour en faire une province romaine. En fait, il n'eut point besoin de combattre, régla le sort des cités, dont celui de Séleucie qu'il proclama ville libre et d'Apamée qu'il rasa. Il passa l'hiver paisiblement à Antioche.

Au printemps de 63, il marcha sur Damas, non sans avoir, au passage, trouvé des solutions à quelques problèmes majeurs, notamment avec les Ituréens du Liban qu'il massacra. Tant que les Juifs pouvaient servir à affaiblir la dynastie séleucide qui régnait sur la Syrie, Rome les avait favorisés; mais dès lors que la Syrie devenait une province romaine, ces religieux intransigeants pouvaient devenir dangereux et il convenait de les mettre au pas, eux aussi. Il se trouve qu'il arriva en pleine querelle dynastique entre les deux fils du défunt roi Alexandre Jannée, Aristobule et Hyrcan. Pompée se garda de trancher entre les deux et, sous le prétexte de réduire le brigand Arétas, chef des Nabatéens, il suivit la vallée du Jourdain, bien décidé à s'approcher de Jérusalem. Parvenu à Jéricho il obtint d'Aristobule, qu'il tenait en résidence surveillée auprès de lui, son accord pour l'entrée d'une garnison dans Jérusalem, mais les soldats romains trouvèrent porte close. Les partisans d'Hyrcan prirent alors le pouvoir dans la ville qu'ils ouvrirent aux Romains. La population indignée se retrancha dans le temple fortifié et c'est au bout de trois mois qu'un jour de sabbat l'assaut fut donné: exténués, les juifs n'opposèrent qu'une résistance de principe et douze mille d'entre eux furent massacrés. Pompée s'apprêtait à passer en Transjordanie quand lui parvint la nouvelle de la mort de Mithridate qui s'était suicidé (non sans mal, immunisé qu'il était contre le poison) à la suite de ses échecs successifs pour reprendre son trône. Il regagna Amisos pour organiser toutes ses conquêtes, après avoir envoyé un message au Sénat qui, sur proposition de Cicéron, décréta dix jours de supplications aux dieux. La conquête était magnifique et les exploits de Lucullus éclipsés, même si c'était lui qui avait rendu tout cela possible. Mais l'organisation de cette conquête, qui lui prit toute une année, n'était pas moins remarquable: Pompée avait établi de nouvelles provinces et il avait surtout prévu leur sécurité en ménageant un système de principautés périphériques ayant fait allégeance à Rome. Il préfigurait en cela le système des «royaumes clients» qu'Auguste devait généraliser pour stabiliser l'empire.

Jeux et politique

Pendant qu'il guerroyait ainsi et volait de victoire en victoire, Rome continuait à donner le spectacle de la division. La conquête d'un pouvoir exceptionnel restait l'objectif unique de la génération montante de l'aristocratie. À ce jeu, César se montra rapidement un partenaire hors du commun. En 65, alors édile curule en même temps que Marcus Calpurnius Bibulus qu'il devait avoir comme collègue et comme ennemi, tout au long de sa carrière, et encore au cours de la guerre civile, il donna des jeux éblouissants dont il tira, seul, le profit:

> Durant son édilité, outre le Comitium, le Forum et les basiliques, il fit même décorer le Capitole, où l'on construisit des portiques provisoires afin d'y exposer une par-

> tie de ses collections, tant il possédait d'œuvres d'art. Il donna aussi des chasses et des jeux, soit avec son collègue, soit pour son propre compte, si bien qu'on lui savait gré à lui seul même des dépenses faites en commun, et que son collègue Marcus Bibulus ne se cachait pas pour dire : « Il m'est arrivé la même mésaventure qu'à Pollux : de même que le temple élevé aux deux jumeaux dans le Forum porte seulement le nom de Castor, les munificences de César et de Bibulus sont attribuées au seul César. » Par surcroît, César donna encore un combat de gladiateurs, mais avec des couples bien moins nombreux qu'il l'avait projeté ; en effet, l'importance de la troupe qu'il avait rassemblée de toutes parts ayant effrayé ses ennemis, on fixa par précaution le maximum de gladiateurs qu'un citoyen était autorisé à posséder dans Rome. (Suétone, *Vie de César,* 10.)

On se fera une idée de la dépense occasionnée par ces représentations en apprenant de Pline l'Ancien que les gladiateurs que César fit combattre (dans des jeux funèbres rappelant la mort de son père) étaient entièrement équipés d'armes plaquées d'argent, comme aussi, dans les chasses, les condamnés qui devaient livrer combat à des bêtes féroces. Il avait déjà, quelques années plus tôt, lors de sa questure, donné la mesure de ses ambitions en se livrant, avec un brio incomparable, au jeu des généalogies divines dans lequel tous les membres de l'aristocratie de ce temps aimaient à rivaliser. C'est à l'occasion des funérailles de sa tante Iulia qu'il prononça un discours resté fameux :

> Du côté de sa mère, ma tante Julie descend des rois, du côté de son père, elle se rattache aux dieux immortels. C'est en effet d'Ancus Marcius que sont sortis les Marcius Rex, et tel fut le nom de ma mère ; c'est de Venus que descendent les Jules, et nous sommes une branche de cette famille. Elle unit donc au caractère sacré des rois, qui sont les maîtres des hommes, la sainteté des dieux, de qui relèvent même les rois. (Suétone, *Vie de César,* 6, 2.)

Mais à cette morgue aristocratique, César mêlait un populisme affiché : personne n'oubliait, et surtout pas lui, que Iulia était la veuve du grand Marius, d'autant qu'il avait fait défiler, dans le cortège funèbre, son image, au grand scandale du Sénat et sous les huées de certains citoyens, mais pour la plus grande joie d'une bonne partie de la population. Et au moment où il préparait ses jeux somptueux, il avait machiné un coup d'une grande audace : il avait fait refaire les trophées de Marius, abattus au moment de la victoire de Sylla, en reprenant sans doute le modèle précis des anciens monuments, mais en y mêlant de l'or ; il les fit installer au Capitole dans la nuit qui précédait le début des jeux. Les Romains eurent alors la surprise de retrouver ces ensembles monumentaux, accompagnés des inscriptions qui célébraient les victoires du grand chef, et bientôt toute la ville voulut voir cette résurrection. Il y eut, bien sûr, un débat au Sénat, au cours duquel Quintus Lutatius Catulus accusa César de ne plus même se cacher pour renverser la République, mais comme à son habitude l'assemblée décida qu'il n'y avait point lieu de poursuivre la polémique.

C'est en définitive cette ambition de synthétiser les aspirations apparemment contradictoires de l'ensemble des composantes de la cité qui distingue César de ses rivaux, et c'est son héritier, Auguste, qui devait réaliser cette synthèse. Au nombre des projets qui lui tenaient à cœur – parce que, sans doute, ils lui vaudraient une clientèle électorale – était l'intégration des Transpadans dans la citoyenneté : ces populations d'au-delà du Pô étaient les seules de la péninsule qui ne fussent point encore bénéficiaires du droit de cité. Mais il devait compter avec une opposition féroce et, en cette année 65, alors que la question avait vu s'affronter les deux censeurs – Catulus (qui était opposé à l'intégration) et Crassus (qui voulait l'imposer), au point de les amener à la démission avant le terme de leur magistrature –, un tribun de la plèbe, Caius Papius, fit passer une loi pour faire expulser ceux d'entre eux qui avaient tenté d'obtenir illégalement la citoyenneté.

Les institutions grinçaient : si les censeurs avaient démissionné, ceux qui furent élus à leur place, en 64, ne purent établir la liste des sénateurs, empêchés qu'ils en furent par les tribuns de la plèbe ; et au lustre suivant, la liste des sénateurs fut établie sur la base de tous ceux qui faisaient déjà partie de l'assemblée, auxquels on ajouta tous ceux qui avaient exercé une magistrature, si bien qu'il y eut plus de sénateurs qu'il n'y avait de sièges au Sénat. Même les efforts pour assainir la situation politique offraient des prétextes à des règlements de comptes : le jeune Caton (Marcus Porcius Cato), réputé le plus vertueux des hommes de son temps, revêtit la questure cette année-là. Il commença par mettre de l'ordre chez les appariteurs et les scribes qui, en bons fonctionnaires permanents, prétendaient conserver le pouvoir qu'ils avaient toujours monopolisé au détriment des jeunes magistrats annuels, pas nécessairement très compétents, qu'ils étaient censés servir. Il en fit poursuivre quelques-uns pour malversations et les mit donc au pas. Puis il vérifia tous les comptes et fit rendre gorge à ceux qui avaient produit de fausses créances, en même temps qu'il assura un paiement plus rapide des dettes de l'État. C'est au cours de cette remise en ordre qu'il s'en prit à l'un de ceux qui s'étaient fait payer, sur fonds publics, la tête d'un proscrit, conformément à l'édit, puis à la loi de proscription : ce fut un certain Lucius Luscius que Caton traîna devant les tribunaux pour péculat. Et comme il avait obtenu sa condamnation, il l'avait en quelque sorte privé de la protection juridique des dispositions syllaniennes, ce dont profita César qui l'accusa à son tour, mais cette fois pour meurtre et obtint sa condamnation. César voulut renouveler l'opération avec Lucius Sergius Catilina, mais échoua, cette fois : si l'on avait pu laisser condamner un second couteau syllanien, gênant parce qu'un peu plus voyant et tapageur que les autres, il n'était pas question de s'en prendre à un membre de l'aristocratie et de laisser s'exprimer toutes les vieilles rancœurs.

L'année de tous les dangers

On eut alors l'impression que les attaques contre le système se multipliaient : dès l'entrée en charge des tribuns, le 10 décembre 64, l'un d'entre eux, Publius

Seruilius Rullus, fit afficher une proposition de loi, un projet agraire de grande envergure, un autre tribun placardait une proposition de réintégration dans leurs droits civiques des descendants de proscrits, un troisième une série de dispositions pour traiter la question des dettes (texte sur lequel nous sommes très mal renseignés). Cicéron qui venait d'être élu à l'unanimité des centuries au consulat dut, le 1er janvier, se battre contre ces projets éminemment subversifs qui, apparemment, avaient le soutien de son collègue Caius Antonius (dont la candidature avait été soutenue par Crassus et par César). Il lui fallut d'abord obtenir d'un autre tribun, Lucius Caecilius Rufus, qu'il renonce à son intention de faire passer une loi destinée à réhabiliter les deux consuls désignés, condamnés quelques années plus tôt pour corruption électorale, Publius Cornelius Sylla et Publius Autronius Paetus. Comment pouvait-il, en effet, s'opposer aux revendications des fils de proscrits qui ameutaient le peuple sur l'injustice qui leur était faite, à eux qui n'avaient pas été condamnés, mais à qui l'on faisait payer les conséquences du choix politique fait par leurs pères, si dans le même temps on trangressait une loi pénale pour rendre leur honorabilité à deux hommes évidemment coupables ? Cicéron s'en prit ensuite avec beaucoup d'habileté à la proposition de Rullus en démontrant, au Sénat (qui était déjà convaincu) puis au peuple, qu'elle était extraordinairement dangereuse parce qu'elle instituait des magistrats (des décemvirs), avec des pouvoirs immenses et sans contrôle, pour récupérer des terres, fonder des villes (il était même question de relever Capoue), disposer du trésor ; il réussit à retourner le soupçon que faisaient porter sur lui ses adversaires d'être un syllanien, en les accusant de tyrannie et en s'affichant comme un consul « populaire » ; il montra aussi que la loi était un brûlot lancé contre Pompée dans la mesure où il lui serait interdit d'être désigné parmi les décemvirs. Puis il s'attaqua à la réintégration des descendants de proscrits, disant déplorer, comme tout le monde, que des jeunes gens d'honorables familles fussent privés du droit d'éligibilité et de la capacité d'accusation, mais faisant valoir que, si on les réintégrait, on les mettait en position de se venger et, donc, de mettre la cité à feu et à sang. Le consul fut si convaincant que les tribuns retirèrent toutes leurs propositions et qu'on en resta là. Dans le même temps, les tribuns Titus Labienus (qui était encore un homme de César) et Titus Ampius Balbus firent passer une loi autorisant Pompée à assister aux jeux du cirque avec la couronne d'or et tous les ornements triomphaux, et à toutes les fêtes publiques avec la couronne de laurier et la toge bordée de pourpre (la toge prétexte). Cet honneur extravagant n'était évidemment pas sans risque, même pour Pompée, qui n'en usa qu'une seule fois, et encore fut-ce une fois de trop, compte tenu des réactions du peuple.

Mais une autre attaque se préparait qui était une véritable provocation contre le Sénat. Le tribun Labienus déclencha un procès de *perduellio* contre un vieux chevalier, Caius Rabirius. Il lui était reproché d'avoir tué de sa main, trente-sept ans plus tôt, le tribun Saturninus après que le Sénat eut pris contre lui le sénatus-consulte ultime. Pour connaître de cette affaire, on mit en branle une très vieille procédure, dont on ne sait d'ailleurs si elle avait jamais été mise en œuvre auparavant, puisque le seul exemple connu est mythique : il s'agissait du procès intenté à Horace meurtrier de sa sœur. Pour juger en première instance, le préteur urbain devait désigner des *duumuirs* : il choisit César et son cousin Lucius Iulius Caesar, qui avait été consul l'année précédente. Comme il était prévisible, Rabirius fut condamné à mort et fit tout de suite appel au peuple. C'est donc devant les comices centuriates réunis au Champ de Mars et sous la présidence des *duumuirs* à qui, pour l'occasion, le préteur urbain avait dû prêter son droit d'auspices pour leur permettre de réunir et de présider l'assemblée du peuple que Hortensius et Cicéron se chargèrent de la défense. Le premier plaida, témoignages à l'appui, l'innocence de l'accusé et le consul tenta de retourner contre les accusateurs toute la charge émotionnelle qu'ils avaient mobilisée en rappelant les conditions dans lesquelles un tribun avait été mis à mort et décapité ; Labienus avait même exhibé un portrait de Saturninus. Cicéron évoqua donc longuement, sur le mode pathétique, le supplice qui attendait l'accusé, au milieu du Comitium. Mais il souligna aussi le caractère éminemment politique de l'accusation qui n'avait d'autre but que de discréditer le sénatus-consulte ultime auquel le Sénat avait recours en cas de troubles graves et qui correspondait à une suspension de toutes les protections juridiques des citoyens. Il rappela d'ailleurs que Caius Gracchus n'avait pas cherché à venger de cette façon la mort de son frère Tiberius et que, donc, Labienus qui prétendait venger la mort d'un oncle mort à cette occasion n'était qu'un imposteur. Et d'ailleurs, n'était-ce pas Marius lui-même qui avait lancé l'appel aux armes ? Cette farce tragique n'eut pas de dénouement parce que le tribun Quintus Caecilius Metellus Celer fit amener le fanion qui, sur la Citadelle, témoignait que l'assemblée était en sécurité et qu'elle pouvait délibérer : il fallait donc interrompre le cours du procès d'appel. Labienus ne poursuivit pas davantage Rabirius qui, en effet, ne méritait ni cet excès d'honneur ni cette indignité.

Le langage des dieux

Ce déchaînement de la violence politique avait de quoi inquiéter les esprits, d'autant qu'il s'était produit des phénomènes pour le moins inquiétants. Déjà deux ans plus tôt, la foudre avait frappé le Capitole en occasionnant des dégâts qui ne pouvaient être que des signes : des statues antiques, d'hommes et de dieux, avaient été détruites, le groupe représentant la Louve allaitant les Jumeaux avait été jeté à bas de son socle et la foudre avait fait fondre des tables de bronze sur lesquelles étaient gravés des textes de lois. Des haruspices que l'on avait fait venir de toute l'Étrurie avaient prédit des massacres et des incendies, l'anéantissement des lois, la ruine menaçant Rome et son empire si l'on n'apaisait pas les dieux. On avait alors procédé à des expiations et l'on avait décrété dix jours de jeux, mais on n'était pas assurés que ces précautions fussent suffisantes. D'autant que cette année même d'autres signes inquiétèrent : la foudre tomba plusieurs fois par un temps serein, la terre trembla, on vit des spectres un peu partout, des flammes s'élevèrent vers le ciel du côté du couchant. On décida alors de renouveler l'augure du salut (*augurium salutis*), une cérémonie pour nous bien mystérieuse que les augures (dont Cicéron ne faisait pas encore partie) renouvelaient en principe tous les ans, à condition que Rome fût en paix (ce qui explique sa rareté). Ils interrogeaient les dieux pour savoir s'il était permis (*fas*) de demander le salut de Rome. Malheureusement, les réponses que donna le vol des oiseaux n'étaient pas claires quand elles n'étaient pas franchement défavorables. Et il fallut recommencer.

On ne sait pas bien quelle créance les membres de l'aristocratie accordaient à de tels signes. On a observé que Cicéron avait évolué sur ce point : en vieillissant, il se laissa gagner par le scepticisme. S'agissant de l'haruspicine, la science étrusque des présages, il aimait à citer un mot de Caton le Censeur qui s'étonnait toujours, écrit-il, qu'un haruspice pût rencontrer un autre haruspice sans éclater de rire. Quoi qu'il en fût, Cicéron continuait d'affirmer que la croyance du peuple en la divination servait les intérêts supérieurs de l'État. En tout cas, il ne fait pas de doute que les prêtrises étaient devenues des lieux de pouvoir, et qu'à ce titre elles suscitaient une vive rivalité. Ainsi du Grand Pontificat que César avait décidé de conquérir. Il faisait déjà partie du collège des pontifes depuis dix ans et Metellus Pius, qui détenait la charge de Pontifex Maximus, venait de mourir. Étaient candidats à sa succession, outre César, Quintus Lutatius Catulus et Publius Seruilius Vatia Isauricus, tous deux ancien consul et ancien censeur. Mais avant même que ne se décide la succession, Labienus avait fait passer une loi rétablissant le suffrage populaire de dix-sept des trente-cinq tribus pour le choix de ce prêtre, élection que Sylla avait rendue au collège lui-même. Il faut croire que César (qui, lui, n'avait pas encore été préteur) avait dépensé des trésors pour conquérir ce titre puisque, selon Plutarque, le matin du vote il avait embrassé sa mère en lui disant : « Aujourd'hui, Mère, tu verras ton fils Grand Pontife ou fugitif. » Elle le vit Grand Pontife.

Catilina

Mais il avait contracté, en cette occasion comme pour ses jeux, des dettes d'une telle importance que lorsqu'à la fin de sa préture, l'année suivante, il s'apprêtait à partir pour l'Espagne ultérieure afin d'y exercer le proconsulat qui lui était échu, ses créanciers ne voulurent point le laisser partir (ils avaient même saisi ses bagages) : la guerre contre les Lusitaniens comportait bien des risques et il leur fallait une garantie que les sommes qu'ils avaient avancées leur seraient bien remboursées. C'est Crassus qui se porta garant (pour près de vingt millions de sesterces) et il put aller guerroyer – et se refaire – en toute quiétude. La corruption électorale s'était encore renforcée et l'exemple de César était éloquent. Cicéron dut faire passer une nouvelle loi qui renforçait les pénalités pour ceux qui en étaient convaincus (dix ans d'exil) et pour les juges qui s'abstiendraient de siéger. Il faut dire que les élections consulaires étaient, en cette année, un enjeu encore plus important que les années précédentes. Pourtant, déjà lors des comices de 64, alors qu'il y avait sept candidats en lice, le bruit avait couru que l'un d'entre eux, Lucius Sergius Catilina, préparait un mauvais coup. Selon Salluste, c'était ce qui avait déterminé César et Crassus à faire taire leur hostilité à Cicéron parce qu'ils craignaient le pire d'une association à la tête de l'État entre Catilina et Caius Antonius qui lui était favorable. Cette fois, il y avait quatre candidats, au nombre desquels Catilina, qui avait donc été battu à deux reprises et qui comptait bien, enfin, l'emporter, en utilisant tous les moyens, de la corruption à l'intimidation. Escorté d'une foule bigarrée, il se présentait comme un gueux, porte-étendard des gueux. Les consuls avaient d'ailleurs été contraints de demander au Sénat un sénatus-consulte retardant la date des comices consulaires, à la fois pour permettre que les soldats de Lucullus, qui étaient encore aux portes de Rome afin de célébrer enfin le triomphe de leur *imperator*, pussent participer au vote, mais aussi dans l'espoir que la tension s'apaiserait. Il n'en fut rien. Catilina, interpellé au Sénat sur ses déclarations outrancières pendant cette campagne, répliqua avec superbe que, pour lui, l'État avait deux corps, l'un faible avec une tête débile et l'autre avec un corps vigoureux, mais sans tête et que, si on le payait à la hauteur de ses mérites, une tête ne manquerait pas à ce corps tant que lui serait vivant. On protesta, mais on n'alla pas plus loin et l'on accusa Cicéron de manifester une hargne excessive. Ce dernier, quand il eut à présider les comices, revêtit sous sa toge une cuirasse qu'il laissait voir, et s'entoura d'une garde d'amis qui s'étaient armés. Furent élus Decimus Iunius Silanus, un plébéien de bonne noblesse, beau-frère de Caton, mais homme de peu d'envergure, et Lucius Licinius Murena, dont le père avait été préteur sous Sylla et qui, lui-même, avait servi sous Lucullus, ce qui lui garantissait déjà un nombre non négligeable de partisans en la personne des légionnaires du triomphe. Lui non plus ne passait pas pour un grand homme d'État. À peine avaient-ils été proclamés que Seruius Sulpicius Rufus, demi-frère de Caton et jurisconsulte réputé, le quatrième candidat, annonça son intention de porter plainte contre Murena pour corruption électorale.

De son côté, Catilina ne pouvait accepter ce troisième échec, lui qui s'était promis, et qui avait promis à ses amis, de jouir de tous les pouvoirs, de s'approprier tous les sacerdoces et de faire main basse sur les revenus de l'État, toutes choses dont il accusait l'aristocratie en place de s'assurer le monopole exclusif. On remarque d'ailleurs que, dans le discours que lui prête Salluste devant les conjurés, il fait deux fois allusion à ces particuliers qui ont assez de fortune pour faire aplanir les montagnes et paver les mers afin de satisfaire à leurs caprices : les travaux qu'à ce moment Lucullus faisait réaliser en Campanie pour se constituer des viviers de poissons de mer étaient d'une extravagance jamais égalée. À l'évidence la conjuration que Catilina avait fomentée n'avait rien d'un mouvement social qui eût fédéré le mécontentement de catégories défavorisées, et d'ailleurs son organisation laissait pour le moins à désirer, précisément parce que les conjurés avaient tous des raisons différentes d'y participer. À en croire la tradition ancienne, c'étaient, pour la plupart, des jeunes gens totalement corrompus et prêts à tout, en commençant par l'assassinat de leur propre père, pour jouir de l'argent et du pouvoir qu'on leur faisait miroiter :

> Dans une cité aussi grande et aussi corrompue, Catilina n'avait pas eu de peine à grouper autour de lui tous les vices et tous les crimes, qui formaient comme ses gardes du corps. Tous les débauchés, les adultères, les habitués de tripots qui dans le jeu, la bonne chère, les femmes avaient dilapidé la fortune paternelle, tous ceux qui s'étaient chargés de dettes pour se racheter de l'infamie ou du crime ; en outre, tous les parricides, les sacrilèges de toute origine déjà condamnés en justice ou redoutant une condamnation ; ajoutez les spadassins et les faux témoins que nourrissait le parjure ou le sang des citoyens, tous ceux enfin que tourmentaient le déshonneur, la misère, le remords, tous ces gens-là étaient les intimes et les familiers de Catilina. Et si quelque homme encore sans reproche se laissait prendre au piège de son amitié, la fréquentation quotidienne et les tentations avaient vite fait de le rendre égal et semblable aux autres. Du reste, c'est surtout des jeunes gens qu'il recherchait l'intimité ; leur âme encore tendre et malléable se laissait facilement prendre à ses pièges. Suivant les passions que l'âge allumait en eux, aux uns il procurait des filles, aux autres il achetait des chiens et des chevaux, bref il ne ménageait ni son argent ni son honneur, pourvu qu'il s'en fît de fidèles sujets. (Salluste, *La Conjuration de Catilina*, 14.)

Il faut dire que ce patricien de vieille souche, amoral et prêt à toutes les audaces, avait un grand pouvoir de séduction, même si Salluste nous en fait un portrait plutôt sombre : « Il avait le teint livide, les yeux hagards, le pas tantôt rapide, tantôt lent ; bref son visage et son expression reflétaient son égarement. » Non seulement il avait beaucoup de sang sur les mains, mais il avait en outre gaillardement dilapidé, avec son propre patrimoine, les immenses richesses que la proscription lui avait permis d'acquérir et n'avait rien épargné pour parvenir au consulat.

Il était parvenu à s'assurer la complicité de personnages qui, pour être eux-mêmes perdus de réputation, n'en portaient pas moins de grands noms. Au premier rang figurait le préteur de cette année, Publius Cornelius Lentulus Sura, un grand paresseux – « l'endormi », dit Cicéron –, qui avait déjà exercé le consulat en 71, mais à qui sa conduite avait valu d'être exclu du Sénat par les censeurs, l'année suivante. Il s'était donc résolu à reprendre la carrière en se faisant élire à la préture pour retrouver son siège sénatorial. Mais il était de ces gens qui n'étaient pas décidés, en cas de réussite, à laisser Catilina régner en maître : une prédiction de la Sibylle prévoyait, disait-on, que trois membres de la gens Cornelia exerceraient la royauté à Rome dans l'intervalle de vingt années. Il y en avait déjà eu deux, Cinna et Sylla ; il était persuadé qu'il serait le troisième. Et puis on trouvait Caius Cornelius Cethegus, sénateur lui aussi : un violent que l'on accusait d'être allé en Espagne pour tuer Metellus, lorsque celui-ci faisait la guerre contre

Sertorius; Publius Autronius, le consul désigné de 66, condamné pour corruption électorale et chassé du Sénat; deux neveux de Sylla, Publius et Seruius Cornelius Sylla, le premier n'étant autre que le consul *designatus* déchu en 66, en même temps qu'Autronius, et le second étant très mal connu; le gros Lucius Cassius Longinus, l'un des compétiteurs malheureux de Cicéron; Lucius Varganteius, chassé du Sénat après sa condamnation pour corruption électorale; Lucius Calpurnius Bestia, qui devait se faire élire au tribunat pour l'année suivante; et Quintus Curius, lui aussi expulsé du Sénat en 70, qui était incapable de tenir sa langue et avait tout raconté à sa maîtresse. Enfin deux autres sénateurs inconnus par ailleurs, Quintus Annius Chilo qui prit contact avec des ambassadeurs allobroges, et Marcus Porcius Laeca dont la demeure servait de quartier général aux conjurés. Mais il y avait aussi un certain nombre de représentants de l'ordre équestre (Salluste en nomme quatre) et quelques femmes de grandes familles. Et puis la conjuration rassemblait des descendants de proscrits que l'échec de la loi qui leur aurait rendu l'intégralité de leurs droits civiques avait désespérés. Ce que l'on ne sait pas, c'est ce qui se cachait derrière cette conjuration. On accusa par la suite Crassus, mais personne ne voulut y croire. Et certains auraient bien voulu que Cicéron en profite pour compromettre César, ce qu'il se refusa à faire. Tous les complices avaient travaillé, en Italie, à fédérer des mécontentements, notamment en Étrurie, dans le Picenum, en Apulie et dans le Bruttium; en outre, Catilina se vantait d'avoir des appuis en Espagne, en Afrique et, espérait-il, en Gaule avec les Allobroges. Le gros des troupes était constitué d'anciennes victimes des confiscations syllaniennes désireuses de rentrer dans leurs possessions, comme d'anciens bénéficiaires de ces confiscations qui s'étaient montrés incapables de les faire fructifier et, d'une façon plus générale, de gens qui voyaient bien que l'on vivait mieux à Rome, où tous les plaisirs étaient possibles, que dans leur petite patrie et à qui l'on avait promis une part de ces avantages et de ces plaisirs.

On commença à connaître les plans des conjurés grâce aux révélations de Fuluia, la maîtresse de Quintus Curius. Celui-ci l'avait convaincue de rester avec lui alors qu'elle voulait rompre parce qu'elle ne le jugeait plus assez généreux à son goût: bientôt, disait-il, il allait disposer de richesses importantes. Elle l'avait alors questionné et il avait révélé les projets des conspirateurs. Elle avait averti un certain nombre de ses amis de ce qui se tramait, puis elle fut amenée à en parler à Cicéron. Mais celui-ci ne pouvait rien faire sur la simple dénonciation d'une femme et alors qu'en ce mois d'octobre c'était son collègue Antonius qui disposait des faisceaux. Il se rassurait en pensant qu'au moins Antonius ne ferait rien contre l'État: il se l'était concilié en lui cédant la province de Macédoine, province qui lui était échue en échange de la Transalpine qu'il s'était d'ailleurs empressé de faire confier à Metellus Celer, parce qu'il ne voulait pas quitter Rome. C'est dans la nuit du 20 au 21 octobre que la situation évolua de façon significative: Cicéron reçut la visite de Crassus et de deux autres sénateurs,

Marcus Claudius Marcellus et Metellus Scipio. Crassus raconta qu'un inconnu avait déposé un paquet de lettres chez lui ; il avait ouvert celle qui lui était destinée ; elle était anonyme et l'avertissait qu'il serait plus prudent pour lui de quitter la ville où des massacres étaient programmés. Au matin, le consul convoqua le Sénat et fit lire par leur destinataire les lettres reçues par Crassus. On commença alors à s'inquiéter et à se rappeler que Fuluia avait précisé que Manlius, un ancien syllanien que Catilina avait préposé à son armée, prendrait les armes en Étrurie le 27 octobre et que, la nuit suivante, des incendies seraient allumés dans douze quartiers de Rome en même temps, de façon à permettre, à la faveur du désordre, le meurtre de ceux dont les conjurés voulaient se débarrasser, au premier rang desquels Cicéron et les deux consuls désignés, Silanus et Murena. Cette fois, le Sénat commença à s'émouvoir et l'on décréta le sénatus-consulte ultime, donnant mission aux consuls de veiller au salut de l'État. Mais il ne s'agissait encore que d'un texte de principe, ne désignant aucun ennemi, puisque l'on n'avait aucune preuve que l'un ou l'autre des personnages dont on prononçait le nom fût impliqué dans l'affaire. Simplement, à titre de précaution, on envoya les deux proconsuls qui attendaient leur triomphe l'un en Apulie (Metellus Creticus), l'autre en Étrurie (Quintus Marcius Rex), et l'on chargea du Bruttium Quintus, frère de Cicéron, qui était préteur désigné, et de la Cisalpine Caius Murena, frère de Lucius. De fait, Manlius provoqua le soulèvement à la date prévue et fut immédiatement déclaré ennemi public.

Quousque tandem...

Mais il fallut attendre encore quelques jours pour que se dévoile enfin la conjuration dans son ampleur. Dans la nuit du 6 au 7 novembre, Catilina réunit ses complices dans la demeure de Laeca, pour organiser les incendies et les massacres. Deux conjurés sont désignés pour aller égorger Cicéron chez lui, au matin. Celui-ci, prévenu par Fuluia, fait barricader sa demeure et convoque le Sénat au temple de Jupiter Stator. Catilina est présent. Le consul prend la parole : « Jusques à quand enfin, Catilina, abuseras-tu de notre patience ? » L'attaque frontale déstabilisa Catilina qui interrompit plusieurs fois le consul, mais qui, sous les huées des autres sénateurs, fut contraint de quitter la séance. Apparemment, il partait pour l'exil, ce qui explique que les sénateurs n'aient pas pris à son encontre de décision : il avait lui-même intérêt à faire croire qu'il s'exilait afin de rester maître de se rendre où il le désirait sans être arrêté, et parce que, dans l'ignorance où il était de la situation en Étrurie, il se ménageait ainsi une porte de sortie. Il usurpa donc les faisceaux consulaires et se rendit à Fiésole, au camp de Manlius. Lorsqu'on l'apprit, il fut déclaré ennemi public et Antonius fut chargé d'aller combattre les insurgés, tandis que Cicéron avait la responsabilité d'assurer la sécurité de Rome. Celui-ci avait réuni le peuple le 9 novembre pour justifier sa conduite et pour proférer des menaces à l'encontre des conspirateurs qui n'étaient point encore démasqués : « Quiconque bougera dans cette ville, quiconque sera pris je ne dis pas à exécuter mais seulement à vouloir ou bien à entreprendre quoi que ce soit contre la patrie, s'apercevra que Rome a des consuls vigilants, des magistrats remarquables, un Sénat énergique, des armes, une prison, enfin, qui, comme l'ont voulu nos pères, châtie l'impiété du crime quand il est avéré. »

Cedant arma togae

Il y a toute vraisemblance pour que le procès en corruption intenté à Murena par son rival malheureux, Seruius Sulpicius Rufus, qui s'était adjoint Caton pour mener l'accusation, soit venu devant les juges pendant ces temps troublés. Cicéron, qui considérait que c'était une faute politique que de risquer de n'avoir pas deux consuls au début de janvier, se chargea de la défense bien qu'il fût l'auteur de la plus récente loi réprimant ce délit. Il plaida après Hortensius et Crassus et fit preuve, dans ce discours, de beaucoup d'esprit et d'un opportunisme étonnant. Pour justifier que Murena, ce quasi-professionnel des armes, ait eu plus de titres à obtenir le consulat que le jurisconsulte qu'était Sulpicius, il s'ingénia à rapetisser les travaux intellectuels et, sur sa lancée, s'écria : « Il convient, j'en suis convaincu, Sulpicius, que le barreau cède aux camps, la vie de loisir au service de la guerre, la plume à l'épée, l'ombre au grand jour ; qu'enfin dans la cité on accorde le primat à l'art qui lui a conféré la primauté universelle ! » Pour un homme qui, quelques mois plus tard, devait écrire, dans un poème composé à la gloire de son propre consulat : « Que les armes le cèdent à la toge, que les lauriers le cèdent à l'éloge civil », cela ne manquait pas de sel et, d'ailleurs, ses ennemis ne manquèrent point de le lui reprocher. Mais il se livra aussi à une attaque en règle contre Caton dont il dressa un portrait caricatural : c'était le stoïcien qui, selon l'avocat, appliquait avec une raideur extrême tous les principes que lui avaient appris ses maîtres en philosophie : « [Pour lui,] toutes les fautes sont égales ; tout délit un horrible forfait. Le crime est aussi grand de tuer un coq sans nécessité que d'étrangler son père. » Caton, quand il eut entendu la plaidoirie, déclara simplement que Rome avait un consul bien plaisant. Mais le discours du consul se terminait sur un appel vibrant aux juges : il était important que, dans les dangers que courait l'État, il y eût deux consuls en charge au début de l'année. Murena fut acquitté.

C'est une imprudence des conjurés qui précipita leur perte à quelques jours de là. Des envoyés des Gaulois Allobroges étaient venus se plaindre au Sénat des exactions dont leur peuple était victime. À l'initiative de Lentulus, ils furent approchés par des complices de la conjuration qui leur firent miroiter l'indépendance et la remise de leurs dettes s'ils se joignaient à l'entreprise et fournissaient la cavalerie dont on avait besoin. Les Allobroges délibérèrent et considérèrent qu'il y avait sans doute plus de profit pour eux à en référer discrètement à l'autorité : on convint donc qu'ils demanderaient aux conjurés des documents écrits pour convaincre leurs concitoyens. Ayant obtenu les documents compromettants qu'ils attendaient, les Allobroges se mirent en route, au soir tombant, le 2 décembre, escortés d'un certain Volturcius et de quelques autres conjurés de second rang. Cicéron avait chargé deux préteurs d'arrêter tout ce beau monde au Pont Miluius, ce qui fut fait sans difficultés; puis il avait fait comparaître devant lui, en pleine nuit, les principaux meneurs, Lentulus, Cethegus, Statilius et Gabinius qu'il retint chez lui. Et le lendemain, devant un Sénat au grand complet dans le temple de la Concorde, on fit comparaître les Allobroges, Volturcius et les coupables. Il ne fut pas difficile de démêler le vrai du faux; tous avouèrent sauf Lentulus. Il protesta longuement de son innocence avant de s'effondrer devant les évidences: il fut démis de sa charge de préteur, dépouillé séance tenante de la toge prétexte et emprisonné chez Publius Lentulus Spinther, qui était alors édile. Les autres furent confiés à Quintus Cornificius (Cethegus), à César (Statilius) et à Crassus (Gabinius). Au total on sévissait contre neuf meneurs, les plus importants, que l'on eût pu mettre la main dessus ou qu'ils fussent en fuite. Deux jours après Cicéron réunissait le peuple pour lui rendre compte de ce qui s'était passé: il raconta par le menu l'affaire avec les Allobroges et dévoila le plan général de la conjuration; surtout il n'hésita pas à se comparer lui-même à un nouveau fondateur de Rome, un autre Romulus, lui qui avait su sauver la patrie d'une ruine assurée. Le discours fit l'effet prévu: le peuple de Rome n'était pas hostile, tant s'en fallait, au Roi des Gueux. Mais quand on lui eut expliqué que le personnage, pour parvenir à ses fins, voulait mettre le feu à la ville, c'est-à-dire à leurs maisons, et que, par ailleurs, il avait entrepris de s'allier aux ennemis les plus redoutables de Rome, les Gaulois, l'atmosphère changea et le consul fut applaudi.

Vixerunt Mais bien qu'ils fussent en état d'arrestation, les meneurs ne restèrent pas inactifs. Envoyant des messages à leurs familiers, ils tentèrent de provoquer un soulèvement. Ce que voyant Cicéron convoqua le Sénat pour décider de la peine à appliquer. Il exposa préalablement qu'il était urgent de fixer le sort de gens coupables de crimes inexpiables et qui étaient capables de causer encore bien du trouble. Puis il présenta la *relatio,* la question posée aux sénateurs: « Quels châtiments décidez-vous ? » Il les interrogea alors, un par un, dans l'ordre hiérarchique. Silanus, consul désigné, opina pour la peine de mort ainsi que tous ceux qui furent interrogés après lui, jusqu'à ce que l'on donne la parole à César. Celui-ci prononça un discours très modéré et très habile (il ne ménageait pas ses compliments au consul), concluant à l'illégalité de la peine de mort, et proposant en conséquence que les principaux coupables soient mis aux fers, chacun dans un municipe italien, et que l'on confisque leurs biens. Son intervention ébranla même les plus déterminés, à commencer par Silanus qui fit volte-face. À ce moment, Cicéron reprit la parole et prononça un discours, probablement plus modéré que celui qu'il avait tenu en début de séance, renouvelant son invitation à trancher le jour même, se disant prêt à exécuter la décision quelle qu'elle fût (parce que certains doutaient que l'on pût mettre à mort ces personnages sans créer de nouveaux troubles) et insistant sur le fait que les malfaisants n'étaient pas tous à Rome et que l'on en trouvait dans tous les municipes où les feux pourraient bien se rallumer à l'occasion. Mais ce fut Caton qui emporta l'adhésion en plaidant vigoureusement pour la mise à mort immédiate des coupables : il fut applaudi et l'on rédigea un sénatus-consulte en ce sens. À la sortie de la séance, les chevaliers qui escortaient Cicéron s'en prirent à César qu'ils menacèrent de leur poignard, et sa carrière aurait bien pu s'arrêter là si Cicéron n'avait fait un geste de dénégation. Le consul fit transférer les cinq prisonniers au Tullianum ; lui-même alla chercher Lentulus gardé dans une demeure du Palatin. La prison se trouvait à deux pas du Sénat et il lui fallait donc traverser le Forum où le peuple frissonnait, dit Plutarque, en voyant ce qui s'accomplissait. Le consul assista à l'exécution par étranglement. Il sortit, se dirigea vers les Rostres, y monta, attendit que se fasse le silence et déclara, simplement : « Ils ont vécu. » La formule glaça l'assistance qui resta muette quelque temps avant que n'éclatent des applaudissements et des acclamations et que se forme une véritable ovation. Quand il rentra chez lui, à la nuit tombée, escorté des plus illustres personnages, Rome s'illumina de toutes les torches que les citoyens accrochèrent aux façades de leurs demeures et de toutes les lampes que les femmes agitaient du haut de leur terrasse. C'était un véritable triomphe civil, aux flambeaux, et selon un itinéraire inverse de celui du triomphe ordinaire puisque, s'il empruntait la Via Sacra, c'était pour aller du Capitole au quartier des Carènes.

Quant à Catilina, quand on connut le sort de Lentulus et des autres, il fut abandonné par la plus grande partie de ses comparses qui voulaient bien faire main basse sur l'État, mais qui n'étaient pas prêts à risquer le lacet autour du cou. Il rassembla donc ce qui lui restait de forces armées et fit retraite sur Pistoia (une bourgade à quelques kilomètres au nord de Florence) avec l'intention de passer en Gaule transalpine. Mais Metellus, qui avait prévu la manœuvre, lui barrait le passage pendant qu'Antonius le poursuivait. Il se résolut à affronter Antonius, dont il espérait peut-être qu'il le laisserait passer ; mais celui-ci, se déclarant malade (une crise de goutte), confia le commandement des opérations à Marcus Petreius son légat, un vieux briscard qui connaissait par leur nom presque tous les vétérans qu'il avait sous ses ordres et qui leur inspirait la plus grande confiance. Il fallait cela parce que les catiliniens combattirent avec l'énergie du désespoir. Petreius et les siens tuèrent tout le monde. C'était le 5 janvier. Partout, en Italie, on poursuivit les complices et on réduisit toutes les tentatives de soulèvement.

S'il eut encore quelques éclats, le triomphe de Cicéron fut de courte durée. Bien sûr, Quintus Lutatius Catulus l'avait salué du titre de Père de la Patrie et Caton avait fait entériner ce titre par une assemblée populaire. Et puis on avait bien décrété des jours de supplications, ces journées particulières pendant lesquelles les temples restaient ouverts de façon que l'on puisse voir les statues des dieux. Mais toute opposition n'était pas éteinte. Cicéron devait, le dernier jour de décembre, prononcer le serment traditionnel attestant devant les dieux qu'il n'avait rien fait de contraire aux lois ; il avait bien l'intention de profiter de cette prise de parole publique, la dernière qui lui fût possible en qualité de consul, pour prononcer son propre éloge. Il en fut empêché par le tribun de la plèbe Metellus Nepos qui lui interdit de prononcer d'autres paroles que celles du serment et il dut se contenter de jurer qu'il avait sauvé la patrie et maintenu l'empire (ce qui, en effet, le dispensait de se parjurer, ce qu'il aurait fait s'il avait prononcé la formule rituelle disant qu'il avait agi conformément aux lois). L'opposition à Cicéron et à ceux qui le soutenaient avait, sans aucun doute, des contenus politiques, mais on doit reconnaître aussi que le personnage était vite devenu assez difficilement supportable :

> Étant alors très puissant dans l'État, Cicéron s'attira beaucoup d'inimitiés, non qu'il commît aucune mauvaise action, mais sa constante habitude de se louer et de se vanter indisposa beaucoup de gens. Il n'y avait aucune assemblée du Sénat ou du peuple, aucun tribunal où l'on ne dût entendre ressasser les noms de Catilina et de Lentulus. Il finit même par remplir de ses propres louanges ses livres et tous ses écrits, et si attrayants et pleins de charme que fussent ses discours, il les rendit ainsi pénibles et insupportables à ses auditeurs, cet aspect déplaisant étant toujours, comme une sorte de fatalité, inséparable de sa personne. (Plutarque, *Vie de Cicéron,* 24, 1-3.)

Cette suffisance dont il était gonflé lui fit d'ailleurs commettre des maladresses politiques, notamment en froissant Pompée auquel il avait envoyé un long compte rendu de ses actions d'éclats et qui avait répondu un peu froidement. Il n'hésita pas à lui écrire de nouveau, en avril 62 :

> Pour ne pas te laisser ignorer ce que j'ai regretté de ne pas trouver dans ta lettre, je vais te parler à cœur ouvert, comme l'exigent mon caractère et notre amitié. J'ai fait des choses au sujet desquelles je comptais trouver dans ta lettre, tant en raison de nos bons rapports qu'en considération du bien public, quelques félicitations ; j'explique ton silence par la crainte de froisser quelqu'un. Mais ce que j'ai fait pour le salut de la patrie, le monde entier, sache-le bien, l'approuve hautement. Quand tu reviendras, tu reconnaîtras dans ma conduite tant de sagesse et tant de courage que tu accepteras sans peine de nous voir, toi, bien plus grand que l'Africain, moi, qui ne suis pas trop inférieur à Laelius, associés dans la politique et dans l'amitié. (Cicéron, *Lettres familières,* 5, 7, 3.)

Pompée, qui méditait déjà son troisième triomphe, mais surtout qui voulait lui donner l'ampleur d'une cérémonie sur le monde entier, prit assez mal que ce parvenu, fils d'un bourgeois d'Arpinum, dont le seul titre de gloire était d'avoir réussi à faire sortir de Rome une bande de braillards, se désigne lui-même comme son mentor politique.

En attendant Pompée

Pompée avait d'ailleurs, dans Rome, des appuis qui n'étaient pas décidés à laisser le champ libre à l'orateur. Le tribun Metellus Nepos, appuyé par César, fit afficher une loi demandant le retour immédiat du grand *imperator* avec toutes ses troupes pour assurer la sécurité de la Ville et de l'Italie. Caton qui, lui aussi, était tribun (on dit même qu'il n'avait brigué cette magistrature que lorsqu'il avait appris que Nepos était candidat, parce qu'il prévoyait les désordres dont il serait le moteur), s'opposa vigoureusement au projet lors d'une séance au Sénat. Les débats entre les deux hommes furent violents et les sénateurs ne décidèrent rien. Metellus convoqua alors une assemblée du peuple au Forum. Il s'était installé avec César sur le podium du temple des Castors, qui, orné de rostres, lui aussi, pouvait servir de tribune pour les assemblées populaires. Les consuls étaient présents. Apparemment Metellus avait parsemé la foule de gens à lui, dont certains étaient armés. Caton, avec son collègue Quintus Minucius Thermus, se présenta et se fraya, non sans mal, un chemin jusqu'à cette tribune où il fit installer son siège entre César et Metellus. Comme ce dernier avait invité le crieur public à lire le texte de la proposition, Caton intima à ce dernier l'ordre de se taire. Metellus ne se démonta pas et en entreprit lui-même la lecture. Caton lui arracha la tablette des mains, mais Metellus, qui connaissait son texte par cœur, en entreprit la récitation : il fallut que Thermus lui mette la main sur la bouche pour l'empêcher de continuer. Le désordre dans l'assemblée populaire était indescriptible ; des pierres, des bâtons volaient, notamment en direction de Caton que le consul Murena protégea en se plaçant devant lui. Caton tint bon. Tout le monde hurlait, mais les partisans de Caton, craignant les armes de leurs adversaires, commencèrent à quitter le Forum. Voyant cela, Metellus crut qu'il lui était possible de reprendre la procédure de lecture et de vote et il fit signe à ses hommes de se disperser : mais ceux qui avaient quitté le Forum, apprenant que les choses n'étaient pas terminées, revinrent alors en force et Metellus, qui craignait qu'ils n'aient trouvé entre-temps des armes et qui redoutait un bain de sang, fut contraint de renoncer à son projet. Caton assura sa victoire en haranguant le peuple pour l'inciter à résister à tous ceux qui créaient les conditions d'une nouvelle guerre civile. Le Sénat, réuni à nouveau, prit le deuil et vota un sénatus-consulte enjoignant aux consuls de veiller au salut de l'État. C'était à nouveau le sénatus-consulte ultime qui disposait, à titre conservatoire, la suspension des pouvoirs de Nepos et de César. Metellus Nepos prit peur et, après avoir encore harangué la foule, partit précipitamment rejoindre Pompée, bien qu'il fût interdit à un tribun de passer une nuit hors de la ville. On en resta là, avec lui, et, dans un geste d'apaisement, Caton s'opposa à ce que l'on prenne des sanctions à son encontre.

César, qui avait reculé dès qu'il avait vu la tournure que prenaient les affaires et qui s'était vu réintégré dans ses fonctions, continuait à travailler pour lui. Il voulait faire comparaître Catulus, qui venait de réceptionner les travaux du temple de Jupiter Capitolin, pour qu'il rende des comptes sur l'utilisation qu'il avait faite des deniers publics dans cette affaire. Son objectif était d'empêcher que son nom ne figure au fronton de ce temple comme celui de l'auteur des travaux, pour en transférer la responsabilité à Pompée, puisque certaines parties n'étaient point encore achevées, ce sans doute moins pour faire plaisir à Pompée que pour flatter le peuple qui, pour l'heure, le considérait comme un héros national. Mais devant l'opposition unanime du Sénat, César avait, une fois encore, fait machine arrière. En réponse et pour faire pièce à ce qu'il estimait être une agitation démagogique, Caton proposa au Sénat une mesure qui devait coûter cher à l'État (mais après tout les revenus que l'on attendait des conquêtes de Pompée rendaient la chose possible) : doubler le nombre des bénéficiaires des ventes mensuelles de blé à prix réduit, pour y intégrer toutes les petites gens d'installation récente et qui, pour l'heure, ne pouvant en bénéficier, constituaient une clientèle idéale pour César. Le Sénat suivit cet avis et la mesure eut l'effet apaisant que l'on prévoyait.

Quant à Cicéron, il attendait le retour de Pompée dont il escomptait utiliser à son profit la popularité. Il avait bon espoir de lui faire accomplir ce qu'il voulait, doutant fort des capacités politiques du grand homme. En attendant, il s'était installé dans son nouveau rôle de consulaire glorieux, persuadé qu'il avait réussi à réaliser son projet de réhabiliter le Sénat, de réconcilier les ordres de l'État et de solidifier l'alliance de tous les gens de biens, les *boni.* Il assurait en quelque sorte ce projet en témoignant à plusieurs reprises contre les complices de Catilina, à l'encontre desquels des procédures judiciaires étaient en cours dans ces premiers mois de l'année. En particulier, il avait contribué à faire condamner Publius Autronius. Mais contre toute attente, lorsque vint le procès de Publius Sylla, alors que tout le monde pensait le voir témoigner à charge, il accepta la défense, avec Hortensius. Les raisons qui expliquent ce revirement sont sans doute complexes. Mais il en est au moins une qui transparaît à la lecture de la plaidoirie telle qu'elle nous a été conservée, et qui est l'angoisse que le consul commençait à ressentir devant les attaques de ses ennemis : ils lui reprochaient d'avoir fait périr des citoyens romains sans jugement et donc sans possibilité, pour eux, d'interjeter appel. Or ce droit de *prouocatio* était constitutif du droit civique et donc une accusation de ce genre, si elle se formalisait, était d'une extrême gravité. Comme, dans le même temps, il se sentait abandonné par certains de ceux qui l'avaient soutenu lors des événements, il se trouvait devant la nécessité de se défendre. C'est pourquoi, laissant à Hortensius le soin de réfuter les accusations, il se livra à un vibrant plaidoyer pour lui-même et amena les juges à décider l'acquittement de cet aventurier qui ne lui en témoigna aucune reconnaissance : il devait le retrouver partout au nombre de ses adversaires politiques. À cela on ajoutera que Cicéron était sur le point d'acquérir de Crassus, sur le Palatin, une splendide demeure : elle était, disait-il, digne de son rang et coûta, en effet, trois millions et demi de sesterces. Or il obtint, pour cette acquisition, un prêt de deux millions de Publius Sylla. Même si cela se pratiquait couramment, il était légalement interdit et jugé immoral qu'un avocat se fasse payer la défense qu'il assurait d'un accusé. On ne manqua pas d'en faire le reproche à Cicéron qui eut des réponses embarrassées. Il commença par nier avoir reçu cet argent en disant : « Qu'il soit vrai que j'ai reçu de l'argent si j'achète une maison. » Mais comme il l'avait achetée et qu'en plein Sénat on lui faisait le reproche d'avoir menti en affirmant qu'il n'avait pas l'intention de se porter acquéreur d'une luxueuse *domus*, il répondit : « Vous n'avez pas le sens commun vous qui ignorez qu'un père de famille sage et prudent ne dit jamais qu'il va acheter une maison pour ne pas en faire monter le prix. » Même affaibli politiquement, il restait un redoutable adversaire, avec un sens très avivé de la repartie : comme, en cette année, il avait été plusieurs fois pris à partie au Sénat par Metellus Nepos qui, tout bouffi de la gloire de sa famille, lui demandait qui donc était son père, le consulaire répondit : « À toi ta mère a rendu la réponse plus difficile que la mienne ne l'a fait pour moi ! »

Bona Dea

Mais cette verve dont il ne sut jamais faire l'économie, au point de risquer de se fâcher avec des proches plutôt que de manquer un bon mot, ne devait en tout cas pas suffire à assurer la pérennité d'un projet politique violemment contesté par des adversaires déterminés et battu en brèche par ceux-là mêmes qui avaient donné le sentiment d'y adhérer. Le scandale religieux qui éclata le dernier mois de cette année en témoigna. Dans la nuit du 4 au 5 décembre, les femmes – toutes les femmes depuis les matrones, puisque c'était Aurelia, la mère de César, qui y présidait, jusqu'aux esclaves en passant bien sûr par les Vestales – célébraient le culte de Bona Dea, dans la demeure d'un magistrat à *imperium* d'où tous les hommes étaient exclus. L'année précédente, la cérémonie s'était déroulée dans la demeure du consul Cicéron et c'était donc Terentia, son épouse, qui y avait présidé. Plutarque raconte même qu'en cette occasion, alors que Cicéron était chez l'un de ses amis, méditant sur le sort à réserver aux conjurés, Terentia était venue lui annoncer qu'à la fin de la cérémonie, une grande flamme avait jailli d'un feu éteint et que les Vestales avaient interprété ce signe comme un encouragement au consul à persévérer dans la répression de la conjuration. En 62, les rites étaient accomplis dans la demeure officielle de César qui était à la fois préteur et Grand Pontife. Comme il s'agissait d'une cérémonie secrète et dont les Anciens n'ont guère parlé, sauf à propos du scandale dont elle fut l'occasion cette année-là, on n'en connaît pas précisément les rites. On sait qu'elle marquait un moment important dans le calendrier religieux de la cité puisqu'elle était célébrée « pour le salut du peuple romain ». En analysant les mythes qui la fondent on peut tenter d'en comprendre la signification. L'histoire de Bona Dea est liée à celle d'Hercule à qui un culte est voué à l'Ara Maxima au Forum Boarium : or ce culte était exclusif des femmes. Mais cette exclusion réciproque n'était pas négation. C'était en cela que le culte de Mithra, par exemple, introduit à cette époque en Italie par les pirates ciliciens que Pompée y avait établis, était « étranger » dans la mesure où, représentant une réalité idéale, il niait purement et simplement tout statut à la féminité, Mithra lui-même étant né d'un rocher. La religion romaine, elle, avait à faire avec la société telle qu'elle était et à l'intérieur de laquelle elle traçait des limites et constituait des catégories. Dans le cas de la fête de Bona Dea, le fait qu'elle se déroule dans la maison d'un magistrat supérieur, et non dans le temple, témoigne assez de la présence symbolique de l'univers mâle. Et même si tous les objets qui rappelaient les hommes dans la maison, notamment les portraits des ancêtres, les bustes et les statues, devaient être voilés, l'univers propre aux rites n'excluait pas absolument la masculinité. Elle l'excluait d'autant moins que le vin (caractéristique de la sphère mâle, puisqu'en principe les femmes n'avaient pas droit d'en boire) était utilisé au cours de la cérémonie, mais qu'on lui donnait le nom de lait (lié à la féminité entre autres parce qu'il représente la semence féminine qui détermine l'avenir du nourrisson) et qu'on le servait dans une jarre appelée pot à miel et couverte d'un voile. Or on sait que le miel représente la chasteté dans le mariage, comme en témoigne la mésaventure d'Aristée qui perdit ses abeilles pour avoir désiré Eurydice. À ne s'en tenir qu'à ces quelques éléments, et à la comparaison avec d'autres fêtes, comme celle des Parilia en l'honneur de Cérès au cours de laquelle un berger faisait libation d'un mélange de lait et de vin dans un contexte de fertilité, la fête de la Bona Dea était à la fois l'affirmation de l'opposition entre mâles et femelles comme deux polarités contradictoires dont la convergence devait être rituellement médiatisée; mais deux éléments opposés dans un contexte commun et interdépendants pour le plus grand bien de la société humaine.

La transgression

Même si l'on peut penser qu'un certain nombre des hommes au pouvoir n'accordaient plus qu'une valeur relative aux rituels de la religion officielle, il ne faut pas sous-estimer l'ampleur du scandale qu'avait soulevé la pollution de la cérémonie par la présence d'un homme et n'y voir qu'un vaudeville sans conséquence. Une certaine Habra, servante de Pompeia, l'épouse de César, avait ouvert la porte à une cithariste qui était attendue et l'avait laissée dans une pièce, le temps d'aller prévenir sa maîtresse. Mais la cithariste en question, impatiente, commença à déambuler dans la demeure jusqu'au moment où elle se trouva en présence de l'une des officiantes qui lui demanda de jouer de son instrument. Devant le silence et l'immobilité de la musicienne, l'officiante lui demanda ce qu'elle faisait là et s'entendit répondre par une voix, qui ne pouvait être que celle d'un homme, qu'elle attendait Pompeia. Ce fut d'abord l'horreur, avant de devenir le scandale. Toutes les femmes se mirent à crier qu'il y avait un homme et Aurelia donna ordre de voiler immédiatement les objets sacrés et de faire barricader toutes les issues. On partit alors à la recherche de l'intrus que l'on dénicha dans la chambre d'Habra et on le reconnut: c'était Clodius (Publius Claudius Pulcher, mais on disait qu'il orthographiait lui-même son nom avec un « o » plutôt qu'avec la diphtongue, par populisme, pour se démarquer de sa famille de vieille noblesse patricienne). Il était déjà bien connu comme un agitateur dépourvu de scrupules et devait entrer dans ses fonctions de questeur au matin de cette nuit agitée. Sa présence dans la maison s'expliquait simplement, selon certains, par la liaison qu'il entretenait avec Pompeia ; mais on peut penser aussi qu'il y avait chez lui un goût de la transgression et que son désir de la jeune femme s'augmentait de l'insolite de la situation.

Outre sa gravité religieuse, l'affaire présentait sur le plan politique bien des risques. On ne savait pas ce que ferait Crassus, mais César était concerné à la fois comme époux de Pompeia et comme Grand Pontife ; Pompée, qui avait débarqué à Brindes et y avait licencié son armée (en demandant à ses soldats de se tenir prêts pour les festivités de son retour à Rome), venait tout juste de parvenir aux abords de la Ville à l'extérieur de laquelle il devait attendre de pouvoir célébrer son triomphe ; il avait des liens avec Clodius dont il avait utilisé les services pour déstabiliser Lucullus en Orient mais, en même temps, il ne devait froisser personne de façon à obtenir la ratification de ses actes ; quant à Lucullus, il tenait là l'occasion de régler ses comptes et il n'allait pas la laisser passer, mais mobiliserait tous ses obligés. À cela s'ajoutait que les Claudii seraient sans doute solidaires ; or ils constituaient une famille puissante qui avait des liens dans toute l'aristocratie. Quant à Clodius lui-même, tout jeune qu'il fût, il était déjà redoutable en ce qu'il était capable de mobiliser des bandes prêtes à tout, dans la plèbe qu'il avait commencé à « quadriller » en se servant des collèges professionnels et religieux. Dans un premier temps, il sembla qu'il était urgent de ne rien faire, parce que les consuls de l'année, qui n'avaient plus le pouvoir que pour quelques jours, n'avaient guère de goût pour la difficulté et parce que l'on ne voyait pas bien de quelle genre de poursuite pouvait relever un « crime » comme celui-là. Marcus Pupius Piso et Marcus Valerius Messalla, les nouveaux consuls, qui devaient faire un rapport au Sénat sur les affaires religieuses au 1er janvier, ne soufflèrent mot de l'affaire, ni aucun des consulaires qui eurent à s'exprimer sur le sujet. Il fallut attendre que l'ancien préteur, Quintus Cornificius, rappelle qu'il y avait eu un scandale pour que l'on se décide à en parler : on fit ce qu'il fallait, on demanda un rapport aux prêtres compétents, Pontifes (et, bien sûr, Vestales) et XVuirs. Comme l'on pouvait s'y attendre, les prêtres confirmèrent qu'il y avait bien eu *nefas* et ils ordonnèrent une *instauratio*, c'est-à-dire une reprise de la cérémonie, considérant que celle que les Vestales avaient ordonnée, tout de suite après l'expulsion de l'intrus, n'était pas suffisante. Cela ne résolvait pas la question de la qualification pénale du crime commis par Clodius. On décida que ce serait l'*incestus* : on sait que cette imputation recouvrait l'inceste au sens moderne du terme et la rupture du vœu de chasteté des Vestales, en d'autres termes la transgression du tabou dans la sphère de l'humain, comme dans celle du divin : polluer la cérémonie qui réaffirmait à la fois l'existence des catégories fondatrices et les conditions de leur rencontre et de leur coexistence constituait bien une transgression du tabou, en dehors même de tout acte sexuel.

Il fallait instituer un tribunal spécial car il n'était pas question de déférer la cause devant le Pontifex Maximus, César. Et puis on avait désormais accoutumé d'instituer des *quaestiones*, des tribunaux spécialisés dans chaque type de délit. Les consuls furent donc chargés de proposer au vote du peuple un texte instituant ce nouveau tribunal et suspendant momentanément les protections juridiques dont Clodius pouvait bénéficier au titre de la magistrature qu'il exerçait. Les consuls affichèrent le projet. Cet affichage, condition requise pour organiser le vote, devait durer vingt-quatre jours, ce qui correspond à trois fois l'intervalle entre les marchés (*trinum nundinum*) qui se tenaient tous les neufs jours. Bien sûr ce temps fut mis à profit par Clodius et ses amis, notamment le tribun Fufius Calenus, un proche de César, pour susciter l'agitation de la plèbe. D'autres, le consul Piso ou le censeur Caius Scribonius Curio à qui Clodius avait confié sa défense, tentaient de convaincre les sénateurs les plus modérés qu'il n'y avait point matière à poursuites. Le dernier jour de janvier, pourtant, le peuple fut réuni en *contio* et entendit les discours du consul Piso et de Calenus, tous deux hostiles à la loi. Puis, une fois que le consul eut pris les auspices, l'assemblée fut transformée en comices tributes pour les opérations de vote. Les bandes de Clodius occupaient les « ponts », ces passages où défilaient les votants un par un, une fois qu'on leur avait remis les tablettes de vote : il fallait contrôler les opérations et empêcher les adversaires de voir ce qui se passait. Malgré tout, les ennemis de Clodius s'aperçurent bien vite que les scrutateurs ne remettaient aux citoyens que des tablettes exprimant le refus. Ce que voyant, Caton, qui n'était revêtu d'aucune magistrature et qui, en tout état de cause, n'avait aucun droit à cela, bondit sur la tribune, prit la parole et réussit avec quelques autres, dont Hortensius, à faire interrompre le vote. La séance du Sénat qui suivit fut particulièrement houleuse, l'ensemble des sénateurs semblant faire corps contre Piso, Calenus et Clodius. On décida, ce jour-là, que toutes les affaires seraient suspendues (notamment l'attribution des provinces) tant que l'on ne serait pas parvenu à voter le texte. À partir de là, les choses semblèrent s'arranger. Hortensius et Calenus trouvèrent un accommodement : les membres du jury ne seraient pas désignés par le Sénat, comme le prévoyait le texte des consuls, mais tirés au sort sur les trois listes (celles des sénateurs, des chevaliers et des tribuns du trésor) avec la possibilité, pour la défense, de récuser certains d'entre eux. C'est donc Fufius Calenus lui-même qui présenta cette nouvelle mouture ; elle fut adoptée par le peuple à la mi-mars. Le procès pourrait commencer après que l'on aurait mené l'enquête nécessaire, en soumettant les esclaves à la question, notamment Habra qui avait introduit le coupable dans la maison. Clodius, lui, avait envoyé au bout du monde, pour régler des affaires urgentes, ceux de ses esclaves qui auraient pu être torturés de cette façon.

L'accusation était menée par quatre personnages, dont trois appartenaient à la même gens : Lucius Cornelius Lentulus Crus était l'accusateur principal et ses « souscripteurs » étaient Lucius Cornelius Lentulus Niger, Cneius Cornelius Lentulus Marcellinus et Caius Fannius, mais ce qui comptait c'était sans doute moins la parenté (et par conséquent l'esprit de vengeance que l'on en déduit des Lentuli sur la famille des Claudii) que le fait qu'ils appartenaient à des collèges sacerdotaux différents. Ces quatre hommes s'attachèrent à montrer, dans leurs discours d'accusation, que la vie qu'avait menée Clodius jusqu'à ce 4 décembre 62 n'était qu'une longue préparation au sacrilège. Et pour ce qui était de l'*incestus,* ils commencèrent par rappeler que Clodius l'avait déjà commis auparavant : tout le monde disait à Rome que l'accusé avait entretenu des relations incestueuses avec au moins l'une de ses trois sœurs, notamment Claudia Luculli, l'épouse que Lucullus avait dû répudier pour cette raison. Plus connu encore semble avoir été l'inceste commis avec une autre de ses sœurs, l'épouse de Metellus Celer : le poète Catulle, qui était son amant, se lamente dans une épigramme sur le fait que sa maîtresse (qu'il nomme Lesbie) lui préfère Lesbius parce qu'il est beau (Pulcher, *cognomen* de la famille). Et c'est à propos d'elle que Cicéron eut cette plaisanterie douteuse, quelques mois plus tard : Clodius, se plaignant qu'elle ne lui laisse que peu de places réservées aux combats de gladiateurs que faisait donner son consul de mari, avait dit à Cicéron, en aparté, au Sénat : « Ma sœur, qui dispose d'une si belle longueur de place dans l'espace réservé au consul, ne m'en donne pas plus d'un pied ! – Elle ne t'abandonne qu'un pied ? répondit Cicéron. Allons donc ! tu sais que tu peux lui faire lever le second. »

La femme de César

Mais comme il n'était pas question de mettre en cause Metellus Celer, on épargna cette jeune personne et l'on concentra toutes les attaques sur l'ancienne épouse de Lucullus, qui lui-même vint témoigner en ce sens. Mais on chargea aussi Clodius des crimes de *seditio*, pour l'attitude qu'il avait eue dans l'armée d'Asie, de corruption électorale, de faux (en matière testamentaire) et de parjure. La défense était simple : Clodius niait tout en bloc et, d'ailleurs, il avait un témoin qui affirmait qu'il était, cette nuit-là, loin de Rome, dans la maison d'un honorable chevalier, à Interamna. Après les plaidoiries, venaient les témoignages. Celui des Vestales et d'Aurelia, bien sûr, qui exposèrent les faits (Pompeia elle-même ne fut point citée parce qu'elle apparaissait davantage comme une complice que comme un témoin) ; mais celui de César, aussi. Il déclara ne rien savoir d'autre que ce qui s'était déjà dit. L'accusateur, s'irritant de cette attitude, lui demanda pourquoi, s'il ne savait rien, il avait répudié Pompeia. « Parce que la femme de César ne doit pas même être soupçonnée. » Et puis les témoins de l'accusation dont les dépositions furent l'objet d'incidents, d'insultes, de menaces venant du public que Clodius avait réquisitionné ; ce fut au point que les juges demandèrent et obtinrent une garde armée. Lucullus affirma avoir acquis la certitude de l'inceste de Claudia avec son frère en ayant soumis certains de ses esclaves à la question. Quant à Cicéron, qui avait été accueilli par des hurlements et que les juges, qui s'étaient levés, entourèrent pour le protéger, il fit une déposition très modérée, mais ruina l'alibi de Clodius en affirmant que celui-ci était venu le trouver, en fin d'après-midi, le 4 décembre, pour lui demander de figurer au cortège de sa prise de fonctions de questeur, le lendemain. Ce témoignage était déterminant et l'on glosa à Rome sur la rapidité exceptionnelle de ce questeur capable de parcourir quelque cent trente kilomètres en moins de trois heures.

La cause semblait entendue et le président ajourna le procès à deux jours. C'est pendant ce temps que Clodius, dans la maison de Crassus, entreprit la corruption systématique des juges. L'accusé y mit tous ses biens, Crassus prêta le reste. Pour une somme totale d'environ dix à douze millions de sesterces, Clodius fut acquitté par trente et une voix contre vingt-cinq.

Ce procès avait cruellement mis en évidence la dégradation morale de la classe politique, mais il avait aussi contribué à scléroser les attitudes. Jusqu'alors, il y avait un jeu subtil qui s'exerçait, par l'intermédiaire d'un groupe de modérés, à géométrie variable, certes, mais à poids à peu près constant, entre les conservateurs, les tenants de l'ordre établi (en particulier par Sylla) et que l'on désignait du nom générique d'*optimates*, et ceux qui, s'appuyant sur le peuple, avaient pris le nom de *populares* et contestaient le fonctionnement des institutions et notamment la primauté du Sénat. Après le procès, il y eut une sorte de concrétion de deux groupes antagonistes : c'est le procès lui-même qui, sans doute, fit de Clodius ce qu'il devint, un redoutable agitateur au service d'une politique révolutionnaire ; et c'est ce procès aussi qui rejeta définitivement Cicéron dans le camp des conservateurs purs et durs. À cela s'ajouta que Caton, que scandalisait l'acquittement, s'était mis en tête de faire passer une loi autorisant les poursuites judiciaires pour corruption contre les membres des jurys appartenant à l'ordre équestre (jusqu'alors, seuls les jurés sénatoriaux en étaient passibles), ce qui provoqua un vif mécontentement chez les chevaliers, que Caton continua d'humilier en s'opposant à ce que l'on revienne sur les marchés de la ferme d'Asie : les censeurs, avaient normalement affermé les revenus de cette province, mais les enchères étaient monté si haut que, bien vite, les sociétés de publicains qui en avaient été désignées adjudicataires demandèrent une révision du contrat. C'est contre cette mesure que Caton, mais aussi Metellus Celer, se battirent, aliénant encore davantage au Sénat l'ordre équestre dont on sait bien qu'il avait des liens étroits avec ces milieux d'affaires. Cicéron était conscient de cette détérioration de la situation politique, qui écrivit à son ami Atticus : « Ainsi l'année qui vient de s'écouler a ruiné les deux soutiens de la République que j'avais, seul, élevés : elle a jeté bas l'autorité du Sénat et rompu l'accord des deux ordres. »

En attendant César

En tout cas, les magistrats purent partir pour leur province : César en Espagne ultérieure, tandis que Lucius Marcius Philippus prenait la Syrie prévue d'abord pour Pupius Piso. Celui-ci fut ainsi châtié pour sa conduite. Clodius avait espéré, lui aussi, être en Syrie ; il dut se contenter de la Sicile beaucoup moins apte à satisfaire ses énormes besoins d'argent. Quant à Quintus Cicéron, il était proconsul d'Asie. Mais ce qui marqua surtout cette année, ce fut, bien sûr, le triomphe de

Pompée, les 28 et 29 septembre. C'était son troisième triomphe : le premier avait été célébré sur l'Afrique, le deuxième sur l'Espagne, celui-ci l'était sur l'Asie. C'était donc bien le monde entier qui avait été le théâtre de ses exploits. Pourtant le grand homme dut se rendre compte assez vite que sa gloire ne lui rendrait pas tout possible : au Sénat, il avait de bons ennemis, notamment Lucullus, qui ne lui pardonnait pas de l'avoir évincé par des procédés malhonnêtes et d'avoir annulé presque toutes les dispositions qu'il avait prises. Pompée se heurta donc à une opposition déterminée lorsqu'il voulut faire ratifier en bloc l'ensemble de ses actes, comme il l'aurait souhaité ; et il ne réussit pas à faire passer la loi agraire qu'il souhaitait afin d'installer ses vétérans. Le conflit entre le tribun qui soutenait les projets de Pompée, Lucius Flauius, et le consul Metellus Celer alla jusqu'au blocage institutionnel. Le tribun, pour venir à bout de l'opposition du consul, le fit emprisonner. Celui-ci se laissa enfermer, mais convoqua le Sénat dans sa prison, ce que voyant, Flauius fit installer son siège devant l'entrée. Metellus fit alors percer une brèche dans le mur de la prison, pour en permettre l'entrée. On en était là lorsque Pompée, craignant que le peuple ne prenne fait et cause pour le consul, obtint du tribun la libération de Metellus Celer. Mais Flauius empêcha celui-ci de partir, à la fin de l'année, pour la province qui lui était échue, la Gaule transalpine, où l'on commençait à craindre des soulèvements de Gaulois. Les institutions semblaient paralysées et il n'y avait aucune autorité politique qui s'imposât. À en croire Cicéron, d'ailleurs, ce brave Pompée était bien une nullité politique : « On chercherait en vain un véritable homme d'État, son ombre même. Quelqu'un aurait pu l'être, mon ami Pompée [...] ; mais il se contente de protéger, en gardant un prudent silence, sa belle petite toge dorée. »

De son côté, dès son retour de Sicile, Clodius avait repris son agitation, attaquant tous ceux qui avaient cherché à le faire condamner, en particulier Cicéron et son entourage, notamment la vestale Fabia, demi-sœur de son épouse. Il voulait désormais devenir tribun de la plèbe. Mais il lui fallut bien se rendre à l'évidence : la magistrature était interdite aux patriciens et c'était un interdit que personne ne le laisserait transgresser. Il se mit alors en tête de passer à la plèbe par adoption. Là encore, il se heurta à une opposition déterminée des membres les plus conservateurs du Sénat. Mais la décision n'était pas dans leurs mains : elle était dans celles du Grand Pontife qui, apparemment, n'avait pas l'intention de favoriser cette manœuvre. Il faut dire que César avait d'autres choses en tête : il avait quitté précipitamment sa province (avant même l'arrivée de son successeur) pour se trouver à Rome au moment des comices consulaires, devant lesquels il comptait présenter sa candidature. Il avait bien hésité un instant pour savoir s'il resterait au Champ de Mars pour attendre son triomphe, justifié au demeurant, compte tenu de son efficacité en Lusitanie. À cette fin, il avait demandé au Sénat l'autorisation de se porter candidat en étant absent. Il se heurta à l'opposition de Caton qui, pour empêcher une décision en ce sens, monopolisa la parole pendant des heures, si bien qu'il jugea plus prudent de renoncer à un honneur qui risquait de le paralyser, entra dans Rome, posa sa candidature et se fit élire consul, avec l'appui de Pompée. Puis il entreprit, avant son entrée en fonctions, une démarche diplomatique qui aboutit à une réconciliation entre Pompée et Crassus et à quelque chose qu'il faut bien qualifier d'entente illicite entre les trois hommes pour se débarrasser des oppositions du Sénat. Entente qui fut d'ailleurs renforcée par le mariage de Pompée avec Iulia, fille de César. Lorsque l'on comprit, dans les milieux sénatoriaux, que les trois hommes avaient conclu ce pacte, il était trop tard et l'on ne sait si la crainte de voir un triumvirat faire main basse sur la République fut plus forte que le désappointement de n'avoir pas été prévenu de ce qui se tramait et de n'avoir pas été compris dans le partage.

CHAPITRE XIX

Les chemins vers la dictature

par Jean-Michel RODDAZ

La guerre, dis-tu, plutôt que l'esclavage ! À quelles fins ? En cas de défaite, la proscription, en cas de victoire, l'esclavage tout de même ! (Cicéron, *Lettre à Atticus* du 26 décembre 50.)

Polybe, moins d'un siècle auparavant, avait prédit que l'admirable constitution mixte de la Rome républicaine viendrait éventuellement à sa fin, dans une compétition démagogique, quand la rivalité pour les postes deviendrait trop féroce et produirait l'agitation du peuple qui inévitablement conduirait à la monarchie ; il suffit de le relire : César

> Quand la démocratie passe aux mains des petits-enfants de ses fondateurs, alors l'accoutumance réduit l'importance qu'on porte à l'égalité et à la liberté civique ; le but, c'est de l'emporter sur la masse : les plus riches donnent surtout dans ces sentiments. En outre, lorsque les gens commencent à se passionner pour le pouvoir sans arriver à l'obtenir par eux-mêmes et grâce à leur valeur personnelle, ils dissipent leur patrimoine, en employant tous les moyens pour appâter et corrompre les masses. En conséquence, une fois que, sous l'empire de cette soif insensée de gloire, ils ont rendu le peuple vénal et assoiffé de cadeaux, c'est désormais le tour du système démocratique d'être détruit, et l'on passe de la démocratie au régime de la violence et de la force brutale. Car ainsi habitué à dévorer le bien d'autrui et à compter pour vivre sur les ressources du voisin, quand le peuple se trouve un chef fier et entreprenant que sa pauvreté exclut des honneurs publics, alors il se rassemble, il massacre, il proscrit, il redistribue les terres jusqu'à ce qu'il retombe au niveau de la bête féroce et retrouve un maître et un monarque. (Polybe, V6, 9, 5-9.)

On retrouve dans ce texte tragiquement prophétique tous les éléments de la crise qui provoqua la fin de la République. Pourtant, au lendemain du consulat de Crassus et de Pompée, au début des années 60, la situation politique à Rome paraissait s'être stabilisée : le signe le plus symbolique en était l'accomplissement jusqu'à son terme du premier *lustrum* depuis seize ans, qui avait notamment permis de clore légalement la crise italienne par l'intégration réelle des Italiens dans la cité. Le corps des citoyens s'en trouvait doublé. Certes, l'ordre instauré par Sylla avait été battu en brèche, mais le parti des *optimates* gardait une main ferme sur le contrôle de l'État ; son chef, le fils de l'ancien rival de Marius, Catulus, dont les qualités personnelles et l'autorité étaient incontestées, s'imposait par son prestige à la majorité sénatoriale, tandis que l'un de ses autres leaders, Lucius Licinius Lucullus, ancien fidèle de Sylla, disposait de l'armée la plus importante pour conduire la guerre contre Mithridate. Très vite, cependant, cette apparente stabilité fut brisée ; la place prédominante occupée par Pompée, son ambition personnelle et son appétit de gloire l'avaient conduit à favoriser le rôle des tribuns, amoindri par les règlements syllaniens ; les conséquences ne se firent pas attendre : dès 69, l'antagonisme entre les tribuns de la plèbe, soutenus par Pompée et qui présentaient des projets de loi inspirés du programme des *populares*, et la majorité sénatoriale reprit, se cristallisant bien vite sur les questions de l'octroi de commandements extraordinaires à Pompée, et du rappel de Lucullus, dans un contexte de corruption aggravé par la fraude électorale et la difficulté à tenir les élections.

Le trouble de l'atmosphère fut accentué par les conjurations qui facilitèrent sans doute l'émergence de personnalités politiques comme César ; pendant l'exercice de sa questure dans la province d'Espagne ultérieure, il s'était rendu à Gades où, devant la statue d'Alexandre, près du temple d'Hercule, il s'était lamenté sur son sort en évoquant la destinée du héros macédonien qui avait déjà conquis le monde à un âge (trente-deux ans) où lui-même n'avait encore rien fait. En 62, il avait revêtu la préture et était parti à la fin de cette année-là pour cette même province, dans les conditions que l'on sait. Il fit campagne en Lusitanie et dans le nord-ouest, étendit la domination romaine jusqu'à la Galice déjà occupée. Ses troupes l'acclamèrent *imperator* et le Sénat décida de lui accorder le triomphe : il avait pour la première fois fait la preuve de ses qualités militaires et s'était considérablement enrichi, tout en ne négligeant pas de conforter sa clientèle. Au printemps de 60, il rentra à Rome en toute hâte, sans attendre l'arrivée de son successeur, avec l'intention de célébrer le triomphe qu'on lui avait décerné et de se présenter au consulat ; ses adversaires ne le lui permirent pas. Pour être candidat, César devait franchir le *pomerium*, car ses ennemis refusèrent de l'autoriser à se présenter à la magistrature *in absentia* et Caton fut celui qui se montra le plus déterminé dans son opposition.

> Il était dans les faubourgs de Rome, en train de régler les préparatifs du défilé, pour lui donner le plus grand éclat, quand arrivèrent les jours où se déposaient les candidatures au consulat ; et la présence du candidat était obligatoire : mais, s'il entrait, il

ne lui était plus possible de revenir pour le triomphe. César, qui convoitait fort cette charge et qui n'avait pas fini de préparer le défilé, envoya une délégation au Sénat pour lui demander l'autorisation de déposer sa candidature sans être présent, par l'intermédiaire d'amis : il savait bien que c'était illégal, mais cela s'était déjà produit pour d'autres aussi. Comme Caton cependant la lui refusait et faisait traîner en palabres, le dernier jour des candidatures, César se précipita, sacrifiant son triomphe, et, après avoir déposé sa candidature pour la charge, attendit le vote. (Appien, *Guerres civiles*, 2, 8.)

César renonça donc à la célébration de ses exploits et décida de se présenter à la magistrature bien que ses opposants, dans la crainte de son éventuelle candidature, aient rendu le consulat de 59 moins attractif, en faisant décider que les futurs magistrats se verraient confier l'année suivante comme *provincia* la surveillance des bois et pâturages de l'Italie, plus exactement la *cura siluae callesque*, c'est-à-dire la lutte contre le fléau endémique du brigandage, dans deux régions dépeuplées du sud de l'Italie – mission qui n'était guère susceptible de rapporter de gros profits.

César conclut un pacte électoral avec un ami de Pompée, Lucceius : il disposait surtout du soutien de l'*imperator* soucieux de trouver un ferme appui pour faire ratifier ses *acta* et donner des terres à ses vétérans, et de Crassus qui mobilisa une fois de plus son argent et sa clientèle. César pouvait également compter sur l'immense popularité qu'il avait engrangée depuis les débuts de sa carrière politique, fruit de sa fidélité à la *popularis uia.* Ses deux alliés s'étaient rapprochés autour de ce troisième homme qui attirait sur sa candidature la même hostilité que la leur, dix ans plus tôt ; en fait, ce qui unissait surtout les trois hommes, c'était le front commun de leurs adversaires, ceux que l'on appelait avec quelque dédain la clique des *piscinarii* parce qu'ils s'intéressaient davantage à l'élevage des fameux et savoureux *mulati barbati* et autres espèces de fruits de mer, dans les viviers de leurs somptueuses villas maritimes des environs de Baïes et de Pouzzoles, qu'aux intérêts du peuple de Rome. Mais les Hortensius, Lucullus et consorts prétendaient toujours dominer la vie politique ; cette oligarchie sur le déclin venait de perdre son chef, le respecté Catulus, mais pouvait compter sur l'intransigeance de Caton qui désormais les conduisait.

Les *optimates* soutinrent un autre candidat, Marcus Calpurnius Bibulus, le gendre de Caton, l'ancien collègue de César dans l'édilité ; ils avaient bien conscience qu'il leur serait difficile d'empêcher l'élection de César : avec Bibulus, ils pensaient pouvoir au moins le neutraliser. Les élections eurent lieu au Champ de Mars au mois de juillet ; elles furent sans surprise, et César et Bibulus furent élus par les comices centuriates, peut-être dans cet ordre. Rien ne laissait alors présager de grands bouleversements. Pourtant lorsque, une génération plus tard, un témoin privilégié des événements qui menèrent à la chute de la République, l'homme politique et historien Asinius Pollion, entreprit d'écrire l'histoire de la crise, il choisit de commencer son récit par l'année de l'élection de César au consulat, adoptant par là la thèse de Caton selon lequel l'alliance des trois hommes avait détruit la République. Cicéron, qui quelques années plus tôt avait conduit la dernière victoire du parti sénatorial lors de la conjuration de Catilina, commençait, lui aussi, à désespérer du fonctionnement des institutions, mais avait renoncé à rejoindre les trois hommes quand il y fut invité à la fin de l'année 60, lorsque ceux-ci dévoilèrent leur alliance. Un fait déjà pouvait paraître troublant. Le lustrum de 60, comme celui de 65/4, ne put aller à son terme et, après celui de 70, il fallut attendre plus de quarante ans pour qu'un autre soit réalisé complètement : il fut alors accompli par le jeune Octavien, héritier du dictateur César et victorieux d'une autre guerre civile, au moment où il s'apprêtait à faire basculer la république dans l'empire. La terrible prédiction de Polybe venait de se réaliser.

Le consulat de César

L'alliance de César, Pompée et Crassus ne tarda pas à attirer sur elle les foudres de leurs adversaires *optimates* qui la qualifièrent de *conspiratio*, de *coitio* ou de *societas*, et lorsque Varron raconta dans un ouvrage le récit de cette entente, il l'intitula le *Tricaranos*, le monstre à trois têtes.

Pour l'heure, la question la plus urgente demeurait la loi agraire et César avait d'abord été élu pour accomplir ce que les tribuns de la plèbe de 63 et de 60 n'avaient pas pu ou su faire : donner des terres aux vétérans de Pompée. Le nouveau consul adopta, au début, une ligne conciliante. Certes, dès son entrée en charge il afficha clairement ses intentions, en faisant établir que les actes du Sénat aussi bien que ceux du peuple seraient consignés dans un journal destiné au public ; c'était, indirectement, placer les *patres* et leurs *acta* sous le regard critique, voire le contrôle ou la pression populaires. Mais il s'engageait aussi à ne pas promulguer de législation qui leur soit contraire et fit même appel à Bibulus afin qu'ils conduisent leur consulat en pleine harmonie, pour le bien de tous. Ainsi, la proposition de loi agraire introduite dès le début de l'année ménageait l'aristocratie : s'il était prévu de distribuer aux vétérans et aux pauvres ce qui restait de l'*ager publicus*, l'*ager campanus* – c'est-à-dire la Campanie centrale et septentrionale et le *campus stellatus* où les nobles romains conservaient intérêts et propriétés – était épargné ; d'autres terrains étaient acquis avec le trésor rapporté d'Orient par Pompée et le tribut des provinces. Il était interdit de vendre la terre avant vingt ans et une commission de vingt membres était nommée dont César lui-même s'était exclu ; il n'y avait rien de révolutionnaire dans tout cela, d'autant qu'il s'agissait d'abord de remettre en culture des zones non cultivées et de réduire la masse des désœuvrés dans la plèbe de Rome, en remettant au travail des citoyens démunis qui tendaient à devenir des assistés.

Dans un premier temps, César ne rencontra pas d'opposition de la part du Sénat ; les choses se gâtèrent avec l'attitude obstinée des éléments les plus conservateurs, Metellus Celer, Favonius et surtout Caton qui parla si longtemps que

César le fit arrêter et envoyer en prison en vertu de son droit de *coercitio*. À partir de là, le conflit dégénéra : une partie des sénateurs quitta l'assemblée, par solidarité avec le chef des *optimates*, l'un d'eux proclamant même qu'il préférait être en prison avec Caton qu'au Sénat avec César. Celui-ci décida de se tourner vers le peuple, après avoir reçu le soutien de Crassus et de Pompée. Bibulus tenta alors de bloquer la procédure en proclamant qu'il n'y aurait rien de nouveau – sous-entendu de lois nouvelles – l'année où il exercerait sa charge, puis invoqua les auspices pour empêcher la tenue des comices. César pouvait compter sur la pression de la foule, grossie des vétérans de Pompée et agitée par l'un de ses partisans, le tribun de la plèbe Vatinius ; il était ainsi assuré du vote des comices tributes. La nuit précédant celui-ci, ses partisans occupèrent le Forum où il avait convoqué l'assemblée. Le jour même, César prit la parole du haut du podium du temple des Castors pour défendre son projet. Crassus et Pompée étaient à ses côtés :

> L'opposition des nobles au Sénat lui fournit le prétexte qu'il cherchait depuis longtemps ; il se mit à crier et à protester qu'on le poussait malgré lui vers la plèbe qu'il était contraint de courtiser à cause de l'insolence et de la dureté du Sénat ; puis il s'élança vers l'assemblée du peuple. Là, encadré d'un côté par Crassus et de l'autre par Pompée, il lui demanda de le soutenir contre ceux qui menaçaient de résister l'épée à la main. La foule promit. Pompée ajouta qu'il viendrait opposer aux épées son épée et son bouclier. Cette attitude de Pompée choqua les aristocrates ; de tels propos paraissaient indignes du respect dont on l'entourait et peu conformes aux égards qu'il devait au Sénat ; c'était là le langage d'un jeune écervelé. Mais le peuple, lui, fut ravi. (Plutarque, *César*, 14, 3-5.)

Quand Bibulus et trois tribuns de ses partisans arrivèrent, ils eurent du mal à accéder à la plate-forme de l'édifice où César conduisait le vote. Il fut impossible pour eux de présenter leurs arguments et ils furent même jetés à bas de la tribune : les faisceaux des licteurs du consul furent brisés et l'on vida sur sa tête un panier d'ordures. Plusieurs de ses partisans, dont deux des tribuns, furent blessés et l'on évacua de force, vers le temple de Jupiter Stator, Bibulus qui présentait son cou à la foule pour qu'on le tranche et que l'on fasse ainsi de lui une victime du coup d'État qui se préparait. César n'en continua pas moins son discours et la loi fut votée ; on était à la fin du mois de janvier.

Son collègue, cependant, n'avait pas désarmé : le lendemain, Bibulus convoqua le Sénat pour faire invalider la loi, mais les sénateurs cédèrent à la pression de la foule et Vatinius le fit arrêter quand il voulut se rendre au Forum. Discrédité et ne parvenant même plus à s'exprimer, le consul décida d'adopter une nouvelle tactique : le boycott de l'activité politique. Il s'enferma dans sa maison, assiégé par les bandes de Vatinius, annonçant que chaque jour comitial était invalidé : cela signifiait que, dès qu'un vote devait avoir lieu, il faisait valoir son droit à consulter les auspices et à bloquer le système. La procédure d'*obnuntiatio* pouvait être accomplie par un représentant du magistrat, donc sans que le consul se déplace, et avait pour objectif de faire annuler ou d'empêcher le vote d'une loi. César ne tint aucun compte de ces velléités et de cette agitation, et il n'y eut bientôt plus qu'un seul consul :

> Pendant ces événements, Bibulus, enfermé dans sa maison, n'en sortit pas des huit mois que dura encore son consulat ; il se contenta de faire afficher des placards remplis d'invectives et d'accusations contre Pompée et César. (Plutarque, *Pompée*, 48, 1.)
>
> Et cette situation tragique fut l'objet de quelques plaisanteries : Bibulus fut réduit à un tel découragement que, jusqu'à sa sortie de charge, se tenant enfermé chez lui, il se contenta de manifester son opposition par des édits. À partir de ce moment, César régla seul, à sa guise, toutes les affaires de l'État : aussi quelques personnes facétieuses, en manière de plaisanterie, ayant à signer un acte pour le rendre authentique, écrivaient-elles non point « fait sous le consulat de César et de Bibulus », mais « sous le consulat de Jules et de César ». (Suétone, *César*, 20, 4.)

Dès lors, effectivement, les événements s'accélérèrent, d'autant qu'une clause de la loi agraire prévoyait que les sénateurs devaient prêter serment de la respecter sous peine d'exil ; les chefs du parti sénatorial eux-mêmes, et notamment Metellus Celer et Caton, conscients de la nécessité de demeurer au Sénat, durent s'y soumettre. César avait gagné l'épreuve de force et, désormais libéré de l'opposition de son collègue, fit voter toute une série de mesures entre le mois de mars et le mois de mai. Les Modernes ne s'accordent pas toujours sur la chronologie des événements, mais il est possible de la reconstituer ainsi.

Dès le mois de mars César, en tant que Grand Pontife, présida à l'adoption par la plèbe de Publius Clodius Pulcher, ce qui donnait à l'ancien membre de la célèbre *gens* patricienne des Claudii la possibilité d'être candidat au tribunat de la plèbe pour l'année 58, événement qui ne devait pas être sans conséquence sur le développement futur de la vie politique à Rome.

Au début du mois d'avril, la commission agraire fut mise en place ; elle comprenait, entre autres, Crassus et Pompée. Au même moment, les *acta* de Pompée en Orient furent ratifiés, et votées la *lex de Rege Alexandria* qui reconnaissait Ptolémée Aulète, un client du même Pompée, comme roi d'Égypte, ainsi qu'une *lex de Publicanis* qui permettait aux sociétés de publicains dans lesquelles Crassus avait quelques intérêts de récupérer un tiers des sommes qu'elles avaient payées pour la ferme de l'impôt d'Asie. L'équilibre était savamment respecté entre les deux alliés de César et celui-ci s'efforçait de donner des gages à chacun d'entre eux. L'alliance fut encore renforcée au début de mois de mai par la célébration du mariage prévu entre Pompée et la fille de César, Iulia, sa cadette âgée de trente ans, et par celle de l'union de César avec Calpurnia, la fille de Caius Calpurnius Piso. Cicéron, même s'il pouvait se sentir momentanément soulagé par l'envoi de son ennemi Clodius en mission auprès du roi Tigrane d'Arménie, se retira alors dans sa maison d'Antium, inquiet de la tournure des événements et, en particulier, de l'attitude de son ancien allié Pompée :

> Que médite notre ami Cneus ? Je n'en sais absolument plus rien... Jusqu'à présent il s'armait des sophismes suivants : il approuvait les lois de César : quant à la procédure suivie pour les faire passer, leur auteur seul en était responsable ; il avait donné son suffrage à la loi agraire : qu'il eût été possible ou non d'y opposer son veto, cela ne le regardait pas ; pour l'affaire du roi d'Alexandrie, il avait été d'avis d'en finir ; que Bibulus eût alors observé ou non le ciel, ce n'était pas à lui de s'en inquiéter ; au sujet des publicains, il avait voulu obliger cet ordre. (Cicéron, *Lettres à Atticus,* II, 24, 2-4.)

César, tout en servant les intérêts de ses alliés, ne se préoccupait pas moins de son avenir. Au début du mois d'avril, la *lex Vatinia*, votée à l'initiative de son lieutenant, lui avait confié le commandement pour cinq ans de la province de Gaule cisalpine et de l'Illyrie avec la côte dalmate, ainsi que celui de trois légions ; il se voyait ainsi placé à la tête d'une armée, mais le détournement vers le nord du Danube de la menace constituée par le roi dace Buribaste lui ôtait dans l'immédiat la perspective d'une campagne militaire valorisante. La mort de Metellus Celer vint opportunément poser la question du gouvernement de la Gaule transalpine au moment où l'installation des Germains d'Arioviste à l'ouest du Rhin et les rumeurs toujours plus précises de la migration du peuple des Helvètes à l'ouest du Rhône faisaient naître bien des inquiétudes pour les alliés celtes de Rome et même pour la *prouincia* d'Outre-Alpes :

> Orgétorix était chez les Helvètes l'homme de beaucoup le plus distingué par la naissance et par la fortune. Sous le consulat de M. Messalla et de M. Pison [61], séduit par le désir d'être roi, il forma une conspiration de la noblesse et persuada ses concitoyens de sortir de leur pays avec la population tout entière... Après sa mort, les Helvètes n'en persévérèrent pas moins dans le dessein qu'ils avaient formé de quitter le pays. (César, *Guerre des Gaules,* I, 2.)

Son nouveau gendre, Pompée, et son nouveau beau-père, Calpurnius Pison, obtinrent du Sénat que la province de César soit augmentée de la Transalpine et ses forces d'une légion. Caton eut beau proclamer que le gouvernement était devenu une affaire de mariage et que l'on y traitait aussi bien de la distribution des épouses que de celle des provinces, César n'avait cure de ces critiques, même s'il savait que bon nombre de sénateurs étaient persuadés de lui avoir confié une tâche impossible et étaient ravis de l'envoyer très loin de Rome ; et lorsque l'un d'entre eux, faisant une allusion perfide aux prétendues relations intimes qu'il aurait jadis entretenues avec le roi de Bithynie, Nicomède, assurait qu'il s'agissait là d'une tâche bien difficile pour une femme, il répliqua, sans attendre, que Sémiramis avait bien gouverné la Syrie et que le pouvoir des Amazones s'était étendu à la plus grande partie de l'Asie. Vatinius fut nommé comme l'un de ses légats afin d'éviter toute poursuite à son encontre à sa sortie de charge, et si Cicéron déclina l'offre d'assumer une semblable charge, son frère, Quintus, accepta volontiers cette mission.

César pouvait se permettre de ne plus trop ménager les *Patres*: au début du mois de mai une *lex Campana* était venue compléter la première loi agraire et ouvrait aux pères de famille d'au moins trois enfants la distribution de terres du domaine campanien: vingt mille citoyens et leur famille pouvaient en bénéficier.

La vie politique de la fin de l'année 59 fut occupée par deux événements qui concentrèrent l'attention de tous: les élections consulaires et les perspectives ouvertes par l'élection de Clodius au tribunat de la plèbe. Une sombre affaire témoigne de l'ambiance trouble du moment: Lucius Vettius, le dénonciateur professionnel qui s'était déjà illustré au moment de la conjuration de Catilina en tentant d'impliquer César, prétendit avoir été soudoyé pour attenter à la vie de Pompée et fut arrêté dans l'enceinte du Sénat en possession d'un poignard, dont il prétendit par la suite qu'il lui avait été remis par le secrétaire de Bibulus ! Lors de son interrogatoire, il se perdit dans des explications contradictoires, compromettant tour à tour le jeune Scribonius Curion qui n'était pas alors un ami de César, mais aussi de jeunes Romains de l'aristocratie dont Brutus, fils de Seruilia, elle-même maîtresse de César, avant de se dédire et d'accuser Bibulus et son entourage. La vérité se perd dans ces contradictions et Cicéron eut beaucoup de mal à dénouer les fils de l'affaire:

> Vettius, ce fameux Vettius, qui fut mon indicateur [lors de la conjuration de Catilina], avait promis à César – c'est du moins ce que je crois comprendre – qu'il s'arrangerait pour compromettre Curion le fils dans quelque vilaine affaire. Il s'insinua dans la familiarité du jeune homme, le rencontra souvent, comme l'événement le prouve, et finit par conduire les choses au point qu'il était décidé à attaquer Pompée avec l'aide de ses esclaves et à le tuer. (Cicéron, *Lettres à Atticus*, II, 24, 2-4.)

César semble avoir manipulé tout ce beau monde, mais comprit qu'il devait faire machine arrière quand il demanda à Vettius de s'expliquer devant le peuple. Le dénonciateur fut emprisonné et opportunément exécuté dans sa prison: l'affaire en resta là.

Dans ce climat délétère, Bibulus n'eut aucun mal à obtenir le renvoi des élections consulaires au mois d'octobre. César, qui soutenait la candidature de son beau-père et de Aulus Gabinius, un partisan de Pompée, n'y fit pas obstacle; le 18 octobre, ses deux candidats furent élus, ce qui constituait une sérieuse garantie pour son avenir immédiat. Certes, les *optimates* pouvaient se consoler avec l'élection à la préture de deux de ses plus farouches opposants, Lucius Domitius Ahenobarbus et Caius Memmius, mais ils avaient tout à craindre, et Cicéron le premier, de l'élection à une autre magistrature de celui qu'ils avaient abandonné lors du procès de l'affaire de la Bona Dea et qui les avait reniés; en juillet, Publius Clodius avait été élu tribun et, en décembre, il devait inaugurer sa charge.

Au mois de mars 59, Publius Clodius était passé à la plèbe; il voulait devenir tribun. Il lui avait fallu se rendre à l'évidence: la magistrature était interdite aux patriciens et c'était un interdit que personne ne lui laisserait transgresser. Il se heurta, une fois de plus, à une opposition déterminée des membres les plus conservateurs du Sénat. Mais la décision n'était pas dans leurs mains; elle était dans celles du Grand Pontife. César fut d'abord réticent, puis, avec Pompée, ils décidèrent de présider à cette adoption. Clodius conservait, bien sûr, des liens de solidarité étroits avec les membres de sa *gens*, et il n'est pas certain que la modification de son *nomen* Claudius pour Clodius ait été le résultat de cette nouvelle orientation politique; ses sœurs et notamment son aînée, l'épouse de Metellus Celer, se faisaient régulièrement appeler Clodia. Clodius incarnait cette jeunesse dorée de Rome qualifiée par les modernes de perdue ou de sacrifiée, parce qu'elle avait été ballottée entre les divers camps des guerres civiles, et s'inscrivait parfaitement dans la lignée des Drusus, Lépide, Catilina, tout en annonçant les Curion et autre Dolabella. Comme eux, Clodius se situait donc dans une lignée proche des *populares* et en cela il n'était pas si éloigné de César qui pourtant avait bien des choses à lui reprocher, mais qui le ménagea toujours pour mieux l'utiliser; Clodius poussa à l'extrême le programme du parti populaire, parce que les principales revendications des *populares* avaient déjà été satisfaites. À défaut de vertus, il avait des talents, surtout celui de mobiliser les foules et de convaincre le peuple; une certaine ouverture d'esprit qui lui permettait de comprendre et même d'anticiper les aspirations de la plèbe; mais il avait avant tout un esprit tourné vers la contestation et ses objectifs étaient surtout négatifs; il avait déjà donné un aperçu de ces dispositions, quand, en 68, engagé en Orient dans l'état-major de son beau-frère Lucullus, il avait fomenté une mutinerie contre lui. L'affaire de la bonne déesse lui avait donné le sentiment d'avoir été trahi par ceux de sa classe et il ne faisait aucune confiance à ses pairs aristocrates; il avait juré de se venger de Cicéron qui avait conduit l'accusation contre lui et d'autres qui auraient voulu le faire condamner. Son élection au tribunat de la plèbe lui donnait l'occasion de prendre sa revanche: un mois après l'inauguration de sa charge, le 3 janvier, il proposa un ensemble de quatre lois, fondement de son programme politique. La première était une loi frumentaire: cette *lex annonaria* qui devait lui gagner l'appui de la plèbe prévoyait la gratuité des distributions de blé, les *frumentationes*, à un nombre de bénéficiaires toujours plus important, car la *plebs urbana* s'était accrue du fait de l'immigration rurale et de l'émancipation de certains esclaves: le danger était qu'une telle mesure provoquât des difficultés de ravitaillement, la cherté, puis la pénurie de grains. Clodius confia très vite à l'un de ses affranchis, à la fois conseiller, secrétaire et homme de main, Sextus Clodius, une véritable curatèle de l'annone. La deuxième loi constituait la pierre d'angle de toute la politique de Clodius: la restauration des associations de toute nature, mais surtout professionnelles, les *collegia*, supprimés en 64 par

Clodius

le Sénat, devait lui permettre de disposer d'une armée privée – Cicéron parle de *Clodiana seditio ou multitudo* mais aussi d'*exercitus Clodianus* – apte à lui assurer le contrôle de la rue. En effet, les collèges étaient organisés territorialement, quadrillaient la ville et étaient susceptibles de mobiliser rapidement leurs membres – c'est-à-dire aussi bien des hommes libres, *tabernarii et opifices,* que des esclaves ou des affranchis – en cas de nécessité ou pour peu qu'ils fussent convaincus d'agir pour leur cause. L'habileté de Clodius fut de détourner ces *collegia* de leur fonction initiale pour en faire des groupes de pression, puis des bandes organisées agissant à son service. Prompts à l'émeute ou à la réunion politique, ils devinrent très vite dans les mains d'agitateurs politiques une arme redoutable dont Clodius confia l'organisation à Sextus Clodius ; il en installa le quartier général sur le Forum, au temple de Castor, ce qui permettait à ces bandes d'être rapidement opérationnelles dans leur rôle d'intimidation, d'autant que le tribun s'était empressé de faire reprendre du service aux anciens partisans de Catilina et de vider les prisons. La *lex de Collegiis* venait donc compléter la loi frumentaire et devait fournir à Clodius les outils de sa politique. Il en va sans doute différemment des deux autres lois. La *lex de obnuntiatione* s'appliquait à l'utilisation des auspices et réservait ce droit aux augures et aux tribuns de la plèbe : Bibulus venait de faire la démonstration que n'importe quel magistrat, sans sortir de son domicile, pouvait tenter de bloquer tout le système politique. En l'occurrence, il ne s'agissait pas de la réforme d'un *popularis,* mais d'une mesure devenue nécessaire au bon fonctionnement de l'État. Enfin, la *lex Clodia de censoria notione* rétablissait le respect de la collégialité de la censure, mais surtout offrait la possibilité à un sénateur de se défendre avant d'être exclu de l'assemblée. Cette loi portait sans doute atteinte à l'autorité des censeurs et rencontra, pour cette raison, l'opposition de Cicéron, mais certainement pas celle de l'ensemble des sénateurs dont certains pouvaient se sentir menacés.

Clodius réussit sans trop de mal à faire passer sa législation : la suppression des *collegia* en 64 avait entraîné l'interdiction des *Compitalia,* cette fête mobile inscrite au calendrier officiel et occasion de rassembler ces éléments dans tous les quartiers de la ville ; en décembre 59/janvier 58, Clodius, avec le soutien du consul Pison, décida malgré l'opposition du tribun Lucius Ninnius, poussé par Cicéron, de faire célébrer les *ludi Compilaticii* et de les faire présider par Sextus Clodius : le ton était donné. Surtout, il eut dès le début l'habileté de se montrer rassurant et même d'adopter un ton conciliant à l'égard de Cicéron.

Par ailleurs, les sénateurs qui craignaient la pression populaire concentraient leurs attaques contre la législation de César, tentant d'empêcher la ratification de ses *acta.* Celui-ci était sorti du *pomerium* pour entreprendre le recrutement de ses troupes et se contentait de justifier son action par écrit. Mais lui aussi avait besoin de Clodius, et donc le soutenait. Quant aux deux consuls, Gabinius et Piso, ils attendaient du peuple qu'on leur donne une province et n'étaient pas en mesure de contrarier le tout-puissant tribun. Vers la fin du mois de janvier, celui-ci poussa son avantage et fit voter une loi interdisant d'eau et de feu *(aqua et igni)*, c'est-à-dire condamnant à la mort civique quiconque aurait fait exécuter un citoyen romain sans jugement. Cicéron était donc visé par deux lois dont l'effet était rétroactif : la première *(lex de capite ciuis)* au titre de laquelle il pouvait être accusé d'avoir exécuté sans jugement des citoyens romains, la seconde, du 24 avril 58, ajoutait à sa faute celle d'avoir rédigé un faux sénatus-consulte permettant d'exécuter les conjurés. Certes, il fallait encore qu'il fût condamné à l'issue d'un procès, mais malgré ses appels aux sénateurs et aux chevaliers, ses soutiens se dérobaient. Gabinius venait de recevoir la province de Cilicie et Pison celle de Macédoine ; le premier, poursuivi par ses créanciers et au bord de la banqueroute, avait un besoin urgent de partir. César, même s'il s'était opposé à l'exécution des amis de Catilina, n'approuva pas la poursuite engagée à l'encontre du consul de 63, mais il tenait avant tout à la ratification de ses *acta*. Pompée y était tout autant attaché, pour les dotations de terre à ses vétérans notamment, et il se retira prudemment dans sa maison de campagne. Les sénateurs tremblaient devant les menaces à peine voilées des bandes organisées qui occupaient la rue et le Forum, et Hortensius lui-même conseillait à Cicéron de partir. Celui-ci isolé, malmené, humilié par les hommes de main de son adversaire, dut se résoudre à l'exil perpétuel auquel le destinait Clodius quand il lui annonça qu'il n'en reviendrait que lorsque les martyrs des nones de décembre retourneraient de chez les morts : l'exil volontaire était transformé en non-autorisation de retour. Seuls les chevaliers en habit de deuil eurent le courage d'accompagner le consulaire lorsqu'il quitta Rome. Clodius avait tenté, en vain, de compromettre Caton ; il réussit à l'éloigner en lui faisant confier une mission en apparence prestigieuse à laquelle celui-ci, par sens de l'État, ne voulut pas se dérober. Le tribun avait fait confisquer l'île de Chypre à un Ptolémée pour la transférer dans la province de Cilicie. Il fallait auparavant réorganiser le territoire pour le préparer à entrer dans l'administration de la République ; c'est cette tâche qui fut confiée à Caton.

Ainsi le tribunat de Clodius assurait-il la continuité du consulat de César ; l'autorité du Sénat était battue en brèche, les magistrats avaient les mains liées et l'absence de force de police de l'État romain faisait que seule l'apparition d'autres gangs pouvait venir contester l'autorité que s'étaient attribuée les bandes de Clodius. César pouvait partir tranquille : l'insécurité et la violence étaient les meilleures garanties de la préservation de ses intérêts, car elles empêchaient que ses adversaires puissent se regrouper contre lui. Cicéron était exilé, Caton écarté et Pompée s'était éloigné : quant aux autres, ils avaient mieux à faire et surtout à songer à leur sécurité. En conduisant ses légions vers la Gaule, il pouvait à juste titre penser que Rome n'était plus dans Rome, puisque, à Rome, le pouvoir était dans la rue.

Anarchie et conquête

S'ouvrit donc une longue période qui fut caractérisée par deux faits essentiels qu'il est impossible de dissocier même si les nécessités de l'écriture de l'histoire ont conduit à les isoler : la conquête de la Gaule par César et l'anarchie de la vie politique romaine.

César

La place désormais occupée par César dans le jeu politique romain témoigne à l'évidence de cette réalité. Le proconsul des Gaules conduisit une guerre de conquête tout en intervenant directement dans la vie politique ; certaines de ses décisions stratégiques présentèrent un caractère politique évident et, inversement, l'action qu'il menait dans la capitale par l'intermédiaire de ses agents dépendait de ses succès ou revers militaires. Physiquement absent de Rome, il y était en réalité constamment présent et sénateurs, chevaliers ou même magistrats en exercice se pressaient à sa rencontre quand, au terme d'une campagne, il venait installer ses quartiers d'hiver ou ses assises à la frontière de l'Italie, dans sa province de Cisalpine :

> Quant à César… il arriva, regorgeant de richesses, dans la partie de la Gaule frontière de l'Italie, celle qui s'étend autour du Pô, pour donner un peu de repos à son armée après une guerre ininterrompue. De là, il envoya à profusion à Rome quantité d'argent à quantité d'individus et les magistrats annuels lui rendirent visite à tour de rôle, ainsi que toutes sortes de personnages connus et tous ceux qui partaient commander des provinces ou des armées, de sorte qu'il y eut parfois cent vingt faisceaux auprès de lui, plus de deux cents sénateurs, les uns remerciant pour ce qui s'était déjà fait, d'autres venus pour lui demander de l'argent, d'autres encore pour arranger à leur profit quelque affaire analogue. (Appien, *Guerres civiles,* 3, 17.)

Cette position privilégiée, César la cultiva par la présence d'agents efficaces comme les banquiers Oppius et Balbus, avec lesquels il communiqua grâce à un système de courrier très perfectionné qui lui permettait d'être vite informé et de réagir rapidement; mais il la devait aussi et avant tout au contexte politique romain qui ôtait à ses adversaires l'occasion de s'unir contre ses ambitions. L'activité subversive des bandes de Clodius servit sans conteste ses desseins, mais César put aussi s'appuyer sur des partisans qui barrèrent la route à des adversaires trop résolus, décidés pour certains à s'en prendre à son commandement militaire, et aussi sur Pompée qui comptait sur la persistance des troubles pour que le Sénat, oubliant ses rancunes, se décidât enfin à faire appel à lui comme l'homme providentiel, seul capable de rétablir l'ordre à Rome.

À partir des années 60, la violence a changé de nature. De spontanée, elle est devenue préméditée et organisée; elle se manifeste lors des assemblées au moment des élections ou des procès et va de l'intimidation jusqu'au meurtre; le port d'armes à titre individuel semble avoir été monnaie courante, l'absence de police dans l'*Vrbs* l'autorisant d'ailleurs *tutandae salutis suae causae*. Le *comitatus de* Clodius, son entourage armé, se composait d'esclaves, et il ne faisait en cela qu'imiter les nobles comme Faustus Sulla ou Metellus Nepos; ceux-ci, par l'intermédiaire de Milon, utilisèrent en particulier des gladiateurs pour combattre les bandes de leur adversaire.

Dès 59, la violence devint donc dominante et la situation n'était pas sans rappeler celle de l'année 100, quand un consul agissant de concert avec un tribun de la plèbe avait fait passer sa législation agraire avec le soutien des vétérans. Mais dans leur souci de se concilier les soldats et la plèbe rurale, les alliés ne pouvaient contrôler la plèbe urbaine, et laissaient dans ce domaine le champ libre à Clodius. Inévitablement, celui-ci entrait en concurrence avec les nobles, patrons de clientèle, les Caton, Cicéron et autre Bibulus, mais aussi fatalement un jour avec Pompée qui voulait asseoir sa domination sur Rome.

Campagne éclair en Gaule

À la fin des années 60, la Gaule demeurait agitée par deux grandes menaces: la rivalité ancienne entre deux de ses peuples majeurs, les Éduens, alliés traditionnels de Rome, et les Séquanes, avait conduit ces derniers à faire appel à un peuple de Germanie, les Suèves. Ceux-ci, conduits par leur roi, Arioviste, ne s'étaient pas fait prier pour franchir le Rhin et après avoir défait les Éduens, en 61, s'étaient installés en Alsace. Rome avait laissé faire, octroyant même au chef barbare le titre d'ami et d'allié de Rome, ce qui constituait en réalité un blanc-seing pour poursuivre son expansion. L'autre menace était constituée par la perspective d'une migration massive des Helvètes, peu disposés à continuer à vivre dans un tel voisinage.

Pourtant, au début de l'année 58, cette situation ne semblait inquiéter ni Rome ni César. Celui-ci n'avait d'ailleurs ni instruction ni autorité pour engager une guerre et la *quaestio de maiestate* existait comme une mise en garde suffisante pour qui voulait agir de sa propre initiative dans ce domaine. La répartition des forces du proconsul paraissait d'ailleurs indiquer que la Gaule transalpine ne constituait pas alors une priorité, puisqu'une seule de ses légions y avait été disposée, tandis que les trois autres étaient encore à Aquilée.

Cela explique qu'il ait été pris de court par le début, le 28 mars, de la grande migration des Helvètes : trois cent mille hommes avec femmes et enfants décidèrent de quitter leur territoire situé à l'est du lac Léman pour partir s'installer dans l'ouest de la Gaule, sur le territoire des Santons. César, qui s'était porté à leurs devants après une marche forcée avec ses troupes de Transalpine, ne put que leur interdire l'entrée de la province romaine et faire détruire le pont sur le Rhône. Les Helvètes décidèrent alors de traverser le territoire des Séquanes et des Éduens ; devant le danger, César rappela les légions d'Aquilée et en leva deux autres en Cisalpine. Malgré l'opposition des tribus alpestres qui contrarièrent sa marche à travers la montagne, il se dirigea à nouveau au-devant des envahisseurs, après avoir confié la garde du Rhin à son légat, Titus Labienus. Avec les cinq légions qui lui restaient, il surprit les Helvètes au moment où ceux-ci franchissaient la Saône ; il ne put empêcher le gros de la troupe de traverser, mais défit l'arrière-garde demeurée sur l'autre rive avant d'engager la poursuite. Après deux semaines d'observation, de négociations et d'escarmouches, il écrasa l'armée helvète et renvoya chez eux les survivants. Si l'on se fie aux chiffres que lui-même fournit à partir des renseignements pris à l'adversaire, seules cent dix mille personnes auraient été réinstallés sur les trois cent soixante-huit mille migrants : l'ampleur du massacre est sans doute exagérée. La plupart des chefs gaulois s'en vinrent féliciter César ; ceux qui étaient sincères étaient surtout soucieux d'obtenir sa protection contre Arioviste, et les Éduens furent sans doute les plus insistants ; Rome – et l'exemple des Helvètes l'avait montré – avait tout à craindre d'une grande migration gauloise provoquée par la peur d'Arioviste. Les exigences en terres du chef suève se faisaient d'ailleurs de plus en plus pressantes, et notamment à l'encontre de ses anciens alliés séquanes : des groupes toujours plus importants de Germains franchissaient le Rhin et Rome se devait de réagir, si elle ne voulait pas perdre tout crédit auprès des Celtes. César présenta la pression germanique comme une réelle menace pour Rome, car il ne pouvait pas attaquer sans motif un *rex socius atque amicus populi romani*. Il dépêcha donc plusieurs ambassades auprès d'Arioviste, destinées à montrer l'intransigeance de Rome sur le respect que celui-ci devait montrer à l'égard des alliés de l'*Vrbs* ; comme il l'espérait, Arioviste, qui se sentait en position de force, opposa une fin de non-recevoir.

Dans sa marche contre le chef suève qui venait d'ailleurs vers lui, César occupa la capitale des Séquanes, Vesontio, où la panique s'empara de ses troupes. Dans son témoignage, postérieur à l'événement, et destiné à la plèbe de Rome, César n'est pas mécontent d'évoquer la conduite de ses troupes dans ces circonstances, et de mettre à mal la réputation de ses jeunes officiers aristocrates; il exalte à l'inverse, à travers l'attitude de ses légionnaires, la fierté et la combativité des éléments populaires:

> Tandis qu'il faisait halte quelques jours près de Besançon pour se ravitailler en blé et autres vivres, les soldats questionnaient, indigènes et marchands bavardaient; ils parlaient de la taille immense des Germains, de leur incroyable valeur militaire, de leur merveilleux entraînement: « Bien des fois, disaient les Gaulois, nous nous sommes mesurés avec eux, et le seul aspect de leur visage, le seul éclat de leurs regards nous furent insoutenables. » De tels propos provoquèrent dans toute l'armée une panique soudaine, et si forte qu'un trouble peu commun s'empara des esprits et des cœurs. Cela commença par les tribus militaires, les préfets et ceux qui, ayant quitté Rome avec César pour cultiver son amitié, n'avaient pas grande expérience de la guerre; sous des prétextes variés dont ils faisaient autant de motifs impérieux de départ, ils demandaient la permission de quitter l'armée; un certain nombre pourtant, retenus par le sentiment de l'honneur et voulant éviter le soupçon de lâcheté, restaient au camp: mais ils ne pouvaient composer leur visage ni s'empêcher, par moment, de pleurer; ils se cachaient dans leurs tentes pour gémir chacun sur leur sort ou pour déplorer, en compagnie de leurs intimes, le danger qui les menaçait tous. Dans tout le camp, on ne faisait que sceller des testaments. (César, *Guerre des Gaules*, I, 39, 1-4.)

Le proconsul rétablit rapidement l'ordre avec le soutien de la fameuse Xe légion qui constituait une véritable garde personnelle, puis reprit sa route par la vallée du Doubs, en direction des Vosges et du Rhin supérieur. Après une dernière rencontre infructueuse entre les deux chefs d'armée, la bataille s'engagea non loin de Mulhouse. Les Germains finirent par céder et leur défaite se transforma en déroute lorsqu'ils prirent la fuite en direction du fleuve situé à quelques kilomètres de là. La plupart furent massacrés ou se noyèrent dans le Rhin, à l'exception de quelques-uns, dont Arioviste, qui parvinrent à gagner l'autre rive; le chef suève avait perdu son armée et une grande partie de sa famille.

> César avait, en un seul été, achevé deux grandes guerres; il mena ses troupes prendre leurs quartiers d'hiver chez les Séquanes un peu avant que la saison ne l'exigeât; il en confia le commandement à Labienus et partit pour la Gaule citérieure afin d'y tenir ses assises. (César, *Guerre des Gaules*, I, 54, 2.)

Il est difficile de savoir si cette décision de faire hiverner ses troupes en territoire gaulois fut réellement la cause du soulèvement des tribus belges. César justifia cette mesure par le souci d'éviter une conspiration de l'aristocratie celte visant à s'emparer partout du pouvoir pour mieux s'opposer à Rome; mais on perçoit surtout, à travers son témoignage, la volonté d'engager une conquête de grande envergure. Après avoir recruté deux légions supplémentaires sans rien demander au Sénat, il entreprit une nouvelle campagne au printemps de 57 contre les tribus du nord et notamment les Nerviens, aux dépens desquels il remporta une victoire difficile sur la Sambre, puis leurs alliés Atuatuci, lointains descendants des Cimbres et des Teutons, chez qui il fit cinquante-trois mille esclaves. Pendant ce temps, les peuples du Nord-Ouest livraient, à son légat Publius Crassus, des otages, faisant par là acte de soumission. César put alors écrire à Rome que la totalité de la Gaule jusqu'au Rhin et à l'océan avait été soumise en deux années : « *Gallia omnis pacata.* » On peut douter que lui-même l'ait cru, puisqu'il répartit les quartiers d'hiver de ses troupes sur l'ensemble du territoire ; mais il était parvenu à pénétrer profondément à l'intérieur de la Gaule et à atteindre ses frontières naturelles. Il sut, dans son rapport au Sénat, magnifier les hauts faits de son armée qui avait fait la démonstration de la puissance de Rome et l'assemblée lui accorda, dans l'enthousiasme populaire, une *supplicatio* de quinze jours, c'est-à-dire des remerciements aux dieux, ponctués par des jeux et des fêtes.

Le retour de Cicéron

Cicéron ne fut pas le moins favorable à célébrer les hauts faits de César et prit l'initiative de cet hommage rendu à sa *dignitas.* Il est vrai qu'il devait en partie au proconsul des Gaules sa réhabilitation politique marquée par son retour d'exil.

Dès la fin de 58, cette question s'était posée. Certes, Clodius avait encore, pendant l'exercice de son tribunat, remporté quelques succès, notamment en réglant temporairement la question de Chypre qu'il fit rattacher à la Cilicie, transformée en province prétorienne et que Gabinius fut heureux d'échanger contre la Syrie, mais aussi et surtout en obtenant la ratification des *acta* de César, ce qui lui valut les félicitations de celui-ci et celles de Pompée. Mais avec ce dernier, outré par la violence des bandes de la rue, les relations se détériorèrent vite, au point que l'*imperator* échappa à un complot et décida de s'enfermer chez lui jusqu'à la fin du mandat du tribun. Pompée entreprit alors d'œuvrer pour le retour de Cicéron et il ne fut pas le seul, malgré la *lex Clodia* qui interdisait d'agir en faveur du rappel de l'exilé ; après plusieurs tentatives infructueuses et malgré la pression des partisans de Clodius, notamment à la fin de 58 et au début de 57 quand une proposition fut bloquée par le veto des tribuns et l'action de la rue, l'unanimité se fit parmi les principaux personnages de l'État (le consul Metellus Nepos, Pompée qui avait menacé d'en appeler à l'Italie, César démarché par le tribun Publius Sestius, tandis qu'un autre, Titus Annius Milo, faisait également campagne pour obtenir des comices un vote en faveur du rappel du consulaire) ; il fut obtenu au mois d'août 57. Le retour de Cicéron fut triomphal :

> Le 13 août, j'appris, étant à Brindes, par une lettre de mon frère Quintus, que la loi avait été votée par les comices centuriates au milieu d'un merveilleux empressement des électeurs de tout âge et de tous les ordres, d'une affluence incroyable des Italiens... Quand j'approchai de Rome, il n'y eut pas un homme connu de mon nomenclator, à quelque ordre qu'il appartint, qui ne vînt à ma rencontre, sauf ces ennemis déclarés auxquels il n'était pas possible de dissimuler ou de nier leur qualité d'ennemis. Arrivé à la porte Capène, je trouvai les degrés des temples couverts d'une foule de petites gens ; elle me manifesta sa joie par les applaudissements les plus vifs et ce

fut jusqu'au Capitole semblable affluence et mêmes applaudissements ; sur le Forum et au Capitole même, c'était un merveilleux concours du peuple. (Cicéron, *Lettres à Atticus,* IV, 1-4.)

Cicéron était arrivé à Rome le 4 septembre, mais Clodius demeurait actif et le désordre était tel qu'un tribun, ami de Pompée, proposa que l'on confie au grand homme les pleins pouvoirs ; on lui demanda de s'occuper de l'annone, c'est-à-dire du ravitaillement en blé de la capitale pour une période de cinq ans. C'est dans ce contexte qu'arrivèrent les dépêches de César ; Cicéron ne pouvait manquer dans ces circonstances d'exalter les succès du nouveau conquérant.

Les accords de Lucques

La position des anciens alliés de 59 demeurait cependant fragile à la fin de l'année 57 et au début de l'année 56. César, certes, pouvait préparer d'autres expéditions au-delà du Rhin, en Bretagne, voire en Illyrie ; il avait néanmoins besoin de s'appuyer sur un contexte favorable à Rome. C'était loin d'être le cas. D'abord Clodius n'avait pas désarmé et, à partir de l'automne de 57, les attaques se multiplièrent contre Pompée à tel point que celui-ci ne parvenait même plus à s'exprimer :

Le 7 [février 56], Milon comparut, Pompée parla, ou du moins, il eut l'intention. Car à peine se fut-il levé que les hommes de Clodius se mirent à pousser des cris, et pendant tout son discours, il dut subir une obstruction qui n'était pas faite seulement de clameurs, mais d'injures et d'interruptions grossières. Dès qu'il eut achevé (car il montra dans cette occasion un grand courage, il ne se laissa pas démonter, il dit tout ce qu'il avait à dire, et il avait même réussi par moments à poursuivre ses développements dans le silence avec autorité) mais quoi qu'il en soit, à peine eut-il achevé que Clodius bondit à la tribune. De tels cris l'accueillirent (car les nôtres avaient voulu lui rendre sa politesse), qu'il ne fut plus maître de sa pensée, de son langage, de sa physionomie. Cela dura, Pompée ayant achevé quand il était à peine la sixième heure, jusqu'à la huitième ; toutes les injures possibles, et finalement les vers les plus obscènes furent lancées contre Clodius et Clodia. Notre homme, hors de lui et d'une pâleur mortelle, posait des questions aux siens, au beau milieu des clameurs ; « Qui est-ce qui affame le peuple ? » et ses spadassins répondaient : « Pompée ! ». « Qui veut aller à Alexandrie ? » Et ils répondaient : « C'est Pompée ! » « Qui voulez-vous qui y aille ? » Et ils répondaient : « Crassus ! » (Cicéron, *Lettres à son frère Quintus,* 2, 3, 2.)

La seule arme dont Pompée disposait contre l'ancien tribun, élu édile pour l'année 56, ce qui le mettait à l'abri des poursuites, était un autre chef de bande, Titus Annius Milo, qui avait joué un rôle actif, en tant que tribun, dans le retour de Cicéron, avait recruté des gladiateurs parfaitement entraînés qui s'opposaient aux gangs de Clodius. Milon utilisait, lui aussi, la violence comme un instrument et tous les moyens lui paraissaient bons pour atteindre ses objectifs. Les rues de Rome devinrent à partir de ce moment-là le théâtre d'affrontements toujours plus nombreux et plus violents, et cette violence trouva vite un écho dans les séances du Sénat ; celle du 7 février, par exemple, au cours de laquelle Pompée tenta en vain de défendre Milon attaqué par Clodius pour les violences commises l'année précédente.

Par ailleurs, les affaires d'Égypte n'avaient pas grandi le prestige de l'*imperator.* Ses liens avec le roi d'Égypte, Ptolémée Aulète, chassé de son trône après l'affaire de Chypre par sa sœur Bérénice, avaient peu contribué à sa popularité. Le souverain lagide avait obtenu, naturellement en soudoyant un certain nombre de hauts personnages, que Rome le réinstallât sur son trône, mais ce triste sire avait eu la maladresse et surtout l'inconvenance de faire assassiner, dans la capitale même, un ambassadeur du parti adverse. Il attendait désespérément à Éphèse que les Romains tiennent leur promesse, mais personne ne s'empressait de remplir cette délicate mission. Cependant, quand Pompée se présenta, la majorité du Sénat s'opposa à ce que le commandement de l'expédition lui fût confié; c'est Gabinius, plus tard, qui devait hériter de cette tâche. Surtout, on reprochait à Pompée d'être incapable de mettre fin à la violence dont il était d'ailleurs l'une des principales victimes; Cicéron avait donc raison de dire que la cote de Pompée était alors au plus bas, d'autant qu'il s'était coupé de ses principaux alliés aristocrates et s'appuyait surtout sur des sympathisants de moindre extraction, dont Milon ou Caius Messius étaient les meilleurs exemples. Critiqué par l'oligarchie sénatoriale qui s'opposait à ses ambitions et lui reprochait ses relations orientales, il n'avait guère d'autre solution que de se rapprocher de César. Les attaques contre la *lex Campana,* menées notamment par Cicéron, ne pouvaient que resserrer les liens entre les deux hommes et la perspective d'une candidature au consulat de Lucius Domitius Ahenobarbus avait de quoi inquiéter le proconsul des Gaules quant à la pérennité de son commandement. Crassus, lui aussi, avait tout à gagner d'un nouveau pacte; il était le ciment de l'alliance, savait faire pression sur Pompée par l'intermédiaire de tribuns comme Caius Porcius Cato ou Marcus Nonius Sufrenas qui, à l'occasion, pouvaient s'en prendre durement à lui lors des séances du Sénat; Crassus espérait ainsi un renouvellement de l'alliance qui lui ouvrît la possibilité d'une prestigieuse campagne destinée à compenser son déficit de gloire par rapport à ses partenaires.

Les Modernes sont partagés sur l'identité de celui qui prit l'initiative des accords de Lucques. À la limite, peu importe, car tous trois y avaient intérêt. César rencontra d'abord Crassus, à Ravenne, au mois de mars; puis, à Lucques à la mi-avril, au milieu d'une cour de chevaliers et de sénateurs, Pompée, qui se rendait en Sardaigne pour s'occuper du ravitaillement de Rome. Il fut décidé que Pompée et Crassus se présenteraient au consulat pour 55. Leur association de 70 était ainsi renouvelée; cependant, il ne s'agissait plus de restaurer la liberté, mais plutôt de se partager l'Empire, puisque les deux hommes devaient recevoir pour cinq ans de grands commandements en Syrie et en Espagne. Quant à César, son gouvernement de la Gaule serait prorogé pour la même durée. Les partisans de chacun étaient invités à modérer leurs attaques contre les autres partenaires,

Clodius vis-à-vis de Pompée et Milon, Caius Cato à l'encontre du même Pompée ; et Cicéron fut convié à modérer ses critiques contre la loi campanienne et à ne pas entraver son application. On prorogeait ainsi le pacte conclu en 60 et un nouveau type de gouvernement était mis en place. On l'a appelé à tort le premier triumvirat ; il ne s'agissait évidemment pas d'une magistrature nouvelle (comme celle que s'attribuèrent quelques années plus tard Lépide, Antoine et Octavien et qui fut instituée par une loi). Non, l'accord de Lucques était simplement une entente privée de trois hommes attachés à satisfaire leur fièvre de pouvoir et contraints pour cela de composer, au moins un temps, entre eux. Les choses d'ailleurs ne se passèrent pas aussi bien qu'ils l'auraient souhaité : l'opposition aristocratique ne se résigna pas, d'autant qu'à la fin de 56 Caton, revenant de Chypre, l'attisa.

D'abord, les élections consulaires furent repoussées. Les raisons n'en sont pas claires, mais les troubles provoqués par l'action de Clodius et du tribun Caius Caton y contribuèrent largement, au point que les candidatures ne furent pas présentées à temps. L'année 55 commença donc avec un *interregnum* et quand les comices purent se réunir au mois de janvier, la tension était extrême. Le retard avait permis au jeune Crassus de revenir avec ses troupes et d'accentuer la pression sur les électeurs. Pourtant, l'opposition à la double candidature de Pompée et de Crassus demeurait très forte. La violence atteignit son paroxysme quand l'escorte de leur principal rival, Ahenobarbus, fut attaquée ; le porteur de torches du candidat fut tué et plusieurs personnes de son entourage blessées ; Caton lui-même ne fut pas ménagé. C'est dans cette atmosphère particulièrement trouble que Pompée et Crassus furent finalement élus et le Sénat leur accorda la possibilité de recruter autant de troupes qu'ils le désiraient ; leur succès fut complété par l'élection de Milon et de Vatinius à la préture. Au moment du débat sur la *lex Trebonia* qui leur conférait leur commandement des provinces, le temps de parole de leurs adversaires, Caton et Favonius, fut compté et la loi fut votée malgré le veto des tribuns. Il ne faut cependant pas se méprendre sur la signification de ces événements. Pompée et Crassus n'aspiraient nullement à la tyrannie et ne songeaient qu'à leur *dignitas* ; les difficultés qu'ils rencontraient à Rome montraient qu'ils étaient incapables de contrôler les élections et encore moins le système législatif. Les accords de Lucques étaient le résultat d'une *coitio,* d'une entente entre trois individus. La République ne pouvait pas être renversée par la force, aucun d'entre eux ne semblait y songer, Pompée moins que les autres, qui n'était pas un révolutionnaire.

À quelque temps de là, les consuls firent voter la *lex Licinia Pompeia* qui renouvelait les pouvoirs de César pour cinq ans, au moment où celui-ci s'apprêtait à partir pour la Germanie, puis pour la Bretagne, avec la ferme intention d'élargir l'horizon de ses exploits. Entre-temps, le proconsul des Gaules avait dû réprimer le soulèvement des Vénètes, peuple qui occupait le sud de la région de la Bretagne actuelle et exerçait le monopole du commerce entre l'antique (Grande-) Bretagne et le continent. César avait engagé contre eux, au lendemain des accords de Lucques, une difficile campagne de répression qui l'avait contraint à construire une flotte pour les réduire. Il justifia sa brutalité à l'égard des Vénètes – l'aristocratie fut mise à mort et le peuple réduit en esclavage – par la déloyauté dont ceux-ci avaient fait preuve à l'égard des accords passés avec Rome et par le traitement qu'ils avaient infligé à ses ambassadeurs. Au même moment (fin 56) lui parvenait l'annonce de la victoire du jeune Crassus sur les Aquitains, c'est-à-dire les peuples du sud de la Garonne ; il engagea alors d'autres opérations sur le Rhin Inférieur contre les Morins et les Ménapes. Mais ses ambitions le portaient plus loin, vers la Germanie d'abord et la Bretagne ensuite, fort des légions supplémentaires qu'il avait pu lever pour l'année 55 av. J.-C.

Après avoir repoussé l'attaque surprise de deux tribus germaniques – les Usipètes et les Tenctères, qui avaient franchi le Rhin – et détruit une grande partie de leur armée, il entreprit de traverser le fleuve afin d'effectuer une démonstration militaire. Le prétexte fut, comme à l'accoutumée, l'appel opportun d'un peuple allié, en l'occurrence les Ubiens, menacés par les Suèves, et le châtiment des Sicambres qui avaient donné refuge à la cavalerie usipète et tenctère. Mais la démonstration fut brève et ne dura que dix-huit jours. On ignore si elle fut suffisante ; on peut penser que non, car César prit bien soin de détruire le pont qui lui avait permis de passer le Rhin. Puis il se rendit sur la côte de la Manche, aux environs de Boulogne, pour atteindre la Bretagne ; l'objectif déclaré était d'assurer la sécurité de la Gaule, le dessein caché, de faire du butin dans un pays que l'on supposait riche et de recueillir davantage de gloire. Le débarquement effectué au sud-est de l'île fut difficile et, après de durs combats, César obtint la soumission de quelques peuples. Il n'y avait rien de décisif dans tout cela et nulle raison de pavoiser ; le proconsul se promettait d'ailleurs de revenir. À Rome, ce fut néanmoins suffisant pour que le Sénat vote une nouvelle *supplicatio* de vingt jours, même si les adversaires de César en général, et Caton en particulier, ne manquaient pas de critiquer ses méthodes expéditives de faire la guerre, et lui reprochaient notamment le traitement infligé aux peuples de Germanie. Pour l'heure, tout semblait sourire à César.

Les choses allaient moins bien pour Crassus. Son prédécesseur en Syrie avait réalisé quelques belles choses : Gabinius avait tout d'abord soutenu avec succès Hyrcan, installé à la tête de la Judée par Pompée, contre ses rivaux asmonéens, et son refus de coopérer avec les publicains lui avait valu la sympathie des Syriens. Certes, il avait fait l'objet de dures attaques à Rome, mais il était parvenu à se maintenir. À la fin de l'année 56, Pompée l'avait invité à aller installer Ptolémée Aulète sur son trône. Cela coûta dix mille talents au roi, mais l'expédition de Gabinius, dans laquelle s'illustrèrent Marc Antoine et l'iduméen Antipater, fut un succès. Les usurpateurs furent châtiés et Gabinius en retira quelque prestige avant de retourner à Rome où l'attendaient ses juges. La nouvelle de ses hauts faits parvint à Pouzzoles au mois d'avril 55 et Crassus, qui voyait s'évanouir la possibilité d'un succès facile et fructueux, en fut fort marri. Pour la quête de gloire, il lui resterait le Parthe, mais il serait difficile de trouver un motif pour engager une guerre juste. D'ailleurs les présages se montraient défavorables et n'annonçaient rien de bon. Crassus s'en moquait et quitta Rome au mois de novembre sans même attendre le retour de Gaule de son fils.

> Cependant, le tribun du peuple Ateius voulait s'opposer à son départ, et beaucoup de gens se joignaient à lui, mécontents qu'on allât faire la guerre à des peuples qui n'avaient aucun tort envers Rome et auxquels on était lié par un traité... Alors Ateius prit les devants et courut vers la porte où il dressa un foyer ardent, puis, lorsque Crassus fut arrivé là, il y fit des fumigations et des libations, et enfin proféra des imprécations terribles et épouvantables par elles-mêmes en invoquant par leurs noms, pour accomplir ces imprécations, des divinités étrangères et redoutables. (Plutarque, *Crassus*, 16, 4-7.)

Mais l'événement le plus important du consulat fut l'inauguration, au mois de septembre, du théâtre de Pompée. Le bâtiment construit au Champ de Mars était le premier de ce type, entièrement édifié en pierre; il en imposait par ses dimensions (310 x 170 m), car s'y adjoignaient des jardins. Il était couronné par un temple dédié à Venus Victrix, la divinité garante du charisme de l'*imperator*. Celui-ci pouvait assouvir dans cette réalisation architecturale sa soif de gloire et satisfaire son incommensurable orgueil; sa statue figurait en bonne place au milieu de celles des quatorze nations qu'il avait soumises. Les jeux qui couronnèrent cette inauguration furent à la hauteur de l'événement; on y produisit même des animaux exotiques et pour la première fois l'on vit un rhinocéros à Rome. César avait, lui aussi, compris que l'œuvre édilitaire venait couronner l'action du conquérant; déjà ses agents, auxquels se mêlait parfois Cicéron, étaient à l'œuvre pour acheter les terrains qui devaient permettre au proconsul des Gaules d'égaler, voire de surpasser, celui qui était déjà devenu, dans ce domaine également, son rival :

> Aussi les amis de César (c'est Oppius et moi que je veux dire, dusses-tu en crever de dépit), nous avons dépensé sans compter, pour ces travaux que tu portais aux nues, et qui consistaient à élargir le Forum et à l'étendre jusqu'à l'*atrium libertatis*, soixante millions de sesterces. On ne pouvait pas traiter à moins avec les particuliers. Nous accomplirons une œuvre qui nous fera le plus grand honneur : car nous allons construire au Champ de Mars des clôtures de marbre pour les comices tributes, avec abris couverts, et nous entourerons l'ensemble d'un haut portique qui n'aura pas moins de mille pas. On reliera aussi à cet édifice la villa publica. Tu me diras : « De quoi me servira ce monument ? » Mais pourquoi nous mettre en peine de cela ? (Cicéron, *Lettres à Atticus*, IV, 16, 8.)

Brigue et corruption

Les élections consulaires pour 54, elles aussi repoussées jusqu'au mois de décembre 55, marquèrent un retournement de la situation politique car

Domitius Ahenobarbus fut enfin élu consul et Caton préteur. Les attaques contre les triumvirs et leurs partisans redoublèrent, mais c'était un peu vain puisque César bénéficiait, grâce à ses succès militaires et l'action de ses agents, d'une solide assise populaire, que Crassus avait quitté Rome et que Pompée avait de quoi se défendre; il pouvait compter sur ses partisans pour paralyser toute activité politique. L'anarchie d'ailleurs le servait, la corruption régnait en maîtresse qui permettait, contre argent, à tout accusé d'être acquitté et, au début de l'été, des rumeurs couraient sur un possible recours à la dictature. Il en aurait été le candidat tout désigné, mais cela aurait trop ravivé les mauvais souvenirs du temps de Sylla. De plus Cicéron, lorsqu'il faisait appel à l'homme providentiel pour venir sauver la République, pensait sans doute plus à lui-même qu'à l'*imperator.* Le désordre fut porté à son comble en juillet 54, quand il fallut élire les consuls pour l'année 53; une fois encore, il fallut différer. Le témoignage de Cicéron est éloquent sur ce qui se passait alors:

> Suis-moi maintenant sur le Champ de Mars. La brigue fait fureur; et je vais t'en donner la preuve: l'intérêt de l'argent est monté, le 15 juillet, de quatre à huit pour cent. Tu me diras: « Voilà du moins une nouvelle qui ne me chagrine pas. » Ô vertu! Ô civisme! Memmius a pour lui tout l'appui de César. Les consuls lui ont fait faire alliance avec Domitius; à quelles conditions, je n'ose le confier à une lettre. Pompée murmure, récrimine, soutient Scaurus: grimace ou appui sincère? On ne sait pas. Aucun candidat ne se détache: l'argent nivelle leurs mérites. Messalla est en baisse: ce n'est pas qu'il manque de courage ni d'amis, mais il se heurte à la coalition des consuls et à Pompée. Je crois que ces élections seront renvoyées. Les candidats au tribunat ont juré d'accepter Caton comme juge de la correction de leur campagne. Ils ont déposé entre ses mains cinq cent mille sesterces chacun: celui qui serait condamné par Caton perdrait cette somme, et elle serait distribuée entre ses compétiteurs. (Cicéron, *Lettres à Atticus,* IV, 15, 7.)

Telle était l'atmosphère politique de Rome, à en croire Cicéron dont la correspondance nous permet, en effet, de suivre les péripéties des scandales à répétition qui trouvèrent dans l'affaire de la *coitio* de Caius Memmius, l'un des candidats au consulat, un point ultime; il révéla par la suite au Sénat que lui-même et Domitius Calvinus, l'un de ses concurrents, avaient offert aux deux consuls en charge quarante mille sesterces pour qu'ils les aident à se faire élire. C'est au beau milieu de cette affaire qu'au mois de septembre 54, Gabinius revint à Rome: il fut immédiatement traîné en justice par ses adversaires.

Le proconsul de Syrie fut tout d'abord acquitté dans le procès intenté contre lui en vertu de la *quaestio de maiestate*, parce qu'il avait quitté sa province pour l'Égypte sans véritable mandat, mais il n'échappa pas à une condamnation pour extorsion; dans cette dernière affaire, il avait été défendu par Cicéron malgré l'aversion que celui-ci avait à son égard, mais Pompée avait insisté. Ce fut en vain, et Gabinius dut s'exiler. Il avait pourtant réussi à établir la stabilité au sud de sa

Crassus

province en mâtant un nouveau soulèvement des Juifs et en réprimant une révolte des Arabes Nabatéens, ce qui avait permis à Crassus de faire ses préparatifs en toute tranquillité en prévision de la grande campagne qu'il devait engager au printemps de 53 ; celui-ci put concentrer ses opérations préliminaires de 54 sur l'Osrhoène dont il parvint à rallier le roi, Agbar (mais en commettant la maladresse d'installer des garnisons sur son territoire). En tout cas, ce délai qu'il s'était donné avait permis à son fils de le rejoindre avec un millier de cavaliers gaulois sur lesquels il comptait pour contrer la redoutable cavalerie parthe.

Carrhae

Au printemps de 53, Crassus lança donc sa grande offensive ; son objectif était la Mésopotamie, le pays entre les deux fleuves, le ventre mou du royaume parthe, mais aussi la région la plus riche et le pôle économique par lequel transitait le commerce caravanier provenant du golfe Persique. Séleucie du Tigre, capitale royale et grand entrepôt commercial de la région, constituait une cible privilégiée et nul doute que l'appât du butin n'ait constitué, avec la recherche d'une victoire facile, l'une des motivations principales du vieux politicien. C'est la raison pour laquelle il négligea l'offre de son allié, le roi d'Arménie, qui lui proposait d'attaquer le royaume arsacide par le nord pour le frapper au cœur, avec une cavalerie susceptible de rivaliser efficacement celle de l'adversaire : Crassus s'engagea directement à travers le désert syrien pour rejoindre l'Euphrate, avant de descendre le fleuve jusqu'à son objectif. Quand il atteignit l'Euphrate, il apprit que les Parthes l'attendaient, un peu plus à l'est, au sud de Zeugma ; ils n'étaient pas commandés par Orode (le souverain arsacide s'était mis en route vers le nord pour défendre sa frontière contre l'Arménien ou négocier avec lui), mais par son principal vassal, homme de guerre expérimenté, que l'on appelait le Surène. Crassus se porta à sa rencontre, mais l'engagement eut lieu sur un terrain dégagé, favorable aux manœuvres de cavalerie ; le corps gaulois commandé par son fils fut massacré avec son chef ; les légions encerclées devinrent alors une proie facile pour la lourde cavalerie des cataphractaires et les archers orientaux ; la bataille tourna au désastre pour les Romains, d'autant que les troupes d'Agbar s'étaient hâtées de trahir. Crassus n'en réchappa pas et les Romains laissèrent sur le champ de bataille de Carrhae trente mille hommes ; dix mille survivants parvinrent à s'échapper et à se regrouper grâce à l'énergie du questeur du proconsul, Caius Cassius, avant de rejoindre Antioche. Plutarque nous rapporte l'épilogue tragico-burlesque de cette funeste entreprise qui jeta la honte sur les armes romaines et fit du souci de venger Crassus et de récupérer les enseignes de ses légions l'un des plus prestigieux défis de tout *imperator* jusqu'à Auguste.

> Surenas envoya la tête et la main de Crassus à Orode en Arménie. Puis il fit répandre à Séleucie par des messagers le bruit qu'il amenait Crassus vivant et il prépara une procession burlesque qu'il appela par dérision un triomphe. Un des prisonniers, celui qui ressemblait le plus à Crassus, Caius Paecianus, vêtu d'un habit royal de femme et dressé à répondre aux noms de Crassus et d'*imperator,* était conduit à cheval et précédé par des trompettes et des licteurs montés à dos de chameaux. Aux faisceaux pendaient des bourses, et, auprès des haches, des têtes de Romains fraîchement coupées. Derrière venaient des courtisanes et des musiciennes de Séleucie, qui faisaient entendre des chansons railleuses et bouffonnes sur le caractère efféminé et la lâcheté de Crassus. Ce spectacle était destiné à la foule... À ce moment, Orode s'était déjà réconcilié avec le roi d'Arménie Artavasde et ils étaient convenus de marier la sœur d'Artavasde au fils d'Orode, Pacorus. Les deux rois s'offraient l'un à l'autre fêtes et banquets où l'on introduisait souvent des spectacles venus de Grèce... Lorsqu'on apporta la tête de Crassus à l'entrée du palais, les tables venaient d'être enlevées ; un acteur tragique nommé Jason, originaire de Tralles, chantait le rôle d'Agavé dans *Les Bacchantes* d'Euripide et y remportait un grand succès, lorsque Silacés entra dans la salle, se prosterna et jeta au milieu des convives la tête de Crassus. (Plutarque, *Crassus*, 32, 1-3 ; 33, 1-3.)

Mais la mort de Crassus n'était pas seulement un immense désastre militaire et diplomatique ; elle modifia le rapport des forces politiques à Rome, en laissant face à face César, dont il était le principal allié, et Pompée, auquel il faisait contrepoids.

Les mécomptes de César

Déjà les relations entre les deux hommes s'étaient détériorées. César avait auparavant connu bien des déboires dans ses entreprises. Sa nouvelle campagne militaire, en 54, en Bretagne, s'était soldée par un demi-échec, malgré l'importance des forces qu'il avait engagées : huit cents navires, cinq légions et deux cents cavaliers ; il avait franchi la Tamise, livré de difficiles combats contre un adversaire qui pratiquait la guérilla et avait été tout heureux d'accepter l'offre de paix du principal roi du sud-est de l'île, Cassivellaunus ; il imposa même un tribut pour faire croire que la Bretagne était soumise, mais on savait parfaitement qu'il ne serait jamais versé. Le mécontentement avait gagné ses troupes, soumises à un dur régime et anxieuses de retrouver le continent à propos duquel circulaient des rumeurs de révolte, malgré la présence de trois légions que le proconsul avait disposées sur la côte pour garantir son retour. Au mois de septembre, César était revenu en Gaule avec pour la première fois un sentiment d'échec, comme si sa bonne fortune l'avait abandonné. Une autre mauvaise nouvelle l'attendait, celle de la mort de sa fille unique, Julie, qui était le gage de son alliance avec Pompée dont elle était devenue l'épouse. Elle représentait un élément essentiel de l'accord entre les deux hommes et l'on peut supposer qu'elle avait contribué à aplanir bien des différends entre son père qui la chérissait et son époux qui l'aimait tendrement. Le peuple lui fit des funérailles au Champ de Mars où elle fut inhumée malgré l'opposition d'Ahenobarbus et du Sénat ; César fit célébrer, contrairement à la coutume, mais il s'en moquait, des jeux en son honneur, et Pompée la pleura certainement sincèrement. Peu de temps après, il refusa la nouvelle épouse que César lui proposa, sa petite nièce, la jeune Octavie.

À l'automne de 54, la Gaule se souleva parce qu'elle protestait contre la lourdeur des taxes et des levées d'hommes, et les nouvelles les plus alarmantes circulèrent dans Rome. Tour à tour, Carnutes, Éburons qui massacrèrent une légion et demie, Nerviens et *Atuatuci* se révoltèrent. Le proconsul ne put quitter la Gaule cet hiver-là, d'autant que les Trévires, à leur tour, prirent les armes : au printemps de 53, il lui fallait absolument rétablir la situation et restaurer l'image de la puissance de Rome. Il avait reçu, pour ce faire, le renfort de deux nouvelles légions et Pompée lui en avait envoyé une autre pour compenser les pertes subies. Il franchit à nouveau le Rhin, puis se vengea des Éburons, Senons et Carnutes ; il put alors installer ses troupes dans leurs quartiers d'hiver et se rendit, à la fin de l'année, en Italie ; il n'y était pas revenu depuis deux ans et il put alors mesurer tant l'ampleur du chaos politique, aggravé par l'annonce du désastre de Carrhae, que les progrès accomplis dans la mise en œuvre de son programme d'urbanisme.

Mort d'un agitateur

À Rome, en effet, l'année 53 avait déjà mal commencé – Cicéron le laissait prévoir –, sans magistrats élus et même sans *interregnum* ; le précédent *lustrum* n'était d'ailleurs pas parvenu à son terme. L'idée d'une dictature de Pompée continuait à faire son chemin et celui-ci avait tout intérêt à laisser pourrir la situation :

> Les magistratures étaient mises en place à coups de pressions partisanes ou de corruption, avec beaucoup d'application dans l'iniquité, et le recours aux pierres et aux épées : la brigue et la corruption l'emportaient alors de la façon la plus éhontée, et le peuple lui-même se laissait acheter pour les élections. On vit même une fois une garantie de huit cents talents versés pour obtenir la magistrature qui donne son nom à l'année. En outre, les consuls pour chaque année se voyaient frustrés du commandement des armées et de la direction des guerres, d'où les excluait la puissance des triumvirs. Et les plus dépravés de ces gouvernants ne visaient plus le profit dans les campagnes militaires, mais dans l'administration de la Ville et dans l'élection de leurs propres successeurs. Quant aux bons citoyens, pour ces raisons, ils se retirèrent même complètement des tâches gouvernementales, au point qu'une fois la Ville resta sans gouvernant ; telle était sa désorganisation, tandis que Pompée faisait exprès de tout laisser aller, pour qu'on éprouvât le besoin d'un dictateur. (Appien, *Guerres civiles,* 3, 3, 19.)

Les choses s'aggravèrent encore avec l'annonce de la candidature de Clodius à la préture pour 52, avec un programme populaire qui prévoyait, entre autres, le vote des affranchis dans l'ensemble des tribus. Milon de son côté s'était porté candidat au consulat : les bandes s'affrontèrent de plus belle et la tragédie vint couronner la violence, en janvier 52, quand Clodius fut assassiné par Milon :

> Or Clodius revenait de son propre domaine à cheval, et rencontra Milon près de Bovillae : les deux hommes, en raison de leur hostilité, se jetèrent seulement un regard à la dérobée et passèrent leur chemin : mais un esclave de Milon se précipita sur Clodius, soit qu'il en eût reçu l'ordre, soit qu'il eût voulu tuer l'ennemi de son maître, et le frappa d'un coup de poignard dans le dos. Son palefrenier l'emmena, ruisselant de sang, dans l'auberge voisine ; alors Milon surgit avec ses esclaves et, que Clodius respirât encore ou qu'il fût déjà mort, l'acheva ; à l'en croire, il n'en avait ni prémédité ni commandé le meurtre, mais comme tout allait l'en accuser, il avait préféré ne pas laisser l'entreprise inachevée. Quand le triste événement fut divulgué à Rome, la plèbe, sous le choc, passa la nuit sur le Forum, puis des partisans de Clodius, au lever du jour, portèrent son corps sur les rostres ; ensuite, il fut emporté par certains des tribuns, par des amis de Clodius, puis par le reste de la foule avec eux, et transféré dans le bâtiment du Sénat, soit pour rendre hommage à sa naissance sénatoriale, soit pour outrager le Sénat qui souffrait de tels crimes. Puis les plus impulsifs des manifestants présents firent un tas des bancs et des fauteuils des sénateurs et l'allumèrent comme bûcher pour Clodius, après quoi le bâtiment du Sénat et un grand nombre de maisons voisines brûlèrent avec son cadavre. (Appien, *Guerres civiles,* 2, 3, 21.)

Le peuple excité par Sextus Clodius menaçait d'étendre sa vengeance. Il ne restait au Sénat qu'un ultime recours : faire appel à Pompée.

Consul solus

Les émeutes qui suivirent le meurtre de Clodius contraignirent le Sénat à prendre des mesures d'urgence ; en proie à la panique, les sénateurs se tournèrent vers Pompée – qui n'attendait que cela. Certains auraient voulu en faire un dictateur, mais sur les conseils de Caton et à l'initiative de Bibulus, les *patres* le firent nommer consul sans collègue, *consul solus*, « de façon qu'il eût le pouvoir d'un dictateur, en étant seul à gouverner, mais qu'il eût à rendre les comptes d'un consul ». La législation qu'il mit en place traduisit sa volonté de restaurer rapidement l'ordre ; elle concernait en premier lieu les fauteurs de troubles et Lucius Domitius Ahenobarbus présida le tribunal chargé de les juger. Les partisans de Clodius furent condamnés, mais Milon le fut aussi à l'issue d'un procès placé sous haute surveillance militaire et malgré la défense, bien timide, de Cicéron. Puis le consul unique s'en prit à la brigue et à la corruption électorale avec une loi *de ui et ambitu* ; elle avait un effet rétroactif et voulait remonter aux faits depuis 70, c'est-à-dire l'année du premier consulat de Pompée. On pouvait penser que César était visé, mais Pompée prétendit qu'il n'en était rien puisque lui-même était concerné pour son deuxième consulat de 55. En revanche, une *lex de prouinciis* établissant un intervalle de cinq ans entre l'exercice du consulat et le commandement d'une province, toujours avec le souci de combattre la corruption, constituait une menace pour le proconsul des Gaules, d'autant que Pompée se fit immédiatement dispenser de cette règle et renouveler sa *prouincia* en Espagne avec le droit de demeurer à Rome. La position de César se trouvait donc affaiblie ; certes, une loi proposée par les tribuns lui permettait de se présenter au consulat *in absentia*, mais la loi sur le gouvernement des provinces rendait probable son remplacement au 1er mars 50, puisque, à défaut des consuls de l'année précédente, on n'aurait aucun mal à trouver un ancien magistrat dépourvu de *prouincia*. Surtout, le front de ses adversaires s'était reconstitué ; Pompée qui s'était remarié s'adjoignit, au mois de juillet, son beau-père, Quintus Metellus Scipio, comme collègue, et son prestige était à son zénith, notamment chez les *boni* ; le Sénat éprouvait pour lui la plus grande bienveillance parce qu'il avait énergiquement remis de l'ordre dans l'État, sans avoir causé le moindre ennui à un sénateur.

De son côté, le proconsul des Gaules avait bien des soucis ; en Gaule, une grande révolte avait éclaté pendant l'hiver de 53-52 et son œuvre de conquête tout entière se trouvait compromise.

La grande révolte gauloise

L'insurrection prit naissance en pays carnute au cœur de l'hiver de 53-52 ; les citoyens romains de *Cenabum* (Orléans) avaient été massacrés. La nouvelle se répandit comme une traînée de poudre et, le soir même, avait atteint le pays arverne. C'est autour de ce peuple et de son jeune chef, Vercingétorix, que se cristallisa le soulèvement ; mais, pour la première fois, César dut faire face à une révolte générale s'étendant à la moitié du pays et à l'ensemble des peuples installés entre Seine et Garonne, qui décidèrent d'agir de concert. La difficulté des communications pendant l'hiver, l'isolement des Cévennes, alors peu accessibles à ce moment de l'année, donnèrent aux révoltés le temps de s'organiser, d'autant que Vercingétorix avait déjà largement parcouru le pays et s'était concilié de nouveaux ralliements. Âgé d'une trentaine d'années, ambitieux, doté de solides qualités d'organisateur et bien au fait des méthodes de guerre romaines, le jeune noble s'imposa vite comme un chef naturel et fut élu roi. Après avoir fixé les contingents que chaque peuple devait mettre au service de la cause, il réunit une imposante armée dont la cavalerie devait constituer l'instrument décisif. Rapidement, la rébellion gagna le territoire des Bituriges, mais aussi les confins et l'intérieur même de la province romaine de Gaule transalpine qui se trouva menacée.

César revint rapidement de Ravenne au début du mois de février, avec de nouvelles recrues, pour se rendre à Narbonne et organiser la défense de la *prouincia* où il leva de nouvelles troupes, sans tenir compte du statut des personnes ; puis, à marche forcée, il chercha à rejoindre ses légions, installées dans leurs campements. Une nouvelle fois, il joua sur l'effet de surprise provoqué par la rapidité de ses mouvements et pénétra dans le territoire arverne avant que l'adversaire ait eu le temps de réagir ; quand Vercingétorix se porta à sa rencontre, il était déjà revenu à Vienne au nord de la province pour récupérer sa cavalerie. Il se dirigea alors vers le territoire des Lingons où étaient installés les quartiers de deux de ses légions et put ainsi, dès le printemps suivant, reprendre l'offensive ; il s'empara de Cenabum qui fut pillée et incendiée en guise d'avertissement, remporta aux dépens de Vercingétorix un premier engagement de cavalerie, à Noviodunum, au sud de Cenabum, au cours duquel ses auxiliaires germains firent merveille, enfin alla entreprendre le siège d'Avaricum, principale place forte des Bituriges que le chef arverne avait commis l'erreur de laisser intacte. Celui-ci, en effet, après les premiers succès de César, avait modifié sa stratégie et décidé de pratiquer la politique de la terre brûlée : le territoire des Bituriges fut ainsi ravagé pour empêcher les troupes romaines d'y trouver leur ravitaillement. Mais Avaricum avait conservé ses ressources et César s'en empara (après, il est vrai un siège long et difficile) ; la cité fut naturellement pillée et la population massacrée. De l'aveu même de César il n'y eut que huit cents survivants sur quarante mille habitants.

Entre-temps, Vercingétorix avait bénéficié de nouveaux ralliements : les Nitiobroges sur la Garonne et les Bellovaques, installées sur l'Oise, l'avaient rejoint. De plus, le mécontentement grondait dans l'armée romaine qui dut aussi faire face à une mutinerie de ses auxiliaires éduens. Lorsque César se porta contre eux pour la réprimer, Vercingétorix attaqua le reste de son armée et le défit. César dut aussi séparer ses forces et envoyer Labienus au nord avec quatre légions contre les Senons et les Parisi afin de prévenir l'extension de la révolte chez les Belges, tandis que lui-même se portait vers le sud contre la principale place forte des Arvernes, Gergovie. Il connut là le plus grave échec de l'ensemble de sa campagne ; il ne put s'emparer de la cité bien défendue et soutenue par l'armée de Vercingétorix et perdit, dans un assaut malencontreux, quarante-six centurions et sept cents hommes. Il réussit cependant à remettre rapidement son armée en ordre de bataille et le chef arverne n'osa pas profiter de son succès initial. César dut néanmoins se retirer vers le pays des Éduens. Ceux-ci choisirent ce moment pour trahir et rejoindre la rébellion, après avoir pillé la base de Noviodunum (Nevers) où le proconsul avait installé ses otages, accumulé des réserves de grains et placé bagages et chevaux. Bibracte, autre place forte, connut bientôt le même sort tandis qu'au nord le soulèvement des Bellovaques avait contraint Labienus à se retirer vers Agedinum (Sens). Ce dernier parvint néanmoins à rétablir la situation et César décida de le rejoindre plutôt que de se porter au sud pour défendre la province sur laquelle Vercingétorix exerçait une pression de plus en plus forte, comptant sans doute sur un soulèvement des Allobroges.

La position du proconsul était devenue délicate : à Bibracte, où s'était réuni le conseil de tous les peuples de la Gaule (sauf les Remi et les Lingons demeurés fidèles à Rome, et les Trévires occupés à contenir les Germains), Vercingétorix avait été confirmé comme chef suprême et continuait à lever des troupes pour envahir la *prouincia*. Il commit cependant l'erreur d'attaquer César au moment où celui-ci s'était avancé vers le territoire séquan pour aller chercher des renforts et recruter de nouveaux auxiliaires. Le proconsul avait de nouveau fait appel à la cavalerie germaine qui mit en déroute son homologue gauloise quand celle-ci, sans doute pressée d'en finir, attaqua les forces romaines. Vercingétorix dut alors se replier vers Alésia avec quatre-vingt mille fantassins et le reste de sa cavalerie. César entreprit immédiatement le siège de la place forte, qui devait devenir le site de la rencontre décisive ; il décida d'édifier un double réseau de fortifications, l'un pour enfermer l'adversaire et se protéger de ses éventuelles sorties, l'autre pour se préserver de l'assaut de l'innombrable armée qui se rassemblait sur ses arrières, à l'appel de la cavalerie que le chef arverne avait immédiatement dépêchée auprès de ses alliés. Dans son récit de la guerre des Gaules, le conquérant a décrit avec minutie les travaux entrepris et qui passèrent pendant longtemps pour un modèle du genre : un double mur de quatorze kilomètres de long, entrecoupé de fortins et protégé par un système de fossés, de palissades et de pièges savamment étudiés et répartis de façon qu'ils retardent d'éventuels assauts et permettent à son armée de se porter à temps aux points névralgiques ; César tenait là le seul moyen de compenser l'infériorité numérique de ses troupes. Après de nombreux combats acharnés, engagés dès la mise en œuvre des travaux de siège, les forces romaines parvinrent à repousser l'armée de secours composée de deux cent cinquante mille fantassins et de huit mille cavaliers, mais probablement mal commandée et fort hétérogène, et à contenir les sorties répétées des assiégés : la cavalerie germaine, une nouvelle fois, joua un rôle décisif. Les assiégés à bout de force et de vivres et qui avaient déjà rejeté en dehors de la cité malades, femmes, vieillards et enfants, durent bientôt capituler ; le chef arverne fit sa reddition, venant s'en remettre à la *fides* du vainqueur.

> Le lendemain, Vercingétorix convoque l'assemblée ; il déclare que cette guerre n'a pas été entreprise par lui à des fins personnelles, mais pour conquérir la liberté de tous ;

puisqu'il faut céder à la fortune, il s'offre à eux. Ils peuvent, à leur choix, apaiser les Romains par sa mort ou le livrer vivant. On envoie à ce sujet une députation à César. Il ordonne qu'on lui remette les armes, qu'on lui amène les chefs de la cité. Il installa son siège au retranchement, devant son camp ; c'est là qu'on lui amène les chefs : on lui livre Vercingétorix, on jette les armes à ses pieds. (César, *Guerre des Gaules,* VII, 89.)

César fut sans pitié : il le fit charger de chaînes et conduire à Rome où il demeura six ans en prison avant de figurer au triomphe du dictateur, qui le fit ensuite exécuter dans le *Mamertinum.* Le vainqueur pardonna cependant aux Éduens et aux Arvernes, donna un esclave à chacun de ses hommes et vendit le reste des prisonniers, sans doute à son profit. À Rome, le peuple fut soulagé et le Sénat décréta une nouvelle *supplicatio* de vingt jours, même si la guerre n'était pas terminée et si les Illyriens venaient de s'emparer de Tergeste, non loin d'Aquilée, aux frontières mêmes de l'Italie.

Les pouvoirs de César

La victoire d'Alésia ne signifiait pas la fin de la conquête et César demeura en Gaule pendant l'hiver de 52-51, qui fut encore difficile pour les forces romaines. Le proconsul dut une nouvelle fois marcher contre les Bituriges, les Carnutes, puis contre les Bellovaques qui avaient reçu l'appui d'autres peuples et avaient fait appel à des auxiliaires germains. Au printemps de 51 cependant, après un dernier succès sur les Pictons et la prise d'Uxellodunum où il fit couper les mains des chefs rebelles, César était de nouveau victorieux et les derniers irréductibles, dont l'Atrébate Commius, s'étaient exilés. Labienus avait soumis les Trévires et, à l'automne, le proconsul pouvait visiter l'Aquitaine, tenir ses lits de justice en Gaule transalpine où il reçut les remerciements de la province et récompensa ceux qui étaient demeurés fidèles. Puis il décida d'installer les quartiers d'hiver de ses troupes en Belgique, à Nemetocenna (Arras), tandis que lui-même retournait en Gaule cisalpine, à Ravenne. La Gaule était définitivement pacifiée, mais à quel prix ! Dans son bilan quelque peu amplifié, César parle de huit cents cités prises, de trois cents peuples soumis, d'une victoire sur trois millions d'hommes en armes dont le tiers avait été tué et un autre tiers emprisonné ou réduit en esclavage. Pourtant il exaltait, dans ses Commentaires, sa *clementia* et son *humanitas.* La Gaule était exsangue et devait être traitée avec *leuitas* : aucun nouveau tribut ne lui fut imposé et les peuples alliés, Rèmes, Lingons et même Éduens, furent traités avec bienveillance. Il est vrai que César pourrait avoir besoin d'eux.

À Rome, en effet, la question restait pendante de la prorogation de ses pouvoirs : la *lex de prouinciis* de Pompée posait à terme le problème de sa succession à la tête des Gaules et ses adversaires ne cachaient pas leur volonté de le priver au plus tôt de son commandement. Surtout, Caton et ses amis avaient juré de lui intenter un procès dont on pouvait prévoir que, comme celui de Milon, il se déroulerait sous haute protection des troupes de Pompée, et dont l'issue ne faisait pas de doute. S'il voulait assurer sa survie politique, César ne pouvait donc pas se permettre d'abandonner son proconsulat sans avoir revêtu une autre magistrature, en l'occurrence le consulat. Le débat rebondit au début de l'année 51, lorsque l'un de ses ennemis, le consul Marcus Claudius Marcellus, déclara que puisque la guerre des Gaules était sur le point de s'achever, il fallait lui donner un successeur. Pompée, qui demeurait le guide et la référence de la majorité sénatoriale, voulut cependant s'en tenir à ses engagements et ne souhaita pas que la question soit abordée avant le 1er mars 50, qu'il considérait comme la date légale d'expiration du commandement du proconsul des Gaules. C'est du moins ce que confirme Caelius dans une lettre adressée à Cicéron à l'automne de 51.

> Après cela, on a remarqué certains propos de Pompée qui ont ramené la confiance; il ne pouvait, disait-il, sans injustice statuer sur les provinces de César avant le 1er mars [50]; mais après cette date, il n'hésiterait pas. (Cicéron, *Lettres familières*, 8, 9.)

Le Sénat se rangea à cet avis. Pompée avait cependant ajouté que les résolutions qui seraient prises alors ne pourraient pas être sujettes à un veto tribunitien, sauf à considérer que César lui-même en serait l'inspirateur. Et comme on lui demandait ce qu'il adviendrait si César cherchait à revêtir le consulat pendant l'exercice de sa promagistrature, il répondit pour montrer que cela était impossible ou que les conséquences seraient graves: « Et si mon fils me donnait le fouet ? »

César obtint cependant un nouveau sursis grâce à l'action de l'un des consuls de l'année 50, Lucius Aemilius Paullus, et de l'un des tribuns de la plèbe, Caius Scribonius Curio, qu'il avait soudoyés. Avec le premier, il avait conclu un étrange marché: Paullus s'était mis en tête de refaire la Basilica Fuluia Paulli et avait obtenu du Sénat l'autorisation de reconstruire la Basilica Sempronia, puisqu'il n'y avait plus de descendants de la famille des Sempronii Gracchi; comme il n'avait pas le premier sesterce pour financer ces deux opérations de grand prestige, sur le Forum romain, César lui donna neuf millions de deniers, soit trente-six millions de sesterces pour la Fuluia Paulli, à condition que celui-ci lui laisse l'initiative sur la Sempronia (qui devint donc la Iulia). À Scribonius Curio il donna tout simplement l'argent de ses dettes, qui étaient immenses. Celui-ci était le nouveau favori de la plèbe depuis la construction de son théâtre/amphithéâtre en bois et la célébration de jeux somptueux; il avait pris en cela la place de Clodius dont il avait d'ailleurs épousé la veuve Fulvia. Issu de la noblesse plébéienne, il avait appartenu comme lui à la jeunesse dorée de Rome. Sans fortune, brillant bon à rien *ingeniosissime nequam*, il avait très vite affiché des sympathies « populaires » en présentant un programme législatif – loi agraire sur la Numidie et la Campanie, loi frumentaire, construction de route – qui le classait comme un *popularis*. Tout le rapprochait de César, mais impulsif, sans scrupules, Curion n'avait pas de principe de morale politique et surtout aucun objectif précis; selon Caelius, un proche de Cicéron qui le connaissait bien, ce qui plaisait le plus à Curion était de n'être concerné par rien. On comprend mieux son hostilité initiale à César et à sa législation pendant son consulat de 59; mais celui-ci avait de la sympathie pour le jeune homme et espérait qu'il pourrait utiliser ses talents oratoires: il le rallia à la fin février 50 de la manière que l'on sait et Curion devint son principal avocat au Sénat. Avec le soutien du consul, le tribun de la plèbe obtint que le débat sur le commandement de César soit repoussé, en proposant que Pompée abandonne en même temps ses pouvoirs, soit trois ans avant leur terme. Celui-ci, indigné, demanda que la question soit redébattue à la mi-novembre. Pendant six mois, la vie politique romaine fut de nouveau paralysée et seule la menace parthe mobilisa quelque peu les esprits.

Au début de l'automne de 51, les forces parthes, dirigées par le fils aîné du roi Orode, Pacorus, avaient franchi l'Euphrate à Zeugma et menaçaient un front dégarni de troupes depuis l'échec de Crassus. Cicéron avait été envoyé en Cilicie et Bibulus en Syrie pour assurer la défense des deux provinces, mais Cassius, l'ancien questeur de Crassus, avait fait l'essentiel en défendant victorieusement Antioche. Cependant, les Parthes avaient passé l'hiver en Cyrrhestique, à l'ouest de l'Euphrate, et leur menace demeurait réelle: il fallait envoyer des renforts. Le Sénat décréta que César et Pompée devaient donner chacun une légion. Pompée choisit habilement de mettre à disposition celle qu'il avait envoyée à César en Gaule, en 53; les deux légions furent envoyées à Capoue où elles demeurèrent, car les Parthes décidèrent en fin de compte de se retirer.

Alea iacta est

Pendant l'été, la confiance de Pompée s'était renforcée; le jeune Claudius, neveu du censeur, était rentré de Gaule avec les deux légions reprises à César, en assurant que le moral des troupes était au plus bas, que le mécontentement courait et que Pompée n'aurait aucun mal à les rallier. Ces rumeurs circulaient à Rome et contribuaient à accréditer l'idée qu'il ne fallait pas craindre l'armée des Gaules. Pompée, quant à lui, s'était trouvé conforté dans son sentiment de popularité; il se remettait d'une maladie sérieuse, mais avait pu mesurer, dans cette épreuve, l'attachement de l'Italie à sa personne: la péninsule tout entière avait fait des vœux pour son rétablissement et un cortège ininterrompu l'avait escorté lors de son retour de Naples à Rome. Cela l'avait renforcé dans sa conviction qu'il lui suffisait de frapper le sol de l'Italie de sa botte pour qu'en surgissent légions et cavaliers; l'*imperator* se faisait bien des illusions en pensant que toutes les couches de la société se trouvaient derrière lui et ces manifestations lui donnaient une image bien trompeuse du rapport de forces. D'autres étaient plus réalistes, tel Marcus Caelius qui, à l'été de 50, écrivait à Cicéron, alors en Cilicie, que dans les disputes internes, tant que l'on était conduit par des motifs civils et non militaires, on devait se ranger du côté du plus honorable, mais quand on en arrivait à la guerre, il convenait d'être du côté du plus fort; Caelius était assez fin observateur pour savoir quel était le bon choix.

Bouffi d'un orgueil qui altérait son jugement à la seule idée que quelqu'un pût être son égal, Pompée était aussi manipulé par les *optimates*, ennemis irréductibles de César, qui le poussaient à l'intransigeance : au premier rang de ceux-ci, Caton, bien sûr, et les Claudii Marcelli. Ces derniers, après une longue période d'effacement de la *gens*, avaient revêtu à plusieurs reprises le consulat : Marcus Claudius Marcellus, le consul de 51, avait fait de la provocation en faisant battre de verges un citoyen de Novum Comum en Cisalpine pour bien montrer que l'octroi de la *ciuitas* par César n'avait aucune valeur et que sa protection ne servait à rien. Son frère, Caius, venait d'être désigné consul pour l'année 49 avec un autre noble, Lucius Cornelius Lentulus Crus, avide et vénal, que César avait pensé pouvoir se concilier en le libérant de ses dettes, mais qui restait un ennemi irréductible. Lorsque Cicéron rentra de Cilicie, à la fin du mois de novembre 50, espérant vainement un triomphe pour les hauts faits qu'il n'avait pas accomplis, il rencontra Pompée à Cumes ; celui-ci lui déclara que la guerre était probable et même souhaitable pour éviter le désastre politique d'un second consulat de César.

Au même moment, le censeur Appius Claudius Pulcher voulut faire expulser Curion du Sénat, mais son collègue Piso, le beau-père de César, et le consul Paullus s'y opposèrent. Quelques jours plus tard, l'autre consul, Caius Marcellus, le cousin des précédents, s'en prit violemment à César ; il se heurta à Curion qui proposa, prétendant par là défendre les prérogatives de l'assemblée, que le proconsul des Gaules et Pompée abandonnent conjointement leur commandement. Trois cent soixante-dix sénateurs le suivirent contre vingt-deux et le tribun fut acclamé par le peuple, à la sortie de l'assemblée. Dépité, Marcellus condamna l'apathie du Sénat par ces mots : « Réjouissez-vous de votre victoire et ayez César pour maître », puis, le lendemain il fit annuler le vote ; quelques jours plus tard, il se rendit à Albe auprès de Pompée, avec les deux consuls désignés, pour lui confier le sort de la République. Le consul outrepassait ses fonctions, mais ne prétendait que faire son devoir puisque le Sénat se résignait. Il permit à Pompée de prendre le commandement des deux légions de Capoue et l'autorisa à recruter de nouvelles troupes ; celui-ci ne refusa pas, puisque l'ordre venait des plus hauts magistrats de l'État et que, semblait-il, il n'y avait rien de mieux à faire. Les ambassadeurs de César furent renvoyés sans ménagement à Ravenne et, le 10 décembre, Curion, dont le mandat de tribun expirait, s'empressa de les suivre pour se mettre en sécurité, laissant à Marc Antoine et à Quintus Cassius, élus à cette charge pour l'année qui venait, le soin d'assurer la défense de leur chef. Le conflit paraissait alors inéluctable, au grand désespoir de Cicéron :

> Tu me demandes s'il y a quelque espoir d'apaisement : je n'en ai pas même senti le désir, tout au cours de la conversation longue et détaillée de Pompée. À son avis, si César devient consul, même en laissant le commandement de son armée, ce sera le bouleversement total de l'État ; et il pense même qu'en apprenant l'activité des préparatifs qui se font contre lui, il préférera renoncer au consulat cette année [48] pour garder son armée et sa province. Mais si au contraire l'homme s'emportait, il s'en

> moquait bien, il avait confiance en ses forces et en celles de la République. (Cicéron, *Lettres à Atticus,* VII, 8 : 26 décembre.)

et l'orateur est peu optimiste sur l'issue du conflit qui va suivre :

> C'est quand il [César] était faible qu'il fallait lui résister ; et c'était facile. Aujourd'hui : onze légions, toute la cavalerie qu'il voudra, les Transpadans, la plèbe urbaine, tant de tribuns de la plèbe, une jeunesse prête à tout risquer et son autorité de chef, son audace ! Voilà l'homme avec lequel il faut combattre à mort ou composer, en lui reconnaissant le privilège qu'une loi lui accorde. La guerre, dis-tu, plutôt que l'esclavage ! À quelles fins ? En cas de défaite, la proscription ; en cas de victoire, l'esclavage, tout de même ?

Cicéron comme les *optimates* avaient choisi sans illusions Pompée plutôt que César. Ils savaient que le premier respecterait l'ancien ordre et les privilèges de l'aristocratie, tandis qu'il n'y avait rien à attendre du second à ce sujet. Celui-ci tenta, néanmoins, une dernière démarche : le 26 décembre, il confia une lettre à Curion pour qu'elle soit lue au Sénat lors de la séance du 1er janvier, date d'entrée en charge des nouveaux consuls. Curion la remit à Lentulus devant le temple de Jupiter avant que la séance ne commence, mais après sa lecture, le consul ne permit pas que l'on débatte de son contenu. Il est vrai que le proconsul des Gaules ne ménageait pas le Sénat et prenait de haut les attaques lancées contre lui : il rappelait ses hauts faits, demandait de se présenter au consulat *in absentia* (en juillet 49, pour l'année 48) et proposait de se démettre de son commandement si Pompée faisait de même ; sinon, il garderait ses légions, car il ne voulait pas être à la merci de ses adversaires qui lui clamaient tant et fort leur intention de le traîner en justice ; il se déclarait enfin prêt à libérer l'État de la clique qui le poursuivait et privait le peuple romain de sa liberté. Il y avait là une volonté évidente d'intimider et César avait pu mesurer dans les hésitations du Sénat et son manque de détermination la faiblesse de ses adversaires ; en somme, comme Cicéron le reconnut plus tard, si César ne voulait pas la guerre, il ne la craignait pas. Le leitmotiv de la responsabilité de ses ennemis dans le déclenchement de la guerre civile résonna jusque sur le champ de bataille de Pharsale.

Metellus Scipion, le beau-père de Pompée, revint à la charge en proposant que César remette son commandement le 1er juillet, sous peine d'être déclaré *hostis*, ennemi public. Il s'agissait d'un ultimatum auquel Antoine opposa son veto. Le Sénat, dont une partie des membres avait été achetée par César, était encore hésitant ; Pompée se chargea de convaincre les plus tièdes et l'on refusa finalement de laisser partir Piso dont on avait prévu qu'il pourrait négocier avec César. Cicéron, lui, voulait sauver la paix à tout prix ; il fit une dernière tentative de conciliation, proposant que César se présente au consulat *in absentia* et qu'il conserve le commandement de la province d'Illyrie avec une seule légion. Mais cela ne servit à rien, car Pompée se laissa vite convaincre par Caton qu'il valait mieux la mort que de laisser quelqu'un dicter ses conditions à la République. Le 7 janvier, les consuls avertirent Marc Antoine et Cassius qu'ils ne pouvaient plus garantir leur sécurité ni celle de leurs amis; les tribuns quittèrent précipitamment la ville avec Curion et rejoignirent César à Ravenne. Lors de la séance du Sénat du même jour, l'assemblée décréta le *senatus consultum ultimum*, c'est-à-dire l'état d'urgence et un ultimatum à César qui devait remettre son armée sous peine d'être déclaré ennemi public. La réplique ne se fit pas attendre et surprit tout le monde par sa rapidité: trois jours plus tard, le 10, les aigles de la XIIIe légion franchissaient le Rubicon: le sort en était jeté.

> César n'avait pas alors autour de lui plus de trois cents cavaliers et cinq mille fantassins, car il avait laissé au-delà des Alpes le reste de son armée, que des officiers envoyés à cette fin devaient lui ramener... Quand il fut arrivé au cours d'eau qui sépare du reste de l'Italie la Gaule cisalpine, et qui s'appelle le Rubicon, il se prit à réfléchir; à mesure qu'il approchait davantage du danger, il se sentait troublé par la grandeur et l'audace de son entreprise; il arrêta sa course. Pendant cette halte, il pesa consciencieusement en lui-même diverses solutions en passant d'un parti à l'autre, et il changea alors d'avis plusieurs fois. Il en conféra longuement avec ceux de ses amis qui étaient là, parmi lesquels se trouvait notamment Asinius Pollion. Il se représentait tous les maux dont le passage serait cause pour l'humanité et tous les jugements qu'en porterait la prospérité. À la fin, cédant à une impulsion, comme s'il renonçait à la réflexion pour se jeter dans l'avenir, il prononça ces mots qui sont le prélude ordinaire des entreprises difficiles et hasardeuses: « Que le sort en soit jeté » et il s'éloigna pour traverser le fleuve. À partir de là, il avança à toute vitesse et, avant le jour, il atteignit Ariminum qu'il occupa. (Plutarque, *César*, 32, 1-8.)

La conquête de l'Italie

Si l'on en croit César, il n'était mu que par la volonté légitime de se défendre contre l'injustice de ses ennemis; il ne voulait s'en prendre qu'à la « clique » de ses *inimici* qui l'avaient fait déclarer *hostis* par l'assemblée. En fait, le conflit fut surtout perçu comme la lutte entre deux *imperatores* placés à la tête de deux armées et dont l'un ne supportait pas qu'il pût avoir un égal, tandis que l'autre ne souffrait pas que quelqu'un lui fût supérieur; c'était d'abord le heurt de deux ambitions:

> Par tempérament, ils étaient très différents l'un de l'autre: Pompée ne voulait être le second de personne tandis que César voulait être de tous le premier. L'un mettait son point d'honneur à être honoré par des gens qui le souhaitaient, à être porté au pouvoir par des gens qui le voulaient, à être aimé, tandis qu'à l'autre il était indifférent de commander à des gens contre leur gré, d'exercer le pouvoir sur des gens qui le haïssaient, de se donner des honneurs à lui-même. Mais, pour les actes dont ils espéraient qu'ils leur vaudraient tout ce qu'ils désiraient, ils étaient nécessairement semblables chez l'un et l'autre... (Dion Cassius, 41, 54, 1-2.)

Cicéron n'avait pas tort de penser que Pompée combattait César et que les deux se battaient pour l'autocratie. Ses reproches s'adressaient cependant davantage au second qui, sous le prétexte de retrouver sa *dignitas*, avait commis un acte de folie:

> Est-ce d'un général du peuple romain que nous parlons ou d'un Hannibal ? Oh, l'insensé, le malheureux qui n'a jamais entr'aperçu fût-ce l'ombre de la moralité ! Et, à l'entendre, c'est son honneur qui l'engage à faire tout ce qu'il fait ; mais où se trouve l'honneur sinon dans la vertu ? Est-ce donc vertu que de garder une armée en dépit d'une décision de la République ? de saisir des villes de citoyens pour se frayer plus facile accès vers sa patrie ? de machiner abolitions de créances, rappels d'exilés, mille autres crimes, tout pour la tyrannie, divinité suprême ? (Cicéron, *Lettres à Atticus*, VII, 11.)

En engageant la guerre civile, César était politiquement isolé ; il savait ne pas pouvoir compter sur la majorité des sénateurs : mais il avait le sentiment de ne défendre que ses droits et savait que, sur ce point, le peuple pouvait le comprendre. Il avait aussi pour lui son génie militaire, sa faculté de surprendre l'adversaire, cette *celeritas Caesaris* qui lui avait permis déjà de se tirer de bien des mauvais pas ; il savait pouvoir compter sur une armée dont il avait su faire un instrument fidèle ; et surtout, il avait une foi inébranlable en son destin et une confiance absolue en sa bonne fortune. Nous ne savons pas exactement où était le Rubicon, ni si César le franchit effectivement le 10 janvier, mais nous nous plaisons à croire les Anciens quand ils nous disent que, en traversant cette rivière, César aurait repris les mots d'une comédie de Ménandre, devenus, selon Appien, une expression latine courante : *alea iacta est*.

Après avoir franchi le Rubicon, César partagea en deux la seule légion, la XIIIe, dont il disposait alors : avec cinq cohortes, il s'empara *d'Ariminum* puis d'Ancône, le long de la côte adriatique, tandis qu'il envoyait les autres, sous le commandement d'Antoine, prendre possession d'Arretium (Arrezo). Il contrôlait ainsi les deux voies qui donnaient accès à Rome par le nord, la Cassia et la Flaminia ; il s'empara dans le même temps d'un certain nombre de cités dans un rayon de cent kilomètres. Les premières lignes de défense pompéiennes étaient apparemment constituées par des garnisons disséminées en Étrurie, en Ombrie et dans le Picenum ; ce fut une déroute générale à partir du moment où les troupes abandonnèrent leurs chefs respectifs, comme, par exemple, Quintus Minucius Thermus à Iguvium (Gubbio) ou Caius Lucilius Hirrus à Camerinum.

La nouvelle de son avancée parvint à Rome le 17 janvier ; ce fut la panique :

> Quand on sut à Rome ce qui s'était passé, une telle panique se répandit soudain que le consul Lentulus qui était venu ouvrir le trésor pour en sortir l'argent pour Pompée suivant la disposition du sénatus-consulte, aussitôt après l'ouverture du trésor sacré, quitta précipitamment la ville. César approchait, sa cavalerie était là : tels étaient les faux bruits qui se répandaient. (César, *Guerre civile*, I, 14, 1.)

Dès l'annonce de l'offensive de César, Pompée avait décidé de quitter Rome qu'il abandonna le 23 janvier pour s'installer en Campanie avec une bonne partie du Sénat. C'était un bon signe pour César qui y vit une marque de crainte, un drame pour Cicéron, et une erreur selon un expert comme Napoléon pour lequel il aurait fallu à tout prix garder Rome. De plus, tout se fit dans l'urgence : les consuls ne firent même pas les sacrifices d'usage et ne prirent pas le temps d'emporter le trésor public. Pompée, en réalité, n'avait guère le choix : théoriquement, il bénéficiait de la supériorité numérique de ses troupes, puisque César ne disposait que d'une légion et ne pouvait pas s'appuyer sur le reste de ses forces avant deux semaines ; mais il lui fallait récupérer celles de Capoue en lesquelles il n'avait pas absolument confiance et la mobilisation de nouvelles troupes s'effectuait trop lentement : les légions, c'est-à-dire les quelque trente mille hommes dont Marcellus lui avait confié le commandement en décembre 50, ne s'étaient pas levées comme il l'avait sans doute escompté ; elles l'avaient même abandonné.

Pendant ce temps, tout en faisant de nouvelles offres de négociations, César poussait son avantage : il est vrai qu'il rencontrait peu de résistance et ce fut pour lui une heureuse surprise. Il y eut bien quelque désagrément, comme la désertion de Titus Labienus, immédiatement présenté par Cicéron comme un héros. Cet homme avait toujours été un fidèle de Pompée : il avait sans doute servi sous ses ordres en Espagne et en Orient, mais s'était retrouvé aux côtés du proconsul des Gaules comme *legatus pro praetore* : ce fut probablement pour préserver les intérêts de son chef. César appréciait sans doute ses qualités militaires mais, dans son récit de la guerre des Gaules, témoigne à son égard d'une certaine distance. Labienus aurait peut-être été candidat au consulat de 48 avec César, mais dès la fin de l'année 50, il avait été approché par les ennemis du proconsul qui l'avait chargé de la Cisalpine. César fut surpris de sa trahison et, d'ailleurs, n'en parla pas. En fait, pour Labienus, les liens de clientèle l'emportaient sur le compagnonnage d'armes : il y avait certes, de sa part, quelque jalousie à l'égard des hauts faits du conquérant des Gaules, mais il fit aussi le choix de se ranger du côté de ceux qui se battaient pour la légitimité. La noblesse et la classe sénatoriale représentaient pour cet héritier de l'élite provinciale l'autorité constitutionnelle de l'État romain. Labienus rejoignit le gouvernement légitime contre le proconsul rebelle et révolutionnaire qui plaçait sa *dignitas* au-dessus de sa patrie et il ne voulut pas – comme le dit Cicéron – être le complice du crime : *T. Labienus socius sceleris esse noluit*.

Mais ce ralliement contribua à illusionner le Sénat sur la faiblesse de César, d'autant que Labienus avait laissé entendre que l'armée des Gaules rechignerait à servir dans une guerre civile. Surtout, la région même dont il était originaire et où il avait quelque influence, le Picenum, tomba sans résistance aux mains de son adversaire. Avec le renfort de la XIIe légion et jouant sur l'hostilité aux Pompei de certaines familles picéniennes, comme les *Ventidii*, César s'empara sans difficulté d'Auximum dont Pompée était le patron et de Cingulum qui devait son statut de municipe à Labienus ; le chef pompéien, Publius Attius Varus, ne put défendre ces places, car il fut abandonné par ses troupes. Si l'on suit le témoignage de César, on a l'impression que toute l'Italie lui ouvrit alors ses portes :

l'action de ses agents ne fut pas étrangère à ce résultat, mais sa *celeritas* fit une nouvelle fois merveille en un moment où ses adversaires hésitaient et tergiversaient encore : sa *clementia* fit le reste. Les cités qu'il occupa furent surprises par la discipline de ses troupes et le pardon que lui-même accorda à ceux qui avaient pu être tentés de faire le mauvais choix. César proclama qu'il ne serait pas un nouveau Sylla : d'ailleurs, nota-t-il non sans malice, le fils du dictateur, Faustus, se trouvait dans l'autre camp. Certes, il ne pouvait compter que sur quelques consulaires, quelques grandes familles comme les *Aemilii* ou les *Seruilii,* une partie de l'ordre équestre et les plus tièdes des sénateurs ; mais les pauvres étaient pour lui et les élites municipales rejoignirent vite son parti. Quelques semaines seulement après l'ouverture des hostilités, Cicéron ne pouvait que constater l'étendue du retournement de l'opinion.

> Mais tu te rends compte à quel homme la République a affaire ? Quelle vivacité d'esprit, quelle vigilance, quelle perfection ! Si, pardieu, il ne tue personne et n'enlève rien à personne, ceux qui l'ont craint le plus seront les premiers à le chérir. Beaucoup de bourgeois des municipes, beaucoup de gens de la campagne conversent avec moi : ils ne se soucient absolument que de leurs champs, de leurs pauvres chères fermes, de leurs quelques sous. Et, vois, quel changement : celui en qui autrefois ils se fiaient, ils le redoutent : ils aiment celui qu'ils craignaient. (Cicéron, *Lettres à Atticus,* VIII, 13, 2.)

Le seul point de résistance qu'il rencontra vint de Corfinium où son vieil ennemi, Lucius Domitius Ahenobarbus, avait recruté une véritable armée privée, constituée en grande partie de ses clients, au total plus de trente cohortes, soit environ dix-huit mille hommes. Domitius avait promis quinze arpents de terre à chacun de ses soldats afin de s'assurer leur fidélité ; il fit appel à Pompée qui se trouvait alors en route pour Brindes, au nord de l'Apulie. Mais Pompée ne réagit pas, soit parce qu'il n'était pas mécontent de pouvoir se débarrasser d'un rival, soit parce qu'il lui était difficile de rejoindre le cœur des Apennins, à cette période de l'année. César retourna donc une situation qui aurait pu évoluer à son désavantage : il encercla Corfinium où Ahenobarbus avait concentré deux légions et, le 15 février, mit le siège devant la cité qui capitula le 21 : les assiégés bénéficièrent de la clémence de César et cela fit beaucoup pour sa renommée ; il épargna les sénateurs, fils de sénateurs et chevaliers et permit à Ahenobarbus de partir. Les craintes que ne se reproduisent les exactions du temps de la guerre civile entre marianistes et syllaniens s'estompaient, d'autant que l'attitude du vainqueur à l'égard des cités conquises contrastait avec celle de ses adversaires qui s'illustraient par leur rapacité. Cependant, si les troupes d'Ahenobarbus espéraient, en se ralliant à César, demeurer près de leurs biens, elles furent vite déçues. Le vainqueur leur fit prêter serment d'allégeance et les envoya en Sicile sous les ordres de Curion. Elles combattirent sous ses ordres en Afrique et une grande partie de ces forces fut anéantie à la bataille du Bagradas.

Les succès de César lui permirent de rompre les négociations sous prétexte que Pompée, contrôlé, il est vrai, par ses alliés *optimates* qui craignaient le renouvellement de l'alliance des deux *imperatores*, n'avait pas voulu le rencontrer. Pompée avait reçu des propositions de paix alors qu'il se trouvait en Campanie, mais avait très vite fait le choix d'abandonner l'Italie et s'était rendu à Brindes afin de partir pour l'Orient. Son choix était stratégique : il pouvait prétendre contrôler l'empire à l'exception de la Gaule et ses légions d'Espagne constituaient une menace dans le dos de César. Il pouvait aussi rappeler l'exemple de Sylla qui avait pu reprendre le pouvoir à Rome, après sa victoire en Orient. Cicéron, tout au moins, ne partageait pas cette analyse :

> Mon esprit s'est égaré, je pense, depuis le début ; et si je suis à la torture, c'est uniquement pour n'avoir pas suivi, en tout, comme un simple soldat, ce Pompée qui glissait, ou plutôt courait à la catastrophe. Je l'ai vu, le 17 janvier, plein d'effroi ; je sentis dès ce jour où il allait : il n'a fait ensuite rien qui me plût, et n'a cessé d'accumuler faute sur faute ; il ne m'écrivait jamais, il ne méditait que la fuite... Quelles menaces sur les villes d'Italie ! sur des gens de bien, nommément désignés ! sur tous ceux, enfin, qui seront restés ! Quelles complaisance à répéter : « Sylla a pu le faire, et moi je ne pourrais ? »

Après la prise de Corfinium, César s'avança rapidement vers le sud. Il prétexta le refus de Pompée de le rencontrer en l'absence des consuls, qui s'étaient déjà embarqués pour la Grèce, pour rompre les négociations, et arriva à Brindes, le 9 mars, avec six légions dont trois récemment recrutées. Une partie des sénateurs avaient quitté la péninsule avec les consuls : César ne put, malgré le blocus de Brindes, empêcher Pompée de les rejoindre et celui-ci quitta l'Italie le 17 mars. Il laissait son rival maître de la péninsule pratiquement sans combat, mais il conservait le contrôle de la quasi-totalité de l'empire, et César, dépourvu de flotte, ne pouvait pour l'heure le poursuivre ; le proconsul fit occuper la Sardaigne et la Sicile où il envoya Asinius Pollion et Curion afin d'assurer le ravitaillement en blé de la capitale. L'intention de César était de se rendre le plus rapidement possible dans la péninsule Ibérique afin, avait-il dit à ses amis, de combattre une armée sans général avant de se retourner contre un général sans armée ; il devait auparavant prendre quelques dispositions dans la capitale. Sur le chemin, il rencontra Cicéron dont il aurait voulu bénéficier du soutien, du renfort du prestige et des conseils. Il ne se montra sans doute pas assez convaincant ; le consulaire déclina l'offre et se résigna à rejoindre Pompée.

À Rome, César pouvait s'appuyer sur la moitié restante du Sénat qui, convoquée par Antoine et Cassius en dehors du *pomerium*, fut vite convaincue de lui permettre de s'emparer du trésor public. Un autre tribun, Lucius Caecilius Metellus, opposa son veto. César n'en tint aucun compte, franchit le *pomerium*, brisa les portes du temple de Saturne après avoir menacé de tuer Metellus qui faisait obstacle. Il mit la main sur l'*aerarium* et déclara qu'à l'avenir il déciderait de tout. Après ce coup d'éclat, il renonça à s'adresser au peuple comme il en avait l'intention.

Sa première mesure législative consista cependant à tenir une vieille promesse : il fit adopter la *rogatio* du préteur Lucius Roscius qui octroyait la *ciuitas* aux habitants de Cisalpine ; la loi fut votée le 11 mars. Quelques semaines plus tard, le 7 avril, il quittait Rome dont il laissait la charge au préteur Lépide, tandis qu'il confiait à Marc Antoine le commandement des troupes laissées en Italie.

La péninsule Ibérique

En 49, Pompée avait regroupé sept légions dans la péninsule Ibérique, cinq au nord, dans la province de Citérieure, sous le commandement de ses lieutenants Lucius Afranius et Marcus Petreius, le vainqueur de Catilina, et deux autres au sud sous les ordres de Varron. César ayant choisi le parti de l'offensive afin de se débarrasser d'une éventuelle menace sur ses arrières, il avait, dès le départ de Pompée de Brindes, envoyé trois légions sous le commandement de l'un de ses légats, Caius Fabius, contrôler les passes pyrénéennes. Il avait l'intention de le rejoindre rapidement, mais il se heurta au passage à la résistance de Marseille, convaincue de demeurer fidèle à la bonne cause par les envoyés de Pompée et par Domitius Ahenobarbus, qui venait d'être nommé par le Sénat à la succession de César en Gaule. César piétina longuement devant la cité ; il ne disposait pas de forces suffisantes, les assiégés détruisirent ses machines de siège et une tentative d'attaque souterraine avec les sapeurs, sur le modèle de celle qui avait réussi à Avaricum, échoua. Il dut attendre l'arrivée, au début du mois de mai, des légions demeurées en Gaule, sous le commandement de Trebonius. Il confia alors la poursuite du siège à ce dernier et à Decimus Brutus, et se hâta avec quatre légions de rejoindre les forces de Fabius. Celles-ci n'avaient pas tardé à être mises en difficulté, mais les pompéiens, laissés sans instructions précises par leur chef, n'avaient pas su exploiter leur avantage. Arrivé en Espagne vers la mi-juin, César connut encore quelques déboires : il fut défait dans un affrontement avec Petreius et une crue du Sicoris (le Sègre) détruisit les ponts qu'il avait fait construire, le coupant de son ravitaillement. Mais sa bonne fortune veillait et il réussit, grâce à sa supériorité manœuvrière et à sa cavalerie, à rétablir la situation. Il était auparavant parvenu, par une intense activité diplomatique, à rallier à sa cause les tribus du Nord-Est, ce qui contraignit ses adversaires à se replier au sud de l'Èbre, en direction du pays celtibère. César les poursuivit avec la volonté de ne pas engager une bataille qui lui aurait causé des pertes importantes et ainsi affaibli son armée ; Afranius n'était pas un grand stratège et Petreius se conduisit avec beaucoup de sauvagerie à l'égard de ses prisonniers. Au contraire, César joua sur sa volonté de pardon et lorsque, à l'issue de contacts continuels entre les deux camps, on se mit à parler conciliation chez les soldats, il n'y eut plus de doute sur l'issue de l'affaire. L'armée pompéienne, déjà démoralisée, fut encerclée dans une plaine au sud d'Ilerda (Lérida) et, après quelques tractations entre les chefs, capitula en rase campagne. César épargna les chefs pompéiens auxquels il demanda de quitter la province et de débander leurs légions. Il incorpora dans son armée ceux qui voulaient le suivre et fit conduire les autres en dehors de la péninsule. Entre la fin de juin et le début d'août, il avait détruit la meilleure armée pompéienne sans grande effusion de sang.

Après son succès, il expédia un édit enjoignant aux autorités et aux notables de la province d'Ultérieure de se réunir à Cordoba pour l'accueillir.

> Aussi dirige-t-il deux légions en Espagne ultérieure sous le commandement de Quintus Cassius, tribun de la plèbe, tandis que lui-même, avec six cents cavaliers, prend les devants à marches forcées et se fait précéder d'un édit, fixant le jour où il désirait voir les magistrats et les chefs de toutes les cités se tenir à sa disposition à Cordoue. Cet édit fut répandu dans toute la province et il n'y eut pas une cité qui n'envoyât au moment fixé une délégation de son Sénat à Cordoue, pas un citoyen quelque peu notable qui n'y vînt le jour convenu. (César, *Guerre civile,* II, 19.)

À la surprise de tous, il était dans la capitale de la province dès le 7 septembre : le *conuentus* (l'assemblée) des citoyens romains de Cordoue avait auparavant décidé de fermer ses portes à Varron et les cités de Carmo et de Gades expulsèrent leur garnison pompéienne. Lorsque l'une des légions qu'il avait lui-même recrutées avant le déclenchement de la guerre civile, parmi les citoyens romains de la péninsule – et pour cela appelée légion vernaculaire –, passa du côté de César à Hispalis, Varron comprit qu'il était inutile de résister et accepta de se rendre. César, après avoir remercié les citoyens romains et les chefs indigènes de leur soutien, restitua, selon ses dires, l'argent que Varron leur avait pris et installa à la tête de la province Quintus Cassius, qui n'avait pourtant pas laissé de bons souvenirs lors de l'exercice d'une précédente questure. Puis il partit pour Marseille, effectuant une halte à Tarragone où il réunit les notables de la province de Citérieure.

La cité phocéenne finit par succomber au début du mois de décembre ; César confisqua ses armes, ses navires et son trésor ; elle perdit en outre une bonne partie de son territoire destiné aux vétérans, et l'essentiel de sa *libertas*, puisqu'il lui fut désormais interdit de battre monnaie, symbole essentiel de l'indépendance. Le vainqueur cependant fit preuve une fois de plus de clémence, puisqu'il ne détruisit pas la ville.

Sur le chemin du retour, il dut aussi faire face à une mutinerie de ses troupes en Gaule cisalpine. Quatre légions qui avaient combattu en Espagne refusèrent de se rendre à Brindes, exigeant des récompenses et se mettant à piller les environs de Plaisance. Une fois de plus, César réagit avec célérité. Il réunit les mutins dans la cité et, par un discours habile, retourna la situation : il menaça de décimer la IXe légion, à l'origine du soulèvement, et de renvoyer le reste de ses combattants. Les mutins se soumirent et implorèrent son pardon, lui demandant de les réengager. César pardonna et ne fit exécuter que quelques meneurs, un sur dix parmi les cent vingt hommes qui avaient été arrêtés.

Pendant ce temps, à Rome, Lépide, par une loi spéciale, l'avait fait nommer dictateur pour présider aux élections au consulat « *comitiorum habendorum causa* ». Pour la première fois, les Transpadans votèrent et César fut élu consul pour l'année 48, avec Publius Servilius Isauricus, le fils de celui qu'il avait jadis servi en Orient. Il fit réhabiliter les fils des proscrits de Sylla et amnistier les hommes politiques condamnés depuis 52 au titre de la loi de Pompée ; seul Milon fut exclu de cette grâce, mais Salluste en bénéficia. Après avoir inauguré les Jeux latins, ancienne fête de la ligue latine que tout magistrat se doit de célébrer avant de partir en campagne et que les consuls de 49 avaient dédaignée, il déposa la dictature et quitta la ville à l'issue d'un séjour qui n'avait duré que onze jours. Le 4 janvier 48, il était à Brindes, revêtu de la charge consulaire et enfin... détenteur de la légalité.

Pharsale

César était désormais maître de la partie occidentale de l'Empire, mais lorsqu'il arriva à Brindes au début de l'année 48, avec l'intention d'aller affronter Pompée en Grèce, la situation était loin de lui être favorable. Il venait d'apprendre que Curion avait échoué dans sa tentative de reprendre l'Afrique aux pompéiens. Parti de Sicile avec Pollion, le légat de César avait commis bien des erreurs lors de sa campagne, mais était mort bravement à la tête de ses troupes au cours d'une bataille livrée près d'Utique au pompéien Publius Attius Varus et au roi de Numidie, Juba. Celui-ci n'avait pas fait de quartier et trois légions avaient été anéanties. Dans l'Adriatique, la flotte pompéienne avait infligé une lourde défaite aux navires césariens récemment construits, ce qui rendait aléatoire la traversée vers l'Illyrie où, de surcroît, les troupes du frère d'Antoine avaient dû se rendre à l'adversaire. À Thessalonique, le Sénat pompéien avait enfin conféré le commandement suprême à l'*imperator* dont l'autorité se trouvait ainsi renforcée. Surtout, à la simple lecture des forces en présence, l'avantage – du nombre, au moins – était sans conteste pompéien :

> Pour lors, César possédait dix légions d'infanterie et dix mille cavaliers gaulois, Pompée, cinq légions venues d'Italie, avec lesquelles il avait traversé l'Adriatique, et tous les cavaliers qui leur étaient associés, deux venues de Parthie, restes de celles qui avaient fait campagne avec Crassus... et quelque autre partie des soldats qui avaient envahi l'Égypte avec Gabinius, en tout onze légions d'Italiens et environ sept mille cavaliers, et en plus, des auxiliaires d'Ionie, de Macédoine, du Péloponnèse et de Béotie, des archers crétois, des frondeurs thraces, des lanceurs de javelines de toute la région du Pont, quelques cavaliers gaulois et d'autres venus de Galatie orientale, des Commagènes envoyés par Antiochus, des Ciliciens, des Cappadociens, quelques troupes de la Petite Arménie, des Pamphyliens et des Pisidiens. Il n'avait pas l'intention de les employer tous au combat, mais plutôt aux gardes, à la confection des retranchements, et à d'autres tâches au service de l'armée italienne, pour ne soustraire aucun Italien aux tâches guerrières. Telle était la situation de son infanterie. Il disposait également de six cents bateaux longs avec matériel et équipages, dont une

> centaine, remplis de matelots romains, étaient considérés comme très supérieurs, et encore un grand nombre de bateaux de commerce et de transport. De nombreux commandants en dirigeraient les sections, et ils étaient coiffés par Marcus Bibulus. (Appien, *Guerres civiles*, 2, 49.)

Dans ce contexte défavorable, César devait agir vite et par surprise, mais il ne disposait pas de suffisamment de navires pour faire passer l'ensemble de ses légions. Profitant de l'hiver et de l'apathie de ses adversaires, il embarqua le 4 janvier le gros de son armée, soit sept légions, avec l'intention de renvoyer les navires pour lui amener les autres. La flotte pompéienne, prise au dépourvu, n'eut pas le temps de réagir et César, poussé par les vents, débarqua le lendemain au sud d'Akrokeraunia, à l'extrémité de l'Épire. Les navires repartirent immédiatement pour l'Italie, tandis que lui-même par une marche forcée de nuit s'avançait vers la place forte d'Oricum. Le chef de la place, poussé par les habitants peu soucieux de prendre le moindre risque, lui en remit sans difficulté les clés. César marcha alors sur Apollonie, tandis que Pompée qui avait enfin réagi se portait à ses devants avec l'intention de lui barrer la route qui conduisait à Dyrrachium, sa principale place forte sur la côte, où il avait accumulé ses réserves.

Tandis que les deux armées s'observaient autour d'Apollonie, des négociations s'engagèrent, mais elles avaient peu de chances d'aboutir. En effet, les deux adversaires cherchaient à gagner du temps : bien que son armée fût supérieure, Pompée hésitait à attaquer, continuait à entraîner ses troupes tout en donnant lui-même l'exemple, tandis que César s'impatientait de voir arriver le reste de ses légions. Il avait envoyé plusieurs missives pressantes, mais il n'avait pas reçu de réponse ; il prit alors l'initiative, une nuit, de s'embarquer sur un petit bateau, profitant de l'obscurité pour dissimuler son identité au pilote lui-même. Ce dernier, effrayé par la force des éléments, le vent, les vagues, puis un violent orage, voulut vite renoncer. C'est alors qu'il fut rappelé à l'ordre par son passager qui, se découvrant, lui cria :

> « Courage, affronte la vague, tu portes César et la fortune de César. » Saisis de stupeur, les rameurs et le pilote redoublèrent tous de zèle et forcèrent le bateau à sortir du fleuve. Mais le vent et la houle le soulevaient et le rejetaient vers la côte ; pour finir, comme le jour approchait, ils craignirent d'être, dans sa clarté, aperçus des ennemis, et César, après s'être déchaîné contre son génie, qui, disait-il, lui voulait du mal, permit que le bateau rebroussât chemin. Et, grâce à un vent violent, il remonta le fleuve. César provoqua chez les uns l'admiration pour son audace, chez d'autres la réprobation pour s'être lancé dans une entreprise qui convenait à un soldat, pas à un général. Lui-même, n'espérant plus partir *incognito,* chargea Postumius de traverser à sa place et de dire à Gabinius de faire immédiatement traverser la mer à l'armée ; s'il refusait d'exécuter cet ordre, qu'il en charge Antoine, et en troisième lieu après Antoine, Calenus. Si tous les trois se dérobaient, il avait écrit une autre lettre destinée à

> l'armée elle-même : que ceux des soldats qui le désiraient montent dans les bateaux pour suivre Postumius et, la traversée effectuée, débarquent à l'endroit où les vents les auraient amenés, sans se soucier des bateaux, car ce n'était pas de bateaux que César avait besoin, mais d'hommes. (Appien, *Guerres civiles,* 2, 57-58.)

Antoine finit par arriver (c'était trois mois après lui), vers la mi-avril. César disposait désormais de dix légions et de mille cinq cents cavaliers. Cependant, la flotte pompéienne qui venait de perdre son chef, Bibulus, contrôlait toujours l'Adriatique et avait fini par détruire ce qui restait des navires de César. Le consul était coupé de l'Italie et demeurait, de surcroît, en position d'infériorité numérique ; mais il disposait désormais de toute son armée et allait pouvoir prendre l'offensive. Son objectif restait Dyrrachium dont la prise aurait été décisive sur le moral de l'adversaire, d'autant qu'il s'évertuait par ailleurs à couper, par l'envoi de deux légions dirigées par Caius Caluisius, les liaisons entre l'armée de Pompée et les renforts venus de Syrie sous le commandement du beau-père de celui-ci, Metellus Scipion. Pompée songea à protéger la place forte et installa son camp à proximité, sur la colline de Petra. César s'interposa entre lui et la cité et entreprit de gigantesques travaux de circumvallation ; ceux-ci furent achevés au début de l'été dans des conditions effroyables pour les deux armées qui souffrirent des difficultés de ravitaillement et se livrèrent des escarmouches incessantes. L'armée de César en fut même réduite à s'alimenter de brouet d'herbes et de racines, provoquant l'admiration, mais aussi l'effroi de Pompée qui, mis au courant de la chose, aurait déclaré qu'il combattait non des hommes, mais des bêtes fauves. César voulait reproduire Alésia ; ce fut Gergovie. Il pensait pouvoir prendre Dyrrachium, mais après plusieurs semaines de siège et quelques affrontements mineurs, Pompée réussit à percer les fortifications césariennes et à mettre en déroute les forces adverses qu'il poursuivit jusqu'à leur camp, s'emparant de nombreuses enseignes :

> En effet, devant l'assaut de Pompée, personne ne tint ferme ; les fossés se remplirent de morts, les hommes tombèrent autour de leurs retranchements et de leurs murs d'enceinte où ils étaient rejetés en débandade. César, venant à leur rencontre, essayait de faire retourner les fuyards, mais il n'arrivait à rien ; s'il saisissait les enseignes, ceux qui les portaient les jetaient à terre, de sorte que trente-deux tombèrent au pouvoir des ennemis, et peu s'en fallut qu'il ne pérît lui-même… (Plutarque, *César,* 39, 5-6.)

Pompée aurait pu mettre un point final à la guerre s'il avait fait preuve d'un peu plus d'audace et avait attaqué le camp césarien démuni de défenseurs, au lieu de poursuivre les fuyards comme le lui avait conseillé Labienus. Ce manque de clairvoyance et d'esprit de décision aurait fait dire à César que, ce jour-là, la guerre se serait terminée en faveur de ses ennemis, s'ils avaient eu quelqu'un qui sût vaincre.

Pompée fut acclamé *imperator* et Labienus fit massacrer les prisonniers. César avait perdu plus de neuf cents hommes et deux cents cavaliers ; après avoir rassemblé ses troupes et les avoir réconfortées, il décida de lever le siège et de porter la guerre sur un terrain plus favorable. Tandis que le camp pompéien célébrait sans retenue sa victoire, il décida de faire route vers Apollonie, sans céder aux vœux de ses soldats qui, revigorés par ses encouragements, voulaient de nouveau en découdre. Puis, de là, il se dirigea vers l'est, le plus souvent par des marches forcées de nuit, en direction de la Thessalie pour rejoindre les forces qu'il avait envoyées contre Scipion. Au passage, il récompensa les cités qui se rallièrent à lui, mais punit sévèrement celles qui lui fermaient leurs portes; ainsi, la petite ville de Gomphie fut prise d'assaut, pillée, et ses notables exécutés quand ils ne s'étaient pas suicidés. César trouva surtout en Thessalie les moissons qui assureraient le ravitaillement de ses troupes.

Dans le camp pompéien, les avis divergeaient sur la stratégie à adopter; certains, comme Afranius, pensaient qu'il fallait profiter de la suprématie maritime pour isoler César et le harceler, tandis que Pompée, avec son armée, irait reprendre l'Italie, la Gaule et l'Espagne où des troubles n'avaient pas tardé à surgir, avant de revenir affronter en Grèce un adversaire encore amoindri. Mais Pompée était persuadé que la victoire était proche et que l'armée de César, démoralisée par sa défaite, était un fruit mûr qu'il suffisait de cueillir. Il voulait l'empêcher de se reconstituer et de retrouver une volonté de vaincre, et il considérait qu'il avait des engagements à l'égard des peuples de l'Orient et ne pouvait abandonner son beau-père à son sort. Il décida donc de suivre César.

Au début du mois d'août 48, non loin de Palaiopharsalos, sur la rive droite de l'Euripus, les deux armées se retrouvèrent face à face. Et à Pharsale, Pompée ne sut pas attendre ou plutôt ne put pas attendre; il était, en effet, sous la pression des principaux chefs républicains qui rêvaient d'en découdre, certains de la victoire et avides d'en partager le butin, de se répartir fonctions, titres, magistratures et prêtrises. Cicéron a témoigné de l'atmosphère du camp pompéien où l'on ne rêvait à nouveau que de proscrire.

César offrit la bataille et installa son camp dans une position particulièrement favorable, puis se rapprocha de celui de Pompée. Ce dernier aurait voulu attendre, persuadé que le temps jouait pour lui. Mais on le soupçonna vite de vouloir faire durer la guerre pour conserver plus longtemps le commandement, sans compter que ses alliés pouvaient toujours craindre une ultime négociation avec César:

> Pompée, conscient de tout cela, estimait risqué d'envisager le combat contre des hommes entraînés et désespérant de leur vie – ainsi que contre l'extraordinaire fortune de César – en jouant tout dans une seule action: il jugeait plus efficace et plus sûr de les épuiser par la pénurie, vu qu'ils ne disposaient d'aucun territoire prospère, ne tiraient aucun usage de la mer, et n'avaient pas de bateau pour opérer une retraite rapide. Il décida, par conséquent, adoptant une stratégie tout à fait sûre, de faire traîner la guerre et de plonger ses ennemis de la famine dans l'épidémie. Mais dans son

entourage, quantité de sénateurs de même rang que lui, nombre de ceux qu'on appelle chevaliers, beaucoup de rois les plus prestigieux et des princes, les uns par inexpérience, d'autres confortés outre mesure par les succès remportés à Dyrrachium, d'autres encore à cause de la supériorité numérique sur l'ennemi, d'autres enfin parce que, tout à fait las de la guerre, ils étaient pressés que le dénouement fût plus rapide qu'il ne convenait, le poussaient tous à la bataille, en lui remontrant que César était toujours prêt à combattre et le provoquait. (Appien, *Guerres civiles,* 2, 66-67.)

Lors de l'ultime conseil de guerre, Pompée céda à ces pressions et, le 9 août, son armée se mit en ordre de bataille; elle disposait d'une large supériorité numérique, quarante-sept mille hommes contre vingt-deux mille et une cavalerie sept fois supérieure. Mais les forces de César constituaient un ensemble plus homogène et étaient animées d'un fort désir de revanche: elles engagèrent la bataille et le cri de guerre de Crastinus, le vétéran rappelé, symbolisa leur farouche détermination:

Il y avait dans l'armée de César un rengagé [*euocatus*] nommé Crastinus qui l'année précédente avait été primipile à la Xe légion; c'était un homme d'un courage extraordinaire. Le signal de l'attaque donné, il s'écria: « Suivez-moi, vous qui avez fait partie de mon manipule, et donnez à votre général le dévouement que vous lui avez promis. Voici la dernière bataille: quand vous l'aurez gagnée, César recouvrera son honneur et nous, notre liberté. » Et il ajouta en regardant César: « J'agirai, aujourd'hui, imperator, de façon à mériter, mort ou vivant, votre reconnaissance. » À ces mots, il s'élança le premier de l'aile droite et environ cent vingt soldats d'élites volontaires le suivirent. (César, *Guerre civile,* III, 91.)

César avait disposé son armée sur quatre rangs; le dernier avait pour tâche de repousser la cavalerie pompéienne qui tenterait une manœuvre d'encerclement de l'aile droite. César avait donné consigne à ses hommes de frapper au visage, car il savait qu'il serait insupportable à des hommes inexpérimentés et encore dans la fleur de la jeunesse d'être défigurés. Il commandait lui-même cette aile droite, avec sa fameuse X^e^ légion, et il savait que c'était là que l'adversaire ferait porter son effort principal; il avait confié l'autre aile à Antoine.

L'engagement se déroula comme il l'avait prévu: la tentative d'encerclement de ses forces fut brisée par les trois mille fantassins qu'il avait mis en réserve et placés en embuscade;

Ceux-ci se levèrent, marchèrent contre les cavaliers et redressant les lances, se mirent à frapper au visage leurs adversaires à cheval; ces derniers, face à cette situation inattendue et aux blessures qu'ils recevaient à la bouche et aux yeux, ne tinrent pas et s'enfuirent en désordre. (Appien, *Guerres civiles,* 2, 78.)

La cavalerie de César entra alors en action et l'aile gauche de Pompée ne tarda pas à céder; ce fut ensuite la fuite générale vers le camp. Quand Pompée vit la déroute, il se retira dans son camp, déposa ses insignes de commandant en chef et sa tenue de combat et s'enfuit. À midi, tout était fini: César avait rapidement

Pompée

donné des ordres pour que l'on épargne les fuyards et qu'on les invite à se rallier à sa cause en échange de sa clémence. En revanche, il convainquit ses hommes de poursuivre leur effort et de s'emparer du camp de Pompée pour mettre un terme à la bataille. Il s'y installa avec son état-major et prit le repas que ses adversaires avaient préparé. Il put cependant, peu après, méditer sur l'ampleur du désastre pour la cité de Rome:

Lorsque César eut pénétré dans le camp de Pompée, voyant les ennemis déjà tués dont les corps gisaient à terre et ceux que l'on était encore en train de tuer, il dit en soupirant: «Ils l'ont voulu; ils m'ont réduit à cette nécessité, puisque moi, Caius César, qui ai gagné de si grandes guerres, si j'avais congédié mon armée, ils seraient allés jusqu'à me condamner.» Asinius Pollion dit que César à ce moment-là prononça ces paroles en grec et que lui les a traduites en latin. (Plutarque, *César,* 46-1-2.)

En fait, la plupart des quinze mille tués furent des valets d'armes abattus lors la prise du camp et, selon César, il n'aurait pas péri plus de six mille soldats; parmi ceux-ci, il y avait son vieil ennemi, Lucius Domitius Ahenobarbus, mais Brutus, le fils de Seruilia et le neveu de Caton, qui avait fait le mauvais choix, fut retrouvé vivant, au grand soulagement de César qui lui pardonna comme à beaucoup d'autres. Sa clémence rendait plus évidente sa supériorité et il enrôla le plus grand nombre de ses vingt-quatre mille prisonniers. Dans le camp de Pompée, il avait trouvé la correspondance de son rival; il la détruisit sans l'avoir lue, puis il partagea le butin, dont la vaisselle d'or de ses adversaires. Enfin, il rendit hommage à ses hommes qui étaient tombés:

Dans cette bataille, il n'eut pas à déplorer la mort de plus de deux cents soldats, mais il perdit une trentaine de centurions d'un beau courage. Crastinus, de qui nous avons parlé plus haut, périt lui aussi en combattant avec une bravoure héroïque, d'un coup d'épée au visage. (César, *Guerre civile,* III, 99.)

Et l'armée témoignait qu'il avait couru comme un possédé de rang en rang, accomplissant toutes sortes de brillantes promesses. Puis, quand on l'eut cherché, et trouvé parmi les morts, César le couvrit d'honneurs militaires, assura ses funérailles et lui érigea un tombeau spécial à côté de la sépulture collective. (Appien, *Guerres civiles,* II, 82.)

Ses autres ennemis se dispersèrent : Cicéron, absent de Pharsale sous prétexte de maladie, décida de retourner en Italie, mais Caton, demeuré à Dyrrachium, lorsqu'il apprit de Labienus la nouvelle de la défaite et de la fuite de Pompée, se dirigea vers la Cyrénaïque avec le fils aîné de Pompée et quelques autres dans l'espoir de rejoindre l'*imperator* en fuite. Celui-ci avait immédiatement quitté la Thessalie pour l'île de Lesbos. À Mytilène, il avait retrouvé sa femme Cornelia et son fils cadet Sextus ; il refusa l'offre d'hospitalité des habitants de la cité demeurés attachés à sa personne, autour de son ami et historiographe Théophane, et choisit de gagner l'Égypte où la famille royale lui était redevable de son trône ; l'idée d'un repli vers l'Afrique avait été écartée, car Juba n'était pas considéré comme très sûr par ses conseillers. César était victorieux, mais il n'était pas complètement maître de la situation : la flotte pompéienne tenait la mer et les communications entre les différentes parties de l'Empire.

Les charmes de Cléopâtre

Après la bataille de Pharsale, César envoya Antoine à Rome avec une partie de son armée et se lança à la poursuite de Pompée qu'il craignait davantage que ses autres adversaires. En route pour l'Égypte, au passage de l'Hellespont, il s'empara, par un coup d'audace, d'une flottille commandée par un Cassius dont l'identité est mal assurée. Arrivé sur le continent, il ne manqua pas d'assurer son pouvoir sur l'Orient, et, en particulier, sur la province d'Asie où il reçut les honneurs dus au chef d'armée victorieux, et il soigna sa popularité en procédant à des remises de taxes et surtout en ôtant aux publicains l'affermage de la perception des impôts directs. Son attitude contrastait heureusement avec la rapacité des partisans de Pompée qui avaient accentué le poids des charges et n'avaient pas hésité à confisquer biens et terres, sans même épargner les sanctuaires : Ilion (Troie), la patrie de ses ancêtres mythiques, fut la première à bénéficier de sa générosité et, à Éphèse où il préserva le sanctuaire d'Artémis, il ne manqua pas de rappeler sa descendance de Mars et de Venus.

Cependant, il ne s'attarda pas et se rendit très vite à Rhodes où il embarqua pour Alexandrie avec deux légions et quelques centaines de cavaliers. Quant il arriva dans la cité, au début du mois d'octobre, on lui amena la tête embaumée de Pompée que les conseillers du jeune roi Ptolémée, Théodote, Pothin et Achillas, avaient fait assassiner trois jours auparavant dans la barque qui l'amenait sur le rivage d'Égypte. Cornelia et son fils cadet, le jeune Sextus, avaient assisté de loin, impuissants, à l'exécution de l'*imperator*, le jour anniversaire de son troisième triomphe ; Pompée avait cinquante-huit ans. César, dit-on, fondit en larmes lorsqu'on lui présenta aussi le sceau de son ancien parent et marqua immédiatement sa réprobation d'un tel acte à l'égard de ceux qui avaient pensé lui plaire. Lucain qui n'est guère tendre envers le vainqueur de la guerre civile donne son interprétation de cette attitude éplorée :

> À ces mots, il découvrit la tête voilée qu'on lui présenta. Cette face, éteinte par la mort, n'avait plus le caractère de ses traits connus. Ce n'est pas au premier aspect que

> César réprouve le présent et qu'il en détourne les yeux ; il y attache ses regards, jusqu'à ce qu'il n'ait plus un doute ; dès qu'il a vérifié le crime et qu'il croit pouvoir désormais sans danger montrer la générosité d'un beau-père, il répand des larmes contraintes et fait sortir des plaintes de son cœur satisfait, incapable de déguiser, autrement que par des larmes, les sentiments de joie qu'il a laissé paraître ; ainsi l'atroce bienfait du tyran, il l'annule ; il aime mieux pleurer la tête coupée de son gendre qu'avoir à la payer. (Lucain, *Pharsale,* IX, 1032-1043.)

À Brindes où il apprit la nouvelle, Cicéron fut sans doute plus sincèrement peiné :

> Sur la fin de Pompée, je n'ai jamais conçu aucun doute ; car tous les rois et tous les peuples étaient si profondément persuadés du caractère désespéré de sa situation que, où qu'il se rendît, je prévoyais l'issue. Je ne peux pas ne pas souffrir de ce qui lui est arrivé, car je l'ai connu comme un honnête homme, vertueux et digne. (Cicéron, *Lettres à Atticus,* XI, 6, 5.)

César montra très vite en quelle estime il tenait les Alexandrins ; au début du mois d'octobre, il était entré dans la ville, précédé de ses licteurs, revêtu des insignes du pouvoir, violant ainsi la souveraineté du royaume, ce qui ne manqua pas de provoquer le mécontentement d'une population déjà rétive à toute autorité. Puis il s'installa dans le palais des Ptolémées. Il fut immédiatement confronté aux intrigues de la cour lagide et dut arbitrer le conflit entre deux des enfants de Ptolémée Aulète, sa fille aînée, Cléopâtre, âgée de vingt et un ans, et le premier de ses frères, Ptolémée XIII, qui avait treize ans. La jeune princesse avait été écartée de la succession de son père et contrainte à l'exil par les courtisans de Ptolémée, à la fin de l'année 49 ; son retour à Alexandrie était contrarié par la présence d'une armée à Péluse, celle-là même que Pompée avait tenté de rejoindre quand il fut tué. Une rencontre avec César pour plaider sa cause demeurait le seul espoir de Cléopâtre, et les auteurs anciens n'ont pas manqué de rappeler le stratagème utilisé par la prétendante pour s'introduire au palais d'Alexandrie :

> Cléopâtre, prenant avec elle un seul de ses amis, le Sicilien Apollodore, monta sur un petit bateau et aborda au palais alors qu'il faisait déjà nuit. N'ayant pas d'autre moyen de passer inaperçue, elle se glissa dans un paquet de couvertures où elle s'étendit de tout son long ; Apollodore lia le paquet avec une courroie et le porta à l'intérieur jusqu'à César. On dit que celui-ci se laissa prendre par cette première ruse de Cléopâtre. Il la trouva hardie ; captivé ensuite par sa conversation et sa grâce, il la réconcilia avec son frère, dont il lui fit partager la royauté. (Plutarque, *César,* 49, 1-2.)

Cléopâtre devint la maîtresse de César qui lui fit épouser son frère, pensant avoir ainsi réglé le conflit. Mais l'affaire dégénéra, car le Romain s'était empressé d'écarter les conseillers du jeune roi, responsables de l'assassinat de Pompée et surtout accusés de comploter, l'eunuque Pothin et le chef de l'armée Achillas. Le premier fut rapidement éliminé, mais le second rameuta ses troupes et entreprit de faire le siège du palais pour « libérer » Ptolémée et se débarrasser de César. Le *bellum Alexandrinum* dura six mois; les insurgés pouvaient compter sur le peuple d'Alexandrie qui n'aimait guère Cléopâtre et encore moins l'autorité romaine, et César fut rapidement mis en difficulté, car il ne disposait que de deux légions. Certes, le contrôle de l'île de Pharos lui permettait de maintenir une liaison avec sa flotte et d'assurer le ravitaillement de ses troupes, mais il dut combattre à plusieurs reprises pour conserver cette position et même payer de sa personne: en une occasion, il faillit périr noyé et ses ennemis qui avaient récupéré son manteau de commandant le brandirent comme un trophée. Pour protéger sa flotte, il incendia les arsenaux du port, mais le feu s'étendit et détruisit des dépôts de livres qu'il ne faut sans doute pas assimiler à la grande bibliothèque de la ville, l'une des plus riches du monde antique, située, cependant, assez loin des entrepôts. Lorsque les assiégeants coupèrent son approvisionnement en eau, il dut employer ses troupes pour creuser des puits. Finalement, les renforts arrivèrent, conduits par Mithridate de Pergame et l'Iduméen Antipater. Peu auparavant, César avait laissé partir Ptolémée qui s'était immédiatement placé à la tête de ses troupes. Au début du mois d'avril 47, après six mois de siège, les Romains purent reprendre l'offensive: l'armée égyptienne fut écrasée et le jeune roi périt noyé à l'issue de la bataille. La guerre d'Alexandrie était achevée et César pouvait installer Cléopâtre sur le trône avec son plus jeune frère, Ptolémée XIV, tandis que sa sœur Arsinoé, coupable d'avoir rallié le camp de ses adversaires, était reléguée à Chypre et promise au triomphe du vainqueur.

Pendant ces six mois, César était demeuré coupé de la capitale où on l'avait nommé dictateur pour l'année 47, afin de ne pas lui confier un nouveau consulat consécutif, ce qui aurait paru exorbitant, mais aussi pour ne pas rompre la continuité de son autorité; le Sénat, à l'annonce de la victoire de Pharsale, lui avait conféré d'autres privilèges, notamment celui de décider de la paix et de la guerre et l'honneur de s'asseoir sur le banc des tribuns. Cependant, les nouvelles que César avait reçues concernant la situation politique ne pouvaient que l'inquiéter.

À Rome, le maître de cavalerie chargé de l'assister et auquel il avait confié la charge de l'Italie, Marc Antoine, n'avait rien fait pour apaiser les tensions sociales nées des difficultés économiques de la guerre et avait même attisé les mécontentements, dans un contexte où se mêlaient inquiétudes et espérances, car on resta tout l'hiver sans nouvelles d'Égypte. Les rumeurs les plus folles couraient, y compris celle de la mort du dictateur dont on ne recevait plus ni lettres ni consignes, ce qui, on peut le supposer, n'attristait pas tout le monde et pouvait faire naître les plus folles espérances. Surtout, en Orient, le fils meurtrier de Mithridate, Pharnace, dont le royaume avait été limité au Bosphore par Pompée, avait entrepris de récupérer les domaines de son père, la Colchide et le Pont; il avait envahi l'Asie Mineure et défait la seule légion que le légat de César, Domitius Caluinus, avait pu lui opposer à Nicopolis, à la fin de l'année 48.

Cléopatre

César, cependant, ne décida pas de faire face immédiatement; il prit son temps et s'octroya un voyage sur le Nil, pendant deux mois, en compagnie de Cléopâtre. Sans doute jugeait-il qu'il était encore plus urgent de se procurer cet évanouissement du dehors, cet apaisement provisoire pour réfléchir sur les événements des dernières années écoulées, que de résoudre ces contrariétés immédiates dont l'ampleur pouvait lui paraître bien ténue au regard de ce qu'il venait de vivre depuis deux ans. Et quel endroit s'y prêtait mieux que cette longue vallée porteuse d'éternité où le temps s'était accumulé et où l'on ressentait cette approche vague de l'immortalité pharaonique ? Il pouvait, comme les anciens maîtres de l'Égypte, avoir l'illusion de victoire sur le temps; il en était le maître et était décidé à le suspendre. La compagnie de Cléopâtre, peut-être la rédaction de ses Commentaires sur la guerre civile l'occupèrent jusqu'au mois de juin. Il quitta alors la reine d'Égypte qui donna, peu de temps après son départ, naissance à un fils, Ptolémée César, que l'on prit l'habitude d'appeler Césarion. La question de la paternité de César, évidemment sans réponse possible, agite les chroniqueurs depuis l'Antiquité. En tout cas, quelques années plus tard, la propagande d'Octavien soucieuse de répandre l'idée que César avait un seul héritier, lui-même, s'acharna à brouiller les pistes.

Veni, uidi, uici

En quittant l'Égypte, César laissa Cléopâtre avec Ptolémée XIV sous la protection de trois légions. À la fin du mois de juin, il était à Antioche où il prit connaissance de la situation dans la capitale. Il décida cependant de se porter d'abord contre Pharnace, après avoir autorisé les Juifs à reconstruire les murs de Jérusalem détruits par Pompée, et récompensé Antipater des services rendus, en lui octroyant la citoyenneté romaine. Il tint ensuite conseil à Tarse où il prit un certain nombre de dispositions concernant les royaumes orientaux et la province de

Cilicie, et marcha vers la Cappadoce et le Pont pour affronter le roi rebelle. L'affaire fut vite réglée ; le 27 août 47, un peu au nord de Zéla, ville du Pont où Mithridate avait remporté une victoire contre les Romains, l'armée de Pharnace fut écrasée :

> Il marcha donc aussitôt contre lui avec trois légions, lui livra une grande bataille près de la ville de Zéla, le mit en fuite, le chassa du Pont et détruisit entièrement son armée. En annonçant à l'un de ses amis de Rome, Matius, cette bataille si vivement et si rapidement gagnée, il écrivit ces trois mots : « Je suis venu, j'ai vu, j'ai vaincu. » En latin ces mots [*Veni, uidi, uici*] qui ont la même désinence sont très expressifs dans leur concision. (Plutarque, *César*, 50, 2-4.)

Le roi du Bosphore, en fuite, fut bientôt éliminé par l'un de ses lieutenants, mais la tentative de César d'installer sur son trône Mithridate de Pergame se révéla être un échec. Le lendemain de sa victoire sur Pharnace, César avait pris la route de la Bithynie, puis de la province d'Asie pour rejoindre l'Italie. Il avait eu le temps de pardonner au vieux roi de Galatie, Deiotarus, qui, à Pharsale, avait choisi le mauvais camp ; Deiotarus, défendu par Brutus, conserva son titre et l'essentiel de son royaume.

À la fin du mois de septembre, César débarquait à Tarente avant de se rendre à Brindes où il rencontra Cicéron qui y était assigné ; magnanime, il pardonna de nouveau. En Afrique, ses adversaires avaient reconstitué une armée ; il aurait fallu se porter contre eux, mais l'urgence l'appelait à Rome où il arriva au début du mois d'octobre.

L'ordre à Rome

À son retour, César dut faire face à deux problèmes : le rétablissement de l'ordre et le règlement de la question des dettes qui avait des conséquences sociales et économiques considérables. Pendant son absence, il avait confié la garde de l'Italie et de Rome à Marc-Antoine, devenu son maître de cavalerie pendant l'exercice de sa dictature. Ce fut un mauvais choix ; Antoine avait d'éminentes qualités de soldat et il était son meilleur officier au début de la guerre civile – à Pharsale, il commandait son aile gauche ; mais il était un piètre politique et s'était surtout illustré par ses débauches et ses extravagances. Doté d'un esprit chevaleresque et naturellement généreux, il était couvert de dettes et ne savait pas s'entourer ; il avait évolué dans la mouvance de Clodius, puis de Curion et, en 47, avait épousé leur veuve, la redoutable Fulvia. Lorsque l'un de ses rivaux, issu comme lui de la jeunesse dorée de Rome, Publius Cornelius Dolabella, agita la plèbe avec la question de la remise des dettes, se présentant par là comme l'héritier de Clodius, Antoine ne sut comment réagir ; d'abord, il ne fit rien, puis employa la force, ce qui contribua à étendre le mouvement de mécontentement d'autant que, par ailleurs, il ne parvenait pas à calmer l'impatience des vétérans installés en Campanie et qui réclamaient des récompenses. Il était donc urgent que César revienne.

Le dictateur tenta tout d'abord d'apporter une solution à la délicate question des dettes. Ce problème était inhérent au système romain, même si la législation était particulièrement sévère en cas de non-paiement des dus, puisqu'elle prévoyait la *proscriptio bonorum*, c'est-à-dire la perte des biens, et l'*infamia*, synonymes de la mort politique. Or la guerre civile avait provoqué une crise du numéraire, et la pénurie de monnaie avait entraîné l'effondrement des prix immobiliers, comme l'atteste Cicéron dans sa correspondance. Les quelques audacieux qui se risquaient encore à prêter de l'argent le faisaient à des taux usuraires et les tentatives des tribuns de la plèbe pour imposer des limites s'étaient soldées par des échecs. Ce manque d'argent avait été encore aggravé par la confiscation de l'*aerarium* par César : celui-ci, en s'emparant sans vergogne des réserves de l'État, avait, selon la fameuse formule de Lucain, rendu pour la première fois Rome plus pauvre que César. L'argent ne circulait donc plus et il devenait de plus en plus difficile de s'acquitter de ses dettes ; les débiteurs vendaient à perte et personne ne voulait plus prêter. Toutes les strates de la société romaine se trouvaient concernées, aussi bien les moins fortunés qui ne parvenaient plus à payer leur loyer que les membres de l'aristocratie qui devaient s'endetter pour les besoins de leur carrière politique. Or, pendant la guerre civile, débiteurs et créanciers se retrouvaient aussi bien dans un camp que dans l'autre et il était nécessaire pour les chefs de parti de ménager les intérêts de chacun.

À la fin de 49, à son retour d'Espagne, César avait pris une première mesure, connue sous le nom de *lex Iulia de pecuniis mutuis* : les dettes devaient être compensées par le patrimoine du débiteur et le créancier était forcé d'accepter le paiement en biens immobiliers et mobiliers dont le prix était fixé sur l'évaluation d'avant guerre, ce qui revenait à alléger la dette du quart de son montant. De plus, des arbitres étaient désignés, chargés aussi de déduire les sommes versées jusque-là en guise d'intérêts. César complétait ces mesures par l'interdiction de détenir plus de quinze mille deniers, soit soixante mille sesterces, en pièces d'or et d'argent, afin de remettre la monnaie sur le marché et de relancer sa circulation. Son objectif était de désamorcer un conflit latent et de garantir la paix sociale au moment où il partait pour la Grèce. Il n'était pas question d'annuler les dettes, car il avait besoin du soutien de l'aristocratie et avait des partisans parmi les créanciers sur lesquels il comptait aussi pour financer sa guerre ; mais en adoptant une position modérée, il prenait le risque de mécontenter tout le monde et s'exposait à la surenchère d'un démagogue qui, en adoptant une position radicale, pouvait compter gagner la sympathie de la plèbe. Ce fut Caelius.

En janvier 48, le préteur pérégrin, Marcus Caelius, ami de Cicéron mais aussi de Curion, et qui avait opportunément rejoint le camp de César au début de la guerre civile, réclama l'abolition pure et simple des dettes ainsi que le report *sine die* des loyers. Cette attitude pouvait paraître étrange de la part de quelqu'un connu pour ses liens avec les *boni.* Certes son opposition à Pompée en 52, l'hostilité d'Appius Claudius Pulcher et de Domitius Ahenobarbus l'avaient éloigné des *optimates,* mais il ne faisait pas véritablement partie de l'autre camp. Au début de

48, Caelius était surtout un déçu de César; la disparition de son ami Curion, le fait qu'il n'avait sans doute pas obtenu de son nouveau chef tout ce qu'il désirait, le regard critique qu'il jetait dans sa correspondance avec Cicéron sur la dérive autocratique du régime césarien expliquent le changement de son attitude; il s'opposa à la suppression de la *sortitio* – le tirage au sort – pour l'attribution des provinces aux préteurs et à son collègue Trebonius, préteur urbain désigné par César, chargé de nommer les arbitres dans les affaires de dettes. En faisant de la surenchère aux propositions de loi et en radicalisant les revendications des pauvres, Caelius cherchait surtout à créer le trouble; le mouvement prit bientôt des allures d'émeute. Mais Caelius n'était pas un *popularis* et il perdit très vite son support populaire, car la plèbe ne voulut pas se laisser manipuler. L'autre consul de 48, puisque César était absent, Publius Seruilius Isauricus, fit voter contre lui un *senatus consultum ultimum.* Caelius prétendit vouloir aller plaider sa cause directement auprès de César, mais rejoignit Milon qui avait été exclu de l'amnistie de 49. Ils étaient liés par une vieille amitié et se retrouvèrent pour animer en Campanie d'abord, puis dans le sud-ouest de l'Italie, un mouvement d'origine sociale lié au problème de l'élevage et rassemblant nécessiteux et esclaves. Mais Milon était aussi un partisan de Pompée et son initiative pouvait être comprise comme une tentative d'établir une tête de pont dans la perspective d'un retour de l'*imperator* en Italie. Il fut rigoureusement combattu et tué aux confins de la Lucanie et de l'Apulie. Caelius subit le même sort dans le Bruttium. Leur tentative témoignait néanmoins de l'existence d'une crise sociale profonde dans le monde rural du sud de la péninsule.

La disparition de Caelius ne régla pas le problème; son programme d'abolition des dettes et de remise des loyers fut repris à l'automne de 47 par Publius Cornelius Dolabella: les troubles causèrent la mort de huit cents hommes de la plèbe. César, dès son retour, apaisa le mouvement en retirant sa confiance à Antoine et en récompensant Dolabella par l'octroi du consulat. Il exigea des villes d'Italie qu'elles lui versent l'or coronaire dû au titre de ses victoires et surtout confisqua les propriétés de ses adversaires, sur lesquelles se jetèrent partisans et familiers. Marc Antoine s'était empressé de mettre la main sur la plus grande partie des biens de Pompée, mais Seruilia, la maîtresse de César, ne fut pas en reste:

> César lui fit adjuger au plus bas prix d'immenses propriétés vendues aux enchères; à cette occasion, comme beaucoup de gens s'étonnaient d'un prix si modique, Cicéron leur dit fort spirituellement: « Le marché est encore meilleur, sachez-le; il y a déduction du tiers. » On soupçonnait en effet que Seruilia ménageait même à César les faveurs de sa fille Tertia. (Suétone, *César,* 50, 3.)

César, pour atténuer la réprobation qu'entraînaient ces pratiques, fit remise aux débiteurs des intérêts dus depuis la guerre civile et décréta une remise des loyers pour une année non seulement à Rome, mais dans toute l'Italie.

Il lui fallait aussi ramener le calme dans l'armée; César en avait besoin pour sa nouvelle campagne en Afrique. Les vétérans de Campanie refusaient de partir pour la Sicile et réclamaient toujours des récompenses; les envoyés de César dont le préteur désigné, Salluste, furent malmenés et deux sénateurs furent même tués. Les mutins conduits par les vétérans de la fameuse X^e^ légion marchèrent sur Rome et s'installèrent au Champ de Mars. César, qu'ils croyaient absent, décida avec beaucoup d'audace de les rencontrer; il s'adressa à eux en les apostrophant sous le nom de « citoyens » *(Quirites)* et non de « compagnons d'armes » *(commilitiones)* comme il en avait l'habitude.

> Il leur demanda alors de lui dire ce qu'ils voulaient: ils n'osèrent pas, dans leur stupéfaction de le voir présent sur place, lui parler de gratifications, mais, estimant que c'était une revendication plus modérée, ils réclamèrent à grands cris de recevoir leur congé de l'armée, escomptant que, comme il avait besoin d'une armée pour les guerres à venir, il aborderait aussi la question des gratifications. Mais lui, contre l'attente générale, répondit sans la moindre hésitation: « Je vous donne congé. » Comme ils étaient encore plus sidérés et que le plus profond silence s'était établi, il ajouta: « Et je vous donnerai, je vous l'assure, tout ce que je vous ai promis, quand j'aurai les honneurs du triomphe, avec d'autres. » (Appien, *Guerres civiles,* II, 93.)

Les soldats, d'abord heureusement surpris, puis remplis de honte et de la crainte d'être finalement privés d'un nouveau succès, eurent la même réaction qu'au début de l'année précédente à Placentia. Ils demandèrent à être réengagés et tout spécialement ceux de la Xe légion, qui se sentaient particulièrement coupables d'avoir trahi leur chef. César leur pardonna et évita même de punir. Il avait compris mieux que nul autre la manière dont il fallait traiter avec les soldats, par un mélange de démagogie et de cynisme, mais aussi le rôle tenu par l'armée en période de guerre civile: « Deux choses, disait-il, sont la source du pouvoir, sa protection et son aliment: les troupes et l'argent, lesquels sont interdépendants » (Dion Cassius, 42, 49, 4). Au début du mois de décembre, il quittait Rome et le 1er janvier 46 revêtait son troisième consulat.

La guerre d'Afrique

En Afrique, les pompéiens avaient rassemblé des forces importantes; Caton les avait rejoints dès qu'il avait appris la mort de Pompée. Mais le commandement avait été confié à Quintus Metellus Scipio, le beau-père de ce dernier, parce qu'il était un ancien consul. On se plaisait également à rappeler qu'aucun Scipion n'avait jamais connu la défaite sur le sol d'Afrique: c'est aussi pour cela sans doute, et par superstition, que César s'efforça de dénicher un autre Scipion particulièrement obscur, qu'il plaça au premier rang de son armée pendant les batailles. Les alliés disposaient de dix légions, de quinze mille cavaliers et d'une soixantaine d'éléphants. Leur flotte menaçait la Sicile et la Sardaigne et maintenait le contact avec la péninsule Ibérique que le gouvernement désastreux de Cassius Longinus avait rapidement aliénée à la cause césarienne, et vers laquelle se dirigeait le fils aîné de Pompée, Cnieus.

De son côté, César, une fois éteinte la mutinerie de ses troupes, confia la garde de l'Italie à son nouveau collègue au consulat, Lépide, et fit passer ses troupes en

Sicile où il procéda à des levées pour constituer une légion supplémentaire. Puis, malgré l'avis contraire des haruspices, il s'embarqua prestement pour l'Afrique, avant que ses adversaires ne prennent l'initiative de débarquer en Italie. La traversée effectuée avant le solstice d'hiver et dans des conditions difficiles se révéla périlleuse ; ses navires étaient inadaptés au mauvais temps et il ne savait même pas où il allait accoster. Mais une fois de plus, César se fiait à sa bonne fortune. Malgré l'infériorité numérique de ses forces – il ne disposait que de six légions et de deux mille cavaliers –, il comptait comme toujours sur l'effet de surprise. La tempête dispersa son escadre et César lui-même aborda le rivage avec seulement trois mille hommes et cent cinquante chevaux, dans la région d'Hadrumète. Il renvoya ce qui lui restait de navires afin de récupérer les restes épars de sa flotte, mais rencontra rapidement des difficultés pour se ravitailler et constituer une tête de pont. Il fit mander du ravitaillement et des fournitures de Sardaigne pour compenser ce qui avait été perdu pendant la traversée et entra en contact avec les alliés sur lesquels il pouvait compter à l'Ouest, le condottiere Sittius et le roi de Maurétanie Bocchus. Il s'efforça, par des promesses d'octroi de citoyenneté, de rallier les provinciaux et de raviver la loyauté des Gétules qui n'avaient pas oublié Marius.

Le danger était que ses adversaires profitent de son infériorité numérique pour l'attaquer et César pouvait s'inquiéter du retard pris par ses troupes à venir le rejoindre. Le *Bellum Africum*, œuvre de l'un de ses officiers qui a témoigné sur la campagne d'Afrique, affiche cependant la sérénité et la confiance du consul et leur impact sur le moral de ses hommes. Il fut rejoint, avant la fin du mois de mars, par l'équivalent de quatre légions sans bagages ni esclaves, mais chaque soldat ayant son armement complet. César pouvait reprendre l'offensive.

Il fallait à tout prix éviter par une série de manœuvres un affrontement direct avec l'adversaire, déjouer ses tentatives d'encerclement. En une occasion cependant, César fut mis en difficulté par Labienus et Petreius, les légats de Scipion, mais les pompéiens ne surent pas profiter de leur avantage. César, dut, une nouvelle fois, à sa fortune de s'en tirer à si bon compte. C'est sur un terrain qu'il avait lui-même choisi, l'isthme étroit qui fermait à l'ouest la lagune de Thapsus, qu'il réussit à attirer ses ennemis et à les contraindre au combat, le 6 avril 46 ; son infériorité numérique était évidente : il avait en face de lui quatre-vingt mille hommes, vingt mille cavaliers, la cavalerie numide de Juba et les éléphants. Les récits de la bataille divergent, mais il semble que les vétérans de la Xe légion, soucieux de faire oublier leur mauvaise conduite lors des événements de Rome, engagèrent la bataille sans attendre ses ordres, au cri de *Felicitas*. Il est possible que César ait perdu le contrôle de son armée en cette occasion et certains affirment qu'il ne participa même pas à l'affrontement. Quoi qu'il en soit, la charge de ses légionnaires emporta tout et retourna même les éléphants contre leurs propres troupes : le camp pompéien fut pris d'assaut et ce fut très rapidement la déroute. Plutarque parle de cinquante mille tués, mais ce chiffre est certainement excessif, même si les soldats de César avaient décidé de ne pas faire de quartier. La plupart des adversaires politiques du dictateur trouvèrent la mort pendant ou après la bataille – Afranius, Faustus Sulla –, mais aussi Petreius et Juba qui se suicidèrent et Metellus Scipion un peu plus tard à l'issue d'une bataille navale. Labienus réussit à s'enfuir et rejoignit les troupes pompéiennes en Espagne.

La mort d'un symbole

César voulait prendre Caton vivant. Celui-ci n'avait pas participé à la bataille, mais était demeuré à Utique où il avait organisé la défense de la cité. Caton symbolisait à lui seul la République et la résistance de l'aristocratie sénatoriale aux velléités autocratiques des *imperatores*. Il avait été le principal adversaire des triumvirs et, quand il avait fallu choisir entre eux, il s'était résolu à se ranger derrière Pompée parce qu'il lui semblait représenter le moindre mal pour l'ancien ordre des choses. Il n'avait pas pu atteindre la magistrature suprême, le consulat, mais sa réputation d'honnête homme, sa rigueur morale et son dévouement indéfectible à la République lui conféraient une autorité qui le plaçait au-dessus de ces contingences et faisait de lui le principal rival de César : au total il incarnait la République, celle dont précisément César pensait qu'elle était devenue obsolète. Caton avait décidé de marquer chaque échec de sa propre cause par une nouvelle privation ; à partir du moment où Pompée avait quitté l'Italie, il refusa de se raser ou de se couper les cheveux et ne porta plus que des vêtements de deuil. À la nouvelle de la défaite de Pharsale, il avait décidé, si Pompée disparaissait, d'aller vivre en exil le plus loin possible de la tyrannie, de ne plus prendre ses repas qu'assis et de ne plus s'étendre que pour dormir. De Cyrénaïque vers l'Afrique pour rejoindre les forces pompéiennes, il avait effectué le voyage en tête de la colonne, sans utiliser cheval ni bête de somme. À son arrivée, il avait refusé de prendre le commandement de l'armée parce que Metellus Scipion était consulaire et que lui-même n'avait pas revêtu de charge supérieure à la préture. Caton choisit enfin de s'installer à Utique pour conserver la cité au camp pompéien et la fortifia après en avoir fait le centre de ravitaillement de l'armée pompéienne. Quand il apprit la défaite de Thapsus, il décida de faire évacuer la cité par ceux qui le souhaitaient ou se sentaient menacés ; il était, quant à lui, décidé à rester, mais ne voulait pas se rendre afin d'ôter à César le bénéfice d'une victoire hautement symbolique, celle d'épargner sa vie :

> Résolu depuis longtemps à se tuer, il se donnait des peines, des douleurs et des tracas excessifs pour les autres, afin de mettre tout le monde en sûreté avant de quitter la vie. Car on ne pouvait douter de son intention de se donner la mort, bien qu'il n'en dît mot. (Plutarque, *Caton*, 64, 4.)

Il voulait se montrer supérieur à César par la pureté et la justice de sa cause :

> C'est aux vaincus de recourir aux prières, aux coupables de demander leur pardon. Or je n'ai jamais été vaincu durant toute ma vie, je suis même vainqueur autant que je le veux, puisque je l'emporte sur César en honneur et en justice. (Plutarque, *Caton*, 64, 8.)

Après avoir pris un certain nombre de dispositions pour permettre à ceux qui le souhaitaient de s'embarquer et quand il eut mis un terme au pillage de la ville par ses soldats qui fuyaient, il se retira. Il prit son dîner avec quelques convives et alla se coucher, ne modifiant rien à ses habitudes, si ce n'est qu'il étreignit son fils avec plus de tendresse. Il fit remettre en place son épée que l'on avait dissimulée en se plaignant qu'on lui prête de mauvaises intentions, puis demanda qu'on lui apporte le traité de Platon *Sur l'âme* (que l'on n'appelait pas encore le *Phédon*). Il le lut une première fois en compagnie de son fils, du stoïcien Apollonidès et du péripatéticien Démétrios ; ceux-ci partis, il recommença deux fois une lecture complète de l'ouvrage, comme pour apaiser les incertitudes de son esprit par une ritualisation du traité. Puis, au milieu de la nuit, après que son dernier conseiller venu, à sa demande, le rassurer sur le sort de ceux qui avaient pris la mer, l'eut quitté, il dégaina son épée et se l'enfonça sous la poitrine.

> L'enflure de sa main rendit le coup trop léger, et il ne mourut pas aussitôt. Il tomba du lit, agonisant, et fit du bruit en renversant un tableau placé près de lui, sur lequel il traçait des figures géométriques. Les serviteurs entendirent et poussèrent des cris ; immédiatement le fils de Caton et ses amis entrèrent dans la chambre. En l'apercevant tout ensanglanté, avec presque toutes les entrailles sorties du corps, mais encore vivant et voyant, ils furent tous saisis d'horreur. Le médecin s'approcha, et constatant que les intestins restaient intacts, il entreprit de les remettre en place et de recoudre la plaie. Mais dès que Caton, revenant à lui, reprit connaissance, il repoussa le médecin et arracha de ses mains ses entrailles en rouvrant la blessure ; il expira. (Plutarque, *Caton,* 70, 8-10.)

Quand César arriva à Utique, les habitants de la ville avaient déjà brûlé son corps, après lui avoir rendu les honneurs : il l'invectiva comme un vivant : « Ô Caton, je t'envie cette mort, car tu m'as envié l'occasion de te sauver la vie ! » Caton l'avait privé de cet ultime triomphe. La rancœur de César à l'égard de son implacable adversaire ne s'éteignit d'ailleurs pas, et lorsque Cicéron écrivit son *Caton*, éloge de l'homme qui avait incarné la liberté et la République, César le prit comme une attaque contre toute son action et écrivit un *Anticaton* dans lequel il rassemblait tous ses griefs contre son rival et lui reprochait son ivrognerie et sa cupidité.

César ne s'attarda pas à Utique : il pardonna aux habitants, mais fit exécuter les Trois Cents, c'est-à-dire les marchands et hommes d'affaires romains qui composaient le conseil de la cité et qui, après bien des tergiversations et des trahisons, avaient fini par prendre parti contre lui. Il épargna le jeune fils de Caton et renvoya la fille de Pompée et ses enfants auprès de son frère aîné, Cneius, qui s'était réfugié en Espagne. Puis il s'empara du royaume de Juba dont il transforma la partie orientale en province ; l'*Africa Nova* reçut comme premier gouverneur Salluste, qui exploita sa province pour payer ses dettes. Les régions occidentales furent données à Sittius qui s'installa à Cirta et l'un des rois de

Maurétanie, Bogud, fut récompensé ; ce chef maure avait joué un rôle décisif à Thapsus et César avait quelques faiblesses pour son épouse Eunoé. Le vainqueur voulut aussi tirer un trait sur la guerre civile et, comme il l'avait fait après Pharsale avec la correspondance de Pompée, il brûla aussi celle de Metellus Scipion.

Après un bref passage en Sardaigne qu'il n'avait encore jamais visitée et d'où il envoya sa flotte en Espagne, il rentra à Rome où il arriva vers la fin de juillet. Il célébra alors, le 26, ses triomphes sur la Gaule, l'Égypte, le Pont et l'Afrique, prenant bien soin de présenter ces succès comme des victoires remportées sur des ennemis de Rome lors de guerres étrangères, et non sur d'autres Romains ; ainsi le nom de Pompée était-il omis, on ne célébrait point la campagne de Pharsale, mais celle d'Égypte, et l'on oubliait Scipion pour ne mentionner que Juba. Le fils de ce dernier, encore tout jeune enfant, figura au triomphe, ainsi qu'Arsinoé, la sœur de Cléopâtre, et Vercingétorix qu'il fit ensuite exécuter. Il utilisa l'or coronaire et le butin pour poursuivre sa politique édilitaire et la construction de son Forum autour du temple de Venus Genitrix, offrit un gigantesque banquet aux citoyens de Rome et des jeux de gladiateurs en mémoire de sa fille, puis récompensa largement ses soldats.

César pouvait penser que la guerre civile était terminée et c'est peut-être dans cet esprit qu'il demanda à Cléopâtre de le rejoindre dans la capitale, où elle arriva à l'automne. Le calme n'était cependant pas revenu dans tout l'empire ; en Syrie, un usurpateur avait évincé le gouverneur césarien et surtout, en Espagne, les derniers pompéiens avaient rassemblé une imposante armée. Revêtu du consulat pour cinq ans, de la dictature pour dix ans et d'autres honneurs conférés par le Sénat, il reprit la route de la péninsule Ibérique, à la fin de 45, après avoir confié la garde de l'Italie à son *magister equitum*, Lépide.

La fin du parti pompéien

César avait reçu de mauvaises nouvelles des Espagnes ; il considérait ses adversaires comme des rebelles et cela explique l'âpreté de la lutte et les atrocités qui furent commises ; de part et d'autre on savait qu'il n'y aurait pas de quartier. L'armée pompéienne était nombreuse ; Labienus et les rescapés de l'armée de la guerre d'Afrique avaient rejoint les fils de Pompée, Cneius et Sextus : au total treize légions et des contingents indigènes, mais de faible qualité si l'on exclut les trois légions laissées dans la péninsule en 49 et récupérées par les pompéiens après l'élimination de Cassius.

César mit vingt-trois jours pour rejoindre la péninsule ; c'est au cours de ce voyage qu'il composa son poème *Iter*. Il ne disposait que de huit légions et certains de ses hommes étaient fatigués par les incessantes campagnes. Celle d'Hispania dura trois mois, de décembre 46 à mars 45, et se déroula dans la vallée du Guadalquivir. L'épisode final eut lieu au sud-ouest de Cordoue, près de la ville d'Osuna, à Munda (dont le site est encore mal localisé), le 27 mars 45.

Cneius Pompée avait longtemps refusé la bataille, suivant l'avis de Labienus, mais finit par provoquer César. La bataille s'engagea au cri de Venus pour les uns et de *pietas* pour les autres. Les choses commencèrent mal pour César, qui dut rameuter ses soldats en fuite et se porter lui-même au premier rang.

> Là, César, voyant que les siens étaient durement pressés et n'offraient qu'une faible résistance, courut à travers les rangs de ses soldats en leur criant : « Si vous n'avez pas honte, prenez-moi pour me livrer à ces gamins. » (Plutarque, *César*, 56, 2.)

Il fit face à l'ennemi et s'avança seul pour l'affronter, recevant, nous dit Appien qui exagère, deux cents lances envoyées contre lui. Ses officiers d'abord, puis ses hommes, autant par honte que par hardiesse, se portèrent à son secours et les césariens rétablirent l'équilibre après de durs combats ; à la fin de la journée, la charge de la Xe légion sur l'aile gauche et la cavalerie de Bogud avaient fait une nouvelle fois la décision. La fortune avait encore protégé César, mais celui-ci en quittant le champ de bataille dit à ses amis qu'il avait souvent combattu pour la victoire, mais que c'était la première fois qu'il avait lutté pour la vie. Les pompéiens laissèrent trente-trois mille hommes sur le terrain, car cette fois-ci il n'y eut pas de clémence ; Cordoue fut enlevée et pillée et l'on amena au vainqueur les têtes de Labienus et d'Attius Varus. Quelques jours plus tard Didius lui apporta celle de l'aîné des fils de Pompée, auquel il fit rendre les honneurs funèbres. César, nous dit Plutarque, avait anéanti les fils et la race du meilleur des Romains, victime des vicissitudes de la fortune. Toujours la fortune…

Avant de quitter la péninsule, le dictateur prit un certain nombre de mesures qui témoignent de l'ampleur de ses vues et d'une nouvelle conception des relations entre Rome et son empire. Certes, il punit et récompensa, mais aussi répandit le droit de cité, modifia le statut des villes, installa des colonies de vétérans, accélérant le processus de romanisation et intégrant davantage l'Hispania dans l'Empire. Il fit de même sur le chemin du retour en Gaule transalpine, avant de s'attarder dans le nord de l'Italie. Visiblement, il n'était pas pressé de rentrer à Rome où il n'arriva qu'au mois d'octobre pour célébrer un triomphe auquel il associa ses légats Fabius et Pedius. Pour la première fois cependant, le triomphe clôturait une guerre remportée sur d'autres Romains ; il mettait un terme à quatre années de guerres civiles qui avaient coûté très cher au peuple de Rome. L'année précédente, nous dit Appien,

> César avait fait recenser la population de la plèbe, et on trouva, dit-on, qu'elle avait diminué de moitié par rapport à son chiffre d'avant la guerre : tant le choc des ambitions avait ruiné la ville. (*Guerres civiles*, 2, 102.)

César pouvait mesurer l'ampleur du désastre de cette lutte fratricide, même s'il allégeait sa conscience en répétant, comme au soir de Pharsale, que ce n'était pas lui qui l'avait voulu.

Magistrat ou monarque ?

Depuis le déclenchement de la guerre civile, en 49, César n'avait pas cessé d'être régulièrement investi de pouvoirs qui légitimaient sa position. Dictateur pendant quelques jours, à la fin de cette année-là, en vue de présider aux élections qui faisait de lui un consul pour l'année 48, il reçut de nouveau cette charge pour un an après la bataille de Pharsale. En 46, il fut seulement consul, mais après sa victoire en Afrique, le Sénat lui conféra la dictature pour dix ans, renouvelée chaque année pour respecter les formes. Il revêtit parallèlement le consulat pour l'année 45, mais, à l'automne, abdiqua cette magistrature dont il fut formellement réinvesti au début de l'année 44. Sa dictature décennale devint perpétuelle par un sénatus-consulte qui lui fut remis le 14 février 44 ; il échappait alors au renouvellement annuel et pérennisait ainsi sa position au sommet de l'État. Il avait les pouvoirs d'un monarque, mais le mot *regnum* ne qualifiait pas officiellement sa position.

Celle-ci n'était cependant que la conséquence et le reflet de sa victoire, et il était naturel et logique que la dictature constituât l'assise d'un pouvoir dont le fondement était avant tout militaire : elle donnait un cadre légal à sa place dans l'État, mais demeurait dans les normes républicaines. Une chose importait surtout à César : dans l'exercice de la dictature, il ne partageait pas l'autorité avec un collègue magistrat et disposait donc seul de la totalité du pouvoir.

L'accumulation des honneurs sur sa personne contribua largement à renforcer son penchant pour l'autocratie ; Dion Cassius nous en a donné la liste : elle n'est peut-être pas exhaustive et César n'accepta certainement pas tous les privilèges que le Sénat par servilité, crainte ou peut-être parfois sincérité lui octroya, mais il en conserva certainement la plupart d'autant qu'ils étaient devenus force de loi par le vote des comices. Il demeure difficile de dire dans quelle mesure il en suggéra quelques-uns.

Après Pharsale, il put décider de la paix et de la guerre, prérogative qui appartenait au peuple, revêtir le consulat cinq fois de suite ; il reçut les pouvoirs des tribuns de la plèbe et put nommer les gouverneurs prétoriens. Au lendemain de sa victoire en Afrique, le Sénat lui vota, avec la dictature décennale, la *cura morum* – c'est-à-dire une partie des pouvoirs des censeurs – pour trois ans, le droit de s'asseoir à l'assemblée entre les consuls et de donner le premier son avis, de présider les jeux et de nommer les candidats aux magistratures. Puis, lorsque la nouvelle de Munda arriva à Rome, en avril 45, il reçut de nouvelles prérogatives, dont le consulat pour dix ans. Enfin, à la fin de cette année-là et malgré l'opposition d'un certain nombre de sénateurs qui acceptaient mal cette accumulation de privilèges et la confiscation de l'État par un seul, il reçut le *cognomen* de *Parens Patriae* qu'enregistrèrent monnaies et inscriptions, traduction du titre de père de la patrie lié à l'octroi de la couronne de chêne qu'il reçut du Sénat, l'inviolabilité des tribuns et la censure à vie, une chaise d'or pour siéger à l'assemblée. Il pouvait revêtir en toutes circonstances une couronne d'or et porter les chaussures rouges des rois d'Albe. Sénateurs et chevaliers devaient lui composer une garde et, pour les premiers, ils devaient lui prêter serment de loyauté. On peut, certes, toujours discuter dans le détail l'authenticité de ces mesures et contester tel ou tel point du témoignage de Dion Cassius ; néanmoins, leur accumulation impressionne d'autant qu'elle confère à César un statut qui le place dans une position intermédiaire entre les hommes et les dieux.

À l'origine, il y eut, nous l'avons dit, les victoires militaires qui scandèrent l'attribution de ces honneurs, et les triomphes; ils ponctuèrent chaque campagne et rapprochèrent chaque fois davantage l'*imperator* victorieux du monde des dieux. Le quadruple triomphe de 46, *Gallicus*, *Alexandrinus*, *Ponticus*, *Africanus*, célébré sur quatre jours distincts, au retour de la campagne d'Afrique, entre la fin du mois d'août et la fin du mois de septembre, illustra cette nouvelle relation. Ce furent d'abord des prodigalités inouïes; à côté de la munificence de chacun des triomphes, César multiplia les banquets et spectacles, dont l'*epulum* offert sur vingt-deux mille *triclinia* à soixante mille convives, des représentations de théâtre en diverses langues dans tous les quartiers de la capitale cosmopolite, une naumachie dans un bassin creusé tout exprès près de la rive droite du Tibre, des courses de char aux Circus Maximus réaménagé pour l'occasion, des combats de gladiateurs, sans compter les chasses – *uenationes* – organisées en l'honneur de sa défunte fille Julie. Le raffinement fut poussé jusqu'à tendre un *uelum* de soie de la Domus Regia, résidence du Grand Pontife, jusqu'au Clivus Capitolinus pour protéger les spectateurs du soleil. Mais l'essentiel n'était pas là : pour la victoire d'Afrique, une *supplicatio* de quarante jours avait été votée, dès l'annonce de l'issue de la bataille de Thapsus, et le vainqueur reçut le privilège d'utiliser huit chevaux blancs, réminiscence de Romulus, pour tirer son char de triomphateur, ainsi que celui d'être entouré de soixante-douze licteurs. Lors de la cérémonie, César, arrivé au Capitole, monta à genoux les marches qui conduisaient au temple de Jupiter : une statue et un char avaient été installés en son honneur sur la colline, et la statue, selon Dion Cassius, se présentait au-dessus d'un globe, symbolisant la maîtrise de l'*oikoumène*. Quant au char, il faisait face à la statue de Jupiter. Le rapprochement avec le dieu, accentué, sous la statue, par l'inscription ἡμίθεος, c'est-à-dire demi-dieu, probablement hâtivement effacée par la suite, était ainsi affirmé.

L'année suivante, à l'annonce de la victoire de Munda, le 20 avril, une nouvelle *supplicatio* de cinquante jours fut votée et plusieurs statues de César furent érigées, dont une au Capitole, avec celles des rois de Rome, et une autre au temple de Quirinus-Romulus avec l'inscription *Deo Invicto*, tandis que les jeux célébrés le lendemain, traditionnellement en l'honneur du fondateur de Rome, lui étaient dédiés. Cette position exceptionnelle de César s'affirma sur le plan religieux d'autant qu'il décida la construction de temples ou l'instauration de cultes, dédiés à des divinités qui incarnaient les vertus du chef victorieux, la *Fortuna Caesaris*, la *Victoria Caesaris*, mais aussi la *Clementia* et la *Concordia* rappelant la générosité du vainqueur et son souci de ramener la paix civile. De même, les jeux consacrés à la divinité devenaient ceux de la *Victoria Caesaris*, destinés à durer onze jours, et étaient transférés du mois de septembre au mois de juillet, celui des Iulii ; c'est en effet, en 45, que fut décrété que le mois *Quintilis* serait appelé *Iulius* parce que César était né dans ce mois. Après Munda, le Sénat l'autorisa à prendre le *praenomen « Imperator »* dont il eut désormais l'exclusivité, à porter perpétuellement la couronne de laurier et l'habit triomphal, tandis que sa statue en ivoire ne quittait plus celle des dieux lors des jeux du cirque. Plus surprenant encore est l'octroi du titre de *liberator* qui lui fut attribué avec la couronne civique après sa victoire en Espagne, alors qu'il venait d'écraser le dernier carré de ceux qui prétendaient défendre précisément la *libertas*, symbole de l'idéal républicain : un temple devait être dédié à la nouvelle divinité, mais ne fut en définitive jamais construit. César voulait ainsi, comme Auguste plus tard, accaparer une vertu républicaine que ses adversaires et ses assassins eurent, par la suite, à cœur de récupérer. Nul ne pouvait se méprendre sur ses intentions et nombreux étaient ceux qui avaient quelque raison de voir en lui le fossoyeur de la *Res Publica*.

Il est vrai que César n'a jamais vraiment contredit l'attente d'une restauration de la République ; certes, il avait bien, en une occasion au moins, déclaré que la République n'était rien, un simple nom sans consistance, ni réalité, et avait, une autre fois, vertement réagi au manque d'égards du tribun Pontius Aquila :

> Or, cette conduite sembla d'autant plus intolérable que lui-même, passant sur son char de triomphe devant les banquettes des tribuns et voyant que dans tout leur collège, Pontius Aquila était seul à ne pas se lever, s'écria, au comble de l'indignation : « Eh bien ! tribun Aquila, redemandez-moi donc la République ! » et ne manqua pas, plusieurs jours durant, lorsqu'il faisait à qui que ce fût n'importe quelle promesse, d'ajouter cette réserve : « Si toutefois Pontius Aquila le veut bien. » (Suétone, *César*, 72, 2.)

Mais, officiellement, ses déclarations se bornèrent là et les magistrats continuèrent à être élus par le peuple et les lois votées par les comices pendant les années de sa dictature. À la fin de 46, il permit le retour de l'un de ses plus anciens adversaires, qui fut d'ailleurs tué au cours du voyage, le consul de 51, Marcus Claudius Marcellus, exilé à Mytilène depuis la défaite du parti sénatorial. Cicéron, comme il l'avait déjà fait dans sa défense de Quintus Ligarius, vanta dans le *pro Marcello* la *Clementia Caesaris* et la *Sapientia* du dictateur, suggérant lui-même le retour à la République :

> Tous ceux qui furent tes ennemis ont perdu la vie par leur obstination, ou l'ont conservée par ta clémence [*misericordia*] : tes ennemis sont morts ou sont devenus tes plus fidèles amis. (*Pro Marcello*, 21.)

Mais l'orateur lui-même était par ailleurs sans illusion. En fait, tout dans l'attitude de César démontrait sa volonté de limiter le rôle des institutions de la République, celui des magistrats, du Sénat et du peuple lui-même. Elle se radicalisa même après la campagne d'Espagne dans le contexte de la rédaction de l'*Anticato* et avec l'accroissement du rôle du cabinet qui regroupait quelques familiers du dictateur et ses hommes de confiance, notamment les banquiers

Lucius Cornelius Balbus et Caius Oppius. En décembre 45, lorsque César se rendit en Campanie pour régler la question de l'installation des vétérans, il fit une visite à Cicéron ; la discussion, aux dires de ce dernier, fut cordiale, mais se limita à des questions de littérature.

Dès 48, les magistratures avaient été placées sous tutelle, puisque César présida cette année-là aux désignations. En 47, année de sa dictature et de son absence prolongée, son maître de cavalerie, Marc Antoine, remplaça dans les conditions que l'on sait les magistrats, à l'exception des tribuns et des édiles de la plèbe et, à son retour d'Asie, c'est lui qui convoqua les comices centuriates en vue d'élire les magistrats pour la fin de 47 et l'année 46. Il avait, entre-temps, augmenté le nombre des titulaires, y compris celui des préteurs qui passa de huit en 48 à dix en 46 et même à seize en 44, en partie, il est vrai, pour répondre au besoin sans cesse croissant de l'administration des provinces ; mais cette mesure avait pour conséquence directe de dévaloriser l'importance des magistratures, même si César pensait d'abord récompenser certains amis auxquels il offrait parallèlement l'accès au Sénat. Il fit de même en ce qui concerne les collèges religieux en ajoutant un poste à chacun des trois plus importants, les augures, les pontifes et les XV*uiri sacris faciundis*.

Lorsqu'il partit en Espagne à la fin de l'année 46, il nomma des préfets de la ville pour la gouverner en son absence, ce qui ne manqua pas de soulever des protestations. Mais c'est surtout la dévalorisation du consulat, principale magistrature républicaine et symbole du pouvoir de l'aristocratie et de l'ancien ordre des choses, par l'instauration du système des consuls suffects, c'est-à-dire de remplaçants, qui heurta les esprits. César lui-même avait accepté, en 47, d'être élu à la magistrature suprême pour cinq années consécutives, puis en 45 pour dix. Mais il ne conduisit jamais sa charge à son terme et se fit remplacer ; après Munda, il désigna les deux consuls pour la fin de l'année et lorsque l'un d'eux décéda dans la matinée du dernier jour de sa magistrature, il en nomma un pour les dernières heures de l'année. Cicéron ne put s'empêcher de plaisanter sur le consul d'un jour, mais son ironie traduisait surtout son désarroi devant le mépris affiché pour les institutions de la République :

> On ne saurait croire à quel point j'ai l'impression de me conduire honteusement en étant témoin de ce qui se passe ici. Oui, on dirait que tu as prévu longtemps à l'avance ce qui menaçait le jour où tu t'es enfui d'ici. Ces faits ont un goût amer même par ouï-dire ; néanmoins il est plus supportable d'en entendre parler que de les voir. Ainsi, du moins tu n'étais pas au Champ de Mars, où des comices avaient été organisés pour l'élection des questeurs, quand, à la deuxième heure [vers 9 heures] avait été mise en place la chaise curule de Quintus Maximus qui, au dire des gens en place, était consul ; puis, sa mort ayant été annoncée, la chaise fut enlevée. Mais le grand chef, qui avait pris les auspices pour les comices tributes, tint les comices centuriates, proclama à la septième heure [12 h 45] le nom du consul qui exercerait ses fonctions jusqu'au

1er janvier... qui devait commencer le lendemain matin. Sache aussi que sous le consulat de Caninius, personne n'a déjeuné; cependant, aucun malheur n'est survenu sous le consul; il fut, en effet, d'une vigilance merveilleuse, puisque, de tout son consulat, il n'a pas connu le sommeil. Ceci te paraît risible, c'est que tu n'es pas sur place. Si tu le voyais de tes yeux, tu ne retiendrais pas tes larmes. (Cicéron, *Lettres familières,* 7, 30.)

Au début de l'année 44, un plébiscite voté à l'initiative du frère d'Antoine, Lucius, lui donna la possibilité de nommer les consuls et la moitié des magistrats pour les années de son absence programmée, c'est-à-dire les années 43 et 42. En fait, si César ne nommait pas jusqu'alors les magistrats, à quelques exceptions près, il faisait usage de son droit de *commendatio*, c'est-à-dire qu'il désignait les candidats et nul ne pouvait se présenter contre son avis :

Il partagea avec le peuple le droit d'élire les magistrats, en décidant que, sauf pour les candidats au consulat, une moitié des élus serait prise parmi les candidats choisis par le peuple, l'autre moitié par ceux que lui-même aurait désignés. Or il désignait ses candidats au moyen de circulaires adressées aux tribus et portant cette simple formule : « Le dictateur César à telle tribu. Je vous recommande un tel ou un tel, afin qu'ils tiennent leur dignité de vos suffrages. » (Suétone, *César,* 41, 2.)

Dans ces conditions, le rôle du peuple fut vite réduit à un geste symbolique. Certes, pour maintenir la fiction démocratique, César fit construire pour le lieu des réunions des comices, au Champ de Mars, un somptueux enclos de marbre qui devait porter à son achèvement, deux décennies plus tard, sous Auguste, le nom de *Saepta Iulia* ; mais il était bien évident qu'il convoquait ces assemblées à sa guise et que les élections dépendaient de son bon plaisir. On était bien loin de la promesse affichée au moment du déclenchement de la guerre civile :

Que la liberté des comices, que l'exercice du gouvernement soient assurés au peuple romain. (César, *Guerre civile,* I, 9.)

Il ne restait plus grand-chose de cette louable déclaration d'intention.

Le Sénat ne fut pas mieux traité : le nombre de sénateurs passa de six cents à neuf cents. Ce fut sans doute moins avec l'intention d'amoindrir le rôle de l'assemblée que par souci de récompenser quelques amis et partisans, mais le prestige des *patres* n'y gagna rien. Même si l'on ne peut suivre complètement Suétone qui n'hésite pas à affirmer qu'il fit entrer n'importe qui au Sénat :

À l'adresse des étrangers admis au Sénat, on placarda, l'affiche suivante : « À tous Salut, Que personne ne s'avise d'indiquer le chemin de la curie à un nouveau sénateur » (Suétone, *César,* 80, 1-2),

même si l'on considère que Cicéron exagère qui prétend qu'il était plus difficile d'entrer au Sénat de Pompéi qu'à celui de Rome, il n'en reste pas moins que César le peupla de ses créatures et de ses partisans. Il avait mis en branle ce que l'on a appelé la « révolution romaine », en intégrant à l'aristocratie de la capitale les représentants des élites italiennes et en précipitant le déclin de l'oligarchie traditionnelle. Cette dernière l'avait combattu durement avec l'objectif de le perdre et, même s'il considérait qu'il lui fallait afficher un esprit de clémence et un souci de concorde pour se concilier les survivants et rallier ses anciens adversaires, il n'avait aucune confiance en ces gens et n'avait nullement l'intention de leur rendre la *Res Publica*. En introduisant dans l'assemblée des hommes dont la reconnaissance faisait ses partisans, il la rendait inoffensive et plus malléable, c'est-à-dire prête à accepter le nouvel ordre qu'il voulait instaurer. Dans le même sens, la promotion de plébéiens au patriciat, caste fermée depuis plus de quatre siècles, bénéficiait avant tout à la partie de la noblesse qui l'avait soutenu.

Mais il se voulait aussi le gardien de l'excellence et de la vertu de la nouvelle aristocratie qu'il mettait en place : en sa qualité de préfet des mœurs, il imposa par une loi somptuaire, en 46, la restriction du luxe, la limitation des dépenses inutiles, notamment les extravagances dans les constructions, et prit des mesures contre le gaspillage, par exemple dans l'organisation de banquets somptueux. En fait, sous l'apparente volonté de protéger l'aristocratie de ses propres excès, il préservait son monopole de satisfaire le peuple et de capter sa clientèle : cette démarche préfigurait les futurs rapports du prince et de la plèbe.

En effet, dans son souci de rétablir la concorde et l'ordre, le dictateur n'oubliait pas le peuple ; certes, il lui offrait après Thapsus un gigantesque banquet et l'avait régalé de jeux somptueux, mais il n'avait pas l'intention de continuer à entretenir une plèbe oisive. Par la *lex Iulia frumentaria* de 46, il mettait un point d'arrêt à la croissance effrénée de la masse des bénéficiaires des distributions de blé et ramenait leur nombre de trois cent vingt mille à cent cinquante mille : il insistait surtout sur le caractère civique de cette mesure puisque tout citoyen, riche ou pauvre, pouvait continuer à prétendre au *frumentum publicum*. César montrait ainsi sa volonté d'empêcher les non-citoyens d'en profiter et surtout s'attaquait à la fraude consistant à utiliser les *tesserae* des citoyens décédés. L'ancien complice de Clodius, le *popularis* César, reniait une partie de son passé, mais le nouveau maître de Rome se devait aussi d'éradiquer les ferments de révolte :

> Il fit dissoudre toutes les associations sauf celles qui existaient de toute antiquité. (Suétone, *César*, 42, 3.)

Par une nouvelle loi sur les collèges, il conservait certes les plus anciennes institutions – celles notamment qui avaient une finalité religieuse –, mais dissolvait les autres qui pouvaient constituer un facteur de troubles lors des élections. Il ne pouvait pas y avoir de plus clair reniement de ses sympathies pour le mouvement révolutionnaire conduit par le tribun de 58. En effet, le souci du dictateur fut aussi de rétablir la concorde dans le corps civique et de ramener dans l'État ceux qui en avaient été éloignés ; non seulement il restaura dans leurs droits ceux qui avaient été punis pour l'avoir suivi mais, revenant aussi sur les décisions prises par Pompée lors de son consulat unique de 52, il rappela ceux qui avaient été bannis pour fraude électorale ou exclus du Sénat pour indélicatesse. Dans le même esprit de paix civile et de réconciliation, il fit relever les statues de son rival, abattues en 48, ainsi que celles de Sylla, et prononça l'amnistie de tous ses adversaires politiques.

Mais le génie de César ne se résume pas à ces quelques mesures immédiates; l'homme aspirait à changer les choses en profondeur et sa volonté de créer un nouvel ordre était concentrée sur bien d'autres horizons: celui de l'*Vrbs* sur laquelle il entendait poser son empreinte parce qu'il en avait fait la capitale du monde, celui de l'Italie qu'il avait achevé de faire romaine parce qu'elle avait largement contribué à sa victoire, celui de l'Empire qu'il songeait à rapprocher de Rome parce qu'il l'avait conquis, agrandi et pacifié.

Conditor Vrbis

Maître du monde et maître du temps, César entreprit de réformer le calendrier: la faculté de décider de la longueur de l'année constituait une arme puissante, mais il est vrai que le système de comput reposant sur l'année lunaire avec l'obligation d'insérer des mois intercalaires se prêtait à toutes les manipulations politiciennes. Les guerres civiles avaient par ailleurs introduit la plus profonde confusion, si bien que les principales fêtes de la vie rurale et notamment celles que l'on célébrait pour les récoltes ne correspondaient plus à rien. César restaura cette concordance et remit le calendrier à jour, en ajoutant en 46, entre novembre et décembre, plusieurs mois intercalaires si bien que cette année-là compta 455 jours. Puis, adoptant les leçons de la science alexandrine et conseillé par l'astronome Sosigène, il réorganisa le calendrier en fonction de la translation terrestre de 365 jours un quart. Il suffisait alors d'ajouter un jour tous les quatre ans, c'est-à-dire de dédoubler le sixième jour *(bis sextus)* avant les calendes de mars. Comme l'indique Plutarque, c'est le dictateur qui fit cette réforme et non le *pontifex maximus*, comme on aurait été en droit de l'attendre; le caractère civil et politique de la mesure était ainsi affirmé. Le calendrier julien entra en vigueur le 1er janvier 45 et s'imposa rapidement comme calendrier officiel de l'Empire romain, puis de la chrétienté médiévale. Modifié en 1582, il est désormais, de fait, le calendrier universel.

César profita surtout de ses plus longs séjours dans la capitale en 46/5, puis en 45/4 pour pousser la réalisation de ses projets urbains. Les grands chantiers qu'il avait engagés dès l'année 54 concernaient, au Forum, l'ancienne Basilica Sempronia qui devait changer de nom pour prendre le sien, et, au nord-est, une extension de la place elle-même, ce qui avait nécessité l'acquisition des terrains concernés appartenant à des particuliers qui y avaient leur maison; au Champ de Mars, il voulait entourer le lieu de réunion des comices, les *Saepta* (que l'on appelait aussi « le parc à moutons »), d'un double portique de marbre et relier le tout à la Villa Publica, résidence administrative des censeurs. Toute cette partie de son programme édilitaire témoignait d'une volonté évidente de marquer les espaces civiques (Forum, lieu des élections et du vote des lois, lieu de la citoyenneté avec l'activité des censeurs) et, d'une certaine façon, constituait une réponse à la réalisation grandiose, mais un peu en dehors du réel politique, de Pompée qui avait fait édifier son gigantesque théâtre en pierre au Champ de Mars. Mais la guerre civile avait modifié le contenu de certains de ses projets : ce qui était prévu pour être un agrandissement du Forum était devenu un espace clos par un double portique et dont le petit côté nord était constitué par le pronaos d'un temple, non prévu à l'origine, celui de Venus Genitrix (puisque l'on se rappelle que les Iulii prétendaient descendre de Iule, fils d'Énée, lui-même enfanté par Venus des œuvres d'Anchise), voué par César à la bataille de Pharsale et, donc, véritable réponse à la Venus Victrix qui couronnait la *cauea* du théâtre de Pompée. Bien que les constructions ne fussent point encore achevées, il procéda à la dédicace de ce qui était devenu le Forum Iulium, en 46, après son quadruple triomphe : il y était représenté en triomphateur sur son char, au milieu de la place, et la stricte axialité de l'ensemble, notamment la correspondance entre l'image de l'*imperator* au centre de l'espace ouvert et la statue de culte de la divinité dans l'abside du temple, conférait une sacralité particulière à l'ensemble et ne pouvait pas ne pas évoquer les grands sanctuaires hellénistiques où étaient divinisés les souverains. Cette impression était confirmée par le fait que cette réalisation avait eu des conséquences sur le Forum lui-même : le très ancien ensemble curie (lieu de réunion du Sénat)-*comitium* (lieu d'assemblée du peuple), qui avait conservé une très forte valeur symbolique même s'il y avait longtemps que le peuple ne tenait plus dans le *comitium*, devenu trop exigu, mais se répandait sur tout l'espace du Forum, cet ancien ensemble curie-*comitium*, donc, qui témoignait de l'unité du peuple romain, était désormais éclaté : les rostres, la partie du *comitium* aménagée en tribune d'où les magistrats s'adressaient au peuple et au Sénat, furent installés à l'angle nord-est de la Basilica Iulia et regardaient le Forum dans sa longueur : la curie, elle, précédemment orientée nord-sud (parce que le Sénat devait toujours délibérer dans un endroit inauguré, dans un *templum*), était désormais articulée sur l'angle sud-ouest du Forum Iulium, comme si le Sénat, subordonné au nouveau pouvoir qui s'était instauré, n'avait plus rien à voir avec le peuple. Le message était si fort que l'héritier de César dut en atténuer la portée quelques décennies plus tard en « réhabilitant » la curie et le Sénat. Au centre du Forum romain lui-même, le changement, pour être plus subtil, n'en était pas moins profond puisque, à y regarder de près, c'est toute la fonction de la place qui avait été modifiée : en adossant les rostres au Capitole et en installant un réseau de souterrains (un boyau central partant du pied de la tribune parallèlement à la Basilica Iulia et quatre rameaux secondaires perpendiculaires), César avait introduit deux nouveautés qui témoignaient clairement de sa conception du pouvoir et de la forme qu'il entendait lui donner : les souterrains, aux extrémités desquels on a retrouvé les restes de machinerie, étaient destinés au jeux de gladiateurs, tels que ceux qu'il donna lui-même, et le fait qu'ils partent du pied de la tribune des magistrats semble correspondre à une altération sérieuse de la fonction magistrale. Et puis, l'orientation elle-même de la place avait changé : auparavant, l'axe dominant était celui de la *Via Sacra* qui longeait la façade de la Basilica Fuluia Paulli et passait sous le *comitium* pour rejoindre le *cliuus Capitolinus* qui partait à angle droit ; désormais le pavement qui correspondait aux restructurations (rostres, souterrains) témoignait d'un alignement de l'ensemble sur la façade de la Basilica Iulia, ce qui n'était pas indifférent.

Mais le pouvoir de César ne dura pas quatre années. Il n'eut donc pas le loisir de réaliser tous les projets qu'il avait formés et sur lesquels nous avons quelques indications : il voulait construire un second théâtre (ce devait être celui de Marcellus) ; il avait chargé l'érudit Varron de rassembler tout ce qu'il pourrait trouver pour alimenter deux bibliothèques, une latine et une grecque, dont il avait décidé la construction, et l'on connaissait sa volonté de mettre à contribution tout ce que l'empire, et notamment le monde grec, comptait de talents dans les domaines les plus variés des lettres aux arts, de l'architecture à la philosophie et à la médecine. Mais surtout, il avait l'intention de déplacer le Champ de Mars. Pour ce faire, il comptait couper le méandre du Tibre pour récupérer la plaine du Vatican. L'opération avait connu un début de réalisation avec la naumachie qu'il avait fait creuser sur place et qui était destinée, une fois vidée, à servir de soubassement à un immense temple à Mars autour duquel se serait organisé le nouvel espace (mais après sa mort on s'empressa de combler la naumachie et d'abandonner le projet qui passait pour avoir offensé les dieux et ainsi avoir causé sa perte). Tout cela contribuant à l'élaboration et au perfectionnement d'une « idéologie romuléenne » le présentant comme le nouveau fondateur de Rome, idéologie dont il avait lui-même jeté les bases en restaurant, tout de suite après Pharsale, le temple de Quirinus-Romulus, sur le Quirinal, temple où fut installée sa statue à côté de celle du dieu. On voit bien que la Rome de marbre d'Auguste fut largement redevable au programme urbain du dictateur César, mais surtout, par-delà les projets précis, à sa volonté de traduire en formes architecturales et urbanistiques sa conception du pouvoir et de son rapport aux magistrats et au peuple romain. Et Plutarque témoigne bien de la conscience que les Anciens eux-mêmes avaient du caractère exceptionnel de l'ambition de César en ces domaines lorsqu'il lie, à la fin de sa biographie du dictateur, à l'emprise sur le temps (la réforme du calendrier), ses emprises sur l'espace, avec son œuvre urbaine, ses grands projets (percement de l'isthme de Corinthe, assèchement des marais Pontins) et sa volonté de conquête de l'Orient extrême (expédition contre les Parthes).

Une Rome embellie, agrandie, promue à son véritable statut de capitale d'empire devait être aussi une cité pacifiée, débarrassée de ses scories révolutionnaires, libérée de la menace sociale que pouvait faire peser sur sa tranquillité une plèbe misérable, contestataire et désœuvrée. La diminution des bénéficiaires du *frumentum* faisait le constat d'une situation : il fallait aussi éloigner les éléments socialement dangereux. Une politique de grands travaux comme la construction d'un port à Ostie constituait une première solution, la fondation de colonies ultramarines en était une autre.

Curator Italiae

L'une des questions essentielles posée à tout détenteur d'une parcelle de pouvoir à Rome pendant la période des guerres civiles était de trouver des terres, notamment pour les soldats démobilisés ; ce fut le sujet de conflit essentiel entre le parti sénatorial et ses adversaires pendant le dernier siècle de la République.

César, dont le consulat de 59 avait été surtout marqué par le vote d'une loi agraire, eut cependant le souci de limiter les effets de la colonisation et nous n'avons aucune preuve de l'existence d'une nouvelle *lex Iulia agraria* entre 49 et 44. Pourtant la situation ne paraissait guère favorable : jamais autant de citoyens n'avaient été mobilisés, l'*ager publicus* s'était réduit comme une peau de chagrin et le dictateur ne pouvait compter que sur ses propriétés personnelles et le trésor public qu'il avait renfloué pour indemniser d'éventuels vendeurs ou expropriés. Il ne put d'ailleurs pas éviter tous les inconvénients ni les incidents, et les inquiétudes de Cicéron pour sa propriété de Tusculum traduisent bien les incertitudes du temps. Pourtant, César eut surtout la volonté de ne pas heurter les propriétaires terriens et fit preuve dans ce domaine d'un sens aigu de la propriété privée : il s'efforça de disséminer les soldats démobilisés par petits groupes dans toute l'Italie et pratiqua largement la colonisation viritane ; seules, en effet, trois colonies militaires furent fondées par lui en Italie, à Calatia, Casilinum et Capoue, c'est-à-dire en Campanie, région qui, avec le Samnium, subit les plus lourdes contraintes, ce qui peut se comprendre étant donné la proximité de Rome et la qualité des terres que l'on pouvait allouer. Il est vrai aussi que, jusqu'en 46, le problème ne se posa pas de manière aiguë dans la mesure où César eut constamment besoin d'hommes pour de nouvelles campagnes et ne manqua pas de faire régulièrement appel à ses anciens soldats. Il ne s'attacha pas moins à rechercher en permanence des terres cultivables et la bonification de la région des marais Pontins (qu'il avait prévue et qui ne fut réalisée qu'à l'époque contemporaine) et du lac Fucin s'inscrit sans aucun doute dans cette perspective. D'ailleurs si, dans l'ensemble, on peut considérer que César surmonta mieux cette délicate question que ses successeurs, il faut aussi reconnaître qu'il leur laissa à sa mort le problème entier : en mars 44, des milliers de vétérans étaient à Rome, dans l'attente d'une démobilisation et d'une allocation de terres.

Mais l'installation de tant de soldats sur le territoire de communautés italiennes s'inscrivait dans une perspective plus large. On reconnaît l'ampleur de vue du dictateur dans son souci de ne pas dissocier cette question de celle de la réorganisation du gouvernement des cités. César voulait à la fois éviter les déracinements et les marginalisations promptes à alimenter l'insécurité des campagnes, mais en même temps son dessein était de promouvoir une certaine uniformité dans l'administration des municipes tout en mélangeant des populations. Sur le premier point, nous avons vu qu'il chercha à limiter les expropriations, mais il évita aussi le renouvellement du désastreux précédent syllanien en fixant les nouveaux propriétaires à la terre par l'interdiction de vendre avant vingt ans. Par ailleurs, une *lex Iulia de re pecuaria* fixait l'obligation d'employer un tiers d'hommes libres parmi les bergers et gardiens de troupeaux. César voulait ainsi combattre cette plaie sociale constituée par les bandes errantes d'esclaves qui profitaient souvent de la transhumance pour semer le désordre dans les campagnes et que des propriétaires peu scrupuleux pouvaient toujours mobiliser dans une perspective insurrectionnelle. Le sud de la péninsule, surtout, était touché, comme l'avait montré l'épisode de Caelius et de Milon en 48.

En ce qui concerne l'organisation administrative des cités italiennes, l'arrivée de nouveaux arrivants pouvait constituer l'occasion de reconstituer et de refonder les communautés existantes. On ignore en fait quelles étaient les véritables intentions de César dans ce domaine; la date et même l'existence d'une *lex Iulia municipalis* sont toujours sujettes à discussion. Les deux maîtres mots de cette réforme étaient déconcentration et uniformisation. D'une part, César a augmenté de manière décisive le réseau de communautés jouissant de l'autonomie judiciaire dans les régions de l'ancien *ager romanus* placées à l'origine sous le contrôle des préfets et il a certainement accru la juridiction autonome des villes. D'autre part, il s'est efforcé d'uniformiser le statut des municipes et leurs institutions, provoquant sans doute par là bien des réticences et des résistances de la part de communautés qui, bien que davantage romanisées, demeuraient fortement attachées à leurs traditions. Mais cette volonté d'unification, d'intégration, s'étendait à un domaine bien plus vaste que la seule péninsule et c'est sans doute dans sa politique impériale que César fut d'abord un visionnaire et un précurseur.

Cosmocrator

Cette interprétation des initiatives prises par César dans l'empire a été contestée et l'on a pu voir dans la politique de colonisation provinciale du dictateur la simple volonté de se débarrasser de quelques dizaines de milliers d'individus superflus qui encombraient Rome et menaçaient sa tranquillité sociale, et dans l'octroi de la citoyenneté à quelques communautés et à un certain nombre d'individus le désir de récompenser ceux qui lui avaient été fidèles et d'accroître sa clientèle. Ces considérations s'appliquent sans doute au cas de la Cisalpine, engagée depuis longtemps à ses côtés et pour laquelle la promotion à la *ciuitas* fut sans conteste un bienfait personnel. Mais généraliser cette analyse serait faire trop peu de cas de l'intelligence politique de César et de sa compréhension des problèmes posés par l'extension de l'empire; il ne suffit donc pas de dire que son attitude fut simplement plus libérale que celle des traditionalistes, c'est-à-dire des sénateurs les plus conservateurs qui avaient songé uniquement à exploiter l'empire depuis deux siècles. Il y avait, en effet, beaucoup plus que cela dans le vaste chantier mis en œuvre dont les objectifs étaient à la fois sociaux, économiques et politiques, avec une volonté réelle d'élargir et de fortifier le cercle des citoyens romains. En effet, dans ce domaine aussi César fut le précurseur d'Auguste et les quatre-vingt mille citoyens – pauvres et vétérans – qu'il installa, selon Suétone, dans les colonies d'outre-mer constituèrent le fer de lance de la politique de romanisation de l'empire. Celle-ci fut d'ailleurs accentuée par la promotion de certaines communautés indigènes au statut de municipe, même si le choix de César fut en grande partie dicté par l'attitude de ces groupes pendant les guerres civiles et par des préoccupations clientélaires, comme en témoigne le nombre de *Iulii* dans les inscriptions des provinces occidentales.

Certaines régions furent particulièrement bien traitées, la péninsule Ibérique par exemple et notamment les vallées du Baetis et de l'Èbre ainsi que la côte orientale. Plusieurs documents épigraphiques littéraires témoignent de l'attention du dictateur, comme la loi d'Urso ou la *lex Iulia de civitate Gaditanum* de 49, au travers de laquelle César rendait hommage à son ami et conseiller, le riche gaditain Cornelius Balbus, mais Tarraco, Carthago Nova et Hispalis reçurent aussi le titre de *Colonia Iulia* affublé du *cognomen Victrix* ou *Romula*. La Provincia, c'est-à-dire la Gaule narbonnaise, où furent installés des vétérans de la Xe légion à Narbonne et de la VIe à Arles, fut également concernée, même si les incertitudes de la chronologie ne permettent pas de distinguer l'œuvre du dictateur de celle de son héritier ou de ses successeurs. En Sardaigne, il fonda Turris Libisonis et offrit peut-être le statut latin à la Sicile. Des incertitudes pèsent sur la réalité de son intervention en Afrique, mais il restaura Carthage comme il refonda Corinthe en y installant des colonies. Dans ce dernier cas, les objectifs économiques apparaissent évidents, d'autant que Corinthe fut repeuplée avec des affranchis et que César avait fait le projet de percer l'isthme pour stimuler les relations commerciales entre les deux parties de la Méditerranée. En revanche, il ne récompensa aucune cité de l'Orient par la citoyenneté romaine ou le statut latin, parce qu'il avait bien compris que le monde grec n'était pas romanisable ; il se contenta de donner la citoyenneté à titre individuel à de nombreux Grecs qu'il n'hésita pas à employer à son service et à celui de l'État dans les tâches les plus diverses, comme ces quatre *mensores* d'Alexandrie qu'il aurait chargés, selon une source tardive, la *Cosmografia* de Iulius Honorius, d'effectuer un vaste relevé géodésique de l'empire. Surtout il soulagea les cités d'Orient des nombreux impôts et taxes qui s'étaient accumulés sur elles pendant la guerre civile et remplaça la dîme d'Asie par une taxe foncière ; il contraignit aussi les publicains à restituer un tiers des sommes perçues, mais leur conserva la perception des impôts indirects, notamment les *portoria*, c'est-à-dire les droits de douane, ce qui lui permettait de se ménager la fidélité des compagnies au sein desquelles ils étaient regroupés.

L'une de ses préoccupations majeures était d'en finir avec l'exploitation de l'empire, inaugurée et développée par l'administration républicaine au profit de l'oligarchie. Il porta donc une grande attention au gouvernement des dix-sept provinces, prit des sanctions contre les malversations et, d'une manière générale, diminua le tribut. Pour éviter l'enrichissement abusif des gouverneurs, mais aussi la tentation bien naturelle de se constituer des clientèles, il réduisit la durée du mandat d'un prétorien à un an et celui d'un consulaire à deux. Afin de lutter contre la pratique des sénateurs de voyager dans l'empire avec leur fils aux frais de l'État, il défendit à ces derniers de partir hors de l'Italie sinon dans l'état-major d'un gouverneur ou dans l'entourage d'un magistrat. C'est donc bien un nouvel ordre que voulait instituer César, mais il s'agissait d'une œuvre de longue haleine ; encore fallait-il qu'on lui laisse le temps de la mener à terme. Ce fut Auguste qui retira les dividendes de la plupart de ces initiatives audacieuses.

Les ides de mars

César voulait-il être roi ? Depuis l'Antiquité on a posé la question sans pouvoir la résoudre. Et au total, la réponse importe peu. Le fait est que si César ne porta jamais le titre de *rex* et même si, comme l'a bien noté un historien anglo-saxon, on ne peut construire un roi à partir d'une couronne d'or et d'une paire de souliers rouges, on doit bien reconnaître que César disposait au début de l'année 44 de tous les pouvoirs d'un monarque et qu'il régnait en monarque. Le fait qu'il ait désigné en la personne de son petit-neveu, Octave, un héritier, au mois de décembre 45, ne prouve en rien qu'il voulait fonder une monarchie, mais il bénéficiait d'honneurs outrés, associés en partie à la royauté, en partie aussi à la divinité ; il disposait donc des prérogatives d'un roi et même de certaines de celles d'un dieu. De plus, il était populaire auprès de la plèbe et savait que sans lui ce serait le chaos, d'où son détachement des choses et ce fatalisme lorsqu'il renvoya sa garde espagnole et déclara à ses amis :

> Rien n'est plus fatal que d'être continuellement sur ses gardes ; c'est bon pour celui qui a toujours peur. (Appien, *Guerres civiles*, 2, 109.)

C'est cette certitude qui explique son arrogance et c'est cette arrogance et son mépris pour l'ancien ordre et ses principaux représentants qui, avec l'accumulation des privilèges accordés à sa personne, le rendirent insupportables et finirent par convaincre un groupe de nobles de tuer le tyran à défaut de penser à supprimer les causes de la tyrannie.

L'idée d'un complot n'était pas nouvelle et Cicéron témoigne que, dès l'été de 45, Marc Antoine avait été approché pour en faire partie. À la fin de cette année-là et au début de 44, les événements se précipitèrent : l'élection du consul d'un jour avait ajouté l'outrage à l'arbitraire. Au mois de janvier, deux tribuns de la plèbe avaient protesté contre le dépôt d'une couronne de lauriers sur l'une de ses statues, en faisant arrêter le coupable. César qui avait bien réagi aux cris de certains qui l'appelaient roi, par la réponse : « Je ne suis pas roi, je suis César », commit l'erreur de destituer des magistrats dont la fonction était sacrée. Quelques temps plus tard, le 14 février, lorsqu'une délégation du Sénat lui apporta au temple de Venus le texte des décrets inscrits sur des tablettes d'or et d'argent, le dictateur leur fit l'outrage de demeurer assis en les recevant : ce jour-là, la conjuration prit forme et les poignards des assassins s'aiguisèrent. L'épisode de la cérémonie des Lupercales du 15 février au cours de laquelle Antoine, nu, c'est-à-dire sans toge, lui présenta le bandeau blanc, symbole de la royauté hellénistique, a été diversement commenté, mais il s'inscrit dans la propagande républicaine comme une nouvelle preuve de l'aspiration de César à la royauté et fit, à l'époque, suffisamment jaser :

> Il assistait sur le Forum aux Lupercales, installé sur un trône d'or, devant les rostres, quand Antoine, collègue de César au consulat, qui courait nu et le corps huilé, comme il est de coutume pour les prêtres de cette fête, se précipita sur les rostres et lui plaça sur la tête un diadème. À cette vue, une minorité exprima, en applaudissant, son approbation, et une majorité, en gémissant, sa désolation : César rejeta le diadème. Puis Antoine tenta de nouveau de le lui placer, et de nouveau César le rejeta. Et le peuple, pendant cet affrontement, gardait le silence, passionné de savoir comment allait se terminer cet épisode : quand César l'eut emporté, il cria sa joie en le félicitant d'avoir maintenu son refus. (Appien, *Guerres civiles*, 2, 109.)

Depuis sa campagne d'Espagne, César avait élaboré le projet d'engager une campagne contre les Parthes parce qu'ils avaient fourni de l'aide à Pompée, pour venger Crassus, mais surtout aussi pour qu'on le compare davantage encore à Alexandre. Il avait rassemblé une armée considérable de seize légions dont il avait envoyé l'avant-garde à Apollonie sur la côte orientale de l'Adriatique ; il avait aussi l'intention de s'en prendre, en chemin, aux Daces qu'il voulait rejeter définitivement vers le nord et de s'avancer en passant par l'Arménie pour renforcer son armée avec des éléments de cavalerie. La campagne était prévue pour trois ans et nombreux étaient ceux à Rome – Cicéron en faisait partie – qui étaient persuadés qu'il n'en reviendrait pas. Les rumeurs les plus folles couraient sur les objectifs de cette expédition, y compris l'idée alimentée par la propagande républicaine qu'il profiterait de sa victoire pour se faire proclamer roi ou que seul un roi pouvait vaincre les Arsacides. Son départ était prévu pour le 18 mars ; il fallait donc agir vite si l'on voulait éviter l'inéluctable, et les conjurés se hâtèrent de mettre leur plan à exécution.

Ils étaient soixante, selon Suétone ; on ne les connaît pas tous, mais parmi les vingt-trois qui trempèrent leur dague dans le sang du dictateur il y avait quelques déçus du césarisme, comme les vainqueurs de Marseille, Decimus Brutus et Caius Trebonius, qui avaient sans doute espéré davantage du dictateur, malgré, pour le premier, la promesse du consulat ; et puis un plus grand nombre d'anciens pompéiens qui ne voulaient pas se souvenir que César leur avait pardonné. Les chefs des conjurés se trouvaient parmi eux : Brutus, fils de Seruilia et neveu de Caton, à qui l'on rappelait qu'un homonyme avait jadis chassé le tyran Tarquin et fondé la République, donnait à l'entreprise sa légitimité et à la cause des assassins sa noblesse. Il était l'âme du complot, à défaut d'en être le cerveau. Caius Cassius Longinus, son beau-frère, tenait ce rôle ; après son ralliement, au lendemain de Pharsale, il avait maintenu son opposition à César, en contestant notamment les décrets pris par le Sénat en son honneur. César, cependant, lui pardonnait volontiers cette attitude, mais lui faisait attendre ce consulat qu'il semblait déjà avoir promis à Brutus, ce qui excitait la jalousie de Cassius.

> Brutus et Cassius eurent un différend à propos de la préture dite « urbaine » qui est la plus prestigieuse, soit réellement, par rivalité à ce propos, soit par feinte, pour qu'on ne soupçonne aucune collaboration entre eux. Et César, qui arbitra leur conflit, dit, paraît-il, à ses amis que Cassius avait apparemment le droit pour lui, mais qu'il favoriserait néanmoins Brutus, telles étaient la bienveillance et l'estime qu'il avait pour cet homme en toutes circonstances. À vrai dire, Brutus passait même pour être son fils, vu que Servilia, la sœur de Caton, avait César pour amant à l'époque où elle le mit au monde. (Appien, *Guerres civiles*, II, 112.)

L'inimitié de Pontius Aquila était connue depuis longtemps et il n'y a aucune surprise à trouver le tribun récalcitrant, qu'Appien classe comme un pompéien, parmi les conjurés. Dans ce groupe, il y en avait cependant bien d'autres dont le profil est plus insaisissable et qui étaient sans doute moins recommandables ; on ignore pourquoi ils s'engagèrent dans l'entreprise. Peut-être y virent-ils l'occasion de se propulser au sommet de l'État. Même s'il déclara vite sa sympathie à l'égard des meurtriers, Cicéron n'avait pas été mis dans le secret ; sans doute ne lui faisait-on pas suffisamment confiance. Les conjurés avaient un objectif : tuer César. Mais ils n'avaient aucun programme politique, comme si la mort du tyran devrait signifier le retour automatique aux institutions républicaines. Ils avaient mis au point un scénario bien réglé qui, à la demande de Brutus, prévoyait d'épargner Marc Antoine ; ils n'avaient qu'une vague idée de ce qui se passerait ensuite : la date de l'exécution fut fixée aux ides de mars, c'est-à-dire le 15 ; le lieu était symbolique : la curie du théâtre de Pompée.

> Les conjurés se demandèrent alors s'ils l'assassineraient au Champ de Mars pendant les élections tandis qu'il appellerait les tribuns à voter, les uns le précipitant du haut du pont, les autres l'attendant au bas pour l'égorger, ou s'ils l'attaqueraient sur la Voie Sacrée, ou encore à l'entrée du théâtre, mais lorsqu'on eut fixé que le Sénat se réunirait aux ides de mars dans la curie de Pompée, ils n'eurent pas de peine à préférer cette date et ce lieu. (Suétone, *César*, 80, 8.)

César se doutait qu'il était menacé et, lorsqu'on le prévenait de se méfier d'Antoine et de Dolabella, il faisait preuve de clairvoyance quand il déclarait :

> « Je ne crains pas ces gens gras et chevelus, mais plutôt ceux qui sont pâles et maigres », faisant ainsi allusion à Cassius et à Brutus. (Plutarque, *César*, 62, 10.)

Persuadé que sa disparition provoquerait une nouvelle guerre civile, mais aussi convaincu de sa supériorité sur les autres et de sa maîtrise des événements, il se laissait néanmoins conduire par sa confiance en sa destinée et un brin de fatalisme ; il avait, dès le mois de février, licencié sa garde personnelle et ne prêtait guère attention aux prédictions funestes.

> On peut encore entendre beaucoup de gens raconter qu'un devin avertit César qu'il devait se garder d'un grand danger, et que, ce jour venu, César sortant pour se rendre au Sénat salua le devin et lui dit en plaisantant : « Eh bien ! Les voici venues, les ides de mars », à quoi le devin répondit tranquillement : « Oui, les voici, mais elles ne sont pas encore passées. » (Plutarque, *César*, 63, 5-6.)

La veille au soir, il dînait chez Lépide avec l'un des conjurés, Decimus Brutus, quand la conversation tomba sur le point de savoir quelle était la meilleure des morts. César, devançant tous les autres convives, s'était écrié : « Celle à laquelle on ne s'attend pas. »

Les conjurés, quant à eux, craignaient jusqu'au dernier moment d'être dénoncés ou démasqués. De nombreux présages, si l'on en croit les sources, auraient averti César du danger. Certains vinrent même auprès de lui dénoncer le complot.

> Artémidore, originaire de Cnide, qui enseignait les lettres grecques et qui par là avait suffisamment pénétré dans l'intimité de quelques-uns des complices de Brutus pour savoir en grande partie ce qui se tramait, vint apporter un billet contenant les révélations qu'il voulait faire, mais voyant que César remettait aux gens de sa maison tous les billets qu'il recevait, il s'approcha tout près de lui et lui dit : « Lis ceci, César, seul et tout de suite ; il s'agit d'affaires d'une grande importance pour toi. » César prit le billet et essaya à plusieurs reprises de le lire, mais il en fut empêché par la foule des solliciteurs. C'est en tenant ce billet, le seul qu'il eut gardé, qu'il entra au Sénat. (Plutarque, *César*, 65, 1-3.)

Les conjurés avaient longtemps redouté qu'il ne vienne pas et au dernier moment, Decimus Brutus avait dû convaincre le dictateur souffrant de se rendre quand même à la curie de Pompée. Lorsque la litière arriva, Brutus et ses complices qui attendaient depuis l'aube furent soulagés, tant ils craignaient jusqu'au dernier moment d'être dénoncés. Puis le scénario de l'attentat se déroula comme ils l'avaient prévu. Les récits de nos sources concordent sur l'enchaînement des faits, même s'ils divergent sur des points de détail, par exemple sur l'identité de celui qui retint Antoine à l'extérieur de la curie, engageant avec lui une longue conversation : Trebonius pour les uns, Decimus Brutus pour les autres.

> Tandis qu'il s'asseyait, les conjurés l'entourèrent sous prétexte de lui rendre hommage, et tout de suite Tillius Cimber, qui s'était chargé du premier rôle, s'approcha davantage, comme pour lui demander une faveur ; mais César faisant un signe de refus et le renvoyant du geste à un autre moment, Tillius saisit sa toge aux deux épaules ; alors, comme César s'écriait : « Cette fois, c'est de la violence ! », l'un des deux Casca le blessa par-derrière, un peu au-dessous de la gorge. César, lui ayant saisi le bras, le transperça de son poinçon et essaya de s'élancer en avant, mais il fut arrêté par une autre blessure. S'apercevant alors que de toutes parts on l'attaquait, le poignard à la main, il enroula sa toge autour de sa tête, tandis que de sa main gauche il en faisait glisser les plis jusqu'au bas de ses jambes, pour tomber avec décence, le corps voilé

jusqu'en bas. Il fut ainsi percé de vingt-trois blessures, n'ayant poussé qu'un gémissement au premier coup, sans une parole; pourtant, d'après certains, il aurait dit à Marcus Brutus qui se précipitait sur lui : « Toi aussi, mon fils. » (Suétone, *César*, 82.)

Plutarque précise que, selon certains,

César se défendait contre tous les autres en se jetant de tous côtés et en criant, mais que, lorsqu'il vit Brutus lever son épée nue, il tira sa toge sur sa tête et se laissa tomber; poussé par le hasard ou par ses meurtriers près du piédestal sur lequel se dressait la statue de Pompée. Le piédestal fut couvert de son sang, en sorte qu'il semblait que Pompée présidait en personne à la vengeance que l'on tirait de son ennemi gisant à ses pieds et palpitant sous le grand nombre de ses blessures, car on dit qu'il en avait reçu vingt-trois. Plusieurs des conjurés se blessèrent entre eux, en assénant tant de coups sur un seul homme. (Plutarque, *César*, 66, 12-13.)

L'attentat perpétré, les conjurés prirent la fuite, laissant le corps sur le sol. Le cadavre de César percé de vingt-trois coups, dont un seul avait été mortel, fut déposé sur une civière et transporté chez lui par ses esclaves. Les assassins avaient eu l'intention de le jeter dans le Tibre mais, dans la panique qui s'ensuivit et par peur de la réaction d'Antoine, ils ne le firent pas. Le meurtre était consommé, mais tout restait à faire, d'autant que les conjurés n'avaient rien prévu pour la suite et que le 15 mars à onze heures du matin, c'était le consul Antoine qui incarnait la légalité de la République. On avait tué le tyran, certes, mais avait-on extirpé les racines de la tyrannie ? Brutus et ses complices avaient sans doute pensé qu'elles pourriraient d'elles-mêmes. Cicéron était plus lucide qui, quelques semaines plus tard, écrivait à Atticus que l'entreprise avait été menée avec un courage d'hommes, mais avec une cervelle d'enfant, et il ajoutait : « Comment n'avoir pas vu qu'on laissait en place un héritier du trône ? » Il était encore trop tôt pour dire qui allait l'emporter, du consul ou de l'héritier désigné qui venait de faire son apparition sur la scène politique à Rome.

On ne fera pas le bilan de l'œuvre de César tant on a du mal à mesurer l'ampleur de ses initiatives et la partie visionnaire de ses réformes. La lecture des pages qui précèdent suffit à montrer qu'avec César Rome et son empire changèrent d'époque et Suétone l'avait bien compris qui commença sa biographie des empereurs de Rome par celui sans lequel les autres n'auraient pas existé. Il reviendrait à Auguste de concrétiser l'œuvre entreprise.

CHAPITRE XX

L'héritage

par Jean-Michel RODDAZ

Une ère de troubles

L'assassinat de César ouvrit à Rome une nouvelle période d'incertitude, de guerre civile rallumée par le conflit entre ses meurtriers et ses héritiers qui finirent par l'emporter : la République romaine périt sur le champ de bataille de Philippes. Cela ne mit cependant pas un terme aux luttes intestines puisque les trois dynastes s'affrontèrent ensuite pour s'assurer la suprématie du monde ; ils ne furent bientôt plus que deux, car Lépide fut marginalisé avant d'être définitivement écarté. Il restait à Antoine, flanqué de la présence gênante de Cléopâtre, et à Octavien, l'héritier choisi par César, à en découdre pour désigner celui qui assurerait la succession du dictateur : Actium, la prise d'Alexandrie, le double suicide d'Antoine et de Cléopâtre appartiennent autant à la légende et à la littérature qu'à l'histoire, mais la lecture des sources comme le recul par rapport à l'événement laissent l'impression profonde d'un tournant important de l'histoire de l'Antiquité qui annonce l'aube d'une nouvelle ère pour le monde romain.

À l'aune de ces considérations, cette période que l'on appelle communément le second triumvirat peut être diversement interprétée dans la séquence historique ; cette phase charnière entre la République et le principat augustéen demeure largement mal connue, d'abord parce que les sources témoignent peu sur l'institution elle-même et sur son fonctionnement, mais aussi et surtout parce que ce nouvel et dernier épisode des guerres civiles a toujours été analysé par l'historiographie moderne soit comme un simple épilogue de la première, soit comme un prologue peu glorieux du second.

Une telle présentation des faits est partielle et partiale. Certes, il s'agit là d'une période embrouillée, chaotique et affreuse, mais on ne saurait résumer son histoire à un tableau évoquant les massacres de la proscription ou à l'affrontement entre Rome et Cléopâtre. La période qui s'ouvre avec les ides de mars 44 et se conclut avec la prise d'Alexandrie, en août 30, est une époque dense en événements d'importance et particulièrement riche en expériences de toutes sortes, politiques, institutionnelles, religieuses, architecturales; elle annonce les mutations en profondeur de l'Empire. Elle n'est donc pas une simple passerelle entre la dictature de César et le principat d'Auguste, et s'il n'y a pas entre les deux régimes – celui de la République aristocratique et celui de la monarchie déguisée du principat augustéen – de solution de continuité, c'est tout simplement parce que le triumvirat a préparé institutionnellement et idéologiquement l'Empire et quelques-unes de ses belles réalisations, l'aménagement et l'embellissement de l'*Vrbs* par exemple, mais aussi parce qu'ont été préservées, pendant ces quinze années de tourmente, quelques-unes des valeurs fondamentales de la République. Modène, Philippes, Nauloque, Actium, ces noms de batailles scandent l'évocation de cette période; ils constituent les grandes étapes d'un récit conçu avec la pleine conscience qu'une histoire totale du second triumvirat restait à écrire.

La domination d'Antoine

La conjuration du 15 mars ne visait qu'un objectif: tuer le tyran. Les conjurés n'avaient pas de programme, aucune intention de s'approprier le pouvoir, encore moins l'intention de favoriser une faction politique ou promouvoir des intérêts économiques. À partir du moment où le meurtre fut accompli, tout releva de l'improvisation. Pour restaurer la République, il aurait fallu abattre définitivement la tyrannie, mais le tyran avait des héritiers, et Marcus Brutus qui pouvait apparaître – par ses liens avec Caton, et surtout par son homonymie avec le fondateur mythique de ce régime, « la République » – comme le restaurateur de l'ancien ordre n'avait ni le goût ni la capacité de se libérer des règles régissant sa classe, celles précisément au nom desquelles il avait armé son bras; il était trop dépourvu de sens politique pour comprendre la nécessité de remplir l'immense vide laissé par César. Il partagea dans une large mesure, aux yeux de l'Histoire, avec son ami, conseiller et mentor, Cicéron, la responsabilité de l'occasion manquée.

Le meurtre accompli, les conspirateurs, visiblement impressionnés par ce qu'ils venaient de faire, se trouvèrent quelque peu désemparés. Entourés d'une garde de gladiateurs commandés par Decimus Brutus, ils se rendirent tout d'abord au Forum avec l'intention d'expliquer leur geste au peuple, remplis du secret espoir de gagner son adhésion. Ils furent vite déçus: aucun soutien, pas le moindre signe d'enthousiasme. Ils comprirent alors que le plus sage était de se réfugier sur le Capitole, lieu symbolique de la liberté retrouvée, où ils pourraient se placer sous la protection des dieux. Là, ils furent rejoints par quelques-uns de leurs proches, amis ou sympathisants, soucieux d'être associés à l'acte libérateur; parmi eux, venu les féliciter, se trouvait Cicéron dont Brutus n'avait pas tardé à évoquer le nom, bien qu'il l'eût préalablement tenu à l'écart du complot.

Du côté césarien, ce fut d'abord le désarroi et le flottement: Antoine s'était réfugié chez lui, déguisé en esclave, et avait barricadé sa maison. Dolabella, lui, consul suffect désigné par César, n'avait pas tardé à apparaître sur le Forum, revêtu des insignes consulaires, faisant mine d'approuver l'acte des conjurés ; mais le maître de cavalerie du dictateur défunt, Lépide, avait voulu démonter qu'il tenait la situation en main et avait fait occuper Forum et Champ de Mars par ses troupes ; il préconisait même de venger rapidement le meurtre. C'est pourquoi les conspirateurs, malgré l'avis de Cicéron qui les invitait à se débarrasser aussi d'Antoine, ne songèrent plus qu'à traiter : ils n'avaient ni troupes, ni argent, ni soutien populaire. Par ailleurs, les liens familiaux et la solidarité de classe qui les unissaient aux chefs césariens devaient leur permettre de trouver un compromis. Antoine, qui s'était vite ressaisi et avait peut-être déjà mis la main sur les papiers de César détenus par sa veuve, Calpurnia, ainsi que sur l'argent du dictateur, était favorable à ce rapprochement souhaité par une grande majorité de césariens modérés. Le 16, il convoqua le Sénat pour le jour suivant qui était celui de la fête de Bacchus, les *Liberalia.*

L'assemblée se réunit dans le temple de Tellus, dans une atmosphère pesante puisque l'édifice était cerné par des vétérans armés, venus revendiquer l'octroi de terres, et des soldats de Lépide. On parvint rapidement à un compromis : les assassins de César ne seraient pas poursuivis et Antoine lui-même, dans un discours conciliant, avait proposé cette amnistie dont Cicéron s'arrogea plus tard le mérite. Mais les *acta* de César, c'est-à-dire ses réalisations et ses décisions publiées avant le 15 mars, étaient validés : un grand nombre de gens, dont certains conspirateurs, étaient soulagés parce que leur position et leur avenir immédiat se trouvaient ainsi garantis. Après une harangue passionnée de Pison, Brutus accepta même, contre l'avis de Cassius et de Cicéron, que l'on accordât des funérailles publiques à César et que son testament fût lu et validé. L'orateur pressentit rapidement la portée de ce recul :

> Bonté divine, la tyrannie survit et le tyran est mort ! Nous nous réjouissons du meurtre d'un homme dont nous validons les actes... il eût mille fois mieux valu mourir que supporter la situation présente qui risque, en outre, selon moi, de durer longtemps. (Cicéron, *Lettres à Atticus,* XIV, 9, 2.)

Le « compromis » du 17 mars constituait un succès pour Antoine ; il avait réussi à apaiser les vétérans, s'était concilié la majorité des sénateurs et apparaissait aux yeux des conjurés comme le seul interlocuteur et le garant de leur sécurité. Antoine et Lépide avaient d'ailleurs proposé d'envoyer leur fils au Capitole comme otages et, le soir du 17, Cassius vint dîner chez le premier et Brutus chez le second. Mais les choses ne tardèrent pas à se gâter, dès les funérailles du dictateur, le 20 mars. Le peuple était favorable à la réconciliation, car personne ne souhaitait une nouvelle guerre civile, mais la lecture publique du testament de César, instituant comme héritiers certains de ses meurtriers et allouant un legs à chaque citoyen, avait excité la compassion à l'égard de la victime et échauffé les esprits à l'encontre des assassins. Antoine présidait aux funérailles, en qualité de consul ;

les sources divergent sur la longueur de son discours et sur sa responsabilité dans le déclenchement de l'hystérie populaire ; Suétone a bien reconstitué le contexte :

> Quand la date des funérailles eut été annoncée, on dressa le bûcher sur le Champ de Mars, à côté du tombeau de Julie, et l'on édifia devant la tribune aux harangues une chapelle dorée sur le modèle du temple de Venus Genitrix ; à l'intérieur fut placé un lit d'ivoire tendu de pourpre et d'or, et à sa tête, un trophée avec les habits portés par César au moment du meurtre... Au cours des jeux funèbres, on chanta des vers propres à inspirer de la pitié pour César et de la haine envers ses assassins, celui-ci par exemple emprunté au *Jugement des armes* de Pacuvius : « Fallait-il les sauver pour qu'ils devinssent mes meurtriers ? » et d'autres de sens analogue, tirés de l'*Électre* d'Attilius. (Suétone, *César,* 84, 2.)

Antoine se contenta-t-il de faire lire par un crieur le sénatus-consulte qui avait décerné à César tous les honneurs divins et humains et le serment par lequel tous les sénateurs s'étaient engagés à défendre sa vie, ou bien, poussé par la ferveur populaire, déploya-t-il une éloquence pathétique, à laquelle la mise en scène soigneusement préparée donna une portée inattendue ? Les sources divergent sur ce point. Si les cendres de César furent déposées dans son tombeau au Champ de Mars aux côtés de celles de sa fille, c'est au Forum que se déclencha l'émeute, après que l'on eut mis le feu au bûcher improvisé érigé devant la Regia ; le peuple, passablement excité par la présentation du cadavre et surtout de la toge sur laquelle on pouvait compter les vingt-trois blessures portées par les meurtriers, mit le feu à plusieurs bâtiments du Forum avant d'aller incendier les maisons des césaricides. L'hystérie était à son comble ; on connaît le sort du malheureux tribun, Caius Heluius Cinna, que la foule mit en pièces alors qu'il entrait sur le Forum ; le bruit avait couru : « C'est Cinna », et l'on avait cru tenir le préteur Lucius Cornelius Cinna, ancien beau-frère de César à qui il devait d'avoir pu reprendre une carrière politique (bien qu'il eût été proscrit par Sylla), mais qui s'était rallié aux tyrannicides. Immédiatement après, on instaura un culte à César et un autel fut dressé à l'endroit du bûcher, à l'instigation d'un certain Amatius, probablement un ancien esclave, qui se prétendait petit-fils de Marius et parent du dictateur défunt. Ce mouvement ne tarda pas à prendre de l'ampleur et il fallut quelque temps pour mettre fin à l'activité de l'agitateur et de ses partisans. Cicéron se plaignit amèrement qu'on eût ainsi laissé tourner les choses :

> Dieux immortels, comme on aurait pu faire de grandes choses alors, dans l'allégresse de tous les honnêtes gens – et même des gens moyennement honnêtes – et dans la débandade des brigands ! Tu incrimines la fête de Bacchus ; que pouvait-on faire ce jour-là ? Nous étions déjà perdus. Te souviens-tu d'avoir proclamé que la cause était perdue si César recevait des honneurs funèbres ? Or il fut incinéré en plein Forum, gratifié d'un éloge désolant, tandis que des esclaves et des miséreux étaient lancés à l'assaut de nos demeures avec des torches. (Cicéron, *Lettres à Atticus,* X, 1.)

Devant ces événements, les conjurés prirent peur et dès le lendemain des funérailles quittèrent l'*Vrbs* pour Antium : le mouvement populaire les dissuada de retourner à Rome, qu'ils ne revirent jamais. Antoine, de son côté, ne perdit pas de temps ; le Sénat lui avait confié, le 17 mars, le tri des papiers de César : il s'employa avec soin à cette opération qui se prêtait à toutes les manipulations sur les intentions du défunt et permettait de couvrir de légalité certaines de ses initiatives personnelles à finalités essentiellement clientélaires. Il s'appropria aussi les quelque sept cents millions de sesterces que César avait déposés au temple d'Ops ; ce trésor provenait de la vente des biens confisqués aux pompéiens, devait servir à payer le legs promis au peuple et à pourvoir à l'installation des vétérans. Pour assurer sa sécurité, le consul s'entoura d'une garde armée de vétérans rappelés (les *euocati*), dont le nombre atteignit bientôt six mille.

Peu à peu, Antoine reprenait la situation en main ; pour démontrer à tous que ses intentions étaient honnêtes, il fit voter vers la mi-avril une loi qui prévoyait la peine capitale et la confiscation des biens pour quiconque proposerait l'octroi de la dictature ou la revêtirait ; c'est pourquoi l'on ne sait pas très bien ce que Dion Cassius veut dire lorsqu'il indique qu'il fit passer des lois destinées à lui assurer la prééminence dans l'État. Le 25 avril, il se rendit en Campanie pour procéder à l'installation de vétérans, laissant le soin à son nouveau collègue Dolabella, dont il avait laissé se faire la nomination en qualité de suffect, de mettre un terme, dans le sang, aux séquelles du mouvement populaire d'Amatius qu'il avait lui-même fait exécuter quelques jours plus tôt. Soucieux de ne pas favoriser le retour des césaricides à Rome, mais prenant prétexte de la tension populaire qui ne lui permettait pas d'assurer leur sécurité, il avait, dès le 11 avril, exempté Brutus et Cassius de l'exercice de leur charge prétorienne, le premier surtout qui, en tant que préteur urbain, n'était pas autorisé à quitter l'*Vrbs*. Quant à Decimus Brutus, il avait gagné sa province de Cisalpine ; dès le début du mois d'avril, il avait écrit à Cicéron qu'il était sans illusion sur le comportement d'Antoine et que la guerre lui paraissait inévitable.

En Campanie, Antoine ne fit qu'exécuter la *lex Antonia de coloniis dedicandis* votée en avril 44, conformément aux vœux de César ; il pouvait ainsi renforcer sa popularité auprès des troupes et gagner d'éventuels soutiens en cas de besoin. Il installa la VIIIe légion à Casilinum et fit le tour des rassemblements de vétérans en Campanie et dans le Samnium. Il laissait Rome sous le contrôle de ses deux frères : Caius, l'aîné, devenu préteur urbain *de facto*, auquel Brutus avait donné délégation pour remplir les devoirs de sa charge, et Lucius, alors tribun de la plèbe. Ce dernier présenta, quelques semaines plus tard, le 2 juin, une loi agraire devant les comices tributes au Forum ; elle prévoyait l'assignation de terres à des vétérans ou à des citoyens pauvres. Pour les sénateurs, elle rappelait fâcheusement celle de 59 et son abrogation devint l'un des soucis majeurs des *patres* conservateurs réunis autour de Cicéron, dont certaines propriétés même étaient menacées. En attendant, Lucius Antonius s'était placé à la tête de la commission des *septemviri* chargés de procéder aux installations ; à ses côtés figuraient les deux consuls. L'émotion fut d'autant plus grande parmi les sénateurs que la Campanie, les marais Pontins et le territoire d'Arpinum étaient menacés de spoliation.

Un autre problème avait auparavant été réglé en faveur du consul : la répartition des commandements militaires dans les provinces pour l'année qui devait suivre. Dès le 18 avril, les deux consuls avaient obtenu par tirage au sort, Dolabella, la Syrie, et Antoine, la Macédoine. Ce dernier ne pouvait se satisfaire de cette attribution ; certes, il voulait bien conserver les troupes que César avait rassemblées dans la perspective de la guerre contre les Parthes, mais la province lui paraissait trop éloignée de l'Italie. À son retour de Campanie, le 20 mai, il entreprit donc de faire modifier cette répartition. La séance du Sénat qui devait traiter de l'affaire ne se tint sans doute pas, faute de participants ; Hirtius, un césarien plutôt modéré, avait d'ailleurs conseillé à Cicéron de ne pas revenir à Rome à cette occasion :

> Balbus et Hirtius m'ont écrit, et comme toi, évoquent la prochaine attribution, par décret du Sénat, des fonctions de Brutus et de Cassius – Hirtius précise qu'il n'assistera pas à la séance – de fait, il est maintenant installé dans sa maison de Tusculum et me conseille énergiquement de ne point y assister ; il allègue le danger que je courrais et me dit que cette raison l'a déterminé, lui aussi. (Cicéron, *Lettres à Atticus,* 15, 5, 2-3.)

Antoine convoqua les comices le lendemain, 2 juin, et fit voter, réplique de la *lex Trebonia* de 55, une loi qui attribuait aux deux consuls un commandement de cinq ans, maintenait la Syrie à Dolabella, mais lui confiait, à lui, la Gaule cisalpine et la Gaule chevelue avec six des légions de Macédoine. Le fondement de la *lex tribunicia de prouinciis* ou *lex de permutatione prouinciarum* n'avait rien d'illégal, puisqu'il y avait eu des précédents ; en revanche, la procédure l'était, parce que les auspices n'avaient pas été respectés ; et s'ajoutait le fait que les tribuns avaient vraisemblablement été corrompus. Quelques jours plus tard, le 5 juin, le Sénat attribuait à Brutus et à Cassius, à titre de *prouincia*, la charge de l'approvisionnement de Rome en blé provenant de l'Asie et de Sicile ; on aurait voulu les éloigner définitivement, on ne s'y serait pas pris autrement, d'autant que la mission était secondaire et dérisoire, tout juste digne d'un édile. Un conseil de famille tenu à Antium, le 8 juin, autour des césaricides et en présence de Cicéron, ne put que prendre acte de l'évolution du rapport de forces. Brutus ne pouvait même pas songer à revenir à Rome pour célébrer, au début du mois de juillet, les *Ludi Apollinares* qu'il aurait dû présider : il en confia la charge au frère d'Antoine. Cléopâtre avait déjà quitté Rome depuis quelque temps, sans que sa « fuite » causât de peine à Cicéron. L'héritier de César, lui, y était déjà entré.

L'héritier de César

Le tout jeune homme qui avait fait son entrée dans Rome, Caius Octauius, était né le 9 des calendes d'octobre, c'est-à-dire le 23 septembre, de l'année 63, à

Rome, sur le Palatin, dans une famille de la bourgeoisie municipale de Velitrae (l'actuelle Vélétri), située sur les monts Albains, à la lisière du Latium. La propagande inventa plus tard pour les Octauii une histoire fabuleuse, et la parenté avec leurs homonymes de Rome, gens de bonne noblesse, n'était pas garantie. D'origine volsque, obscurs mais respectables, les Octauii de Velitrae comptaient parmi les principaux notables de leur cité. Le grand-père avait été banquier et appartenait à l'ordre équestre, ce qui permit à son fils d'entrer au Sénat et même de revêtir la préture en 61. Après l'exercice de cette magistrature, il exerça un commandement en Macédoine dont il s'acquitta bien, mais sa mort prématurée, en 58, l'empêcha d'accéder au consulat. Il avait des relations; il connaissait Cicéron, et, surtout, son mariage avec Atia, fille de Marcus Atius Balbus, originaire d'Aricia, et de Julie, sœur de César, l'avait introduit dans la famille des Iulii. Caius Octauius laissa à Atia deux enfants, Octavie et Octave, et à ce dernier le surnom de Thurinus qu'il avait lui-même obtenu en défaisant les bandes d'esclaves fugitifs dans la région de Thurium, au sud de l'Italie – et non, comme une tradition malveillante le prétendra plus tard, parce que l'un de ses aïeux avait été cordier à Thurium.

La nièce de César se remaria rapidement avec Lucius Marcius Philippus qui fut consul en 56, et le jeune Octauius, tout en entretenant par ailleurs d'excellentes relations avec son beau-père, quitta la maison de Velitrae où il avait été élevé jusqu'alors pour être laissé aux bons soins de sa grand-mère Julia. Celle-ci confia notamment son éducation à un pédagogue d'origine grecque, nommé Sphaerus. Le jeune Octave demeura chez elle jusqu'à sa mort en 51 et fit sa première apparition publique précisément pour prononcer son oraison funèbre. La fortune ultérieure d'Octavien-Auguste allait parer sa naissance et sa jeunesse de légendes, de mythes et de présages annonciateurs de sa prodigieuse destinée; Suétone et Nicolas de Damas les ont soigneusement enregistrés. Leurs fondements historiques sont de la même eau que les médisances répandues par les adversaires de l'héritier de César au sujet de certains de ses ancêtres.

Comme il était naturel à Rome, les liens familiaux du jeune Octave décidèrent de sa destinée d'autant que, très vite devenu le plus proche parent de César, demeuré sans descendance directe, sa fortune fut liée à celle du dictateur. S'il était bien placé pour suivre les péripéties de la politique romaine et l'inexorable marche vers le pouvoir du conquérant des Gaules, il était trop jeune pour jouer un rôle et être autre chose qu'un spectateur. Le début des années 40 devait se révéler une période décisive dans sa destinée; à partir de ce moment, l'intérêt de César pour son petit-neveu devint évident. Celui-ci, après avoir suivi à Rome les cours de rhétorique de Marcus Epidius et d'Apollodore de Damas, s'attacha les services du philosophe stoïcien Athénodore de Tarse. Le 19 octobre 48, il prenait la toge virile, et ainsi, dans sa quinzième année, était inscrit sur la liste des *iuniores*. César l'intégra dans le collège des augures, à la place de Lucius

Domitius Ahenobarbus, mort à Pharsale, puis le fit entrer dans celui des pontifes avant de l'inscrire plus tard au nombre des patriciens. Puis, le 25 juillet 46, lors de son retour à Rome, après la campagne d'Afrique, il le gratifia de récompenses militaires pour une guerre à laquelle sa jeunesse l'avait dispensé de participer, et il lui confia l'organisation des jeux publics offerts à l'occasion de ses triomphes. À partir de cette date, le jeune Octave fut définitivement attaché à sa suite et il fit aux côtés du dictateur l'apprentissage de la vie civique et militaire. Si sa santé fragile ne lui permit pas de partir avec lui en Espagne, il le rejoignit plus tard dans l'année 45, en empruntant des routes peu sûres et se trouvant être la victime d'un naufrage avec quelques amis sur le choix desquels César le complimenta. Cette initiative audacieuse, le fait qu'il partagea en permanence le véhicule qui transportait le dictateur, éclairent la décision de ce dernier de refaire, en septembre 45, son testament en faveur de ce parent masculin le plus proche et de le désigner comme son héritier. Même si, au début de l'année 44, César choisit Lépide comme maître de cavalerie, il réservait à son héritier une place particulière, à ses côtés, dans ses nouveaux projets de conquête, et, peut-être – car les auteurs anciens ne s'accordent pas sur ce point –, l'exercice de cette même charge pour l'année suivante. En tout cas il l'envoya, à l'automne de 45, auprès des légions rassemblées en Macédoine et sur la côte dalmate dans la perspective de la campagne contre les Parthes : c'est là, à Apollonie, où il devait aussi compléter sa formation scolastique, qu'il apprit aux alentours du 25 mars, par un courrier de sa mère, la nouvelle de la mort de celui qui, en faisant de lui son héritier, l'avait aussi adopté.

Octave ne partit pas immédiatement; après avoir demandé conseil à son entourage, divisé sur la conduite à tenir, il remit à plus tard l'appel aux troupes. Avec quelques-uns de ses amis, il traversa l'Adriatique à la fin du mois de mars et débarqua à Otrante avant de se rendre à Lupiae (Lecce) où il attendit quelques jours. C'est là, ou sur la route de Brindes, qu'il reçut des lettres de soutien de sa famille et de césariens fidèles au nom du dictateur et qu'il prit connaissance, par l'intermédiaire de témoins de l'ouverture du testament de César, le 19 mars, dans la maison d'Antoine, de sa teneur, ainsi que des événements qui avaient suivi le meurtre. Vers le 10 avril, il arriva dans ce port de l'Adriatique où stationnaient encore les légions qui n'avaient pas eu le temps de rejoindre la Macédoine et, malgré les lettres de sa mère et surtout de son beau-père, Philippus, qui lui enjoignaient la prudence et lui conseillaient de refuser l'héritage, il n'hésita pas à l'accepter ainsi que l'adoption. Celle-ci était au moins aussi importante pour lui dans la mesure où il savait que sa fortune était désormais liée au nom de César; il donna même priorité à l'adoption testamentaire alors qu'elle n'était qu'une clause subsidiaire du testament et une pratique relativement courante dans les usages de l'aristocratie romaine. Octave en fit une arme politique, même si, *a priori*, elle ne conférait aucune prérogative dans ce domaine, et tint absolument à ce qu'elle soit confirmée par une loi curiate; mais, dans une lettre datée du

22 avril, Cicéron signalait que son entourage, à l'exception de son beau-père, le saluait déjà du nom de César. À partir du moment où l'adoption fut validée, Caius Octauius devint Caius Iulius Caesar Octauianus. Ce surnom d'Octavien ne fut guère employé dans l'Antiquité, mais c'est celui que l'héritier de César aurait dû porter si l'on s'en était tenu aux règles. L'historien, pour se conformer aux us de cette société, doit lui conserver son nom d'Octave jusqu'au rappel des événements de l'automne de 43 ; un sénatus-consulte valida alors définitivement cette disposition testamentaire.

Octave prit son temps pour se rendre à Rome où il arriva dans les premiers jours de mai ; auparavant, il avait fait halte en Campanie, à Naples le 18 avril, où il vit Balbus, à Puteoli (Pouzzoles) où habitaient Philippus et sa mère, à Cumes où il rendit visite à Cicéron qui en fut flatté et crut dès lors pouvoir le manipuler, mais aussi aux amis et confidents de César, Hirtius et Pansa. Son arrivée dans la capitale fut relativement discrète, mais les sources ont signalé le présage qui marqua son entrée ; certains prétendirent, en effet, que l'on vit alors un halo autour du soleil, présage de royauté :

> Lorsque, revenant d'Apollonie après le meurtre de César, il rentra dans Rome, tout à coup, par un ciel pur et serein, une couronne semblable à un arc-en-ciel entoura le disque du soleil. (Suétone, *Auguste*, 95, 1.)

L'*interpretatio augustea* a utilisé abondamment les prodiges liés à l'enfance et à l'adolescence de l'héritier de César pour mettre en évidence son origine divine et sa prédestination à un pouvoir monarchique.

À sa demande le tribun Lucius Antonius le présenta, le 11 mai, devant une *contio* du peuple ; le jeune homme déclara accepter l'héritage mais aussi ses charges, dont le fameux legs qui devait lui assurer la fidélité du peuple et des vétérans ; pour cela, il avait besoin de l'argent de César et nul doute que cette revendication ne dût lui attirer l'hostilité d'Antoine quand celui-ci revint de sa tournée en Campanie, le 18 mai. Devant le refus de ce dernier de satisfaire sa demande, Octave fut contraint de vendre ses propriétés et de faire appel à l'aide d'amis, de parents, Philippus, par exemple, Matius, Rabirius, Oppius et Balbus, mais aussi au soutien de ses cousins banquiers, Quintus Pedius et Lucius Pinarius, cohéritiers du dictateur, et qui lui abandonnèrent probablement leur part. De même, Antoine fit obstacle à la ratification de l'adoption qui devait donner au jeune homme le droit de patronat sur les riches affranchis de César. Enfin, quand Octave voulut se présenter au tribunat de la plèbe, à la charge laissée vacante par la mort d'Heluius Cinna, le consul s'y opposa. On ne doit pas, cependant, suivre de trop près sur ce point la version augustéenne des faits : certes, Antoine ne faisait alors certainement pas grand cas du jeune Octave, mais son refus de le laisser accéder au tribunat se justifiait largement par la jeunesse du prétendant et par son appartenance au patriciat. La quête effrénée de popularité de ce prétendant inattendu, son souci de gagner le soutien des vétérans et de faire auprès d'eux de la surenchère en appelant à la vengeance pouvaient entraver l'action du consul, contraint par là même à durcir son attitude à l'égard des césaricides ; mais Antoine demeurait le maître de la situation, les événements du mois de juin le prouvèrent suffisamment. Il n'avait pas non plus intérêt à faire totalement confiance aux libérateurs ; après tout, il était, lui aussi, un héritier de César et sa modération quand il s'était agi d'abolir la dictature, au mois d'avril, n'était qu'un expédient temporaire pour amadouer la majorité du Sénat. Le compromis du 17 mars n'était plus, trois mois plus tard, qu'un souvenir et les libérateurs ne se faisaient déjà plus guère d'illusions. Brutus escomptait beaucoup de l'effet que devaient produire les fastes déployés à l'occasion des Jeux apollinaires du 6 au 13 juillet. C'était lui qui les finançait, puisqu'il était toujours le préteur urbain, mais le fait qu'ils aient été présidés par Caius Antonius lui en fit perdre tout le bénéfice et il en reçut même un écho très défavorable. Octave, en revanche, profita des *ludi* donnés pour l'anniversaire du temple de Venus Genitrix et en l'honneur de la *Victoria Caesaris*, avancés du mois de septembre à la fin de juillet, entre le 20 et le 30, pour accroître sa popularité. Il se substitua au collège chargé de les organiser et les prit en charge avec de l'argent emprunté à ses amis. L'apparition inopinée, mais opportune, d'une comète pendant les sept derniers jours de la fête (événement dont l'historicité ne peut être mise en doute puisque cette comète est attestée, par ailleurs, dans des sources astronomiques chinoises) put faire croire à la foule crédule que l'âme de César avait définitivement rejoint les dieux : le *sidus Iulium* vint compléter les instruments de la propagande de son fils adoptif qui en profita pour installer dans le temple de Venus la statue de César avec une étoile au-dessus de la tête, tandis que le monnayage prenait le relais des manifestations de *pietas* du *Diui filius* :

> Le seul lieu où une comète soit l'objet d'un culte est un temple de Rome ; cette comète, que le divin Auguste a jugée de si bon augure pour lui, apparut au début de sa vie publique, lors de jeux qu'il célébrait en l'honneur de Venus Genitrix, peu après la mort de son père César, au sein du collège fondé par ce dernier. Voici en quels termes il relata la chose pour la joie publique : « Au cours de la célébration de mes jeux, une comète fut visible pendant sept jours, dans la région septentrionale du ciel. Apparue vers la onzième heure du jour, elle était éclatante et visible de toutes les parties de la terre. Cet astre annonçait, suivant la croyance générale, que l'âme de César était reçue au nombre des puissances divines immortelles ; et, à ce titre, une comète fut ajoutée au buste de César que nous consacrâmes peu de temps après sur le Forum. » (Pline, *Histoire naturelle*, 2, 93-94.)

Ces événements n'étaient guère de nature à améliorer les relations entre Antoine et Octave, mais les équilibres politiques s'en trouvèrent modifiés et les vétérans les poussaient à se rapprocher d'autant que le Sénat, lors de sa séance du 1er août, avait invité Cassius et Brutus à revenir à Rome. Le consul réagit vivement et prépara un édit contre les libérateurs accusés de préparer la guerre. Au début du mois d'août, deux provinces mineures, la Crète et la Cyrénaïque, étaient confiées à Brutus et à Cassius qui, de guerre lasse, décidèrent de quitter l'Italie après avoir rencontré une dernière fois Cicéron à Velia, en Lucanie, le 17 août. Fin août, ils embarquèrent non pour leurs provinces, mais pour la Grèce et l'Orient ; à Athènes, ils furent accueillis comme des héros et leur statue fut placée aux côtés de celle des tyrannicides, sur l'Agora. Le vieux réflexe d'attachement à la cause démocratique avait pris le pas sur la reconnaissance que la cité de l'Attique devait à César, et toute la Grèce voulut honorer les libérateurs. Cicéron, dès avril, avait souhaité les imiter et rejoindre son fils qui faisait des études à Athènes, mais des vents contraires avaient empêché la réalisation de ce projet. Après un long séjour en Campanie, il décida de rentrer à Rome à la fin du mois d'août et, le 2 septembre, prononça son premier discours contre Antoine, la *Première Philippique,* critique modérée dans laquelle il dénonçait l'action inconstitutionnelle du consul qui trahissait même les intentions de César. La réponse d'Antoine, l'accusant d'avoir fomenté le complot, convainquit l'orateur que le temps de l'affrontement était venu ; il se retira à nouveau en Campanie pour préparer la *Deuxième Philippique.* Le fer était croisé et le conflit ne pouvait que dégénérer.

À partir de ce moment, Octave joua un rôle dans le processus de rupture des relations entre le Sénat et Antoine, accéléré par le retour de Cicéron dans la vie publique ; les soldats tentèrent bien de le réconcilier de nouveau avec le consul, mais ce fut peine perdue, car la suspicion était réciproque, Antoine l'accusant même d'avoir voulu le faire assassiner. C'est alors que ce dernier quitta Rome, le 9 octobre, pour gagner Brindes ; il voulait s'attacher les quatre légions qui rentraient de Macédoine. Mais Octave avait déjà dépêché auprès d'elles des agents chargés de les lui aliéner, par des distributions d'argent et de pamphlets dénonçant sa mansuétude à l'égard des meurtriers de César. On comprend que le consul, accompagné de sa femme, Fulvie, ait été mal reçu et qu'il ait eu beaucoup de mal à rétablir l'ordre : il châtia un certain nombre d'agitateurs, mais monta contre lui une bonne partie des troupes. L'héritier de César était parti de Rome quelques jours après lui, pour effectuer avec ses amis les plus proches une tournée auprès des vétérans de César installés en Campanie, autour de Capoue, à Calatia et à Casilinum ; à cette occasion, il rencontra aussi Cicéron qui, dans sa correspondance, ne tarit pas d'éloges sur cet « *adulescens, paene potius puer* ». L'objectif d'Octave était de recruter des hommes ; il se constitua une garde privée d'environ trois mille vétérans, mais cette force était destinée à grandir et atteignit, si l'on en croit certaines sources, une dizaine de milliers de soldats. Il rentra à Rome le 10 novembre, précédant de quelques jours Antoine qu'il prit soin d'éviter. D'ailleurs, dans une *contio* réunie sur le Forum à l'initiative d'un ennemi personnel du consul, le tribun Tiberius Cannutius, il s'en prit violemment à Antoine et fit le serment de conquérir l'héritage politique de son père. Puis il partit pour l'Étrurie afin de procéder à de nouveaux recrutements. Il retira bien vite le bénéfice de l'action de sa propagande auprès des légions de Macédoine et des maladresses de la réaction d'Antoine; sur le chemin de Rome, deux d'entre elles, parmi les plus fameuses, la IVe Macédonique et la légion de Mars, désertèrent et ne tardèrent pas à le rejoindre à Arezzo. Il s'empara même des quarante éléphants d'Antoine que César avait pris à Juba et exhibés lors du triomphe de 46.

Conscient de l'affaiblissement de sa situation, le consul décida de brusquer les choses : il réunit le Sénat le 28 novembre. Au cours de la séance, il renonça à faire déclarer Octave *hostis*, mais fit voter une supplication en faveur de Lépide pour la paix que celui-ci avait conclue avec Sextus Pompée; puis il fit procéder à la répartition des provinces prétoriennes à l'avantage de ses partisans. Brutus et Cassius perdirent leur commandement provincial et quelques tribuns hostiles furent réduits au silence. Après cela, il se rendit dans son fief de Tibur (Tivoli) où soldats et sénateurs qui l'avaient suivi lui prêtèrent serment de fidélité. Dans la nuit du 28 au 29 novembre, il marcha sur la Cisalpine où Decimus Brutus avait levé de nouvelles troupes; celui-ci, après avoir fait mine de céder et de retourner à Rome, s'était enfermé dans Modène vers la mi-décembre. Encouragé par le retour de Cicéron dans la capitale, le 9 décembre, comptant aussi sur le soutien des forces d'Octave rassemblées en Étrurie, le césaricide informa le Sénat de son intention de ne pas remettre sa province à Antoine. La nouvelle était parvenue à Rome, le 20 décembre, quand les tribuns de la plèbe réunirent le Sénat; Cicéron prononça la *Troisième Philippique* et l'assemblée décida de maintenir en place les gouverneurs de province jusqu'à l'arrivée de leurs remplaçants qui restaient à désigner : les décisions du 28 novembre et la *lex de prouinciis* du 2 juin étaient donc annulées, tandis qu'Octave et les légions qui l'avaient rejoint étaient récompensés. La guerre de Modène était implicitement déclarée.

La guerre de Modène

Du 1er au 3 janvier 43, au moment où Caius Vibius Pansa et Aulus Hirtius revêtirent le consulat, se tinrent au temple de Jupiter Capitolin, puis au temple de la Concorde, les débats du Sénat qui firent entrer davantage Rome dans la guerre. Les auteurs anciens n'ont pas manqué d'évoquer ces séances houleuses au cours desquelles s'affrontèrent les partisans d'Antoine, Calenus et Pison notamment, et Cicéron qui laissa éclater, en particulier dans la *Cinquième Philippique,* son animosité contre Antoine. L'assemblée confia aux deux consuls, Hirtius et Pansa, des césariens modérés, la conduite des opérations militaires en leur associant le jeune Octave qui reçut à cette occasion l'*imperium* de propréteur et fut autorisé à siéger désormais parmi les sénateurs. Son beau-père, Philippus, proposa même qu'on lui élève une statue et qu'il soit autorisé à se porter candidat au consulat dix ans avant l'âge légal. Mais Cicéron ne parvint pas à faire déclarer Antoine *hostis* ni à faire voter le sénatus-consulte ultime instaurant l'état d'urgence : toujours le souvenir des nones de décembre, et les défenseurs et parents d'Antoine eurent beau jeu de rappeler le fâcheux précédent. On profita bien des circonstances pour abolir la loi agraire du mois de juin, mais l'ensemble de la législation du consul de 44 ne fut pas touché. C'était le césarien Quintus Fufius Calenus qui menait la contre-attaque. Son hostilité à Cicéron était bien connue et ce dernier le méprisait souverainement, comme en témoigne un billet à Atticus :

> Aujourd'hui, 24 mai, vers la huitième heure [15 h.] est venu un courrier envoyé par Q. Fufius [Calenus] : une espèce de billet me demandant de reprendre mes relations avec lui ; tout à fait stupide, comme d'habitude, à moins que, venant de quelqu'un qu'on n'aime pas, tout paraisse stupide... (Cicéron, *Lettres à Atticus,* XV, 4, 1.)

Calenus obtint que l'on envoie une délégation à Antoine. Elle était composée de Philippus, de Pison, le beau-père de César, et du vieux juriste Seruius Sulpicius Rufus. Le message était qu'Antoine devait quitter la Cisalpine et se soumettre ; celui-ci ne refusa pas d'entendre ces exigences et réaffirma même son obéissance au Sénat, mais il s'en prit violemment à Cicéron et à ses suiveurs, et réclama la Transalpine avec six légions pour cinq ans, la validité de ses *acta* et les mêmes récompenses pour ses hommes que pour ceux d'Octave. L'ambassade, amoindrie par le décès de Sulpicius qui n'atteignit pas le camp d'Antoine, revint à Rome dans les premiers jours de février. Le débat au Sénat fut agité, Cicéron cria à la provocation : le sénatus-consulte ultime fut voté, le *tumultus* (la levée en masse) décrété sur proposition de Lucius Iulius Caesar, le propre oncle du rebelle, dont les *acta* furent invalidés. Mais Antoine ne fut pas déclaré ennemi public. La nuance était seulement dans les termes et un ultimatum fut adressé aux hommes qu'il commandait pour qu'ils déposent les armes avant les ides de mars. Les dernières tentatives de conciliation furent balayées par Cicéron qui refusa de faire partie d'une nouvelle ambassade ; de même, il rejeta les offres de paix des chefs des armées d'Occident, Lépide et Plancus, qui avaient pris contact avec celui qui, après tout, était leur ancien compagnon d'armes, et, dans la *Treizième Philippique,* dénonça avec une violence inouïe l'invitation lancée par Antoine, au début du mois de mars, à tous les césariens – y compris Octave – de se rassembler pour venger César. Cette diatribe fut sans doute la plus violente, qui décrit l'ancien consul comme un bandit et un gladiateur, un ivrogne et un débauché, de surcroît efféminé et lâche :

> Qui se montra jamais aussi barbare, aussi sauvage, aussi féroce ? Il ne voulut rien entendre, rien répondre, et ce ne fut pas seulement sur eux [les ambassadeurs], mais plus encore sur nous, nous qui les avions envoyés, qu'il lança son mépris et son profond dédain. Dans la suite, quel crime, quel forfait ce parricide n'a-t-il pas commis ? Ils assiègent nos colons, une armée du peuple romain, un général en chef et consul désigné, il dévaste les champs des meilleurs citoyens, en ennemi acharné il brandit contre tous les gens de bien la menace du gibet et des tortures. (Cicéron, *Philippiques,* XIII, 21.)

La parole était une nouvelle fois rendue aux armes.

Hirtius et Octave s'avancèrent contre Antoine qui se trouvait devant Modène, où la faim commençait à affaiblir la résistance des assiégés. C'est pourquoi, dès que Pansa s'annonça avec ses quatre nouvelles légions, Antoine, qui avait laissé son frère Lucius devant la ville, se porta au-devant de lui ; il lui fallait l'intercepter avant qu'il ne fasse sa jonction avec les troupes de son collègue. Le 14 avril, à Forum Gallorum sur la Via Aemilia, entre Modène et Bologne, la légion de Mars et les cohortes prétoriennes d'Octave envoyées à la rencontre des troupes du consul combattirent avec acharnement, mais la blessure de Pansa qui se replia vers Bologne accéléra la déroute des nouveaux légionnaires inexpérimentés. Hirtius, averti de l'engagement, intervint avec la IVe légion et rétablit la situation, mettant en fuite les forces d'Antoine et leur faisant subir de sérieuses pertes au moment où, fatiguées et désorganisées après leur succès initial, elles regagnaient leur camp. Octave se fit aussitôt proclamer *imperator* pour avoir, pendant ce temps-là, assuré la garde du camp. Sept jours plus tard, le 21 avril, Antoine fut de nouveau battu devant Modène et dut se replier vers l'ouest en empruntant la Via Aemilia, le lendemain de sa défaite, avec sa cavalerie et ce qui lui restait d'infanterie. Mais Hirtius était mort au combat et Pansa devait succomber à ses blessures deux jours plus tard, le 23 avril, à Bologne. Il ne restait que le jeune Octave, sur lequel n'allait pas tarder à peser la suspicion de la responsabilité de ces disparitions bien opportunes :

> Hirtius et Pansa étant morts pendant cette guerre, le premier sur le champ de bataille, l'autre, bientôt après, des suites d'une blessure, le bruit se répandit qu'il les avait fait périr tous deux afin de pouvoir, une fois Antoine mis en déroute et l'État privé de ses consuls, rester seul maître des armées victorieuses. En tout cas, la mort de Pansa parut tellement suspecte, que l'on emprisonna son médecin Glycon, en l'accusant d'avoir empoisonné sa blessure. En outre, Aquilius Niger prétend qu'Auguste profita de la mêlée pour tuer de sa propre main Hirtius, l'autre consul. (Suétone, *Auguste,* 11, 1.)

Pour l'heure, Rome ne s'en souciait guère et l'annonce des deux victoires fut saluée par des scènes d'enthousiasme. Lors de la réunion du Sénat des 26 et 27 avril, Antoine et ses partisans furent déclarés *hostes* et leurs biens furent confisqués ; cinquante jours de *supplicationes*, d'actions de grâce, furent décrétés, ce qui ne s'était jamais fait pour une guerre civile. Cicéron proposa que l'on vote l'*ouatio* pour Octave, mais en vain ; le jeune homme tira, au contraire, peu de bénéfice de la victoire dont le Sénat fit crédit à Decimus Brutus auquel il accorda le triomphe avant de lui confier la conduite des armées pour achever la guerre. Au même moment, Sextus Pompée recevait le commandement de la flotte, Brutus et Cassius étaient confirmés dans celui de la Macédoine et de la Syrie qu'ils avaient conquises. Tout cela annonçait le renouveau de la cause pompéienne et républicaine et le jeune Octave qui pouvait se plaindre de tant d'ingratitude devait se sentir bien seul :

> Quant à César [Octave], non seulement le Sénat ne le jugea pas digne de recevoir de grands honneurs, mais il tenta de le briser en donnant à Decimus [Brutus] tous les hon-

neurs qu'il espérait recevoir... Aux soldats qui avaient été assiégés avec lui, il décida d'accorder des éloges et les autres avantages qui avaient été antérieurement promis à ceux de César, bien qu'ils n'eussent aucunement contribué à la victoire mais qu'ils l'eussent regardée du haut des murailles... En un mot, tout ce qui s'était produit au profit de César contre Antoine fut décrété au profit d'autres, à ses propres dépens ; et surtout, parce qu'il ne voulut ni ne put commettre quelque tort, le Sénat accrut la puissance de tous ses ennemis... Le Sénat lui aurait en outre confisqué tout bonnement toutes les forces armées dont il disposait, si toutefois il n'avait craint de prendre ouvertement ce décret, parce qu'il savait que ses soldats lui étaient dévoués. (Dion Cassius, 46, 40, 1-4.)

Le triomphe du Sénat était cependant prématuré et l'on s'aperçut vite à Rome que l'on avait eu tort de pavoiser si tôt. La disparition des deux consuls, césariens modérés, rompait le lien entre les *patres* et Octave d'autant que celui-ci refusait d'obéir à Decimus Brutus qui, dès le 27 avril, avait été placé à la tête des troupes d'Hirtius et de Pansa. Malgré les récompenses, les légionnaires refusèrent d'obtempérer.

Surtout, les nouvelles venues d'Occident devinrent vite désastreuses. Antoine avait en partie rétabli sa situation grâce aux renforts conduits par Ventidius Bassus, un Picénien dont la famille avait combattu les Pompées, ce qui lui avait valu de figurer, enfant, comme prisonnier au triomphe du père de Pompée après la prise d'Asculum. Ventidius devait sa réhabilitation à César qu'il avait servi pendant la guerre des Gaules comme préposé à l'organisation des convois de mules, ce qu'il faut comprendre dans le terme de muletier dont on l'affublait dans l'Antiquité. Ventidius avait recruté trois légions dans les colonies militaires césariennes et dans sa région d'origine ; il avait ensuite rejoint Antoine à Vada Sabatia, sur la côte ligure, le 3 mai. Dès lors, le vaincu de Modène disposait de troupes supérieures à celles de Decimus Brutus qui le poursuivait ; il put passer sans encombre en Narbonnaise où il rejoignit Lépide, le gouverneur de cette province et de l'*Hispania Citerior*, à la tête sans doute de la meilleure armée d'Occident. On a souvent accusé l'ancien maître de cavalerie de César de duplicité et cherché dans la correspondance de Cicéron les indices de sa trahison annoncée. Lépide n'était sans doute pas un exemple de courage moral, mais il serait injuste de le considérer comme un traître à ses convictions ; après tout, ce n'était pas sa faute si le Sénat avait tenté de le rallier à la cause républicaine, en lui votant une statue équestre et le triomphe, le 3 janvier 43, pour le remercier de la négociation réussie avec Sextus Pompée. Lépide avait d'ailleurs, une dernière fois, tenté de réconcilier le Sénat et Antoine au mois de mars avant le déclenchement des hostilités. Mais il était d'abord césarien et avait été partisan, au lendemain des ides, de venger sans attendre le meurtre du dictateur ; ses liens avec l'aristocratie romaine ne pouvaient faire oublier ceux qu'il avait noués avec ses compagnons d'armes, et en particulier avec Antoine. Surtout, ses soldats et officiers lui indiquaient clairement quel camp il devait choisir et, pendant le siège de Modène, le contingent qu'il avait envoyé, sans ordre précis d'ailleurs, s'était rallié à Antoine. Il fit de même à la fin du mois de mai; l'un de ses légats, Laterensis, se suicida, mais le fait que l'on ait voulu faire de ce cas un exemple montre en réalité à quel point il fut une exception. Plancus, le gouverneur de la Gaule chevelue qui venait de fonder la future Lyon, demeurait, semblait-il, loyal et Cicéron qui entretenait avec lui une correspondance suivie avait placé de grands espoirs dans son soutien à la cause sénatoriale. Il s'apprêtait à résister à Lépide et à Antoine d'autant qu'il pouvait compter, dans cette entreprise, sur le renfort de Decimus Brutus qui le rejoignit à Cularo (Grenoble), au début du mois de juin. Quelques semaines plus tard, cependant, vers la fin du mois d'août ou le début du mois de septembre, convaincu par Asinius Pollion avec lequel il avait eu paradoxalement des rapports détestables, mais qui revenait d'Espagne ultérieure avec trois légions majoritairement antoniennes, Plancus se réconcilia avec Antoine et changea de camp. Decimus Brutus était désormais contraint à la fuite; il pouvait seulement espérer rejoindre l'autre Brutus en contournant l'axe alpestre. Mais, abandonné par ses troupes, il n'alla pas bien loin; en traversant le territoire des Séquanes, dans le Jura, il fut capturé par un chef indigène qui, sans doute pour plaire à Antoine, le fit mettre à mort et envoya sa tête au chef césarien. Pendant ce temps, le parti césarien se reconstituait et Octave lui-même, dès le mois de mai, avait engagé des négociations secrètes avec son ancien adversaire.

La réaction du Sénat ne répondit pas à l'urgence de la situation et ne suffit pas à contrarier le renversement d'alliances. Lépide fut tardivement – fin juin – déclaré ennemi public et l'on confia la guerre contre les nouveaux alliés à Octave. Mais celui-ci avait mieux à faire: le consulat était vacant et il considérait qu'on lui devait bien de l'y faire élire. Le Sénat eut le tort de lui refuser de bonne grâce ce qu'il allait être de toute manière contraint de lui accorder sous la pression de plus en plus forte des vétérans; une ambassade de soldats et de sous-officiers envoyés à Rome à la fin du mois de juillet n'avait obtenu ni la magistrature pour le chef ni les récompenses promises pour les troupes, mais ce n'était que partie remise. Quelques jours plus tard, Octave marcha sur Rome avec son armée et finit par obtenir ce qu'il désirait après avoir semé la panique dans l'*Vrbs,* mal défendue malgré l'arrivée de légions d'Afrique. Le jeune homme ne manqua pas de venir saluer comme il convenait le « dernier de ses amis », Cicéron. Celui-ci, devant l'évolution contraire des événements, avait pensé convaincre Brutus de rapatrier ses troupes en Italie pour protéger le Sénat, mais en vain; il avait aussi espéré manipuler l'héritier de César en proposant de se l'associer au consulat, mais cela avait fait beaucoup sourire et le jeune homme avait suffisamment mûri pour ne point se laisser berner une fois de plus.

> C'est l'époque où Cicéron, qui était profondément attaché au parti pompéien, exprimait qu'il fallait louer César et l'élever aux cieux, affirmant ainsi une chose, tout en en faisant une autre. (Velleius Paterculus, 2, 62, 6.)

Le salut d'Octave au vieux consulaire équivalait à un terrible désaveu. Le 19 août, il était élu consul avec son cousin Quintus Pedius ; il n'avait pas vingt ans. Le Sénat avait cédé par peur ce que la raison aurait dû le convaincre d'accepter sans enthousiasme : il payait cher ses erreurs politiques, dont Cicéron portait une large responsabilité parce qu'il avait sous-estimé l'aptitude du jeune homme à évaluer le rapport de forces. Le nouveau consul obtint sans difficulté de cette assemblée craintive la légalisation de son adoption par un sénatus-consulte, peut-être confirmé par les comices curiates, et la mise à sa disposition du trésor public pour payer les soldats. Pourtant, pour les *patres*, le pire restait encore à venir.

Une dictature collective

La première mesure prise par Octavien fut de faire condamner les assassins de César. La *lex Pedia*, du nom de son nouveau collègue et cousin, Quintus Pedius, privait d'eau et de feu les meurtriers dont l'accusation était portée par des proches de l'héritier de César. Le dernier fils de Pompée, Sextus, pourtant promu par le Sénat, était incorporé, par un artifice, dans le train des condamnés, bien qu'il ait été absent de Rome au moment du meurtre. Puis, à l'instigation de Lépide, mais le terrain avait été préparé par de nombreux émissaires et courriers, Octavien se rendit en Cisalpine pour rencontrer Antoine.

L'entrevue eut lieu au début de novembre 43 sur une presqu'île au confluent de deux petites rivières, le Renus et la Lavinius. Le récit d'Appien est révélateur de la suspicion qui régnait entre les trois hommes, mais en ces journées, près de quarante-trois légions étaient rassemblées dans les environs de Bologne :

Octave

> Octave et Antoine, cessant d'être ennemis, se rendirent, pour traiter ensemble, dans une petite île au milieu du fleuve Lavinius, dans les environs de Modène, suivis chacun de cinq légions. Après les avoir fait camper les unes en face des autres, ils s'avancèrent chacun de son côté avec trois cents hommes jusqu'aux deux ponts qu'on avait jetés sur le fleuve. Lépide entra le premier pour s'assurer qu'il n'y eut rien à craindre et, agitant son vêtement, il fit signe à l'un et à l'autre d'avancer. Ils laissèrent chacun leurs trois cents hommes et tous leurs amis à la tête des ponts, et se placèrent à égale distance de ces deux points,

Aureus *de Lépide*

dans un endroit pleinement découvert, et tous trois prirent séance, Octave au milieu, par égard pour la dignité consulaire dont il était revêtu. (*Guerres civiles,* 5, 2.)

Après deux jours de discussion, les trois alliés parvinrent à un accord et décidèrent de fonder une magistrature nouvelle ; ils se conféraient à eux-mêmes des pouvoirs extraordinaires pour cinq ans en qualité de « triumvirs pour le rétablissement de l'État » *(Triumviri Rei Publicae Constituendae).* En ce qui concernait les provinces qu'ils se partagèrent, ils disposaient de toutes les prérogatives de l'*imperium* proconsulaire : Antoine conservait la Gaule chevelue, et sans doute aussi la Cisalpine au statut toujours mal défini, puisque les habitants du nord de l'Italie étaient entrés dans la *ciuitas Romana* en 49 ; Lépide avait la Narbonnaise et les Espagnes. Octavien qui renonçait au consulat paraissait le plus mal loti avec l'Afrique, la Sardaigne et la Sicile, car la première province était alors l'enjeu de luttes entre gouverneurs républicains et césariens et les îles étaient sous le contrôle ou la menace de Sextus Pompée. L'Italie était neutralisée et l'Orient à conquérir ferait l'objet d'un nouveau partage après la victoire. Les trois chefs d'armée s'attribuaient aussi toutes les compétences de l'*imperium* consulaire, mais avec un certain nombre de pouvoirs discrétionnaires qui n'entraient pas dans les prérogatives des consuls. La somme de ces pouvoirs, à Rome et dans l'empire, *domi militiae*, composait une magistrature de type nouveau et permettait de définir le triumvirat comme une *dynasteia*, c'est-à-dire un pouvoir royal dénué de tout fondement légal qui portait atteinte, selon ses adversaires, à la liberté du Sénat et du peuple romain. Les triumvirs s'abstinrent de donner à cette charge d'un type nouveau le nom de dictature, parce qu'elle avait été abolie et parce que cela aurait trop crûment rappelé la réalité aux Romains. C'est pourtant bien de cela qu'il s'agissait et la nouvelle institution était plus proche du pouvoir autocratique – avec trois tyrans au lieu d'un seul – que des institutions républicaines, même si celles-ci – magistrats, Sénat, comices – devaient continuer à fonctionner, du moins en apparence. En réalité, et les Anciens l'avaient bien compris, la force de la nouvelle institution résidait non plus à Rome, mais dans l'empire, auprès des armées, et le commandement proconsulaire constituait l'essence et le centre de la puissance triumvirale.

Le 27 novembre 43, le second triumvirat était fondé par une loi, la *lex Titia*, qui donnait une sanction juridique aux décisions prises à Bologne. Ce triumvirat se différenciait du précédent qui n'avait été somme toute qu'une entente illicite entre trois personnages (Pompée, César et Crassus) désireux d'unir leur poids politique pour faire main basse sur les institutions, mais sans les remettre en cause. Cependant, en 43, pour hâter la conclusion de l'accord, les partenaires n'avaient pas respecté la période légale entre le dépôt de la *rogatio*, la proposition de loi, et le vote du texte, ce que l'on appelait le *trinundinum*. Les triumvirs n'avaient cependant pas la prérogative de faire la loi, ce qui restait l'apanage du peuple : ils utilisèrent, alors, la procédure de l'*edictum*, de l'édit, qui en fait eut très vite force de loi, et, en fin de compte, cela revenait au même.

Dès l'accord de Bologne, les triumvirs avaient pris la décision d'attribuer des colonies à leurs vétérans dans dix-huit villes d'Italie : la *lex Titia* confirma cette distribution, source de bien des inquiétudes dans la péninsule. Ils désignèrent eux-mêmes les responsables des déductions qui avaient pour mission de mesurer, centurier, diviser les terres pour procéder ensuite aux distributions de lots aux bénéficiaires. Mais l'objectif principal et immédiat des alliés restait de venger César et de faire la guerre à ses meurtriers. Avant d'aller les affronter, il fallait d'abord se débarrasser de l'ennemi de l'intérieur ; l'accord de Bologne prévoyait l'élimination des adversaires des triumvirs à Rome, parce que ceux-ci redoutaient surtout l'action d'une opposition dans l'*Vrbs* tandis qu'ils mèneraient la guerre en Orient. Pour conjurer ce danger, ils décidèrent d'utiliser la procédure jadis employée par Sylla, mais qui rappelait de biens funestes moments : la proscription.

La proscription

Une première liste de proscrits comprenant dix-sept noms, dont la plupart étaient des magistrats en charge, fut affichée à l'instigation de Quintus Pedius avant même l'arrivée des triumvirs à Rome. Le nouveau consul aurait dû tenir secrète cette liste qui ne comportait que l'identité des hommes que l'on devait et pouvait éliminer en premier et en bénéficiant de la surprise. En apprenant que cette liste n'était que le début du massacre, Pedius ne supporta d'ailleurs pas d'y voir son nom associé et mourut sur-le-champ. En tout cas, la procédure était engagée et les triumvirs se montrèrent impitoyables avec leurs ennemis comme avec leurs proches. L'édit lui-même fut affiché, après la tenue de la *contio* d'usage informant le peuple, peu après le vote de la *lex Titia ;* il venait en préambule de la publication de deux listes distinctes, l'une portant les noms des sénateurs, l'autre ceux des chevaliers, en tout environ trois cents personnages concernés par un ensemble de mesures instituant une condamnation à mort obligatoire, valable en tous lieux et en tous temps. La lecture des sources antiques nous permet de repérer sûrement onze suicidés, une cinquantaine d'exécutés et sept proscrits morts au combat : on ignore ce qu'il advint des autres.

L'édit de proscription soulignait d'ailleurs, mais non sans cynisme, la volonté de modération des auteurs de l'épuration :

« Nous ne tuerons pas autant de personnes qu'un autre imperator avant nous n'en a tué, bien qu'il soit inévitable que trois hommes aient plus d'ennemis qu'un seul. » (Appien, *Guerres civiles*, 4, 10.)

Mais il soulignait leur détermination à n'épargner aucun de leurs ennemis, puisqu'ils interdisaient d'accueillir et de cacher un proscrit, de favoriser sa fuite ou de se laisser corrompre :

« Celui qui apparaîtra avoir aidé, secouru un proscrit ou en avoir été complice, nous le mettrons lui-même au nombre de proscrits. » (Appien, *Guerres civiles*, 4, 11.)

La méfiance réciproque des triumvirs explique la rigueur avec laquelle ils dressèrent la liste et il ne fait aucun doute que la proscription des parents et des proches des triumvirs, l'échange de la tête des amis des uns contre celle de ceux des autres émurent et choquèrent autant les contemporains que la postérité, car ils reflétaient le caractère terroriste de la procédure :

Je ne crois pas qu'il se soit jamais rien fait de plus cruel et de plus sauvage que ce marché ; en échangeant ainsi meurtre contre meurtre, ils assassinaient également les victimes qu'on leur concédait et celles qu'ils laissaient sacrifier, et leur conduite était plus injuste envers leurs amis qu'ils faisaient périr sans même les haïr. (Plutarque, *Antoine*, 19, 5.)

L'oncle d'Antoine paya son désaccord avec son neveu, latent depuis les ides de mars, lorsqu'il s'était opposé aux funérailles publiques du dictateur. Il avait plus tard obtenu l'abrogation de la loi agraire et soutenu la proposition condamnant Antoine puis Lépide comme ennemis publics. Il sauva sa tête grâce à l'intervention vigoureuse de sa sœur, Iulia, la mère du triumvir. Le frère aîné de Lépide, Lucius Aemilius Paullus Lepidus, le suivait sur la liste ; lui aussi avait voté sans hésiter la condamnation de son parent comme *hostis*, et il était de surcroît lié à Brutus. Il parvint à s'enfuir en Asie et fit partie des seize proscrits qui furent amnistiés *(restituti)* après les accords de Misène.

Le plus illustre des condamnés fut, bien sûr, Cicéron, placé parmi les dix-sept personnages les plus redoutables à éliminer en priorité. Victime de la vindicte d'Antoine qui fit également inscrire sur les listes les noms de son fils, de son frère et de son neveu, le vieux consulaire fut exécuté, le 7 décembre, sur la plage de sa villa de Gaète, alors qu'il tentait de gagner la Macédoine par la mer :

À ce moment survinrent les meurtriers. C'étaient le centurion Herennius et le tribun militaire Popillius que Cicéron avait autrefois défendu dans une accusation de parricide, et avec eux une troupe de satellites... Voyant les portes fermées, ils les enfoncèrent, mais ils ne trouvèrent pas Cicéron, et les gens de la maison affirmaient ne pas savoir où il était. Alors dit-on, un adolescent, instruit par Cicéron dans les belles lettres et dans les sciences, nommé Philologus, affranchi de Quintus, son frère, dit au tribun qu'on portait sa litière par les allées boisées vers la mer. Le tribun, prenant quelques hommes avec lui, se précipita en faisant un détour pour gagner l'issue des allées tandis qu'Herennius parcourait celles-ci au pas de course. Cicéron l'entendit arriver et ordonna à ses serviteurs de déposer la litière. Lui-même portant, d'un geste

> qui lui était familier, la main gauche à son menton, regarda fixement les meurtriers. Il était couvert de poussière, avait les cheveux en désordre et le visage contracté par l'angoisse, en sorte que la plupart des soldats se voilèrent les yeux tandis qu'Herennius l'égorgeait. (Plutarque, *Cicéron,* 48-49.)

Cicéron payait au prix fort ses erreurs politiques, son étroite conception des prérogatives aristocratiques qui l'avaient enfermé dans ses préjugés ; il n'avait même pas écouté Brutus lorsque celui-ci lui disait lequel de l'héritier de César et du consul de 44 était le plus dangereux pour la *libertas*. Le second récompensa largement Popillius pour la triste besogne qu'il venait d'accomplir et, avec Fulvie, ils firent subir tous les outrages aux trophées qu'on leur avait rapportés :

> Mais quand on leur apporta aussi un jour la tête de Cicéron (il avait, en effet, été pris dans sa fuite et tué), Antoine la couvrit d'insultes terribles et ordonna ensuite qu'elle fut exposée plus ostensiblement que les autres à la tribune, afin qu'on la vît, avec la main droite comme elle avait été coupée, là d'où on l'avait entendu prononcer des discours contre lui. Quant à Fulvie, elle prit la tête dans ses mains avant qu'on ne l'emportât et, après avoir déversé sa colère sur elle et lui avoir craché dessus, elle la posa sur ses genoux, lui ouvrit la bouche, tira sa langue et planta dedans les épingles qu'elle avait sur sa tête tout en lançant un flot d'immondes railleries. (Dion Cassius, 47, 8, 3-4.)

L'image d'Antoine, alangui par le vin et le sommeil, se repaissant à table de la vue des têtes des proscrits est une généralisation rhétorique fondée sur le cas de Cicéron et exploitée par la propagande augustéenne soucieuse d'exonérer Octavien des crimes les plus odieux.

Pourtant, si la responsabilité de ce dernier fut atténuée par les sources, sous le prétexte qu'étant le plus jeune il avait le moins d'ennemis, tout semble indiquer qu'il ne demeura pas en reste ; Suétone précise même qu'après avoir longtemps tenté de s'opposer à la proscription, il se montra plus impitoyable que ses collègues. Lui aussi sacrifia quelques-uns de ses proches, et même, dit-on, Sphaerus, son ancien tuteur. Il fit aussi proscrire le fils de l'orateur Quintus Hortensius et se porta acquéreur de sa maison, méritant sans doute le quolibet dont ses ennemis ne tardèrent pas à l'affubler : « *Pater argentarius, ego corinthiarius* », « Mon père était argentier, moi, j'en suis pour le bronze ! », allusion à son goût prononcé pour les vaisselles en bronze ciselé ayant appartenu à Hortensius.

Le plus grave était que la société romaine tout entière sortit traumatisée de cet épisode sanglant, même s'il ne concerna qu'un petit nombre de membres de la classe politique. La proscription fut marquée par des exemples de courage, de loyauté, autant que de lâcheté et l'historiographie antique put y puiser quantité d'exemples illustrant la grandeur et la petitesse de l'âme humaine. Selon Appien, les esclaves dont les maîtres avaient tout à craindre parce qu'on leur promettait la liberté en plus de la récompense furent peut-être les plus fidèles, les épouses ne le furent pas toujours et les enfants avides de récupérer l'héritage encore moins. Il y eut cependant des aventures, des miracles, des dévouements exemplaires qui furent magnifiés dans la littérature, comme la célèbre *Laudatio Turriae*, éloge de cette femme qui envers et contre tout parvint à sauver son mari avant de le faire rayer de la liste.

La procédure suivie laissait peu de chances aux malheureux proscrits, à moins qu'ils ne fussent préalablement avertis de leur infortune : les *tabulae*, tables de proscription, planches de bois blanchies sur lesquelles étaient écrits au minium le nom des proscrits, furent affichées après la *contio,* aux abords du Forum et un peu partout dans Rome. Pour toucher le *praemium*, la récompense promise par les triumvirs, les meurtriers – *percussores* – devaient trancher la tête de leur victime et la leur apporter avant qu'elle ne soit exposée au Forum, sur les rostres reconstruits par César, comme un sacrifice qui lui était dédié. Contrairement à la première proscription, le nom des personnes qui recevaient les récompenses n'était pas inscrit sur une liste ; comme l'appât du gain était pour beaucoup dans l'ardeur et le zèle des exécuteurs, l'anonymat les préservait d'éventuelles vengeances.

De nombreux proscrits parvinrent cependant à s'échapper et à se réfugier auprès de Sextus Pompée qui avait immédiatement publié un contre-édit doublant la prime pour qui sauverait un proscrit et promettant en plus la liberté à l'esclave qui sauverait son maître. Le retour toujours possible des condamnés et la menace latente d'une restitution de leurs biens freinèrent quelque peu l'enthousiasme patriotique des particuliers à s'emparer de leurs propriétés. Il y eut sans conteste des transferts de fortune et des enrichissements rapides au profit surtout des séides des triumvirs ; mais la proscription fut avant tout un acte politique réfléchi, comme l'indique le nombre relativement faible des victimes ; ce fut, certes, l'occasion pour quelques-uns de s'enrichir, mais ce fut aussi, à n'en pas douter, un échec financier.

Le manque d'argent des dynastes est souligné par Appien comme l'une des principales raisons de la proscription des riches : les triumvirs avaient un besoin considérable d'argent, parce que le trésor était vide et qu'ils étaient privés des ressources de l'Orient. À défaut de pouvoir vendre à bon prix les biens des proscrits que peu de gens voulaient acheter, ils entraînèrent Rome et l'Italie dans un véritable tourbillon fiscal et la proscription fut suivie d'une série de mesures qui ne faisaient pas partie de la répression proprement dite ; tout le monde fut concerné. Les nouvelles taxes rendirent sans doute nécessaire la nomination des deux censeurs pour l'année 42, dans la mesure où il s'agissait de faire une recension précise des biens à imposer : les propriétés urbaines furent les premières touchées, mais on imposa aussi les esclaves et surtout la fortune des femmes ; au début de l'année 42, les triumvirs publièrent un édit exigeant de mille six cents femmes, parmi les plus fortunées, un pourcentage sur leur fortune. Selon Appien, celles-ci résistèrent vigoureusement et organisèrent une marche sur le Forum, sous la conduite d'Hortensia, qui avait la verve de son père l'orateur, pour interpeller les triumvirs. Le *tributum*, non exigé depuis 167, paraît avoir été rétabli dès l'été de 43 ; il en fut de même, plus tard, pour les *portoria*, abolis par la *lex Cornelia Didia*, mais surtout on imposa au peuple une dîme qui lui donnait l'impression d'être traité comme un peuple conquis.

Ironie ou propagande, les triumvirs frappèrent monnaie représentant une corne d'abondance et Lépide célébra même un triomphe au début de l'année 42. Le comble fut atteint lorsque le Sénat accorda aux trois hommes la couronne civique pour avoir épargné beaucoup de citoyens. Pour eux, cependant, le plus difficile restait à faire : le moment était venu d'aller en découdre avec les libérateurs.

Brutus et Cassius en Orient

Après leur séjour en Grèce, à la fin de l'année 44, les libérateurs s'étaient séparés et avaient entrepris de s'emparer du gouvernement de provinces dotées de troupes ou dépourvues de commandement légal. La Macédoine placée cette année-là sous l'autorité de Quintus Hortensius Hortalus était échue, pour 43, lors du tirage au sort du 28 novembre, au préteur Caius Antonius, frère d'Antoine, mais cette décision avait été annulée par le Sénat le 20 décembre. Brutus avait immédiatement rassemblé des troupes pour s'en emparer et avait obtenu le ralliement spontané d'Hortensius (encore sur place) et des forces du gouverneur de la province voisine d'Illyrie, le césarien Vatinius, après la prise de Dyrrachium, à la fin de janvier 43. Cicéron pouvait, le mois suivant, proclamer à cette annonce dans la *Dixième Philippique* :

> La République tient la Macédoine, elle tient l'Illyrie, elle protège la Grèce ; à nous sont les légions, à nous l'infanterie légère, à nous la cavalerie, à nous toujours et surtout, à nous, Brutus. (Cicéron, *Philippiques,* X, 14.)

Sur sa proposition, au début de février, l'assemblée confiait à Brutus le soin de veiller à la sécurité de la Macédoine, de l'Illyricum et de la Grèce, et l'autorisait à utiliser les finances publiques, c'est-à-dire l'argent du tribut des provinces orientales, et à réquisitionner le blé. Peu de temps après, vers la mi-mars, celui-ci capturait le frère d'Antoine ; malgré les pressions de Cicéron et de quelques autres, Brutus maintint en vie son prisonnier qu'il traita avec égards. Ce n'est qu'à l'annonce de la proscription et de la mort de l'orateur qu'il se résolut à son exécution au début de 42. Brutus, avec ce succès, pouvait compter sur une armée de huit légions qu'il utilisa pendant l'année 43 à pacifier les marges de la province avant d'aller remettre de l'ordre en Thrace, ce qui lui valut d'être salué *imperator* par ses troupes.

Pendant ce temps, Cassius avait mis la main sur la Syrie. Au mois de février 43 était parvenue à Rome la nouvelle de l'exécution du gouverneur d'Asie, le césaricide Trebonius, par Dolabella : ce dernier avait quitté l'Italie au début du mois de novembre 44 pour sa province de Syrie et s'était emparé par traîtrise de la personne de son collègue. Il l'avait fait périr, selon Cicéron, dans d'atroces tortures et avait infligé un sort infamant à son cadavre. L'indignation avait été telle au Sénat que l'on avait immédiatement songé à confier le commandement d'une campagne de représailles aux deux consuls de l'année 43. La mort d'Hirtius et de Pansa pendant la guerre de Modène avait convaincu les plus réticents de donner cette mission à Cassius, le 27 avril. Celui-ci s'était déjà emparé en Syrie, où il était arrivé au début de 43, des légions de l'aventurier pompéien Caecilius Bassus qui, depuis trois ans, résistait autour d'Apamée aux gouverneurs césariens; puis, il avait rallié le dernier d'entre eux, Staius Murcus, préteur en 45 et proscrit en 43 pour avoir rejoint le camp républicain au lendemain des ides, avant d'intercepter en Judée quatre légions venues d'Égypte pour porter secours à Dolabella. Cassius, désormais à la tête d'une armée importante de douze légions, n'eut aucun mal à se débarrasser de l'ancien consul, battu devant Antioche, abandonné par ses troupes à Laodicée et qui préféra se suicider à la fin du mois de juillet. Cassius punit les cités qui avaient aidé son adversaire, dont Laodicée, mais surtout Tarse en Cilicie, à laquelle il imposa une forte amende. Puis il élimina le roi de Cappadoce, Ariobarzane III, qui lui devait de l'argent, et le remplaça par son frère; il avait aussi l'intention de demander des comptes à Cléopâtre parce qu'elle avait voulu aider Dolabella, mais il en fut dissuadé par Brutus.

La formation du triumvirat et le déclenchement de la proscription rendirent urgente la rencontre des deux chefs de la conjuration; elle se tint à Smyrne, au début de l'année 42. Au même moment, Brutus faisait frapper des deniers et *aurei* portant au droit son effigie et au revers le *pileus*, bonnet des affranchis et symbole de liberté, entre deux poignards avec la légende *EID(ibus) MART(is)*. La détermination des chefs républicains de répondre à la violence de la proscription devait se manifester clairement: en avait déjà témoigné l'exécution du frère d'Antoine en réponse à celles de Decimus Brutus et de Cicéron.

L'importance des forces qu'ils avaient réunies aurait pu inciter Brutus et Cassius à prendre l'initiative; ils préférèrent conduire l'un et l'autre des campagnes de pillage contre Rhodes et les Lyciens en prenant pour prétexte l'aide apportée par ces cités à Dolabella. Ces opérations n'ajoutèrent rien à leur gloire et ternirent leur réputation. Au printemps de 42, Cassius se porta devant Rhodes avec quatre-vingts navires. Victorieux de la flotte rhodienne au large de Myndos, il fit le siège de la ville qui se soumit au début de l'été; la répression fut sévère, les principaux personnages de la cité furent exécutés, d'autres exilés, les biens confisqués, la flotte saisie ou brûlée. Brutus ne fut pas plus tendre avec les cités de la ligue lycienne, et notamment Xanthos qui fut détruite après avoir été assiégée et dont les habitants, à l'exception d'un petit nombre, furent massacrés. D'autres communautés subirent des représailles, Patara, le port de Xanthos, Myra, avant que l'ensemble des Lyciens ne se soumettent.

À l'issue de leur succès, les chefs républicains demandèrent à la province d'Asie de payer en deux fois l'impôt de dix années. Cet argent devait servir à financer la guerre qui se préparait.

Le 1er janvier 42, lorsque Lépide et Lucius Munatius Plancus revêtirent le consulat, on prit la décision d'ériger sur le Forum, à l'endroit du bûcher improvisé, devant la Regia, un temple à César et de lui consacrer un culte : un flamine était donc créé, chargé d'organiser les sacrifices destinés à célébrer les anniversaires de ses victoires et celui de sa naissance, cérémonies obligatoires pour les citoyens sous peine d'amende. Puisque le dictateur était désormais rangé parmi les dieux, son fils devenait *diui filius*. Ces dispositions étant destinées à affirmer leur légitimité césarienne, la priorité des triumvirs demeurait la guerre contre les républicains. Ils disposaient de quarante-trois légions, mais décidèrent de n'en utiliser que la moitié pour la campagne : le reste devait assurer la garde de l'Occident, sous le commandement de deux partisans d'Antoine, Calenus et Pollion, tandis que Lépide demeurerait à Rome, puisqu'il était consul, pour contrôler l'Italie. Huit légions constituèrent l'avant-garde qui fut envoyée en Macédoine comme tête de pont, sous le commandement de Caius Norbanus Flaccus et de Lucius Decidius Saxa. La situation militaire n'était d'ailleurs pas simple pour les césariens ; la flotte républicaine, placée sous les ordres de Lucius Staius Murcus et de Cneius Domitius Ahenobarbus, tenait l'Adriatique. Et surtout, dès le début de l'année, Sextus Pompée avait investi la Sicile.

La campagne de Philippes

Ce dernier fils du grand Pompée avait survécu à la bataille de Munda et avait rassemblé les soldats perdus de son père et de son frère en Espagne ; il avait résisté victorieusement aux chefs d'armée que César avait envoyés contre lui et s'avançait contre Carthagène quand il avait appris la mort du dictateur. Après avoir remporté dans la province d'Ultérieure un succès aux dépens de Pollion, il avait engagé les négociations pour obtenir la restitution de son patrimoine, ce qui n'était pas sans gêner Antoine qui, à l'occasion d'enchères plus ou moins truquées, avait acquis l'essentiel de ces biens, et notamment la maison dans le quartier des Carènes, près du Forum, les jardins sur le Tibre et les propriétés de Rome et de Tusculum. Les *patres* hostiles au consul de 44 avaient fait du retour du jeune Pompée l'un des thèmes de leurs revendications, d'autant que celui-ci était disposé à remettre son armée constituée de sept légions contre son héritage. Cicéron avait salué comme il se devait le succès de la négociation conduite par Lépide à la fin de l'année 44 et le jeune Pompée lui apparaissait au moment de la guerre de Modène comme l'espoir de la République. Le Sénat lui avait confié la préfecture de la flotte après qu'il eut quitté l'Hispania en vainqueur avec ses forces et une flotte qui se constituait sous le commandement d'anciens affranchis de son père ; il s'était d'abord rendu à Marseille, puis s'était emparé de la Sicile après des négociations et quelques trahisons. La marche d'Octave sur Rome à l'été de 43 avait mis un terme aux espoirs de Sextus de réintégrer la vie politique romaine, car l'héritier de César l'avait abusivement fait ranger parmi les assassins du dictateur et condamner *e lege Pedia*. En Sicile, il avait pu accueillir les proscrits qui fuyaient Rome et l'Italie et se posait désormais en champion de la cause républicaine. Les triumvirs devaient se débarrasser de cette menace. Avant de s'embarquer pour la Grèce, Octavien tenta bien de le réduire, en envoyant contre lui son meilleur général, Salvidienus Rufus. Mais celui-ci subit un échec naval et il ne lui fut pas possible de prendre pied dans l'île. À l'été de 42, l'armée triumvirale dut donc effectuer sa traversée avec cette menace sur son flanc.

Un peu auparavant, Brutus et Cassius s'étaient de nouveau rencontrés à Sardes, en Asie Mineure : leur projet initial était de se rendre en Macédoine pour empêcher le débarquement de leurs adversaires sur la côte illyrienne, mais ils avaient été pris de court par l'arrivée des légions de Norbanus et de Saxa que les deux cents navires de la flotte républicaine n'avaient pu entraver. La Macédoine fut perdue pour les libérateurs qui, d'Orient, se portèrent au-devant des armées césariennes. La rencontre se fit dans la plaine de Philippes. La cité était située sur une colline qui dominait le tracé de la *Via Egnatia*. Les césariens ne se jugeaient pas en mesure d'affronter des forces supérieures en nombre et, d'ailleurs, l'avant-garde triumvirale, surprise par un mouvement tournant parfaitement exécuté, se retira à Amphipolis pour attendre le gros des forces. Brutus et Cassius installèrent leurs camps de part et d'autre de la voie et les réunirent par un fossé : ils s'emparèrent aussi des positions sur le Symbolon, chaîne de montagnes qui reliait Philippes à la côte et à Néapolis, où stationnait leur flotte et par où arrivait le ravitaillement provenant de l'île de Thasos, érigée ainsi en base arrière. La supériorité de leurs navires leur permettait d'entraver l'approvisionnement de leurs adversaires et pouvait leur laisser espérer interdire la traversée des légions d'Italie. Ils ne réussirent que partiellement dans leur entreprise ; la flotte envoyée par Cléopâtre au secours des césariens fut détruite par une tempête, mais Murcus et Ahenobarbus ne purent empêcher l'arrivée d'Antoine. Quant à Octavien, la campagne contre les assassins de son père avait mal commencé pour lui. Après les déboires de ses lieutenants en Sicile, il avait traversé l'Adriatique, mais était tombé malade à Dyrrachium, sans doute victime de l'une de ces fièvres saisonnières qui affectaient de temps à autre son organisme. Antoine conduisit seul l'armée à Amphipolis, camp de base de l'armée triumvirale.

Près de cent mille hommes se faisaient face. Jamais autant de citoyens romains n'avaient été mobilisés pour une seule bataille : les césariens avaient maintenant une légère supériorité numérique quant au nombre des légions – dix-neuf contre dix-sept –, mais la cavalerie républicaine était plus nombreuse, même si Quintus Labienus n'avait pas eu le temps de ramener des renforts de chez les Parthes. Surtout, Brutus et Cassius bénéficiaient d'une position avantageuse ; ils pouvaient se permettre d'attendre tandis que l'armée triumvirale, installée dans une zone de marécages, pouvait être coupée de ses sources d'approvisionnement, en vivres et en hommes. L'initiative devait donc revenir à Antoine qu'Octavien, encore mal remis de sa fièvre, avait rejoint.

La première bataille de Philippes se déroula le 3 octobre 42; ce fut un engagement désordonné sans application de véritable plan tactique. L'aile droite triumvirale commandée par Antoine enfonça le dispositif de Cassius qui lui était opposé et s'empara de son camp mais, à l'autre extrémité du dispositif, Brutus fit de même aux dépens d'Octavien. L'héritier de César en réchappa: on prétend qu'il s'était caché dans les marais. Il écrit dans son autobiographie qu'il avait quitté sa tente pour obéir à un songe prémonitoire de son médecin, mais Agrippa et Mécène s'entendent pour confirmer qu'il était bien malade ce jour-là. De part et d'autre, donc, la défaite et la victoire furent complètes, mais l'étendue du champ de bataille, la poussière soulevée par les combattants empêchèrent les différents protagonistes de se faire une idée juste de l'évolution et de l'issue de la bataille, et les conséquences furent surtout lourdes pour le camp républicain qui perdit Cassius, son meilleur chef de guerre:

> Cassius sortit sain et sauf de la bataille et s'enfuit dans un autre endroit, après avoir été coupé de son retranchement, mais ayant supposé que Brutus avait également été battu et que certains des vainqueurs le poursuivaient, il se précipita dans la mort. Il avait, en effet, envoyé un centurion en observateur qui devait l'informer de l'endroit où était Brutus et ce qu'il faisait; comme celui-ci, après avoir rencontré des cavaliers envoyés par Brutus pour chercher Cassius, fit demi-tour et revint tranquillement avec eux, comme rien ne le pressait puisqu'il n'y avait rien de grave, Cassius imagina en le voyant de loin que c'étaient des ennemis et ordonna à son affranchi Pindarus de le tuer; quand le centurion apprit que c'était à cause de sa lenteur qu'il était mort, il se tua sur le corps de Cassius. (Dion Cassius, 47, 46, 3-4.)

Brutus, pour ne pas décourager ses troupes, fit enlever le corps et l'envoya en cachette à Thassos; puis il reprit en main ses forces en leur octroyant des récompenses en argent. On dit que le jour même de cette première bataille, la flotte de Staius Murcus intercepta un convoi commandé par le césarien Domitius Calvinus qui amenait deux légions en renfort aux triumvirs. Ce fut un désastre pour ces derniers et la fameuse légion de Mars périt complètement au cours de l'affrontement. Octavien et Antoine se retrouvaient dans une situation difficile, harcelés par les troupes républicaines, et désormais sans espoir de ravitaillement, ni de renfort. Brutus n'avait donc pas intérêt à brusquer les choses, car le temps jouait en sa faveur. Mais, poussé par ses soldats qui voulaient en découdre, ulcérés par les provocations de leurs adversaires, craignant aussi que sa prudence ne soit interprétée comme de la crainte et ne favorise les désertions, il rangea de nouveau son armée en ordre de bataille, et, le 23 octobre, accepta un autre affrontement. Celui-ci fut longtemps équilibré, mais les républicains finirent par céder et Antoine transforma leur repli en déroute. Celui qui, après Caton, était devenu le symbole de la *libertas* ne voulut pas survivre à la ruine de la République et se suicida. Selon Appien, quatorze mille de ses hommes demandèrent leur pardon et furent intégrés dans l'armée triumvirale. Mais cinquante mille citoyens étaient restés sur le champ de bataille de Philippes au cours des deux affrontements : l'hémorragie était supérieure au désastre de Cannes et Rome ne se remit jamais complètement de ce carnage qui décima, comme à Pharsale, la fine fleur de son aristocratie. Certains chefs républicains se suicidèrent, comme le jeune fils de Caton, d'autres furent sacrifiés aux mânes de César par Octavien qui se montra impitoyable :

> Loin d'user de sa victoire avec modération, il envoya à Rome la tête de Brutus pour qu'on la mît au pied de la statue de César et s'acharna contre tous les prisonniers de marque, sans leur épargner ses paroles outrageantes ; ainsi, paraît-il, comme l'un d'entre eux implorait de lui une sépulture, il lui répondit « que ce serait bientôt l'affaire des vautours », et deux autres captifs, le père et le fils lui demandant la vie sauve, il leur ordonna de tirer au sort ou au jeu de mourre celui des deux qui obtiendrait sa grâce, puis les regarda mourir l'un après l'autre, car le père s'étant offert de lui-même fut égorgé, et le fils se donna volontairement la mort. Aussi, quand les autres prisonniers, et parmi eux le célèbre Marcus Favonius, l'émule de Caton, furent menés au supplice, chargés de chaînes, ils saluèrent respectueusement Antoine du titre de général, mais cinglèrent publiquement Octavien des outrages les plus sanglants. (Suétone, *Auguste*, 13, 2-3.)

Les derniers, réfugiés à Thassos, se rendirent, comme Messalla Coruinus et le fils de Bibulus, rejoignirent la flotte ou encore Sextus Pompée. La victoire des triumvirs, et notamment d'Antoine, était totale.

La fin d'une époque

La République romaine avait survécu à Pharsale et n'avait pas disparu avec Cicéron ; elle est morte sur le champ de bataille de Philippes, avec les héritiers de Caton et les derniers défenseurs d'une conception surannée de la vie politique romaine. Les hommes qui tombèrent à Philippes combattirent pour un principe, une tradition et une classe. Ils étaient étroits, imparfaits et périmés, et malgré cela l'âme et l'esprit de Rome.

Cette âme et cet esprit d'un autre temps qui avaient fait la grandeur de la cité du Latium depuis la fondation de la République, Marcus Iunius Brutus en avait été la dernière incarnation. On prétend que, à l'agonie, il aurait désespéré de la vertu :

> « Malheureuse vertu ! Tu étais un mot, et moi je te cultivais comme une réalité ! Mais tu étais l'esclave de la fortune. » (Dion Cassius, 47, 49, 2.)

On peut cependant en douter, car ce reniement faisait trop bien l'affaire d'Octavien-Auguste qui avait ainsi, peut-être, moins à écrire pour se justifier et n'avait pas, à son tour, à affronter devant la postérité le spectre de la mort héroïque d'un nouveau Caton. Il lui suffisait déjà de celle de Porcia, fille de l'intransigeant défenseur de la République et épouse du vaincu de Philippes, qui n'hésita pas à avaler des charbons ardents. Et si Antoine rendit les honneurs à la dépouille de Brutus qu'il recouvrit de sa chlamyde, Octavien fit envoyer la tête du meurtrier de César à Rome pour mieux témoigner de sa *pietas* à l'égard de son père adoptif, montrant aussi par là qu'il avait tenu sa promesse de le venger. L'héritier du dictateur ne sortait pas grandi de la campagne dont le bénéfice et le mérite revenaient entièrement à son collègue, qui ne tarderait pas à redevenir un rival. Le mépris des vaincus venait conforter sa réputation de jeune arriviste cynique et ambitieux.

Mais maintenant que la République était morte – *nulla iam publica arma*, nous dit Tacite (*Annales*, I, 2, 1) –, il fallait que les vainqueurs procèdent à un nouveau partage du monde avant d'en arriver à s'affronter pour le posséder tout entier.

Vers la bipartition de l'Empire

La période consécutive à la bataille de Philippes fut marquée par la bipartition de l'empire ; si elle ne fut pas immédiate, peu à peu apparurent les deux entités que les Modernes appellent communément l'Orient et l'Occident. Cette fracture qui reposait sur des contingences géographiques, mais aussi linguistiques, y compris en Afrique où la séparation épousait l'ancienne frontière des sphères d'influence grecque et punique, résulta surtout de la volonté des deux principaux protagonistes, Antoine et Octavien – Lépide fut vite réduit au rôle de comparse – d'exercer leur domination sans partage sur un domaine particulier en attendant de s'emparer de l'autre, et de réunir l'empire sous la conduite d'un seul, comme l'avait fait auparavant César.

Pourtant, tout au long de ces sept années, les dynastes ne s'affrontèrent pas ; ils s'observèrent, plutôt soucieux de mettre à profit les forces dont ils disposaient depuis Philippes et la toute-puissance née de cette victoire, pour organiser leur propre domaine et accroître leur puissance et leur prestige dans la perspective d'un hypothétique mais toujours plus plausible affrontement ; il est vrai aussi que les liens matrimoniaux tissés dans le cadre de l'accord triumviral pouvaient laisser espérer, à ceux qui craignaient par-dessus tout – et les vétérans étaient de ceux-là – une nouvelle guerre civile, que la concorde serait plus forte que le heurt des ambitions.

Antoine en Orient

Au cours de l'entrevue secrète tenue après la bataille par les vainqueurs de Philippes, il fut décidé de se répartir les tâches. La position dominante d'Antoine se reflétait dans la nouvelle division des responsabilités et des pouvoirs ; il ne se réservait pas seulement la (ré)organisation de l'Orient : il conservait aussi le contrôle de la Gaule chevelue et récupérait la Gaule narbonnaise aux dépens de Lépide. Ce dernier avait eu le tort d'être absent à Philippes ; sans doute ses deux comparses se méfiaient-ils de lui et de ses relations avec l'aristocratie romaine, traditionnellement prorépublicaine. On ne prévit pour lui aucun territoire ; tout au plus songea-t-on à lui confier l'Afrique, troublée par une guerre de préséance entre gouverneurs de tendances opposées, s'il montrait un ressentiment trop vif. Octavien, quant à lui, recevait la péninsule Ibérique et les îles de la Méditerranée occidentale, mais il lui fallait déloger Sextus Pompée qui occupait la Sicile et bientôt la Sardaigne, et dont les forces s'étaient accrues des centaines de rescapés de Philippes. L'héritier de César avait surtout la lourde et impopulaire tâche de procéder à la démobilisation et à l'installation des vétérans dans une Italie que les triumvirs avaient décidé de neutraliser, afin de ne permettre à aucun d'entre eux de monopoliser le recrutement de nouvelles troupes.

Antoine ne fit pas, comme les historiens ont pu l'écrire *a posteriori*, le mauvais choix ; il disposait, héritage du prestige lié à sa victoire, de la plus grande partie de l'armée de Philippes laissée en activité, soit quelque huit légions, et pouvait se permettre, grâce à celles de son lieutenant Calenus, laissé à la tête des Gaules, de contrôler ce qui se passait en Occident et surtout en Italie où il comptait aussi sur les forces et la fidélité de Ventidius, Pollion et autres Plancus. Dans la péninsule même, il était assuré de la loyauté et de la reconnaissance de bon nombre de vétérans qui ne juraient que par lui ; le Picenum, mais aussi des cités comme Bologne ou Crémone, lui étaient tout acquis.

Il ne céda pas non plus, comme on a aussi pu l'écrire, au mirage oriental et à cet envoûtement qui avait déjà pu le séduire, lorsqu'il servait sous Gabinius. Il a certainement été attiré par l'Orient d'autant que, cette fois-ci, il ne s'y rendait pas comme un officier de second plan, mais comme un chef victorieux, détenteur de surcroît de la puissance de Rome. Fort de son armée et de la légitimité tirée de sa victoire, il venait procéder à une réorganisation des territoires que les césaricides avaient gouvernés et pressurés pour les besoins de la guerre. Mais Antoine était aussi investi d'une mission plus délicate : il lui fallait, pour financer l'installation des vétérans en Italie et les récompenser de leurs loyaux services, trouver de l'argent dans des territoires que ses prédécesseurs avaient laissés exsangues. Par ailleurs, la menace parthe née de la défaite de Crassus et de la tentative avortée de César n'était pas écartée ; en effet, l'un des chefs républicains, Labienus, parti auprès du roi Orode pour demander du soutien, n'avait pas eu le temps de rejoindre Philippes et demeurait encore à la cour arsacide où il incitait ses hôtes à prendre l'initiative.

Plutarque nous renseigne sur le séjour d'Antoine en Grèce ; philhellène, ami des Athéniens dans la cité desquels il passa l'hiver 42/1, le triumvir se montra sous son meilleur jour : il multiplia les cadeaux aux communautés et se fit initier aux mystères d'Éleusis. Ainsi, le philhellénisme constant et incontestable d'Antoine était bien antérieur à sa rencontre avec Cléopâtre et s'exprima par la suite à maintes reprises en dehors de la présence de la reine d'Égypte, lors d'autres séjours en Grèce ou dans la cité de l'Attique. Dès 42, le vainqueur de Philippes fit la démonstration de ses sentiments philo-athéniens et son biographe en témoigne :

> Envers les Grecs, Antoine se montra d'abord ni extravagant ni grossier ; au contraire, il se fit un plaisir d'écouter les conférences des lettrés et de regarder les concours et les imitations. Il rendait les jugements avec équité et il aimait être appelé ami des Grecs, et plus encore ami des Athéniens, dont la ville reçut de lui des dons considérables. (Plutarque, *Antoine,* 23, 2.)

Mais Antoine avait une mission et, pour trouver de l'argent, il devait se rendre en Asie. Après avoir traversé la province, puis la Bithynie et le Pont, il revint sur la côte d'Asie Mineure, à Éphèse où, au début de l'été, il fut accueilli comme un dieu, néo-Dionysos, escorté par un cortège bacchique où se mêlaient satyres et bacchantes s'agitant au son des flûtes et des instruments de musique les plus divers. Il se conduisit surtout en véritable souverain, exigeant, dans un discours prononcé dans cette cité, une contribution financière équivalente à neuf fois la somme payée annuellement par la province. Il sut aussi exempter les cités fidèles à la cause césarienne ou persécutées par ses devanciers, Dolabella, Cassius et Brutus ; ainsi, il récompensa et indemnisa les Lyciens et les Rhodiens, mais aussi Laodicée et Tarse punies par les républicains. Il parcourut à grandes étapes l'ensemble de l'Asie Mineure en une véritable tournée d'inspection ; tout au long de ces voyages, il régla le sort des rois vassaux de Rome, installant sur le trône de Cappadoce un certain Sisinna, fils d'une reine Glaphyra dont on dit qu'elle fut sa maîtresse, apportant son soutien à Hérode et à son frère Phasael, les fils d'Antipater, dont il fit des tétrarques de Judée sous l'autorité du grand prêtre Hyrcan, décision contraire aux vœux de l'aristocratie juive anti-romaine et fidèle à l'ancienne dynastie asmonéenne.

Il demanda surtout au plus important vassal de Rome en Orient, la reine d'Égypte, Cléopâtre, de lui rendre des comptes. Antoine envoya en ambassade l'un de ses proches, Quintus Dellius, qui persuada la souveraine de venir se justifier. Plutarque, et à sa suite Shakespeare, ont immortalisé la rencontre de Tarse présentée aux contemporains et à la postérité comme la réunion du nouveau Dionysos et de la nouvelle Aphrodite :

> Mais c'est surtout en elle-même, en ses charmes et en ses philtres qu'elle plaçait ses principales espérances lorsqu'elle alla trouver Antoine. Elle recevait beaucoup de lettres de lui et de ses amis qui l'appelaient, mais elle n'en tint pas compte et se moqua à tel point d'Antoine qu'elle se mit à remonter le Cydnus sur un navire à la poupe d'or, avec des voiles de pourpre déployées et des rames d'argent manœuvrées au son de la flûte marié à celui des syrinx et des cithares. Elle-même était étendue sous un dais brodé d'or et parée comme les peintres représentent Aphrodite. Des enfants pareils aux Amours qu'on voit sur les tableaux, debout de chaque côté d'elle, la rafraîchissaient avec des éventails. Pareillement, les plus belles de ses servantes, déguisées en Néréides et en Grâces, étaient les unes au gouvernail, les autres aux cordages. De merveilleuses odeurs exhalées par de nombreux parfums embaumaient les deux rives. Beaucoup de gens accompagnaient le navire de chaque côté de l'embouchure du fleuve et beaucoup d'autres descendaient de la ville [Tarse] pour jouir du spectacle. La foule qui remplissait la place publique se précipitant au-dehors, Antoine finit par rester seul sur l'estrade où il était assis. Le bruit se répandait partout que c'était Aphrodite qui, pour le bonheur de l'Asie, venait en partie de plaisir chez Dionysos. (Plutarque, *Antoine*, 25-26.)

On prétendit qu'à partir de ce moment-là, le caractère d'Antoine changea. Certes, il fit éliminer tous les rivaux de la reine – sa sœur Arsinoé fut exécutée, Arados dut lui livrer un autre prétendant au trône et Tyr l'amiral de la flotte, Sérapion, que la reine avait envoyé à Philippes – et il suivit la reine d'Égypte à Alexandrie où il passa l'hiver suivant, 41/40. Plutarque s'est appesanti sur les douceurs de la « vie inimitable » cette association dans l'« *Otium* » que l'*imperator* romain et la souveraine orientale avaient fondée, sans doute pour se situer davantage encore au-dessus des contingences humaines ; le biographe a puisé à toutes les sources pour narrer cette succession sans fin de festins, banquets, privautés et extravagances qui rendaient à la fois plus humains et plus inaccessibles les amants d'Alexandrie :

> Cléopâtre et lui avaient formé une association dite de la Vie inimitable, et chaque jour ils s'offraient l'un à l'autre des festins en faisant des dépenses incroyables et sans mesure. En tout cas, le médecin Philotas d'Amphissa racontait ceci à mon grand-père Lamprias : apprenant alors son art à Alexandrie, il avait lié connaissance avec l'un des cuisiniers royaux et, en jeune homme qu'il était, il avait accepté son offre de venir contempler les somptueux apprêts du dîner. Introduit dans la cuisine, il vit, entre beaucoup d'autres choses, huit sangliers à la broche. Comme il s'étonnait du nombre des convives, le cuisinier se mit à rire et lui dit : « Les convives ne sont pas nombreux, douze environ, mais il faut que chaque mets soit juste à point, et un instant suffit à le gâter ; or, il se peut qu'Antoine veuille dîner tout de suite ou presque, ou que, si cela se trouve, il remette à plus tard, parce qu'il aura demandé à boire ou qu'il se sera mis à causer avec quelqu'un. Voilà pourquoi ce n'est pas un seul repas, mais plusieurs qu'on apprête à la fois, le moment se servir étant difficile à deviner. (Plutarque, *Antoine*, 28.)

De même, soucieuse d'asseoir son influence, Cléopâtre multipliait les flatteries et les attentions à l'égard de son hôte :

> Un jour qu'Antoine pêchait à la ligne et était contrarié de ne rien prendre en présence de Cléopâtre, il ordonna à des pêcheurs de plonger sans se faire voir et d'accrocher à son hameçon des poissons qu'ils avaient pris auparavant, et ainsi deux ou trois fois il tira sa ligne avec succès, mais l'Égyptienne ne fut pas dupe. Elle feignit d'admirer et rapporta le fait à ses amis en les priant d'assister à la partie de pêche du lendemain. Ils montèrent en grand nombre dans les barques des pêcheurs et, lorsque Antoine eut lancé sa ligne, elle commanda à l'un de ses gens de prendre les devants pour plonger et attacher à l'hameçon un poisson salé du Pont. Antoine persuadé qu'il tenait un poisson, ramena sa ligne, et tout le monde, comme on peut croire, éclata de rire : « *Imperator,* dit Cléopâtre, laisse-nous la ligne à nous qui régnons sur Pharos et Canope : ta pêche à toi, ce sont des villes, des royaumes, des continents. » (Plutarque, *Antoine*, 29.)

Il est cependant nécessaire de relativiser tout cela et de faire la part, dans le témoignage du biographe, de sa volonté de présenter un portrait moral d'Antoine dont la constante – la soumission à Cléopâtre – constitue l'explication essentielle de l'échec de sa destinée. Une chose est claire au moins : après qu'Antoine eut quitté Alexandrie à la fin de l'hiver de 40, il demeura quatre ans sans revoir Cléopâtre : on a connu des amoureux plus impatients. Les nécessités politiques ramènent à des considérations plus prosaïques et l'historien est un briseur de belles romances quand il doit rappeler la réalité des faits. Antoine était contraint de ménager Cléopâtre, parce qu'il devait prendre appui sur l'Égypte, s'il voulait affronter les Parthes ; la prise de Palmyre à l'été de 41 av. J.-C., avant sa venue en Égypte, montre qu'il y songeait déjà alors. Mais ses adversaires le devancèrent en prenant l'initiative et en décidant une offensive contre l'Asie Mineure quand ils apprirent qu'Antoine se rendait à Alexandrie. Les Parthes s'étaient toujours trouvés du côté des républicains ; à Pharsale, ils avaient choisi le camp de Pompée, puis avaient soutenu en Syrie le rebelle Caecilius Bassus contre les gouverneurs césariens. En 43, Cassius et Brutus avaient fait appel à des archers parthes contre le proconsul de Syrie, Publius Cornelius Dolabella ; tout naturellement les césaricides sollicitèrent de nouveau l'aide de l'Arsacide avant la bataille de Philippes et envoyèrent auprès du roi Orode l'un de leurs partisans, Quintus Labienus, fils de l'ancien chef pompéien Titus Labienus, pour négocier un accord. Les hésitations du souverain expliquent certainement que Labienus n'ait pas eu le temps de rejoindre les troupes républicaines à Philippes. Les Parthes ne profitèrent pas immédiatement du vide créé dans le dispositif militaire romain, et malgré les invitations pressantes de Labienus à lancer une offensive, Orode mit du temps à se décider. Toutefois la retraite d'Antoine à Alexandrie, l'erreur d'installer en Syrie pour défendre la province deux légions composées d'anciennes troupes républicaines réincorporées après Philippes, et l'assurance de Labienus de pouvoir les rallier sans difficultés achevèrent de convaincre le vieux roi de passer à l'offensive.

Les Parthes engagèrent leur offensive à la fin de l'année 41 ou au début de l'année 40, sous le commandement de Pacorus, le fils aîné d'Orode conseillé par Labienus. Très vite, la province fut occupée et les principales cités, comme Antioche ou Apamée, tombèrent ; les autres se rallièrent sans difficulté aux Parthes. Les troupes romaines, comme prévu, offrirent peu de résistance, et leur chef, un fidèle d'Antoine, fut battu et s'enfuit en Cilicie où il fut tué ; la Judée ne tarda pas à être occupée et rendue à la dynastie asmonéenne tandis qu'Hyrcan, auquel on coupa nez et oreilles afin qu'il ne puisse plus revendiquer le trône, était conduit en captivité à Babylone. Fort du ralliement des troupes romaines, Labienus se dirigea vers la péninsule anatolienne et entreprit de conquérir les territoires que longeait la grande route du sud de l'Asie Mineure, à partir de la Cilicie et jusqu'en Carie ; mais tout cela eut lieu un peu plus tard, dans le courant de l'année 40. Antoine, nous disent les sources, mit quelque temps à sortir de sa torpeur et des bras de Cléopâtre. Sans doute ne réagit-il pas immédiatement à la nouvelle de l'invasion parthe, mais on peut aussi s'interroger sur la nature des informations qu'il reçut alors, sur les réelles possibilités qu'il avait d'agir pendant cet hiver de 41/40, sans négliger ce trait de caractère qui ne faisait pas de lui un homme toujours prompt à l'action, ni la douceur du séjour alexandrin ; mais avant lui, César ne s'était pas précipité pour aller affronter Pharnace ! Lorsqu'il quitta Alexandrie à la fin de l'hiver, il se porta en Syrie contre les Parthes. Cependant, à Tyr, l'une des rares cités qui n'était pas tombée entre leurs mains, il reçut une lettre éplorée de Fulvie qui lui faisait part des difficultés rencontrées par ses partisans en Italie et le suppliait de revenir. Entre la perspective de perdre ses soutiens à Rome et en Italie et la menace parthe, Antoine eut vite fait le choix. Il s'embarqua immédiatement pour la Grèce, puis l'Italie, et laissa les Parthes et Labienus poursuivre leur offensive. Il lui fallait réaffirmer sa position au centre du pouvoir, à Rome ; on reparlerait de l'Orient plus tard.

La guerre de Pérouse, le second *bellum italicum*

Les initiatives de Fulvie avait placé les partisans d'Antoine dans une situation délicate, mais la guerre de Pérouse ne se limita pas, comme la propagande d'Octavien a voulu le laisser croire, sans être d'ailleurs démentie par celle de son collègue auquel une telle version convenait, aux états d'âme d'une passionaria, voire à la jalousie de cette « furie » à l'égard de sa rivale orientale ; d'ailleurs, quand la guerre éclata, Antoine n'avait pas encore rencontré Cléopâtre.

Ce conflit italien représente un épisode important parmi les événements qui ont ponctué l'histoire du second triumvirat ; il a même été interprété par de nombreux historiens, anciens et modernes, comme le premier acte de la lutte entre les triumvirs vainqueurs de la bataille de Philippes. Il est vrai aussi que cet affrontement mit en évidence des enjeux qui dépassaient la simple rivalité des différents chefs de parti, puisqu'il révéla, avec une particulière vigueur, les tensions provoquées dans la société de Rome et de l'Italie au Ier siècle par la démobilisation des troupes et l'octroi de terres aux vétérans, aux dépens des propriétaires terriens. La politique d'assignation des triumvirs, et en particulier d'Octavien, se heurta à une vigoureuse résistance, et l'Italie, moins d'un demi-siècle après la guerre sociale, dut mener une nouvelle bataille contre le pouvoir romain, au nom de la propriété et pour la défense de cette classe moyenne de la paysannerie qui en constituait l'essence et avait contribué à la grandeur de Rome.

Lorsque Octavien était rentré en Italie au début de l'année 41, il s'était trouvé immédiatement confronté au douloureux problème des expropriations, et son arrivée à Rome, à l'été, coïncida avec le début des assignations. La décision avait été prise à Bologne où l'on avait notamment décidé du choix de dix-huit cités, parmi les plus prospères d'Italie, pour accueillir les vétérans démobilisés. Les déclarations alarmistes des adversaires d'Octavien selon lesquels toute l'Italie était aux mains des vétérans laissent supposer une augmentation sensible du nombre de cités concernées ; cela fut surtout vrai pour des communautés dont le territoire était contigu à ceux que l'on avait dans un premier temps désignés ;

le témoignage de Virgile concernant Mantoue, voisine de Crémone qui faisait partie de la liste, est tout à fait explicite :

Mantua vae miserae nimium vicina Cremonae (*Églogues* IX, 28).

Mantoue trop proche, hélas ! de la malheureuse Crémone...

Mais on ne doit pas exagérer ce phénomène, parce que l'héritier de César ne pouvait prendre le risque de s'aliéner trop de monde. Il y a certainement eu surenchère des vétérans et exactions de la soldatesque – Virgile en a témoigné pour son cas personnel – et les sources attestent par ailleurs qu'Octavien perdit parfois le contrôle des troupes ; mais il ne semble pas que le nombre des vétérans installés ait dépassé cinquante mille, c'est-à-dire ce qui avait été initialement prévu.

Cela fut cependant suffisant pour mobiliser l'Italie et la pousser à la révolte d'autant que, les pauvres n'étant pas concernés et les riches s'étant fait exempter, c'était la moyenne propriété qui était surtout touchée. De plus, la procédure promettait d'être expéditive ; les (anciens) propriétaires étaient expulsés et devaient tout abandonner :

En effet ce fut d'abord toute l'Italie dont César [Octavien] déposséda les propriétaires, avec les esclaves et le reste du mobilier, et qu'il donna aux vétérans, sauf les biens que chacun d'eux pouvait avoir reçus en dotation ou achetés de l'État. (Dion Cassius, 48, 6, 3.)

Les difficultés apparurent dès la fin de l'année 42, dans un contexte politique et social déjà perturbé par la proscription et l'instauration des nouvelles taxes ; dès que les opérations de partage des terres commencèrent au début de l'année 41, les spoliés se tournèrent vers leurs protecteurs romains, souvent des sénateurs dont la sympathie leur était acquise, d'abord parce qu'eux-mêmes auraient pu être concernés, mais aussi parce qu'ils pouvaient ainsi manifester leur hostilité à la tyrannie des triumvirs. Cette réaction officielle et légaliste, par le biais des représentants des cités ou des patronages sénatoriaux, demeura inopérante, même si un sentiment de solidarité se créa en faveur des dépossédés dans la plèbe urbaine et si eux-mêmes manifestèrent leur volonté de compromis en suggérant, par exemple, que la charge des assignations soit répartie sur l'ensemble de la péninsule. Le mécontentement se transforma rapidement en mouvement de révolte ; les affrontements se multiplièrent à Rome et dans les cités italiennes, avec incendies d'habitations et combats de rue, au fur et à mesure que les rangs de protestataires grossissaient du flux de ceux qui avaient déjà été chassés de leurs terres. La rancœur italique à l'égard de Rome vint naturellement se greffer sur la question sociale et, très vite, l'ordre public ne fut plus garanti ; dans les campagnes, des bandes armées apparurent, sans cesse renforcées par ceux qui venaient de tout perdre.

Ce vaste mouvement de protestation sociale a été parfaitement décrit par Appien :

Les habitants de ces villes demandaient, au contraire, que toute l'Italie contribuât à cette répartition, ou bien que le sort en décidât entre elles et les autres ; les citoyens

> qui devaient être dépouillés de leurs propriétés demandaient à être indemnisés au prorata de leur valeur; et il n'y avait point d'argent. Les jeunes gens, les vieillards, les femmes et les enfants se rendaient successivement à Rome, et remplissaient le Forum et les temples de leurs doléances et de leurs clameurs. Ils disaient qu'ils n'étaient nullement coupables et que, quoique citoyens d'Italie, on leur enlevait leurs possessions, leurs foyers domestiques comme à des peuples conquis. Ce spectacle, ces lamentations excitaient la commisération, faisaient couler les larmes des citoyens de Rome. (*Guerres civiles*, 5, 12, 49.)

Mais il ne serait demeuré que cela si les spoliés, placés dans l'incapacité de faire plier l'État faute de véritables moyens militaires, n'avaient pas trouvé de soutien au plus haut niveau, et si la crise politique ne s'était pas greffée sur la crise sociale, faisant ainsi dégénérer un mouvement de protestation en véritable guerre civile. Les protagonistes en furent le triumvir Octavien, le consul Lucius Antonius, frère d'Antoine, et l'épouse de ce dernier, Fulvie. La figure la plus énigmatique de l'affaire est sans conteste celle du consul, dont on peut se demander s'il était l'agent de son frère, le défenseur sincère de la cause des spoliés et, à travers elle, l'adversaire de l'institution triumvirale; tout est un problème d'interprétation des sources. Une chose demeure parfaitement attestée: il prêta une oreille attentive aux revendications des expropriés et apparut dès lors comme leur ultime recours. Il fut soutenu en cela par sa belle-sœur Fulvie dont l'objectif affiché était d'affaiblir la position d'Octavien. Leurs relations tendues, car Octavien ne supportait pas le mauvais caractère de l'épouse d'Antoine, se rompirent définitivement quand l'héritier de César renvoya à Fulvie sa fille Clodia, qu'il avait épousée au moment de la conclusion de l'accord du triumvirat, précisant de surcroît qu'elle pouvait la reprendre et qu'il ne l'avait pas touchée. La muflerie s'ajoutait à l'injure et l'ardente Fulvie n'était pas femme à pardonner; Dion Cassius n'hésitait pas à la présenter comme une véritable furie qui dirigeait la manœuvre comme un homme:

> Fulvie occupa Préneste et, avec les sénateurs et les chevaliers pour associés, délibérait de tout avec eux et envoyait ses ordres partout où cela était nécessaire. Pourquoi s'en étonnerait-on quand elle portait à la ceinture une épée, donnait des ordres aux soldats et les haranguait souvent ? (Dion Cassius, 48, 10, 3-4.)

Le même auteur nous présente Lucius Antonius comme un jouet dans les mains de sa belle-sœur; c'est elle, selon lui, qui l'autorisa à célébrer un triomphe au début de l'année de son consulat, en 41, qui exerçait réellement la charge de consul avec lui, à tel point que l'on brocardait cette association en parlant de l'année du consulat de Lucius et de Fulvie, qui décidait de la politique à mener dans les provinces. Cette vision est cependant trop réductrice et probablement inspirée par la propagande d'Octavien; surtout, le portrait du consul est trop caricatural pour qu'il soit conforme à la réalité. La volonté de Lucius Antonius de ménager les intérêts de son frère ne peut être mis en doute; son souci de rappeler, sur les monnaies, sa *pietas* à son égard en témoigne, même si l'on doit aussi voir dans cette démarche la préoccupation de ne pas se couper du soutien des vétérans dont il pouvait avoir besoin en cas de conflit. Par ailleurs il tint aussi à apparaître comme le porte-parole des paysans spoliés qui avaient très vite placé tous leurs espoirs en lui. Entre ces deux positions, l'équilibre était difficile à tenir, la voie était étroite et les motivations du consul paraissent confuses. Appien le présente comme un homme du parti populaire, mal disposé à l'égard du triumvirat. Peut-on penser qu'il considérait que la mission de cette institution s'était achevée avec l'élimination des assassins de César et qu'il convenait de rétablir la République *(Res publica restituta)*, en restaurant l'ordre normal des choses ? Dans l'affirmative, cette mission ne revenait-elle pas au détenteur de la principale magistrature républicaine qui se devait d'adopter une attitude indépendante pouvant permettre d'apaiser les tensions et de rechercher un compromis entre les protagonistes avant de restaurer les institutions républicaines ? Les objectifs de Lucius Antonius demeurent une énigme, mais le sort qui lui fut réservé après sa défaite n'exclut pas cette interprétation des choses.

Quant à Octavien, il se retrouva rapidement dans une situation délicate, pris entre les surenchères du consul et de sa belle-sœur qui menaçaient de lui aliéner la sympathie des classes moyennes de l'Italie, et les exigences des vétérans qui s'accroissaient au fur et à mesure que la crise s'éternisait. À l'impopularité que lui valurent les premières assignations s'ajoutèrent vite les revendications de la soldatesque qui estimait que l'Italie lui appartenait ; de surcroît, l'argent qu'on lui avait promis n'arrivait toujours pas d'Orient d'où aucune nouvelle ne parvenait d'Antoine. Par ailleurs, tandis que la menace de Sextus Pompée se précisait par l'exercice d'un blocus maritime de plus en plus serré sur les côtes de la Tyrrhénienne et, par voie de conséquence, sur le ravitaillement de l'*Vrbs*, le triumvir n'avait rien à attendre de l'autre consul, Publius Seruilius, trop âgé pour se mêler de ces affaires, et encore moins de Lépide, certes toujours présent à Rome, mais particulièrement mal traité par ses collègues. Dans cette position difficile, l'héritier de César était prêt au compromis que proposaient les vétérans, peu soucieux d'en découdre avec les parents d'Antoine dont les forces étaient composées de leurs anciens camarades de combat. Pour compliquer l'affaire, personne ne savait au juste ce que pensait Antoine ; or chacun des protagonistes pouvait se réclamer de lui ou de ses intentions. Même à Alexandrie, le triumvir n'a pu ignorer l'évolution de la situation en Italie ; elle conditionnait trop son avenir pour qu'il s'en désintéressât et plusieurs indices témoignent de l'existence d'échanges continus d'informations entre Antoine et ses partisans. Certes, l'hiver a pu perturber ou retarder la transmission de directives ; tout laisse cependant penser qu'elles n'ont jamais été très claires : en réalité, Antoine ne pouvait prendre ouvertement parti pour l'un ou l'autre camp. Ses alliés, ses amis et sa famille, notamment Fulvie qui prétendait représenter ses intérêts, s'étaient naturellement rangés aux côtés de

Lucius qui proclamait sa *pietas* à son égard et se servait de son nom pour rallier ses vétérans, mais ses intérêts et ceux de ses soldats étaient défendus par Octavien, et il pouvait difficilement avoir approuvé la proclamation antitriumvirale qu'Appien prête au consul, dont les objectifs pouvaient constituer une menace tout autant pour lui que pour son collègue. Il devait donc attendre avant de s'engager dans une querelle dont il n'avait aucun moyen de contrôler l'issue.

Les différentes tentatives de médiation de l'armée, conduites par ses cadres, tribuns et centurions, échouèrent; la propagande a masqué la responsabilité des uns et des autres dans cet échec et nos sources se contredisent dans leur explication de l'ultime rencontre manquée, à proximité de Rome, à Gabies. La seule issue était donc la guerre.

La première phase du conflit se présente comme une série de marches et de contremarches dont l'objectif était, pour chacun des belligérants, de réunir le plus rapidement possible ses forces éparpillées, et d'affronter l'adversaire avant que celui-ci ne soit parvenu au même but. Malgré les divergences des sources, il est possible de reconstituer l'enchaînement des premières opérations. Après quelques affrontements préliminaires, Octavien avait confié la garde de Rome à Lépide et s'était dirigé vers Alba Fucens où il ne parvint pas à récupérer deux légions d'Antoine qui s'étaient mutinées. Il s'avança alors vers Nursia, dans le nord du pays Sabin, mais fut repoussé par un officier de Lucius Antonius et par les habitants de la cité qui prétendirent par la suite avoir combattu pour la liberté: Octavien ne leur pardonna pas. Il poursuivit sa route vers le nord et entreprit le siège de Sentinum où s'étaient réfugiées des forces antoniennes composées de vétérans recrutés parmi les colons de l'Ombrie et du Picenum. L'objectif du triumvir était d'empêcher la réunion de ces troupes et de celles du consul, tout en parvenant lui-même à faire la jonction avec les légions de son homme de guerre le plus expérimenté, Quintus Salvidienus Rufus, envoyé en Espagne, puis rappelé d'urgence et chargé de le rejoindre en empruntant la *uia* Flaminia. Lucius, de son côté, s'était emparé de Rome d'où avait fui Lépide, mais il avait trouvé plus sage de l'évacuer pour se replier vers le nord où il comptait retrouver les généraux antoniens installés en Cisalpine et en Transalpine. Il perdit l'initiative des opérations, lorsqu'un autre des chefs militaires d'Octavien, Marcus Agrippa, s'empara de Sutrium, la clé de l'Étrurie, et le contraignit à aller se réfugier dans Pérouse sous la menace de l'ensemble des armées césariennes, celles d'Agrippa, d'Octavien qui avait abandonné le siège de Sentinum à Salvidienus, de ce dernier enfin qui eut tôt fait de prendre la cité et celle de Nursia laissées sans défense.

Le siège de Pérouse et son dénouement ont retenu l'attention des Anciens et leur témoignage – notamment celui d'Appien – parce qu'il rappelle sur bien des points l'épisode d'Alésia: une armée, assiégée dans une cité, tente plusieurs sorties pour se dégager, mais attend aussi la délivrance de secours extérieurs, importants en nombre mais qui coordonnent mal leur action ; des assiégeants ont établi autour de la cité un réseau de fortifications plus important encore que celui de César et s'efforcent de contenir les tentatives désordonnées des renforts. L'échec de ces derniers, mais aussi et surtout le manque de ravitaillement conduisirent les assiégés à la reddition et Lucius Antonius à s'en remettre au bon vouloir d'Octavien, en février 40, après un siège de plusieurs mois.

Il ne fait aucun doute que l'échec du consul est dû d'abord à l'incapacité des autres chefs antoniens, Ventidius, Pollion, Plancus qui disposaient de treize légions, soit à peine moins que les césariens, à faire lever le siège de la cité ; leurs offensives furent à deux reprises repoussées sans difficulté par Salvidienius et Agrippa, en grande partie parce qu'elles furent conduites sans beaucoup de conviction. Les raisons de leur échec se situent avant tout dans leur désaveu de la guerre : les partisans d'Antoine ne pouvaient approuver la politique du consul qui allait à l'encontre de leurs intérêts et de ceux de leurs soldats, sans compter qu'elle était en contradiction avec ce que l'on peut savoir des intentions d'Antoine dont les silences pesèrent lourd. Par ailleurs, les chefs antoniens ne s'appréciaient guère et les questions de préséance durent jouer, qui ne facilitèrent pas la rapidité des décisions ni la coordination des opérations ; on connaît la prudence d'un Plancus dans toute affaire dont il n'était pas certain de tirer avantage et le principe essentiel qui le guidait toujours dans ce type de circonstances : attendre. L'issue ne pouvait faire de doute et, tandis que les chefs d'armée tergiversaient, la rapidité d'initiative des assiégeants leur permit de maintenir leur emprise sur la cité qui ne pouvait à la longue que capituler.

La reddition de Lucius Antonius suivit, mais la clémence du vainqueur à l'égard de son adversaire et de ses troupes, qui bénéficièrent de la solidarité de leurs frères d'armes, contrasta avec la dureté du châtiment qui frappa Pérouse et ses élites. On a raconté à ce sujet quelque méchante histoire qui ne grandit pas l'image d'Octavien, mais l'épisode des *Arae Perusinae* où aurait été sacrifiée la plus grande partie des sénateurs de la ville nous paraît tout empreinte de la propagande hostile à l'héritier de César.

> Une tradition rapporte qu'ils ne furent pas simplement exécutés, mais que, conduits vers l'autel consacré au premier César, trois cents chevaliers, des sénateurs et, parmi eux, Tiberius Cannutius, qui, autrefois, alors qu'il était tribun, avait rassemblé la plèbe en faveur de César, furent sacrifiés. La plupart des habitants de Pérouse et des autres qui y furent pris périrent, la cité elle-même fut incendiée, excepté le temple de Vulcain et la statue de Junon. (Dion Cassius, 48, 14, 4-5.)

Les amis d'Antoine furent épargnés par le vainqueur qui ne voulait pas offrir de cause de ressentiment à son collègue ; Lucius fut envoyé en Espagne, mais on n'entendit plus jamais parler de lui. Sa cause avait cependant trouvé des partisans en Italie, même si l'épisode de Pérouse paraît avoir occulté tous les autres mouvements de résistance. Ceux-ci furent certainement plus nombreux que la rareté des témoignages de l'historiographie antique ne le suggère ; les exemples de Nursia, punie pour avoir revendiqué sa lutte pour la liberté, de Sentinum, place forte républicaine attaquée par Octavien, incendiée et pillée après sa chute, de Sutrium, prise par Agrippa, mais aussi de Rimini, Ravenne ou Spolète où se réfugia Plancus indiquent que toute l'Italie centrale fut concernée. La Campanie n'a peut-être pas attendu l'arrivée de Tiberius Claudius Nero pour se soulever ; l'épopée de ce personnage fuyant à travers l'Italie avec son épouse Livie et son jeune fils Tibère montre que la chute de Pérouse ne marqua pas la fin de la rébellion à l'autorité triumvirale. Surtout, la facilité avec laquelle cet aristocrate rebelle put animer des foyers de résistance à Préneste, puis dans les cités de Campanie avant de rejoindre Sextus Pompée, témoigne de la profondeur du malaise et explique que les blessures aient mis du temps à se refermer.

En effet, la guerre de Pérouse était bien un second *Bellum Italicum*, livré contre celui que ses adversaires présentèrent comme le nouveau Sylla : la complexité de l'événement et parfois l'ambiguïté de l'attitude des principaux acteurs en rendent l'analyse délicate, mais cet épisode constitua la meilleure preuve de la persistance d'un mouvement d'opinion philorépublicain et philosénatorial, après la bataille de Philippes. Derrière les acteurs de la politique sénatoriale traditionnelle s'était regroupée la masse de la classe moyenne italienne constituée par les propriétaires terriens et citadins. La proscription avait frappé la tête de la République, les confiscations avaient atteint l'élite des municipes. Cependant, les grandes propriétés sénatoriales demeuraient toujours aussi importantes, même si la révolution romaine provoquait des transferts de richesse au bénéfice des nouveaux chefs de parti. Quant à la moyenne propriété, les bouleversements ne furent peut-être pas aussi importants qu'on l'a prétendu, mais le traumatisme fut suffisamment profond pour que l'on se souvienne longtemps de Pérouse.

L'espoir de paix : Brindes et Misène

L'issue de la guerre de Pérouse modifiait l'équilibre des forces, en confortant la position d'Octavien, d'autant que celui-ci profitait de la mort de Calenus pour récupérer les onze légions de Gaule transalpine. L'héritier de César n'avait pas pour cela gagné la partie. Certaines des troupes des généraux d'Antoine lui avaient échappé, Plancus et Fulvie s'étaient réfugiés à Athènes où ils retrouvèrent le triumvir avec lequel Sextus Pompée négocia dans la perspective d'un débarquement en Italie. Plus que les navires d'Antoine, son immense prestige auprès des vétérans risquait de peser lourd : combien des quarante légions désormais réunies par Octavien étaient prêtes à le suivre dans un affrontement avec le vainqueur de Philippes ? Déjà son homme de guerre le plus expérimenté, Salvidienus Rufus, chargé de ramener les légions gauloises, s'apprêtait à trahir.

Antoine, de retour d'Orient, avait récupéré ses partisans à Athènes où il fit part de ses remontrances à Fulvie qui ne se remit pas de ce désavœu. Puis il se rendit à Brindes où il arriva à l'été de 40 ; la cité lui ferma ses portes et se mit en état de défense. Octavien rappela Salvidienus de Gaule et envoya Agrippa en avant-garde, mais ce dernier ne put mobiliser les vétérans du sud de la péninsule, car ils refusèrent de marcher contre Antoine.

Dans ce nouveau contexte de crise, l'alliance de Sextus Pompée fut particulièrement recherchée en partie parce que celui-ci disposait désormais, avec le renfort du républicain Staius Murcus, d'une flotte de deux cent cinquante navires. Antoine avait conclu un accord avec lui dès son arrivée à Athènes par l'intermédiaire de sa mère Iulia, réfugiée auprès de Sextus après la chute de Pérouse. Octavien avait cru bien faire en épousant alors Scribonia, la fille de Scribonius Libo, parent et principal lieutenant du maître de la Sicile, mais les sympathies pompéio-républicaines n'allaient pas vers lui. Il portait l'héritage de César et représentait trop ce que les derniers partisans de la République haïssaient dans le césarisme : la confiscation de l'État, l'opportunisme et la révolution parmi les élites. Le syndicat d'aventuriers qui s'était rassemblé autour de l'héritier symbolisait tout cela et pouvait rappeler les pires heures de la dictature. Domitius Ahenobarbus, dont la famille s'était opposée au dictateur, fut vite persuadé par Pollion de rejoindre Antoine avec sa flotte ; l'alliance de Modène se trouvait ainsi renversée : les vestiges du parti pompéio-républicain faisaient alliance avec un général césarien contre l'héritier de César. Les vétérans ne permirent pas que cette nouvelle alliance contre nature débouchât sur une nouvelle guerre civile. Tandis que Sextus Pompée occupait la Sardaigne et multipliait les raids sur les côtes italiennes, les soldats poussaient à la négociation que les amis des protagonistes, Pollion, Mécène et Lucius Cocceius Nerva menèrent à bien. La mort de Fulvie vint opportunément arranger les choses et la dernière épouse d'Antoine fut désignée comme le bouc émissaire idéal d'un conflit qui n'aurait pas dû naître. À Brindes, en septembre 40, Octavien et Antoine renouvelèrent leur alliance et se partagèrent de nouveau l'Empire. Mais, cette fois-ci, les choses étaient claires et devenaient définitives : Antoine était reconnu comme maître de l'Orient et Octavien, celui de l'Occident. Scodra, en Illyrie, marquait la limite des deux territoires tandis que Lépide conservait l'Afrique ; l'Italie était toujours neutralisée. Les triumvirs désignèrent les consuls pour les années qui suivirent et le mariage d'Antoine et d'Octavie, la sœur de son collègue, vint sceller le nouveau pacte. Avant de partir pour Rome afin de célébrer cette nouvelle union, les triumvirs dépêchèrent leurs lieutenants sur les théâtres d'opération de leur sphère d'autorité, Agrippa en Gaule et Ventidius en Orient. Antoine eut la naïveté de révéler à Octavien la trahison de Salvidienus : l'héritier de César se montra sans pitié et le fit exécuter.

Rome et l'Italie se réjouirent de cette paix de Brindes qui éloignait le spectre de la guerre civile et Virgile célébra à sa manière dans la *IV*[e] *Bucolique* les espérances de l'avènement de l'âge d'or et de la naissance de l'enfant de la réconciliation, qui pouvait être celui du nouveau couple. Dans les municipes, on n'hésita pas, comme à Casinum, à ériger des monuments en l'honneur de la Concorde.

Aureus *d'Antoine et d'Octavie*

Les monnaies célébrèrent la réconciliation et l'on vota une ovation aux deux héros. Mais la fête ne pouvait être complète, parce que Sextus Pompée avait été floué; il demeurait à l'écart du jeu politique et se trouvait encouragé à accentuer sa pression; il s'empara de la Corse et resserra le blocus de la capitale en interceptant les convois de blé africain. Très vite Rome fut réduite à la famine et le mécontentement du peuple s'amplifia, d'autant que la cause de Sextus Pompée apparaissait comme juste à beaucoup; il ne réclamait, après tout, que son héritage et la place qui lui revenait, ne fût-ce que par les hauts faits de ses ancêtres, dans la hiérarchie des charges et des honneurs. Devant l'intransigeance des triumvirs, notamment d'Octavien, et le maintien de la pression fiscale, la populace manifesta violemment. L'héritier de César fut pris à partie et aurait subi un sort funeste si Antoine ne s'était interposé. Mais le signal était clair; il fallait traiter avec celui que la propagande césarienne s'obstinait à qualifier de pirate. Dans le camp de ce dernier, d'ailleurs, les avis étaient partagés sur le bien-fondé de cette paix, mais la pression des proscrits désireux de retrouver leur famille et leurs biens était trop forte. Les négociations engagées avec Libo, au printemps de l'année 39, débouchèrent au mois d'août sur une rencontre au large du cap Misène, dans la baie de Pouzzoles, où fut conclue la paix. L'atmosphère était loin d'être confiante et sereine, selon un témoin des événements:

> Dès le point du jour, des pieux furent plantés dans la mer en deux endroits différents, à peu de distance l'un de l'autre, et des planches furent disposées sur ces pieux. Antoine et Octave se placèrent sur celui des deux plateaux qui était le plus voisin du rivage; Pompée et Libon sur celui qui était le plus avant dans la mer; ils n'étaient séparés les uns des autres que par un petit courant, de manière qu'ils pouvaient s'entendre sans avoir besoin de crier... Ils se visitèrent tour à tour, et se régalèrent, après avoir tiré au sort l'ordre dans lequel ils se donneraient respectivement à

manger. Pompée commença, et pour cet effet, il fit approcher son vaisseau à six rangs de rames aussi près du môle qu'il fut possible. Les jours suivants, Antoine et Octave reçurent Pompée dans des tentes qu'ils firent dresser sur le rivage, soit afin de pouvoir y donner leurs festins à découvert, soit peut-être pour écarter toute idée de soupçon et de défiance. Néanmoins, les précautions n'étaient point négligées ; car les vaisseaux veillaient autour du vaisseau de Pompée, les patrouilles veillaient autour des tentes d'Octave et d'Antoine ; et pendant les repas ils avaient tous trois à la ceinture des glaives cachés sous leur robe. On rapporte que Pompée, le jour même qu'il donnait à dîner aux triumvirs, avait reçu un message de Ménodore par lequel il lui donnait pour conseil de prendre les triumvirs dans un piège, de venger ainsi les attentats commis sur la personne de son père et de son frère, en profitant avec promptitude de l'occasion de reprendre l'autorité dont son père avait été investi, ajoutant que lui-même, à la tête de ses vaisseaux, il veillerait pour empêcher qui que ce fût de se sauver ; mais que Pompée avait répondu d'une manière digne de sa race et de la situation où il se trouvait : « Plût aux dieux que Ménodore pût exécuter ce qu'il propose sans que j'y prisse aucune part ! car Ménodore pouvait commettre un parjure, mais moi, je ne le puis point ! » (Appien, *Guerres civiles*, 5, 78, 298 ; 5, 73, 308-311.)

Mais l'essentiel était l'accord : sans être associé officiellement au triumvirat au sein duquel il aurait peut-être voulu prendre la place de Lépide, Sextus reçut, en plus de la Sicile, la Corse, la Sardaigne et le Péloponnèse pour cinq années. Le consulat lui était promis pour l'année 33, et à Libo pour 35 ; le reste de ses biens lui était restitué. En contrepartie, il levait le blocus, licenciait ses troupes, dont d'anciens esclaves, qui recevaient les mêmes récompenses que les soldats des triumvirs ; Sextus s'engageait, en outre, à ne pas recruter ni à construire de nouveaux navires. Surtout, les proscrits pouvaient rentrer chez eux, et l'accord de Misène mettait un terme à la proscription ; cela signifiait le retour de la paix civile qui fut célébrée par des réjouissances dans toute l'Italie. Antoine et Octavien pénétrèrent d'ailleurs de nuit à Rome pour éviter les débordements de joie et les excès, mais sur les rivages de Baïes les retrouvailles donnèrent lieu à des effusions sans fin :

Après avoir conclu cet accord et l'avoir mis par écrit, ils confièrent les documents aux Vestales, puis se donnèrent mutuellement la main droite et s'embrassèrent. Quand ce fut fait, une immense clameur s'éleva à la fois du continent et des navires. Car beaucoup de soldats et beaucoup de civils qui se trouvaient là, souffrant terriblement de la guerre et animés d'un vif désir de paix, poussèrent soudain ensemble des cris tels que même les montagnes en retentirent, qu'ils en éprouvèrent une grande frayeur et une grande épouvante, que beaucoup même en moururent et que beaucoup périrent aussi piétinés ou même étouffés. En effet, ceux qui se trouvaient dans les embarcations n'attendaient pas d'approcher de la terre ferme, mais sautaient à l'eau tandis que les autres s'avançaient dans la mer. Ils se saluaient alors mutuellement tout en nageant et se passaient les bras autour du cou tout en plongeant, de sorte qu'ils offraient un spectacle et des bruits divers. (Dion Cassius, 48, 37, 1-3.)

L'espoir de paix ne pouvait être qu'éphémère : l'accord de Misène avait été plus imposé à Octavien que voulu par lui : il ne lui serait pas difficile de trouver un prétexte pour le rompre, lorsqu'il le jugerait utile. Quant à Antoine, quelque temps plus tard, il partait pour l'Orient et quittait Rome pour ne plus y revenir.

Le mariage d'Octavien et de Livie

La paix ne dura donc pas. Octavien y avait été contraint par le peuple de Rome et sans doute aussi par Antoine, pas mécontent de laisser un trublion au cœur du domaine de son nouveau beau-frère ; très vite, les infractions aux accords se multiplièrent et l'on se rendit vite compte que la paix ne serait qu'une trêve. Un premier signe ne trompa pas.

À la fin de l'année 39, Octavien demanda au collège des pontifes si une femme enceinte pouvait divorcer et se remarier avant d'accoucher. Cela ne concernait pas son épouse Scribonie, elle-même enceinte, et dont il attendit qu'elle eût mis au monde une fille, Julie, pour divorcer ; il prétexta le caractère acariâtre et la vie dissolue de son épouse qui répliqua qu'il avait en vue une nouvelle conquête. Octavien voulait aussi donner de l'éclat à sa rupture avec Sextus Pompée. Quoi qu'il en soit, il reçut sur le sujet qui le préoccupait un accord quelque peu ambigu des pontifes ; il se remaria presque aussitôt avec Liuia Drusilla, descendante de l'illustre famille des Claudii et dont le père, Liuius Drusus, avait été proscrit par les triumvirs. Livie avait dix-neuf ans et était mariée à un membre de sa famille, son cousin Tiberius Claudius Nero, ancien césarien rallié aux assassins de son protecteur, ce qui lui avait valu d'être proscrit. Les auteurs anciens et Suétone en particulier se sont plu à relater son errance sur les chemins de l'Italie après la chute de Pérouse, vers Naples d'abord, puis vers la Sicile et la Grèce, avec sa femme et son fils âgé de trois ans, le futur empereur Tibère. Il n'en tint aucunement rigueur à Octavien puisqu'il donna son consentement au (re)mariage de son épouse et accepta même de la doter puisqu'elle n'avait plus de père. Livie était alors enceinte, mais le triumvir et la politique ne pouvaient s'arrêter à ce détail et Drusus naquit dans la maison du nouveau mari de sa mère, trois mois après leurs épousailles :

> Sur ces entrefaites, César [Octavien] épousa Livie… et elle était enceinte de Tiberius Nero de six mois. Comme assurément César ne savait que faire, il s'informa auprès des pontifes pour savoir s'il était permis de l'épouser alors qu'elle attendait un enfant. Ceux-ci répondirent que, si la conception était douteuse, il fallait différer le mariage, mais que, celle-ci reconnue, rien n'empêchait désormais qu'il ait lieu. Ils avaient peut-être réellement trouvé cela dans les ordonnances ancestrales, mais ils l'auraient dit de toutes façons, même s'ils ne l'avaient pas trouvé. Son mari lui-même la donna en mariage comme un père. Et voici à peu près ce qui arriva lors du banquet : un des jeunes esclaves babillards, comme les femmes en entretiennent souvent, nus, pour se divertir, voyant d'un côté Livie étendue en compagnie de César et ailleurs Néron en compagnie d'un autre convive, s'approcha d'elle et lui dit en lui montrant Néron : « Que fais-tu là, Maîtresse ? Ton mari est couché là-bas. » Ceci étant, Livie, mariée dès

lors à César, met au monde Claudius Drusus Néron. César à la fois reconnut l'enfant en le prenant dans ses bras et l'envoya à son père. Il écrit dans ses Mémoires cela même: « César rendit à son père Néron l'enfant né de Livie, sa propre épouse. » Néron, en mourant peu après, laissa César en personne tuteur de cet enfant, et de Tibère. Le peuple donc, entre autres bruits qu'il répandait à ce sujet, disait qu'aux gens heureux les enfants naissent en trois mois et l'expression finit par devenir un proverbe. (Dion Cassius, 48, 44.)

Il était naturel que cela fît jaser et Suétone ne s'est pas privé de rapporter quelques bons mots concernant cette affaire; mais tout cela n'avait rien de vraiment exceptionnel dans la haute société du temps et l'on ne s'étonna guère plus de ce banquet dénoncé plus tard par la propagande d'Antoine, au cours duquel les convives travestis en divinités de l'Olympe s'étaient réunis autour d'Octavien, lui-même revêtu des attributs d'Apollon, pour commémorer les festins des douze dieux. L'important pour le triumvir était que son mariage avec une aristocrate de haute lignage le faisait entrer dans le groupe très restreint de la vieille noblesse de Rome, qui conservait auprès du peuple le prestige de ses gloires ancestrales; il lui conférait cette légitimité qui justifiait son ambition à gouverner l'Empire. Octavien entreprenait la reconquête des opinions, celle des âmes, des cœurs et des clientèles après le discrédit que lui avait valu Pérouse auprès des municipes, des Italiens et des gens de bien, et il trouvait par cette alliance le moyen d'essayer de gagner le soutien d'une partie de l'aristocratie romaine; jusqu'alors ses principaux partisans ou associés étaient issus du même milieu que lui et les rares consulaires qui l'avaient suivi étaient venus chercher auprès de lui la réhabilitation de leur famille jadis proscrite par Sylla: le mariage avec Livie représentait donc un lourd enjeu, au-delà des sentiments qu'il éprouva jusqu'à la fin de sa vie pour cette pure représentante de l'aristocratie. Pour l'heure, cependant, Octavien devait se débarrasser d'un rival et l'entreprise apparaissait difficile.

Le *Bellum Siculum*

Sextus Pompée était le second fils du Grand Pompée et le dernier rescapé de la famille, puisqu'il avait survécu au désastre de Munda; il avait alors trente-cinq ans. L'historiographie moderne qui semble avoir figé sa position dans le rôle de trouble-fête, voire de comparse des triumvirs, se borne à reproduire le sentiment des auteurs anciens; la raison paraît tout à fait évidente: la personnalité contestée et surtout l'échec final de l'héritier de Pompée. On sait que l'histoire n'est jamais tendre avec ceux qui perdent et que le droit du vainqueur renferme parfois l'injustice envers le vaincu.

Il n'en est pas moins vrai que, pendant près de dix ans, Sextus Pompée a occupé le cœur de la vie politique et militaire de Rome et qu'il a été, à plusieurs reprises, en mesure d'intervenir de manière décisive sur les événements auxquels ses initiatives et ses décisions auraient pu donner un cours différent. Dans une société où tout avenir social ou politique était inscrit dans le cursus ou la réputation des ancêtres, l'héritage du dernier fils du Grand Pompée était prestigieux et pouvait même, à Rome, inspirer quelques espoirs aux nostalgiques de la *libertas* ; Sextus pouvait aussi compter sur le soutien d'une opinion acquise à l'idée de la restitution de ses biens, donc à la justesse de sa cause. Il n'est pas faux de dire qu'il a galvaudé cet héritage et déçu ce courant de sympathie. Le jugement de l'historien Velleius Paterculus qui, certes, ne comptait pas parmi ses laudateurs, est sans appel :

> Sextus était un jeune homme sans instruction, au langage grossier, vif et fougueux, prompt à l'action, rapide dans la réflexion, sur le plan de la loyauté tout à fait le contraire de son père, affranchi de ses affranchis, esclave de ses esclaves, jaloux des gens de mérite pour obéir aux plus médiocres. (Velleius Paterculus, 2, 73.1.)

Après son soutien aux proscrits, l'appui qu'il reçut provenait en grande partie du mécontentement provoqué en Italie par la politique du triumvirat, et d'Octavien en particulier ; son action et sa propagande trouvèrent ainsi un écho favorable auprès des spoliés de Pérouse ou des derniers tenants du parti républicain. La diversité de ses soutiens explique l'hétérogénéité de son armée, composée en 43-42 de *nobiles*, pour la plupart en fuite, d'anciens soldats pompéiens, de fugitifs appartenant à toutes les classes sociales et notamment de ruraux, mais aussi d'esclaves et d'affranchis. Il faut, bien sûr, corriger les chiffres fournis par la propagande adverse qui a eu tendance à grossir le nombre des esclaves réfugiés auprès de lui et à surévaluer le rôle des affranchis, eux-mêmes anciens esclaves de son père et dont il fit parfois ses amiraux. Mais il est certain qu'après la paix de Misène, les rangs de ses troupes se sont éclaircis puisque, du fait de l'amnistie, nombre de citoyens avaient pu rejoindre leurs foyers ; la position des membres de sa *familia* s'est trouvée ainsi renforcée au sein de son entourage. En fait, notre information sur ceux qui le conseillèrent est limitée, et seuls une petite dizaine de noms nous sont connus dont le fameux Ménas/Ménodore, expert en trahison, ancien pirate originaire d'Asie Mineure, emprisonné par Pompée en 67, affranchi par lui-même ou par son fils, promu préfet de la flotte et chargé de missions importantes. Il apparaît dans nos sources comme l'incarnation du mauvais affranchi, *superbus, improbus et sceleratus*, traître et criminel. Cette représentation a bien servi la propagande césarienne, même si plus tard Octavien lui-même se fit un devoir de recevoir à sa table le perpétuel transfuge ; elle ne doit pas cependant servir à dévaloriser l'ensemble du groupe social, car la plupart des affranchis de Sextus furent fidèles et compétents dans l'art de la guerre navale. Celui que son adversaire présentait comme un pirate, pour mieux l'opposer à son père qui avait construit une partie de sa réputation en débarrassant Rome de ce fléau, disposait en outre d'une force non négligeable : quatre cents navires montés par des équipages et des troupes parfaitement entraînés au combat naval, bien commandés par des chefs aguerris à la tactique de la guerre sur mer. Cette flotte pouvait de surcroît bénéficier d'un certain nombre de repaires, sur la côte de Sicile et, parce qu'elle procédait par raids, demeurait difficile à atteindre, d'autant que seule la certitude du succès l'amenait à engager l'affrontement. En rouvrant les hostilités au lendemain des accords de Misène, Octavien pouvait donc s'attendre à bien des déconvenues ; jusqu'alors, chaque fois qu'il était parvenu à atteindre son adversaire, il avait été battu. Ses défaites avaient alimenté la propagande du jeune Pompée dont les monnaies ne tardèrent pas à exalter en lui le nouveau Neptune.

La trêve avait donc été de courte durée ; le triumvir n'eut aucun mal à trouver de bons motifs pour rouvrir le conflit, contre l'avis d'Antoine installé avec sa nouvelle épouse à Athènes : une rencontre entre les deux beaux-frères pendant l'hiver de 39-38 à Brindes fut manquée sans que l'on sache vraiment lequel prit soin d'éviter l'autre. Sextus Pompée fut convaincu, par une première trahison de Ménas qui négociait secrètement avec son adversaire, du caractère inéluctable de l'affrontement ; la défection de l'affranchi rompait l'équilibre instauré à Misène, puisque la position d'Octavien se trouvait renforcée par la récupération de la Sardaigne, de la Corse et de trois légions. Si elle ne fut rendue officielle qu'au printemps de l'année 38, à un moment où la guerre avait déjà repris, c'est que l'historiographie officielle était soucieuse d'exonérer Octavien de la responsabilité de la rupture du traité et de faire apparaître la trahison de Ménas comme le prétexte choisi par son adversaire pour reprendre les hostilités.

L'héritier de César avait rapidement entrepris la construction de nouvelles trirèmes à Rome et à Ravenne ; sa stratégie consistait à attirer la flotte de Sextus Pompée dans la mer Tyrrhénienne et dans la mer Ionienne de façon à permettre le débarquement en Sicile de troupes concentrées de l'autre côté du détroit de Messine. Il avait confié le commandement de ses navires à un partisan fidèle, mais inexpérimenté des choses de la mer, Caius Calvisius Sabinus, secondé dans son entreprise par le transfuge Ménas. L'offensive se solda par un désastre ; la flotte césarienne fut battue par les affranchis-amiraux de Sextus Pompée au large de Cumes, au printemps de 38 ; sérieusement amoindrie par cet échec, elle fut complètement anéantie à proximité du promontoire de Scylla, en Sicile, au cours d'un nouvel affrontement, puis par une tempête. Octavien lui-même, échappé du désastre avec un seul vaisseau, faillit bien périr dans l'aventure. Recueilli avec quelques amis survivants sur la côte italienne par les troupes de l'un de ses lieutenants, Marcus Valerius Messalla, ancien partisan de Brutus qu'il avait fait inscrire sur la liste des proscrits avant de l'en faire rayer, il put mesurer le caractère changeant de la fortune et se laissa aller quelque temps à un profond découragement. Il se reprit vite néanmoins et envoya Mécène auprès d'Antoine pour lui demander de l'aide ; ce dernier, sur l'insistance d'Octavie, accepta de le rencontrer à Tarente, au printemps de 37 ; cette rencontre qui fut la dernière entre les maîtres du monde romain leur permit de proroger pour cinq ans le triumvirat qui était arrivé à échéance six mois plus tôt, et d'établir une promesse de mariage entre Julie et Anthyllus, le fils d'Antoine et de Fulvie. Antoine repartit pour l'Orient tandis que son épouse, de nouveau enceinte, regagnait Rome avec leur première fille Antonia, âgée de deux ans ; elle était accompagnée par les enfants nés du mariage d'Antoine et de Fulvie. Le renouvellement de l'alliance permettait à Octavien, contre la promesse d'envoyer deux légions dans la perspective de la campagne parthique d'Antoine, de renforcer sensiblement une flotte dont il avait déjà entrepris la reconstruction. Pour cela, il avait rappelé de Gaule son meilleur homme de guerre, Marcus Agrippa, qui revêtait cette année-là le consulat. Ce fut, aux dires de certains, la mesure la plus intelligente prise par l'héritier de César au cours du conflit. Agrippa, pour ne pas accentuer le contraste entre ses succès militaires en Aquitaine et en Germanie et les déboires de son chef en Sicile, avait renoncé à célébrer un triomphe, et avait immédiatement entrepris de gigantesques travaux.

Il créa de toutes pièces dans la baie de Pouzzoles un port artificiel qu'il nomma *Portus Iulius* pour honorer son ami : « *Verum huius (operis) gloriam Augusto cessit* » (Scholies de Daniel aux *Géorgiques* II, 162). Là, après avoir fait percer des galeries souterraines encore visibles aujourd'hui, pour mettre ses navires et son ravitaillement à l'abri des coups de main de Sextus Pompée qui tenait le cap Misène, il transforma les lacs Lucrin et Averne en base navale ; il construisit une nouvelle flotte en utilisant les bois sacrés des forêts qui entouraient l'Averne et mit ses équipages à l'entraînement. Les Anciens se sont complu à décrire cette entreprise dans un site marqué par les contraintes de la nature et entouré de légendes. Les lieux n'étaient pas très accueillants et les Campaniens évitaient volontiers un endroit qui passait pour l'entrée de l'Outre-tombe. En effet, un très antique oracle lié au culte des morts et aux portes de l'Averne, le caractère austère, solennel et quasi ténébreux du site, la couleur des eaux qui sourdent du fond d'un ancien cratère, denses et limoneuses, la présence d'une source thermale considérée par la légende populaire comme issue du Styx, mais aussi le souvenir des anciennes exhalaisons méphitiques qui empoisonnaient l'atmosphère et rendaient impossible le vol des oiseaux, tout cela avait maintenu à cet endroit son caractère de lieu consacré au culte des divinités infernales. Strabon en dresse un tableau très évocateur :

> L'Averne est entouré de toutes parts, sauf du côté de son entrée, par les roches à pic, dont la main de l'homme a adouci la peureuse âpreté. Elles étaient jadis recouvertes de forêts inextricables et inaccessibles, constituées par des arbres d'une hauteur prodigieuse, à l'ombre desquels se développaient toutes les superstitions. (*Géographie,* 5, 4.)

Le géographe nous livre un précieux témoignage sur les antiques traditions et notamment celle du peuple des Cimmériens qui selon la légende vivait là, condamné à demeurer dans des grottes et les cavités souterraines. Ce sont ces Cimmériens, enveloppés de nuées, que Homère fait visiter par Ulysse, lorsqu'il voulut consulter Tirésias, l'oracle des morts, avant son premier voyage dans l'Hadès et l'on comprend que très tôt, dans l'Antiquité, le mythe homérique de la venue du héros ait été localisé sur le lac d'Averne. L'aspect austère et le caractère sacré des lieux ne devait pourtant pas arrêter Agrippa dans sa résolution d'y établir un port. Négligeant les cultes et les superstitions populaires, rejetant les présages défavorables ou les manifestations de la colère divine, le soldat ne vit dans le lac d'Averne qu'un havre excellent et un chantier naval commode et sûr. La destruction d'une grande partie des bois entourant le plan d'eau, et considérés comme sacrés, montrait bien qu'il ne se laisserait arrêter par aucune considération non strictement militaire; tout tendu vers son objectif, « il conçut et exécuta en quelques mois une œuvre magnifique » (Dion Cassius, 48, 49, 5).

Octavien avait par ailleurs mis à sa disposition vingt mille esclaves donnés par ses amis et affranchis pour en faire des rameurs; la rapidité de la construction de la nouvelle flotte et les moyens mis en œuvre témoignaient de la volonté de l'héritier de César d'en finir au plus vite. Cela paraissait inéluctable si l'on prend en compte la disproportion des forces terrestres; encore fallait-il neutraliser la puissance navale du maître de la Sicile.

Le 1er juillet 36, l'imposante flotte de quatre cents vaisseaux, construite et rassemblée par Agrippa, quitta Baïes; une offensive sur trois fronts avait été préparée par l'état-major d'Octavien pour encercler Sextus Pompée et investir la Sicile par le nord, l'est et le sud. Au moment où l'escadre du Portus Iulius quittait le golfe de Pouzzoles, Statilius Taurus, un ancien lieutenant d'Antoine placé à la tête de cent trente navires, partait de Tarente, tandis que Lépide, commandant soixante-dix vaisseaux de guerre et un nombre important de bateaux de transport, arrivait d'Afrique pour envahir le sud et l'ouest de l'île avec ses légions. La simultanéité des attaques devait rendre possible un débarquement des troupes en Sicile, car elle divisait la puissance maritime de l'adversaire, contraint d'être présent sur plusieurs théâtres d'opérations.

Une tempête vint contrarier les plans césariens. Au large de Vélia, la flotte du Portus Iulius fut amoindrie, et même si les pertes furent peu importantes, Octavien était découragé. Agrippa le convainquit de ne pas renoncer; on répara tandis que Mécène était envoyé à Rome pour contrôler les initiatives des partisans de Sextus Pompée. L'escadre césarienne vint finalement s'installer aux îles Lipari, au nord de la Sicile, tandis qu'Octavien rejoignait son armée de terre à Leucopetra, en face de Tauromenium, afin de préparer le débarquement. Pour lui permettre de franchir le détroit en toute quiétude, Agrippa chercha à attirer vers lui le plus gros de la flotte de Sextus Pompée et décida de prendre l'initiative.

L'issue de la bataille de Mylae, le 2 août 36, demeura longtemps indécise, mais Agrippa disposait de ressources supérieures; certes, l'expérience de la mer, la mobilité et l'habilité manœuvrière des pompéiens compensèrent longtemps la supériorité en taille des vaisseaux césariens, mais l'amiral d'Octavien avait aussi doté ses navires de tours pliantes, de mains de fer qui leur permettaient de dominer et d'immobiliser les navires adverses, comme Duilius l'avait fait plus de deux siècles plus tôt, au même endroit, contre les Carthaginois. Lorsque ses forces commencèrent à fléchir, Sextus Pompée, qui suivait l'engagement du haut d'un promontoire, ordonna la retraite d'autant que l'arrivée de renforts césariens menaçait de transformer sa défaite en déroute. Agrippa, convaincu qu'il tenait là l'occasion d'anéantir l'adversaire, voulait poursuivre son avantage, mais la petite taille des bateaux pompéiens leur permit de se mettre à l'abri, du côté des hauts-fonds des récifs côtiers. L'entourage du chef césarien le dissuada de risquer l'aventure ; de méchants bruits coururent selon lesquels

> ce fut parce qu'Agrippa, combattant pour César et non pour lui-même, pensa qu'il lui suffisait d'avoir repoussé l'ennemi (Dion Cassius, 49, 4, 1),

mais les auteurs qui les rapportent sont unanimes à reconnaître qu'ils n'ont aucun fondement, même s'il est vrai

> qu'Agrippa avait coutume de dire à ses plus grands amis que la plupart de ceux qui ont le pouvoir veulent qu'il n'y ait personne de supérieur à eux, mais qu'ils se chargent eux-mêmes de toutes les affaires où le succès est facile, tandis qu'ils donnent à d'autres des entreprises désavantageuses ou hasardées. (Dion Cassius, 49, 4, 4.)

Il avait certainement conscience qu'il était dangereux d'apparaître comme un rival, et l'exemple de Salvidienus Rufus n'était pas si lointain, qui invitait à la réflexion et à la prudence.

Le succès d'Agrippa sur la flotte pompéienne aurait dû permettre l'exécution de la seconde phase de l'opération : la traversée, sans encombre, des légions d'Octavien en Sicile. Mais Sextus Pompée avait très vite éventé le plan de ses adversaires et sa rapidité d'intervention, à partir de Messine où il était revenu en hâte, provoqua un désastre. Octavien avait, en effet, profité de l'absence de son rival pour faire franchir le détroit à trois de ses légions et s'était installé devant Tauromenium qui devait lui servir de tête de pont dans l'île. Sextus survint tandis qu'il assiégeait la cité et écrasa la flotte du triumvir lorsqu'elle chercha à gagner le large pour rejoindre les troupes sur l'autre rive. Octavien échappa par miracle au désastre, mais ses forces isolées en Sicile étaient menacées d'encerclement.

Les auteurs anciens ont consacré de très longs développements à la retraite de Cornificius, le chef du corps expéditionnaire de Sicile, tentant de sauver, au cours d'une longue marche à travers l'île, ce qu'il pouvait de ses forces. Sur l'ordre d'Octavien, Agrippa envoya trois légions à son secours ; la jonction s'effectua au moment où le corps expéditionnaire se trouvait dans une situation particulièrement délicate. Mais Agrippa, en conduisant une offensive sur la côte nord-ouest de la Sicile, avait contraint Sextus Pompée à relâcher sa pression et la frayeur que provoqua parmi les troupes de ce dernier l'arrivée des renforts mit un terme au harcèlement. Le sauvetage de la plus grande partie de l'armée de Cornificius, surtout la prise par Agrippa de Tyndaris, sur la côte nord de l'île, point d'appui de grande importance pour se ravitailler et engager de nouvelles opérations terrestres et navales, contraignirent Sextus Pompée à livrer la bataille à laquelle il s'était longtemps refusé.

La bataille de Nauloque, le 3 septembre 36 av. J.-C., constitua l'épisode décisif de la guerre. Sextus Pompée, en fait, n'avait plus guère le choix ; malgré l'échec de Mylae et l'ascendant psychologique qu'avait pu prendre l'adversaire, sa seule chance résidait, une fois de plus, dans ses vaisseaux. Des motifs d'ordre politique, et notamment l'attitude ambiguë de Lépide qui était venu mettre le siège devant Lilybée à l'extrémité occidentale de l'île, mais aussi la confiance d'Octavien en sa flotte et en son chef amenèrent le triumvir à accepter le défi que lui lança le fils de Pompée. En effet, sous le regard et les encouragements des deux armées de terre, les deux escadres, composées chacune de trois cents navires, s'affrontèrent. Une nouvelle fois, les vaisseaux plus hauts et plus lourds, la tactique d'abordage, l'utilisation par Agrippa d'une arme nouvelle, l'harpax, énorme grappin placé à l'extrémité d'une poutre recouverte de lamelles de fer et propulsé sur le bateau adverse par une catapulte, firent la décision ; l'amiral césarien sut à cette occasion transformer un avantage long à apparaître en succès décisif. Octavien avait laissé à plus compétent que lui le soin de régler l'affaire : la propagande de ses adversaires, dont Suétone se fait l'écho, lui a prêté un rôle peu glorieux, puisqu'elle prétendit qu'il se serait endormi pendant l'affrontement. Sextus Pompée s'enfuit avec dix-sept vaisseaux et perdit donc, à Nauloque, la quasi-totalité de sa flotte qu'Agrippa parvint, en partie, à récupérer.

La guerre de Sicile permit aussi à Octavien de se débarrasser de Lépide. Celui-ci, mécontent du sort que lui avait réservé ses collègues et notamment Octavien qui l'avait relégué au second plan dans les opérations de Sicile, avait décidé de tenter sa chance en récupérant par des promesses les forces terrestres de Sextus Pompée ; celles-ci, demeurées sans chef, s'étaient rassemblées à Messine. Elles avaient, avec les légions de Lépide, pillé la ville, sans qu'Agrippa, placé en avant-garde, intervienne. Octavien avait laissé faire son collègue qui n'avait pas tardé à afficher ses intentions. Puis, par un coup de force, audacieux ou calculé selon la tradition que l'on veut suivre, il réussit à se débarrasser de son rival, abandonné par son armée, l'humiliant suffisamment pour l'éliminer définitivement de la vie publique sans aller jusqu'à le dépouiller de sa charge de Grand Pontife. Il s'empara du même coup de son armée et de celle de Sextus et se retrouva à la tête d'une force imposante de quarante légions.

Cette concentration de troupes constituait un cadre propice à l'expression des revendications des vétérans et une mutinerie de grande ampleur ne tarda pas à éclater parmi les troupes qui servaient depuis longtemps ; alliant la fermeté par l'exécution des meneurs, les promesses de l'octroi de terres et d'argent aux plus méritants, l'habileté en accordant aux centurions, fer de lance du mouvement, des avantages substantiels de promotion sociale, ce qui lui permettait de les désolidariser de leur base, Octavien réussit à surmonter la crise et s'appliqua à employer rapidement son armée dans une nouvelle campagne, hors de la péninsule cette fois-ci. L'Italie lui sut gré d'avoir remis la soldatesque dans le rang, d'avoir rassuré les propriétaires de terres en leur remettant les esclaves qui s'étaient échappés pour rejoindre Sextus Pompée ou en faisant exécuter ceux qui ne trouvaient plus de maîtres, d'entreprendre l'éradication du brigandage, fléau des campagnes. Rome l'accueillit avec liesse et ferveur ; sénateurs et simples citoyens accoururent en foule au-devant de lui pour l'escorter jusqu'à sa demeure. Il lui fut permis de consacrer une partie de sa propriété sur le Palatin à Apollon et de construire un temple à cette divinité à laquelle il se trouvait désormais associé. Les honneurs s'accumulèrent sur sa personne et rejaillirent sur sa famille ; le Sénat lui vota l'*ouatio* – le petit triomphe – pour sa victoire en Sicile et on lui accorda des éloges, des statues au Forum en rappelant qu'il avait restauré la paix, une place d'honneur dans l'assemblée, une couronne de laurier et un arc de triomphe. Il bénéficia des prérogatives des tribuns de la plèbe et du privilège de célébrer le jour anniversaire de sa victoire. On était revenu au temps de César et toutes ces manifestations avaient des relents de monarchie, mais ils étaient encore deux à pouvoir prétendre à la domination du monde.

L'aventure pompéienne, connut, elle, son dernier épisode en Orient. Sextus Pompée avait, de Messine, gagné les territoires placés sous le contrôle de Marc Antoine dont il pouvait espérer quelque générosité. Il décida d'attendre à Lesbos, île chère à sa famille, le retour du triumvir de sa campagne contre les Parthes, et demeura là pendant l'hiver de 36-35. Les nouvelles qu'il reçut des déboires d'Antoine firent naître chez lui des espérances et il décida de tenter sa chance sur le continent, comptant peut-être à terme supplanter le triumvir. Le double jeu qu'il pratiqua à son égard, l'assurant de son amitié tandis qu'il renforçait sa flotte et cherchait des alliances de la Thrace au royaume parthe en passant par le Pont, attira sur lui la méfiance d'Antoine. Celui-ci le fit surveiller par ses lieutenants qui apportèrent bientôt la preuve de sa duplicité. Sextus, malgré quelques succès éphémères, devint très vite un homme traqué, abandonné par ses derniers amis, dont son beau-père Libo. Les vers de la *Pharsale* de Lucain indiquent sans équivoque au lecteur éclairé la fin tragique de Sextus à Milet, au terme de ses courses errantes :

> Prophète plus sûr, ton père Pompée lui-même te le prédira dans les champs de Sicile, lui aussi ne saura où t'appeler, d'où te repousser, quelles régions il doit t'ordonner d'éviter. (VI, 812-815.)

Mais les auteurs anciens laissent quelque doute sur l'identité du véritable responsable de sa mort : Antoine ou ses lieutenants ? Le fait est que le vaincu de Nauloque était devenu un personnage bien encombrant ; et si Octavien put se réjouir officiellement de sa disparition en remerciant Antoine, l'ombre du fils de Pompée pesa longtemps sur les grands rassemblements ludiques à Rome où le peuple accueillit régulièrement par des huées celui dont on pouvait penser qu'il était responsable de son trépas, Marcus Titius, le neveu de Plancus; la foule était d'autant plus virulente que ce même Titius, comme beaucoup d'autres, devait à Sextus de l'avoir sauvé au moment de la proscription.

C'était d'ailleurs le seul titre de gloire de l'héritier de Pompée, car, pour le reste, il avait commis trop d'erreurs pour que son destin n'ait pas été depuis longtemps scellé. En définitive, il avait échoué non parce qu'il avait moins d'ancêtres ou de talents que ses adversaires, mais sans doute parce qu'il avait eu moins d'ambitions. Il laissait face à face les deux dynastes dont l'affrontement final ne devait plus tarder; mais si la victoire sur le « pirate » avait conforté la puissance d'Octavien, Antoine revenait amoindri de sa campagne parthique.

Au lendemain des accords de Brindes, Marc Antoine avait décidé d'envoyer en Orient son meilleur homme de guerre, Publius Ventidius Bassus; la question parthe ne pouvait plus attendre. En effet, Labienus avait poussé son avantage le long de la côte sud de l'Asie Mineure et le proconsul romain de la province d'Asie, en l'occurrence Munatius Plancus, probablement envoyé par Antoine après sa halte à Athènes au printemps de 40, avait dû prendre la fuite, sitôt arrivé; la seule résistance opposée à l'envahisseur provenait de cités qui refusaient de payer le tribut qu'on leur réclamait. En Syrie, Pacorus achevait d'imposer l'ordre arsacide. Ventidius

Publius Ventidius était un général expérimenté; il avait été formé à l'école de César pendant la guerre des Gaules et devait tout au dictateur assassiné qui avait réhabilité sa famille poursuivie par la haine des Pompées. Sa loyauté à l'égard d'Antoine avait été exemplaire après Modène où il lui avait sauvé la mise, à Pérouse aussi où il avait tenté de préserver ses intérêts. Le « muletier » était donc l'homme de la situation; il arriva en Asie au printemps de 39 à la tête de forces importantes. Il surprit Labienus par la rapidité de son offensive et le poursuivit jusqu'aux frontières de la Lycaonie et de la Cappadoce. Là, en un endroit mal précisé par les sources, près du Taurus où le renégat attendait le renfort de ses alliés parthes, les deux armées s'affrontèrent. Ventidius repoussa d'abord l'assaut de la lourde cavalerie parthe des *cataphracti* qu'il ne laissa pas évoluer sur un terrain favorable et mit en déroute puis battit les forces de Labienus, qu'il récupéra en partie et intégra à son armée. L'ancien chef républicain fut capturé quelque temps plus tard et exécuté. L'armée romaine exploita son avantage et se lança à la poursuite des troupes parthes qui s'étaient rassemblées de nouveau autour des passes de l'Amanus, entre la Cilicie et la Syrie. Au lieu-dit « la Montagne de la Table », Ventidius remporta une victoire décisive; le satrape de Syrie, Phranicates, déjà battu au Taurus, et nombre des siens furent tués dans l'engagement. Il pénétra ensuite en Syrie d'où Pacorus s'était retiré avant la fin de l'année. Le chef romain entreprit de restaurer l'autorité de Rome sur les princes et les cités qui avaient trop bien accueilli l'arsacide, tandis que le Sénat récompensait les cités qui avaient résisté à l'invasion.

Mais le Parthe n'avait pas renoncé ; au printemps suivant, c'est-à-dire en 38, il lança une nouvelle offensive avec des forces importantes, environ vingt mille hommes, sur la Cyrrhestique, la région nord-orientale de la Syrie, entre l'Euphrate et l'Amanus. Ventidius n'avait mis aucun obstacle à son franchissement du fleuve et prit le temps de rassembler ses troupes installées dans leurs quartiers d'hiver. Il attendit l'adversaire sur la colline de Gindaros, en bordure de la plaine d'Antioche. Profitant de sa position élevée, il employa la tactique de l'année précédente ; les archers parthes, à pied ou montés, furent tenus à distance par les frondeurs romains et mis dans l'incapacité d'atteindre les fantassins ; les légions occupant une position élevée purent attaquer la lourde cavalerie parthe et la mettre en déroute. Celle-ci s'acheva après une poursuite jusqu'aux rives de l'Euphrate que la plupart des fuyards ne parvinrent pas à franchir.

Crassus était vengé et l'on prétendit à Rome, pour renforcer le symbole, que la victoire de Gindaros survint le même jour de juin que la défaite de Carrhae. La mort de Pacorus, au cours de l'engagement, porta un coup très dur à la monarchie arsacide et entraîna d'ailleurs très vite une crise de succession. La présentation macabre de la tête du fils d'Orode plantée au bout d'une lance, réponse à l'offense faite aux cadavres de Crassus et de son fils après la bataille de Carrhae, enleva leurs dernières illusions aux cités encore récalcitrantes et les convainquit de rentrer dans l'ordre romain. Le sort des souverains devait suivre ; le siège fut mis devant Jérusalem afin d'installer le candidat désigné par le Sénat de Rome, c'est-à-dire Hérode, mais, pour l'heure, il fallait régler les comptes avec le roi de Commagène, allié d'Orode dont il était le beau-père, accusé d'avoir accueilli les fugitifs de Gindaros, et surtout détenteur de richesses âprement convoitées. Ventidius vint mettre le siège devant Samosate, désireux de s'emparer d'un important butin. Les négociations allaient bon train quand Antoine survint, soucieux de prendre les choses en main. Jusque-là, il avait laissé agir Ventidius ; le triumvir avait été surtout présent à Athènes où il avait passé l'hiver de 39-38. Il s'était à cette occasion distingué par son dionysisme et avait été honoré par la cité avec Octavie, elle-même assimilée à Athéna ; il avait fait une première incursion en Asie au printemps de 38 pour apprendre les succès de Ventidius et, après un rapide voyage à Brindes pour le rendez-vous manqué avec Octavien, avait rejoint son lieutenant devant Samosate. On prétendait que, comme son collègue, « il était plus heureux quand il faisait la guerre par l'entremise de l'un de ses subordonnées que lorsqu'il la faisait lui-même » (Plutarque, *Antoine*, 34, 4). On a même parlé en ce qui le concernait de jalousie à l'égard de Ventidius ; mais cela n'a aucun fondement. Le tempérament d'Antoine le portait, en effet, davantage à vanter ses amis et à se réjouir de leur succès qu'à en prendre ombrage. Non seulement il permit à Ventidius de célébrer son triomphe, mais contrairement à ce que disent certains auteurs anciens qui parlent de disgrâce, Ventidius demeura probablement aux côtés d'Antoine jusqu'à la chute de Samosate et l'accompagna à Athènes avant de se rendre à Rome.

Le siège de Samosate ne donna d'ailleurs pas les résultats escomptés, du moins si l'on s'en tient aux profits. Antiochos s'était aperçu que le triumvir n'en voulait pas seulement à ses trésors, mais aussi à son trône, sur lequel Antoine souhaitait installer l'un des parents du souverain, un certain Alexandre, qui s'était réfugié auprès de lui ; cette substitution s'inscrivait dans la perspective d'une future campagne de grande ampleur contre les Parthes : on comprend que le roi se soit âprement défendu. Surtout, l'assassinat d'Orode et de son épouse avait distendu les liens entre la famille royale de Commagène et les Arsacides, ce qui rendit plus facile la négociation avec les Romains ; Antoine dut cependant en rabattre de ses prétentions financières et accepter un compromis. Celui-ci s'imposait d'autant plus qu'Hérode venait réclamer de l'aide pour mettre un terme au siège de Jérusalem. Antoine lui donna satisfaction en envoyant un autre de ses subordonnés, Caius Sosius, à la tête de deux légions, puis repartit à Athènes où il passa l'hiver de 38-37 avec Octavie.

Pendant ce temps, Ventidius s'était rendu à Rome pour célébrer un triomphe, le V des Calendes de l'année 715, c'est-à-dire le 17 novembre 38, *ex Tauro et Monteis* ; c'était le premier d'un chef romain sur les Parthes. Les auteurs anciens n'ont pas manqué de souligner, en faisant un *topos* rhétorique, le retour de fortune de celui qui, dans sa jeunesse, avait été traîné au triomphe du père de Pompée et qui, au soir de sa carrière, restaurait le prestige de Rome en célébrant dans la même faste la première victoire sur le Parthe. On ne sait plus rien de Ventidius après cette date : son âge ou peut-être la maladie peuvent expliquer sa disparition de la scène politique et militaire. L'absence de mentions ultérieures laisse supposer qu'il mourut peu de temps après, sans doute avant Actium, mais quelle étonnante destinée !

> Et le peuple romain qui se souvenait que Ventidius Bassus avait gagné sa vie en s'occupant de mules supportait si mal la chose que des petits vers furent affichés en public dans les rues de la ville : « Accourez tous, augures, haruspices, un prodige inouï vient de se produire : celui qui frottait les mules est devenu consul. » Suétone écrit que le même Bassus avait été mis à la tête des provinces d'Orient par Antoine et qu'en trois combats il tailla en pièces les Parthes qui faisaient irruption en Syrie, qu'il fut le premier de tous à célébrer un triomphe sur les Parthes et que, la mort venue, il fut enterré aux frais de l'État. (Aulu Gelle, *Nuits attiques*, 15, 3-4.)

Rois-clients et reine d'Égypte

Après l'entrevue de Tarente, en 37, Antoine parut avoir compris qu'Octavien ne lui livrerait jamais les vingt mille légionnaires qu'il lui avait promis et, après l'élimination de Sextus Pompée, seule Octavie pouvait encore éviter un affrontement entre les deux beaux-frères. N'ayant rien à attendre de l'Occident, Antoine devait réorganiser l'Orient à sa guise et se retourner vers le principal soutien sur lequel il espérait prendre appui, la reine d'Égypte ; les raisons d'ordre politique furent donc prépondérantes dans leurs retrouvailles à Antioche, puisqu'Antoine n'avait pas ressenti le besoin de revoir Cléopâtre depuis son départ pour Brindes, en 40 av. J.-C., et bien que celle-ci ait eu, entre-temps, deux enfants de lui, les jumeaux Cléopâtre et Alexandre, nés cette même année. La propagande augustéenne a estompé ces nécessités politiques, en insistant sur l'influence décisive et néfaste de la reine d'Égypte. Celle-ci se retrouvait, il est vrai, en position de force ; elle disposait de moyens matériels et financiers susceptibles de soutenir l'expédition parthique et devenait une alliée précieuse, sinon incontournable. Par ailleurs, Antoine, par l'accord de Tarente, venait de se priver de cent trente vaisseaux de guerre commandés par quelques-uns de ses meilleurs lieutenants : Cléopâtre pouvait donc aussi entreprendre de reconstituer cette flotte. Selon Strabon, Antoine donna la Cilicie à Cléopâtre pour la construction de vaisseaux, et l'inventaire des territoires confiés alors à la reine d'Égypte, c'est-à-dire, outre la Phénicie et la Cilicie, la Coelé-Syrie, et peut-être Chypre, révèle qu'il s'agit soit de régions boisées, soit de zones côtières propices au stationnement de la flotte. Cléopâtre convoitait aussi le royaume de Judée pour reconstituer jusqu'à la Syrie un royaume d'un seul tenant depuis l'Égypte, reproduisant celui du glorieux ancêtre Ptolémée Philadelphe ; Antoine ne lui donna jamais satisfaction. Ces premières concessions ne suscitèrent à Rome ni inquiétude ni critique : Antoine gérait l'Orient comme il l'entendait. Dans ce contexte s'inscrit certainement le mariage du triumvir et de la reine ; la décision d'Antoine d'épouser Cléopâtre était indissociable de la reconnaissance officielle des jumeaux, car un tel acte perdait toute sa signification si la reine d'Égypte ne devenait pas en même temps sa femme. Visiblement, cette union ne choqua point, du moins quand elle fut annoncée ; c'est plus tard qu'elle fut dénoncée par la propagande d'Octavien. Le mariage et l'adoption des enfants ne s'inscrivaient pas seulement dans la volonté du triumvir de réorganiser l'Orient dans la perspective de la guerre contre les Parthes ; ils constituaient aussi une garantie pour la reine en contrepartie de son soutien à la politique orientale d'Antoine et concrétisaient sa volonté d'apparaître comme la principale alliée de Rome en Orient.

Mais les décisions de l'hiver de 37-36 ne concernèrent pas seulement la place que devait occuper l'Égypte dans le nouveau dispositif oriental d'Antoine. Celui-ci profita également de cette pause à Antioche pour installer ou confirmer sur leur trône un certain nombre de rois-clients, pièces maîtresses de sa réorganisation. L'installation de nouvelles dynasties et le choix de nouveaux dynastes choisis pour leur fidélité à Rome et leur compétence ne devaient d'ailleurs pas être remis en cause plus tard par Auguste ; ce fut notamment le cas dans le royaume du Pont, où la disparition du dernier descendant de Mithridate permit d'installer Polémon, le fils du rhéteur Zénon de Laodicée qui avait entretenu la résistance de sa cité contre les Parthes ; en Galatie où la mort du vieux roi Déjotarus, ancien allié de Pompée, pardonné par César, permit à Antoine de promouvoir l'ancien secrétaire du souverain qui s'était illustré à Philippes en abandonnant le camp des républicains pour rejoindre celui des triumvirs ; en

Cappadoce aussi, où Sisinès fut confirmé sur le trône et adopta le nom d'Archelaus comme il était de tradition dans sa famille.

Le dernier choix important concernait la Judée ; prétendant au trône de Judée et candidat officiel du Sénat avec l'accord d'Antoine et d'Octavien depuis les accords de Brindes, Hérode ne parvint à s'imposer qu'avec le renfort des légions de Caius Sosius et au prix d'une guerre difficile conclue par la prise de Jérusalem à l'été de 37. Sosius retourna à Rome célébrer un triomphe, tandis que le dernier représentant de la monarchie asmonéenne, réinstallé momentanément par les Parthes, était supplicié à Antioche :

> Antoine fit fouetter Antigone après l'avoir attaché à une croix – châtiment qu'aucun autre roi n'avait jamais subi de la part des Romains – et après cela il le fit mettre à mort. (Dion Cassius, 49, 22, 6.)

Tout était donc en place pour la grande expédition ; seize légions, soit soixante mille légionnaires, le même chiffre que l'armée réunie par César en 44, dix mille cavaliers ibères, trente mille auxiliaires, fantassins et cavaliers. C'était la plus grande armée jamais réunie par Rome en Orient, deux fois celle de Crassus, trois fois celle de Lucullus et de Sylla contre Mithridate. Un tel déploiement impressionna tout l'Orient :

> ... un si grand déploiement de forces effraya même les Indiens au-delà de Bactres et fit trembler l'Asie entière. (Plutarque, *Antoine*, 37, 5.)

La campagne de 36

Les objectifs et les plans de campagne d'Antoine n'ont jamais été totalement éclaircis ; Crassus avait été vengé par Ventidius mais on n'avait pas récupéré les enseignes romaines ; la menace parthe sur l'Euphrate n'était pas définitivement écartée et l'on venait de constater quel danger représentait l'Arsacide si la concorde ne régnait pas à Rome : Antoine ne pouvait songer à engager une épreuve de force avec Octavien si une telle menace subsistait dans son dos. Le triumvir n'avait cependant pas l'intention de se lancer dans une simple guerre préventive ou de revanche ; sa volonté d'entreprendre une véritable conquête, dans la ligne de l'épopée d'Alexandre, fut certainement déterminante. L'*imitatio* du héros macédonien a largement inspiré les *imperatores* de la fin de la République, et Antoine, comme avant lui César et Pompée, a probablement caressé ce rêve d'une conquête universelle : toute sa propagande alexandrine qui trouve sa source dans le dionysisme se situe dans cette perspective. L'importance des forces engagées, les perspectives encourageantes au plan militaire, ouvertes par les succès de Ventidius qui avaient réussi à contrer victorieusement la cavalerie parthe, pouvaient laisser espérer une issue favorable de l'expédition. On ne doit cependant pas négliger le contexte de l'année 36 : la campagne parthique s'inscrivait dans le cadre de la rivalité pour le monopole du pouvoir et Rome comptait davantage qu'Ecbatane. Il aurait fallu de toutes façons plusieurs campagnes pour conquérir les immenses territoires de Mésopotamie et du plateau iranien, et une grande bataille n'aurait pas suffi à sceller le sort de l'Arsacide. L'objectif du triumvir était donc de remporter un succès de prestige qui aurait fait de lui l'égal des plus grands, Pompée et César, de neutraliser le Parthe, voire de le ranger à ses côtés dans la perspective d'une guerre contre l'Occident.

À partir de cette constatation, on explique mieux sa stratégie ; la conquête de la Mésopotamie aurait procuré du butin, mais n'aurait pas atteint le roi parthe qui pouvait se réfugier à l'est, sur le plateau iranien. Il fallait donc abandonner le plan de Crassus qui n'était pas, par ailleurs, sans risque au point de vue militaire, car les grandes étendues entre les deux fleuves offraient un terrain favorable aux évolutions de la cavalerie parthe. En revanche, prendre Ecbatane, la plus ancienne capitale de la dynastie, signifiait frapper le royaume arsacide en son cœur et contraindre le roi à se soumettre ou à négocier ; c'était retenir l'option de César, choisir son itinéraire à défaut de suivre son plan dont on ne sait rien par ailleurs. Dire qu'Antoine avait trouvé dans les papiers remis par Calpurnia le dossier des préparatifs du dictateur relève de la spéculation. Antoine comptait sans doute sur une victoire rapide, remportée dans un affrontement où sa supériorité militaire aurait pu s'exprimer.

Le contexte politico-militaire le renforçait par ailleurs dans ses convictions : les règlements auxquels il avait procédé en 42-41, puis en 37-36, avaient permis de conforter ses positions arrières en Syrie et en Anatolie centrale. Il pouvait aussi compter sur le soutien des royaumes de Commagène, de Cappadoce et du Pont, tandis que les communautés juives du royaume arsacide pouvaient être neutralisées par la propagande d'un souverain romanophile à Jérusalem. Un soutien décisif lui était surtout promis par le roi d'Arménie, Artavasde Ier, le fils de Tigrane, l'adversaire de Lucullus et de Pompée ; celui-ci avait jadis conseillé Crassus qui avait sombré pour ne pas l'avoir écouté et l'échec de Carrhae avait pour un temps distendu ses liens avec Rome. Mais Artavasde savait où étaient ses intérêts et nul doute qu'il ait été disposé à collaborer dans l'expédition de César. En 36, ses relations avec l'Arsacide avaient dû encore se refroidir, mais le moteur principal de son alliance avec Rome demeurait sa rivalité avec son homonyme et voisin, le roi de Médie, principal allié des Parthes et premier obstacle à Antoine sur la route d'Ecbatane. Le soutien du roi d'Arménie était d'autant plus consistant qu'il proposait de mettre à la disposition des forces romaines sa cavalerie lourde, susceptible de rivaliser avec les *cataphracti* parthes.

Lorsque, en 37 av. J.-C., le lieutenant d'Antoine, Publius Canidius Crassus, envahit, à partir du Pont et de l'Arménie Mineure, son royaume à la tête de quatre légions, Artavasde ne lui opposa aucune résistance. En fait, la campagne de Canidius se poursuivit jusqu'au printemps de 36 en direction du Caucase : il suivit la route jadis empruntée par Pompée pour aller soumettre ces mêmes peuples, Albans et Ibères, qui firent beaucoup pour la gloire de l'*imperator* parce que, en parcourant ces contrées lointaines, ce dernier semblait déjà imiter Alexandre. Ce ne fut sans doute qu'une simple opération de prestige destinée à renforcer encore auprès des barbares et à Rome même « la gloire d'Antoine et le renom de sa puissance », et même si cette expédition eut peu d'incidence sur ce qui devait suivre, les choses parurent bien engagées.

Elles le parurent d'autant plus qu'à la fin de l'année 37 ou au début de l'année 36, Antoine reçut lors de son séjour à Antioche l'offre d'un soutien inattendu, conséquence de la situation de conflit à l'intérieur du royaume parthe. Le trône arsacide était en effet occupé par un triste sire, Phraate, qui avait profité de la mort de Pacorus pour éliminer ses autres frères et assassiner son père, le vieux roi Orode. Mais cet avènement avait été contesté non seulement à l'intérieur de la famille royale, mais aussi par une frange importante de l'aristocratie, traditionnellement hostile au renforcement des pouvoirs d'une monarchie surtout tournée vers la partie orientale du royaume, c'est-à-dire le plateau iranien. Les méthodes brutales du nouveau souverain et surtout son refus de prendre en compte les aspirations des grands féodaux expliquent la fronde, sinon la fuite d'un groupe de notables auprès d'Antoine à la fin de l'année 37, sous la conduite d'une personnalité de premier plan, un certain Monaeses, qui devait exercer un commandement important en Mésopotamie. C'était pour le triumvir l'occasion de rallier sans coup férir la partie occidentale du royaume parthe et peut-être aussi d'installer sur le trône parthe un roi-client. En fait, les véritables mobiles du transfuge n'étaient pas clairs et Antoine ne comprit peut-être pas qu'il servait surtout de moyen de pression. Les négociations s'enlisèrent et, finalement, Monaeses décida de retourner en Mésopotamie sans avoir rien promis ; bien plus, dès son retour, il prit le commandement de l'armée et se mit au service de son roi. Ces tractations retardèrent d'autant la campagne qui ne put être engagée avant le mois de juin.

D'Antioche, l'armée romaine se rendit à Zeugma, sur l'Euphrate, mais ne franchit pas le fleuve gardé par quelques escadrons parthes ; elle remonta la rive droite de l'Euphrate vers le nord, vers la Commagène et sa capitale Samosate, puis à partir de Mélitène obliqua vers l'est à travers l'Arménie jusqu'à Carana (Erzerum) et Artaxata (au sud-est de Ierevan), où elle fut probablement rejointe par Canidius et ses légions. Antoine venait avec une armée considérable de parcourir en quelques semaines près de mille cinq cents kilomètres mais, poussé par le roi d'Arménie désireux de régler son contentieux avec son voisin mède, il se jeta sans attendre sur la Médie Atropatène (Azerbaïdjan iranien) avec l'espoir de livrer une bataille décisive qui lui permettrait non seulement de soumettre ce royaume, mais aussi de pouvoir atteindre rapidement le cœur du royaume parthe.

Pour provoquer l'affrontement, il jeta son dévolu sur la capitale de la Médie afin de contraindre le souverain à venir la défendre ; il parvint devant la cité vers la mi-août. Antoine avait auparavant franchi le fleuve Araxe, longé le lac Urmia avant de poursuivre sa marche vers le sud dans des régions pratiquement inconnues, avec une armée de cent mille hommes qu'il fallait nourrir et faire avancer sur un terrain peu favorable. La nécessité d'aller vite lui fit commettre une première erreur : il se sépara de sa lourde machinerie de siège qui se déplaçait plus lentement et la plaça sous la protection de deux légions. Peut-être comptait-il s'emparer de Phraaspa sans difficulté, mais celle-ci résista. Il était tout occupé à ce siège lorsqu'il apprit la nouvelle du désastre. Le Parthe et le Mède qui avaient réuni leurs armées n'avaient pas laissé passer l'occasion ; ils avaient détruit le train de logistique et anéanti les deux légions que la cavalerie arménienne n'avait pas secourues.

Revenu précipitamment en arrière, Antoine ne put que compter ses morts : dix mille hommes et tous les chefs romains. Seul, Polémon avait été épargné pour être libéré contre rançon. L'ennemi avait disparu et la destruction de la machinerie de siège qu'il ne pouvait reconstruire dans une région sans arbres constituait pour lui un handicap insurmontable devant une cité bien protégée par ses remparts. L'échec du siège de Phraaspa était ainsi programmé et Antoine se retrouvait dans la position de l'assiégeant assiégé. On comprend qu'il en ait voulu à l'Arménien dont la cavalerie avait été étrangement absente dans cet épisode dramatique, mais la conduite d'Artavasde ne fut peut-être pas aussi critiquable que la propagande d'Antoine a voulu le faire croire par la suite. L'Arménien faisait la guerre au Mède et non à Phraate et Antoine attendait peut-être beaucoup trop de lui. Quoi qu'il en soit, il rejoignit le triumvir devant Phraaspa et ne se retira que quelque temps après ; non seulement il ne rejoignit pas le camp adverse, mais accueillit l'armée d'Antoine après sa retraite.

Comme l'adversaire se dérobait à un engagement de grande ampleur et lui coupait ses sources de ravitaillement, Antoine dut se résoudre à négocier pour tenter de sauver la face. Devant le découragement de son armée, Antoine dut renforcer la discipline pour éviter qu'elle ne se débande et les négociations furent pénibles avec Phraate qui avait bien conscience qu'il tenait là son adversaire. Le triumvir n'obtint rien qui put lui permettre de prétendre à quelques succès ; la demande de la restitution des enseignes de Crassus fut faite pour la forme, car le Parthe se montra intraitable. Faute d'avoir sauvé les honneurs, il fallait au moins préserver l'armée et donc se retirer.

Après deux mois d'un siège infructueux et sans avoir conclu avec Phraate un traité de paix, vers la mi-octobre, Antoine décida de faire retraite. Sur l'avis d'un guide d'origine marde, il choisit de suivre une route plus courte qu'à l'aller, mais aussi plus proche de la montagne pour que son armée soit protégée de la cavalerie parthe ; un certain Mithridate, cousin de Monaeses, peu soucieux d'offrir à Phraate un succès total sur les Romains, lui prodigua également quelques conseils.

> Au pied de ces collines, les Parthes vous tendent une embuscade avec toute leur armée, car elles dominent les grandes plaines, et ils comptent bien que, dupés par eux, vous vous dirigerez de ce côté en abandonnant la route qui traverse les montagnes. Par celle-ci vous aurez à souffrir de la soif et de la fatigue, à quoi vous êtes habitués,

mais, si Antoine prend l'autre, qu'il sache bien que le sort de Crassus l'y attend. (Plutarque, *Antoine*, 46.)

La retraite fut héroïque comme en témoigne le tableau très vivant qu'en donne Plutarque ; les difficultés commencèrent le troisième jour, lorsque les Romains constatèrent que les Parthes avaient détruit une levée qu'ils devaient emprunter : la cavalerie ennemie passa alors à l'attaque. Ensuite, pendant quatre jours, l'armée romaine dut avancer en carré ; les troupes légères sur les flancs et en arrière, et la cavalerie devant, protégeaient les légions placées au centre du dispositif. Le jour suivant, la présomption ou la maladresse de l'un des lieutenants d'Antoine, avide d'en découdre, coûta à l'armée des pertes importantes et encouragea l'agressivité des Parthes. C'est dans ces moments les plus délicats que le courage, la grandeur d'âme et la bravoure d'Antoine parurent le mieux mis en évidence :

> En somme, il semble qu'aucun autre général en chef de ce temps-là ne réunit une armée plus brillante par la bravoure, l'endurance et la vigueur. Le respect des hommes pour leur chef, leur obéissance accompagnée d'affection, l'esprit qui les portait également tous, connus ou inconnus, officiers ou simples soldats, à préférer l'estime et la faveur d'Antoine à leur salut et à leur sûreté, ne furent jamais dépassés même chez les Romains d'autrefois. Il y avait à cela plusieurs raisons, que nous avons précédemment signalées : la noble naissance d'Antoine, la force de son éloquence, sa simplicité, sa libéralité, sa magnificence, l'agrément de sa conversation et de ses plaisanteries. Dans cette occasion, la compassion qu'il témoignait aux maux des soldats et à leurs souffrances, et le fait qu'il subvenait aux besoins de chacun, firent que les soldats et les blessés étaient plus empressés à lui obéir que les hommes valides. (Plutarque, *Antoine*, 43.)

Devant les harcèlements répétés de la cavalerie parthe et les jets de flèches, les Romains mirent alors au point la manœuvre de la tortue qui leur permit de se protéger, mais aussi de reprendre l'initiative dans les combats. Le manque d'eau, qui ne suffit cependant pas à les décider à modifier leur itinéraire, la difficulté à ravitailler des forces encore considérables, les ralentissements provoqués par le transport ou l'agonie des blessés, l'arrivée de l'hiver accentuèrent les souffrances d'une armée souvent en proie au doute et dont le général lui-même ne fut pas épargné par le découragement. Mais les Parthes ne parvinrent pas à disloquer l'ordonnance des légions et, malgré bien d'autres déboires, Antoine parvint à ramener les survivants sur l'Araxe. Le fleuve fut franchi cinq jours après le dernier combat et non sans que l'on ait craint une ultime embuscade de l'ennemi. L'« Anabase » d'Antoine jusqu'en Arménie avait duré vingt-sept jours ; là, il passa en revue les survivants épuisés, mais heureux de se sentir désormais en sécurité et l'Arménien Artavasde ne fit aucune difficulté pour les accueillir. Le triumvir avait perdu vingt mille fantassins, soit l'équivalent de quatre légions, et quatre mille cavaliers, mais la moitié de ces pertes avait pour cause la maladie, la faim ou la soif. Au cours de sa retraite, il avait livré dix-huit batailles et en avait remporté beaucoup, mais aucune n'avait été décisive et c'est lui qui, en définitive, faisait figure de vaincu.

Pour cette armée affaiblie, un repos en Arménie aurait été le bienvenu, d'autant que la neige ne cessait de tomber. Antoine entreprit pourtant, au prix de nouvelles souffrances pour ses hommes, de quitter le pays pour la Syrie où devait le rejoindre Cléopâtre ; il perdit de nouveau huit mille hommes en chemin et la propagande d'Octavien eut beau jeu d'affirmer que sa hâte de retrouver Cléopâtre prévalut sur son souci d'épargner ses hommes. Là n'était sans doute pas la véritable raison ; peut-être avait-il une certaine méfiance à l'égard du roi d'Arménie, mais surtout le principal souci du triumvir demeurait les relations avec Rome. Dans cette perspective, il lui fallait rejoindre la Syrie et s'assurer que ses intérêts, dont Cléopâtre avait en partie la garde, avaient été préservés et que sa position n'avait pas été entamée par son revers militaire.

On ne saurait minimiser, dans l'échec de la campagne parthique, les responsabilités d'Antoine – et elles furent importantes tant au plan de l'appréciation de la psychologie et de la mentalité de l'adversaire qu'en ce qui concerne la stratégie – mais son courage, son prestige et sa popularité auprès des troupes, la confiance de ses hommes lui permirent de surmonter les difficultés et de sauver l'essentiel, c'est-à-dire son armée ; il s'efforça, par ailleurs, de minimiser l'ampleur de son revers en dénonçant la trahison du roi d'Arménie. La campagne s'achevait par une défaite, mais ce n'était pas un désastre.

Les fastes d'Alexandrie

Pendant la campagne parthique, Octavie était demeurée à Rome. Elle quitta l'Italie au début de l'année 35 avec deux mille soldats, et ramena à Antoine une partie des navires que celui-ci avait prêtés à Octavien pour la guerre contre Sextus Pompée. L'épouse d'Antoine s'arrêta à Athènes et n'alla pas plus loin, car le triumvir lui demanda d'y demeurer ; dans un second temps, Antoine récupéra les troupes et le matériel qu'Octavie avait ramenés, tandis que celle-ci retournait en Italie sur l'ordre de son mari ; les faits ainsi rapportés ne font pas la part belle à Antoine, mais ne sont certainement pas exacts. Deux choses paraissent évidentes : la mission d'Octavie était une manœuvre préparée par Octavien dans le but de mettre en difficulté son collègue. D'autre part, Antoine n'a certainement pas eu à l'égard de sa femme « légitime » l'attitude désobligeante que lui prêtent les sources, et notamment Dion Cassius. Sur le premier point le témoignage de Plutarque est clair :

> À Rome, Octavie voulait s'embarquer pour rejoindre Antoine ; César le lui permit, comme le disent la plupart des historiens, moins pour faire plaisir à sa sœur que dans l'espoir que les outrances et le dédain auxquels elle allait s'exposer serait pour lui un bon motif de guerre. (Plutarque, *Antoine,* 53, 1.)

Comment, par ailleurs, expliquer l'attitude d'Antoine à l'égard d'Octavie ? C'est alors qu'il faisait route vers la Syrie pour faire une nouvelle campagne en

Arménie qu'Antoine apprit que son épouse avait quitté l'Italie et avait déjà gagné Athènes. Il lui demanda alors, par lettre, d'y demeurer et probablement d'attendre là son retour de Haute-Asie. Mais Cléopâtre, jalouse et craignant qu'Octavie ne la supplante de nouveau auprès d'Antoine, le convainquit de renoncer à son entreprise et de revenir à Alexandrie : Octavie n'avait plus alors de raison de rester à Athènes. Voilà, du moins, ce que disent les sources. On ne peut raisonnablement croire que l'influence de Cléopâtre ait été le seul élément déterminant dans la décision d'Antoine ; c'est, en réalité, la détérioration des relations entre les triumvirs qui explique son revirement et, à cet égard, le voyage d'Octavie marqua véritablement la rupture entre les deux collègues. Fort de sa victoire sur Sextus Pompée, Octavien pouvait désormais en imposer à Antoine, affaibli par son échec contre les Parthes : la meilleure manifestation de cette attitude est le non-respect de l'accord de Tarente qui prévoyait l'envoi de vingt mille hommes en Orient. Deux mille légionnaires seulement accompagnaient Octavie, et Antoine se retrouvait loin du compte s'il voulait reconstituer son armée ; il savait que désormais il n'avait rien à attendre de l'Italie, d'autant qu'Octavien s'apprêtait à utiliser les forces de la péninsule dans une nouvelle campagne en Illyrie. Antoine ne choisit pas, comme la propagande de son adversaire voulait le laisser croire, entre Octavie et Cléopâtre, l'épouse romaine et l'égyptienne, mais refusa d'entrer dans le jeu de son rival et se rangea à la nécessité : le Mède pouvait attendre et Antoine retourna à Alexandrie auprès de son seul soutien. Octavie, quant à elle, rentra à Rome où sa conduite exemplaire attisa encore les reproches à l'égard d'Antoine.

La campagne de 35 avait donc avorté, mais ce n'était que partie remise et le roi d'Arménie, Artavasde, ne perdait rien pour attendre, d'autant qu'Antoine le soupçonnait d'entretenir des relations secrètes avec Octavien et qu'un renversement d'alliance se préparait : sur l'initiative du roi du Pont, Polémon, le roi de Médie qui s'était fâché avec Phraate pour des questions de butin, envisageait de se rapprocher de Rome. Afin de ménager ses troupes, Antoine utilisa d'abord la diplomatie ; il dépêcha auprès du souverain arménien son homme de confiance, Quintus Dellius. On ignore comment Artavasde réagit aux propositions qui lui furent faites et notamment à l'offre d'Antoine de marier la fille de l'Arménien à Alexandre Hélios, l'un des jumeaux, d'autant que le triumvir avait déjà organisé le mariage de ce dernier avec la fille du roi de Médie, Iotapé. Comme ces pourparlers n'aboutissaient pas, Antoine s'avança lui-même avec son armée, annonçant une nouvelle offensive contre les Parthes ; il décida de marcher sur Artaxata, la capitale du royaume, et finit par s'emparer de la personne du souverain et de la plus grande partie de sa famille, après un ultime stratagème.

Mais la mainmise totale de Rome sur l'Arménie échoua en définitive, et Antoine porte la grave responsabilité d'avoir ouvert une crise qui se prolongea tout au long de l'empire et conditionna les relations romano-parthes pendant plus de deux siècles. Artaxias, le fils aîné d'Artavasde, réussit à s'échapper et se réfugia chez les Parthes, tout heureux d'accueillir le prétendant et de l'aider à reconquérir son royaume. Antoine et son allié mède devaient finalement s'engager dans une guerre que le triumvir s'était pourtant soucié d'éviter. En 33, Antoine revint sur le front de Médie pour conclure le mariage d'Alexandre et de Iotapé ; il récupéra les enseignes perdues en 36 et le soutien de ses forces permit à son allié de remporter un succès sur les Parthes et Artaxias. Mais le retrait des troupes romaines, engagées dans la campagne d'Actium, ne tarda pas à mettre le Mède en difficulté et, au moment de l'affrontement des deux maîtres du monde romain, l'Arménie était temporairement perdue pour Rome. Entre-temps, Antoine avait célébré un triomphe à Alexandrie et réorganisé le monde oriental.

À l'été de 34, Antoine fêta à Alexandrie sa victoire sur l'Arménie :

> Ceci fait, Antoine, après avoir fiancé à son fils la fille du Mède afin de resserrer leurs liens, laissa ses légions en Arménie et revint en Égypte avec un butin considérable dont l'Arménien, sa femme et ses enfants. Il les envoya à Alexandrie avec les autres prisonniers de guerre dans une sorte de cortège triomphal et lui-même entra sur un char. Il offrit à Cléopâtre tout le butin et lui présenta l'Arménien avec toute sa famille dans des chaînes d'or. Elle était assise au milieu de la foule sur une tribune recouverte d'argent et sur un siège recouvert d'or. Or les barbares ne lui adressèrent aucune prière et ne se prosternèrent pas devant elle, malgré les fortes contraintes dont ils furent l'objet et les espoirs nombreux qu'on leur fit entrevoir, mais ils s'adressèrent à elle par son nom et cette attitude leur valut une réputation de fierté mais les fit durement traiter. (Dion Cassius, 49, 40, 2-4.)

On a beaucoup glosé sur cette manifestation qui n'a pas manqué d'alimenter à Rome rumeurs et propagande. L'héritier de César eut beau jeu de prétendre que l'on voulait priver le peuple romain de l'un de ses privilèges et qu'Antoine avait perverti l'une des cérémonies les plus sacrées du *decorum* romain, le triomphe. Certes, la présentation d'Artavasde, chargé de chaînes d'or, de toute sa famille et du butin rapporté d'Arménie pouvait rappeler quelques aspects de la pompe romaine, mais Antoine avait d'autres intentions et, dans son esprit, il ne s'agissait pas de reproduire une pâle copie de la cérémonie du Capitole.

Pour bien comprendre le sens du pseudo-triomphe – « une sorte de triomphe » selon l'expression de Dion Cassius – il faut se référer au dionysisme d'Antoine, cultivé au cours d'épisodes fameux, à Éphèse d'abord, à Tarse ensuite. Le caractère d'universalité de Dionysos, la possibilité d'établir, à travers lui, le lien avec les souverains hellénistiques servaient sa cause – et ses monnaies où les attributs dionysiaques se substituèrent peu à peu au type héracléen témoignent de cette nouvelle orientation –, mais on peut penser aussi qu'Antoine fut séduit par cette mystique au point de l'intégrer à sa personnalité et à son action. Sans doute encouragea-t-il l'assimilation de sa rencontre avec Cléopâtre à Tarse à celle de Dionysos et d'Aphrodite et ce patronage divin trouvait-il parfaitement sa place dans le contexte alexandrin ; les valeurs dionysiaques, en effet, imprégnaient la monarchie, la culture et les mœurs lagides. Cette relation était confortée par l'*imitatio Alexandri* qui inspira auparavant l'action de Pompée et de César en Orient, et les deux influences se rejoignaient dans cette image du héros *cosmocrator*, conquérant et organisateur du monde qu'Antoine voulait incarner. Ce que virent les gens d'Alexandrie, ce fut un cortège bacchique célébrant la victoire du dieu sur l'Asie. L'interprétation était mystique, mais à travers la symbolique dionysiaque du faste du triomphe, Antoine continuait à exalter l'*imitatio Alexandri*, et c'est au grand conquérant qu'il prétendait toujours se rattacher. Son cortège bacchique se situait dans la continuité de son arrivée à Éphèse et dans la tradition néodionysiaque. Il voulait raviver la geste d'Alexandre et, dans l'éclat de la fête, se replacer dans la lignée du héros macédonien. L'entrée à Alexandrie du cortège rappelle la procession du dieu : Antoine pénétra dans la ville, vêtu comme Dionysos, thyrse en main et chaussé de cothurnes, précédé du butin et de ses prisonniers de marque. Acclamé par une foule immense, il se dirigea vers le parvis du temple de Sérapis où l'attendait Cléopâtre, vêtue en Isis.

À Rome, quand on connut les détails, on ne fut point choqué, car on ne voyait nulle mauvaise intention dans la démarche d'Antoine : les principaux éléments du rituel romain étaient absents. Avec le Sénat et le peuple, manquait tout le caractère sacré du triomphe : aucune cérémonie, et pour cause, au Capitole, aucun sacrifice à Jupiter Optimus Maximus, le maître des lieux dont il était difficile de faire admettre qu'il avait été supplanté par Cléopâtre : dire qu'Antoine avait parodié le triomphe en substituant la reine d'Égypte à Jupiter, ce n'était qu'un slogan.

Surtout, l'évocation dionysiaque ne pouvait pas surprendre à Rome : elle avait inspiré César qui était mort en rêvant d'imiter Alexandre et qui se laissa sans doute séduire par cette mystique. Non seulement Octavien/Auguste n'a pas pu l'évacuer, mais encore il a cherché à la récupérer, en montrant que ce ne fut pas Dionysos qui fut plus tard vaincu dans la guerre contre l'Orient. Plutarque rappelle qu'à la veille de la chute d'Alexandrie, en 30, on entendit une musique harmonieuse produite par toute sorte d'instruments et le bruit d'une foule dansant au même rythme que les cortèges de satyres : la rumeur grossit en s'approchant du camp d'Octavien avant de s'éteindre tout à coup. Le biographe ajoute que certains interprétèrent le fait comme le signe de l'abandon d'Antoine par le dieu :

> Ceux qui réfléchirent sur ce signe pensèrent qu'Antoine était abandonné du dieu auquel il s'était toujours efforcé de ressembler et de s'assimiler. (Plutarque, *Antoine*, 75, 6.)

Le passage est à rapprocher de l'allusion moins connue de Dion Cassius aux roulements de tambours et aux coups de cymbales ainsi qu'aux sons de flûtes et de trompettes, annonciateurs de la chute de l'Égypte. L'utilisation ou la fabrication de cette rumeur paraît évidente : l'abandon d'Antoine par Dionysos, c'était non seulement la récupération du dieu par le vainqueur, mais aussi le transfert sur la personne du fils de César de l'héritage d'Alexandre.

Les décisions qu'Antoine prit dans le gymnase d'Alexandrie, quelques jours après la célébration de son « triomphe », confirmèrent sa volonté d'apparaître, à l'image d'Alexandre, comme le grand ordonnateur de l'Orient. Au cours d'un banquet donné aux Alexandrins dans ce somptueux édifice, Antoine, installé avec Cléopâtre sur deux trônes d'or, et entouré de leurs enfants, annonça au peuple l'instauration d'un empire oriental, organisé autour de la dynastie qu'il venait de fonder avec la reine d'Égypte : Cléopâtre était proclamée reine des rois, et Césarion/Ptolémée, roi des rois ; par ces titres, ils paraissaient exercer leur suzeraineté sur l'ensemble de l'Orient et étaient associés dans le gouvernement d'une Égypte agrandie de Chypre et de la Coelé-Syrie, donc rétablie dans ses frontières de l'époque de splendeur de Philadelphe. Alexandre Helios, âgé de six ans, recevait l'Arménie, la Médie dont il devait hériter par son mariage avec Iotapé et la Parthie, encore à conquérir, tandis que sa jumelle, Cléopâtre Séléné, recevait l'ancien royaume de Libye, devenue la province romaine de Cyrénaïque. Enfin le jeune Ptolémée, qui venait d'avoir deux ans et portait le surnom de Philadelphe pour rappeler le grand ancêtre, était placé à la tête de la Syrie, de la Phénicie et de la Cilicie, mais exerçait peut-être aussi sa suzeraineté sur les royaumes d'Asie antérieure :

> En même temps, il les présenta tous les deux au peuple, Alexandre, vêtu du costume des Mèdes avec la tiare et la citaris droite, Ptolémée avec les sandales, la chlamyde et le chapeau macédonien surmonté d'un diadème. Cette tenue était celle des rois successeurs d'Alexandre, et l'autre, celle des Mèdes et des Arméniens. Lorsque les deux enfants eurent embrassé leurs parents, ils furent entourés, l'un d'une garde d'Arméniens, l'autre d'une garde de Macédoniens. Dès ce moment et dans la suite, Cléopâtre ne parut plus en public que revêtue de la robe sacrée d'Isis, et donna ses audiences en tant que nouvelle Isis. (Plutarque, *Antoine,* 54.)

Le nouvel ordre oriental

Dans ces décisions, les préoccupations politiques n'étaient pas absentes ; en rappelant les liens entre César et Cléopâtre, qualifiée d'épouse du dictateur défunt, et en proclamant Césarion seul fils naturel et légitime de César, Antoine s'en prenait à son rival et contestait sa position d'héritier. Octavien ne se priva pas de faire rebondir la polémique autour des décisions concernant l'Égypte et la place privilégiée accordée à Cléopâtre, vite devenue la cible de ses attaques ; ces décisions furent présentées à Rome comme des monstruosités et Antoine fut accusé d'avoir bradé à sa maîtresse les possessions du peuple romain. Il n'y a rien cependant de plus faux que cette assertion. Antoine, comme auparavant Pompée, avait reçu un blanc-seing pour réorganiser l'Orient ; lors de la cérémonie, il a dû officier dans sa tenue militaire d'*imperator*, représentant de l'autorité de Rome ; il intervenait comme triumvir disposant d'un *imperium* étendu qui l'autorisait à arrêter toutes les mesures qui lui paraissaient utiles ; il est par ailleurs évident qu'il n'a jamais considéré les décisions prises comme contraires aux intérêts de Rome et n'a certainement pas eu, en agissant ainsi, l'impression de trahir : son souci de vouloir rendre compte de ses actes, plus tard au Sénat, témoigne de sa bonne foi. Non seulement il n'a jamais outrepassé les compétences d'un proconsul romain et n'a jamais abandonné à un quelconque prince étranger un territoire vital pour le peuple romain, mais surtout le système mis en place est vite apparu à son rival et successeur comme réaliste et viable. On pourra toujours spéculer sur la place qu'Antoine se réservait dans son nouvel ordre et l'usage qu'il aurait fait de sa victoire s'il l'avait emporté. Une chose demeure certaine : ses plans ne manquaient pas de cohérence et se situaient dans la continuité de ce rêve oriental qu'il n'avait cessé de caresser.

La campagne en Illyrie

La campagne conduite par Octavien en Illyrie-Dalmatie dans les années 35-33 s'inscrit dans le cadre de la lutte pour le pouvoir, même si les objectifs du triumvir ne peuvent se résumer à cela ; ces opérations militaires constituèrent aussi, en effet, une phase décisive dans la formation des provinces de Pannonie et de Dalmatie. Octavien poursuivit en cela la politique de César de protection des frontières de Cisalpine ; il entreprit également la conquête de nouvelles régions.

Les motivations d'une opération d'une telle envergure, engageant des forces importantes, tant navales que terrestres, sont nombreuses et complexes ; il fallait occuper les troupes dont l'inactivité pouvait se révéler dangereuse, comme l'avaient montré les mutineries de Sicile, mais la quête du butin et d'un succès militaire susceptible de rehausser le prestige militaire de l'héritier de César a dû largement compter dans une décision qui ne fut pas immédiate puisqu'il fut d'abord question d'une expédition en Afrique. Mais la rivalité avec Antoine a aussi pesé sur le choix du terrain de conquête, pour des raisons de propagande mais aussi de stratégie. Octavien était soucieux de montrer que son armée pouvait être utilisée à d'autres fins que les guerres civiles et, en particulier, à assurer la sécurité de l'Italie, voire à permettre l'extension des limites de l'empire. La restauration de la tranquillité des cités des confins de la péninsule, trop souvent perturbée pendant les guerres civiles, par les incursions et pillages des peuplades illyriennes ou alpestres, était devenue une priorité pour qui voulait s'assurer des suffrages de l'Italie ; au passage, il pouvait toujours espérer récupérer les enseignes jadis perdues par Gabinius au moment du conflit entre césariens et pompéiens : la réussite de l'entreprise soulignerait heureusement le contraste avec l'échec de la tentative du rival pour recouvrer celles de Crassus. Par ailleurs, la proximité des territoires d'Antoine offrait la possibilité de concentrer des troupes dans la perspective d'un futur affrontement ; la limite des deux sphères d'activité et de compétence avait été fixée à Scodra, capitale du dernier roi illyrien soumis par Rome, en 167, et les principales cités de la côte, Apollonie, Dyrrachium et Lissus, se trouvaient dans le domaine d'Antoine pour lequel elles constituaient de solides bases militaires. La coupure résultant de cette ligne de partage avait favorisé ce dernier dont les intérêts avaient été bien défendus dans les négociations de l'automne de 40 par un excellent connaisseur de la région, Asinius Pollion ; Octavien a sans doute cherché, dans la dernière phase de sa campagne, à profiter de la présence de son armée dans le sud de la Dalmatie pour pousser son avantage et effectuer quelques incursions dans les territoires formellement assignés à son concurrent.

Dans un premier temps, Octavien s'est surtout préoccupé de renforcer la défense du nord-est de l'Italie, menacé par les incursions d'un peuple, les Iapodes, qui, en l'espace de deux décennies, avaient attaqué à plusieurs reprises Tergeste (Trieste) et Aquilée. En 35, les troupes romaines, rassemblées précisément à Tergeste, prirent la direction du sud-est, vers Senia (Senj), le port des Liburniens, où elles s'emparèrent de la flottille de ce peuple ; les Liburnes avaient la réputation de se livrer à la piraterie et profitaient des échancrures de leur côte pour mettre à l'abri leurs vaisseaux rapides et faciles à manœuvrer. Ce sont ces mêmes embarcations que les Romains utilisèrent sur les rivières de l'intérieur du pays pour ravitailler l'armée, mais aussi pour entreprendre des opérations combinées contre certaines places fortes. À partir de là, l'armée s'enfonça vers l'est, dans le pays des Iapodes. La soumission des Monetii (Brinje) et des Arupini précéda la marche en colonnes séparées à travers les montagnes, en direction de Terponus (Gornje Modrus) qui tomba sans difficulté ; Octavien rencontra plus de résistance à Metulum (Vincica) : l'oppidum ne fut détruit qu'après un siège difficile, au cours duquel lui-même fut légèrement blessé. Puis le triumvir se dirigea vers le territoire des Segestani et assiégea par terre et par le fleuve leur capitale, Siscia, située sur la Save. La cité, un important *emporion*, verrou défensif de toute la vallée, au cœur du pays pannonien, ne tarda pas à tomber, sans doute pendant l'hiver de 35-34. La flotte, commandée par Ménas qui trouva la mort dans ces opérations, contribua largement au succès d'une entreprise qui ouvrait la route vers le Danube et le territoire des Daces. Certes, le prétendu plan d'attaque contre ce peuple et celui des Bastarnes doit être rangé au rayon de la propagande, mais le contrôle du territoire des Segestani constituait une excellente base de départ pour de futures expéditions. Dès cette époque, d'ailleurs, des contacts furent noués avec les Daces, puisque Octavien promit au roi Cotiso sa fille Julie en mariage. Surtout, l'installation à Siscia d'une garnison permanente composée de vingt-cinq cohortes prévenait contre toute offensive d'Antoine à partir de la Macédoine. Appien, qui s'est inspiré pour ses *Illyriques* des Mémoires du prince, source primaire essentielle mais donc partiale de l'expédition, a dressé la liste des peuples soumis par le triumvir au cours de la campagne ; elle reflète l'étendue des territoires pacifiés et conquis puisque l'Illyrie, au sens strict du terme, ne fut pas le seul théâtre d'opérations : les campagnes conduites contre les Salasses, les Taurisques ou les Carnes touchèrent aussi les tribus des

Alpes et la participation de plusieurs personnages de haut rang, comme Messalla, Statilius Taurus ou Agrippa, implique l'existence de plusieurs fronts. Mais l'Illyricum de cette époque, tout entier, c'est-à-dire les actuels territoires de la Bosnie et du sud de la Serbie, fut concerné et, s'il ne fut pas encore question d'imposer une présence durable des forces romaines dans les régions comprises entre la Save et le Danube, il ne fait aucun doute que le grand fleuve fut atteint et que ses rives ne tarderaient plus à revoir les enseignes romaines.

La seconde phase de la campagne, en 34-33, se déroula sur la côte dalmate. À la tête de la flotte, Agrippa conduisit les premières opérations ; il s'agissait tout d'abord de protéger les colonies césariennes de Salone, Narone et Épidaure contre les Dalmates. Soutenue par la marine et les petits navires liburnes, l'armée romaine s'avança vers le sud, le long de la côte, et s'empara de Promona, Sinodium et Setovia avant de détruire les forces dalmates et de récupérer les enseignes de Gabinius. Après le départ d'Octavien et d'Agrippa pour Rome, à la fin de l'année 34, Statilius Taurus fut placé à la tête des troupes et chargé d'achever les opérations, plus au sud. Il n'est pas impossible que les forces césariennes se soient alors installées à Dyrrachium, située au sud de Scodra, donc sur le territoire placé sous la responsabilité d'Antoine ; mais, à cette date, les relations entre les deux partenaires s'étaient tellement détériorées que tous les coups étaient permis et les atteintes à leurs accords de simples anecdotes.

Assauts de propagande

En attendant que l'affrontement ne prenne un tour plus violent et ne dégénère en guerre ouverte, Octavien ne se priva pas d'opposer le bilan de sa campagne à l'échec de l'expédition d'Antoine au royaume parthe. Il y avait là matière à alimenter sa propagande.

À partir de 34 et du début de 33, les relations se tendirent davantage encore entre les deux triumvirs ; pamphlets, critiques, injures paraissent avoir fleuri, alimentés par un certain nombre d'événements qui accélérèrent la détérioration de leurs rapports.

Le premier janvier de l'année 33, Octavien revêtit le consulat, mais, comme l'avait fait son collègue l'année précédente, se démit de sa charge au bout d'une journée et la remit à l'un de ses amis qui devint donc consul suffect ; il profita néanmoins de son intervention au Sénat pour se livrer à une première attaque contre Antoine, prenant sans doute pour cible les concessions faites à Cléopâtre et rejetant la reconnaissance de Césarion comme fils de César. Antoine, de son côté, après avoir conclu son alliance avec le roi de Médie, décida de convoquer ses généraux et de rassembler son armée à Éphèse, où il se trouvait encore pendant l'hiver de 33-32. Devant la virulence de la propagande d'Octavien, il semble avoir voulu se justifier devant le Sénat de ses actes, et notamment de sa politique orientale, sans mesurer véritablement l'impact que celle-ci avait pu avoir à Rome. Adressés à l'assemblée à la fin de l'année 33, les *acta* d'Antoine ne parvinrent à Rome qu'au début de 32, au moment où Cneius Domitius Ahenobarbus et Caius

Sosius, ses partisans, revêtaient le consulat. Ceux-ci hésitèrent quelque peu sur l'opportunité de lire le message d'Antoine, parce qu'ils en redoutaient les répercussions aussi bien sur le peuple que sur les *patres*. Mais, au mois de février, Sosius prit l'offensive et critiqua durement l'héritier de César, alors absent de l'assemblée. Celui-ci s'était retiré hors de Rome pour mieux préparer sa défense et éviter d'être mis en accusation; lorsqu'il revint au Sénat, il se présenta entouré de gardes et d'amis armés de poignards pour prévenir tout attentat contre sa personne. Il lança à son tour de sévères attaques contre Antoine, puis, lors d'une nouvelle séance, dénonça les donations d'Alexandrie, en prenant appui sur le message de son rival; les consuls, mis dans l'incapacité de répliquer, et une bonne partie des sénateurs – trois cents selon les sources – préférèrent quitter la ville pour rejoindre à Éphèse Antoine et Cléopâtre. La reine avait su convaincre quelques amis du triumvir de l'admettre au sein de l'état-major pour participer à la campagne. D'aucuns prétendirent qu'elle craignait une nouvelle réconciliation des deux beaux-frères par l'intermédiaire d'Octavie dont elle était jalouse. Antoine et Cléopâtre passèrent ensuite avec leur flotte et leur armée à Samos où des fêtes somptueuses semblent avoir eu lieu, au mois d'avril:

> Lorsque toutes leurs forces furent réunies, ils s'embarquèrent pour Samos où ils passèrent le temps en fêtes. En effet, si l'on avait ordonné aux rois, aux dynastes, aux tétrarques, à toutes les villes et à tous les peuples situés entre la Syrie, le Palus-Méotis, l'Arménie et l'Illyrie, d'envoyer ou d'amener tout ce qu'ils auraient préparé pour la guerre, on tint également pour nécessaire de faire venir à Samos tous les artistes dionysiaques, et, tandis que presque toute la terre habitée à la ronde retentissait de lamentations et de gémissements, une seule île pendant de longs jours fit entendre le son des flûtes et des lyres, et la foule remplissait les théâtres, où les chœurs se disputaient les prix. Chaque ville envoyait un bœuf à sacrifier, et les rois rivalisaient entre eux de réceptions et de présents. Ainsi se demandait-on partout ce qu'ils feraient, vainqueurs, pour célébrer leur triomphe, eux qui fêtaient les préparatifs de guerre avec une telle munificence. (Plutarque, *Antoine,* 56, 4.)

En mai, Antoine, accompagné de Cléopâtre, installa ses quartiers à Athènes. Au début de l'été, comme les préparatifs de guerre s'accéléraient, il décida de divorcer d'Octavie:

> Puis il envoya des gens chargés de chasser Octavie de sa maison. On dit qu'en en sortant elle emmena avec elle tous les enfants d'Antoine, à l'exception de l'aîné des fils de Fulvia (celui-ci était auprès de son père). Elle pleurait et se désolait à la pensée de paraître avoir été, elle aussi, une des causes de la guerre. Les Romains éprouvaient moins de pitié pour elle que pour Antoine, surtout ceux qui, ayant vu Cléopâtre, se rendaient compte qu'elle ne l'emportait sur Octavie ni en beauté ni en jeunesse. (Plutarque, *Antoine,* 57, 4.)

Le dernier lien entre les triumvirs était dès lors brisé et toute chance d'accommodement avait définitivement disparu.

C'est à ce moment que se produisit la trahison de Plancus et de Titius. Les deux parents, l'oncle et le neveu, étaient entrés en conflit avec Cléopâtre dont ils avaient été pourtant de bien vils courtisans ; ainsi en témoigne l'épisode du fameux pari sur la perle, lorsque Plancus « fut choisi comme arbitre de cette si noble joute » au cours de laquelle Cléopâtre, pour impressionner Antoine qui la mettait au défi de dépenser plus d'argent que lui dans un repas, fit dissoudre dans du vinaigre une perle d'une valeur et d'une grosseur surprenantes et avala le tout (Macrobe, *Saturnales,* 3, 17, 5) ; d'où le jugement sans appel de Velleius Paterculus :

> Alors qu'il avait été le plus vil des adulateurs de la reine, un client plus bas que les esclaves, alors qu'il avait été le secrétaire d'Antoine, l'instigateur et l'agent de ses pires débauches, alors qu'il était prêt à se vendre pour tout et en toutes circonstances,... il passa du côté de César.

Plutarque prétend que la reine les avait outragés ; on peut supposer qu'ils supportaient de plus en plus mal son arrogance et sa volonté de se mêler de tout, y compris des choses de la guerre. D'autres affirment que Plancus avait été démasqué par Antoine dans ses malversations et qu'il lui avait paru plus sage de s'éloigner ; tout laisse aussi penser que le vieux consulaire savait mieux que nul autre apprécier l'évolution du rapport des forces. Les deux transfuges ne se gênèrent pas pour raconter ce qui s'était passé à Alexandrie et pour critiquer Antoine, à tel point que certains, à Rome, furent choqués de l'outrance des propos :

> Ce n'est pas sans esprit que l'ancien préteur Coponius, un homme des plus rigoureux, beau-père de Publius Silius, dit à Plancus qui, transfuge de fraîche date, reprochait dans une séance du Sénat beaucoup d'infamies à Antoine absent : « Par Hercule ! Antoine a fait bien des choses la veille du jour où tu l'as quitté. » (Velleius Paterculus, 2, 83, 3.)

Ils révélèrent surtout à Octavien qu'Antoine avait déposé son testament chez les Vestales et que son contenu avait largement de quoi nourrir la polémique :

> Octavien les accueillit avec joie et apprit d'eux tout ce qui concernait les affaires d'Antoine, en particulier ses actes et ses projets, ainsi que le contenu de son testament et le nom de son dépositaire – c'étaient eux, en effet, qui y avaient appliqué leur sceau. La colère d'Octavien en fut accrue et il n'hésita pas à faire rechercher le testament ni à s'en emparer, ni à l'apporter et à le lire au Sénat, puis à l'assemblée. Or ce testament contenait des clauses telles qu'il n'encourut aucun reproche de ces assemblées malgré l'illégalité totale de son procédé. Antoine y affirmait en effet sous serment que Césarion était réellement le fils de César, faisait des présents considérables aux enfants de l'Égyptienne élevés par lui et demandait à être enseveli à Alexandrie et aux côtés de Cléopâtre. (Dion Cassius, 50, 3, 3-5.)

Tout était, en effet, illégal dans la démarche d'Octavien ; comme il lut d'abord, seul, le contenu du testament, il n'est pas impossible qu'il l'ait modifié à sa guise, pour en rendre les termes encore plus percutants ; l'affaire, en tout cas, lui permit d'alimenter sa propagande.

Celle-ci avait pris les formes les plus variées ; ainsi les opérations édilitaires réalisées à Rome par les *uiri triumphales*, c'est-à-dire les généraux qui célébraient un triomphe. L'or coronaire versé par les cités italiennes à un triomphateur lui offrait la possibilité non seulement d'accorder des récompenses à ses soldats et de payer la pompe triomphale, mais aussi, parfois, de construire un monument qui immortalisait sa victoire. Cet acte permettait également de rappeler au peuple que l'on se préoccupait aussi de la munificence de Rome. De nombreux triomphes furent célébrés à partir de 34, dont l'objectif était de gagner les faveurs de la plèbe ou la protection des dieux et d'exalter les exploits militaires accomplis dans l'un ou l'autre camp : la construction du temple d'Apollon Sosianus par Caius Sosius, le vainqueur de Jérusalem et l'ami d'Antoine, constitue un bon exemple de la lutte que se livrèrent les triumvirs pour accaparer le patronage de certaines divinités. En ce qui concernait Apollon, Octavien avait voulu se placer sous la protection de ce dieu en installant son temple, dès 36 av. J.-C., sur son domaine privé, au Palatin, et l'on comprend mieux ainsi l'intention du consul de 32. La guerre qui se préparait n'était pas seulement celle de deux hommes qui ambitionnaient de gouverner le monde ; elle était aussi celle des dieux de l'Occident, et d'Apollon en particulier, contre les divinités orientales.

On peut replacer dans ce contexte l'action de Marcus Agrippa qui, fait extraordinaire, avait accepté un retour en arrière dans son cursus, en revêtant pour l'année 33 la charge d'édile, alors qu'il avait été consul quatre ans plus tôt : *Agrippa aedilis post primum consulatum* (Frontin, *Sur les aqueducs,* IX, 1.)

L'une de ses premières mesures fut d'expulser de Rome mages et charlatans, soupçonnés de constituer une sorte de cinquième colonne, et de prédire la revanche de l'Orient sur l'Occident. Mais l'action de l'édile ne se limita pas à cela et Pline parle d'une *memorabilis aedilitas.* Agrippa accomplit, en effet, une œuvre considérable à Rome pour améliorer les conditions de vie dans la capitale : le confort du peuple et la salubrité de l'*Vrbs* avaient été jusqu'alors trop négligés par les chefs de parti : le système d'alimentation en eau de Rome était dépassé et ne suffisait plus à répondre aux exigences d'une population qui ne cessait de croître. L'entretien des rues, des bâtiments publics, le drainage des égouts n'étaient plus effectués ; depuis plusieurs années, en effet, on préférait éviter une charge qui semblait dénuée d'intérêt dans l'optique d'une carrière politique ; l'édilité était ainsi désertée. Agrippa entreprit l'installation ou la restauration de l'essentiel du réseau d'aqueducs dans la capitale ; il fit non seulement réparer, à ses frais, les anciens *Aqua Marcia, Aqua Appia, Anio Vetus*, mais en fit aussi construire d'autres comme l'*Aqua Iulia* ou l'*Aqua Virgo*, dont les eaux alimentent encore aujourd'hui la fontaine de Trévi. Il apporta tous ses soins à pourvoir la cité de nombreux points d'approvisionnement, transformant Rome en véritable ville des fontaines. Pline parle de sept cents bassins, de cent trente réservoirs installés et magnifiquement décorés, de trois cents statues de bronze et de quatre cents colonnes de marbre, de cinq cents fontaines. Strabon, s'émerveillant du spectacle des rivières qui se déversaient à travers la ville, constatait que c'était un bienfait d'Agrippa si chaque maison ou presque possédait désormais citerne, conduite ou fontaine. La réponse restée célèbre d'Auguste au peuple venu lui réclamer des distributions de vin – « Mon gendre Agrippa, en construisant plusieurs aqueducs, avait suffisamment pourvu à ce que personne n'eût soif » (Suétone, *Auguste*, 42, 1) – est explicite quant à l'importance et à la fierté que le pouvoir retirait de cette entreprise. Parallèlement à cette remise en ordre et à cette réorganisation du service des eaux, désormais doté d'un corps de spécialistes, esclaves ou affranchis appartenant à sa propre *familia*, Agrippa fit remettre en état le système de drainage des égouts de la Ville : il fit notamment nettoyer les conduits et parcourut en barque les galeries de la *cloaca Maxima* pour s'assurer du résultat de l'opération. Pour gagner l'appui du peuple, il fallait aussi lui donner des jeux ; l'édile célébra avec splendeur toutes les fêtes publiques, celles qui relevaient de sa charge, mais aussi les autres. À chaque occasion, il distribua huile et sel à tous les citoyens, mit gratuitement à la disposition de chacun des barbiers, plaça un jour au centre du grand cirque toutes sortes d'objets et de marchandises qu'il autorisa le peuple à piller ; tel était le prix d'achat des consciences populaires et, sous le couvert d'une action édilitaire, le parti césarien entreprenait une opération de mobilisation et de conditionnement de la plèbe au cours de manifestations qui véhiculaient des slogans partisans. Les opérations de police menées en parallèle permettaient de faire taire une éventuelle concurrence.

Mais la manipulation idéologique ne suffisait pas toujours, pour provoquer l'adhésion à une cause ou le rejet de l'autre ; la polémique était indispensable pour convaincre le peuple de prendre parti. Ce fut l'affaire des messages publics, adresses et surtout lettres privées que les deux camps n'hésitèrent pas à diffuser pour prendre l'opinion à témoin des reproches, ressentiments, critiques, voire injures que l'on s'adressait. De part et d'autre, on mobilisa les meilleures plumes et cette offensive épistolaire s'intensifia au début de l'année 32. Antoine reprochait à Octavien l'élimination de Sextus Pompée et la déposition de Lépide, sans qu'il y ait eu, par la suite, de partage de leurs attributions, des territoires qu'ils gouvernaient, des forces qu'ils commandaient, la non-application de l'exercice du condominium sur l'Italie, prévu à Brindes en 40. Octavien répliquait en condamnant l'occupation de l'Égypte, décidée unilatéralement, l'exécution de Sextus Pompée, et surtout la conquête de l'Arménie dont il n'avait pas, lui non plus, tiré avantage, et qui venait ternir l'honneur du peuple romain. Quant aux terres que les soldats d'Antoine n'avaient pas obtenues en Italie, ceux-ci pourraient les trouver en Médie et en Parthie, puisque Antoine prétendait avoir conquis ces régions. Et surtout l'héritier de César avait beau jeu d'affirmer qu'Antoine avait abandonné à la reine d'Égypte et à ses enfants des territoires placés sous la domination de Rome et qu'il avait fait, en la circonstance, peu de cas des droits et conquêtes du peuple romain. En fait, la propagande césarienne n'insistait pas tant sur les donations d'Alexandrie que sur l'accusation de vouloir fonder une monarchie orientale qui avait l'ambition de supplanter Rome. La conduite du triumvir à Alexandrie, ses relations avec Cléopâtre pouvaient alimenter ces craintes, d'autant que, sur ce chapitre, les transfuges – Plancus et Titius et plus tard Dellius – allaient se révéler des témoins irrécusables, car, malgré leurs outrances, leur témoignage avait le poids des anecdotes vécues. Octavien sut s'en servir et Dion Cassius a bien présenté ce que la propagande de l'héritier de César voulait mettre en évidence : la déchéance d'Antoine et l'ambition de Cléopâtre qui, après avoir asservi l'un des plus grands généraux romains, désirait soumettre Rome à ses caprices : selon la version octavienne des faits, Antoine avait perdu jusqu'au souvenir de ses origines :

> « Que personne ne le considère donc plus comme romain, mais comme égyptien, ni ne l'appelle plus Antoine mais d'un nom comme Sérapion ! Qu'on ne considère plus qu'il a été un jour consul ou *imperator*, mais gymnasiarque ! Car ces noms, il les a volontairement échangés avec les précédents et, après avoir rejeté tous les sujets de fierté de ses ancêtres, le voilà devenu joueur de cymbale de Canope ! » (Dion Cassius, 50, 27, 1.)

Tout cela préludait à la guerre et comme on ne pouvait pas la faire à un Romain, on concentra les attaques sur Cléopâtre. La camarilla d'Octavien se déchaîna contre la reine d'Égypte et fustigea ses rêves de grandeur ; elle était un fléau, une femme, qui méprisait Rome et rêvait de l'asservir ; ne proclamait-elle pas déjà qu'elle ne tarderait pas à rendre la justice sur le Capitole ? Quant à Antoine, les philtres et la magie de la reine avaient emporté sa raison ; Cléopâtre l'avait ensorcelé pour mieux le soumettre. À Alexandrie, c'était elle le véritable maître qui organisait les festivités et présidait aux séances de débauches dans lesquelles se perdait son amant. Pour discréditer Antoine, il ne suffisait pas que la reine d'Égypte fût une sirène ; il fallait faire d'elle une furie, « *fatale monstrum* ». Antoine n'était plus qu'un Romain dégénéré qu'il fallait bien combattre puisqu'il n'abandonnerait plus l'Égyptienne. La version officielle de la cause de la guerre d'Actium devenait simple, cohérente : il s'agissait d'une juste guerre, menée pour la défense de la liberté et de la paix contre un ennemi étranger. Un apatride cherchait à saper les libertés du peuple romain et à livrer l'Italie et l'Occident à une reine orientale.

Il est difficile de mesurer l'impact de ce matraquage sur l'opinion publique, à Rome et en Italie ; l'argent d'Antoine faisait merveille et ses agents s'évertuaient à en freiner les effets, et bien des indices incitent à penser que l'adhésion au parti d'Octavien ne fut pas aussi totale que la littérature officielle voudrait le faire croire. Malgré l'accumulation des « preuves » – déclarations de transfuges, lecture des *acta* d'Antoine au Sénat, puis de son testament –, on ignore s'il y eut beaucoup de gens pour se laisser prendre à la supercherie. Il fallait cependant donner l'impression du consensus, de l'unanimité ; la propagande forgea le slogan de «*tota Italia*» avant de transformer le succès d'Actium en victoire mythique de l'Occident sur les démons orientaux.

La campagne d'Actium

Après qu'Antoine eut été déchu du consulat de 31 pour lequel il avait été désigné, la guerre fut déclarée à Cléopâtre et à elle seule, selon les rites traditionnels pour donner davantage de solennité à l'événement:

> On retira à Antoine le consulat pour lequel il avait été désigné et tout le reste de ses attributions. On ne le déclara pas cependant expressément ennemi, de peur que ses compagnons ne dussent eux aussi être mis au nombre des ennemis s'ils ne l'abandonnaient pas, mais on montra par les faits qu'on le tenait bel et bien pour tel. On vota en effet pour ses partisans l'impunité ainsi que des éloges s'ils l'abandonnaient et on déclara ouvertement la guerre à Cléopâtre. On prit les armes comme si le combat était déjà engagé, on se rendit au temple de Bellone pour accomplir selon l'usage toutes les cérémonies préliminaires à une guerre, Octavien officiant en tant que fécial. Ces mesures visaient officiellement Cléopâtre, mais étaient en fait dirigées contre Antoine. (Dion Cassius, 50, 4, 3-4.)

La tradition n'était cependant pas complètement respectée, puisqu'à l'origine l'objet du rite était de faciliter un compromis, en proposant à l'adversaire un accommodement qui évitait le recours à la violence. Cette démarche permettait d'accréditer l'idée d'une guerre juste, dans la mesure où tout avait été fait pour l'éviter, l'autre partie en portant désormais la responsabilité. Dans ce cas, cependant, aucun *fetialis* n'avait été envoyé en Égypte: la procédure était avant tout psychologique et revêtait un caractère de propagande.

Au même moment, c'est-à-dire à l'automne de 32, Octavien fit prêter serment de fidélité à l'Italie et à l'Occident:

> Toute l'Italie m'a prêté serment d'une façon spontanée et m'a demandé comme chef dans la guerre qui m'a vu vainqueur à Actium. Le même serment m'a été prêté par les Gaules, les Espagnes, l'Afrique, la Sicile et la Sardaigne. (Auguste, *Res Gestae*, 25.)

Il faut certainement replacer cette *Iuratio* dans le contexte de la déclaration de guerre à la reine d'Égypte et de la dénonciation d'Antoine comme son allié. Ce serait cependant une erreur de lui accorder une valeur institutionnelle et d'en faire un supplétif à l'extinction des pouvoirs triumviraux qui avait dû survenir à la fin de 33. Le témoignage de Dion Cassius paraît attester un semblable serment prêté à Antoine en Orient: on ne lui accorde pas, en général, la même importance. En ce qui concerne Octavien, cette *coniuratio* avait surtout une valeur morale et propagandiste. Certaines cités furent d'ailleurs exemptées parce qu'elles faisaient partie de la clientèle d'Antoine – et elles le payèrent cher par la suite –, ce qui tend à prouver que le serment ne fut pas spontané et que des contraintes furent certainement exercées sur les Italiens. Les gens de Bologne ne furent d'ailleurs pas les seuls excusés et bien des indices incitent à penser que l'adhésion au parti d'Octavien ne fut pas aussi totale que la littérature officielle, dont les *Res Gestae* constituent l'expression finale, voudrait le faire croire.

Au sortir de l'hiver de 31, Agrippa, placé, comme en Sicile, à la tête de la flotte césarienne, lança ses navires sans doute légèrement armés contre les positions d'Antoine en Grèce méridionale, afin de rompre la chaîne qui unissait le maillon principal (l'escadre qu'Antoine avait placée en avant-poste dans le golfe d'Ambracie) à la Méditerranée orientale, et notamment à l'Égypte d'où arrivait le ravitaillement de ses troupes. Antoine songeait peut-être à une attaque contre l'Italie, mais il n'était visiblement pas pressé puisqu'il séjournait toujours à Athènes avec Cléopâtre, son état-major et le gros de ses troupes terrestres. La tactique de harcèlement de l'amiral d'Octavien fut facilitée par l'étirement des positions de l'adversaire entre Corcyre et le sud du Péloponnèse : après avoir donné la chasse aux navires qui apportaient le blé d'Égypte et de Syrie, il attaqua les positions les plus méridionales du dispositif d'Antoine, là où l'effet de surprise était susceptible de jouer le plus. Il s'empara ainsi de Méthone, située à l'extrémité sud-ouest du Péloponnèse, où Bogud, l'ancien roi de Maurétanie, allié d'Antoine, fut tué ; de là, Agrippa pouvait contrôler l'ensemble de la circulation maritime autour de la côte occidentale de la Grèce. Ces opérations firent surtout diversion, et la prise de Corcyre, d'où furent délogés la garnison et les navires antoniens, ne tarda pas à suivre. Elle permit le débarquement de l'armée d'Octavien, plus au nord, sur la côte épirote ; à partir de là, les troupes césariennes descendirent le long du rivage jusqu'à l'embouchure d'une rivière appelée Acheron, à proximité du promontoire d'Actium. Antoine, installé dans son quartier général de Patras, sur le golfe de Corinthe, avait été une fois de plus surpris ; il fut informé et du débarquement de son rival et de l'avancée de son armée le long de la côte lorsqu'Octavien avait pratiquement atteint le golfe d'Ambracie. Il ne pouvait plus rester dans l'expectative et se hâta de rejoindre sa flotte qui risquait d'être étouffée.

À partir de ce moment, les positions se figèrent et les deux armées s'observèrent. Octavien, qui ne pouvait pénétrer dans le golfe dont l'entrée était contrôlée par les troupes adverses, installa sa flotte dans la baie de Gomaros ouverte vers le large et qu'il fallut protéger par un môle. Pendant ce temps, Agrippa poursuivait sa tactique de harcèlement pour isoler davantage Antoine de ses arrières ; il s'empara tout d'abord de Leucade et chassa l'escadre qui gardait le passage entre l'extrémité sud de la presqu'île, le cap Ducato, et les îles d'Ithaque et de Céphallénie. La flotte d'Antoine ne pouvait plus recevoir de renforts, tandis que lui disposait désormais d'un port sûr, contrôlait les accès au golfe et assurait la liaison de l'armée d'Octavien avec ses arrières, et notamment l'Italie. Puis Agrippa lança une attaque contre Patras et battit l'escadre commandée par un ancien partisan de Sextus Pompée, Quintus Nasidius, qui avait rallié le camp d'Antoine. Les césariens étaient désormais maîtres du golfe et Corinthe ne tarderait plus à tomber. Sur le continent, les adversaires avaient engagé les premières escarmouches ; Antoine était le plus pressé d'en découdre et avait installé son camp en face de celui d'Octavien. Pour l'inciter à un engagement, il avait envoyé sa cavalerie le long de la côte pour bloquer l'armée de son rival et le contraindre à livrer bataille, mais une défaite de sa cavalerie et la désertion de plusieurs personnages importants l'incitèrent à la prudence.

Au début du mois d'août, Agrippa rejoignit Octavien. Antoine, qui n'avait pu déloger celui-ci de son camp, établi sur la position élevée de Mikhalitzi, au nord d'Actium, et dont les forces étaient amoindries par la malaria et les désertions, tenta de desserrer l'étreinte autour de ses positions. Caius Sosius, mettant à profit une forte brume pour effectuer une sortie, attaqua par surprise et défit le chef de l'escadre césarienne qui gardait le détroit au nord de Leucade. Agrippa survint au moment où le lieutenant d'Antoine engageait la poursuite et retourna la situation; Sosius fut battu et dut se retirer avec de lourdes pertes. Les opérations préliminaires et la guerre de course conduites par Agrippa s'étaient révélées décisives pour placer Antoine dans une situation difficile; c'est ce contexte qu'il faut mettre en lumière pour expliquer les décisions qui furent alors prises.

Les forces rassemblées de part et d'autre dans le golfe d'Ambracie étaient considérables. Certes, l'armada de guerre qu'Antoine avait réunie à Éphèse, puis fait passer en Grèce, avait été quelque peu amoindrie par les défaites successives infligées à ses lieutenants par Agrippa; mais c'étaient surtout les désertions et les épidémies qui avaient décimé ses équipages et, en fin de compte, il avait dû faire brûler des vaisseaux faute de pouvoir les mettre en service. La flotte qu'il aligna comptait deux cent trente navires dont les soixante égyptiens de Cléopâtre que la reine avait tenu à conserver, entre autres raisons pour charger ses trésors. Cela lui était suffisant pour accueillir quelque vingt mille fantassins et deux mille archers. Octavien pouvait aligner quatre cents navires *nobis quadragintae amplius naves*, selon la formule de Florus (II, 21, 5); il disposait donc d'une évidente supériorité numérique d'autant que les navires égyptiens ne devaient pas participer à l'engagement. Huit légions, soit environ quarante mille hommes, montaient ces vaisseaux. Par ailleurs, contrairement à ce que l'on a avancé, la bataille d'Actium ne vit pas l'affrontement des lourds navires d'Antoine et de ceux, plus petits mais plus rapides, de l'héritier de César. La flotte d'Octavien était celle qu'Agrippa avait commandée en Sicile, car il n'avait pas eu le temps d'en construire une autre depuis; la relative infériorité de taille des vaisseaux était compensée par leur supériorité numérique tant du fait de leur nombre que des forces qui les montaient.

À terre, les deux armées avaient à peu près la même importance: Antoine disposait à Actium de cent mille hommes et de douze mille cavaliers. Son infanterie était composée de dix-neuf légions, soit environ soixante-quinze mille hommes (toutes les légions n'étaient pas complètes) et de vingt-cinq mille hommes d'infanterie légère amenés par les alliés; il est certain que, dans cette armée, les Orientaux étaient nombreux, car Antoine avait dû recruter chez les Galates, Syriens et Macédoniens en promettant l'octroi de la citoyenneté. Il avait aussi fait appel aux Italiens installés en Asie et aux vétérans démobilisés puisque le recrutement dans la péninsule lui avait été interdit. Octavien avait emmené avec lui seize légions, soit un peu moins de quatre-vingt mille hommes et douze mille cavaliers; cela correspondait à la moitié des troupes occidentales. Cette armée était redoutable et comptait au moins autant de légionnaires que celle de son adversaire: elle était surtout plus homogène et s'était aguerrie pendant la campagne d'Illyrie. Mais Octavien avait surtout confiance dans sa flotte; elle avait vaincu Sextus Pompée en Sicile et joué un rôle important en Dalmatie où elle s'était renforcée avec la flottille liburne. La campagne préliminaire conduite par Agrippa avait achevé de convaincre le jeune César que le sort de la guerre se jouerait en définitive sur mer.

Dans ce contexte, on comprend mal qu'Antoine ait finalement choisi de risquer le sort dans un affrontement naval. Si l'on suit Plutarque, Marc Antoine était tellement inféodé à Cléopâtre que, dès le début de la campagne, il savait qu'il livrerait bataille sur mer; le biographe s'évertue à montrer le caractère contre nature de cette décision et rappelle même l'anecdote de cet officier d'infanterie qui, à la veille de la bataille, vint montrer ses blessures à son général, en l'implorant de renoncer à tenter le destin sur mer et d'affronter l'ennemi sur terre, là où ses légionnaires pourraient vraiment se battre:

> « Général, pourquoi méprises-tu ces blessures et cette épée, et mets-tu tes espoirs dans de mauvais bois ? Laisse les Égyptiens et les Phéniciens combattre sur mer, et à nous, donne-nous la terre, sur laquelle nous sommes accoutumés à tenir ferme et à mourir ou à vaincre les ennemis. » Antoine ne répondit rien; il se contenta de lui faire un signe de la tête, comme pour l'encourager, et il passa.

Mais tout cela fait partie de la thèse que développe l'auteur dans sa vie d'Antoine où il veut montrer que le triumvir a été perdu par son amour pour Cléopâtre dont les charmes lui firent échapper des mains de grandes entreprises et le poussèrent à prendre la fuite au moment décisif de la bataille. Dion Cassius fait état d'un conseil de guerre au cours duquel on débattit pour savoir si l'on allait combattre sur place ou si l'on devait se replier pour engager le combat sur un terrain plus favorable; il précise, en outre, que l'avis de Cléopâtre, qui préconisait un retrait vers l'Égypte, l'emporta. La question essentielle demeure de savoir si le choix d'Antoine a été le plus opportun.

Enfermé dans le golfe d'Ambracie et soumis à un blocus maritime très efficace, battu régulièrement dans les confrontations préliminaires, tant sur terre que sur mer, constatant aussi que chaque jour diminuaient les chances de succès, voire de survie, d'une armée et d'une flotte amoindries par la malaria, Antoine était conscient qu'il lui fallait au plus tôt sortir du piège. Or il ne lui était plus possible de remporter sur terre, à Actium même, une victoire décisive; Octavien s'était toujours dérobé à un affrontement de grande envergure et paraissait décidé à adopter la même tactique puisque, de surcroît, le temps jouait pour lui.

Se replier vers la Grèce et la Macédoine afin d'y livrer bataille comme à Pharsale ou à Philippes, ainsi que le préconisait Canidius Crassus, présentait un inconvénient majeur, le sacrifice de la flotte qui n'avait aucune chance de s'échapper du golfe ; or celle-ci jouait un rôle essentiel pour maintenir les relations avec l'Orient et l'Égypte et il était impératif de la sauver ou, du moins, de conserver l'essentiel des navires. Pour cela, il fallait nécessairement affronter l'escadre adverse et livrer bataille pour forcer le blocus ; dans cette perspective, Antoine avait besoin de troupes à bord de ses vaisseaux, pour d'éventuels combats d'abordage. Cette option n'impliquait pas obligatoirement la perte de l'armée de terre : tout dépendait de l'objectif que le triumvir s'était fixé et de la réaction des soldats devant l'enchaînement des événements. La propagande augustéenne a dénaturé les intentions d'Antoine, mais l'analyse du déroulement de la bataille qui pourrait, *a posteriori*, éclaircir les intentions premières du triumvir et de la reine d'Égypte a influé sur notre jugement : la fuite ou le départ de Cléopâtre à un moment important de l'engagement ont été considérés par les Anciens, mais aussi par un bon nombre de spécialistes modernes, comme l'élément qui en a déterminé l'issue et l'on en est venu à penser qu'Antoine et Cléopâtre avaient, à l'avance, programmé leur fuite et délibérément sacrifié une partie importante de leur flotte. La réalité est quelque peu différente : l'objectif d'Antoine – et tout le monde aujourd'hui s'accorde sur ce point – consistait à rompre le blocus maritime ; pour cela, il lui fallait bien livrer bataille. Les textes indiquent clairement qu'il s'y préparait, mais cela ne veut pas dire qu'il ait pensé remporter une victoire décisive sur Octavien dont les forces, dans ce domaine, étaient incontestablement supérieures. Tout dépendait ensuite de la réaction de l'armée de terre devant l'éloignement de son chef. Canidius Crassus devait, en son absence, maintenir la fidélité des troupes et opérer une retraite à travers la Grèce avant de rejoindre Antoine en Orient sur un terrain plus favorable : la position stratégique des deux camps serait alors modifiée et Antoine pourrait espérer renverser la situation, d'autant que son adversaire serait loin de ses bases. Pour maintenir le moral des troupes et pour que le plan réussisse, il fallait agir avec beaucoup de prudence ; Dion Cassius témoigne du secret qui entoura le transport sur les navires, pendant la nuit, des objets les plus précieux, tandis que Plutarque, interprétant ces faits comme une preuve de manque de confiance dans l'issue de la bataille, rappelle qu'Antoine força les pilotes de ses navires à emporter les voiles, épisode dont on n'a pas d'autre exemple dans toute l'Antiquité, au moment d'une bataille.

Au matin du 2 décembre 31, après quatre jours de vent et de tempête, la flotte d'Antoine, profitant d'une accalmie, sortit du golfe d'Ambracie et se présenta en ordre de bataille. L'escadre d'Octavien l'attendait déjà, à environ huit stades (environ mille cinq cents mètres) au large. Grâce aux informations communiquées par les derniers déserteurs du camp d'Antoine, et en particulier Quintus

Dellius, Octavien connaissait les intentions de son adversaire. Craignant peut-être la force de pénétration des vaisseaux plus puissants d'Antoine, il était partisan de les laisser passer pour les poursuivre ensuite, mais de profiter surtout de l'effet psychologique que ne manquerait pas d'avoir cette fuite à peine déguisée sur les légions restées à terre. Agrippa l'en a cependant dissuadé, car il ne voulait pas laisser échapper l'adversaire, sachant qu'il ne lui serait pas possible de rattraper des navires munis de voile. Dans cette perspective, il avait fait monter à bord de ses vaisseaux les quarante mille légionnaires qui lui assuraient une large supériorité numérique dans les combats d'abordage.

Les textes anciens nous permettent de reconstituer le dispositif mis en place de part et d'autre : du côté d'Antoine, le triumvir s'était réservé l'aile droite, là où devait se produire le choc décisif. Il était secondé par Lucius Gellius Publicola. Au centre commandaient Marcus Octauius et Marcus Insteius, et, à gauche, Caius Sosius. Octavien avait confié le commandement de sa flotte à Agrippa qui se trouvait à gauche, en face d'Antoine ; lui-même était à droite avec Marcus Lurius, tandis que Lucius Arruntius dirigeait le centre. Les plus gros navires avaient été placés aux ailes, là où devait se décider le sort de la bataille. Les deux flottes avaient adopté une formation en arc de cercle. Antoine, qui avait fait sortir son escadre en rangs serrés afin d'offrir le moins de prise possible à l'adversaire, appuyait ses deux ailes à la terre ferme ; la distance qui les séparait lui permettait de compenser son infériorité numérique en occupant un espace restreint et probablement d'aligner ses vaisseaux sur deux rangs.

Pendant plusieurs heures, les deux flottes s'observèrent sans bouger. L'attente dura jusqu'à midi : on ignore qui prit l'initiative, peut-être Sosius parce que ses soldats s'impatientaient. Dès lors, l'ensemble de la flotte antonienne dut se mettre en mouvement, à la grande satisfaction de l'état-major césarien qui put ainsi l'attirer vers la haute mer. Suivirent un certain nombre de manœuvres d'approche pendant lesquelles plusieurs navires d'Octavien tentaient d'entourer un seul vaisseau d'Antoine ; malgré cet enchevêtrement, les amiraux de part et d'autre bénéficiaient alors encore d'une certaine latitude de mouvement ; Agrippa qui disposait de réserves importantes en profita :

> Agrippa étendit l'aile gauche pour envelopper Antoine, ce qui contraignit Publicola à gagner le large et à se trouver ainsi coupé du centre. (Plutarque, *Antoine,* 66, 4.)

Un scholiaste de Virgile met en évidence la difficulté de la manœuvre :

> Pendant le combat d'Actium, alors que le vent du nord lui était contraire, il [Agrippa] simula une fuite vers le port grâce à l'entraînement à ramer à contre-courant auquel il avait accoutumé ses équipages ; c'est pourquoi, alors que les ennemis trompés essayaient de le suivre, ayant brusquement tourné ses poupes, il fonça sur les nefs alexandrines et, ayant envoyé contre elles des traits enflammés, alors que le courant était contraire aux ennemis et qu'ils ne pouvaient rien faire, obtint la victoire. (Scholies de Daniel à l'*Énéide,* VIII, 682.)

Pour empêcher Antoine de percer son dispositif, Agrippa avait certainement, au début de l'affrontement, réparti ses navires sur une double ligne. Lorsque la charge initiale de l'adversaire fut brisée et que ses vaisseaux furent engagés dans la bataille, l'amiral d'Octavien put dégager un certain nombre de navires, sans doute placés en seconde ligne, pour entreprendre sa manœuvre d'encerclement. Mais, pour cela, il devait aller vers le nord, vers la baie de Gomaros où se trouvaient le port et l'armée d'Octavien, et naviguer contre le vent qui soufflait, dans cette partie de la Méditerranée, à partir de midi, et sur lequel, précisément, Antoine et Cléopâtre comptaient pour pouvoir s'échapper. Publicola, qui était aux côtés d'Antoine, dut, pour éviter cet encerclement, engager les navires encore libres de leurs mouvements et se mettre à sa poursuite. L'aile d'Antoine était ainsi déportée davantage vers la droite et se coupait de son centre, isolé et harcelé par Arruntius, tandis qu'un schéma identique se produisait à gauche du dispositif antonien où Sosius devait répondre à la même manœuvre de la part d'Octavien et de Marcus Lurius ; au centre des deux formations s'ouvrait donc une brèche dans laquelle allait s'engouffrer Cléopâtre.

La reine d'Égypte qui avait déployé les voiles de ses soixante vaisseaux profita de ce même vent du nord pour fuir vers Leucade, après voir traversé la mêlée des combattants ; elle s'enfuit, selon Virgile (*Énéide,* VIII, 609), avec les vagues et le vent appelé Iapix ; il était entre deux et trois heures, le vent avait atteint sa force maximale. L'échappée de Cléopâtre fut d'autant plus facile que le combat était entré dans sa phase la plus violente, le moment de l'abordage. Antoine parvint néanmoins à se dégager de la mêlée et suivit la reine d'Égypte ; il avait quitté son navire amiral et était monté sur une quinquérème, entraînant avec lui un certain nombre de navires. À ce moment précis de l'affrontement, rien n'était perdu pour lui et son plan initial se réalisait. Les faits, dans un premier temps, semblaient lui donner partiellement raison ; d'ailleurs, l'inquiétude d'Octavien au soir de la bataille, sa présence sur un navire tout au long de la nuit montrent à l'évidence qu'Actium n'a pas été la grande victoire que sa propagande s'est plu à magnifier : Antoine était parvenu à s'enfuir, Cléopâtre aussi, avec son trésor et une partie de la flotte. L'héritier de César pouvait avoir le sentiment d'avoir laissé échapper sa proie ; surtout, un certain nombre des navires qui n'avaient pas été pris ou détruits avaient réussi à se réfugier dans le golfe d'Ambracie, l'armée de terre d'Antoine était intacte et s'apprêtait à se retirer conformément au plan prévu.

Plusieurs éléments ont permis à Octavien de transformer son avantage en succès décisif et ont donc influé sur la relecture des événements. Il y eut d'abord la trahison de Dellius qui, à la veille de la bataille, changea de camp et vint révéler à ses adversaires le plan d'Antoine ; elle permit à Agrippa de prendre des mesures et d'adopter une tactique empêchant la plus grosse partie de la flotte de sortir de la nasse. Il ne réussit pas complètement puisque, en plus des navires qui réussirent à s'échapper avec Antoine et Cléopâtre, d'autres, sans doute la plus grande partie de l'aile gauche commandée par Sosius, réussirent à rejoindre le golfe d'Ambracie. Pour cette raison, et même si tout combat paraît avoir cessé vers quatre ou cinq heures, Octavien dut maintenir le blocus la nuit suivante afin d'éviter que d'autres vaisseaux ne rejoignent les fuyards ; mais il réussit, après l'envoi d'émissaires, à obtenir la reddition de cette escadre quand elle ne fut pas détruite par le feu. Il est vrai aussi que le départ précipité d'Antoine et de Cléopâtre fit le plus mauvais effet, d'autant que l'on peut penser que seuls un petit nombre d'initiés étaient dans la confidence du véritable objectif de la stratégie adoptée ; le parti césarien eut beau jeu de montrer qu'Antoine s'était enfui au milieu de la bataille, abandonnant ses troupes pour suivre sa maîtresse, et cette représentation fut beaucoup utilisée par la suite par la propagande et l'historiographie officielles. Elle le fut peut-être déjà pour convaincre l'armée de se rallier au vainqueur : en effet, le risque dans le plan d'Antoine était que les légions de Canidius refusent de suivre un autre que leur véritable chef ou qu'elles se laissent séduire, en cours de retraite, par les offres que ne manqueraient pas de lui faire inlassablement les émissaires d'Octavien. Les sources insistent sur la résistance des troupes à ces sollicitations :

> Peu de gens s'étaient aperçus de la fuite d'Antoine, et ceux qui l'apprirent refusèrent d'abord de croire qu'il fût parti en abandonnant dix-neuf légions et douze mille cavaliers qui n'avaient pas subi de défaite, comme s'il n'avait pas connu à maintes reprises les vicissitudes de la fortune, ni acquis l'expérience de ses changements dans mille batailles et tant de guerres. Les soldats le regrettaient et s'attendaient à le voir reparaître quelque part. Ils montrèrent une telle fidélité et un tel courage que, même lorsqu'ils furent certains de sa fuite, ils tinrent bon pendant sept jours, en méprisant tout ce que César leur envoyait dire. À la fin, leur général Canidius s'étant enfui de nuit et ayant abandonné le camp, ces troupes dépourvues de tout et trahies par leurs chefs passèrent au parti du vainqueur. (Plutarque, *Antoine,* 68, 4.)

Antoine apprit la reddition de sa flotte lorsqu'il doubla le cap Ténare ; il entra alors dans un état de profond abattement. Mais lorsqu'il fut informé, plus tard, de la défection de son armée, il comprit que tout était perdu. Octavien, quant à lui, pouvait entreprendre la construction du mythe d'Actium.

La fin du rêve oriental et l'Attente de la Mort en Commun

Octavien décida de fonder sur les lieux de sa victoire une ville à laquelle il donna le nom de Nicopolis, consacra un temple à Apollon et institua des jeux quinquennaux qui prirent le nom de Jeux actiens ; puis, sans plus attendre, il fit voile vers Athènes à la poursuite de son rival, avec l'intention de régler ses comptes avec ses adversaires et de récompenser ses soutiens. Il renvoya en Italie pour la démobiliser une grande partie de l'armée ; comme il gardait en mémoire le souvenir fâcheux des événements de Sicile, il craignit que Mécène à qui il avait confié la garde de Rome et de l'Italie, et qui venait de déjouer une conspiration du fils de Lépide, n'eût pas une autorité suffisante pour faire face à leurs revendications. C'est pourquoi il lui adjoignit Agrippa. Très vite, cependant, le vainqueur d'Actium ne put contenir le mécontentement grandissant des troupes; il demanda avec insistance à Octavien qui avait établi ses quartiers d'hiver à Samos de rentrer en Italie, au début de l'année 30. À Brindes, Octavien satisfit en partie les exigences des vétérans, en leur distribuant ou en leur promettant terres et argent. Puis il repartit en Asie où il reçut les hommages et la soumission d'un certain nombre de dynastes – dont Hérode – qui avaient soutenu Antoine. L'escapade en Italie avait été si rapide qu'Antoine et Cléopâtre apprirent en même temps son départ et son retour.

Après leur « fuite » d'Actium, ils avaient abordé sur la côte africaine entre l'Égypte et la Cyrénaïque; le triumvir avait laissé dans cette province quatre légions sous le commandement de l'un de ses lieutenants, Lucius Pinarius Scarpus. Il envoya Cléopâtre en Égypte où la reine arriva dans l'apparat de la victoire afin d'éviter une révolte de ses sujets, tandis qu'il s'avançait vers l'ouest pour récupérer ces troupes qui constituaient son ultime chance. L'annonce de la trahison du gouverneur de Cyrénaïque qui remit ses légions à un fidèle d'Octavien, Cornelius Gallus, et fit exécuter ceux qui s'indignaient de cette décision, plongea Antoine dans un complet désarroi – à tel point que ses amis durent l'empêcher de se donner la mort et le conduisirent à Alexandrie. Cléopâtre avait entrepris d'organiser la défense du pays, tout en songeant à préparer leur fuite; dans cette perspective, elle avait fait tirer et transporter vers la mer Rouge des navires afin de partir vers on ne sait exactement quelle destination avec troupes et trésors. Mais les Arabes Nabatéens interrompirent l'opération en incendiant les vaisseaux que l'on avait déjà acheminés; le projet fut alors définitivement abandonné.

Antoine, de son côté, s'était retiré du monde, vivant dans une espèce de retraite, près de l'île de Pharos. Il apprit sans doute alors le ralliement de ses alliés orientaux à son rival et décida de quitter sa résidence maritime pour rejoindre Cléopâtre dans son palais. Comme un nouveau défi à leur destinée, les deux époux se replongèrent dans une vie de fastes, de festins et de prodigalités qui agita pour un temps encore Alexandrie. Mais comme ils ne se faisaient plus guère d'illusions sur le sort qui les attendait, ils décidèrent de mettre fin à la célèbre association de la Vie Inimitable pour fonder celle de l'Attente de la Mort en Commun qui ne le cédait en rien à la précédente pour le « luxe, la débauche et les délices ». Leurs proches et amis furent invités à partager ces dernières réjouissances tandis que Cléopâtre essayait sur des prisonniers ou sur des condamnés à mort quelques nouveaux poisons en prévision de ce qui devait lui arriver. Ils envoyèrent néanmoins l'un et l'autre plusieurs ambassades à Octavien qui s'avançait maintenant vers l'Égypte. S'agissait-il de gagner du temps et d'obtenir ainsi un nouveau répit en sollicitant la grâce de l'héritier de César ? On peut s'interroger. Antoine n'attendait plus grand-chose et savait à qui il avait affaire, mais Cléopâtre pouvait espérer sauvegarder l'indépendance de l'Égypte et préserver ainsi la succession du trône pour ses enfants. Les sources divergent sur la conduite ambiguë des uns et des autres dans ces échanges d'ambassades où fleurissait la trahison ; en tout cas, les termes et les conditions de la négociation étaient trop inégaux pour que les partenaires fussent réellement sincères, et on peut être au moins certain que, de la part d'Octavien, la duplicité fut totale. Il ne souhaitait rien d'autre que l'on réservât à Antoine le sort de Pompée, parce que son rival aurait constitué un prisonnier trop embarrassant, et fit même à Cléopâtre des avances en ce sens ; il désirait surtout mettre la main sur le trésor des Ptolémées et ne renonçait pas à s'emparer de la personne de la reine qui constituerait un bel ornement à son triomphe. Arrivé aux portes de l'Égypte, il eut du mal à cacher ses véritables intentions.

Une fois de plus, comme à Modène ou tout au long de la retraite de Médie, et parce qu'il savait que tout était perdu, Marc Antoine sut se montrer grand dans l'épreuve. Il avait échoué dans sa tentative pour récupérer ses troupes de Cyrénaïque et Octavien ne tarda pas à prendre Péluse, la clef de l'Égypte. Alexandrie était désormais menacée à l'est et à l'ouest. Tandis que Cléopâtre s'était réfugiée avec toutes ses richesses dans le tombeau qu'elle s'était fait construire, Antoine livra bataille devant la ville ; avec sa cavalerie, il remporta une dernière victoire sur celle d'Octavien qu'il parvint à mettre en fuite. Fort de ce succès, il songea le jour suivant à livrer un nouveau combat sur terre et sur mer ; il avait auparavant défié son rival en combat singulier afin d'épargner de nouvelles vies : l'autre lui avait fait répondre qu'il y avait bien d'autres manières de mourir. Les troupes d'Antoine l'abandonnèrent, refusant de combattre, et le dernier soldat qu'il venait de décorer pour sa bravoure s'empressa de rejoindre l'autre camp, tandis que la flotte égyptienne passait à l'ennemi. Convaincu de la trahison de la reine qui ne tarda pas à lui faire croire qu'elle s'était donné la mort dans son tombeau, Antoine décida de mettre fin à ses jours ; il n'y parvint pas immédiatement. L'histoire et la légende, la littérature et le septième art se sont emparés du récit de Plutarque, inspiré sans doute d'un témoignage contemporain qui raconte la fin d'Antoine et cet épisode rocambolesque de Cléopâtre hissant son époux encore vivant à l'intérieur du tombeau, à l'aide de cordes :

> Ayant appris qu'elle vivait, Antoine pressa vivement ses serviteurs de le prendre dans leurs bras, et ils le portèrent à l'entrée du monument. Cléopâtre n'ouvrit pas la porte, mais elle parut à une fenêtre, d'où elle fit descendre des cordes et des chaînes auxquelles on attacha Antoine, puis, aidée de deux femmes, les seules qu'elle eût admises dans le mausolée, elle le tira à elle. Il n'y eut jamais de spectacle plus pitoyable, au dire de ceux qui en furent témoins ; Antoine, couvert de sang et agonisant, tendait les bras vers elle, tandis qu'elle le hissait, suspendu en l'air. Ce n'était pas pour des femmes une tâche facile, et Cléopâtre, le visage tendu par l'effort, agrippant la corde à deux mains, avait grand-peine à le tirer vers le haut, tandis que ceux qui étaient en bas l'encourageaient et partageaient son angoisse. Quand elle l'eut ainsi recueilli, elle le

> coucha, déchira ses propres vêtements pour l'en couvrir et, se frappant la poitrine et la meurtrissant de ses mains, elle essuya le sang avec son visage, en l'appelant son maître, son époux, son imperator, et elle oubliait presque ses maux à elle dans sa pitié pour ceux d'Antoine. Celui-ci arrêta ses lamentations et demanda du vin à boire, soit qu'il eût soif, soit qu'il espérât être ainsi délivré plus promptement de la vie. Après avoir bu, il lui conseilla de pourvoir à son salut, si elle pouvait le faire sans déshonneur, et de se fier à Proculeius plutôt qu'à aucun autre des amis de César ; il l'exhorta à ne pas le plaindre de ce dernier changement de fortune, mais à l'estimer heureux pour les biens dont il avait joui, ayant été le plus illustre et le plus puissant des hommes, et maintenant n'éprouvant pas de honte à être vaincu, lui Romain, par un Romain. (Plutarque, *Antoine,* 77.)

Octavien qui venait d'entrer à Alexandrie ne fut certainement pas mécontent lorsqu'il apprit la nouvelle de la mort de son rival. Comme il allait de soi, il versa quelques larmes au souvenir de celui qui avait été son parent, son collègue et son associé, puis il mit Cléopâtre sous surveillance, car il craignait pour son trésor et n'avait pas renoncé à la faire figurer à son triomphe.

Il autorisa la reine à donner des funérailles à Antoine, ce que Cléopâtre fit avec magnificence, puis il s'évertua à lui faire croire qu'il ne lui voulait aucun mal. De méchantes langues prétendent qu'elle chercha à le séduire, mais elle ne resta pas longtemps dupe de ses véritables intentions, qui étaient de la maintenir en vie pour la ramener à Rome. La dernière des Ptolémées préféra alors la mort. Après avoir rendu un dernier hommage à Antoine, elle fit ses ultimes préparatifs, puis se fit apporter un somptueux repas. À ce moment du récit, il vaut mieux laisser parler Plutarque :

> Après s'être ainsi lamentée, elle couronna de fleurs et embrassa la tombe, puis elle se fit préparer un bain. Une fois baignée, elle se mit à table et prit un repas somptueux. Un homme arriva alors de la campagne, portant un panier. Comme les gardes lui demandaient ce qu'il contenait, il l'ouvrit, écarta les feuilles et leur montra qu'il était plein de figues. Les gardes admirant la beauté et la grosseur des fruits, l'homme sourit et les invita à en prendre ; ainsi mis en confiance, ils le laissèrent entrer avec ce qu'il portait. Après son déjeuner, Cléopâtre prit une tablette qu'elle avait écrite et cachetée, et l'envoya à César, puis, ayant fait sortir tout le monde, à l'exception de ses deux femmes dont j'ai parlé, elle ferma la porte. Quand César eut décacheté la tablette et lu les prières et les supplications par lesquelles elle lui demandait de l'ensevelir avec Antoine, il comprit aussitôt ce qu'elle avait fait. Il songea d'abord à aller lui-même à son secours, puis il envoya en toute hâte des gens pour voir ce qui s'était passé. Le drame avait été rapide ; car, venus en courant, ils surprirent les gardes qui ne s'étaient aperçus de rien, et, ouvrant la porte, ils trouvèrent Cléopâtre morte, couchée sur un lit d'or et vêtue de ses habits royaux. L'une de ses suivantes, appelée Iras, expirait à ses pieds ; l'autre, Charmion, déjà chancelante et appesantie, arrangeait le diadème autour de la tête de la reine. Un des hommes lui dit avec colère : « Voilà qui est beau,

Charmion ! – Très beau, fit-elle, et digne de la descendante de tant de rois. » Elle n'en dit pas davantage et tomba sur place, près du lit. L'aspic, dit-on, fut apporté à Cléopâtre avec ces figues et il avait été caché sous les feuilles, car elle l'avait ainsi ordonné, afin que l'animal l'attaquât sans même qu'elle le sût ; mais en enlevant des figues, elle le vit et dit : « Le voilà donc », puis elle dénuda son bras et l'offrit à la morsure. D'autres prétendent qu'elle gardait cet aspic enfermé dans un vase et que, Cléopâtre le provoquant et l'excitant avec un fuseau d'or, il bondit et s'attacha à son bras. Mais personne ne sait la vérité, car on a dit aussi qu'elle portait toujours du poison dans une épingle à cheveux creuse et qu'elle cachait cette épingle dans sa chevelure. Cependant aucune tache ni aucune autre marque de poison n'apparut sur son corps. On ne vit pas non plus de serpent à l'intérieur, mais on disait en avoir observé des traces le long de la mer, du côté où donnait sa chambre et où il y avait des fenêtres. Certains affirment que l'on aperçut sur le bras de Cléopâtre deux piqûres légères et peu distinctes, et c'est à ce rapport, semble-t-il, que César ajouta foi, car à son triomphe on porta une statue de Cléopâtre elle-même avec l'aspic attaché à son bras. (Plutarque, *Antoine*, 85-86.)

Octavien se montra magnanime ; certains prétendent qu'il fit venir des psylles, ces hommes suceurs de venin, pour tenter de la ramener à la vie, mais en désespoir de cause, il ne put cacher son admiration pour la reine et la fit ensevelir dans son tombeau avec une pompe toute royale, auprès de son dernier époux : elle venait d'avoir trente-neuf ans.

Il lui fallait encore décider du sort d'Alexandrie et de l'Égypte. Il était entré dans la ville avec l'un de ses amis, le philosophe Areius, à qui il donnait la main pour montrer aux Alexandrins en quelle estime il le tenait ; c'est à cette amitié, mais aussi en souvenir d'Alexandre et par admiration pour la splendeur de la cité qu'il prétendit l'épargner, elle et ses habitants. Lorsqu'il demanda au même Areius quel sort il devait réserver à Césarion, le philosophe répondit sans ambiguïté qu'il n'était pas bon qu'il y eut plusieurs Césars. En fait, le sort du jeune homme et celui d'Anthyllus, le fils aîné d'Antoine et de Fulvie, étaient scellés depuis que celui-ci avait inscrit le premier sur la liste des éphèbes et avait fait prendre la toge virile au second ; ils étaient désormais des hommes que le vainqueur n'avait plus de raison d'épargner. Ils furent trahis, l'un et l'autre, par leur précepteur. Antyllus fut égorgé à Alexandrie, tandis que Césarion, qui avait été envoyé par sa mère en Éthiopie, fut rappelé à Alexandrie par son mentor sous un prétexte fallacieux ; il fut exécuté peu après la mort de Cléopâtre. Octavien, en revanche, épargna les enfants d'Antoine et de la reine, les deux jumeaux, Alexandre Helios et Cléopâtre Séléné, et le tout jeune Ptolémée Philadelphe. On ignore ce qu'il advint des garçons, mais la fille épousa Juba et devint reine de Maurétanie sous Auguste. Les princes et princesses orientaux trouvés à Alexandrie furent renvoyés chez eux ou conservés auprès du nouveau maître de Rome comme d'éventuels moyens de pression ou d'échange. Le roi d'Arménie,

Artavasde, et certains membres de sa famille avaient été exécutés sur l'ordre de Cléopâtre après son retour d'Actium, mais la jeune princesse mède, Iotapé, promise à Alexandre Helios, fut rendue à son père. Quant aux Romains, amis d'Antoine, ils connurent des sorts divers; des liens de clientèle ou d'amitié expliquent l'intervention des membres de l'entourage d'Octavien en faveur de partisans d'Antoine. Cela avait déjà été le cas au lendemain d'Actium et Arruntius avait obtenu la grâce de Sosius; ces mesures permettaient de nourrir le thème de la *clementia* du vainqueur. Mais les derniers assassins de César, encore en vie, furent promptement éliminés et Octavien ne pardonna pas au dernier des compagnons d'Antoine, Publius Canidius. On ignore quel fut exactement le sort de Lucilius, l'ancien compagnon de Brutus, fidèle à Antoine jusqu'au bout.

L'Égypte devint une province romaine, mais reçut un statut particulier en raison de son passé, de son prestige, de ses richesses et de ses particularités. Elle ne fut pas confiée à un sénateur, car cela aurait pu comporter un risque pour le pouvoir à Rome, mais à un chevalier nommé directement par Octavien; Cornelius Gallus, l'ami poète, fut le premier de ses gouverneurs. Après avoir mis la main sur le trésor amassé par Cléopâtre, Octavien récompensa d'abord, sur place, les soldats, surtout pour qu'ils ne pillent pas la ville, et ramena le reste du butin qui devait enrichir et embellir Rome. Tout était donc réglé; il restait au vainqueur à célébrer ses triomphes sur les nations étrangères et à écrire l'histoire officielle de ces années de tourmente.

Les portraits d'Antoine et de Cléopâtre en faisaient inévitablement partie; il est difficile de revenir sur celui de la reine d'Égypte, car sa représentation appartient à la légende, à l'imagerie populaire, à l'inspiration des poètes et des romanciers autant qu'à la froide analyse de l'historien et, dans l'évocation de la dernière des Ptolémées, on peut se demander quelle place on peut encore concéder à l'objectivité, tant les passions et les sentiments les plus divers peuvent influer sur le jugement. On doit donc accorder une valeur relative au portrait sans appel de Dion Cassius, aux relents de communiqué officiel:

> Cléopâtre, quant à elle, insatiable de jouissance, insatiable de richesses, montra souvent une louable ambition et souvent aussi un arrogant dédain; elle acquit le royaume d'Égypte par l'amour et, après avoir espéré s'emparer par ce moyen de l'empire romain, elle n'obtint pas celui-ci et perdit celui-là. Elle domina les deux Romains les plus grands de son époque et se tua à cause du troisième. (Dion Cassius, 51, 15, 4.)

Il est surtout plus difficile d'accepter l'image que l'historiographie impériale nous a laissé d'Antoine:

> ... un grand homme très capable, mais qui fut perverti par des voies étrangères et des vices contraires à l'esprit romain par son amour du vin et sa passion pour Cléopâtre (Sénèque, *Lettres à Lucilius,* 83, 25.)

> Doué d'un tel caractère, Antoine mit le comble à ses maux par l'amour qu'il conçut pour Cléopâtre, amour qui éveilla et déchaîna en lui beaucoup de passions encore

> cachées et sommeillantes, et qui éteignit et étouffa ce qui pouvait, malgré tout, persister chez lui d'honnête et de salutaire. (Plutarque, *Antoine*, 25, 1.)

Et que penser du jugement impitoyable de Florus ?

> C'est ainsi qu'une Égyptienne demanda l'empire romain à un général ivre, pour prix de ses faveurs. Et Antoine le lui permit comme si le Romain était moins difficile à conquérir que le Parthe ! Il se prépara donc à conquérir le pouvoir, et cela sans se cacher ; mais après avoir oublié sa patrie, son nom, sa toge, ses faisceaux, il s'abandonna tout entier à ce monstre. (2, 21, 3.)

L'historien doit revenir sur cette tradition monolithique, car il ne peut accepter cette image laissée par l'historiographie officielle du débauché qui, accompagné de son cortège de mimes et de bacchantes, distribue à ses danseurs et musiciens les richesses des cités d'Orient et finit par livrer à Cléopâtre les possessions du peuple romain.

D'ailleurs, la question essentielle n'est-elle pas de savoir si ses contemporains ont eu une telle image d'Antoine et s'ils ont été convaincus du caractère inéluctable de sa défaite ? Après sa mort, nous dit Plutarque, plusieurs rois et généraux ont réclamé son corps pour lui faire des funérailles et, longtemps après, certaines villes d'Asie Mineure ont continué à défendre sa mémoire et sa politique dans leurs frappes monétaires. Surtout, à Rome, nombreux étaient ceux qui avaient pris quelques précautions dans l'hypothèse d'une victoire du maître de l'Orient dont on avait du mal à croire qu'il avait cessé d'être romain ; une anecdote de Macrobe illustre bien cet état de fait :

> Octavien rentrait à Rome dans tout l'éclat de sa victoire d'Actium. Parmi ceux qui venaient au-devant de lui pour le féliciter, se trouvait un homme tenant un ménate auquel il avait appris à dire : « *Ave, Caesar, victor, imperator.* » Octavien, émerveillé, acheta vingt mille sesterces l'oiseau complimenteur. Un voisin du propriétaire de l'oiseau, jaloux, dit à Octavien que l'autre avait un deuxième corbeau et demanda qu'on l'obligeât à l'apporter. Amené, l'autre corbeau débita les mots qu'il avait appris : « *Ave, victor, imperator, Antoni.* » (*Saturnales*, 2, 4, 29.)

ÉPILOGUE

Le passage

par François HINARD et Jean-Michel RODDAZ

Au début de l'année 29, Octavien, de retour d'Égypte, était à Samos où il inaugura son consulat le 1er janvier. Le 11 de ce mois – consacré, comme on sait, au dieu protecteur des commencements et des passages, Janus –, on ferma solennellement les portes de son temple, au Forum, rituel que l'on accompagna de la cérémonie de l'*Augurium Salutis,* ce qui signifiait que la paix était enfin revenue. De mémoire de Romain, cela ne s'était produit que deux fois, la première sous le bon roi Numa, la seconde en 235, en un moment où l'on redoutait une nouvelle offensive gauloise. Mais il y avait, dans ce geste symbolique d'instauration de la paix, une ambiguïté fondamentale. La *Pax* qui était ainsi célébrée, c'était évidemment la paix civile, la fin des guerres fratricides, celle qu'accompagnait la *Concordia* : tel avait déjà été le message de César qui, en même temps qu'il préparait l'expédition contre les Parthes, développait le thème conjoint de la paix et de la concorde ; ainsi avaient fait aussi les triumvirs qui avaient donné une grande importance à *Concordia* dans leur propagande monétaire, avant d'aller en découdre avec les assassins de César en Orient. Il est très significatif de ce point de vue que, comme avant lui César et comme aussi ses complices triumvirs, Octavien ait reçu, au lendemain d'Actium, la couronne civique, récompense qui honorait celui qui avait sauvé un concitoyen, et que le décret d'attribution précisait que cette couronne serait représentée au-dessus de la porte de sa demeure : la propagande monétaire de l'époque témoigne de l'importance du symbole.

Mais au moment même où l'on célébrait la fin des horreurs de la guerre civile, les poètes du cercle de Mécène, Virgile, Horace et d'autres, s'employaient (avec plus ou moins de servilité pour certains) à héroïser le « miracle d'Actium », et les honneurs à caractère militaire s'accumulaient sur la personne du vainqueur comme s'il ne s'agissait pas d'une victoire de guerre civile (puisqu'il eût été impie de célébrer un tel événement) : un arc de triomphe lui fut voté qui serait érigé sur le Forum, et, au mois d'avril, on lui décerna le titre d'*Imperator* à perpétuité (comme on avait fait pour César qui en avait fait une sorte de *praenomen*, se faisant appeler *Imperator Caesar*); il était donc bien un grand chef militaire qui avait vaincu des nations étrangères. Dans ce contexte, il n'était plus guère question d'Antoine ni de ses amis, et encore moins des innombrables légionnaires romains et soldats alliés tombés au cours de ces combats. Et pour permettre à Octavien de prendre place au nombre des plus glorieux des *imperatores* de la République, on lui décerna un triomphe dont la magnificence devait le ranger parmi les plus fameux généraux de Rome et ferait de lui l'égal des plus grands conquérants. Il triompha donc les 13, 14, 15 août 29 pour ses victoires en Illyrie, à Actium et à Alexandrie; le spectacle fut inoubliable, l'égal de ceux, désormais célèbres, de Paul-Émile, de Pompée ou de César, surtout le dernier jour: bien sûr on ne put exhiber Cléopâtre qu'en effigie, parée des insignes de la royauté pharaonique et l'aspic accroché à son bras; mais ses enfants figuraient, bien vivants, eux; et, surtout, la présentation du butin rapporté reflétait l'ampleur de la victoire et la grandeur du vainqueur; il justifiait à lui seul, *a posteriori*, le bien fondé de la guerre. La Paix que l'on avait célébrée et dont on exhibait les fruits était donc une paix glorieuse, *uictoriis parta*.

Une fois que les bruits de la fête se furent tus, il fallut bien se résoudre à aborder la véritable question, celle de la nature du régime. Certes on allait encore restaurer la république, mais on aurait à mettre une réalité derrière ces mots, c'est-à-dire que l'on devrait instaurer un nouvel ordre. Dion Cassius a imaginé un débat, en présence d'Octavien, entre ses deux principaux conseillers, le militaire, Agrippa, et le diplomate, Mécène. Le premier aurait plaidé pour le retour à la république, le second aurait préconisé l'instauration de la monarchie. Cette joute rhétorique sur la meilleure forme de gouvernement est restée très célèbre, même si elle paraît trop marquée par des préoccupations du IIIe siècle après J.-C., de l'époque des Sévères dont l'historien grec fut le contemporain. Mais si les termes du débat ont été inventés par Dion, on peut raisonnablement penser qu'Octavien et son proche entourage avaient bien des fois abordé le sujet et l'on n'a guère de mal à imaginer quels étaient les termes du dilemme: après la dictature de César et celle, déguisée, des triumvirs, il paraissait difficile de revenir en arrière, parce que toutes ces années avaient constitué la meilleure démonstration de la faillite de l'ancien système de gouvernement dont le peuple lui-même était las; il fallait donc inventer autre chose qui, tout en lui assurant de conserver un pouvoir qu'il avait tant œuvré à conquérir, tînt compte de l'état de fait, mais à partir de ce qui faisait la tradition républicaine, parce qu'il était aussi impossible de se poser en rupture avec les principes politiques qui étaient réputés avoir fondé la grandeur de Rome.

L'état de fait, c'était que la dictature de César, d'abord, puis le triumvirat, avaient ouvert une sérieuse brèche dans le fonctionnement des institutions républicaines : César avait démontré l'inefficience d'un système dont il avait violé les principes sans vergogne ; mais son pouvoir avait duré trop peu de temps pour que l'on pût préjuger de ce qu'il en aurait fait, sa mort tragique l'avait exonéré de ses excès et son testament avait suffisamment témoigné de son amour pour le peuple romain. Quant au triumvirat, sa seule légitimité avait été d'affirmer la divinité de César et de venger sa mort ; parce que, pour le reste, les triumvirs sont restés dans la mémoire collective non pas comme des proconsuls qui auraient détenu à Rome des compétences équivalentes à celles des dictateurs, mais comme un trio de *condottieri*, tyrans sanguinaires qui s'étaient partagé les provinces et qui considéraient l'Italie comme un domaine indivis pour y installer leurs vétérans. Les contemporains ont vécu le triumvirat comme une domination militaire, une ère funeste au cours de laquelle tant d'hommes avaient péri dans les combats fratricides de la guerre civile, tant de petits et moyens propriétaires avaient été expropriés pour satisfaire les appétits de la soldatesque ; une période au cours de laquelle on avait beaucoup souffert de la faim, un règne de terreur au cours duquel les meilleurs avaient été massacrés :

> Puis succédèrent vingt années de discordes ininterrompues ; plus de tradition, plus de justice ; le crime le plus atroce restait impuni, et souvent la mort était le prix de la vertu. (Tacite, *Annales* III, 28,1.)

On comprend que l'un des premiers actes politiques d'Octavien resté seul au pouvoir ait consisté à effacer ce qui pouvait l'être de cette histoire cahotique :

> Enfin, consul pour la sixième fois (a. 28), César Auguste, sûr de sa puissance, abolit les actes du triumvirat et fonda une constitution qui nous donnait la paix et un Prince. (Tacite, *Annales* 28, 2.)

S'il était en effet possible de se prévaloir de l'héritage politique de César, moyennant quelques précautions, le triumvirat fut présenté comme ayant, tout au plus, constitué une parenthèse, nécessaire pour assurer la vengeance de César, sans avoir rompu la continuité puisque la République devait revivre. D'ailleurs, le titre des triumvirs – *Triumuiri rei publicae constituendae* – qui constituait une innovation n'indiquait-il pas clairement leur mission : restaurer l'ordre, la loi, la légalité, c'est-à-dire combattre les assassins de César et leurs partisans ? Et dans le rappel qu'il fait de sa carrière au début de sa *Geste,* Auguste lie étroitement sa désignation au triumvirat et la vengeance de son père. Mais pour ce qui était de la réalité du pouvoir, il y avait sans doute des leçons à tirer : il n'est pas indifférent de remarquer que les sources grecques donnent aux triumvirs le titre d'*antarchontes,* c'est-à-dire des gouvernants *pro magistratu* ; promagistrats, donc, mais on sait bien qu'ils étaient supérieurs aux proconsuls, puisqu'en plus de l'*imperium militiae* (le pouvoir dans l'Empire, donc le commandement des forces armées), ils possédaient l'*imperium domi* (à Rome et en Italie, donc le pouvoir politique), et si cette dualité des pouvoirs qu'ils détenaient semblait les avoir mis au rang des consuls, en fait ils l'emportaient aussi sur eux, comme l'indique, par exemple, l'ordre de préséance des *fasti* (qui relèguent les consuls en-dessous des triumvirs pour toutes ces années) et le fait que lesdits consuls furent alors dépourvus des faisceaux, un des insignes distinctifs de leur charge. L'objectif du triumvirat – rétablir une certaine légalité mise à mal par l'assassinat du dictateur et Grand Pontife César – trouvait son expression dans la nature même de l'*imperium* des dynastes fondé essentiellement sur l'accaparement des compétences *militiae* (dont ils privaient de ce fait les consuls) ; et si le commandement proconsulaire avait constitué le cœur de la puissance triumvirale, c'était parce que l'essentiel de la mission concernait l'Empire et non la ville de Rome. Le triumvirat peut ainsi être défini d'abord comme un proconsulat qui avait neutralisé l'appareil de l'État à Rome : il consacrait une évolution naturelle du pouvoir, essentiellement appuyé sur le gouvernement de l'Empire et dont le Sénat était pratiquement exclu ; il se contenta d'ailleurs de ratifier les *acta* des trois associés en ce domaine.

Dans l'*Vrbs*, cependant, le Sénat et le peuple demeuraient théoriquement l'autorité centrale et la source du droit restait l'assemblée ; en réalité, par leur compétence *domi*, les triumvirs pouvaient aussi contrôler l'activité politique, du moins quand ils se trouvaient à Rome ; par exemple, ils firent une utilisation arbitraire de leur pouvoir en nommant aux magistratures ou en désignant des consuls suffects. Certes, pendant toute cette période, les magistrats continuèrent à exercer leur charge et les lois ne cessèrent pas d'être votées par le peuple à l'initiative du Sénat, mais tout cela n'était qu'apparence. Les trois hommes avaient su conserver certaines formes constitutionnelles, mais ils avaient engagé des modifications profondes qui rompaient avec les pratiques républicaines : l'exclusion du Sénat du gouvernement de l'Empire, la disparition du rôle des comices électoraux et la concomitance des pouvoirs consulaires et proconsulaires entre leurs mains (cette dernière association étant une véritable monstruosité institutionnelle) annonçaient déjà le principat.

En tout cas, le triumvirat avait expiré le 31 décembre 33, au terme des dix années, comme Auguste l'indique lui-même dans les *Res Gestae*. Mais, à cette date, sa mission n'était pas achevée et il reconnaît que la fin de l'état de nécessité ne fut pas le dernier jour de l'année 33, mais était à dater des années de ses sixième et septième consulats, c'est-à-dire en 28 et 27. En effet, tant que le Sénat n'avait pas mis fin à son pouvoir, par exemple en désignant un successeur à ce qu'il fallait encore appeler sa *prouincia*, Octavien pouvait continuer d'exercer son *imperium pro magistratu* sur les provinces, ce qu'il fit, en effet, à partir de 32, et c'est en vertu de ce pouvoir qu'il conduisit la guerre d'Actium et la campagne d'Égypte ; de même, il conserva, après cette date, la pratique de nommer lui-même des gouverneurs de province : et comme sous le triumvirat qui avait précédé, un certain nombre de chefs de guerre, qui combattaient sous ses auspices à lui, seul détenteur du pouvoir proconsulaire, conservèrent le droit de célébrer le triomphe à la suite de leur succès, comme Messalla Corvinus, chanté par le poète Tibulle, à l'occasion de sa victoire en Aquitaine. Cette entorse aux règles religieuses et institutionnelles est importante parce qu'elle témoigne de la relative fragilité d'un système encore en gestation : le triumvirat comme la suprématie d'Octavien avant l'établissement définitif du principat, c'était aussi une association entre aristocrates et les liens qu'ils avaient, les uns avec les autres, au sein de leur milieu, furent déterminants dans les arrangements entre les partenaires. En un mot, les dynastes quels qu'ils fussent n'avaient pas encore le moyen de se priver de l'appui de familles puissantes de la *nobilitas* auxquelles il était nécessaire d'accorder des compensations pour leur engagement.

On peut penser que le franchissement du *pomerium* et la célébration du triple triomphe d'Octavien, en 29, mirent un terme à ses prérogatives. Que se passa-t-il alors ? L'année 28 fut cruciale. Pour restaurer le cours normal des choses, il rendit son lustre d'antan à la plus haute magistrature républicaine, le consulat, qui avait été dévalué et supplanté par le pouvoir extraordinaire des triumvirs et qui était devenu, de ce fait, une simple charge honorifique distribuée comme récompense. Non seulement Octavien revêtit de nouveau, en 28 et 27, le consulat, comme il le faisait depuis 31, mais il s'associa dans cette charge son ami, conseiller et homme de confiance Marcus Agrippa ; il restaura ainsi le principe d'une véritable collégialité, ce qui faisait l'essence même de cette magistrature. Il partagea avec son collègue les faisceaux et le droit de commandement, et les deux consuls demeurèrent en charge toute l'année ; le rétablissement du *mos maiorum* passait ainsi par la restauration, dans toutes ses prérogatives et compétences, du consulat. Ce faisant, il prenait ses distances à l'égard de la pratique institutionnelle de César qui n'avait pas dédaigné de cumuler dictature à vie et consulat perpétuel, et il ne manque d'ailleurs pas de se glorifier de cette modération :

> La dictature qui m'avait été conférée par le Peuple et par le Sénat lorsque j'étais absent puis lors de ma présence à Rome, sous le consulat de M. Marcellus et de L. Arruntius, je l'ai refusée [...]. De même le consulat annuel et viager qui m'avait été conféré, je l'ai refusé. (*Res Gestae* 5, 1 et 3.)

Et dans le même temps (en 28), il procédait à une épuration du Sénat, pour éliminer tous ceux qui étaient indignes d'y siéger, mais que César y avait admis à titre de récompense, en même temps qu'il inaugurait la nouvelle curie, la *Curia Iulia*, à laquelle il avait adjoint un portique.

En tout cas l'épisode « consulaire » ne pouvait que constituer une pause, marquer la rupture ou la fin de la situation de chaos, de l'état de nécessité. Il servait surtout à affirmer la volonté du vainqueur de rendre la République au Sénat et au peuple. Octavien, jusque-là, avait disposé de pouvoirs au gré des conjonctures, pouvoirs qu'il expliquait comme reposant sur le consensus universel des Romains, et il lui fallut, pour les rendre durables, à la fois qu'il les abdiquât et qu'il les reçût à nouveau, mais non plus cette fois sous la pression d'événements extraordinaires. Il ne resterait donc plus, à l'issue d'un scénario bien monté, qu'à se faire rendre sous une autre forme ces prérogatives qu'il aurait déposées l'instant auparavant; et peu importe au total si la pièce se joua en plusieurs actes et si tout ne fut pas précisé à un moment unique; il est vain, en effet, de chercher à tout prix la date de fondation du principat et il vaut mieux définir le nouveau régime en terme d'évolution, parce que le projet politique d'Auguste s'est précisé à partir de 27 et s'est mis progressivement en place au moins jusque dans les années 13-12. L'essentiel demeurait qu'en ces premiers jours de l'an 27, la *Res Publica* avait été certainement remise debout, restaurée *(restituta)*; elle ne serait plus jamais rendue. Sur une monnaie de l'année 28 figure, au droit, une tête laurée d'Octavien avec la légende *Imp(erator) Caesar Diui f(ilius) co(n)s(ul) VI Libertatis P(opuli) R(omani) uindex* et, au revers, la déesse Pax tenant le caducée (symbole de paix) et piétinant une torche; et on était en droit de se demander ce que pouvait bien signifier cette revendication du statut de vengeur et de garant *(uindex)* de la Libertas du peuple romain alors que ce jeune homme de trente-cinq ans avait décidé de faire ériger, pour lui et sa famille, une sépulture (que l'on a tôt fait d'appeler un « mausolée ») sous la forme d'un *tumulus* gigantesque de 90 mètres de diamètre et 45 mètres de hauteur, couronné d'une statue de bronze et dont l'entrée devait être encadrée de deux obélisques rapportés d'Égypte; les travaux avaient commencé, au Champ de Mars, dans un site marqué par l'histoire glorieuse de Rome.

On comprend ainsi l'ambivalence de la position d'Octavien-Auguste : il était déterminé à fonder un régime qui lui assurerait la primauté absolue, mais il se trouvait dans l'obligation de ne pas faire violence aux institutions anciennes, comme l'avait fait son père avec trop de désinvolture. L'art du nouveau prince a été de concilier et de légitimer son pouvoir incontestablement monarchique avec une constitution républicaine (non écrite) qu'il prétendait respecter. Le principat fut donc un régime tout à fait original qui consacrait la rupture engagée par César avec l'ancien ordre républicain, mais en s'inscrivant formellement dans le prolongement des institutions traditionnelles : il combinait deux éléments en apparence contradictoires qui constituaient son essence même; d'une part, la *restitutio* formelle, et solennellement réaffirmée en toute occasion, de la *Res Publica* au Sénat (dont il avait restauré la dignité) et au peuple et, d'autre part, la constitution d'un pouvoir monarchique à travers une combinaison subtile de titres et de fonctions traditionnels, essentiellement le titre de *princeps* (qui n'était somme toute qu'une dérivation de celui de *princeps senatus*), avec la détention d'un *imperium* extraordinaire et permanent (semblable à celui des triumvirs) sur les provinces qui lui conférait le monopole du commandement des armées et, de ce fait, une domination sans partage sur la vie politique romaine qui se conforta quelques années plus tard avec la *tribunicia potestas*.

Cette opération s'accompagna d'une exploitation, dans toutes les formes de l'expression artistique, du thème du retour de l'Âge d'or, dont évidemment la condition première était la paix. Déjà, plus de dix ans auparavant, au lendemain des accords de Brindes, Virgile avait annoncé le retour des temps heureux du bon vieux roi Saturne, dans la quatrième de ses *Bucoliques*: *Redeunt Saturnia regna*... La suite avait montré que l'on n'en était pas encore là, mais après Actium la situation permettait désormais d'assurer en toute quiétude les variations sur le thème et le Prince ne manqua pas de les solliciter pour appuyer l'idée que son œuvre était bien une restauration. Ce qui n'est pas pour surprendre l'historien parce que, comme l'a justement fait observer Claude Nicolet, même « les conceptions les plus modernes, les plus élaborées théoriquement de la "révolution" réflètent également, avec plus ou moins de naïveté, une sorte de passéisme utopique, un rêve d'Âge d'or – à tout le moins un désir avoué d'arrêter l'histoire ».

Mais y avait-il eu révolution et comment en était-on venu là ? À voir les choses de l'extérieur, et quand on relit le testament d'Auguste, on peut se demander s'il s'était réellement passé quelque chose:

> Pendant mon sixième et mon septième consulat, après avoir éteint les guerres civiles, maître souverain et universel par le consentement de tous, je fis passer l'État de mon pouvoir au gouvernement du Sénat et du peuple romain. Pour ces services, le Sénat m'accorda le titre d'Auguste, l'entrée de ma maison fut revêtue de lauriers, et une couronne civique fut fixée sur ma porte. On plaça dans la Curie Julienne un bouclier d'or; l'inscription proclamait qu'il m'avait été offert par le Sénat et le peuple romain, à cause de ma vertu, de ma clémence, de ma justice et de ma piété. De ce jour, je l'emportais sur tous en autorité, mais je n'eus absolument pas plus de pouvoir que les autres magistrats, mes collègues. (*Res Gestae,* 34.)

Pourtant, s'il n'y avait pas eu véritablement d'affrontement de classe et si la société romaine semblait n'avoir pas été bouleversée, il y avait si loin de la situation de départ à celle d'arrivée que l'on est amené à constater qu'il s'était bien agi d'une métamorphose sinon d'une vraie révolution. Sur le plan social, d'abord, puisque l'on a démontré depuis longtemps que la vieille aristocratie, qui avait été saignée à blanc depuis le début du siècle, avait été remplacée, dans les sphères du pouvoir, par les élites italiennes, que ces modifications en profondeur avaient eu des conséquences culturelles et que c'était donc sur une autre Rome qu'Auguste devait installer de nouvelles structures de pouvoir. Or sur ce plan-là aussi, il y a bien eu révolution : sous le régime républicain le principe était *magistratus gerit personam ciuitatis,* le magistrat représente la cité (porte le masque de la cité, joue son rôle, si l'on veut rester au plus près de l'expression), ce qui impliquait une reconnaissance de l'altérité dudit magistrat par rapport à la cité, et son interchangeabilité, alors qu'Auguste devint le *Princeps*, celui dont l'*auctoritas* fondait le droit nouveau. Les Romains ne s'y trompèrent pas lorsque lui fut conféré, en janvier 27, le titre d'*Augustus*, dérivé d'*auctoritas* : le personnage ainsi investi n'était pas « titulaire » du Principat, il était l'incarnation du pouvoir nouveau.

Quant aux raisons mêmes de la crise qui provoqua cette métamorphose, les historiens n'ont cessé d'en disserter depuis l'antiquité. Pour les anciens, il ne faisait aucun doute que la corruption et la démagogie en avaient été les ressorts fondamentaux. Déjà Salluste, lui-même engagé dans l'arène politique, avait témoigné, dans la première de ses deux *Lettres à César* qu'on peut dater d'après Pharsale, de l'espoir qu'il mettait en la capacité de son illustre correspondant à lutter contre le germe de la discorde, l'amour immodéré pour les richesses :

> Pour moi, voici ce que je pense : comme tout ce qui est né doit périr, lorsque sera venu pour Rome le moment fatal de sa chute, les citoyens en viendront aux mains entre eux ; alors, épuisés et exsangues, ils deviendront la proie d'un roi ou de quelque nation étrangère. (1, 5, 2.)

Pour lui ce renouveau espéré, ce retour attendu aux antiques vertus républicaines ne pouvait pas se faire en rétablissant les vieilles institutions « que la corruption des mœurs a[vait] depuis longtemps tournées en ridicule », mais en instaurant un régime nouveau. Et comme pour développer ce thème, une fois que sa carrière politique eut connu une fin peu glorieuse (parce qu'il s'était lui-même honteusement enrichi en Afrique), il fit le récit de deux épisodes récents de l'histoire de Rome : *La Conjuration de Catilina,* dans laquelle se lit le degré extrême de corruption d'une aristocratie dont certains membres étaient prêts à tout pour s'emparer du pouvoir, puis *La Guerre de Iugurtha,* où c'est l'ensemble du Sénat qui est accusé de lâcheté, quand ce n'est pas de bassesse et de corruption. Quant à Cicéron, qui a théorisé dans le prolongement des penseurs grecs, il avait bien imaginé qu'il faudrait favoriser l'émergence de *principes* dont l'*auctoritas* permettrait d'assurer que la République garderait le bon cap ; mais il se voyait lui-même comme l'un de ces *principes* ; pourtant il n'avait pas été l'un des moins ardents à faire confier à Pompée des pouvoirs exorbitants de la pratique institutionnelle, il avait montré qu'il était myope au point de croire qu'en étouffant la conjuration de Catilina il avait sauvé définitivement l'État et, après la mort de César, il n'avait pas hésité à justifier l'injustifiable, les actes illégaux des tyrannicides en Orient :

> En vertu de quelle loi, de quel droit [Cassius s'est-il emparé de la Syrie] ? Celui que Jupiter lui-même a sanctionné, par lequel tout ce qui est utile à la République passe pour légitime et juste ; car la loi n'est autre chose que la raison droite, tirée de la volonté divine, ordonnant le bien et défendant le contraire. C'est donc à cette loi qu'a obéi Cassius quand il est parti pour la Syrie, province qui, à suivre les lois écrites, était à un autre, mais qui, une fois ces lois étouffées, lui appartenait par la loi naturelle. (*Philippiques* 11, 27-28.)

Si donc l'on veut avoir une vue plus saine, il faut relire, dans les œuvres des deux principaux historiens grecs, Appien d'Alexandrie et Dion Cassius, cette marche inexorable de l'État républicain vers sa décomposition. Écrivant avec deux ou trois siècles de distance, ils jettent sur les événements un regard qui justifie l'établissement d'un régime monarchique. Pour Appien, en particulier, qui a consacré cinq livres aux *Guerres civiles,* il ne fait aucun doute que la crise a commencé avec les Gracques : c'est alors que se sont cristallisées les oppositions entre les différentes catégories sociales ; c'est alors que, pour la première fois, on régla les différends les armes à la main ; c'est alors que le tribunat devint une arme redoutable entre les mains des démagogues de tout poil. Au total, il n'y eut, à le lire, que deux périodes de calme : la dictature de Sylla puis celle de César, preuve selon lui que la solution monarchique était la bonne. Un peu plus réservé, Dion Cassius ne cachait pas que le nom de monarchie sonnait mal et rappelait de mauvais souvenirs ; mais il lui fallait admettre en même temps qu'elle était supérieure aux autres formes de l'État, parce qu'il était beaucoup plus facile de trouver un seul sage que plusieurs. C'était, d'ailleurs, le message qu'il avait mis dans la bouche de Mécène : sous sa plume, le conseiller d'Auguste établissait un lien entre la monarchie et les aspects positifs de la démocratie en arguant que la notion de *democratia* ne renvoyait pas seulement à une forme de constitution, mais aussi au caractère non despotique d'une forme d'État que pouvait garantir la monarchie ; il trouvait, par ce biais, le moyen de concilier l'ancien ordre et le nouveau, tout en excluant la participation du peuple au pouvoir. En tout cas, l'un et l'autre historien pouvaient constater que le nouveau régime avait garanti la paix au monde.

Au total, en instaurant la paix (victorieuse) et en clamant bien fort qu'il avait restauré les valeurs qui avaient fondé la supériorité de Rome, Auguste pouvait apparaître légitimement comme le sauveur de la République.

Bibliographie

CHAPITRE PREMIER

Le sillon du fondateur

Pour un commentaire récent des différents points du récit traditionnel sur la fondation de Rome, C. Ampolo, dans *Plutarco, Le vite di Teseo e di Romolo*, Milan, 1988. Pour les témoignages figurés, C. Dulière, *Lupa Romana*, Bruxelles, 1979 (que l'on ne suivra pas dans son refus de mettre en relation la louve du Capitole avec la légende des jumeaux fondateurs : le sexe féminin de l'animal ne s'explique que dans cette perspective). Sur le miroir prénestin avec allaitement de jumeaux par la louve, voir D. Briquel et R. Adam, « Le miroir prénestin de l'Antiquarium Comunale de Rome et la légende des jumeaux divins en milieu latin à la fin du IVe siècle av. J.-C. », *MEFRA*, 94, 1982, p. 33-65 ; l'interprétation de T. P. Wiseman, *Remus, a Roman Myth*, Cambridge, 1995, nous paraît devoir être rejetée.

Sur la gémellité et ses valeurs, mise au point exhaustive, avec très riche bibliographie, dans A. Meurant, *L'Idée de gémellité au regard des figures légendaires de l'Italie primitive, une esquisse de typologie axée sur les origines de Rome*, à paraître, Louvain. Sur les légendes d'exposition, G. Binder, « Die Aussetzung des Königskindes, Kyros und Romulus », *Beiträge zur klassichen Philologie*, 10, Meisenheim, 1964. Autres légendes d'allaitement animal : voir notre article « Les jumeaux à la louve et les jumeaux à la chèvre, à la jument, à la chienne, à la vache », dans *Recherches sur les religions de l'Italie antique*, sous la direction de R. Bloch, Paris-Genève, 1976, p. 73-97. Sur l'initiation, P. Vidal-Naquet, *Le Chasseur noir. Formes de pensée et formes de société dans le monde grec*, Paris, 1981, et l'ouvrage déjà ancien de H. Jeanmaire, *Couroi et courètes. Essai sur l'éducation spartiate et les rites d'adolescence dans l'Antiquité hellénique*, Lille-Paris, 1939.

Réaction négative des Romains devant le fratricide originel : R. Schilling, « Romulus l'élu et Rémus le réprouvé », *REL*, 38, 1960, p. 182-199 ; P. Drossart, « La mort de Rémus chez Ovide », *REL*, 50, 1972, p. 187-204. Interprétation comme une création de milieux grecs hostiles : H. Strasburger, *Zur Sage von der Gründung Roms*, Sitzungberichte der Heidelberger Akademie der Wissenschaften, Philosophisch-historische Klasse,

Abhandlungen, Heidelberg, 1968. Sur le sens de rupture dans l'espace par la création de la cité que symbolise la mort de Rémus, voir notre article « Le meurtre de Rémus, ou le franchissement de la limite », dans *Tracés de fondation*, sous la direction de M. Détienne, Paris, EPHE, Ve section, Louvain-Paris, 1990, p. 171-179 (et sur la différenciation progressive entre les deux frères « Les enfances de Romulus et Rémus », *Mélanges offerts à R. Schilling*, Paris, 1983, p. 55-66).

Nous n'étudions pas ici la question des influences subies par la tradition postérieurement à sa formation, du fait par exemple de préoccupations politiques d'époque ultérieure. Pour une présentation approfondie du problème de la tradition, dans une optique qui correspond à celle que nous suivons ici, J. Poucet, *Les Origines de Rome, tradition et histoire*, Publications des facultés universitaires Saint-Louis, Bruxelles, 1985 (à corriger cependant, sur le point important de la non-incompatibilité de la présence de schémas d'origine indo-européenne et de la préservation d'éléments historiques dans le récit, par ce qu'a écrit le même auteur dans « Georges Dumézil et l'histoire des origines et des premiers siècles de Rome », *Actes du colloque international « Eliade-Dumézil »*, sous la direction de C. M. Ternes, Luxembourg, 1988, p. 27-49). La méthode d'analyse de la tradition par la comparaison avec des données tirées d'autres secteurs du monde indo-européen continue à être rejetée par de nombreux savants, sans raison fondée à notre avis (voir discussion dans « À propos de Tite-Live I : l'apport du comparatisme indo-européen et ses limites », *REL*, 76, 1998, p. 41-70). Outre ce qu'en avait dit A. Momigliano dans « An Interim Report on the Origins of Rome », *JRS*, 53, 1963, p. 95-121 (p. 113-114 pour ce point qui nous concerne) = *Terzo contributo alla storia degli studi classici e del mondo antico*, Rome, 1966, II, p. 545-598 (p. 583-584), on verra les études réunies autour de ce savant dans *Aspetti dell'opera di Georges Dumézil*, *Opus*, 2, 1983, p. 325-421 (A. Momigliano, « Premesse per una discussione su Georges Dumézil », p. 329-342 ; J. Scheid, « G. Dumézil et la méthode expérimentale », p. 343-354 ; E. Campanile, « Georges Dumézil indoeuropeista » p. 355-363 ; C. Grottanelli, « Temi Dumeziliani fuori dal mondo indoeuropeo », p. 365-389 ; C. Ampolo, « Servio Tullio e Dumézil (osservazioni su Dumézil e le tradizioni e i documenti della storia romana del VII-VI secolo a.C.) », p. 391-400 ; R. Di Donato, « Di Apollon sonore e di alcuni suoi antenati : Georges Dumézil e l'epica greca arcaica », p. 401-412 ; également A. Momigliano, « Georges Dumézil and the Trifunctional Approach to Roman Civilization », *History and Theory*, 23, 1984, p. 312-330 = *Ottavo contributo alla storia degli studi classici e del mondo antico*, Rome, 1987, p. 135-159). Pour d'autres analyses, également critiques, J. Heurgon, *Rome et la Méditerranée occidentale jusqu'aux guerres puniques*, Paris, 1969 (1re édition ; 3e édition en 1993, inchangée sur ce point), p. 228-231 ; A. Grandazzi, *La Fondation de Rome, réflexion sur l'histoire*, Paris, 1991, p. 51-68 ; T. J. Cornell, *The Beginnings of Rome, Italy and Rome from the Bronze Age to the Punic Wars (c. 1000-264 BC)*, Londres-New York, 1995, p. 77-79.

Sur l'articulation d'ensemble du récit de fondation de la ville, voir notre article « La triple fondation de Rome », *RHR*, 189, 1976, p. 145-176. Pour la fondation de Thèbes, F. Vian, *Les Origines de Thèbes. Cadmos et les Spartes*, « Études et commentaires », 48, Paris, 1963. La thèse de G. Dumézil, voyant dans le récit sur la guerre romano-sabine, le parallèle de récits mythiques indien et scandinave, est exposée par exemple dans *Mythe et épopée*, I, Paris, 1968, p. 285-299. Depuis, B. Sergent, « L'or et la mauvaise femme », *L'Homme*, 113, 30, 1990, p. 13-42, a complété l'analyse, en y faisant rentrer deux figures mineures du récit, faisant couple dans la bataille du Forum, Mettius Curtius, Sabin qui manque de périr dans le point d'eau qui portera son nom (*lacus Curtius*), et Hostus Hostilius, grand-père de Tullus Hostilius.

Sur l'attitude de l'hypercritique et, à l'inverse, du « fidéisme » historiciste, on se reportera aux ouvrages de J. Poucet et A. Grandazzi cités plus haut. Bon exemple récent d'une analyse de la tradition en termes de simple transposition de faits ultérieurs (dans ce cas lutte des patriciens et des plébéiens) dans T. P. Wiseman, *Remus, a Roman Myth*, Cambridge, 1995. Pour une présentation rapide et équilibrée de l'approche par l'archéologie et de celle par l'étude de la tradition, qui a sa logique propre et à laquelle il faut par conséquent garder son autonomie, et sur l'insuffisance d'une approche où la tradition se bornerait à apporter des « confirmations » (ou l'inverse) à ce que pense dégager l'archéologue, O. de Cazanove, « La légende des origines », *L'Histoire*, 234, juillet-août 199, p. 12-15. On ne peut se borner à évacuer le problème du récit traditionnel comme le faisait A. Momigliano, article *Opus*, 2, p. 339, qui n'évoque même pas la question de la tradition parmi les problèmes qui se posent à l'historien de la période royale de Rome. Voir sur ce point les justes remarques de J. Poucet dans son article « Georges Dumézil et l'histoire des origines », cité ci-dessus, p. 83-84.

Positions différentes sur le nom de Romulus que celle exprimée ici : A. Grandazzi, *La Fondation de Rome*, p. 228-230 (nom ayant pu être réellement porté par le responsable de l'édification du mur du Palatin) ; A. Carandini, *La nascità di Roma*, Turin, p. 493, n. 6 (nom ancien, à rapprocher de l'étrusque *Rumelna*, attesté au VIe siècle). Sur le rituel de fondation, les témoignages sont réunis dans notre article « I riti di fondazione », dans *Tarquinia, ricerche, scavi e prospettive*, sous la direction de M. Bonghi-Jovino, Milan-Rome, 1987, p. 181-190. Sur le *mundus*, F. Coarelli, *Il Foro Romano*, I : *Periodo arcaico*, Rome, 1983, p. 199-226.

Sur la date de fondation et la chronologie de la période royale, clairs exposés dans J. Heurgon, *Rome et la Méditerranée occidentale*, p. 226-228 ; T. J. Cornell, *The Beginnings of Rome*, p. 121-127. Considérations sur les chiffres donnés par la tradition pour les différents règnes dans R. A. Laroche, « The Alban King-List in Dionysius. A Numerical Analysis », *Historia*, 31, 1982, p. 112-120 ; « Early Roman Chronology : its Schematic Nature », *dans Studies in Latin Literature and Roman History*, collection Latomus, 180, Bruxelles, 1983, p. 5-25, et O. de Cazanove, « La détermination chronographique de la durée de la période royale à Rome », dans *La Rome des premiers siècles, légende et histoire, Table ronde en l'honneur de M. Pallottino*, Paris, 1990 (« Biblioteca di Studi Etruschi », 24, Florence, 1992), p. 69-98 ; mais scepticisme à l'égard d'un comput par générations dans M. Piérart, « Les dates de la chute de Troie et la fondation de Rome : comput par génération ou comput à rebours ? », dans *Historia testis. Mélanges d'épigraphie, d'histoire ancienne et de philologie offerts à T. Zawadski*, Fribourg, 1989, p. 1-18. Pour Hostus Hostilius, F. Coarelli, *Il Foro Romano*, I, p. 189, 199. Pour les formes de récit différentes développées en milieu grec, T. J. Cornell, « Aeneas and the Twins : the Development of the Roman Foundation Legend », *PCPhS*, 21, 1975, p. 1-32.

Données sur la civilisation latiale bien exposées dans J. Heurgon, *Rome et la Méditerranée occidentale*, p. 74-79 ; T. J. Cornell, *The Beginnings of Rome*, p. 48-57. La chronologie actuellement suivie a été définie par G. Colonna dans *Popoli e civiltà dell'Italia antica*, 2, Rome, 1974, p. 275-347. Du même auteur, voir aussi « I Latini e gli altri popoli del Lazio », dans *Italia omnium terrarum alumna*, Collection Antica madre, Milan, 1988, p. 411-528. Pour les fouilles de l'Osteria dell'Osa, sur le site de l'antique Gabies, A.-M. Bietti-Sestieri, *Ricerca su una comunità del Lazio protostorico*, Rome, 1979, *The*

Iron-Age Comunity of Osteria dell'Osa, Cambridge, 1992, *La necropoli laziale di Osteria dell'Osa*, Rome, 1992. Riche documentation par ailleurs dans le catalogue d'exposition *Civiltà del Lazio primitivo*, Rome, 1976.

Sur la ligue latine et son importance pour l'histoire de Rome, l'ouvrage déjà ancien de A. Alföldi, *Early Rome and the Latins*, Ann Arbor, 1965, reste fondamental. Série d'études sur Albe et les questions connexes dans *Alba Longa. Mito, storia, archeologia. Atti dell'incontro di studio, Roma-Albano Laziale, 27-29 gennaio 1994* (Rome, 1996), sous la direction de A. Pasqualini. Dans ce volume, sur la question des *populi Albenses*, C. Ampolo, « L'organizzazione politica dei Latini ed il problema degli *Albenses* », p. 135-160, avec hypothèse d'une création tardive pour la liste de Pline. Voir maintenant la mise au point de A. Grandazzi, « La liste plinienne des *populi* dits *Albenses* : anciennes et nouvelles hypothèses », *REL*, 77, 1999, p. 30-49.

Pour Lavinium, voir F. Castagnoli, *Lavinium* I : *topografia generale, fonti e storia delle ricerche*, Rome, 1972, *Lavinium* II : *le tredici are*, Rome, 1975 ; P. Sommella, « Heroon di Enea a Lavinium : recenti scavi a Pratica di Mare », *RPAA*, 44, 1971-1972, p. 47-74, ainsi que le catalogue d'exposition *Enea nel Lazio, archeologia e mito*, Rome, 1981. Études de G. Dury-Moyaers, *Énée et Lavinium*, Collection Latomus, 174, Bruxelles, 1981 ; A. Dubourdieu, *Les Origines et le développement du culte des Pénates à Rome*, Collection de l'École française de Rome, 118, Rome, 1989. Sur la notion des « pères » des peuples dans l'Italie antique, G. Colonna, « Alla ricerca della "metropoli" dei Sanniti », dans *Identità e civiltà dei Sabini*, Rieti-Magliano Sabina, 1993 (Florence, 1996), p. 107-130. Sur le titulaire du monument du bord du Numicius, C. Cogrossi, « Atena Iliaca e il culto degli eroi, l'heroon di Enea a Lavinio e Latino, Pigli di Odisseo », *CISA*, 18, 1982, p. 79-88 ; A. Grandazzi, « Le roi Latinus : analyse d'une figure légendaire », *CRAI*, 1988, p. 481-497.

Sur la question sabine, le travail de J. Poucet, *Recherches sur la légende sabine des origines de Rome*, Louvain-Kinshasa, 1967, est essentiel. Pour les données archéologiques concernant la Sabine, actes du colloque *Identità e civiltà dei Sabini*, cité ci-dessus. La question de la transhumance a été au centre de travaux récents, par exemple ceux regroupés dans le colloque *Civiltà della transumanza, Atti della giornata di studi, Castel del Monte, 1990* (L'Aquila, 1992), et G. Barker, M. Aromatario, « L'origine della pastorizia e della transumanza in Italia », dans *Le conferenze del premio E. T. Salmon*, sous la direction de G. De Benedettis, Campobasso, 1994, p. 77-98.

Pour le *lapis niger*, F. Coarelli, *Il Foro Romano*, 1, p. 161-199. Données concernant la forme de la légende de Romulus rapportée par Promathion et récits latins parallèles dans G. Capdeville, « Servius Tullius et le mythe du premier roi », dans *Mythe et politique*, Liège, 1989 (Paris, 1990), p. 45-74 ; *Volcanus, recherches comparatistes sur les origines du culte de Vulcain*, BEFAR, 288, Rome, 1995, p. 7-39, et déjà notre article « En deçà de l'épopée, un thème légendaire indo-européen : caractère trifonctionnel et liaison avec le feu dans la geste des rois iraniens et latins », dans *L'Épopée gréco-latine et ses prolongements européens, Calliope II*, sous la direction de R. Chevallier, *Caesarodunum*, 16 bis, 1981, p. 7-31.

Séries trifonctionnelles de premiers souverains dans d'autres secteurs du monde indo-européen : données iraniennes dans S. Wikander, « Sur le fonds commun indo-iranien des épopées de la Perse et de l'Inde », *La Nouvelle Clio*, 1-2, 1949-1950, p. 310-329 (spéc. p. 317-321), scandinaves dans G. Dumézil, *Mythe et épopée*, I, Paris, 1968, p. 264-267, arméniennes dans S. Ahyan, « Les débuts de l'histoire de l'Arménie et les trois fonctions indo-européennes », *RHR*, 199, 1982, p. 251-271, grecques dans F. Vian, « La triade des rois d'Orchomène : Étéocle, Phlégyas, Minyas », dans *Hommages à G. Dumézil*, Collection Latomus, 45, Bruxelles, 1960, p. 215-260.

Guerres, triomphes et fautes de Romulus : voir notre article « Les guerres de Romulus », dans « Trois études sur Romulus », *Recherches sur les religions de l'Antiquité classique*, sous la direction de R. Bloch, Paris-Genève, 1980, p. 320-346. Sur le thème des trois péchés du guerrier, G. Dumézil, *Heur et malheur du guerrier*, 2e édition, Paris, 1985, p. 69-131 (et pour la geste du héros indien Rama D. Dubuisson, « Trois thèses sur le *Ramayana* », *Annales ESC*, 34, 1979, p. 464-489, et *La Légende royale dans l'Inde ancienne. Rama et le Ramayana*, Paris, 1986) ; sur les fautes du roi, G. Dumézil, *Mythe et épopée*, II, Paris, 1971, p. 274-292 (G. Dumézil oppose aux trois péchés du guerrier le péché unique du roi ; mais cette distinction est contredite par le cas de Romulus, ou même celui de Laomédon, analysé par G. Dumézil lui-même, dans *L'Oubli de l'homme et l'honneur des dieux*, Paris, 1985, p. 31-37). Sur le couple Romulus/Numa, G. Dumézil, *Les Dieux souverains des Indo-Européens*, Paris, 1977, p. 159-166. Représentation de Romulus portant les dépouilles du roi Acron étudiée dans J. Gagé, « Romulus-Augustus », *Mélanges de l'École française de Rome*, p. 47, 1930, p. 138-181, spéc. p. 141-144, G.-C. Picard, *Les Trophées romains*, Paris, 1957, p. 105, 129, 276-277 ; le modèle était la statue du héros érigée dans le Forum d'Auguste.

Sur Tullus Hostilius et les légendes relatives à la lutte avec Albe : G. Dumézil, *Heur et malheur du guerrier*, Paris, 1969, p. 11-42, 2e éd., p. 13-55 ; présentation commode dans *Mythe et épopée*, I, p. 278-280. Sur l'articulation globale du règne, notre article « Le règne de Tullus Hostilius et l'idéologie indo-européenne des trois fonctions », *RHR*, 214, 1997, p. 5-22. Sur l'inexistence d'Albe en tant que cité, A. Grandazzi, « La localisation d'Albe », *MEFRA*, 98, 1986, p. 47-90.

Sur le règne d'Ancus Marcius et les problèmes qu'il pose d'un point de vue comparatiste, voir notre article « Le problème d'Ancus Marcius », *MEFRA*, 107, 1995, p. 183-195, ainsi que, sur le dieu Quirinus, « Remarques sur Quirinus », *Revue belge de philologie et d'histoire*, 74, 1996, p. 99-120. Sur cette divinité, étude fondamentale de D. Porte, « Romulus-Quirinus, prince et dieu, dieu des princes, étude sur le personnage de Quirinus et son évolution, des origines à Auguste », *ANRW*, 16, 1, 1981, p. 300-342 (que nous ne suivons cependant pas dans son refus de toute perspective trifonctionnelle). La personnalité de ce dieu reste très discutée : autres propositions dans A. Magdelain, *De la royauté et du droit de Romulus à Sabinus*, Rome, 1995, p. 49-54.

Données sur la royauté à Rome dans P.-M. Martin, *L'Idée de royauté à Rome*, I : *De la Rome royale au consensus républicain*, Clermont-Ferrand, 1982. Commodes présentations de ce que l'on peut savoir des formes institutionnelles anciennes dans J. Heurgon, *Rome et la Méditerranée occidentale*, p. 192-222 ; T. J. Cornell, *The Beginnings of Rome*, p. 114-118.

Chapitre II

La lente genèse d'une cité

Les données archéologiques concernant le site de Rome – telles qu'elles étaient disponibles à l'époque – ont été exposées dans la publication monumentale de E. Gjerstad, *Early Rome*, tomes I-IV, Lund, 1953-1966. La présentation des données reste indispensable, même si la chronologie basse suivie par l'auteur est maintenant unanimement rejetée au profit de celle préconisée par H. Müller-Karpe, *Vom Anfang Roms*, *MDAI (R)*, Ergänzungsheft 5, 1959, et *Zur Stadtwerdung Roms*, *MDAI (R)*, Ergänzungsheft 8, 1962. Mais il faut tenir compte depuis des éléments nouveaux apportés par les fouilles de A. Carandini sur le Palatin et le Forum (voir « Le mura del Palatino, nuova fonte sulla Roma di età regia », *Bollettino di Archeologia*, 16-18, 1992, p. 1-18, « Lo scavo delle mura palatine » (avec P. Brocato, P. Carafa, G. Ricci et N. Terrenato), *ibid.*, p. 111 *sq.*, et maintenant la publication scientifique des fouilles *Palatium e sacra via*, I, *Bolletino di Archeologia*, 31-34, Rome, 1995. Bons exposés sur la question dans G. Colonna, « I Latini e gli altri popoli del Lazio », dans *Italia omnium terrarum alumna*, Collection Antica madre, Milan, 1988, p. 409-515 (avec une riche iconographie) ; R. Peroni, « Comunità e insediamento in Italia fra Età del Bronzo e prima Età del Ferro », dans *Storia di Roma*, sous la direction de A. Momigliano et A. Schiavone, Turin, I, 1988, p. 7-37. Données alors connues présentées dans les catalogues des expositions *Civiltà del Lazio primitivo*, Rome, 1976, p. 99-147, et *Naissance de Rome*, Paris, 1977. On verra aussi, avec des propositions de mise en relation de la tradition et des données archéologiques, mais aussi très commodes pour le simple exposé des faits, J.-C. Meyer, *Pre-Republican Rome. An Analysis of the Cultural and Chronological Relations, 1000-500 B.C.*, Odense, 1983 ; M. Pallottino, *Origini e storia primitiva di Roma*, Milan, 1984 ; A. Carandini, *La nascità di Roma*, Turin, 1997. On pourra se reporter à ces ouvrages pour l'énorme bibliographie relative à la question.

Sur l'hydrographie du Forum et les inondations saisonnières qui devaient s'y produire, A. J. Ammerman, « On the Origins of the Forum Romanum », *American Journal of Archeology*, 94, 1990, p. 627-645, « Environmental Archaeology in the Velabrum, Rome : Interim Report », *Journal of Roman Studies*, 11, 1998, p. 213-223. Sur la légende de Curtius, sous ses diverses formes, J. Poucet, *Recherches sur la légende sabine des origines de Rome*, Louvain-Kinshasa, 1967, p. 241-258.

Très bonne présentation du réseau routier autour de Rome et de son développement dans F. Coarelli, « I santuari, il fiume, gli empori », dans *Storia di Roma*, I, 1988, p. 127-151. Sur le Tibre et l'avantage du site de Rome, « ville du premier pont », ouvrage de J. Le Gall, *Le Tibre, fleuve de Rome, dans l'Antiquité*, Paris, 1953 ; voir également maintenant les actes du *colloque Il Tevere e le altre vie d'acqua del Lazio antico*, Rome, 1986 (= *Archeologia Laziale*, 7, 2). Pour le rôle du trafic du sel dans l'histoire du site, article fondamental de A. Giovannini, « Le sel et la fortune de Rome », *Athenaeum*, 63, 1985, p. 373-387. Aussi G. Algreen-Ussing et T. Fischer-Hansen, « Ficana. Le saline e le vie della regione bassa del Tevere », *Archeologia Laziale*, 7, 1985, p. 65-71. Sur la civilisation apenninique, ouvrage classique de S. M. Puglisi, *La civiltà appenninica*, Florence, 1959.

Ensemble des données sur le Forum Boarium maintenant rassemblées et discutées dans F. Coarelli, *Il Foro Boario*, Rome, 1988.

Pour le pont Sublicius et les rites des Argées, données dans J. Le Gall, *Le Tibre*, p. 80-86 et surtout, du même, *Recherches sur le culte du Tibre*, Paris, 1953, p. 78-80, 83-87.

Rome, ville-frontière : voir C. Ampolo, « Roma arcaica fra Latini ed Etruschi : aspetti politici e sociali », dans *Etruria e Lazio arcaico*, Rome, 1986 (= *Quaderni del centro di studio per l'archeologia etrusco-italica*, 15, 1987), p. 75-87. Pour les expressions latines citées, Horace, *Odes*, 1, 2, 14, Stace, *Silves*, 4, 4, 6-7. Une prescription des XII Tables voulait que le débiteur insolvable fût vendu de l'autre côté du Tibre, donc en terre réputée étrangère.

Sur Portunus, F. Coarelli, *Il Foro Boario*, p. 113-127. Sur les *navalia* de Rome, J. Le Gall, *Le Tibre*, p. 103-110 ; F. Coarelli, *Il Foro Boario*, p. 125-126, avec l'analyse d'un texte du Byzantin Procope décrivant une pentécontore (galère à cinquante rames) d'époque archaïque qu'il avait encore vue à l'arsenal du Champ de Mars. Pour la question d'Ostie, bonne mise au point de F. Coarelli, dans *Storia di Roma*, 1988, I, p. 136-143 (avec référence en particulier à une reproduction de barque sarde d'époque archaïque trouvée à Porto, sur laquelle on verra G. Colonna, « La barchetta nuragica di Porto ritrovata », dans *Gli Etruschi e Roma. Incontro di studio in onore di Massimo Pallottino*, Rome, 1979 (1981), p. 171-172.

Pour les données mycéniennes dans le Latium, L. Vagnetti, « Micenean Imports in Central Italy », dans E. Peruzzi, *Myceneans in Early Latium*, 1980, p. 151-167, « Materiali micenei di importazione », dans catalogue d'exposition *Enea nel Lazio*, Rome, 1981, p. 107, « Italia centro-settentrionale. Il Lazio », dans *Magna Grecia e mondo miceneo, XXII Convegno di studi sulla Magna Grecia*, Tarente, 1982, p. 191-194. Voir surtout maintenant les découvertes de Casale Nuovo, près de l'embouchure de l'Astura, où des tessons mycéniens révèlent l'existence probable d'un point de contact avec des navigateurs venus de la zone égéenne, M. Angle *et al.*, « Prime testimonianze micene nel Latium Vetus », *Parola del passato*, 48, 1993, p. 190-217. Pour les traditions sur la venue d'Évandre, d'Hercule ou d'autres héros sur le site, souvent mise en relation avec une fréquentation des lieux par des Grecs mycéniens, voir J. Poucet, *Les Origines de Rome, tradition et histoire*, Bruxelles, 1985, p. 128-132. Les remarques de J. Poucet sur l'impossibilité d'établir une relation directe entre données archéologiques et la tradition littéraire sur la venue en Italie des héros du mythe grec gardent toute leur validité.

Sur les Phéniciens à Rome, outre les articles déjà anciens de D. Van Berchem, « Hercule-Melqart à l'Ara Maxima », *Rendiconti della Pontificia Accademia di Archeologia*, 32, 1959-1960, p. 61-68 et R. Rebuffat, « Les Phéniciens à Rome », *MEFR*, 78, 1966, p. 7-48, on consultera maintenant C. Bonnet, *Melqart, cultes et mythes de l'Héraklès tyrien en Méditerranée,* « Studia Phoenicia », 8, Louvain-Namur, 1988, p. 294-304. Sur les inscriptions de Pithécusses, A. Bartonek et G. Büchner, « Die ältesten griechischen Inschriften von Pithekoussai (2. Hälfte des VIII. bis 1. Hälfte des VII. Jhs) », *Die Sprache*, 37, 1995, p. 129-237, spéc. p. 187-189 pour les inscriptions sémitiques. Sur la situle *Plikasnas* de Chiusi et la question des artisans orientaux établis en Italie, M. Martelli « Documenti di arte orientalizzante a Chiusi », *Studi Etruschi*, 41, 1973, p. 97-120.

Sur les urnes-cabanes, G. Bartoloni, F. Buranelli, V. D'Atri et A. De Santis, *Le urne a capanna rinvenute in Italia*, Rome, 1987. Sur la *casa Romuli* et la présence d'une autre cabane sur le Capitole, A. Balland, « La *casa Romuli* au Palatin et au Capitole », *REL*, 62, 1984, p. 57-80. Sur les données archéologiques du Germal, avec le résultat des nouvelles fouilles, A. Carandini, *La nascità di Roma*, p. 58-71, avec un clair exposé des faits par

P. Brocato, p. 618-622. Données plus anciennement connues présentées par C. Ampolo, *Civiltà del Lazio primitivo*, p. 143-145.

La présentation des faits que nous donnons des premières phases d'habitation est contestée par certains savants, qui admettent déjà pour les phases les plus anciennes l'idée d'un ensemble répondant à une certaine unité (selon un modèle qualifié de « protourbain »). Voir la présentation de ce point de vue dans A. Carandini, *La nascità di Roma*, p. 457-487 : « Interpretazioni del fenomeno protourbano in Etruria e nel Lazio »). Sur les données révélées par la prospection de Véies, J. Ward Perkins, *Veii: the Historical Topography of the Ancient City*, Rome, 1961 (*PBSR*, 29). Le modèle de villages indépendants est appliqué par A. M. Bietti Sestieri au cas de Gabies (*The Iron Age Community of Osteria dell'Osa: a Study of Socio-Political Development in Central Tyrrhenian Italy*, Cambridge, 1992).

Tombe de la maison de Livie: F. Delpino, *Civiltà del Lazio primitivo*, p. 121-122, *Naissance de Rome*, objets n°s 57-70. On trouvera plus généralement dans ce catalogue une commode présentation détaillée des trouvailles de cette période. Pour la cabane du Germal, voir A. Carandini, *Nascità di Roma*, passage cité plus haut. Sur l'Osteria dell'Osa, on consultera les études de A. M. Bietti Sestieri: outre *The Iron Age Community of Osteria dell'Osa*, *Ricerca su una comunità del Lazio protostorico*, Rome, 1979, *La necropoli laziale di Osteria dell'Osa*, Rome, 1992.

Nécropole du Forum: différentes tombes présentées dans *Civiltà del Lazio primitivo*, p. 107-125, *Naissance de Rome*, n°s 29-56, 154. Nécropole de l'Esquilin, *id.*, respectivement p. 125-142 (et p. 142-143, présentation par E. La Rocca d'une tombe du Quirinal), n°s 105-136, 155-161. Pour la tombe sous le palais des Flaviens, C. Ampolo, *Civiltà del Lazio primitivo*, p. 122-125.

Étymologie du mot *Septimontium*: explication comme « collines retranchées » dans L. A. Holland, « Septimontium or Saeptimontium ? », *TAPhA*, 84, 1953, p. 16-34, J. Poucet, « Le Septimontium et la Sucusa chez Festus et Varron : un problème d'histoire et de topographie romaines », *BIBR*, 32, 1960, p. 25-73 ; défense de l'explication comme « sept collines » dans L. Nadjo, « *Septimontium*, Émile Benveniste et la composition nominale », dans *Émile Benveniste aujourd'hui*, Tours, 1983 (Paris, 1984), p. 141-155. Sur le déroulement de la fête à l'époque impériale (où elle est devenue une fête pour l'ensemble du peuple, *pro populo*), A. Fraschetti, *Roma e il Principe*, Rome-Bari, p. 134-159. Pour les problèmes posés par la liste donnée par les antiquaires, J. Heurgon, *Rome et la Méditerranée occidentale*, p. 89-90; T. J. Cornell, *The Beginnings of Rome*, p. 416, n. 93; A. Carandini, *La nascità di Roma*, p. 267-279, avec bibliographie. Pour une étude systématique des états successifs de la formation de la cité que pourrait révéler cette liste, A. Carandini, *ibid.*, p. 267-380. Mais pour une interprétation différente du Septimontium, qui refléterait un état de la fin du VIIe siècle, postérieur donc à la cité « romuléenne », M. Pallottino, *Origini e storia primitiva di Roma*, p. 148-150; G. Colonna, dans *Italia omnium terrarum alumna*, p. 450.

Fusion des deux ensembles constitués par le *Septimontium* et les collines du nord qui serait reflétée dans la tradition sur Romulus : voir surtout l'analyse en ce sens de J. C. Meyer, *Pre-Republican Rome. An Analysis of the Cultural and Chronological Relations, 1000-500 B.C.* Mais pour une datation des faits antérieure (stade du « second Septimontium »), A. Carandini, *La nascità di Roma*, p. 372-380.

Tombe à char (n° 94) de l'Esquilin : E. La Rocca, *Civiltà del Lazio primitivo*, p. 136, *Naissance de Rome*, n°s 114-118. Pour le vase de la tombe 21 de l'Esquilin, E. La Rocca,

Civiltà del Lazio primitivo, p. 133, n° 5 (et p. 132-134 pour l'ensemble de la tombe). Photo en couleur de l'*askos* de la tombe 14 de l'Esquilin dans G. Colonna, *Italia terrarum omnium alumna*, p. 430, n° 368, et, pour la tombe et son mobilier, E. La Rocca, *Civiltà del Lazio primitivo*, p. 135, *Naissance de Rome*, n°s 110-113. Fragments de céramiques grecques d'importation remontant au VIIIe siècle trouvés dans les fouilles de Sant'Omobono : E. La Rocca, *Civiltà del Lazio primitivo*, p. 369-370, *Naissance de Rome*, n°s 139-153. Sarcophages en forme de tronc d'arbre des tombes I et II du Quirinal : E. La Rocca, *Civiltà del Lazio primitivo*, p. 142-143. Photo en couleurs de l'exemplaire de la tombe II dans G. Colonna, *Italia terrarum omnium alumna*, p. 420, n° 366.

Les fouilles de la muraille « romuléenne » du Palatin ont été présentées, d'une manière encore provisoire, dans A. Carandini, « Campagne di scavo delle pendici settentrionali (del Palatino) », *Bollettino di Archeologia*, 1-2, 1990, p. 159-165, catalogue de l'exposition *La grande Roma dei Tarquini*, Rome, 1990, p. 79, 97, « Le mura del Palatino, nuova fonte sulla Roma di età regia », *Bollettino di Archeologia*, 16-18, 1992, p. 1-27, et surtout *La nascità di Roma*, p. 578-580, avec appendice de G. Cifani, « Le mura arcaiche di Roma », p. 623-627. Voir également G. Colonna, dans *Italia omnium terrarum alumna*, p. 449. Cette découverte a suscité des réactions diverses : voir A. Grandazzi, *La Fondation de Rome*, Paris, 1991, p. 202-208, y voyant la confirmation de la tradition sur Romulus ; J. Poucet, « La fondation de Rome : croyants et agnostiques », *Latomus*, 53, 1994, p. 95-104, spéc. p. 99 ; T. J. Cornell, *The Beginnings of Rome*, p. 30, avec n. 71, n'estimant pas que cette trouvaille apporte une telle confirmation. Voir aussi la présentation pondérée de A. Mastrocinque, *Romolo (la fondazione di Roma tra storia e leggenda)*, Este, 1993, p. 93-95.

Discussion autour de la formation de Rome en tant que cité : outre les ouvrages que nous avons cités au début de cette bibliographie, voir les études réunies par C. Ampolo dans *La formazione della città nel Lazio*, *Dialoghi di Archeologia*, 2, 1980. Du même auteur, articles « Sulla formazione della città di Roma », *Opus*, 2, 1983, p. 425-430, « La formazione della città », dans *Storia di Roma*, I, p. 153-180.

Sur la notion de *pomerium* et l'inauguration, on verra en particulier les articles de A. Magdelain, « L'*Auguraculum* de l'*arx* à Rome », *Revue des études latines*, 47, 1969, p. 253-269, et « Le *pomerium* archaïque et le *mundus* », *Revue des études latines*, 54, 1976, p. 71-109. Sur le rôle de la citadelle comme centre religieux de la communauté chez les peuples italiques, A. L. Prosdocimi, « Il lessico istituzionale italico. Tra linguistica e storia », dans *La cultura italica*, Pise, 1977 (1978), p. 29-74.

Sur la question de la *Porta Romanula* : A. Grandazzi, « Lieu d'où on vient ? Lieu où on va ? De la *porta Romanula* en particulier et des portes de Rome en général. Seconde contribution à la topographie du Palatin », dans *Mélanges à la mémoire d'André Magdelain*, Paris, 1998, p. 171-198, avec bibliographie antérieure et discussion.

Tombes de Castel di Decima : *Civiltà del Lazio primitivo*, p. 282-290, *Naissance de Rome*, n° 298-536. Voir aussi les études de F. Zevi, « Alcuni aspetti della necropoli di Castel di Decima », *Parola del Passato*, 32, 1977, p. 241-273, A. Bedini et F. Cordano, « L'ottavo secolo nel Lazio e l'inizio dell'orientalizzante antico alla luce di recenti scoperte nella necropoli di Castel di Decima », *ibid.*, p. 274-311.

Sur le phénomène orientalisant en général, on pourra se reporter à M. Gras, P. Rouillard, X. Teixidor, *L'Univers phénicien*, Paris, 1989, p. 128-147. Tombes de Préneste : *Civiltà del Lazio primitivo*, p. 213-249, *Naissance de Rome*, n°s 675-700. Tombe Regolini-Galassi de Caeré : L. Pareti, *La tomba Regolini-Galassi del Museo Gregoriano*

Etrusco e la civiltà dell'Italia centrale nel VII *secolo a.C.*, Cité du Vatican, 1947. Pour les rares données relatives à Rome : G. Colonna, dans *Italia, omnium terrarum alumna*, p. 470. Sur le symposion et son introduction en Italie, G. Colonna, « *Graeco more bibere.* L'iscrizione della tomba 115 di Osteria dell'Osa », *Archeologia Laziale*, 3, 1980, p. 51-55 et, sur la question en général, actes du colloque *Sympotica. A symposium on the Symposion*, sous la direction de O. Murray, Oxford, 1988.

Tombe 127 de l'Esquilin : A. Sommella Mura, *Civiltà del Lazio primitivo*, p. 140-142, *Naissance de Rome*, n°s 128-138. Sur le développement des tombes à l'époque orientalisante, F. Prayon, *Frühetruskische Grab- und Hausarchitektur*, Heidelberg, 1975. Sur l'apparition du nom gentilice, H. Rix, « Zur Ursprung des römisch-mittelitalischen Gentilnamensystem », *Aufstieg und Niedergang der römischen Welt*, 1, 2, Berlin-New York, 1972, p. 700-748 ; G. Colonna, « Nome gentilizio e società », *Studi Etruschi*, 45, 1977, p. 175-192 ; M. Cristofani, « Antroponimia e contesti sociali di pertinenza », *AION*, 3, 1981, p. 47-49 (= *Saggi di storia etrusca arcaica*, Rome, 1987, p. 107-135), S. Marchesini, *Studi onomastici e sociolinguistici sull'Etruria arcaica : il caso di Caere*, Florence, 1997.

Sur la clientèle, on verra par exemple les études réunies dans *Patrons and Clients*, sous la direction de E. Gellner et J. Waterbury, Londres, 1977, et *Patronage in Ancient Society*, sous la direction de A. Wallace-Hadrill, Londres, 1989, avec en particulier, dans ce dernier ouvrage, l'étude sur les débuts de l'institution de A. Drummond, « Early Roman *Clientes* », p. 89-115. Sur l'intégration d'élements allogènes dans l'aristocratie à époque ancienne, article fondamental de C. Ampolo, « Demarato, osservazioni sulla mobilità sociale arcaica », *Dialoghi di Archeologia*, 9-10, 1976-1977, p. 333-345. Également D. Musti, « Etruria e Lazio arcaico nella tradizione (Demarato, Tarquinio, Mezenzio) », dans *Etruria e Lazio arcaico*, p. 139-153, C. De Simone, « Etrusco *Laucie Mezentie* », dans *Miscellanea Etrusca e Italica in onore di Massimo Pallottino* (= *Archeologia Classica*, 43), Rome, 1991, p. 559-573. Graffite *ktektou* : G. Colonna, dans *Civiltà del Lazio primitivo*, p. 375, *Naissance de Rome*, n° 705.

L'appauvrissement des tombes a été relevé par G. Colonna, « Un aspetto oscuro del Lazio antico. Le tombe del VI-V sec. a.C. », *Parola del Passato*, 32, 1977, p. 131-165. Le même savant a étendu ces remarques à une période déjà antérieure (seconde moitié du VIIe siècle) dans *Italia, omnium terrarum alumna*, p. 489. Voir aussi T. J. Cornell, *The Beginnings of Rome*, p. 105-108.

Sur le premier pavement du Forum, G. Colonna, dans *Naissance de Rome*, n°s 706-710, *Italia, omnium terrarum alumna*, p. 472, A. J. Ammerman, « On the Origins of the Forum Romanum », *American Journal of Archeology*, 94, 1990, p. 627-645.

Sur la question des emplacements de prise d'auspices de Rome, outre A. Magdelain, « L'*Auguraculum* de l'*arx* à Rome », *Revue des études latines*, 47, 1969, p. 253-269, voir A. Grandazzi, « Le roi et l'augure. À propos des *auguracula* de Rome », dans *La Divination dans le monde étrusco-italique*, 3, *Caesarodunum*, 56, 1986, p. 122-153, et, pour le problème complexe de la *Roma quadrata* et de son rapport éventuel avec les auspices et avec la notion de *mundus*, « La *Roma quadrata* : mythe ou réalité ? », *Mélanges de l'École Française de Rome, Antiquité*, 105, 1993, p. 493-545. Sur le droit augural en général, P. Catalano, *Contributo allo studio del diritto augurale*, Turin, 1960, J. Linderski, « The Augural Law », *Aufstieg und Niedergang der römischen Welt*, Berlin – New York, 16, 3, 1986, p. 2146-2312.

Sur le figuier Ruminal et son sens d'« âme extérieure » de la cité, voir D. Briquel, « Les trois arbres du fondateur », dans *Recherches sur les religions de l'Antiquité classique*, sous la direction de R. Bloch, Paris-Genève, 1980, p. 301-319. Sur la notion d'« âme extérieure » en histoire des religions, M. Eliade, *Traité d'histoire des religions*, Paris, 1970, p. 255-263. Sur le *mundus* de Rome et son identification avec le « nombril de la ville », nous suivons F. Coarelli, *Il Foro Romano, I, Periodo arcaico*, Rome, 1983, p. 199-226. Sur la notion d'« axe du monde » en histoire des religions, M. Eliade, *Traité d'histoire des religions*, Paris, 1970, p. 310-325.

Sur le Comitium, données dans F. Coarelli, *Il Foro Romano, I, Periodo arcaico*, p. 119-160 (avec, p. 195-196, pour le transfert ultérieur de certaines fonctions au Champ de Mars. Sur la *curia Hostilia*, G. Colonna, dans *Italia omnium terrarum alumna*, p. 472; mais pour une localisation différente et une datation antérieure de l'édifice (milieu du VIIe siècle), A. Carandini, *La nascità di Roma*, p. 500.

Pour les fouilles de la Regia, on ne dispose encore que des publications préalables de F. E. Brown, « New Soundings in the Regia », *Les Origines de la république romaine*, Entretiens de la fondation Hardt, 13, Vandœuvres-Genève, 1967, p. 47-60, « La protostoria della Regia », *Rendiconti della Pontificia Accademia di Archeologia*, 47, 1974-1975, p. 15-36. Mais voir les remarques de F. Coarelli, *Il Foro Romano, I, Periodo arcaico*, p. 56-78. Présentation commode dans la catalogue d'exposition *La grande Roma dei Tarquini*, Rome, 1990, p. 59-61. Plusieurs savants estiment que, dès l'époque royale, l'édifice a été occupé par un *rex sacrorum*, à rôle purement religieux, distinct du souverain véritable (ainsi, dernièrement, T. J. Cornell, *The Beginnings of Rome*, p. 232-236, situant cette séparation des deux sous le règne de Servius Tullius; A. Carandini, *La nascità di Roma*, p. 501, la situant sous celui de Tarquin l'Ancien). Pour les cultes de la Regia, G. Dumézil, *Religion romaine archaïque*, Paris, 1966, p. 177-179. Pour les palais étrusques, données dans D. Briquel, *La Civilisation étrusque*, Paris, 1999, p. 136-140, avec bibliographie ultérieure.

Puits archaïque du temple de Vesta: données dans *La grande Roma dei Tarquini*, p. 62. A. Carandini, *La nascità di Roma*, p. 500-501, rattache au sanctuaire de Vesta le matériel des *Doliola*, remontant au deuxième quart du VIIe siècle. Sur le dépôt votif du Capitole, *Naissance de Rome*, n°s 721-724; *La grande Roma dei Tarquini*, p. 70-75. Sur des objets déjà de la seconde moitié du VIIIe siècle, A. Carandini, *La nascita di Roma*, p. 499-500. Sur l'exauguration des cultes anciens et le maintien de Juventas et Terminus, G. Dumézil, *Les Dieux souverains des Indo-Européens*, Paris, 1977, p. 168-175; D. Briquel, « Jupiter, Saturne et le Capitole: essai de comparaison indo-européenne », *Revue de l'histoire des religions*, 198, 1981, p. 131-162.

Pour le mot *civis*, É. Benveniste, *Le Vocabulaire des institutions indo-européennes*, I, p. 335-337. Sur le roi, données dans P.-M. Martin, *L'Idée de royauté à Rome*. I, *De la Rome royale au consensus républicain*, Clermont-Ferrand, 1982, en particulier p. 7-40 pour la question de l'accession au pouvoir royal, p. 41-67 pour les pouvoirs du roi. Sur le retour des auspices aux sénateurs, A. Magdelain, « *Auspicia ad patres redeunt* », dans *Hommages à J. Bayet*, Paris, 1964, p. 427-473 (mais l'interprétation en fonction de données tirées du calendrier n'est pas nécessaire). Sur les pouvoirs du sénat, P.-M. Martin, *L'Idée de royauté à Rome*, p. 71-217, notamment p. 198-214 pour l'articulation des pouvoirs du roi. Mais voir également les remarques prudentes de T. J. Cornell, *The Beginnings of Rome*, p. 245-251.

Inscription du *lapis niger*: propositions d'interprétations récentes exposées dans A. Degrassi et I. Krummrey, *Corpus Inscriptionum Latinarum*, I^2, 2, 4, Berlin-New York, 1986, n° 1. Nom *Kalatur Phapena* = *Calator Fabius* à Caeré: S. Marchesini, *Studi onomastici e sociolinguistici sull'Etruria arcaica : il caso di Caere*, Florence, 1997, p. 103, 152. Pour le terme *suffragium*, voir en dernier lieu J. Vaahtera, « The Origin of Latin *suffragium* », *Glotta*, 71, 1993, p. 66-80. Pour les comices curiates (et les *comitia calata*), données dans R. E. A. Palmer, *The Archaic Community of the Romans*, Cambridge, 1970, J.-C. Richard, *Les Origines de la plèbe romaine*, Rome, 1978, p. 197-222, T. J. Cornell, *The Beginnings of Rome*, p. 114-118. Sur la *lex curiata de imperio*, voir A. Magdelain, *Recherches sur l'« imperium »*, Paris, 1968. Pour la question des tribus primitives, la présentation de A. Momigliano, « An Interim Report on the Origins of Rome », *Journal of Roman Studies*, 53, 1963, p. 109-121, reste toujours fondamentale.

Chapitre III

Des rois venus du nord

Bon exemple de la tendance actuelle à restreindre la part de l'élément étrusque à Rome, en réaction contre le « panétrusquisme » qui prévalait dans le passé dans l'ouvrage de T. J. Cornell, *The Beginnings of Rome, Italy and Rome from the Bronze Age to the Punic Wars (c. 1000-264 B.C.)*, Londres-New York, 1995, p. 151-172, « The Myth of the « Etruscan Rome » », où l'on trouvera la bibliographie de la question. Pour une présentation de la position traditionnelle, voir par exemple J. Heurgon, *Rome et la Méditerranée occidentale jusqu'aux guerres puniques*, Paris, 1969, p. 236-241 (« La domination étrusque à Rome »). Mais pour une juste insistance sur le côté avant tout latin de Rome, C. Ampolo, « Roma arcaica fra Latini ed Etruschi : aspetti politici e sociali », dans *Etruria e Lazio arcaico*, Rome, 1986 (= *Quaderni del centro di studio per l'archeologia etrusco-italica*, 15, 1987), p. 75-87.

Pour les données concernant Véies, voir J. B. Ward Perkins, *Veii : the Historical Topography of the Ancient City*, Rome, 1961 (*PBSR*, 29). Pour la perception de l'état du Latium à l'époque des premiers développements des cités étrusques, l'exposition *Civiltà del Lazio primitivo*, Rome, 1976, a marqué un tournant décisif. Pour les exemples étrusques présentés ici, voir C. Ampolo, « Demarato, osservazioni sulla mobilità sociale arcaica », *Dialoghi di Archeologia*, 9-10, 1976-1977, p. 333-345 ; D. Musti, « Etruria e Lazio arcaico nella tradizione (Demarato, Tarquinio, Mezenzio) », dans *Etruria e Lazio arcaico*, p. 139-153. Sur l'inscription portant le nom de Mézence, D. Briquel, « À propos d'une inscription redécouverte au musée du Louvre : remarques sur la tradition relative à Mézence », *REL*, 67, 1989, p. 78-92, avec l'analyse du nom proposée par C. De Simone, « Etrusco *Laucie Mezentie* », dans *Miscellanea etrusca e italica in onore di Massimo Pallottino*, Rome, 1991 (= *Archeologia Classica*, 43), p. 559-571. Graffite *uqnus* : voir maintenant M. Pandolfini, *Corpus Inscriptionum Etruscarum*, 2, Fascicule 2, Rome, 1996, n° 8601, avec bibliographie précédente ; nom *C] raice*, *ibid.*, n° 8604, avec proposition de restitution de P. Brocato, *Rivista d'Epigrafia Etrusca*, n° 23, *Studi Etruschi*, 59, 1993, p. 264-266. Sur les inscriptions étrusques de Rome, G. Colonna, « Quali Etruschi a Roma », dans *Gli Etruschi e Roma. Incontro di studio in onore di Massimo Pallottino*, Rome, 1979 (1981), p. 159-168. Présentation des vues de A. Alföldi dans *Early Rome and the Latins*, Ann Arbor, 1965, p. 209-212. Graffite *rex* de la Regia dans catalogue d'exposition *La grande Roma dei Tarquini*, Rome, 1990, p. 22-23 (avec note de M. Cristofani, qui attribue l'objet à l'un des premiers « rois des sacrifices » de la République).

Sur la perception de Rome comme ville étrusque par les Grecs et la position de Denys d'Halicarnasse, ouvrage fondamental de D. Musti, *Tendenze nella storiografia romana e greca su Roma arcaica, studi su Livio e Dionigi d'Alicarnasso*, Rome, 1970 ; également E. Gabba, *Dionysius and the History of Archaic Rome*, Berkeley, 1991.

Sur les richesses minières de l'Étrurie et leur importance pour le développement des contacts avec les Grecs et les Phéniciens, D. Briquel, *La Civilisation étrusque*, Paris, 1999, p. 105-118 ; également catalogue de l'exposition *L'Etruria mineraria*, sous la direction de G. Camporeale, Portoferraio, Massa Marittima, Populonia (Milan), 1985.

Olpè Chigi : reproduction par exemple dans J. Charbonneaux, R. Martin et F. Villard, *Grèce archaïque*, collection « L'univers des formes », Paris, 1968, p. 30. Sur la carrière de l'artiste, B. Schweitzer, « Zum Krater des Aristonothos », *MDAI (R)*, 62, 1955, p. 78-106.

Acquisition de l'écriture par les Latins auprès des Étrusques : article fondamental de M. Lejeune, « Sur les adaptations de l'alphabet étrusque aux langues indo-européennes d'Italie », *REL*, 25, 1957, p. 88-105.

L'expression « grande Rome des Tarquins » est due à G. Pasquali, « La grande Roma dei Tarquini », *Nuova Antologia*, 16 août 1936, p. 405-416 (= *Terze pagine stravaganti*, Florence, 1942, p. 1-24 = *Pagine stravaganti*, 2, Florence, 1968, p. 3-21). La réalité de la chose avait été violemment attaquée par A. Alföldi, *op. cit.* Pour un tableau de la situation de Rome à l'époque, d'après les données actuelles, on verra le catalogue de l'exposition homonyme *La grande Roma dei Tarquini*, sous la direction de M. Cristofani, Rome, 1990. L'importance de Tarquin l'Ancien dans l'histoire de Rome est particulièrement soulignée par J. Martínez-Pinna, *Tarquinio Prisco, ensayo histórico sobre Roma arcaica*, Madrid, 1995. On trouvera de nombreuses réflexions sur la possibilité d'appréhender l'histoire réelle de cette période, à partir de points précis de la tradition, dans J. Poucet, *Les Rois de Rome, tradition et histoire*, Bruxelles, 2000.

Sur les transformations du Forum à la fin du VIIe siècle, voir chapitre précédent. Sur la mise en parallèle entre les données archéologiques et les dates traditionnelles des règnes des différents rois de cette période, F. E. Brown, « La protostoria della Regia », *RPAA*, 47, 1974-1975, p. 35 ; F. Coarelli, *Il Foro Romano, 1, Periodo arcaico*, Rome, 1983, p. 57-61 (Regia), p. 137-138 (Comitium). Mais la datation des données archéologiques reste sujette à discussion. Ainsi, pour le sanctuaire de Sant'Omobono, on distingue généralement deux phases dans l'aménagement, la première vers 570 av. J.-C., la seconde vers 530 av. J.-C. Cette chronologie a été proposée par A. Sommella Mura, « La decorazione del tempio arcaico », *PP*, 32, 1977, p. 62-128, « Il gruppo di Eracle e Atena », *PP*, 36, 1981, p. 59-64 (mais chronologie légèrement remontée dans le catalogue de l'exposition *Enea nel Lazio, archeologia e mito*, Rome, 1991, p. 115 : première phase dans les premières décennies, seconde phase vers le milieu du VIe siècle av. J.-C. ; ces datations sont reprises par J. Martinez Pinna, *Tarquinio Prisco*, p. 57-58), et suivie par C. Ampolo, « Il gruppo acroteriale di S. Omobono », *id.*, p. 32-35, F. Coarelli, *Il Foro Boario*, p. 208-210, 219 (avec datation un peu plus haute pour la première phase : 580 av. J.-C.). En revanche, M. Cristofani, « Osservazioni sulle decorazioni fittili arcaiche del santuario di Sant'Omobono », *Quaderni del Centro di Studio per l'Archeologia Etrusco-Italica, Archeologia Laziale*, 10, Rome, 1990, p. 31-37, récuse l'existence de deux phases distinctes dans la décoration du sanctuaire, qu'il place vers 540/30 ; mais la division traditionnelle a été maintenue par G. Colonna, « Le due fasi del tempio arcaico di S. Omobono », dans *Stips votiva, Papers Presented to C. M. Stibbe*, Amsterdam, 1991, p. 51-63.

Sur le récit traditionnel de l'arrivée au pouvoir de Tarquin l'Ancien, voir D. Briquel, « Les figures féminines dans la tradition sur les trois derniers rois de Rome », *Gerion*, 16, 1998, p. 113-141, « Les figures féminines dans la tradition sur les rois étrusques de Rome », *CRAI*, 1998, p. 397-414. Dans l'abondante bibliographie sur Tanaquil, nous pouvons citer L. Euing, *Die Sage von Tanaquil*, Francfort, 1933 ; A. Momigliano, « Tre figure mitiche : Tanaquilla, Gaia Cecilia e Acca Larenzia », *Miscellanea della Facoltà delle Lettere e Filosofia dell'Università di Torino*, 2, 1938, p. 3-28 = *Quarto contributo alla storia dei studi classici*, Rome, 1969, p. 455-485, spéc. p. 457 ; J. Heurgon, *La Vie quotidienne chez les Étrusques*, Paris, 1961, p. 103-105, P.-M. Martin, « Tanaquil, la "faiseuse de rois" », *Latomus*, 44, 1985, p. 5-15 ; E. Cantarella, « Tanaquilla tra diritto materno e diritto paterno », dans *La mujer en el mondo mediterráneo antiguo*, Grenade, 1990, p. 84-96, S. Montero Herrero, *Diosas y adivinas, mujer y adivinación en la Roma antigua*, Madrid, 1994, p. 48-50. On peut rappeler que J. J. Bachofen voyait dans cette figure une illustration de sa thèse d'un ancien matriarcat méditerranéen qui aurait subsisté chez les Étrusques (*Die Sage von Tanaquil, eine Untersuchung über den Orientalismus in Rom und Italien*, Heidelberg, 1870).

Sur le nom de Lucumon, nous suivons ici l'opinion exprimée par M. Cristofani, « *Lucumones qui reges sunt lingua Tuscorum* », dans *Miscellanea etrusca e italica in onore di Massimo Pallottino*, Rome, 1991 (= *Archeologia Classica*, 43), p. 553-557, estimant que l'interprétation du nom Lucumon comme signifiant « roi » en étrusque repose sur une construction artificielle des antiquaires romains.

Pour le nom des Tarquins, nous suivons l'interprétation qui y voit un ethnique, signifiant « le Tarquinien », utilisé comme gentilice, selon un usage assez courant en étrusque, mais qui n'est pas sans exemple aussi à Rome (dans ce sens par exemple D. Musti, dans *Etruria e Lazio arcaico*, spéc. p. 144). Une hypothèse différente, remontant à R. Schwegler, *Römische Geschichte*, Tübingen, 1856, p. 677, et reprise récemment par C. De Simone, « Etrusco acvilnas/latino Aquilius, problema di intercambio linguistico », *Parola del Passato*, 44, 1989, p. 263-280, consiste à y voir un rendement latin du gentilice étrusque Tarchna, qui se rencontre en particulier dans la Tombe des Inscriptions de Cerveteri (sur laquelle M. Cristofani, *La Tomba delle Iscrizioni di Cerveteri*, Florence, 1965, spéc. p. 61-71). Dans ce cas le nom de Tarquin n'aurait plus de rapport avec Tarquinia et l'on a émis l'hypothèse qu'il soit venu de Cerveteri, où la Tombe des Inscriptions conserverait la trace de sa famille (outre R. Schwegler, *loc. cit.*, J. Martínez Pinna, *Tarquinio Prisco*, p. 81-87). Sur le Spurinna (*Spurianas*) de Rome et la famille titulaire de la Tombe des Taureaux de Tarquinia, F. Coarelli, dans *Storia di Roma*, sous la direction de A. Momigliano et A. Schiavone, Turin, I, 1988, p. 150.

Sur certains indices qui peuvent aller dans le sens de l'affirmation d'une origine corinthienne de la famille et son rattachement à la famille des Bacchiades qui dominait alors cette cité (choix d'Héraklès, ancêtre mythique de la famille, pour décorer le temple de Sant'Omobono), que cette affirmation soit par ailleurs fondée ou non, F. Zevi, « Demarato e i re « corinzi » di Roma », dans *L'incidenza dell'antico, studi in memoria di E. Lepore*, Anacapri, 1991, p. 304 ; D. Briquel, « La référence à Héraklès de part et d'autre de la révolution de 509 », dans *Le Mythe grec dans l'Italie antique, fonction et image*, sous la direction de F.-H. Massa-Pairault, Rome, École française de Rome, 1996 (1999), p. 106-112.

Excellente présentation de la tradition sur les Tarquins, mettant bien en valeur la présence de doublets entre le père et le fils, de F. Schachermeyr, *RE*, 4 A, 1931, *s.v.*

Tarquinius, c.2384-2390. Sur la question d'un doublet Apioles/Pometia, J. Heurgon, *Rome et la Méditerranée occidentale jusqu'aux guerres puniques*, Paris, 1966, p. 243. Pour la chronologie de la tradition, article fondamental de O. de Cazanove, « La chronologie des Bacchiades et celle des rois étrusques de Rome », *MEFRA*, 100, 1988, p. 615-648. Sur les guerres menées par Tarquin l'Ancien telles qu'elles apparaissent dans la tradition, D. Briquel, « Les Tarquins de Rome et les trois fonctions de l'idéologie indo-européenne : 1. Tarquin l'Ancien et le dieu Vulcain », *RHR*, 215, 1998, p. 369-395.

Utile monographie sur Servius Tullius de R. Thomsen, *King Servius Tullius : a Historical Synthesis*, Copenhague, 1980. Sur le parallélisme entre la légende de Servius Tullius et celle de Romulus, G. Capdeville, « Servius Tullius et le mythe du premier roi », dans *Mythe et politique*, Liège, 1989 (Paris, 1990), p. 45-74, *Volcanus, recherches comparatistes sur les origines du culte de Vulcain*, Rome, 1995, p. 7-39. Sur le fait que cette mise en parallèle est ancienne et peut être attribuée au personnage lui-même, S. Mazzarino, *Il pensiero storico classico*, Bari, 1966, I, p. 197-199 ; F. Coarelli, *Il Foro Romano*, I. *Periodo arcaico*, Rome, 1983, p. 198-199. Pour une comparaison, qui nous paraît irrecevable, avec l'histoire de Jézabel dans la Bible, C. Grottanelli, « Servio Tullio, Fortuna e l'Oriente », *Dialoghi di Archeologia*, 3, 5, 1987, p. 71-110, suivi dans une certaine mesure par F. Coarelli, *Il Foro Boario*, Rome, 1988, p. 319-323.

Sur Macstarna et les frères Vibenna, on consultera en particulier R. Thomsen, *King Servius Tullius*, p. 57-104 ; M. Pallottino, « Il fregio dei Vibenna e le sue implicazioni storiche », dans catalogue de l'exposition *La Tomba François di Vulci*, sous la direction de F. Buranelli, Cité du Vatican, 1987, p. 225-233. L'identification de Macstarna et de Servius Tullius est refusée par certains savants (T. Cornell, *The Beginnings of Rome*, p. 130-141, dans la ligne de A. Momigiano, *The Emperor Claudius and his Achievement*, 2e éd., Cambridge, 1960, p. 14). Sur Claude et les Étrusques, J. Heurgon, « La vocation étruscologique de l'empereur Claude », *CRAI*, 1953, p. 92-97 (= *Scripta varia*, Bruxelles, 1986, p. 427-432). Pour la table de Lyon, P. Fabia, *La Table claudienne de Lyon*, Lyon, 1929, et reproduction dans *La Tomba François di Vulci*, p. 238. Sur la tombe François, étude fondamentale de F. Coarelli, « Le pitture della Tomba François di Vulci : una proposta di lettura », *Dialoghi di Archeologia*, 3, 1-2, 1983, p. 43-64 (= *Revixit ars*, Rome, 1996, p. 138-178). Voir aussi le catalogue *La tomba François di Vulci* et D. Briquel, *Le Regard des autres, les origines de Rome vues par ses ennemis (début du IVe siècle/début du Ier siècle av. J.-C.)*, Besançon, 1997, p. 57-116. Pour la comparaison entre la bande des frères Vibenna et les *condottieri*, J. Heurgon, *La Vie quotidienne chez les Étrusques*, Paris, 1961, p. 63-68.

Dédicace d'Aulus Vibenna à Véies : reproduction dans *La Tomba François di Vulci*, p. 234, *La grande Roma dei Tarquini*, p. 20. Pierre de Satricum (*lapis Satricanus*) : étude exhaustive dans *Lapis Satricanus, Archaeological, Epigraphical, Linguistic and Historical Aspects of the New Inscription from Satricum*, sous la direction de C. M. Stibbe (= *Scripta Minora*, 5), Rome-La Haye, 1979 (1980). Pour le terme *sodalis*, voir dans cet ouvrage l'étude de H. S. Versnel, « Historical Implications, *suodales* », p. 108-127.

Sur le terme *magister* et sa signification institutionnelle et militaire, voir surtout G. Valditara, *Studi sul magister populi, dagli ausiliari militari del rex ai primi magistrati repubblicani*, Milan, 1989. Sur des termes apparentés dans la titulature de magistrats étrusques, en dernier lieu A. Maggiani, « Appunti sulle magistrature etrusche », *Studi Etruschi*, 62, 1996, p. 95-138. Pour l'interprétation du nom Macstarna comme se référant à Caeles Vibenna, linguistiquement irréprochable (malgré T. Cornell, *The Beginnings of Rome*, p. 427, n.63), M. Pallottino, dans *La Tomba François di Vulci*, p. 228-229. Pour la lecture du texte d'Arnobe, 6, 2, et la justesse de la lecture *a servulo* proposée par Gelenius (mais qui n'a pas été adoptée dans M. Chassignet, *L'Annalistique romaine*, tome I, *Les Annales des pontifes, l'annalistique ancienne*, édition CUF, Paris,1996, p. 42-43), voir F. Coarelli, dans *Gli Etruschi e Roma*, p. 200.

Sur *Cneve Tarchunies Rumach* et son rapport avec les Tarquins connus, T. Cornell, *The Beginnings of Rome*, p. 138-139, avec bibliographie. Sur le vase du Ve siècle se présentant comme une offrande d'Aulus Vibenna, J. Heurgon, « La coupe d'Aulus Vibenna », dans *Mélanges J. Carcopino*, Paris, 1966, p. 515-528 (= *Scripta varia*, p. 573-583) ; mais pour la datation de l'objet, voir maintenant F. Gilotta, dans *La Tomba François di Vulci*, p. 234-235.

Données sur Tarquin le Superbe dans P.-M. Martin, *L'Idée de royauté à Rome*, I, p. 277-286, en particulier p. 278-281 pour les lieux communs tyranniques que l'on trouve dans le récit de son règne. Pour le *vicus Sceleratus*, la « rue du crime », F. Coarelli, *Il Foro Boario*, Rome, 1992, p. 409-411. Sur Lucrèce et les brus étrusque du Superbe, G. Dumézil, « Pères et fils dans la légende de Tarquin le Superbe », dans *Hommages à J. Bidez et F. Cumont*, Bruxelles, 1949, p. 77-84. Sur le thème des trois fautes dans le récit du règne, *id.*, *Heur et malheur du guerrier*, 2e éd., Paris, 1985, p. 105-114, *Le Roman des jumeaux, esquisses de mythologie*, Paris, 1994, p. 271-277. Mais sur la disparition de l'idéologie indo-européenne à Rome dès une date ancienne, contrairement aux vues de G. Dumézil, voir discussion dans D. Briquel, « À propos de Tite-Live. I : l'apport du comparatisme indo-européen et ses limites », *REL*, 76, 1998, p. 41-70.

Séries d'épisodes trifonctionnels dans la geste des rois étrusques : L. Gerschel, « Structures augurales et tripartition trifonctionnelle dans la pensée de l'ancienne Rome », *Journal de psychologie*, 45, 1952, p. 45-77 ; D. Briquel, « Les Tarquins de Rome et les trois fonctions de l'idéologie indo-européenne : 2. Désirs humains et volonté divine, 3. Famille des Tarquin et lignage des Atrides », *RHR*, 215, 1998, p. 419-450. Sur les biens des Tarquins, F. Zevi, « Demarato e i re « corinzi » di Roma », dans *L'incidenza dell'antico, studi in memoria di E. Lepore*, Anacapri, 1991, p. 291-314 ; A. Mastrocinque, *Romolo, la fondazione di Roma tra storia e leggenda*, Este, 1993, p. 114-121 ; F. Coarelli, *Il Campo Marzio*, Rome, 1997, p. 136-148.

Sur les figures féminines de la tradition, J. Heurgon, *La Vie quotidienne chez les Étrusques*, Paris, 1961, p. 103-105, P.-M. Martin, « Tanaquil, la "faiseuse de rois" », *Latomus*, 44, 1985, p. 5-15 ; D. Briquel, « Les figures féminines dans la tradition sur les trois derniers rois de Rome », *Gerion*, 16, 1998, p. 113-141, « Les figures féminines dans la tradition sur les rois étrusques de Rome », *CRAI*, 1998, p. 397-414. La mise en relation avec une divinité féminine était refusée, à tort, par A. Momigliano, « Tre figure mitiche : Tanaquilla, Gaia Cecilia e Acca Larenzia », *Miscellanea della Facoltà delle Lettere e Filosofia dell'Università di Torino*, 2, 1938, p. 3-28 = *Quarto contributo alla storia degli studi classici*, Rome, 1969, p. 455-485. Les rapports, positifs puis négatifs, entre le roi Servius et la Fortune étaient déjà évoqués sur une pierre de tirage au sort latine du IVe siècle av. J.-C. Voir M. Guarducci, « La Fortuna e Servio Tullio in una antichissima sors », *RPAA*, 25-26, 1949-1951, p. 23-32, « Ancora sull'antichissima sors col nome di Servio Tullio », *PP*, 15, 1960, p. 50-53, « Ancora sull'antichissima sors della Fortuna e di Servio Tullio », *RAL*, 10, 27, 1972, p. 183-189.

Pour l'identification du groupe de Sant'Omobono, nous suivons l'interprétation de A. Sommella Mura, « La decorazione del tempio arcaico », *PP*, 32, 1977, p. 62-128, *Il gruppo di Eracle e Atena*, dans *PP*, 36, 1981, p. 59-64 ; catalogue *Enea nel Lazio*, *archeologia e mito*, Rome, 1991, p. 115, suivie par M. Pallottino, « Servius Tullius à la lumière des nouvelles découvertes épigraphiques et archéologiques », *CRAI*, 1977, p. 216-235, spéc. p. 225-7; R. Bloch, « La Rome des Tarquins et sa religion », dans *Gli Etruschi e Roma, incontro di studio in onore di M. Pallottino*, Rome, 1979 (1981), p. 127-137, spéc. p. 129; C. Ampolo, « Il gruppo acroteriale di S. Omobono », *PP*, 36, 1981, p. 32-35, et « Roma arcaica fra Latini e Etruschi », dans *Etruria e Lazio arcaico*, Rome, 1987, p. 75-87, spéc. p. 85-86; M. Cristofani, « Sulle terrecotte di S. Omobono », *PP*, 1981, 36, 1981, p. 31-32; G. Colonna, « Il maestro dell'Ercole e Minerva, nuova luce sull'attività dell'officina veiente », *Opuscula Romana*, 16, 1987, p. 7-41, spéc. p. 32; elle a été contestée par F. Coarelli, « Sull'area sacra di S. Omobono », *PP*, 36, 1981, p. 35-38, *Il Foro Boario*, p. 230-234, qui interprète le personnage féminin comme Fortuna. Pour la diffusion du motif en Italie centrale à cette époque, voir G. Colonna, article cité. Sur la déesse Fortune, on se reportera à la thèse de J. Champeaux, *Fortuna, le culte de la Fortune à Rome et dans le monde romain*, Rome, I, 1982, II, 1987.

Sur la « dame au char », A. Borghini, « La "scena" del carro e la donna divina: Gordio, Pisistrato e Tarquinio Prisco », *Materiali e discussioni per l'analisi dei testi classici*, 12, 1984, p. 61-115, spéc. p. 107-109; F. Coarelli, *Il Foro Boario*, Rome, 1992, p. 314-315; A. Johner, *La Violence chez Tite-Live, mythographie et historiographie*, Strasbourg, 1996, p. 259-263. Sur l'utilisation par Pisistrate de la référence à Héraklès, J. Boardman, « Herakles, Peisistratos and Son », *RA*, 1972, p. 53-76. Sur la décoration des édifices publics de l'Italie centrale à cette époque et sa signification, M. Verzàr, « Pyrgi e l'Afrodite di Cipro, considerazioni sul programma decorativo del tempio B », *MEFRA*, 92, 1981, p. 35-86; M. Torelli, *Storia degli Etruschi*, Rome-Bari, 1981, p. 175-178, et « I fregi figurati delle *regiae* latine ed etrusche, immaginario del potere arcaico », *Ostraka*, 1, 2, 1992, p. 249-274; C. Grottanelli, « Servio Tullio, Fortuna e l'Oriente », *Dialoghi di Archeologia*, 3, 5, 1987, p. 87; F. Coarelli, *Il Foro Boario*, p. 351-356; F.-H. Massa-Pairault, *Iconologia e politica nell'Italia antica, Roma, Lazio, Etruria dal VII al I secolo a. C.*, Milan, 1992, p. 43-53; M. Menichetti, *Archeologia del potere, re, immagini e miti a Roma e in Etruria in età arcaica*, Milan, 1994, p. 102-113.

Insignes de magistrats : voir J. Heurgon, *La Vie quotidienne chez les Étrusques*, p. 59-73; E. Scandone Tassi, *Riflessioni su verghe e scuri recate in Etruria dal littore*, Florence, à paraître. Pour les attestations archéologiques signalées depuis, catalogue de l'exposition *Civiltà degli Etruschi*, Florence (Milan), 1985, p. 251 (G. Colonna), p. 252 (G. Sassatelli). Sur la statue de l'Arringatore, T. Dohrn, *Der Arringatore*, Berlin, 1968; G. Colonna, « Il posto dell'Arringatore nell'arte etrusca di età ellenistica », *Studi Etruschi*, 56, 1991, p. 99-119. Sur le triomphe et son origine étrusque, ouvrage fondamental de H. S. Versnel, *An Inquiry into the Origin, Development and Meaning of the Roman Triumph*, Leyde, 1970 (mais voir également L. Bonfante, « Roman Triumph and Etruscan Kings: the Changing Face of the Triumph », *Journal of Roman Studies*, 60, 1970, p. 49-66). Sur l'origine du mot, C. De Simone, *Die griechischen Entlehnungen im Etruskischen*, Wiesbaden, I, 1968, p. 141-142; II, 1970, p. 275-278, 330.

Sur la construction du temple de Jupiter Capitolin, G. Colonna, « Tarquinio Prisco e il tempio di Giove Capitolino », *Parola del Passato*, 36, 1981, p. 41-59; catalogue d'exposition *La grande Roma dei Tarquini*, p. 75-76; J. Martínez-Pinna, *Tarquinio Prisco*, p. 144-157. Mais scepticisme quant au rôle de Tarquin l'Ancien chez T. Cornell, *The Beginnings of Rome*, p. 128-130. Les fouilles actuellement en cours semblent confirmer que le premier Tarquin n'aurait fait qu'aménager l'espace (on peut dater cette phase du début du VIe siècle), alors que la construction elle-même, y compris celle des fondations, serait l'œuvre du Superbe : on peut l'attribuer à la fin du VIe siècle. Première publication par A. Sommella Mura à paraître dans *RPAA*. Sur Vulca et le développement de la statuaire de terre cuite à Véies à cette époque, M. Pallottino, *La scuola di Vulca*, Rome, 1948. Sur la signification culturelle de la légende de Démarate et sa signification, il existe une abondante bibliographie. Voir par exemple, pour l'architecture et la sculpture, M. Torelli, « Terrecotte arcaiche da Gravisca, una nota a Plinio, 35, 151-2 », dans *Studi in onore di F. Magi*, Pérouse, 1979, p. 307-312 ; J.-R. Jannot, « Sur la sculpture de terre cuite », dans *Pline l'Ancien, témoin de son temps*, Nantes, 1985 (Salamanque, 1987), p. 357-370 ; pour la céramique, G. Colonna, « La ceramica etrusco-corinzia e la problematica storica dell'orientalizzante recente in Etruria », *Archeologia Classica*, 13, 1961, p. 9-24 ; pour la langue et les emprunts de l'étrusque au grec, C. De Simone, *Die griechischen Entlehnungen im Etruskischen*, II, p. 259 *sq.*, « Per la storia degli imprestiti greci in etrusco », *ANRW*, I, 2, 1972, p. 490-522 ; pour l'écriture, G. Colonna, « Una nuova iscrizione etrusca del VII secolo e appunti sull'epigrafia ceretana dell'epoca », *MEFR*, 82, 1970, p. 671-672 ; M. Cristofani, « Sull'origine e la diffusione dell'alfabeto etrusco », *ANRW*, I, 2, 1972, p. 465-468 ; D. Briquel, « Les traditions sur l'origine de l'écriture en Italie », *Revue de philologie*, 62, 1988, p. 251-271.

Sur le rôle de la zone du Forum Boarium, F. Coarelli, *Il Foro Boario*, Rome, 1988, et « I santuari, il fiume, gli empori », dans *Storia di Roma*, I, Turin, 1988, p. 127-151, notamment p. 149-150 pour le lion d'ivoire de Sant'Omobono. Apparition de la monnaie d'*aes rude* : C. Ampolo, « *Servius rex primus signavit aes* », *Parola del Passato*, 29, 1974, p. 382-388 ; J. Poucet, *Les Rois de Rome, tradition et histoire*, Bruxelles, 2000, p. 297-305. Sur les relations entre Carthage et l'Italie centrale, E. Colozier, « Les Étrusques et Carthage », *MEFR*, 65, 1953, p. 63-98 ; J.-P. Thuillier, « Nouvelles découvertes de *bucchero* à Carthage », dans *Il commercio etrusco arcaico*, Rome, 1983 (1985), p. 153-163. Pour la bataille d'Alalia, voir plus loin. Sur la présence d'éléments étrangers à Rome, C. Ampolo, « I gruppi etnici in Roma arcaica : posizione del problema e fonti », dans *Gli Etruschi e Roma, incontro di studio in onore di Massimo Pallottino*, p. 45-67. Pour les chiffres du cens et les problèmes qu'ils posent, F. Coarelli, « Demografia e territorio », dans *Storia di Roma*, I, p. 317-339, avec références et bibliographie. Pour les maisons découvertes sur les flancs du Palatin, A. Carandini, catalogue d'exposition *La grande Roma dei Tarquini*, p. 77-107, et *Palatium e Sacra Via*, I, p. 215-282. Pour les restes de la muraille de Servius Tullius, F. Coarelli, *Guida archeologica di Roma*, Vérone, 1974, p. 18-22, et catalogue d'exposition *Roma medio repubblicana*, Rome, 1973, p. 7-31.

Conception voyant dans l'aristocratie patricienne l'ancienne garde des rois étrusques : A. Alföldi, *Der frührömische Reiteradel und seine Ehrenabzeichen*, Baden-Baden, 1952, « Die Herrschaft der Reiterei in Griechenland und Rom nach der Sturz der Könige », dans *Gestalt und Geschichte, Festschrift K. Schefold*, Berne, 1967, p. 13-45. Pour la question des *minores gentes*, voir D. Musti, « *Patres conscripti* (e *minores gentes*) », *MEFRA*, 101, 1989, p. 207-227.

Sur la réforme de Servius Tullius, clairs exposés dans J. Heurgon, *Rome et la Méditerranée occidentale*, p. 247-257 ; T. Cornell, *The Beginnings of Rome*, p. 173-197, avec bibliographie. La mise en parallèle de l'assemblée centuriate et de la structure de la légion avait été notée pour la première fois par P. Fraccaro, « La storia dell'antichissimo esercito romano e l'età dell'ordinamento centuriato », dans *Atti del II congresso nazionale di studi romani*, 1931, 3, p. 91-97, et « Ancora sull'età dell'ordinamento centuriato »,

Athenaeum, 12, 1934, p. 57-71 (= *Opuscula*, II, Pavie, 1960, p. 287-292 et 293-306). Sur l'importance de l'intuition de P. Fraccaro et les réactions qu'elle a suscitées, J. Heurgon, *Rome et la Méditerranée occidentale*, p. 253-255 ; T. Cornell, *The Beginnings of Rome*, p. 179-181. Sur les *infra classem*, A. Momigliano, « Studi sugli ordinamenti centuriati », *SDHI*, 4, 1938, p. 509-520 ; J.-C. Richard, « Classis-infra classem », *Revue de philologie*, 51, 1977, p. 230-236. Pour la mise en relation des quarante centuries de la première classe et les quatre tribus, D. Kienast, « Die politische Emanzipation der Plebs und die Entwicklung des Heerwesens im frühen Rom », *Bonner Jahrbücher*, 175, 1975, p. 83-112.

Sur l'expédition des Fabii à la Crémère, voir bibliographie au chapitre v.

Sur la réforme hoplitique en Grèce, A. M. Snoodgrass, « The Hoplite Reform and History », *JHS*, 85, 1965, p. 110-122 ; M. Détienne, « La phalange : problèmes et controverses », dans *Problèmes de la guerre en Grèce ancienne*, sous la direction de J.-P. Vernant, Paris, 1968, p. 119-142. Sur l'introduction de la nouvelle tactique dans le monde étrusque, M. Torelli, « Tre studi di storia etrusca », *Dialoghi di Archeologia*, 8, 1974-1975, p. 3-78 (spéc. p. 13-17, « L'introduzione della tattica oplitica ») ; C. Saunier, *L'Armée et la guerre dans le monde étrusco-romain (VIIIe-IVe siècle)*, Paris, 1980, p. 115-120 ; P. F. Stary, *Zur eisenzeitlichen Bewaffnung und Kampfesweise in Mittelitalien ca 9 bis 6. Jh. v. Chr.*, Mayence, 1981, p. 307-312 ; F.-H. Massa-Pairault, « Notes sur le problème du citoyen en armes : cité romaine et cité étrusque », dans *Guerres et sociétés en Italie (Ve-IVe siècle av. J.-C.)*, Paris, 1986, p. 29-50, *La Cité des Étrusques*, Paris, 1996, p. 91-95. Sur l'oenochoè de La Tragliatella, reproduction de la troupe de guerriers dans M. Cristofani, *Saggi di storia etrusca arcaica*, Rome, 1987, pl. 5, 3, M. Menichetti, *Archeologia del potere*, p. 36 ; pour des études de ce document, G. Capdeville, « Jeux athlétiques et rituels de fondation », dans *Spectacles sportifs et scéniques dans le monde étrusco-italique*, Rome, 1991 (1993), p. 141-187 ; F.-H. Massa-Pairault, *Iconologia e politica nell'Italia antica*, p. 27-33, M. Menichetti, *op. cit.*, p. 54-67 ; J. Martinez Pinna, « L'oinochoé de Tragliatella : considérations sur la société étrusque archaïque », *Studi Etruschi*, 60, 1995, p. 79-92. Sur les casques de la *gens* Haspnas à Vetulonia, A. Maggiani, « La situazione archeologica dell'Etruria settentrionale », dans *Crises et transformation des sociétés archaïques de l'Italie antique*, p. 23-49, spéc. p. 48-49.

Fonctionnement des comices : données dans C. Nicolet, *Le Métier de citoyen dans la Rome républicaine*, Paris, 1976, p. 280-424. Nécropoles d'Orvieto et leur signification : voir notamment G. Colonna, « Società e cultura a Volsini », dans *Volsinii e la dodecapoli etrusca*, Orvieto, 1983 (= *Annali della fondazione per il Museo C. Faina*, 2, 1985), p. 101-108, F.-H. Massa-Pairault, *La Cité des Étrusques*, p. 94-101.

Sur la « grande Rome des Tarquins », voir plus haut. Sur le sanctuaire de Diane à Nemi et celui institué par Servius à Rome, voir bibliographie au chapitre IV. Pour les indices archéologiques de la position dominante de Rome dans le Latium qui seraient fournis par l'aménagement de l'émissaire du lac d'Albe et l'établissement d'un lieu de réunion de la ligue latine à la source Férentine, A. Grandazzi, « L'identification d'une déesse : Ferentina et la ligue romaine archaïque », *CRAI*, 1996, p. 273-294.

Sur le traité Rome-Carthage et l'abondante bibliographie à ce sujet : outre les bons exposés dans J. Heurgon, *Rome et la Méditerranée occidentale*, p. 386-395, et T.J. Cornell, *The Beginnings of Rome*, p. 210-214, on se reportera maintenant à B. Scardigli, *I trattati romano-cartaginesi*, Pise, 1991, p. 24-33. Sur les relations entre Rome et Cumes, en général, A. Mele, « Aristodemo, Cuma e il Lazio », dans *Etruria e Lazio arcaico*, p. 155-177, et, pour des traces d'influences cumaines dans le décor des temples de Rome, M. Cristofani, « I santuari : tradizioni decorative », *ibid.*, p. 95-120, spéc. p. 101-102.

Contacts avec Delphes : F. Coarelli, « I Tarquini e Delfi », dans *I grandi santuari della Grecia e l'Occidente*, sous la direction de A. Mastrocinque, Trente, 1993, p. 31-42; J. Poucet, *Les Rois de Rome*, p. 258-271. Bataille d'Alalia : outre J. Jehasse, « La victoire à la cadméenne d'Hérodote (1, 1766) et la Corse dans les courants d'expansion grecque », *Revue des études anciennes*, 64, 1962, p. 241-286, et M. Gras, *Trafics tyrrhéniens archaïques*, Rome, 1985, p. 393-475, voir en dernier lieu M. Gras, « Marseille, la bataille d'Alalia à Delphes », *Dialogues d'histoire ancienne*, 13, 1987, p. 161-181, V. Krings, *Carthage et les Grecs, c. 580-480 av. J.-C., textes et histoire*, Leyde-Boston-Cologne, 1998, p. 93-160. Fouilles dans la nécropole d'Aléria : *La Nécropole préromaine d'Aléria (1960-1968)*, XXVe supplément à Gallia, Paris, 1973 ; voir également M. Cristofani, « La « lettera » di Pech Maho, Aleria e i traffici del V secolo a.c. », *MEFRA*, 105, 1993, p. 835-845 (= *Etruschi e altre genti nell'Italia preromana*, Rome, 1996, p. 83-96). Pour une datation à l'époque archaïque de la tentative d'établissement de Romains en Corse, S. Mazzarino, *Il pensiero storico classico*, Bari, 1966, p. 196, suivi par F. Coarelli, dans *Storia di Roma*, I, p. 141, et surtout p. 150, avec l'interprétation dans ce sens du nom *Silqetenas* qui apparaît dans l'inscription étrusque de la tessère d'hospitalité du sanctuaire de Sant'Omobono (le mot étant compris comme *Sulcitanus*, c'est-à-dire habitant de Sulcis en Sardaigne). Mais le texte de Théophraste est généralement compris comme se référant à une entreprise du IVe siècle (outre J. Heurgon, *Rome et la Méditerranée occidentale*, p. 301, T. J. Cornell, *The Beginnings of Rome*, p. 321, 326 ; M. Sordi, *I rapporti romano-ceriti e l'origine della civitas sine suffragio*, Rome, 1960, p. 92-97 ; M. Torelli, « Colonizzazioni etrusche e latine di età arcaica : un esempio », dans *Gli Etruschi e Roma*, p. 71-82).

CHAPITRE IV

Les difficiles débuts de la liberté

Pour des positions sceptiques à l'égard de l'ensemble du récit, déniant toute historicité aux personnages évoqués par la tradition, voir encore R. Werner, *Der Beginn der römischen Republik*, Munich, 1963, p. 377-386 ; A. Alföldi, *Early Rome and the Latins*, Ann Arbor, 1965, p. 82-84 (avec maintien cependant de l'historicité de Porsenna) ; pour des vues plus nuancées, J. Heurgon, *Rome et la Méditerranée occidentale*, p. 262-264 ; T. J. Cornell, *The Beginnings of Rome*, p. 215-218. Les questions liées à la mise en place du nouveau régime ont fait l'objet des Treizièmes Entretiens sur l'Antiquité classique, *Les Origines de la République romaine*, Vandœuvres-Genève, 1967 (nous citerons simplement, pour les problèmes posés par la tradition littéraire relative à cette période, E. Gabba, « Considerazioni sulla tradizione letteraria sulle origini della Repubblica », p. 133-169).

Sur la maison de Publicola, construite aux frais de l'État sur le point le plus important du Palatin, et les conclusions que l'on peut en tirer quant au pouvoir, encore très personnel, du personnage, F. Coarelli, *Il Foro Romano*, 1, *Periodo arcaico*, Rome, 1983, p. 79-83 ; voir aussi P. -M. Martin, *L'Idée de royauté à Rome*, I, Clermont-Ferrand, 1982, p. 315-320.

Analyse par G. Dumézil du couple Coclès/Scaevola en particulier dans *Mythe et épopée*, III, Paris, 1973, p. 268-283, *Les Dieux souverains des Indo-Européens*, Paris, 1977, p. 198-200. Scepticisme à cet égard de A. Momigliano, « Premesse per una discussione su Georges Dumézil », *Opus*, 2, 1983, p. 340. Pour une amorce de comparaison plus large entre la tradition romaine sur la révolution du 509 et le mythe eschatologique indo-européen perceptible à travers le « Crépuscule des dieux » germanique et l'épopée indienne du *Mahabarata*, G. Dumézil, *Mythe et épopée*, III, p. 263-291. Pour le personnage de Brutus, M. Bettini, « Bruto lo sciocco », dans *Il protagonismo nella storiografia classica,* Gênes, 1987, p. 71-120. D. Briquel, « La morte di Lucio Giunio Bruto. Sull'origine e lo sviluppo della leggenda di Bruto », dans *Dulce et decorum est pro patria mori*, sous la direction de M. Sordi, Milan, 1990, p. 127-143. Voir également C. Vielle, *Le Mytho-cycle héroïque dans l'aire indo-européenne*, Louvain-la-Neuve, 1996, spéc. p. 203-204. Pour d'autres considérations sur Brutus et l'ensemble de la tradition, A. Mastroeinque, *Lucio Giuno Bruto, ricerche di storia, religione e diritto sulle origini della Repubblica romana,* Este, 1988. Sur ce que l'épisode de Mucius Scaevola révèle de l'organisation de l'État étrusque, G. Colonna, « *Scriba cum rege sedens* », *Mélanges offerts à J. Heurgon*, Rome, 1976, p. 187-195.

Sur l'inscription de Satricum, *voir Lapis Satricanus, Archeologische Studien van het Nederlands Instituut te Rome, Scripta Minora*, 5, 1980, avec des contributions de C. M. Stibbe, G. Colonna, C. De Simone et H. S. Versnel. Sur la chronique cumaine qui se laisse retrouver dans la narration de Denys d'Halicarnasse, A. Alföldi, *Early Rome and the Latins*, p. 56-72 ; voir également les remarques T. J. Cornell, « Notes on the Sources for Campanian History in the 5th Century B. C. », *Museum Helveticum*, 31, 1974, p. 193-208 ; F. Zevi, « Demarato e i re « corinzi » di Roma », dans *L'incidenza dell'antico, studi in memoria di E. Lepore*, Anacapri, 1991, p. 291-314.

Sur Aristodème de Cumes : M. Pallottino, « Il filoetruschismo di Aristodemo e la data della fondazione di Capua », *Parola del Passato*, 47, 1956, p. 81-88, et maintenant A. Mele, « Aristodemo, Cuma e il Lazio », dans *Etruria e Lazio arcaico*, Rome, 1987, p. 155-177.

Tombeau de Porsenna : outre G. A. Mansuelli, « Il monumento di Porsina di Chiusi », dans *Mélanges offerts à J. Heurgon*, Rome, 1976, p. 619-626, en dernier lieu, M. Sordi, « Il monumento di Porsenna a Chiusi e un errore di traduzione di Filarete », dans *Studi in onore di M. Bellincioni*, Parme, 1990, p. 235-239 ; M. Sordi et G. Castellani, « Un frammento delle Historiae Tuscae e la struttura del monumento di Porsenna a Chiusi », *Rendiconti dell'Istituto Lombardo*, 124, 1990, p. 91-98. Sur la sculpture à Chiusi, J.-R. Jannot, *Les Reliefs archaïques de Chiusi*, Rome, 1984. Sur le rôle de Chiusi (et de Porsenna) dans la formation de l'Étrurie padane, M. Sordi, « Il problema storico della presenza etrusca nell'Italia settentrionale », dans les actes du colloque *Etrusker nördlich von Etrurien*, sous la direction de L. Aigner-Foresti, Vienne, 1989 (1992), p. 113-127. Marzabotto comme colonie de Chiusi : G. A. Mansuelli, *Guida alla città etrusca e al museo di Marzabotto*, Bologne, 1982. Sur la mise en valeur agricole de la partie de l'Étrurie autour de Chiusi, A. Cherici, « Per una storia della Valdichiana e del territorio cortonese in epoca etrusca », dans *La Cortona del principes*, Cortone, 1992, p. 1-8, et « L'insediamento antico nel territorio aretino », *Rivista di Topografia Antica*, 2, 1992, p. 23-90. Sur le sarcophage du Sperandio, document de Chiusi du ve siècle qui montre le retour d'une expédition militaire avec son butin, voir J. -R. Jannot, « Les cités étrusques et la guerre », *Ktêma*, 10, 1985, p. 127-141, spéc. p. 132-135. Pour une analyse de la politique de Porsenna, visant d'abord à contrôler Volsinies, puis se dirigeant ensuite vers le sud en suivant la vallée du Tibre, G. Colonna, « Società e cultura a Volsinii », *Annali della Fondazione per il museo Claudio Faina*, 2, Orvieto, 1985, p. 101-131, spéc. p. 117-121 ; également, G. Colonna, « I Peuceti di Callimaco e l'assedio di Porsenna », dans *La Salaria in età antica*, sous la direction de G. Paci, Ascoli Piceno, Offida, Rieti, 1997 (Rome, 1999), p. 147-153, à propos de certains témoignages grecs qui paraissent confirmer l'ampleur de la politique de Porsenna, intéressant aussi les peuples de la façade adriatique. Voir également J.-R. Jannot, « L'Étrurie intérieure de Porsenna à Arruns le Jeune », *MEFRA*, 100, 1988, p. 601-614.

La responsabilité de Porsenna dans la chute des Tarquins est admise par A. Alföldi, *Early Rome and the Latins*, p. 77 ; J. Heurgon, *Rome et la Méditerranée occidentale*, p. 263 ; T. J. Cornell, *The Beginnings of Rome*, p. 217. La version traditionnelle, voyant dans le changement de régime un fait de politique intérieure, est défendue dans P.-M. Martin, *L'Idée de royauté à Rome*, I, 1982, p. 303-305.

Sur Aius Locutius et les épisodes de ce genre : D. Briquel, « Les voix prophétiques de la forêt », dans *Les Bois sacrés*, Naples, Centre Jean-Bérard, 1989 (1993), p. 77-90. Sur les rapports entre les Tarquins et Tarquinia, D. Briquel, « Une version tarquinienne de la légende de Tarquin l'Ancien », dans *Studia Tarquiniensia*, sous la direction de M. Torelli, Rome, 1988, p. 13-32.

Sur le sanctuaire de la Diane de Nemi : A. Alföldi (outre *Early Rome and the Latins*, p. 47-56), « Il santuario federale latino di Diana sull'Aventino e il tempio di Ceres », *Studi e Materiali di Storia delle Religioni*, 32, 1961, p. 21-39 ; le scepticisme de A. Momigliano, « Sul dies natalis del santuario federale di Diana sull'Aventino », *Rendiconti dell'Accademia dei Lincei*, 17, 1962, p. 387-392 = *Terzo contributo alla storia degli studi classici*, Rome, 1966, II, p. 641-648, ne convainc pas. Voir aussi R. Schilling, « Une victime des vicissitudes politiques : la Diane latine », dans *Hommages à J. Bayet*, Bruxelles, 1964, p. 650-667 ; F.-H. Pairault, « Diana Nemorensis, déesse latine, déesse hellénisée », *MEFR*, 81, 1969, p. 425-471 ; B. Liou-Gille, « Une tentative de reconstruction historique : les cultes fédéraux latins de Diane Aventine et de Diane Nemorensis », *PP*, 47, 1992, p. 411-438. Le *Golden Bough* de J. G. Frazer (que l'on pourra consulter dans l'édition de N. Belmont et M. Izard, *Le Rameau d'or*, Paris, 1983-1984) fondait sa vaste enquête sur les formes primitives de la royauté sur le cas du roi-prêtre de Nemi. Sur le sanctuaire de Ferentina, C. Ampolo, « Ricerche sulla lega latina », *Parola del Passato*, 36, 1981, p. 219-233 ; A. Grandazzi, « Identification d'une déesse : Ferentina et la ligue latine archaïque », *Comptes rendus de l'Académie des inscriptions et belles-lettres*, 1996, p. 273-294. Sur le fragment de Caton (transmis par le grammairien Priscien, 4, p. 129 H), voir M. Chassignet, *Caton, Les Origines*, Collection des Universités de France, Paris, 1986, p. 28-29 ; Priscien, intéressé par une particularité grammaticale, a arrêté sa citation du texte originel de Caton à la mention des Rutules d'Ardée alors que le Censeur devait citer d'autres noms ; mais il paraît exclu que le nom de Rome ait figuré dans cette liste.

Sur les relations entre Rome et Porsenna, on pourra se reporter à P.-M. Martin, *L'Idée de royauté à Rome*, 1, p. 305-307, 320-322. Pour la tradition sur les livraisons de blé au Ve siècle, D. Musti, *Tendenze sulla storiografia romana e greca su Roma arcaica, tendenze in Livio e Dionigi di Alicarnasso*, Rome, 1970, p. 121-139 (« Grano greco e grano etrusco nella tradizione. Aristodemo di Cuma e gli Etruschi »).

Bonnes présentations de la question de la forme des premières magistratures républicaines dans J. Heurgon, *Rome et la Méditerranée occidentale*, p. 268-275 ; D. Musti, « Lotte sociali e storia delle magistrature », dans *Storia di Roma*, sous la direction de

A. Momigliano et A. Schiavone, Turin, 1, 1998, p. 367-395 (spéc. p. 384-385), et surtout T. J. Cornell, *The Beginnings of Rome*, Londres-New York, p. 226-232 (« the new Republic », avec clair exposé des diverses thèses).

Sur la question du *praetor maximus*, il existe de nombreuses études : outre R. Werner, *Der Beginn der römischen Republik*, p. 27 *sq.*, 249 *sq.*, J. Heurgon, *Rome et la Méditerranée occidentale*, p. 270-272 ; A. Bernardi, « Dagli ausiliari del *rex* ai magistrati della repubblica », *Athenaeum*, 30, 1952, p. 3-58 ; A. Momigliano, « Praetor maximus e questioni affini », *Studi in onore di G. Grosso*, Turin, 1968, 1, p. 161-178 (= *Quarto contributo alla storia degli studi classici*, Rome, 1969, p. 403-417) ; J.-C. Richard, *Les Origines de la plèbe romaine, essai sur la formation du dualisme patricio-plébéien*, Rome, 1978, p. 455-472. Pour la critique de la thèse posant l'existence de plus de deux préteurs (trois selon A. Heuss, « Zur Entwicklung des Imperiums der römischen Oberbeamten », *ZSS*, 1944, p. 57-133 ; G. Gioffredi, « *Rex*, *praetores* e *pontifices* nell'evoluzione dal regno al regime consolare », *BCAR*, 71, 1943-1945, p. 129-135 ; G. De Sanctis, *Storia dei Romani*, 2e éd., Florence, 1960, 1, p. 391 *sq.*), également J. Heurgon, « Magistratures romaines et étrusques », dans *Entretiens sur l'Antiquité Classique*, 13, 1967, p. 99-127, spéc. p. 108-110.

Pour le rite de la plantation du clou évoqué par Tite-Live, J. Heurgon, « L. Cincius et la loi du *clauus annalis* », *Athenaeum*, 42, 1964, p. 432-437 (= *Scripta varia*, Bruxelles, 1986, p. 117-121).

Hypothèse d'un dictateur comme magistrat suprême aux débuts des temps républicains dans J. Beloch, *Römische Geschichte bis zum Beginn der punischen Kriege*, Berlin, 1926, p. 230-236 ; S. Mazzarino, *Dalla monarchia allo stato repubblicano, ricerche di storia romana arcaica*, Catane, 1946, p. 86 *sq.*, 188 *sq.* ; F. De Martino, *Storia della costituzione romana*, 2e éd., Naples, 1972, 1, p. 188 *sq.*, « Intorno all'origine della repubblica romana e delle magistrature », *ANRW*, 2, 1, 1972, p. 217-249 ; P.-M. Martin, *L'idée de royauté à Rome*, 1, p. 301-303 ; G. Valditara, *Studi sul magister populi, dagli ausiliari militari del rex ai primi magistrati repubblicani*, Milan, 1989, p. 198-199, 307-365. Pour sa critique, J. Heurgon, *Rome et la Méditerranée occidentale*, p. 269-270, et surtout J.-C. Richard, *Les Origines de la plèbe romaine*, p. 446-455.

L'édition classique des fastes capitolins (et des actes triomphaux) est celle donnée par A. Degrassi dans les *Inscriptiones Italiae*, t. XIII.1, *Fasti consulares et triomphales*, Rome, 1947. Pour la bibliographie de la question, R. T. Ridley, « Fastenkritik, a Stocktaking », *Athenaeum*, 58, 1980, p. 264-298. Sur la présence de noms plébéiens, A. Bernardi, « Patrizi e plebei nella costituzione della primitiva repubblica romana », *RIL*, 79, 1945-1946, p. 1-24 ; P. Fraccaro, La storia romana arcaica », *RIL*, 85, 1952, p. 85-118 = *Opuscula*, 1, Pavie, 1956, p. 1-23 (spéc. p. 5). On évoquera pour mémoire des théories comme celles de K. Hannel, *Das altrömische eponyme Amt*, Lund, 1946, « Probleme der römischen Fasti », *Entretiens de l'Antiquité classique*, 13, 1966, p. 199-221, voulant que les noms donnés dans les fastes correspondent à une fonction éponymique originellement distincte du pouvoir politique (et ayant donc pu exister sous la monarchie) ou de R. Werner, *Der Beginn der römischen Republik*, estimant que les noms les plus anciens avaient été ajoutés pour faire coïncider le début des fastes avec le commencement de l'« ère capitoline », comprise comme le début de la République. Pour la liste des magistrats de la République romaine, T. R. S. Broughton, *The Magistrates of the Roman Republic*, New York, 1952.

Pour l'originalité du système romain de la collégialité binaire, J. Heurgon, *Entretiens sur l'Antiquité classique*, 13, p. 121 ; T. J. Cornell, *The Beginnings of the Roman Republic*, p. 230-232 (« Other Italian republics »), où l'on trouvera un bon exposé l'ensemble des données et une critique justifiée de la thèse voulant que Rome ait reproduit un système existant ailleurs dans le monde italique (H. Rudolph, *Stadt und Staat in römischen Italien*, Leipzig, 1935 : les exemples de magistratures binaires connues sont de date relativement tardive et donc susceptibles de traduire une influence romaine). Sur la collégialité comme signe de l'existence d'une situation de désunion politique, J. Heurgon, art. cité, p. 126-127, et *Rome et la Méditerranée occidentale*, p. 272-273.

Les *patres et conscripti* (Tite-Live, 2, 1, 11, Festus, 304 L) sont parfois considérés comme représentant un seul groupe (P. Willems, *Le Sénat de la république romaine*, 1, Louvain-Paris, 1878, p. 38 ; F. De Martino, *Storia della costituzione romana*, 1, p. 265-266 ; E. S. Staveley, « The Nature and the Aims of the Patriciate », *Historia*, 32, 1983, p. 24-57, spéc. p. 29-30). Mais il s'agit plus vraisemblablement de deux catégories distinctes (A. Magdelain, « *Auspicia ad patres redeunt* », dans *Hommages à J. Bayet*, Paris, 1964, p. 427-473, spéc. p. 453 ; A. Momigliano, « Osservazioni sulla distinzione fra patrizi e plebei », *Entretiens sur l'Antiquité classique*, 13, p. 199-221 = *Quarto contributo alla storia degli studi classici*, Rome, 1969, p. 419-436, spéc. p. 223-229 ; J.-C. Richard, *Les Origines de la plèbe romaine*, p. 479-484 ; D. Musti, « *Patres conscripti* (e *minores gentes*) », *MEFRA*, 101, 1989, p. 207-227).

Sur l'absence de coloration ethnique des événements de 509, T. J. Cornell, *The Beginnings of Rome*, p. 223-226 (« The « departure of the Etruscans » »). Cas de C. Aquilius Tuscus : C. Ampolo, « Gli Aquilii del V secolo a. C. e il problema dei Fasti consolari più antichi », *Parola del Passato*, 30, 1975, p. 410-416.

Sur le torse de guerrier de l'Esquilin, en dernier lieu C. Martini, dans le catalogue d'exposition *La Grande Roma dei Tarquini*, Rome, 1990, p. 144. G. Colonna, « Un aspetto oscuro del Lazio antico. Le tombe del VI-V sec. a.C. », *Parola del Passato*, 32, 1977, p. 162-164, attribuait cette œuvre à un artiste soit corinthien, soit grec de Grande Grèce. Sur l'édification du temple de l'Aventin et le sens de l'appel fait à des artistes grecs, voir maintenant O. de Cazanove, « Le sanctuaire de Cérès jusqu'à la deuxième sécession de la plèbe, remarques sur l'évolution d'un culte public », dans *Crises et transformation des sociétés archaïques de l'Italie antique au Ve siècle av. J.-C.*, sous la direction de F.-H. Massa-Pairault, Rome, 1987 (1990), p. 373-399. Les deux artistes ont été généralement considérés comme des Grecs de Sicile, mais d'autres origines ont été proposées : Corinthe (A. Andrèn, *Architectural Terracottas of the Etrusco-Italic Temples*, Lund, 1939, p. 147, Sparte (M. Guarducci, *Mélanges A. Piganiol*, Paris, 1966, 3, p. 1 619-1 621), Poseidonia (G. Colonna, art. cité, p. 164), Rhégion (G. Colonna, « La Sicilia e il Tirreno nei V e IV sec. a.C. », *Kôkalos*, 26-27, 1980-1981, p. 162-165).

Sur la muraille de Rome, en dernier lieu A. Ruggiero, « La cinta muraria presso il Foro Boario in età arcaica e medio-repubblicana », *Archeologia Laziale*, 10, 1990, p. 23-29 ; L. Quilici, dans catalogue *La Grande Roma dei Tarquini*, p. 40-41. Voir surtout le commode exposé de M. G. Picozzi et P. Pensabene, dans le catalogue d'exposition *Roma medio repubblicana*, Rome, 1973, p. 7-31 (« Le mura serviane »), avec p. 18-19 pour le secteur près du Ministère de l'Agriculture où a été retrouvé un fragment de céramique attique à figures rouges de 490/70 av. J.-C. Sur les constructions de temples, F. Prayon, « Zur Baupolitik im archaischen Rom », dans *Bathron. Beiträge zur Architektur und verwandten Künsten, Festschrift H. Drerup*, Sarrebruck, 1988, p. 331-342. Aménagement du Comitium dans F. Coarelli, *Il Foro Romano*, 1, p. 119-160. Pour la restructuration de la Regia, C. Ampolo, « Analogie e rapporti tra Atene e Roma arcaica », *Parola del Passato*, 26, 1971, p. 443-460, F. Coarelli, *Il Foro Romano*, 1, p. 56-79.

Pour l'hypothèse d'une fin de la monarchie étrusque seulement vers 475 av. J.-C., R. Bloch, « Rome de 509 à 475 environ av. J.-C. », *Revue des études latines*, 37, 1959, p. 118-131, « Le départ des Étrusques de Rome selon l'annalistique et la dédicace du temple de Jupiter Capitolin », *Revue de l'histoire des religions*, 149, 1961, p. 141-156. Sur la bataille de Cumes, G. Colonna, « La Sicilia e il Tirreno nei v e IV sec. a.C. », *Kôkalos*, 26-27, 1980-1981, p. 157-183, spéc. p. 168-169 ; M. Giuffrida-Ientile, *La pirateria etrusca, momenti e fortuna*, Rome, 1983, p. 63-68 ; M. Cristofani, *Gli Etruschi del mare*, Milan, 1983, p. 81-84, « Nuovi spunti sul tema della talassocrazia », *Xenia*, 8, 1984, p. 3-20 = *Saggi di storia etrusca arcaica*, Rome, 1987, p. 51-73.

Chapitre V

La nuit du ve siècle

« La nuit du ve siècle » : l'expression est de A. Piganiol, dans *La Conquête romaine*, Paris, 1927, 7e éd., Paris, 1995 ; dans la première édition, le ve siècle était traité aux p. 74-99, et dans la 7e aux p. 109-136. Série d'études sur l'époque dans *Crise et transformation des sociétés archaïques de l'Italie antique au ve siècle av. J.-C.*, sous la direction de F.-H. Massa-Pairault, Rome, 1987 (1990).

Sur le cens, données commodément rassemblées dans C. Nicolet, *Le Métier de citoyen dans la Rome républicaine*, Paris, 1976, p. 71-121 (« *census* »). Sur l'institution et son histoire, G. Piéri, *L'Histoire du cens jusqu'à la fin de la République romaine*, Paris, 1968. Sur les problèmes posés par les chiffres donnés par les historiens anciens, voir le clair exposé de C. Nicolet, *Rome et la conquête du monde méditerranéen*, I, *Les Structures de l'Italie romaine*, collection « Nouvelle Clio », Paris, 1977, p. 78-85. Sur la population de l'Italie (mais centré sur une période postérieure à celle qui nous concerne ici), ouvrage fondamental de P. Brunt, *Italian Manpower (225 BC-AD 14)*, Oxford, 1971. Pour la démographie de Rome au ve siècle, F. Coarelli, dans *Storia di Roma*, I, sous la direction de A. Momigliano et A. Schiavone, Turin, 1988, p. 319-339 (« demografia e territorio »).

Sur la rivalité entre Rome et Véies et le sens qu'elle a pris dans la représentation que les Romains se sont faite de leur passé, voir chapitre suivant.

Sur l'expédition des Fabii, voir E. Montanari, *Nomen Fabium*, Lecce, 1973, et surtout les articles de J.-C. Richard : « Les Fabii à Crémère : grandeur et décadence de l'organisation gentilice », dans *Crise et transformation des sociétés archaïques de l'Italie antique au ve siècle av. J.-C.*, sous la direction de F.-H. Massa-Pairault, Rome, 1987 (1990), p. 245-262, « Historiographie et histoire : l'expédition des Fabii à la Crémère », *Latomus*, 47, 1988, p. 526-553, « Ovide et le *dies Cremerensis* », *R Ph*, 62, 1988, p. 217-225, « Historiographie et histoire : l'expédition des Fabii à la Crémère », dans *Staat und Staatlichkeit in der frühen römischen Republik*, sous la direction de W. von Eder, Berlin, 1988 (1990), p. 73-81, « L'affaire du Crémère : recherches sur l'évolution et le sens de la tradition », *Latomus*, 48, 1989, p. 312-325, « Licinius Macer (hist. 17) et l'épisode du Crémère », *R Ph*, 63, 1989, p. 75-84, « Denys d'Halicarnasse et le *dies Cremerensis* », *MEFRA*, 101, 1989, p. 159-173, « Trois remarques sur l'épisode du Crémère », *Gerion*, 7, 1989, p. 65-73, « La fin des 306 Fabii, à propos d'une variante (DH, *Ant. Rom.*, 9, 9, 1-12) », dans *Au miroir de la culture antique, mélanges offerts à R. Marache*, Rennes, 1992, p. 417-426.

Problèmes posés par la chronologie de la tradition pour le ve siècle: bon exposé de J. Bayet dans *Tite-Live, IV*, Collection des Universités de France, Paris, 1946, p. 110-126 (« Inquiétude chronologique et remaniements»). Sur la tradition relative au roi Tolumnius de Véies, D. Briquel, « Entre Rome et Véies : le destin de la *gens Tolumnia* », dans *Miscellanea etrusca e italica in onore di M. Pallottino, Archeologia Classica*, 43,1991, p. 193-208. Sur la question des dépouilles opimes et l'élaboration de la tradition à ce sujet, G. Dumézil, *Religion romaine archaïque*, Paris, 1966, p. 171-173.

Sur le *foedus Cassianum*, on verra l'exposé de M. Humbert, *Municipium et civitas sine suffragio l'organisation de la conquête jusqu'à la guerre sociale*, Rome, 1976, p. 65-76.

Monographies récentes sur les différents peuples italiques parues dans la collection Biblioteca di Archeologia, Milan : A. Pontrandolfo Greco, *I Lucani*, 1982 ; P. G. Guzzo, *I Brettii*, 1989 ; L. Cerchiai, *I Campani*, 1993 ; G. Tagliamonte, *I Sanniti*, 1996 ; A. Naso, *I Piceni*, 2000. Encore utile, la synthèse de G. Devoto, *Gli antichi Italici*, 4e éd., Florence, 1964. Sur les causes de l'effervescence des populations montagnardes, P.-M. Martin, « Contribution de Denys d'Halicarnasse à la connaissance du *ver sacrum* », *Latomus*, 32, 1973, p. 23-38. Pour l'histoire de la Campanie à cette époque, la thèse de J. Heurgon, *Recherches sur l'histoire, la religion et la civilisation de Capoue préromaine des origines à la deuxième guerre punique*, Paris, 1942, p. 81-113, reste essentielle. Voir également M.W. Frederiksen, *Campania*, Londres, 1984, p. 134-157. Sur les tombes peintes lucaniennes de Paestum, A. Pontrandolfo, A. Rouveret, *Le tombe dipinte di Paestum*, Modène, 1992.

Inscriptions sud-picéniennes : voir A. Marinetti, *Le iscrizioni sudpicene*, Florence, 1985.

Sur le « printemps sacré », étude fondamentale de J. Heurgon, *Trois Études sur le « ver sacrum »*, Bruxelles, 1957. Pour l'importance de cette notion et la construction d'une identité italique à partir d'elle, D. Briquel, *Le Regard des autres*, Besançon, 1997, p. 153-195, « La zona reatina, centro dell'Italia, una visione dell'Italia alternativa a quella romana », dans *La Salaria in età antica*, sous la direction de G. Paci, Rieti-Macerata, 1997 (Rome, 1999), p. 79-89, « La guerre, les Grecs d'Italie et l'affirmation d'une identité indigène. La légende d'origine des Samnites », dans *Guerres et sociétés dans les mondes grecs à l'époque classique,* sous la direction de H. Duchêne, *Pallas*, 51, 1999, p. 39-55.

Sur les Volsques, voir *I Volsci*, Rome, 1992 (Quaderni di Archeologia Etrusco-Italica, 20), avec en part. M. Cristofani, « I Volsci nel Lazio : i modelli di occupazione del territorio », p. 13-24 ; D. Musti, « L'immagine dei Volsci nella storiografia antica », p. 25-31 ; R. A. van Royen, « L'itinerario dei Volsci », p. 33-36. Également F. Coarelli, « Roma, i Volsci e il Lazio antico », dans *Crises et transformations des sociétés archaïques de l'Italie au ve siècle av. J.-C.*, p. 135-154. Données sur les Herniques et les Èques dans G. Colonna, « I Latini e gli altri popoli del Lazio antico », dans *Italia omnium terrarum alumna*, Milan, 1988, p. 518-519. Sur l'épisode d'Appius Herdonius, M. Capozza, *Movimenti servili nel mondo romano in età repubblicana*, Rome, 1966, p. 37-64 ; J. Martinez-Pinna, « El intento revolucionario de Appio Herdonio », *Gerion*, 5, 1987, p. 87-95 ; Tite-Live, 3, 15-18, et Denys d'Halicarnasse, 10, 14-17, donnent des chiffres différents sur l'importance de la troupe conduite par le Sabin (2 500 ou 4 000 hommes). Sur l'immigration d'Appius Claudius, C. Ampolo, « Su alcuni mutamenti sociali nel Lazio tra l'VIII e il V secolo », *Dialoghi di Archeologia*, 4-5, 1970, p. 37-68 ; E. Ferenczy, « L'immigrazione della gens Claudia e l'origine delle tribù territoriali », *Labeo*, 22, 1976, p. 362-

364. Sur le nom du personnage en sabin et en latin, A. Marinetti, « Atta/us : Appius ; lat. Atta, sabino * appa e sudpiceno apaiao-, Sabini a Roma e 'Safini' nelle iscrizioni sudpicene », *Res Publica Litterarum*, 5, 1982, p. 169-181.

Type de guerre menée par les peuplades italiques : C. Ampolo, « Roma e i Sabini nel v secolo a.C. », dans *Identità e civiltà dei Sabini*, Rieti-Magliano Sabina, 1993 (Florence, 1996), p. 87-103. Sur l'importance du butin dans les formes primitives de guerre en général, A. Aymard, *Études d'histoire ancienne*, Paris, 1967, p. 499-512, W. K. Pritchett, *The Greek State at War*, 5, Berkeley, 1991, p. 68-541.

L'importance des structures de la ligue latine pour les guerres du ve siècle a été bien dégagée par A. Alföldi, *Early Rome and the Latins*, Ann Arbor, 1965, p. 117-122, 365-377. Pour des vues différentes, T. J. Cornell, *The Beginnings of Rome*, Londres-New Yok, 1995, p. 293-298 (mais dans le sens des vues présentées ici, J. Heurgon, *Rome et la Méditerranée occidentale jusqu'aux guerres puniques*, Paris, 1969, p. 288-292). Sur la colonisation au ve siècle : A. J. Toynbee, *Hannibal's Legacy*, Londres, 1965, 1, p. 391-397 ; E. T. Salmon, *Roman Colonization under the Republic*, 1969, p. 40 *sq.*

Épisode de Coriolan : sur les aspects historiques, E.T. Salmon, « Historical Elements in the Story of Coriolanus », *Classical Quarterly*, 24, 1930, p. 96-101 ; G. De Sanctis, *Storia dei Romani*, 2e éd., Florence, 1960, II, p. 103-107 ; sur les aspects légendaires, J. Gagé, notamment dans « Lucia Volumnia, déesse ou prétresse, et la famille des Volumnii », *R Ph*, 35, 1961, p. 29-47, *La Chute des Tarquins et les débuts de la République romaine*, Paris, 1976, p. 167-193 (voyant dans les figures féminines des déesses de la fortune liées à des classe d'âge) ; G. Dumézil, *Mythe et épopée*, III, Paris, 1973, p. 239-262 (hypothèse – peu satisfaisante – de reconnaître dans les démarches successives des délégations romaines une série trifonctionnelle) ; J. Champeaux, *Fortuna, le culte de la Fortune à Rome et dans le monde romain*, 1, Rome, 1982, p. 335-365 (mettant en rapport d'une manière suggestive la double figure féminine de la mère et de la femme du héros avec la double Fortuna ; cf. également dans ce sens N. Boels-Janssen, *La Vie religieuse des matrones dans la Rome archaïque*, Rome, 1993, p. 373-388). Surnom de Coriolan : I. Kajanto, *The Latin Cognomina*, 2ème éd., Rome, 1982, p. 52, 181 ; Corioles devait être la ville natale du personnage : l'usage des *cognomina* de victoires n'existait pas à cette époque.

Sur les formes anciennes de l'esclavage, avec le *nexum*, esclavage pour dettes : H. Lévy-Bruhl, *Quelques problèmes du très ancien droit romain*, Paris, 1934, p. 16-33. Sur la pratique en Grèce : M. I. Finley, *Economy and Society in Ancients Greece*, Londres, 1981, p. 150-166. Bonne présentation dans T. J. Cornell, *The Beginnings of Rome*, p. 280-283. Pour les conséquences sociales de l'endettement et le déclassement des individus qui s'ensuivait, H. Zehnacker, « Rome : une société archaïque au contact de la monnaie », dans *Crise et transformations des sociétés archaïques de l'Italie antique*, p. 297-326.

Sécessions de la plèbe et serment des troupes d'élites italiques : voir F. Altheim, *Lex sacrata, Die Anfänge der plebeischen Organisation*, Amsterdam, 1940 (= *Römische Religionsgeschichte*, Berlin, 1951, 1, p. 221-251) ; S. Tondo, « Il *sacramentum militiae* nell'ambiente culturale romano-italico », *SDHI*, 19, 1963, p. 1-131. Dans le même sens, pour les décisions de la plèbe (plébiscites), K. von Fritz, « *Leges sacratae* et *plebei scita* », dans *Studies Presented to D. M. Robinson*, Saint-Louis, 1953, 2, p. 893-905 ; également B. Liou-Gille, « Les *leges sacratae* : esquisse historique », Euphrosyne, 25, 1997, p. 61-84. Pour la prestation de serment lors de l'incorporation des citoyens, C. Nicolet, *Le Métier de citoyen*, p. 141-143. Sur l'importance de l'aspect militaire pour la conception de la citoyenneté à Rome, dans le même ouvrage, p. 122-149 (« *Militia*, l'armée et le citoyen »).

Droit d'auspices et son importance dans la formation du patriciat : A. Magdelain, « *Auspicia ad patres redeunt* », dans *Hommages à J. Bayet*, Paris, 1964, p. 427-473 ; P. C. Ranouil, *Recherches sur le patriciat, 509-366 av. J.-C.*, Paris, 1980, J. Linderski, « The Auspices and the Struggle of the Orders », dans *Staat und Staatlichkeit in der frühen römischen Republik*, Stuttgart, 1990, p. 34-48.

Sur les famines, C. Virlouvet, *Famines et émeutes à Rome*, Rome, 1985, p. 11-35 ; P. Garnsey, *Famine and Food Supply in Graeco-Roman Antiquity*, Cambridge, 1988, p. 168-172. Question des *adfectatores regni*, P.-M. Martin, *L'Idée de royauté à Rome*, p. 339-360 ; T. J. Cornell, « The Value of the Literary Tradition concerning Early Rome », dans *Social Struggles in Archaic Rome, Perspectives on the Conflict of the Orders*, sous la direction de K. A. Raaflaub, Berkeley, 1986, p. 52-76, en part. p. 58-61 ; O. de Cazanove, « Spurius Cassius Cérès et Telles », *REL*, 67, 1989, p. 93-116.

Épisode de Spurius Cassius : voir G. De Sanctis, *Storia dei Romani*, II, p. 8-9 ; E. Gabba, « Studi su Dionigi di Alicarnasso, III : la proposta di legge agraria di Spurio Cassio », *Athenaeum*, 42, 1964, p. 29-41.

Sur les tribus : ouvrage classique de L. R. Taylor, *The Voting Districts of the Roman Republic*, Londres, 1960 ; A. Alföldi, « *Ager Romanus antiquus* », *Hermes*, 90, 1962, p. 187-213, *Early Rome and the Latins*, p. 304-318, avait pensé pouvoir distinguer une première série de six tribus rurales, formant une couronne autour de la ville et de ses quatre tribus urbaines, qui auraient porté des noms d'origine toponymique, et une autre série de dix tribus (en dehors de la Crustumina), située plus loin et donc de création plus récente, dont les noms seraient ceux de grandes familles (voir J. Heurgon, *Rome et la Méditerranée occidentale*, p. 259-260). Mais pour une critique de ces vues, T. J. Cornell, *The Beginnings of Rome*, p. 173-179. Sur la question de la propriété, on pourra se reporter à L. Capogrossi Colognesi, « La città e il suo territorio », dans *Storia di Roma*, Turin, 1988, 1, p. 263-289, spéc. p. 275-286.

Commode présentation des principales théories sur l'origine de la distinction entre patriciat et plèbe dans J.-C. Richard, *Les Origines de la plèbe romaine, essai sur la formation du dualisme patricio-plébéien*, Rome, 1978, p. 3-75. Pour des théories fondant la distinction sur une base ethnique, nous pouvons citer G. Boni, qui avait été le fouilleur de la nécropole du Forum, dans « Foro Romano », *Atti del Congresso Internazionale di Scienze Storiche*, 5, Rome, 1905, p. 9-21 (plébéiens définis comme Sicules autochtones, patriciens de race sabine) ; W. Ridgeway, « Who were the Romans ? », *PBA*, 1907-1908, p. 3-60 (plébéiens ligures ou aborigènes – mais considérés par l'auteur comme indo-européens –, patriciens sabins) ; R. W. Husband, « Race Mixture in Early Rome », *TAPhA*, 40, 1909, p. 63-81 (plébéiens ligures et aborigènes, mais de langue non indo-européenne, patriciens cette fois comprenant des Étrusques aussi bien que des Sabins), et surtout J. Binder, *Die Plebs, Studien zur römischen Rechtsgeschichte*, Leipzig, 1909 (plèbe composée de Latins et d'apports étrusques, patriciat de Sabins) et A. Piganiol, *Essai sur les origines de Rome*, Paris, 1916 (patriciat d'origine latine, plèbe d'origine sabine). Les vues de Mommsen ont été formulées dans les chapitres IV/VI du tome I de sa *Römische Geschichte* de 1854, puis reprises dans *Römische Staatsrecht*, 3e éd., Leipzig, III, 1888, p. 66-71. Critique de la thèse dans J.-C. Richard, *Les Origines de la plèbe romaine*, p. 157-189. Sur la formule *plebei gentem non habent*, adaptée librement de Tite-Live, 10, 8, 9, voir J.-C. Richard, p. 181-182, avec n. 172, qui en souligne l'inexactitude sur un plan juridique. Pour des considérations sur l'opposition agriculteurs/éleveurs, encore récemment

N. Rouland, *Rome, démocratie impossible ?*, Paris, 1981, p. 20, et surtout A. Alföldi, *Die Struktur des voretruskischen Römerstaates*, Heidelberg, 1974. Mais voir la critique de C. Ampolo, « Rome archaïque, une société pastorale ? », dans *Pastoral Economies in Classical Antiquity*, sous la direction de C. R. Whittaker, Cambridge, 1988, p. 120-133. Sur le rôle des marchands, A. Merlin, *L'Aventin dans l'Antiquité*, Paris, 1906.

Parmi les auteurs qui ont bien dégagé le caractère secondaire de la distinction entre patriciat et plèbe, il convient de citer H. M. Last, « The Servian Reforms », *JRS*, 35, 1945, p. 30-48 ; A. Momigliano, « An Interim Report on the Origins of Rome », *JRS*, 53, 1963, p. 95-121, spéc. p. 117 *sq.* ; A. Magdelain, « *Auspicia ad patres redeunt* », dans *Hommages à J. Bayet*, Paris, 1964, p. 427-473 ; R. E. A. Palmer, *The Archaic Community of the Romans*, Cambridge, 1970 ; P. C. Ranouil, *Recherches sur le patriciat, 509-366 av. J.-C.*, Paris, 1980. Mais le travail fondamental a été celui de G. De Sanctis, *Storia dei Romani*, 1, 2e éd., I, p. 219-234.

Thèse identifiant le patriciat avec la cavalerie des rois étrusques dans A. Alföldi, *Der frührömische Reiteradel und seine Ehrenabzeichen*, Baden-Baden, 1952.

Nous empruntons l'expression de « république à direction patricienne » et la qualification du régime de cette époque comme « patricio-plébéien » à D. Musti, « Lotte sociali e storia delle magistrature », dans *Storia di Roma*, 1 ; p. 276-383. Pour les noms de consuls du ve siècle, voir J. Heurgon, *Rome et la Méditerranée occidentale*, p. 273-275 ; T. J. Cornell, *The Beginnings of Rome*, p. 252-256.

Les données sur le tribunat de la plèbe sont rassemblées dans G. Niccolini, *Il tribunato della plebe*, Milan, 1932 ; J. Bleicken, *Das Volkstribunat des klassischen Republik*, Munich, 1960 ; A. Guarino, *La rivoluzione della plebe*, Naples, 1975. T. J. Cornell, *The Beginnings of Rome*, p. 258-271, insiste à juste titre sur l'importance de l'aspect socio-économique dans les revendications de la plèbe au ve siècle L'expression « État dans l'État » de T. Mommsen apparaît dans *Römische Staatsrecht*, III, Leipzig, 1887, p. 145. Sur le temple de l'Aventin, O. de Cazanove, « Le sanctuaire de Cérès jusqu'à la deuxième sécession de la plèbe », dans *Crise et transformation des sociétés archaïques de l'Italie antique*, p. 373-399, ainsi que, sur le culte de cette déesse en général, H. Le Bonniec, *Le Culte de Cérès à Rome, des origines à la fin de la République*, Paris, 1958. Le lien du temple avec le ravitaillement en blé de Rome a été particulièrement souligné par D. van Berchem, « Il tempio di Cerere e l'ufficio dell'annona a Roma », *BCAR*, 63, 1935, p. 91-95 (cf. H. Le Bonniec, *op. cit.*, p. 242-248) ; mais voir aussi O. de Cazanove, art. cité, p. 378, n. 11, rappelant la distinction entre le service de l'annone et le temple. Sur la *lex Icilia de Auentino publicando*, en dernier lieu D. Flach, *Die Gesetze der frühen römischen Republik*, Darmstadt, 1994, p. 95-98. Pour les institutions de la plèbe, voir la présentation de T. J. Cornell, *The Beginnings of Rome*, p. 360-365.

Influence grecque sur la loi des douze tables : voir F. Wieacker, « Die XII Tafeln in ihrem Jahrhundert », dans *Les Origines de la République romaine* (= *Entretiens sur l'Antiquité Classique*, 13), Vandœuvres-Genève, 1966, p. 293-362, spéc. p. 330-353 ; G. Crifo, « La legge delle XII tavole : osservazioni e problemi », *ANRW*, 1, 1, 1972, p. 115-133, spéc. p. 124-127 ; M. Ducos, *L'Influence grecque sur la loi des XII tables*, Paris, 1978. Les fragments qui nous sont parvenus de la loi des douze tables sont commodément accessibles dans A. Ernout, *Recueil de textes latins archaïques*, Paris, 1957, 4e éd., 1973.

Sur la restriction du luxe funéraire, G. Colonna, « Un aspetto oscuro del Lazio antico : le tombe del VI-V sec. a.C. », *Parola del Passato*, 32, 1979, p. 131-165.

Sur les décemvirs et les douze tables, outre les ouvrages de F. De Martino, *Storia della costituzione romana*, 2e éd., Naples, I; E. Meyer, *Römischer Staat und Staatsgedanke*, 2e éd., Zurich-Stuttgart, 1961, on pourra consulter G. Crifo, art. cité, A. Watson, *Rome of the Twelve Tables*, Princeton, 1975; F. D'Ippolito, « Le XII Tavole: il testo e la politica », dans *Storia di Roma*, 1, p. 397-413, et l'excellente présentation de M. Humbert, « La crise politique du Ve siècle et la législation décemvirale », dans *Crise et transformation des sociétés archaïques*, p. 263-287. Sur le concept de loi à Rome, A. Magdelain, *La Loi à Rome. Histoire d'un concept*, Paris, 1978; pour l'évolution ultérieure de cette conception, M. Ducos, *Les Romains et la loi, recherches sur les rapports de la philosophie grecque et de la tradition romaine à la fin de la République*, Paris, 1984. Sur les questions que posent l'institution et la formation de la tradition, on se reportera à l'étude de G. Poma, *Tra legislatori e tiranni: problemi storici e storiografici sull'età delle XII Tavole*, Bologne, 1984.

Pour l'image défavorable des Claudii dans la tradition historiographique romaine, voir A. Alföldi, *Early Rome and the Latins*, p. 159-164 (« Prejudice in Pictor, as Reflected in his Hatred of the Claudii »); T. P. Wiseman, *Clio's Cosmetics: three Studies in Graeco-Roman Literature*, Leicester, 1979, p. 77-103.

Sur les tribuns militaires à pouvoir consulaire, on verra, avec des propositions diverses, R. Sealey, « Consular Tribunes once more », *Latomus*, 18, 1959, p. 521-530 et A. Guarino, *La rivoluzione della plebe*, Naples, 1975, p. 224-225 (résultat d'une sitution d'anarchie où la plèbe aurait bloqué les élections normales – ce que rien n'indique); A. Boddington, « The Original Nature of the Consular Tribunate », *Historia*, 8, 1959, p. 356-364, suivi par F. Cassola, « Lo scontro fra patrizi e plebei », dans *Storia di Roma*, 1, p. 451-481, spéc. p. 453-454 (confusion dans nos sources entre les consuls normaux et des adjoints); J.-C. Richard, « Tribuns militaires et triomphe », dans *La Rome des premiers siècles, légende et histoire. Actes de la table ronde en l'honneur de M. Pallottino*, Paris, 1990 (Florence, 1992), p. 235-246 (*imperium* inférieur conféré aux tribuns qui leur interdit de célébrer le triomphe). Présentations commodes de la question dans J. Heurgon, *Rome et la Méditerranée occidentale*, p. 285-288; T. J. Cornell, *The Beginnings of Rome*, p. 334-337.

Pour le discours de Claude en 47, on se reportera à P. Fabia, *La Table claudienne de Lyon*, Lyon, 1929.

Chapitre VI

Le tournant du IVe siècle

Sur la rivalité entre Rome et Véies et les réflexions auxquelles elle a donné lieu à un stade ancien du développement de l'historiographie romaine, J. Hubaux, *Rome et Véies, recherches sur la chronologie légendaire du moyen âge romain*, Paris, 1958; les intuitions de J. Hubaux sur l'existence d'une « grande année » de rivalité entre les deux villes qui aurait commandé à la mise en ordre de la tradition ont été précisées par les travaux de M. Sordi sur la conception cyclique de l'histoire d'origine étrusque qui a été reprise par les Romains et appliquée à leur conflit avec Véies: *I rapporti romano-ceriti e l'origine della civitas sine suffragio*, Rome, 1960, p. 177-182, « Virgilio e la storia romana del IV secolo », *Athenaeum*, 42, 1964, spéc. p. 82-83, « L'idea di crisi e di rinnovamento nella concezione etrusco-italica della storia », *ANRW*, 1, 2, 1972, p. 781-793, « Storiografia e cultura etrusca nell'Impero romano», dans *Atti del II congresso internazionale etrusco*, Florence, 1985 (Rome, 1989), p. 41-51. Également D. Briquel, *Le Regard des autres, les origines de Rome vues par ses ennemis (début du IVe siècle/début du Ier siècle av. J.-C.)*, Besançon, 1997, p. 112-116.

Question du régime politique des cités étrusques: R. Lambrechts, *Essai sur les magistratures des cités étrusques*, Rome-Bruxelles, 1959; J. Heurgon, «L'État étrusque», *Historia*, 6, 1957, p. 63-97; A. Maggiani, «Appunti sulle magistrature etrusche», *Studi Etruschi*, 62, 1996, p. 95-138. Sur la question de la royauté en Étrurie, D. Briquel, «La royauté en Étrurie, les apports récents: confirmations et remises en cause», *Ktêma*, 12, 1987, p. 139-148. Voir aussi les commodes présentations de M. Torelli, *Storia degli Etruschi*, Rome-Bari, 1981, p. 139-214; F.-H. Massa-Pairault, *La Cité des Étrusques*, Paris, 1996, p. 89-136.

Pour le fonctionnement de la ligue étrusque, voir en dernier lieu L. Aigner Foresti, «La lega etrusca», dans *Federazioni e federalismo nell'Europa antica*, Bergame, 1992 (Milan, 1994), p. 327-372; D. Briquel, «I passi liviani sulle riunioni della lega etrusca», *id.*, p. 351-372. Sur Capène, Faléries et la situation linguistique (et politique) de ces cités, respectivement D. Briquel, «Sur des faits d'écriture en Sabine et dans l'*ager Capenas*», *MEFRA*, 84, 1972, p. 789-845 et G. Giacomelli, *La lingua falisca*, Florence, 1962.

La figure de Camille a fait l'objet de nombreuses interprétations. Voir par exemple J. Bayet, appendice «M. Furius Camillus», dans *Tite-Live, Histoire romaine, livre V*, Collection des Universités de France, Paris, 1954, p. 140-155 (synthèse de traits latins et étrusques); J. Helle gouarc'h, «Le principat de Camille», *REL*, 48, 1970, p. 112-132 (figure annonçant le principat augustéen); G. Dumézil, «La geste de Camille», dans *Mythe et épopée*, III, Paris, 1973, p. 216-238 (transposition d'une mythologie de l'aurore); L. Piccirilli, «La componente «alba» di M. Furio Camillo», *CCC*, 1, 1980, p. 95-102, et *Plutarco. Le vite di Temistocle e di Camillo*, Milan, 1983, p. 331 (développement secondaire de la légende de Camille, à partir entre autres de la tradition sur L. Albinius). Pour la question de la formation progressive de la légende (Aristote et Polybe semblent l'ignorer), données dans T. J. Cornell, *The Beginnings of Rome*, Londres-New York, 1995, p. 316-319. Sur la politique de Camille, A. Momigliano, «Camillus and the Concord», *Classical Quarterly*, 36, 1942, p. 111-120 = *Secondo contributo alla storia degli studi classici*, Rome, 1960, p. 89-104.

La procédure de l'évocation a fait l'objet du livre de V. Basanoff, *Evocatio, étude d'un rituel militaire romain*, Paris, 1947. Pour le passage de Macrobe et la formule rituelle dont il donne le texte, voir aussi C. Guittard, *Macrobe, les Saturnales, livres I-III*, collection La Roue à livres, Paris, 1997, p. 335-340.

Pour les données géographiques qui peuvent transparaître dans l'histoire de l'éruption des eaux du lac Albain: A. Grandazzi, *Alba Longa, histoire d'une légende, recherches sur l'archéologie, la civilisation, les traditions du du Latium préromain*, thèse dactylographiée, Paris, 1999. Analyse de la légende dans G. Dumézil, *Mythe et épopée*, III, p. 21-89, à compléter par D. Briquel, «Sur un passage d'Hérodote: prise de Babylone et prise de Véies», *Bulletin de l'Association Guillaume Budé*, 1981, p. 293-306, et J.-L. Desnier, *Le Passage du fleuve, essai sur la légitimité du souverain*, Paris-Besançon, 1995. Thème de la manducation des entrailles: voir J. Hubaux, *Rome et Véies*, p. 220-295; R. Schilling, «Romulus l'élu et Rémus le réprouvé», *Revue des études latines*, 38, 1960, p. 182-199; A. Alföldi, *Die Struktur des voretruskischen Römerstaates*, Heidelberg, 1977, p. 148-157; D. Briquel, «Rémus élu et réprouvé», dans *Recherches sur les religions de l'Antiquité classique*, sous la direction de R. Bloch, Paris-Genève, 1980, p. 267-300.

Sur le motif légendaire de la capture du devin et son application au cas de Cacus et des frères Vibenna, J. Heurgon, *La Vie quotidienne chez les Étrusques*, Paris, 1961, p. 64; F.-H. Massa-Pairault, *Recherches sur l'art et l'artisanat étrusco-italiques à l'époque hellénistique*, Rome, 1985, p. 48-49. Sur la capture du devin véien, D. Briquel, « Ancora sulla cattura dell'aruspice veiente », *Annali della fondazione per il Museo C. Faina*, 5, 1998, p. 69-82, et « A proposito della profezia dell'aruspice veiente », *CISA*, 19, 1993, p. 169-185.

Sur la décoration de la tombe François, étude fondamentale de F. Coarelli, « Le pitture della tomba François di Vulci: una proposta di lettura », *Dialoghi di Archeologia*, 3, 1/2, 1983, p. 43-64. Voir également le catalogue de l'exposition *La tombaFrançois di Vulci*, sous la direction de F. Buranelli, Cité du Vatican, 1987 et D. Briquel, *Le Regard des autres, les origines de Rome vues par ses ennemis (début du IVe siècle/début du Ier siècle av. J.-C.)*, Besançon, 1997, p. 57-116.

Les éloges de membres de la famille Spurinna découverts sur le forum de Tarquinia ont été publiés par M. Torelli, *Elogia Tarquiniensia*, Florence, 1975 (p. 67-92 pour celui d'Aulus Spurinna fils de Velthur). Sur les mises à mort de prisonniers au cours de la guerre de 358/351, D. Briquel, « Sur un épisode sanglant des relations entre Rome et les cités étrusques: les massacres de prisonniers au cours de la guerre de 358/51 », dans *La Rome des premiers siècles, légende et histoire. Table ronde en l'honneur de M. Pallottino*, Paris, 1990 (Florence, 1992), p. 37-46. Pour les prêtres étrusques s'assimilant à des démons, voir A. J. Pfiffig, *Religio Etrusca*, Graz, 1975, p. 325-327.

Sur les guerres entre Rome et les cités étrusques en général, on pourra se reporter à W. V. Harris, *Rome in Etruria and Umbria*, Oxford, 1971, p. 41-49 pour cette période.

Perception de la prise de Rome par les Gaulois chez les auteurs grecs contemporains: voir D. Briquel, *Le Regard des autres*, p. 11-45. Sur la perception de Rome comme « cité grecque »: A. Fraschetti, « Eraclide Pontico e Roma città greca », dans *Tra Sicilia e Magna Grecia*, sous la direction de A. C. Cassio et D. Musti, Naples, 1987 (Pise, 1989), p. 81-95.

Sur la légende d'Arruns de Chiusi, J. Gagé, « Arruns de Clusium et l'appel aux Gaulois (?). À propos d'une tradition haruspicinale sur la vigne et l'olivier », *RHR*, 143, 1953, p. 170-208; M. Sordi, « La leggenda di Arrunte chiusino e la prima invasione gallica in Italia », *RSA*, 1976-1977, 6-7, p. 111-117, « Etruschi e Celti nella pianura padana: analisi delle fonti antiche », dans *Gli Etruschi a nord del Po*, Mantoue, 1986-1987, 1, p. 111-115 (= *Prospettive di storia etrusca*, Côme, 1995, p. 49-54, 7-14); G. Salamon, « Arruns l'Étrusque et l'arrivée des Gaulois en Italie », *Revue des études latines*, 65, 1987, p. 74-88; J.-R. Jannot, « L'Étrurie intérieure de Porsenna à Arruns le Jeune », *MEFRA*, 100, 1989, p. 601-614, en part. p. 611-614. Pour l'établissement des Celtes en Italie, G. A. Mansuelli, « Problemi storici della civiltà celtica in Italia », dans *Hommages à J. Grenier*, Bruxelles, 1962, p. 1067-1093, et « Le fonti storiche sui Celti cisalpini », dans le catalogue d'exposition *I Galli e l'Italia*, Rome, 1978, p. 71-75; R. Chevallier, « La Celtique du Pô », *Latomus*, 21, 1962, p. 356-372; C. Peyre, *La Cisalpine gauloise du IIIe au Ier siècle avant J.-C.*, Paris, 1979; L. Pauli, « I passi alpini e le emigrazioni », et D. Vitali, « I Celti in Italia », dans le catalogue d'exposition *I Celti*, Venise, 1991, p. 215-219 et 220-235. Pour l'excursus de Tite-Live sur le passage des Gaulois en Italie, voir également H. Homayer, « Zum Keltenexkursus in Livius' 5. Buch (33, 4- 35, 3) », *Historia*, 9, 1960, p. 345-361. Pour les contacts entre le monde étrusque et le monde celtique, données et bibliographie dans le catalogue d'exposition *Les Étrusques et l'Europe*, Paris, 1992, en part. p. 180-195, « Les relations transalpines », et p. 196-199, « La diffusion du vin en Europe centrale et nord-occidentale », par B. Bouloumié. Pour les tombes princières celtiques, on pourra se reporter aussi au catalogue d'exposition *Trésors de princes celtes*, Paris, 1987-1988.

Sur les inscriptions lépontiques, M. Lejeune, *Lepontica*, Paris, 1971 (y compris, p. 133-144, les documents ligures). Pour la découverte d'un document lépontique du début du VIe siècle, F. Gambari et G. Colonna, « Il bicchiere con iscrizione arcaica da Castelletto Ticino », *Studi Etruschi*, 54, 1988, p. 119-164.

Pour les noms celtiques attestés à Orvieto, C. De Simone, « Un nuovo gentilizio etrusco da Orvieto », *Parola del Passato*, 33, 1978, p. 370-395 (et sur les inscriptions de la nécropole en général, M. Cristofani, *Saggi di storia etrusca arcaica*, Rome, 1987, p. 113-116). Pour la statue du Mars de Todi et sa dédicace, M. Torelli, *Storia degli Etruschi*, Rome-Bari, 1981, p. 196-197. Sur le mercenariat celtique, outre l'ouvrage ancien de A. Weinicke, *Keltisches Söldnertum in der Mittelmeerwelt bis zur Herrschaft der Römer*, Breslau, 1927, données dans M. Szabo, *I Celti*, p. 485-490.

Sur la crise de la « grande année de Rome », J. Hubaux, *Rome et Véies*, p. 60-88. Le scepticisme de J. Bayet, *Tite-Live, Histoire romaine, V*, Collection des Universités de France, Paris, 1954, p. 106-107, n'est pas fondé. Voir aussi les travaux de M. Sordi et D. Briquel cités plus haut.

Pour la question de l'absence de trace archéologique de l'incendie gaulois, F. Coarelli, « La stratigrafia del Comizio e l'incendio gallico », dans *I Galli e l'Italia*, p. 229-230. Bonnes remarques sur la part de légende dans la tradition dans M. Torelli, « Il sacco gallico di Roma », *id.*, p. 226-229. On repère dans la construction du récit le jeu d'une série de groupements trifonctionnels, ce qui est un signe du caractère artificiel de la narration. Voir G. Dumézil, *Mythe et épopée*, III, Paris, 1973, p. 216-238.

Sur les relations avec Caeré, M. Sordi, *I rapporti romano-ceriti e l'origine della civitas sine suffragio*, Rome, 1960. Sur la concession du droit de cité aux Cérites, aussi M. Humbert, *Municipium et civitas sine suffragio, l'organisation de la conquête jusqu'à la guerre sociale*, Rome, 1978.

Sur les mouvements celtiques dans le monde méditerranéen, on pourra se reporter à la synthèse de M. Szabo, « I Celti e i loro spostamenti nel III secolo a.C. », dans *I Celti*, p. 303-319. Le chef de l'expédition contre Delphes aurait porté le même nom, Brennos, que celui qui aurait pris Rome : on a proposé d'expliquer le fait soit en voyant dans ce nom un terme général, désignant un chef, soit en estimant que la tradition romaine avait emprunté ce nom à la tradition grecque sur le raid contre le sanctuaire delphique. Sur les développements artistiques, B. Andreae, « L'immagine dei Celti nel mondo antico : arte ellenistica », M. Mattei, « Il Galata capitolino », *id.*, p. 61-69, 70-71. Sur le Gaulois mourant, voir aussi F. Coarelli, « Il grande donario di Attalo I », dans *I Galli e l'Italia*, p. 231-234, et *Da Pergamo a Roma. I Galli nella città degli Attalidi*, Rome, 1995.

L'hypothèse d'un raid contre Rome lié à la politique de Denys de Syracuse a été envisagée par M. Sordi, *I rapporti romano-ceriti e l'origine della civitas sine suffragio*, p. 62-72, et J. Heurgon, *Rome et la Méditerranée occidentale jusqu'aux guerres puniques*, Paris, 1969, p. 299-301, également T. J. Cornell, *The Beginnings of Rome*, p. 316, avec des remarques sur la chronologie des faits parallèles à celles que nous présentons ici. Sur Denys I de Syracuse, le livre de K. F. Stroheker, *Dionysios I, Gestalt und Geschichte des Tyrannen von Syrakus*, Wiesbaden, 1958, reste fondamental. On verra également B. Caven, *Dionysios I, War-Lord of Sicily*, New Haven-Londres, 1990. Sur l'utilisation de la prise de Rome par les adversaires grecs du tyran de Syracuse, et sur la réaction de l'historiographie sicilienne, D. Briquel, *Le Regard des autres*, p. 11-36.

Sur la propriété de la terre et la question des *bina iugera*, on pourra se reporter à L. Capogrossi Colognese, « La città e la sua terra », dans *Storia di Roma*, I, Turin, 1988, p. 264-289, en part. p. 264-269. Sur le maintien des membres de la famille des Tolumnii à Véies, D. Briquel, « Entre Rome et Véies : le destin de la *gens Tolumnia* », dans *Miscellanea etrusca e italica in onore di M. Pallottino*, *Archeologia Classica*, 43, 1991, p. 193-208. Statuettes d'Énée retrouvées à Véies : voir L. Vagnetti, *Il deposito votivo di Campetti a Veio*, Florence, 1971, p. 88, 181 (et A. Comella, G. Stefani, *Materiali votivi del santuario di Campetti a Veio*, Rome, 1990, p. 213) et surtout M. Torelli, recension de l'ouvrage de L. Vagnetti, *Dialoghi di Archeologia*, 7, 1973, p. 396-404, spéc. p. 399-401 et catalogue d'exposition *Roma medio repubblicana*, Rome, 1973, p. 335-336. La datation anciennement admise de ces statuettes à la période étrusque de la cité est à rejeter.

Pour la muraille du IVe siècle, outre G. Säflund, *Le mura di Roma repubblicana*, Lund, 1932, voir la présentation commode des données archéologiques par M. G. Picozzi et G. Santoro, dans le catalogue *Roma medio repubblicana*, p. 7-31.

Sur l'*adfectatio regni* de Manlius Capitolinus, voir l'ouvrage de I. Valvo, *La sedizione di Manlio Capitolino in Tito Livio*, Milan, 1983.

L'expression d'« obsession gauloise » est de J. Bayet, *Tite-Live, Histoire romaine, livre 7*, collection des universités de France, Paris, 1968, p. 98-108. Sur les combats singuliers entre Gaulois et Romains et notamment l'exploit de M. Valerius Corvus, voir R. Bloch, *id.*, p. 108-117 (« Combats singuliers entre Gaulois et Romains : faits vécus et traditions celtiques »), et « Le corbeau divin des Celtes dans les guerres romano-gauloises », dans *Recherches sur les religions de l'Italie antique*, Paris-Genève, Paris, 1976, p. 19-32. Mais le surnom de « corbeau » pouvait, au départ, se rapporter à la couleur noire de la chevelure du personnage (en général sur ce surnom I. Kajanto, *The Latin Cognomina*, 2e édition, Rome, 1982, p. 85, 331). Liaison entre les attaques gauloises et Syracuse après l'invasion de 390 : voir M. Sordi, *I rapporti romano-ceriti*, p. 154-161, J. Heurgon, *Rome et la Méditerranée occidentale*, p. 302-303. Ce n'est pas la manière dont Polybe présente les choses : pour lui les Gaulois viennent du nord de l'Italie et agissent de leur propre chef (2, 18-19). Pour les traités Rome-Carthage, voir plus haut. Le traité de 348, présenté comme le premier par Diodore (16, 19, 1) et signalé par Tite-Live (7, 27, 2), doit être le deuxième de ceux mentionnés par Polybe, pour lequel il n'avance pas de date (il ne le fait que pour celui de 509, en 3, 22). Sur d'éventuels reflets dans l'épigraphie étrusque (à Caeré et à Aléria en Corse), d'une politique maritime de Rome à cette époque, en liaison avec Caeré, voir A. Fraschetti, « A proposito dei Claudie ceretani », *QUCC*, 24, 1977, p. 157-162.

Sur la politique de Rome dans le Latium à cette époque, M. Humbert, *Municipium et civitas sine suffragio, l'organisation de la conquête jusqu'à la guerre sociale*, p. 151-164.

Sur la question des années d'anarchie et les problèmes de chronologie en général, on pourra se reporter au clair exposé de T. J. Cornell, *The Beginnings of Rome*, p. 399-402 (« Appendix : a Note on Early Roman Chronology »).

Sur les lois licinio-sextiennes et le dépassement du conflit des ordres, bonnes présentations de J. Heurgon, *Rome et la Méditerranée occidentale*, p. 303-312 ; T. J. Cornell, *The Beginnings of Rome*, p. 333-344. La formation de la *nobilitas*, analysée dans le livre fondamental de F. Münzer, *Römische Adelsparteien und Adelsfamilien*, Stuttgart, 1920, a fait l'objet de l'ouvrage de K. J. Hölkeskamp, *Die Entstehung der Nobilität*, Stuttgart,

1987, où l'on trouvera toutes les données et la bibliographie. Sur le rôle des *IIuiri* et *Xuiri sacris faciundis* et leur importance pour le fonctionnement de la *res publica*, B. Mac Bain, *Prodigy and Expiation, a Study in Religion and Politics in Republican Rome*, Bruxelles, 1982.

Chapitre vii

La marche vers le sud

Sur la *lex Genucia* de 342 et sa nature exacte, données dans T. J. Cornell, *The Beginnings of Rome*, Londres-New York, 1995, p. 337-338 ; voir en particulier J.-C. Richard, « Sur le plébiscite *ut liceret consules ambos plebeios creari* », *Historia*, 28, 1979, p. 65-75.

Sur le thème de la succession des empires universels, A. Momigliano, « Daniele e la teoria greca della successione degli imperi », *RAL*, 35, 1980, p. 157-162, « The Origin of Universal History », dans *The Poet and the Historian*, Cambridge (Mass.), 1984, p. 133-148 ; D. Mendels, « The Five Empires : a Note on a Propagandistic Topos », *AJPh*, 102, 1981, p. 330-337 ; J.-M. Alonso-Nunez, « Die Abfolge der Weltreiche bei Polybios und Dionysios von Halikarnassos », *Historia*, 32, 1983, p. 411-426 ; P.-M. Martin, « De l'universel à l'éternel : la liste des hégémonies (Denys d'Halicarnasse, *A.R.*, 1, 2-3) », *Pallas*, 39, 1993, p. 193-214 ; M. Mazza, « Roma e i quattro imperi. Temi della propaganda nella cultura ellenistico-romana », *SMSR*, 62, 1996, p. 315-350. Sur l'importance de la figure d'Alexandre le Grand par rapport à Rome, il existe une énorme bibliographie ; voir par exemple P. Treves, *Il mito di Alessandro e la Roma di Augusto*, Milan-Naples, 1953 ; M. Sordi, « Alessandro e i Romani », *RIL*, 99, 1965, p. 435-452, « Timagene di Alessandria, uno storico ellenocentrico e filobarbaro », *ANRW*, II, 30, 1, 1982, p. 775-796 ; H. R. Breitenbach, « Der Alexanderexkurs bei Livius », *MH*, 26, 1969, p. 146-157 ; L. Braccesi, « Livio e la tematica di Alessandro in età augustea », *CISA*, 4, 1976, p. 179-199, *L'ultimo Alessandro*, Padoue, 1986, *Alessandro e la Germania*, Rome, 1991, « Alessandro e Roma », dans le catalogue d'exposition *Alessandro Magno, storia e mito*, Rome, 1995, p. 51-54 ; C. Bohm, *Imitatio Alexandri im Hellenismus, Untersuchungen zum politischen Nachwirken Alexanders des Grossen in hoch- und späthellenistischen Monarchien*, Munich, 1989. Tite-Live, dans une longue digression, en 9, 17-19, imagine ce qui serait advenu si Alexandre avait tourné ses armes contre Rome : il estime bien sûr que le conquérant de l'Asie aurait échoué devant les Romains, prenant ainsi une position inversée par rapport à celle qui avait été défendue par des Grecs hostiles à Rome, comme son contemporain l'historien Timagène d'Alexandrie.

Sur les relations entre Rome et les Samnites, ouvrage essentiel de E.T. Salmon, *Samnium and the Samnnites*, Cambridge, 1967, où l'on trouvera les références précises et les discussions sur le détail des événements. Sur les Samnites, commodes synthèses récentes de A. La Regina, « I Sanniti », dans *Italia, omnium terrarum parens*, Milan, 1989, p. 301-432, et G. Tagliamonte, *I Sanniti : Caudini, Irpini, Pentri, Carricini, Frentani*, Milan, 1996. En outre voir les catalogues d'exposition *Sannio, Pentri e Frentani dal* VII *al* I *sec. a. C.*, Rome, 1980 et Naples, 1981 (et actes du congrès homonyme, Isernia, 1980, publié à Campobasso, 1984), *Samnium, archeologia del Molise*, sous la direction de S. Capini et A. Di Niro, Rome, 1991, et les études réunies dans *Studi sull'Italia dei Sanniti*, sous la direction de R. Cappelli, Rome, 2000.

Sur la représentation hellénisante des origines des Samnites, D. Musti, « La nozione storica di Sanniti nelle fonti greche e romane », dans *Sannio, Pentri e Frentani dal* VI *al* I *sec. a.* C, p. 71-84 (= *Strabone e la Magna Grecia*, Padoue, 1988, p. 197-216) ; A. La Regina, « Sanniti e Greci nel IV sec. a.C., la leggenda delle origini spartane », dans *Il Molise, arte, cultura, paesaggi*, sous la direction de N. Parise, Rome, 1990, p. 54-62.

Sur la zone des confins latino-samnites, A. M. Reggiani, « Il Lazio meridionale fra Volsci e Samniti », dans *Studi sull'Italia dei Sanniti*, p. 232-237.

Sur la question du *uer sacrum*, voir chapitre 5. L'aspect reconstruit de ces traditions est mis en relief par G. Tagliamonte, *I Sanniti*, p. 17-21. Le problème de l'équilibre démographique avait été bien posé par P.-M. Martin, « Connaissance de Denys d'Halicarnasse à la connaissance du ver sacrum », *Latomus*, 32, 1973, p. 23-38. Sur les ressources agricoles de la région, J. Lloyd, « Farming the Highlands : Samnium and Arcadia in the Hellenistic and Early Roman Periods », dans *Rural Landscapes. Archaeological Survey in the Mediterranean Region*, sous la direction de G. Barker et J. Lloyd, Londres, 1991, p. 180-193. Pour l'économie pastorale de la région (et la distinction à faire entre la période ancienne et l'économie de *latifundia*, avec de vastes zones d'élevage extensif, qui se développa à époque romaine), on verra M. Corbier, « La transhumance entre le Samnium et l'Apulie : continuités entre l'époque républicaine et l'époque impériale », dans *La romanisation du Samnium au* IIe *et* Ier *siècles av. J.-C.*, Naples, 1988 (1991), p. 149-176, et les actes du colloque *Civiltà della transumanza*, Castel del Monte, 1990, (L'Aquila, 1992) ; bonnes remarques aussi dans E. Dench, *From Barbarians to New Men*, Oxford, 1995.

Pour les gladiateurs samnites, G. Ville, *La Gladiature en Occident, des origines à la mort de Domitien*, Rome, 1981, p. 19-35. Des scènes de gladiature sont abondamment représentées sur les peintures tombales de Paestum. Peintures campaniennes : l'étude ancienne de F. Weege, « Oskische Grabmalerei », *JDAI*, 24, 1909, p. 99-162, offre encore la documentation la plus complète ; données aussi dans B. D'Agostino, « Le genti della Campania antica », dans *Italia omnium terrarum alumna*, Milan, 1988, p. 529-589 ; L. Cerchiai, *I Campani*, Milan, 1995. Peintures de Paestum : A. Pontrandolfo et A. Rouveret, *Le tombe dipinte di Paestum*, Modène, 1992. Peinture de l'Esquilin avec scène historique : F. Coarelli, « Frammento di affresco dall'Esquilino con scena storica », catalogue *Roma medio repubblicana*, Rome, 1973, p. 200-208, « Due tombe repubblicane dall'Esquilino », catalogue d'exposition *Affreschi romani dalle raccolte dell'Antiquarium comunale*, Rome, 1976, p. 3-18 (mais interprétation différente dans E. La Rocca, « Fabio o Fannio. L'affresco medio repubblicano dell'Esquilino come riflesso dell'arte « rappresentativa » e come espressione di mobilità sociale », *Dialoghi di Archeologia*, 3, 2, 1984, p. 31-53).

Pour la question de l'emprunt par les Romains de l'armement samnite, D. Briquel, « La tradition sur les emprunts d'armes par Rome aux Samnites », dans *Guerre et sociétés en Italie (*Ve-IVe *siècle av. J.-C.)*, sous la direction de A. Rouveret et A.-M. Adam, Paris, 1986, p. 65-89. Sur la question de la jambière unique chez les Samnites, données dans G. Tagliamonte, « *Sinistrum crus ocrea tectum* », *Studi Etruschi*, 60, 1994, p. 125-135.

Sur les rites de prestation de serment militaire chez les peuples italiques, voir chapitre V (et D. Briquel, « Sur les aspects militaires du dieu ombrien Fisus Sancius », *MEFRA*, 90, 1978, p. 133-152). La description de la procédure de recrutement de la légion de lin chez Tite-Live, et plus généralement les informations qu'il donne sur l'armée samnite étaient considérées comme imaginaires par E. T. Salmon, *Samnium and the Samnites*, p. 101-112. Cette suspicion n'est plus partagée aujourd'hui. Pour les temples du Samnium et leur plan caractéristique, voir A. La Regina, « I Sanniti », et G. Tagliamonte, *I Sanniti*, p. 179-202. Voir aussi G. Colonna, dans « Alla ricerca della « metropoli » dei Sanniti », dans *Identità e civiltà dei Sabini*, Rieti-Magliano Sabina, 1993 (Florence, 1996), p. 107-130. Pour la représentation éventuelle d'une légion de lin samnite, N. Valenza Mele, « Una nuova tomba dipinta di Cuma e la legio linteata », dans *L'incidenza dell'antico, studi in memoria di Ettore Lepore*, 2, Naples, 1996, p. 325-360 ; P. Caputo, « Su un frammento di pittura funeraria di Cuma », dans *Studi sull'Italia dei Sanniti*, p. 74-77. Sur la description de l'armée samnite par Tite-Live, 9, 40, on verra aussi les propositions de A. Rouveret, « Tite-Live, *Histoire romaine*, IX, 40 : la description des armées samnites ou les pièges de la symétrie », dans *Guerre et sociétés en Italie (V^e^-IVe siècle avant J.-C.)*, p. 91-120.

Sur l'organisation du territoire, outre les ouvrages généraux sur le Samnium, U. Laffi, « Problemi dell'organizzazione paganico-vicanica nelle aree abruzzesi e molisane », *Athenaeum*, 52, 1974, p. 336-339 ; A. La Regina, « Abitati indigeni in area sabellica », dans *Comunità indigene e problemi della romanizzazione nell'Italia centro-meridionale (IV-III sec. av. C.)*, sous la direction de J. Mertens et R. Lambrechts, Bruxelles-Rome, 1991, p. 147-155 ; G. De Benedettis, « Per un'analisi della struttura organizzativa degli insediamenti in area sannitica tra III e II sec. a.C. », dans les actes du colloque *Kômèdon zôntes. Strutture di villagio nell'Italia e nella Spagna preromana*, San Giustino Umbro, 1991, à paraître ; C. Letta, « Dall'"*oppidum*" al "*nomen*", i diversi livelli di aggregazione politica nel mondo osco-umbro », dans *Federazioni e federalismo nell'Europa antica*, Milan, 1994, p. 387-405. Sur les centres fortifiés, S. P. Oakley, *The Hill-Forts of the Samnites*, Londres, 1995 (avec bibliographie précédente). Sur le concept de *teuta*, A. L. Prosdocimi, « Il lessico istituzionale italico tra linguistica e storia », dans *La cultura italica*, Pise, 1977 (1978), p. 29-74. Sur le sanctuaire d'Ampsanctus, I. Rainini, *Il santuario di Mefite in Valle d'Ansanto*, Rome, 1985. Sur Pietrabbondante, outre G. Colonna, art. cité, voir A. La Regina, « Le iscrizioni osche di Pietrabbondante e la questione di Bovianum Vetus », *Rheinisches Museum*, 109, 1966, p. 260-286 (rejetant l'identification ancienne avec Bovianum Vetus) ; M. J. Strazzula et B. Di Marco, *Il santuario sannitico di Pietrabbondante*, Rome, 1973 ; les restes architecturaux connus ne remontent pas au-delà du IIe siècle. Pour Bovianum (Boviano), on pourra se reporter à C. De Benedettis, *Bovianum e il suo territorio : primi appunti di topografia storica*, Rome, 1977. Sur la question du *meddix tuticus*, l'hypothèse de A. La Regina (par exemple « I Sanniti », p. 306-362), y voyant un magistrat fédéral, ne paraît pas recevable (voir notamment C. Letta, art. cité).

Pour la première guerre samnite (et la question de l'historicité de ce conflit), E. T. Salmon, *Samnium and the Samnites*, p. 195-206. Sur les opérations militaires en Campanie et dans les zones voisines, aussi M. Frederiksen, *Campania*, Oxford, 1984, p. 180-220. L'authenticité de la *deditio* des Capouans a été défendue à juste titre par M. Frederiksen, *op. cit.*, p. 188 *sq.* Pour le déroulement de la guerre latine et les problèmes topographiques, outre E. T. Salmon, *op. cit.*, p. 207-209, voir les notes de l'édition de R. Bloch et C. Guittard, *Tite-Live, Histoire romaine, livre 8*, Paris, 1987, spéc. p. 105-106. Sur le rituel de la *deuotio* et la triple *deuotio* des Decii, *id.*, p. LV-LXXXVIII (« Problèmes religieux. Le rituel de la *deuotio* »).

Pour la question de la liquidation de la ligue latine, on pourra se reporter à M. Humbert, *Municipium et civitas sine suffragio, l'organisation de la conquête jusqu'à la guerre sociale*, Rome, 1978, p. 176-195. Les stipulations des traités sont exposées par Tite-Live en 8, 14. Sur l'hérôon de Lavinium, voir C. Cogrossi, « Atena Iliaca e il culto degli eroi, l'heroon di Enea a Lavinio e Latino figlio di Odisseo», *CISA*, 18, 1982, p. 79-88 et A. Grandazzi, « Le roi Latinus, analyse d'une figure légendaire », *CRAI*, 1988, p. 481-495.

Pour l'incorporation de la Campanie et des Volsques du Sud, M. Humbert, *Municipium et civitas sine suffragio*, p. 195-207. Sur les chevaliers campaniens, C. Nicolet, « Les *equites* campaniens et leurs représentations figurées », *MEFR*, 74, 1962, p. 463-517 ; M. Frederiksen, « Campanian Cavalry : a Question of Origins », *Dialoghi di Archeologia*, 2, 1968, p. 3-31 et, pour leur identification avec l'institution osque de la *vereia*, A. La Regina, « Appunti su entità etniche e strutture istituzionali nel Sannio antico », *AION (ASA)*, 3, 1981, p. 129-137.

L'expédition d'Alexandre de Molosse en Italie pose de difficiles problèmes de chronologie (même si l'on n'admet pas la chronologie révisée de M. Sordi qui pose une concomitance entre cette expédition et la défaite romaine des fourches Caudines, qui s'expliquerait par la volonté de Rome de tendre la main à son alliée ; voir « Sulla cronologia liviana del IV secolo », *Helikon*, 6, 1965, p. 3-44, « Alessandro e i Romani », *RIL*, 99, 1965, p. 435-452, *Roma e i Sanniti nel IV secolo a.C.*, Bologne, 1969) ; les données sont clairement exposées dans C. Guittard et R. Bloch, *Tite-Live, Histoire romaine, livre 8*, p. XXIX-XXXI. Voit en part. E. Manni, « Alessandro il Molosso e la sua spedizione in Italia », *Studi Sallentini*, 13-14, 1962, p. 344-352 ; L. Braccesi, « Roma e Alessandro il Molosso nella tradizione liviana », *RIL*, 108, 1974, p. 196-202).

Sur Capoue et la Campanie, la thèse de J. Heurgon, *Recherches sur l'histoire, la religion et la civilisation de la Capoue préromaine des origines à la deuxième guerre punique*, Paris, 1942, reste fondamentale ; on ajoutera M. Frederiksen, *Campania*, Oxford, 1984 ; B. D'Agostino, « Le genti della Campania antica », dans *Italia, omnium terrarum alumna*, Milan, 1988, p. 531-589 ; W. Johanowsky, *Capua antica*, Naples, 1989 ; E. Lepore, *Origini e strutture della Campania antica*, Bologne, 1989 ; L. Cerchiai, *I Campani*, Milan, 1995. Sur la situation ethnique et sa présentation dans les sources, aussi D. Musti, « Per una valutazione delle fonti classiche sulla storia della Campania tra VI e III secolo a.C. », dans *La Campania tra il VI e il III secolo a.C.*, Bénévent, 1981 (Galatina, 1992), p. 31-46 = *Strabone e la Magna Grecia*, p. 217-234.

Pour l'origine campanienne de P. Decius Mus, nous suivons ici F. Münzer, *Römische Adelsparteien und Adelsfamilien*, Stuttgart, 1921, p. 37 ; J. Heurgon, *Recherches sur... Capoue préromaine*, p. 260-277 ; A. J. Toynbee, *Hannibal's Legacy*, Londres, 1965, 1, p. 339-341 ; mais doutes de E. T. Salmon, *Samnium and the Samnites*, p. 198. Sur l'intérêt de la noblesse, plébéienne autant que patricienne, de Rome pour la Campanie et sa politique d'alliance avec l'aristocratie locale, J. Heurgon, *op. cit.*, p. 258 (rôle des Fabii) ; E. Staveley, « The Political Aim of Appius Claudius Caecus », *Historia*, 8, 1959, p. 410-433, en part. p. 426 (rôle de Q. Publilius Philo) ; F. Cassola, *I gruppi politici romani nel III sec. a.C.*, Trieste, 1962, p. 121 *sq.* (rôle de la nouvelle *nobilitas* en général) ; M. Humbert, *Municipium et civitas sine suffragio*, p. 198-199 (rôle des Aemilii). Sur la famille des Calavii, connue depuis le IVe siècle, et ses alliances matrimoniales, voir D. Briquel, « L'image des Calavii de Capoue chez Tite-Live », dans *Journée d'études sur Tite-Live, livre IX*, Paris, 1997, à paraître.

Sur le mercenariat italique, G. Tagliamonte, *I figli di Marte. Mobilità, mercenari, mercenariato italici in Magna Grecia e Sicilia*, Rome, 1994, ainsi que « I mercenari italici », dans *Studi sull'Italia dei Sanniti*, p. 202-205. Sur le double forum de Capoue, C. Nicolet, « Appius Claudius Caecus et le double forum de Capoue », *Latomus*, 20, 1961, p. 683-720, en part. p. 715-717.

Pour l'État romano-capouan, et l'interprétation en fonction de cette idée de la légende de Romulus et Rémus, J. Carcopino, *La Louve du Capitole*, Paris, 1925, p. 60-62 ; sur cette notion, voir aussi A. Piganiol, *La Conquête romaine*, Paris, édition de 1995 p. 186 ; J. Heurgon, *Recherches sur... Capoue préromaine*, p. 155-294 (mais voir également la formulation prudente du même auteur dans *Rome et la Méditerranée occidentale*, Paris, 1969, p. 325).

Sur la situation à Naples et le déclenchement du *bellum Napolitanum*, E. Lepore, « La comunità cittadina del quarto secolo a.C. tra Sanniti e Campani », dans *Storia di Napoli*, Naples, 1967, 1, p. 228-240. Sur la fondation de la cité et son aspect de ville double, A. Mele, « La città greca », dans le catalogue de l'exposition *Napoli antica*, Naples, 1985, p. 103-108, F. Cassola, « Problemi di storia napoletana », dans *Atti del XXV convegno di studi sulla Magna Grecia*, Tarente, 1985 (Naples), 1986), p. 37-81. Commode présentation des faits dans L. Cerchiai, *I Campani*, p. 197-199 (mais il nous paraît difficile de faire du nom Nymphios un nom d'origine osque, même si *Niumsis* est fréquent dans cette langue).

Déroulement des opérations de la deuxième guerre samnite (avec les questions de topographie) : E. T. Salmon, *Samnium and the Samnites*, p. 214-154, à compléter par A. La Regina, « I Sanniti », dans *Italia omnium terrarum parens*, p. 376-389.

Sur les fourches Caudines et la nature de l'accord alors souscrit, nous suivons A. Magdelain, *Essai sur les origines de la sponsio*, Paris, 1943. Mais beaucoup d'historiens estiment encore qu'il s'agissait d'un *foedus*. Voir également F. de Visscher, « La *deditio* internationale et l'affaire des fourches Caudines », *CRAI*, 1946, p. 82-95 ; V. Bellini, « *Foedus* et *sponsio* dans l'évolution de droit international romain », *RHD*, 40, 1962, p. 509-539 ; M.H. Crawford, « *Foedus* and *sponsio* », *PBSR*, 41, 1973, p. 1-7. Rite de passage sous le joug : voir G. Dumézil, *Horace et les Curiaces*, Paris, 1942, p. 110-115 ; P. Grimal, « Le dieu Janus et les origines de Rome », *Lettres d'humanité*, 4, 1945, p. 15-121, spéc. p. 75-85 ; G. C. Picard, *Les Origines du trophée romain*, Paris, 1957, p. 122-123. Il s'agit d'un rite de passage, à valeur apotropaïque et purificatoire, débarrassant le guerrier du *furor* qui l'avait possédé pendant la bataille. Un rite de ce genre peut s'appliquer au concitoyen qui revient et qu'il faut réintégrer dans la cité (cas du *tigillum sororis* d'Horace, décrit en Tite-Live, 1, 26, 13, et comparé par l'historien au joug, et plus généralement de l'arc de triomphe), mais aussi aux ennemis vaincus, qu'il rend inoffensifs. H. Scherfe, « Oxen with Men's Feet », *JIES*, 6, 1978, p. 211-224, envisage un héritage indo-européen.

Sur les guerres contre les Étrusques (et les Ombriens), W. V. Harris, *Rome in Etruria and Umbria*, Oxford, 1971, p. 49-61. Hypothèse d'une intervention étrusque provoquée par les Samnites : E.T. Salmon, *Samnium and the Samnites*, p. 236, 242-243. Sur la reconnaissance au-delà de la forêt ciminienne, et l'intérêt de cette tradition pour ce qu'elle révèle de l'importance culturelle de l'Étrurie pour la Rome de cette époque, J. Heurgon, *La Vie quotidienne chez les Étrusques*, Paris, 1961, p. 294-296.

Sur la structure de la société et les tensions sociales dans les cités étrusques, il existe une vaste bibliographie : par exemple S. Mazzarino, « Sociologia del mondo etrusco e problemi della tarda etruschicità », *Historia*, 6, 1957, p. 98-122 ; T. Frankfort, « Les classes serviles en Étrurie », *Latomus*, 18, 1959, p. 3-22 ; J. Heurgon, « Les pénestes étrusques chez Denys d'Halicarnasse (IX, 5, 4) », *ibid.*, p. 715-723 (= *Scripta varia*, Bruxelles, 1986, p. 313-322), *La vie quotidienne chez les Étrusques*, p. 57-94 ; M. Torelli, « Tre studi di storia etrusca », *Dialoghi di Archeologia*, 8, 1974-1975, p. 67-78 (« Per una storia dello schavismo in Etruria »), *Storia degli Etruschi*, Rome-Bari, 1981, p. 251-255 ; M. Cristofani *et al.*, *Gli Etruschi in Maremna. Popolamento e attività produttive*, Milan, 1981, en part. p. 179-182 ; A. Valvo, *La « profezia di Vegoia », proprietà fondiaria e aruspicina in Etruria nel I secolo a.C.*, Rome, 1988 ; E. Benelli, « Sui cosidetti penesti etruschi », *Parola del Passato*, 51, 1996, p. 335-344. Données épigraphiques dans H. Rix, *Die Termini der Unfreiheit in den Sprachen Altitaliens*, Stuttgart, 1994, p. 89-119 pour les faits étrusques. Commode présentation des événements de Volsinies et des sources à ce sujet dans P. Gros, *Bolsena, guide des fouilles*, Rome, 1981, p. 2-13 ; voir également sur la question J. Heurgon, « Onarea-Volsinii », *Festschrift Franz Altheim*, Berlin, 1969, p. 273-279 (= *Scripta varia*, p. 347-354). Pour l'éloge d'Aulus Spurinna fils de Velthur : voir M. Torelli, *Elogia Tarquiniensia*, Florence, 1975, p. 67-92, en part. p. 80-82. Pour l'intégration des aristocraties étrusques, article fondamental de M. Torelli, « Senatori della tarda repubblica e dell'impero », *Dialoghi di Archeologia*, 3, 1969, p. 285-363, complété par « Ascesa al senato e rapporti con i territori d'origine. Italia : regio VII (Etruria) », dans *Atti del colloquio internazionale AIEGL su « Epigrafia e ordine senatorio »*, Rome, 1981 (= *Tituli*, 5, 1982), p. 275-282.

Troisième guerre samnite : E. T. Salmon, *Samnium and the Samnites*, p. 255-279 ; A. La Regina, « I Sanniti », dans *Italia omnium terrarum parens*, p. 398-397. Guerres contre les Étrusques : W. V. Harris, *Rome in Etruria and Umbria*, p. 61-78 (302/293), 78-84 (292-264).

Décoration du temple de Civitalba : M. Verzar et F.-H. Massa-Pairault, catalogue de l'exposition *I Galli e l'Italia*, Rome, 1978, p. 196-203. Sur le prodige de Sentinum, avec proposition, qui nous semble discutable, d'interpréter le présage en fonction de la mythologie celtique, J. Bayet, « L'étrange omen de Sentinum et le celtisme en Italie », dans *Hommages à A. Grenier*, Bruxelles, 1962, p. 244-256 (= *Idéologie et plastique*, Rome, 1974, p. 169-183) ; C. Vielle, « Matériaux mythiques gaulois et annalistique romaine : éléments antiques d'un cycle héroïque celtique », *Études celtiques*, 31, 1995, p. 123-149 ; voir aussi D. Briquel, *Le Regard des autres, les origines de Rome vues par ses ennemis (début du IVe siècle/début du Ier siècle av. J.-C.)*, Besançon, 1997, p. 153-201, pour l'impact qu'a eu le prodige sur les Samnites et son écho dans le monnayage des insurgés de la guerre sociale.

Les sources disponibles pour la période pour laquelle le récit de Tite-Live fait défaut (à partir de 292) sont rassemblées dans M. R. Torelli, *Rerum Romanarum fontes ab anno CCXCII ad annum CCLXV a. Ch.n.*, Pise, 1978.

Sur l'importance de la guerre à Rome, on verra en particulier W. V. Harris, *War and Imperialism in Republican Rome, 327-70 B.C.*, Oxford, 1979. Voir aussi D. Briquel, « Rome, une république conquérante », dans *Guerre et conquête dans le Proche-Orient ancien*, Paris, 1998, Paris (= *Antiquités sémitiques*, 4, 1999), p. 121-142. Sur le citoyen et la guerre, C. Nicolet, *Le Métier de citoyen à Rome*, Paris, 1976, p. 122-199. Sur les procédures d'attribution du butin, *id.*, p. 159-166. Pour une présentation éuqilibrée de la politique d'expansion romaine vers le sud de l'Italie et le rôle à attribuer aux familles et aux individus, D. Musti, « La spinta verso il Sud », dans *Storia di Roma*, sous la direction de A. Momigliano et A. Schiavone, 1, Turin, 1988, p. 527-542.

Pour l'apparition de la monnaie, les spécialistes proposent des dates sensiblement différentes ; par exemple pour H. Zehnacker, *Moneta. Recherches sur l'organisation et l'art des émissions monétaires de la République romaine*, Rome, 1973, 1, p. 222-259, l'as libral serait apparu vers 289 et les didrachmes d'argent à légendes *Rômaiôn* (en grec), *Romano*,

Roma vers 280, mais pour M. H. Crawford, *Roman Republican Coinage*, Cambridge, 1974, p. 35-46, *Coinage and Money under the Roman Republic*, Londres, 1985, p. 25-30, les monnaies à légende *Rômaiôn* auraient été émises à Naples après 326, celles à légende *Romano* vers 310, puis une nouvelle série vers 280. Chiffre de la population romaine : le chiffre de 250 000 est évoqué en Tite-Live, 9, 19 ; dans le résumé qui nous est parvenu du livre 11, il est fait état de 272 321 pour le recensement de 292. Sur les questions que posent les chiffres donnés pour les divers recensements, C. Nicolet, *Rome et la conquête du monde méditerranéen*, I, *Les structures de l'Italie romaine*, Paris, 1977, p. 79-85.

Fresque de l'Esquilin : voir F. Coarelli, « Frammento di affresco dall'Esquilino con scena storica », catalogue *Roma medio repubblicana*, Rome, 1973, p. 200-208, « Due tombe repubblicane dall'Esquilino », catalogue d'exposition *Affreschi romani dalle raccolte dell'Antiquarium comunale*, Rome, 1976, p. 3-18. Ce savant estime qu'elle a pu orner le tombeau de Quintus Fabius Maximus Rullianus (qui fut cinq fois consul – en 332, 310, 308, 297, 295 –, fut dictateur en 315 et peut-être 313 et triompha en 322 sur les Samnites et les Apuliens, puis en 310 sur les Samnites). Tombeau des Scipions : voir F. Coarelli, « Il sepolcro dei Scipioni », *Dialoghi di Archeologia*, 6, 1972, p. 36-106 (= *Revixit ars*, Rome, 1996, p. 179-238).

Caractère défensif de la conquête romaine : la thèse remonte à T. Mommsen, *Römische Geschichte*, Berlin, 1856, I, p. 781-782 ; dans ce sens T. Frank, *Roman Imperialism*, New York, 1914 ; M. Holleaux, *Rome, la Grèce et les monarchies hellénistiques au* III*e siècle av. J.-C. (273-205)*, Paris, 1921 ; M. Gelzer, « Römische Politik bei Fabius Pictor », *Hermes*, 68, 1933, p. 129-166 ; H. Volkmann, « Griechische Rhetorik oder römische Politik ? », *Hermes*, 82, 1954, p. 465-476 ; P. Veyne, « Y a-t-il eu un impérialisme romain ? », *MEFRA*, 87, 1975, p. 793-85. Sur la réticence qu'aurait eu Rome à procéder à des annexions, aussi M. Holleaux, *Rome, la Grèce et les monarchies hellénistiques*, p. 312-314 ; M. Gelzer, « Die Anfänge des römischen Weltreichs », dans *Das Reich. Idee und Gestalt. Festschrift für Johannes Haller*, Stuttgart, 1940, p. 1-20 (= *Vom römischen Staat*, Leipzig, 1943, I, p. 28-48) ; H. E. Stier, *Roms Aufstieg zur Weltmarcht und die griechische Welt*, Cologne-Opladen, 1957, p. 193, avec n. 440 ; E. Badian *Roman Imperialism in the Late Republic*, Oxford, 1968 (2e éd.), I, p. 1.

Sur la notion, capitale, de *fides* : G. Freyburger, *Fides, étude sémantique et religieuse depuis les origines jusqu'à l'époque augustéenne*, Paris, 1986. Sur le droit fétial, P. Catalano, *Linee del diritto sovrannazionale romano*, Turin, 1965. Sur l'évolution des procédures, J. W. Rich, *Declaring War in the Roman Republic in the Period of Transmarine Expansion*, Bruxelles, 1976. Sur l'esprit de la religion romaine, voir par exemple J. Scheid, *Religion et piété à Rome*, Paris, 1985.

CHAPITRE VIII

Pyrrhus. La rencontre de Rome et de l'hellénisme

Sur les textes relatifs aux emprunts d'armes par les Romains auprès des peuples qu'ils ont successivement affrontés, D. Briquel, « La tradition sur les emprunts d'armes par Rome aux Samnites », dans *Guerre et sociétés en Italie (*V*e-*IV*e siècle av. J.-C.)*, sous la direction de A. Rouveret et A.-M. Adam, Paris, 1986, p. 65-89.

Sur l'influence du pythagorisme sur les populations indigènes, A. Mele, « Il pitagorismo e le popolazioni anelleniche d'Italia », *AION*, 3, 1981, p. 61-96.

Sur Tarente, on consultera toujours avec profit la thèse de P. Wuilleumier, *Tarente, des origines à la conquête romaine*, Paris, 1939. Données plus récentes dans *Taranto nella civiltà della Magna Grecia, atti del X convegno di studi sulla Magna Grecia*, Tarente, 1970 (Naples, 1971), en particulier L. Moretti, « Problemi di storia tarantina », p. 21-65 ; E. Greco, *La Grande Grèce*, Paris, 1996, p. 155-167, avec bibliographie p. 204. L'importance du théâtre dans la cité est reflétée dans le décor de la céramique locale, qui présente souvent des scènes empruntées au théâtre (sur la question en général, on verra les travaux de T. B. L. Webster, *Documents Illustrating Tragedy and Satyr-Play*, Suppl. 20 *BICS*, Londres, 1967, *Documents Illustrating Old and Middle Comedy*, Suppl. 23, 1969 et 39, 1978, *Documents Illustrating New Comedy*, Suppl. 24, 1969) ; également A. D. Trendall et T. B. L. Webster, *Illustrations of Greek Drama*, Londres, 1974, et A. D. Trendall, *Phylax Vases*, Londres, 1959. Pour Archytas, P. Wuilleumier, *op. cit.*, p. 574-584, et A. Mele, « I Pitagorici e Archita », dans *Storia e società italiana,* 1. *Dalla preistoria all'espansione di Roma*, Milan, 1981, p. 269-298. Rapports avec les indigènes et l'arrière-pays, J.-L. Lamboley, *Recherches sur les Messapiens (IVe/IIe siècle avant J.-C.)*, Rome, 1996, en particulier p. 473-485, et, pour les périodes antérieures, C. Santoro, « Rapporti tra Greci e indigeni in Magna Grecia tra la fine del VI e gli inizi del V sec. a.C. », dans *Brundisii Res, Annali della Biblioteca A. De Leo*, 5, Brindisi, 1973, p. 251-300 ; G. Nenci, « Il "barbaros polemos" tra Taranto e gli Iapigi e gli "anatemata" tarantini a Delfi », *ASNP*, 3, 6, 1976, p. 719-739 ; L. Beschi, « I donari tarantini a Delfi : alcune osservazioni », dans *Aparchai. Nuove ricerche e studi sulla Magna Grecia e la Sicilia antica in onore di P. E. Arias*, Pise, 1982, p. 123-128. Sur le rôle de Tarente lors des guerres samnites, la prudence de E. T. Salmon, *Samnium and the Samnites*, Camdridge, 1967, p. 121, paraît justifiée (autres vues dans P. Wuilleumier, *op. cit.*, p. 89-91, et D. Musti, « La spinta verso il Sud », dans *Storia di Roma*, sous la direction de A. Momigliano et A. Schiavone, Turin, 1, 1988, p. 527-542, en part. p. 537).

Sur les institutions militaires dans les cités de Grande Grèce, M. Lombardo, « L'organizzazione militare degli Italioti », dans *Magna Grecia*, 2, *Lo sviluppo sociale ed economico*, sous la direction de G. Pugliese Carratelli, Milan, 1987, p. 225-258. Pour les différents chefs à qui Tarente fit appel, P. Wuilleumier, *op. cit.*, p. 77-98, avec références. Pour Alexandre le Molosse, voir chapitre précédent. Sur l'expédition de Cléonyme contre Padoue, racontée en Tite-Live, 10, 2, voir L. Braccesi, *L'avventura di Cleonimo*, Padoue, 1990. Sur les rapports de Rome et de Tarente, K. Lomas, *Rome and the Western Greeks (350 BC-200 AD), Conquest and Acculturation in Southern Italy,* Londres, 1993, p. 50 *sq.* Sur les débuts de l'activité navale de Rome, exprimée par l'incident de 282, J. H. Thiel, *A History of Roman Sea Power before the Second Punic War*, Amsterdam, 1954, p. 23-26. Pour le mercenariat, voir chapitre précédent.

Pour Pyrrhus, on pourra se reporter à P. Lévêque, *Pyrrhos*, Paris, 1957. Sur des points controversés, nous avons généralement suivi les positions adoptées dans cet ouvrage (par exemple question des ambassades de Cinéas, p. 359-370 ; position différente dans P. Wuilleumier, *Tarente*, p. 125-131). On verra également l'article « Pyrrhos » de D. Kienast, *RE*, 24, 1963, c.135-145 pour l'expédition d'Italie, et E. Garoufalias, *Pyrrhus*, Londres, 1979.

La citation de U. von Wilamowitz est tirée de *Hellenistische Dichtung in der Zeit des Callimachos*, Berlin, 1935, I, p. 35. La présentation de Pyrrhus, descendant d'Achille, faisant la guerre à Rome, nouvelle Troie, a été à l'origine de la thèse, inacceptable, de J. Perret, voulant que la doctrine de l'origine troyenne de Rome ait été créée à cette époque dans l'entourage du souverain épirote (*Les Origines de la légende troyenne de Rome*, Paris, 1942).

Pour l'ex-voto de Dodone et son attribution à la victoire d'Héraclée et non à celle d'Ausculum, voir P. Lévêque, *Pyrrhos*, p. 331-332. Le poète latin Ennius en a gardé le souvenir, en prétendant que le roi avait laissé une dédicace versifiée qui insistait sur le caractère ambigu de sa victoire – ce qu'affirmait la tradition romaine (*Annales*, 6, 192-193, fragment 11 Vahlen : « ceux qui auparavant n'avaient jamais été vaincus, père très bon de l'Olympe, je les ai vaincus au combat et j'ai été en même temps vaincu par eux »). Sur la question des éléphants, H. H. Scullard, *The Elephants in the Greek and Roman World*, Londres, 1974.

Sur l'intervention de Carthage, P. Lévêque, *Pyrrhos*, p. 409-418, avec des vues un peu différentes. Sur les problèmes relatifs à ce traité et aux autres conclus entre les deux cités, on se reportera maintenant à B. Scardigli, *I trattati romano-cartaginesi*, Pise, 1991.

Sur l'organisation de la conquête, voir en particulier M. Humbert, *Municipium et civitas sine suffragio, l'organisation de la conquête jusqu'à la guerre sociale*, Rome, 1978, p. 221-250. Pour le Samnium, E. T. Salmon, *Samnium and the Samnites*, p. 280-292 ; G. Tagliamonte, *I Sanniti*, Milan, 1996, p. 148-150. Pour Tarente et les cités grecques, P. Wuilleumier, *Tarente*, p. 139-141.

Sur Livius Andronicus, données dans H. Zehnacker et J.-C. Fredouille, *Littérature latine*, Paris, p. 1993, p. 18-20 (et textes dans *Anthologie de la littérature latine*, Paris, 1998, p. 5-6) et P. Grimal, *La Littérature latine*, Paris, 1994, p. 26-28, 67-78.

Liens de Rome avec Delphes : M. Sordi, « I rapporti fra Roma e Delfi e la decima », dans *I grandi santuari della Grecia e l'Occidente*, sous la direction de A. Mastrocinque, Trente, 1993, p. 149-158.

Réfection de la muraille servienne : voir chapitre VI. Zone de Sant'Omobono : présentation des données pour cette période dans M. Torelli et F. Coarelli, catalogue d'exposition *Roma medio repubblicana*, Rome, 1973, p. 100-106 ; F. Coarelli, *Il Foro Boario*, Rome, 1992, p. 205-219. Sur les constructions de temples, F. Coarelli, « I santuari di Roma e l'elenizzazione dei culti nei secoli IV e III a.C. », cat. cité, p. 96-99, ainsi que G. Rohde, *Die Bedeutung der Tempelgründungen im Staatsleben der Römer*, Marburg, 1932 = *Studien und Interpretationen zur antiken Literatur, Religion und Geschichte*, Berlin, 1963, p. 189-205 ; A. Ziolkowski, *The Temples of Mid-Republican Rome and their Historical and Topographical Context*, Rome, 1992 ; M. Aberson, *Temples votifs et butin de guerre dans la Rome républicaine*, Rome, 1994. Pour le dieu Esculape et le culte de l'île Tibérine, outre M. Besnier, *L'Île Tibérine dans l'Antiquité*, Paris, 1902, voir M. Guarducci, « L'isola tiberina e la sua tradizione ospitaliera », *RAL*, 26, 1971, p. 267-281. Sur l'épithète donnée à Hercule, S. Weinstock, « "Victor" and "Invictus" », *H Th R*, 1, 1957, p. 211-247.

Pour l'influence grecque sur la statuaire à Rome à l'époque républicaine, synthèse de E. La Rocca, « *Graeci artifices* nella Roma repubblicana. Lineamenti di storia della scultura », dans le catalogue d'exposition *I Greci in Occidente*, sous la direction de G. Pugliese Carratelli, Venise (Milan), 1996, p. 607-626. Sur les statues cultuelles, H. G. Martin, *Römische Tempelkultbilder*, Rome, 1987 ; sur le groupe des jumeaux allaités par la Louve dédié en 295 par Gnaeus et Quintus Ogulnius (Tite-Live, 10, 23, 12), C. Dulière, *Lupa Romana*, Bruxelles, 1979, p. 43-64 ; sur les statues de grands hommes,

P. Zanker, « Zur Bildnisrepresentation führender Männer », dans *Les « Bourgeoisies » municipales italiennes aux IIe et Ier siècles av. J.-C.*, Naples, 1981 (1983), p. 251-266, ainsi que B. Schweitzer, *Die Bildniskunst der römischen Republik*, Leipzig-Weimar, 1948 ; sur les statues équestres, H. B. Siedentopf, *Die hellenistische Reiterdenkmal*, Waldsassen, 1968. Pour les statues d'Alcibiade et Pythagore, F. Zevi, « Considerazioni sull'elogio di Scipione Barbato », *Studia Miscellanea*, 15, 1970, p. 63-73, spéc. p. 68-70 ; F. Coarelli, *Il Foro Romano*, 1, Rome, 1983, p. 133-134. Fresque de l'Esquilin : voir chapitre précédent.

Céramique à vernis noir à décor estampillé : J.-P. Morel, « L'atelier des petites estampilles », *MEFRA*, 81, 1969, p. 59-117, et catalogue *Roma medio repubblicana*, p. 43-50 ; céramique à figures rouges, M. Torelli *et al.*, *id.*, p. 50-56 ; série des *pocola*, J.-P. Morel *et al.*, *id.*, p. 57-72. Plats avec éléphant : à l'exemplaire trouvé en 1913 dans la nécropole de Capène, est venu s'ajouter un autre, découvert à Aléria en 1963 : voir J.-P. Morel, dans *Roma medio-repubblicana*, p. 66-67. Bijoux de Tarente : catalogue de l'exposition de Milan, Paris, Tarente *Les ors hellénistiques de Tarente*, Milan, 1986, et L. Massielo, « Gli ornamenti », dans *I Greci in Occidente, Magna Grecia, arte e artigianato*, sous la direction de E. Lippolis, Naples, 1996, p. 141-153. Statues trouvées à Lavinium : catalogue d'exposition *Enea nel Lazio*, sous la direction de P. Sommella, Rome, 1981, p. 224-271 ; M. Torelli, *Lavinio e Roma : riti iniziatici e matrimonio, tra archeologia e storia*, Rome, 1984. Ciste Ficoroni : G. A. Mansuelli, « *Novios Plautios med Romai fecid* », *Athenaeum*, 42, 1964, p. 131-135 ; T. Dohrn, *Die Ficoronische Ciste in der Villa Giulia in Rom*, Berlin, 1972. Pour les cistes de Préneste, on dispose d'un corpus récent : *Le ciste prenestine*, par G. Bordenache Battaglia pour les parties 1, 1 (Rome, 1978), 1, 2 (Rome, 1990) et F. Jürgeit pour la partie II, 1 (*Cistenfüsse, etruskische und praenestiner Bronzwerkstätten*). Études de l'iconographie de ces objets dans F.-H. Massa-Pairault, *Iconologia e politica nell'Italia antica, Roma, Lazio, Etruria dal* VII *al* I *secolo a.C.*, Milan, 1992, p. 154-172, M. Menichetti,... *Quoius forma virtutei parisuma fuit... Ciste prenestine e cultura di Roma medio-repubblicana*, Rome, 1995. Également F. Coarelli, dans *Roma medio repubblicana*, p. 264-266, 278-281. Strigiles découverts dans la nécropole de Préneste : F. Coarelli, *id.*, p. 282-285 (et sur la nécropole en général, p. 258-281).

Éducation des jeunes gens de la noblesse romaine à Caeré : voir chapitre précédent. Sur les circonstances de l'introduction des premières formes, étrusques, de théâtre à Rome, relatées dans un texte célèbre de Tite-Live (7, 2, 1-13), nous pouvons citer O. Szemerényi, « The Origin of Roman Drama and Greek Tragedy », *Hermes*, 103, 1975, p. 300-352 ; J. G. Szilàgyi, « *Impletis modis saturae* », *Prospettiva*, 24, 1981, p. 2-23 ; D. Briquel, « Die etruskische Herkunft des römischen Theaters bei den Schriftstellern der Kaiserzeit (Livius, Valerius Maximus, Cluvius Rufus) », dans *Theater und Gesellschaft im Imperium Romanum*, sous la direction de H. J. Blänsdorf, Mayence, 1987 (Tübingen, 1990), p. 93-106, « À la recherche de la tragédie étrusque », *Pallas*, 49, 1998, p. 36-51 ; V. Jolivet, « Les jeux scéniques en Étrurie. Premiers témoignages », dans *Spectacles sportifs et scéniques dans le monde étrusco-italique*, sous la direction de J.-P. Thuillier, Rome, 1991 (1993), p. 342-377 ; L. B. Van der Meer, « Tragédie et réalité. Programmes iconographiques des sarcophages étrusques », *id.*, p. 373-393. Sur l'aspect hellénisé de l'art et de la culture étrusque, on pourra se reporter par exemple à M. Torelli, *L'arte degli Etruschi*, Rome-Bari, 1985 et 1992. Sur la transmission de valeurs grecques à Rome par le biais des Étrusques, très bonnes remarques de P. Grimal, *Le Siècle des Scipions*, Paris, 1975, p. 96-97.

Sur la culture artistique de la Rome de cette période, E. La Rocca, « Linguaggio artistico e ideologia politica a Rome in età repubblicana », dans *Roma e l'Italia, radices imperii*, Milan, 1990, p. 287-499; F. Coarelli, « La cultura artistica a Roma in età repubblicana », dans *Revixit ars*, Rome, 1996, p. 15-84.

La personnalité d'Appius Claudius Caecus a suscité une abondante bibliographie : voir par exemple A. Garzetti, « Appio Claudio Cieco nella storia politica del suo tempo », *Athenaeum*, 25, 1947, p. 175-224 ; E.S. Staveley, « The Political Aims of Appius Claudius Caecus », *Historia*, 8, 1959, p. 410-433 ; C. Nicolet, « Appius Claudius Caecus et le double forum de Capoue », *Latomus*, 20, 1961, p. 683-720 ; F. Cassola, *I gruppi politici romani nel III secolo a.C.*, Trieste, 1962, p. 128-137 ; E. Ferenczy, « The Censorship of Appius Claudius », *A Ant Hung*, 15, 1967, p. 51-61 ; J. Heurgon, *Rome et la Méditerranée occidentale jusqu'aux guerres puniques*, Paris, 1969, p. 315-320; B. Mac Bain, « Appius Claudius and the Via Appia », *Classical Quarterly*, 30, 1980, p. 356-372; L. Loreto, « La censura di Appio Claudio, l'edilità di Cn. Flavio e la razionalizzazione delle strutture interne dello Stato romano », *Atene e Roma*, 36, 1991, p. 181-203, et « Sui meccanismi della lotta politica a Roma tra il 314 e il 294 a.C. Considerazioni su quattro casi », *AFLF*, 24, 1991, p. 61-76 ; T. J. Cornell, *The Beginnings of Rome*, Londres-New York, 1995, p. 373-378, et maintenant les travaux de M. Humm, « Les origines du pythagorisme romain : problèmes historiques et philosophiques », *Les Études classiques*, 64, 1996, p. 339-353, et 69, 1997, p. 25-42, « Appius Claudius Caecus et la construction de la *via Appia* », *MEFRA*, 108, 1996, p. 693-746, « Le Comitium du Forum romain et la réforme des tribus d'Appius Claudius Caecus », *MEFRA*, 111, 1999, p. 625-694, « Spazio e tempo civici : riforma delle tribù e riforma del calendario alla fine del quarto secolo », dans *The Roman Middle Republic: Politics, Religion, and Historiography (c.400-133 B.C.)*, sous la direction de C. Bruun, Rome, 2000, p. 91-119. La publication de la thèse de M. Humm, *Recherches sur Appius Claudius Caecus*, soutenue en 1999, est attendue.

Pour les Potitii, famille qui était chargée, avec les Pinarii, du culte de l'Ara Maxima, on a proposé de voir dans ce nom un terme signifiant « possédés » et désignant des hiérodules au service du dieu, conformément à des pratiques connues en Orient et s'expliquant par une origine phénicienne du culte (D. van Berchem, « Hercule-Melqart à l'Ara Maxima », *RPAA*, 32, 1959-1960, p. 61-68; R. Rebuffat, « Les Phéniciens à Rome », *MEFR*, 78, 1966, p. 7-48 ; l'organisation dudodécimale des Potitii a été invoquée en ce sens. Voir surtout sur les Potitii comme *serui*, avec autres exemples de desservants de statut servile, R. E. A. Palmer, « The Censors of 312 B.C. and the State Religion », *Historia*, 14, 1963, p. 293-308). Dans cette perspective, la réforme visait à transférer à l'État un culte dont les *ministri* étaient déjà des esclaves et non à « nationaliser » par l'emploi de *serui publici* un culte gentilice (expression de J. Bayet, *Histoire politique et psychologique de la religion romaine*, 2e éd., Paris, 1969, p. 148; voir aussi *Les Origines de l'Hercule romain*, Paris, 1926, p. 248-278). Autre hypothèse dans A. Alföldi, *Die Struktur des voretruskischen Römerstaates*, Heidelberg, 1974, p. 148-150 : cette appellation recouvrirait la branche des Valerii Potiti dont le dernier représentant connu est le consul de 331 Gaius Valerius Potitus.

Sur l'image négative des Claudes, voir T. P. Wiseman, *Clio's Cosmetics*, Leicester, 1979, p. 113-139, avec bibliographie antérieure. Les données sur Gnaeus Flavius sont rassemblées dans J. C. Wolf, *Die literarische Überlieferung der Publikation der Fasten und Legisaktionen durch Gnaeus Flavius*, Göttingen, 1980. Sur la place d'Appius Claudius dans la littérature latine, P. Grimal, *La Littérature latine*, p. 34-35. Sur le temple de la Concorde et sa signification, avec les valeurs grecques qu'il véhiculait, A. Momigliano, « Camillus and the Concord », *Classical Quarterly*, 36, 1942, p. 111-120 = *Secondo contributo alla storia degli studi classici*, Rome, 1960, p. 89-104. Pour les données archéologiques (et le modèle grec auquel se réfère la construction), F. Coarelli, *Il Foro Romano*, 1, Rome, 1983, p. 93, 2, Rome, 1985, p. 87-90. Sur la statue de Marsyas, autre symbole politique (exprimant la liberté du peuple, il aurait été édifié par le premier pontife et augure plébéien, Gaius Marcius Censorinus, au début du IIIe siècle), *id.*, *Il Foro Romano*, 2, p. 91-119.

Les sources sur Pyrrhus sont commodément exposées dans P. Lévêque, *Pyrrhos*, p. 18-40. Sur la découverte de Rome (et de l'Italie) par les Grecs, le travail de E. Wikén, *Die Kunde der Hellenen von dem Lande und den Völkern der Apenninenhalbinsel bis 300 v. C.*, Lund, 1937, reste essentiel. On consultera aussi N. Petrochilos, *Roman Attitudes to the Greeks*, Athènes, 1974 ; A. Momigliano, *Sagesses barbares*, Paris, 1979 (1976 pour l'édition anglaise originelle), p. 24-33 ; E. S. Gruen, *Studies in Greek Culture and Roman Policy*, Leyde, 1990.

Sur Timée de Tauroménion et son attitude à l'égard de Rome, article fondamental de A. Momigliano, « Atene nel III secolo a.C. e la scoperta di Roma nelle storie di Timeo di Tauromenio », *RSI*, 71, 1959, p. 529-556 (= *Terzo contributo alla storia degli studi classici*, Rome, 1966, p. 23-53).

Sur Rome, « ville grecque » : A. Fraschetti, « Eraclide Pontico e Roma città greca », dans *Tra Sicilia e Magna Grecia*, sous la direction de A. C. Cassio et D. Musti, Naples, 1987 (Pise, 1989), p. 81-95, et G. Vanotti, « Roma polis ellenis, Roma polis tyrrhenis, riflessioni sul tema », *MEFRA*, 111, 1999, p. 217-255. Sur la signification de la référence troyenne, A. Momigliano, « How to Reconcile Greeks and Trojans », *Medelingen der Koninklijke Nederlandse Akademie van Wetenschappen*, 45, 1982, p. 231-254 (= *Settimo contributo alla storia degli studi classici*, Rome, 1984, p. 437-462).

Pour la discussion autour de la date de Lycophron et du caractère interpolé ou non de la « notice romaine », bibliographie dans K. Ziegler, *RE*, 13, 1929, *s.v.* Lykophron, c.2354-2381, *Kleine Pauly*, III, 1967, *s.v.* Lykophron, c.815-816 ; S. Josifovic, *RE*, Suppl. 11, 1968, *s.v.* Lykophron, c.925-930 ; voir aussi D. Briquel, *Les Pélasges en Italie*, Rome, 1984, p. 222, n. 1, 509, n. 78, *L'Origine lydienne des Étrusques*, Rome, 1991, p. 220, n. 185, 186, *Les Tyrrhènes, peuple des tours*, Rome, 1993, p. 129, n. 57. Sur le rapprochement du nom de Rome et du terme grec *rhômè* signifiant la force, I. Opelt, « Roma/*rhômè* und Rom als Idee », *Philologus*, 109, 1965, p. 47-56 (mais avec une datation tardive qui nous paraît inacceptable, voir *Les Pélasges en Italie*, p. 508-509, n. 77, avec bibl.). Sur la figure de la Troyenne Rhômè, A. Alföldi, *Die trojanischen Urahnen der Römer*, Bâle, 1957, p. 5-13. Bonne analyse de la « notice romaine » de l'*Alexandra*, dans un contexte du début du IIIe siècle, dans J. Heurgon, *Recherches sur l'histoire, la religion et la civilisation de Capoue préromaine des origines à la deuxième guerre punique*, Paris, 1942, p. 279-283.

Chapitre IX

La grande guerre de Sicile

Le livre utile sur la Sicile au moment de la Grande Guerre reste celui de D. Roussel (1970), *Les Siciliens entre les Romains et les Carthaginois à l'époque de la première guerre punique. Essai sur la Sicile de 276 à 241*, Paris, Belles-Lettres, 164 p. Des études récentes ont mis en lumière différents aspects du premier conflit avec Carthage, longtemps délaissé en raison de l'importance de la deuxième guerre punique. On consultera donc, avec profit, B. D. Hoyos (1998), *Unplanned Wars. The Origins of the First and Second Punic Wars*, Berlin & New York, De Gruyter, XIV-326 p. et J. F. Lazenby (1996), *The First Punic War*, Stanford, Stanford U.P., XVII-205 p. Les opérations sont décrites dans Y. Le Bohec (1996), *Histoire militaire des guerres puniques*, Paris, Éditions du Rocher, 342 p.; pour l'histoire de la marine il faut voir J. H. Thiel (1954), *A history of Roman sea-power before the Second Punic War*, Amsterdam, North-Holland Pub. Co., VIII-367 p. & J. Rougé (1975), *La Marine dans l'Antiquité*, Paris, Presses universitaires de France, 215 p.; le « corbeau » a été bien expliqué par L. Poznanski (1979), « Encore le corbeau: de la terre à la mer », *Latomus*, 38, 652-661.

Pour l'histoire de Carthage et de l'Afrique, l'ouvrage de référence reste celui de S. Gsell (1972-1979, réimp. anast.), *Histoire ancienne de l'Afrique du Nord*, Osnabrück, que l'on précisera avec W. Huss (1985), *Geschichte der Karthager*, Munich, Beck, XII-578 p. et que l'on complétera avec M. Sznycer (1978), « Carthage et la civilisation punique », *Rome et la conquête du monde méditerranéen*, C. Nicolet (dir.), vol. 2: *Genèse d'un empire*, Paris, PUF, p. 545-593 et par C. Nicolet (1978), « Les guerres puniques », *Rome et la conquête du monde méditerranéen*, vol. 2: *Genèse d'un empire*, *ibid.*, 595-626; pour les questions commerciales, par F. Benoît (1964), « La compétition commerciale des Phéniciens et des Hellènes », *RSL*, 30, p. 115-132.

La question de l'« impérialisme romain » a donné lieu à une bibliographie surabondante et on se contentera de renvoyer aux travaux d'E. Gabba: (1984), « Il consenso popolare alla politica espansionistica romana fra III e II sec. a.C. » *The Impérialism of mid-republican Rome*, W. V. Harris ed., Rome, American Academy in Rome, p. 115-129; (1993), *Aspetti culturali dell'imperialismo romano*, Firenze, Sansoni Editore, 266 p.

L'histoire du rituel de la déclaration de guerre se trouve dans J.-L. Ferrary (1995), « *Ius fetiale* et diplomatie », *Les Relations internationales*, E. Frezouls & A. Jacquemin éd., Paris, De Boccard, p. 411-432.

Sur la vie politique à Rome pendant le conflit, on se reportera à F. Cassola (1962), *I gruppi politici romani nel III secolo A. C*, Trieste, Istituto di Storia antica, 436 p., très discret sur la période concernée et, en dernier lieu, à F. Hinard (2000), « À Rome, pendant la guerre de Sicile (264-241) », *RSA*, 30, 2000. Et, pour une explication de la résurrection politique de « L'Âne », N. S. Rosenstein (1990), *Imperatores uicti: Military Defeat and Aristocratic Competition in the Middle and Late Republic*, Berkeley, Univ. of California Press, XI-224 p., à nuancer avec J. W. Tatum (1991), « Military Defeat and Electoral success in Republican Rome », *Ancient History Bulletin*, 5, 5-6, p. 149-152.

L'histoire des Mamertins est résumée dans A. Vallone (1955), « I Mamertini in Sicilia », *Kokalos*, 1, p. 22-61 et, pour Hiéron, on se reportera à H. Berve (1959), *König Hieron II*, Munich, Beck; A. M. Eckstein (1980), « *Unicum subsidium populi Romani*: Hiero

II and Rome, 263-215 B.C. », *Chiron*, 10, p. 183-203 ; B. D. Hoyos (1985), « The Rise of Hiero II : Chronology and Campaigns 275-264 B.C. », *Antichton*, 19, p. 32-56.

Sur les peintures triomphales de l'Esquilin : R. Bianchi Bandinelli, *Rome. Le centre du pouvoir*, Paris, Gallimard, 1969, p. 113-116, ou dans F. Coarelli, *Rome*, Paris, Nathan, 1979, p. 34. Y. Le Bohec (1997), « L'honneur de Régulus », *Antiquités africaines*, 33, p. 87-93, fait le point sur l'histoire édifiante de Régulus.

Comme pour tout ce qui concerne la religion, il convient de consulter G. Dumézil (1987 (2e édition revue et corrigée), *La Religion romaine archaïque, avec un appendice sur la religion des Étrusques*, Paris, Payot, 698 p. pour les obligations des « prêtres » sur lesquels on consultera avec profit J. Scheid (1984), « Le prêtre et le magistrat. Réflexion sur les sacerdoces et le droit public à la fin de la République », *Des ordres à Rome*, C. Nicolet éd., Paris, Publications de la Sorbonne, p. 243-280 ; la cérémonie du Cheval d'Octobre a été l'occasion d'une très vive polémique entre ceux qui continuent de croire qu'elle a un caractère agraire et qui interprètent « queue » comme « pénis » (symbole de fécondité), et Georges Dumézil qui leur a répondu avec beaucoup d'humour dans un article intitulé « Queue et queue » : « Il y a longtemps que les partisans du "Mars agraire" flairent avec concupiscence la queue du Cheval d'Octobre... » (*Fêtes romaines d'été et d'automne*, Paris, Gallimard, 1975, p. 181-187).

Sur tout ce qui concerne les temples voués à l'occasion des batailles de cette guerre (vœu, localisation, conditions de l'érection), on se reportera utilement à E. M. Orlin (1997), *Temples, Religion and Politics in the Roman Republic*, Leyde, Brill, VIII-227 p. ; A. Ziolkowski (1992), *The Temples of Mid-Republican Rome and their Historical and Topographical Context*, Rome, L'Erma, 341 p. ; L. Peitilä-Castren (1987), *Magnificentia publica. The Victory Monuments of the Roman Generals in the Era of the Punic Wars*, Helsinki, Societas scientiarum fennica, 178 p.

Chapitre X

L'entre-deux-guerres

On trouve peu de choses sur l'histoire de *Falerii*, pour laquelle on se reportera à L. Loreto, « Il conflitto romano-falisco del 241-240 a.C. e la politica romana degli anni successivi », *MEFRA*, 101, 1989, p. 717-737 et à J.-l. Girard, « Minerua Capta : entre Rome et Falérics », *REL*, 67, 1989, p. 163-169.

Sur les tribus l'ouvrage de référence reste L. R. Taylor, *The Voting Districts of the Roman Republic: the thirty-five urban and rural tribes*, XII, American Academy in Rome, Rome, 1960, 353 p., à compléter avec C. Nicolet, *Le Métier de citoyen dans la Rome républicaine*, Gallimard, Paris, 1976, 535 p. Les sources sur les populations et territoires italiens sont données dans P. Brunt, *Italian Manpower 225 B. C-A.D. 14*, Clarendon Press, Oxford, 1971, p. 44-60.

La question de la réforme de l'assemblée centuriate a été traitée par L. R. Taylor, *Roman Voting Assemblies from the Hannibalic War to the Dictatorship of Caesar*, Ann Arbor, University of Michigan Press, XIX, 1990-1966, 175 p., que l'on complétera avec un article de C. Nicolet (qui la date du premier quart du IIe siècle) : « La réforme des comices de 179 av. J.-C. », *RHD*, 39, 1961, p. 341-368. Pour la tactique manipulaire la contribution essentielle reste celle d'E. Meyer, « Das römische Manipularheer, seine

Entwicklung und seine Vorstufen », *Kleine Schriften*, Verlag von Max Niemeyer, Halle, 1924, p. 193-329.

L'intervention en Sardaigne a été traitée par E. Gabba, « La prima guerra punica e gli inizî dell'espansione transmarina », *Storia di Roma*, A. Schiavone éd., Einaudi, Turin, II, 2, 1990, p. 55-67. Voir aussi un chapitre du livre de G. Brizzi, *Carcopino, Cartagine e altri scritti*, Università degli Studi, Sassari, 1989, 176 p., intitulé « Nascita di una provincia : Roma e la Sardegna », p. 69-86.

La question des sens du mot *prouincia* a été élucidée par J.-M. Bertrand, « À propos du mot *prouincia* : étude sur les modes d'élaboration du langage politique », *JS*, juillet-décembre 1989, p. 191-215.

Pour la religion de Janus on consultera encore G. Dumézil, *La Religion romaine archaïque, avec un appendice sur la religion des Étrusques*, Payot, Paris, 1987 (2e édition revue et corrigée), 698 p., à compléter avec les travaux de J. Gagé, « Sur les origines du culte de Janus (I) », *RHR*, 195, 1979, p. 3-33, et « Sur les origines du culte de Janus (suite) », *RHR*, 195, 1979, p. 129-151.

Le personnage de Flaminius a donné lieu à une abondante bibliographie de laquelle on retiendra E. Gabba, « Caio Flaminio e la sua legge sulla colonizzazione dell'agro gallico », *Athenaeum*, 57, 1979, p. 159-163, qui précise E. T. Salmon, *Roman Colonization under the Republic*, Cornell University Press, Ithaca, New York, 1970, 208 p.

Pour ce qui est de l'intervention en Illyrie, outre E. Gabba (cité *supra* à propos de la Sardaigne) on se reportera à A. Coppola, *Demetrio di Faro : un protagonista dimenticato*, L'Erma di Bretschneider, Rome, 1993, 244 p. (avec une bibliographie bien à jour).

Le danger gaulois a été bien étudié par E. Gabba, « La conquista della Gallia cisalpina », *Storia di Roma*, A. Schiavone éd., Einaudi, Turin, II, 2, 1990, p. 69-78.

Sur l'attitude religieuse des Romains, notamment en cas de crise, on lira avec profit J. Scheid, *Religion et piété à Rome*, La Découverte, Paris, 1985, 154 p. Le châtiment de la Vestale a fait l'objet d'une mise au point utile par T. J. Cornell, « Some observations on the *crimen incesti* », *Le Délit religieux dans la cité antique*, École française de Rome, Rome, 1981, p. 27-37 (qui, malheureusement, ignore le cas de Tuccia). La question de l'ensevelissement de Grecs et de Gaulois au Forum Boarium a été traitée par D. Briquel, « Des propositions nouvelles sur le rituel d'ensevelissement de Grecs et de Gaulois au Forum Boarium », *REL*, 49, 1982, p. 30-37, et « Des propositions nouvelles sur le rituel d'ensevelissement de Grecs et de Gaulois au Forum Boarium II », *Kentron*, 2, 2, 1986, p. 30-33.

Une mise au point utile sur les *spolia opima* est celle de R.-M. Rampelberg, « Les dépouilles opimes à Rome, des débuts de la République à Octave », *Revue historique de droit français et étranger*, 56, 1978, p. 191-214 ; pour une analyse plus détaillée on verra J. W. Rich, « Augustus and the *spolia opima* », *Chiron* 26, 1996, p. 85-127 ; le combat singulier en général étant évoqué par J. Fries, *Der Zweikampf : historische und literarische Aspekte seiner Darstellung bei T. Livius*, VIII, Verlag Anton Hain, Königstein/Ts, 1985, 291 p., et surtout S. P. Oakley, « Single Combat in the Roman Republic », *CQ* 35, 2, 1985, p. 392-410.

Chapitre XI

La deuxième guerre punique

Sur les événements d'Espagne jusqu'au début de la guerre : A. Pelletier, « Sagontins et Turdetains à la veille de la deuxième guerre punique », *REA* 88, 1986, p. 307-314 ; P. A. Barcélo, *Karthago und die Iberische Halbinsel vor den Barkiden*, Bonn, 1988.

Les rapports entre Rome et Sagonte, le traité de l'Èbre, les responsabilités du déclenchement de la guerre : P. Bosch-Gimpera, « Carcopino et la localisation de l'Èbre », dans *Hommages Carcopino*, Paris, 1977, p. 31-34 ; E. Badian, « Two Polybian Treaties », dans *« Philias Charin »*, I, Rome, 1979, p. 161-164 ; K.-H. Schwarte, *Der Ausbrück des zweiten punischen Kriege*, Wiesbaden, 1983 ; A.M. Eckstein, « Two Notes on the Chronology of the Outbreak of the Hannibalic War », *RhM*, 126, 1983, p. 255-272 ; *id.*, « Rome, Saguntum and the Ebro Treaty », *Emerita* 72, 1984, p. 51-68 ; B.L. Twyman, « Polybius and the Annalists on the Outbreak and Early Years of the Second Punic War », *Athenaeum* N.S. 65, 1987, p. 67-80 ; P. Jacob, « À propos de l'Èbre de J. Caropino », *Gérion* 6, 1988, p. 187-222. Défense de Polybe dans S. Lancel, *Hannibal*, Paris, 1995, p. 82-83.

La guerre : P. Marchetti, *Histoire économique et monétaire de la deuxième guerre punique*, Bruxelles, 1978 ; *Punic Wars. Proceedings of the Conference Held in Antwerp from the 23th to the 26th of November 1988*, Louvain, 1988 ; M. Sznycer et C. Nicolet, « Les guerres puniques », dans *Rome et la conquête du monde méditerranéen*, 2, Paris, 1989^2, p. 594-626 ; J. Briscoe, « The Second Punic War », dans *C.A.H.*, 8, Cambridge, 1989^2, p. 44-80.

Sur la figure d'Hannibal : J. Carcopino, *Profils de conquérants*, Paris, 1961, p. 109-237 ; G.-Ch. Picard, *Hannibal*, Paris, 1967 ; G. Brizzi, *Annibale, strategia e immagine*, Città di Castello 1984 (voir aussi *id.*, *Studi di storia annibalica*, Faenza 1984 ; et Carcopino, *Cartagine e altri scritti*, Ozieri 1989) ; P. Barcélo, *Hannibal*, München 1998 ; Lancel, *Hannibal*, *op. cit.*).

L'hellénisation des Puniques : I. Hahn, « Die Hellenisierung Karthagos und die punisch-griechischen Beziehungen im 4. Jahrhundert v. u. Z. », dans *Hellenische Poleis*, 2, hrsg. v. E.C.Welskopf, Berlin 1974, p. 841-854 ; S. Moscati, *Il tramonto di Cartagine*, Torino, 1993.

Sur l'appareil de guerre de Carthage W. Ameling, *Karthago. Studien zu militär. Staat und Gesellschaft*, München 1993 ; et G. Brizzi, « L'armée et la guerre », dans *HdO. La civilisation phénicienne et punique*, éd. par V. Krings, Leiden 1995, p. 303-315 ; J. F. Lazenby, *Hannibal's War*, Warminster 1979. Vulgarisation utile : P. Connolly, *Hannibal and the enemies of Rome*, London, 1978. Sur les éléphants : H.H.Scullard, *The Elephant in the Greek and Roman world*, London, 1974, p. 236-250. Voir aussi A. Garcia y Bellido, « Les mercenaires dans les armées carthaginoises au moment de la bataille de Zama », *Africa* 3/4, 1969/70, publ. 1972, p. 189-191. Un aspect particulier : G. Urso, « Spionaggio e controspionaggio nella guerra annibalica », *RIL* 125, 1991, p. 73 *sq.* ; et M. Zlattner, *Hannibals Geheimdienst im Zweiten Punischen Krieg*, Konstanz, 1997.

Plusieurs ouvrages sur l'armée romaine visent à la vulgarisation : par exemple J. Warry, *Warfare in the Classical World*, London, 1980, p. 86-124 ; P. Connolly, *Greece and Rome at War*, London-Englewood Cliffs, 1981, p. 90-204 ; T. Wise, *The Armies of the Carthaginian Wars 265-146 B.C.*, London, 1982, 24 *sq.* Sur la composante paysanne :

J.K. Evans, « Plebs rustica », *AJAH* 5, 1980, p. 19-47 ; sur l'aspect démographique (et donc militaire) de l'Italie : P. A. Brunt, *Italian Manpower 225 B.C.-A.D.14,* Oxford, 1971, Appendix 6, p. 545-548 ; Appendix 26, p. 667-686.

Sur les *socii* de Rome : V. Ilari, *Gli Italici nelle strutture militari romane,* Milano, 1974. Sur l'armement individuel : M.C.Bishop et J.C.N.Coulston, *Roman Military Equipment,* London, 1993 ; et M. Feugère, *Les Armes des Romains,* Paris, 1993, p. 75-108. Sur les conceptions archaïques qui limitaient les possibilités opérationnelles des soldats-paysans : J.-P. Brisson, « Les mutations de la seconde guerre punique », dans *Problèmes de la guerre à Rome,* J.-P. Brisson (dir.), Paris-La Haye, p. 36-40. Sur l'attitude des Romains envers leurs propres vaincus : N.S. Rosenstein, *Imperatores victi,* Berkeley, 1990.

Sur l'itinéraire vers l'Italie : G. De Beer, *Hannibal's March,* London, 1967 ; D. Proctor, *Hannibal's March in History,* Oxford, 1971 ; J. Seibert, « Die Alpenübergang Hannibals », *AW* 17/4, 1986, p. 44-54 ; M.-F. Avril, *Itinéraires d'Hannibal en Gaule*, Paris, 1996.

Le débat sur la localisation de la bataille de la Trébie a été renouvelé par G. Marchetti et P. L. Dall'Aglio, « Geomorfologia e vicende storiche nel territorio piacentino. 1 - La battaglia del Trebbia (218 a.C.) », *Atti dell'Istituto Geologico dell'Università di Pavia* 30, 1982, p. 142-160 ; et G. Susini, « In margine alla battaglia del Trebbia », *RSA* 13-14, 1983/84, p. 69-74. Sur les rapports entre Hannibal et les Celtes de la Cisalpine : G. Brizzi, « Celti e Africani : un'alleanza difficile ? », *Carcopino, op. cit.*, p. 89-106.

Sur Flaminius : M. Caltabiano, « Motivi polemici nella tradizione relativa a Caio Flaminio », dans *C.I.S.A.* 4, Milano, 1976, p. 102-117 et « Gaio Flaminio tra innovazione e tradizione », *Pro poplo Arimenese, Atti del Convegno Rimini antica. Una respublica fra terra e mare (Rimini, ottobre 1993)*, Bologna, 1995, p. 111-128 ; F. Cenerini, « Gaio Flaminio : uomo politico, homo religiosus », *ibid.*, p. 129-144 ; B. Amat-Sabattini, « Ariminum et Flaminius », *RSA* 16, 1986, p. 79-109. La dernière hypothèse sur la bataille du lac Trasimène se trouve dans G. Susini, « Ricerche sulla battaglia del Trasimeno », *Annuario dell'Accademia etrusca di Cortona,* 11, Cortona 1959/60. Destin de Flaminius : G. Brizzi, « Riflessioni sulla morte di un console », *Studi,* p. 35-43 ; *id.*, « La testa di Flaminio : fra i Galli ed Annibale », *Carcopino, op. cit.*, p. 109-115. Remise en question de la date : P. Desy, « Il grano dell'Apulia e la data della battaglia del Trasimeno », *PP* 44, 1989, p. 102-115.

Sur *Mens* comme correspondant romain de la grecque *Mètis* : G. Brizzi, « Il culto di Mens e le seconda guerra punica : il contributo di un'astrazione nella lotta ad Annibale », *Mélanges M. Le Glay,* Bruxelles, 1994, p. 512-522. Sa ligne : G. Stanton, « Cunctando restituit rem. The tradition about Fabius », *Antichton* 5, 1971, p. 49-56 ; R. Rebuffat, « Unus homo nobis cunctando restituit rem », *REL* 60, 1982, p. 153-165.

Sur Varron : G. Zecchini, « La figura di C. Terenzio Varrone nella tradizione storiografica », dans *C.I.S.A.* 4, Milano, 1976, p. 118-128. Sur Cannes : bibliographie générale dans *C.A.H.* 8, Cambridge, 1954, p. 726-727, et en particulier Kussmaul, « Der Halbmond von Cannae », *MH* 35, 1978, p. 249-257 ; H. H. Scullard, « Cannae. Battlefield and burial ground », *Historia* 4, 1955, p. 474 *sq.* ; M. Samuels, « The Reality of Cannae », *MGM* 47, 1990, p. 7-29. Les pertes : T. A. Dorey, « Roman Casualty Figures at Trasimene and Cannae », *HJ* 7 1959, p. 1-5. Le destin des prisonniers et les conséquences de la bataille : G. Brizzi, « Ap., Hann.28 : giochi gladiatorî tra i prigionieri cannensi ? », dans *Studi, op. cit.*, p. 35-43.

Sur la décision d'Hannibal de ne pas assiéger Rome : J. F. Shean, « Hannibal's Mules » : the Logistical Limitations of Hannibal's Army and the Battle of Cannae 216 B.C. »,

Historia 45, 1996, p. 159-187 ; V. M. Todd, *The Walls of Rome,* London, 1978, p. 17-20 ; A. Demandt, « Was wäre geschehen, wenn Hannibal nach seinem Sieg 216 v. Chr. auf Rom marschiert wäre ? », dans *Ungeschehene Geschichte,* Göttingen 1986², p. 73-77. Sur l'épisode de Maharbal : G. Brizzi, « Maarbale e Annone di Bomilcare : riflessioni dal confronto tra due carriere », dans *Alle soglie della classicità : il Mediterraneo fra tradizione e innovazione. Studi in onore di Sabatino Moscati,* 1, Pisa-Roma 1996, p. 73-79.

Sur le traité avec Philippe V : F. W. Wallank, *Philipp V of Macedon,* Cambridge, 1940, p. 119 ; G. De Sanctis, *Storia dei Romani,* 2ᵉ éd., Florence, 1968, III, 2, p. 456. Datation différente : L. Longaretti, « L'alleanza tra Annibale e Filippo V di Macedonia », *RIL* 123, 1989, p. 183-192. Origines du conflit : J. W. Rich, « Roman Aims in the First Macedonian War », *PCPhS* 210, 1984, p. 126-180.

Les défections dans la fédération italique : A. J. Toynbee, *Hannibal's Legacy,* 2, Oxford 1965, p. 10-25, 117-121 ; J. Deininger, « Der politische Widerstand der Griechen gegen Rom in Unteritalien und Sizilien », *Assimilation et résistance à la culture gréco-romaine dans le monde ancien. VIᵉ Congrès international d'études classiques. Madrid, septembre 1974,* Bucuresti-Paris, 1976, p. 139 *sq.* ; F. Costabile, « I "principes Locrensium" e l'atteggiamento filoromano delle aristocrazie italiote nella tradizione liviana (216-205 a.C.) », *Historia* 30, 1977, p. 179 *sq.* ; D.-A. Kukofka, *Süditalien im zweiten punischen Krieg,* Frankfurt a.-M., 1990.

La marche sur Rome : E.T. Salmon, « Hannibal's March on Rome », *Phoenix,* 11, 1957, p. 153-163 ; E.W. Davies, « Hannibal's Roman Campaign », *Phoenix* 13, 1959, p. 113-120. *Lucus Feroniae :* G. Brizzi, « Il sacco annibalico di Lucus Feroniae : i moventi di un gesto sacrilego », dans *Studi,* cité, p. 57-67. Arpi et Syracuse : G. Brizzi, « Liv. XXIV, 46-47 e XXVI, 29-32 : variazioni sul tema della fides romana », *Carcopino, op. cit.*, p. 119 *sq.*, 125 *sq.*

L'Espagne : N. Dupré, « La politique romaine en Espagne pendant la IIᵉ guerre punique. L'exemple de la vallée de l'Èbre (218-205) », *REL* 59, 1981, p. 121-152 ; J.-M. Roldán, « Romanos y cartagineses en la Península Iberica. La Segunda Guerra Púnica », dans *La guerra en la Antigüedad. Una aproximación al origen de los ejércitos en Hispania,* Madrid, 1997, p. 271-279. Les événements : E. Foulon, « Polybe X, 2-20 : la prise de Carthagène par Scipion », *RPh* 63, 1989, p. 241-246 ; J.-M. Roddaz, « Les Scipions et l'Hispanie », *REA* 100/1-2, 1998, p. 341-358.

Autres épisodes : M.T. Piraino, « La pace di Fenice », *RF* 83, 1955), p. 57-73 ; N. Alfieri, « La battaglia del Metauro », *Picus* 8, 1988, p. 7 *sq.* ; G. Brizzi, « Ancora su Annibale e l'Ellenismo : la fondazione di Artaxata e l'iscrizione di Era Lacinia », dans *Atti del I Congresso internazionale di studi fenici e punici,* I, Roma, 1983, p. 243-251.

Sur la bataille de Zama on renverra à : V. Manfredi, « Aspetti della tradizione storiografica sulla battaglia di Naraggara », dans *C.I.S.A.* 3, Milano, 1975, p. 82-94 ; et Brizzi, *Annibale, op. cit.*, p. 66-76, 152-153 (avec une reconstruction nouvelle).

La paix : F. Gschnitzer, « Die Stellung Karthagos nach dem Frieden von 201 v. Chr. », *WS* 79, 1966, p. 276-289 ; B. Scardigli, *I trattati romano-cartaginesi,* Pisa, 1991, p. 297-345. Les conséquences : Toynbee, *Hannibal's Legacy, op. cit.*, 2 ; Brunt, *Manpower, op. cit.* ; M.A. Levi, « L'Italia dopo Annibale », *Athenaeum* N.S. 43, 1965, p. 419-431.

Chapitre XII

L'empire mondial

L'impérialisme romain (bibliographie et définition) : R. Werner, « Das Problem des Imperialismus und die römische Ostpolitik im 2. Jh. v. Chr. », dans *ANRW*, 1, 1 (1972), p. 501-563 ; P. Veyne, « Y-a-t il eu un impérialisme romain ? », *MEFRA* 87, 1975, p. 793-855 ; D. Musti, *Polibio e l'imperialismo romano*, Napoli 1978, p. 35-36, n. 4, *L'Impérialisme romain. Histoire, idéologie, historiographie*, 1, *Ktèma* 7, 1982, p. 143-233 ; 2, *Ktèma* 8, 1983, p. 113-277 ; E. Hermon, « L'impérialisme romain républicain. Approches historiographiques et approche d'analyse », *Athenaeum* 78, 1989, p. 407-416 ; C. Nicolet, « L'« impérialisme » romain », dans *Rome et la conquête, op. cit.*, 2, p. 883-920. Origine, nature : W.V. Harris, *War and Imperialism in Republican Rome, 327-70 B.C.*, Oxford, 1979 ; A.N. Sherwin-White, « Rome the Aggressor ? », *JRS* 70, 1980, p. 177-181, *The Imperialism of the Mid-Republican Rome*, ed. by W.V. Harris, Roma, 1984 ; J.-L. Ferrary, *Philhellénisme et impérialisme : aspects idéologiques de la conquête romaine du monde hellénistique, de la seconde guerre de Macédoine à la guerre contre Mithridate*, Roma, EFR, 1988 ; E. Gabba, « L'imperialismo romano », dans *Storia di Roma*, I, 2, Torino, 1990, p. 189-234 ; *id.*, *Aspetti culturali dell'imperialismo romano*, Firenze, 1993 ; A. Erskine, « The Roman as Common Benefactors », *Historia* 43, 1994, p. 70-88. Le discours d'Agélaos : C. Champion, « The Nature of the Authoritative Evidence in Polybius and Agelaus' Speech at Naupactus », *TAPHA* 127, 1997, p. 111-128.

La culture hellénistique : A. Momigliano, « Genesi storica e funzione attuale del concetto di Ellenismo », dans *Primo Contributo alla storia degli studi classici*, Roma, 1958, p. 165-193 ; *id.*, « Introduzione all'Ellenismo », *RSI* 82, 1970, p. 781-799 ; L. Canfora, *Ellenismo*, Roma-Bari, 1987 ; H. Bengtson, *Die hellenistische Weltkultur*, Stuttgart, 1988 ; *Hellenistic History & Culture*, ed. by P. Green, Berkeley-Los Angeles-London, 1993 ; *Images et Ideologies : Self-Definition in the Hellenistic World*, ed. by A. Bullock, E.S. Gruen, A.A. Long et A. Stewart, Berkeley-Los Angeles-London, 1993 ; *Aspetti e problemi dell'Ellenismo. Atti del Convegno di Studi, Pisa 6-7 novembre 1992*, a cura di B. Virgilio, Pisa, 1994.

Les rapports avec les autres cultures : A. Momigliano, *Sagesses barbares. Les limites de l'hellénisation*, Paris, Maspéro, 1979, 196 p., traduction de M.-C. Roussel ; *Grecs and Barbares*, Entretiens Fondation Hardt, 8, Vandœuvres-Genève 1961 ; *Hellenism in the East. The Interaction of Greek and Non-Greek Civilizations from Syria to Central Asia after Alexander*, ed. by A. Kuhrt et S. Sherwin-White, Berkeley-Los Angeles, 1987 ; *Centre and Periphery in the Hellenistic World*, ed. by P. Bilde, T. Engberg Pedersen, L. Hannestadt, J. Zahe et K. Randsborg, Aarhus Univ. Press, Esbjerg, 1993 ; P. Desideri, « Questioni di identità greca nel mondo romano », *Mediterraneo antico* 1/1, 1998, p. 15-22.

Les monarchies (sauf Macédoine et Syrie) : G. Vitucci, *Il regno di Bitinia*, Roma, 1953 ; E.R. Bevan, *The House of Ptolemy*, Chicago, 1968^2 ; H. Heiren, « Die politische Beziehungen zwischen Rom und dem Ptolemäerreich (218-168 v. Chr.) », dans *ANRW*, I, 1 (1972), p. 633-659 ; B. Virgilio, *Gli Attalidi di Pergamo. Fama, eredità, memoria*, Pisa, 1992. Les ligues : A. Giovannini, « Polybe et les assemblées achéennes », *MH* 26, 1969, p. 1-17 ; P. Cabanes, *L'Épire de la mort de Pyrrhos à la conquête romaine (272-167)*, Besançon-Paris, 1976 ; J.L. O'Neil, « The Political Élites of the Achaian and Aetolian Leagues », *AncSoc* 15/17, 1984/1986, p. 33 *sq.* ; A. Bastini, *Das achaüsche Bund als hellenische Mittelmacht*, Frankfurt-a.-M., 1987. Rhodes : H. H. Schmitt, *Rom und Rhodos*, München, 1957 ; R. M. Berthold, *Rhodes in Hellenistic Age*, Ithaca, 1984.

Rapports entre les villes, les souverains et Rome : A.H.M. Jones, *The Greek City from Alexander to Justinian*, 1-2, Oxford 1940 ; A. Mastrocinque, « L'eleutheria e le città ellenistiche », *AIV* 135, 1976/77, p. 1 *sq.* ; R. Seager, « The Freedom of the Greeks of Asia Minor from Alexander to Antiochus », *CQ* 31, 1981, p. 106 *sq.* Bannis et refugiés : J. Seibert, *Die politischen Flüchtlinge und Verbannten in der griechischen Geschichte*, Darmstadt, 1979.

La guerre : V. Ilari, *Guerra e diritto nel mondo greco-ellenistico fino al III secolo*, Giuffrè, 1980. Légion-phalange : G. Brizzi, « I Manliana imperia e la riforma manipolare : l'esercito romano tra ferocia e disciplina », *Sileno* 16, 1990, p. 199 *sq.* ; *id.*, « Magnesia : tattiche di una battaglia », dans *Carcopino, op. cit.*, p. 145-155 (bibliographie).

La conquête romaine : D. Magie, *Roman Rule in Asia Minor*, 1-2, Princeton, 1950 ; H.E. Stier, *Roms Aufstieg zur Weltmacht und die griechische Welt*, Köln, 1957 ; J.-L. Ferrary, « Rome, les Balkans, la Grèce et l'Orient au deuxième siècle avantJ.-C. », dans *Rome et la conquête, op. cit.*, 2, p. 729-788 ; E.S. Gruen, *The Hellenistic World and the Coming of Rome*, 1-2, Berkeley, 1984 ; J.-C. Dumont, « Hellénisme, guerre juste et asservissement », *Kentron* 1, 2, 1985, p. 52-58 ; A. N. Sherwin-White, *Roman Foreign Policy in the East*, London, 1984 ; R. Bernhardt, *Polis und römische Herrschaft in der späten Republik (149-31 v. Chr.)*, Berlin 1985 ; E. Gabba, « Roma nel mondo ellenistico », *RIL* 126, 1992, p. 195-202.

La Macédoine : N.G.L. Hammond et F.W. Walbank, *A History of Macedonia*, 3, Oxford, 1988. Philippe V : F.W. Walbank, *Philip V of Macedon*, Cambridge, 1967².

La deuxième guerre avec Rome : T.A. Dorey, « Macedonian Troops at the Battle at Zama ? », *AJPh* 78, 1957, p. 185-187 ; *id.*, « Contributory Causes of the Second Macedonian War », *AJPh* 80, 1959, p. 293 ; P. Pédech, « Les origines de la seconde guerre de Macédoine (203-200 av. J.-C.) », *REG* 75, 1962, p. 227-230 ; R.M. Errington, « The Alleged Syro-Macedonian Pact and the Origin of the Second Macedonian War », *Athenaeum* N.S. 49, 1971, p. 336-354 ; L. Raditsa, « Bella Macedonica », dans *ANRW*, I, 1 (1972), p. 164-176 ; A.R. Meadows, « Greek and Roman Diplomacy on the Eve of the Second Macedonian War », *Historia* 42, 1993, p. 40-60 ; K. Burelis, « *Vix aerarius sufficeret.* Roman Finances and the Outbreak of the Second Macedonian War », *GRBS* 37, 1996, p. 149-172. « Eastern Lobby » : E. Badian, *Foreign Clientelae (264-70 B.C.)*, Oxford, 1958, p. 63 *sq.* ; F. Cassola, « La politica di Flaminino e gli Scipioni », *Labeo* 6, 1960, p. 109.

Flamininus : E. Badian, *Titus Quinctius Flamininus. Philellenism and Realpolitik*, Cincinnati, 1970, p. 3-57 ; J. Briscoe, « Flamininus and Roman Politics 200-189 B.C. », *Latomus* 31, 1972, p. 22-53 ; E. Will, « Rome et les Séleucides », dans *ANRW*, 1, 1 (1972), p. 597 *sq.* ; M.H. Crawford, *The Roman Republic*, Glasgow-Londres, 1992².

La proclamation de Corinthe : D. Baranowski, « A Reconsideration of the Roman Approval of Peace with Macedonia in 196 B.C. », *Phoenix* 37, 1983, p. 218-233 ; E. Carawan, « *Graecia liberata* and the Role of Flamininus in Livy's Fourth Decade », *TAPhA* 118, 1988, p. 209-252 ; M. Lemosse, « Remarques sur la reconnaissance de la liberté des cités helléniques et la proclamation de Flamininus », dans *Études romanistiques*, Clermont-Ferrand, 1991, p. 205-217 ; J.J. Walsh, « Flamininus and the Propaganda of Liberation », *Historia* 45, 1996, p. 344-363.

La Syrie : E.R. Bevan, *The House of Seleucus*, 1-2, London, 1966² ; D. Musti, « Lo stato dei Seleucidi. Dinastia, popoli, città da Seleuco I ad Antioco III », *SCO* 15, 1966,

p. 61-197. L'armée et les campagnes : B. Bar-Kochva, *The Seleucid Army. Organization and Tactics in the Great Campaigns*, Cambridge, 1976.

Vers la guerre : E. Badian, « Rome and Antiochus the Great : a Study in Cold War », *CPh* 54, 1959, p. 112-139 ; H.H. Schmitt, *Untersuchungen zur Geschichte Antiochos' des Grossen und seiner Zeit*, Wiesbaden, 1946 ; H.J. Dell, « Antiochus III and Rome », *CPh* 62, 1964, p. 94-103 ; H.R. Rawlings, « Antiochus the Great and Rhodes, 197-191 a.C. », *AJAH* 1, 1, 1976, p. 2 *sq.* ; D. Mendels, « Antiochus III and Class Struggle in Greece », *RSA* 8, 1978, p. 27 *sq.* ; A. Giovannini, « Téos, Antiochos III et Attale Ier », *MH* 40, 1983, p. 178-184.

La paix d'Apamée : A. Polacek, « Le traité de paix d'Apamée », *RIDA* Sér. 3, 18, 1971, p. 591-621 ; A. Giovannini, « La clause territoriale de la paix d'Apamée », *Athenaeum* 60, 1982, p. 224-236. Manlius Vulso : B. Pagnon, « Le récit de l'expédition de Cn. Manlius Vulso contre les Gallo-Grecs et de ses prolongements dans le livre 38 de Tite-Live », *LEC* 50, 1982, p. 115-128.

Les « quatre empires » : A. Momigliano, « Daniele e la teoria greca della successione degli imperi », *RAL* Sér. 8, 35, 1980, p. 157 *sq.* ; D. Mendels, « The Five Empires : a Note on a Propagandistic Topos », *AJPh* 102, 1981, p. 330-333 ; M. Mazza, « Roma e i Quattro Imperi. Temi della propaganda nella cultura ellenistico-romana », *SMSR* 62, 1996, p. 315-350. La politique et le mythe de l'Africain : F.W. Walbank, « The Scipionic Legend », *PCPhS* 193, 1967, p. 54-69 ; E. Gabba, « P. Cornelio Scipione Africano e la leggenda », *Athenaeum* N.S. 53, 1975, p. 3-17.

Caton : D. Kienast, *Cato der Zensor*, Heidelberg, 1954 ; A.E. Astin, *Cato the Censor*, Oxford, 1978. Contre le « culte de la personnalité » : P. Grimal, *Le Siècle des Scipions*, Paris, 1953. Points de vue culturels et politiques : G. Brizzi, « *Imitari coepit Annibalem* -Flor., I, XXII, 55- : apporti catoniani alla concezione storiografica di Floro ? », *Latomus* 63, 1984, p. 424-431 ; C. Letta, « L'Italia dei *mores romani* nelle *Origines* di Catone », *Athenaeum* N.S. 62, 1984, p. 3-30, 416-439 ; M. Chassignet, « Caton et l'impérialisme romain au IIe siècle av. J.-C. », *Latomus* 45, 1986, p. 285-300. Scipion, Caton et les procès : L. De Regibus, *Il Censore e l'Africano*, Genova, 1959 ; T.A. Dorey, « Scipio Africanus as a Party Leader », *Klio* 39, 1961, p. 191-198 ; G. Bandelli, « I processi degli Scipioni : le fonti », *Index* 3, 1972, p. 304-342.

Les Bacchanales : *L'Association dionysiaque dans les sociétés anciennes. Actes de la Table ronde organisée par l'École française de Rome (Rome, 24-25 mai 1984)*, Rome, 1986 ; J.-M. Pailler, *Bacchanalia. La répression de 186 av. J.-C. à Rome et en Italie : vestiges, images, tradition*, Rome, 1988 ; F. Sini, « Dai *peregrina sacra* alle *pravae et externae religiones* dei Baccanali : alcune riflessioni su *alieni* e sistema giuridico religioso romano », *SDHI* 9, 1994, p. 49-74 ; A. Dubourdieu et E. Lemirre, « La rumeur dans l'affaire des Bacchanales », *Latomus* 56, 1997, p. 293-306 ; M. Martina, « Sul cosiddetto Senatusconsultum de Bacchanalibus », *Athenaeum* N.S. 86, 1998, p. 85-108

Les *leges de repetundis* : E.S. Gruen, *Roman Politics and Criminal Courts*, Cambridge Mass., 1968 ; B. Twyman, *The Judiciary Legislation of Roman Republic before the Social War*, Diss. Univ. Chicago, 1972 ; C. Venturini, *Studi sul crimen repetundarum nell'età repubblicana*, Milano, 1979 ; J.S. Richardson, « The Purpose of the lex Calpurnia de repetundis », *JRS* 77, 1987, p. 1-12.

La transformation de la politique extérieure : J. Briscoe, « Eastern Policy and Senatorial Politics 168-146 B.C. », *Historia* 18, 1969, p. 49-70 ; J.-L. Ferrary, « Les Romains de la République et les démocraties grecques », *Opus* 6/8, 1987-89, p. 203-216. Le rapport avec les *poleis* d'Asie : R. Bernhardt, *Imperium und Eleutheria,* Diss. Hamburg, 1971 ; *id., Polis und römische Herrschaft in der späten Republik (149-31 v. Chr.),* Berlin-New York, 1985. Le Sénat, les généraux, les ambassadeurs et leur fonction politique : G. Clemente, « « Esperti », ambasciatori del senato e la formazione della politica estera romana tra il III e il II secolo a.C. », *Athenaeum* N.S. 54, 1976, p. 319-352 ; B. Schleussner, *Die Legaten der römischen Republik,* München, 1978 ; A.M. Eckstein, *Senate and general. Individual decision making and Roman foreign relations 264-194 B.C.,* Berkeley, 1987. Les rois-clients : M. R. Cimma, *Reges socii et amici populi Romani,* Milano, 1976 ; D. Braund, *Rome and the Friendly King. The Character of the Client Kingship,* London-New York, 1984 ; R.D. Sullivan, *Near Eastern Royalty and Rome, 100-30 B.C.,* Toronto-Buffalo-London, 1990.

Sur la « guerre secrète » avec la Macédoine, les otages, la mort de Démétrios, la *noua sapientia* : J. Briscoe, « Q. Marcius Philippus and *noua sapientia* », *JRS* 54, 1964, p. 66-77 ; E.S. Gruen, « The Last Years of Philip V », *GRBS* 15, 1974, p. 221-246 ; M.J. Moskovich, *The Role of Hostages in Roman Foreign Policy,* Mc Master, 1972 (thèse non publiée) ; D. Musti, « Formulazioni ideali e prassi politica nell'affermazione della supremazia romana in Grecia », dans *Tra Grecia e Roma,* Roma, 1980 ; G. Brizzi, *I sistemi informativi dei Romani. Principî e realtà nell'età delle conquiste oltremare (218-168 a.C.),* Wiesbaden, 1982, p. 199-236 ; *id.,* « La frattura del koinon epirota : fattori economico-sociali e responsabilità romane », *RSA* 12, 1982, p. 61-73 ; S. Ndiaye, « Le recours aux otages à Rome sous la République », dans *Hommagse à Edm. Frézouls, DHA* 21/1, 1995, p. 149-166 ; G. Zecchini, « Polybius zwischen *metus hostilis* and *noua sapientia* », *Tyche* 10, 1995, p. 219-232 ; K.-E. Petzold, « Die Freiheit der Griechen und die Politik der *noua sapientia* », *Historia* 48, 1999, p. 61-93.

Les relations avec les États grecs, la question sociale : A. Mari Castellani, « Le relazioni fra Roma e la Confederazione achea da T. Quinzio Flaminino a L. Emilio Paolo », dans *CISA,* 6, Milano 1963, p. 66 *sq.* ; J. Briscoe, *Rome and the Class Struggle in the Greek States 200-146 B.C., PP* 36, 1967, p. 3-20 ; A. Giovannini, « Perseus und die Delphische Amphyktionie », dans *Ancient Macedonia* 1, Thessaloniki, 1970, p. 147-154 ; B. Schleussner, « Zur Frage der geheimen pergamenisch-makedonischen Kontakte im Perseuskrieg », *Historia* 22, 1973, p. 119-123 ; E.S. Gruen, « Class Conflict in the Third Macedonian War », *AJAH* 1, 1976, p. 29-60.

Persée et la guerre : P. Meloni, *Perseo e la fine della monarchia macedone,* Roma, 1953 ; A. Giovannini, « Les origines de la troisième guerre de Macédoine », *BCH* 93, 1969, p. 853-861 ; R. Werner, « Quellenkritische Bemerkungen zu den Ursachen des Perseuskrieges », *Grazer Beiträge* 6, 1977, p. 149-216 ; J. Bousquet, « Le roi Persée et les Romains » *BCH* 105, 1981, p. 407-416 ; W.L. Adams, « Perseus and the Third Macedonian War », dans *Philip, Alexander the Great and the Macedonian Heritage,* Washington, 1982, p. 237-256. Pydna : N.G.L. Hammond, « The Battle of Pydna », *JHS* 104, 1984, p. 31 *sq.* Paul-Émile : W. Reiter, *Aemilius Paullus,* London, 1990.

La guerre avec Andriscos : M.G. Morgan, « Metellus Macedonicus and the Provincia Macedonia », *Historia* 18, 1969, p. 422-446.

La résistance grecque à Rome : J. Deininger, *Der politische Widerstand gegen Rom in Griechenland 287-86 v. Chr.,* Berlin-New York, 1971.

Le *bellum Achaicum :* A. Fuks, « The bellum Achaicum and its Social Aspects », *JHS* 90, 1970, p. 78-89 ; E.S. Gruen, « The Origins of Achaean War », *JHS* 96, 1976, p. 53 *sq.* La fin de la confédération : Th. Schwertfeger, *Der Achaïsche Bund von 146 bis 27 v. Chr.,*

München, 1974; A. Bernhardt, « Der Status des 146 v. Chr. unterworfenen Teils Griechenlands bis zur Einrichtung der Provinz Achaia », *Historia* 26, 1977, p. 62-73; J. Wiseman, « Corinth and Rome I: 228 B.C.-A.D.267 », dans *ANRW*, art. cit., 2, 7, 1 (1979), p. 438 *sq.*; I. Didu, *La fine della confederazione achea*, Cagliari, 1993.

L'influence romaine en Asie: M. Errington, « Théa Rome und römischer Einfluss südlich des Mäanders im 2. Jh. v. Chr. », *Chiron* 17, 1987, p. 97-118. Les testaments: T. Liebmann-Frankfort, « Valeur juridique et signification politique des testaments faits par les rois hellénistiques en faveur des Romains », *RIDA* Ser. 3, 13, 1966, p. 73-94. La révolte d'Aristonicos: J. Vogt, « Pergamon und Aristonikos », dans *Atti del III Congresso Internaz. di Epigrafia greca e latina*, Roma, 1959, p. 45-54; Z. Rubinsohn, « The bellum Asiaticum. A Reconsideration », *RIL* 107, 1973, p. 546-570. Les aspects sociaux: C. Delplace, « Le contenu social et économique du soulèvement d'Aristonicos: opposition entre riches et pauvres? », *Athenaeum* N.S. 56, 1978, p. 20-53.

La crise de l'État séleucide: S.M. Burnstein, « The Aftermath of the Peace of Apamea », *AJAH* 5, 1980, p. 1-12. Antiochos IV: F. Kiechle, « Antiochos IV und der letzte Versuch einer Konsolidierung des Seleukidenreiches », *GWV* 14, 1963, p. 159-170; O. Mørkholm, *Antiochus IV of Syria*, Copenhagen, 1966; J.G. Bunge, « « Theos Epiphanes ». Zu den ersten fünf Regierungsjahren Antiochos' IV Epiphanes », *Historia* 23, 1974, p. 57-85; D. Mendels, « A Note on the Tradition of Antiochus IV' Death », *IEJ* 31, 1981, p. 51-56. Les autres Séleucides: T. Fischer, « Zu Triphon », *Chiron* 2, 1972, p. 201-213; A. Houghton, « The Second Reign of Demetrius II of Syria at Tarsus », *ANSMN* 24, 1979, p. 211-216. Rome et la Syrie: E.S. Gruen, « Rome and the Seleucids in the Aftermath of Pydna », *Chiron* 6, 1976, p. 73-95; I. Didu, « I rapporti tra Roma e la Siria alla morte di Seleuco IV (175 a.C.) e di Antioco IV (164 a.C.) », *CS* 18, 1981, p. 3 *sq.*; E. Paltiel, « Antiochus Epiphanes and Roman Politics », *Latomus* 41, 1982, p. 229-254.

Les Parthes: N.C. Debevoise, *A Political History of Parthia*, Chicago, 1938; J. Wolski, « Arsaces II et la généalogie des premiers Arsacides », *Historia* 11, 1962, p. 138-145; T. Fischer, *Untersuchungen zum Partherkrieg Antiochos VII' im Rahmen der Seleukidengeschichte*, Diss. München, 1970. Les Juifs: F.-M. Abel, *Histoire de la Palestine depuis la conquête d'Alexandre à l'invasion arabe*, I, Paris, 1952. Le rapport avec la culture classique: V. Tcherikover, *Hellenistic Civilization and the Jews*, Philadelphia, 1961; Ch. Habicht, « Hellenismus und Judentum in der zeit des Judas Makkabäus », *Jahrb. Heidelberger Akademie* 1974, p. 97-110; Rome, la Syrie, les Juifs: D. Timpe, « Der römische Vertrag mit den Juden 161 v. Chr. », *Chiron* 4 1974, p. 135-152; M. Sordi, « L'elogio dei Romani nel I libro dei Maccabei », dans *CISA*, 3, Milano, 1975, p. 95-104; K. Bringmann, « Die Verfolgung der jüdischen Religion durch Antiochos IV. Ein Konflikt zwischen Judentum und Hellenismus? », *AA* 26, 1980, p. 176-190; E. Bickerman, *Gli Ebrei in età greca*, Bologna, 1991; P. Vidal-Naquet, « Les Juifs entre l'État et l'apocalypse », dans *Rome et la conquête, op. cit.*, 2, p. 846-882.

La conquête de l'Occident, en général: S.L. Dyson, *The Creation of the Roman Frontier*, Princeton, 1985. La Gaule cisalpine: G. Brizzi, « Problemi cisalpini e politica mediterranea nell'azione di M. Emilio Lepido: la creazione della via Emilia », *Studi romagnoli* 30, 1979, p. 381-394; *id.*, « L'Appennino e le « due Italie », art. cit., en part. p. 27-56; R. Chevallier, *La Romanisation de la Celtique du Pô (essai d'histoire provinciale)*, Rome, 1983; E. Gabba, « I Romani nell'Insubria: trasformazione, adeguamento e sopravvivenza delle strutture socioeconomiche galliche », dans *Atti del II Convegno di Archeologia regionale (Como 1984)*, Como, 1986, p. 31-41; P. Wojciekowski, « Gründung

Aquileias: ein Beitrag zur römischen Kolonisation in Norditalien», *Eos* 84, 1996, p. 87-92.

Hispanie. Les bases idéologiques de la conquête: L.A. Garcia Moreno, «Presupuestos idéologicos de la actuacion de Roma durante el proceso de la conquista de Hispania», *Gerion* 5, 1987, p. 211-243. Les guerres: R.C. Knapp, «Cato in Spain 195/194 B.C.: Chronology and Geography», dans *Studies in Latin Literature and Roman History*, 2, ed. by C. Deroux, Bruxelles, 1980, p. 21-56; Z.W. Rubinsohn, «The Viriatic War and its Roman Repercussions», *RSA* 11, 1981, p. 161-204; M.S. De Frias, *Conquista y romanización de Celtiberia*, Salamanca, 1986; A.J. De Francisco Martin, *Conquista y romanización de Lusitania*, Salamanca, 1989. Les Romains en Espagne et la romanisation de la pénisule: A. Garcia y Bellido et M. Koch, «Die Latinisierung Hispaniens», *ANRW*, 1, 1 (1972), p. 462-500; J.M. Blazquez, *Ciclos y temas de la historia de España: la romanización*, Madrid, 1974; P. Le Roux, *L'Armée romaine et l'organisation des provinces ibériques*, Paris, 1983; L.A. Churchin, *Roman Spain. Conquest and Assimilation*, London, 1991. Les conséquences: J.M. Blazquez, «El impacto de la conquista de Hispania en Roma (218-154 a. J.C.)», *Estudios Clasicos* 7, 1962, p. 1-29; *id.*, «El impacto de la conquista... (154-83 a. C)», *Klio* 41, 1963, p. 168 *sq.*; J.S. Richardson, «The Spanish Mines and the Development of Provincial Taxation in the Second Century B.C.», *JRS* 66, 1976, p. 139-152; *id.*, *Hispaniae. Spain and the development of Roman imperialism 218-82 B.C.*, Cambridge, 1986.

La troisième guerre punique: en dehors des études générales (Gsell, Picard, Huss, Lancel, Le Bohec) voir R.T. Ridley, «To be taken with a Pinch of Salt: the Destruction of Carthage», *CPh* 81, 1986, p. 140-146; S.T. Stevens, «A Legend of the Destruction of Carthage», *ibid.*, 83, 1988, p. 39-41; P. Visonà, «Passing the Salt. On the Destruction of Carthage again», *ibid.*, p. 41-42; B.H. Warmington, «The Destruction of Carthage. A *retractatio*», *ibid.*, p. 308-310 (*contra:* Le Bohec, *Histoire militaire, op. cit.*, p. 312-313); K.W. Welwei, «Zum *metus Punicus* in Rom um 150 v. Chr.», *Hermes* 117, 1989, p. 314-320; U. Vogel-Weidemann, «*Carthago delenda est*: aitia and prophasis», *Acta Classica* 32, 1989, p. 79-95; M. Dubuisson, «*Delenda est Carthago*: remise en cause d'un stéréotype», dans *Punic Wars, op. cit.*, p. 279-287; C. Bonnet, «Les connotations sacrées de la destruction de Carthage», *ibid.*, p. 289-305; V. Krings, «La destruction de Carthage», *ibid.*, p. 329-344; H. Hurst, «The War Harbour of Carthage», dans *I Congresso Internazionale di studî fenici e punici, op. cit.*, 2, p. 603-610; N. Berti, «Scipione Emiliano, Caio Gracco e l'«euocatio» di «Giunone» da Cartagine», *Aevum* 64, 1990, p. 69-75; S. Lancel, «Les ports puniques de Carthage. État des questions», dans *CXV Congrès des Sociétés savantes*, Paris, 1992, p. 297-315; F. Limonier, «Rome et la destruction de Carthage», *REA* 101, 1999, p. 413-426. Scipion Émilien: A.E. Astin, *Scipio Aemilianus*, Oxford, 1967.

Chapitre xiii

Au cœur de Rome

Sur la réflexion théorique de Polybe, le point est fait par C. Nicolet, (1974), « Polybe et les Institutions romaines », *Polybe*, Genève, p. 209-265, et par le même dans l'Introduction de R. Weil et C. Nicolet (1977), *Polybe, Histoires, livre VI*, Paris, Les Belles Lettres, 159 p. dont 66-144 sont doubles, que l'on pourra compléter avec A.M. Eckstein (1995), *Moral Vision in the Histories of Polybius*, Berkeley, Univ. of California Press, 331 p.

La question générale de la pénétration de l'hellénisme a été traitée par P. Grimal, *Le Siècle des Scipions : Rome et l'hellénisme au temps des guerres puniques*, Paris, Aubier, 1975 (2e éd. refondue et augm.), 414 p., « Collection historique », et par E.S. Gruen, notamment dans deux ouvrages rassemblant des contributions éparses (1989), *Studies in Greek Culture and Roman Policy*, Leyde, Brill, 209 p. (1992), *Culture and National Identity in Republican Rome*, Londres, Duckworth, xiii-347 p. Les éloges funèbres et les inscriptions honorifiques sont examinés dans leur contexte par H.I. Flower (1996), *Ancestors Masks and Aristocratic Power in Roman Culture*, Oxford, Clarendon Press, xvii-411 p. Pour le cas particulier des Scipions, on lira F. Coarelli (1996), *Revixit Ars. Arte e ideologia a Roma. dai modelli ellenistici alla tradizione repubblicana*, Rome, Quasar, xxiii-595 p, notamment dans une contribution (p. 178-238), article repris dans un ouvrage de plus gande diffusion et superbement illustré, F. Coarelli (1984), *Roma sepolta*, Rome, Armando Curcio, 191 p.

Les rapports de l'aristocratie et de l'argent, et l'interdiction faite aux sénateurs de se livrer au commerce ont été étudiés par C. Nicolet (1980), « Économie, société, institutions au iie siècle av. J.-C. : de la *lex Claudia* à l'*ager exceptus* », *Annales ESC*, 35, 5, p. 871-919 ; par E. Gabba (1980), « Riflessioni antiche e moderne sulle attività commerciali a Roma nei secoli ii e i a.C. », *The Seaborne Commerce : Studies in Archaeology and History*, J.H. D'Arms ed., Rome, American Academy, p. 91-102 et (1981) « Ricchezza e classe dirigente romana fra iii e i sec. a.C. », *Rivista storica italiana*, 93, p. 541-558 ; et par A. Guarino (1982), « *Quaestus omnis patribus indecorus* », *Labeo*, 28, 1, p. 7-16. Pour comprendre les conditions et mesurer l'ampleur du trafic de bêtes sauvages destinées aux jeux, voir F. Bertrandy, « Remarques sur le commerce des bêtes sauvages entre l'Afrique du Nord et l'Italie (iie siècle av. J.-C.-ive siècle ap. J.-C.) », *Mélanges de l'École française de Rome* 99, 1, 1987, p. 211-241. La protection des jeunes gens : C. Lovisi (1998), « À l'origine de la loi Scantinia ? », *Mélanges à la mémoire d'André Magdelain*, M. Humbert et Y. Thomas éd., Paris, Éditions Panthéon-Assas, p. 275-283.

Sur la limitation de l'occupation des terres publiques, question qui se posera avec une acuité particulière au moment des Gracques (chapitre xiv), on peut lire B. Forsén (1991), *Lex Licinia Sextia de modo agrorum – fiction or reality ?*, Helsinki, Societas Scientiarum Fennica, 88 p.

Pour tout ce qui concerne l'urbanisme républicain on se reportera à P. Gros (1978). *Architecture et société à Rome et en Italie centro-méridionale aux deux derniers siècles de la République*, Bruxelles, Latomus, 100 p., et à P. Gros et M. Torelli (1988), *Storia dell'urbanistica. Il mondo romano*, Rome-Bari, Laterza, 466 p. ; le *Guide archéologique de Rome*, trad. Roger Hanoune, Paris, Hachette, 349 p. de F. Coarelli (1994) fournit toutes les données nécessaires pour comprendre l'évolution des différents sites de Rome. Les opérations concernant la construction des temples sont détaillées dans A. Ziolkowski (1992), *The Temples of Mid-Republican Rome and their Historical and Topographical Context*, Rome, L'Erma, 341 p., et par E.M. Orlin (1997), *Temples, Religion and Politics in the Roman Republic*, Leyde, Brill, VIII-227 p. Le temple de Portunus a fait l'objet d'une publication récente : J.-P. Adam (1994), *Le Temple de Portunus au Forum Boarium*, Rome, EFR, 108 p.

L'hydraulique romaine a été très étudiée. Il suffira de se reporter, pour la technique, à J. Bonnin (1984), *L'Eau dans l'Antiquité. L'hydraulique avant notre ère*, Paris, Eyrolles, XXIX-450 p et, pour un guide des aqueducs de Rome, à P. J. Aicher (1995), *Guide to the Aqueducts of Ancient Rome*, Wauconda, Bolchazy-Carducci Publishers, XIII-183 p.

La mise au point définitive sur la société prémonétaire et l'invention de la monnaie se trouve dans H. Zehnacker (1990). « Rome : une société archaïque au contact de la monnaie (VIe-IVe siècle) », *Crise et transformation des sociétés archaïques de l'Italie antique au Ve siècle av. J.-C.*, Rome, EFR, p. 307-326 et, du même, (1987), « Le *triens* des Servilii et le bronze patrimonial. », *Studi per Laura Breglia*, Rome, Libreria dello Stato, p. 9-17.

Sur les sociétés de publicains on se reportera à E. Badian (1983), *Publicans and Sinners : Private Enterprise in the Service of the Roman Republic, with a Critical Bibliography*, Ithaca, Cornell University Press, 174 p. Les innovations concernant la personnalité juridique des sociétés ont été mises en évidence par C. Nicolet (1979), « Deux remarques sur l'organisation des sociétés de publicains à la fin de la République romaine », *Points de vue sur la fiscalité antique*, H. Van Effenterre éd., Paris, Publications de la Sorbonne, p. 69-95.

Les *ludi* ont fait l'objet d'une récente publication qui a suscité intérêt et réserves, mais qui a le mérite de rassembler toute la documentation pour les époques royale et républicaine : F. H. Bernstein (1998), *Ludi Publici : Untersuchungen zur Entstehung und Entwicklung der öffentlichen Spiele im Republikanischen Rom*, Stuttgart, F. Steiner, 408 p. ; il convient de compléter par (1993) *Spectacles sportifs et scéniques dans le monde étrusco-italique*, sous la dir. de J.-P. Thuillier, Rome, EFR, 478 p., et par J.-P. Thuillier (1996), *Le Sport dans la Rome antique*, Paris, Errance, 190 p. La bibliographie sur la naissance du théâtre à Rome est immense et l'on se contentera de renvoyer à F. Dupont (1985), *L'Acteur-roi ou le théâtre dans la Rome antique*, Paris, Les Belles Lettres, 462 p., et à J.-C. Dumont et M.-H. François-Garelli (1998), *Le Théâtre à Rome*, Paris, Livre de poche, 250 p., que l'on pourra compléter avec le deuxième volume de R. Martin et J. Gaillard (1981), *Les Genres littéraires à Rome*, Paris, Scodel, 254 et 238 p., et la *La Littérature latine* de P. Grimal (1994), Paris, Fayard, 642 p.

Pour tout ce qui concerne le religieux, on se reportera à G. Dumézil, *La Religion romaine archaïque, avec un appendice sur la religion des Étrusques*, Paris, Payot, 1987 (2e édition revue et corrigée), 698 p., que l'on pourra compléter, sur la fête d'Anna Perenna, par A. Staples (1998), *From Good Goddess to Vestal Virgins. Sex and Category in Roman Religion*, Londres, Routledge, X-207 p.

Les manifestations politiques au théâtre à la fin de la République ont été mises en valeur par C. Nicolet, *Le Métier de citoyen dans la Rome républicaine*, Paris, Gallimard, 1976, 535 p.

« La raison de Rome » est le titre d'un ouvrage essentiel pour comprendre l'évolution intellectuelle et spirituelle de la République tardive : C. Moatti (1997), *La Raison de Rome : naissance de l'esprit critique à la fin de la République (IIe-Ier siècle avant J.-C.)*, Paris, Seuil, 473 p. C. Nicolet, *L'Inventaire du monde : géographie et politique aux origines de l'Empire romain*, Paris, Fayard, 1988, 345 p., donne un bel exemple de cette évolution.

Chapitre XIV

La grande crise

La bibliographie sur l'époque des Gracques est considérable. On concentrera donc l'attention du lecteur sur quelques lectures particulièrement éclairantes. Pour une bonne connaissance des sources, on verra C. Nicolet (1967), *Les Gracques. Crise agraire et révolution à Rome*, Paris, Julliard, 239 p. Quelques lectures permettront de prendre la mesure des problèmes posés par cet épisode de l'histoire de Rome : P. Fraccaro, *Studi sull'età dei Gracchi. La tradizione storica sulla rivoluzione graccana*, Roma, L'Erma di Bretschneider, 1967 (1914), 188 p. J. Carcopino, *Autour des Gracques, études critiques*, Paris, Les Belles Lettres, 1967 (1928), 353 p. D. Stockton, *The Gracchi*, Oxford-New York, Oxford University Press, 1979, XIII-251 p.

La statue de Cornelia a fait l'objet d'une étude particulière, celle de F. Coarelli, « La statue de Cornélie, mère des Gracques, et la crise politique à Rome au temps de Saturninus », in *Le Dernier Siècle de la République romaine et l'époque augustéenne*, Strasbourg, AECR, 1978, p. 13-27.

Sur la question de la propriété foncière, E. Gabba, « Considerazioni sulla decadenza della piccola proprietà contadina nell'Italia centro-meridionale del II sec. a.C. », *Ktèma* 2, 1977, p. 269-284 et, pour les conditions d'attribution des terres, outre les beaux volumes d'une exposition itinérante qui leur a été consacrée (*Misurare la terra : centuriazione e coloni nel mondo romano*, Modène, Panini, 1985, 4 vol., 318, 235, 272 et 230 p.), on se reportera à C. Moatti, « Étude sur l'occupation des terres publiques à la fin de la République romaine », *Cahiers Glotz* 3, 1992, p. 57-73, et *Archives et partage de la terre dans le monde romain (IIe siècle avant-Ier siècle après J.-C.)*, Rome, EFR, 1993, 174 p. E. Gabba et M. Pasquinucci, *Strutture agrarie e allevamento transumante nell'Italia romana (III-I Sec. a.C.)*, Pisa, Giardini, 1979, 197 p.

Les questions démographiques sont examinées dans F. Hinard, N. Corvisier et P. Salmon, « L'Europe gréco-romaine », *Histoire des populations de l'Europe*, J.-P. Bardet et J. Dupâquier (dir.), Paris, Fayard, 1997, vol. I : *Des origines aux prémices de la révolution démographique*, p. 93-132.

Sur les deux frères, P. Botteri a bien éclairé une source négligée sur leur histoire : *Les Fragments de l'histoire des Gracques dans la « Bibliothèque historique » de Diodore de Sicile*, Genève, Droz, 1992, 148 p.

Pour ce qui concerne l'aîné des Gracques, il faut mettre ensemble D. C. Earl, *Tiberius Gracchus : a Study in Politics*, Bruxelles, Latomus, 1963, 119 p., qui privilégie les motivations politiques de Tiberius, et C. Nicolet, « L'inspiration de Ti. Gracchus », *REA* 67, 1-2, 1965, p. 142-158, qui en est un compte rendu et qui rappelle les termes du débat intellectuel. La synthèse se trouve dans E. Badian, « Tiberius Gracchus and the Beginning of the Roman Revolution », in *Aufstieg und Niedergang der römischen Welt : Geschichte und Kultur Roms im Spiegel der neueren Forschung*, H. Temporini ed., Berlin-New York, De Gruyter, 1972, vol. I, 1 : *Politische Geschichte*, p. 668-731. Le fonctionnement du triumvirat agraire a fait l'objet d'une mise au point essentielle de J. Carcopino, *Autour des Gracques, études critiques*, Paris, Les Belles Lettres, 1967 (1928), 353 p. (avec un appendice de C. Nicolet). On consultera enfin E. Hermon, « La loi agraire de Tiberius Gracchus », *Ktèma* 1, 1976, p. 179-186 (sur l'adaptation juridique que supposait la loi aux nouvelles réalités socio-économiques) et E. Gabba, « Motivazioni economiche nell'opposizione alla legge agraria di Tib. Sempronio Gracco », in *Polis and Imperium. Studies Salmon*, Toronto, 1974, p. 129-138.

Les deux contributions d'ensemble sur l'Hispanie et Rome sont celles de J. S. Richardson, *Hispaniae. Spain and the Development of Roman Imperialism 218-82 BC*, Cambridge, Cambridge U.P., 1988 (1986), xi-218 p., 4 cartes, et de L. A. Curchin, *Roman Spain. Conquest and Assimilation*, Londres, Routledge, 1991, ix-250 p., 29 ill., 4 cartes. Et pour l'Asie on se reportera toujours à D. Magie, *Roman Rule in Asia Minor, to the End of the Third Century after Christ*, New York, Arno Press, 1975, 2 vol., xx-1661 p. Sur la militarisation de l'Afrique, F. Hinard, « La militarisation de l'Afrique romaine », *AntAfr* 27, 1991, p. 33-38.

Pour les travaux de la commission agraire : M. Pani, « Potere di *iudicatio* e lavori della commissione agraria graccana dal 129 al 121 a.C. », *AFLB* 19-20, 1976-1977, p. 131-146.

Les implications du vote secret ont été étudiées par C. Nicolet, « Arpinum, Aemilius Scaurus et les Tullii Cicerones », *REL* 45, 1967, p. 276-304, et « Cicéron, Platon et le vote secret », *Historia*, 1970, p. 39-66. Sur Scipion Émilien on consultera toujours A. E. Astin, *Scipio Aemilianus*, Oxford, Clarendon P., 1967, xiii- 374 p., à compléter avec C. Nicolet, « Le *de Republica* (VI, 12) et la dictature de Scipion », *REL* 42, 1964, p. 212-230, et I. Worthington, « The Death of Scipio Aemilianus », *Hermes* 117, 1989, p. 253-256. L'essentiel de ce que l'on peut savoir sur les rapports entre Rome, les Latins et les « alliés » se trouve dans E. Badian, « Roman Politics and the Italians (133-91 B.C.) », *DArch* 4-5, 1970-1971, p. 373-421 et dans E. Gabba, *Esercito e società nella tarda Repubblica romana*, Firenze, La nuova Italia, 1973, xi-623 p. et *Italia romana*, Côme, Edizioni New Press, 1994, 302 p.

Plus encore que pour son aîné, la bibliographie sur Caius Gracchus est immense. On se contentera de quelques travaux importants. Sur le personnage et la portée de son œuvre, *Demokratia et aristokratia. À propos de Caius Gracchus : mots grecs et réalités romaines*, C. Nicolet éd., Paris, université de Paris-I, 1983, 134 p. ; C. Nicolet, « Varron et la politique de Caius Gracchus », *Historia* 27, 3, 1979, p. 276-300. Sur les rapports avec l'ordre équestre, la grande thèse de C. Nicolet, *L'Ordre équestre à l'époque républicaine (312-43 av. J.-C.)*, Paris, De Boccard, 1966, 2 vol., viii-1-753 et xvii-755-1150 p., notamment vol. I, p. 467-527, et R. J. Rowland Jr, « C. Gracchus and the *equites* », *TAPhA* 96, 1965, p. 361-373. Également K. Meister, « Die Bundesgenossengesetzgebung des Gaius Gracchus », *Chiron* 6, 1976, p. 113-125 ; E. Hermon, « Le programme agraire de Caius Gracchus », *Athenaeum* 60, 1982, p. 258-272 ; P. Garnsey et D. Rathbone, « The Background of the Grain Law of Gaius Gracchus », *JRS* 75, 1985, p. 19-25 ; C. Nicolet, « Varron et la politique de Caius Gracchus », *Historia* 27, 3, 1979, p. 276-300 ; A. N. Sherwin-White, « The *lex repetundarum* and the Political Ideas of Gaius Gracchus », *JRS* 72, 1982, p. 18-31.

Sur l'opposition au tribun, H. C. Boren, « Livius Drusus *tr. pl.* 122 and his Antigracchan Program », *CJ* 52, 1956, p. 27-36 ; R. J. Rowland Jr, « The Development of Opposition to C. Gracchus », *Phoenix* 23, 1969, p. 372-379.

CHAPITRE XV

Les années troubles

Sur l'atmosphère politique de la période : E. S. Gruen, *Roman Politics and the Criminal Courts, 149-78 B. C*, Cambridge, Mass., Harvard University Press, 1968, XII-337 p. (à compléter par un utile petit livre sur le déroulement des procès : E. Narducci, *Processi ai politici nella roma antica*, Rome, Laterza, 1995, 102 p.) ; D. F. Epstein, *Personal Enmity in Roman Politics, 218-43 B. C*, London, Croom Helm, 1987, VI-183 p. ; J. I. McDougall, « Cassius Ravilla and the Trial of the Vestals », *AHB* 6, 1, 1992, p. 10-17.

Sur les idées politiques : J.-L. Ferrary, « Le idee politiche a Roma nell'epoca repubblicana », in *Storia delle idee politiche, economiche e sociali*, L. Firpo (dir.), Milan, UTET, 1982, p. 723-803.

Sur le devenir des dispositions gracchiennes : E. Badian, « The *lex Thoria*. A Reconsideration », in *Studies in Greek and Roman History*, Oxford, Blackwell, 1968 (1964), p. 235-242 ; K. Meister, « Die Aufhebung der gracchischen Agrarreform », *Historia* 23, 1974, p. 86-97.

J. van Ooteghem, *Les Caecilii de la République*, Bruxelles, 1967 ; T. H. Watkins, *The Caecilli Metelli as the Political Heirs of Scipio Aemilianus : a Study of Family Politics in the Roman Republic, 150-100 B. C*, thèse de l'université de Caroline du Nord, Chapel Hill, 1967, 129 feuillets ; C. Lovisi, « À l'origine de la loi Scantinia ? », *Mélanges à la mémoire d'André Magdelain*, M. Humbert et Y. Thomas (dir.), Paris, Éditions Panthéon-Assas, 1998, p. 275-283.

A. L. F. Rivet, *Gallia Narbonensis with a Chapter on Alpes Maritimae. Southern France in Roman Times*, Londres, Batsford, 1988, 370 p. *Voies romaines du Rhône à l'Èbre : « via Domitia » et « via Augusta »*, G. Castellvi, J.-P. Comps, J. Kotarba et A. Pezin éd., Paris, Maison des sciences de l'Homme, 1997, 299 p. Sur Marseille : A. T. Hodge, *Ancient Greek France*, Londres, Routledge, 1998, VIII-312 p. Et sur l'organisation et la fondation de la colonie de Narbonne : D. et Y. Roman, *Histoire de la Gaule, VIe siècle av. J.-C.-Ier s. ap. J.-C.). Une confrontation culturelle*, Paris, Fayard, 1997, 791 p.

Sur la guerre de Jugurtha il faut relire Salluste, bien sûr (avec aussi le commentaire de G. M. Paul, *A Historical Commentary on Sallust's Bellum Jugurthinum*, Liverpool, Francis Cairns, 1984, XXV-276 p., 1 carte), et la grande étude de R. Syme, *Sallust*, Berkeley-Los Angeles, Univ. of California Press, 1964, VI-381 p. H. W. Ritter, *Rom und Numidien : Untersuchungen zur rechtlichen Stellung abhängiger Könige*, Lüneburg, Al. Be. Ch., 1987, 152 p. G. Brizzi, « Giugurta, Calama e i Romani *sub iugum* », in *l'Africa romana*, A. Mastino (dir.), Sassari, Edizioni Gallizi, 1990, vol. VII, p. 855-870. F. Hinard, « La militarisation de l'Afrique romaine », *Antiquités africaines* 27, 1991, p. 33-38.

Sur Marius, J. van Ooteghem, *Caius Marius*, Bruxelles, Palais des Académies, 1964, 336 p., 20 fig ; E. Badian, « Marius and the Nobles », *Durham University Journal* 25, 1963-1964, p. 141-154 et *Foreign Clientelae (264-70 BC)*, Oxford, Clarendon Press, 1958, X-342 p. ; F. Hinard, « Marius, Sylla et l'Afrique », in *L'Africa romana*, A. Mastino (dir.), Sassari, Edizioni Gallizzi, 1989, vol. VI, p. 81-88 ; E. Gabba, « Le origini dell'esercito professionale in Roma : I proletarii e la riforma di Mario », in *Esercito e società nella tarda Repubblica romana*, Firenze, La nuova Italia, 1973, p. 1-174. Et sur le massacre de la population de Capsa, V. Ilari, « *Ius belli* – Tou polemou nomos », *Bollettino dell'Istituto di Diritto Romano* 88, 1985, p. 159-179.

Pour un essai, un peu désespéré, de réhabilitation de Quintus Seruilius Caepio : Y. Roman, « Q. Servilius Caepio, *patronus Senatus*, et les luttes politiques romaines à la fin du IIe siècle av. J.-C. », dans *L'Afrique, la Gaule, la religion à l'époque romaine. Mélanges à la mémoire de Marcel Le Glay*, Y. Le Bohec (dir.), Bruxelles, Latomus, 1994, p. 382-389.

Sur les révoltes serviles : K. R. Bradley, *Slavery and Rebellion in the Roman World, 140 BC-70 BC*, Bloomington, Indiana UP, 1998 (1989).

B. L. Twyman, « *Metus Gallicus* : the Celts and Roman Human Sacrifice », *AHB* 11, 1, 1997, p. 1-11 ; É. Demougeot, « L'invasion des Cimbres-Teutons-Ambrons et les Romains », *Latomus* 37, 1978, p. 910-938 ; A. Momigliano, « Sullo svolgimento della battaglia dei Campi Raudii », *Rivista di filologia e di cultura classica* 13, 1935, p. 367-369 ; R. G. Levis, « Catulus and the Cimbri 102 B.C. », *Hermes* 102, 1974, p. 90-109 ; F. Hinard, « Sur une autre forme de l'opposition entre *uirtus* et *fortuna* », *Kentron* 3, 1, 1987, p. 17-20.

J.-L. Ferrary : « Recherches sur la législation de Saturninus et de Glaucia », *Mélanges de l'École française de Rome. Antiquité* 89, 2, 1977, p. 619-660, « Recherches sur la législation de Saturninus et de Glaucia. II La loi *de iudiciis repetundarum* de C. Seruilius Glaucia », *Mélanges de l'École française de Rome. Antiquité* 91, 1, 1979, p. 85-134, « Les origines de la loi de majesté à Rome », *CRAI*, nov.-déc. 1983, p. 556-572 ; E. Badian, « The Death of Saturninus. Studies in Chronology and Prosopography », *Chiron* 14, 1984, p. 101-147.

Sur la solidarité familiale et la vengeance : P. Collinet, « Les vestiges de la solidarité familiale dans le droit romain », *Mélanges Gustave Glotz*, Paris, 1932, vol. I, p. 249-256 ; F. Hinard, « *Paternus inimicus* : sur une expression de Cicéron », *Mélanges Pierre Wuilleumier*, Paris, Belles Lettres, 1980, p. 197-210.

Sur le développement et la procédure des procès de concussion (*de repetundis*) : J.-L. Ferrary, « *Patroni* et accusateurs dans la procédure *de repetundis* », *Revue historique de droit français et étranger* 76, 1, 1998, p. 17-46. La portée politique des procès de Caepio et de Norbanus a été mise en évidence par E. Badian, « Caepio and Norbanus. Notes on the Decade 100-80 B.C. », *Historia* 6, 1957, p. 318-346 Et sur les tensions avec les Italiens, E. Gabba, « Politica e cultura in Roma agli inizi del I secolo a. C. », *Athenaeum* 31, 1953, p. 259-272 ; F. Hinard, « Cicéron et Norbanus », *Kentron* 3, 3, 1987, p. 87-92 ; J.-M. David, « Promotion civique et droit à la parole : L. Licinius Crassus et les rhéteurs latins », *Mélanges de l'École française de Rome. Antiquité* 91, 1, 1979, p. 135-181 ; J. G. Caminas, « Le *crimen calumniae* dans la *lex Remmia de calumniatoribus* », *Revue Internationale des droits de l'Antiquité* 37, 1990, p. 117-133.

Pour ce qui concerne Marcus Liuius Drusus : E. Gabba, « Osservazioni sulla legge giudiziaria di M. Livio Druso (91 a. C.) », *Parola (La) del Passato* 11, 1956, p. 363-372, « M. Livio Druso e le riforme di Silla », *ASNP* 33, 1964, p. 1-15.

CHAPITRE XVI

Les années noires

Les conditions du déclenchement de la « guerre sociale » ou « guerre des alliés » ont été étudiées par E. Gabba (1954), « Le origini della guerra sociale e la vita politica romana dopo l'89 a. C. », *Athenaeum* 32, p. 41-114, 295-345 (repris dans *Esercito e società nella tarda Repubblica romana* [1973], p. 193-345) et E. Badian (1970-1971), « Roman Politics and the Italians (133-91 B.C.) », *Dialoghi di Archeologia*, 4-5, p. 373-421; P. A. Brunt (1965), « Italian Aims at the Time of the Social War », *Journal of Roman Studies*, 55, p. 99-109, repris dans *The Fall of the Roman Republic and Related Essays* (1988). Pour une étude particulière des attitudes des élites italiennes, M. Gaggiotti (1983), « Tre casi regionali italici : il Sannio pentro », *Les « Bourgeoisies » municipales italiennes aux IIe et Ier siècles av. J.-C.*, Paris-Naples, Éditions du CNRS et Centre Jean-Bérard, p. 137-150; E. Deniaux (1981), « *Ciuitate donati* : Naples, Héraclée, Côme », *Ktèma*, 6, p. 133-141.

Sur l'organisation des peuples italiens : D. Briquel (1997), *Le Regard des autres. Les origines de Rome vues par ses ennemis (début du IVe siècle/début du Ier siècle av. J.-C.)*, Besançon, Université de Franche-Comté. Sur leur propagande numismatique : E. Bernareggi (1966), « Problemi sulla monetazione dei confederati ialici », *Rivista Italiana di numismatica e Scienze affini*, 68, p. 61-90.

Les divers aspects de la *lex Varia* on été analysés par E. S. Gruen (1965), « The *lex Varia* », *Journal of Roman Studies* 55, p. 59-73; R. Seager (1967), « The *lex Varia de maiestate* », *Historia* 16, p. 37-43; E. Badian (1969), « *Quaestiones Variae* », *Historia* 18, p. 447-491.

Sur les opérations de la guerre : A. Kiene *et al.* (1975), *Studies in the Social War*, New York, Arno Press, 619 p; G. De Sanctis (1976), *La guerra sociale*, Florence, La Nuova Italia, XLII-144 p.; A. Keaveney (1987), *Rome and the Unification of Italy*, London, Croom Helm, 231 p.

Sur les lendemains de la guerre : U. Laffi (1973), « Sull' organizzazione amministrativa dell'Italia dopo la guerra sociale », *Akten des VI Kongresses füt griechische und lateinische Epigraphik (München, 1972)*, Munich, Beck, p. 37-53 et (1992) « La provincia della Gallia Cisalpina », *Athenaeum* 80, p. 5-23; E. Gabba (1972), « Urbanizzazione e rinnovamenti urbanistici nell'Italia centro-meridionale des I sec. a.C. », *Studi classici e orientali* 21, p. 73-112. Et pour les lois accordant le droit de cité, G. Luraschi (1978), « Sulle *leges de ciuitate* (Iulia, Calpurnia, Plautia Papiria) », *Studia et Documenta Historiae et Iuris* 44, p. 321-370; Y. Thomas (1996), *« Origine » et « commune patrie ». Étude de droit public romain (89 av. J.-C.-21 ap. J.-C.*, Rome, EFR, 221 p.

Sur l'ensemble de la période : E. Gabba (1972), « Mario e Silla », *Aufstieg und Niedergang der römischen Welt : Geschichte und Kultur Roms im Spiegel der neueren Forschung*, H. Temporini ed., Berlin-New York, De Gruyter, I, 1, p. 764-805 et, sur les protagonistes de ces années noires, E. Badian (1959), « Sulla's Cilician Command », *Athenaeum* 37, p. 279-303; G. V. Sumner (1978), « Sulla's Career in the Nineties » *Athenaeum*, 56, p. 395-396; A. Keaveney (1980), « Deux dates contestées dans la carrière de Sylla », *Les Études classiques* 48, 2, p. 149-159; A. Keaveney (1978), « Pompeius Strabo's Second Consulship », *Classical Quaterly* 28, p. 240-241.

Les troubles de l'année 88-87 : T. J. Luce (1970), « Marius and the Mithridatic Command », *Historia* 19, p. 161-194 ; A. W. Lintott (1971), « The Tribunate of P. Sulpicius Rufus », *Classical Quaterly*, 21, p. 442-453 ; T. N. Mitchell (1975), « The Volte-face of P. Sulpicius Rufus in 88 B.C. », *Classical Philology* 70, p. 197-204 ; E. Valgilio (1967), « Sulla legislazione di P. Sulpicio Rufo (88 a.C.) », *Rivista di Studi Classici* 15, p. 163-169 ; F. Hinard (1985), « La déposition du consul de 88, Q. Pompeius Rufus, et la première prise de Rome par les armes », *Kentron*,1, 1, p. 3-5 ; R. A. Bauman (1973), « The Hostis' Declarations of 88 and 87 B.C. », *Athenaeum* 51, p. 132-139 ; O. D. Watkins (1988), « The Death of Cn. Pompeius Strabo », *Rheinisches Museum für Philologie* 131, p. 143-150 ; T. W. Hillard (1996), « Death by Lightning. Pompeius Strabo and the People », *Rheinisches Museum für Philologie* 139, p. 135-145 ; T. P. Hillman (1996), « Cinna, Strabo's Army and Strabo's Death in 87 B.C. », *L'Antiquité classique* 65, p. 81-89. Voir aussi sur la période T. F. Carney (1961), « The Flight and Exile of Marius », *Greece and Rome*, 30, p. 98-121 ; B. R. Katz (1976), « Studies on the Period of Cinna and Sulla », *L'Antiquité classique* 45, p. 497-549, et (1979), « The Selection of L. Cornelius Merula », *Rheinisches Museum für Philologie* 122, p. 162-166.

Une très belle mise au point sur le suicide de Catulus et la naissance du « deuxième style » décoratif dans les demeures privées se trouve dans G. Sauron (1999), « Le suicide de Catulus et la naissance du *deuxième style* theâtral », *Helmantica. Revista de Filología clásica y hebrea* 50, p. 151-153, 677-696.

Sur les événements d'Asie et la guerre de Mithridate, on se reportera à A. N. Sherwin-White (1984), *Roman Policy in the East. 168 BC to AD 1*, Londres, Duckworth, XII-352 p. D. G. Glew (1977), « The Selling of the King : a Note on Mithridate Eupator's Propaganda in 88 B.C. », *Hermes* 105, p. 253-256 ; (1971), « The Outbreak of the First Mithridatic War », thèse de l'université de Princeton University ; (1977), « Mithridate Eupator and Rome. A Study in the Background of the First Mithridatic War », *Athenaeum* 55, p. 380-405. Sur les « vêpres éphésiennes » : G. Amiotti (1980), « I Greci e il massacro degli Italici nell'88 a.C. », *Aevum*, 54, p. 132-139 ; F. de Callataÿ (1997), *L'Histoire des guerres mithridatiques vue par les monnaies*, Louvain-la-Neuve, Département d'archéologie et d'histoire de l'art, II-480 p ; F. Hinard (1985), *Sylla*, Paris, Fayard, 326 p. ; A. Keaveney (1992), *Lucullus. A Life*, Londres, Routledge, x-276 p. ; E. Badian (1976), « Rome, Athens and Mithridate », *Assimilation et résistance à la culture gréco-romaine*, Paris, p. 501-522 ; A. W. Lintott (1971), « The Offices of C. Flavius Fimbria in 86-85 BC », *Historia* 20, p. 696-701 et (1976), « Mithridatica », *Historia* 25, p. 489-491 ; N. G. L. Hammond (1938), « The Two Battles of Chaeronea (338 BC and 86 BC) », *Klio* 31, p. 186-201. Et sur l'organisation fiscale de l'Asie, P. A. Brunt (1956), « Sulla and the Asian Publicans », *Latomus* 15, p. 17-25.

H. Bennett (1923), *Cinna and his times ; a Critical and Interpretive Study of Roman History during the Period 87-84 B. C*, Menasha, Wis., G. Banta Pub. Co., 69 p. ; C. M. Bulst (1964), « *Cinnanum tempus* », *Historia* 13, p. 307-337 ; E. Lo Cascio (1979), « Carbone, Druso e Gratidiano : la gestione della *res nummaria* a Roma tra la *lex Papiria* e la *lex Cornelia* », *Athenaeum* 67, p. 215-238 ; M. H. Crawford (1968), « The Edict of M. Marius Gratidianus », *Proceedings of the Cambridge Philological Society* 14, p. 1-4 ; E. Badian (1962), « Waiting for Sulla », *Journal of Roman Studies* 52, p. 47-61.

CHAPITRE XVII

La dernière république

Sur la proscription : F. Hinard (1983), *Les Proscriptions de la Rome républicaine*, Rome, EFR, 605 p., et (1985) *Sylla*, Paris, Fayard, 326 p. Quelques publications complémentaires sur ce sujet : F. Hinard (1984), « La male mort. Exécutions et statut du corps au moment de la première proscription », *Du châtiment dans la cité. Supplices corporels et peine de mort dans le monde antique*, Rome, EFR, p. 295-311 ; (1986), « Mais qui donc a tué Gratidianus ? », *Kentron* 2, 5, p. 118-122 ; (1984), « Sur les *liberi proscriptorum*. Approches prosopographique et historique d'un problème politique », *Sodalitas. Scritti in onore di Antonio Guarino*, Naples, Jovene, p. 1889-1907.

La dictature : H. Bellen (1975), « Sullas Brief an den Interrex L. Valerius Flaccus », *Historia* 24, p. 555-569 ; M. Castello (1956), « Intorno alla legitimità della *lex Valeria de Sulla dictatore* », *Studi Francisci*, Milan, p. 37-60.

Sur l'œuvre du dictateur en général : E. Valgilio (1956), *Silla e la crisi repubblicana*, Firenze, La Nuova Italia, 251 p. ; A. Keaveney (1982), *Sulla. The Last Republican*, Londres, Croom Helm, 243 p. ; sur des points particuliers, F. Hinard (1995), « La dittatura costituente di Silla. », *Seminari di storia e di diritto*, A. Calore (dir.), Milan, Giuffrè, p. 1-10 ; (1994), « L'élargissement du pomerium. L'Italie et l'espace urbain de Rome », *La ciudad en el mundo romano*, Tarragone, Comitè organitzador del XIV C.I.A.C, p. 233-237 ; E. Badian (1955), « The Date of Pompey's First Triumph », *Hermes* 83, p. 107-118.

La date d'abdication est déterminante pour comprendre le propos du personnage. On peut désormais la fixer, avec une certaine vraisemblance, au 1er juin 81 : E. Badian (1970), « Additional Notes on Roman Magistrates », *Athenaeum* 48, p. 3-14 ; F. Hinard (1999), « Dion Cassius et l'abdication de Sylla », *Revue des études anciennes* 101, 3-4, p. 427-432.

F. Hinard (1988), « De la dictature à la tyrannie. Réflexions sur la dictature de Sylla », *Dictatures*, Paris, De Boccard, p. 87-96 et (1984) « La naissance du mythe de Sylla », *Revue des études latines* 62, p. 81-97.

CHAPITRE XVIII

L'agonie

C. Meier (1980), *Res publica amissa : eine Studie zu Verfassung und Geschichte der späten römischen Republik*, Frankfurt-am-Main, Suhrkamp, LVII-332 p. ; C. Bergemann (1992), *Politik und Religion im spätrepublikanischen Rom*, Stuttgart, Steiner, IV-166 p. ; N. K. Mackie (1992), « Popularis Ideology and Popular Politics at Rome in the First Century B.C. », *Rheinisches Museum für Philologie* 135, p. 49-73 ; P. J. J. Vanderbroeck (1987), *Popular Leadership and Collective Behavior in the Late Roman Republic (ca. 80-50 B.C.)*, Amsterdam, J.C. Gieben, 281 p. ; L. A. Burckhardt (1988), *Politische Strategien der Optimaten in der späten römischen Republik*, Stuttgart, Steiner, 296 p. ; J.-L. Ferrary (1997), « *Optimates* et *populares*. Le problème du rôle de l'idéologie dans la politique », *Die späte römische Republik. La fin de la République romaine. Un débat franco-allemand d'histoire et d'historiographie*, H. Bruhns (dir.), Rome, EFR, p. 221-235.

Sur les manœuvres politiques de l'époque : E. S. Gruen (1974), *The Last Generation of the Roman Republic*, Berkeley, University of California Press, XIV, 596 pp, déjà cité. Le fonctionnement du Sénat a été étudié par M. Bonnefond-Coudry (1989), *Le Sénat de la République romaine. De la guerre d'Hannibal à Auguste*, Rome, EFR, 837 p. ; L. De Libero (1992), *Obstruktion : politische Praktiken im Senat und in der Volksversammlung des ausgehenden römischen Republik (70-49 v. Chr.)*, Stuttgart, Steiner. Et l'on aura recours, pour le vocabulaire politique, à J. Hellegouarc'h (1972 – 2e tirage revu et corrigé), *Le Vocabulaire latin des relations et des partis politiques sous la République*, Paris, Les Belles Lettres, 601 p. ; L. Ross Taylor (1977), *La Politique et les partis à Rome au temps de César*, trad. par E et J.-C. Morin, Paris, Maspéro, 354 p (vieilli).

A. Yakobson (1999), *Elections and Electioneering in Rome. A Study in the Political System of the Late Republic*, Stuttgart, Steiner, 251 p. ; J. Linderski (1985), « Buying the Vote. Electoral Corruption in the Late Republic », *Ancient World* 11, p. 87-94 ; P. Nadig (1997), *Ardet ambitus : Untersuchungen zum Phänomen der Wahlbestehungen in der römischen Republik*, Frankfurt-am-Main, Lang ; G. Laser (1997), *Populo et scaenae serviendum est : die Bedeutung der städtischen Masse in der späten Römischen Republik*, Trier, Wissenschaftlicher Verlag Trier, 283 p. ; B. Kühnert (1991), *Die Plebs urbana der späten römischen Republik : ihre ökonomische Situation und soziale Struktur*, Berlin, Akademie-Verlag, 112 p. ; F. Millar (1998), *The Crowd in Rome in the Late Republic*, Ann Arbor, University of Michigan Press, XVI-236 p. ; J. W. Heaton (1939), *Mob Violence in the Late Roman Republic, 133-49 B. C*, Urbana, The University of Illinois Press, 107 p. ; A. W. Lintott (1968), *Violence in Republican Rome*, Oxford, Clarendon Press, XI-234 p.

Sur les lendemains de la dictature de Sylla : F. Hinard (1975), « Le *pro Quinctio*, un discours politique ? », *Revue des études anciennes* 77, p. 88-107 ; L. Labruna (1975), *Il console sovversivo : Marco Emilio Lepido e la sua rivolta*, Napoli, Liguori, 184 p. ; L. Hayne (1972), « M. Lepidus (cos. 78) a Reappraisal », *Historia* 21, p. 661-668 ; J. Cousin (1943), « *Lex Lutatia de ui* », *Revue historique de droit français et étranger*, p. 88-94.

Sur Sertorius : E. Gabba (1954), « Le origini della guerra sociale e la vita politica romana dopo l'89 a. C. », *Athenaeum* 32, p. 41-114 et 295-345, notamment 284-330 ; F. Hinard (1991), « Philologie, prosopographie et histoire : à propos de Lucius Fabius Hispaniensis », *Historia* 40, p. 71-80. D'une façon générale, sur le personnage, on en restera à A. Schulten (1926), *Sertorius*, Leipzig, Dieterich, 168 p.

Sur Pompée : J. Van Ooteghem (1954), *Pompée le Grand, bâtisseur d'empire*, Bruxelles ; J. Leach (1978 [1986]), *Pompey the Great*, London, Croom Helm, 265 p. ; R. Seager (1979), *Pompey, a Political Biography*, Berkeley, University of California Press, 209 p. Et pour une juste appréciation de la valeur militaire relative de Sertorius et de Pompée, G. Wylie (1992), « The Genius and the Sergeant : Sertorius versus Pompey », *Studies in Latin Literature and Roman History*, C. Deroux (dir.), Bruxelles, Latomus, p. 145-162.

Sur la question des pirates, malgré un schéma idéologique trop contraignant on verra H. B. H. Pohl (1993), *Die römische Politik und die Piraterie im östlichen mittelmeer vom 3 bis zum 1 Jh v. Chr.*, Berlin, De Gruyter, x-310 p ; P. de Souza (1999), *Piracy in the Graeco-Roman World*, Cambridge, Cambridge U.P., x-276 p. ; E. Maròti (1971), « On the Problem of M. Antonius Creticus' *imperium infinitum* », *Acta Antiqua Academiae Scientiarum Hungaricae* 19, p. 259-272 ; H.B. Mattingly (1980), « M. Antonius, C. Verres and the Sack of Delos by the Pitates », *Philias Charin. Studi E. Manni*, Rome, G. Bretschneider, p. 1489-1515.

Sur les esclaves : avant tout J.-C. Dumont (1987), *Seruus. Rome et l'esclavage sous la République*, Rome, EFR, 834 p., et H. Wallon (1988 [1847]), *Histoire de l'esclavage dans l'Antiquité*, Paris, Laffont, 1101 p. ; puis K. R. Bradley (1998-1989), *Slavery and Rebellion in the Roman World, 140 BC-70 BC*, Bloomington, Indiana UP. La grande étude sur les gladiateurs est celle de G. Ville (1981), *La Gladiature en Occident des origines à la mort de Domitien*, Rome, École française de Rome, x-519 p. Sur la guerre proprement dite, Z. Rubinsohn (1971), « Was the *bellum Spartiacum* a Servile Insurrection ? », *Rivista di filologia e di cultura classica* 99, p. 290-299 ; B. A. Marshall (1973), « Crassus and the Command against Spartacus », *Athenaeum* 71, p. 109-121, et (1972) « Crassus'Ovation in 71 BC. », *Historia* 21, p. 669-673, enfin d'une façon plus générale (1976), *Crassus : a Political Biography*, Amsterdam, A. M. Hakkert, 205 p. Pour les questions d'ordre public et l'absence de « police », B. Frier (1983), « Urban Praetors and Rural Violence : the Legal Background of Cicero's pro Caecina », *Transactions and Proceedings of the American Philological Association* 113, p. 221-241, et W. Nippel (1995), *Public Order in Ancient Rome*, Cambridge, Cambridge U.P., 163 p.

Pour les relations entre l'érudit Varron et Pompée : R. Astbury (1967), « Varro and Pompey », *CQ* 17, p. 403-407 et, sur la reddition du cheval public, C. Nicolet (1966), *L'Ordre équestre à l'époque républicaine (312-43 av. J.-C.)*, Paris, De Boccard, notamment I, p. 103-111.

La loi qui rendait l'intégralité de leurs pouvoirs aux tribuns est datée par J.-L. Ferrary de 68 ([1985], « La *lex Antonia de Termessibus* », *Athenaeum* 73, 3-4, p. 419-457) de préférence à 70, date traditionnellement admise (W. C. McDermott [1977], « Lex de Tribunicia Potestae [70 B.C.] », *CPh* 72, 1, p. 49-52). G. Niccolini (1932), *Il tribunato della plebe*, Milano, U. Hoepli, VIII-203 p. ; B. Marshall et J. L. Beness (1987), « Tribunician Agitation and Aristocratic Reaction 80-71 B.C. », *Athenaeum* 65, 3-4, p. 361-378 ; L. Thommen (1989), *Das Volkstribunat der späten römischen Republik*, Stuttgart, F. Steiner Verlag, 287 p. ; Y. Thomas (1977), « Cicéron, le Sénat et les tribuns de la plèbe », *Revue historique de droit français et étranger* 55, p. 189-210. Et sur la loi judiciaire de Cotta : J.-L. Ferrary (1975), « Cicéron et la loi judiciaire de Cotta (70 av. J.-C.) », *Mélanges de l'École française de Rome. Antiquité*, p. 321-348.

Sur la loi d'amnistie : F. Hinard (1983), *Les Proscriptions de la Rome républicaine*, Rome, EFR, notamment p. 162-186. Sur la vengeance : F. Hinard (1980), « *Paternus inimicus* : sur une expression de Cicéron », *Mélanges Pierre Wuilleumier*, Paris, Belles-Lettres, p. 197-210 ; Y. Thomas (1984), « Se venger au Forum. Solidarité familiale et procès criminel à Rome (Ier siècle av.-IIe siècle ap. J.-C.) », *La Vengeance. Vengeance, pouvoirs et idéologies dans quelques civilisations de l'Antiquité*, R. Verdier et J.-P. Poly (dir.), Paris, Éditions Cujas, p. 65-100.

Le procès de Verrès a donné lieu à une abondante bibliographie : J. Van Ooteghem (1966), « Verrès et les Metelli », *Mélanges Piganiol*, Paris, p. 827-835 ; E. S. Gruen (1971), « Pompey, Metellus Pius and the Trials of 70-69 BC », *American Journal of Philology* 92, p. 1-16 et d'une façon plus générale, du même, (1974), *The Last Generation of the Roman Republic*, Berkeley, University of California Press, XIV-596 p. La défense du préteur a été reconstituée avec brio par J. Carcopino (1950), « Observations sur le *de Suppliciis* », *Mélanges De Visscher*, Bruxelles, p. 229-266, sujet sur lequel on verra aussi M. C. Alexander (1976), « Hortensius' Speech in Defence of Verres », *Phoenix* 30, p. 46-53.

Sur les distributions de blé : C. Virlouvet (1987), « La topographie des distributions frumentaires et la création de la *Porticus Minucia frumentaria* », *L'Vrbs. Espace urbain et histoire (Ier siècle av. J.-C.-IIIe siècle ap. J.-C.)*, Rome, EFR, p. 175-189, et (1995) *Tessera frumentaria. Les procédures de distribution du blé public à Rome, à la fin de la République et au début de l'Empire*, Rome, EFR, 424 p.

Une récente biographie de Lucullus : A. Keaveney (1992), *Lucullus. A Life*, Londres, Routledge, x-276 p. ; T. P. Hillman (1991), « The Alleged *inimicitiae* of Pompeius and Lucullus : 78-74 », *CPh* 86, p. 315-318. Pour une analyse des difficultés que Lucullus rencontra avec ses troupes, on lira l'introduction d'E. Gabba (1975), *Le rivolte militari romane dal IV secolo a. C. ad Augusto*, Firenze, Sansoni, 94 p. ; J. W. Tatum (1991), « Lucullus and Clodius at Nisibis (Plutarch, Lucullus 33-34) », *Athenaeum* 79, p. 569-579 ; R. F. Thomas (1977), « L. Lucullus' Triumphal agnomen », *American Journal of Ancient History* 2, p. 172.

Sur Cicéron lui-même, il est difficile de faire son chemin dans une bibliographie foisonnante. On fera donc une première approche avec C. Nicolet et A. Michel (1971 – 1961), *Cicéron*, Paris, Éditions du Seuil, et C. Habicht (1990), *Cicero the Politician*, Baltimore, Johns Hopkins U. P., 148 p. On pourra poursuivre avec P. Grimal (1986), *Cicéron*, Paris, Fayard, 478 p, très favorable à l'orateur.

Sur Caton : R. Fehrle (1983), *Cato Uticensis*, Darmstadt, Wissenschaftliche Buchgesellschaft, XIV-341 p.

Sur les guerres mithridatiques : désormais F. de Callataÿ (1997), *L'Histoire des guerres mithridatiques vue par les monnaies*, Louvain-la-Neuve, Département d'archéologie et d'histoire de l'art, II-480 p. Sur la *lex Gabinia*, A. Giovannini et E. Grzybek (1978), « *Lex de piratis persequendis* », *Museum Helveticum*, 35, p. 33-47 ; S. Jameson (1970), « Pompey's imperium in 67 : Some Constitutional Fictions », *Historia* 19, p. 539-560 ; O. D. Watkins (1987), « *Caesar solus* ? Senatorial Support for the *lex Gabinia* », *Historia* 36, 1, p. 120-121 ; J. T. Ramsey (1980), « The Prosecution of C. Manilius in 66 B.C. and Cicero's pro Manilio », *Phoenix* 34, p. 323-336 ; A. M. Ward (1970), « Politics in the Trials of Manilius and Cornelius », *TAPhA* 101, p. 545-556. Les rapports de Rome avec l'Orient sont analysés en détail par D. Magie (1975), *Roman Rule in Asia Minor, to the End of the Third Century after Christ*, New York, Arno Press, xx-1661 p., et R. Sullivan (1990), *Near Eastern Royalty and Rome, 100-30 BC*, Toronto, University of Toronto Press, xx-523 p. ; R. M. Kallett-Marx (1995), *Hegemony to Empire. The Development of the Roman Imperium in the East from 148 to 62 B.C.*, Berkeley, Univ. of Califormia Press, XIV-428 p. ; P. W. M. Freeman (1994), « Pompey's Eastern Settlement : a Matter of Presentation », *Studies in Latin Literature and Roman History*, C. Deroux (dir.), Bruxelles, Latomus, p. 143-179.

Pour les débuts de César, on consultera les grandes biographies : M. Gelzer (1968), *Caesar : Politician and Statesman*, Cambridge, Harvard University Press, VIII-359 pp. ; C. Meier (1989), *César*, trad. J. Feisthauer, Paris, Le Seuil, 479 p. et R. Étienne (1997), *Jules César*, Paris, Fayard, 323 p.

Sur les avatars de la censure : A. E. Astin (1982), « The Censorship of the Roman Republic : Frequency and Regularity », *Historia* 31, p. 174-187. Le programme des tribuns de 63 que combattit Cicéron est expliqué par A. Drummond (1999), « Tribunes and Tribunician Programs in 63 », *Athenaeum*,87, p. 121-167, et F. Hinard (1983), *Les Proscriptions de la Rome républicaine*, Rome, EFR, p. 207-212.

La conjuration de Catilina se lit d'abord dans le texte de Salluste, avec l'important commentaire de K. Vretska (1976), *C. Sallustius Crispus, de Coniuratione Catilinae*, Heidelberg, Carl Winter, 2 vol. de 1-352 et 353-708 p. Sur le caractère sacrilège de l'exécution des complices de Catilina et, notamment, d'un préteur en exercice, J. Barlow (1994), « Cicero's Sacrilege in 63 B.C. », *Studies in Latin Literature and Roman History*, C. Deroux ed., Bruxelles, Latomus, p. 180-189. La vision d'un homme politique contemporain sur le personnage et ses aspirations se trouve dans Y. Guéna (1984), *Catilina, ou la gloire dérobée. Roman*, Paris, Flammarion, 316 p.

P. Moreau (1982), *Clodiana religio : un procès politique en 61 av. J.-C*, Paris, Les Belles Lettres, 267 p., a rendu compte, en détail, de l'affaire de *Bona Dea*. Le culte lui-même a fait l'objet de plusieurs études récentes au nombre desquelles H. S. Versnel (1996), « The Festival for Bona Dea and the Thesmophoria », *Women in Antiquity*, I. McAuslan & P. Walcot (dir.), Oxford, Oxford U.P., p. 182-204 et A. Staples (1998), *From Good Goddess to Vestal Virgins. Sex and Category in Roman Religion*, Londres, Routledge, x-207 p. Sur Clodius lui-même : H. Benner (1987), *Die Politik des P. Clodius Pulcher. Untersuchungen zur Denaturierung des Clientelwesens in der ausgehenden römischen Republik*, Stuttgart, Steiner, 189 p. ; J. W. Tatum (1999), *The Patrician Tribune : Publius Clodius Pulcher*, Chapell Hill & London, Univ. of Nth Carolina Press, XII-365 p.

Chapitre XIX

Les chemins vers la dictature

Il est toujours conseillé, pour en savoir plus sur les événements évoqués dans ce chapitre, de se référer au volume IX de la *Cambridge Ancient History*, nouvelle édition, et tout particulièrement aux contributions d'E. Rawson : *Caesar : Civil War and Dictatorship* (p. 424-467) ; *The Aftermath of the Ides* (p. 468-490). On ne peut ignorer les classiques : Ed. Meyer, *Caesars Monarchie und das Prinzipat des Pompeius*, Stuttgart, 1919 ; K. Christ, *Krise und Untergang der Römischen Republik,* Darmstadt, 1984 ; R. Syme, *La Révolution Romaine,* Oxford, 1939 (trad. française, R. Stuveras, 1967), dernière édition, 1978 ; on signalera aussi la récente publication de J.-M. David, *La République romaine : de la deuxième guerre punique à la bataille d'Actium, 218-31*, p. 189-264. On peut, enfin, toujours consulter L. Ross Taylor, *La Politique et les partis à Rome au temps de César,* trad. française, Paris, 1977 et P. Jal, *La Guerre civile à Rome. Étude littéraire et morale*, Paris, 1963.

Des biographies ont été consacrées aux différents protagonistes des guerres civiles, plus particulièrement : sur Pompée, J. van Ooteghem, *Pompée le Grand, bâtisseur d'Empire*, Bruxelles, 1954 ; J. Leach, *Pompey the Great,* Londres, 1978 ; R. Seager, *Pompey, a Political Biography,* Oxford, 1979 et surtout les deux volumes de P. Greenhalgh, *Pompey ; The Roman Alexander,* Londres, 1980, et *The Republican Prince,* Londres 1981 ; sur Crassus, F.E. Adcock, *Marcus Crassus millionaire,* Cambridge, 1966 ; B.A. Marshall, *Crassus. A Political Biography,* Amsterdam,1976 ; sur Clodius, H. Benner, *Die Politik des P. Clodius Pulcher,* Stuttgart, 1987, et désormais W. Jeffrey Tatum, *The Patrician Tribune, Publius Clodius Pulcher,* University of California Press, 1999 ; sur Caton, R. Fehrle, *Cato Uticensis,* Darmstadt, 1986 ; sur Labienus, W.B. Tyrell, *Military and Political Career of Titus Labienus,* Washington, 1970 ; sur César, la bibliographie est immense, dans toutes les langues. On retiendra les incontournables : M. Gelzer, *Caesar, der Politiker und der Staatsmann,* Wiesbaden, 1960, Stuttgart, 1983 ; J. Carcopino, *César*, Paris 1990 (6e édition, avec une contribution de P. Grimal); Ch. Meier, *César* (trad. française, 1989); S. Weinstock, *Divus Iulius,* Oxford, 1971; M. Grant, *Julius Caesar*, Londres, 1969; plus récents, Y. Le Bohec, *César,* Paris, « Que sais-je ? », 1994, et R. Étienne, *Jules César,* Paris, 1997. Sur l'image de César, notons deux contributions : G. Zecchini, « L'immagine di Cesare nella storiografia moderna », *Aevum Antiquum,* 1991, p. 227-254, et surtout, Z. Iavetz, *César et son image. Des limites du charisme en politique,* Londres, 1983 (trad. française Paris, 1990). Sur tous les autres, Curion, Decimus Brutus, M. Caelius Rufus, Dolabella, et autres Cassius et Brutus, on lira avec intérêt M.H. Dettenhoffer, *Perditas Iuventus, Zwischen den Generationen von Caesar und Augustus,* Munich,1992, sans oublier le classique E.S. Gruen, *The Last Generation of the Roman Republic,* Berkeley, 1974.

Sur le consulat de César et sur son alliance avec Pompée et Crassus : T.N. Mitchell, « Cicero, Pompey and the Rise of the First Triumvirate », *Traditio* 29, 1973, p. 1-26; E.J. Parrish, « Crassus'New Friends and Pompey's Return », *Phoenix* 27, 2, 1973, p. 357-380; L. Ross Taylor, « The Dating of Major Legislation and Elections in Caesars First Consulship », *Historia* 17, 1968, p. 173-193; D.W. Knight, « Pompey's Concern with Preeminence after 60 B.C. », *Latomus* 27, 1968, p. 878-883, ou encore R.J. Rowland, « Crassus, Clodius and Curio in the Year 59 B.C. », *Historia* 15, 1966, p. 217-223. Sur le tribunat de Clodius, on se reportera à la belle étude de J.-M. Flambard, « Clodius, les collèges, la plèbe et les esclaves. Recherches sur la politique populaire au milieu du Ier siècle », *MEFRA* 89, 1977, p. 115-136, mais aussi à R. Seager, « Clodius, Pompeius and the Exile of Cicero », *Latomus* 24, 1965, p. 519-531 ; à W.K. Lacey, « Clodius and Cicero : a Question of *dignitas* », *Antichton,* 1974, p. 85-92, ou encore à W.J. Tatum, « Cicero's Opposition to the *Lex Clodia de collegiis* », *CQ*, 60, 1990, p. 187-194. Sur la mission de Caton à Chypre, on consultera avec profit E. Badian, « M. Porcius Cato and the Annexation and the Early Administration of Cyprus », *JRS* 55, 1965, p. 110-121.

Sur les accords de Lucques, les contributions importantes sont, outre celle de Knight cité *supra*, E.S. Gruen, « Pompey, the Roman Aristocracy and the Conference of Luca », *Historia* 17, 1969, p. 71-85; C. Luibheid, « The Luca Conference », *CPh* 65,1970, p. 88-94 ; si l'on replace l'événement dans le contexte de la guerre des Gaules, voir J.F. Lazenby, « The Conference of Luca and the Gallic War », *Latomus* 17, 1959, p. 67-80.

La bibliographie concernant la guerre des Gaules est impressionnante. L'ouvrage de référence est désormais Ch. Goudineau, *César et la Gaule,* Paris, 1990. On consultera aussi le classique M. Rambaud, *L'Art de la déformation historique dans les commentaires de César,* Paris, 1952, et, à propos d'une autre source, G. Zecchini, *Cassio Dione e la guerra gallica di Cesare,* Milan, 1978. On trouvera dans ces ouvrages et dans les monographies consacrées à César toute la bibliographie complémentaire consacrée à tel ou tel aspect ou phase de la campagne.

Sur la défaite de Crassus à Carrhae, on consultera surtout G. Brizzi, « Note sulla battaglia de Carre », dans *Studi militari romani* (du même auteur), Bologne, 1983, p. 9-30.

Comme pour la guerre des Gaules, la guerre civile entre césariens et pompéiens a suscité une abondante littérature. Les causes du conflit ont été étudiées par H. Gesche, « Die Quinquennale Dauer und der Endtermin der Gallischen Imperium Caesars », *Chiron* 3, 1973, p. 179-220, ou dans P. J. Cuff, « The Terminal Date of Caesars Gallic Command », *Historia* 7, 1958, p. 445-471, mais les interprétations de ces auteurs des responsabilités de chacun des protagonistes demeurent divergentes. Les études d'ensemble de la crise sont nombreuses, citons seulement : K. Raaflaub, *Dignitatis contentio. Studien zur Motivation und politischen Taktik im Bürgerkrieg zwischen Caesar und Pompeius,* Bâle, 1974;

H. Bruhns, *Caesar und die römische Oberschicht in den Jahren 49-44 v. Chr.*, Göttingen, 1978; Z. Rubin, *Civil-War Propaganda and Historiography*, Bruxelles, 1980; N. Berti, *La guerra di Cesare contro Pompeo*, Milan, 1988; L.A. Buckhardt, *Politische Strategien der Optimaten in der späten römischen Republik*, Stuttgart, 1988.

Sur l'attitude de Labienus, on se reportera à la biographie que lui a consacrée W.B. Tyrell; on complétera par *id.*, « Labienus' Departure from Caesar in January 49 B.C. », *Historia* 21, 1972, p. 424-440; R. Syme, « The Allegiance of Titus Labienus », *JRS* 28, 1938, p. 113-128 (=*Roman Papers*, Oxford, 1979, 1, p. 62-75), et G. Wylie, « Why did Labienus Defect from Caesar in 49 B.C. ? », *AHB* 3, 1989, p. 123-127.

Sur la campagne d'Espagne, on peut consulter J. Harmand, « César et l'Espagne durant le second *Bellum civile* », *Legio VII Gemina*, Léon, 1970, p. 181-203, et plus récemment J.-M. Roddaz, « L'empreinte de César dans la péninsule Ibérique », dans les Actes du colloque *L'Ultimo Cesare*, Milan/Cividale, 2000. Sur la campagne de Macédoine, on retiendra toujours G. Veith, *La campagna di Durazzo tra Cesare e Pompeo*, Rome, 1942, et F. Paschoud, « La bataille de Pharsale. Quelques problèmes de détails », *Historia* 1, 1951, p. 178-188. Sur la guerre d'Alexandrie, on retrouve l'essentiel des faits dans les monographies consacrées à César et dans les innombrables biographies de Cléopâtre dont celle de J. Lindsay, *Cleopatra*, Londres, 1970; L. Hughes-Hallett, *Cleopatra, Histories, Dreams and Distorsions*, Londres, 1990; M. Grant, *Cleopatra*, Londres, 1972; on citera toujours, néanmoins, P. Graindor, *La Guerre d'Alexandrie*, Le Caire, 1931.

La question des dettes a été abordée dans différentes études: P. Simelon, « À propos des émeutes de M. Caelius Rufus et de P. Cornelius Dolabella, 48-47 av. J.-C. », *Les Études classiques*, 53, 1985, p. 388-405; du même, « Aspects de la situation socio-économique en Italie entre 49 et 45 av. J.-C. », *ACD* 21, 1985, p. 73-100; M.W. Frederiksen, « Caesar, Cicero and the Problem of Debt, » *JRS* 66, 1966, p. 73-100; et d'une manière plus générale, I. Shatzman, *Senatorial Wealth and Roman Politics*, Bruxelles, 1975. Sur M. Caelius Rufus, plus précisément, on lira la thèse de D.V. Madsen, *The Life and Political Career of Marcus Caelius Rufus*, Seattle, 1981; ou encore P. Cordier, « M. Caelius Rufus, le préteur récalcitrant », *MEFRA* 106, 1994, p. 533-577.

Les campagnes d'Afrique et de Munda n'ont pas suscité d'études particulières et l'on renverra à la monographie de Fehrle pour la mort de Caton.

Différents aspects de la dictature de César ont retenu l'attention; A.K. Michels, *The Calendar of the Roman Republic*, Princeton, 1967, pour la réforme du calendrier; P. Vittinghoff, *Römische Kolonisation und Bürgerrechtspolitik unter Caesar und Augustus* Wiesbaden, 1952, pour la politique de colonisation, ou encore L. De Blois, *The Roman Army and Politics in the First Century B.C.*, Amsterdam, 1987, L. Keppie, *Colonisation and Veteran Settlement in Italy 47-14 B.C.*, Londres, *BSR*, 1983, pour le rôle de l'armée, et surtout Yavetz, *César et son image*, pour l'ensemble de l'œuvre de législation.

Il aurait été étonnant que les ides de mars ne suscitent pas l'intérêt des historiens; après le classique R. Étienne, *Les Ides de mars. L'assassinat de César ou de la dictature*, Paris, 1973, on peut aussi citer, du même, « La curie de Pompée et la mort de César », *Hommages Carcopino*, Paris, 1977, p. 71-79; R.F. Rossi, « Cicerone, Bruto e la congiura contro Cesare », *PP* 8, 1953, p. 26-47; Z. Iavetz, *Existimatio, Fama* and the Ides of March, *HSCPh* 78, 1974, p. 35-65, ou encore P. M. Martin, *Tuer César !*, Bruxelles, 1988.

CHAPITRE XX

L'héritage

Pour l'ensemble de la période, on se reportera au volume X de la *Cambridge Ancient History*, en particulier, dans la nouvelle édition (1996), au chapitre *The Triumviral Period* (p. 1-69) de C. Pelling. La lecture de Syme, *La Révolution romaine,* demeure indispensable et il convient de citer un grand classique : M.A. Levi, *Ottaviano Capoparte,* Florence, 1933. On doit ajouter un bel ensemble de contributions réunies par K.A. Raaflaub et M. Toher, dans *Between Republic and Empire,* Berkeley, 1990, et toujours P. Jal, *La Guerre civile, étude littéraire de Cicéron à Tacite,* Paris, 1963.

Sur les différents protagonistes des luttes des dernières guerres civiles, les études ne manquent pas. Plusieurs ont été consacrées à Brutus : M.L. Clarke, *The Noblest Roman, Marcus Brutus and his Reputation,* Ithaca, 1981 ; E. Wistrand, *The Policy of Brutus, the Tyrannicide,* Göteborg, 1981 ; on peut encore citer G. Walter, *Brutus et la fin de la Republique,* Paris, 1938. Les travaux sont encore plus nombreux en ce qui concerne Marc Antoine et il faut nécessairement faire un choix ; citons cependant H. Bengtson, *Marcus Antonius, Triumvir und Herrscher des Orients,* Munich, 1977 ; F. Chamoux, *Marc Antoine, dernier Prince de l'Orient grec,* Paris, 1986 ; E.G. Huzar, *Mark Antony. A biography,* Londres, 1986 (2e édit.) ; R.F. Rossi, *Marco Antonio nella politica della tarda repubblica romana,* Trieste, 1959. On peut aussi consulter les actes d'un petit colloque qui s'est tenu à Lyon, en juin 1990, sur le thème *Marc Antoine, son idéologie et sa descendance,* Lyon-Paris, 1993. La production concernant Lépide est moins abondante, mais on doit signaler la récente biographie consacrée au triumvir par R.D. Weigel, *Lepidus, the Tarnished Triumvir,* Londres, 1992. L'ascension du jeune Octave a naturellement retenu l'attention ; mentionnons d'abord l'indispensable *Oktavians Aufstieg zur Macht,* Bonn, 1976, d'A. Alföldi, mais aussi W. Schmitthenner, *Oktavian und das Testament Cäsars,* Munich, 1973, et M. Lemosse, « L'adoption d'Octave et ses rapports avec les règles du droit civil », *Studi Albertario,* 1975, I, p. 369-395. Mais les entourages ont également intéressé les historiens, notamment lorsqu'il a fallu définir des « partis », sans que l'on donne à cette notion la signification qu'elle a aujourd'hui : voir, sur ce point, A. Glauning, *Die Anhängershaft des Antonius und des Octavian,* Leipzig, 1936 ; P. Grattarola, *I cesariani dalle Idi di Marzo al secondo Triumvirato,* Turin, 1990 ; R. Syme, *Augustan Aristocracy,* Oxford, 1986. La période s'est caractérisée par l'irruption au premier plan de la vie politique, de l'aristocratie italienne et par quelques transferts de fortune : sur ce point, on lira T.P. Wiseman, *New Men in the Roman Senate,* Oxford, 1971, et, sur le plus fameux des *homines novi,* J.-M. Roddaz, *Marcus Agrippa,* BEFAR, Rome, 1984.

Les événements qui ont suivi l'assassinat de César et le rôle fondamental de l'armée dans les années 43-40 av. J.-C. ont été largement commentés : H. Botermann, *Die Soldaten und die römische Politik in der Zeit von Caesars Tod bis zur Begründung des Zweiten Triumvirats,* Munich, 1968 ; U. Ortmann, *Cicero, Brutus und Octavian. Rebublikaner und Caesarianer. Ihr gegenseitiges Verhältnis 44/43 v. Chr.*, Bonn, 1988 ; W.C. Schmitthenner, *The Armies of the Triumviral Period,* Oxford, 1959 ; du même, « Politik und Armee in der späten Republik », *HZ* 190, 1960, p. 1-17 ; U. Gotter, *Der Diktator ist tot. Politik in Rom zwischen den Iden des März und der Begründung des Zweiten Triumvirats,* Stuttgart, 1996.

Ce n'est que très récemment que les chercheurs ont concentré leur intérêt sur le fonctionnement du IIe triumvirat; les études sont de qualité. Il faut d'abord citer *Il triumvirato costituente alla fine della repubblica romana. Scritti in onore di M.A.Levi*, Côme, 1993, et notamment la contribution de U. Laffi, p. 37-65. L'ouvrage de J. Bleicken, *Zwischen Republik und Prinzipat*, Göttingen, 1990, demeure fondamental et l'article de F. Millar, « Triumvirate and Principate », *JRS* 63, 1973, p. 50-67, est très stimulant. On citera aussi les ouvrages qui prennent en considération l'histoire de la période : A.M.Gowing, *The Triumviral Period in Appian and Cassius Dio*, Bryn Mawr College, 1988, et P. Wallmann, *Triumviri rei publicae constituendae. Untersuchungen zur politischen Propaganda in zweiten Triumvirat (43-30 v. Chr.)*, Francfort, 1989.

La lecture de F. Hinard, *Les Proscriptions de la Rome républicaine*, Rome, *EFR*, 1985, est indispensable pour comprendre la proscription de 43 ; elle peut être complétée par celle de H. Bengtson, *Zu den Proskriptionen der Triumviri*, Munich, 1972 ; sur l'échec et la fin de Cicéron, voir E. Kumaniecki, *Cicerone e la fine della repubblica romana*, Rome, 1972 ; W.K. Lacey, *Cicero and the End of the Roman Republic*, Londres, 1978. Aucune étude spécifique récente n'est consacrée à la campagne de Philippes ; on se reportera donc aux monographies et aux ouvrages généraux déjà cités.

En revanche, les contributions sur la guerre de Pérouse sont nombreuses : on renverra tout d'abord à M. Volponi, *Lo sfondo italico della lotta triumvirale*, Gênes, 1975, et à L. Keppie, *Colonisation and veteran settlement... (op. cit.)*, pour le cadre général, puis pour les aspects politico-militaires à E. Gabba, « The Perusine War and Triumviral Italy », *HSCLPh* 75, 1971, p. 141-150 ; C.L. Babcock, « The Early Career of Fulvia », *AJPh* 56, 1935, p. 1-32 ; J.-M. Roddaz, « Lucius Antonius », *Historia* 37, 1988, p. 317-346.

Sextus Pompée occupe une place non négligeable dans l'histoire du IIe triumvirat, en tant qu'adversaire des dynastes et dernier espoir de la République. Son image et sa représentation sont contrastées dans l'historiographie moderne ; l'ouvrage de base demeure la biographie que lui a consacrée M. Hadas, *Sextus Pompey*, New York, 1930, et, à un moindre degré, B. Schör, *Beiträge zur Geschichte des Sextus Pompeius*, Stuttgart, 1978 ; mais on ne peut ignorer des études plus pointues comme T.V. Butrey Jr, « The *Pietas Denarii* of Sextus Pompey », *NC* 6, 20, 1960, p. 83-101 ; E. Gabba, « Aspetti della lotta in Spagna di Sesto Pompeo », dans *Legio VII Gemina*, Léon, 1970, p. 131-155 ; J.-P. Guilhembet, « Sur un jeu de mots de Sextus Pompée : *Domus* et propagande politique lors d'un épisode des guerres civiles », *MEFRA* 104, 1992, p. 787-816, ou encore J. de Rose Evans, « The Sicilian Coinage of Sextus Pompeius », *MNANS* 32, 1987, p. 97-157. Sur le *portus Iulius*, voir tout spécialement, M. Pagano, M. Reddé et J.-M. Roddaz, « Étude sur la zone archéologique du lac d'Averne », *MEFRA*, 1982, p. 271-323.

Encore plus ample est la production scientifique s'intéressant à l'œuvre de Marc Antoine en Orient : on renverra d'abord aux monographies le concernant auxquelles on peut ajouter P. M. Martin, *Antoine et Cléopâtre. La fin d'un rêve*, Paris, 1990. Plus précis sont H. Buchheim, *Die Orientpolitik des Triumvirn M. Antonius*, Heidelberg, 1960 ; H. Bengtson, *Zum Partherfeldzug des Antonius*, Munich, 1974, ou même J. Dobias, « La donation d'Antoine à Cléopâtre en l'an 34 av. J.-C. », *Mélanges Bidez*, Bruxelles, p. 287-314 ; A. Zwaenopoel, « La politique orientale d'Antoine », *Les Études classiques* 18, 1950, p. 3-15, et encore A. Jeanmaire, « La politique religieuse d'Antoine et Cléopâtre », *RA* 5, 19, 1924, p. 241-261. Voir enfin F. Sbordone, « Cleopatra uxor di M. Antonio », *AHDE* 49, 1979, p. 639-642, et E. Volterra, « Ancora sul matrimonio di Antonio con Cleoplatra, » *Festschr. W. Flume*, Cologne, 1978, I, p. 205-212.

En revanche, il y a peu de choses de nouveau, depuis l'abondante production des années 30, sur la campagne d'Octavien en Illyrie ; on peut rappeler le bel article de W. Schmitthenner, « Octavians militärische Unternehmungen in den Jahren 35-33 v. Chr. », *Historia* 7, 1958, p. 189-236, qui demeure la référence, et une récente contribution de M. Sasel Kos, « Octavian's Campaigns (35-33 B.C.) in Southern Illyria », dans *L'Illyrie méridionale et l'Épire dans l'Antiquité*, III, Paris, 1999, p. 265-269.

Si l'on s'intéresse à la guerre de propagande, on lira toujours K. Scott, « The Political Propaganda of 44-30 B.C. », *MAAR* 11, 1933, p. 7-49, L.R. Johnson, *Augustan Propaganda*, Los Angeles, 1976, mais aussi la vieille étude de J. Gagé, « Actiaca », *Mélanges d'archéologie et d'histoire*, 53, 1936, p. 37-100.

Sur la campagne d'Actium, l'étude la plus complète est celle de J.-M. Carter, *The Battle of Actium. The Rise and Triumph of Augustus Caesar*, Londres, 1970, mais les contributions sont innombrables sur le déroulement de la bataille. Les controverses sont allées bon train, notamment dans les études antérieures à la Seconde Guerre mondiale, et sont quelque peu retombées depuis. Stimulant est l'article de J. Leroux, « Le problème stratégique de la bataille d'Actium », *Recherches de philologie et de linguistique* II, 1968, p. 29-61 ; on verra aussi M.L. Paladini, « A proposito della tradizione poetica sulla battaglia d'Azio », *Latomus* 17, 1958, p. 240-269 462-475, D. Harrington, « The Battle of Actium. A Study in Historiography », *Ancien World* 9, 1984, p. 59-64, et M. Reddé, « Galères à 4, 5, 6 rangs de rames dans l'Antiquité », *MEFRA* 92, 1980, p. 1 025-1 037.

Sur la victoire d'Octavien en Égypte et la mort d'Antoine et de Cléopâtre, on renverra aux biographies de ces deux personnages et aux études générales déjà mentionnées ; on peut compléter son information avec : H. Volkmann, *Cleopatra ; a Study in Politics and Propaganda*, Munich, 1958 ; I. Becher, *Das Bild der Kleopatra in der grieschichen und lateinischen Literatur*, Berlin, 1966 ; du même auteur, « Oktavians Kampf gegen Antonius und seine Stellung zu den ägyptischer Göttern », *Altertum* 11, 1965, p. 40-47 ; M.A. Levi, « Cleopatra e l'apside », *PP* 9, 1954, p. 293-295 ; K.W. Meikeljohn, « Alexander Helios and Caesarion », *JRS* 24, 1934, p. 191-195. On pourra toujours consulter aussi A. Bernand, *Alexandrie la Grande*, Paris, 1966.

Chronologie

XIVe siècle	Fragments de céramique appenninique (zone de Sant'Omobono)
X^{e}-IXe siècles	Fonds de cabanes sur le Germal
début IXe siècle-début VIIIe siècle	Période d'usage de la nécropole du Forum
début VIIIe siècle	Premières tombes de la nécropole de l'Esquilin
vers 775	Établissement des colons grecs venus de Chalcis et Érétrie en Eubée dans l'île de Pithécusses (Ischia)
vers 750	Établissement de ces colons chalcidiens à Cumes sur le continent
cours VIIIe siècle	Début de l'essor de la civilisation étrusque
753	Date de la fondation de Rome (le 21 avril, jour de la fête des Parilies, selon Varron)
753-715	Dates traditionnelles du règne de Romulus
vers 750	Traces de muraille au pied du Palatin (fouilles de A. Carandini)
715-672	Dates traditionnelles du règne de Numa Pompilius
672-640	Dates traditionnelles du règne de Tullus Hostilius
vers 670/50	Inscription latine de la fibule de Préneste (d'authenticité discutée) ; inscription sur bol en argent de la tombe Bernardini
vers 650	Premier aménagement du sol du Forum
640-616	Dates traditionnelles du règne d'Ancus Marcius
vers 625	Construction du pont Sublicius
vers 625	Nouvel aménagement du Forum
616-578	Dates traditionnelles du règne de Tarquin l'Ancien
fin VIIe siècle-début VIe siècle	Fragment d'olpè corinthienne avec graffite grec *ktektou*
fin VIIe-début VIe siècle	Traces d'aménagement de la zone du *lapis niger,* traces de bâtiments dans la zone du Comitium (curie ?) et de la Regia
début VIe siècle	Traces d'aménagement de la zone du Capitole
2e quart VIe siècle	Vase de bucchero trouvé à Véies, inscrit au nom d'Aulus Vibenna

578-534	Dates traditionnelles du règne de Servius Tullius
vers 575	Première phase de l'aménagement de la zone sacrée de Sant'Omobono
milieu VIe siècle	Cippe inscrit du *lapis niger* avec mention du *rex*
534-509	Dates traditionnelles du règne de Tarquin le Superbe
540/30	Seconde phase de l'aménagement de la zone sacrée de Sant'Omobono, avec le groupe d'Hercule et Minerve
vers 530	Construction de grandes maisons en pierre sur les pentes du Palatin
dernier quart VIe siècle	Construction du temple de Jupiter Capitolin
524	Attaque étrusque contre Cumes, où Aristodème prend le pouvoir
509	Date traditionnelle du renversement de la monarchie et de l'établissement de la république par Brutus, Tarquin Collatin, Valerius Publicola
fin VIe siècle	Traces de destruction dans la zone du Forum, de la Regia, de l'aire sacrée de Sant'Omobono (qui sera abandonnée pendant deux siècles)
509	Date du premier traité entre Rome et Carthage selon Polybe
	Dédicace du temple du Capitole par le consul Horatius
508	Attaque du roi de Chiusi contre Rome
508/07	Exploits légendaires d'Horatius Coclès, Mucius Scaeuola, Clélie ; selon Tacite, le roi Porsenna s'empare de Rome
507	L'armée de Porsenna est battue à Aricie par Aristodème de Cumes et les Latins
501	Nomination du premier dictateur pour faire face à la révolte des Latins et à la menace des Sabins
499 ou 496	Dates différentes données pour la victoire de Rome contre l'armée de la ligue latine au lac Régille
	Les Tarquins, réfugiés auprès des Latins, s'enfuient à Cumes auprès d'Aristodème
fin VIe - début Ve siècle	Établissement progressif des Volsques et des Èques dans les zones méridionales du Latium, raids incessants dans le Latium
494	Sécession de la plèbe qui se retire sur le mont Sacré (ou l'Aventin)
	Intervention de Menenius Agrippa pour la persuader de revenir à Rome
493	Règlement du conflit avec la plèbe, institution des tribuns de la plèbe
491-488	Exil de Coriolan, qui attaque Rome à la tête d'une armée volsque
Après 485	Quasi-disparition des noms plébéiens des fastes consulaires
477	Désastre du Crémère, mort des 306 Fabii tués par les Étrusques de Véies
460	Le Sabin Appius Herdonius s'empare du Capitole
451	Institution des décemvirs, chargés de rédiger la loi ; rédaction de la loi des XII Tables

450-450	Nomination d'un second collège de décemvirs, avec Appius Claudius, qui vire à la tyrannie
450	Épisode de Virginie ; révolte de l'armée qui prend position sur l'Aventin ; rétablissement du régime républicain
449	Procès et suicide d'Appius Claudius
446	Annexion par le peuple d'un territoire disputé entre Ardée et Aricie ; une colonie y sera envoyée en 442
445	Abolition de l'interdiction des mariages mixtes entre patriciens et plébéiens
444	Apparition des tribuns militaires à pouvoir consulaire
443	Création de la censure
439	*Adfectatio regni* de Spurius Maelius
437	Guerre contre Fidènes et Véies et dépouilles opimes remportées par Cornelius Cossus (à moins que l'événement ne se soit déroulé en 426)
431	Grande victoire sur les Volsques et les Èques
406	Prise de la cité volsque d'Anxur
406-396	Dates traditionnelles de la guerre finale entre Rome et Véies
396	Dictature de Camille, qui s'empare de Véies
391	Exil de Camille
	Une voix mystérieuse annonce l'arrivée des Gaulois
	Intervention des Gaulois dans les affaires de Chiusi
	Au mépris du *ius gentium,* les ambassadeurs romains, des Fabii, prennent part au combat
390	L'armée romaine est mise en déroute sur les bords de l'Allia (18 juillet)
	Les bandes gauloises entrent à Rome
390	Résistance victorieuse du Capitole (épisode des oies du Capitole, avec Manlius Capitolinus)
	Les Vestales se réfugient avec leurs objets sacrés à Caeré (épisode de Lucius Albinius)
	Camille, nommé dictateur, arrive avec une armée de secours et empêche la livraison d'une rançon à Brennus par les assiégés du Capitole
	Les Gaulois sont écrasés ; Camille convainc les Romains de ne pas émigrer à Véies et de reconstruire la ville
387	Création de quatre nouvelles tribus sur le territoire pris à Véies
384	*Adfectatio regni* de Marcus Manlius Capitolinus
375-370	Années d'anarchie selon Tite-Live ; Diodore réduit cette période à une seule année
370-368	Élection de tribuns consulaires ; la plèbe, menée par les tribuns Licinius et Sextius, réclame le droit d'accès au consulat
367	Lois licinio-sextiennes : droit d'accès à la plèbe pour l'un des deux postes de consuls
366	Lucius Sextius, premier consul plébéien
361	Nouvelle attaque des Gaulois, exploit de Manlius Torquatus (à moins que celui-ci n'ait eu lieu en 367)
356	Accès de la plèbe à la dictature (Caius Marcius Rutilus)
358-351	Guerre contre Tarquinia et d'autres cités étrusques, dont on a le reflet dans des sources étrusques (tombe François, éloges de Tarquinia)

351	Accès de la plèbe à la censure (Caius Marcius Rutilus)
343	Nouvelle sécession de la plèbe et plébiscite de Lucius Genucius
343	*Deditio* de Capoue ; Rome entre en guerre contre les Samnites
	Première guerre samnite
342	Mutinerie de l'armée romaine stationnée à Capoue
340	Révolte contre Rome des Latins et des Campaniens
	Victoire romaine au Veseris, marquée par la *deuotio* du consul Publius Decius Mus
	Confiscation de terres prises aux Latins et aux Campaniens *(ager Falernus)*
338	Réorganisation du Latium, disparition de l'organisation fédérale
332	Premier préteur plébéien (Quintus Publilius Philo)
327	Déclenchement de la guerre contre Naples
326	Quintus Publilius Philo obtient la reddition de Paleopolis
326-304	Deuxième guerre samnite
321	Capitulation de l'armée romaine encerclée aux fourches Caudines
	Rome signe la paix, qui dure jusqu'en 316
315	Défaite romaine à Lautulae, suivie de troubles en Campanie
314	Fondation de la colonie de Luceria, entre l'Apulie et le Samnium
312	Appius Claudius Caecus censeur : il établit la *uia Appia*, procède à une nouvelle *lectio senatus* et propose une réforme des tribus
311	Reprise de la guerre contre les Étrusques
310	Traversée de la forêt Ciminienne par l'armée romaine
305	Grande victoire romaine dans le Samnium, prise de Bovianum
304	Le scribe d'Appius Claudius Caecus, Cnaeus Flavius, fils d'affranchi, devient édile curule
302	Traité entre Rome et Tarente, interdisant à Rome de naviguer au-delà de Crotone
300	Accès des plébéiens aux sacerdoces
298	Reprise de la guerre contre les Samnites
298-290	Troisième guerre samnite
295	Bataille de Sentinum
	Rome vainc ses ennemis du nord et du sud de l'Italie coalisés (Samnites, Gaulois, Ombriens, Étrusques)
291	Fondation de la colonie de Venusia, à la limite du Samnium
290	Les Samnites demandent la paix
282	Les Grecs de Thourioi demandent à Rome de les secourir contre la pression des Lucaniens
	Incident naval provoqué par la venue d'une flotte romaine dans les eaux de Tarente
	Réception scandaleuse des ambassadeurs romains à Tarente
281	Le consul Lucius Aemilius Barbula engage les hostilités contre Tarente
280	Pyrrhus, roi d'Épire, débarque à Tarente qui a fait appel à lui contre les Romains (en mai)
	Victoire de Pyrrhus sur les troupes du consul Publius Valerius Laevinas (en juillet)

280	Après le raid de Pyrrhus jusqu'à Anagni (ou Préneste), offensive diplomatique bloquée par l'intervention d'Appius Claudius Caecus
279	Reprise des opérations ; victoire de Pyrrhus à Ausculum, remportée au prix de lourdes pertes
278	Nouveaux efforts diplomatiques de Pyrrhus
	Flotte punique à Ostie et renouvellement, contre Pyrrhus, du traité Rome-Carthage
278-276	Pyrrhus en Sicile
275	Double victoire romaine, du consul Manius Curius Dentatus contre Pyrrhus, du consul Lucius Cornelius Lentulus contre les Samnites et les Lucaniens
275	Pyrrhus quitte l'Italie et retourne en Épire (automne)
272	Capitulation de Tarente
270	Punition des mutins de la *legio Campana* de Rhégion
264	Prise de Volsinies, dernière cité étrusque restée indépendante, sur les esclaves révoltés qui s'en étaient emparés
246-241	Grande guerre de Sicile (première guerre punique)
263	Alliance de Hiéron de Syracuse avec les Romains
262	Siège et prise d'Agrigente
260	Victoire navale de Duilius à Mylae
256	Victoire navale d'Ecnome
256-255	Équipée d'Attilius Regulus en Afrique
254	Prise de Palerme
252	Sanction contre les quatre cents cavaliers coupables d'un refus d'obéissance
250	Capture de cent éléphants par L. Caecilius Metellus
	Début du siège de Lilybée
248	Procès en *perduellio* de P. Claudius Pulcher
	Introduction à Rome du culte de Dis et Proserpine
241	« Empêchement » du flamine de Mars, Aulus Postumius Albinus
	Victoire des îles Égates
	Destruction de Falerii et constitution des deux dernières tribus rustiques
	Institution des Jeux floraux
240	Première représentation d'une « tragédie » au cours des *Ludi Magni*
238	Occupation de la Sardaigne
235	Additif au traité de paix avec Carthage
	Fermeture du temple de Janus
232	Loi de Flaminius sur le lotissement de l'*ager Gallicus*
230-229	Guerre d'Illyrie
227	Création des deux premières provinces
226	Ensevelissement d'un couple de Gaulois et d'un couple de Grecs au Forum Boarium
225	Opérations contre les Gaulois
224	Soumission des Boïens et défaite des Insubres
222	Victoire de Marcellus sur les Gaulois et dépôt des dépouilles opimes
221	Mort en Espagne d'Hasdrubal l'Ancien, remplacé par Hannibal

219	Prise de Pharos et réorganisation de l'Illyrie
	Ambassade à Hannibal devant Sagonte
218	Plébiscite claudien
	Déclaration de guerre à Carthage
	Hannibal passe les Alpes (fin octobre)
218	Bataille de la Trébie (décembre)
217	Les deux Scipions en Espagne
	Bataille de Trasimène (21 juin)
	Dictature de Quintus Fabius Maximus
216	Bataille de Cannes (2 août)
	Hannibal passe l'hiver à Capoue
215	Défection de l'Italie du Sud qui se rallie à Hannibal
	Philippe V de Macédoine traite avec Hannibal
213	Reconquête romaine en Italie du Sud
	Marcellus et Claudius assiègent Syracuse
212	Hannibal occupe Tarente
	Début du siège de Capoue par les Romains
	Les Scipions occupent Sagonte mais doivent affronter la contre-offensive carthaginoise
211	Hannibal cherche à desserrer l'étau autour de Capoue en marchant sur Rome
	Prise et châtiment de Capoue
	Prise de Syracuse
	Défaite et mort des Scipions en Espagne
210	Fin des opérations en Sicile
	Le jeune Scipion *priuatus cum imperio* en Espagne
209	Douze colonies latines refusent l'effort de guerre exigé par Rome
	Fabius occupe Tarente
	Scipion prend Carthagène
208	Hasdrubal, vaincu par Scipion, marche sur l'Italie
207	Bataille du Métaure
206	Les Carthaginois sont chassés de la péninsule Ibérique ; Magon tente de rejoindre l'Italie
205	Débarquement de Magon à Gênes
	Scipion, élu consul, part pour la Sicile avec le projet de porter la guerre en Afrique
	Paix avec la Macédoine
204	Débarquement de Scipion en Afrique et premiers succès
	Alliance avec Massinissa
203	Défaite et fuite de Magon qui meurt au cours de la traversée
	Rappel d'Hannibal en Afrique
202	Bataille de Zama
	Scipion fixe les conditions de la paix
201	Ratification de la paix
	Massinissa roi de Numidie
200	Les Romains déclarent la guerre à Philippe V de Macédoine
200	Le consul Sulpicius Galba embarque avec une armée

199	Les Étoliens se rangent aux côtés de Rome
198	Flamininus bat les Macédoniens
	La ligue achéenne s'allie à Rome
197	Organisation des deux provinces d'Espagne
	Philippe V battu à Cynoscéphales est contraint à la paix
	Antiochos III de Syrie occupe Éphèse
196	Flamininus proclame, à Corinthe, la liberté de la Grèce
	Smyrne en appelle à Rome contre Antiochos
	Marcellus le Jeune bat définitivement les Insubres
195	Hannibal, exilé de Carthag, se réfugie auprès d'Antiochos III
	Caton est envoyé combattre en Espagne
194	Déduction de colonies en Italie
	Défaite des Lusitaniens
	Les légions quittent la Grèce
192	Antiochos en Grèce
	Guerre entre Rome et la Syrie
191	Acilius Glabrio anéantit l'armée d'Antiochos aux Thermopyles
	Scipion Nasica défait les Boïens de Cisalpine
190	Rome porte la guerre en Asie
	Les légions défont l'armée d'Antiochos à Magnésie
189	Déduction de la colonie de Bononia (Bologne)
	Fuluius Nobilior bat les Étoliens et les contraint à signer la paix
188	Paix d'Apamée avec Antiochos
187	Création de la *uia Æmilia*
186	Le sénatus-consulte de *Bacchanalibus* réprime la pratique du culte bachique
184	Censure de Caton
	Campagne politique contre Scipion, qui se retire de la vie politique et meurt peu après
183	Suicide d'Hannibal en Bithynie
180	*Lex Villia annalis* qui réglemente le *cursus honorum*
179	Accession au trône de Macédoine de Persée
	Pacification de l'Espagne par T. Sempronius Gracchus
172	Début de la troisième guerre de Macédoine
168	Victoire de Paul-Émile à Pydna
	Les ambassadeurs romains arrêtent l'avancée d'Antiochos IV sur Alexandrie
167	Règlement de la question de Macédoine
	Mille otage achéens (dont l'historien Polybe) transférés en Italie
	La bibliothèque de Persée est transportée à Rome
167	Suspension, pour les Romains, du *tributum* (qui ne sera plus perçu jusqu'en 43)
161	*Lex Fannia* contre le luxe
159	Lois contre la corruption
154	Reprise de l'activité armée en Espagne
151	Carthage déclare la guerre à Massinissa
150	Viriathe échappe à un massacre de Lusitaniens par les Romains

150	Retour des otages achéens dans leur patrie
149	Rome déclare la guerre à Carthage, qui est assiégée
147	Viriathe à la tête de la révolte en Espagne
	La Macédoine devient une province romaine
146	Chute et destruction de Carthage
	Guerre entre Rome et les Achéens
	Prise et destruction de Corinthe
143	Début de la guerre de Numance
139	Mort de Viriathe, assassiné par les siens
137	Défaite et humiliation de Mancinus devant les Numantins
136-132	Première révolte servile en Sicile
133	Prise et destruction de Numance
	Tribunat de Tiberius Gracchus
	À la mort d'Attale III, le royaume de Pergame est légué à Rome
132	Travaux de la première commission agraire en Italie
	Fin de la révolte servile en Sicile et réorganisation de la province
	Révolte d'Aristonicos en Asie
130	Vote d'une loi tabellaire pour les comices législatifs
	Défaite d'Aristonicos
129	Mort suspecte de Scipion Émilien
125-124	Rébellion et destruction de Frégelles
123-122	Tribunats de Caius Gracchus
123	La loi Rubria décide la fondation d'une colonie sur le site de Carthage
	Fondation d'Aquae Sextiae (Aix) en Gaule transalpine
122	Conquête des Baléares
121	Restauration du temple de la Concorde
120	Triomphe de Domitius sur les Arvernes et commencement de la *uia Domitia*
118	Fondation de *Narbo Martius* (Narbonne)
114	Procès des Vestales
113-105	Mouvements migratoires des Cimbres, des Teutons et des Ambrons
112-105	Guerre contre Iugurtha
107	Premier consulat de Marius
105	Capture de Iugurtha
	Défaite des troupes romaines à Orange, devant les Cimbres (6 octobre)
104-101	Révoltes serviles en Italie du Sud et en Sicile
102	Victoire de Marius (cos IV) devant les Teutons à Aix
101	Victoire de Marius (cos V) et de Catulus sur les Cimbres à Verceil
100	*Senatus consultum ultimum* contre le tribun Saturninus
95	Loi Licinia-Mucia sur l'usurpation de citoyenneté
91	Tribunat de M. Liuius Drusus
91-89	Guerre sociale
90	Loi de majesté
	Lex Iulia conférant la citoyenneté aux alliés restés fidèles à Rome
88	Consulat de Sylla et de Pompeius Stabo
	Troubles à Rome, réprimés par les armes
	« Vêpres éphésiennes » et début de la première guerre contre Mithridate

86	Prise d'Athènes
	Victoire de Chéronée
	Victoire d'Orchomène
	Septième consulat et mort de Marius
85	Paix de Dardanos
83	Débarquement de Sylla en Italie et début de la guerre civile
	Naissance d'Antoine (14 janvier)
82	Bataille de la porte Colline et mise en œuvre de la proscription
	Sylla nommé dictateur (1er décembre-1er juin 81)
81	Réformes de Sylla
80	Deuxième consulat de Sylla
80-72	Guerre contre Sertorius
78	« Équipée » de Lépide
74-63	Troisième guerre contre Mithridate (Lucullus, puis Pompée)
74	*Imperium* confié à M. Antonius contre les pirates
73-71	Insurrection de Spartacus
70	Consulat de Pompée et de Crassus
	Restauration des pouvoirs des tribuns de la plèbe
	Loi sur la fin des discordes civiles
	Procès de Verres
69	Victoire de Lucullus à Tigranocerte (6 octobre)
67	Loi Gabinia confiant à Pompée un *imperium* exceptionnel contre les pirates
66	Loi Manilia confiant à Pompée les opérations en Orient
65	Édilité de César
63	Consulat de Cicéron
	César *Pontifex Maximus*
	Répression de la conjuration de Catilina
	Naissance d'Octave (23 septembre)
62	Scandale de la Bona Dea (4-5 décembre)
61	Préture de César
	Troisième triomphe de Pompée
60	Entente entre Pompée, Crassus et César, appelée « premier triumvirat »
59	Consulat de César
58	Tribunat de la plèbe de Clodius
	Chypre réduite en province romaine
	Exil de Cicéron
	Début du proconsulat des Gaules de César (58-51)
57	Retour d'exil de Cicéron
56	Accords de Lucques
55	Deuxième consulat de Pompée et de Crassus
	Lex Trebonia
54	Campagne de César en Bretagne
	Mort de sa fille Julie
53	Campagne de Crassus contre les Parthes
	Défaite et mort de Crassus à Carrhae
52	Mort de Clodius ; Pompée consul unique

52	Échec de César à Gergovie
	Victoire de César à Alésia
49	Passage du Rubicon
	Début de la guerre civile (49-45)
	Campagne d'Ilerda
48	Bataille de Pharsale (9 août)
	Mort de Pompée
	César restaure Cléopâtre sur le trône d'Égypte
	Bellum Alexandrinum
47	César à Alexandrie
	Victoire de César à Zéla contre Pharnace
46	Campagne de César en Afrique
	Bataille de Thapsus (6 avril)
	Mort de Caton
	Triomphe de César à Rome (juillet)
	Dictature de César pour dix ans
45	Bataille de Munda (17 mars)
	Préparation de la campagne contre les Parthes
45	Octave à Apollonie
44	Dictature à vie de César (février)
	Assassinat de César (15 mars)
	Arrivée d'Octave à Rome (mai)
	Jeux en l'honneur de César (10-20 juillet)
43	Guerre de Modène (janvier-avril)
	Marche d'Octave sur Rome (août)
	Constitution du second triumvirat (octobre)
	Lex Titia (23 novembre)
	Début de la proscription
	Mort de Cicéron (décembre)
42	Bataille de Philippes (octobre)
	Divinisation officielle de César
41	Début de la guerre de Pérouse
	Rencontre d'Antoine et de Cléopâtre (été)
40	Chute de Pérouse (février)
	Accords de Brindes (octobre)
	Mariage d'Antoine et d'Octavie
39	Paix de Misène
	Naissance de Julie, fille d'Octavien et de Scribonia
38	Mariage d'Octavien et de Livie
	Échec d'Octavien contre Sextus Pompée
	Victoire de Ventidius contre les Parthes
37	Entrevue de Tarente (été) et renouvellement du triumvirat
	Réorganisation de la flotte par Agrippa : construction du *Portus Iulius*
36	*Bellum Siculum* ; bataille de Mylae (août), bataille de Nauloque (septembre)
	Déposition de Lépide
	Campagne d'Antoine contre les Parthes

35	Mort de Sextus Pompée
	Campagne d'Octavien en Illyrie (35-33)
34	« Triomphe » d'Antoine à Alexandrie sur le roi d'Arménie
	Donations d'Alexandrie et réorganisation de l'Orient par Antoine
33	Edilité d'Agrippa
	Rupture entre Antoine et Octavien
32	Les consuls et les partisans d'Antoine quittent Rome (février) Antoine répudie Octavie (juin)
	Trahison de Plancus et de Titrius Lecture du testament d'Antoine au Sénat
	Déclaration de guerre à Cléopâtre
32	Serment de l'Italie *(Iuratio Italiae)*
31	Campagne d'Actium et bataille d'Actium (2 septembre)
30	Entrée d'Octavien à Alexandrie (1er août)
	Mort d'Antoine et de Cléopâtre
	Annexion de l'Égypte
29	Triomphe d'Octavien (13-15 août)

Cartes

Réalisées par
Anne Varet-Vitu

Figure 1. *Le Latium archaïque*

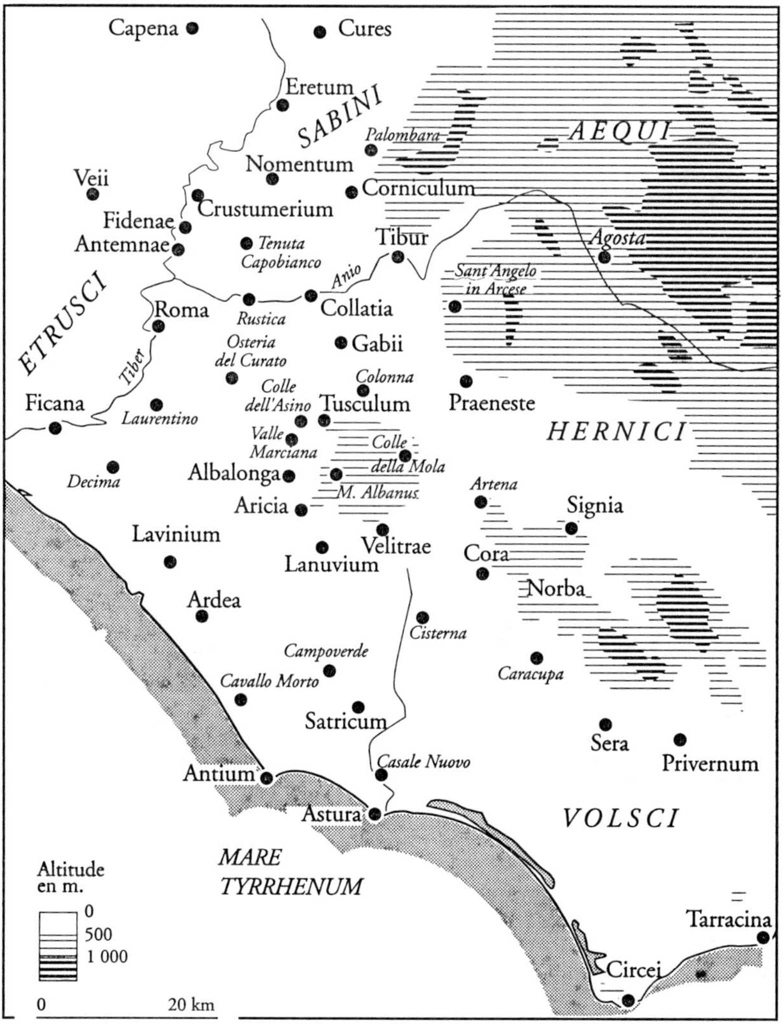

Figure 2. *Le site de Rome*

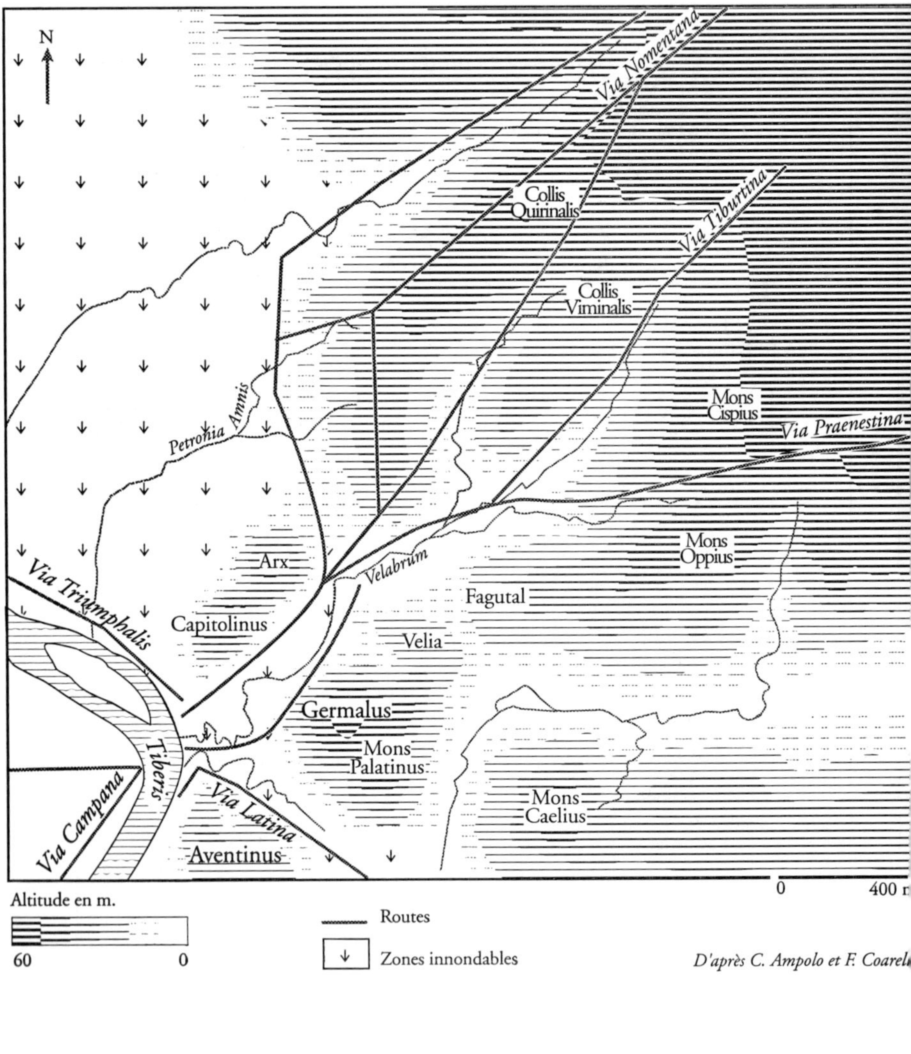

D'après C. Ampolo et F. Coarelli

Figure 3. *La Rome des quatre tribus*

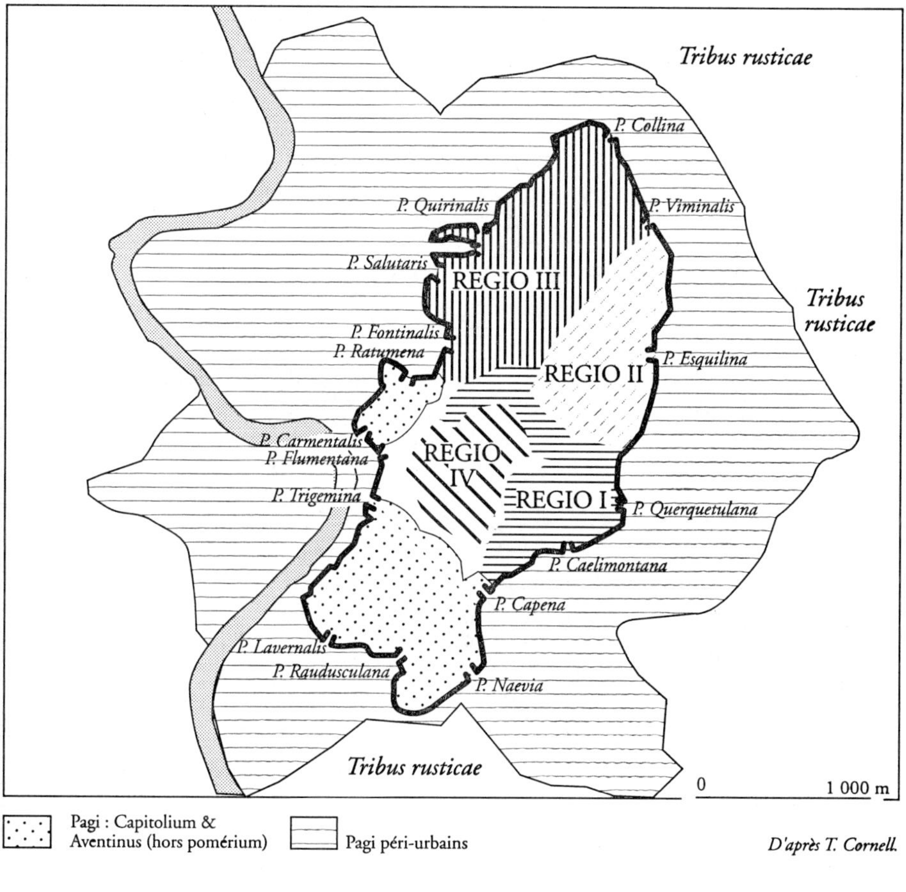

D'après T. Cornell.

Figure 4. *L'accroissement du territoire de Rome au VIe siècle*

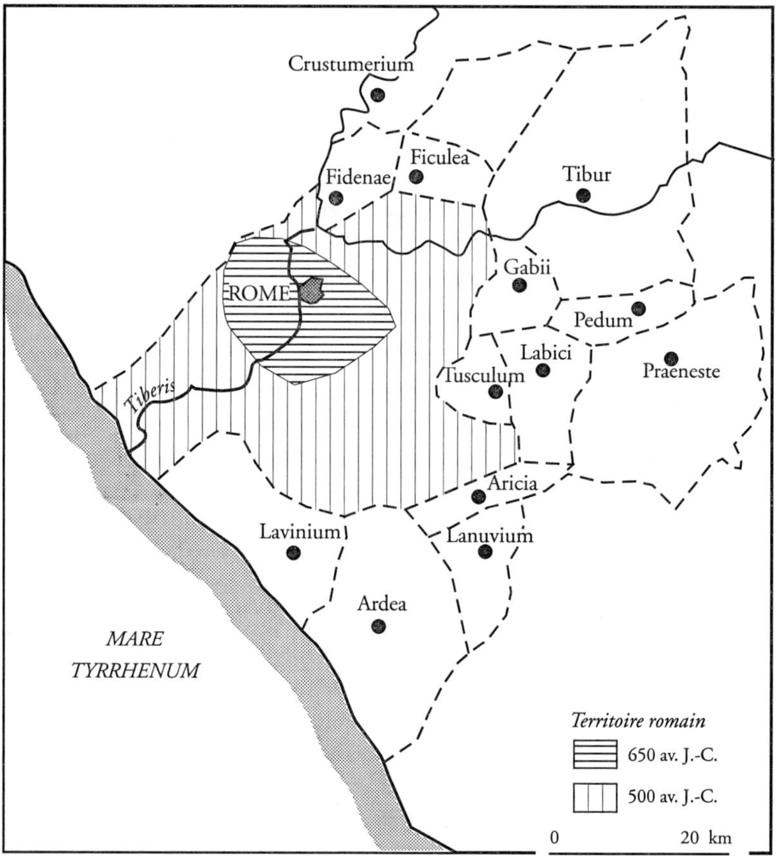

D'après T. Cornell.

Figure 5. *L'empire de Porsenna*

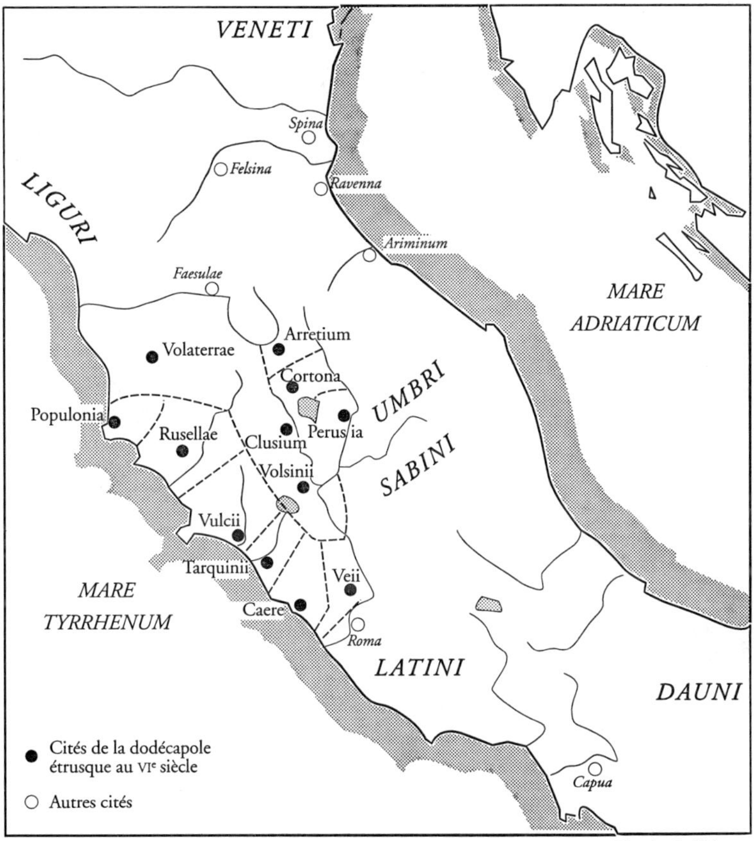

D'après G. Colonna.

Figure 6. *Répartition des tribus rurales au* VIe *et* V^e *siècles*

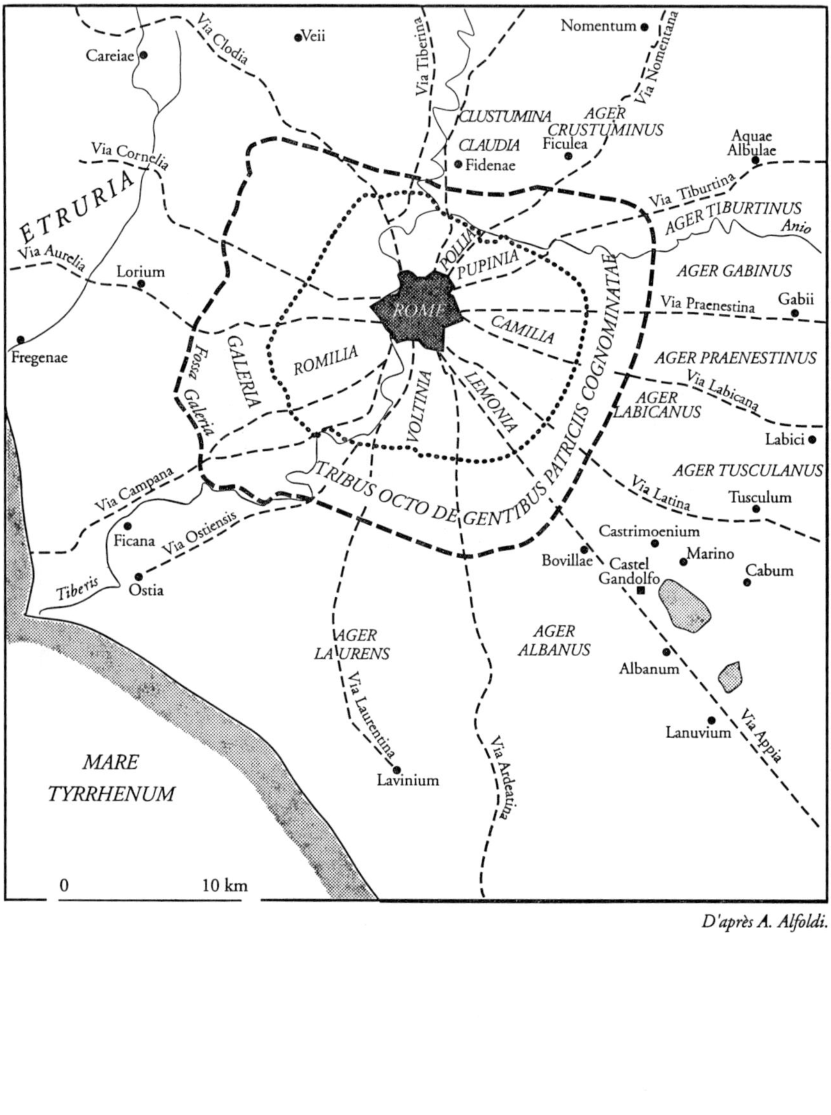

D'après A. Alfoldi.

Figure 7. *Le site de Véies*

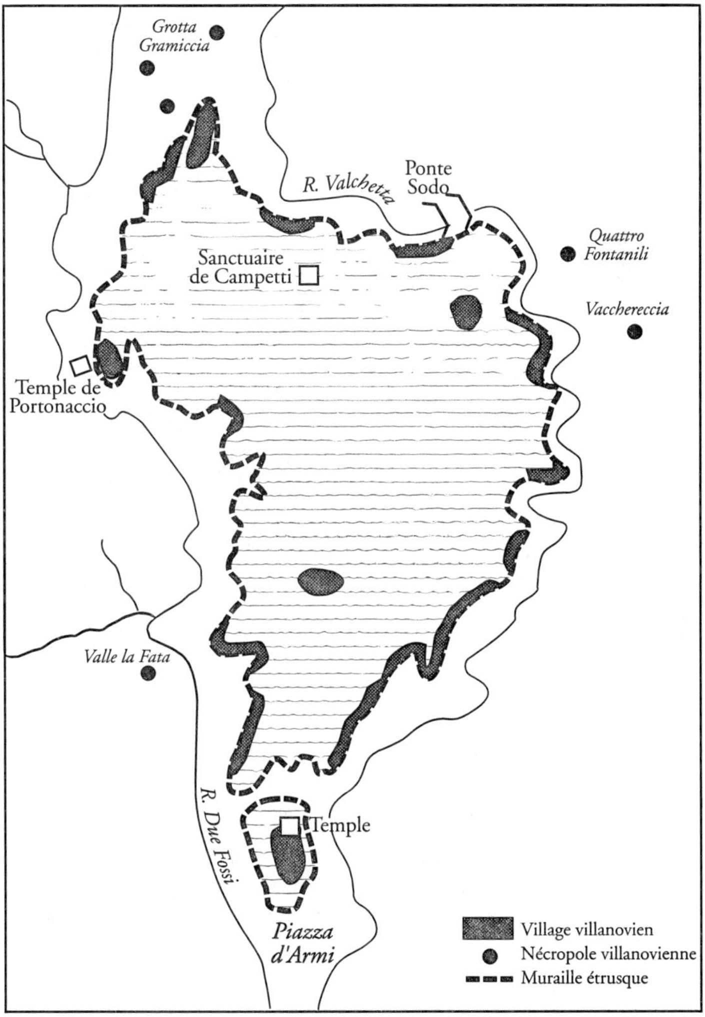

Figure 8. *La bataille d'Ecnome*

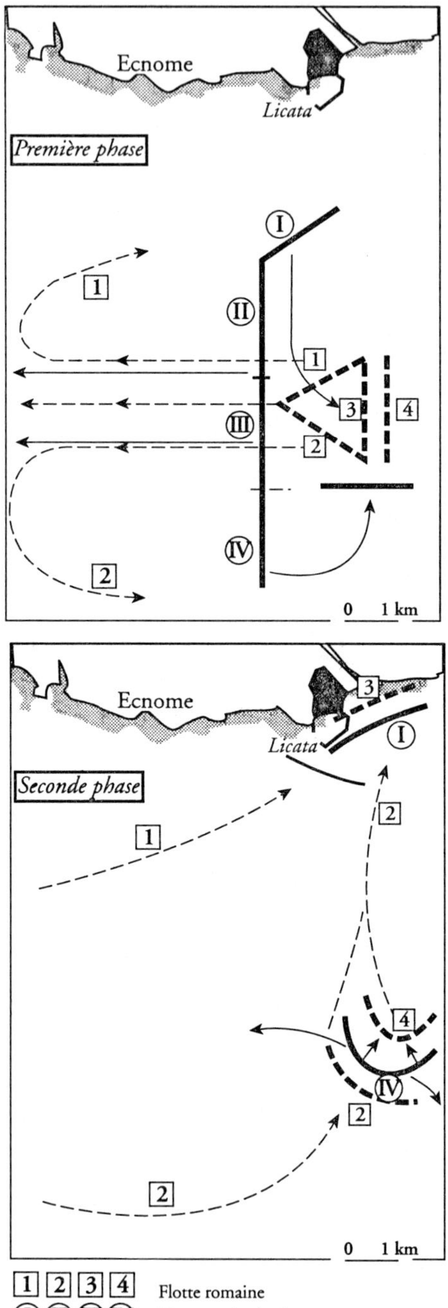

Figure 9. *L'Italie gauloise*

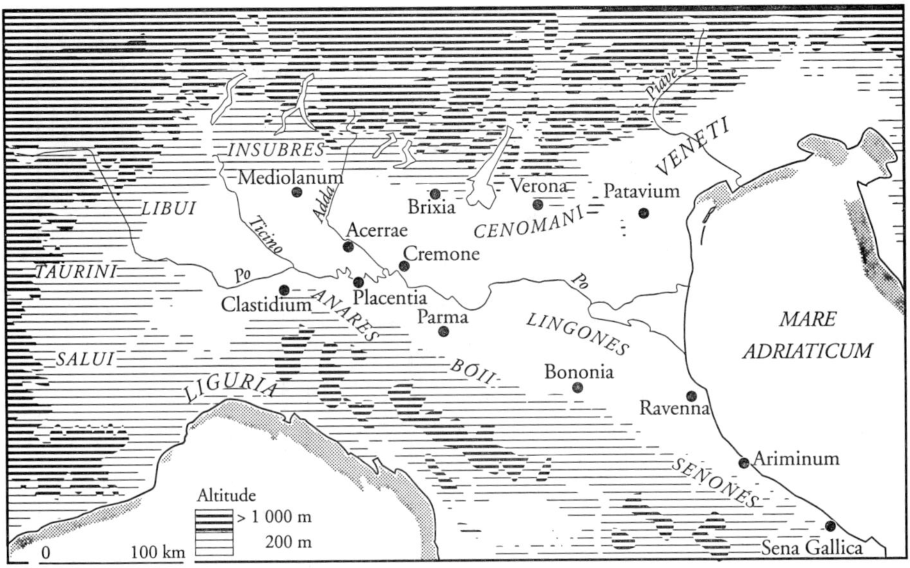

Figure 10. *L'Italie centrale au moment de la guerre sociale*

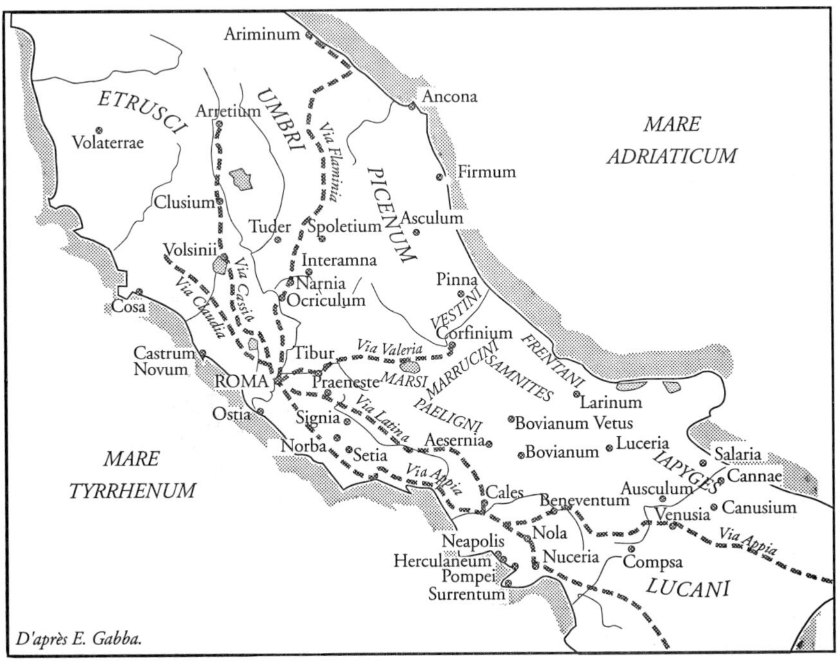

Figure 11. *L'Italie du Sud*

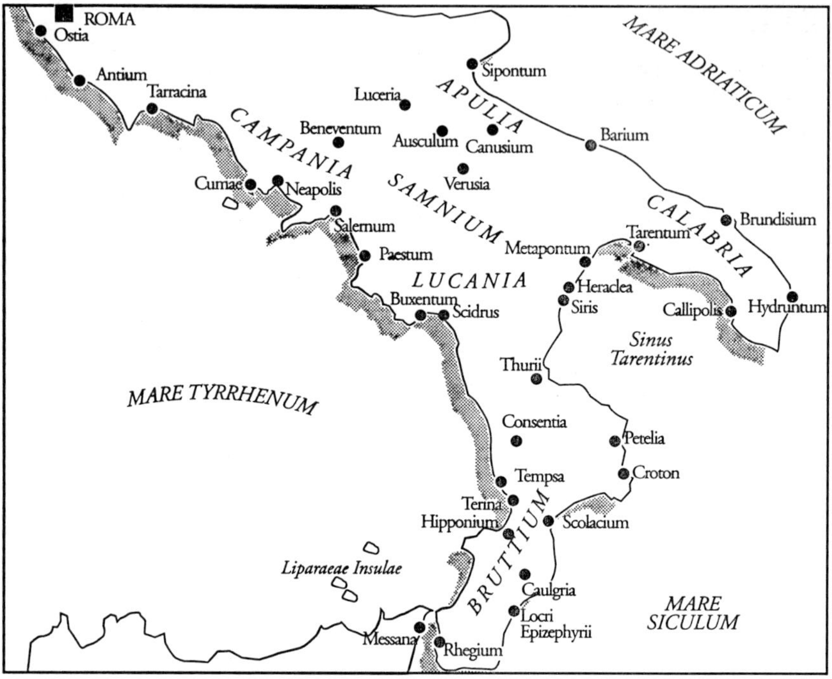

Figure 12. *La Sicile*

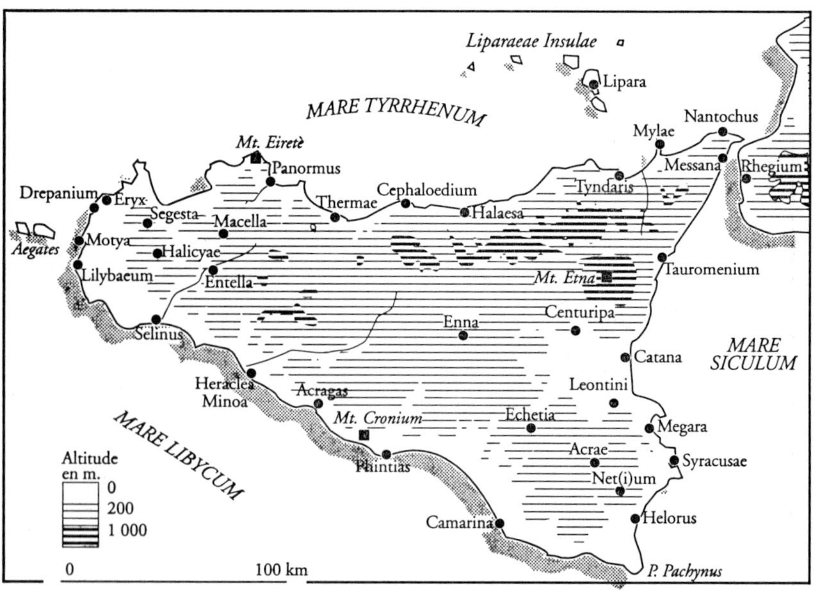

Figure 13. *L'Afrique romaine*

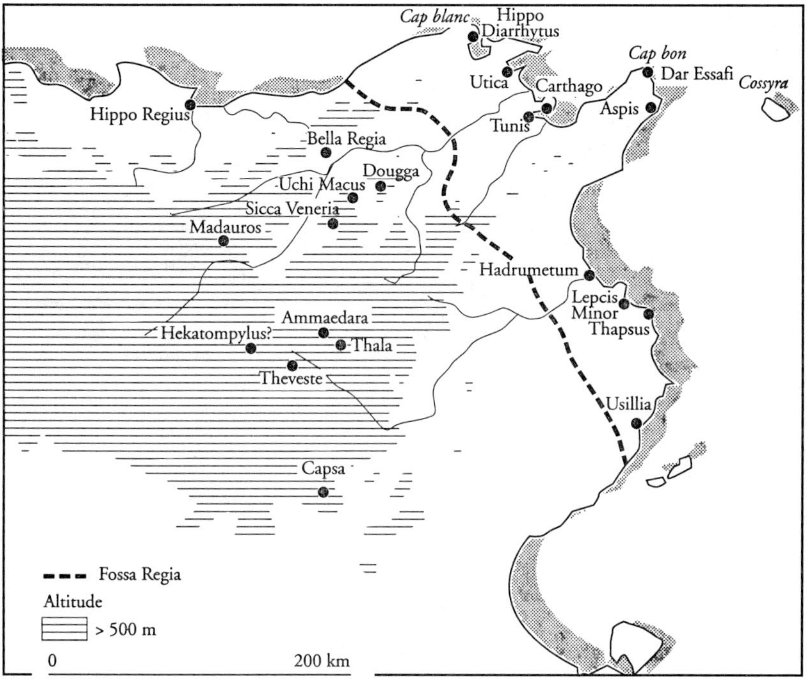

Figure 14. *Les peuples africains*

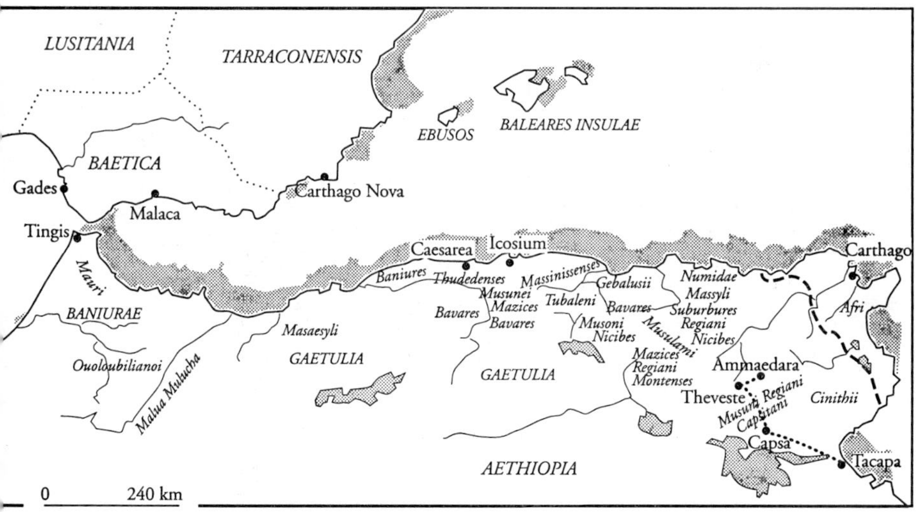

Figure 16. *La Sardaigne*

Figure 15. *La Corse*

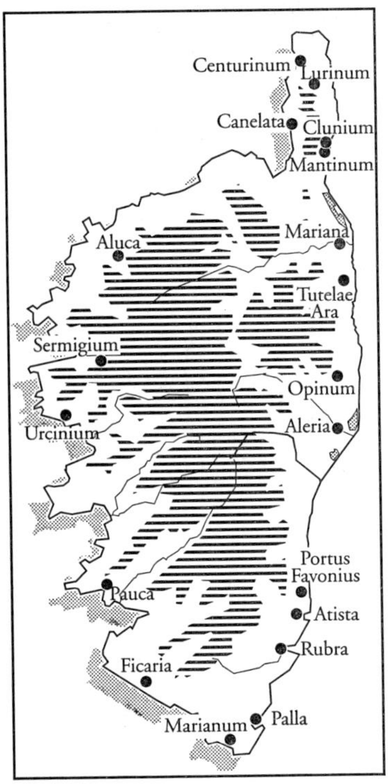

> 1 500 m.

0 20 km

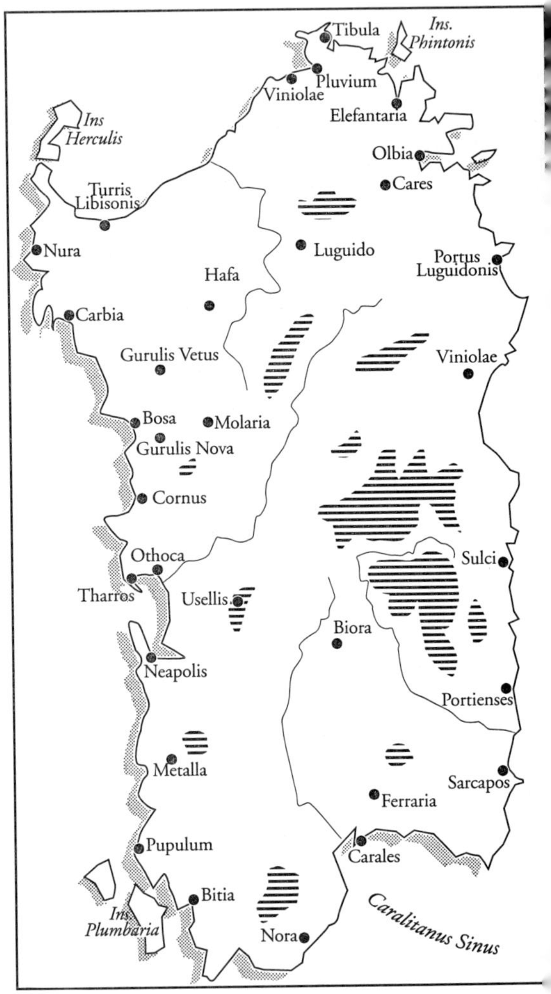

Figure 17. *Les Hispaniae*

Figure 18. *L'Illyrie et l'Épire*

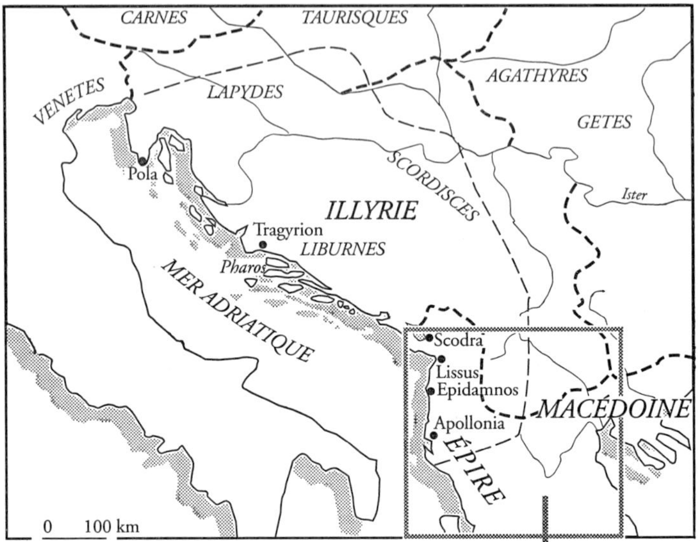

Figure 19. *L'Épire*

Figure 20. *Plan d'un camp romain*

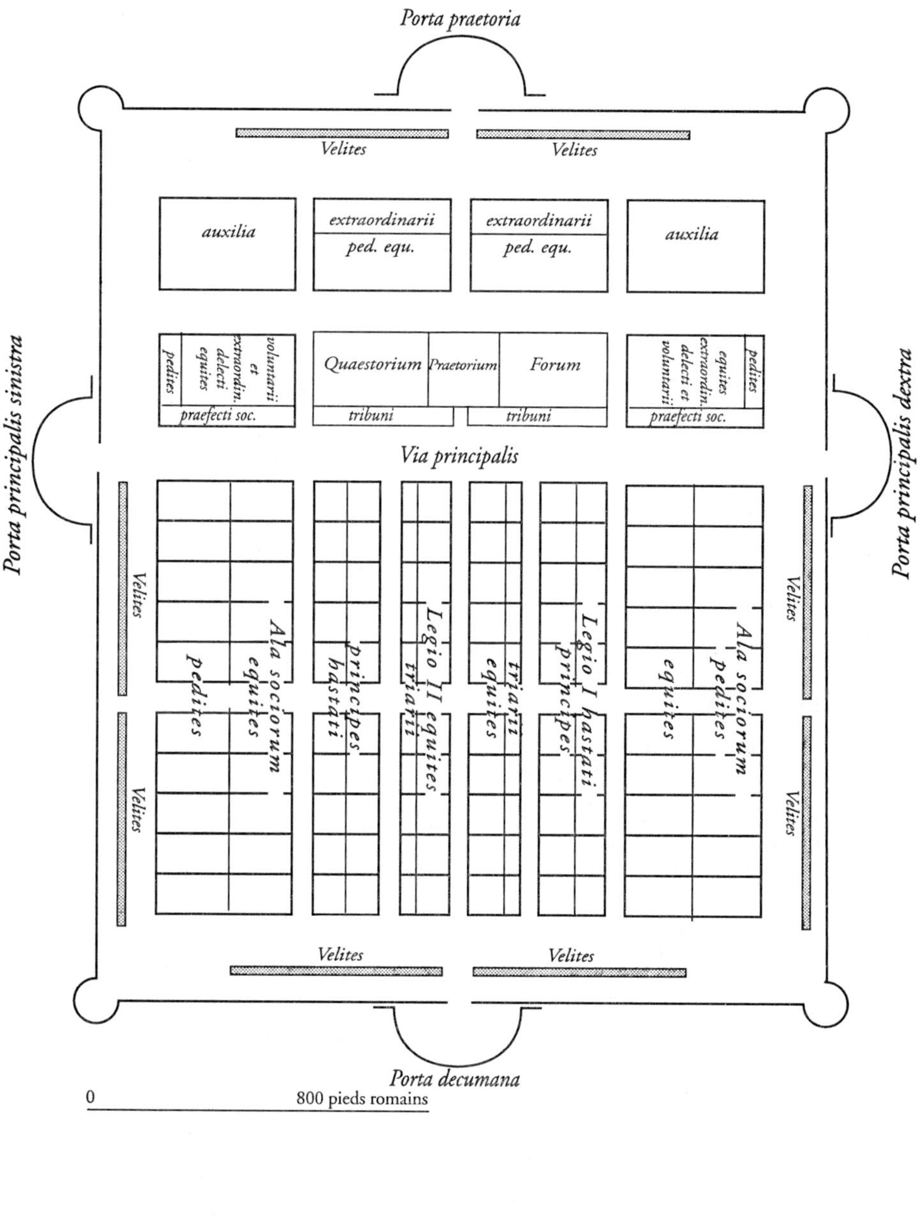

Figure 21 a et b. *Les campagnes de César en Gaule*

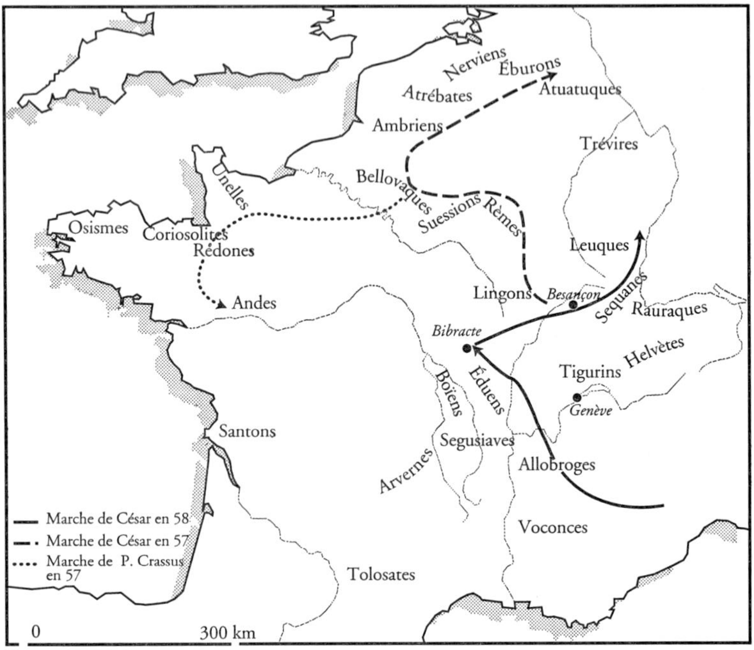

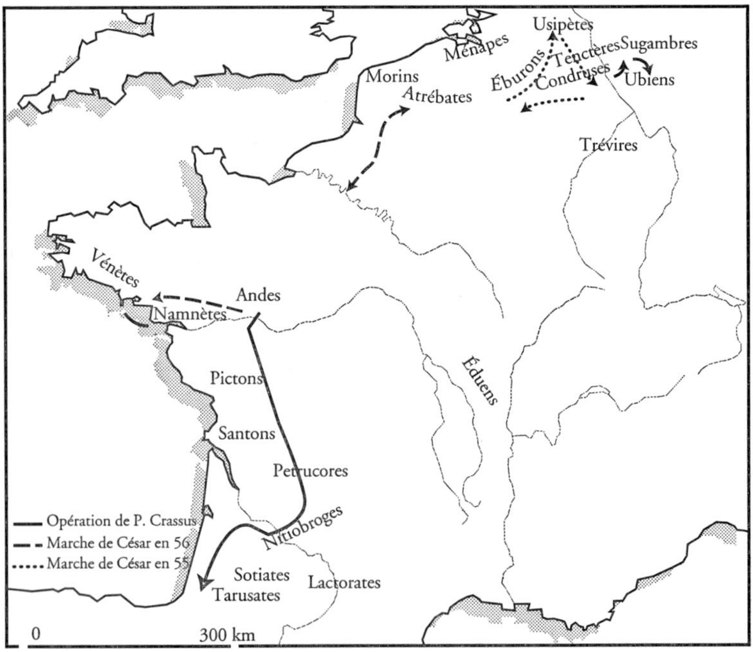

Figure 22. *Les guerres civiles, en Italie*

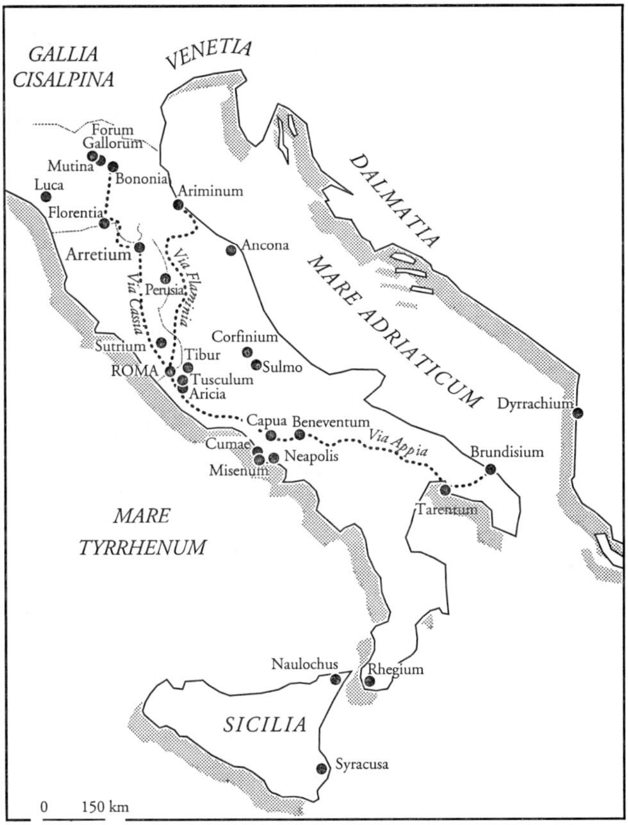

Figure 23. *Les guerres civiles, en Orient*

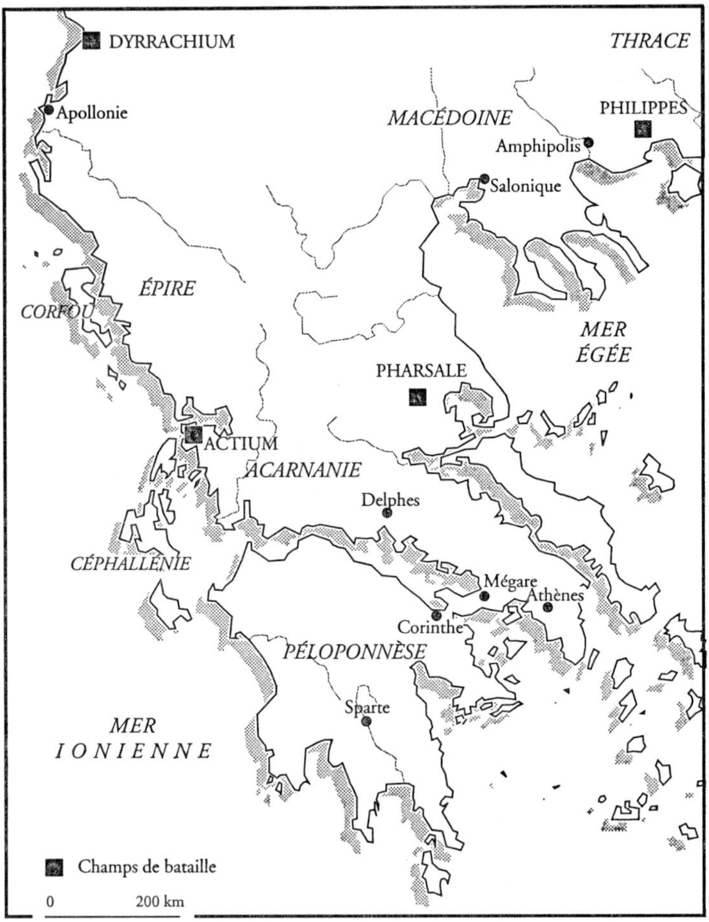

Figure 24. *Guerre civile, Dyrrachium*

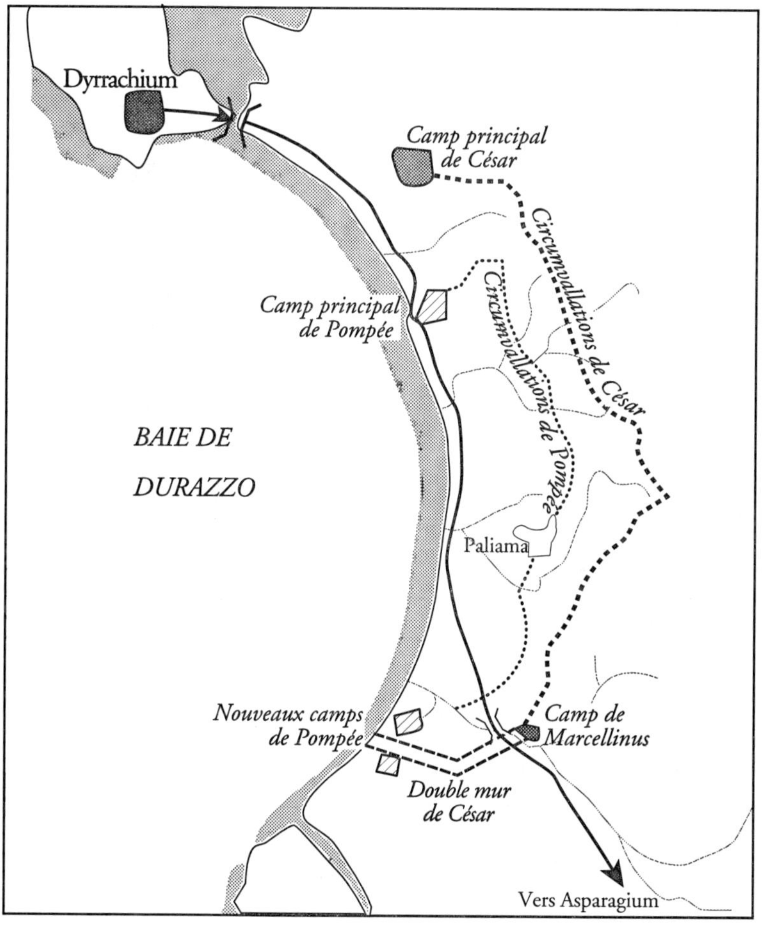

Figure 25. *Les guerres civiles, Pharsale*

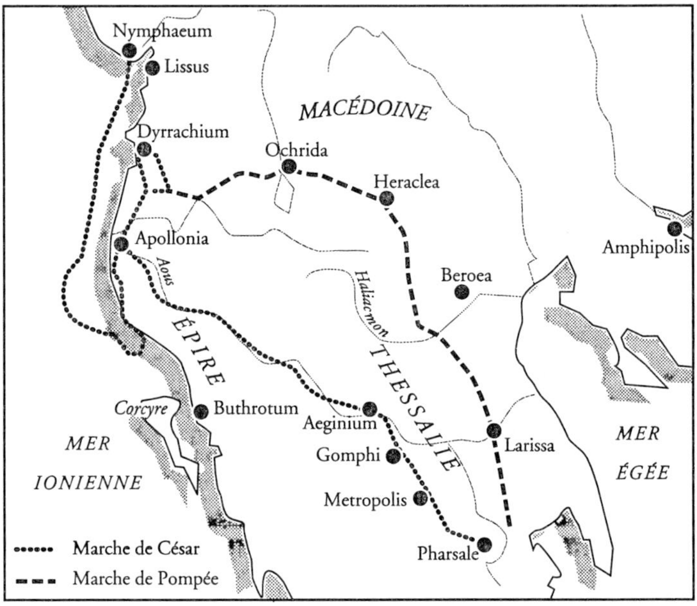

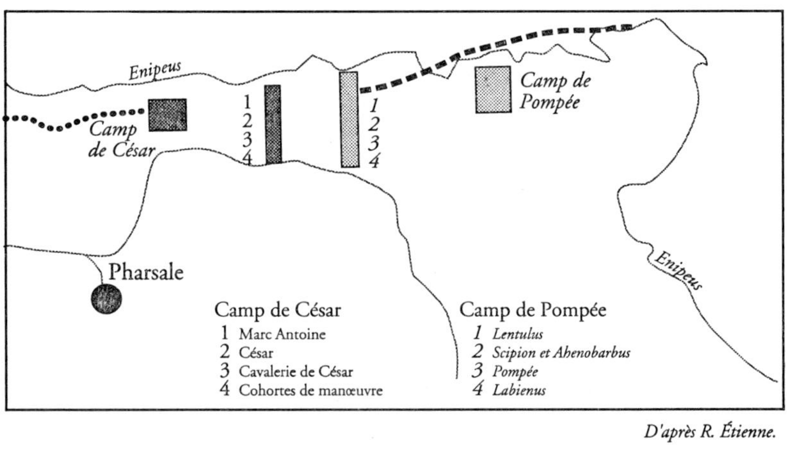

D'après R. Étienne.

Figure 26. *La bataille de Philippes*

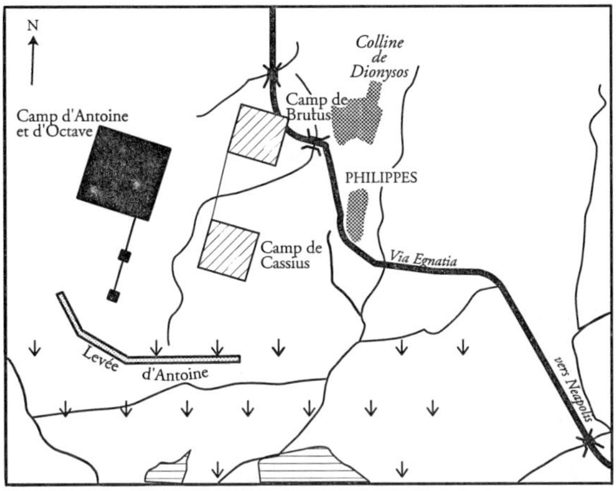

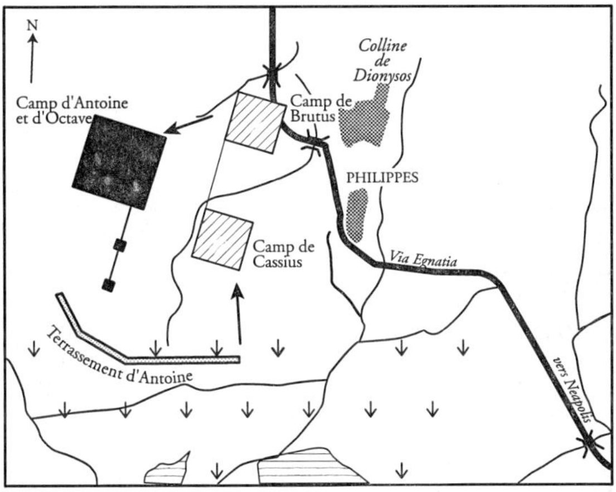

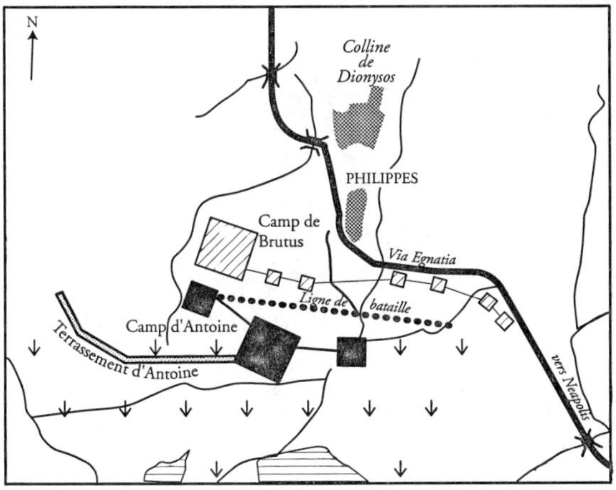

Figure 27. *La guerre de Pérouse*

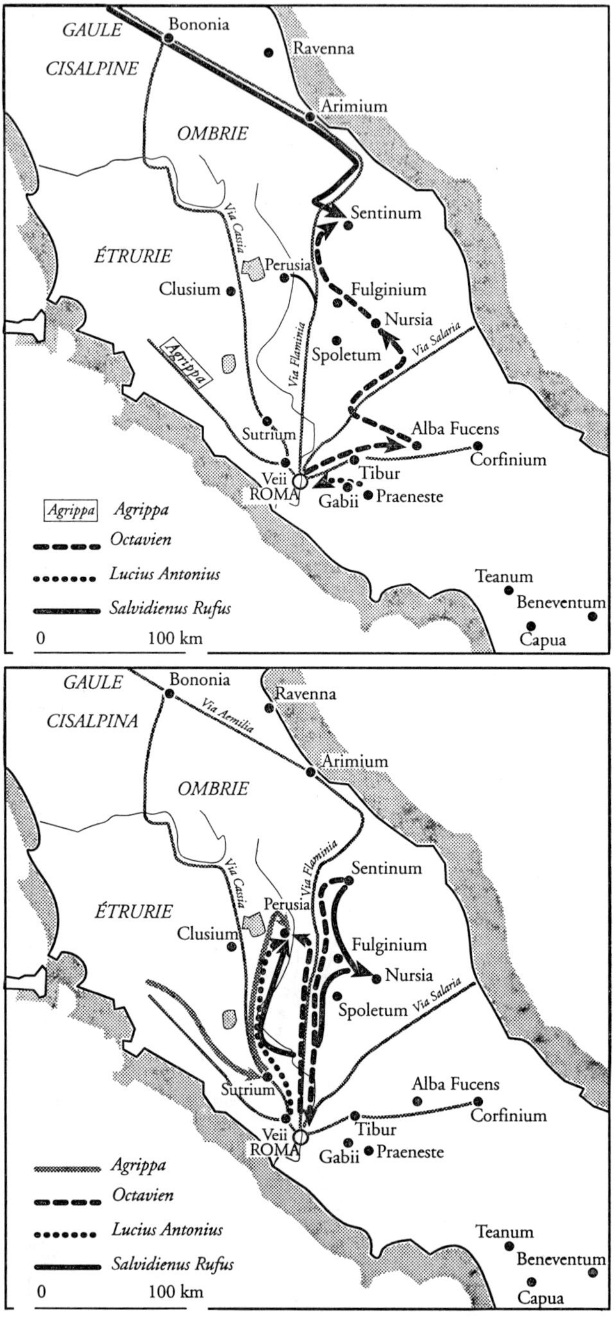

Figure 28. *La campagne d'Antoine contre les Parthes*

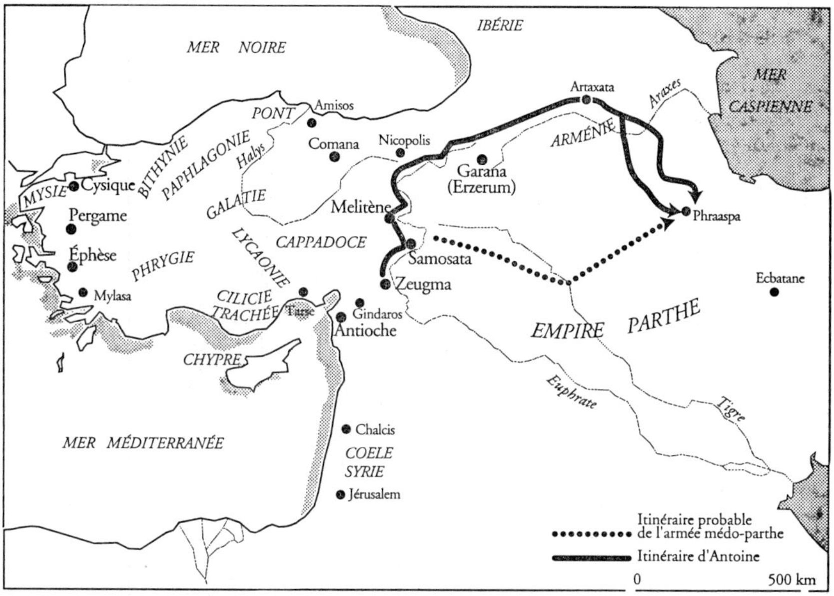

Figure 29. *La campagne d'Illyrie, 35-33*

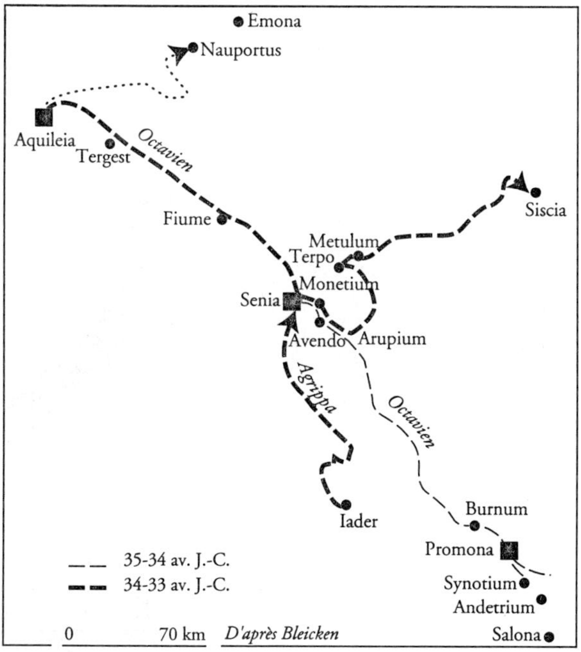

Figure 30. *La guerre en Sicile, plan d'offensive et mouvement des forces triumvirales*

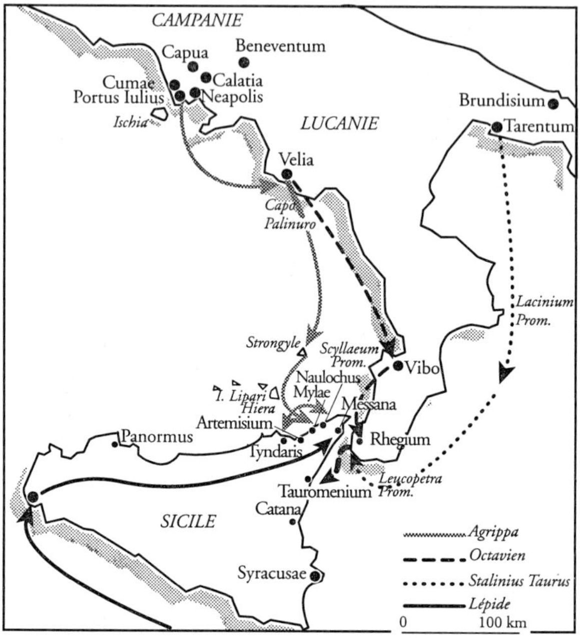

Figure 31. *Le Portus Iulius et la région phlégréenne*

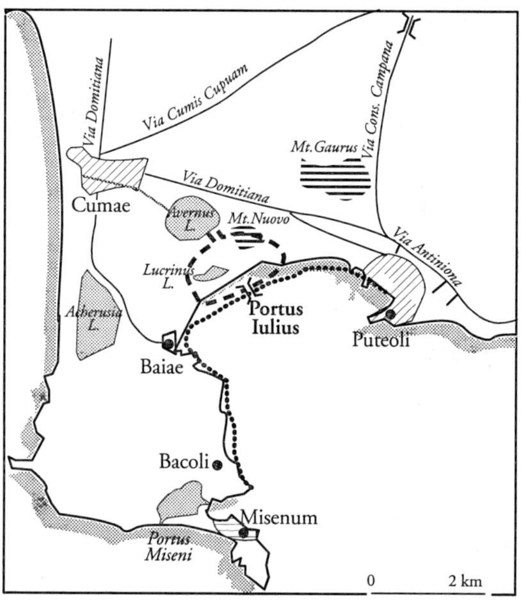

Figure 32. *Actium, opérations préliminaires*

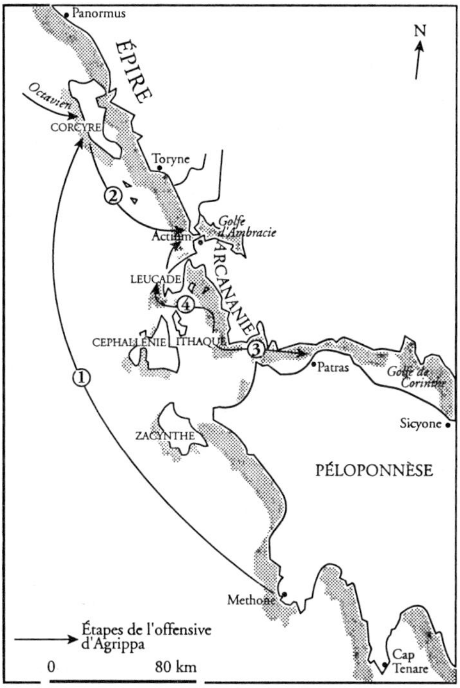

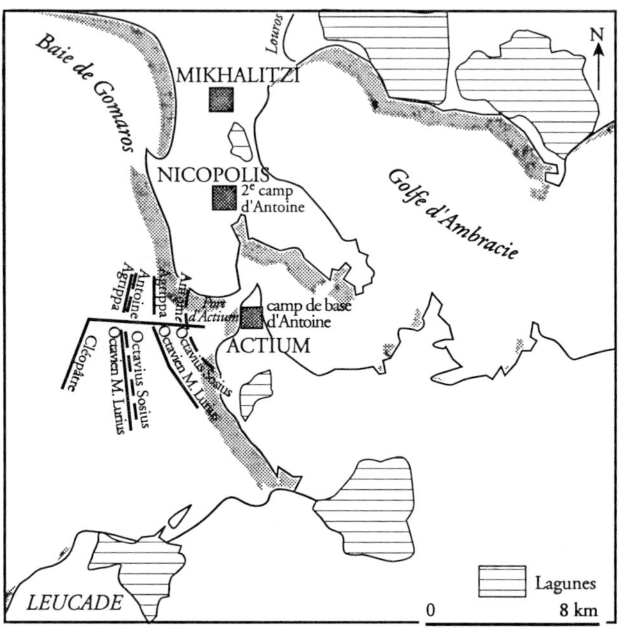

Index des textes cités

Index des noms

de personnes et de divinités

(Toutes les dates s'entendent avant Jésus-Christ.)

D

E

F

I

N

Q

R

U

V

X-Y-Z

Table des matières

Chapitre III

Des rois venus du nord

par Dominique Briquel

Chapitre IV

Les difficiles débuts de la liberté

par Dominique Briquel

CHAPITRE V
La nuit du Ve siècle
par Dominique Briquel

CHAPITRE VI
Le tournant du IVe siècle
par Dominique Briquel

Chapitre VII
La marche vers le sud
par Dominique Briquel et Giovanni Brizzi

Chapitre VIII
Pyrrhus. La rencontre de Rome et de l'hellénisme
par Dominique Briquel et Giovanni Brizzi

CHAPITRE IX

La grande guerre de Sicile
(la première guerre punique)

par François Hinard

CHAPITRE X

L'entre-deux-guerres

par François Hinard

CHAPITRE XI

La deuxième guerre punique

par Giovanni Brizzi

CHAPITRE XII
L'empire mondial
par Giovanni Brizzi

CHAPITRE XIII
Au cœur de Rome
par François Hinard

CHAPITRE XIV
La grande crise
par François Hinard

CHAPITRE XV
Les années troubles
par François Hinard

CHAPITRE XVI
Les années noires
par François Hinard

CHAPITRE XVII
La dernière république
par François Hinard

Chapitre XVIII
L'agonie
par François Hinard

Chapitre XIX
Les chemins vers la dictature
par Jean-Michel Roddaz

Chapitre XX
L'héritage
par Jean-Michel Roddaz

Dans la même série

Pierre BRIANT, *Histoire de l'Empire perse. De Cyrus à Alexandre* (1996)

Dominique BRIQUEL, *La Civilisation étrusque* (nouvelle édition 1999)

Nicolas GRIMAL, *Histoire de l'Égypte ancienne* (1988)

Serge LANCEL, *Carthage* (1992)

Danièle et Yves ROMAN, *Histoire de la Gaule, VIe siècle av. J.-C.-Ier siècle ap. J.-C.* (1997)

Impression réalisée sur CAMERON par

BRODARD & TAUPIN

GROUPE CPI

La Flèche

pour le compte des Éditions Fayard
en octobre 2000

Imprimé en France
Dépôt légal : octobre 2000
N° d'édition : 6987 – N° d'impression : 4476
ISBN : 2-213-03194-0
35-65-9159-01/1